Ernst Haenchen
Das Johannesevangelium

Ernst Haenchen

# Das
# Johannesevangelium

## Ein Kommentar

aus den nachgelassenen Manuskripten
herausgegeben von

Ulrich Busse

mit einem Vorwort von
James M. Robinson

J.C.B. Mohr (Paul Siebeck) Tübingen 1980

CIP-Kurztitelaufnahme der Deutschen Bibliothek

**Haenchen, Ernst:**
Das Johannesevangelium: e. Kommentar / Ernst Haenchen.
Aus d. nachgelassenen Ms. hrsg. von Ulrich Busse.
Mit e. Vorw. von James M. Robinson. – Tübingen: Mohr, 1980.
ISBN 3-16-143102-2

# Vorwort

Es ist das Schicksal der Erforschung des Johannesevangeliums in unserer Zeit, daß nur drei Kommentarwerke in die Wege geleitet worden sind, die entscheidende Wendepunkte in der Forschungsgeschichte markieren. Leider sind die Autoren der verheißungsvollsten Johannes-Kommentare der zweiten Hälfte unseres Jahrhunderts, Ernst Haenchen und Georg Richter, knapp ein Jahr vor Rudolf Bultmann gestorben. Sein Kommentar stellt die Glanzleistung der ersten Hälfte des Jahrhunderts dar. Rudolf Bultmanns imponierende Leistung ist darin großartig, daß er dialektische Theologie, existentiale Interpretation, Religionsgeschichte, Quellenkritik und Redaktionsgeschichte mit „faszinierender Geschlossenheit" zu einer so erhabenen Einheit verschmolzen hat, daß kaum ein Kritiker mit ihm in dieser Höhe und Weite diskutieren konnte – eine glänzende Gesamtlösung . . ., die leider nicht stimmt. Auf katholischer Seite erwartete man den so viel versprechenden Kommentar im „Regensburger Neuen Testament" von Georg Richter, der leider allzu früh aus dem Leben gerissen wurde und also nur noch postum erschienene gesammelte Studien zum Johannesevangelium hinterlassen konnte. Ebenso wäre es vielleicht auch im anderen Fall gegangen, wenn Margit Haenchen, „seine allzeit getreue Helferin, seine liebe Frau", nicht den Mut, die Intelligenz und die Verantwortung gezeigt hätte, die verschiedenen, bis nach Kalifornien zerstreuten Fassungen der Maschinenschrift des fast abgeschlossenen, aber auf den Druck nicht vorbereiteten Kommentars von Ernst Haenchen zusammenzubringen und unter dem wissenschaftlichen Beistand von Dr. Ulrich Busse – ein Zeichen ökumenischer Zusammenarbeit – herauszugeben. Dadurch wurde uns doch noch in Gestalt eines Kommentarwerkes das imposante Ergebnis der johanneischen Forschung seit Wellhausen und Schwartz um die Jahrhundertwende bis hin zu den siebziger Jahren unserer Zeit in aller Gediegenheit und Besonnenheit geschenkt.

Vorarbeiten zum Johannes-Kommentar aus der Feder von Ernst Haenchen hat es seit den Forschungsberichten „Aus der Literatur zum Johannesevangelium 1929–1956" (ThR NF 23, 1955, S. 295–335) und „Neuere Literatur zu den Johannesbriefen" (ThR NF 26, 1960, S. 1–43 und 267–291: Neudruck in dem Band von gesammelten Aufsätzen „Die Bibel und Wir", 1968, S. 235–311) in großer Fülle gegeben. Die Aufsätze „Johanneische Probleme" (1959), „Der Vater, der mich gesandt hat" (1963), „Probleme des johanneischen Prologs" (1963), und „Jesus vor Pilatus (Joh 18, 28–19, 15) – Zur Methode der Auslegung" (1960) sind im ersten Band seiner gesammelten Aufsätze „Gott und Mensch" (1965) leicht zugänglich geworden, und ein bis dahin unveröffentlichter Vortrag über „Historie und Geschichte in den Johanneischen Passionsberichten" ist im Sammelband „Die Bibel und Wir" ebenfalls erschienen. Eine Reihe von Rezensionen zu Neuerscheinungen hat ihren Höhepunkt im Aufsatz „Das Johannesevangelium und sein Kommentar" zum Kommentarwerk Bultmanns (ThLZ 89, 1964, Sp. 881–898, Neudruck: „Die Bibel und Wir", S. 208–234) erreicht. Aber auch die tiefsinnigen Auslegungen des sonstigen Erzählgutes des Neuen Testaments haben Ernst Haenchen wie kaum sonst einen Neutestamentler zu seinem Johannes-Kommentar gerüstet: von seinem epochemachenden Kommentar zur Apostelgeschichte in der Meyerschen Kommentarreihe (zuerst 1956 und dann immer wieder neubearbeitet und durch Aufsätze und Rezensionen unterstützt) bis hin zur allgemeinverständlichen Auslegung der synoptischen Evangelien in „Der Weg Jesu: Eine Erklärung des Markus-Evangeliums und der kanonischen Parallelen" (1966).

Auf einem solchen Hintergrund hätte Ernst Haenchen ohne weiteres längst ein Kommentarwerk zum Johannes-Evangelium herausbringen können, etwa unter dem Stern der Hochflut der Qumranforschung der fünfziger Jahre (Karl Georg Kuhn 1950: „Wir bekommen in diesen neuen Texten den Mutterboden des Johannesevangeliums zu fassen", zitiert nach ThR NF 23, 1955, S. 323). Nur hat Ernst Haenchen sogleich die Kurzschlüssigkeit einer solchen Lösung gesehen: „Mit dieser Gesetzesfrömmigkeit hat das Johannes-Evangelium nichts zu tun . . . Aber ihn verbindet auch nichts mit der apokalyptischen Frömmigkeit der Qumrangemeinde" (ebd. S. 324). So ist er etwa der Blöße F. W. Albrights entgangen, der in einem Beitrag zur C.-H.-Dodd-Festschrift 1956 über „Recent Discoveries in Palestine and the Gospel of St. John" betonte (S. 169), „that the books of the Essenes from the first century B.C. provide the closest approach to the Gospels (particularly St. John)", um sogar mit Hilfe der Nag-Hammadi-Kodizes („even worse heretics than the Church Fathers supposed") die Gnosis aus der Johannes-Forschung endgültig zu verbannen: „The supposed forms of mild Gnosticism which might have influenced John simply vanish from the picture." Das Ergebnis eines derartig vorbelasteten religionsgeschichtlichen Ansatzes sieht man in dem von Ernst Haenchen als „apologetisch" beurteilten Kommentar-Werk der Albright-Schule, der sog. Anchor Bible. Stattdessen hat Ernst Haenchen in den neu entdeckten gnostischen Evangelien die Möglichkeit geahnt, hier den gnostischen Endpunkt der johanneischen Entwicklungslinie ins Blickfeld zu bekommen und so das Johannes-Evangelium im Spannungsfeld zwischen den Synoptikern und den Gnostikern zum erstenmal mit ausreichendem Material auszulegen. So hat er als erster in der Johannes-Forschung die Nag-Hammadi-Evangelien wirklich durchgearbeitet. Er fing noch einmal mit einem Forschungsbericht an: „Literatur zum Thomasevangelium" (ThR NF 27, 1961, S. 147–178. 306–338), und schrieb noch dazu eigens einen Kommentar „Die Botschaft des Thomas-Evangeliums" (1961), umgeben wiederum von Rezensionen und Aufsätzen: „Gab es eine vorchristliche Gnosis?" (1952), ,,Das Buch Baruch – ein Beitrag zum Problem der christlichen Gnosis" (1953), ,,Aufbau und Theologie des Poimandres" (1956), (alle drei Aufsätze wiederabgedruckt in: ,,Gott und Mensch"), ,,Spruch 68 des Thomasevangeliums" (Le Muséon 75, 1962, S. 19–29), und als abschließende Gesamtdarstellung war ,,Neutestamentliche und gnostische Evangelien" für die Messinatagung zum Ursprung der Gnosis 1966 geplant, die Ernst Haenchen aber wegen Krankheit verpassen mußte. So wurde sein Beitrag erst 1969 veröffentlicht in: ,,Christentum und Gnosis", S. 19–45. Wenn er bei diesem Umweg zur Erhellung der gnostischen Evangelien diese nicht so gründlich durchforscht hätte, wäre sein Kommentar zum Johannes-Evangelium längst erschienen – vielleicht aber gerade an dem Punkt schon veraltet, wo er jetzt als bahnbrechend anzusehen ist. Denn nun haben wir aus seiner Feder den ersten von den Nag-Hammadi-Evangelien her anvisierten Johannes-Kommentar. Das zeigt sich auch an entscheidenden Stellen. Denn Bultmann hatte das Johannes-Evangelium von der Gnosis folgendermaßen abgesetzt: ,,Aus dem kosmologischen Dualismus der Gnosis ist bei Johannes ein Entscheidungsdualismus geworden" (Theologie des NT, S. 367). Aufgrund des Thomasevangeliums erwidert Ernst Haenchen (ThLZ 89, 1964, Sp. 891): ,,Wir begegnen hier einem gnostischen Entscheidungsdualismus (der sich ausgerechnet nur auf Worte Jesu beruft!) und müssen zugeben: Der Begriff ,Entscheidungsdualismus' besagt noch nichts darüber, ob eine Schrift, die ihn lehrt, christlich ist oder nicht." Selbstverständlich lagen damals noch nicht alle Nag-Hammadi-Texte vor. Z. B. ,,die stupenden ,Parallelen' zum Prolog des Johannes-Evangeliums", die Carsten Colpe in Kodex XIII so anzukündigen wagte (Heidnische, jüdische und christliche Überlieferung in den Schriften aus Nag Hammadi III, JAC 17, 1974, S. 122), waren knapp ein halbes Jahr vor dem Tode Ernst Haenchens durch den Berliner Arbeitskreis für koptisch-gnostische Schriften zugänglich geworden (ThLZ 99, 1974, Sp. 731–46 – siehe meinen Forschungsbericht: Sethians and Johannine Thought: The Trimorphic Protennoia and the Prologue of the Gospel of John, in: The Rediscovery of Gnosticism, Band 2, 1980, S. 643–72). Und manche Einzeluntersuchungen zum Thema Nag Hammadi und Neues Testament stehen wohl noch aus. Aber Ernst Haenchen hat wenigstens die drei großen Nag-Hammadi-Evangelien, das Thomas-Evangelium, das Philippus-Evangelium und das Evangelium der Wahrheit, bei der Vorbereitung seines Johannes-Kommentars im Gedächtnis gegenwärtig gehabt.

Was die Quellenfrage anbelangt, ging Ernst Haenchen – wie auch die Bultmann-Schule – von der Semeia-Quelle, nicht aber von einer gnostischen Quelle von Offenbarungsreden aus. So teilte er mir brieflich mit (1966): ,,. . . die sog. ,Wunder-Quelle' im Sinne von ,Hinweis' ist ihrer Art nach eine Art von gesteigertem Mk: sie versucht durch die Erzählung von (gegenüber Mk) noch gesteigerten Wundern die Gottessohnschaft des auf Erden wandelnden Jesus zu erweisen." Aber schon in einem Brief aus dem Jahr

1968 wird der Begriff abgelehnt: „Semeia-Quelle ist ein unglücklicher Name, da nur Kanawunder und Heilung des Sohnes des *basilikos* als *semeia* gezählt werden. 6,26 ist etwas ganz anderes." Weiter ist ihm die Einheit der Semeia-Quelle fraglich geworden, wie es in einem Brief von 1969 lautete: „Freilich ist nicht gesagt, daß der Evangelist nur eine einzige Vorlage zur Verfügung hatte. Wahrscheinlich wird das Verständnis der Semeia als überzeugender Wunder damals das eigentlich Übliche gewesen sein. Darum ist es mir sehr fraglich, ob man à la Bultmann die Vorlagen im Erzählgut (von dem jetzt allein die Rede ist) die ‚Quelle' bis in die Halbverse hinein rekonstruieren kann. Deshalb muß ich oft ‚Tradition' schreiben, ohne mich näher auf die genaue Abgrenzung und Herkunft dieser Überlieferung einlassen zu können." Insofern ist das in dieser Hinsicht Schwebende im jetzigen Kommentar nicht etwa als noch wankende Unsicherheit einer vorletzten Durcharbeitung anzusehen, sondern eher als das wohl überlegte Ergebnis seines kritischen Scharfsinnes. Das Großartige an diesem Kommentar besteht zunächst in der Bescheidenheit, das tatsächlich Errungene nicht durch die Verbindung mit einer allzu unsicheren Gesamtlösung in Frage zu stellen.

Ähnlich wie die Rolle des hinter dem „Evangelisten" liegenden „Erzählers" erheblich erweitert worden ist, ist der „kirchliche Redaktor" aufgewertet und zum „Ergänzer" umgenannt worden. Denn bei der Redaktionsgeschichte griff Ernst Haenchen statt auf Bultmann eher auf E. Schwartz zurück. In diesem Fall nahm er ausnahmsweise mein Angebot an, ihm nicht mehr leicht zugängliche Literatur zu verschaffen: Er wollte noch einmal genauer Kenntnis nehmen von: E. Schwartz, Aporien im vierten Evangelium (NGWG.PH, 1907, 342–372; 1908, 115–148.149–188.497–560). Dazu erarbeitete ihm dann seine Schreibhilfe am Anfang von 1969 ein Register der Johannesstellen aus – ich bekam eine Kopie davon als Gegengabe. Schwartz nimmt seinen Ausgangspunkt in Aporien, die er mit der Hypothese löst, daß der Lieblingsjünger und die Entlehnungen aus den Synoptikern als sekundäre Erweiterungen einer Grundschrift zu verstehen sind. Also hat Ernst Haenchen Bultmanns „kirchlichen Redaktor" nicht abgelehnt, sondern diese Schicht als eine viel breitere schriftstellerische (und nicht nur redaktionelle) Tätigkeit verstanden, aus der die endgültige Gestalt des Johannes-Evangeliums hervorgegangen ist. So hat Ernst Haenchen die Umwandlung der Semeia-Quelle und des „kirchlichen Redaktors" in drei sich fast die Waage haltenden Stadien der Verfasserschaft des vierten Evangeliums angebahnt. Dadurch ist es nun zur exegetischen Aufgabe geworden, das Evangelium als eine traditionsgeschichtliche Entwicklungslinie auszulegen. Hier wie sonst wirkte Ernst Haenchen bahnbrechend für die Epoche der johanneischen Forschung, in der wir jetzt stehen. Man kann das auf Schritt und Tritt etwa im laufenden Forschungsbericht von Hartwig Thyen spüren: „Aus der Literatur zum Johannesevangelium" (ThR NF 39, 1974–75, 1–69. 222–52.289–330; 42, 1977, 211–70; 43, 1978, 328–59; 44, 1979, 97–134; usw.).

Gegen Ende der sechziger Jahre gab es in der Society of Biblical Literature eine Reorganisation, wodurch u. a. Seminare zur gemeinsamen Arbeit die langatmigen Vorträge z. T. ersetzen sollten. Anläßlich der Gründung des „Gospels Seminar" wurde ich von Krister Stendahl aufgefordert, eine mögliche Zukunft der Erforschung der Evangelien vorzuschlagen. So ist mein Vortrag in Berkeley am 19. Dezember 1968 über „Die johanneische Entwicklungslinie" zu einer Art Vorankündigung des jetzigen Kommentarwerkes geworden (Entwicklungslinien durch die Welt des frühen Christentums, 1971, S. 221, Anm. 11: „Haenchen arbeitet seit Jahrzehnten an einem Johannes-Kommentar, der noch nicht erschienen, aber teilweise im Manuskript zugänglich ist." Es ist also über diesen Kommentar schon vor seinem Erscheinen berichtet worden: „Im Interesse der weitergehenden Johannesinterpretation ist es ganz dringend zu wünschen, daß auch der wissenschaftliche Nachlaß von Ernst Haenchen möglichst bald und vollständig der Öffentlichkeit zugänglich gemacht wird. Wie Richter bereitete auch Ernst Haenchen einen Johanneskommentar vor, aus dessen vielversprechendem Manuskript schon hie und da in amerikanischen Publikationen zitiert wurde" (Thyen, ThR 42, 1977, 212 – siehe auch 227 und 242). In der Tat habe ich Ernst Haenchen gebeten, dem neu gegründeten Seminar die Reinschrift derjenigen Teile der Einleitung und Auslegung zugänglich zu machen, die sich mit den Wundergeschichten befassen. Dies hat er im Laufe des darauffolgenden Jahres auch getan. So wurde seine Maschinenschrift vervielfältigt und der Sitzung vom 16. Dezember 1969 in New York zugrundegelegt. Insofern hat dieses Echo aus der Ferne zur Niederschrift angereizt und zur Ermöglichung des postum erschienenen Kommentars beigetragen, worüber ich meine Freude und Dankbarkeit auch hier aussprechen möchte.

Claremont, Juli 1980 James M. Robinson

# Vorwort des Herausgebers

Schon manche Auslegung des Johannes-Evangeliums ist erst nach dem Ableben des Verfassers veröffentlicht worden. Das Geschick teilt dieser Kommentar u. a. mit denen von F. L. O. Baumgarten-Crusius, J. H. Bernard, R. H. Lightfoot und G. Richter. Als Ernst Haenchen am 30. 4. 1975 (vgl. den Nachruf von R. Smend, in: ZThK 72, 1975, 303–309) im achtzigsten Lebensjahr starb, hinterließ er mehrere bis in Einzelheiten ausgearbeitete Entwürfe einer Auslegung des Johannes-Evangeliums, die ihn die letzten fünfundzwanzig Jahre intensiv beschäftigt hatten. Doch reicht das Interesse an diesem Evangelium erkennbar bis in seine Studentenzeit selbst zurück. Im Nachlaß fanden sich neben dem ersten eigenen Manuskript für eine Vorlesung, die noch in der Zeit des Erscheinens des großen Bultmann-Kommentars zum Johannes-Evangelium 1937ff. wohl in Münster gehalten wurde, eine von eigener Hand stammende Mitschrift eines Johannes-Kollegs von M. Dibelius im Sommersemester 1915, dem für das Gebiet des Neuen Testaments von ihm so hochgeschätzten Lehrer.

Da es ihm nicht vergönnt war, das Pendant seines Kommentars zur Apostelgeschichte, eine Auslegung des Lukas-Evangeliums, zu verfassen, wandte er sich nach 1954 endgültig dem Johannes-Evangelium zu. Er übernahm zunächst die Bearbeitung des Johannes-Kommentars im ,,Handbuch zum Neuen Testament". Von Krankheiten, die sein Leben seit seiner schweren Kriegsverletzung im ersten Weltkrieg ständig bedrohten, und von der Bearbeitung der jeweiligen Neuauflage seines Actakommentars unterbrochen, arbeitete er bis in die letzten Lebenstage hinein täglich an diesem Kommentar.

Die schon mit den Aufsätzen zum Johannes-Evangelium und seinen Arbeiten zur Gnosis, die sich forschungsgeschichtlich eng berühren, geweckten Erwartungen veranlaßten Frau Haenchen nach dem Tode ihres Mannes, den Nachlaß sichten und prüfen zu lassen. Besonders Prof. Dr. Paul Hoffmann, Bamberg, bestärkte sie darin, ein Manuskript für einen möglichen Druck zusammenzustellen. Denn es ergab sich, daß alle Entwürfe, wenn auch in der Form verschieden, methodisch und gedanklich großenteils einer Konzeption folgten, die nur auf jeweils verschiedene Leserschichten ausgerichtet war. Einmal strebte der Autor die Form des ,,Handbuches zum Neuen Testament" (A) an. Eine andere Form legte das Evangelium für eine breitere Leserschicht aus (B), wie er es in seinem Markus-Kommentar ,,Der Weg Jesu" versucht hatte. Wiederum eine weitere Fassung (C) war der Form nach seinem Actakommentar verpflichtet. Da diese auch in der letzten Überarbeitung (D) beibehalten wurde, lag es nahe, sie auch für die Endfassung zu wählen.

Da Ernst Haenchen mir anläßlich meiner Doktorarbeit an seinen reichen Kenntnissen in der Lukas-Forschung Anteil gab, entwickelte sich in seinen letzten Lebensjahren zwischen uns ein Lehrer-Schüler-Verhältnis bester Art. So wurde ich mehr und mehr in den Bannkreis seiner johanneischen Entwürfe gezogen. Von den anfänglichen Botengängen, die dem Herbeischaffen der Literatur dienten, bis zu den meist in der Rolle eines stummen Zuhörers miterlebten Disputationen über die johanneische Frage in all ihrer Komplexität war es nur ein kleiner Schritt. Auf diese Weise war ich in der Lage, über den letzten Stand der Dinge einigermaßen Auskunft geben zu können. Dies legte es nahe, mich mit der Herausgabe des Kommentars zu betrauen. Prof. Hoffmann, bei dem ich am Lehrstuhl für neutestamentliche Exegese an der Katholisch-Theologischen Fakultät der Universität Bamberg eine Assistentenstelle übernommen hatte, erklärte sich bereit, mich für die Arbeit so weit wie möglich freizustellen und die materiellen Voraussetzungen zu garantieren.

So begann die Arbeit an der Endfassung des Kommentars im Frühling 1977. Die Vorarbeiten von Frau Haenchen, die die Konzeptpapiere ihres Mannes ordnete und manche Manuskriptseite in der Kurzschrift der alten Tübinger Stiftler wieder lesbar machte, ermöglichten es, die Arbeit zu einem so schnellen Abschluß zu bringen. Vor allem ist es auch ihr zu verdanken, daß alle Fassungen, die schon in Händen erfahrener Johannes-Forscher waren, mir wieder zugänglich wurden. So stellte Prof. Dr. J. M. Robinson, Claremont, sein Exemplar zur Verfügung, das mit dem von Prof. Dr. R. Hamerton-Kelly, Stanford University, ebenso identisch war wie mit dem, das sich im Nachlaß von Dr. Georg Richter (aber nur die ersten fünf Kapitel) fand. Besonders mit letzterem, der leider im gleichen Jahr viel zu früh verstarb, hatte Ernst Haenchen in einem intensiven Gedankenaustausch und Briefverkehr gestanden.

Bei einer ersten Sichtung des Nachlasses ergab sich für den Johannes-Kommentar folgender Textbefund: (s. nächste Seite).

Neben den ausgearbeiteten Auslegungen von Einzelperikopen und Teilen der Einleitung fanden sich zu manchen Perikopen (besonders zum Prolog-Hymnus 1,1–18) noch weitere Versuche und Entwürfe, die zwar durchformuliert, aber nicht beendet worden waren. Da Ernst Haenchen sie aber aufbewahrt und zu seinen fertigen Auslegungen geheftet hatte, war es möglich, auch diese für die Endfassung zu berücksichtigen. So konnten z. B. aus dem Textmaterial zum Prolog und zum Anhangskapitel 21 zwei Exkurse zusammengestellt werden. Gleichzeitig stellte sich bei diesem erfreulichen Textbefund heraus, daß einzelne Abschnitte des Johannes-Evangeliums nur in einer einzigen älteren Fassung vorlagen und keine Überarbeitung erfahren hatten. Um dennoch diese Stücke (Joh 7,14–8,59; 12,12–50 und 14–16) an den möglichst letzten Stand der Auslegung heranzuführen, wurden die Rezensionen, Aufsätze, der Kommentar „Der Weg Jesu" und das Vorlesungsmanuskript des Verfassers zu Rate gezogen und die ältere Textfassung ergänzt.

| | |
|---|---|
| A (1954ff.) | § 1; § 2; § 3; § 4; § 5; § 6.1; 1,1–18; 1,19–28; 1,29–34; 1,35–51; 2,1–12; 2,23–25; 3,1–21; 3,22–36; 4,1–42; 4,43–54; 5,1–47; 6,1–15; 6,16–25; 6,60–71; 7,14–52; 8,12–59; 9,1–41; 10,1–42; 11,1–44; 12,1–8; 12,9–11; 12,12–19; 12,36b–50; 13,1–38; 14,1–31; 15,1–17; 15,18–26; 16,1–33; 17,1–26; 20,1–31; 21,1–25. |
| B (1960ff.) | § 1; § 2; § 3; § 6.1; § 6.2; 1,1–18; 1,19–28; 2,1–11; 2,13–25; 4,1–42; 5,1–30; 7,1–52; 9,1–41; 11,1–44; 12,12–19; 12,20–36; 13,1–38; 17,1–26; 18,1–40. |
| C (1963ff.) | § 1; § 2; § 4; § 5; § 6.2; § 6.3; § 6.4; 1,1–18; 1,19–28; 1,29–34; 1,35–39; 1,40–51; 2,1–11; 2,13–22; 4,1–42; 4,43–54; 5,1–30; 5,31–47; 6,1–15; 6,16–25; 6,26–51a; 6,51b–59; 7,1–13; 7,14–52; 11,1–44; 11,45–54; 17,1–26; 18,1–27; 18,28–19,16a; 20,1–31; 21,1–25. |
| D (1970ff.) | § 2; § 4; § 5; § 6,1; § 6,2; 1,19–28; 1,29–34; 2,1–11; 2,13–22; 3,1–21; 4,1–42; 5,1–30; 6,1–13; 6,14–25; 11,1–44; 12,1–8; 18,1–27; 18,28–19,16a; 19,16b–41. |

Da eine textkritische Edition nicht vorgesehen war, ergaben sich die editorischen Prinzipien aus dem vorliegenden Textmaterial. Der Verfasser hatte in C und D zu erkennen gegeben, daß er die Form seines Apostelgeschichte-Kommentars mit Übersetzung der Perikope, Literaturangaben, Einzelauslegung und Gesamtbesprechung anstrebte. Daher wurde diese Form für den Kommentar maßgebend. Die Entscheidung für sie hatte eine doppelte Konsequenz: Zum einen war damit die endgültige Textfassung festgelegt. Die Basis bildete die Textfassung D, falls diese nicht vorhanden war, die Textfassung C. Gleichzeitig mußten die Fassungen A und B gesichtet werden, ob sie für die Einzelauslegung bzw. für die Gesamtbesprechung noch Material enthielten, was für die Entwicklung des Gedankenganges und der exegetischen Argumentation nützlich war. Dies konnte dann an der richtigen Stelle in die Endfassung eingeschoben werden. Zum anderen mußten die Perikopen, die nur in einer älteren Fassung vorlagen, mit Hilfe des schon vom Verfasser Veröffentlichten so umgestaltet werden, daß sie der Form und dem Inhalt nach dem rekonstruierbaren letzten Stand der Exegese des Verfassers entsprachen. So hatten die Aufsätze bzw. sein Kommentar „Der Weg Jesu" Vorrang vor dem Vorlesungsmanuskript. Letzteres repräsentierte nicht den letzten Stand der Reflexion, sondern den frühesten, noch die ganz von der damals überragenden Auslegung Bultmanns bestimmte Sicht. Es ist für die Entwicklungsgeschichte der Auslegung des Verfassers ein zentrales Dokument. Zeigt sich doch in der späteren Entwicklung eine allmähliche – zuerst zögernde, dann immer sicherere – Ablösung von der Position Bultmanns, wobei die quellenkritischen Thesen von Wellhausen und Schwartz eine wichtige Rolle spielen. Gleichzeitig darf man nicht übersehen, daß Ernst Haenchen bei aller Distanz auch von der Auslegung des Evangeliums durch Emanuel Hirsch beeinflußt wurde. Über die beiden Exponenten der Johannes-Interpretation der zwanziger und dreißiger Jahre gewann er seine eigene Position mit Hilfe der älteren Forschung und der von ihm selbst entwickelten – so fruchtbar demonstriert in der Auslegung der Apostelgeschichte – Kompositionskritik, einer Spielart der Redaktionskritik.

Aufgrund des Prinzips, von der jüngsten Textfassung auszugehen und nur in Notfällen auf ältere Fassungen zurückzugreifen, wurde bald offenbar, welche Teile aus dem zum Johannesevangelium bereits Veröffentlichten für die Vervollständigung des Kommentars besonders hilfreich waren: An erster Stelle muß der Aufsatz ,,Der Vater, der mich gesandt hat" (Gott und Mensch: 68–77) genannt werden. Er wurde fast vollständig eingearbeitet. So stand er als zentraler Ausdruck des Verständnisses des Johannesevangeliums von Ernst Haenchen für den wichtigen Einleitungsparagraphen 7 nicht mehr zur Verfügung. Deshalb wurde dort auf Teile des Artikels (S. 9–14) in der Festschrift für Gustav Stählin (Wuppertal 1970) ,,Vom Wandel des Jesusbildes in der frühen Gemeinde" zurückgegriffen. Darüber hinaus wurden noch folgende Aufsätze teilweise eingearbeitet, u. z. in der Reihenfolge ihrer Bedeutung: Als erster muß genannt werden: ,,Johanneische Probleme" (Gott und Mensch: 78–113), dann: ,,Probleme des johanneischen Prologs" (Gott und Mensch: 114–143); ferner: ,,Das Johannesevangelium und sein Kommentar" (Die Bibel und Wir: 208–234); ,,Historie und Geschichte in den johanneischen Passionsberichten" (Die Bibel und Wir: 182–207); ,,Aufbau und Theologie des Poimandres" (Gott und Mensch: 335–377); ,,Spruch 68 des Thomasevangeliums" (Le Muséon 75, 1962, 19–29); Art.: ,,Gnosis und Neues Testament" (RGG ³II. 1652–1656); ,,Literatur zum Codex Jung" (ThR 30, 1964, 39–82) und ,,Statistische Erforschung des Neuen Testamentes" (ThLZ 87, 1962, 487–498); in Frage kamen auch die Rezensionen von Ernst Haenchen über: Böcher, O., Der johanneische Dualismus im Zusammenhang des nachbiblischen Judentums, Gütersloh 1965 (ThLZ 91, 1966, 584); Dodd, C. H., Historical Tradition in the Fourth Gospel (ThLZ 93, 1968, 346–348); Grundmann, W., Zeugnis und Gehalt des Johannesevangeliums, Berlin 1961 (ThLZ 87, 1962, 930); Guilding, A., The Fourth Gospel and Jewish Worship, Oxford 1960 (ThLZ 86, 1961, 670–672); Müller, T., Das Heilsgeschehen im Johannesevangelium (ThLZ 88, 1963, 116–118); Gögler, R. ed., Origines: Das Evangelium nach Johannes, Einsiedeln/Köln 1969 (ThLZ 87, 1962, 604–605); De resurrectione (Epistola ad Rheginum)

Codex Jung, Zürich 1963 (Gnomon 36, 1964, 359–363); Schnackenburg, R., Das Johannes-Evangelium I, Freiburg 1965 (ThLZ 93, 1968, 427–429); Smith, D. M., The Composition and Order of the Fourth Gospel, New Haven 1965 (ThLZ 91, 1966, 508–510); Wiles, M. F., The Spiritual Gospel, London 1960 (ThLZ 86, 1961, 505–506). Trotz all dieser Hilfe ist es nicht gelungen, den Kapiteln 12,12–50; 14–16 die angestrebte Form zu geben. Für diese Kapitel war das Textmaterial zu gering, um eine Umgestaltung der älteren Auslegung in Einzelauslegung und Gesamtbesprechung wagen zu können.

Um der Gesamtkonzeption zu entsprechen, mußte ich häufig selbst knappe Überleitungen schaffen, damit die verschiedenen Textfassungen zueinander paßten. Diese wurden für den Leser sichtbar *kursiv* gesetzt. Außerdem wurden alle Anmerkungen – soweit wie möglich – in den Text übernommen, um den Anmerkungsteil für meine Hinweise auf unterschiedliche Interpretationsansätze zur Verfügung zu haben. Im Rahmen der Edition wurden alle Zitate im Text verifiziert und notfalls korrigiert. Leider war es nicht immer möglich, die Zitate der jeweiligen letzten Ausgabe eines Werkes anzupassen.

Obwohl der Verfasser schon für viele Einzelperikopen die Literaturangaben fertiggestellt und für andere in seinem Exemplar der Bibliographie von E. Malatesta, St. John's Gospel: 1920–1965 (Rom 1967) die betreffenden Hinweise gegeben hatte, schien es angebracht, die Literaturangaben vollständig zu überarbeiten. Denn es sollte der Anlage des Kommentars gemäß einmal erreicht werden, daß die Literaturangaben den neuesten Stand (also bis Ende 1979) repräsentierten. Zum anderen erschien es erstrebenswert, da in vielen neueren Kommentaren die Literatur nur ungefähr zur Jahrhundertwende zitiert, die Umbruch- und Kampfzeit des vorigen Jahrhunderts aber übergangen bzw. nur in enger Auswahl dem Leser nahegebracht wird, die Liste bis ins vorige Jahrhundert hinein zu verlängern. In dieser Meinung bestärkte den Herausgeber die Tatsache, daß der Verfasser selbst sich immer der Bedeutung der Forschung des vergangenen Jahrhunderts bewußt war und häufig zumal auf die Ergebnisse der kritischen zurückgriff. Da die ursprünglichen Literaturangaben nur den Zeitraum zwischen 1920–1965 umfaßten, habe ich mit Hilfe der Forschungsgeschichte von H. Thyen in der Theologischen Rundschau 1974.1977–1979, der Bibliographie von A. Moda, Quarto Vangelo: 1966–1972 (RivBib 22, 1974, 53–86) und eigener Recherchen die Literaturangaben so ausgestaltet, daß sie nach Möglichkeit den Zeitraum 1800–1979 umfassen. Dabei wurden die Exkurse der Kommentare und ausführlichere Abhandlungen über einzelne johanneische Probleme in Monographien nicht erfaßt. Unberücksichtigt blieben auch Stellungnahmen zu Einzelproblemen in Aufsätzen, die im Titel nicht ausgewiesen sind. Neben den Literaturangaben wurden von mir folgende Perikopen aus dem Griechischen übersetzt: Joh 1,29–34; 12,20–36; 19,1–16a; 19,16b–42.

Auf diese Weise ist hoffentlich ein Kommentar zum Johannesevangelium entstanden, der das fazettenreiche Denken des Verfassers und seine Formulierkunst in vielen Partien wiederspiegelt. Gleichzeitig sollte auch deutlich werden, daß Ernst Haenchen mit ihm den Stand der kritischen Forschung darstellen wollte, die letztlich die Einheit des Johannesevangeliums nur in seiner Genese begreifen kann. Das schließt wiederum mit ein, daß neben der Korrektur einer vorschnellen religionsgeschichtlichen Ableitung des Johannesevangeliums aus der Gnosis die traditionsgeschichtliche und quellenkritische Frage erneut gestellt ist. Nur bei dieser Weichenstellung schien ihm die Forschung den richtigen Weg einzuschlagen, um die Rätsel des Johannesevangeliums mit besserem Erfolg zu lösen als es vorhergehenden Forschergenerationen vergönnt war. Mein Ziel war es, die abwägende Stimme des verehrten Lehrers unverfälscht noch einmal zu Gehör zu bringen.

Die Arbeit wurde besonders dadurch gefördert, daß Frau Margit Haenchen keine Mühe scheute, das Lebenswerk ihres Mannes in diesem Kommentar abzurunden. Zu danken habe ich auch der Universität Bamberg, die aus ihrem Forschungsetat die Mittel bereitgestellt hat, um die Vorarbeiten zu finanzieren. Prof. Dr. F. H. Kettler, Münster, hat freundlicherweise u. a. die Überprüfung der patristischen Belegstellen übernommen. Frau H. Meisner hat dankenswerterweise – neben der täglichen Beanspruchung durch zwei Lehrstühle – die Mühe der Manuskriptherstellung auf sich genommen. Für ihre Hilfe beim Korrekturlesen danke ich den Studentinnen bzw. Studenten I. Bouillon, W. Hafner, J. Klinger, L. Klinger, J. Kügler, B. Maier und C. Roggenbuck.

Bamberg, Juli 1980                                                                Ulrich Busse

# Inhalt

# Abkürzungen

Die Abkürzungen bei Literaturangaben richten sich nach: *Schwertner, S.*, Internationales Abkürzungsverzeichnis für Theologie und Grenzgebiete, Berlin/New York 1974. In der Regel verweist im Kommentar nur noch der Name auf die Literatur (z. B.: ,,*Barrett*“). Bei Benutzung von mehreren Werken eines Verfassers wird durch dem Namen nachgestellte Stichwörter (z. B.: ,,*Bultmann*, Theologie“) oder etwa bei Aufsätzen auch durch die Fundortangabe (z. B.: ,,*Faure*, ZNW 21 (1922) 99–121“) differenziert. Wird auf eine bestimmte Stellungnahme eines Autors hingewiesen, erfolgt zur Hilfe die Seitenangabe aus dem Werk (z. B.: ,,*Barrett* 321“). Auf Kommentare wird nur durch Autorennamen mit Seitenangabe verwiesen. In den Literaturangaben vor jedem Kapitel finden sich, falls notwendig, die in dem betreffenden Kapitel zitierten Werke.

Darüber hinaus wurden an verschiedenen Stellen Literaturangaben zu bestimmten Problemkreisen des JE eingefügt:

| | |
|---|---|
| A bzw. Anm. | Anmerkung |
| BC | The Beginnings of Christianity, ed. K. Lake/F. J. Foakes Jackson, London 1920–1933. |
| Bleek, F., Beiträge | Bleek, F., Beiträge zur Evangelien-Kritik, Berlin 1846 |
| BN | Biblische Notizen, Bamberg 1976 ff. |
| EVB | Käsemann, E., Exegetische Versuche und Besinnungen, 2 vol., Tübingen ³1968 |
| JE | Johannesevangelium |
| LkS | lukanisches Sondergut |
| Q | Logienquelle |
| scil. | scilicet |
| s. | siehe |
| sog. | sogenannt |
| t.t. | terminus technicus |
| z.St. | zur Stelle |
| z.T. | zum Teil |
| z.Z. | zur Zeit |

# Literatur

## A. Texte:

*Aland, K.,* Synopsis Quattuor Evangeliorum, Stuttgart[3] 1964.

Apocryphon Johannis, ed. S. Giversen, Kopenhagen 1963.

Die drei Versionen des Apokryphon des Johannes im koptischen Museum zu Alt-Kairo, hrsg. von M. Krause/P. Labib, Wiesbaden 1962.

Biblia Hebraica, ed. R. Kittel, Stuttgart[3] 1962.

Bibliothek der Kirchenväter, Kempten/München 1912ff.

*Bihlmeyer, K.* hrsg., Die Apostolischen Väter, Tübingen 1924.

*Billerbeck, P.,* Kommentar zum Neuen Testament aus Talmud und Midrasch, München 1922–1961.

Corpus Hermeticum, ed. A. D. Nock/A. J. Festugiere, 4 vol, Paris 1945–54.

De Resurrectione (Epistula ad Rheginum), ed. M. Malinine, H. C. Puech, G. Quispel, W. Till, Zürich 1963.

*Dieterich, A.,* Eine Mithrasliturgie, [3]1923 Darmstadt 1966.

Eusebius Kirchengeschichte, hrsg. von E. Schwartz, Leipzig[2] 1914.

L'évangile de vérité, ed. J. E. Ménard, Paris 1962.

L'évangile selon Philippe, ed. J. E. Ménard, Paris 1967.

Das Evangelium nach Philippos, hrsg. und übersetzt von W. C. Till, Berlin 1963.

The Gospel of Truth, transl. and ed. K. Grobel, London 1960.

Flavii Josephi Opera, ed. B. Niese, 7 vol., Berlin 1955.

*Flavius Josephus,* De Bello Judaico, hrsg. und übersetzt von O. Michel und O. Bauernfeind, Darmstadt 1959–1969.

Die Gnosis, unter Mitwirkung von E. Haenchen, M. Krause, eingeleitet, übersetzt und erläutert von W. Foerster, Zürich/Stuttgart 1969. Bd I: Zeugnisse der Kirchenväter, hrsg. von C. Andresen, Bd. II: Koptische und Mandäische Quellen, eingeleitet, übersetzt und erläutert von M. Krause, K. Rudolph, mit Registern zu Bd. I und II versehen und hrsg. von W. Foerster, Zürich/Stuttgart 1971.

*Goodspeed, E. J.,* Die ältesten Apologeten, Göttingen 1914.

*Haardt, R.,* Die Gnosis. Wesen und Zeugnisse, Salzburg 1967.

*Haenchen, E.,* Die Botschaft des Thomas-Evangeliums, Berlin 1961.

*Hennecke, E./Schneemelcher, W.,* Neutestamentliche Apokryphe, 2 vol., Tübingen [3]1959.1964.

Hermetica, ed. W. Scott/A. S. Ferguson, 4 vol., Oxford 1924–1936.

The Jung Codex. Three Studies by H. C. Puech, G. Quispel, W. C. van Unnik, transl. and ed. F. L. Cross, London 1955.

*Kautzsch, E.,* Die Apokryphen und Pseudepigraphen des Alten Testaments, 2 vol., Tübingen 1921.

*Knopf, R./Bauer, W./Windisch, H./Dibelius, M.,* Die Apostolischen Väter, Tübingen 1923.

Koptisch-gnostische Schriften aus den Papyrus-Codices von Nag-Hammadi, hrsg. von J. Leipoldt/H. M. Schenke, Hamburg 1960.

*Migne, J. P.,* Patrologiae cursus completus, series graeca, Paris 1857–1866.

Novum Testamentum graece, ed. E. Nestle/K. Aland, Stuttgart [25]1963.[26]1979.

Die Oden Salomons, hrsg. von W. Bauer, Berlin 1933.

*Origenes,* Das Evangelium nach Johannes, übersetzt und eingeführt von R. Gögler, Einsiedeln/Zürich/Köln 1959.

Papyrus Bodmer, II (P 66) ed., V. Martin, Genf 1956; Supplément, Genf 1962.

Papyrus Bodmer III, ed. R. Kasser, Löwen 1958.

Papyrus Bodmer XV (P 75), ed. V. Martin et R. Kasser, Genf 1961.

*Philo von Alex.,* Opera omnia, ed. L. Cohn et P. Wendland, 7 vol., Berlin 1962f.

*Riessler, P.,* Altjüdisches Schrifttum außerhalb der Bibel, Augsburg 1928.

The Sentences of Sextus, ed. H. Chadwick, Cambridge 1959.

Septuaginta, ed., A. Rahlfs, Stuttgart 1962.

Die griechischen christlichen Schriftsteller der ersten drei Jahrhunderte, hrsg. von der Kirchenväter-Commission der kgl. preußischen Akademie der Wissenschaften, Leipzig 1897ff.

XX

## B. Allgemeine Hilfsmittel:

*Bauer, W.*, Griechisch-deutsches Wörterbuch zu den Schriften des Neuen Testaments und der übrigen urchristlichen Literatur, Berlin ⁵1958.

*Beyer, K.*, Semitische Syntax im Neuen Testament I/1, Göttingen 1962.

*Black, M.*, An Aramaic Approach to the Gospels and Acts, Oxford ³1967.

*Blass, F./Debrunner, A.*, Grammatik des neutestamentlichen Griechisch, Göttingen 1954.

*Frickel, J.*, Die „Apophasis Megale" in Hippolyt's Refutatio (VI 9–18), Rom 1968.

*Giversen, S.*, Sandhedens Evangelium. De gnostiske handskrifter fra Nildalen, Kopenhagen 1957.

*Hatch, E./Redpath, H. A.*, A Concordance to the Septuagint, 2 vol., Graz 1954.

*Jastrow, M.*, A Dictionary of the Targumim, the Talmud babli and Yerushalmi, and the Midrashic Literature, New York 1950.

*Jonas, H.*, The Gnostic Religion, Boston 1958.

*Ders.*, Gnosis und spätantiker Geist, 2 vol., Göttingen 1934.1954.

*Jülicher, A./Fascher, E.*, Einleitung in das NT, Tübingen ⁷1931.

*Lampe, G. W. H.*, A Patristic Greek Lexicon, Oxford 1961–1968.

*Malatesta, E.*, St. John's Gospel: 1920–1965, Rom 1967.

*Mayser, E.*, Grammatik der griechischen Papyri aus der Ptolemäerzeit, 2 vol. Berlin/Leipzig 1904–1934.

*Metzger, B. M.*, Index to Periodical Literature on Christ and the Gospels, Leiden 1966.

*Ders.*, The Text of the New Testament, Oxford 1964.

*Michaelis, W.*, Einleitung in das NT, 1946.²1954.³1961.

*Moda, A.*, Rassegua di lavori cattolici su S. Giovanni dal 1950 al 1960, RivBib 10 (1962) 64–91.

*Ders.*, Quarto Vangelo: 1966–1972. Una selecione bibliografica, RivBib 22 (1974) 53–86.

*Morgenthaler, R.*, Statistik des neutestamentlichen Wortschatzes, Zürich 1958.

*Moulton, W. F./Geden, A. S.*, A Concordance of the Greek Testament, Edinburgh ³1926.

*Plumley, J. M.*, An Introductory Coptic Grammar (Sahidic Dialect), London 1948.

*Quispel, G.*, Makarius, Das Thomasevangelium und Das Lied von der Perle, Leiden 1967.

*Radermacher, L.*, Neutestamentliche Grammatik, Tübingen ²1925.

– Die Religion in Geschichte und Gegenwart, hrsg. von K. Galling, Tübingen ³1957–1962.

*Spiegelberg, W.*, Koptisches Handwörterbuch, Heidelberg 1921.

*Schulthess, F.*, Grammatik des christlich-palästinischen Aramäisch, hrsg. von E. Littmann, Tübingen 1924.

*Schwertner, S.*, Internationales Abkürzungsverzeichnis für Theologie und Grenzgebiete (IATG), Berlin 1974.

*Steyer, G.*, Satzlehre des ntl. Griechisch, Gütersloh ²1975.

Theologisches Wörterbuch zum Neuen Testament, hrsg. von G. Kittel/G. Friedrich, Stuttgart 1933–1979.

*Till, W.*, Koptische Dialektgrammatik, München ²1961.

*Wettstein*, Novum Testamentum Graecum, 2 vol., Graz 1962.

*Wilson, R. McL.*, The Gnostic Problem, London 1958.

## C. Kommentare:

*Barclay, W.*, Johannesevangelium, 2 vol., Wuppertal 1969.1970.

*Barrett, C. K.*, The Gospel According to St. John, London 1955.²1978.

*Bäumlein, W. F. L.*, Kommentar über das Evangelium des Johannes, Stuttgart 1863.

*Bauer, B.*, Kritik der evangelischen Geschichte des Johannes, Bremen, 1840.

*Ders.*, Kritik der evangelischen Geschichte der Synoptiker, 3 vol., Leipzig 1846.

*Bauer, W.*, Das Johannesevangelium, Tübingen ³1933.

*Baumgarten-Crusius, L. F. O.*, Theologische Auslegung der joh. Schriften, 2 vol. (2. Bd. hrsg. von E. J. Kimmel), Jena 1843. 1845.

*Baur, F. C.*, Kritische Untersuchung über die kanonischen Evangelien, ihr Verhältniß zu einander, ihren Charakter und Ursprung, Tübingen 1847, 77–389.

*Becker, J.*, Das Evangelium des Johannes, Gütersloh/Würzburg 1979f.

*Belser, J. E.*, Das Evangelium des hl. Johannes, 1905.

*Bernard, J. H.*, The Gospel According to St. John, 2 vol. (ed. A. H. McNeile), Edinburgh 1928.

*Blank, J.*, Das Evangelium nach Johannes, Düsseldorf 1977.

*Boehmer, J.*, Das Johannesevangelium nach Aufbau und Grundgedanken, Eisleben 1928.

*Boice, J. M.*, The Gospel of John, Grand Rapids 1979.

*Boismard, M. E./A. Lamouille*, L'évangile de Jean, Paris 1977.

*Bouyer, L.*, Le quatrième évangile, Tournai / Paris ³1956.

*Braun, F. M.*, L'Evangile selon S. Jean, Paris 1950, 295–487.

*Brown, R. E.*, The Gospel According to John, 2 vol., New York 1966.1970.

*Büchsel, F.,* Das Evangelium nach Johannes, Göttingen [2]1935.

*Bultmann, R.,* Das Evangelium des Johannes, Göttingen [10]1968.

*Bussche, H. van den,* Het Vierde Evangelie, 4 vol. Tielt-Den Haag 1959.1960.

*Calmes, T.,* L'évangile selon S. Jean, Paris 1904.

*Charnwood, G.R.B.,* According to St. John, Boston/London 1925.

*Delafosse, H.,* Le quatrième évangile, Paris 1925.

*Edwards, R. A.,* The Gospel According to St. John, London 1954.

*Ewald, H.,* Die johanneischen Schriften, 1861.

*Fenton, J. C.,* The Gospel of John, London 1970.

*Gaebelein, A. C.,* The Gospel of John, New York 1965.

*Godet, F.,* Kommentar zu dem Evangelium des Johannes, Hannover 1890.

*Grundmann, W.,* Das Evangelium nach Johannes, Berlin 1968.

*Guthrie, D.,* John, London 1970, 926–967.

*Hase, K. von,* Vom Evangelium des Johannes, 1866.

*Heitmüller, W.,* Das Evangelium des Johannes, Göttingen 1908, 685–861.

*Hendriksen, W.,* Exposition of the Gospel According to John, Grand Rapids, 1953.

*Hengstenberg, E. W.,* Das Evangelium des Hl. Johannes erläutert, 3 vol. Berlin 1861–1863.

*Hilgenfeld, A.,* Die Evangelien, nach ihrer Entstehung und geschichtlichen Bedeutung, Leipzig 1854, 227–349.

*Hirsch, E.,* Das vierte Evangelium in seiner ursprünglichen Gestalt verdeutscht und erklärt, Tübingen 1936.

*Hobbs, H. H.,* An Exposition of the Gospel of John, Grand Rapids 1968.

*Holland, H. S.,* The Fourth Gospel, London 1923.

*Holtzmann, H. J.,* Das Evangelium des Johannes, Tübingen [3]1908.

*Holtzmann, O.,* Das Johannesevangelium untersucht und erklärt, Darmstadt 1887.

*Hoskyns, E. C.,* The Fourth Gospel (ed. F. N. Davey), London 1940.

*Howard, W. F.,* The Gospel According to John, in: The Interpreter's Bible VIII, New York 1952.

*Huby, J.,* Saint Jean, Paris 1922.

*Hunter, A. M.,* The Gospel According to John, Cambridge 1965 (vgl. *ders.,* According to John, London/Philadelphia 1968/69).

*Jacquier,* Histoire des livres du NT, t. IV: Les écrits johanniques, Paris 1908.

*Kealy, S. P.,* That You May Believe: The Gospel According to John, Slough 1978.

*Keil, C. F.,* Commentar über das Evangelium des Johannes, Leipzig 1881.

*Klee, H.,* Kommentar über das Evangelium nach Johannes, Mainz 1829.

*Kögel, J.,* Das Evangelium des Johannes, Gütersloh 1918.

*Kühnöl, C. G.* (alias Kuinöls), Commentarius in libros NT historicos, Vol. III: Commentarius in Ev. Joh., [3]1825.

*Kysar, R.,* John: The Maverick Gospel, Atlanta 1976.

*Lagrange, M. J.,* L'évangile selon S. Jean, Paris 1925.[8]1947.

*Lampe, F. A.,* Commentarius analytico-exegeticus in Evangelium secundum Joannem, 3 vol., Amsterdam 1724–1726, deutsch: 2 vol., Leipzig 1729.

*Lange, J. P.,* Das Evangelium nach Johannes, Bielefeld 1860.[4]1880.

*Lightfoot, R. H.,* St. John's Gospel, Oxford 1956.

*Lindars, B.,* The Gospel of John, London 1972.

*Loisy, A.,* Le quatrième évangile, Paris 1903.[2]1921.

*Lücke, F.,* Commentar über das Evangelium des Johannes, 2 vol., 1820.1824; [2]1833.1834; [3]1840.1843.

*Luthardt, E. C.,* Das joh. Evangelium nach seiner Eigentümlichkeit geschildert und erklärt, 2 vol., Nürnberg 1852.53; [2]1875.76.

*Ders.,* Kurzgefaßter Kommentar zum Evangelium Johannis, [2]1894.

*MacGregor, G. H. C.,* The Gospel of John, 1928.

*MacRae, G. W.,* Invitation to John: A Commentary on the Gospel of John, New York 1978.

*Maier, A.,* Commentar über das Evangelium des Johannes, 2 vol., Freiburg 1843.45.

*Marsh, J.,* Saint John, Baltimore 1968.[2]1977.

*McPolin, J.,* John, Wilmington 1979.

*Meyer, F. B.,* The Gospel of John, London 1970.

*Meyer, H. A. W.,* Commentar über das NT, 2. Abt.: Das Johannesevangelium, 1834. [2]1852.[3]1856.[4]1862.[5]1869.

*Moe, O.,* Johannesevangeliet, Oslo 1938. [2]1951.

*Mollat, C. F.,* Le quatrième évangile, Genf 1977.

*Morgan, G. C.,* The Gospel According to John, London 1909.

*Morris, L.,* The Gospel According to St. John, Grand Rapids 1970.

*Odeberg, H.,* The Fourth Gospel, Uppsala 1929; reprint 1968.

*Olshausen, H.,* Biblischer Kommentar über sämtliche Schriften des NTs, vol. II: das Joh-

annesevangelium, Königsberg 1830.1832.
²1834.³1838;⁴ hrsg. von Ebrard 1861.
*Oporin, J.*, In clave Ev. S. Johannis, Göttingen 1742.
*Overbeck, F.*, Das Johannesevangelium (hrsg. von C. A. Bernoulli), Tübingen 1911.
*Paulus, H. E. G.*, Commentar über das Evangelium des Johannes, I. Lübeck 1804.
*Perkins, P.*, The Gospel According to St. John, Chicago 1978.
*Prete, B.*, Vangelo secondo Giovanni, Mailand 1965.
*Reuss, J.*, Johanneskommentare aus der griechischen Kirche, Berlin 1966.
*Richardson, A.*, The Gospel According to St. John, London 1959.
*Robinson, B. W.*, The Gospel of John, 1925.
*Russell, R.*, St. John, London/New York 1969, 1022–1074.
*Sanders, J. N./Mastin, B. A.*, A Commentary on the Gospel According to St. John, New York 1968.²London 1975.
*Semler, J. S.*, Paraphrasis Evangelii Johannis, Halle 1771.1772
*Smith, D. M.*, John, Philadelphia 1976.
*Spörri, G.*, Das Evangelium nach Johannes, 2 vol., Zürich 1950.
*Swain, L.*, The Gospel According to St. John, London 1978.
*Schlatter, A.*, Der Evangelist Johannes, Stuttgart 1930.
*Schnackenburg, R.*, Das Johannesevangelium, 3 vol., Freiburg 1965.1971.1975.
*Schneider, J.*, Das Evangelium nach Johannes, Berlin 1976.
*Scholten, J. H.*, Das Evangelium nach Johannes, Leiden 1864, deutsch: Berlin 1867.
*Schulz, S.*, Das Evangelium nach Johannes, Göttingen 1972.
*Strachan, R. H.*, The Fourth Gospel, its Significance and Environment, London ³1946.
*Strathmann, H.*, Das Evangelium nach Johannes, Göttingen ¹¹1968.
*Tasker, R. V. G.*, The Gospel According to St. John, London 1971.
*Temple, W.*, Readings in St. John's Gospel, 2 vol., London 1939/40.
*Tenney, M. C.*, John: The Gospel of Belief, Grand Rapids 1948.
*Tholuck, A.*, Commentar zu dem Evangelium Johannis, Hamburg 1827.⁷1857.
*Tillmann, F.*, Das Johannesevangelium, Bonn ⁴1931.
*Tittmann, K. C.*, Meletemata sacra sive Commentarius exeg. crit. historia in Ev. Johannis, Leipzig 1818.
*Vawter, B.*, Johannine Theology and The Gospel According to John, in: Jerome Bible Commentary: Vol. 2 (1968) 414–466. 828–839.

*Wahle, G. F.*, Das Evangelium nach Johannes, Gotha 1888.
*Weiß, B.*, Das Johannesevangelium als einheitliches Werk geschichtlich erklärt, Berlin 1912.
*Ders.*, Das Johannesevangelium, KEK 2. Abt. Göttingen ⁶1880.⁷1886.⁸1893.⁹1902.
*Wellhausen, J.*, Das Evangelium Johannis, Berlin 1908.
*Westcott, B. F.*, The Gospel According to St. John, 1881, reprint Grand Rapids ³1958.
*Wette, W. M. L. de*, Kurze Erlärung des Evangeliums und der Briefe Johannis, ed. B. Brückner, Leipzig ⁴1853.⁵1863.
*Wikenhauser, A.*, Das Evangelium nach Johannes, Regensburg ²1957.
*Zahn, T.*, Das Evangelium des Johannes ausgelegt, Leipzig ⁶1921.

## D. Forschungsberichte, Kritiken, Rezensionen:

*Andrews, M. E.*, Pioneer Work on the Gospel of John, JBL 59 (1940) 181–192.
*Appel, H.*, Die Echtheit des JE mit besonderer Berücksichtigung der neuesten kritischen Forschungen, 1915.
*Bacon, B. W.*, The Fourth Gospel in Research and Debate, New Haven ²1918.
*Ders.*, The „Defence" of the Fourth Gospel, HJ 6 (1907) 118–141.
*Bauer, W.*, JE und Johannesbriefe, ThR NF. 1 (1929) 135–160.
*Baur, F. C.*, Die joh. Frage und ihre neuesten Beantwortungen, ThJb (T) 13 (1854) 196–287.
*Behm, J.*, Der gegenwärtige Stand der Erforschung des JE, ThLZ 73 (1948) 21–30.
*Bogaert, M.*, Quelques ouvrages récents sur l'évangile de S. Jean, BVC 102 (1971), 80–82.
*Bogart, J.*, Recent Johannine Studies, AThR 60 (1978) 80ff.
*Bornkamm, G.*, Zur Interpretation des JE, EvTh 28 (1968) 8–25.
*Ders.*, Das JE und die joh. Briefe, in: Bibel NT. Eine Einführung in seine Schriften im Rahmen der Geschichte des Urchristentums, Themen der Theologie 9, Stuttgart 1971, 149–163.
*Bousset, W.*, Art.: JE, in: RGG¹ III (1912) 608–636.
*Braun, F. M.*, Où en est l'étude du quatrième évangile, EThL 32 (1956) 535–546.
*Brown, R. E.*, The „Paraclete" in the Light of Modern Research, StEv IV (1968) 158–165.
*Ders.*, Art.: Gospel of John, in: CathEnc VII (1967) 1080–1088.
*Ders.*, The Fourth Gospel in Modern Research, BiTod 52 (1965) 1302–1310.
*Bruns, J. E.*, The Fourth Gospel: Present

Trends of Analysis, BiTod 59 (1972) 699–703.

*Bultmann, R.*, Urchristliche Religion, ARW 24 (1926) 83–164.

*Ders.*, Art.: JE, in: RGG³III (1959) 840–850.

*Ders.*, Das JE in der neuesten Forschung, ChW 41 (1927) 502–511.

*Casey, R. P.*, Prof. Goodennough and the Fourth Gospel, JBL 64 (1945) 535–542.

*Collins, T. A.*, Changing Style in Johannine Studies, in: FS. M. Gruenthaner, New York 1962, 202–225.

*Delorme, J.*, Renouveau des études johanniques, AmiCl 77 (1967) 367–378.

*Dibelius, M.*, Art.: JE, in: RGG²III (1929) 349–363.

*Dinger, R.*, Der joh. Weg zum Verstehen des Glaubens. Eine Aufzeichnung des Gesprächs über die Auslegung des JE zwischen R. Bultmann und seinen Schülern, masch. Diss. Tübingen 1979.

*Ebrard, J. H. A.*, Das Evangelium Johannis und die neueste Hypothese über seine Entstehung, Zürich 1845.

*Frommann, K.*, Über die Echtheit und Integrität des Evangeliums Johannis mit besonderer Rücksicht auf Weiße's Evangelische Geschichte, ThStKr 13 (1840) 853ff.

*Gnilka, J.*, Neue Katholische Literatur zum JE, ThRv 63 (1967) 145–152.

*Goguel, M.*, La formation de la tradition johannique d'après B. W. Bacon, RHPhR 14 (1934) 415–439.

*Grady, L. A.*, M. Buber and the Gospel of St. John, Thought 53 (1978) 283–291.

*Grimm, C. L. W.*, Art.: Johannes der Apostel und Evangelist, in: AEWK, 2. Sektion XXII.

*Groussouw, W.*, Three Books on the Fourth Gospel, NT 1 (1956) 35–46.

*Haenchen, E.*, Rez.: Wiles, F. M., The Spiritual Gospel, London 1960, ThLZ 86 (1961) 505f.

*Ders.*, Rez.: Böcher, O., Der joh. Dualismus, Gütersloh 1965, ThLZ 91 (1966) 584.

*Ders.*, Rez.: Dodd, C. H., Historical Tradition in the Fourth Gospel, Cambridge 1963, ThLZ 93 (1968) 346–348.

*Ders.*, Das JE und sein Kommentar, ThLZ 89 (1964) 881–898 nun: *Ders.*, Bibel und Wir 208–234.

*Ders.*, Rez.: Smith, D. M., The Composition and Order of the Fourth Gospel, New Haven 1965, ThLZ 91 (1966) 508–510.

*Ders.*, Rez.: Origenes, Das Evangelium nach Johannes, Einsiedeln 1959, ThLZ 87 (1962) 604f.

*Ders.*, Rez.: Grundmann, W., Zeugnis und Gehalt des JE, Berlin 1961, ThLZ 87 (1962) 930.

*Ders.*, Rez.: Müller, T., Das Heilsgeschehen im JE, Zürich o. Jg., ThLZ 88 (1963) 116–118.

*Ders.*, Rez.: Schnackenburg, R., Das JE, Freiburg 1965, ThLZ 93 (1968) 427–429.

*Ders.*, Rez.: De Resurrectione, Zürich 1963, Gnomon 36 (1964) 359–363.

*Ders.*, Rez.: Guilding, A., The Fourth Gospel and Jewish Worship, Oxford 1960, ThLZ 86 (1961) 670–672.

*Ders.*, Aus der Literatur zum JE, ThR 23 (1955) 295–335.

*Hauff, Pfr.*, Einige Bemerkungen über die Abhandlung von D. v. Baur über die Composition und den Charakter des joh. Evangeliums, ThStKr 19 (1846) 550–629.

*Hilgenfeld, A. W.*, Beyschlag und das JE, ZWTh 20 (1877) 1–33.

*Ders.*, Das neueste Forscherpaar über das JE, ZWTh 28 (1885) 393–425.

*Ders.*, Rez.: W. Baldensperger, Der Prolog des vierten Evangeliums, Freiburg/Leipzig 1898, ZWTh 42 (1899) 631–633.

*Ders.*, Riggenbach und das JE, ZWTh 10 (1867) 179–197.

*Ders.*, Der kleinasiatische Johannes und W. Bousset, ZWTh 48 (1905) 560ff.

*Ders.*, Das JE und seine neuesten Kritiker, ZWTh 47 (1904) 21ff.

*Ders.*, Das JE und Godet und Luthardt, ZWTh 23 (1880) 1–31.

*Ders.*, Neuer und alter Zweikampf wegen der Johannes-Schriften, ZWTh 32 (1889) 330–348.

*Ders.*, Ein französischer Apologet des JE, ZWTh 32 (1889) 129–147.

*Ders.*, Das JE und seine gegenwärtigen Auffassungen, ZWTh 2 (1859) 281–348.387–448.

*Holtzmann, H. J.*, Rez.: E. Luthardt, Der joh. Ursprung des vierten Evangeliums, Leipzig 1874, ZWTh 18 (1875) 442–452.

*Ders.*, Art.: Johannes der Apostel; Johannes (Briefe des); Johannes der Presbyter, in: Schenkel's Bibel-Lexikon, Leipzig 1870, III, 328–342.352–360.342–352.

*Ders.*, Zur neuesten Literatur über neutestamentliche Probleme, ARW 12 (1909) 382–408 15 (1912) 513–529.

*Ders.*, D. F. Strauß und die Evangelienkritik, PKZ 11 (1864) 321–330.

*Ders.*, Hugo Delff und das vierte Evangelium, ZWTh 36/2 (1893) 503–507.

*Howard, W. F.*, The Fourth Gospel in Recent Criticism and Interpretation (revised by C. K. Barrett), London 1955.

*Hügel, F. von*, EBrit¹¹XV, 454ff.

*Hunter, A. M.*, Recent Trends in Johannine Studies, ET 71 (1959/60) 164–167.219–222.

*Jackson, L.*, The Fourth Gospel and Some Recent German Criticism, 1906.

*de Jonge, M./Bühner, J. A.*, Johanneische studies, NTT 32 (1978) 318–329.

*Käsemann, E.*, Zur Johannesinterpretation in England, EVB II (1965) 131–155.

*Ders.*, Der gegenwärtige Stand der johanneischen Frage, Preisarbeit der Hochwürdigen Evangelisch-Theologischen Fakultät der Universität Tübingen 1925 (?)

*Kling, Prof.*, Zur neuesten apologetischen Literatur, ThStKr 19 (1846) 949–1028.

*Kysar, R.*, The Fourth Evangelist and his Gospel. An Examination of Contemporary Scholarship, Minneapolis 1975.

*Lechler, G. V.*, Rez.: Niermeyer, Mayer, Schneider: Ueber die Echtheit des joh. Evangeliums, ThStKr 29 (1856) 867–911.

*Lindars, B.*, New Books on John, Theol. 72 (1969) 153–158.

*Mattill, A. J.*, Johannine Communities behind the Fourth Gospel: Georg Richter's Analysis, TS 38 (1977) 294–315.

*Menoud, P. H.*, Les travaux de E. Hirsch sur le quatrième évangile, RThPh 25 (1937) 132–139.

*Ders.*, L'évangile de Jean. Les études johanniques de Bultmann à Barrett, in: Recherches Bibliques 3, Brügge 1958.

*Ders.*, L'évangile de Jean d'après les recherches récentes, Neuchâtel/Paris ²1947.

*Metzger, H. O.*, Neuere Johannes-Forschung, VF 12 (1967) 12–29.

*Meyer, A.*, Die joh. Literatur, ThR 13 (1910) 15ff.63ff.94ff.151ff; 15 (1912) 239ff.278ff. 295ff.

*Ders.*, Joh. Literatur I und II, ThR 5 (1902) 316–333.497–507; 7 (1904) 473–484.519–531.

*Ders.*, Die Behandlung der joh. Frage im letzten Jahrzehnt, ThR 2 (1899) 255–263. 295–305.

*Nicol, W.*, The History of Johannine Research During the Past Century, Neotestamentica 6 (1972) 8–18.

*Paulus, H. E. G.*, Rez.: Bretschneider, Probabilia . . ., HJL 14 (1821) 112–142.

*Ders.*, Rez.: Lücke, F., Commentar über die Schriften des Evangelisten Johannes, HJL 14 (1821) 227–261.

*Pfleiderer, O.*, Neue Lösungsversuche zur joh. Frage, PrM 5(1901) 169–182.

*Ders.*, Beleuchtung der neuesten Johannes-Hypothesen, ZWTh 12 (1869) 394–421.

*Riehm, E.*, Rez.: B. Weiß, Der joh. Lehrbegriff, Berlin 1862, ThStKr 37 (1864) 531–562.

*Robinson, J. M.*, Recent Research in the Fourth Gospel, JBL 78 (1959) 242–246.

*Ruckstuhl, E.*, Die joh. Menschensohnforschung, Theologische Berichte, 1 (1972) 171–284.

*Sanday, W.*, The Criticism of the Fourth Gospel, Oxford 1905.

*Segalla, G.*, Rassegna di cristologia giovannea, StPatavina 18 (1972) 693–732.

*Serra, A.*, Contributi dell'antica letteratura giudaica per l'esegesi di Gv 2,1–12 e 19,25–27, Rom 1977.

*Smalley, S. S.*, New Light on the Fourth Gospel, TynB 17 (1966) 35–62.

*Smith, D. M.*, The Sources of the Gospel of John: An Assessment of the Present State of the Problem, NTS 10 (1963/64) 336–351.

*Ders.*, Rez.: Fortna, The Gospel of Signs, 1970, JBL 89 (1970) 498–501.

*Schmid, L.*, Johannes und die Religionsgeschichte, masch. Diss. Tübingen 1933.

*Schmiedel, P. W.*, Art.: John, Son of Zebedee, in: EB (C) II 2503–2562.

*Ders.*, Art.: Gospels, in: EB (C) II, 1761–1898.

*Schnackenburg, R.*, Entwicklung und Stand der joh. Forschung seit 1955, BEThL 44 (1977) 19–44.

*Ders.*, Zur joh. Forschung, BZ 18 (1974) 272–287.

*Ders.*, Neue Arbeiten zu den joh. Schriften, BZ 11 (1967) 303–367; 12 (1968) 141–145.

*Ders.*, Das JE in der heutigen Forschung, TGA 19 (1976) 65–71.

*Ders.*, Neuere englische Literatur zum JE, BZ 2 (1958) 144–154.

*Schürer, E.*, Über den gegenwärtigen Stand der joh. Frage, in: K. H. Rengstorf, hrsg., Johannes und sein Evangelium, 1973, 1–27.

*Schwank, B.*, Fortschritte in der Johannes-Exegese?, EuA 43 (1967) 157–162.

*Schwegler, A.*, Die neueste Johanneische Litteratur, ThJb 1 (1842) 140–170.288–309.

*Stanley, D. M.*, Bulletin of the NT: the Joh. Literature, TS 17 (1956) 516–531.

*Strathmann, H.*, Art.: Johannes, EKL, Göttingen 1958, II, 357–363.

*Taylor, V.*, The Fourth Gospel and Some Recent Criticism, HJ 15 (1927) 725ff.

*Thyen, H.*, Aus der Literatur zum JE, ThR 39 (1974) 1–69. 222–252. 289–330; 42 (1977) 211–270; 43 (1978) 328–359; 44 (1979) 97–134.

*Ders.*, Auf neuen Wegen dem Rätsel des vierten Evangeliums auf der Spur? Überlegungen zu dem Buch von B. Olsson, SEA 40 (1975) 136–143.

*Vawter, B.*, Some Recent Developments in Johannine Theology, BTB 1 (1971) 30–58.

*Ward, A. M.*, The Fourth Gospel in the Recent Study, ET 81 (1969/70) 68–72.

*Watkins, H. W.*, Modern Criticism Considered in its Relation to the Fourth Gospel, London 1890.

*Wegschneider, J. A. L.*, Versuch einer vollständigen Einleitung in das Evangelium des Johannes, 1806.

*Willemse, J.*, Recente boeken over het vierde evangelie, TTh 6 (1966) 437–440.

*Winter, P.*, Zum Verständnis des JE, VoxTh 25 (1955) 149–159.

*York, H. C.*, The Interpretation of the Fourth Gospel, JBL 37 (1918) 100–104.

*Zahn, T.*, Das Evangelium des Johannes unter den Händen seiner neuesten Kritiker, NKZ 22 (1911) 28ff.83ff.

*Zeller, E.*, Rez.: K. R. Köstlin, Der Lehrbegriff des Evangeliums und der Briefe Johannis, Berlin 1843, ThJb (T) 4 (1845) 75–100.

## E. Aufsätze und Monographien mit übergreifender Thematik:

*Alegre Santamaria, X.*, El concepto de salvacion en las Oda de Salomon. Contribucion al estudio de una soteriologia gnostizante y sus posibles relaciones con el cuarto evangelio, masch. Diss. Münster 1978.

Anonym, Die Evangelienfrage im Allgemeinen und die Johannesfrage insbesondere, Zürich 1858.

Anonym (M. S. K.), Gedanken über die Vorliebe zum Ev. Johannis, NThJ 10 (1802) 1–33.

*Bacon, B. W.*, The Johannine Problem, HJ 1 (1902/03) 510–531; 2 (1904) 323–346; 3 (1905) 353–375.

*Ders.*, Immortality in the Fourth Gospel, in: Religion and the Future Life, E. H. Sneath ed., New York 1922, 259–294.

*Ders.*, Pauline Elements in John, ATR 11 (1929) 199–233.305–320.

*Ders.*, History and Dogma, HJ 28 (1929) 112–123.

*Barrett, C. K.*, Das JE und das Judentum, Stuttgart 1970.

*Ders.*, Der Zweck des vierten Evangeliums, ZSTh 22 (1953) 257–273.

*Ders.*, The Dialectical Theology of St. John, in: Ders.: NT-Essays, London 1972, 49–69.

*Baur, F. C.*, Das Verhältnis des 1. joh. Briefes zum JE, ThJB (T) 16 (1857) 315–331.

*Ders.*, Das joh. Evangelium und die Passafeier des zweiten Jahrhunderts, ThJb (T) 7 (1848) 264–286.

*Ders.*, Zur joh. Frage, ThJb (T) 16 (1857) 209–257.

*Bergmeier, R.*, Studien zum religionsgeschichtlichen Ort des prädestinatischen Dualismus in der joh. Theologie, masch. Diss. Heidelberg 1974.

*Bert, G.*, Das Evangelium des Johannes, Gütersloh 1922.

*Beutler, J.*, Martyria, Frankfurt 1972.

*Beyschlag, W.*, Zur joh. Frage, ThStKr 47 (1874) 607–723; 48 (1875) 235–287.413–479.

•*Blank, J.*, Krisis. Untersuchungen zur joh. Christologie und Eschatologie, Freiburg 1964.

*Bleek, F.*, Beiträge zur Evangelienkritik, Berlin 1846.

*Bockel, P.*, Le verbe au présent. Le message de S. Jean l'Evangeliste, Paris 1978.

*Bogart, J.*, Orthodox and Heretical Perfectionism in the Johannine Community, Missoula 1977.

*Bornhäuser, K.*, Das JE, eine Missionsschrift für Israel, Gütersloh 1928.

*Bowker, J. W.*, The Origin and Purpose of St. John's Gospel, NTS 11 (1964/65) 398–408.

*Braun, F. M.*, Jean le Theologien, 3 vol., Paris 1959–1972.

*Bromboszcz, T.*, Die Einheit des JE, Kattowitz 1927.

*Brown, R. E.*, Roles of Woman in the Fourth Gospel, TS 36 (1975) 688–699.

*Ders.*, New Testament Essays, 1965.

*Ders.*, The Relationship to the Fourth Gospel Shared by the Author of 1 John and by his Opponents, in: FS. M. Black, 1979, 57–68.

*Ders.*, The Kerygma of the Gospel According to John, Interp. 21 (1967) 387–392.

*Ders.*, The Qumran Scrolls and the Johannine Gospel and Epistles, in: The Scrolls and the NT, London 1957, 183–207.

*Bruns, J. E.*, The Art and Thought of John, New York 1970.

*Büchsel, F.*, Die Stelle des JE in einer Theologie des Neuen Testaments, ThBl (1937) 301–306.

*Bühner, J. A.*, Der Gesandte und sein Weg im vierten Evangelium, Tübingen 1977.

*Bultmann, R.*, Theologie des Neuen Testaments, Tübingen [5]1965, 354–445.

*Burch, V.*, The Structure and Message of St. John's Gospel, London 1928.

*Cadman, W. H.*, The Open Heaven, Oxford 1969.

*Camerlynck, A.*, La question johannique, RHE 1 (1900) 201–211.419–429.633–644.

*Carnegie, D. R.*, Kerygma in the Fourth Gospel, VoxEv 7 (1971) 39–74.

*Carpenter, J. E.*, The Johannine Writings, London 1927.

*Charlesworth, J. H. et alius*, The Odes of Salomon and the Gospel of John, CBQ 35 (1973) 298–322.

*Colwell, E. C.*, The Fourth Gospel and the Struggle for Respectability, JR 14 (1934) 286–305.

*Conzelmann, H.*, Grundriß der Theologie des NT, München 1967, 351–390.

*Craddock, F. B.*, The Pre-existence of Christ in the NT, Nashville/New York 1968.

*Cribbs, F. L.*, A Reassessment of the Date of Origin and the Destination of the Gospel of John, JBL 89 (1970) 38–55.

*Cross, F. L.* ed., Studies in the Fourth Gospel, Oxford 1957.

*Cullmann, O.*, A New Approach to the Interpretation of the Fourth Gospel, ET 71 (1959/60) 8–12.39–43.
*Ders.*, Von Jesus zum Stephanuskreis und zum JE, in: FS. W. G. Kümmel, 1975, 44–56.
*Ders.*, Der joh. Kreis, Tübingen 1975.
*Culpepper, R. A.*, The Johannine School, Missoula 1975.
*Dausch, P.*, Das JE, seine Echtheit und Glaubwürdigkeit, 1909.
*Dobschütz, E. von*, Zum Charakter des vierten Evangeliums, ZNW 28 (1929) 161–177.
*Dodd, C. H.*, The First Epistle of John und the Fourth Gospel, BJRL 21 (1937) 129–156.
*Ders.*, Historical Tradition in the Fourth Gospel, Cambridge 1963.²1965.
*Ders.*, The Interpretation of the Fourth Gospel, Cambridge 1953.⁶1963.
*Ders.*, The Background of the Fourth Gospel, BJRL 19 (1935) 329–343.
*Drummond, J.*, An Inquiry into the Character and Authorship of the Fourth Gospel, London 1903.
*Drumwright, H. L.*, An Re-evaluation of the Significance of John's Gospel, SWJTh 8 (1965) 7–20.
*Edwards, H. E.*, The Disciple, Who Wrote These Things, London 1953.
*Eisler, R.*, The Enigma of the Fourth Gospel, London 1937.
*Ellis, E. E.*, The Purpose of John's Writings, RefR 19 (1965) 9–17.
*Ewald, H.*, Die Geschichte der Ausgänge des Volkes Israel und des nachapostolischen Zeitalters, Göttingen ²1868, 184–254.
*Ders.*, Ueber den zweifel an der abkunft des vierten Evangeliums und der drei Sendschreiben vom Apostel Johannes, JBW 10 (1859/60) 83–114.
*Fenton, J. C.*, Towards an Understanding of John, StEv IV (1968) 28–37.
*Feuillet, A.*, Johannine Studies, New York 1965.
*Ders.*, Le mystère de l'amour divin dans la théologie johannique, Paris 1972.
*Filson, F. V.*, The Gospel of Life: A Study of the Gospel of John, in: Current Issues in NT Interpretation, New York 1962, 111–123.
*Fiorenza, E. S.*, The Quest for the Johannine School, NTS 23 (1977) 402–427.
*Fonseca, A. G. da*, Quaestio Johannaea, Rom ³1949.
*Forbes, H. P.*, The Johannine Literature, 1907.
*Fort, P. le*, Les structures de l'église militante selon S. Jean, Genf 1970.
*Fortna, T.*, The Gospel of Signs, Cambrige 1970.
*Franke, A. H.*, Das AT bei Johannes, Göttingen 1885.

*Freed, E. D.*, OT-Quotations in the Gospel of John, Leiden 1965.
*Frommann, K.*, Der joh. Lehrbegriff, Leipzig 1839.
*Fulco, W. J.*, Maranatha. Reflections on the Mystical Theology of John the Evangelist, New York 1973.
*Gardner, P.*, The Ephesian Gospel, 1915.
*Garvie, A. E.*, The Evangelist's Experimental Reflexions in the Fourth Gospel, Exp. 10 (1915) 255–264.
*Gebhardt, H.*, Lehrbegriff der Apocalypse und sein Verhältnis zum Lehrbegriff des Evangeliums und der Episteln des Johannes, 1973.
*Giblet, J.*, Développement dans la théologie johannique, BEThL 44 (1977) 45–72.
*Gleiß, C.*, Beiträge zu der Frage nach der Entstehung und dem Zweck des JE, NKZ 18 (1907) 470–498.548–591.632–688.
*Gloag*, Introduction to the Johannine Writings, 1891.
*Goodenough, E. R.*, John a Primitive Gospel, JBL 64 (1945) 145–182.
*Grau, R. F.*, Entwicklungsgeschichte des neutestamentlichen Schriftthums, 2 vol., Gütersloh 1871, II 369–472.
*Green-Armytage, A. H. N.*, John Who Saw, London 1952.
*Grill, J.*, Untersuchungen über die Entstehung des vierten Evangeliums, 2 vol., Tübingen 1902.1923.
*Grimm, W.*, Ueber das Evangelium und den ersten Brief des Johannes als Werk eines und desselben Verfassers, ThStKr 20 (1847) 171–187.
*Ders.*, Ueber den ersten Brief des Johannes und sein Verhältnis zum vierten Evangelium, ThStKr 22 (1849) 269–303.
*Groos, D.*, Der Begriff der *krisis* bei Johannes exegetisch entwickelt, ThStKr 41 (1868) 244–273.
*Grubb, E.*, ,,The Word Made Flesh". Notes on the Johannine Gospel and Epistles, London 1920.
*Grundmann, W.*, Verständnis und Bewegung des Glaubens im JE, KuD 6 (1960) 131–154.
*Guilding, A.*, The Fourth Gospel and Jewish Worship, Oxford 1960.
*Guitton, J.*, L'évangile dans la vie, Paris 1977.
*Headlam, A. C.*, The Fourth Gospel as History, 1948.
*Harnack, A. von*, Zum JE, in: ders., Erforschtes und Erlebtes 1923, 36–43.
*Harvey, A. E.*, Jesus on Trial: A Study in the Fourth Gospel, London 1976.
*Haaker, K.*, Die Stiftung des Heils, Stuttgart 1972.
*Haenchen, E.* Der Vater, der mich gesandt

hat, NTS 9 (1963) 208–216; nun: Gott und Mensch, 1965, 68–77.

*Hauff, C. P.*, Die Authentie und der hohe Werth des Ev. Johannis, Nürnberg 1831.

*Haupt, E.*, Die alttestamentlichen Citate in dem vierten Evangelium erörtert, 1871.

*Hayes, D. A.*, John and his Writings, New York 1917.

*Hilgenfeld, A.*, Der gnostische und der kanonische Johannes über das Leben Jesu, ZWTh 43 (1900) 1–61.

*Ders.*, Das JE alexandrinisch oder gnostisch?, ZWTh 25 (1882) 388–435.

*Ders.*, Die joh. Theologie, ZWTh 6 (1863) 96–11.214–228.

*Ders.*, Das Evangelium und die Briefe Johannis nach ihrem Lehrbegriff dargestellt, Halle 1849.

*Ders.*, Das JE, ZWTh 11 (1868) 213–231.

*Ders.*, Das JE, ZWTh 2 (1859) 281–348. 385–448.

*Ders.*, Der Passastreit und das Evangelium Johannis, ThJb (T) 8 (1849) 209–281.

*Hitchcock, M.*, A Fresh History of the Fourth Gospel, 1911.

*Hoernle, E. S.*, The Record of the Loved Disciple, 1931.

*Hoffmann, G.*, Das JE als Alterswerk, Gütersloh 1933.

*Holtzmann, H. J.*, Ueber das Problem des ersten joh. Briefes in seinem Verhältnis zum Evangelium, JPTh 7 (1881) 690–712; 8 (1882) 128–152.316–342.460–485.

*Howard, W. F.*, Christianity According to St. John, London 1943.

*Huber, H.*, Der Begriff der Offenbarung im JE, Göttingen 1934.

*Jackson, H. L.*, The Problem of the Fourth Gospel, Cambridge 1918.

*Jaubert, A.*, Approches de l'évangile de Jean, Paris 1976.

*Inge, W. R.*, The Theology of the Fourth Gospel, in: Cambridge Biblical Essays, 1909.

*Käsemann, E.*, Jesu letzter Wille nach Johannes 17, Tübingen [3]1971.

*Klein, G.*, ,,Das wahre Licht scheint schon". Beobachtungen zur Zeit- und Geschichtserfahrung einer christlichen Schule, ZThK 68 (1971) 261–326.

*Köstlin, K. R.*, Der Lehrbegriff des Evangeliums und der Briefe Johannis und der verwandten neutestamentlichen Lehrbegriffe, Berlin 1843.

*Kraeling, C. H.*, The Fourth Gospel and Contemporary Religious Thought, JBL 49 (1930) 140–149.

*Kreyenbühl, J.*, Das Evangelium der Wahrheit. Neue Lösung der joh. Frage, 2 vol., Berlin 1900.1905.

*Kümmel, W. G.*, Die Theologie des Neuen Testaments, Göttingen 1969, 227–285.

*Kundsin, K.*, Topologische Überlieferungsstücke im JE, Göttingen 1925.

*Ders.*, Charakter und Ursprung der joh. Reden, Riga 1939.

*Kysar, R.*, Community and Gospel: Vectors in Fourth Gospel Criticism, Interp. 31 (1977) 355–366.

*Langbrandtner, W.*, Weltferner Gott oder Gott der Liebe?, Frankfurt/Bern 1977.

*Lazure, N.*, Les valeurs morales de la théologie johannique, Paris 1965.

*Lee, E. K.*, The Religious Thought of St. John, London 1950.

*Leroy, H.*, ,,daß Jesus der Christus, der Sohn Gottes ist". Eigenart und Herkunft des JE, BiKi 30 (1975) 114–117.

*Lightfoot, J. B.*, Biblical Essays, London 1904.

*Lindars, B./Rigaux, B.*, Témoignage de l'évangile de Jean, Paris 1974.

*Loewenich, W. von*, Joh. Denken. Ein Beitrag zur Erkenntnis der joh. Eigenart, ThBl 15 (1936) 260–275.

*Lohse, E.*, Grundriß der neutestamentlichen Theologie, Theologische Wissenschaft 5, Stuttgart 1974, § 29–34.

*Luthardt, C.*, Ἔργον τοῦ θεοῦ und πίστις in ihrem gegenseitigen Verhältniss nach der Darstellung des joh. Evangeliums, ThStKr 25 (1852) 333–374.

*Ders.*, Der joh. Ursprung des vierten Evangeliums, 1874.

*Lussier, E.*, God is Love According to St. John, New York 1977.

*Luzarraga, J.*, Oración y missión en el evangelio de Juan, Bilbao 1978.

*Manson, W.*, The Incarnate Glory, London 1923.

*Martyn, J. L.*, History and Theology in the Fourth Gospel, New York 1968.[2]1979.

*Ders.*, Clementine Recognitions 1,33–71, Jewish Christianity and the Fourth Gospel, in: FS. N. A. Dahl, 1977, 265–295.

*Matthaei, G. C. R.*, Auslegung des Evangelium Johannis zur Reform der Auslegung desselben, Göttingen 1837.

*McPolin, J.*, Mission in the Fourth Gospel, IThQ 36 (1969) 113–122.

*Meeks, W. A.*, Die Funktion des vom Himmel herabgestiegenen Offenbarers für das Selbstverständnis der joh. Gemeinde, in: *ders.* ed., Zur Soziologie des Urchristentums, München 1979, 245–283.

*Menoud, P. H.*, La foi dans l'évangile de Jean, CBFV 1 (1936) 27–43.

*Ders.*, L'originalité de la pensée johannique, RThPh 28 (1940) 233–261.

*Merlier, O.*, Le quatrième évangile, Paris 1961.

*Miranda, J. P.,* Der Vater, der mich gesandt hat, Frankfurt/Bern 1972.

*Mitton, C. L.,* The Provenance of the Fourth Gospel, ET 71 (1959/60) 337–340.

*Mollat, D.,* Etudes johanniques, 1979.

*Montgomery, J. A.,* The origin of the Gospel According to St. John, Philadelphia 1923.

*Morris, L.,* Studies in the Fourth Gospel, Grand Rapids 1969.

*Moule, C. F. D.,* The Individualism of the Fourth Gospel, NT 5 (1962) 171–190.

*Muirhead, L.,* The Message of the Fourth Gospel, 1925.

*Mussner, F.,* Art.: Johanneische Theologie, in: SM (D) II (1968) 957–965.

*Nauck, W.,* Die Tradition und der Charakter des 1. Johannesbriefes, Tübingen 1957.

*Neugebauer, F.,* Die Entstehung des JE, Stuttgart 1968.

*Niermeyer, A.,* Verhandeling over de echtheit der joh. Schriften, s'Gravenhage 1852.

*Nolloth, C. F.,* The Fourth Evangelist. His Place in the Development of Religious Thought, London 1925.

*Nunn, H. P. V.,* The Authorship of the Fourth Gospel, London 1952.

*Odeberg, H.,* Über das JE, ZSTh 16 (1939) 173–188.

*Oehler, W.,* Zum Missionscharakter des JE, Gütersloh 1941.

*Oepke, A.,* Das missionarische Christuszeugnis des JE, EMZ 2 (1941) 4–26.

*Osten-Sacken, P. von der,* Leistung und Grenze der joh. Kreuzestheologie, EvTh 35 (1975) 191–200.

*Painter, J.,* John: Witness and Theologian, London 1976.

*Pallis, A.,* Notes on St. John and the Apocalypse, 1926.

*Percy, E.,* Untersuchungen über den Ursprung der joh. Theologie, Lund 1939.

*Peterson, E.,* Zeuge der Wahrheit, in: Theologische Traktate, München 1956, 165–224.

*Pfleiderer, O.,* Das Urchristentum, seine Schriften und Lehren in geschichtlichem Zusammenhang, 2 vol., Berlin ²1902, II 335–503.

*Preisker, H.,* Das Evangelium des Johannes als erster Teil eines apokalyptischen Doppelwerkes, ThBl 15 (1936) 185–192.

*Ders.,* Zum Charakter des JE, in: FS. G. Wobbermin, Berlin 1939, 379–393.

*Price, J. L.,* The Search for the Theology of the Fourth Gospel, in: New Testament Issues, ed. R. Batey, London 1970, 226–241.

*Ders.,* Light from Qumran upon Some Aspects of Johannine Theology, in: John and Qumran, 1972, 30–35.

*Reim, G.,* Studien zum alttestamentlichen Hintergrund des JE, Cambridge 1974.

*Rengstorf, K. H.,* Johannes und sein Evangelium, Darmstadt 1973.

*Reuss, E.,* Ideen zur Einleitung in das Evangelium Johannis, in: Denkschrift der Theologischen Gesellschaft zu Strassburg 1 (1828–1839), 7–60, Strassburg 1840.

*Ders.,* Die johanneische Theologie, Jena 1847.

*Réville, J.,* Le quatrième évangile, son origine et sa valeur historique, 1901.

*Ricca, P.,* Note di teologia giovannica, Prot. 22 (1967) 148–166.

*Richter, G.,* Studien zum JE, hrsg. von J. Hainz, Regensburg 1977.

*Riga, P.,* Signs of Glory, Interp. 17 (1963) 402–424.

*Rigg, W. H.,* The Purpose of the Fourth Gospel, CQR 61 (1935) 1–37.

*Riggs, S.,* The Message of Jesus According to the Gospel of John, New York 1907.

*Robinson, J. A. T.,* The Destination and Purpose of St. John's Gospel, NTS 6 (1959/60) 117–131.

*Robinson, J. M.,* Die joh. Entwicklungslinien, in: ders. und H. Köster, Entwicklungslinien durch die Welt des frühen Christentums, Tübingen 1971, 223–250.

*Sahlin, H.,* Zur Typologie des JE, Uppsala/Leipzig 1950.

*Sanday, W.,* The Authorship and Historical Character of the Fourth Gospel, 1872.

*Scott, E. F.,* The Fourth Gospel, its Purpose and Theology, Edinburgh 1906.

*Segalla, J.,* Volontà di Dio e dell' uomo in Giovanni, Brescia 1974.

*Smalley, S. S.,* John: Evangelist and Interpreter, Exeter 1978.

*Smith, D. M.,* Johannine Christianity: Some Reflections on its Character and Delineation NTS 21 (1975) 222–248.

*Soltau, W.,* Die Reden des vierten Evangeliums, ZNW 17 (1916) 49–60.

*Ders.,* Der eigenartige dogmatische Standpunkt der Johannesreden und seine Erklärung, ZWTh 52 (1910) 341–358.

*Ders.,* Verwandtschaft zwischen Evangelium und 1. Johannesbrief, ThStkr 84 (1915) 226 ff.

*Schmiedel, P. W.,* Die Johannesschriften des Neuen Testamentes, Tübingen 1906.

*Ders.,* The Johannine Writings, London 1908.

*Schmitt, J.,* Le groupe johannique et la chrétienté apostolique, in: Les groupes informels dans l'eglise, Strasbourg 1971, 169–179.

*Schnackenburg, R.,* Leben und Tod nach Johannes, in: ders., Christliche Existenz nach dem NT, 1968, 123–148.

*Ders.,* Christ und Sünde nach Johannes, in: ders., Christliche Existenz nach dem NT, 1968, 97–122,.

*Schneider, H.,* The Word Was Made Flesh. An

Analysis of the Theology of Revelation in the Fourth Gospel, CBQ 31 (1969) 344–356.

*Schottroff, L.*, Heil als innerweltliche Entweltlichung, NT 11 (1969) 294–317.

*Dies.*, Der Glaubende und die feindliche Welt, Neukirchen 1970.

*Schwegler, A.*, Das nachapostologische Zeitalter, 2 vol., 1846 II 270–303. 338–346. 346–374.

*Schweizer, E.*, Ego Eimi, Göttingen 1939. ²1965.

*Stählin, W.*, Das joh. Denken. Eine Einführung in die Eigenart des vierten Evangeliums, Witten 1954.

*Stange, E.*, Die Eigenart der joh. Produktion, Dresden 1915.

*Stanton, V. H.*, The Gospels as Historical Documents, 3 vol. Cambridge 1903–1920.

*Thoma, A.*, Die Genesis des JE, Berlin 1882.

*Ders.*, Das AT im JE, ZWTh 22 (1879) 18–66.171–223.273–312.

*Thomas, W. H. G.*, The Purpose of the Fourth Gospel, BS 125 (1968) 254–272.

*Thüsing, W.*, Die joh. Theologie als Verkündigung der Größe Gottes, TThZ 74 (1965) 321–331.

*Ders.*, Erhöhung und Verherrlichung Jesu im JE, Münster 1960.²1970.

*Trilling, W.*, Gegner Jesu – Widersacher der Gemeinde – Repräsentanten der ‚Welt‘. Das JE und die Juden, in: Goldstein, H. hrsg., Gottesverächter und Menschenfeinde?, Düsseldorf 1979, 190–210.

*Unnik, W. C. van*, The purpose of St. John's Gospel, StEv I (1959) 483–411.

*Vanderlip, D. G.*, Christianity According to John, Philadelphia 1975.

*Vellanickel, M.*, The Divine Sonship of Christians in the Johannine Writings, Rom 1977.

*Vielhauer, P.*, Geschichte der urchristlichen Literatur, Berlin 1975, 410–484.

*Vouga, F.*, Le cadre historique et l'intention théologique de Jean, Paris 1977.

*Weiss, B.*, Der joh. Lehrbegriff in seinen Grundzügen untersucht, Berlin 1862.

*Weizsäcker, C.*, Beiträge zur Charakteristik des joh. Evangeliums, JDTh 4 (1859) 685–767.

*Wellhausen, J.*, Erweiterungen und Änderungen im vierten Evangelium, Berlin 1907.

*Wengst, K.*, Häresie und Orthodoxie im Spiegel des 1. Johannesbriefes, Gütersloh 1976.

*Wetter, G. P.*, Die Verherrlichung im JE, BRW 2 (1915) 32–113.

*Wilken, R. L.*, Collagia, Philosophical Schools and Theology, in: S. Benko,/J. J. O'Rourke eds., The Catacombs and the Colosseum, Valley Forge 1971, 268–291.

*Wind, A.*, Destination and Purpose of the Gospels of John, NT 14 (1972) 26–69.

*Windisch, H.*, Die Absolutheit des Johannes, ZSTh 5 (1928) 3ff.

*Ders.*, Die Dauer der öffentlichen Wirksamkeit Jesu nach den vier Evangelien, ZNW 12 (1911) 141–175.

*Wrede, W.*, Charakter und Tendenz des JE, Tübingen/Leipzig 1903.²1933.

*Wurm, A.*, Die Irrlehrer im 1. Johannesbrief, Freiburg 1903.

*Zahn, T.*, Zur Heimatkunde des vierten Evangelisten, NKZ 18 (1907) 265ff.593ff.1 19 (1908) 31ff.207ff.

## F. Das JE in der Religionsgeschichte

*Abramowski, R.*, Der Christus der Salomooden, ZNW 35 (1936) 44–69.

*Arai, R.*, Early Christianity and Gnosticism, Tokio 1971.

*Ballenstedt, H. C.*, Philo und Johannes, 2 vol., Braunschweig 1802, Göttingen 1812.

*Barth, C.*, Die Interpretation des Neuen Testamentes in der valentinianischen Gnosis, Berlin 1911.

*Bauer, B.*, Christus und die Cäsaren, Berlin 1877, 362–366.

*Baumbach, G.*, Qumran und das JE, Berlin 1958.

*Baur, F. C.*, Kritische Studien über den Begriff der Gnosis, ThStKR 10 (1837) 511ff.

*Borsch, F. H.*, The Christian and Gnostic Son of Man, London 1970.

*Braun, H.*, Das „Stirb und Werde" in der Antike und im NT, in: FS. F. Delekat, 1957, 9–29.

*Brown, R. E.*, The Qumran Scrolls and the Johannine Gospel and Epistles, in: K. Stendahl ed., The Scrolls and the NT, London 1957, 183–207.

*Büchsel, F.*, Johannes und der hellenistische Synkretismus, Gütersloh, 1928.

*Ders.*, Mandäer und Johannesjünger, ZNW 26 (1927) 219–231.

*Bühner, J. A.*, Der Gesandte und sein Weg im vierten Evangelium, Tübingen 1977.

*Bultmann, R.*, Johanneische Schriften und Gnosis, in: ders., Exegetica 1967, 230–254.

*Ders.*, Die Bedeutung der neuerschlossenen mandäischen und manichäischen Quellen für das Verständnis des JE, in: ders., Exegetica 1967, 55–104.

*Charlesworth, J.*, Qumran, John and the Odes of Salomon, in: Qumran and John, 1972, 107–136.

*Christensen, C. R.*, John's Christology and the „Gospel of Truth", GordR 10 (1966) 23–31.

*Cullmann, O.*, Das Rätsel des JE im Lichte der neuen Handschriftenfunde von Qumran, in:

ders. Vorträge und Aufsätze, Tübingen 1966, 260–291.

*Culpepper, R. A.* and *J. H. Charlesworth,* The Odes of Salomon and the Gospel of John, CBQ 35 (1973) 298–322.

*Deißner, K.,* Die Seelentechnik in der antiken Religion und Sittlichkeit im Lichte des Evangeliums, in: FS. V. Schultze, Stettin 1931, 9–21.

*Dodd, C. H.,* The Background of the Fourth Gospel, BJRL 19 (1935) 329–343.

*Eckle, W.,* Geist und Logos bei Cicero und im JE, Hildesheim 1978.

*Fascher, E.,* Christologie und Gnosis im vierten Evangelium, ThLZ 93 (1968) 725.

*Flatt,* Dissertatio historico-exegetica qua variae de Antichristis et pseudoprophetis in prima Joannis epistola notatis sententiae modesto examini subiciuntur, Tübingen 1809.

*Frei, W.,* Gnostische Lehre und joh. Verkündigung, masch. Habil. Bern 1958.

*Grese, W. C.,* Corpus Hermeticum XII and Early Christian Literature, Leiden 1979.

*Grill, J.,* Untersuchungen über die Entstehung des vierten Evangeliums, Tübingen 1902.1923.

*Haenchen, E.,* Gnosis und NT, RGG³ II, 1652–1656.

*Hagner, D. A.,* The Vision of God in Philo and John, JETS 14 (1971) 81–93.

*Hilgenfeld, A.,* Der gnostische und der kanonische Johannes über das Leben Jesu, ZWTh 43 (1900) 1–61.

*Ders.,* Das JE alexandrinisch oder gnostisch?, ZWTh 25 (1882) 388–435.

*Ders.,* Der Gnostizismus und das NT, ZWTh 13 (1870) 233–275.

*Ders.,* Der Gnostizismus und die Philosophumena, ZWTh 5 (1862) 400–464.

*Holtzmann, H. J.,* Die Gnosis und das joh. Evangelium, in: Die Anfänge des Christentums VII, Berlin 1877, 112–134.

*Howard, W. F.,* The Fourth Gospel and Mandaean Gnosticism, LDQR January 1927.

*Jaschke, H. J.,* Das JE und die Gnosis im Zeugnis des Irenäus von Lyon, MThZ 29 (1978) 337ff.

*Johnson, A. M.,* The Cultural Context of the Gospel of John, masch. Diss. University of Pittsburgh 1978.

*Koschorke, K.,* Eine gnostische Paraphrase des joh. Prologes, VigChr 33 (1979) 383–392.

*Kraeling, C. H.,* The Fourth Gospel and Contemporary Religious Thought, JBL 49 (1930) 140–149.

*Kraft, H.,* Gnostisches Gemeinschaftsleben, masch. Diss. Heidelberg 1950.

*Kreyenbühl,* Das Evangelium der Wahrheit, 2 vol., Berlin 1900.1905.

*Langbrandtner, W.,* Weltferner Gott oder Gott der Liebe, Bern/Frankfurt 1977.

*Leipoldt, J.,* JE und Gnosis, in: FS. G. Heinrici, Leipzig 1914, 140ff.

*Lieu, J. M.,* Gnosticism and the Gospel of John, ET 90 (1979) 233ff.

*Loisy, A.,* Le mandéisme et les origines chrétiennes, Paris 1934.

*Lücke, F.,* Kritik der bisherigen Untersuchungen über die Gnostiker bis auf die neuesten Forschungen darüber, ThZ 2. Heft (1820) 132–171.

*Lyman, M. E.,* Hermetic Religion and the Religion of the Fourth Gospel, JBL 49 (1930) 265–276.

*MacRae, G.,* The Fourth Gospel and Religionsgeschichte, CBQ 32 (1970) 13–24.

*Martyn, J. L.,* Source Criticism and Religionsgeschichte in the Fourth Gospel, in: Jesus and Man's Hope I, Pittsburgh 1970, 247–273.

*Meyer, H.,* Die mandäische Lehre vom göttlichen Gesandten mit einem Ausblick auf ihr Verhältnis zur joh. Christologie, Kiel 1924.

*Moeller, H. R.,* Wisdom Motifs and John's Gospel, BETS 6 (1963) 93–98.

*Müller, C.,* De nonnullis doctrinae gnosticae vestigis quae in quarto evangelio inesse feruntur dissertatio, Freiburg 1883.

*Percy, E.,* Untersuchungen über den Ursprung der joh. Theologie, Lund 1939.

*Perry, A. M.,* Is John an Alexandrian Gospel?, JBL 63 (1944) 99–106.

*Preisker, H.,* Jüdische Apokalyptik und hellenistischer Synkretismus im JE, ThLZ 77 (1952) 673–678.

*Price, J. L.,* Light from Qumran upon Some Aspects of Johannine Theology, in: Qumran and John, 1972, 30–35.

*Reitzenstein, R.,* Das mandäische Buch des Herrn der Größe und die Evangelienüberlieferung, SHAW.PH 1919 Abh. 12.

*Ruckstuhl, E.,* Das JE und die Gnosis, in: FS. O. Cullmann, Tübingen 1972, 143–156.

*Russell, E.,* Possible Influence of the Mysteries on the Form and Interrelation of the Johannine Writings, JBL 51 (1932) 336–351.

*Schottroff, L.,* Heil als innerweltliche Entweltlichung, NT 11 (1969) 294–317.

*Stemberger, G.,* „Er kam in sein Eigentum". Das JE im Dialog mit der Gnosis, WiWei 28 (1973) 435–452.

*Strachan, R. H.,* The Fourth Gospel, its Significance and Environment, London ³1946, 47–78.

*Thoma, A.,* Die Genesis des JE, Berlin 1882.

*Tittmann, K. C.,* Tractatus de vestigiís gnosticorum in NT frustra quaesitio, Leipzig 1773.

*Weiß, K.,* Die „Gnosis" im Hintergrund und

im Spiegel der Johannesbriefe, in: K. W. Tröger hrsg., Gnosis und NT, 1973, 341ff.

*Wilson, M. L.*, Philo and the Fourth Gospel, ET 65 (1953/4) 47–49.

### G. Zentrale joh. Begriffe und Formeln:

*Aalen, S.*, „Truth" a Key-word in St. John's Gospel, StEv II (1964) 3–24.

*Arichea, D. C.*, Translating „believe" in the Gospel of John BiTr 30 (1979) 205ff.

*Barrosse*, Some Aspects of *love* and *faith* in St. John, in: C. L. Salm, ed., Readings in Biblical Morality, Englewood Cliffs 1967, 137–141.

*Becker, J.*, *Auferstehung* und *Leben* im JE, in: ders. Auferstehung der Toten im Urchristentum, Stuttgart 1976, 117–148.

*Bergmeier, R.*, *Glaube* als Werk?, RdQ 6 (1967/69) 253–260.

*Beutler, J.*, *Glaube* und *Zeugnis* im JE, Bijd. 34 (1973) 60–68.

*Ders.*, *Martyria*, Frankfurt 1972.

*Blank, J.*, Der joh. *Wahrheit*sbegriff, BZ 7 (1963) 163–173.

*Boice, J. M.*, *Witness* and Relevation in the Gospel of John, Grand Rapids 1970.

*Booth, K. N.*, The Self-Proclamation of Jesus in St. John's Gospel, Colloquium 7 (1975) 36–47.

*Bowen, C. R.*, *Love* in the Fourth Gospel, JR 13 (1933) 39–49.

*Boxel, P. van*, Die präexistente *doxa* Jesu im JE, Bijd. 34 (1973) 268–281.

*Braun, F. M.*, La *foi* selon S. Jean, RThom 69 (1969) 357–377.

*Bühner, J. A.*, Zur Form, Tradition und Bedeutung der ἦλθον-Sprüche, in: Das Institutum Judaicum, Tübingen 1971/72, 45–68.

*Caird, G. B.*, The *Glory* of God in the Fourth Gospel, NTS 15 (1968/69) 265–277.

*Capdevila, V. M.*, Les caractéristiques de la *charité* en S. Jean, EstFr 78 (1977) 413–454.

*Cipriani, S.*, Dio e amore. La dottrina della *carita* in S. Giovanni, ScC 94 (1966) 214–231.

*Coetzee, J. C.*, *Life* in John's Writings and the Qumran Scrolls, Neotestamentica 6 (1972) 48–66.

*Comblin, J.*, „Sent from the Father", New York 1979.

*Daube, D.*, The „I am" of the Messianic Presence, in: ders., The NT and Rabbinic Judaism, London 1956, 325–329.

*Fennema, D. A.*, Jesus and the Father in the Fourth Gospel, masch. Diss. Ph. D., Duke University 1978.

*Fensham, F. C.*, *Love* in the Writings of Qumran and John, Neotestamentica 6 (1972) 67–77.

*Feuillet, A.*, Les Ego-Eimi-christologiques du quatrième évangile, RSR 54 (1966) 5–22. 213–240.

*Freed, E. D.*, Ego Eimi in John 1, 20 and 4, 25, CBQ 41 (1979) 288–291.

*Frieling, R.*, Der joh. Begriff der *Agape* in der weisheitsvollen Ökonomie seiner Verwendung, Stuttgart 1936.

*Furnish, V. P.*, The *Love* Command in the NT, London 1973, 132–138.

*Gärtner, B. E.*, The Pauline and Johannine Idea of „to Know God" against the Hellenistic Background, NTS 14 (1967/68) 209–231.

*Gaffney, J.*, *Believing* and *Knowing* in the Fourth Gospel, TS 26 (1965) 233–236.

*Gall, A. von*, Die *Herrlichkeit* Gottes, Gießen 1900, 105–109.

*Garvie, A. E.*, The *Glory* in the Fourth Gospel, Exp. 17 (1919) 36–47.

*Ders.*, The *Witness* in the Fourth Gospel, Exp. 10 (1915) 466–475.

*Giblet, J.*, Aspects of the *Truth* in the NT, Conc. 83 (1973) 35–42.

*Goppelt, L.*, Das neutestamentliche Zeugnis von der *Wahrheit* nach dem JE, in: H. R. Müller-Schwefe, ed., Was ist Wahrheit?, Göttingen 1965, 80–93.

*Grelot, P.*, Le problème de la *foi* dans le quatrième évangile, BVC 52 (1963) 61–71.

*Grundmann, W.*, Verständnis und Bewegung des *Glaubens* im JE, KuD 6 (1960) 131–154.

*Hadjuk, A.*, Ego-Eimi bei Jesus und seine Messianität, CV 6 (1963) 50–60.

*Hahn, F.*, *Sehen* und *Glauben* im JE, in: FS. O. Cullmann, Tübingen 1972, 125–141.

*Harnack, A.*, „Ich bin gekommen", ZThK 22 (1912) 1–30.

*Harner, P. B.*, The „I am" of the Fourth Gospel, Philadelphia 1971.

*Heckel, D. T.*, *Wahrheit* im JE und bei Luther, Helsinki 1944.

*Hill, D.*, The Request of Zebedee's Sons and the Johannine *Doxa*-Theme, NTS 13 (1966/67) 281–285.

*Hindley, J. C.*, *Witness* in the Fourth Gospel, SJTh 18 (1965) 319–337.

*Huby, J.*, De la connaissance de *foi* dans S. Jean, RSR 21 (1931) 385–421.

*Ibuki, Y.*, Die *Wahrheit* im JE, Bonn 1972.

*Jörns, K. P.*, Die joh. „Ich-bin"-Worte, DtPfBl 71 (1971) 741–744.

*Kruijf, T. C. de*, The *Glory* of the Only Son, in: FS. J. N. Sevenster, Leiden 1970, 97–110.

*Kundsin, K.*, Zur Diskussion über die Ego-Eimi-Sprüche des JE, in: FS. J. Köpp, Stockholm 1954, 95–107.

*Kuyper, L. J.*, *Grace* and *Truth*, Interp. 18 (1964) 3–19.

*Lasic, H.*, Recherches sur la notion de *vie* chez S. Jean et les influences sur lui, masch. Diss. Fribourg 1970.

*Lategan, B. C.*, „The *Truth* that Sets Man Free", Neotestamentica 2 (1968) 70–80.

*Lattke, M.*, Einheit im Wort. Die spezifische Bedeutung von *agape, agapan* und *philein* im JE, München 1975.

*Lindblom, J.*, ,,Das ewige *Leben*". Eine Studie über die Entstehung der religiösen Lebensidee im NT, Uppsala 1914.

*MacRae, G. W.*, The Ego-Proclamation in Gnostic Sources, in: FS. C. F. D. Moule, London 1970, 122–135.

*Marchesi, G.*, La *verità* nel Vangelo di S. Giovanni, CivCatt 129 (1978) I, 348–362.

*Marzotto, D.*, L'*unita* degli uomini nel vangelo di Giovanni, Brescia 1977.

*Mer, J.*, La notion de temoignage dans l'évangile selon S. Jean, masch. Lic. Theol. Fribourg 1970.

*Mollat, D.*, La *foi* dans le quatrième évangile, LV 22 (1955) 91–107.

*Morris, L.*, On *Love* in the Fourth Gospel, in: Saved by Hope, FS. R. C. Oudersleuys, Grand Rapids 1978.

*Moule, C. F. D.*, The Meaning of ,,*Life*" in the Gospel and Epistles of St. John, Theol. 78 (1975) 114–125.

*Mundle, W.*, Das *Wahrheit*sverständnis des joh. Schrifttums, LRb 16 (1968) 82–94. 161–165.

*Mussner, F.*, ,,*Zoe*". Die Anschauung von ,,*Leben*" im vierten Evangelium unter Berücksichtigung der Johannesbriefe, München 1952.

*Peterson, E.*, Zeuge der *Wahrheit*, in: Theologische Traktate, München 1956, 165–224.

*Pollard, T. E.*, The Father-Son and God-Believer Relationship acc. to St. John, BEThL 44 (1977) 363–370.

*Potterie, I. de la*, La *verità* in S. Giovanni, RivBib 11 (1963) 3–24.

*Ders.*, La *vérité* dans S. Jean, 2 vol., Rom 1977.

*Pribnow, H.*, Die joh. Anschauung vom ,,*Leben*", Greifswald 1934.

*Segovia, F.*, *Agape* and *Agapan* in First John and the Johannine Tradition, masch. Diss. Notre Dame University Ph. D. 1978.

*Soden, H. von*, Was ist *Wahrheit*?, in: ders., Urchristentum und Geschichte, 1951, 1–24.

*Spicq, C.*, *Agape* in the NT: III, London 1966.

*Schlier, H.*, Die *Bruderliebe* nach dem Evangelium und den Briefen des Johannes, in: ders., Ende der Zeit, 1971, 124–135.

*Ders.*, Glauben, Erkennen, Lieben nach dem JE, in: ders., Besinnung auf das NT, 1964, 279–293.

*Ders.*, Meditation über den joh. Begriff der *Wahrheit*, in: ders. Besinnung auf das NT, 1964, 272–278.

*Schnackenburg, R.*, Der *Glaube* im vierten Evangelium, masch. Diss. Breslau 1937.

*Ders.*, Offenbarung und *Glaube* im JE, in: ders., Schriften zum NT, 1971, 78–96.

*Schrenk, E. von*, Die joh. Anschauung von ,,*Leben*" mit Berücksichtigung ihrer Vorgeschichte untersucht, Leipzig 1898.

*Stachio, P.*, The Concept of *Faith* in the Johannine Writings, Logos 22 (1971) 115–130.

*Tenney, M. C.*, The Growth of *Belief*, BS 132 (1975) 343–357.

*Ders.*, The Meaning of ,,*Witness*" in John, BS 132 (1975) 229–241.

*Thomas, R. W.*, The Meaning of the Terms ,,*Life*" and ,,*Death*" in the Fourth Gospel and in Paul, SJTh 21 (1968) 199–212.

*Traets, C.*, Voir Jésus et le Père en lui selon l'évangile de S. Jean, Rom 1967.

*Turner, W.*, *Believing* and Everlasting *Life* – A Johannine Inquiry, ET 64 (1952/53) 50–52.

*Vanhoye, A.*, Notre *foi*, œuvre divine, d'après le quatrième évangile, NRT 86 (1964) 339–348.

*Wenz, H.*, *Sehen* und *Glauben* bei Johannes, ThZ 17 (1961) 17–25.

*Wetter, G. P.*, ,,Ich bin es", ThStKr 88 (1915) 224–238.

*Ders.*, ,,Ich bin das Licht der Welt", BRW I.2. (1914).

*Ders.*, Eine gnostische Formel im vierten Evangelium, ZNW 18 (1917/18) 49–83.

*Wurzinger, A.*, *Glauben* nach Johannes, BiLi 39 (1966) 203–208.

*Zimmermann, J. O.*, Die joh. *aletheia*, masch. Diss. Fribourg 1977/78.

*Zimmermann, H.*, Das absolute ,,*Ego Eimi*" als die neutestamentliche Offenbarungsformel, BZ 4 (1960) 54–69.266–276.

weitere Lit.: s. ThWNT X. 2, 1979.

## H. Die Reden im JE:

*Bleek, F.*, Beschränkung der Anforderung an die wörtliche Treue in der Wiedergebung der längeren Reden und Unterredungen im JE, in: ders., Beiträge, 1846, 240–244.

*Baron, M.*, La progression des confessions de foi dans les dialogues de S. Jean, BVC 82 (1968) 32–44.

*Becker, H.*, Die Reden des JE und der Stil der gnostischen Offenbarungsreden, Göttingen 1956.

*Kundsin, K.*, Charakter und Ursprung der joh. Reden, Riga 1939.

*Leroy, H.*, Das joh. Mißverständnis als literarische Form, BiLe 9 (1968) 196–207.

*Ders.*, Rätsel und Mißverständnis. Ein Beitrag zur Formgeschichte des JE, Bonn 1968.

*Soltau, W.*, Die Reden des vierten Evangeliums, ZNW 17 (1916) 49–60.

*Ders.*, Der eigenartige dogmatische Standpunkt der Johannesreden und seine Erklärung, ZWTh 52 (1910) 341–358.

*Schweizer, E.*, Ego Eimi. Die religionsgeschichtliche Herkunft und theologische Bedeutung der joh. Bildreden. Göttingen 1939.²1965.

*Stier, R.*, Die Reden des Herren Jesu nach Johannes, 5 vol., 1847.³1870–1873,

*Strachan, R. H.*, The Fourth Gospel, its significance and environment, London ³1946, 15–26.

**J. Semeia-Quelle:**

*Baltensweiler, H.*, Wunder und Glaube im NT, ThZ 23 (1967) 241–256.

*Becker, J.*, Wunder und Christologie, NTS 16 (1969/70) 130–148.

*Betz, O.*, Das Problem des Wunders bei Flavius Josephus im Vergleich zum Wunderproblem bei den Rabbinen und im JE, in: FS. O. Michel, Göttingen 1974, 23–44.

*Bourke, M. M.*, The Miracles Stories of the Gospels, DunR 12 (1972) 21ff.

*Brown, R. E.*, The Gospel Miracles, in: ders., NT-Essays, 1965, 168–191.

*Braun, F. M.*, Quatre ,,signes" johanniques de l'unité chrétienne, NTS 9 (1963) 147–155.

*Cerfaux, L.*, Les miracles, signes messianiques de Jésus et oeuvres de Dieu selon l'évangile de S. Jean, in: L'attente du Messie, Rech. Bib 1, ²1958, 131–138.

*Charlier, J. P.*, La notion de signe dans le IVᵉ évangile, RSPhTh 43 (1959) 434–448.

*Crehan, J. H.*, Rez.: Fortna, R. T., The Gospel of Signs, TS 31 (1970) 757–759.

*Delling, G.*, Wort und Werk Jesu im JE, Berlin 1966.

*Erdozain, L.*, La function de signo en le fé segun il quarto Evangelio, Rom 1968.

*Faure, A.*, Die alttestamentlichen Zitate im vierten Evangelium und die Quellenscheidungshypothese, ZNW 21 (1922) 99–121.

*Formesyn, R.*, Le séméion johannique et le séméion hellénistique, EThL 38 (1962) 856–894.

*Fortna, R. T.*, Source and Redaction in the Fourth Gospel's Portrayal of Jesus' Signs, JBL 89 (1970) 151–166.

*Ders.*, the Gospel of Signs, Cambridge 1970.

*Freed, E. D./Hunt, R. B.*, Rez.: Fortna'a Signs-Source in John, JBL 94 (1975) 563–579.

*Guthrie, D.*, The Importance of Signs in the Fourth Gospel, VoxEv 5 (1967) 72–83.

*Hofbeck, S.*, Semeion. Der Begriff des Zeichens im JE, Münsterschwarzach 1966.

*Inch, M.*, Apologetic Use of Sign in the Fourth Gospel, EvQ 42 (1970) 35–43.

*Jonge, M. de*, Signs and Works in the Fourth Gospel, in: Miscellanea Neotestamentica II, 1978, 107–127.

*Léon-Dufour, X.*, Autour de sémeion johannique, in: FS. H. Schürmann, 1978, 363–378.

*Menoud, P. H.*, La signification du miracle selon le NT, RHPhR 28 (1948/49) 173–192.

*Miller, G.*, The Nature and Purpose of Signs in the Fourth Gospel, masch. Diss. Ph. D., Duke University 1968.

*Nicol, W.*, The Semeia in the Fourth Gospel, Leiden 1972.

*Richter, G.*, Zur sogenannten Semeia-Quelle des JE, in: ders., Studien zum JE, Regensburg 1977, 281–287.

*Riga, P.*, Signs of Glory. The Use of ,,semeion" in St. John's Gospel, Interp. 17 (1963) 402–424.

*Smith, D. M.*, The Milieu of the Johannine Miracle Source: a Proposal, in: FS. W. D. Davies, 1976, 164–180.

*Stolz, F.*, Zeichen und Wunder, ZThK 69 (1972) 125–144.

*Van Belle, G.*, De Semeia-Bron in het vierde evangelie, Löwen 1975.

*Walter, N.*, Die Auslegung überlieferter Wundererzählungen im JE, Theologische Versuche II, Berlin 1970, 93–107.

*Welch, C. H.*, Parable, Miracle and Sign of Matthew and John Considered Dispensationally, London ²1978.

*Wilkens, W.*, Zeichen und Werke, Zürich 1969.

*Wittaker, M.*, Signs and Wonder: The Pagan Background, StEv V (1968) 155–158.

*Wilkinson, J.*, A Study of Healing in the Gospel of John, SJTh 20 (1967) 442–461.

*Youtie, H. C.*, ,,Semeion" in the Papyri, ZPE 6 (1970) 105–116.

*Ziener, G.*, Weisheitsbuch und JE, Bib. 38 (1957) 396–418.

# Einleitung

Jedes Evangelium enthält Sprüche und Geschichten, die sich dem Leser besonders tief einprägen, zumeist Stellen, bei denen alles durchsichtig und für jedermann verständlich, trostvoll und kräftigend ist. Aber in jedem Evangelium gibt es auch Stellen, wo sich seine Schrift gleichsam schwer entziffern läßt, wo der Leser nicht genau weiß, was er daraus entnehmen soll. Dennoch können auch solche Stellen trotz, ja gerade wegen ihrer Dunkelheit den Leser immer aufs neue locken, zu ihnen zurückzukehren, um ihr Geheimnis zu ergründen.

Vielleicht besitzt das vierte Evangelium diesen Reiz im höchsten Grade. Seine Schwierigkeiten werden noch dadurch gesteigert, daß sich die einzelnen Fragen, vor die es uns stellt, nicht säuberlich voneinander trennen lassen, sondern sich überschneiden und sich schwer, wenn überhaupt, voneinander lösen.

Besonders empfiehlt sich das vierte Evangelium dem Leser dadurch, daß es (21,24) jenen geheimnisvollen „Lieblingsjünger" als seinen Verfasser bezeichnet, der mit dem Zebedaiden Johannes identisch sein soll und darum besonders zuverlässig die Taten und Worte des irdischen Jesus wiedergeben müßte, und daß es doch auf Schritt und Tritt den drei ersten Evangelien, den Synoptikern, widerspricht; sich in den Angaben über Dauer und Orte des Wirkens Jesus mit ihnen nicht vereinen läßt; daß Jesus in einem anderen Stil über andere Themen spricht: die synoptischen Gleichnisse sind bei Johannes ebenso rar wie die synoptischen Wundergeschichten, obwohl wiederum die johanneischen Wunder die synoptischen weit übersteigen. Die „Zwölf" (außer 6,67) sind fast ebenso verschwunden wie die Passamahlzeit (Mk 14,12–25; Mt 26,17–29; Lk 22,7–20; aber Joh 13,1f.!). Aber dazu gesellen sich noch andere Fragen: War die Muttersprache des Evangelisten wirklich aramäisch, oder haben wir es hier mit echtem – u. z. mit einem gesprochenen, unliterarischen – Koinegriechisch zu tun? Redet hier eigentlich nur eine einzige Stimme, oder müssen wir am Ende mit einer vorausgehenden schriftlichen Tradition und einer ergänzenden und leise korrigierenden Überarbeitung durch einen Redaktor rechnen? Ist der überlieferte Text so sicher, daß wir uns unbedingt auf ihn verlassen können, oder besaß er früher eine ganz andere Ordnung (s. u. § 4)? Vor allem aber scheint uns die Botschaft des vierten Evangeliums – obwohl sie wie die der synoptischen Evangelien nur einen Mittelpunkt hat: Jesus Christus – von der des Markus, Matthäus und Lukas so weit abzuweichen, daß nicht einmal das letzte Wort Jesu am Kreuz übereinstimmt. Läßt uns das vierte Evangelium einen anderen Jesus sehen, vielleicht einen, den die Last des Erdenlebens kaum mehr drückt, so daß man (vgl. *Käsemann, Jesu letzter Wille* 151) gemeint hat, hier werde ein über die Erde schreitender Gott dargestellt, aber kein wirklich lebendiger Mensch? Alle diese Fragen und manche andere fordern eine Antwort. So versteht es sich von selbst, daß jede Erklärung des vierten Evangeliums nur ein Versuch ist, der das eigene Nachsinnen und die Nachsicht des Lesers in gleichem Maße erbitten muß.

## § 1: Die frühchristliche Tradition über das vierte Evangelium

**Literatur:**

*Abbot, E.*, The Authorship of the Fourth Gospel, in: ders., The Authorship of the Fourth Gospel and Other Critical Essays Selected from the Published Papers, Boston 1888, 9–112.

*Aland, K.*, Studien zur Überlieferung des Neuen Testaments und seines Textes, Berlin 1967.

*Bacon, B. W.*, The Elder John, Papias, Irenaeus, Eusebius and the Syriac Translator, JBL 27 (1908) 1–23.

*Ders.*, External Evidence, in: ders., The Gospel of the Hellenists, New York 1933, 7–51.

*Ders.*, Date and Habitation of the Elders of Papias, ZNW 12 (1911) 176–187.

*Ders.*, Papias, NSHE VIII (New York 1910) 336–340.

*Ders.*, The Johannine Problem, The Independent LVII (1904) 736f.

*Ders.*, Tatian's Rearrangement of the Fourth Gospel, AJT 4 (1900) 770–795.

*Ders.*, An Emendation of the Papias Fragment, JBL 17 (1898) 176–183.

*Ders.*, Marcion, Papias and „The Elders", JThS 23 (1922) 134–160.

*Ders.*, The Anti-Marcionite Prologue to John, JBL 49 (1930) 43–54.

*Ders.*, The Mystical „Elder John" of Ephesus, HJ 29 (1931) 312–326.

*Ders.*, John and Pseudo-Johns, ZNW 31 (1932) 132–150.

*Ders.*, The Elder of Ephesus and the Elder John, HJ 26 (1927) 112–134.

*Ders.*, The Elder John in Jerusalem, ZNW 26 (1927) 187–202.

*Ders.*, The Johannine Problem, HJ 1 (1902/03) 510–531; 2 (1904) 323–346; 3 (1905) 353–375.

*Bartlet, V.*, Papias' Exposition: Its Date and Contents, in: FS. J. R. Harris, 1933, 15–44.

*Bauer, W.*, Rechtgläubigkeit und Ketzerei im ältesten Christentum, Tübingen 1934.

*Baur, F. C.*, Zur johanneischen Frage, ThJb (T) 16 (1857) 209–257.

*Ders.*, Die johanneische Frage und ihre neuesten Beantwortungen, ThJb (T) 13 (1854) 196–287.

*Beyschlag, W.*, Zur johanneischen Frage, Gotha 1876 und: ThStKr 47 (1874) 607–723; 48 (1875) 235–287. 413–479.

*Bernard, J. H.*, Die Traditionen über den Tod des Zebedäussohnes Johannes, in: K. H. Rengstorf ed., Johannes und sein Evangelium, Darmstadt 1973, 273–290.

*Bihlmeyer, K.*, Die apostolischen Väter I, Tübingen 1924.

*Bindemann, E.*, Ueber die von Justinus dem Märtyrer gebrauchten Evangelien, ThStKr 15 (1842) 355–482.

*Bludau, A.*, Die ersten Gegner der Johannesschriften, Freiburg 1925.

*Bousset, W.*, Jüdisch-christlicher Schulbetrieb in Alexandrien und Rom, Göttingen 1915, Nachdruck 1975.

*Braun, F. M.*, La „Lettre de Barnabé" et l'évangile de S. Jean, NTS 4 (1957/58) 119–124.

*Ders.*, Jean le théologien et son évangile dans l'église ancienne, Paris 1959.

*Bruce, F. F.*, St. John at Ephesus, BJRL 60 (1978) 339–361.

*Bruns, J. E.*, John Mark: A Riddle Within the Johannine Enigma, Scrip. 15 (1963) 88–92.

*Ders.*, The Confusion between John and John Mark in Antiquity, Scrip. 17 (1965) 23–26.

*Bruyne, D. de*, Les plus anciens prologues latins des évangiles, RBen 40 (1928) 193–214.

*Burghardt, W. J.*, Did St. Ignatius of Antioch Know the Fourth Gospel?, TS 1 (1940) 1–26. 130–156.

*Camerlynck, A.*, La question johannique, RHE 1 (1900) 201–211. 419–429. 633–644.

*Chastand, G.*, L'apôtre Jean et le IV^e évangile. Etude de critique et d'histoire, Paris 1888.

*Corssen, P.*, Die monarchianischen Prologe zu den vier Evangelien, TU 15/1, 1896.

*Der.*, Warum ist das 4. Evangelium für ein Werk

des Apostels Johannes erklärt worden?, ZNW 2 (1901) 202–227.

*Dausch, P.*, Das Johannesevangelium, seine Echtheit und Glaubwürdigkeit, 1909.

*Davey, D. M.*, Justin Martyr and the Fourth Gospel, Scrip. 17 (1965) 117–122.

*Dembowsky, J.*, Das Johannesverständnis des Origenes, masch. Diss. Göttingen 1952.

*Dibelius, M.*, Der Hirte des Hermas, Tübingen 1923.

*Ders.*, Art.: Papias, RGG² IV 892f.

*Dix, G.*, The Use and Abuse of Papias on the Fourth Gospel, TLond 4 (1932) 8–20.

*Drummond, J.*, An Inquiry into the Character and Authorship of the Fourth Gospel, London 1903.

*Ewald, H.*, Ueber die zweifel an der abkunft des vierten evangeliums und der drei sendschreiben vom apostel Johannes, JBW 10 (1859/1860) 83–114.

*Faure, A.*, Das 4. Evangelium im Muratorischen Fragment, ZSTh 19 (1942) 142–149.

*Ferguson, J.*, Philippians, John and the Traditions of Ephesus, ET 83 (1971) 85–87.

*Gardner, P.*, The Ephesian Gospel, 1915.

*Gebhardt, H.*, Die Abfassungszeit des Johannesevangeliums, 1906.

*Grant, R. M.*, The Oldest Gospel-Prologues, AThR 23 (1941) 231–245.

*Gregory, C. R.*, St. John, the Author of the Fourth Gospel, 1875.

*Grimm, C. L. W.*, Johannes der Apostel und Evangelist, AEWK 2. Sektion XXII.

*Harnack, A.*, Die ältesten Evangelien-Prologe und die Bildung des Neuen Testamentes, SPAW. PH 1928 Heft 24, 320–341.

*Heard, R. G.*, The Oldest Gospel-Prologues, JThS 6 (1955) 1–16.

*Heitmüller, W.*, Zur Johannes-Tradition, ZNW 13 (1914) 189–209.

*Hilgenfeld, A.*, Noch einmal Johannes in Kleinasien, ZWTh 16 (1873) 102–111.

*Ders.*, Noch einmal: Petrus in Rom und Johannes in Kleinasien, ZWTh 20 (1877) 486–525.

*Ders.*, Petrus in Rom und Johannes in Kleinasien, ZWTh 15 (1872) 349–383.

*Hillmer, M. R.*, The Gospel of John in the Second Century, masch. Diss. Harvard 1965/66.

*Hofstede de Groot, P.*, Basilides am Ausgang des apostolischen Zeitalters als erster Zeuge für Alter und Autorität neutestamentlicher Schriften, insbesondere des Johannesevangeliums in Verbindung mit anderen Zeugen aus der Mitte des 2. Jhs., Leipzig 1868.

*Holtzmann, H. J.*, Hermas und Johannes, ZWTh 18 (1875) 40–51.

*Ders.*, Das Verhältnis des Johannes zu Ignatius und Polykarp, ZWTh 20 (1877) 187–214.

*Ders.*, Art.: Johannes der Apostel und Johannes der Presbyter, Schenkel's Bibel-Lexikon, Leipzig 1870, 328–342. 352–360.

*Ders.*, Papias und Johannes, ZWTh 23 (1880) 64–77.

*Ders.*, Barnabas und Johannes, ZWTh 14 (1871) 336–351.

*Howard, W. F.*, The Antimarcionite Prologue to the Gospels, ET 47 (1936) 534–538.

*Jaschke, H.-J.*, Das Johannesevangelium und die Gnosis im Zeugnis des Irenäus von Lyon, MThZ 29 (1978) 337ff.

*Jeremias, J.*, Unbekanntes Evangelium mit Johanneischen Einschlägen (Pap. Egerton 2), in: Hennecke/Schneemelcher, Neutestamentliche Apokryphen I, Tübingen 1959, 58–60.

*Jülicher, A./Fascher, E.*, Einleitung in das NT, ⁷1931, 397ff.

*Köster, H.*, Geschichte und Kultus im JE und bei Ignatius von Antiochien, ZThK 54 (1957) 56–69.

*Kümmel, W. G.*, Einleitung in das NT, Heidelberg ¹⁷1963, 432. 467f.

*Kürzinger, J.*, Papias von Hierapolis: Zu Titel und Art seines Werkes, BZ 23 (1979) 172–186.

*Lagrange, M.-J.*, Rez.: Les plus anciens prologues latins des évangiles par Dom D. De Bruyne, RB 38 (1929) 115–121.

*Larfeld, W.*, Die beiden Johannes von Ephesus, der Apostel und der Presbyter, der Lehrer und der Schüler, München 1914.

*Ders.*, Das Zeugnis des Papias über die beiden Johannes von Ephesus, in: K. H. Rengstorf ed., Johannes und sein Evangelium, Darmstadt 1973, 381–401.

*Lietzmann, H.*, Geschichte der Alten Kirche, Berlin ⁴1975.

*Lightfoot, J. B.*, External Evidence for the Authenticity and Genuineness of St. John's Gospel, in: ders., Biblical Essays, 1904, 47–122.

*Loewenich, W. von*, Das Johannesverständnis im 2. Jahrhundert, Gießen 1932.

*Loman, A. D.*, Bijdragen ter inleiding of de Johannes-schriften des NTs, Amsterdam 1865.

*Lützelberger, E. C. I.*, Die kirchliche Tradition über den Apostel Johannes und seine Schriften in ihrer Grundlosigkeit nachgewiesen, Leipzig 1840.

*Luthardt, E. C.*, Der johanneische Ursprung des 4. Evangeliums, 1874.

*Macaulay, W. M.*, The Nature of Christ in Origin's Commentary on John, SJTh 19 (1966) 176–187.

*Martyn, J. L.*, Clementine Recognitions 1, 33–71, Jewish Christianity and the Fourth Gospel, in: FS. N. A. Dahl, Oslo 1977, 265–295.

3

Mayer, G. H., Die Aechtheit des Evangeliums nach Johannes, 1854.

Maurer, C., Ignatius von Antiochien und das JE, Zürich 1949.

Metzger, B. M., Der Text des NTs, Stuttgart 1966.

Michaelis, W., Einleitung in das NT, Bern² 1954.

Niermeyer, A., Verhandeling over de echtheit der johanneischen Schriften, s'Gravenhage 1852.

Nunn, H. P., The Fourth Gospel in the Early Church, EvQ 16 (1944) 173–191. 234–299.

Osborn, E. F., Justin Martyr, Tübingen 1973.

Overbeck, F., Über zwei neue Ansichten von Zeugnissen des Papias für die Apg und das 4. Evangelium, ZWTh 10 (1867) 35–74.

Pagels, E. H., The Johannine Gospel in Gnostic Exegesis: Heracleons Commentary on John, Missoula 1973.

Parker, P., John, the Son of Zebedee and the Fourth Gospel, JBL 81 (1962) 35–43.

Paret, O., Die Überlieferung der Bibel, Stuttgart ⁴1966.

Perry, A. M., Is John an Alexandrian Gospel? JBL 62 (1944) 99–106.

Pfleiderer, O., Neue Lösungsversuche zur joh. Frage, PrM 5 (1901) 169–182.

Regul, J., Die antimarcionitischen Evangelienprologe, Freiburg 1969.

Rettig, H. C. M., De quatuor evangeliorum canonicorum origine, Gießen 1824.

Riggenbach, C. J., Johannes der Apostel und der Presbyter, JDTh 13 (1868) 319–334.

Riggenbach, D., Die Zeugnisse für das Evangelium Johannis, Basel 1866.

Riggenbach, E., Neue Materialien zur Beleuchtung des Papiaszeugnisses über den Märtyrertod des Johannes, NKZ 32 (1921) 692–696.

Roberts, C. H., An Unpublished Fragment of the Fourth Gospel in the John Rylands Library, 1935.

Sanday, W. M. A., The Gospels in the Second Century, London 1876.

Ders., The Authorship and Historical Character of the Fourth Gospel, 1872.

Sanders, J. N., The Fourth Gospel in the Early Church, Cambridge 1943.

Ders., St. John on Patmos, NTS 9 (1962/63) 75–85.

Sauer, J., Die Exegese des Cyrill von Alexandrien nach seinem Kommentar zum JE, masch. Diss. Freiburg 1965.

Spitta, F., Die neutestamentliche Grundlage der Ansicht von E. Schwartz über den Tod der Söhne Zebedäi, in: K. H. Rengstorf ed., Johannes und sein Evangelium, Darmstadt 1973, 291–313.

Schäferdiek, K., Theodor von Mopsuestia als

Exeget des 4. Evangeliums, StPatrist. 10.1 (Berlin 1970) 242–246.

Schmiedel, P. W., Art.: John, Son of Zebedee, EB (C) 1891, II, 2503–2562.

Schneider, K. F. T., Die Echtheit des joh. Evangeliums nach den äußeren Zeugnissen, Berlin 1854–1855.

Scholem, G., Die jüdische Mystik in ihren Hauptströmungen, Frankfurt 1957.

Scholten, J. H., Die ältesten Zeugnisse betreffend die Schriften des NTs historisch untersucht, Bremen 1867.

Ders., Der Apostel Johannes in Kleinasien, Berlin 1872.

Schwartz, E., hrsg., Eusebius' Kirchengeschichte, Leipzig ²1914.

Ders., Über den Tod der Söhne Zebedäi, in: K. H. Rengstorf ed., Johannes und sein Evangelium, Darmstadt 1973, 202–272.

Ders., Noch einmal: der Tod der Söhne Zebedäi, ZNW 11 (1910) 89–104.

Ders., Johannes und Kerinthos, in: ders., Gesammelte Schriften V, 1962, 170–182.

Schweizer, E., Zu Apg 1,16–22, ThZ 14 (1958) 46.

Stanton, V. H., The Gospels as Historical Documents: I. The Early Use of the Gospels; III. The Fourth Gospel, Cambridge 1903. 1920.

Tayler, J. J., An Attempt to Ascertain the Character of the Fourth Gospel, London 1867.

Thoma, A., Justin's Verhältnis zu Paulus und zum JE, ZWTh 18 (1875) 383–411. 490–565.

Unnik, W. C. van, The Gospel of Truth and the NT, in: The Jung Codex, London 1955, 79–129.

Völker, W., Heracleons Stellung zu seiner Zeit im Lichte seiner Schriftauslegung, masch. Diss. Halle 1923.

Volkmar, G., Ein neu entdecktes Zeugnis für das JE, ThJb (T) 13 (1854) 446–462.

Ders., Zur äußeren Bezeugung des JE, ZWTh 3 (1860) 293–300.

Weiss, J., Zum Märtyrertod des Zebedaiden, ZNW 11 (1910) 167.

Weitzel, K. L., Das Selbstzeugnis des vierten Evangelisten über seine Person, ThStKr 22 (1849) 578–638.

Weizsäcker, C. von, Die Bezeugung des Evangeliums, in: ders., Untersuchungen über die evangelische Geschichte, 1901², 140–151.

Wetzel, G., Die Echtheit und Glaubwürdigkeit des Evangeliums Johannis aufs neue untersucht und verteidigt, 1899.

Wiles, M. F., The Spiritual Gospel. The Interpretation of the Fourth Gospel in the Early Church, 1960.

Windisch, H., Der Barnabasbrief, Tübingen 1920.

*Zeller, E.,* Die äußeren Zeugnisse über das Dasein und den Ursprung des 4. Evangeliums, ThJb (T) 4 (1845) 579–656.

*Zurhellen, O.,* Die Heimat des vierten Evangeliums, Tübingen 1909, neuerdings in: K. H. Rengstorf ed., Johannes und sein Evangelium, Darmstadt 1973, 314–380.

Abschriften des Johannesevangeliums (= JE) existierten schon seit Anfang des 2. Jahrhunderts (vgl. *Roberts,* An Unpublished Fragment of the Fourth Gospel in the John Ryland's Library; *Aland,* Studien zur Überlieferung des NTs 126; *Metzger,* Der Text des Neuen Testamentes, 38f. Abbildung bei *Paret,* Die Überlieferung der Bibel, Tafelbild 5). Aber erst gegen 180 verbreitete sich – und nun sehr rasch – das, was man die frühchristliche Tradition über das 4. Evangelium nennen kann: Der Apostel Johannes habe im hohen Alter das 4. Evangelium verfaßt. Damit erhebt sich die Frage: Wenn dem so war, warum schwiegen die Apostolischen Väter so beharrlich davon? Warum wurde nicht der Zebedaide als Autor genannt? Warum wurden dem JE keine wörtlichen Zitate entnommen? Oder lassen sich doch (wie manche Gelehrte behaupten) johanneische Spuren in der frühchristlichen Literatur nachweisen?

Manche Forscher meinten tatsächlich, solche Spuren des JE schon um das Jahr 100 zu finden. Aber Übereinstimmungen einzelner Wendungen oder Anklänge sind noch keine Beweisstücke. Zudem muß man sich fragen, ob sich das JE wirklich in der betreffenden Zeit als Bundesgenosse einem frühchristlichen Schriftsteller anbot.

1. Als älteste Schrift kommt der *1. Clemensbrief* in Frage. Nach *Braun,* Jean le théologien I 179. 393–397, finden sich darin über 30 Kontaktstellen mit der johanneischen Literatur. Aber diese These hat sich nicht durchgesetzt. Da *Braun* den 1Clem wie üblich auf etwa 96 datierte, konnte er eigentlich dort noch keine Zitate aus einem nach seiner Ansicht erst später geschriebenen Evangelium suchen. *Braun* half sich daher mit der Vermutung, Johannes habe zunächst mündliche Unterweisungen für Katechumenen gegeben. Das habe zu schriftlichen Teilsammlungen geführt, von denen eine den Verfasser des 1Clem in Rom erreicht habe. Nach *Bihlmeyer,* Die Apostolischen Väter I 156, enthält der 1Clem neben 184 alttestamentlichen Zitaten 88 Anspielungen auf neutestamentliche Schriften. Von diesen berührt sich jedoch nur eine mit dem JE: 1Clem 49,1, ,,Wer Liebe in Christus hat, soll die Gebote Christi tun!". Das erinnert an Joh 14,15: ,,Wenn ihr mich liebt, bewahrt meine Gebote!" Aber der Wortlaut und Zusammenhang sind verschieden; gemeinsam bleibt nur die allgemein-christliche Mahnung: Es gibt keine Liebe zu Christus ohne den Gehorsam gegen seine Gebote. Der 1Clem ist kein wirklicher Zeuge für eine Benutzung des JE.

2. Das Verhältnis der *Ignatiusbriefe* zum JE ist umstritten. *Braun,* Jean le théologien I 416f., weist auf 70 mögliche Kontaktstellen hin und zählt darum den Ignatius zu den ,,sichersten Zeugen" (291) für die Benutzung des JE. Andererseits gibt er zu: Der Name des Apostels Johannes wird in den Ignatianen nie genannt, wohl aber der des Paulus: In seinem Brief an die

Epheser (12,2) bezeichnet Ignatius die Epheser als συμμύσται des Paulus, und Ign Röm 4,3 wird Paulus neben Petrus als Apostel genannt. Dieses Schweigen über Johannes und dessen Evangelium – es findet sich kein wörtliches Zitat – ist für *Braun* selber eine Überraschung. Es ist um so erstaunlicher, als Ignatius den Zebedaiden – falls dieser bis in die Zeiten Trajans (so die altchristliche Tradition) in Ephesus gelebt hätte – noch als Zeitgenossen gekannt haben müßte. So ist es nicht verwunderlich, daß auch diese These *Brauns* nicht überzeugte.

Mehr Beachtung fand die Schrift von *Maurer, Ignatius von Antiochien und das JE. Maurer* wollte aus nur drei Stellen der Ignatianen die Benutzung des JE beweisen: a) Ign Philad. 7,1/Joh 3,8 und 8,14 b) Ign Philad. 9,1/Joh 10,7.9 und c) Ign Röm 7,3/Joh 6,33. Aber keine dieser drei Stellen gibt einen wirklich schlüssigen Beweis her für die Abhängigkeit der Ignatianen vom JE. Bisweilen täuscht eine kirchliche Formel eine Berührung mit dem JE vor. Die Art, wie sich Ignatius selbst und seine Lage versteht, spiegelt sich in den Briefen wider, die er während seiner Reise zum römischen Martyrium an Gemeinden schrieb. Die Welt hat mit allem, was sie bieten kann, für Ignatius jeden Wert verloren – sie ist ihm schon so weit entfremdet, wie es sonst nur ein konsequenter Gnostiker empfindet („Nichts Sichtbares ist gut": Ign Röm 3,3). Vollendet wird Ignatius als Christ freilich erst im Martyrium werden, dem er entgegenfiebert. – Für das JE vollzieht sich der Übergang in Gottes Reich für einen Menschen in dem Augenblick, wo er im Hören der Christusbotschaft zum Glauben kommt. Darum scheint auch seine Sprache oft schon jenseits dieser μετάβασις zu entspringen. Ihre feierliche Ruhe kontrastiert charakteristisch mit der ekstatischen Sprache des Ignatius, welche das Ende und den Triumph des ad bestias Verurteilten mit der steten Mahnung verbindet, sich an die Kirchenleitung zu halten, dieses irdische Abbild der Dreiheit von Gott, Christus und Kirche.

*Bihlmeyer,* Die Apostolischen Väter I 159, rechnet mit 11 Ignatiusstellen, die Verwandtschaft mit dem JE zeigen; darunter befinden sich die drei soeben angeführten. Von den restlichen 8 ist nur Ign Röm 7,2 mit einem Sternchen als wirkliche Parallele (zu Joh 4,10 und 7,38) hervorgehoben. Ignatius schreibt hier: „Meine (irdische) Liebe (ἔρως) ist gekreuzigt und nicht ist in mir ein Brennen nach Irdischem (πῦρ φιλόϋλον); wohl aber lebendiges Wasser, das in mir redet und inwendig zu mir spricht: Hinauf zum Vater!" Joh 4,10 („. . . er gäbe dir lebendiges Wasser") und 7,38 („Wer an mich glaubt – wie die Schrift gesagt hat – Flüsse lebendigen Wassers werden aus seinem Leibe fließen"). *Bihlmeyer* geht jedoch weiter zurück bis zu Sacharja 14,2: „An jenem Tage wird lebendiges Wasser von Jerusalem ausgehen." Damit sind aber keine Segensflüsse bildhaft bezeichnet, sondern V. 8 meint wirkliche Flüsse, die in der Endzeit von Jerusalem ausgehen werden. *Regul,* Evangelienprologe 107, betont gegenüber all diesen Forschern, die eine Berührung mit dem JE bei Ignatius vermuten: „Ignatius von Antiochien schweigt in seinen Briefen an kleinasiatische Gemeinden vollkommen von der apostolischen Autorität des Johannes für Kleinasien. Das ist um so schwerwiegender, als er bereits mitten im Kampfe gegen Ketzer steht und es sich daher nahegelegt hätte, auf eine apostolische Autorität zu verweisen." „Ignatius weiß nichts davon, daß die Epheser nach des Paulus Tode Johannes zu ihrem entscheidenden apostolischen Kronzeugen gemacht haben." . . . „Ganz und gar ist aber bei dieser Sachlage ausgeschlossen, daß Ignatius sich selbst als Schüler des Johannes verstand und bezeichnete" (109). Dafür nennt er sich, der Bischof Antiochias gewesen war, in seinem Brief an die Römer (2,2) „Bischof Syriens" und nimmt dabei in gewissem Sinne die spätere Stellung eines Metropoliten voraus, bei dem es nicht überrascht, wenn er an alle erreichbaren Gemeinden Kleinasiens Briefe schreibt und auch bei den Römern seine Ankunft vorbereitet. Er will gewiß nicht wie Petrus und Paulus, die beide in Rom das Martyrium erlitten haben, gebieten. Sie sind Apostel, er nur erst ein Knecht. Immerhin reist er wie Paulus „von Syrien bis Rom", von römischen Soldaten bewacht, „Leoparden, die immer schlimmer werden, wenn sie Wohltaten empfangen" (5,1). Das schreibt er, nachdem er Kap. 1–4 die römische Gemeinde gebeten hat, ihn nicht bei den römischen Behörden freizukaufen und ihm so das Martyrium wegzunehmen. Seine Reise nach Rom zum Martyrium muß damals *das* Thema der christlichen Gemeinden des Ostens gewesen sein. Die Probleme der irdischen Kirchenleitung sind dem Pneumabewußtsein des vierten Evangelisten herzlich gleichgültig. Das macht verständlich, daß in den Ignatianen keine Rede von dem JE ist, wohl aber von Paulus, dessen Todesweg Ignatius wiederholt. Berührungen der Ignatianen mit dem JE sind nur scheinbar.

3. *Polykarp* von Symrna ist sehr alt geworden; er hat drei Menschenalter gesehen, bevor er den Holzstoß zum Feuertod bestieg. Als ihn der Statthalter Statius Quadratus aufforderte, Christus zu lästern, um sich zu retten, antwortete der Greis: „86 Jahre diene ich ihm, und er hat mir nichts zuleide getan, und wie kann ich meinen König lästern, der mich gerettet hat?" So starb er am 2. Tag des Monats Xanthikus, am siebenten Tage vor den Kalenden des März, einem „großen Sabbat". Nicht lange vorher war er noch nach Rom gereist, um mit Bischof Anicet (154–165?) über den Osterfeststreit zu verhandeln. Irenäus behauptet, er habe dort viele Häretiker bekehrt durch den Hinweis auf die unveränderliche Tradition der Kirche (Contra haer. III 4). Irenäus ist freilich kein zuverlässiger Zeuge; er läßt Polykarp von Aposteln in Smyrna zum Bischof eingesetzt werden und hat ihn sogar für einen Schüler des Johannes, des Schülers des Herrn, gehalten. Die von Irenäus im selben Abschnitt erzählte Anekdote, Polykarp habe einst Marcion getroffen und ihn „Erstgeborener des Satans" genannt, könnte aus Pol. 2 Phil VII 1 erwachsen sein. Nach dieser Briefstelle ist ja jeder Häretiker, der nicht Jesu Ins-Fleisch-Kommen bekennt, ein „Erstgeborener des Satans". Aus der Wendung „fraternitatis amatores" (Pol. 2 Phil 10,1) erweist sich keine Benutzung des JE in diesem an Zitaten reichen Brief. Den Namen des Paulus, nicht den des Johannes, hat Polykarp in seinem Brief an die Philipper in III 2; IX 1;

XI 3 betont erwähnt. Paulus ist ,,für ihn die apostolische Autorität, auf die er sich beruft, den er als einzigen Apostel namentlich nennt und ihn gewissermaßen aus der Gruppe der Apostel herausstellt, wie das Schreiben des Polykarp seinen Verfasser überhaupt als Paulusschüler auszugeben bemüht ist'' (*Regul,* Evangelienprologe 109f.). Er hat ,,eindeutig zu der Front derer gehört, die das Erbe des Apostels Paulus weiterzuführen sich bestreben und ihn unmißverständlich in die antihäretische Front einzugliedern versuchen'' (*Regul,* a.a.O. 110).

4. Der *Barnabasbrief* (vgl. *Windisch,* Barnabasbrief) ist kein wirklicher Brief (erst recht kein solcher des Paulusgefährten Barnabas), sondern ein Traktat, der (in Kap. 2–17) ein Testimonienbuch und eine Zweiwegelehre (in Kap. 18–20) zu benutzen scheint. Judenfeindlich in Fragen des Kultus, benutzt er – in allegorischer Auslegung – das Alte Testament reichlich, daneben die Synoptiker, aber nicht das JE. Zwei angebliche Berührungen (6,6; 20,2) damit stammen aus Ps 21,19 und Ez 47,1–12. Der Name des Apostels Johannes und ein direktes Zitat aus dem JE fehlen.

5. Der sog. ,,*Hirt des Hermas*'' (vgl. *Dibelius,* Hermas 422) dürfte um 140 in Rom verfaßt worden sein. Der Autor, Bruder des römischen Bischofs Pius, entnahm den Stoff für sein Werk weder dem Alten – noch dem Neuen Testament. Die vier ,,visiones'', die zwölf ,,mandata'' und die zehn ,,similitudines'' erwachsen nicht aus bestimmten Stellen der Evangelien oder der Paulusbriefe. Darum ist es nicht erstaunlich, daß das JE nicht zitiert und der Name des Johannes nicht erwähnt wird. Das Persönlichste des Hermas ist die Botschaft, daß für sündige Christen noch eine zweite Buße möglich ist. Auch diese Botschaft ist nicht durch eine Vertiefung in das JE erwachsen.

6. Bischof *Papias* von Hierapolis hat – vermutlich um die Zeit zwischen 130–140 – fünf Bücher λογίων κυριακῶν ἐξήγησις verfaßt. Euseb hat in seiner Kirchengeschichte einige Stellen daraus zitiert. Besonders wichtig ist die Stelle aus dem Prolog des Papias, die bei Euseb, h. e. III 39,3, enthalten ist. Hier wird zum erstenmal in der frühchristlichen Literatur der Apostel Johannes erwähnt; den Titel ,,Apostel'' vermeidet Papias allerdings. Diese Stelle lautet – die Unterteilung in vier Satzgruppen soll der leichteren Übersicht dienen – folgendermaßen:

a) ,,Ich will aber nicht zögern, für dich das, was ich einst von den Presbytern gut gelernt und gut im Gedächtnis behalten habe, mit den Auslegungen'' (der Herrenworte) ,,zusammenzustellen, indem ich mich für ihre Wahrheit verbürge.''

b) ,,Denn nicht an denen, die vieles sagen, hatte ich meine Freude, wie die vielen, sondern an denen, welche die Wahrheit lehren, und nicht an denen, welche der fremden Gebote gedenken, sondern an denen, welche der vom Herrn dem Glauben gegebenen und von der Wahrheit selbst herrührenden'' (Gebote gedenken).

c) ,,Wenn aber irgend jemand kam, der den Presbytern nachgefolgt war, dann fragte ich ihn nach den Worten der Presbyter: Was hat Andreas oder Petrus gesagt (εἶπεν) oder was Philippus oder was Thomas oder Jakobus oder was Johannes oder

Matthäus oder irgendein anderer von den Jüngern des Herrn, und was sagen (λέγου-σιν) Aristion und der Presbyter Johannes, Jünger des Herrn.

d) Denn ich nahm an, daß nicht der Inhalt von Büchern mir soviel Nutzen bringen werde wie die lebendige und bleibende Stimme."

Aus *d* geht hervor: Papias befolgte einen schon damals ungewöhnlichen Grundsatz: Er verließ sich nicht auf Bücher, sondern auf das, was wir heute „die mündliche Überlieferung" nennen würden. Dieses Verfahren hatte freilich nur dann einen Sinn, wenn Papias mit Hilfe von Traditionsträgern zu dem zurückfragen konnte, auf das es ihm ankam: auf die λόγια κυριακά sel-ber. Mit diesen waren nicht nur einzelne Sprüche Jesu gemeint, sondern auch längere Reden und obendrein auch Berichte über Ereignisse in der frühen Gemeinde (z. B. ein Bericht über den Tod des Judas [s. u.]).

Aus *b* ergibt sich: Papias war sich dessen bewußt, daß er auf diese Weise nicht soviel Stoff bekam, wie ihn „die Bücher" enthielten. Anscheinend war es damals nicht mehr leicht, eine Traditionskette bis zu Jesus selbst zurückzu-führen. Papias nahm diesen Nachteil seiner Methode in Kauf, denn er war überzeugt, durch sie echten Stoff, „Gebote, die der Herr selbst gegeben hat-te", zu erhalten.

Nach *a* und *c* waren die Mittelsmänner des Papias – wenn auch nur indirekt – die „Presbyter". Damit waren nicht die einem Bischof unterstehenden Mitglieder eines Presbyteriums gemeint und auch nicht irgendwelche alte Männer, sondern eine Reihe von hochgeschätzten alten Männern, die als Schüler von Aposteln galten. Papias vermeidet in dem zitierten Abschnitt den Begriff „Apostel". Das hat zu dem Irrtum geführt, er habe die Presbyter mit den (zwölf?) Aposteln identifiziert (vgl. *Michaelis*, Einleitung in das NT 93f.). Mit Namen nennt Papias allerdings nur sieben Männer aus diesem Apostelkreis (Andreas, Petrus, – das Brüderpaar – Philippus und Thomas, Jakobus und Johannes – das zweite Brüderpaar – und Matthäus); den Rest be-zeichnet er mit der unbestimmten Wendung „irgendein anderer von den Jüngern des Herrn". Aus dem Wort εἶπεν geht hervor: diese erste Gruppe war zu der Zeit, wo Papias Presbyterschüler traf, schon tot. Vom Zebedai-den Jakobus wissen wir (Apg 12,2), daß ihn Herodes Antipas im Jahre 44 hatte hinrichten lassen. Petrus hat wahrscheinlich in der neronischen Verfol-gung des Jahres 64 in Rom das Martyrium erlitten. Über den Zebedaiden Jo-hannes gibt es zwei verschiedene Überlieferungen. Nach der einen, die spä-ter allein in der Kirche galt, soll Johannes bis in die Zeiten Trajans (98–117) gelebt haben. Die andere Tradition über die Zebedaiden findet sich Mk 10,35–40 und Mt 20,20–23. Beide berichten: Jesus habe den beiden Zebedai-den das Martyrium vorausgesagt. Nach Philippus von Side (Mitte des 5. Jahrhunderts) und Georgios Hamartolos (9. Jahrhundert) hat Papias in sei-nem zweiten Buch diese „Martyriumstradition" ebenfalls berichtet. Dem entspricht, daß Papias in *c* von einem Evangelium des langlebigen Zebedai-den nichts erwähnt, sondern sich vielmehr bemüht, über die Presbyter(schü-ler) Nachrichten über das zu bekommen, was der Zebedaide gesagt hat.

Aristion und der Presbyter Johannes dagegen haben zu der Zeit, wo die Presbyterschüler ihr Wissen mitteilten, noch gelebt. Euseb, h. e. III 39,14, weist seine wißbegierigen Leser darauf hin, daß Papias auch an anderen Stellen seines Werkes die διηγήσεις des Aristion und die παραδόσεις des Presbyters Johannes zitiert habe. Die von diesen beiden Männern stammenden Traditionen haben später diese Titel erhalten. Das legt die Vermutung nahe, daß diese Traditionen später aufgeschrieben wurden. Sie sind aber bis auf wenige Reste, die vor allem bei Euseb, h. e. III 39, und Irenäus erhalten sind, verlorengegangen.

Es zeigt sich also: Papias hat zwar den Zebedaiden Johannes als Traditionsträger genannt, aber nichts davon gewußt, daß er ein Evangelium verfaßt habe. Denn wenn Papias die Worte des Zebedaiden durch die Presbyter und deren Schüler zu erfahren suchte, bezeugt das schon, daß er von einer Evangeliumsschrift des Zebedaiden nichts wußte. Wohl aber hielt er den Zebedaiden Johannes für den Autor der Apokalypse. Daß er selbst vom Zebedaiden das Evangelium diktiert bekommen hätte, wie das im sogenannten antimarcionitischen Prolog behauptet wird, läßt sich mit dem Proömium des Papias auf keinen Fall vereinen. Außerdem enthält das JE nichts von der Lehre vom Tausendjährigen Reich (Apk 20,3–7), die Papias gläubig – wie damals viele (vgl. Irenäus und Justin) – tradiert hat. Es lohnt sich, ein Beispiel dafür zu geben, das zugleich zeigt, was von der ,,lebenden und bleibenden Stimme'' damals zu erwarten gewesen ist. Irenäus berichtet um 180 (haer. V 33,3f.):

,,Wie sich die Presbyter erinnern, welche den Johannes, den Jünger des Herrn, gesehen haben, daß sie von ihm gehört haben, wie der Herr über jene Zeiten gelehrt und gesprochen hat: ,,Es werden Tage kommen, in denen Weinstöcke wachsen werden, ein jeder mit 10000 Ranken, und an jeder Ranke 10000 Zweige, und an einem Zweig 10000 Triebe, und an jedem Triebe 10000 Trauben, und an jeder Traube 10000 Beeren, und jede Beere wird – ausgepreßt – 1000 Liter Wein geben. Und wenn einer von den Heiligen eine Traube ergreift, wird ihm die andere zurufen: ,Ich bin eine bessere Traube; nimm mich und preise durch mich den Herrn!''' . . . ,,Dies bezeugt auch Papias, ein Mann der alten Zeit, ausdrücklich im 4. Buch seiner Schrift; er hat nämlich fünf Bücher geschrieben.'' Und er fügt noch hinzu: ,,Dies ist nur für die Glaubenden glaubhaft. Und als Judas der Verräter es nicht glaubte und fragte: ,Wie sollen solche Hervorbringungen vollbracht werden?''', da habe der Herr gesagt: ,,Sehen werden es die, die in jenes (tausendjährige Reich) hineinkommen werden.''

Was hier nach Irenäus die Presbyter und auch Papias selbst als ein vom Jünger Johannes tradiertes Jesuswort ausgegeben haben, ist in Wirklichkeit eine phantastische Übersteigerung einer spätjüdischen Legende (vgl. *Scholem,* Die jüdische Mystik in ihren Hauptströmungen 86f.). Diese ist in der syrisch erhaltenen Baruch-Apokalypse (29,5) enthalten und lautet dort:

,,Auch wird die Erde ihre Frucht zehntausendfach geben, und an einem Weinstock werden 10000 Ranken sein und eine Ranke wird 1000 Trauben bringen, und eine

Traube wird 1000 Beeren tragen, und eine Beere wird ein Kor (= 360 Liter) Wein bringen."

Die Beschreibung der wunderbaren zukünftigen Fruchtbarkeit bei Baruch ist gewiß auch schon eine phantastische Legende. In der angeblich von den Presbytern tradierten Erzählung des Jüngers Johannes ist sie vollends ins Unerhörte gesteigert. In der papianischen Form aber ist noch ein Zwiegespräch zwischen Jesus und dem Verräter Judas hinzugewachsen. Aus ihm wird schlechthin deutlich, daß Papias die Legende wortwörtlich geglaubt wissen wollte. Wer sie nicht glaubt, der kommt nicht ins tausendjährige Reich.

Die von Papias gehegte Hoffnung auf die unbedingte Treue der mündlichen Tradition ist damit widerlegt. Nach Papias hat (der Zebedaide) Johannes als Augen- und Ohrenzeuge der Jesusworte diese Erzählung den Presbytern erzählt. Wir hätten dann mit folgender Traditionskette zu rechnen: Jesus – Johannes – die Presbyter – deren Schüler – Papias. An welcher Stelle ist die Baruchlegende als angebliches Jesuswort in die Tradition hineingekommen? Wir wissen es nicht. Am ehesten ist die Unzuverlässigkeit bei jenen wandernden (wirklichen oder angeblichen) Presbyterschülern zu suchen, die den Bischof Papias von Hierapolis mit Überlieferungen versorgt haben.

Aber wir brauchen das Versagen der papianischen Methode nicht nur mit diesem Lehrstück sichtbar zu machen. Apollinaris von Laodizea hat ein anderes Beispiel der papianischen Tradition erhalten (vgl. BC V 23–25). Es geht um das Ende des Judas.

Deutlicher erzählt das Papias, der Schüler des Johannes (!), der im 4. Buch der ,,Erklärungen der Herrenworte" so sagt: ,,Als ein böses Beispiel der Gottlosigkeit wandelte in dieser Welt Judas. Sein Leib schwoll so sehr an, daß er da nicht mehr hindurchging, wo ein Wagen noch bequem hindurchkam, ja nicht einmal die Masse seines Kopfes. Seine Augenlider schwollen, wie es heißt, so sehr an, daß er das Licht überhaupt nicht mehr sah und daß man seine Augen sogar mit dem Augenspiegel des Arztes nicht mehr sehen konnte. So tief lagen sie für den äußeren Anblick. . . . Es flossen aber durch seinen ganzen Körper Eiter und Würmer, die ihn schon bei den natürlichen Bedürfnissen quälten. Als er dann nach vielen Plagen und Qualen auf seinem Gütchen gestorben war, blieb dieses bis auf den heutigen Tag wegen des Gestanks öde und unbewohnt, ja bis heute kann niemand an jenem Ort vorübergehen, ohne daß er sich die Nase mit den Händen zuhält . . ."

Diese Horrorgeschichte vom gräßlichen Ende des Verräters Judas hat sicherlich keiner der unmittelbaren Jünger Jesu überliefert. Sie ist eine von christlicher Grübelei und Schriftgelehrsamkeit (vgl. *Schweizer,* Zu Apg 1,16–22,46) bestimmte und in der Ausmalung des Grausigen schwelgende Rachephantasie. Die Erwähnung des Augenspiegels zeigt, daß auch Bildung nicht vor Phantastik schützt. Papias selbst wird alle diese Einzelheiten nicht erfunden haben. Aber sie schienen ihm doch würdig für die Aufnahme in sein Werk.

Lehrreich sind noch zwei Traditionen, die Papias dem Presbyter Johannes verdankte und die Eusebius, h. e. III 39,15f., überliefert hat:

,,Und dieses hat der Presbyter gesagt: Markus, Dolmetscher des Petrus geworden, schrieb sorgfältig nieder, soweit er sich erinnerte, was der Herr gesagt oder getan hatte, nicht jedoch in" (der chronologischen) ,,Ordnung. Denn er hatte den Herrn weder gehört noch war er ihm nachgefolgt. Später aber, wie ich sagte, dem Petrus, der seine Lehre ja nach Bedarf gestaltete, nicht aber als wollte er die Jesusgeschichten (chronologisch) zusammenstellen. Darum hat sich Markus nicht verfehlt, als er einiges so schrieb, wie er sich erinnerte. Denn ihm lag nur an einem: von dem, was er gehört hatte, nichts auszulassen oder falsch darzustellen."

Wenn der ,,Presbyter" feststellt, daß bei Markus die ,,Ordnung" fehlt, so braucht er dabei nicht ein anderes Evangelium mit angeblich richtiger Ordnung vorausgesetzt zu haben. Es genügte, daß er die in 1Petr vorausgesetzte Tradition kannte: Petrus war in ,,Babylon" (= Rom: vgl. Offenbarung 18) und dort diente ihm Markus. Dieser aber kannte als Dolmetscher nur die an keine Chronologie des Lebens gebundene Ordnung der Petruspredigten.

Daß das Matthäus-Evangelium nicht das ,,Normalevangelium" des Papias war, ergibt sich aus dem Zitat in Eusebs, h. e. III 39,16:

,,Das hat nun Papias über Markus gesagt. Über Matthäus aber hat er das gesagt: Matthäus nun hat in hebräischer Sprache τὰ λόγια zusammengestellt; es übersetzte sie aber jeder, so gut er konnte."

Daß Papias von diesem hebräischen Matthäus-Evangelium keine nähere Kenntnis hatte, ist deutlich. Von einer hebräischen Originalfassung des Matthäus berichten Irenäus, Clemens von Alexandrien und Euseb (h. e. III 25,5f.). Besonders oft schreibt Hieronymus davon. Die wichtigste Stelle ist wohl De viris illustribus 3, wo es heißt:

,,Matthäus hat als erster in Judäa wegen der aus dem Judentum zum Glauben Gekommenen das Evangelium von Christus in hebräischer Schrift und Sprache abgefaßt; wer es später ins Griechische übersetzt hat, ist nicht mehr sicher. Weiter befindet sich der hebräische Text selbst noch heute in der Bibliothek zu Cäsarea, die der Märtyrer Pamphilus mit großer Sorgfalt zusammengestellt hat. Auch haben mir die Nazaräer in Beröa, einer syrischen Stadt, die dieses Buch besitzen, es abzuschreiben erlaubt. Darin ist zu bemerken, daß der Evangelist überall, wo er Zeugnisse aus dem Alten Testament – sei es von sich aus, sei es vom Herrn und Heiland – anführt, nicht der Septuaginta folgt, sondern dem hebräischen Urtext."

Im Matthäus-Kommentar, den Hieronymus fünf Jahre später, kurz vor 398, geschrieben hat, schreibt er vorsichtiger:

,,In dem Evangelium, das die Nazarener und Ebioniten benutzen, das wir neulich aus der hebräischen Sprache in die griechische übersetzt haben und das von den meisten das authentische Evangelium des Matthäus genannt wird . . ."

17 Jahre später (Dialog. adv. Pelag. III 2) schrieb Hieronymus:

,,Im Evangelium nach den Hebräern, das in chaldäischer und syrischer Sprache, aber mit hebräischen Buchstaben geschrieben ist, das bis heute die Nazarener benutzen als (Evangelium) ‚nach den Aposteln' oder, wie die meisten vermuten, ‚nach Matthäus', das auch in der Bibliothek von Cäsarea vorhanden ist . . .“

Alle diese Stellen legen die Vermutung nahe, daß man früher das griechische Matthäus-Evangelium ins Aramäische zurückübersetzt hat. Diese Rückübersetzung haben aber die Judenchristen als das Original des Matthäus-Evangeliums ausgegeben. Es scheint später von judenchristlichen Sekten, z. T. unter anderen Namen, benutzt und vielleicht auch bearbeitet worden zu sein. Papias hat von diesem hebräischen Matthäusevangelium gehört, es aber nicht selber benutzt; er wird kaum Hebräisch gekonnt haben. Den griechischen Matthäus-Text hat er sich dann als Rückübersetzung ins Griechiche zurechtgelegt. Vom Lukas-Evangelium, der Apostelgeschichte und den Paulusbriefen schweigt Papias. Er schweigt überhaupt viel mehr, als er uns wissen läßt. *Dibelius*, RGG$^2$ IV 892f., hat aus all diesen Gründen Papias als den ersten christlichen Literaten bezeichnet. Die Begründung: er stellte sich den Markus als den „Hermeneuten“ des Petrus vor, der über die endgültige schriftliche Gestalt einer Petruspredigt entschied. Aber der erste christliche Literat war viel eher Lukas, von dem Papias nichts zu berichten hatte. Ferner hat der Presbyter – von ihm und nicht von Papias stammen ja die Angaben über Markus und Matthäus – doch wohl unter ἑρμηνεύς in diesem Fall einen „Übersetzer“ der jeweiligen aramäischen Predigten des Petrus sich vorgestellt. Das Proömium des Papias – das für *Dibelius* ebenfalls als ein Zeugnis für das Literatentum des Papias gilt – war besonders nötig, weil seine Methode, sich mündlichen Stoff zu besorgen, damals ungewöhnlich und Angriffen ausgesetzt war.

Papias hat die Apostel oder „die Zwölf“ in den uns erhaltenen Stücken nicht von den Presbytern unterschieden, ohne daß er sie für identisch hielt. Euseb hat dieses Fehlen der Vokabel „Apostel“ nicht bemerkt, sondern die Presbyter für Schüler der Apostel gehalten. Ebenso verhielt sich Irenäus, der gelegentlich für „Presbyter“ auch „Presbyterschüler“ einsetzt. Für ihn hatte dessen den Apostelbegriff vermeidender Sprachgebrauch den Vorteil, daß seine Leser der Meinung wurden, Papias habe selber die Apostel gesehen und gehört. Da auch ihm daran lag, möglichst alte Zeugnisse anführen zu können, war er froh, den Papias als Schüler des Johannes und contubernalis des Polykarp nennen zu dürfen.

*Bauer*, Rechtgläubigkeit und Ketzerei 187–193, hat – verführt von dem antimarcionitischen Prolog zum JE (s. u.) – Papias im Kampf gegen Marcion gesehen und Hierapolis für den östlichsten Punkt angesehen, „den zu besetzen der Kirche gegenüber den Ketzern in Kleinasien, ja eigentlich überhaupt, gelungen war. Er leistete dort Widerstand in dem Bewußtsein, es mit einer Übermacht zu tun zu haben. Erklärt er doch, daß seine antiketzerisch bestimmte Sichtung des evangelischen Überlieferungsstoffes sich zur Aufgabe setze, alles das auszuscheiden, was der ‚großen Menge' (οἱ πολλοί) Freude mache. Er ist sich bewußt, daß die Durchführung dieses Planes die Opferung der Hauptmasse (τὰ πολλά) des Traditionsgutes bedeutet. Aber, was er ablehnt . . ., ist fremdartiger Herkunft und Natur (bei Eusebius, KG. III 39,3). Wie er sich also auf die Minderheit der Christen von Hierapolis mit seinem Einfluß beschränkt weiß, so zieht er sich auch ganz bewußt auf das zurück, was er von seinem kirchlichen Standpunkt aus als echtes apostolisches Erbe beurteilt" (190f.). Es scheint auch *Bauer* entgangen zu sein, daß gerade Papias nicht von den Aposteln gesprochen hat. Daß die Christen von Hierapolis, auf die er sich mit seinem Einfluß beschränkt wußte, die Minderheit waren, steht so nicht im Text. So verdienstlich es auch war, daß *Bauer* einmal darauf hinwies, nicht überall sei zuerst die ,,Orthodoxie" dagewesen und dann sei die Kirche der Verführung verfallen, so droht doch sein Buch nun einfach die Gewichte ganz zu verschieben.

Papias hat Dinge berichtet, über die Euseb nur den Kopf schütteln mußte (er hat ihn deshalb an anderer Stelle σμικρὸς τὸν νοῦν genannt) und die uns fragen lassen, ob wir Überlieferungen ernst nehmen dürfen, die er berichtet hat.

Euseb berichtet weiter (h. e. III 39), Papias habe ,,auch eine andere Geschichte berichtet von einer Frau, die wegen ihrer vielen Sünden beim Herrn verklagt wurde". Sie sei aus dem Hebräerevangelium übernommen. *Rufin* hat in seiner Übersetzung Eusebs aus dieser Frau die Ehebrecherin von Joh 7,53–8,11 gemacht. Aber in der Textgeschichte des JE ist die Perikope von der γυνὴ ἐπὶ μοιχείᾳ erst später eingedrungen. Damit fällt das letzte Zeugnis dahin, daß Papias das JE gekannt habe.

Im ganzen kann man sagen, daß Papias den Lesern den Eindruck eines Mannes der alten Zeit gemacht hat, dem man Ehrfurcht schuldete, an dem man aber auch Kritik üben durfte. Ob man ihn, wie *Bauer*, Rechtgläubigkeit und Ketzerei 187, es getan hat, einen eifrigen Sammler von Überlieferungen nennen darf, ist nicht so sicher. Wenn sich die Möglichkeit bot, einen ehemaligen Apostelschüler zu befragen, hat er sie gern ergriffen; daß er sich dabei Notizen gemacht hätte und seinen Lesern den Namen seines jeweiligen Zeugen mitgeteilt hätte, erwartet man von ihm umsonst.

7. *Justin*, als Sohn heidnisch-griechischer Eltern in Sichem (Flavia Neapolis/Nablus) geboren, suchte in verschiedenen philosophischen Schulen die Wahrheit (Stoiker, Peripatetiker, Pythagoräer, Platoniker), bis er endlich – vor allem durch Hinweis auf die Erfüllung der Prophetien – zum Christentum bekehrt wurde. Bei seinem zweiten Aufenthalt in Rom ließ ihn der Präfekt Junius Rusticus als einen Christen enthaupten (vermutlich um 165). Von seinen vielen Schriften sind nur die beiden sog. ,,Apologien" und der ,,Dialog mit Trypho" erhalten. *Braun,* Jean le théologien I 135–139, hat aus 11 Stellen der 1. Apologie und des Dialogs zu beweisen versucht, daß Justin das JE benutzt habe. Aber einzig 1Apol. 61,4f. scheint eine Bekanntschaft mit Joh 3,1–5 nahezulegen, obwohl auch dort der Unterschied beider Stellen groß ist. Denn Justin schreibt hier: ,, ,Wenn ihr nicht wiedergeboren werdet, werdet ihr nicht ins Himmelreich eingehen'. Daß es aber auch unmöglich ist,

daß die einmal Geborenen in den Schoß ihrer Mütter eingehen, ist allen offenbar." *Loewenich, Das Johannesverständnis im zweiten Jahrhundert* 39–50, hat diese Stelle als die beweiskräftigste erklärt; aber über den Verfasser des 4. Evangeliums hat sich Justin nie geäußert. *Loewenich* hält es auch für unwahrscheinlich, daß er das JE zu den ἀπομνημονεύματα τῶν ἀποστόλων gerechnet habe (42 Anm. 3). Ein Apostel Johannes wird Dial 81,4 als Verfasser der Apokalypse genannt, die ihm wegen seines Glaubens an das Kommen des Tausendjährigen Reiches als Schriftzeugnis wichtig war. Die Sakramentslehre Justins (1 Apol. 66,2) klingt in JE 6,34.52 an, ist aber keineswegs damit identisch. Kurz, eine Benutzung des JE durch Justin läßt sich nicht erweisen (vgl. *Osborn*, Justin Martyr 137).

8. Justins Schüler *Tatian*, ein Syrer, ging nach dem Tod seines Meisters wieder in den Osten. Erhalten ist seine Schrift „Gegen die Griechen"; vernichtet wurde schließlich die bis ins 5. Jahrhundert in vielen Exemplaren verbreitete und übersetzte Evangelienharmonie, von der Euseb, h. e. IV 29,6, nur noch wußte, daß sie auch jetzt noch von einigen benutzt wurde und den Titel τὸ διὰ τεσσάρων trug. Im Osten hat es die Bischöfe viel Mühe gekostet, diese Evangelienharmonie durch das „Evangelium der Getrennten" zu ersetzen. Tatians Diatessaron ist so gut wie verloren; 1933 wurde ein kleines griechisches Fragment daraus in Dura Europos (am westlichen Euphratufer gelegen und 256 von den Sassaniden erobert und zerstört) gefunden. Ob das Diatessaron zuerst syrisch abgefaßt und dann (in vielen Sprachen) übersetzt wurde, ist umstritten. In der „Oratio ad Graecos" (13,1) wird Joh 1,5 als Schriftzitat zitiert (vgl. *Kümmel,* Einleitung in das NT[19] 432. 467f.). Aber das würde uns ungefähr auf das Jahr 176 führen, also ganz nahe an Irenäus heran; es wäre also kein grundsätzlich neuer Beleg.

Gegen 200 ändert sich das Bild schlagartig: mit einem Mal liegt die „kirchliche Tradition" über den Zebedaiden als Verfasser des JE vor. Diese Überlieferung wird in breiter Front vorgetragen: vom Canon Muratori, Irenäus, Theophilus von Antiochien und Polykrates von Ephesus, etwas später bei Clemens von Alexandrien.

9. Das nach seinem Entdecker und Herausgeber *Muratori* genannte Fragment eines Canonverzeichnisses sagt über das JE:

„Das vierte Evangelium (ist) das des Johannes, (eines) von den Jüngern. Als ihn seine Mitjünger und Bischöfe ermahnten, sagte er: ‚Fastet mit mir von heute an drei Tage, und was jedem offenbart werden wird, wollen wir uns gegenseitig erzählen!‘ In dieser Nacht wurde dem Andreas, (einem) von den Aposteln geoffenbart, daß Johannes in seinem Namen, indem alle es prüfen sollten, alles niederschreiben sollte."

Man spürt es dieser Überlieferung an, daß sie einen Kompromiß widerspiegelt. Alles, was den Eindruck erwecken könnte, daß das JE von Johannes aus eigenem Entschluß verfaßt worden wäre, wird ausgeschlossen: Johannes läßt sich auch nicht durch menschliche Bitten dazu veranlassen, sondern verlangt eine göttliche Weisung. Alle sollen drei Tage fasten und dann einander

mitteilen, was einem jeden geoffenbart wurde. Aber die himmlische Entscheidung fällt rascher: Schon in der ersten Nacht wird der Apostel angewiesen, was geschehen soll: Johannes soll im eigenen Namen das Evangelium
abfassen, aber alle anderen es kontrollieren. Die göttliche Offenbarung re-
gelt die Methode, wie das JE zustande kommen soll. Es trägt zwar nur den
Namen des Johannes, ist jedoch von allen anderen Aposteln und Bischöfen
kontrolliert worden.

10. *Polykrates,* Bischof von Ephesus, vertrat im Osterfeststreit gegen den
römischen Bischof Victor die kleinasiatischen Gemeinden mit ihrer quarto-
decimanischen Feier des Osterfestes. Während sich Rom auf die Tradition
des Petrus und Paulus berief, machte Polykrates geltend:

,,Auch in Kleinasien sind ,große Lichter' (στοιχεῖα) entschlafen . . . Philippus von
den zwölf Aposteln mit seinen weissagenden Töchtern, dazu aber auch Johannes, der
an der Brust des Herrn gelegen hat, ein Priester (ἱερεύς), das πέταλον tragend, Zeuge
und Lehrer. Dieser ist in Ephesus entschlafen.''

Daß der Zebedaide und Lieblingsjünger in Ephesus gestorben und begraben ist, darauf beruft man sich. Aber daß er das vierte Evangelium verfaßt
hat, wird nicht erwähnt. Die Angabe, daß Johannes ein Priester war und den
goldenen Stirnschmuck des Hohenpriesters trug, zeigt, wie die Erinnerung
ins Legendäre abgleitet.

11. *Euseb* selbst hat h. e. III 23 an Angaben beigesteuert:

,,Damals'' (= unter Trajan) ,,lebte noch in Kleinasien der Apostel und Evangelist
Johannes, den Jesus liebte, und leitete die dortige Gemeinde. Daß Johannes noch in
den Tagen des Trajan am Leben war, wird durch zwei glaubwürdige Zeugen bekräftigt . . .: Irenäus (vgl. Contra haer. II 22,5) und Clemens Alexandrinus . . .; der letztere nennt Ephesus als Aufenthaltsort des Johannes.''

12. *Irenäus,* um 177/178 Bischof von Lyon geworden, stammte aus Kleinasien, sah in frühester Jugend noch den alten Polykarp; das geht aus seinem
Brief an Florinus hervor, den Euseb, h. e. V 20,4–6, zitiert hat. Darin heißt
es:

,,Diese deine'' (valentinianischen) ,,Lehren widersprechen der Kirche . . . Auch die
vor uns lebenden Presbyter, die noch mit den Aposteln verkehrten, haben dir diese
Lehren nicht überliefert. Denn als ich noch ein παῖς war, sah ich dich ἐν τῇ κάτω
Ἀσίᾳ'' (gemeint wird Smyrna sein); ,,du hattest eine glänzende Stellung beim kaiser-
lichen Hof und bemühtest dich um die Gunst Polykarps.'' ,,Ich kann noch den Ort
angeben, wo der selige Polykarp saß, . . . seine Erzählung über den Verkehr mit Johannes und den anderen Personen, welche den Herrn noch gesehen hatten, seinen Bericht über ihre Lehren, ferner das, was er von diesen über den Herrn, seine Wunder
und seine Lehre gehört hatte. Alles, was Polykarp erfahren hatte von denen, die Augenzeugen waren des Wortes des Lebens, erzählte er im Einklang mit der Schrift.''

Daß Irenäus den Polykarp zu den Presbytern rechnete, zeigt die Fortsetzung, wo er von ihm als ,,dem seligen, apostolischen Presbyter'' spricht.

Die Briefe des Irenäus sind bis auf wenige Zitate daraus verloren. Erhalten ist seine in fünf Bücher eingeteilte Schrift „Gegen die Irrlehren" und seine kürzere, nur armenisch erhaltene Schrift „Erweis der apostolischen Verkündigung". In der Vorrede des ersteren Werkes entschuldigt sich Irenäus wegen seines unvollkommenen griechischen Stils: „Du darfst jedoch bei uns, die wir unter den Kelten weilen und uns zumeist mit der barbarischen Sprache abmühen, weder die Kunst der Rede suchen noch schöne Redewendungen . . ." Was sich bei Irenäus verschoben hat, ist das Wissen um die historischen Abstände. So schreibt er z. B. Adv. haer. V 33,3f.: „So erinnern sich auch die Presbyter, die Johannes, den Jünger des Herrn, gesehen haben, von ihm gehört zu haben, wie der Herr von jenen Zeiten" (des tausendjährigen Reiches) „lehrte und sprach" und etwas später: „Dies bezeugt auch Papias, ein Hörer des Johannes und Hausgenosse des Polykarp." Z. T. hängen solche falschen chronologischen Abstände mit einer falschen Exegese von Joh 8,57 zusammen, wo die Juden zu Jesus sagen: „Du bist noch nicht 50 Jahre alt und hast Abraham gesehen?"; diese Worte beweisen, daß Jesus damals im Zeitalter der Vollendung (das vom 40. bis zum 50. Jahr reicht) lebte, als er lehrte. So entnahm Irenäus aus Joh 8,57, daß Jesus die 45 schon überschritten, das 50. Jahr aber noch nicht erreicht hatte, und kann fortfahren: „Das bezeugen das Evangelium und die Presbyter in Kleinasien, die es von Johannes, dem Jünger des Herrn, empfangen haben. Dieser aber blieb mit ihnen zusammen bis zu den Zeiten Trajans." „Manche aber von ihnen" (den Presbytern) „haben nicht nur Johannes, sondern auch andere Apostel gesehen und dieses ebenso von ihnen empfangen und sind dafür Zeugen." Wenn Jesus wirklich erst mit 46 Jahren am Kreuz gestorben wäre, hätte es Christen z. Z. der Abfassung des JE geben können, die ihn in ihrer Jugend noch gesehen hätten, und das Alter des Lieblingsjüngers brauchte nicht so extrem hoch zu sein.

Die beiden oben aus Adv. haer. V 33,3f. zitierten Stellen sind aber noch aus anderem Grunde interessant. Sie zeigen nämlich, wie unzuverlässig die Kunde sein konnte, welche die Schüler der Presbyter dem Irenäus zugetragen haben. Wir haben in dem Abschnitt über Papias schon die Beschreibung der Fruchtbarkeit im tausendjährigen Reich zitiert, welche die Presbyter gegeben haben, und das Gespräch Jesu mit Judas, das in der papianischen Wiedergabe der Geschichte hinzugetreten war. Papias und Irenäus waren nicht die einzigen Christen, die in der Mitte oder gegen Ende des zweiten Jahrhunderts in solchen phantastischen Vorstellungen gelebt haben. Besonders in Adv. haer. IV 27ff. spricht Irenäus immer wieder von einem Presbyter, von dem er viele Lehren übernommen hat. So beginnt IV 27,1 mit den Worten: „Von einem Presbyter, der es von Schülern und Hörern der Apostel gehört hatte, hörte ich . . ."; IV 27,1 heißt es dann von Salomo: „Genügend hat die Schrift ihn getadelt, sagt ein Presbyter, auf daß kein Fleisch sich rühme im Angesicht Gottes. Und so geht es weiter: „Wir dürfen also nicht, sagt jener Presbyter, hoffärtig sein oder die Alten tadeln" (IV 27,2). Wenn Gnostiker einen zweiten Vater einzuführen versuchen, „so werden diese von den Pres-

bytern als unverständig erwiesen"; IV 28,1: ,,Wer Gott tadelt, daß er die Israeliten bei ihrem Auszug aus Ägypten die goldenen und silbernen Gefäße
mitnehmen ließ, verkennt Gottes Gerechtigkeit und klagt sich selbst an, wie
der Presbyter sagt" (IV 30,1). Gelegentlich verweist Irenäus freilich auch direkt ,,auf das, was Johannes, der Jünger des Herrn, in der Apokalypse sagt"
(IV 30,4). Aber auch da trägt Irenäus in Wirklichkeit eine Lehre des Presbyters vor, heißt es doch gleich danach in IV 31,1: ,,Durch solche Erzählungen
erquickte uns der Presbyter und sagte . . ." Ihm verdankte Irenäus seine ty-
pologische Erklärung des Alten Testamentes, z. B.: ,,ist die Frau Lots, die
zur unvergänglichen Salzsäule wird, die Kirche, das Salz der Erde. In dieser
Weise sprach auch der alte Apostelschüler über die beiden Testamente und
zeigte, daß sie von einem und demselben Gott stammen" (IV 32,1).

Während der Verfolgung der Christen in Lyon, bei welcher deren Bischof
Pothinus hingerichtet wurde, weilte Irenäus gerade in Rom. Rom blieb für
ihn das Vorbild einer sich stets gleichbleibenden Gemeinde. So nennt er die
römischen Bischöfe von Linus bis Eleutherius, der jetzt als 12. den Episkopat
innehatte (III 3,3f.): ,,In dieser Ordnung und Reihenfolge ist die kirchliche
apostolische Überlieferung auf uns gekommen und völlig zwingend ist der
Beweis, daß es derselbe Leben spendende Glaube ist, den die Kirche von den
Aposteln empfangen, bis jetzt bewahrt und in Wahrheit uns überliefert hat"
(III 3,3). Dann fährt Irenäus fort und erzählt von einem zweiten großen Gewährsmann: ,,Dasselbe hat auch Polykarp immer gelehrt, wie er es von den
Aposteln gelernt und der Kirche es überliefert hatte und wie es auch allein die
Wahrheit ist. Er war nicht allein von den Aposteln unterrichtet und hatte
noch mit vielen verkehrt, die unsern Herrn Jesus Christus gesehen haben,
sondern war von den Aposteln auch zum Bischof von Smyrna für Kleinasien
eingesetzt worden . . . Mit seiner Lehre stimmen alle Kirchen in Kleinasien
und die Nachfolge des Polykarp überein" (III 3,4).

Dieses Traditionsprinzip, auf das Irenäus immer wieder hinweist, ähnelt
in gewisser Weise dem Traditionsprinzip bei Papias. Aber Papias hat die
Tradition zu erhalten versucht, indem er wirkliche oder angebliche Presbyterschüler in Hierapolis ausfragte. Für Irenäus sind es vorwiegend die Bischöfe und die Presbyter der Gemeinden, von denen er das rechte Verständnis, die rechte Lehre sich holt. Dabei scheint ihn ein alter Presbyter besonders
über das Verhältnis der beiden Testamente unterrichtet zu haben. Für die
eschatologischen Erwartungen scheint Irenäus andere Presbyter als Lehrer
gehabt zu haben. ,,Wie die Presbyter sagen, werden die, welche des himmlischen Verkehrs würdig sind, in den Himmel eingehen – das sind die, welche
die hundertfache Frucht empfangen. Die, welche sechzigfältig empfangen,
werden sich im Paradies aufhalten, und die, welche dreißigfältig empfangen,
werden in der von der Apokalypse beschriebenen Stadt wohnen." Aber Irenäus hat nicht nur den Jünger Johannes als Verfasser der Apokalypse betrachtet, sondern auch als den Verfasser des JE, und besonders den Prolog besprochen.

Wir verdanken Irenäus viel; er hat erstaunlich viel über die Häresien gewußt, wenn auch nicht immer verstanden. Er hat etwas von dem ,,Evangelium der Wahrheit" gehört, aber es nicht gelesen. Daß er der Hoffnung auf die Freuden des tausendjährigen Reiches Trost und Mut entnahm, wer will ihm das vorwerfen?

13. Seit 1928 stellte man zwischen die Zeugen für das JE im 2. Jahrhundert den sog. ,,*antimarcionitischen Prolog*". In diesem Jahr veröffentlichte nämlich *Donatien de Bruyne* in der Revue Bénédictine einen Aufsatz, betitelt: ,,Les plus anciens prologues latins des Évangiles." Fast zu jedem biblischen Buch gab es ,,Prologe", Vorreden, die den Leser über die Person des Autors, seine Adressaten und den Anlaß unterrichteten, der zur Abfassung der betreffenden Schrift geführt hatte. *De Bruyne* meinte nun, nach 20jährigem Suchen, drei antimarcionitische Prologe zu Markus, Lukas und Johannes gefunden zu haben; zu Matthäus ließ sich ein solcher nicht auftreiben. *De Bruyne* vermutete, Marcion habe sein Neues Testament (Lukas und 10 Paulusbriefe) jeweils mit einem marcionitischen Prolog zu jedem der Paulusbriefe versehen herausgegeben; die römische Gemeinde habe mit einer Gegenausgabe reagiert und die vier Evangelien je mit einem antimarcionitischen Prolog bereichert, von denen er überzeugt war, die zu Markus, Lukas und Johannes gehörenden gefunden zu haben. Für die Paulusbriefe habe man versehentlich Marcions eigene Prologe zu den Paulusbriefen übernommen.

Angesehene Gelehrte stimmten – mit einigen Änderungen – *De Bruyne* zu: vor allem *Harnack*, Evangelienprologe, später auch *Jülicher/Fascher*, Einleitung, und *Lietzmann*, Geschichte der alten Kirche I. Dagegen sprachen sich aus *Lagrange, Bacon* und *Howard*, *Grant* und *Heard* hatten ebenfalls Bedenken. In *Aland*, Synopsis Quattuor Evangeliorum 532f., steht der von *Harnack* korrigierte Text des antimarcionitischen Prologs zum JE. – *Haenchen*, Apostelgeschichte[7] 24–26 Anm. 3, hat bestritten, daß die drei antimarcionitischen Evangelienprologe eine literarische Einheit oder auch nur ähnlich aufgebaut seien, von einer Hand stammten und gegen Marcion gerichtet seien, und geltend gemacht, daß der Johannes-Prolog von den Verhältnissen im 2. Jahrhundert nichts Genaues mehr wisse. *Regul*, Evangelienprologe, hat dann das Ergebnis erzielt: 1. Die Prologe *de Bruynes* stammen nicht von einer Hand. 2. Sie sind nicht antimarcionitischen Charakters. 3. Keiner der drei Prologe ist im 2. Jahrhundert entstanden. 4. Der Johannes-Prolog hat seine einzigen Parallelen in dem ,,Diversarum haereseum liber" des Filastrius (Ende des 4. Jahrhunderts) und in dem Proömium der Corderiuskatene aus dem 7. Jahrhundert. 5. Er ist weder ein zuverlässiger Zeuge für die Verhältnisse im 2. Jahrhundert, noch für die im 2. Jahrhundert entstandenen Traditionen. Der ursprüngliche Text des sog. antimarcionitischen Johannes-Prologs lautet:

,,Evangelium Johannis manifestatum et datum est ecclesiis ab Johanne adhuc in corpore constituto, sicut Papias nomine Hieropolitanus, discipulus Johannis carus, in exotericis [id est in extremis] quinque libris retulit; descripsit vero evangelium dictante Johanne recte. Verum Marcion haereticus, cum ab eo fuisset improbatus, eo quod contraria sentiebat, abiectis est ab Johanne. Is vero scripta vel epistulas ad eum pertulerat a fratribus, qui in Ponto fuerunt."

Dieser Text hat es wirklich in sich. Auch wenn man für „exotericis" oder „extremis" mit *Harnack* „exegeticis" einsetzt, ist man noch nicht aus den Schwierigkeiten heraus. Daß Papias ein „lieber Schüler" des Zebedaiden war, hat er in seinen Büchern nicht erzählt. Vielmehr schreibt er im Pro-ömium zu seinem Werk: Wenn einmal ein einstiger Presbyterschüler durch Hierapolis kam, befragte er ihn nach den Worten der Presbyter, was haben Andreas oder Petrus . . . oder Johannes . . . gesagt? Im Klartext: Papias hat jeweils einen Presbyterschüler nach den Worten der Presbyter über die Worte der Apostel befragt. Zur Zeit dieser Befragung war der Apostel Jo-hannes längst tot; er war es sogar schon, als der betreffende Presbyterschüler von seinem Presbyter über die Worte der Apostel belehrt wurde. Die Zeit, in welcher ein Presbyterschüler von Papias befragt wurde, lag schon weit zu-rück: „Wenn aber einmal ein einstiger Presbyterschüler kam, befragte ich ihn . . ." Aufzeichnungen über diese Befragungen hat sich Papias nicht ge-macht; er verließ sich auf sein gutes Gedächtnis (καλῶς ἐμνημόνευσα) und die „lebende Stimme". Daß er zuletzt doch einmal sein Wissen in fünf Bü-chern aufgeschrieben hat, ist verständlich, aber inkonsequent. *Bousset, Schulbetrieb* 340, hatte einst vermutet, die Presbyter hätten eine Schule ge-bildet, die von Ort zu Ort zog und jeweils Auskunft gab. Aus Papias be-kommt man einen solchen Eindruck nicht, aber auch nicht aus Irenäus. Er schreibt immer wieder von „dem Presbyter", manchmal von dem „alten Presbyter", der ihn über die Einheit der beiden Testamente belehrt. Wenn er einmal den Polykarp den „seligen und apostolischen Presbyter" nennt, so identifiziert er ihn dadurch nicht mit jenem „alten Presbyter". Denn Polykarp hat er nur als Kind gesehen. Daß der Zebedaide dem Papias sein Evangelium diktiert hatte, ist Legende. Das JE hatte damals schon eine lange Geschichte hinter sich. Die unscharfe Ausdrucksweise des Papias („Worte der Presby-ter, was Andreas und . . . gesagt haben" und vorher „παρὰ", nicht „ἀπὸ τῶν πρεσβυτέρων") ist das eigentliche Rätsel. Der Verzicht auf Begriffe wie „die Apostel" oder die „Zwölf" erzeugt das falsche Bild, Papias sei einst von den Aposteln belehrt worden und habe später seine Erinnerung durch den einen oder andern wandernden Apostelschüler wieder aufgefrischt und er-weitert. Hier werden praktisch zwei Generationen der Zeugenreihe durch einen unscharfen Sprachgebrauch des Papias beiseite geschafft und Papias ganz, ganz nahe an Jesus herangerückt. Wenn man sich nicht überlegt, was für abstruse Lehren Papias auf diese Tradition zurückführt (die wunderbare Fruchtbarkeit im tausendjährigen Reich; der jämmerliche Tod des Judas), dann erliegt man jenem Irrtum, wie es *Michaelis* (s. o.) und nicht nur ihm er-gangen war. Marcion ist um 144 aufgetaucht, als Jesus längst gestorben war und der „langlebende Johannes-Zebedaide" – wenn es den je gegeben haben sollte – ebenfalls. Einen Prolog, den *Regul* auf 400 datiert hat und der nichts mehr von dem zweiten Jahrhundert weiß, sollte man überhaupt nicht mit dem Proömium in Verbindung bringen, das aus dem 2. Jahrhundert stammt, bloß weil da auch das Bild der Vergangenheit zu verschwimmen beginnt.

Man merkt diesen Zeugnissen an, daß sie mit gewissen Widerständen gegenüber dem JE rechnen und es dagegen absichern wollen. Sie erklären, warum es erst so spät im Kreis der kirchlichen Schriften erscheint, warum sein Unterschied von den Synoptikern es nicht herabsetze, sondern seinen Vorzug ausmache, endlich, daß Johannes nicht aus eigenem Antrieb gehandelt habe, sondern menschlich und göttlich autorisiert sei.

Daß diese Apologien nicht grundlos vorgetragen worden sind, beweisen Nachrichten über Angriffe aus der Kirche gegen das JE. So muß man die Erinnerungen über die – von der orthodoxen Konkurrenz so genannten – „Aloger" verstehen, welche das JE dem Gnostiker Cerinth zuschrieben (vgl. § 2). Offensichtlich hat die johanneische Geistlehre Verdacht erregt. In diesem Zusammenhang erwähnt *Bauer,* Rechtgläubigkeit und Ketzerei 210, wohl mit Recht die Abwehr gegen den römischen Presbyter Gaius, der um 200 einen „Dialog mit dem Montanisten Proclus" verfaßte mit Polemik gegen die Lehre vom tausendjährigen Reich bei Cerinth. Hippolyt hat den Gaius und die Aloger in einer Schrift „Über das JE und die Apokalypse" angegriffen. Die johanneische Lehre vom Geist und vom Parakleten haben gerade die Verteidiger der antignostischen Tradition kritisch gegen das JE werden lassen.

Andererseits wissen wir, daß der Gnostiker Herakleon, ein Schüler des Gnostikers Valentin, den ersten, allegorisch auslegenden Kommentar zum JE geschrieben hat, der uns in 50 Fragmenten im Johanneskommentar seines großen Bestreiters Origenes erhalten ist. Diese frühe Aneigung des JE durch die Gnosis hatte das vierte Evangelium lange in den Verdacht gebracht, gnostisch zu lehren. Erst als man erkannte, daß es sich durchaus gegen die Gnostiker ins Feld führen ließ, fand es trotz seiner Differenzen mit den synoptischen Evangelien die „großkirchliche" Billigung. Da es schon bei den Gnostikern in Verbindung mit Johannes gebracht worden war, ließ sich diese Tradition „großkirchlich" ausbauen.

Nun wurde die Gestalt des Lieblingsjüngers mit der des Zebedaiden in Deckung gebracht, der in überlegener Konkurrenz mit Petrus die eigentliche Jesuslehre überliefert hat. Da die Lehre des Petrus anscheinend nur in den Erinnerungen des Markus fortlebte, hat das JE es leichter gehabt, sich zu behaupten, obwohl der „Lieblingsjünger" erst spät im Evangelium und dann nur selten auftritt.

## § 2: Der Abbau der altchristlichen Johannes-Tradition durch die moderne Kritik

**Literatur:**

*Ballenstedt, H. G.*, Philo und Johannes, 3 Vol., Braunschweig 1802, Göttingen 1812, bes. II 3–68.

*Bauer, B.*, Kritik der evangelischen Geschichte des Johannes, Bremen 1840.

*Ders.*, Kritik der evangelischen Geschichte der Synoptiker, Leipzig ²1846.

*Ders.*, Kritik der paulinischen Briefe, 1850.

*Ders.*, Christus und die Cäsaren, Berlin 1877.

*Baur, F. C.*, Die johanneischen Briefe, ThJb (T) 7 (1848) 293–337.

*Ders.*, Das manichäische Religionssystem nach den Quellen untersucht und entwickelt, 1831.

*Ders.*, Die christliche Gnosis oder die christliche Religionsphilosophie in ihrer geschichtlichen Entwicklung, 1835.

*Ders.*, Kritische Untersuchungen über die kanonischen Evangelien, ihr Verhältnis zueinander, ihren Charakter und Ursprung, 1847.

*Ders.*, Das Verhältnis des ersten joh. Briefes zum joh. Evangelium, ThJb (T) 16 (1857) 315–331.

*Ders.*, Das joh. Evangelium und die Passafeier des zweiten Jahrhunderts, ThJb (T) 7 (1848) 264–286.

*Ders.*, Kritische Studien über den Begriff der Gnosis, ThStKr 10 (1837) 511–579.

*Ders.*, Das Wesen des Montanismus nach den neuesten Forschungen, ThJb (T) 10 (1851) 538–594.

*Ders.*, Ueber die Composition und den Charakter des joh. Evangeliums, ThJb (T) 3 (1844) 1–191. 397–475. 615–700.

*Ders.*, Zur joh. Frage, ThJb (T) 16 (1857) 209–257.

*Ders.*, Die joh. Frage und ihre neuesten Beantwortungen, ThJb (T) 13 (1854) 196–287.

*Becker, H.*, Die Reden des JE und der Stil der gnostischen Offenbarungsreden, Göttingen 1956.

*Bleek, F.*, Die Zeugnisse und Erscheinungen in der Kirche während des 2. Jh. führen entschieden darauf, daß das JE schon wenigstens seit dem Anfange dieses Jh. in der Kirche bekannt und anerkannt war, in: ders., Beiträge zur Evangelien-Kritik, 1846, 200–226.

*Bousset, W.*, Ist das 4. Evangelium eine literarische Einheit?, ThR 12 (1909) 1ff. 39ff.

*Ders.*, Der Verfasser des JE, ThR 8 (1905) 225ff. 277ff.

*Bretschneider, C. Th.*, Probabilia de Evangelii et Epistolarum Joannis Apostoli indole et origine eruditorum iudiciis modeste subiecit, Leipzig 1820.

*Ders.*, Einige Bemerkungen zu dem Aufsatze des Herrn D. Goldhorn (. . .) über das Schwei- gen des joh. Evangeliums von dem Seelenkampfe Jesu in Gethsemane, Magazin für christliche Prediger 2.2 (1824) 153–174.

*Brown, R. E.*, The Gospel according to John, New York, 2 Vol., 1966. 1970.

*Cludius, H. H.*, Uransichten des Christenthums nebst Untersuchungen über einige Bücher des neuen Testaments, Altona 1808.

*Evanson, E.*, The Dissonance of the Four Generally Received Evangelists, Ipswich 1792.

*Haenchen, E.*, Das JE und sein Kommentar, in: ders. Die Bibel und Wir, 1968, 208–234.

*Hirsch, E.*, Stilkritik und Literaranalyse im vierten Evangelium, ZNW (1950/51) 129–143.

*Ders.*, Geschichte der neueren evangelischen Theologie, Gütersloh 1960–1964.

*Ders.*, Schleiermachers Christusglaube, Gütersloh 1968.

*Ders.*, Das vierte Evangelium in seiner ursprünglichen Gestalt verdeutscht und erklärt, Tübingen 1936.

*Ders.*, Studien zum vierten Evangelium, Tübingen 1936.

*Horst, G. K.*, Läßt sich die Echtheit des Johannes-Evangeliums aus hinlänglichen Gründen bezweifeln, und welches ist der wahrscheinliche Ursprung dieser Schrift?, MRW 1 (1803) 47–118.

*Ders.*, Ueber einige anscheinende Widersprüche in dem Evangelium des Johannis, in Absicht auf den Logos, oder das Höhere in Christo, MRW 1 (1803) 20–46.

*Käsemann, E.*, Jesu letzter Wille nach Johannes 17, Tübingen ³1971.

*Ders.*, Aufbau und Anliegen des johanneischen Prologs, EVB II (1964) 155–180.

*Kümmel, W. G.*, Das NT. Geschichte der Erforschung seiner Probleme, Freiburg/München 1958.

*Loisy, A.*, Le quatrième évangile, Paris 1903. ²1921.

*Oeder, G. L.*, Tractatus de scopo evang. S. Johannis haeresi Cerinthi oppositi. Frankfurt 1723.

*Paulus, H. E. G.*, Rez.: Bretschneider, Probabilia . . ., HJL 14 (1821) 112–142.

*Ders.*, Commentar über das Evangelium des Johannes, 1. Hälfte, Lübeck 1804.

*Rudolph, K.*, Die Gnosis. Wesen und Geschichte einer spätantiken Religion, Göttingen 1977.

*Smend, R.*, W. M. L. de Wettes Arbeit am Alten und Neuen Testament, Basel 1958.

*Spitta, F.*, Julius Wellhausen in seiner Bedeutung für die Evangelienkritik und Geschichte Jesu, Archiv der Straßburger Pastoralkonferenz, Straßburg 1907, 293–317.

*Ders.*, Zur Geschichte und Literatur des Urchristentums I (1893) 155ff. 216ff.; III. 2. 93–108.

*Ders.*, Streitfragen der Geschichte Jesu, 1907, 194ff.

*Ders.*, Jesus und die Heidenmission 1909, 87ff.

*Ders.*, Das JE als Quelle der Geschichte Jesu, Göttingen 1910.

*Schleiermacher, F.*, Homilien über das Evangelium des Johannes, Berlin 1837.

*Ders.*, Reden über die Religion, ³1821.

*Ders.*, Leben Jesu (1832), hrsg. von Rütenick, 1864.

*Ders.*, Einleitung in das NT, 1845, 315f. 340.

*Schnackenburg, R.*, Das Johannesevangelium, Freiburg 1965–1975.

*Schulze, W. A.*, Das JE im deutschen Idealismus, ZPHF 18 (1964) 85–118.

*Schwartz, E.*, Aporien im vierten Evangelium, NGWG. PH (1907) 342–372; (1908) 115–148. 149–188. 497–560.

*Schweitzer, A.*, Geschichte der Leben-Jesu-Forschung, Tübingen ⁶1951.

*Schweizer, E.*, Ego Eimi, Göttingen² 1965.

*Strauß, D. F.*, Das Leben Jesu, 1835/1836.

*Vogel, E. F.*, Der Evangelist Johannes und seine Ausleger vor dem jüngsten Gericht, Hof 1801.

*Weizsäcker, C. von*, Das apostolische Zeitalter der christlichen Kirche³ 1902.

*Wellhausen, J.*, Das Evangelium Johannis, Berlin 1908.

*Ders.*, Erweiterungen und Aenderungen im vierten Evangelium, Berlin 1907.

*Wendt, H. H.*, Die Johannesbriefe und das joh. Christentum, Halle 1925.

*Ders.*, Das Johannes-Evangelium. Eine Untersuchung seiner Entstehung und seines geschichtlichen Wertes, Göttingen 1900.

*Ders.*, Die Schichten im vierten Evangelium, Göttingen 1911.

*Ders.*, Die Lehre Jesu, Göttingen 1886, spez. vol. I. 215–342.

*de Wette, W. M. L.*, Kurze Erklärung des Evangeliums und der Briefe Johannis, Leipzig⁴ 1852.

*Ders.*, Bemerkungen zu Stellen des Evangeliums Johannis, ThStKr 7 (1834) 924–944.

*Ders.*, Biblische Dogmatik des Alten und Neuen Testamentes, Berlin 1813.

*Ders.*, Lehrbuch der historisch-kritischen Einleitung in die kanonischen Bücher des NTs, Berlin² 1830.

*Weiße, Ch. H.*, Die evangelische Geschichte kritisch und philosophisch bearbeitet, Leipzig 1838.

*Wilke, C. G.*, Der Urevangelist oder exegetisch-kritische Untersuchung über das Verwandtschaftsverhältniß der drei ersten Evangelien, Dresden/Leipzig 1838.

*Windisch, H.*, Der joh. Erzählungsstil, in: Eucharisterion, FS. H. Gunkel II, 1923, 174–213.

Um 180 schien sich die Christenheit über das JE einig. Johannes der Zebedaide und Lieblingsjünger Jesu hatte es verfaßt. Damit war es in den Kreis der kanonischen Evangelien eingetreten. *Clemens Alexandrinus* formulierte das so: Die drei synoptischen Evangelien haben τὰ σωματικά beschrieben; der vierte Evangelist aber hat das εὐαγγέλιον πνευματικόν geschaffen (so Euseb, h. e. VI, 14.7). Dann konnte man das JE als Ergänzung der Synoptiker deuten. Zog man aber das Wertverhältnis in Betracht, dann war das JE im Vorteil, so gewiß das „Geistliche" mehr ist als das Leibliche.

In diesem „Evangelium des Geistes" aber war ein Sprengstoff verborgen. In den 50er Jahren des 2. Jahrhunderts entstand, zunächst in Phrygien, die montanistische Bewegung. *Montanus* gab sich aus als der im JE verheißene Paraklet (Joh 14,16f. 26; 15,26; 16,7–11), der „Geist der Wahrheit", und verkündete die Nähe des Weltendes. Das neue Jerusalem werde auf die phrygischen Dörfer Pepuza und Tymion herabkommen. Mit der Enderwartung war aber nicht nur Ekstase verbunden, die „neue Prophetie", sondern auch eine Ethik von harter Strenge: Bei Verfolgungen darf man nicht fliehen, Todsünden werden nicht vergeben, eine zweite Ehe ist nicht erlaubt, das Fasten wird verschärft. Obwohl eine solche Ethik im JE nicht geboten war, geriet das vierte Evangelium durch die Berufung auf den Parakleten in Mißkredit. Aber die Bewegung breitete sich aus. Im Jahr 207 schloß sich der hochangesehene Rhetor Tertullian der montanistischen Bewegung an. Sie faßte sogar in Gallien Fuß und drang auch in Rom ein.

Schon Irenäus, Adv. haer. III 11.9, hatte ja (s. o.) eine Gruppe bekämpft, die in der Antithese gegen den Montanismus (und die Gnosis) soweit ging, daß sie das JE und die Apokalypse als Werke des Ketzers Cerinth (vgl. *Schwartz,* Johannes und Kerinthos) verwarf. *Epiphanius* gab diesen Leuten den Schimpfnamen Ἄλογοι. Auch der in seiner Orthodoxie nicht bestrittene römische Presbyter Gajus verwarf das vierte Evangelium und die Apokalypse als gnostisch-montanistische Schriften, wie Euseb, h. e. III 28,2, berichtet. Vielleicht gehört auch die von Irenäus, Adv. haer. III 3,4, mitgeteilte Geschichte in diesen Zusammenhang:

„Noch leben die, welche ihn" (den Polykarp) „haben erzählen hören, daß Johannes, der Schüler des Herrn, einst in Ephesus ein Bad" (in einem Badehaus) „nehmen wollte. Wie er aber drinnen den Cerinth erblickte, sprang er, ohne gebadet zu haben, aus dem Bade(haus) heraus, indem er sagte, er fürchte, das Badehaus werde einstürzen, wenn Cerinth, der Feind der Wahrheit, darin sei."

Die Geschichte soll zeigen, daß Johannes den Cerinth für einen Ketzer hielt. Also könne dieser nicht der Verfasser des JE gewesen sein.

Wie gefährlich aber die Gegenüberstellung der synoptischen Evangelien und des JE werden konnte, wurde deutlich, als der englische Deismus (vgl. *Kümmel,* NT 55ff. und *Hirsch,* Geschichte der neueren evangelischen Theologie I 292–360) auch in Deutschland Anhänger fand. Die zwischen 1801 und 1808 erschienenen Schriften von Pfarrern (u. a. *Vogel, Horst* und *Cludius*) stammten nicht von jugendlichen Enthusiasten, sondern von Männern um die fünfzig, die sich und anderen nicht länger die Widersprüche verschweigen konnten und wollten, auf die sie beim genauen Lesen der Evangelien gestoßen waren. Aber diese ersten Schriften erregten kein geistliches Erdbeben, sondern blieben ziemlich unbeachtet.

Erstaunlicherweise erging es ausgerechnet einem Buche völlig anders, das eine Sensation gerade hatte vermeiden wollen. Sein Autor, der Generalsuperintendent *K. G. Bretschneider,* hatte seine Schrift in lateinischer Sprache veröffentlicht, damit nur die „eruditi", die Gelehrten, Zugang dazu hatten. Was der Verfasser vortrug, wollte er obendrein nur als Möglichkeit angesehen wissen: „Probabilia de evangelii et epistolarum Johannis, apostoli, indole (Art) et origine. Eruditorum iudiciis modeste subiecit." Allerdings enthielt dieses für die Fachwelt bestimmte Buch auch Sätze wie diese: „Es kann nicht sein, daß sowohl der Jesus der drei ersten Evangelien wie der des vierten zugleich geschichtlich wahr ist, da nicht nur in der Art der Rede, sondern auch in der Beweisführung und Art des Handelns zwischen beiden der größte Unterschied besteht; es war auch nicht möglich, daß die drei ersten Evangelisten Jesu Lehre, Sitten und Lehrart erfunden hätten; der Verfasser des vierten Evangeliums konnte durchaus seinen Jesus erfinden" (S. VII). Man sieht: hier wird die Beschreibung der synoptischen σωματικά durchaus positiv gewertet. Überdies wird die Vermutung geäußert, das vierte Evangelium könnte eine Erfindung seines Autors sein. Das war ein Angriff auf den Kanon und die unbedingte Wahrheit der heiligen Schrift.

Das erweckte einen Proteststurm, wie ihn der bescheidene Verfasser nicht erwartet hatte. In rascher Folge erschienen 18 Gegenschriften, Aufsätze und Rezensionen gegen ihn. Nach vier Jahren gab *Bretschneider* auf und widerrief seine Thesen.

Zu seinen Gegnern zählte auch der berühmte *Schleiermacher* (vgl. *Hirsch,* Geschichte der neueren evangelischen Theologie V 281–364). Das war nur folgerichtig. Denn er hatte seine Christologie ganz auf das JE gegründet. Er suchte einen Jesus, der nicht so göttlich war, daß vom Menschlichen nichts übrig blieb (,,Doketismus``), und nicht so menschlich, daß das Göttliche verschwand und ein ,,bloßer Mensch`` übrig blieb (,,Ebjonitismus`` nannte *Schleiermacher* dieses Extrem). Einen solchen gottmenschlichen Jesus schien ihm das JE darzustellen. Wie weit er dabei ging, zeigt seine Auferstehungslehre. Er benutzte Gedanken, die im romanhaften Leben Jesu von *K. H. Venturini* (vgl. *Schweitzer,* Geschichte der Leben-Jesu-Forschung[2] 39) auftauchten und die später bei *H. E. G. Paulus,* dem umstrittenen Rationalisten, ein Modell für *Schleiermacher* boten (vgl. *Schweitzer,* Geschichte der Leben-Jesu-Forschung[2] 55). Als die Jünger Jesus vom Kreuz abnahmen, spürten sie in seinem Leib einen Lebensfunken. Durch sorgfältige Pflege brachten sie Jesus wieder ins Leben (vgl. Jos. Vita § 420). Er erholte sich so weit, daß er einige Wanderungen (Emmaus; Galiläa in Joh 21) unternehmen konnte. Während dieser vierzig Tage vermochte er in einem ,,zweiten Leben`` noch einmal mit den Seinen zusammenzukommen und ihnen das mitzuteilen, was ihnen während seines ,,ersten Lebens`` noch verborgen geblieben war. Dann hat er Abschied genommen, um im Stillen zu sterben . . . (vgl. *Hirsch,* Schleiermachers Glaube 53–79).

*Schleiermacher* hatte versucht, in seiner Lehre vom ,,zweiten Leben Jesu`` zu zeigen, daß der Mensch Jesus die Gemeinde gegründet hat. Er wollte wohl verhindern, daß der irdische Jesus wieder ins Judentum zurückkehrte und der erhöhte Christus ein Geist ohne Fleisch und Knochen (vgl. Lk 24,39ff.) oder eine bloße ,,Idee`` wurde. *Schleiermachers* Freunden ist das alles fremd geblieben. Sie haben seine Vorlesung über das Leben Jesu von 1832 erst 1864 im Druck erscheinen lassen, und da hat (wie *A. Schweitzer,* Geschichte der Leben-Jesu-Forschung 63, schrieb) *D. F. Strauß* dieser Vorlesungsreihe eine würdige und ergreifende Grabrede gehalten.

Damit ist der Name eines anderen wirkungsmächtigen Theologen gefallen. *D. F. Strauß* hat im Tübinger ,,Stift`` seine theologische und philosophische Ausbildung erhalten. Auf einer Studienreise lernte er 1831 in Berlin *Schleiermacher* kennen, aber nicht schätzen. Zu seiner Repetentur nach Tübingen zurückgekehrt, plante er zunächst eine ,,Geschichte der Ideen des Urchristentums als Maßstab für das christliche Dogma`` zu schreiben (angeregt durch *W. Vatke,* Die biblische Theologie I, 1835). Aber unter dem Eindruck von *Schleiermachers* Leben-Jesu-Vorlesung, deren Nachschrift er aus Berlin zurückgebracht hatte, entwarf er zuerst als Vorarbeit ein „Leben Jesu, kritisch bearbeitet". Die beiden Bände erschienen 1835. Nach dem hegelschen Thema von Thesis, Antithesis und Synthesis stellte er den Supranaturalismus als die Thesis dar, aus der als Antithesis der Rationalismus hervorging. Als Synthesis wollte *Strauß* die „mythische" Deutung entwickeln (unter Mythus verstand er die Darstellung der Idee als eines Gegenstandes). Der Supranaturalismus hatte alle Wunder gläubig hingenommen, auch wenn sich unsere Vernunft noch so sehr dagegen sträubte. Der Rationalismus hat sie à tout prix als „vernünftig" wegerklärt. Die neue, mythische Erklärung sollte dann die Lösung und Versöhnung in höherer Einheit bringen. Es blieb im wesentlichen aber bei einem scharfsichtig-ironischen Ausspielen des einen Evangeliums gegen das andere. Vom „Mythus" fand *Strauß* alle vier Evangelien durchtränkt, am meisten das vierte, späteste. Er hoffte, alles, was ihm anstößig war, als geschichtliche Einkleidung urchristlicher Ideen entschärfen zu können, wie sie die absichtslos dichtende Sage bildet. So wird Jesus bei ihm zu einem bloßen Menschen: Die Idee liebt es nicht, ihre ganze Fülle auf ein einziges Evangelium auszuschütten (*Strauß*, Leben Jesu II 739). Die Christologie wurde zur Anthropologie: Die Menschheit ist die Vereinigung der beiden Naturen, der wahre Gottmensch, der auf dem Weg zur Verwirklichung der Idee unterwegs ist (II 740). „Durch den Glauben an Christus . . . wird der Mensch gerecht durch die Belebung der Idee der Menschheit in sich, teilhaftig des menschlichen Lebens der Gottheit. Dies allein ist der absolute Inhalt der Christologie" (II 740).

Das Historische in den Evangelien war für *Strauß* nur die volksmäßige Hülle der Idee. So verfehlte er die Aufgabe zu zeigen, wie sich die Evangelien literarisch zueinander verhalten und als geschichtliche Abfolge und Entwicklung verstanden werden müssen. Alles Anschaulich-Geschichtliche wurde zu einer Idee, mit der die Gemeinde nichts anzufangen wußte. Am meisten litt darunter das JE, das sich unter seinen Händen vom Grundstein des Glaubens in ein historisches Bilderbuch verwandelte, gezeichnet in der Manier Hegels.

An dem Kesseltreiben gegen *Strauß* hat sich *de Wette* nicht beteiligt, der 1800–1819 zusammen mit *Schleiermacher* in Berlin wirkte. Er hatte 1809 in der Besprechung eines Buches von *Cludius* es noch gebilligt, daß dieser „nicht jene lächerliche Vorliebe für das johanneische Evangelium zu haben" scheine, „mit welcher viele es über alles Übrige im NT erheben". 1811 tritt er für die Echtheit des JE ein, findet aber Spuren von Überarbeitung – die Lazarusgeschichte hänge nicht richtig zusammen. 1817 gibt er noch zu, daß „die Annahme der Echtheit dieses Evangeliums nicht über alle Zweifel erhaben" ist; doch macht er die anschauliche Darstellung und die reine Lehrauffassung zugunsten der Echtheit geltend. Später hat er die Identität des Verfassers mit der des 1Joh – dessen Echtheit gesichert schien – in die Waagschale geworfen. *De Wettes* Auffassung vom Verhältnis des JE zu den Synoptikern hat *Smend,* W. M. L. de Wettes Arbeit am Alten und Neuen Testament 156, auf die Formel gebracht: ,,daß das JE von den Synoptikern zwar den Matthäus voraussetzt, aber als das Werk eines Apostels historisch und theologisch im allgemeinen auch vor ihm den Vorzug besitzt." D. h. offensichtlich: ganz sicher ist sich *de Wette* seiner Sache hier niemals geworden.

Jene Bausteine einer Geschichte der Evangelien, die *Strauß* unbenutzt liegen ließ, nahm sein Lehrer *F. Chr. Baur* (vgl. *Hirsch,* Geschichte der neueren evangelischen Theologie V 518–553) auf und führte damit den großen Bau einer christlichen Dogmengeschichte aus. Seine großen Frühwerke, ,,Das manichäische Religionssystem nach den Quellen untersucht und entwikkelt" (1831) und ,,Die christliche Gnosis oder die christliche Religionsphilosophie in ihrer geschichtlichen Entwicklung" (1835) nehmen schon Gesichtspunkte vorweg, die erst bei *Bultmann* zum Tragen gekommen sind. Näher liegen unserem Thema die Spätschriften: ,,Kritische Untersuchungen über die kanonischen Evangelien, ihr Verhältnis zueinander, ihren Charakter und Ursprung" (1847). Als erster Band ist darin die Untersuchung des Johannesevangelium von 1844, verbessert und erweitert, enthalten. *Baur* verlangt, daß man für jede neutestamentliche Schrift ihren Ort in der Geschichte des Urchristentums bestimmt und alle darin enthaltenen Tatsachen von der geschichtlichen Stellung dieser Schrift her beurteilt. Die neutestamentliche Evangelienkritik erschließt sich für *Baur* in der johanneischen Frage. Das vierte Evangelium ist keins wie die synoptischen. Sein Verfasser entwarf, gelegentlich Tradition frei verwertend, ein Gesamtbild vom Kommen des Logos, des göttlichen Gesandten, der in seinem Erscheinen jeden, den er trifft, vor die Entscheidung für oder gegen Gott stellt. Die ,,Juden" verstockt er, so daß sie fanatisch ihn leiden und sterben lassen. Die Jünger befreit er von der Gebundenheit an die Welt. Johannes und die Synoptiker lassen sich nicht versöhnen. Die Synoptiker wissen nichts von dem johanneischen Aufriß und der Botschaft des JE. Daraus ergeben sich alle ihre Unterschiede vom vierten Evangelium. Eine geschichtliche Erinnerung besitzt Johannes nicht mehr. Daher kann es nicht gelingen, seine Gestaltung der Jesusgeschichte in eine menschlich begreifliche, realistische Geschichte Jesu umzusetzen: ,,Es stellt eine nachpaulinische Gestalt christlicher Reflexion dar, welche am besten in die Zeit der sich vom Judentum grundsätzlich geschieden wissenden . . . werdenden katholischen Kirche paßt" (*Hirsch,* Geschichte der neueren evangelischen Theologie V 543).

Man wird *Hirsch* zugeben müssen: *Baur* hat hier gewisse johanneische Züge überspitzt. Weder ist der Verfasser des JE ein ganz freischaffender Dichter, noch ist das ganze vierte Evangelium von ein und derselben Hand geschrieben. *Baur* hat es auch – er ahnte noch nichts von P 52 – viel zu spät angesetzt. Insofern hat *Baur* die johanneische Frage noch nicht gelöst. Aber er hat doch der kommenden Zeit die Richtung gewiesen, von der sie nur zu ihrem Schaden abweicht.

*B. Bauer,* nur ein Jahr nach *Strauß* geboren, wollte ursprünglich das Verhältnis des JE zu den Synoptikern klären. Aber dieses Unternehmen führte ihn zu immer größer angelegten Werken, die riesenhafte Ruinen blieben. 1834 in Berlin habilitiert – damals gehörte er noch der hegelschen „Rechten" an und erfreute sich der Gunst des Ministers Altenstein – verteidigte er (1835/36) noch die Wunder Jesu und die in Jesus menschgewordene göttliche Wahrheit gegen *Strauß*. 1840, nach der Umhabilitation nach Bonn, erschien seine „Kritik der evangelischen Geschichte des Johannes". Mit ihr begann *Bauers* Versuch, das Problem des Lebens Jesu nicht als ein historisches, sondern als ein literarisches zu verstehen und zu lösen. Das vierte Evangelium erweist sich auf den 435 Seiten dieses Bandes als ungeschichtlich. Spekulation hat hier aus der Idee heraus Geschichte gebildet. Aber dafür schenkt *Bauer* dem Leser die Erkenntnis, daß der vierte Evangelist ein Künstler war. *Windisch* hat in seinem Aufsatz über den johanneischen Erzählstil dieses Thema wieder neu aufgenommen. Aber *Bauer* 396–414 hat zugleich entdeckt, daß neben ausgezeichnet gelungenen Partien im JE künstlerisch mißglückte stehen. Die Reden sind voller Tautologien. Das Hirtengleichnis in Joh 10 ist „ein Gleichnis, das als solches viel zu weit ausgedehnt, unklar gehalten und endlich von der Reflexion, die das Ganze gestaltet hat, zuweilen sehr nackt durchzogen wird" (407). *Bauer* fragte sich also nicht, ob dieses Nebeneinander von ästhetisch vorzüglichen Erzählungen und künstlerisch mißlungenen Reden auf verschiedene Quellen oder Bearbeitung oder beides zurückgeht. Er nahm das vierte Evangelium als ein Ganzes hin und sah im Verfasser einen Denker, der die Idee nicht rein in Geschichte umsetzen konnte. Als 1842 *Bauer* die Venia legendi vom neuen Kultusminister Eichhorn aberkannt wurde, begann eine zweite Schaffensperiode. Er untersucht nun die Synoptiker, die er bis dahin dem vierten Evangelium gegenüber noch als geschichtliche Schriften vorausgesetzt hatte. Durch *Weiße* und *Wilke* davon überzeugt, daß Markus das erste Evangelium und von Matthäus und Lukas benutzt war, stellte er sich die Frage, ob dieses älteste Zeugnis nicht ebenso, wie das JE, das literarische Produkt eines Schriftstellers ist. Hat nicht erst Markus aus allgemeinen Ideen jene historische Überlieferung geschaffen, in die sich von nun an die Ideen kleideten? Markus wußte noch, daß das jüdische Volk zur Zeit Jesu keine allgemeine Messiaserwartung hegte. Das messianische Dogma ist erst in der christlichen Gemeinde entstanden. Jesus hat freilich existiert und in sich, d. h. in seinem Selbstbewußtsein, den Gegensatz von Gott und Mensch versöhnt. Aber er ist nicht mit der Botschaft aufgetreten: „Ich bin es, auf den ihr gewartet habt!" Erst als er seine Person seiner geschichtlichen Bestimmung und der Idee, der er lebte, geopfert hatte und im Glauben der Urgemeinde auferstand als der Sohn Gottes, war die erste Christologie entstanden. Hier glaubte *Bauer* also noch an die große Persönlichkeit Jesu als eine historische Größe. Aber auch dabei blieb er nicht stehen. Wenn es einen geschichtlichen Jesus gegeben hat, der die getrennten Größen, Gott und Mensch, in seinem Selbstbewußtsein vereinte, dann hat er nicht aufs neue beides getrennt: „Ich bin von oben; ihr seid von unten!" Der historische Christus, der Mensch, den der Glaube in den Himmel erhoben hat, ist kein wahrer Mensch mehr, sondern der sich selbst entfremdete Mensch. Aber er hat die antike Welt überlebt und wurde zum Vernichter der Welt. Auf ihren Trümmern blieb nur das absolute Selbstbewußtsein, das leere Ich, übrig. Diese Selbstentfremdung des Ich muß überwunden werden und wird überwunden in der Erkenntnis, daß wir alles, was wir vom historischen Jesus wissen, der christlichen Vorstellung verdanken. Einen historischen Jesus hat es, wie *Bauer* endlich 1850 in seiner ,,Kritik der paulinischen Briefe" aussprach, nie gegeben. Allein jede Religion verlangt nach einem Urheber, der sie auslöst. *Bauers* Alterswerk, ,,Christus und die Cäsaren. Der Ursprung des Christentums aus dem römischen Griechentum", erhob den Philosophen Seneca zum eigentlichen Schöpfer des Christentums, der sich von Philo und Josephus Hilfsdienste leisten ließ. Ausgerechnet dieses sich ins Abstruse versteigende Werk ist (wie *Barnikol*, RGG³ 923 formuliert hat) ,,durch seine anfänglichen Freunde Marx und Engels seltsamerweise das autoritäre Buch des marxistischen Sozialismus und Kommunismus geworden" – und das, obgleich der alternde *Bauer* bei all seiner radikalen Kritik an der Kreuzzeitung mitarbeitete und als konservativer Politiker (trotz seines neu entstandenen Antisemitismus) geschätzt war.

Die nächsten großen Namen, die nicht übergangen werden dürfen, sind die von *Wellhausen* und *Schwartz*. Durch die Arbeit am JE befreundet, haben beide einen neuen Weg des Forschens entwickelt. *Wellhausen* 3 gibt im Eingang seines Kommentars Rechenschaft über Anlaß und Methode seines Verfahrens: ,,Meine Absicht geht auch hier auf Korrektur der herrschenden Exegese. Man hat keine rechte Distanz gegenüber dem Texte, man läßt ihn nicht so auf sich wirken, als läse man ihn zum erstenmal, man stimmt neu ab über alte Fragen. Man . . . achtet über den Einzelheiten nicht genug auf den Faden der Rede, man wundert sich zu wenig über Knoten und Risse darin. Wenn überhaupt Anstöße im Zusammenhang bemerkt werden, so machen die Apologeten sie durch Besprechung unsichtbar." Soweit eine Probe der bitteren Kritik *Wellhausens* an der vorgefundenen neutestamentlichen Exegese. Nun seine Andeutung einer neuen Methode: ,,Ausgehen muß man . . . von einzelnen Anstößen, die sich bei der Exegese ergeben und ebensowohl in den didaktischen als in den historischen Teilen vorkommen" (S. 4). *Wellhausen* fährt fort (S. 5): ,,An Stelle einer beschränkten Textkritik muß eine umfassende literarische Kritik treten. Die Aufgabe ist . . ., zwei oder mehrere literarische Schichten zu unterscheiden." *Wellhausen* gibt dem Leser einige Beispiele seiner Forschungsweise: ,,In meiner Broschüre (*Wellhausen,* Erweiterungen und Änderungen) bin ich davon ausgegangen, daß der Vers 14,31 seine unmittelbare Fortsetzung in 18,1 hat und die Reden dazwischen keinen Platz haben. Von noch größerer Wichtigkeit . . . sind die beiden vereinzelten Verse 7,3.4, wonach Jesus bisher nur in Galiläa gewirkt hat; sie negieren die Festreisen und die darauf beruhende Chronologie" (S. 5). Endlich gibt *Wellhausen* 6f. die tadelnde Charakteristik des JE: ,,Die

Erzählungen weisen Einschübe auf, sie wimmeln von Varianten und sprengen nicht selten die Einfassung, so daß man nicht weiß, in welcher Situation man sich befindet. Aus dem formlosen und monotonen Chaos ragen nun aber einzelne Stücke wie Schrittsteine auf, die eine fortlaufende, freilich nicht ununterbrochene Linie darstellen. Sie heben sich von dem Ganzen ab, bilden aber doch dessen Rückgrat und können als die Grundschrift bezeichnet werden. Das Ganze ist also . . . das Produkt eines literarischen Prozesses, der in mehreren Stufen vor sich ging. Die Grundschrift bildet nur den Anfang und wird an Umfang von den Einschlägen weit übertroffen. Sie kann daher nicht als das eigentliche johanneische Evangelium bezeichnet werden, sondern nur als Ingrediens desselben. Sie ist keineswegs intakt und vollständig erhalten. Man kann auch weder sie noch die verschiedenen Schichten der Bearbeitung mit Sicherheit ausscheiden. Ein Versuch dazu muß indessen auf alle Gefahr hin gemacht werden."

Der scharfsichtige Kritiker geht mit der vorgefundenen Sekundärliteratur hart ins Gericht. Freilich gesteht er ein, daß er selbst sein Ziel nicht erreicht hat. Deswegen darf man aber nicht die von ihm gespürten Schwierigkeiten und Widersprüche verärgert übergehen. Man darf sich aber fragen, ob *Wellhausens* Mißlingen nicht von den Voraussetzungen herrührt, von denen er – in seiner Zeit nur zu verständlich – ausgeht. Das Bild von der Grundschrift und den darauf abgelagerten Schichten ist jedenfalls dann nicht mehr zutreffend, wenn man die „Grundschrift" als historisch besonders wertvoll und die auf ihr abgelagerten „Schichten" als theologisch minderwertig ansieht. *Wellhausen* hatte seine Begrifflichkeit und methodischen Vorstellungen bei seiner Arbeit am Alten Testament ausgebildet. Er war ja ein besonders verdienter Alttestamentler und Orientalist, bevor er sich dem Neuen Testament zuwandte.

*Schwartz* (1858–1940) war klassischer Philologe und Kirchengeschichtler hohen Ranges. Die neutestamentlichen Probleme – zumal die, welche er für sich selber entdeckte – reizten ihn, blieben aber Nebenarbeiten. Seine wichtigsten Beiträge zum JE liegen in den „Aporien im vierten Evangelium", die er in den „Nachrichten der Königlichen Gesellschaft der Wissenschaften zu Göttingen" in den Jahren 1907 und 1908 veröffentlichte. Wer sie genau durcharbeiten will, wird sich ein Register dazu anlegen, aus dem hervorgeht, wo jeder Vers des JE besprochen wird. Denn die Schrift ist nicht mit zwingender Logik und Durchsichtigkeit aufgebaut. In Aporien I 355ff. gibt er als Zwischenergebnis an: „Für ein solches Chaos gibt es principiell nur eine Erklärung: hier sind verschiedene Schichten der Erzählung über- und durcheinander geschoben." Wie verzweifelt *Schwartz* bei ihrer Entwirrung mindestens zeitweise geworden ist, beweist die Klage in Aporien IV 497 bei der Besprechung von Kap. 7: „. . . es wollen sich die Motive nicht entdecken lassen, durch die die einzelnen Szenen verbunden werden, man kann nicht von einer Szene auf die andere schließen. Das macht jede . . . Rekonstruktion der ältesten Form des Evangeliums unmöglich, und die Versuchung liegt nahe, ermüdet und mutlos das kritische Messer aus der Hand zu legen und diese Partien in der Verwirrung und Unordnung zu lassen, der sie durch die Überarbeitung verfallen sind. Aber die Aufgabe, wissenschaftlich zu interpretieren, bleibt bestehen, auch wenn diese Fragmente . . . sich nicht zusammensetzen lassen . . ."

*Wellhausen* hatte sich damit begnügt, in einer Art von Kurzkommentar seine Beobachtungen zu den einzelnen Kapiteln zu bringen. *Schwartz* verlangt Leser, die von seiner Schrift angeregt – selbst die einzelnen Aporien heraussuchen und ihren Zusammenhang bedenken. Jedenfalls kann man ihm nicht wie den meisten Kommentatoren seiner Zeit vorwerfen, er habe ,,die Anstöße durch Besprechung unsichtbar gemacht". Nach *Schwartz* IV 559 hatten mindestens zwei Bearbeiter sich als Ziel gesetzt, ,,die synoptische Überlieferung in das Evangelium hineinzuarbeiten". ,,Über das ursprüngliche Evangelium als Ganzes zu urteilen ist schwer, wenn nicht unmöglich" (ebd. 557). ,,Eins . . . überwiegt zunächst jede andere Wirkung: die Rücksichtslosigkeit, mit der der überlieferte Stoff gestaltet wird, die ungeheure Kühnheit der Erfindung, die nichts unangetastet läßt . . . Hier wächst keine Tradition weiter, . . . ein gewaltsam concipierender, höchst individueller Dichter treibt sein Wesen, der von den ἀρεταί seines Gottes ein ganz neues Lied anzustimmen sich unterfängt." ,,Er muß in einer Zeit geschrieben haben, die von den Anfängen schon recht weit ablag, und doch noch so früh, daß er es wagen konnte, die synoptische Überlieferung beiseite zu schieben und die Göttlichkeit Jesu in eine Poesie eigener Art, frei von dogmatischer Gebundenheit, umzusetzen" (Aporien IV 558). ,,Erst im letzten Stadium der Umgestaltung ist dem Evangelium apostolischer Ursprung zugeschrieben; das setzt die Zeit voraus, in der versucht wurde, apostolisch und kanonisch für identisch zu erklären" (Aporien IV 559).

Mit *Wellhausen* und *Schwartz* ermattet der kritische Sturmlauf. Das verrät bereits *Spittas* Buch von 1910: ,,Das Johannes-Evangelium als Quelle der Geschichte Jesu." ,,Bei aller Dankbarkeit für den großen Dienst, den *Wellhausen* und *Schwartz* der johanneischen Forschung erwiesen haben" (V), ist ihm *Zahn* doch lieber als *Holtzmann*: ,,Die Person Jesu weist hier Züge auf, rein menschlicher Art, die von überwältigender Kraft sind und gerade sich mit dem Bilde berühren, das der schlichte, undogmatische Christ von Jesus im Herzen trägt" (VIII). Die Grundschrift stammt vom Zebedaiden. Ein Bearbeiter hat sie durch Reflexionen und Übernahme weiteren Materials erweitert! Auch *H. H. Wendt* gehört trotz des Titels seines Buches von 1911: ,,Die Schichten im vierten Evangelium" nur scheinbar zu *Wellhausen* und *Schwartz:* Die Redeschicht hat die Priorität vor der Erzählschicht (S. 51). Der Autor der Redeschicht hat dem geschichtlichen Jesus, auch innerlich, nahegestanden. Der Zebedaide ,,ist aller Wahrscheinlichkeit nach der Autor der literarischen Grundschicht dieses Evangeliums gewesen" (S. 106).

1921 erschien die zweite Auflage des Werkes von *A. Loisy,* ,,Le quatrième évangile", als eine verbesserte Form des längst vergriffenen Werkes von

31

1903. Jetzt sollte das vierte Evangelium als Hauptstück des Corpus Johanneum dargestellt werden. Deshalb ist die Erklärung des ersten bis dritten Johannesbriefes in dem 602 Seiten starken Band mitenthalten. Der Kommentar zur Apokalypse blieb einem weiteren Band vorbehalten.

Auf die Besprechung der kirchlichen Überlieferung über das JE bis zu Hieronymus (S. 6–18) folgt die Darstellung der kritischen Arbeit (S. 18–39), die eine ausführliche Besprechung der Sekundärliteratur enthält und bis 1920 führt. Im § II (Das vierte Evangelium) handelt der gelehrte Verfasser zunächst vom Inhalt des Evangeliums (S. 40–46), sodann von seiner Komposition (S. 46–55), drittens von seinem Charakter (S. 55–65) und schließlich von seiner Entstehung (S. 65–71). Auf die Einführung in die johanneischen Briefe (§ 3; S. 71–85) folgt von S. 87–529 der Kommentar zum JE selbst.

Auf S. 66–68 hat *Loisy* angedeutet, in welchem Zusammenhang er den johanneischen Autor sah: als einen bekehrten Heiden, der vom reinsten Strom der Gnosis genährt war, vielleicht durch Palästina gereist, aber der ephesinischen Gemeinde angehörend als mythischer Prophet angesehen war. Er war, ohne damit in den Vordergrund zu treten, eher ein Meister der Gnosis als ein Apostel des Glaubens. Sein Einfluß auf den Kreis, der ihn verstand, war tief. Eine folgende Generation hätte ihn vielleicht als Sektenhaupt und Häretiker verdächtigt. *Loisy* ging freilich noch weiter. Im zweiten Jahrhundert war ja der Verdacht aufgekommen, nicht Johannes, sondern Cerinth habe das vierte Evangelium verfaßt. Auf alle Fälle mußte es, um kirchlich akzeptabel zu sein, im Geist des „Normalchristentums" im zweiten Jahrhundert überarbeitet werden, und wohl nicht nur von einer Hand. Die Führer der ephesinischen Gemeinde werden alles dafür Nötige getan haben, daß man „ihren" Johannes als eine apostolische Gestalt, sogar als den Lieblingsjünger Jesu verehrte und das verbesserte Werk in den Kanon aufnahm.

Es ist eigenartig, wieviel *Loisy* von der späteren Forschung vorweggenommen hat. Er hält den Verfasser des ursprünglichen Evangeliums für einen Dichter, der frei mit seinem Stoff umgeht, für einen Nichtjuden, der vielleicht von Antiochia stammte und eine Reise durch Palästina gemacht hat. In allen diesen Punkten berührt er sich mit *Hirsch,* der unabhängig von *Loisy* Entsprechendes vermutet hat. Die enge Verbundenheit mit hellenistischer Mystik erinnert an *Dodd;* die Charakterisierung als Ketzer und Zeuge wirkt wie eine Vorahnung an *Käsemanns* Göttinger Antrittsvorlesung von 1951. Der Vergleich mit *Valentin* und *Marcion* befremdet den Leser, aber beide haben sich für gute Christen gehalten. Das gilt auch für andere Männer, welche in den Augen der Kirche Irrlehrer waren. Z. B. hat ein donatistischer Bischof das Protokoll eines Streitgesprächs mit Augustinus unterschrieben mit „Felix Christianus".

*Hirsch,* Evangelium 67, sah im Autor des ursprünglichen vierten Evangeliums einen (anonymen) Künstler von Gottes Gnaden, der mit einem kurzen Dialog und Szenarium auch den Nebenpersonen einen individuellen Charakter gab, etwas, das nur einem dramatischen Dichter von Rang gelingt. Er war kein Semit; manches erinnert an die griechische Tragödie (S. 68. 90). Seine Sprache ist ein eigenwilliges Griechisch, keine Nachbildung der LXX. Er schrieb in einer auch aramäisch sprechenden Umgebung – dem syrischen Antiochia (71). Zwischen 70 und 132 unternahm dieser als Kaufmann eine Reise nach Palästina und Jerusalem. Der Siloah-Teich in Kap. 5 wird ihm zu glauben sein (72), aber den zerstörten Tempel hat er nicht gesehen. Wahrscheinlich trat er erst nach 70 ins reife Leben und besaß keine Erinnerung mehr an die apostolische Zeit (75). Um 100 verfaßte er sein Evangelium, wobei er frei auch die Synoptiker benutzte (Mt/Lk: 301; Mk: 170f.). Die „kirchliche Bearbeitung" wird zwischen 130 und 140 entstanden sein (75). Der Autor hat auch die Jesusworte frei geformt. Sein Evangelium ist im großen und ganzen eine freie dichterische Deutung der Geschichte durch einen jesusgläubigen Christen. Er schreibt nieder, was die jeweils dargestellte Person „sagen muß". Die Grenze von Wahrheit und Wirklichkeit hat sich ihm völlig verwischt (77). Das JE ist also kein Augenzeugenbericht (78).

Sein Evangelium „ist das wahrhaft paulinische gewesen" (79). Der Autor hat allein „in der jungen Heidenkirche" „den paulinischen Satz ganz verstanden: ‚Christus ist des Gesetzes Ende'" (Röm 10,4). Der geschichtliche Gegensatz von Jesus und Gesetz, Christentum und Judentum gründet „in einer Urposition" (80): Jesus ist der dem Vater gehorsame Sohn, der „aus der Einheit mit dem Vater lebt" (80). Aber das psychologisch Begreifliche an Jesus ist dabei fast ganz verschwunden. Jesus ist nicht der „angefochtene Sohn" (Gethsemane!). Damit bekommt die Jesusgestalt „traumhafte, mythische Züge" (81). Der Autor ist damit (ohne es zu ahnen) auf dem Weg zum Christusmythos. In einer uns befremdenden Weise läßt er den Lazarus vier Tage im Grabe liegen, damit Jesus an ihm mehr als eine bloße Krankenheilung vollbringen kann (82). Darum sind uns die Synoptiker neben dem JE nötig, die die menschliche Wirklichkeit Jesu zeigen (81). Im JE zeigt sich eine dichterisch geschaute Überwirklichkeit, welche die Wahrheit der Geschichte Jesu und die Wahrheit des Herzens in der Begegnung mit Jesus bloßlegt (82). Eigenart, Stärke und Schwäche der Hirschschen Johanneserklärung lassen sich besonders gut verdeutlichen am Dialog Jesu mit der Samariterin: „Das Gespräch ist der ausführlichste und auch der lebendigste Dialog des ganzen Werks." „Die sorgfältige Ausmalung der Szenerie" ist ein Zeichen, daß der Verfasser an die ganze Geschichte besondere Kunst gesetzt hat. „Wer hier nicht die Hand des Dichters spürt, dem ist nicht zu helfen" (146).

Ein Zeichen dieser Kunst ist nach *Hirsch,* daß „die Samariterin beides zugleich ist, ein in gesetzloser Roheit dahinlebendes einzelnes Weib und die Personifikation ihres Volkes" (146). Beides hatte schon *Hirschs* verehrtes Vorbild, *H. J. Holtzmann,* HNT IV² 84, behauptet. Die fünf Götzen der Samariter hat man in den 2Kön 17,29 aufgeführten Gottheiten gefunden, welche die Assyrer nach dem Ende des Nordreichs in das durch Exilierung der meisten Bewohner entleerte Land verpflanzt hatten. Leider sind es in

Wirklichkeit sieben an der Zahl, nicht fünf, und zwei davon sind weiblich, taugen also nicht für eine Männerrolle. Allerdings hat Jos. Ant. IX § 288, den alttestamentlichen Text vereinfachend, von fünf Völkern mit ihren Göttern gesprochen; das hat die Allegorisierung erleichtert. Daß der jetzige Buhle der Frau auf Jahwe zu deuten sei, gegen diesen geschmacklosen Gedanken hatte sich u. a. auch *Holtzmann* gewendet. Übrigens kann man die sieben Gottheiten, die damals in Samarien von den fünf Völkern nebeneinander verehrt wurden, nicht in fünf nacheinander mit der Frau verheiratete Männer umdeuten. V. 16 will auch gar nicht betonen, daß die Frau ein ,,in gesetzloser Roheit dahinlebendes Weib" sei, sondern hervorheben, daß Jesus auf keine von einem Menschen erratbare Weise jemanden erkennt. Die angebliche Identität von Frau und Volk liegt also gar nicht vor; die einzelne Frau bleibt übrig.

Von der Szene am Brunnen schreibt *Hirsch* nun (147): ,,. . . wir haben hier das schönste und reinste Beispiel der analytisch tiefen, aber die Wirklichkeit verlassenden Schau des Verfassers in die Bewegungen des menschlichen Herzens, das Jesus begegnet. Durchsichtig wie ein Präparat ist das seelische Geschehen, in dem der Glaube der Frau wird." Freilich könnte auch nach *Hirsch* ein wirkliches Gespräch mit der Frau nicht so verlaufen. Daß sich Jesus als der Erfüller aller religiösen Sehnsucht und Bedürfnisse des Herzens offenbar macht, kann ,,in einem solchen Gespräch wohl als tief abgebildet gelten, aber nicht sich wirklich vollziehen" (147). Damit bestätigt sich (wenigstens z. T.), was *Hirsch*, Evangelium 77, vom Evangelisten sagt: ,,Was er in freier dichterischer Schau als Jesu Wort niedergeschrieben hat, das ist für ihn wahrhaftig Jesu Wort, ihm im Geist enthüllt. Ich glaube, daß sich ihm dabei die Grenze von Wahrheit und Wirklichkeit völlig verwischt hat."

Damit sieht *Hirsch* nicht, daß hier der Evangelist eine überlieferte Geschichte benutzt und durch eigene Zutaten erweitert hat. Die Antwort der Frau in V. 19b (die sich manche Erklärer nur als ein peinliches Ablenkungsmanöver zurechtlegen konnten) bietet den Übergang vom allwissenden Jesus, einem θεῖος ἀνής, zu dem für den Evangelisten eigentlich wichtigen Thema: ,,Es kommt die Stunde" (vom Standpunkt des Evangelisten aus gesehen) ,,wo die wahren Anbeter den Vater in Geist und Wahrheit verehren werden". Als das Evangelium geschrieben wurde, lag ja der Jerusalemer Tempel schon in Trümmern. Daß V. 22 ein späterer Einschub ist, hat sich allmählich herumgesprochen. Der Ergänzer hat es nicht ertragen, daß Zion und Garizim, zwei Stätten von an einen bestimmten Ort gebundenem Gottesdienst, nicht die dem Willen Gottes entsprechende Anbetung garantieren.

Der Evangelist arbeitet sehr viel nüchterner, als *Hirsch* es haben will. Er verwendet vorliegendes Erzählungsgut, wobei er es entschlossen so abändert, daß es seiner Botschaft entspricht. Hier geht aus V. 28 hervor, daß der Einschub des Evangelisten mit V. 27 endet. V. 28 schloß sich in der ,,Vorlage" unmittelbar an V. 18a an. Die Worte der Frau in V. 29: ,,der mir alles gesagt hat; ob das nicht der Messias ist?", berücksichtigen nicht, daß Jesus ja in

V. 26 der Frau schon geoffenbart hat, er sei der Messias. Gerade hier erkennt man die Technik des Evangelisten: er läßt von der „Vorlage" soviel wie nur irgend möglich stehen, und schiebt seine eigenen Ergänzungen und Korrekturen (4,48f.!) dazwischen ein oder fügt es am Schluß an, wie 20,29 in der Thomasgeschichte.

*Hirsch* glaubte, dem Evangelisten habe sich die Grenze von Wahrheit und Wirklichkeit völlig verwischt. Vielleicht steht es doch eher so, daß sich ihm sein eigenes Wunschdenken und die Textaussage völlig verwischt haben. So hat er nicht das ursprüngliche Evangelium übersetzt und erklärt, sondern seine Vision des Evangelisten, ganz an sie hingegeben, dargestellt.

Aber *Hirsch* war nicht der einzige, der den Verfasser des JE für einen großen Dichter hielt. Schon *Windisch, Der johanneische Erzählungsstil* 174–213, hatte dem Autor erhebliche dramatische Fähigkeiten zugesprochen, und *Strathmann* 6–10 hob ebenfalls die dichterische Fähigkeit des Autors hervor. Dabei gingen sie von verschiedenen Eindrücken aus. Auf *Windisch,* ebd. 181–183, hatte besonders Kap. 9 des JE einen tiefen Eindruck gemacht. Seine Darstellung dieses Kapitels als eine dramatische Szenenfolge könnte als Vorbereitung eines modernen Drehbuchs dienen. Ganz anders *Strathmann* 23. Ihm war die merkwürdige sakrale Feierlichkeit – die oft in Steifheit umzuschlagen drohte, aufgefallen. So lautete sein Urteil über Johannes nicht: „ein unvergleichlicher Dichter", sondern zuletzt „ein kerygmatischer Stilist". Johannes – und damit meinte er den Zebedaiden – war nicht der große Realist, den der englische Kanonikus *Edwards* 14 dem JE als Autor aufzuzwingen sich bemüht hatte. Im Gegenteil: nach *Strathmanns* Überzeugung hatte das vierte Evangelium mit Realismus nichts zu tun. Was der Lieblingsjünger Jesu im Umgang mit seinem Meister erlebt hatte, kommt in seiner Darstellung des Lebens Jesu nicht zur Sprache. Es ist nach *Strathmann* schwer zu entscheiden, ob eine Szene wirklich ein erlebtes Ereignis widerspiegele. *Strathmann* meinte, das JE – für dessen historische Ungereimtheiten er ein waches Auge hatte – nur verstehen zu können, wenn der Jünger das eigene Erlebnis zugunsten einer „kerygmatischen Stilisierung" geopfert hatte. Der Grund für dieses seltsam anmutende Urteil dürfte in der gleichzeitigen Aufnahme entgegengesetzter Überzeugungen zu suchen sein. Einmal hielt *Strathmann* der alten Tradition die Treue, die dem Lieblingsjünger Johannes das vierte Evangelium zugesprochen hatte. Das Festhalten an dieser Tradition gab ihm das Anrecht auf einen Platz in der Reihe der orthodoxen Exegeten. Das frühchristliche Zeugnis für die Verfasserschaft des JE hielt *Strathmann* für gesichert (S. 20f.). Was dagegen sprach, war ihm aus einer Stelle in *Weizsäckers* Werk „Das apostolische Zeitalter"[3] 517, hinreichend deutlich geworden: „Keine Macht des Glaubens und der Philosophie kann groß genug vorgestellt werden, um die Erinnerung des wirklichen Lebens so auszulöschen und dieses Wunderbild eines göttlichen Wesens an ihre Stelle zu setzen." „Für einen Urapostel ist es undenkbar." Erst einem Mann der zweiten Generation sei diese Umformung des Lebens Jesu zu einem „großen haggadischen Lehrstück" (*Strathmann* ebd. 22f.) im Sinne der Logoschristologie möglich gewesen. Gegen diese Argumentation hatte *Strathmann* nach seiner festen Überzeugung eine Widerlegung gefunden: ,,Johannes huldigt bei seiner Darstellung nicht dem Historismus, sondern dem Prinzip der kerygmatischen Stilisierung" (ebd. 23). ,,Am Äußeren der Vorgänge, selbst an den Jesus begegnenden Personen, haftet kein tieferes Interesse. . . . Wollte jemand sich allzusehr an das Buchstäbliche des Berichteten hängen, so ist man geradezu versucht, mit 6,63 zu antworten: ,,Was das Leben schafft, ist der Geist! Das Fleisch nützt nichts! Die Worte, die ich euch gesagt habe, sind Geist und Leben!" (ebd.). Wie die Reden sind auch die Berichte über die Begebenheiten des Wirkens Jesu kerygmatisch stilisiert, d. h. die Formung ist in den Dienst des Kerygmas gestellt. . . . Die Formung des Stoffes ist von ihm mit der Freiheit künstlerischen Gestaltens gänzlich in den Dienst dieser Aufgabe gestellt" (ebd.). Von diesem Standpunkt aus meinte *Strathmann* die Freiheit zu haben, ruhig zuzugeben, wieviel gegen die Abfassung des JE durch einen Augenzeugen spricht: ,,Die Gestalten sind meist schemenhaft, die Logik der Gespräche spottet der Psychologie, der Pragmatismus des Evangeliums läßt sich mit normalen Maßstäben nicht messen." Die Ereignisberichte wie die Reden sind eben in Wirklichkeit ,,Abwandlungen der Predigtformen des Evangelisten".

Aber sind sie das wirklich? Hier erhebt sich eine Frage, die man auch an *Windisch* und *Hirsch* stellen muß. Alle drei behandelten im Grunde das vierte Evangelium als das Werk einer Hand – mag auch ein Redaktor durch die Zeilen spuken. Wer aber diese Einheitlichkeit behauptet, der übersieht die innere Gegensätzlichkeit, die im vierten Evangelium herrscht. Nur wenige Beispiele: Das 9. Kapitel prägt in immer neuen Wiederholungen dem Leser ein, daß ein solches Wunder wie diese Heilung eines Blindgeborenen nur da möglich ist, wo Gott selbst hinter dem Wundermann steht. Die Wunder sind die Legitimation Jesu; wer das leugnet, der ist verstockt und innerlich blind. Oder nehmen wir die andere große dramatische Schilderung zum Beispiel: Die Auferweckung des Lazarus. Hier hat der Evangelist eine künstlerisch hinreißende Darstellung eines unerhörten Wunders nur benutzen können, indem er in 11,25–27 gegen den Strom der Erzählung zeigt, was für ihn wirkliche Auferstehung war: der entscheidende Augenblick, wo ein Mensch irgendwann, hier und jetzt, von der Jesusbotschaft erweckt zur Gemeinschaft mit ,,dem Vater" kommt. Diese Lehre, die in 5,21f. angedeutet und in 5,25 deutlich ausgesprochen wird, steht im Widerspruch zu der Zukunftseschatologie. In 5,28f. wird sie aber wieder korrigiert im Sinne der vorjohanneischen Eschatologie, obwohl sich der Schreiber von 5,28f. bemüht, den Stil von 5,21 und 5,25f. beizubehalten und durch die kleinen Änderungen verrät, daß es ihm nicht gelingt. D. h. aber, daß sich hier – wie sonst oft – drei Hände verraten: die (sagen wir einmal) einer Vorlage des Evangelisten, die des Evangelisten selbst und die eines späteren ,,konservativen" Bearbeiters, der übrigens auch den Lieblingsjünger eingeführt hat. Die Vorlage wurde von einem Mann geschrieben, der an der Tradition festhielt und wie sie Wunder als Beweisstücke für die Messianität Jesu hochgeschätzt hat. Der Redaktor hat die ,,Jetzt-Eschatologie'' wieder durch die traditionelle Zukunftseschatologie ersetzt – wo die Toten aus den Gräbern steigen – ebenso werden die Sakramente wieder eingeführt. Er versteht die Gläubigen als die guten Menschen mit den guten Werken und weiß nichts mehr davon, daß sie zum Leben erweckte Tote sind. Weil *Hirsch* und *Strathmann* sich bemühen, möglichst viel vom JE dem zuzuschreiben, der ein großer Dichter ist und dem dabei Wahrheit und Überwirklichkeit sich vermischen, erweisen sich ihre Maßstäbe als unzureichend. Ob man dabei den ,,Evangelisten'' als einen paulinischen Kaufmann oder als den Zebedaiden ansieht, ist schon nicht mehr so wichtig.

Seine Auslegung des Johannesevangeliums ist eines der großen Werke, die *Bultmann* uns geschenkt hat. Dieser Kommentar begann 1937 in Lieferungen zu erscheinen und lag 1941 fertig vor. Vorangegangen waren ihm Aufsätze und begleitet hatten ihn weitere Veröffentlichungen. Der Eindruck der Einheitlichkeit hat mit dazu beigetragen, dem Werk jenen Einfluß zu geben, wie sie ein mächtiger Baum hat, in dessen Umkreis nichts Gewaltiges und Großes zu gedeihen scheint. Diese Wirkung stellte sich nicht sofort ein, aber als sie einmal begann, zeigte sich, daß *Bultmanns* Kommentar zum JE eine ganze Generation maßgebend beherrschte. Man sah schon bei den Aufsätzen über den Hintergrund zum Johannesprolog und über die Bedeutung der neu (vor allem durch *M. Lidzbarski*) erschlossenen manichäischen und mandäischen Schriften, die jetzt in dem großen Band ,,Exegetica'' und in den Sammelbänden von ,,Glauben und Verstehen'' vereint und zugänglich sind, einen Forscher an der Arbeit, der den religionsgeschichtlichen Hintergrund des vierten Evangeliums sichtbar zu machen sich bemühte. Enthielten doch diese Schriften erstaunliche sprachliche Parallelen und Anschauungen, die in dem scheinbar so einsamen JE aufs neue den Forscher begrüßten. *Bultmann* wußte freilich, daß diese Schriften der Mandäer sechs Jahrhunderte jünger sind als das JE. Aber er war davon überzeugt, daß die Mandäer die Nachfahren jener aus der Täufertätigkeit des Johannes erwachsenen Taufsekte waren. Allein die Vermutungen spannen sich weiter: War nicht der Evangelist selbst ein Täuferjünger gewesen, bevor er sich der Jesusbewegung anschloß? Konnte er da nicht erkannt haben, daß die dem Täufer geltenden ,,Offenbarungsreden'' einschließlich des Prologs in Wirklichkeit erst auf Jesus paßten? Dann hatte er sie aus dem Aramäischen übersetzt und damit den Jesusjüngern ein wertvolles Geschenk gemacht. Schien es doch aus stilkritischen Gründen nahezuliegen, daß es eine ganze Reihe solcher ,,Offenbarungsreden'' gegeben hatte, die nun über das ganze JE verstreut sind. Rührte die seltsame Anordnung und Aufspaltung – diese Erklärung bot sich an – davon her, daß das JE durch äußere Gewalt (vgl. *Bultmann* 162. 164 Anm. 2) beschädigt und besonders in Kap. 7 und 8 der Zusammenhang fast völlig zerstört war? Stilistische Gründe schienen es nahezulegen, daß diese an die

Oden Salomos erinnernden ,,Offenbarungsreden" auch den ersten Johannesbrief bereichert haben.

Sie waren jedoch nicht die einzige Quelle, auf die *Bultmann* stieß. Eine andere bestand in der ,,Zeichen-Quelle" (σημεῖα-Quelle), die *Bultmann* in vielen Kapiteln ausmachte. Aber damit nicht genug: es fand sich in Kap. 18–20 eine weitere Quelle, in der die ,,Leidensgeschichte" erzählt war. Endlich hoben sich Stücke ab, die sich mit synoptischer Tradition berührten (ebd. 327 Anm. 7).

Die ,,Offenbarungsreden" sind in der Tat in mancher Hinsicht das wichtigste Stück im ganzen Evangelium. Das fällt auf, weil diese angeblich gnostisch-täuferischen Reden ja im JE nun den Ton angeben. Da der Evangelist teilweise die Sprache der Reden übernahm, wird aber die Abgrenzung zwischen seiner eigenen Produktion und dieser vorgefundenen Redequelle unsicher. Bei den Semeia–Stücken erhebt sich eine andere Schwierigkeit: sie enthalten nicht alle das Stichwort σημεῖον. *Bultmanns* Quellenscheidungen haben die Besonderheit, daß bei ihnen weithin stilistische Kennzeichen eine Rolle spielen. Bei den Offenbarungsreden lauern besondere Schwierigkeiten; *H. Becker* und *E. Schweizer* haben hier *Bultmann* Schützenhilfe geleistet. *Besonders Bultmanns* Schüler *Becker,* Reden 24, hat sich bemüht, für die Ineinssetzung von Stil und Quelle Belege zu geben: ,,Es ist deutlich, wie der Inhalt sich eine ihm angemessene Form gesucht hat. Die wesensmäßige dualistische Gnosis bringt auch einen dualistischen Stil hervor." Diese Behauptung belegt er mit einigen Sätzen aus dem Exzerpt XI bei Stobäus (*Nock-Festugière* III, 34ff.). Wir wählen als Beispiel Nr. 18: ,,Nichts (ist) gut auf der Erde, nichts schlecht im Himmel." Aber diese apodiktischen Sprüche sind selbst keine Offenbarungsreden, sondern nur Inhaltsangaben oder Überschriften von möglichen oder wirklichen Offenbarungsreden des Gottes Hermes Trismegistos. Diese selbst aber sind, unbeschadet des gnostischen Inhalts, ganz anderer Art: lange Monologe des Offenbarer-Gottes, die dann und wann eine Frage oder ein bewundernder Ausruf des Offenbarungsempfängers unterbricht. Die Gnosis hat viele literarische Formen in ihren Dienst gestellt, aber gerade die der apodiktischen Sentenzen nicht. Sie haben vielmehr ihre Heimat in der Weisheitsliteratur. Hier sind sie beliebt – man denke an die ,,Sentences of Sextus" – weil sie so einprägsam sind.

Das vollkommene Vorbild für diesen Stil sah *Bultmann* in Joh 1,1f. Aber ein Vers von gleich kunstvollem Aufbau wiederholt sich im ganzen Evangelium nicht. *Bultmann* konnte seine These nur plausibel erscheinen lassen, indem er mehrfach in den Text eingriff und ihn an das Vorbild auf diese Weise anpaßte. Der Prolog dürfte ein Stück sui generis sein, eine ursprünglich selbständige Größe, wie es die christlichen Hymnen in Phil 2,6–11 und Kol 1,15–20 ebenfalls gewesen sein dürften. Die These von dem Evangelisten als einem bekehrten Täuferjünger, welcher den seinem früheren Meister, dem Täufer, geltenden Hymnus später erst in Jesus Christus erfüllt sah, ihn ins Griechische übersetzte und an den Anfang seines Evangeliums setzte, wobei er ihn obendrein noch mißverstand, wird wohl korrekturbedürftig sein. Denn die Voraussetzung, daß der Täufer damals, etwa in den 80er Jahren, von den Mitgliedern seiner Sekte als der präexistente Logos verehrt wurde, kann allenfalls im Hinblick auf das späte Johannesbuch der Mandäer einmal erwogen werden, nicht aber im Hinblick auf die neutestamentlichen Aussagen über ihn. Bei Q erscheint er (Mt 11,11a und Lk 7,28a) als der Verkünder eines nahen Weltgerichts, der den Reuigen das eschatologische Taufsakrament spenden kann, das sie rettet. In Mk 9,11–13 und noch deutlicher in Mt 17,10 wird er von Jesus als der verheißene Elias anerkannt, der größer ist als alle Menschgeborenen. Diese Aussage wurde freilich durch den Zusatz in Mt 11,11b und Lk 7,28b abgewertet: der geringste Christ sei aber größer als Johannes. Lukas wertet weiter in der Geschichte von der kleinen Täufergruppe in Ephesus (Apg 19,1–7) ihn noch mehr ab, da die Johannestaufe durch die christliche Taufe ersetzt werden muß, weil nur diese den Geist bringt. Dabei vergißt Lukas, daß er selbst in Lk 3,21 erzählt hat, Jesus selbst habe sich der Johannestaufe unterzogen und dabei den Geist empfangen. Im JE verneint dann der Täufer, daß er Elias sei: er ist nur noch Zeuge. Es ist keineswegs sicher, daß Johannes eine Sekte begründet hat. Weder lassen sich die Berührungen mit Qumran nachweisen, noch lebten die Mandäer in einer eschatologischen Frömmigkeit. In Qumran und bei den Mandäern handelt es sich um oft wiederholte Taufbäder, nicht um die einmalige Taufe des Johannes. In den schon ins Legendarische abgleitenden Pseudoclementinen werden Jünger des Täufers mit solchen des Simon und des Dositheus genannt. Die Tradition der Mandäer versinkt vollends im Legendarischen. Schon *Becker* hatte 1941 geschrieben: ,,Die Annahme, daß Johannesjünger und Mandäer wesentlich identisch seien, was *Bultmann* in seinem Aufsatz . . . außerordentlich wahrscheinlich erschien, ist . . unhaltbar.`` *Rudolph,* Gnosis 76, forderte 1960: ,,Die Johannestaufe und die Gestalt des Johannes muß endlich einmal völlig ohne irgendwelchen Zusammenhang mit den Mandäern gesehen werden.`` Er meint: ,,Die Wurzeln der mandäischen Gnosis und Taufreligion liegen bei den Taufsekten des westlichen Zentrums. Hier erfuhren sie die zentrale Ausgestaltung unter syrisch-gnostischem, iranischem (speziell parthischem) und teilweise mesopotamischem Einfluß auf jüdischem Grund, und zwar schon in vorchristlicher Zeit. Die Abwanderung nach dem Osten infolge des dauernden jüdischen Druckes muß . . . im zweiten Jahrhundert nach Christus erfolgt sein (vermutlich im Zusammenhang mit der Bar-Kochba-Revolution) . . .`` (ebd. 251). ,,Johannes der Täufer und seine Jüngerschaft haben nach dem Befund der uns zugänglichen Quellen keine Beziehungen zu den Mandäern gehabt`` (ebd. S. 80). Daraus folgt: auf alle Fälle sind die Mandäer in einer sehr langen Wanderung, wobei sie mit dem byzantinischen Christentum ungute Erfahrungen machten, schließlich im Mündungsgebiet von Euphrat und Tigris zur Ruhe gekommen.

*Diese Antwort auf die Quellenfrage brachte ein neues Problem,* ob das JE nun auch als eine gnostische Schrift auszulegen sei. Nach *Bultmann* hat das JE zwar den gnostischen Erlösermythus übernommen, aber nur existential interpretiert: ,,Johannes und die Mandäer stimmen darin überein, daß sie das Selbst des Menschen als ein der Welt fremdes und den Mächten der Welt ausgeliefertes verstehen" (Exegetica 236). Aber für das JE sind weder der Fall des Menschen noch seine Erlösung kosmische Ereignisse; darum fehlen die kosmologischen Belehrungen bei ihm. Die Erlösung ereignet sich in der gegenwärtigen Existenz des Menschen, nämlich im gläubigen Hören der Offenbarung (ebd. 237). Worin besteht sie? ,,So gut wie alle Worte Jesu bei Johannes" sind ,,Selbstaussagen, und es kann nicht darüber hinaus ein bestimmter Komplex von Gedanken als ihr Inhalt, als Jesu ,Lehre' angegeben werden" (Theologie des Neuen Testaments 416). ,,So zeigt sich schließlich, daß Jesus als der Offenbarer Gottes nichts offenbart, als daß er der Offenbarer ist . . . Wie aber ist . . . er das? In keiner anderen Weise, als daß er sagt, daß er es sei . . ." (ebd. 418f.). Jesu ,,Lehre ist nicht neu durch ihren Inhalt an Gedanken; denn in ihrem Gehalt ist sie nichts anderes als reines Judentum, reiner Prophetismus. Aber daß er es jetzt sagt, in letzter entscheidender Stunde, das ist das Unerhörte. Nicht das Was, sondern das Daß seiner Verkündigung ist das Entscheidende" (Die Christologie des Neuen Testaments in: Glaube und Verstehen I 265). ,,Da . . . Johannes aus dem Mythos die kosmologischen Voraussetzungen streicht, . . . so scheint bei ihm nur das leere ,,Daß" der Offenbarung zu bleiben" (Theologie des Neuen Testaments 419). ,,Dies aber bleibt kein leeres, da ,,die Offenbarung" als die Erschütterung und Negierung aller menschlichen Selbstbehauptung und aller menschlichen Maßstäbe und Wertungen dargestellt wird" (ebd. 420). Der Glaube überwindet nach *Bultmann* (ebd. 428) den Anstoß, ,,daß dem Menschen das Leben nur in dem Wort begegnet, das ein bloßer Mensch, Jesus von Nazareth, ihm zuspricht – ein Mensch, der den Anspruch erhebt, daß in ihm Gott begegnet, ohne daß er diesen Anspruch für die Welt glaubhaft machen kann". ,,. . . die Möglichkeit der Finsternis – des illusionären Selbstverständnisses – ist mit der Möglichkeit des Lichtes – des echten Selbstverständnisses – gegeben" (ebd. 370). *Bultmann* versteht also das JE als eine Schrift, die sich zwar des gnostischen Mythos als Ausdrucks- und Verständigungsmittels bedient, aber diesen Mythos schon radikal entmythologisiert hat. ,,Der Dualismus ist bei Johannes also nicht der kosmologische Dualismus der Gnosis, sondern der Ausdruck der Entscheidungssituation, in der der Mensch vor Gott und seiner Offenbarung steht" (Exegetica 237).

Aber die glückhafte Stunde, in der alles aufs beste zusammenzustimmen schien: beobachteter Stil, vermutete Quellen, religionsgeschichtliche Atmosphäre, existentiale Interpretation, ging vorüber. Die Umordnung des Textes, die seine Unordnung steuern sollte, wurde fragwürdig. Die Mandäerhypothese überzeugte nicht mehr. Das scheinbar Selbstverständliche, daß ein dualistisches Denken auch einen dualistischen Stil erzeugen mußte, fand sich von den gnostischen Texten selbst widerlegt. Dazu kamen zwei böse Fragezeichen: nach *Bultmann* bildeten ja die gnostischen ,,Offenbarungsre-

den" den eigentlichen Kern des JE. Aber diese Offenbarungsreden sollten
nichtchristlich sein! Gewiß, nach *Bultmann* hat Johannes nur die Sprache
übernommen, um einen anderen, ungnostischen Sinn auszudrücken. Allein
woher sollten die Leser wissen, daß hier mit einem fremden Code dechif-
friert werden mußte? Und schließlich: verkündete das JE einen ,,Entschei-
dungsdualismus", der als solcher ungnostisch ist? Man findet solchen Entscheidungsdualismus im gnostischen Thomasevangelium; im JE aber liegt
die Entscheidung beim ,,Vater", der dem Sohn die einen gibt, die anderen
aber nicht. Auch die von *Bultmann* gegebene Antwort auf die Quellenfrage
läßt für die eigene Tätigkeit des Evangelisten nur wenig Spielraum: er sammelte und bearbeitete – nicht ohne gelegentliche Mißverständnisse – das Material und kommentierte es bisweilen. *Vor allem* bei so komplizierten *Quellen*verhältnissen ist es nicht verwunderlich, daß manche Forscher nicht ganz
mit *Bultmann* einverstanden waren. Darunter befinden sich so berühmte
Namen wie *Dodd* und *Käsemann. Dodd,* Interpretation 289f., hat die Versuche der Umordnungen des Textes – auch in England haben sich ja manche
Forscher darauf eingelassen – nicht mitgemacht, obwohl er der Geduld und
dem unermüdlichen Scharfsinn der Umsteller seine Bewunderung nicht versagt, und sich mit dem überlieferten Text begnügt. *Käsemann,* Aufbau 175,
bestreitet, daß die ,,pure Menschlichkeit" im Zentrum des johanneischen In-
teresses steht: ,,solche Betrachtungsweise muß davon abstrahieren, daß der
Christus des vierten Evangeliums unentwegt die allergrößten Wunder tut.
So sehr bekommt die Welt bei ihm etwas zu sehen, daß die Wunder, nämlich
sonderlich die Lazaruserweckung, ihm hier den Tod bereiten." Gar nicht zufrieden ist *Käsemann* mit *Bultmanns* Auslegung des Prologs: ,,Der vorchristliche Charakter des Hymnus ist mehr als problematisch, das aramäische
Original unglaubwürdig, das angenommene Täuferbild eine reine Hypothese" (ebd. 166). Im Zweifel an *Bultmanns* Umstellungen begegnen sich *Haenchen,* Das JE und sein Kommentar 214–216, und *Dodd*; aber das Problem ist so
schwierig, daß ihm ein ganzer Paragraph ,,Unordnung und Umordnung"
gewidmet werden soll. Neben dem mehrbändigen Werk von *Braun,* Jean le
théologien, verdienen die beiden umfangreichen Johannes-Kommentare
von *Brown* und *Schnackenburg* unsere besondere Beachtung.

*Brown* bespricht die Verfasserfrage in der ausführlichen Einleitung. Auf
S. XXXIV–XL trägt er seine eigenen Anschauungen vom Werden des JE
vor. Er unterscheidet dabei (mindestens) fünf Stadien in der Komposition
des Werkes. Das erste Stadium enthält die Bildung eines von den synoptischen Evangelien unabhängigen Traditionsgutes über Jesu Worte und Taten. Das zweite Stadium hat sich über mehrere Dezennien erstreckt. Hier
wurde das Material gesichtet und in die Form und den Stil der einzelnen Geschichten und Reden gegossen, die später Teile des JE werden sollten. Vermutlich wurde dieser Prozeß durch Predigten und Lehre beeinflußt; die
mündliche Überlieferung ging in schriftliche über. Im dritten Stadium
wurde aus diesem Stoff ein fortlaufendes Evangelium. Im zweiten Stadium

hatte noch ein Meisterprediger und -lehrer das johanneische Material gestaltet und eine erste, griechische Ausgabe veranstaltet. Ihn nennt *Brown* den „Evangelisten". Das vierte Stadium umfaßt mehrere Ausgaben durch den Evangelisten, entsprechend seinen jeweils aktuellen Zielen (hier nähert sich *Brown* den Vorschlägen von *Wilkens,* Evangelist und Tradition im JE 81–90). Das fünfte Stadium bringt eine endgültige Ausgabe durch den „Redaktor", der z. T. verschiedene Fassungen des vorliegenden Stoffes nebeneinander aufnimmt. Ursprünglich endete die Schilderung des öffentlichen Wirkens Jesu mit 10,40–42; die Lazarusperikope in Kap. 11 wurde damals wegen der eigentlichen Ursache der Tötung Jesu eingefügt. Diese Einfügung zwang den „Redaktor", die Geschichte von der Tempelreinigung nach Kap. 2 vorzuverlegen. Kap. 11 und 12 sind vielleicht im vierten Stadium hinzugefügt worden. Liturgische Interessen haben die Umlagerung von Jesusworten über Brot und Wein beim Abendmahl nach Kap. 6,51 –58 veranlaßt. Die Ursprünge des johanneischen Gutes gehen bis in das erste Stadium zurück, vielleicht bis zu Jesus selbst (S. LXIV). Das Evangelium kann frühestens nach 75 verfaßt sein, spätestens bald nach 100 (nach Irenäus hat ja Johannes bis in die Zeiten des Kaisers Trajan, der von 98–117 regierte, gelebt). So käme man nach *Brown* für die erste Ausgabe auf 75–80, für die Endredaktion auf etwa 100. Die Beziehungen des Johannes zu seinen Jüngern waren enger als die des Petrus zu Markus. Das vierte Evangelium ist wahrhaft im Geist des Johannes geschrieben.

*Schnackenburg* hat sich für seine eigene Hypothese über den Verfasser und die Abfassung des JE von *Braun* anregen lassen. Dieser faßt am Ende seines ersten Bandes seine Anschauungen dahin zusammen: Das JE ist nicht in einem einzigen Zuge niedergeschrieben (wie es sich die Prochorus-Legende vorstellt: Johannes diktiert stehend in Ekstase das ganze Evangelium Wort für Wort dem Prochorus, der es so niederschreibt). Sondern die Verkündigung des Apostels Johannes (= des Lieblingsjüngers) kristallisierte sich in „kleinen Einheiten" aus. Dazu bediente er sich nacheinander verschiedener Jünger als „Sekretäre". Ihnen teilte er jeweils nur den betreffenden Hauptgedanken mit und ließ ihn durch sie ausarbeiten. Schließlich habe sich Johannes in Ephesus, angesichts der dortigen Lage, einen gut Griechisch sprechenden Judenchristen gewonnen, von dem unser Text unmittelbar abhängt. Dieser habe das beim Tod des Johannes noch unfertige Werk zu Ende geführt, jedoch noch nicht alles geglättet. Der eigentliche Verfasser wäre also der Apostel Johannes. Aber das vorliegende Evangelium stamme nicht unmittelbar von ihm, sondern von dem mit dem griechischen Hellenismus vertrauten „Sekretär" (89). Hier geht nun *Schnackenburg* über *Braun* hinaus: jener Mann, der das Evangelium niederschrieb, war nicht nur ein „Sekretär", sondern ein selbständig nach eigenem Stil arbeitender Mann. *Schnakkenburg* will keineswegs leugnen, daß er auch über die mündlichen und schriftlichen Überlieferungen des Apostels Johannes verfügte. Aber er meint, daß er auch diese von Johannes berichteten Worte und Taten Jesu (also die apostolische Interpretation des Heilsgeschehens) gedanklich durchdrang und einheitlich ausrichtete im Blick auf den Leserkreis. ,,So wäre der Evangelist einerseits Tradent der Überlieferung und Verkündiger des Apostels Johannes, andererseits aber auch selbst Theologe und Prediger für die angesprochenen Leser" (86).

Wer den Kommentar *Schnackenburgs* mit der älteren katholischen Auslegung des JE vergleicht, sieht sofort, wie weit sich die Exegese der beiden Konfessionen seit dem zweiten Vatikanischen Konzil genähert hat: Das JE will – so hören wir jetzt auch von *Schnackenburg* – ebenso wie die Synoptiker kein historisches Bild (im modernen Sinn des Wortes ,,historisch"!) geben. Darum darf die Exegese auch nicht, wie früher oft, zunächst solche historischen Angaben anstreben, sondern muß sich um die theologische Botschaft des Evangelisten bemühen (1). Wer das Dekret des Hl. Offiziums vom 3. Juli 1907 ,,Lamentabili" (vgl. Denzinger, Enchiridion Symbolorum 670f.) bedenkt und die abschließende Bemerkung zur Einleitung bei *Schnackenburg* I 196 liest, er wolle lieber ,,vorsichtig und nüchtern als kühn und ungesichert vorstoßen, den theologischen Aussagegehalt erschließen, ohne darum die vielen anstehenden Einzelprobleme zu vernachlässigen; denn nur eine dem Literalsinn verpflichtete, den Text untersuchende und abhörende Exegese kann auch die tieferen Schätze heben . . .", erkennt, wie in der modernen katholischen Forschung die Ergebnisse der modernen Johannesexegese (vgl. besonders die Studien von *G. Richter*) den Bestimmungen von 1907 abgerungen sind.

Als letzter in der Reihe bedeutender Johannesausleger mag *Käsemann* stehen. Dieser (Jesu letzter Wille 12) hat 1966 geschrieben, 1967 und 1971 wiederholt: ,,Der Evangelist, den wir Johannes nennen, scheint ein Mann ohne deutlichen Schatten zu sein. Wir hören seine Stimme, . . . und sehen doch nicht scharf ihren historischen Ort. . . . Stets . . . bleibt sie seltsam unirdisch." ,,Das Evangelium ist im ganzen historisch noch immer ein Rätsel, und alle Erhellung des Details hat daran kaum etwas geändert." *Käsemann* beschreibt seinen Eindruck ebenso wie den der Kirche durchaus zutreffend. Aber seine Lösung des Rätsels befriedigt nicht. Schon die alte Kirche hielt für selbstverständlich, was auch *Käsemann* voraussetzt: jedes Evangelium stammt von einem Evangelisten. Das trifft sicher schon für das Matthäus- und das Lukas-Evangelium nicht zu: Beim ersten Evangelium muß man drei Evangelisten unterscheiden: Matthäus hat das Markusevangelium in sich aufgenommen, das Buch der Wundergeschichten, er hat sich die ,,Redequelle" angeeignet und damit Jesus den Wundertäter weithin vor Jesus dem Weisheitslehrer zurücktreten lassen, und was wir das ,,Sondergut des Matthäus" nennen, ist ein dritter Faktor, ohne den das Matthäus-Evangelium eben nicht das Matthäus-Evangelium wäre. Beim Lukas-Evangelium steht es – mutatis mutandis – ganz ähnlich.

Darum ist es durchaus möglich, daß uns aus dem JE die Stimmen verschiedener ,,Evangelisten" entgegenklingen. Wie sich im folgenden zeigen wird, müssen wir damit rechnen, daß drei verschiedene Verfasser hier zu Worte kommen: a) der Verfasser eines ,,Wunderevangeliums", das die σημεῖα als beglaubigende Wunder versteht; b) ein ,,Evangelist", der die σημεῖα als Hinweise auf die Offenbarung des unsichtbaren Gottes, des ,,Vaters Jesu Christi", durch Jesus Christus deutet, Hinweise, die erst durch die österliche Gabe des Geistes in ihrem Sinne sichtbar werden, und c) ein kirchlicher ,,Ergänzer", der die Verkündigung des nahen Weltendes, der Sakramente und einer Ethik nachträgt, welche die Christen als die Elite der guten Menschen auffaßt.

Was hier als Hypothese angedeutet wird, kann erst die Auslegung des gesamten Evangeliums als in hohem Maße wahrscheinlich sichern. Aber bevor wir diese Aufgabe angreifen, läßt sich schon soviel sagen: Eine Quelle wie das unter a) kurz beschriebene ,,Wunderevangelium" konnte von dem ,,Evangelisten" nur aufgenommen werden, wenn sie in seinem Sinne deutbar war und seine der benutzten Quelle fremden Deutungen sich wenigstens in vielen Fällen als solche nachweisen lassen und wenn ferner der Sinn des benutzten Evangeliums und seiner Umdeutungen durch den Evangelisten sich zweifelsfrei voneinander abheben. In einer ähnlichen Weise müssen sich auch die Zutaten des Ergänzers als solche nachweisen lassen.

## § 3: Der Text des Johannesevangeliums

**Literatur:**

*Aland, K.*, Studien zur Überlieferung des Neuen Testaments und seines Textes, Berlin 1967.

*Birdsall, J. N.*, The Bodmer Papyrus of the Gospel of John, London 1960.

*Ders.*, The Text of the Fourth Gospel: Some Current Questions, EvQ 29 (1957) 195–205.

*Boismard, M. E.*, Lectio brevior, potior, RB 58 (1951) 161–168.

*Ders.*, Problèmes de critique textuelle concernant le quatrième évangile, RB 60 (1953) 341–371.

*Ders.*, Le papyrus Bodmer II, RB 64 (1957) 398.

*Dobschütz, E. von*, Einführung in das Griechische NT, ⁴1923.

*Edwards, S. A.*, P 75 and B in John: A Study in the History of the Text, masch. Diss. Hartford Seminary 1974.

*Fee, G. D.*, Codex Sinaiticus in the Gospel of John: A Contribution to Methodology in Establishing Textual Relationships, NTS 15 (1968/69) 23–44.

*Ders.*, Papyrus Bodmer II: its Textual Relationships and Scribal Characteristics, Salt Lake City 1968.

*Ders.*, The Text of John in the Jerusalem Bible, JBL 90 (1971) 163–173.

*Harnack, A.*, Zur Textkritik und Christologie der Schriften des Johannes, SPAW. PH 37 (1915) 533–573.

*Kasser, R.*, L'évangile selon S. Jean et les versions coptes de la Bible, Neuchâtel/Paris 1966.

*Kieffer, R.*, Au-delà des recensions? L'évolution de la tradition textuelle dans Jn 6,52–71, Lund 1968.

*Lejoly, R.*, Annotations pour une étude du P 75, Dison 1976.

*Martin, V.* ed., Papyrus Bodmer II, Évangile de Jean XIV–XXI, Genf 1958.

*Ders./Kasser, R.* ed., P. Bodmer XV: Évangile de Jean chap. 1–15, Genf 1961.

*Ders.*, Suppl.: Évangile de Jean chap. 1–15, Genf 1961.

*Mees, M.*, Petrus und Johannes nach ausgewählten Varianten von P 66 und S, BZ 15 (1971) 238–249.

*Ders.*, Sinn und Bedeutung westlicher Textvarianten in Joh 6, BZ 13 (1969) 244–251.

*Ders.*, Unterschiedliche Lesarten in Bodmer Papyrus XV und Codex Vaticanus aus Joh 1–9, Aug. 9 (1969) 370–379.

*Ders.*, Lectio brevior im JE und ihre Beziehung zum Urtext, BZ 12 (1968) 11–119. 377.

*Metzger, B. M.,* The Bodmer Papyrus of Luke and John, ET 73 (1961/62) 201–203.

*Neirynck, F.* et alii, Jean et les Synoptiques, Löwen 1979, 23–39.

*Porter, C. F.,* An Analysis of the Textual variations between P 75 and Codex Vaticanus in the Text of John, in: FS. K. W. Clark, Salt Lake City, 1967, 71–80.

*Rhodes, E. F.,* The Corrections of P. Bodmer II, NTS 14 (1968) 271–281.

*Salmon, V.,* Quatrième Évangile. Histoire de la tradition textuelle de l'original grec, Paris 1969.

*Schedl, C.,* Zur Schreibung von Joh 1,10: in P. Bodmer XV, NT 14 (1972) 238–240.

*Zimmermann, H.,* P. Bodmer II und seine Bedeutung für die Textgeschichte des JE, BZ 2 (1958) 214–243.

Der Text des JE ist – das beweisen die vorhandenen Textzeugen – von Veränderungen ebensowenig bewahrt geblieben wie der Text anderer Evangelien. Doch halten sie sich in mäßigen Grenzen. In Kap. 5 sind nur V. 3b und 4 später hinzugefügt worden, und die Perikope von der Ehebrecherin (7,53–8,11) hat ursprünglich dem JE nicht angehört; beides ergibt sich aus der Textgeschichte. Denn Joh 7,53–8,11 fehlt in den Papyri, den ältesten Unzialen und dem Text der östlichen Kirchenväter. Die Perikope wurde später an verschiedenen Stellen des JE und sogar nach Lk 21,38 eingefügt. Ähnliches gilt von Joh 5,3b.4. Alles, was über Glossen im Text oder Hinzufügungen eines Redaktors von manchen Forschern behauptet wird, müßte vor der Veröffentlichung des Textes diesem Evangelium widerfahren sein. Das gilt auch von dem meist als Nachtrag bezeichneten Kap. 21. Das ist wichtig für etwaige literarkritische Operationen am Text.

Im Jahr 1881 gaben die englischen Forscher *Westcott* und *Hort* in zwei Bänden ein großes Werk heraus: ,,The New Testament in the Original Greek." Das Wort ,,Papyrus" kam darin noch nicht vor; Papyri wurden noch nicht benutzt. Als älteste Zeugen hatte das Forscherpaar die Unzialen B = Vaticanus und א (Sinaiticus) aus dem vierten Jahrhundert. Trotzdem beanspruchten *Westcott* und *Hort,* den ,ursprünglichen griechischen Text der Apostel und neutestamentlichen Schriftsteller' zu bieten: ,,es wäre eine Illusion, wichtige Textänderungen von einem Erwerb neuer Beweisstücke zu erwarten" (ebd. 77). Sie meinten also (verkürzt dem Sinn nach wiedergegeben): Man wisse genug, um beurteilen zu können, was an Neuem in noch nicht entdeckten neutestamentlichen Handschriften zu erwarten sei. Was entscheidend im Sinne von *Westcott* und *Hort* war, das war die Unterscheidung von 4 Textgruppen der neutestamentlichen Überlieferung: (1) Die späteste Form nannten sie die ,,syrische" (auch ,,byzantinische", ,,Reichstext", ,,Koinetext" oder neuestens ,,Mehrheitstext" genannt), ihre späteste Gestalt war der Textus Receptus. Selbstverständlich geht es da nicht bloß um einen Namen; *Westcott* und *Hort* haben (134f.) diesen Texttyp genau und ausführlich beschrieben und definiert. (2) Der zweite Texttyp ist der sog. ,,Westliche Text". Auch er wird (122–124) genau beschrieben und damit definiert. Erwähnt werden mag hier, daß er sehr früh entstanden ist, noch vor 150 n. Chr.; taucht er doch bereits bei Marcion, Tatian, Justin, Irenäus (wenn auch noch nicht in voll ausgebildeter Form), Hippolyt und anderen Kirchenvätern auf. Er behandelt den Text sprachlich frei, bereichert ihn durch Zusätze und harmonisiert, um nur diese Eigenschaften zu erwähnen. Seine Kronzeugen sind für die Evangelien die Bilingue D (griechisch und lateinisch) und in Apostelgeschichte und Briefen der Codex Claromontanus. (3) Einen weiteren Texttyp sehen *Westcott* und *Hort* im ,,Alexandrinischen Text", dessen Hauptvertreter (Codex Ephraemi rescriptus), L, die Minuskel 33, die ,,Königin der Minuskel", sah und bo (also koptische Handschriften) und die Zitate alexandrinischer Kirchenväter sein sollen. Dieser Texttyp zeigt ein verfeinertes Sprachgefühl, das sich auch in Änderungen des Textes verraten kann, die eine Verbesserung von Sprache und Stil erlauben.

(4) Der ,,neutrale" Text hat von *Westcott* und *Hort* diese Bezeichnung bekommen, weil sie in ihm den ursprünglichen, von keinen späteren schlechten Lesarten entstellten Texttyp sahen. Den besten Zeugen fanden sie im Vaticanus (B), den zweitbesten in dem Sinaiticus, den sein Entdecker *Tischendorf* 1844 im Mönchskloster auf dem Sinai zum erstenmal zu Gesicht bekam, später für den russischen Zaren erwerben konnte und für die beste aller neutestamentlichen Handschriften hielt. Die Bezeichnung Aleph sollte diese Ausnahmestellung andeuten. Da Aleph, (ebenso wie B, eine Handschrift aus dem 4. Jahrhundert) in seinem Johannestext westliche Einflüsse zeigt, hat *Boismard,* Problèmes 347–371, zu zeigen versucht, daß beim Zusammentreffen von א und D in Joh 1–8 ein weiterer Texttyp sich geltend macht, den man neben den anderen als selbständige Größe nennen sollte.

*Westcott* und *Horts* Werk hat in England dazu geführt, daß der hier noch herrschende Textus Receptus seinen Einfluß verlor, die King James Version von 1611 nun im wesentlichen hinter einem von *Westcott* und *Hort* bestimmten Text zurücktrat. Daß der Dekan von Chichester, Dean *J. W. Burgon* den leidenschaftlichen Widerstand gegen den neuen Text erfolglos führte, besagt freilich nicht, daß auch heute noch oder wieder der ,,alte" Text, den noch die meisten Handschriften bieten, seine Verteidiger verloren hat.

Eins haben freilich *Westcott* und *Hort* nicht vorhergesehen: die Bedeutung der Papyri. Papyrus 52 kann nur wegen seines geringen Umfangs nicht beweisen, daß jener angeblich erst durch Rezensionen sich gegen den ,,westlichen Text" durchgesetzt hat, von denen Hieronymus in der Praefatio zu den Büchern der Chronik (MPL 28, 1324) geschrieben hat: ,,Alexandria et Aegyptus in Septuaginta suis Hesychium laudat auctorem, Constantinopolis usque Antiochiam Luciani martyris exemplaria probat, mediae inter has provincias Palaestinae codices legunt quos ab Origene elaboratos Eusebius et Pamphilus vulgaverunt; totusque orbis haec inter se trifaria varietate pugnat." Das klingt, als ob drei marktbeherrschende Größen die ganze östliche Mittelmeerwelt unter sich aufgeteilt haben. Aber die zunächst nur auf die LXX gemünzte Bemerkung dürfte auch auf die neutestamentlichen Texte zielen, da Hieronymus in seinem Widmungsbrief an Papst Damasus im Jahre 382 über die Evangelienübersetzung schreibt: ,,Praetermitto eos codices, quos a Luciano et Hesychio nuncupatos paucorum hominum adserit perversa contentio, quibus utique nec in veteri instrumento" (= AT) ,,post LXX interpretes emendare quid licuit nec in novo emendasse; cum multarum gentium linguis scriptura ante translata doceat falsa esse, quae addita sunt." *E. von Dobschütz,* Einführung in das griechische Neue Testament[4] 26, meinte: ,,Das Verfahren dieser Textrezensenten ist so zu denken, daß sie sich im allgemeinen dem in ihrer Kirche üblichen Text anschlossen, in zweifelhaften Fällen aber dem eigenen Urteil und Geschmack folgten. Dabei scheint Hesych die lapidare Kürze bevorzugt zu haben, Pamphilus sah auf guten griechischen Ausdruck und Lukian suchte mit Geschick die verschiedenen Lesarten, die er vorfand, zu verschmelzen."

Aber die reichen Funde früher Papyri, die gerade johanneische Texte enthalten, haben das Bild von der Entwicklung des neutestamentlichen Textes entscheidend verändert. Zwar erlaubte es der P 45 mit seinem starken ,,westlichen" Einschlag weiterhin, an der bisherigen Voraussetzung festzuhalten: Zunächst beherrschte der ,,westliche" Text das Feld. Aus ihm bildete sich allmählich unter alexandrinischem Einfluß der Text heraus, der sich dann in der von Hieronymus erwähnten Rezension des Hesychius durchsetzte. Der Vaticanus und der Sinaiticus wären demnach relativ späte Erzeugnisse gelehrter Bearbeitung gewesen. Die Entdeckung des P 66 und P 75 haben dieses Bild von Grund auf geändert: Schon der P 66 zeigte, daß der ,,ägyptische" Text ebensofrüh existierte wie der ,,westliche", und der P 75 liest sich weithin wie eine Vorwegnahme des Vaticanus. Die Angaben des Hieronymus über die Rezensionen des Hesychius, Pamphilus und Lucian übertreiben: um einen Text wie den Vaticanus zu schaffen, brauchte man nur eine Handschrift wie den P 75 zur Vorlage für eine mit alexandrinischer Methode durchgeführte Edition zu nehmen. Der ,,westliche" Text dürfte zwar schon im 2. Jahrhundert aufgekommen sein, als man mit dem neutestamentlichen Text noch freier umging. Daß er (so *Boismard*) in 2 Spielarten umlief, deren eine Tatian bezeuge, während D und Aleph (bis in das 8. Kap. des Johannes) die 2. bieten, und daß der Evangelist beide kannte und sich jeweils für die eine oder andere entschied, halten wir für unwahrscheinlich. Denn daß D und Aleph zusammengehen, kommt nicht nur in den ersten 8 Kapiteln häufig vor, sondern auch z. B. in 13,21–14,10. Aleph kann nur sehr bedingt als ,,ägyptischer" Text angesprochen werden; er ist ein Mischtext. Wie schon *Zimmermann, Schnackenburg* I 153–171 und *Aland* hervorgehoben haben, darf die Bewertung des Textes nicht mehr bei den ältesten Pergamenthandschriften einsetzen und von da aus die viel älteren Papyri beurteilen, sondern sie muß von eben diesen Papyri ausgehen. Ob man die Zitate der Kirchenväter so hoch einschätzen darf wie *Boismard* meint, ist durchaus nicht sicher. Gewiß benutzen sie Handschriften, die älter waren als ihre eigenen Werke. Aber Untersuchungen über die von Origenes verwendeten Texte haben gezeigt, daß er bei der gleichzeitigen Arbeit an verschiedenen Werken für jedes einen eigenen Apparat von Texten zusammengestellt und benutzt zu haben scheint, ohne sich durch den Unterschied dieser

Texte stören zu lassen. Es lohnt sich, keine spezielle Texttheorie für das JE vorauszusetzen, sondern in der Einzelauslegung jeweils auf die Textlage einzugehen. Das empfiehlt sich besonders deshalb, weil in den einzelnen Fällen sehr verschiedene Faktoren über das Urteil des Textes in Frage kommen.

## § 4: Unordnung und Umordnung

**Literatur:**

*Bacon, B. W.,* Tatian's Rearrangements of the Fourth Gospel, AJT 4 (1900) 770–795.

*Ders.,* Displacement of John 14, JBL 13 (1894) 64–76.

*Bernard, I. H.,* The Gospel of John, 2 vol., Edinburgh 1928.

*Bertling,* Eine Transposition im Evangelium Johannis, ThStKr 53 (1880) 351–353.

*Brinkmann, B.,* Zur Frage der ursprünglichen Ordnung im JE (lat.), Greg. 20 (1939) 55–82.

*Brown, F. J.,* Displacements in the Fourth Gospel, ET 57 (1945/46) 217–220.

*Bultmann, R.,* Hirschs Auslegung des JE, EvTh 4 (1937) 115–142.

*Church, W. R.,* The Dislocations in the Eighteenth Chapter of John, JBL 49 (1931) 375–383.

*Clark, A. C.,* The Primitive Text of the Gospels and Acts, 1914.

*Cottam, T.,* Some Displacements in the Fourth Gospel, ET 38 (1926/27) 91–92.

*Ders.,* The Fourth Gospel Rearranged, London 1952.

*Crönert, W.,* Die Überlieferung des Index Academicorum, Hermes 38 (1903) 357–405.

*Easton, B. S.,* Bultmann's RQ Source, JBL 65 (1946) 143–156.

*Flowers, H. J.,* Interpolations in the Fourth Gospel, JBL 40 (1921) 146–158.

*Hoare, F. R.,* Original Order and Chapters of St. John's Gospel, London 1944.

*Ders.,* The Gospel According to St. John Arranged in its Conjectural Order, London 1949.

*Holtzmann, H. J.,* Unordnungen und Umordnungen im vierten Evangelium, ZNW 3 (1902) 50–60.

*Howard, W. F.,* The Fourth Gospel in Recent Criticism and Interpretation, London[4] 1955.

*Jeremias, J.,* Johanneische Literarkritik, ThBl 20 (1941) 33–46.

*Lewis, F. W.,* Disarrangements in the Fourth Gospel, 1910.

*Ders.,* Disarrangements in the Fourth Gospel, ET 44 (1932/33) 382.

*Lewis, G. P.,* siehe: *Howard, W. F.,* The Fourth Gospel [4]1955, S. 126f. 303.

*MacGregor, G. H. C.,* How Far is the Fourth Gospel a Unity?, Exp. 8. ser. 24 (1922) 81–110; 25 (1923) 161–185; 26 (1924) 358–376.

*Ders.,* The Rearrangement of John 7 and 8, ET 33 (1921/22) 74–78.

*Ders.,* The Gospel of John, London 1928.

*Moffatt, J.,* New Translation of the NT, 1935.

*Nicklin, T.,* A Suggested Dislocation in the Text of John 14–16, ET 44 (1932/33) 382–383.

*Norris, J. P.,* On the Chronology of St John V and VI, JP 3 (1871) 107–112.

*Oke, C. C.,* At the Feast of Booths. A Suggested Rearrangement of John VII–IX, ET 47 (1935/36) 425–427.

*Pierce, F. X.,* Chapter-Rearrangements in St. John's Gospel, AEcR 102 (1940) 76–82.

*Power, A.,* The Original Order of St. John's Gospel, CBQ 10 (1948) 399–405.

*Redlich, E. B.,* St John I–III. A Study in Dislocations, ET 55 (1943/44) 89–92.

*Ross, A.,* Displacements in the Fourth Gospel, ET 58 (1946/47) 250.

*Scott, W./Ferguson, A. S.,* Hermetica, 1924–1936

*Smith, D. M.,* The Composition and Order of the Fourth Gospel, New Haven/London 1965.

*Spitta, F.,* Unordnungen im Texte des vierten Evangeliums, in: ders., Zur Geschichte und Literatur des Urchristentums I, Göttingen 1893, 155–204.

*Thompson, J. M.,* Accidental Disarrangement in the Fourth Gospel, Exp. ser. 8,17 (1919) 47–54.

*Uricchio, N.,* La teoria delle transposizioni nel Vangelo di S. Giovanni, Bib. 31 (1950) 129–163; 32 (1951) 567f.

*Wilkens, W.,* Die Entstehungsgeschichte des vierten Evangeliums, Zollikon 1958.

*Wilson, W. G.,* The Original Text of the Fourth Gospel. Some Objective Evidence Against the Theory of Page Displacements, JThS 50 (1949) 59–60.

Beim JE spürt man Spannungen, einmal in Beziehung zu den Synoptikern, sodann aber auch beim inneren Vergleich. Das erste wurde bereits sichtbar, als Tatian im 2. Jahrhundert seine Harmonie der vier kanonischen Evangelien schuf, das sog. Diatessaron: er mußte manche Abschnitte im JE umstellen. Dabei wurden zwei Voraussetzungen sichtbar, die sich wie von selbst darboten: Man nahm an, daß die Evangelien das Leben Jesu in dessen chronologischem Zusammenhang widerspiegelten, und von da aus ergab sich (theoretisch) die Möglichkeit, die Abschnitte der Evangelien so zusammenzuordnen, daß sie jenem Lebenslauf entsprachen. Es mußte also eine bestimmte Abfolge der Logien und des Erzählungsgutes ursprünglich sein. Der Gedanke, daß es eine – in sich durchaus nicht immer einheitliche – Geschichte der Überlieferung gegeben habe, lag zunächst jenseits des Gesichtskreises, obwohl er in der Anerkennung einer Mehrzahl kanonischer Evangelien bereits enthalten war.

Daß die inneren Spannungen im vierten Evangelium ebenfalls schon früh empfunden wurden, beweisen u. a. die Umstellungen des Sinai-Syrers in Joh 18: Er läßt die Verse 13. 24. 14. 15. 19–23 und 16–18 aufeinander folgen. Das ist kein ursprünglicher Text, sondern ein Versuch, durch Umstellen der Verse den Zusammenhang sinnvoller zu gestalten.

Die moderne Kritik zeigt in immer stärkerem Maße den Mut, in die überlieferte Textform des JE einzugreifen. Entweder arbeitet man mit irgendeiner Fassung der vertrauten Dreiheit von Quelle(n), Evangelist(en) und Redaktor(en), die man auch, wie z. B. *Wilkens,* ins Innere des Evangelisten verlegen kann. Dann setzt man voraus, daß die Art, wie dieses Buch entstand, zu seiner heutigen Textgestalt geführt hat. Oder man ersetzt diese Lehre von einer zwar nicht harmonischen, aber doch „normalen" Entwicklung durch eine Katastrophentheorie: dem Evangelium sei etwas zugestoßen, was seinen Text durcheinander gebracht hat. Dazu regte vor allem das Studium der Textgeschichte an. Es führte zu zwei verschiedenen Versuchen, im JE Umordnungen vorzunehmen.

1. Die Geschichte der Textüberlieferung zeigt: die Perikope von der Ehebrecherin 7,53–8,11 fehlt noch in den ältesten Unzialen und den Papyri. Sie wurde später an verschiedenen Stellen des JE und sogar nach Lk 21,38 eingefügt. Sie gehörte also nicht zum ursprünglichen Textbestand. Ähnliches gilt von Joh 5,3b.4. Dann war aber die Möglichkeit nicht ausgeschlossen, daß auch an anderen Stellen – freilich zu viel früherer Zeit, so daß die erhaltenen Textzeugen davon nichts mehr verraten – Einschübe in das JE erfolgt waren. So kam man, besonders *Spitta* und *Wendt* (vgl. *Howard,* The Fourth Gospel 298f.) sind zu erwähnen, auf den Gedanken, es habe eine „Grundschrift" gegeben, die ein Redaktor bearbeitet habe. Je nachdem, woran im Text man Anstoß nahm, wurde der Redaktor mehr oder minder in Anspruch genommen.

2. Aber auf Beobachtungen im Text ging auch ein anderer, anscheinend mehr objektiver, Versuch von Umordnungen zurück. Man zählte die Buch-

staben der eingeschobenen Perikopen von der Ehebrecherin und anderer, wie eingeschoben wirkender, Abschnitte. Das legte (nach manchen Versuchen) schließlich (*Clark,* The Primitive Text of the Gospel and Acts) die Vermutung nahe: Die Urschrift des JE war in Zeilen von 10–12 Buchstaben geschrieben, und jede Kolumne enthielt 167 oder 168 Buchstaben, was 14 bis 16 Zeilen pro Seite ergab. Damit ergab sich nun aber die Möglichkeit einer weiteren Annahme: Das vierte Evangelium war auf einzelne Blätter geschrieben, die später zu einer Rolle zusammengeklebt wurden. Im Laufe der Zeit lösten sich solche Klebestellen, und manche Blätter wurden an falscher Stelle wieder eingeklebt.

Bei diesen Umstellungshypothesen spielten Handschriften wie B und der Sinaiticus der Forschung einen bösen Streich. Diese alten Unzialen waren mit äußerster Sorgfalt und Ebenmäßigkeit geschrieben. Das verführte nun zu der irrtümlichen Meinung, man habe das JE schon immer in so gleichmäßiger Zeilenlänge und -anzahl geschrieben. Erst die neuen Papyrusfunde haben uns eines Besseren belehrt.

Bevor wir auf diese neuen Erkenntnisse eingehen, wollen wir wenigstens zwei früherliegende Ordnungsversuche näher beschreiben. Der erste meint zeigen zu können, wie es zur falschen Einordnung von Seiten in der Urschrift des JE kam. Der zweite verzichtet darauf, den störenden Vorgang zu rekonstruieren. Er setzt einfach voraus, daß der Text durch äußere Eingriffe mannigfach gestört dem Redaktor in die Hände kam, der ihn so gut es ging ordnete. Wir müßten, meint *Bultmann,* mutig versuchen, den Text unter Beachtung des inneren Zusammenhangs neu zu ordnen.

Der erste Vorschlag, von dem wir berichten wollen, stammt von *F. R. Hoare.* Er veröffentlichte nach einer Vorarbeit von 16 Jahren 1944 ein Buch mit dem Titel: ,,The Original Order and Chapters of St. John's Gospel.'' Die hier entwickelte Hypothese nimmt an: Man bat den schon sehr alten Apostel Johannes um ein griechisches Evangelium, das die Synoptiker ergänzen sollte. Er willigte ein und diktierte seinem Sekretär nach seinen alten aramäischen Aufzeichnungen sein Evangelium. Als die griechischen Papyrusblätter beschrieben waren, wurden die nutzlos gewordenen aramäischen Notizen vernichtet. Der Apostel ließ nun von seinem Sekretär eine Reinschrift auf einseitig beschriebenen, unnumerierten Blättern anfertigen; das letzte Kapitel wurde nach einem Memorandum hinzugefügt. Der Apostel ließ sich die Reinschrift vorlesen und billigte sie (104). Nun wurde auch die unnötig gewordene erste griechische Niederschrift vernichtet. Der von der Arbeit überanstrengte Apostel verfiel in tiefe Bewußtlosigkeit, aus der er nicht mehr erwachte. Gerade da glitten die unnumerierten Papyrusblätter, die noch nicht zur Rolle zusammengeklebt waren, zu Boden und gerieten in Verwirrung. Der Sekretär ordnete sie, so gut es ging, und fügte die 2. Hälfte von 21,24 und 21,25 hinzu (105).

Soweit die romanhafte Geschichte von der Entstehungsgeschichte des JE. Um seine Rekonstruktion durchzuführen, mußte *Hoare* annehmen: Jede Kolumne enthielt 397 Buchstaben in 21 Zeilen von je 18 bzw. 19 Buchstaben. Das ganze Evangelium enthielt (ohne die Perikope von der Adultera) 20 Abschnitte von zwei bis siebzehn Einheiten dieser Art. Fünf dieser Kapitel gingen bis zum Ende der Kolumne, die andern 15 enthielten jeweils am Schluß eine bis vier Leerzeilen als Kapitelbezeichnung. Im einzelnen sah die Neuordnung *Hoares* so aus (arabische Zahlen vor jedem Kapitel zeigen die ursprüngliche Folge an, die Großbuchstaben jedoch die Stellung nach der jetzigen Folge):

| 1 | (A) Kap. 1 | Kolumne 1–10 |
|---|---|---|
| 2 | (C) 4,3b–43 | Kolumne 11–18 |
| 3 | (B) 2,1–4,3a | Kolumne 19–32 |
| 4 | (D) 4,44–5,47 | Kolumne 33–44 |
| 5 | (F) 7,15–24 | Kolumne 45–46 |
| 6 | (E) 6,1–7,14 | Kolumne 47–63 |
| 7 | (G) 7,25–52; 8,12–28a | Kolumne 64–72 |
| 8 | (M) 12,34–50 | Kolumne 73–76 |
| 9 | (H) 8,28b–9,41 | Kolumne 77–91 |
| 10 | (J) 10,19–11,33 | Kolumne 92–102 |
| 11 | (L) 12,23b–33 | Kolumne 103–104 |
| 12 | (K) 11,34–12,23a | Kolumne 105–114 |
| 13 | (I) 10,1–18 | Kolumne 115–118 |
| 13a | (Z) 7,53–8,11 | Kolumne 118 a b c |
| 14 | (N) 13,1–19 | Kolumne 119–122 |
| 15 | (R) 15,17–16,4a | Kolumne 123–125 |
| 16 | (O) 13,20–14,14 | Kolumne 126–132 |
| 17 | (T) 16,15b–23 | Kolumne 133–134 |
| 18 | (P) 14,13–24a | Kolumne 135–136 |
| 19 | (S) 16,4b–15a | Kolumne 137–138 |
| 20 | (Q) 14,24b–15,16 | Kolumne 139–143 |
| 21 | (U) 16,24–21,25 | Kolumne 144–185 |

*Hoare* hatte zuerst den Text von *Branscheid* benutzt, dann *Nestle,* 6. Aufl. 1921, zuletzt die Ausgabe von *Merk.*

Wir wissen jetzt durch die frühen Papyri 52, 66, 75 und 46, daß von 1 bis 4 ,,Leerzeilen" am Ende eines Kapitels keine Rede ist. Soweit P 66 und 75 einen Abschnitt andeuten, geschieht das entweder durch einen den Schluß kennzeichnenden, über der Zeile stehenden Punkt, durch Freilassen des Zeilenrestes nach dem inhaltlich beschließenden Wort, durch Vorrücken der folgenden Zeile um eine Buchstabenlänge. Diese Möglichkeiten, einen Abschnitt anzudeuten, können auch kombiniert werden.

Nun rechnet *Hoare* allerdings nicht mit einem Kodex, sondern mit einer Papyrusrolle. Aber schon 1903 hatte *Crönert* in seinem Aufsatz, ,,Die Überlieferung des Index Academicorum" an einer ausnahmsweise glücklich abgewickelten Rolle aus dem großen Fund von (freilich durch die Hitze verklebten) Papyrusrollen von Herculaneum wichtige Beobachtungen gemacht. Der Abschreiber hatte nicht etwa eine ganze Papyrusrolle beschrieben, aber auch nicht einzelne Blätter, sondern Stücke von vier bis fünf Kolumnen Fassungsvermögen. Dabei hatte er ruhig über die Klebestellen hinweggeschrieben. Der Kleber (Glutinator) hat nun in einigen Fällen solche Stücke falsch in die neu entstehende Rolle eingeplant. Ein solcher Fehler läßt sich leicht erkennen, weil plötzlich von einem ganz anderen Vertreter der platonischen Akademie im Text gesprochen wird und weil am Anfang und Ende eines solchen falsch eingesetzten Stückes der Satz unterbrochen wird. *Hoares* Hypothese funktionierte nur, solange er annehmen konnte, daß Leerzeilen an den Kapitelenden blieben, also hier kein unterbrochener Satz das Finden des Anschlusses erleichterte.

Wahrscheinlich ist das JE aber nicht auf eine Rolle, sondern auf einen Kodex abgeschrieben worden. Der Papyrus 52 ist ein Fragment eines solchen Kodex aus der ersten Hälfte des 2. Jahrhunderts und P 66 und 75 stammen etwa aus der Zeit um 200. P 75 enthielt das Evangelium in einer einzigen riesigen Lage: stets steckte ein gefaltetes Blatt in einem anderen. Die Folge war, daß die Mitte stark hervortrat (das Stück Lk 18,18–22,3) und (da der das ganze haltende Heftfaden gerissen war) verlorenging. Ebenso ist der Anfang des Lukas nur stückweise erhalten; man hatte nämlich die beschädigten ersten Seiten als eine Art Ersatz für den Einbanddeckel auf das erste noch erhaltene Blatt geklebt. Das gleiche gilt vom Ende des JE. Vollständig besitzen wir aus diesem Kodex nur Joh 1,1–13,10. Die letzten Seiten sind verloren; 14,8–21,25 hat man als Verstärkung des letzten gut erhaltenen Blattes aufgeklebt und jetzt abgelöst und gelesen. Das zeigt die schwachen Stellen eines Kodex, der nur aus einer einzigen Lage bestand: Anfang, Mitte und Ende waren besonders gefährdet.

Durch P 66 ist Joh 1,1–14,15 sehr gut erhalten. Aus den Fragmenten des Textes haben die Herausgeber aber noch erstaunlich viel zurückgewonnen. Im Innern fehlt eine Lage von vier Seiten mit dem Text von Joh 6,11–11,35. Dieser Lücke gehen 34 Seiten voraus; ihr folgten S. 39–154. Aus dem Gesagten ergibt sich schon, daß P 66 aus mehreren Lagen bestand: die Lage 1, 3 und 4 ist aus je fünf „feuilles" = zusammengefalteten Blättern von jeweils 20 Seiten zusammengesetzt. Die zweite Lage enthielt vier, die fünfte dagegen acht solche (Doppel-)Blätter, oder 16 und 32 Seiten. Ursprünglich zählte der Kodex 154 Seiten; also sind 46 verloren oder mindestens mehr oder minder nur fragmentarisch erhalten. Der Einband (vgl. die Einbände der gnostischen Schriften von Nag Hammadi) ist nicht erhalten. Die Art seiner Befestigung läßt sich aber noch erkennen (Bibliotheca Bodmeriana V, 1956, S. 12–14). Besonders wichtig ist, in wie hohem Grad Zeilenlänge und -anzahl wechseln. P 66 enthält auf seiner ersten Seite 26 Zeilen, auf S. 149 nur noch 14. Die Anzahl der Buchstaben in den ersten zehn Zeilen von S. 1 wechselt zwischen 22 und 36 Buchstaben, auf S. 97 dagegen zwischen 18 und 24.

Der Schreiber von P 75 merkte in der zweiten Hälfte des Kodex, daß der

Raum nicht reichen werde. Darum erhöhte er die Zeilenlängen von 20 Nest-
lezeilen auf 40 (Papyrus Bodmer XIV, Evangile de Luc, chap. 3–34, P 75,
S. 10). Der ganze Papyrus enthielt 144 Seiten des Formats 26 x 13 cm; P 52
dagegen dürfte das Format 21 x 20 cm besessen haben. Ähnlich nähert sich
P 66 der quadratischen Form. Das zeigt: Wie das erste Exemplar des JE mit
dem uns bekannten Text aussah, wissen wir nicht. Wir können weder sagen,
welches Format er hatte, noch wie lang die Zeilen waren und wieviel Zeilen
eine Kolumne enthielt.

Bevor wir aus den neuen Funden weitere Folgerungen ziehen, wollen wir
uns aber dem zweiten Beispiel zuwenden, das wir dem Leser versprochen
haben, nämlich der Rekonstruktion des JE durch *Bultmann*. Man würde ihr
unrecht tun, wenn man vergessen würde, daß *Bultmann* keineswegs als erster
sein Heil mit Umstellungen versucht hat. Er hatte dabei Vorgänger, besonders in England. *Howard* hat in seinem Buch, The Fourth Gospel in Recent
Criticism and Interpretation, die Umstellungshypothesen von *F. W. Lewis*,
*J. Moffat, G. H. C. MacGregor, J. H. Bernard* und *G. P. Lewis* skizziert
(111–127. 303); *Smith* erinnert daran in seinem vorzüglichen Buch, ,,The
Composition and Order of the Fourth Gospel" 116–212, mit Recht.

Dennoch ist *Bultmanns* Umstellungstheorie in ihrer Art einzig. Er kommt
in seinem Kommentar zu folgender Neuordnung:

| | |
|---|---|
| *1*, 1–21. 25–26. 31. 33–34. 28–30. 35–51. | *10*, 19–26. 11–13. 1–10. 14–18. 27–33. 37–42. |
| *2*, 1–15. | *11*, 1–57. |
| *3*, 1–21. 31–36. 22–30. | *12*, 1–33. |
| *4*, 1–54. | *8*, 30–40. |
| *6*, 1–27. 34–35. 30–33. 47–51. 41–46, 36–40, 59. | *6*, 60–71. |
| *5*, 1–47. | *12*, 37–43. |
| *7*, 15–24. | *13*, 1–31a. |
| *8*, 13–20. | *17*, 1–26. |
| *7*, 1–14. 25–29. | *13*, 31b–35. |
| *8*, 41–47, 51–53. 56–59. | *15*, 1–27. |
| *9*, 1–41. | *16*, 1–33. |
| *8*, 12. | *13*, 36–38. |
| *12*, 44–50. | *14*, 1–31. |
| *8*, 21–25. 28–29. | *18*, 1–20, 31. |
| *12*, 34–36. | Fragmente: *6*, 28–29. *8*, 26–27. |

Wie war es möglich, daß aus diesem von *Bultmann* vermuteten Text der
uns überlieferte geworden ist? *Bultmann* verzichtet darauf, etwa in der Weise,
wie es *Hoare* später unternahm, den Hergang im einzelnen verständlich zu
machen. Denn – wie er (163) zugibt – die ursprüngliche Textordnung von
Kap. 6 kann ,,nicht mit Sicherheit wiederhergestellt werden". Es befindet
sich im selben Kapitel (162) ,,der vorliegende Text in einer Unordnung oder
jedenfalls sehr mangelhaften Ordnung, die ich nur daher erklären kann, daß

ein Redaktor einen durch äußere Zerstörung gänzlich aus der Ordnung ge-
brachten Text einigermaßen in eine Ordnung zu bringen suchte". ,,Der
Text des Evangeliums muß dem Redaktor gerade in den mittleren Partien
stark zerbrochen und wohl auch verstümmelt vorgelegen haben" (164 A. 2).
,,Das Stück, dessen Abschluß 8,41 bildete", sei ,,bis auf eben diesen Abschluß" verloren. ,,Angesichts des Zustandes des Evangeliums gewiß keine
befremdende Tatsache; denn wenn man überhaupt mit der Zerstörung des
ursprünglichen Textes rechnet, so hat man auch mit der Möglichkeit von
Textverlust zu rechnen" (238). Der Redaktor ,,hat nicht Unordnung gestif-
tet, sondern sich bemüht, einen in Unordnung geratenen Text zu ordnen"
(289 A. 1 zu 8,28). Seine Aufgabe war, ,,ein noch nicht veröffentlichtes und
durch äußere Gründe aus der Ordnung geratenes Werk in Ordnung zu bringen" (*Bultmann*, Hirschs Auslegung des JE's 117). ,,Wodurch die Unordnung verursacht worden ist (etwa durch Blattversetzung), läßt sich nicht sagen" (RGG³ III 841). ,,Als Bestätigung der Umstellungshypothesen darf
man *vielleicht* den Umstand nennen, daß eine Anzahl der von ihrem ursprünglichen Platz versprengten Stücke fast genau den gleichen Umfang haben, z. B. 3,31–36; 12,33–36. 44–50; dazu die in Kap. 7 und 8 durcheinander
geratenen Stücke. Das würde darauf deuten, daß die einzelnen Blätter des
Werkes durcheinander geraten waren. Indessen kommt man nicht überall
mit der Annahme einer Versetzung eines Blattes (bzw. mehrerer Blätter)
aus; die Zerstörung muß, wenigstens teilweise, weitergegangen sein, wie die
m. E. innerhalb Kap. 6 und 10 bestehende Unordnung zeigt" (*Bultmann*,
Hirschs Auslegung des JE 119). Aber auf die Frage, wie die Unordnung des
vorliegenden Textes entstanden ist, ,,ist zunächst mit Bestimmtheit zu sagen, daß das Recht der kritischen Beobachtungen und der Versuch, die ursprüngliche Ordnung zu finden, nicht davon abhängig ist, ob es gelingt,
diese Frage zu beantworten. Aber der Versuch muß gemacht werden!"
(*Bultmann*, Hirschs Auslegung des JE 118f.). ,,Immerhin gibt es einige Fälle,
in denen die überlieferte Ordnung wirklich sinnlos ist, so die Ordnung der
Abschiedsreden, die nur als eine Verlegenheitsauskunft verstanden werden
kann; so die Stellung von 12,44–50" (ebd. 119).

Gegen diese Neuordnung des Textes durch *Bultmann* hat sich schon *Easton*
in seiner Besprechung des Werkes gewandt. Gewiß, auch andere Forscher –
das gibt *Easton* zu – haben Kap. 5 und 6 umgestellt oder auch 3,22–30 und
3,31–36. Aber angenommen, eine Papyrusrolle wurde beschädigt, dann
wurden sicherlich auch Sätze und Worte unterbrochen. *Bultmann* stellt zwar
Sätze weit um, aber es bleiben stets vollständige Sätze. Wie soll man sich erklären, daß 8,12 zwischen 9,41 und 12,44 gehörte? Wenn der Evangelist –
auch diesen Gedanken hat *Easton* durchdacht – kleine Abschnitte auf billige
Papyrusmakulatur geschrieben hätte, ohne anzudeuten, wohin sie gehören,
dann ließe sich der Text überhaupt nicht wiederherstellen.

*Smith,* Composition and Order 176, hat dieses Argument wieder aufgenommen. Man könnte freilich versuchen, es zu entkräften mit der Vermu-

tung, der Redaktor habe unvollständige Wörter und Sätze jedesmal richtig ergänzt. Aber ein solches Vertrauen auf seine Fähigkeiten paßt schlecht zu seinem Versagen an anderen Stellen. Verwunderlich bleibt, daß Kap. 9 in der Mitte des Evangeliums und der Schluß von 18,1 an ohne Störung geblieben sein müßten, die nach der Erfahrung, die wir bei P 66 und P 75 gemacht haben, besonders leicht beschädigt wurden, und Kap. 6 an einem sonst relativ sicheren Platz so schlecht davongekommen ist.

*Bultmann* spricht von Blattvertauschungen, die freilich nicht alles erklären würden. Er denkt sich also die Handschrift als ein ganzes Manuskript, das teils mehr, teils weniger durch äußere Gewalt in Unordnung gekommen ist. Demnach hat er nicht daran gedacht, daß dieses Manuskript durch jahrelange Benutzung in Verfall geraten ist, sondern er scheint es sich so vorzustellen, daß das Originalmanuskript durch fremde, mechanische Gewalt beschädigt vorlag, als es dem Redaktor in die Hände fiel. Aber hier liegt nun eine Schwierigkeit, die man beachten muß. Das Evangelium durfte nicht so stark beschädigt sein – sonst konnte der Redaktor nicht merken, daß hier ein Werk von höchster Wichtigkeit für die Gemeinde vorhanden war, das lesbar zu machen und herauszugeben sich lohnte, ja geradezu seine Pflicht war. Es gab – so muß man nach *Bultmanns* Wiederherstellungsversuch annehmen – zwar einige Kapitel, die ganz unversehrt geblieben waren, wie Kap. 1.2, Kap. 4, Kap. 5, Kap. 9, Kap. 11, Kap. 15, Kap. 16, Kap. 17 und Kap. 18 bis Kap. 20. Das wäre etwas mehr als die Hälfte des Evangeliums. Allerdings sollen diese Kapitel nach *Bultmann* z. T. verstellt gewesen sein. Aber was *Bultmann* über Verstellung und Blättertausch andeutet, läßt Klarheit vermissen, zumal *Bultmann* selbst sagt, daß man mit Vertauschung von Blättern nicht alles erklären kann. Das ist auch tatsächlich der Fall. Man braucht sich nur einmal die Änderungen anzusehen, die nach *Bultmann* im Aufbau von Kap. 1 eingetreten sind: anstelle der jetzigen Ordnung von 1,1–51 seien einmal 1, 1–21. 25–26. 31. 33–34. 38–30. 35–51 aufeinander gefolgt. Da der Redaktor – wie *Bultmann* hervorhebt, nicht Unordnung, sondern Ordnung stiften wollte, muß er die relativ kleinen Abschnitte V. 1–21, V. 25–26, V. 31, V. 33–34, V. 28–30 und V. 35–51 jeden für sich vorgefunden haben. Solche Stücke entstehen aber nicht bei einer von außen kommenden Störung eines Manuskripts. Auflösung der Klebestellen einer Rolle erklären hier gar nichts, und mit der Auflösung eines Papyruskodex käme man auch nicht weiter. *Bultmann* behilft sich im Grunde mit zwei nicht durchreflektierten Gedanken: (1) äußere Zerstörung, die bei einigen Kapiteln bis zur Zerbrökkelung geführt hat (164 A. 2), und (2) Blättervertauschung, die aber nicht die Folge einer Alterserscheinung sein kann.

Es ist darum nicht verwunderlich, daß die neuen Kommentare zum JE – die Werke *Schnackenburgs* und *Browns* – sehr zurückhaltend zur Frage der Umstellung sich äußern. *Schnackenburg* bestreitet freilich nicht, daß im alten Schrifttum gelegentlich Blattvertauschungen vorkamen: Sirach 33,16b–36,10 standen einst zwischen 30,24 und 30,25 (nach *Rahlfs* LXX II

429 Anm. wurden zwei Quaternionen mit ca. 160 Stichen verstellt), und im äth. Henoch hat sich 91,12–17 (8.–10. Woche der Zehn-Wochen-Apokalypse) vor Kap. 93 (1.–7. Woche) entfernt (vgl. *Schnackenburg* I 41). Aber bei Johannes müßte die Vertauschung schon beim Original eingetreten sein; damals habe man aber noch auf Rollen geschrieben, ,,und dann wäre die Hypothese von vornherein hinfällig" (a.a.O. 42). Das trifft nun freilich durchaus nicht zu: auch bei Papyrusrollen konnten, wie *Crönert* gezeigt hat (s. o.), Versetzungen beim Einkleben vorkommen, und zudem ist es heute durchaus nicht mehr unwahrscheinlich, daß sich die Christen schon am Ende des ersten Jahrhunderts des Papyruskodex bedient haben. Dagegen bleiben die beiden anderen Einwände *Schnackenburgs* gegen *Bultmann* in Kraft: Zeilenzahl und -länge variierten stark, so daß alles Rechnen mit der Durchschnittszeile – das früher so beliebte! – fragwürdig geworden ist. Überdies ließe sich schwer erklären, wie es kam, daß bei einer solchen Beschädigung des Manuskripts, wie sie *Bultmann* voraussetzt, immer geschlossene Einheiten erhalten blieben und darum umgestellt werden konnten. Um sein Ergebnis zu fixieren, hat *Schnackenburg* I 43f. die von *Wikenhauser* behaupteten Umstellungen nachgeprüft: (a) 3,31–36 müsse ursprünglich auf 3,21 gefolgt sein. Diese Umstellung gibt *Schnackenburg* zu, macht aber einen Redaktor dafür verantwortlich. (b) Kap. 6 habe vor Kap. 5 gestanden. Auch an dieser Umstellung trage ein Redaktor die Schuld. (c) 7,15–24 setze 5,19–47 fort. Gewiß, aber auch dafür wird wieder der Redaktor bemüht. (d) Die Einordnung von 10,1–18 zwischen 10,29 und 10,30 lehnt *Schnackenburg* ab, ebenso (e) die Versetzung von 12,44–50 an eine andere Stelle. Schließlich (f) führt *Schnakkenburg* den ,,Einschub" von Kap. 15 bis Kap. 17 auf die ,,Jüngerredaktion" zurück.

Mit anderen Worten: Hier wird anstelle zufälliger Blattvertauschung die bewußte Umstellung durch einen Redaktor angenommen. Allerdings wird dann fraglich, warum der Redaktor den überlieferten Text an diesen Stellen verschlechtert hat. Gegen die Hypothese, daß der Evangelist noch nicht endgültig geordnetes Material hinterlassen habe, wendet *Schnackenburg* I 42 ein, der Evangelist werde nicht auf einzelne Blätter, sondern auf eine Rolle geschrieben haben. Hier wird *Schnackenburg* das Opfer veralteter Vorstellungen über die Art, wie man Rollen beschrieb.

Noch kritischer gegen zufällige Umstellungen äußert sich *Brown* I XXVI–XXVIII: Zwar könne man auf diese Weise manche Schwierigkeiten aus dem Weg räumen, aber nicht alle. Außerdem bleiben ernste Einwände gegen jede Umordnungshypothese: (1) Es besteht die Gefahr, daß auf diese Weise ein Text kommentiert wird, den es niemals gegeben hat, während es den überlieferten Text jedenfalls gegeben hat. (2) Der heutige Text muß doch für einen zeitgenössischen Herausgeber einen Sinn gehabt haben. Ist es denn so sicher, daß unsere modernen Methoden eine ursprünglichere Ordnung herstellen können? (3) Oft fehle eine Erklärung dafür, wie es zu einer bestimmten Umstellung gekommen sein soll (auch *Brown* meint fälschlich, in einer Rolle könne gar keine Vertauschung von Stücken entstanden sein). Erstaunlicherweise kommt *Hoares* Hypothese bei *Brown* I XXVIII noch recht gut weg, weil sie nicht genau genug durchdacht wird. Im ganzen aber bleibt *Brown* dabei, daß die Annahme einer zufälligen Umstellung ebenso viele Schwierigkeiten schaffe, wie durch sie beseitigt werden.

Die Zeit der Umstellungshypothesen ist vorbei. Sie waren sinnvoll da, wo (wie bei Jesus Sirach und dem äth. Henoch) ein vereinzeltes zusammenhängendes Stück nachweislich in einen anderen Zusammenhang gehörte. Sie verloren ihren Sinn, wenn sie – wie bei *Scotts* Ausgabe der Hermetica (124ff.) – aus einer spröden Schrift ein lesbares Buch machen sollten. Daß sich die Zeit der Umstellungstheorie überlebt hatte, deutet sich schon bei *Bultmann* selbst an: hier tritt ja zu der (alle Aporien beseitigenden) Umstellungstheorie noch eine Vierquellentheorie hinzu (Offenbarungsreden, Zeichenquelle, Passionsgeschichte, andere Traditionen) und zu dieser bunten ,,Vorlage" noch die Unterscheidung von Evangelist und Redaktor. In einer dieser vermuteten Quellen (den ,,Offenbarungsreden") wird nun aber Material von einer bestimmten Art des Weltverständnisses – nämlich ein Zeugnis des gnostischen Offenbarungsmythus – vermutet, das so etwas wie den geschichtlichen Ort dieses Denkens andeutet. Zugleich aber wird diese hypothetische Quelle zum geheimen Angelpunkt der ganzen Exegese des JE. Nicht nur die Religionsgeschichte meldet hier ihren Anspruch an, sondern es bereitet sich hier schon (seit 1923, vor der engen Berührung mit Heidegger) so etwas wie eine existentiale Interpretation vor. Damit wird die Umstellungshypothese ein bloßes Hilfsmittel (dem man deshalb auch nicht lange nachgrübelt), das dem modernen Menschen die Theologie des JE nahezubringen mitgestattet.

## § 5: Die Sprache des JE

**Literatur:**

*Abbott, E. A.*, Johannine Grammar, London 1906; reprint 1968.

*Ders.,* Johannine Vocabulary, London 1905; reprint 1968.

*Aland, K.*, Die Stellung der Kinder in der frühen christlichen Gemeinde, TEH 138 (1967).

*Allis, O. T.*, The Alleged Aramaic Origin of the Fourth Gospel, PTR 26 (1928) 531–572.

*Ball, C. J.*, Had the Fourth Gospel an Aramaic Archetype?, ET 21 (1909/10) 91–93.

*Barrett, C. K.*, The Theological Vocabulary of the Fourth Gospel and of the ,,Gospel of Truth", in: FS. O. A. Piper, 1962, 210–223. 297–298.

*Black, M.*, An Aramaic Approach to the Gospels and Acts, Oxford 1946, ²1954.

*Ders.*, Does an Aramaic Tradition Underlies John 1,16?, JThS 42 (1941) 69–70.

*Blumenthal, M.*, Die Eigenart des joh. Erzählungsstiles, ThStKr 106 (1934/35) 204–212.

*Boismard, M. E.*, Un procédé rédactionel dans le quatrième évangile: la Wiederholung, BEThL 44 (1977) 235–242.

*Bonsirven, J.*, Les aramaïsmes de S. Jean l'évangeliste?, Bib. 30 (1949) 405–432.

*Bowen, C. R.*, The Fourth Gospel as Dramatic Material, JBL 49 (1930) 292–305.

*Braun, F. M.*, La reduction du pluriel au singulier dans l'évangile et la première lettre de Jean, NTS 24 (1978) 40–67.

*Brown, S.*, From *Burney* to *Black*. The Fourth Gospel and the Aramaic Question, CBQ 26 (1964) 323–339.

*Burchard, C.*, Eἰ nach einem Ausdruck des Wissens oder Nichtwissens, ZNW 52 (1961) 73–82.

*Burney, C. F.*, The Aramaic Origin of the Fourth Gospel, 1922.

*Burrow, M.*, The Original Language of the Gospel of John, JBL 49 (1930) 95–139.

*Buttmann, A.*, Besprechung des im 3. Heft des Jg. 1859 dieser Zeitschrift enthaltenen Aufsatzes des Herrn D. *G. E. Steitz:* Ueber den Gebrauch des Pronomen ἐκεῖνος im 4. Evangelium, ThStKr 33 (1860) 505–536.

*Cadbury, H. J.*, The Making of Luke-Acts, London 1968.

*Cassem, N. H.*, A Grammatical and Contextual Inventory of the Use of *kosmos* in the Johannine Corpus, NTS 19 (1972/73) 81–91.

*Clavier, H.*, Notes sur un mot-chef du johannisme et de la soteriologie biblique: ἱλασμός, NT 10 (1968) 287–304.

*Colwell, E. C.*, The Greek of the Fourth Gospel. A Study of its Aramaisms in the Light of Hellenistic Greek, Chicago 1931.

*Connick, C. M.*, The Dramatic Character of the Fourth Gospel, JBL 67 (1948) 159–169.

*Cullmann, O.*, Der joh. Gebrauch doppeldeutiger Ausdrücke, in: ders., Gesammelte Aufsätze, 1966, 176–186.

*Dalman, G.*, Die Worte Jesu, Darmstadt 1965.

*Dibelius, M.*, The Structure and Literary Character of the Gospels, HThR 20 (1927) 151–170.

*De Dinechin, O.*, Καθώς: la similitude dans l'évangile selon S. Jean, RSR 58 (1970) 195–236.

*Driver, G. R.*, The Original Language of the Fourth Gospel, Jewish Guardian (1923) 1–8.

*Duliere, W. L.*, La haute terminologie de la redaction johannique, Brüssel 1970.

*Enslin, M. S.*, The Perfect Tense in the Fourth Gospel, JBL 55 (1936) 121–131.

*Fee, G. D.*, The Use of the Definite Article with Personal Names in the Gospel of John, NTS 17 (1970/71) 168–183.

*Festugière, A. J.*, Observations stilistiques sur l'évangile de S. Jean, Paris 1974.

*Fiebig, P.*, Die Mekhilta und das JE, Angelos 1 (1925) 57–59.

*Fortna, R. T.*, Theological Use of Locale in the Fourth Gospel, in: FS. S. E. Johnson, 1974, 58–95.

*Freed, E. D.*, Variations in the Language and Thought of John, ZNW 55 (1964) 167–197.

*Gersdorf, C. G.*, Beiträge zur Sprachcharakteristik der Schriftsteller des NTs, Leipzig 1816.

*Gingrich, W. F.*, The Gospel of John and Modern Greek, ClW 38 (1945) 145–182.

*Glas, S.*, Philologiae Sacrae, Amsterdam 1694.

*Granger, F.*, The Semitic Element in the Fourth Gospel, Exp. 11 (1916) 349–371.

*Gyllenberg, R.*, Anschauliches und Unanschauliches im vierten Evangelium, STL 21 (1967) 83–109.

*Haenchen, E.*, Statistische Erforschung des Neuen Testaments, ThLZ 87 (1962) 487–498.

*Heise, J.*, Bleiben-*menein* in den joh. Schriften, Tübingen 1967.

*Hirsch, E.*, Stilkritik und Literaranalyse im vierten Evangelium, ZNW 43 (1950/51) 129–143.

*Hobbs, H. H.*, Word Studies in the Gospel of John, SWJT 8 (1965) 67–79.

*Hunkin, J. W.*, Pleonastic ἄρχομαι in the NT, JThS 25 (1924) 390–402.

*Jeremias, J.*, Johanneische Literarkritik, ThBl 20 (1941) 33–46.

*Käsemann, E.*, Aufbau und Anliegen des joh. Prologs, in: ders., EVB II (1964) 155–180.

*Kalitsunakis, J.*, Grammatik der neugriechischen Volkssprache, Berlin 1963.

*Kilpatrick, G. D.*, Some Notes on Johannine Usage, BiTr 2 (1960) 173–177.

*Kypke, G. D.*, Observationes sacrae in Novi Foederis libros ex auctoribus potissimum graecis et antiquitatibus, 2 Vol., Breslau 1755, spez. I 347–416.

*Leroy, H.*, Rätsel und Mißverständnis. Ein Beitrag zur Formengeschichte des JE, Bonn 1968.

*Der.*, Das joh. Mißverständnis als literarische Form, BiLe 9 (1968) 196–207.

*Lattey, C.*, The Semitisms of the Fourth Gospel, JThS 20 (1918/19) 330–336.

*Lattke, M.*, Einheit im Wort. Die spezifische Bedeutung von *agape, agapan* und *philein* im JE, München 1975.

*Lewis, F. I. W.*, Disarrangements in the Fourth Gospel, 1910.

*Menoud, Ph.-H.*, L'évangile de Jean d'après les recherches récentes, Neuchâtel/Paris[2] 1947.

*Morgenthaler, R.*, Statistik des neutestamentlichen Wortschatzes, Zürich 1958.

*Morris, L.*, A Feature of Johannine Style, in: ders., Studies in the Fourth Gospel, Grand Rapids 1969, 293–310.

*Moulton/Howard/Turner*, A Grammar of New Testament Greek, 4 vol. Edinburgh 1906–1976, II 205–283.

*Muilenburg, J.*, Literary Form in the Fourth Gospel, JBL 51 (1932) 40–53.

*Neirynck, F.* et alii, Jean et les Synoptiques, Löwen 1979, 41–70.

*Nevius, R. C.*, The Use of the Definitive Article with „Jesus" in the Fourth Gospel, NTS 12 (1965) 81–85.

*Odeberg, H.*, The Fourth Gospel in its Relation to Contemporaneous Religious Currents, Uppsala 1929; reprint Amsterdam 1968.

*O'Rourke, J. J.*, Eis and en in John, BiTr 25 (1974) 139–142.

*Ders.*, The Historic Present in the Gospel of John, JBL 93 (1974) 585–590.

*Pernot*, REG 37 (1927) 128.

*Pinto de Oliveira, C. J.*, Le verbe διδόναι comme expression des rapports du Père et du Fils dans le IV^e évangile, RSPhTh 49 (1965) 81–104.

*Radermacher, L.*, Neutestamentliche Grammatik, Tübingen² 1925.

*Raphael, G.*, Annotationes Philologicae in NT, Lüneburg 1747.

*Riesenfeld, H.*, Zu den joh. ἵνα-Sätzen, StTh 19 (1965) 213–220.

*Roberge, M.*, Notices de conclusion et redaction du quatrième évangile, LTP 31 (1975) 49–53.

*Ruckstuhl, E.*, Johannine Language and Style. The Question of their Unity, BETL 44 (1977) 125–148.

*Ders.*, Die literarische Einheit des JE, Fribourg 1951.

*Rudel, Pfr.*, Das Mißverständnis im JE, NKZ 32 (1921) 351–361.

*Segovia, F.*, Agape and agapan in First John and the Johannine Tradition, masch. Diss. Notre Dame Uni, 1978.

*Seyffarth, T. A.*, Ein Beitrag zur Specialcharakteristik der johanneischen Schriften besonders des Evangeliums, Leipzig 1823.

*Seynaeve, J.*, Les verbes *apostellō* et *pempō* dans le vocabulaire théologique de S. Jean, BETL 44 (1977) 385–389.

*Süß, W.*, Rez.: E. von Mamorate, La questione Petroniana, Gnomon 23 (1951) 312–317.

*Swanson, D. C.*, Diminutives in the Greek NT, JBL 77 (1958) 134–151.

*Schlatter, A.*, Die Sprache und die Heimat des vierten Evangelisten, in: Rengstorf, K. H. ed., Johannes und sein Evangelium, Darmstadt 1973, 28–201.

*Schulze, J. D.*, Der schriftstellerische Werth und Charakter des Johannes zum Behuf der Specialhermeneutik seiner Schriften untersucht und bestimmt, Weißenfels/Leipzig 1803.

*Schwartz, E.*, Das philologische Problem des JE, in: ders., Gesammelte Schriften I, 1963, 131–136.

*Schweizer, E.*, Ego Eimi. Die religionsgeschichtliche Herkunft und theologische Bedeutung der joh. Bildreden, Göttingen² 1965.

*Stange, E.*, Die Eigenart der joh. Produktion, Dresden 1915.

*Steitz, E.*, Der classische und der joh. Gebrauch von ἐκεῖνος. Zur Verständigung über Joh 9,37 und 19,35 neu untersucht, ThStKr 34 (1861) 267–310.

*Strachan, R. H.*, The Fourth Evangelist: Dramatist or Historian?, London 1925.

*Thackeray, H. St. J.*, Josephus. The Man and the Historian, 1929.

*Torrey, C. C.*, The Aramaic Origin of the Gospel of John, HThR 16 (1923) 305–344.

*Turner, N.*, Grammatical Insights into the NT, Edinburgh 1965, 135–154.

*Van Unnik, W. C.*, C. F. *Burney's* Hypothese aangaande de Aramaesche achtergrond van het Johannes-Evangelie, VoxTh 7 (1935) 123–131.

*Vorster, W. S.*, The Gospel of John as Language, Neotestamentica 6 (1972) 19–27.

*Wahlde, U. C. von*, A Literary Analysis of the *ochlos*-passages in the Fourth Gospel in their Relation to the Pharisees and Jews-material, masch. Diss., Marquette University 1975.

*Ders.*, A redactional technique in the Fourth Gospel, CBQ 38 (1976) 520–533.

*Wead, D. W.*, The Johannine Double Meaning, RestQ 13 (1970) 106–120.

*Ders.*, The Literary Devices in John's Gospel, masch. Diss., Basel 1970.

*Wellhausen, J.*, Das Evangelium Johannis, Berlin 1908, 133–146.

*Wootton, R. W. F.*, The Implied Agent in Greek Passive Verbs in Mark, Luke and John, BiTr 19 (1968) 159–164.

*Zwaan, J. de*, John Wrote in Aramaic, JBL 57 (1938) 155–171.

Da man das JE in der kirchlichen Tradition dem Zebedaiden zuschrieb, lag eigentlich die Annahme nahe, es sei ursprünglich in aramäischer Sprache oder wenigstens in einem semitischen Griechisch geschrieben. Aber erst im 20. Jahrhundert fand diese Hypothese zahlreiche Anhänger. *Schlatter* suchte in seinem Buch, „Die Sprache und Heimat des vierten Evangelisten", nachzuweisen: Das Griechisch des JE verrät, daß Johannes aramäisch dachte und sprach (28). Nach *Dalman*, Worte Jesu 45–57, dagegen läßt es sich nicht beweisen, daß jemals ein aramäisches Evangelium existiert hat. Das angeblich aramäische Original des Matthäus, von dem Hieronymus besonders oft gesprochen hat, war eine Rückübersetzung des griechischen Matthäus-Evangeliums ins Aramäische. *Dalman* verfocht sogar die These, das JE sei weniger aramäisch als die Synoptiker. *Wellhausen* 145, der im Alten Testament ebensogut zu Hause war wie im Neuen, wollte nichts davon wissen, daß das JE nur von einem Palästinenser geschrieben sein könnte: ,,Wenn das Griechisch des Joa darin mit dem des Markus zusammentrifft, daß es der gewöhnlichen Umgangssprache nahesteht, so divergiert es doch darin, daß es kein verkleidetes Aramäisch ist." ,,Der Feierlichkeit wegen wird der biblische Stil in der Parataxe nachgeahmt" (146). ,,Der Sprachschatz ist auffallend arm" (ebd.) – auf einen Wortbestand von 15 416 Wörtern kommt (nach *Nestle*) nur ein Wortschatz von 1011 Vokabeln. ,,Man hat den Eindruck der Pedanterie wie im Priesterkodex . . . Die Sprache soll auf dem Kothurn einhergehen, sie soll hieratisch sein" (ebd. 146).

Eine neue Betrachtungsweise regte *C. J. Ball* an mit seinem Aufsatz, ,,Had the Fourth Gospel an Aramaic Archetyp?". Ihm ist es zu verdanken, daß *C. F. Burney* nach gründlichem Studium 1922 sein bekanntes Buch erscheinen ließ: ,,The Aramaic Origin of the Fourth Gospel." Er setzte voraus, daß die Synoptiker Koinegriechisch schrieben, und deutete die Überhäufigkeit synoptischer Koinewendungen im JE als Aramaismen, die er auch in Fehlübersetzungen (mistranslations) zu erkennen meinte. In manchen Stellen wirkt er bisweilen schon wie ein – freilich unvollkommener – Vorläufer von *M. Black*. Mit einem ,,aramäischen Hintergrund" war *J. A. Montgomery*, ,,The Origin of the Gospel According to St. John", zufrieden. Energisch trat dagegen *C. C. Torrey* in seinem Aufsatz, ,,The Aramaic Origin of the Gospel of John", für ein aramäisches Original des JE ein; er vermutete aramäische Originale hinter allen vier Evangelien und Kap. 1–15 der Apostelgeschichte. Die Besprechungen von *Burneys* Werk durch *Allis, Driver* und *Howard* gaben zwar ein aramäisches Original des JE nicht zu, hielten es jedoch für möglich, daß Johannes eine (mündliche?) Quelle für die Worte Jesu benutzt habe. Wie man sich eine mündliche Quelle der Logia Jesu vorzustellen habe, wird freilich nicht jedem Leser verständlich. Dem Band 2 der von *Moulton* und *Howard* verfaßten ,,Grammar of New Testament Greek" fügte *Howard* einen ausführlichen Anhang bei: ,,Semitism in the New Testament." *M. Burrows* untersuchte daraufhin in seiner Studie ,,The Original Language of the Gospel of John" erneut die Frage, ob es nicht doch ein aramäisches JE gegeben habe, und bejahte sie wegen der Semitismen und Fehlübersetzungen. Das griechische JE sei eine Übersetzung der in Palästina oder Syrien verfaßten Urschrift. Auch *J. de Zwaan*, ,,John wrote in Aramaic", trat für eine Übersetzung des JE aus dem Aramäischen ein. Die Hauptbeweise waren, wie meist bei dieser These, die angeblichen Fehlübersetzungen. Leider leisteten sie nicht das, was man von ihnen erhoffte. Manchmal war das vorausgesetzte Aramäisch fragwürdig, manchmal war der vermutete Text nicht weniger schwierig als die vermuteten ,,Fehlübersetzungen". *M. Black* hatte in seinem berühmten Werk, ,,An Aramaic Approach to the

Gospels and Acts" 7, nur noch zwei Belege gelten lassen. Nach *Barrett* 284. 333 sind auch diese beiden Stellen Joh 8,25 (,,Sie sprachen zu ihm: Wer bist du? Jesus antwortete ihnen: Wozu rede ich mit euch?") und 11,33 (Ἰησοῦς οὖν . . . ἐνεβριμήσατο τῷ πνεύματι καὶ ἐτάραξεν ἑαυτόν . . .) ohne Annahme einer Fehlübersetzung bzw. einer syrischen Wortform verständlich.

So sind heute die meisten Forscher geneigt, sich mit der Annahme zu begnügen, der Verfasser habe zwar griechisch geschrieben, jedoch semitisch gedacht (*Büchsel* 3, *W. Bauer* 244, *Bultmann,* Theologie 362, *Howard,* The Fourth Gospel 42, *Strachan* 17 und neuerdings auch *Käsemann,* Aufbau II 157). Kronzeugen – auf die man sich beruft – sind *Billerbeck* II, *Odeberg,* The Fourth Gospel, und *Schlatter,* die Beziehungen des JE zum Semitischen behaupten. *Schlatter* meinte, die Palästinenser hätten griechisch und aramäisch gesprochen. Aber das ist nicht so sicher. Josephus, den *Schlatter* immer wieder ins Treffen führt, war nicht zweisprachig. Er hat den ,,Jüdischen Krieg" zunächst aramäisch geschrieben. Für die griechische Fassung des Bellum Judaicum hat er sich von gebildeten Griechen helfen lassen, die auch noch in den ,,Antiquitates" als ,,ghostwriter" eifrig mittätig waren, wie *Thackeray* in seinem Buch ,,Josephus, the Man and the Historian" 100ff., nachgewiesen hat. So kann es vorkommen, daß man bei Josephus plötzlich auf ein Zitat der sophokleischen ,,Antigone" stößt. *Schlatter* war mit dem Nachweis zufrieden, daß sich viele Stellen aus der Mischna, dem Talmud und der Tosephta in das johanneische Griechisch zurückübersetzen lassen. Aber das beweist noch nicht, daß das johanneische Griechisch semitisch ist.

*Wellhausen* – wir hatten sein Schlußurteil schon angeführt – hat seinem kurzen Kommentar zum Johannesevangelium noch einen Abschnitt ,,Sprachliches" (133–146) beigefügt, um die charakteristischen Züge der johanneischen Sprache und ihr Verhältnis zu der des Markus und seiner Verwandten darzustellen. Er beginnt (133) beim einfachen Satz, und da bei der Wortstellung. Daß bei Johannes das Verbum meist vorangeht und das Subjekt folgt, hat man oft als Semitismus gedeutet. Aber im Unterschied zum Semitischen stellt Johannes das Subjekt gern an das (besonders betonte) Ende des Satzes (z. B. 2,9 ὁ ἀρχιτρίκλινος; 6,3 Ἰησοῦς; 18,33: König der Juden?; 19,38: Pilatus). ,,Das Objekt, sei es ein Substantiv oder ein Pronomen, steht sehr oft vor dem Subjekt", nicht selten auch vor dem regierenden Verb, ganz anders als bei Markus. Völlig unsemitisch steht der pronominale oder substantivische Genitiv nicht selten auch vor dem regierenden Verb oder davon getrennt. ,,Es findet sich bei Johannes keine Spur von Status constructus", wie er bei Markus noch durchscheint. (Daß ,,ἐκ σπέρματος Δαυίδ" sich nur bei D finde, ist freilich nur halb richtig: auch P 66 hat diese Lesart, dagegen P 75 nicht. P 66 hat eben auch westliche Einschläge. Aber zu *Wellhausens* Zeit waren diese Papyri noch nicht aufgetaucht.) Nur in besonderen Fällen wird semitisch ein Stichwort aus einer Konstruktion herausgenommen und als Nominativus absolutus oder casus pendens vorangestellt und dann durch ein rückbezügliches Pronomen wieder aufgenommen (vgl. *Wellhausen* § 4

135f.). In summa: Die Wortstellung ist meist unsemitisch; die Voranstellung des Verbums ahmt den biblischen Stil nach (134).

Im *Abschnitt 2* bespricht *Wellhausen* (134f.) die Beiordnung von Sätzen. Die Periode 13,1–3 gehe auf die Redaktion zurück; sie ist bei Johannes einzigartig. ,,Die Parataxe überwiegt." Dabei zeigt sich oft ausgesprochen die biblische Redeweise. Ungewöhnlich, aber bei Epiktet belegt, ist die Konstruktion βούλεσθε ἀπολύσαι 18,39. Aber die Parataxe ist trotzdem anders als bei Markus: ,,Nämlich die einzelnen Sätze werden nicht fortlaufend durch καὶ verbunden und fangen namentlich nicht gleich damit an . . . Gewisse erzählende Partien haben etwas Mörtelloses, Lapidares."

Die *Abschnitte 3–9* (135–137) handeln von Unterordnung und Konjunktionen. ,,Relativsätze sind außerordentlich beliebt" (135) und ersetzen oft ein Partizip oder einen anderen kürzeren Ausdruck. Die Attraktion an den Casus des vorangehenden Subjekts kommt öfter vor als bei Markus. ,,Davon aber, daß die Rektion des Arthron nach semitischer Weise durch ein Pronomen nachgebracht wird, findet sich keine Spur" (ebd.). ,,Unechte Relativsätze . . ., die die Handlung weiterführen, sind mindestens sehr selten, während sie bei Lukas häufig sind" (ebd.) (vgl. auch *Haenchen,* Apostelgeschichte[7] 146 A. 5).

Der *Abschnitt 4* (135f.) führt aus: Für den ,,conditionalen Relativsatz mit ὅς ἄν, ὅ τι ἄν, ὅσα ἄν tritt noch öfter als bei den Synoptikern ein determiniertes Partizip; in der Regel mit πᾶς davor, doch auch ohne das" . . . (135) ,,Das im Nominativ voranstehende Partizip braucht nicht Subjekt zu sein, sondern kann absolut stehen, indem es eigentlich einen Satz vertritt; so (136) ὁ πιστεύων εἰς ἐμέ κτλ. 7,38" (15,2).

*Abschnitt 5* (136): ,,Durch das temporale ὡς unterscheidet sich Joa von Matthäus und Markus, aber nicht von Lukas." Ἕως, ,,während", steht 9,4 und 12,36 (so P 66, ὡς P 75). Ἐπεί ist ebenso selten wie bei den Synoptikern.

*Abschnitt 6* (136): Sehr bezeichnend für JE ,,sind die Correlative, die auf ein pronominales oder adverbiales Relativ (= Conjunktion) oder auch auf ein Participium und sogar ein Substantiv zurückschlagen" (1,12.18.33; 3,32; 5,11.36f.; 6,57; 7,18; 10,26; 14,13; vgl. aber auch 11,6; 12,26; 15,19).

*Abschnitt 7* (136f.): ,,Objektsätze mit Partizip als Prädikat sind häufig", wie 1,36. ,,Dagegen findet sich der Acc. c. Inf. . . . noch seltener wie bei Markus. In Sätzen mit ὅτι, . . . kann, . . . wie . . . bei den Synoptikern, . . . das Subjekt vom Verbum des Hauptsatzes attrahiert werden (3,31; 4,35; 5,42; 9,8)." Solche Attraktion kommt auch bei ἵνα-Sätzen vor (15, 16). Für die Sprache des JE ist περί bezeichnend, das in 7,17 und 9,17 das vorausgenommene Subjekt des Nebensatzes einleitet (137).

*Abschnitt 8* (137): Die Oratio obliqua ist bei JE ebensowenig beliebt wie bei den Synoptikern. Dagegen wird die Oratio recta nicht so oft wie bei den Synoptikern mit ὅτι eingeführt.

*Abschnitt 9* (137): Aber nicht nur ὅτι verdrängt den Infinitiv, sondern auch

ἵνα. „Sätze der Absicht und der Folge werden ganz unterschiedslos damit eingeleitet." Bisweilen ist ein ἵνα-Satz ganz selbständig, wie in 1,8: ἦν . . ., ἵνα μαρτυρήσῃ . . .
Die *Abschnitte 10–15* handeln vom Verb (137–140).

*Abschnitt 10* (137–139) spricht von Biblizismen und Berührungen mit den Synoptikern. „Lassen" und „Verlassen" kann beides durch ἀφιέναι wiedergegeben werden; für βούλεσθαι steht (außer 18,39 βούλεσθε . . . ἀπολύσω) immer θέλειν. „ζῆν heißt ‚gesund sein' " (4,50–53). Verblaßtes ἐκβάλλω findet sich in 10,4 (137f.). Besonders in den ersten Kapiteln kommt oft ἀπεκρίθη καὶ εἶπεν vor. Ἐρωτᾶν „fragen", ist häufiger als bei den Synoptikern (Ausnahme 21,12 dafür ἐξετάζω). „Im Ganzen werden die Berührungen mit diesen überwogen durch die Unterschiede" (138): λαμβάνω statt δέχομαι, λαμβάνειν und τιθέναι für sumere und ponere (wohl Latinismen: S. 49 n. 1). „Das vorläufige ἤρξατο, welches für die Synoptiker so bezeichnend ist, findet sich bei JE nur einmal (13,5) und das vorläufige καὶ ἐγένετο gar nicht" (ebd.). Κηρύσσω und ἰσχύω (= δύναμαι) fehlen. Βουλεύεσθαι heißt „beschließen", nicht „beraten" (12,10). Komposita werden nur gebraucht, „wenn die Präposition darin wirklich etwas bedeutet". Die Handschriften „verbessern" oft Simplicia in Composita.

*Abschnitt 11* (139): Das Passiv mit ὑπό steht nur 14,21, „man" wird nur 15,7 durch die 3. pl. act. ausgedrückt.

*Abschnitt 12* (139): Das Präsens historicum ist noch häufiger als bei Markus; auch Part. Praes. kann für das Part. Praeteriti eintreten (3,32; 1,2). „Auffallend sind κέκραγεν 1,15 und γέγραφα 19,22."

*Abschnitt 13* (ebd.): Die conjugatio periphrastica ist im Aktiv ungebräuchlich, dagegen im Passiv des Perfekts oder Plusquamperfekts sehr gewöhnlich. Statt des synoptischen γέγραπται heißt es immer ἔστι γεγραμμένον.

*Abschnitt 14* (140): Dieser Abschnitt handelt vom Partizip: ein Partizip mit Artikel vertritt meist ein allgemeines Subjekt oder ein bestimmtes. Ohne Artikel und im absoluten Genitiv kommt es nur in späten Stellen vor.

*Abschnitt 15* (140): Der Infinitiv endlich wird durch ἵνα und ὅτι eingeschränkt. Der substantivierte Infinitiv ist selten.

Das Substantiv behandelt *Wellhausen* in den Abschnitten 16f. (140f.): „Der Vokabelschatz an Substantiven bei Joa unterscheidet sich mindestens ebenso sehr von dem bei den Synoptikern wie der verbale." Für διδάσκαλε tritt ῥάββι ein. Παρρησία bedeutet „Öffentlichkeit" und nicht „Freimut" (141). „Bemerkenswert sind noch die Substantivierungen τὰ ἐπουράνια, τὰ ἐπίγεια, τὰ ἐμά, τὰ ἴδια, τὰ ἄνω, τὰ κάτω."

*Abschnitt 17* 6141): „Der Artikel hat bisweilen generelle Bedeutung" (2,25; 7,51; 13,5; 15,6). Vor determinierten Appellativen fehlt er ziemlich regelmäßig; vgl. auch 1,49 (aber 3,10); 5,26; 19,7. Durch Zusatz von τις (nicht wie bei Mt 13,28.52; 18,33; 20,1; 21,33 ἄνθρωπος bzw. εἷς bei den Synoptikern: Koineform!) wird ein Substantiv indeterminiert (4,46; 5,5); im Plural durch ἐκ, nicht durch ἀπό (3,25; 7,40).

63

*Abschnitt 18* (141f.): Das Pronomen wird in diesem Abschnitt behandelt. Bei Johannes kann das Objekt vor dem Verb und der Genetiv vor dem Nominativ stehen. ,,Eigentümlich johanneisch . . . sind die Pronomina separata der 1. und 2. Person im Nominativ, die das Subjekt" erläutern, ohne es zu betonen. Der Gebrauch solcher Subjektspronomina ,,erklärt sich vielleicht aus der Vulgärsprache", nicht aus dem Aramäischen. Im Semitischen fehlende Reflexiva der 2. und 3. Person sind bei JE häufig. Auch im Semitischen ungebräuchliche Possesiva sind bei Johannes gewöhnlich. ,,Als Possessivum der 3. Person dient ἴδιος." Als Demonstrativum ist ἐκεῖνος besonders beliebt (Koine!).

*Abschnitt 19* (142): Adjectiva sind bei Johannes selten. Statt ἕτερος steht immer ἄλλος. Von Adjektiven abgeleitete Adverbia (*Abschnitt 20:* S. 142f.) sind rar. Τότε (143) ist häufig, bedeutet aber nicht ,,deinde" wie bei Markus. Eigentümlich für Johannes ist μετὰ τοῦτο (μετὰ ταῦτα wie bei Lukas). Νῦν wechselt mit ἄρτι.

*Abschnitt 21* (143f.): Die Präpositionen greifen um sich auf Kosten der einfachen Casus (insbesondere des Genitivs, aber auch des Dativs). Der gen. part. wird meist verdeutlicht durch ἐκ, der Dativ durch ἐν: 7,4; 16,29; 5,16; 7,22f.; 19,31; 6,39.44.54; 7,37; 11,24; 12,48. Kausale Bedeutung hat ἀπό nur 21,6. Auch bei Johannes (144) werden εἰς und ἐν vertauscht; ebenso ,,wann" und ,,wo" bei πρός, παρά und ἐπί. Περί (= in betreff) geht 1,30 über in die Bedeutung von ὑπέρ, das oft in dem theologischen Sinn wie bei Paulus steht. D verwendet 8,38 und 11,55 πρίν als Präposition mit Accusativ.

*Wellhausen* kam es darauf an, den johanneischen Sprachgebrauch mit dem der Synoptiker zu vergleichen und sein Verhältnis zum Aramäischen zu klären. Gelegentlich fiel ihm auf, daß Johannes und Epiktet übereinstimmen. Hier liegt eine erst von *Colwell,* ,,The Greek of the Fourth Gospel", deutlich gesehene und beantwortete Frage: Wo findet sich ein Sprachgebrauch, der mit dem johanneischen übereinstimmt?

Die Antwort lautet: in der nichtliterarischen Koine. Mit dem Wort ,,Koine" bezeichnet man zwei sehr voneinander verschiedene Formen der damaligen griechischen Sprache. Die ,,literarische" Koine ist die (im Gegensatz zum Attizismus stehende) geschriebene Sprache. ,,Koine" kann aber auch die Sprache des mündlichen Umgangs, vor allem unter einfachen Leuten, bedeuten. Das besagt nicht, daß sie selten war. Ihre Merkmale überschritten die griechische Sprachgrenze und zeigen sich auch in der lateinischen und sogar in der aramäischen Sprache. Leider haben wir für sie wenige Zeugen, vor allem im Lustspiel, wenn sich Sklaven unterhalten, aber auch in dem volkstümlich schreibenden Werk Epiktets. *W. Süß* kam bei einer Besprechung von *E. von Marmorate,* ,,La questione Petroniana", auf dieses Problem und äußerte dabei einige für uns sehr wichtige Erkenntnisse. Die nichtliterarische Koine dieser Zeit benutzt einen neu gebildeten unbestimmten Artikel (,,homo" konnte früher sowohl ,,der Mensch" wie ,,ein Mensch" besagen) entweder das Zahlwort ,,unus" (das im Französischen ,,un" und

,,une" fortlebt) und – auf griechischem Sprachboden – εἷς. Dieses εἷς darf man also nicht von dem aramäischen ,,*chad*" her erklären, das vielmehr selbst gesprochene Koine ist. Statt ,,unus" benutzte man auch ,,ille", was dann zum französischen ,,il" bzw. ,,elle" führte. Das ,,inhaltslose" ἤρξατο hat man ebenfalls aus dem Aramäischen ableiten wollen (vgl. *J. W. Hunkin*, Pleonastic ἄρχομαι in the New Testament). Aber im Lateinischen ist – in seiner ,,nichtliterarischen" Koine – ,,coepi" in derselben Weise gebraucht worden. In welchem Ausmaß diese Koine die sog. Deminutiva liebte, hat *Swanson*, ,,Diminutives in the Greek New Testament", nachgewiesen. Er hat die Deminutiva -ίον, -άριον, -ίδιον, -αρίδιον, -ιδάριον, -ίσκος, -ίσκη in anschaulichen Tabellen vorgeführt. Wie wichtig solche Erkenntnis für die Exegese ist, hat sich bei der Besprechung der Perikope von Jairi ,,Töchterlein" gezeigt: Zwar spricht Mk 5,23 von einem θυγάτριον, von παιδίον in 5,39, von κοράσιον in 5,41f. Aber zugleich erfahren wir, das Mädchen sei etwa zwölf Jahre alt gewesen. Es war also (*Billerbeck* II 10) eine na-ara[h] und nach einem halben Jahr heiratsfähig; *Aland* hat das in seinem Dialog mit *J. Jeremias* über die Kindertaufe (,,Die Stellung der Kinder in den frühen christlichen Gemeinden") mit vollem Recht geltend gemacht. Das ὠτάριον (P 66 ὠτίον), das Petrus dem Malchus in Joh 18,10 abschlug, war also nicht ein ,,Öhrchen", sondern ganz normal entwickelt, und die κυνάρια Mk 7,27; Mt 15,26f. waren keine ,,Schoßhündchen", sondern unter dem Tisch auf Brokken wartende Hunde ohne Stammbaum. Wir werden in der zweiten Hälfte unseres § 5 näher auf diese Dinge eingehen.

Zunächst aber wartet der wichtige Aufsatz von *J. Bonsirven*, ,,Les aramaïsmes de St. Jean l'Évangeliste?", auf Erwähnung. Denn diese darin vorgetragenen Einsichten sind für uns höchst wichtig. *Bonsirven* begründet folgende Thesen für das JE: (1) Johannes benutzte griechische Wörter, die im Semitischen keine Entsprechung haben und darum auch in der LXX nicht oder sehr selten erscheinen. (2) Johannes verwendet griechische Wörter, denen im Semitischen nur zusammengesetzte Ausdrücke entsprechen, (3) er bedient sich griechischer Wörter, die im Semitischen eine dem Kontext fremde Bedeutung besitzen, (4) er verwertet griechische Wörter, die (fast) ganz synonym sind, ohne daß sich hinter ihnen darum im Semitischen verschiedene Ausdrücke verstecken, (5) er greift griechische Wörter aus einem hellenistischen Vokabular auf, und (6) er benutzt – gerade an vielen Stellen, wo man Aramaismen zu finden meinte – die Sprache der nichtliterarischen Koine.

Das wird nun auch besonders wichtig angesichts der Frage, ob es so etwas wie eine einheitliche Sprache des vierten Evangeliums gibt. Damit kommen wir zu dem seinerzeit rasch berühmt gewordenen Buch *Schweizers*, ,,Ego Eimi." Eigentlich ging es dem Verfasser (wie der Untertitel des Buches zeigt) um ,,die religionsgeschichtliche Herkunft und theologische Bedeutung der johanneischen Bildreden". Aber von der Frage nach der Herkunft der ,,Ego-Eimi-Formel" (Kap. 1), zu der mandäische Schriften damals die besten Parallelen lieferten (Kap. 2), kam *Schweizer* in Kap. 3 zum Problem johanneischer Quellen. Hier heißt es nun (87): ,,Es gibt gewisse, ausgesprochen joh. Charakteristika, Konstruktionen, Wendungen, Wörter, die innerhalb des Neuen Testamentes ausschließlich oder fast ausschließlich in unserem Evangelium vorkommen." Träfe man solche Merkmale nur in gewissen Zeilen des JE an, dann müßte man diese je einer bestimmten Quelle zuweisen. Gibt es keine derartigen Partien, dann wäre es wahrscheinlich, daß ,,der endgültige Verfasser alles entweder selber formuliert" oder die Eigenarten der Vorlage ,,in seinem eigenen Stil" überarbeitet habe. In diesem 2. Fall müßten wir auf Scheidungen verzichten, und ,,die Quellenfrage" ist ,,nicht mehr so entscheidend" (ebd. 88).

*Schweizer* nimmt also an: Man kann vom Sprachstil her (Sprachstil im Sinne der Benutzung gewisser Vokabeln und Wendungen) auf die Verwertung bestimmter Quellen zurückschließen. Zu diesem Zweck nimmt er die Statistik in seinen Dienst. Er bringt seine Ergebnisse jeweils auf die Formel: a + b/c + d. Hier bezeichnet (a) die Häufigkeit eines charakteristischen Merkmals (sei es ein Wort oder eine Wendung) im JE, (b) die Häufigkeit in den Johannesbriefen, (c) im übrigen NT und (d) in den synoptischen Evangelien. Die Häufigkeit eines Wortes außerhalb des NT wird nicht berücksichtigt. Als ,,johanneisch" gilt für *Schweizer* ein Wort dann, wenn es im JE oft, im sonstigen NT aber nicht oder kaum auftritt. Kommen in einem Satz zwei johanneische Merkmale vor, dann stammen auch alle weiteren Sätze von demselben Verfasser, in denen diese beiden Merkmale ebenfalls erscheinen. Die 33 johanneischen Merkmale, die *Schweizer* (nach ihrer Häufigkeit = Beweiskraft geordnet) schließlich in einer Liste aufführt, erfassen praktisch das ganze JE einschließlich des Kap. 21.

*J. Jeremias,* Johanneische Literarkritik, *Menoud,* L'évangile de Jean d'après les recherches récentes, haben sich bemüht, *Schweizers* Arbeit noch weiter zu ergänzen. Endlich hat E. *Ruckstuhl,* Die literarische Einheit des Johannesevangeliums 180–219, diese bisherigen Arbeiten geprüft und fortgesetzt. Dabei stieg die Zahl der als johanneisch angesehenen Charakteristika von 33 bis auf 50 an. *Ruckstuhl* wollte eigentlich nachweisen, daß im JE keine Quellen benutzt sind und damit die altkirchliche Tradition vom Zebedaiden Johannes als Autor des vierten Evangeliums gesichert sehen. Zwar hat er scharfsinnig einige Schwächen in den Arbeiten seiner Vorgänger erkannt und beseitigt. Trotzdem leidet auch sein Werk (wie sich alsbald zeigen wird) unter dem Grundschaden der von *Schweizer* begonnenen Arbeit. Wir können aus Raummangel nicht alle 50 angeblichen Charakteristika prüfen, wohl aber die wichtigsten. Dabei wird sich u. a. erweisen, wie wichtig die oben genannte Schrift von *Colwell* sich erweisen wird.

Beginnen wir mit *Schweizers* Nummern 3–5: οὖν, τότε οὖν und ὡς οὖν. *Schweizer* gibt für οὖν die Formel 138 + 0 / 8 + 0 an (90). Τότε οὖν und ὡς οὖν haben keine Entsprechung im restlichen NT. Wir meinen: man muß auch die beiden letzten Wendungen (,,da nun") in die οὖν-Gruppe eingliedern. Zu dieser aber ist zu sagen: Οὖν gehört zu jenen Wörtern, die in der gesprochenen, nichtliterarischen Koine jener Zeit häufig belegt sind: besonders bei Epiktet, aber auch im „Gastmahl des Trimalchio". Die Häufigkeit des οὖν in den „action"-Abschnitten des JE und nur hier ist kein johanneisches Merkmal. Vielmehr zeigt sie: das οὖν in den „action-Stellen" des JE ist ein Merkmal der gesprochenen, nicht literarischen Koine. Wir treffen in diesen Stellen keine individuelle Eigenart und persönliche Vorliebe des Evangelisten für dieses οὖν. Sein häufiges Vorkommen beweist vielmehr, daß die Tradition für die „action-Stellen" einer bestimmten Schicht im hellenistischen Griechisch angehört. Nach *R. Morgenthaler* begegnet οὖν bei Markus fünfmal, bei Lukas 31mal, bei Matthäus 57mal, bei Johannes 194mal. Aber Epiktet benutzt das Wort οὖν nach *Colwell* in 1,1–24 (einem Abschnitt, der ungefähr ebenso lang ist wie das JE) 173mal. Doch eine solche Formel gibt nur abstrakt das Verhältnis des neutestamentlichen Griechisch zu einer bestimmten Entwicklung innerhalb des griechischen Sprachraums der Mittelmeerwelt an. Ein johanneisches Charakteristikum ist damit nicht gegeben. Das Vorkommen von οὖν in Kap. 21 besagt für die johanneische Verfasserschaft dieses Kapitels nichts.

Ähnlich verhält es sich mit der Häufigkeit von ἐκεῖνος im JE (Nr. 6 bei *Schweizer* 90f.). *Morgenthaler* gibt für ἐκεῖνος folgende Zahlen an: Markus 23mal, Matthäus 54mal, Lukas 33mal, Johannes 70mal. *Schweizer* (91) nennt die Formel für die Häufigkeit von ἐκεῖνος 44 + 6 / 11 + 0. *Ruckstuhl* (213) zählt im JE 47mal ἐκεῖνος. Der Unterschied in diesen Zahlenangaben bei *Schweizer* und *Morgenthaler* rührt daher, daß *Schweizer* nur ἐκεῖνος als selbständiges personales Pronomen im Singular berücksichtigt. Allerdings meint dieses ἐκεῖνος im JE meist Gott oder Jesus. Aber formal gleich wird ἐκεῖνος auch bei Epiktet besonders häufig gebraucht (*Colwell* 56). In einem Abschnitt, der ungefähr ebenso lang ist wie das JE, verwendet Epiktet αὐτός 16mal, οὗτος 76mal, ἐκεῖνος 64mal. Für das JE betragen die entsprechenden Zahlen: αὐτός 18mal, οὗτος 44mal, ἐκεῖνος 51mal. Auch hier haben wir es nicht mit einem „ungewöhnlichen Wort" zu tun, für das einer der beiden Autoren eine persönliche Vorliebe hatte. Es ist weder bei Johannes noch bei Epiktet ein individuelles Charakteristikum. Darum darf ἐκεῖνος nicht in einer Liste von johanneischen Charakteristika aufgeführt werden.

Nun sind aber gerade ἐκεῖνος und οὖν zahlenmäßig nach *Schweizer* die besonders häufigen johanneischen Kennzeichen. Wenn man sie nicht mitzählt, bekommt die ganze Charakteristik von *Schweizer* und *Ruckstuhl* samt den daraus gezogenen Folgerungen einen schweren Stoß. Was speziell ἐκεῖνος betrifft, so hat man den Eindruck, daß es sowohl im überkommenen „action"-Gut des JE wie in den vom Evangelisten selbst formulierten Dialogen gleich beliebt ist. Die Synoptiker verwenden ἐκεῖνος zwar recht häufig, aber attributiv in Verbindung mit einem Substantiv. Selbstverständlich kennt auch das JE diese attributive Benutzung von ἐκεῖνος; sie kommt hier 20mal vor. Die Itala-Handschriften (Itala IV: Johannesevangelium, hrsg. von *Jüli-*

*cher* besorgt von *Matzkow* und *Aland,* Berlin 1963) geben das selbständige, personal gebrauchte ἐκεῖνος meist mit „ille“ wieder, bisweilen auch mit „ipse“. Wir würden im Deutschen dafür einfach „er“ sagen, vulgärer sogar „der“.

Von *Menoud* und *Ruckstuhl* (um auch einmal sie zu Wort kommen zu lassen) wird für „Jerusalem“ τὰ Ἱεροσόλυμα – also der Name mit Artikel – als besonderes johanneisches Merkmal mit der Formel 4 + 0 / 0 hinzugefügt. Achtmal verwendet das JE – Ἱεροσόλυμα – ohne Artikel (wie die LXX in den kanonischen Schriften), wie stets Markus (10mal) und Matthäus (mit der einen Ausnahme 23,37), wo aus klanglichen Gründen (unmittelbar zweimal nacheinander vorkommend: „Jerusalem, Jerusalem, die du tötest die Propheten . . .“) gewählt ist. Im JE findet sich der Artikel vor Ἱεροσόλυμα in 2,23; 5,2; 10,22; 11,18. Das aber reicht nicht aus, um eine spezielle Vorliebe des Autors für die Form mit Artikel zu beweisen. In den Apokryphen erscheint der Name „Jerusalem“ zwar auch meist ohne Artikel. Aber in 2Makk 11,8 begegnet mit einem Mal der Name mit Artikel, und das wiederholt sich 12,9 und 3Makk 3,16. Das zeigt, daß in der späteren Zeit beide Formen promiscue verwendet wurden, wenn auch, wie im JE, die artikellose Form überwog. Damit fällt die Form mit Artikel als angeblich johanneisch dahin.

*Schweizer* hat (Nr. 32: 94ff.), gefolgt von *Ruckstuhl* (213), als ein weiteres „johanneisches Charakteristikum“, die „ungewöhnlichen Worttrennungen“ bezeichnet. Es gibt im JE zwölf solcher Fälle: 4,39; 5,20; 7,22; 7,38.44; 10,32; 11,15; 12,11; 18,37; 19,20; 21,12. *Schweizer* hat 17,5 („παρὰ σεαυτῷ . . . δόξασον . . .“) und 21,12 übersehen (*Ruckstuhl* 195). Aber schon *Ruckstuhl* hatte daran erinnert, daß solche Fälle auch in der Apostelgeschichte vorkommen, und dabei an 19,26 und 27,5 erinnert. Ich hatte schon im Kommentar zur Apostelgeschichte[7] S. 90f. auf diese Erscheinung hingewiesen und dabei einige solche Umstellungen genannt, die zusammengehörende Wörter auseinanderreißen (4,33; 10,28; 11,22; 14,8; 19,26; 21,10). Aber die Apostelgeschichte ist ungleich reicher an solchen Stellen, als diese Beispiele ahnen lassen. Schon in 1,1.2.3.5 treten sie auf und haben hier mit dazu beigetragen, daß man früher den Actaprolog mißverstand. Lukas hat in einem noch höheren Grad als Johannes durch solche Umstellungen innerhalb des Satzes die Betonung der wichtigen Wörter erzielt. Eine johanneische Eigenart liegt auch hier nicht vor.

Der Ersatz des gen. part. durch ἐκ (*Schweizer* 92; *Ruckstuhl* 213) ist angeblich auch ein johanneisches Charakteristikum. In Wirklichkeit ist es eine im hellenistischen Griechisch bekannte Erscheinung. Wenn *Schweizer* für das johanneische ἐκ die Formel 31 + 3 / 26 + 3 angibt, so illustriert das nur, was *Radermacher,* Neutestamentliche Grammatik 125, so formuliert hat: Wir sehen, „daß die Sprache des Neuen Testaments überhaupt bemüht ist, den Genitivus partitivus zu beseitigen . . ., vor allem durch ἐξ, seltener durch ἀπό oder ἐν.“ (vgl. *Blass-Debrunner*[12] § 164). Im JE zeigt sich diese Erscheinung schon in einem fortgeschrittenen Stadium, aber nicht dank einer besonderen Vorliebe des Verfassers für diese Konstruktion mit ἐκ.

Besonderen Wert legten *Schweizer* 89 und *Ruckstuhl* 213 auf das ,,epexegetische'' (erklärende) ἵνα im JE: 10 (11) + 12 / 0 (1). Auch von dieser Wendung gilt, was schon *Hirsch,* Stilkritik und Literaturanalyse im vierten Evangelium 138, gezeigt hatte: sie ist keine individuelle, sondern eine hellenistische Redeweise. Auch hier benutzt das JE den Stil seiner Zeit und bezeugt keine individuelle Vorliebe des Autors. *Pernot* 128 hielt das stärkere Hervortreten von ἵνα im JE für einen Beweis des ,,vulgären'' Griechisch des JE.

Ähnliches gilt auch – und das ist wichtig – für die häufige Verknüpfung von Hauptsätzen durch bloßes ,,und'' und auch für das ebenso häufige ,,Asyndeton'', also einen Verzicht auf Verbindungswörter zwischen Sätzen, Erscheinungen, die *Schweizer* 91 und *Ruckstuhl* 213 als johanneische Charakteristika ansehen. *Colwell* 10 bemerkt zu diesem Fall: selten hätten Zahlen so wenig Beweiskraft wie hier. Es ist nicht einmal sicher, wo man von einem Asyndeton sprechen darf. Wenn man z. B. in Joh 1 koordinierte Sätze als eine Einheit ansieht, vermindert sich die Zahl der Asyndeta beträchtlich. Solche unabhängigen koordinierten Sätze kommen in den Kap. 2–4, in Kap. 11, 18 und 19 zu besonderer Bedeutung: angesichts ihrer müßte man von 130 Asyndeta gegenüber 274 Syndeta sprechen. Damit soll nicht bestritten werden, daß sich im JE mehr Asyndeta finden als bei den Synoptikern. Aber führt das über das gesprochene Koinegriechisch hinaus? Aus ca. 200 Papyri der Römerzeit läßt sich nichts Sicheres entnehmen; sie weichen nach Inhalt und Stil zu sehr von einander ab. Bei Epiktet kann man von 1,14–1,24 sogar 244 asyndetische Sätze zählen und nur 220 Syndeta. Aber diese schnellen Wechselreden mit den häufig nur angedeuteten Sätzen geben keine ganz sicheren Ergebnisse. Wo aber bei Epiktet Erzählungsstücke vorkommen, sind Asyndeta noch häufiger als im JE. So ergibt sich, daß Johannes und Epiktet in dieser Hinsicht gemeinsam den Synoptikern gegenüberstehen.

In den meisten bisher besprochenen Fällen ging es um die Frage, ob eine im JE gebrauchte Vokabel oder Wendung individuellen Stil des Autors oder den Sprachgebrauch der (nichtliterarischen) Koine widerspiegelt. Aber es kommen angesichts der Schweizerschen Liste johanneischer Charakteristika auch andere Fragen in Sicht; so z. B. bei der Wendung ,,(ἐν) τῇ ἐσχάτῃ ἡμέρᾳ'' (*Schweizer* 93: Merkmal Nr. 24); als Formel wird angegeben: 7 + 0 / 0 + 0). Wie schon *Hirsch* gesehen hat, meinte die Wendung in 7,37 den letzten Tag des Laubhüttenfestes und nicht den ,,jüngsten Tag'', wie in den anderen 6 Fällen, und scheidet darum aus. Aber auch die anderen Stellen bilden noch keine Einheit. In 11,24 (s. dazu die Einzelbesprechung) läßt der Evangelist die unverständige Martha sagen: ,,Ich weiß, er'' (Lazarus) ,,wird auferstehen in der Auferstehung am jüngsten Tag!'' Martha vertritt damit die damals wohl meist in den Gemeinden übliche futurische Auferstehungsvorstellung. Jesus aber korrigiert alsbald (11,25) mit den Worten: ,,Ich bin die Auferstehung und das Leben. Wer an mich glaubt, wird leben, auch wenn er stirbt, und jeder, der lebt und glaubt, wird in Ewigkeit nicht sterben!" Damit wird die Verwandlung des Auferstehungsbegriffs deutlich, die sich im JE vollzieht: Auferstehung ist für den Evangelisten kein futurisches Ereignis am Ende der Tage, sondern sie ereignet sich im Augenblick des Gläubigwerdens. Die in 6,39.40.44; 11,24; 12,48 auftretende Formel „und ich werde ihn auferwecken am jüngsten Tage" zeigt, daß man zur Zeit des Redaktors nicht willens war, auf die alte Auferstehungsvorstellung zu verzichten. Darum wurde die vermißte Zukunftserwartung betont wieder eingetragen. Eine gleiche Korrektur der Stelle 5,25f. erfolgt in 5,28f.

Die beliebte apologetische Auskunft, der Evangelist habe schon neben der „Jetzt"-Eschatologie noch die futurische Eschatologie am Ende der Tage gekannt und geteilt, übersieht, daß nun der Zusammenhang zwischen 11,23–25 unverständlich wird. Hier geht es nicht um die Frage, ob man mit einem individuellen Sprachgebrauch rechnen darf oder mit dem der Koine, sondern um die theologische Differenz zwischen dem Evangelisten und seinem Redaktor, also um ein theologisches Problem.

Um ein solches handelt es sich auch bei dem von *J. Jeremias* eingeführten Merkmal (Nr. 27 in *Ruckstuhls* Liste S. 204): „γύναι" als Anrede Jesu an seine Mutter. Da Jesus seine Mutter nur in 2,4 und 19,26 in dieser Weise anspricht, lautet die Formel dafür: 2 + 0 / 0. Die Dinge liegen jedoch anders. Denn Jesus redet auch die Samariterin am Brunnen (4,21) mit γύναι an, und in 20,15 gebraucht er gegenüber Maria Magdalena dieselbe Form der Anrede. Diese Fälle zeigen in ihrem Nebeneinander die eigentümliche Distanz, die Jesus allen weiblichen Gesprächspartnern gegenüber wahrt und die ihm zugleich erlaubt, auch einen ihm fremden Menschen wie die Samariterin mit derselben höflichen Sachlichkeit und Menschlichkeit zu behandeln wie die ihm ergebene Jüngerin und die eigene Mutter. – Zu 2,4 bringt Joh 7,1–10 eine innere Parallele: Jesus läßt sich auch durch seine Brüder nicht zum Handeln bringen, sondern wartet stets darauf, daß Gott ihm Tag und Stunde anzeigt. Aus dieser tiefen Verbundenheit mit dem Vater ergibt sich jene erstaunliche Unabhängigkeit von den Menschen, die trotzdem nicht die Sorge für den andern ausschließt. Die Anrede γύναι ist also nicht ein sprachliches Merkmal des Schriftstellers, sondern ein Ausdruck der johanneischen Theologie.

*J. Jeremias* hat als Merkmal Nr. 35 (*Ruckstuhl* 201) das Wort ἀνθρακιά, „Kohlenfeuer", eingebracht. Es begegnet in 18,18 und 21,9; die Formel lautet also: 2 + 0 / 0. *Ruckstuhl* bemerkt dazu: „Das Wort dürfte ungewöhnlich sein", und verweist auf Mk 14,54 (wo φῶς „Feuer" bezeichnet) und auf Lk 22,55 (wo πῦρ steht). Keines dieser Worte gehört einem Evangelisten als Merkmal seines individuellen Stils an. Joh 21,9 (s. dazu die Einzelerklärung), wo das Wort in einem Einschub des Redaktors auftritt, spielt auf die Verleugnungsszene (18,18) an und trägt durch die Aufnahme des dort gewählten Ausdrucks ἀνθρακιά zu ihrer „Wiederholung" bei. – Man sollte bei Joh 18,18 an *Cadburys,* The Making of Luke-Acts 214, Warnung denken, man solle nicht ein Wort deshalb als für einen antiken Schriftsteller eigentümlich halten, weil es zufällig nur bei ihm begegnet. Hapaxlegomena ,,bezeichnen eher die Begrenztheit unseres Wissens als die ihrer Geläufigkeit".

Fünfmal erscheint im JE das Wort ὀψάριον (6,9.11; 21,9f.13; die letzten drei Stellen gehören zu Nachahmungen des Redaktors). *Schweizer* 94 führte es schon als Merkmal an, *Ruckstuhl* als Nr. 39 (Suidas hat es mit ἰχθύδιον erklärt). Johannes verwendet dieses in der Geschichte der Speisung der 5000 (die Synoptiker dagegen verwenden ἰχθύς; Mk 8,6 ἰχθύδιον). In 21,9f.13 wird mit ὀψάριον offensichtlich auf die Speisungsszene der 5000 angespielt; dagegen ist mit der Fischzugsszene in 21,6.8.11 das Wort ἰχθύς verbunden. Es ist möglich, daß die johanneische Speisungstradition vom Wort ὀψάριον in Num 11,22 beeinflußt ist: ,,Werden alle Fische des Meeres (πᾶν τὸ ὄψος τῆς θαλάσσης) zusammen für sie genügen?". Sowenig ἰχθύδιον in Mk 8,7 ein für Markus charakteristisches Merkmal ist, sowenig ist ὀψάριον ein johanneisches.

Ebenfalls durch die Formel 2 + 0 / 0 bezeichnet ist *Ruckstuhls* Merkmal Nr. 28: ἐφανέρωσεν (ἑαυτόν). Es tritt freilich nur im Nachtragskapitel 21,1 auf. Dagegen erscheint φανερόω in 1,31; 2,11, 3,21; 9,3; 17,6; 21,14 in anderen Konstruktionen. 21,1 berührt sich als Wendung mit 7,4; aber dort heißt es: ,,Offenbare dich der Welt!". Eine persönliche Vorliebe des Evangelisten für diese Wendung wird nicht sichtbar.

Die vorgeschlagenen Merkmale οὐκ . . . οὐδείς (*Schweizer* 93 Nr. 18); ἐγγύς (*Schweizer* 93 Nr. 19) und ὄχλος (im Plural nur 7,12) lehnt *Ruckstuhl* 195 und 202 ab. Auch von der Wertung des verdoppelten ἀμήν als Charakteristikum will er nichts wissen (198). Das dürfte nicht nur deshalb zutreffen, weil sich diese Wendung bzw. Wörter leicht nachahmen lassen, sondern auch, weil sie wahrscheinlich dem Sprachgebrauch der späteren Gemeinde angehören, der das einmalige ἀμήν nicht mehr genügte. Ähnlich dürfte es mit Merkmal 24 in *Ruckstuhls* Liste (204) sich verhalten, nämlich der festgewordenen Namensform ,,Simon Petrus".

Besonders interessant ist, was *Schweizer* (93) zu Nr. 15 seiner Liste sagt: ,,spezifisch johanneisch ist auch die Formulierung (ἐ)άν (μὴ) τις . . . Das Verhältnis beträgt 24 + 4 / 19 + 2, worunter in Matthäus und Acta zwei AT-Zitate fallen." Die Anmerkung 68 bei *Schweizer* ebd. lautet: ,,5 Fälle von ἄν = ἐάν nur johanneisch." *Ruckstuhl* hat dieses Merkmal S. 213 übernommen. Bleiben wir zunächst bei der Anm. 68. Zu solchen Fällen sagen *Blass-Debrunner* § 107 mit Recht: ,,ἐάν . . . ist die hellenistische Form für ‚wenn'; ἄν findet sich indes im NT vereinzelt in Handschriften, so Joh 12,32 in B, P 66 und P 75; dagegen lesen sie auch ἐάν, wie auch D E F G al." Auch in 5,19b, das *Ruckstuhl* (208) anführt, lesen P 66 und 75 ἐάν. Wie *Blass-Debrunner* betonen, wird hier die Unsicherheit der Schreiber sichtbar; sie war darin begründet, daß ἐάν weit in das Gebiet von ἄν eindrang. Angesichts dieser Lage und der Tatsache, daß auch in Apg 9,2 die Handschriften schwanken, kann keine Rede davon sein, daß jene 5 Fälle von Anm. 68 ,,nur johanneisch" sind, wie *Schweizer* annahm.

Nicht anders verhält es sich mit der Wendung: ἐάν (μὴ) τις . . ., auch wenn die Anzahl der Fälle vielleicht eine besondere Erklärung erfordert. Jedenfalls gehören sie alle den Jesusreden im JE an, und zwar einer feierlichen Form der Paränese. Bei Markus und Matthäus entspricht dem: ὅς (ἐ) άν . . . Man hat (in anderem Zusammenhang) die Frage aufgeworfen, ob die stilistischen Differenzen zwischen den Synoptikern und dem JE nicht landschaftlich bedingt sein könnten. Vielleicht sollte man diese Möglichkeit auch hier erwägen. Dann würde das weitere Problem auftauchen, ob man bei stilistischen Verschiedenheiten auch fragen sollte, ob sie durch den heimatlichen Sprachgebrauch nicht nur des jeweiligen Autors, sondern auch der Schreiber bedingt sein könnten.

Die Nr. 1 (88f.) in *Schweizers* Liste (also die wichtigste!) betrifft die Häufigkeit von ἐμός im JE: 39 + 1 / 34 + 2. Da im JE der „Offenbarer" (freilich wird dieser Ausdruck nicht verwendet) redet, ist es eigentlich von vornherein so gut wie gegeben, daß das Possessivpronomen des 1.sg. besonders häufig vorkommt; das hat *Schweizer* in Rechnung gestellt (88f.). Darum berücksichtigt er nur jene Fälle, wo ἐμός mit wiederholten Artikel nachgestellt wird, und kommt dann zu dem beachtlichen Schlußergebnis 29 + 1 / 0. *Blass-Debrunner* § 285 sagen dazu: „Ἐμός ist bei Johannes recht häufig (kleinasiatische Koine? . . .)". Aber in § 285, A. 1 sagen sie, das Possessivpronomen werde bei Johannes 31 mal nachgestellt (nicht nur ἐμός!), bei Betonung vorangestellt, z. B. ἡ ἐμὴ διδαχὴ οὐκ ἔστιν ἐμή. Hier liegt doch wohl ein Irrtum vor. Das nachgestellte Pronomen mit Artikel trägt den stärksten Ton und wird darum so oft benützt. Die von *Blass-Debrunner* zitierte Stelle 7,16 hebt gerade hervor, daß Jesu Lehre nicht die seine ist, sondern die des Vaters. Die Formulierung ἡ διδαχὴ ἡ ἐμὴ οὐκ ἔστιν ἐμή würde „meine Lehre" gegen den Sinn des Zusammenhangs zu stark betonen. Die vielen Fälle mit nachgestelltem Pronomen und wiederholtem Artikel rühren daher, daß der johanneische Jesus als der spricht, der einerseits nicht seinen eigenen Willen tut und nicht seine eigenen Worte sagt, sondern die des Vaters, daß es aber gerade deshalb darauf ankommt, eben *sein* Wort zu hören oder zu bewahren. Alle diese Stellen (außer 3,29, wo der Täufer redet) treten in Worten Jesu auf. Es handelt sich nicht um eine individuelle Vorliebe des Autors für eine bestimmte Wendung, sondern um den passenden Ausdruck für das christologische Verhältnis des Sohnes zum Vater, das die anderen Evangelisten noch nicht so durchreflektiert haben. Bedenkt man das, so sieht man: Der Ausdruck „johanneischer Stil" ist hier nicht eindeutig. Er könnte z. B. besagen: hier liegt der Stil eines bestimmten, individuellen Autors vor (aus dem man dann eventuell Schlüsse auf Quellen ziehen dürfte). Er kann aber auch meinen: der Ausdruck einer bestimmten Christologie, die sich erst allmählich herausgebildet hat und im JE einen Niederschlag fand. Im JE geht es vorwiegend um das zweite; „vorwiegend" insofern als kein anderer neutestamentlicher Autor das christologische Problem in dieser Schärfe durchdacht hat wie der vierte Evangelist, der darum nun zu diesem stilistischen Mittel gegriffen hat.

Beenden wir diese Besprechung ausgewählter Stücke aus *Schweizers* und *Ruckstuhls* Listen mit der Nr. 2: der ,,Vorliebe des Johannes für den ἵνα-Satz'', besonders für den ,,epexegetischen'' (erklärenden) ἵνα-Satz (89). Zu diesen epexegetischen Sätzen zählt *Schweizer* ,,diejenigen ἵνα, die einen Nebensatz einleiten, der ein im übergeordneten Satz stehendes Demonstrativpronomen erklärt und der nicht final, konsekutiv oder imperativisch aufzufassen ist''. Sein Ergebnis lautet: 10 (11) + 12 / 0 (1). Diese Zählung leuchtet uns nicht ein. Die Stellen 6,39.40.55 dürften nicht zu dieser Gruppe gehören, und auch nicht die 3 (4) Stellen, an denen kein ἵνα, sondern ein ὅτι erscheint.

In *Steyers* sehr zu empfehlender ,,Satzlehre des neutestamentlichen Griechisch'' (75) heißt es zu dieser Frage: ,,Einen wahllosen Gebrauch von ἵνα anstelle von ὅτι kennt das NT nicht. Doch gibt es ein nicht finales ἵνα (engstens verwandt mit dem ἵνα der vorangestellten Folge 44 I) in erklärenden Sätzen, die meist von einem Demonstrativum abhängen und im Deutschen wahlweise mit ,,daß'' oder ,,wenn'' eingeleitet werden können, z. B. 3Joh 4: ,,eine größere Freude habe ich nicht als die, daß (oder: wenn) ich höre . . .'' (vgl. Joh 15,13). Solches ἵνα stellt den Inhalt des erklärenden Nebensatzes als Gedanken, nicht als Tatsache hin, freilich ohne daß die Tatsächlichkeit bestritten sein müßte.'' Zu solchem epexegetischen Gebrauch von ἵνα scheint uns auch Mk 10,37 zu gehören: ,,Gib uns, daß . . . sitzen werden'', Mt 10,25 ,,Es ist genug für den Jünger, daß er wie sein Meister wird'', Mt 8,8: ,,Ich bin nicht wert, daß du unter mein Dach eingehst.'' *Schweizer* beruft sich (89 Anm. 32) auf *Radermacher* (193) der 1Kor 9,18 (,,sonst nur Jo'') und *Blaß* 394, der Lk 1,43 als einziges Gegenbeispiel anführt. Aber das epexegetische ἵνα kann, wenn man die synoptischen Stellen nicht gelten läßt, nicht als ein charakteristisches Merkmal des JE angeführt werden, denn es tritt auch in den drei Johannes-Briefen auf, die verschiedene Hände verraten (1Joh 3,1.4,17; 2Joh 6; 3Joh 4). Der dritte Johannes-Brief zeigt in V. 4 eine vulgäre Neubildung.

Das erklärende ἵνα ist freilich nur ein Spezialfall der Sprachentwicklung in der Koine: ,,Ἵνα dringt auf breiter Front vor: die Konstruktion mit ἵνα und ὅτι haben sich zu gefährlichen Konkurrenten für den Infinitiv entwickelt'' (*Blass-Debrunner* § 388). Wir hatten schon oben darauf hingewiesen, daß sich auch im Lateinischen gewisse Parallelerscheinungen zur (nichtliterarischen) Koine aufweisen lassen. Das ist auch hier der Fall. Im Lateinischen beginnen ,,ut'' und ,,quia'' oder ,,quod'' mit dem Infinitiv abzuwechseln (*Blass-Debrunner* a.a.O.). Im Neugriechischen ist diese Entwicklung weitergegangen: ,,Einen Infinitiv gibt es im Neugriechischen nicht; er wird in der Regel durch νά mit dem Konjunktiv oder durch ὅτι bzw. πῶς mit dem Indikativ ersetzt'' (*J. Kalitsunakis*, Grammatik der neugriechischen Volkssprache § 127).

Auch bei Nr. 2 in *Schweizers* Liste wird also zu Unrecht eine Erscheinung der allgemeinen Koine als Vorliebe eines individuellen Autors mißverstanden. Damit wird die Schwäche dieses Versuches besonders deutlich, ,,objektive" Merkmale der Sprache des JE als Hilfstruppe gegen Quellenscheidungen einzuführen.

## § 6: Quellen, Komposition, Stil und Verfasser des JE

**Literatur:**

*1. JE – Synoptiker:*

*Amadon, G.,* The Johannine-Synoptic-Argument, AThR 26 (1944) 107–115.

*Anonym,* Noch ein Versuch über das Wandeln Jesu auf dem Meere nach Mt 14,24–33; Mk 6,45–51 und Joh 6,16–21, MRP 12 (1802) 310–333.

*Bacon, B. W.,* John and the Synoptists, in: ders., The Gospel of the Hellenists, 1933, 111–119.

*Ders.,* Lukan versus Johannine Chronology, Exp. 3 (1907) 206–220.

*Bailey, J. A.,* The Tradition Common to the Gospels of Luke and John, Leiden 1963.

*Balagué, M.,* San Juan los Sinópticos, CuBi 12 (1955) 347–352.

*Barrett, C. K.,* John and the Synoptic Gospels, ET 85 (1974) 228–233.

*Barton, G. A.,* The Origin of the Discrepancy between the Synoptists and the Fourth Gospel as to Date and Character of Christ's Last Supper with his Disciples, JBL 43 (1924) 28–31.

*Bleek, F.,* Verhältniß der johanneischen Darstellung zur synoptischen in der Erzählung vom Wandeln Jesu auf dem Meere, in: ders., Beiträge zur Evangelienkritik, 1846, 102–105.

*Ders.,* Ueber den Monathstag des Todes Christi und des letzten Abendmahles mit seinen Jüngern und die in der Beziehung zwischen Johannes und den Synoptikern stattfindende Differenz, in: ders., Beiträge (s. o.) 107–156.

*Ders.,* Ueber die Spuren in den Synoptischen Evangelien, welche für die johanneische Darstellung des äußeren Verlaufes der evangelischen Geschichte, . . . , zeugen, in: ders., Beiträge (s. o.) 92–99.

*Ders.,* Auslassung der Auferweckung des Lazarus bei den Synoptikern, in: ders., Beiträge (s. o.) 100f.

*Blinzler, J.,* Johannes und die Synoptiker, Stuttgart 1965.

*Boismard, M. E.,* S. Luc et la rédaction du quatrième évangile Jn 4,46–54, RB 69 (1962) 185–211.

*Borgen, P.,* John and the Synoptics in the Passion-Narrative, NTS 5 (1959) 246–259.

*Brodie, L. T.,* Creative Rewriting: Key to a New Methodology, SBL.SP 1978. 2. 261–267.

*Broomfield, G. W.,* The Fourth Evangelist and the Synoptic Tradition, in: ders., John, Peter and the Fourth Gospel, 1934, 82–107.

*Ders.,* John and Luke, s. o., 108–145.

*Brown, R. E.,* John and the Synoptic Gospels, in: ders., New Testament Essays, 1965, 192–213.

*Büchsel, F.,* Johannes und die Synoptiker, ZSTh 4 (1927) 240–265.

*Buse, I.,* St. John and ,,the first Synoptic Pericope", NT 3 (1959) 57–61.

*Ders.,* John 5,8 and the Johannine-Marcan Relationship, NTS 1 (1954/55) 134–136

*Ders.,* St. John and the Marcan Passion Narrative, NTS 4 (1957/58) 215–219.

*Ders.,* St. John and the Passion Narratives of St. Matthew and St. Luke, NTS 7 (1960/61) 65–76.

*Calmes, T.,* La formazione dei Vangeli: la questione sinottica e il Vangelo di S. Giovanni, Rom 1923.

*Cassian (Bishop),* The Interrelation of the Gospels Mt-Lk-Jn, StEv I 129–147.

*Cerfaux, L.,* L'évangile de Jean et ,,le logion johannique" des Synoptiques, in: Recueil L. Cerfaux, 1962, III, 161–174.

*Cipriani, S.,* La confessione di Pietro in Gv 6,69–71 e suvi rapporti con quella dei sinottici, ASB 19 (1967) 93–111.

*Colwell, E. C.,* John Defends the Gospel, New York 1936.

*Cribbs, L. F.,* St. Luke and the Johannine Tradition, JBL 90 (1971) 422–450.

*Ders.,* The Agreements that Exist between Luke and John, SBL.SP 1979. 1, 215–261.

*Ders.,* The Agreements that Exist between John and Acts, in: Talbert, C. H., ed., Perspectives on Luke-Acts, 1978, 40–61.

*Ders.,* A Study of the Contacts that Exist between St. Luke and St. John, SBL.SP 1973. 2., 1–93.

*Curtis, K. P. G.,* Three Points of Contact between Matthew and John in the Burial and Resurrection Narratives, JThS 23 (1972) 440–444.

*Dewey, K. E.,* Peter's Denial Reexamined:

John's Knowledge of Mark's Gospel, SBL.SP 1979. 1., 109–112.

*Dodd, C. H.,* The Portrait of Jesus in John and in the Synoptics, in: FS. J. Knox, Cambridge 1967, 183–198.

*Ders.,* Some Johannine „Herrenworte" with Parallels in the Synoptic Gospels, NTS 2 (1955) 75–86.

*Durand, A. S.,* Jean et ses devanciers, Etudes 64 (1927) 129–141.

*Dunkel, F.,* Die Berufung der ersten Jünger Jesu: der wunderbare Fischfang bei Lk 5 und Joh 21, HL 73 (1929) 53–59.

*Fagal, H. E.,* John and the Synoptic Tradition, in: FS. E. F. Harrison, Grand Rapids 1978, 127–145.

*Feuillet, A.,* Giovanni e i Sinottici, StCatt 13 (1969) 121f.

*Flowers, H. J.,* Mark as a Source for the Fourth Gospel, JBL 46 (1927) 207–236.

*Gardner-Smith, P.,* St. John's Knowledge of Matthew, JThS 4 (1953) 31–35.

*Ders.,* St. John and the Synoptic Gospels, Cambridge 1938.

*Garvie, A. E.,* The Synoptic Echoes and Second-Hand-Reports in the Fourth Gospel, Exp. 10 (1915) 316–326.

*Glusman, E. F.,* The Cleansing of the Temple and the Anointing at Bethany: The Order of Events in Mark 11/John 11–12, SBL.SP 1979, 1., 113–118.

*Ders.,* The Shape of Mark and John: A Primitive Gospel Outline, masch. Diss., Duke University 1978.

*Ders.,* Criteria for a Study of the Outlines of Mark and John, SBL.SP 1978, 239–249.

*Grant, F. C.,* Was the Author of John Dependent upon the Gospel of Luke?, JBL 56 (1937) 285–307.

*Gümbel, L.,* Das JE – eine Ergänzung des Lukasevangeliums, 1911.

*Haenchen, E.,* Johanneische Probleme, in: ders., Gott und Mensch, 1965, 78–113.

*Harrison, E. F.,* The Christology of the Fourth Gospel in the Relation to the Synoptics, BS 116 (1959) 303–309.

*Holtzmann, H. J.,* Das schriftstellerische Verhältniss des Johannes zu den Synoptikern, ZWTh 12 (1869) 62–85. 155–178. 446–456.

*Jaubert, A.,* Solution of the Conflict Between John and the Synoptics, in: dies., The Date of the Last Supper, 1965, 95–101.

*Johnston, E. D.,* A Reexamination of the Relation of the Fourth Gospel to the Synoptics, masch. Diss. Louisville 1955.

*Kallas, J. G.,* John and the Synoptics – A Discussion of Some of the Differences between them, masch. Diss. University of South California 1968.

*Kittlaus, L. R.,* Evidence from Jn 12 that the Author of John Knew the Gospel of Mark, SBL.SP 1979, 1., 119–122.

*Ders.,* John and Mark: A Methodological Evaluation of N. Perrin's Suggestion, SBL.SP 1978, 2. 269–279.

*Ders.,* The Fourth Gospel and Mark: John's Use of Markan Redaction and Composition, masch. Diss. Chicago 1978.

*Klein, H.,* Die lukanisch-johanneische Passionstradition, ZNW 67 (1976) 155–186.

*Kolenkow, A. B.,* The Changing Patterns: Conflicts and the Necessity of Death: John 2 and 12 and Markan Parallels, SBL.SP 1979. 1., 123–126.

*Lee, E. K.,* St. Mark and the Fourth Gospel, NTS 3 (1956/1957) 50–58.

*Maynard, A. H.,* Common Elements in the Outlines of Mark and John, SBL.SP 1978, 2., 251–260.

*Mendner, S.,* Zum Problem „Johannes und die Synoptiker", NTS 4 (1957/58) 282–307.

*Mensinga, J. A.,* Das Johannes-Evangelium und die Synopsis, ZWTh 35 (1892) 98–104.

*Morris, L.,* The Relationship of the Fourth Gospel to the Synoptics, in: ders., Studies in the Fourth Gospel, 1969, 15–63.

*Mos, O.,* Spor av Johannes traditionen hos Lukas, NTT 25 (1924) 103–128.

*Munro, W.,* The Anointing in Mark 14,3–9 and John 12,1–8, SBL.SP 1979. 1., 127–130.

*Neirynck, F.,* et alii, Jean et les Synoptiques, Löwen 1979.

*Neirynck, F., Parakypsas blepei:* Lc 24,12 et Jn 20,5, EThL 53 (1977) 113–162.

*Ders., Apelthen pros heauton,* EThL 54 (1978) 104–118.

*Ders.,* John and the Synoptics, BEThL 44 (1977) 73–106.

*Onuki, T.,* Die joh. Abschiedsreden und die synoptische Tradition, AnnJBI 3 (1977) 157–268.

*Osty, E.,* Les points de contact entre le récit de la passion dans S. Luc et S. Jean, RSR 39 (1951) 1, 146–154.

*Parker, P.,* Luke and the Fourth Gospel, NTS 9 (1962/63) 317–336.

*Pulligny, J. de,* La première finale du IVe évangile et l'épisode d'Emmaus dans Luc, RHR 95 (1927) 364–371.

*Richmond, W.,* The Gospel of the Rejection. A Study of the Relation of the Fourth Gospel to the three, 1906.

*Riesenfeld, H.,* Liknelserna i den synoptiska och i den johanneiska traditionen, SEA 25 (1960) 37–61; franz.: EglTh 22 (1959) 21–29.

*Sabbe, M.,* The Arrest of Jesus in Jn 18,1–11 and its Relation to the Synoptic Gospels, BEThL 44 (1977) 203–234.

*Siegman, E. F.,* St. John's Use of the Synoptic Material, CBQ 30 (1968) 182–198.

*Sigge, T.*, Das JE und die Synoptiker, Münster 1935.

*Smith, D. M.*, John 12,12ff. and the Question of John's Use of the Synoptics, JBL 82 (1963) 58–64.

*Smith, M.*, Mark 6,32–15,47 and John 6,1–19,42, SBL.SP 1978. 2., 281–287.

*Smith, M. H.*, Collected Fragments: On the Priority of John 6 to Mark 6–8, SBL.SP 1979. 1., 105–108.

*De Solage, Mgr.*, Jean et les Synoptiques, Leiden 1979.

*Soltau, W.*, Welche Bedeutung haben die synoptischen Berichte des IV. Evangeliums für die Feststellung seines Entstehens?, ZWTh 52 (1910) 33–66.

*Sortino, P. M. de*, La vocazione di Pietro secondo la tradizione sinottica e secondo S. Giovanni, ASB 19 (1966) 27–57.

*Sparks, H. F. D.*, St. John's Knowledge of Matthew. The Evidence of John 13,16 and 15,20 JThS 3 (1952) 58–61.

*Schlatter, A.*, Die Parallele in den Worten Jesu bei Johannes und Matthäus, Gütersloh 1898.

*Schmiedel, P. W.*, Die Johannesschriften des Neuen Testaments, I. II., Tübingen 1906.

*Ders.*, The Johannine Writings, London 1908.

*Schmitt, J.*, Le groupe johannique et la chrétienté apostolique, in: Les groupes informels dans l'eglise, Strasbourg 1971, 169–179.

*Schnider, R./Stenger, W.*, Johannes und die Synoptiker, München 1971.

*Schniewind, J.*, Die Parallelperikopen bei Lukas und Johannes, Darmstadt² 1958.

*Stamm, R. T.*, Luke-Acts and the three Cardinal Ideas of John, in: Biblical Studies in Memory of H. C. Alleman, New York 1960, 170–204.

*Steiner, R.*, L'évangile de S. Jean dans ses rapports avec les trois autres évangiles, Paris 1945.

*Streeter, B. H.*, The Four Gospels, London 1924, 393ff.

*Tayler, J. J.*, An Attempt to Ascertain the Character of the Fourth Gospel, Especially in its Relation to three first, London 1867.

*Weizsäcker, C. von*, Untersuchungen über die evangelische Geschichte², 1901, 172–184.

*Welch, C. H.*, Parable, miracle and sign of Matthew and John Considered Dispensationally, London ²1978.

*Williams, F.*, Fourth Gospel and Synoptic Tradition – Two Johannine Passages, JBL 86 (1967) 311–319.

*Windisch, H.*, Johannes und die Synoptiker, Leipzig 1926.

*Worsley, F. W.*, The Fourth Gospel and the Synoptists, Edinburgh 1909.

*Zimmermann, H.*, Lukas und die johanneische Tradition, ThStkr 76 (1903) 586ff.

## 2. Komposition

*Barrosee, T.*, The Seven Days of the New Creation in St. John's Gospel, CBQ 21 (1958) 507–516.

*Baur, F. C.*, Ueber die Composition und den Charakter des joh. Evangeliums, ThJb (T) 3 (1844) 1–191. 397–475. 615–700.

*Blinzler, J.*, Zum Geschichtsrahmen des JE, in: ders., Gesammelte Aufsätze I, 1969, 94–107.

*Briggs, C. A.*, New Light on the Life of Jesus, New York 1904, 140–158.

*Burch, V.*, The Structure and Message of St. John's Gospel, London 1928.

*Clavier, H.*, La structure du quatrième évangile, RHPhR 35 (1955) 174–195.

*Deeks, D.*, The Structure of the Fourth Gospel, NTS 15 (1968/69) 107–129.

*Feuillet, A.*, L'heure de Jesus et le signe de Cana. Contribution a l'étude de la structure du quatrième évangile, EThL 36 (1960) 5–22.

*Fiebig, P.*, Zur Form des JE, Der Geisteskampf der Gegenwart 64 (1928) 126–132.

*Franke, A. H.*, Die Anlage des JE, ThStKr 57 (1884) 80–154.

*Girard, M.*, La structure heptapartite du quatrième évangile, RSR 5 (1975/76) 350–359.

*Granskou, D. M.*, Structure and Theology in the Fourth Gospel, masch. Diss. Princeton 1960.

*Grundmann, W.*, Zeugnis und Gestalt des JE, Stuttgart 1961.

*Hanhart, K.*, The Structure of John 1,35–4,54, in: FS. J. N. Sevenster, Leiden 1970, 22–46.

*Harnack, A.*, Das „Wir" in den joh. Schriften, SPAW. PH 1923, 96–113.

*Hauff, Pfr.*, Einige Bemerkungen über die Abhandlung von D. v. Baur über die Composition und den Charakter des joh. Evangeliums, ThStKr 19 (1846) 550–629.

*Herder, J. G.*, Von Gottes Sohn, der Welt Heiland, Riga 1797.

*Hönig, W.*, Die Construktion des vierten Evangeliums, ZWTh 14 (1871) 535–566.

*Holtzmann, H. J.*, Disposition des vierten Evangeliums, ZWTh 24 (1881) 257–290.

*Kammerstätter, J.*, Zur Struktur des JE, masch. Diss. Wien 1970.

*Linder, G.*, Gesetz der Stoffteilung im JE, ZWTh 40 (1897) 444–454; 42 (1899) 32–35.

*Lohmeyer, E.*, Über Aufbau und Gliederung des vierten Evangeliums, ZNW 27 (1928) 11–36.

*Loman, A. D.*, De bouw van het vierde Evangelie, ThT 11 (1877) 371–437.

*MacGregor, G. H. C./Morton, A. Q.*, The structure of the Fourth Gospel, London 1961.

*McDowell, E.*, The Structural Integrity of the Fourth Gospel, RExp 34 (1937) 397–416.

*Morris, L.*, The Composition of the Fourth Gospel, in: FS., E. F. Harrison, Grand Rapids, 1978, 157–175.

*Newman, B. M.*, Some Observations Regarding the Argumentstructure and Literary Characteristics of the Gospel of John, BiTr 26 (1975) 234–239.

*Olivieri, J./Lagrange, M. J.*, La conception qui domine le quatrième évangile, RB 35 (1926) 382–397.

*Potterie, I. de la*, Structura primae partis Evangelii Johannis, VD 47 (1969) 130–140.

*Quiévreux, F.*, La structure symbolique de l'évangile de S. Jean, RHPhR 33 (1953) 123–165.

*Rau, C.*, Struktur und Rhythmus im JE, Stuttgart 1972.

*Smith, D. M.*, The Composition and Order of the Fourth Gospel, New Haven 1965.

*Schütz, R.*, Zum ersten Teil des JE, ZNW 8 (1907) 243–255.

*Schulz, S.*, Die Komposition des Johannesprologs und die Zusammensetzung des vierten Evangeliums, StEv I (1959) 351–362.

*Ders.*, Komposition und Herkunft der joh. Reden, Stuttgart 1960.

*Stange, E.*, Die Eigenart der joh. Produktion, Dresden 1915.

*Strachan, R. H.*, The Development of Thought within the Fourth Gospel, ET 34 (1922/23) 228–232. 246–249.

*Talbert, C. H.*, Artistry and Theology: An Analysis of the Architecture of Jn 1,19–5,47, CBQ 32 (1970) 341–366.

*Temple, S.*, A Key to the Composition of the Fourth Gospel, JBL 80 (1961) 220–232.

*Tenney, M. C.*, The Symphonic Structure of John, BS 120 (1963) 117–125.

*Thomas, W. H. G.*, The Plan of the Fourth Gospel, BS 125 (1968) 313–323.

*Thompson, J. M.*, The Structure of the Fourth Gospel, Exp. ser. 8.10 (1915) 512–526.

*Trudinger, L. P.*, The Seven Days of the New Creation in St. John's Gospel: Some Further Reflection, EvQ 44 (1972) 154–158.

*Weise, M.*, Passionswoche und Epiphaniewoche im JE, KuD 12 (1966) 48–62.

*Willemse, J.*, Het vierde evangelie. Een onderzoek naar zijn structuur, Hilversum 1965.

3. Quellen

*Ammon, C. F. von*, Docetur, Johannem Evangelii auctorem ab editore huius libri diversum, Erlangen 1811.

*Bacon, B. W.*, Sources and Method of the Fourth Gospel, HJ 25 (1926) 115–130.

*Ders.*, The Gospel of the Hellenists, New York 1933.

*Becker, J.*, Auferstehung der Toten im Urchristentum, Stuttgart 1976, 117–148.

*Ders.*, Joh 3,1–21 als Reflex einer joh. Schul-

diskussion, in: FS. G. Friedrich, Stuttgart 1973, 85–95.

*Ders.*, Aufbau, Schichtung und theologiegeschichtliche Stellung des Gebetes in Joh 17, ZNW 60 (1969) 56–83.

*Ders.*, Die Abschiedsreden Jesu im JE, ZNW 61 (1970) 215–246.

*Ders.*, Wunder und Christologie, NTS 16 (1969/70) 130–148.

*Blauert, H.*, Die Bedeutung der Zeit in der joh. Theologie, masch. Diss. Tübingen 1953.

*Bousset, W.*, Der Verfasser des JE, ThR 8 (1905) 225ff. 277ff.

*Ders.*, Ist das vierte Evangelium eine literarische Einheit?, ThR 12 (1909) 1ff. 39ff.

*Broome, E. C.*, The Sources of the Fourth Gospel, JBL 63 (1944) 107–121.

*Bühner, J. A.*, Der Gesandte und sein Weg im vierten Evangelium, Tübingen 1977.

*Bultmann, R.*, Hirsch's Auslegung des JE, EvTh 4 (1937) 115–142.

*Ders.*, Zur joh. Tradition, ThLZ 60 (1955) 524.

*Carson, D. A.*, Current Source Criticism of the Fourth Gospel: Some Methodological Questions, JBL 97 (1978) 411–429.

*Clemen, C.*, Die Entstehung des JE, Halle 1912.

*Cribbs, L. F.*, A Reassessment of the Date of Origin and the Destination of the Gospel of John, JBL 89 (1970) 39–41.

*Dekker, C.*, Grundschrift und Redaktion im JE, NTS 13 (1966) 66–80.

*Delff, H.*, Neue Beiträge zur Kritik und Erklärung des vierten Evangeliums, 1890.

*Ders.*, Das vierte Evangelium, ein authentischer Bericht über Jesus von Nazareth, wiederhergestellt, übersetzt und erklärt, Husum 1890.

*Easton, B. S.*, Bultmann's RQ Source, JBL 65 (1946) 143–156.

*Edwards, H. E.*, The Disciple Who Wrote These Things, London 1953.

*Faure, A.*, Die alttestamentlichen Zitate im vierten Evangelium und die Quellenscheidungshypothesen, ZNW 21 (1922) 99–121.

*Fortna, T. R.*, The Gospel of Signs, Cambridge 1970.

*Ders.*, From Christology to Soteriology, Interp. 27 (1973) 32–45.

*Ders.*, Christology in the Fourth Gospel, NTS 21 (1975) 489–504.

*Ders.*, Source and Redaction in the Fourth Gospel's Portrayal of Jesus' Signs, JBL 89 (1970) 151–166.

*Gericke, W.*, Zur Entstehung des JE, ThLZ 90 (1965) 807–820.

*Goodwin, C.*, How did John Treat his Sources?, JBL 73 (1954) 61–75.

*Grant, R. M.*, The Origin of the Fourth Gospel, JBL 69 (1950) 305–322.

*Hartke, W.*, Vier urchristliche Parteien und ihre Vereinigung zur apostolischen Kirche, Berlin 1961.

*Hirsch, E.*, s. o. § 2.

*Jeremias, J.*, Joh. Literarkritik, ThBl 20 (1941) 33–46.

*Kysar, R.*, The Source Analysis of the Fourth Gospel – A Growing Consensus?, NT 15 (1973) 134–152.

*Làconi, M.*, La critica letterarie applicata al IV. Vangelo, Ang. 40 (1963) 277–312.

*Langbrandtner, W.*, Weltferner Gott oder Gott der Liebe, Frankfurt 1977.

*Lindars, B.*, Behind the Fourth Gospel, London 1971.

*Ders.*, Traditions Behind the Fourth Gospel, BEThL 44 (1977) 107–124.

*Martyn, J. L.*, History and Theology in the Fourth Gospel, New York 1979. ²1979.

*Ders.*, Glimpses into the History of the Johannine Community, BEThL 44 (1977) 149–176.

*Ders.*, Source Criticism and Religionsgeschichte in the Fourth Gospel, in: Jesus and Man's Hope, Pittsburgh 1970, I. 247–273.

*Nicol, W.*, The Semeia in the Fourth Gospel, Leiden 1972.

*Noack, B.*, Zur joh. Tradition. Copenhagen 1954.

*Parker, P.*, Two Editions of John, JBL 75 (1956) 303–314.

*Richter, G.*, Studien zum JE, Regensburg 1977.

*Ruckstuhl, E.*, Die literarische Einheit des JE, Fribourg 1951.

*Smalley, S. S.*, Diversity and Development in John, NTS 17 (1970/71) 276–292.

*Smend, F.*, Die Behandlung alttestamentlicher Zitate als Ausgangspunkt der Quellenscheidungen im vierten Evangelium, ZNW 24 (1925) 147–150.

*Smith, D. M.*, The Milieu of the Johannine Miracle Source: a Proposal, in: FS. W. D. Davies, 1976, 164–180.

*Ders.*, The Sources of the Gospel of John, NTS 10 (1963/64) 336–351.

*Soltau, W.*, Unsere Evangelien, ihre Quellen und ihr Quellenwert vom Standpunkt des Historikers aus betrachtet, Leipzig 1901.

*Ders.*, Zum JE: Die Kritiker am Scheideweg, PrM 13 (1909) 436–447.

*Ders.*, Das Problem des JE und der Weg zu seiner Lösung, ZNW 16 (1915) 24–53.

*Ders.*, Thesen über die Entwicklung einer joh. Literatur, ZWTh 53 (1911) 167–170.

*Ders.*, Das vierte Evangelium in seiner Entstehungsgeschichte dargelegt, SHAW.PH VII (1916) 6. Abh.

*Spitta, F.*, s. o. § 2.

*Schnackenburg, R.*, Zur Herkunft des JE, BZ 14 (1970) 1–23.

*Schwartz, E.*, s. o. § 2.

*Schweizer, A.*, Das Evangelium Johannes nach seinem inneren Werte und seiner Bedeutung für das Leben Jesu kritisch untersucht, Leipzig 1841.

*Schweizer, E.*, Ego Eimi, Göttingen ²1965.

*Strachan, R. H.*, The Fourth Gospel, its Significance and Environment, London 1946.

*Ders.*, The Fourth Evangelist: Dramatist or Historian?, London 1925.

*Teeple, H. M.*, Methodology in Source Analysis of the Fourth Gospel, JBL 81 (1962) 279–286.

*Ders.*, The Literary Origin of the Gospel of John, Evanston 1974.

*Temple, S.*, The Core of the Fourth Gospel, London 1975.

*Thyen, H.*, Entwicklungen innerhalb der joh. Theologie und Kirche im Spiegel von Joh 21 und der Lieblingsjüngertexte des Evangeliums, BEThL 44 (1977) 259–299.

*Ders.*, Joh 13 und die kirchliche Redaktion des vierten Evangeliums, in: FS. K. G. Kuhn, Göttingen 1971, 343–356.

*Tobler, J. R.*, Evangelium Johannis nach dem Grundtext getreu wiedergegeben, Schaffhausen 1867.

*Ders.*, Über den Ursprung des vierten Evangeliums, ZWTh 3 (1860) 169–203.

*Wahlde, U. C. von*, The Terms for Religious Authorities in the Fourther Gospel: A Key to Literary Strata?, JBL 98 (1979) 231–253.

*Weiße, C. H.*, Die Evangelische Geschichte kritisch und philosophisch bearbeitet, Leipzig 1838, II 138–304.

*Ders.*, Die Evangelienfrage in ihrem gegenwärtigen Stadium, Leipzig 1856.

*Wellhausen, J.*, s. o. § 2.

*Wendt, H. H.*, s. o. § 2.

*Wilkens, W.*, Evangelist und Tradition im JE, ThZ 16 (1960) 81–90.

*Ders.*, Zeichen und Werke, Zürich 1969.

*Ders.*, Die Entstehungsgeschichte des vierten Evangeliums, Zollikon 1958.

*Van Belle, G.*, De Semeia-Bron in het vierde Evangelie, Löwen 1975.

1. Ein so umfangreiches Evangelium wie das JE kann nicht ohne Benutzung irgendwelcher Unterlagen verfaßt sein. Welcher Art aber diese gewesen sind, ist damit noch nicht ausgemacht. Wer einen Augenzeugen – viel-

leicht den Zebedaiden Johannes – als Autor betrachtet, wird geneigt sein, seine Erinnerungen als solche Unterlagen anzusehen. Es fragt sich jedoch dann, ob er diese Erinnerungen irgendwann, sei es noch während des Erdenlebens Jesu, sei es bald darauf, notiert hatte – natürlich nicht in griechischer Sprache –, oder ob er bei der Abfassung seines Evangeliums allein auf sein Gedächtnis angewiesen war. Bei der Beantwortung dieser Frage spielen verschiedene Faktoren mit, deren sich die Forscher nicht immer bewußt geworden sind. So kann die oft als ,,virtuelles Aramäisch" charakterisierte Sprache des Evangelisten zur Vermutung führen, er habe sich in jungen Jahren aramäische Notizen gemacht und diese später verwertet. In dieser Weise hat sich z. B. *Edwards* die Lage vorgestellt.

Aber ob hier ein Augenzeuge spricht, ist sehr umstritten. Man hat dafür die Unterschiede von den Synoptikern bei aller Berührung mit den synoptischen Evangelien ins Feld geführt. Auf diese Weise kam man zu der weit verbreiteten Hypothese: Johannes hat die Schriften der früheren Evangelisten gekannt. Unter dieser Voraussetzung zeigen seine Abweichungen, daß er jene ergänzen, korrigieren oder sogar ersetzen wollte (vgl. *Windisch,* Johannes und die Synoptiker). Über diese drei Möglichkeiten ist viel Tinte verschrieben worden. Dabei ist der Ausgangspunkt – daß nämlich Johannes die synoptischen Evangelien oder auch nur einige davon kannte – alles andere als sicher.

Im 2. Jahrhundert n. Chr., wo man die Bemerkung des Lukas in Lk 1,1 über die ,,vielen" vergessen hatte, durfte man sich noch mit einer so einfachen Hypothese behelfen, wenn man nicht sogar versuchte, die Unterschiede des 4. Evangeliums von den drei anderen – soweit man sie sah! – durch kühne Auslegungen zu beseitigen. Das erwies sich besonders nötig bei dem Datum des Todestages Jesu. Hier hat man bald die Synoptiker nach Johannes zu interpretieren gesucht, bald Johannes nach jenen. Jüngeren Datums ist die Auskunft, Jesus habe eine Art Privatpassa gehalten – entweder, weil er sich an einen anderen Kalender hielt (hier haben die Differenzen des Kalenders von Qumran eine Rolle gespielt; s. bes. die Arbeiten von *Jaubert*), oder weil er aus anderen Gründen (als ,,Ketzer": so *Stauffer*) dazu veranlaßt war. Man sieht an dieser Stelle, wie komplex das Quellenproblem wird, wenn man es an einem isolierten Punkte angreift. Viel besprochen wurde natürlich auch die Frage, ob Jesus den Tempel am Anfang oder am Ende seiner Tätigkeit gereinigt habe, wenn man sich nicht mit der Antwort half, es sei zweimal geschehen, einmal am Anfang und einmal am Ende.

Die Art und Weise, wie man die Berücksichtigung der Synoptiker durch Johannes zu erweisen suchte, konnte von einer altkirchlichen Überlieferung ausgehen, nach der Johannes als letzter Evangelist sein Evangelium verfaßt hat (so z. B. Clemens Alexandrinus). Man konnte aber auch so vorgehen, daß man auf die verhältnismäßig wenigen Perikopen verwies, in denen sich die johanneische Erzählung mit der synoptischen berührt: 1. die Tempelreinigung (2,13–21), 2. die Geschichte vom Königischen (4,46–54), 3. die Speisung der 5000 (6,1–13) samt der folgenden Geschichte vom Seewandeln (6,16–21), 4. die Salbung Jesu (12,1–8); dazu kommen dann noch Übereinstimmungen in der Leidensgeschichte. Das Mißliche an dem Versuch, hier eine Benutzung der Synoptiker sichtbar zu machen, liegt darin, daß man – wie *Hirsch* – annehmen mußte, Johannes habe die Schriften seiner Vorgänger nicht nur gekannt, sondern sie vor sich liegen gehabt und bald Darstellung oder Wortlaut des einen, bald die des anderen verwertet. Wie unwahrscheinlich ein solches Verfahren ist, wird deutlich, wenn man bedenkt, daß die synoptischen Evangelien gegen Ende des 1. Jahrhunderts n. Chr. keineswegs überall nebeneinander von den Gemeinden gebraucht wurden. Wahrscheinlich wird vielmehr eine Gemeinde froh gewesen sein, wenn sie überhaupt ein schriftliches Evangelium – es brauchte durchaus nicht ein synoptisches zu sein! – in ihrem Besitz hatte.

Eine gewisse Rolle bei der Benutzungshypothese spielt auch die Erkenntnis, daß Matthäus und Lukas die Schrift des Markus – wenn auch in sehr verschiedener Weise – benutzt hatten. Aber daß Johannes ebenfalls so vorgegangen ist, läßt sich nicht nachweisen: bei der Lektüre des JE werden wir an Markus kaum erinnert. Der einzige Evangelist, mit dem sich Johannes öfter – wenn auch nicht eng – berührt, ist vielmehr Lukas.

Zu einer wirklich genau vergleichenden Untersuchung der „synoptischen" Perikopen im JE mit den entsprechenden Stücken der Synoptiker hat man sich erst spät entschlossen. Sie ergab, wie vor allem *P. Gardner-Smith* (1938) und später auch *B. Noack* gezeigt haben, daß die Indizien vielmehr für eine von den Synoptikern unabhängige Darstellung sprechen, die sich nur bisweilen der synoptischen Tradition stärker nähert.

*Darüber hinaus bleibt weiter zu beachten,* daß im 4. Evangelium viele Stoffe auftauchen (ganz abgesehen einmal von den Reden!), zu denen bei den Synoptikern jede Entsprechung fehlt. Hier sei erinnert erstens an die Geschichte der Hochzeit von Kana (2,1–11), die ausdrücklich als „erstes Zeichen" Jesu gekennzeichnet wird, während die Heilung des Sohnes des Königischen als „zweites Zeichen" erscheint (4,54). Das weist auf eine nicht mit den Synoptikern identische Darstellung hin und spricht gegen *Noacks* Behauptung, Johannes habe als erster die mündliche Überlieferung schriftlich festgehalten – eine Hypothese, die sich auch durch andere Beobachtungen als verfehlt erweisen läßt. Drittens ist hier zu nennen Jesu Begegnung mit Nikodemus, die im 3. Kap., wenn auch sehr abrupt, beschrieben wird, und viertens Jesu Begegnung mit der Samariterin, die in Kap. 4 ziemlich weitläufig erzählt wird. Fünftens wäre die Heilung des Gelähmten am Teich von Bethzatha zu nennen (5,1–9.14), sechstens die Heilung des Blindgeborenen in Jerusalem (Kap. 9) und schließlich die Auferweckung des Lazarus in Bethanien (Kap. 11). Von den abweichenden Zügen in der Leidens- und der Auferstehungsgeschichte und von Kap. 21 sei hier ganz abgesehen. Beachtet man außerdem, daß nicht nur Nikodemus, sondern auch Nathanael der synoptischen Tradition fremd sind, daß Petrus und Andreas nach Joh 1,44 aus Bethsaida stammen und nicht, wie man nach Mk 1,29 vermuten muß, aus Kapernaum, daß die Zebedaiden – abgesehen von Kap. 21 – nicht erwähnt werden, dafür aber Thomas weit mehr hervortritt als bei den Synoptikern, dann wird man zum mindesten annehmen müssen, daß neben den synoptischen auch andere Traditionen, und zwar – wie wir sehen werden – schriftliche, von Johannes verwertet worden sind. Wenn man sich aber davon überzeugt, daß auch in den ,,synoptischen'' Partien des JE nicht die Synoptiker benutzt sind, dann stellt sich das Quellenbild recht anders dar: das 4. Evangelium verwertet Traditionen, die sich nur gelegentlich mit den synoptischen berühren, aber in viel stärkerem Maße von ihnen abweichen (es sei hier nur daran erinnert, daß bei Johannes die Tempelreinigung in den Anfang der Tätigkeit Jesu fällt und der Täufer und er eine Zeitlang neben einander wirken).

Wie aber soll man sich die von Johannes benutzten Traditionen näher vorstellen? Schon *Wendt* hatte angenommen, daß der 4. Evangelist zwei Quellen miteinander verbunden hat: eine Erzählungsquelle und eine Redequelle; seltsamerweise schrieb er der letzteren eine größere historische Zuverlässigkeit zu. *Bultmann* hat jenes alte Urteil zwar revidiert, aber in anderer Form doch auch erneuert. Denn er setzt ebenfalls zwei Quellen voraus: eine Erzählungsquelle (die er ,,Semeia-Quelle'' nennt) und eine Redenquelle, die er sich als eine Sammlung von gnostischen Offenbarungsreden vorstellt. Daneben denkt er allerdings auch an eine Benutzung der synoptischen Evangelien. Während nun manche Forscher – z. B. *Spitta* – einfach annehmen, daß die Quellen des JE mit großer Kunst ohne Änderung ihres Wortlauts so ineinander gefügt worden sind, daß kaum ein Rest für den zusammenfügenden Redaktor blieb (so z. B. *MacGregor*), haben andere Forscher, wie *Wellhausen* und *Schwartz,* ein schichtenweises Wachstum vermutet, das von einer Grundschrift ausgeht. Es hat sich freilich erwiesen, daß diese Methode, Schichten von Zusätzen aufzuspüren, nicht zum Ziele führte: *Schwartz* ist fast verzweifelt, weil immer neue Spannungen und ,,Aporien'' eine zunächst einheitlich scheinende Schicht wieder aufspalteten und kein Ende dieses Zerfalls abzusehen war.

So verlockend es auch ist, mit einer bestimmten Theorie an das Quellenproblem des JE heranzutreten, so empfiehlt sich doch eine andere Methode mehr: an einem konkreten Punkt einzusetzen und sich nicht nur zu fragen, ob Johannes dort eine Quelle benutzt hat, sondern auch, wie er sie benutzt hat. Was damit gemeint ist, wird sogleich deutlicher werden, wenn wir nun 20,19–29 näher betrachten. Der Abschnitt Joh 20,19–23 erinnert stark an Lk 24,36–39. In beiden Fällen steht Jesus am Ostertag plötzlich inmitten seiner Jünger und zeigt ihnen die Nägelmale (Joh 20,20 auch die Seitenwunde) und erweist damit seine Wirklichkeit und Identität. Aber in der johanneischen Version dieser – sekundären, weil in Jerusalem spielenden – Ostererscheinung kommen zwei in der synoptischen Tradition nicht erscheinende Sätze vor: ,,Wie mich der Vater gesandt hat, sende ich euch'' – damit macht Jesus die Jünger (von den Zwölf ist hier nicht die Rede) ebenso zu Gesandten seiner selbst, wie er der Gesandte des Vaters gewesen ist. Sie stehen nun an seiner Stelle in der Welt, wie er an der Stelle des Vaters in der Welt stand. Dann erfolgt – am Ostertag! – die Verleihung des heiligen Geistes, indem er ihn den Jüngern ebenso einhaucht, wie Gott den Lebensodem am Schöpfungstag. Der unmittelbar darauf folgende Satz ,,Wessen Sünden ihr erlasset, denen sind sie erlassen, wessen ihr behaltet, sind sie behalten" erinnert an Mt 18,18, wo aber nicht vom Auferstandenen gesprochen wird. Die Sündenvergebung spielt im JE eine auffallend geringe Rolle: in 1,29 nennt der Täufer Jesus das Gotteslamm, das die Sünde der Welt forttträgt. Von der (bleibenden) Sünde spricht 9,41; davon, daß erst Jesu Offenbarung es zur Sünde kommen läßt, 15,22. Endlich ist vom Sündigen als der Ursache von Krankheit noch in 5,14 und 9,2 die Rede. Es ist also übernommene Tradition, nicht johanneische Komposition, wenn die Vollmacht zur Sündenvergebung mit der Geistverleihung verbunden wird. Der einzige typisch johanneische Satz in diesem Abschnitt ist V.21b: ,,Wie mich der Vater gesandt hat, so sende ich euch!" Wie es scheint – wir werden das sogleich nachprüfen – hat Johannes zu der übernommenen Erzählung nur diesen einen Satz hinzugefügt; er besagte für ihn das, was die Gabe des Geistes mit sich brachte.

Die folgende Geschichte von Thomas gehört ursprünglich nicht zu der ersten Szene (= 20,19–23). Denn wenn die Jünger den Geist erhalten, dann kann ,,Thomas, einer von den Zwölfen" nicht fehlen. Diese Thomasgeschichte stammt aus einer Zeit, wo das Erscheinen Jesu inmitten der Seinen – selbst wenn er ihnen seine Wundmale zeigte – nicht mehr genügte. Die Überführung des Zweiflers Thomas wurde berichtet, um auch den hartnäckigsten Zweifel zum Schweigen zu bringen: Thomas hat, gemäß dem Wort Jesu V.27, mit dem Finger die Nägelmale berührt und seine Hand in die klaffende Seitenwunde gelegt, und so ist er zum Glauben gekommen. Johannes erwähnt nur das Sehen des Thomas. Aber das genügt, um zu zeigen, wie er diesen Glauben beurteilt, der sich handgreiflich von seiner Wahrheit überzeugt: ,,Selig sind, die nicht gesehen haben und zum Glauben gekommen sind." So ist durch diesen einen Satz aus der alten Wundergeschichte – die auf ihre Weise Lk 24,42f. entspricht – das indirekte Bild des wahren Glaubens geworden, der nur von dem Wort lebt, das ihm der Geist bestätigt.

Wenn wir nach den an Joh 20,19–29 gemachten Beobachtungen urteilen dürften, dann hätte Johannes sich nach Möglichkeit darauf beschränkt, seine ihm keineswegs konforme Vorlage möglichst einfach durch kleine Zusätze zu korrigieren und zum Träger seiner eigenen Botschaft zu machen. Tatsächlich läßt sich das in anderen Fällen nachweisen (z.B. 4,43–54).

Drei *weitere* Stellen zeigen: das JE ist in seiner heutigen Gestalt nicht aus einem Guß. Am deutlichsten wird das an der Perikope von der Ehebrecherin (7,53–8,11). Die Papyri 66 und 75 enthalten sie ebensowenig wie die alten Pergamenthandschriften Aleph und B. Andere Manuskripte weisen durch Zeichen im Text darauf hin, daß dieser Abschnitt nicht sicher zum JE gehört; wieder andere (f¹ und armenische Texte) ordnen ihn nach Joh 21,25 ein, die

Majuskel 225 sogar nach Joh 7,36 und f[13] nach Lk 21,38. Überdies bieten die Handschriften, welche diese Perikope enthalten, keinen einheitlichen Text. All das weist darauf hin, daß die Perikope erst viel später, frühestens im 2. Jahrhundert nach der Veröffentlichung des Evangeliums dort eindrang.

Daß das Kap. 21 ein Nachtrag zu Kap. 1–20 ist, trotz stilistischer Berührungen damit, und von fremder Hand angefügt wurde, ist in der kritischen Forschung und darüber hinaus kaum noch bestritten, obwohl – im Unterschied zur Perikope von der Ehebrecherin – alle uns bekannten Handschriften dieses Kapitel bringen. Das JE ist also nie ohne Kap. 21 verbreitet worden. Dennoch ist der Gedanke, die Jünger seien, von Jesus mit dem Geist begabt und gesendet (20,21f.), wieder zu ihrem Fischerleben am galiläischen See zurückgekehrt, absurd, und nach dem deutlichen Schluß 20,30f. wirkt der erneuerte Schluß 21,25 nur wie eine Nachahmung mit einer mißlungenen Steigerung. Dazu treten noch Unterschiede im Sprachgebrauch mit Kap. 1–20 auf. Warum man aber dieses Kapitel vor der Veröffentlichung dem JE hinzugefügt hat, können wir erst nach der Auslegung von Kap. 1–20 besprechen.

Am wenigsten einig sind sich die Forscher über den Eingang des Evangeliums, den sog. Prolog. Stilistische und sprachliche Unterschiede machen es ziemlich gewiß, daß ein ursprünglich selbständiger, älterer Hymnus als Eingang zum JE gewählt wurde. Während *Bultmann* meint, der Evangelist habe, Christ geworden, ein aramäisches Lied der Täufergemeinde (nicht ohne Mißverständnisse!) auf seinen neuen Herrn übertragen, halten es die jüngeren Forscher (*Käsemann, Schnackenburg* u. a.) für wahrscheinlich, daß hier ein schon christlicher Hymnus benutzt wurde, der selber Motive der jüdischen Weisheitsdichtung aufgenommen und weiterentwickelt hatte.

Wenn diese Beobachtungen und Schlüsse zutreffen, haben wir es also teils mit vom JE verwertetem Quellengut zu tun, teils mit jüngeren Zutaten zum JE.

Bilden nun aber Kap. 1–20 eine innere Einheit? U. E. trifft das nicht zu: vielmehr hat der Evangelist eine ,,Vorlage'' benutzt, deren theologische Botschaft sich von seiner eigenen unterschied. Diese unsere These deckt sich nicht mit der früher oft geäußerten Vermutung, im JE sei eine ,,Grundschrift'' durch immer neue Zutaten erweitert worden. Unserer These liegt die Beobachtung zugrunde, daß sich die Theologie des Evangelisten von der seiner ,,Vorlage'' unterscheidet. Immer wieder finden wir nämlich Stücke wie z. B. 4,46–54, die darauf abzielen, die Wunder Jesu als Beweise seiner Gottessohnschaft zu erzählen. *Die Perikope vom Königischen und seinem kranken Sohn geht auf die Geschichte des Hauptmanns von Kapernaum in der synoptischen Tradition zurück.* Das hat *Bultmann* 151 richtig gesehen. Aber er geht in die Irre, wenn er annimmt, Johannes habe die in der Semeiaquelle vorgefundene Geschichte – die dort noch der synoptischen Fassung (Mt 8,5–13 = Lk 7,1–10) entsprochen habe – zu der Erzählung von einer Fernheilung umgestaltet, darum Kapernaum durch Kana ersetzt, die Bitte um Jesu Kommen gestrichen und aus dem heidnischen Offizier einen herodianischen Hofbeamten gemacht, um das Motiv „der Glaube und die Zeichen" behandeln zu können (152). Der Evangelist hatte ja nicht das geringste Interesse daran, das Wunder zur Fernheilung zu steigern und vom vorbildlichen Glauben des Heiden zu schweigen. Wichtig ist an *Bultmanns* Analyse nur die Erkenntnis, daß der ungewandt eingefügte V. 48 das Urteil des Evangelisten über den durch Wunder geweckten Glauben ausdrückt. Dagegen hat er übersehen, daß ἐπίστευσεν τῷ λόγῳ V. 50 ja genau dem von Johannes gewünschten Glauben an das bloße Wort entsprach (darum sieht *Hirsch* hier den eigentlichen Höhepunkt der Geschichte) und daß der durch die Konstatierung des Wunders dann (V. 53) geweckte Glaube gerade dem von Jesus in V. 48 abgewerteten Glauben entspricht.

Alle diese Anstöße fallen fort mit der Erkenntnis, daß die vom vorbildlichen Glauben handelnde Geschichte aus Q (sie preist bei Matthäus den heidnischen Glauben, bei Lukas erscheint sie in einer ungeschickt überarbeiteten judenchristlichen Form, welche die Verdienste des Hauptmanns um das Judentum hervorhebt) im Lauf der Überlieferung zur reinen Wundergeschichte geworden ist, bei der nicht mehr der glaubende Hauptmann, sondern Jesus, der Wundertäter, im Mittelpunkt steht. Gerade so aber paßt sie ausgezeichnet in jene Wunder hinein, die der Evangelist in der vorgefundenen Tradition schon völlig ausgearbeitet vor sich hatte und mit der er irgendwie fertig werden mußte. Das ist ihm gelungen durch die Einführung von V. 48f., denn tatsächlich bestätigt ja die Geschichte mit V. 53, daß der Glaube hier, wie es Jesus in V. 48 vorausgesagt hatte, durch die Konstatierung eines Wunders zustande kam. Der Anstoß, den wir an V. 48 nehmen (der Königische forderte ja nicht ein Wunder als Bedingung seines Glaubens, sondern bat um die Heilung seines Sohnes), mindert sich etwas, wenn wir bedenken: für Johannes war die Bitte um eine Heilung auf ein Wunder gerichtet, das nur eine Veränderung innerhalb des Irdischen bewirkte, nicht aber ein neues Gottesverhältnis. In summa: Johannes dürfte also die Geschichte so stehengelassen haben, wie er sie vorfand. Durch die Einfügung von nur zwei Versen (V. 48f.) hat er sie seinem Zweck dienstbar machen können, da sie nun indirekt auf den rechten, nicht von Wundern abhängigen Glauben hinwies. Hätte er noch die synoptische Fassung gekannt, wie sie sich bei Matthäus findet, dann hätte er diese Geschichte vom rechten Glauben mit Freuden übernehmen können. Aber eine solche Geschichte paßte nicht hinein in das lediglich möglichst große Wunder sammelnde Evangelium, aus dem Johannes diese Geschichte entnommen hat. Damit hat sich gezeigt: Johannes hat auch hier eine – ihm sogar widerstrebende – Tradition beibehalten und nur mit einem einzigen Satz zurechtgerückt.

Besonders schwer läßt sich die Frage nach den Quellen für die Leidensgeschichte beantworten. Zwar spricht manches dafür, daß auch hier eine schriftliche Vorlage benutzt wurde; gewisse Berührungspunkte mit lukani-

scher Tradition hat man vor allem seit *Schniewind*, Parallelperikopen, festgestellt. Aber der Anteil des Evangelisten dürfte hier ziemlich hoch anzusetzen
sein. *Bultmann* nimmt für die Leidensgeschichte eine besondere Quelle an.
Das hängt damit zusammen, daß die johanneische Passionsgeschichte weder
in die von *Bultmann* vermutete Semeia-Quelle noch in eine Redenquelle hin-
einpaßt. Aber diese Argumentation leidet darunter, daß sie auf zwei unsicheren Hypothesen eine dritte aufbaut.

Was wir bisher mit einiger Sicherheit über die Quellenfrage des johanneischen Erzählungsgutes sagen können, ist das eine: die vom Evangelisten aufgenommene Tradition enthielt durchweg den Versuch, Jesus als durch
Wunder legitimiert darzustellen. Demgegenüber hat sich der Evangelist
bemüht, diese Überlieferung der beweisenden Wunder in die Lehre vom
hinweisenden Zeichen umzusetzen.

2. *In diesem Abschnitt* muß man zwei Fragen scharf auseinanderhalten, obwohl sie eng zusammenhängen: Die nach den Quellen und die Frage nach der
Komposition des JE. Dieses zweite Problem stellt uns sofort vor *das bekannte*
Entweder/Oder: folgten die Verse und Kapitel des JE einander ursprünglich
so, wie sie der heutige Text bietet, oder ist die ursprüngliche Ordnung gestört? Wenn sich auch zahlreiche Ausleger – wie zuletzt *Barrett* in seinem
großen Kommentar – für die erste Möglichkeit entschieden haben, so haben
sich doch nicht wenige Exegeten darangemacht, die eigentliche Aufeinanderfolge der Verse und Kapitel zu rekonstruieren (s. o. § 4). Als Beispiel geben wir hier noch die Neuordnung von *MacGregor* an, die notwendig zu einer anderen Auffassung der johanneischen Komposition führen muß als
z. B. bei *Bultmann*. Nach *MacGregor/Morton* folgten im ursprünglichen Evangelium aufeinander: 1,1–3,13; 3,31–36; 4,43–54; 6,1–21; 5,1–47; 7,15–24;
8,12–20; 7,1–14; 7,25–36; 8,21–59; 7,45–52; 7,37–44; 11,53–12,32; 3,14f.;
12,34; 3,16–21; 12,35–13,35; 16,25–33; 18,1–14; 18,19–24; 18,28–20,31. Ein
erster Redaktor fügte 3,22–30; 18,15–18 und 18,25–27 ein. Ein zweiter Redaktor verband mit diesem ganzen Komplex eine zweite Quelle, aus der
4,1–42; 6,22–71; 10,1–11,52; 14,1–16; 17,1–26 stammen. Eigene Zutaten
dieses zweiten Redaktors sind 1,6–8; 1,15; 7,53–8,11; 13,36–38 und 21,1–25.

Einen anderen Weg hat *bekanntlich Bultmann* eingeschlagen. Schon daß er
die Fragen nach dem Verfasser, dessen Quellen und Stellung in der Geschichte des frühen Christentums nicht ausführlich behandelt, sondern seinen Kommentar sogleich mit der Erklärung des JE begonnen hat, unterscheidet ihn von vielen Kommentaren. *Viele Einleitungsfragen* muß man aus
gelegentlichen Äußerungen des Kommentars selbst entnehmen. So erfahren
wir aus der Vorbemerkung (78) zu Joh 2,1–12: Der Evangelist benutzt eine
Quelle, die eine Sammlung von Wundern enthält. ,,Es ist die σημεῖα-Quelle, die sich in ihrem Stil deutlich abhebt von der Sprache des Evangelisten
selbst wie von der Sprache der Redenquelle, die im Prolog wie in den folgenden Reden zugrunde liegt; ebenso aber auch von den Wundergeschichten der
synoptischen Tradition.'' Die Einleitung zur σημεῖα-Quelle habe 1,35–50

gebildet, den Schluß 20,30f. Aus der Einleitung des Kommentars zum Prolog (1–5) ergibt sich, daß der Evangelist hier ein Lied der Täufergemeinde auf Jesus bezogen habe, zu der er selbst einst gehörte. Die Vorbemerkung zu 2,13–22 teilt mit, daß der Evangelist die Geschichte von der Tempelreinigung nicht aus den Synoptikern und auch nicht aus der mündlichen Tradition entnommen hat, „sondern aus einer wohl den Synoptikern verwandt zu denkenden schriftlichen Quelle" (86). Das Eigenartige an dieser Sicht der Dinge ist, daß sich nach ihr die Eigentätigkeit des Evangelisten im wesentlichen auf Erläuterungen beschränkt, die er den von ihm benutzten Texten zuteil werden läßt. Der eigentliche Schwerpunkt des JE aber würde auf die vom Evangelisten aus nichtchristlicher Gnosis entlehnten Offenbarungsreden zu liegen kommen. Daß auch nach dem Evangelisten noch eine spätere Redaktion des JE stattgefunden hat, muß beachtet werden, da sonst der eigentliche Aufbau des JE, wie ihn sich *Bultmann* vorstellt, unbegreiflich würde.

Dieser Aufbau ist sehr eindrucksvoll. A) Kap. 2–12: Die Offenbarung der δόξα vor der Welt. Vorspiel: 2,1–22. I. Die Begegnung mit dem Offenbarer: 2,23–4,42. II. Die Offenbarung als κρίσις: 4,43–6,39 + 7,15–24; 8,12–24. III. Der Offenbarer im Kampf mit der Welt: 7,1–14.25–27; 8,48–50. 54f.8,41–47.51–53.56–59; 9,1–21; 8,12; 12,44–50; 8,21–29.12,34–36; 10,12–21.22–26.11–13.1–10.14–18.27–30.7–10.14–18.27–39. IV. Der geheime Sieg des Offenbarers über die Welt: 10,40–42; 11,1–57; 12,1–33; 8,30–40; 6,60–71; 12,37–43. B) Die Offenbarung der δόξα vor der Gemeinde: I. Der Abschied des Offenbarers: 13,1–30; 17,1–26; 13,31–35; 15,1–17; 16,1–33; 13,30–14,31. II. Passion und Ostern: 18,1–20,29. Nachtrag: Kap. 21.

Wenn dieser Aufbau auf den Evangelisten zurückginge, könnte man nicht sagen, daß er eigentlich nur Erläuterungen beigesteuert hätte. Aber dieser Aufbau ist zunächst der Versuch einer Rekonstruktion durch *Bultmann,* wie sich aus den angeführten Kapitel- und Verszahlen schon ergibt. *Bultmann* kann sich für seinen Versuch darauf berufen, daß an vielen Stellen im Text, wie er überliefert ist, Spannungen bestehen; außerdem setzt er voraus, daß der Evangelist seine Themen jeweils im Zusammenhang behandelt hat.

*Aber* der Eindruck, das JE sei ein unvollendetes Werk, kommt wesentlich daher, daß manche Teile, z. B. die Geschichte von der Heilung des Blindgeborenen (Kap. 9), sehr genau durchdacht und mit einer großen Kunst der Steigerung durchgeführt sind, während andere demgegenüber unfertig und roh wirken. Daß in Kap. 9 nicht der Evangelist die Form der Erzählung vollendet hat, zeigt sich in der Tendenz dieses Stückes (ähnliches gilt von der Lazarusgeschichte): Die Geschichte des geheilten Blinden wird so erzählt, daß daraus notwendig zu folgen scheint, Jesus komme von Gott oder sei der Menschensohn. Denn wie hätte er sonst ein solches Wunder vollbringen können? Diesen zwingenden Schluß vom „Zeichen" aus bestreitet aber Johannes (z. B. 3,3) aufs schärfste. Die Kunst der sich steigernden Erzählung, die man an diesem Kapitel bewundert, hat also der Evangelist mitsamt der

Erzählung aus einer Quelle übernommen. Er ist als Schriftsteller viel weniger gewandt als Lukas, obwohl er auch mit seinen sehr einfachen Mitteln gewaltige Wirkungen erzielen kann.

Wir haben also kein Recht, das JE souverän in der Weise umzuordnen, wie das z. B. *Bacon, MacGregor, Bultmann* und *Hoare* getan haben, und dann diese Neuordnung als den wahren Aufriß, als die ursprüngliche Komposition des JE auszugeben und danach alles zu interpretieren. Wir müssen vielmehr zunächst versuchen, den überlieferten Text trotz all seiner Schwierigkeiten zu erklären, und die Vermutung von Änderungen uns als äußersten Notbehelf für solche Stellen vorbehalten, wo mehrere verschiedenartige Anzeichen dafür sprechen.

Wie sieht die Komposition des JE aus, wenn wir den überlieferten Text in seiner überlieferten Reihenfolge zugrundeegen? *Sie* ist von *Dodd,* Interpretation 289, zutreffend beschrieben worden: In der ersten Hälfte, Kap. 1–12, werden im allgemeinen zunächst ,,Zeichen" berichtet, die jeweils in nachfolgenden Reden Jesu nach ihrem geistlichen Gehalt erläutert werden. In der zweiten Hälfte, der Passionsgeschichte, war das nicht möglich. Darum sind hier die Reden (Kap. 14–17) vorgeordnet; innerhalb der Passionsgeschichte selbst aber werden nach Möglichkeit noch einzelne Erklärungen in die Erzählung eingeschaltet.

Aber über diese allgemeine Charakteristik hinaus ist die Komposition undurchsichtig, wenn man mit der Forderung einer sauberen Folge und Trennung von Themen an sie herantritt.

Nun läßt sich aber ein Doppeltes zeigen. Einmal können wir in manchen Fällen, wo man eine Unordnung im Text vermutete, bei genauerer Überlegung einen durchaus erträglichen Zusammenhang entdecken. Nehmen wir z. B. 1,24, ein Vers, der viele Exegeten gestört hat. Daß er zwei verschiedene Abschnitte trennt, ist ohne große Mühen zu erkennen: V. 19–23 beschreiben negativ und positiv die Selbsteinschätzung des Täufers, der auf keine Weise messianische Ansprüche erhebt, sondern nur die von Jesaja vorausgesagte Stimme eines Wegbereiters für Jesus sein wollte. V. 25–28 dagegen behandeln die weitere Frage, wie sich dann die Taufe des Johannes mit der so herausgestellten Aufgabe des Täufers verträgt. Das Ergebnis lautet: Diese Taufe ist eine bloße Wassertaufe, die der schon bereitstehenden eigentlich entscheidenden Gestalt nicht das Geringste vorwegnimmt. Damit wird nun wieder der nächste Abschnitt vorbereitet, V. 29–34: Von einer Taufe Jesu durch Johannes ist keine Rede mehr. Johannes hat nur getauft, damit er bei dieser Gelegenheit den Geist auf den kommenden Geisttäufer herabfahren und auf ihm bleiben sehe. Das ist geschehen und wird nun bezeugt. V. 24 aber bringt nicht nur eine Zäsur zwischen zwei Abschnitten, sondern hat auch darüber hinaus einen guten Sinn: In V. 22 hatten die aus Jerusalem zu dem Täufer gesandten Priester und Leviten von ihren Auftraggebern gesprochen. Diese werden in V. 24 als die Pharisäer bezeichnet, die ja bei Johannes als eine Art von Behörde auftreten. Vor der Antwort des Täufers auf die in V. 22 gestellte Frage ließ sich aus schriftstellerischen Gründen die Angabe des V. 24 einfach nicht unterbringen.

Eine andere Frage ist, ob sich die Schwierigkeiten immer auf eine ähnliche Weise lösen lassen. So sind 1,31f. aller Wahrscheinlichkeit nach ein Einschub. Er wird mit der bekannten Methode durchgeführt, daß er mit derselben Wendung endet, wie die ihm vorangehende Stelle: ,,und ich kannte ihn nicht". Der Einschub setzt in V. 31 etwas voraus, was so weder zuvor noch nachher gesagt wird: Johannes ist mit der Taufe beauftragt worden, damit Jesus Israel kund werde. Außerdem wird hier der Geist wie in der synoptischen Tradition als wie eine Taube herabkommend beschrieben und damit die Szene an die synoptische angeglichen. Das war deshalb wünschenswert, weil die Taufe Jesu durch Johannes hier nicht mehr erzählt wird. Der Grund ist deutlich: Es wird alles vermieden, was Jesus in eine gewisse Abhängigkeit vom Täufer gebracht hätte.

Ein ähnlicher Fall, in dem wieder eine Glosse vorzuliegen scheint, ist 4,2. Man hält diesen Vers für eine spätere Korrektur, die das Taufen Jesu mit der synoptischen Darstellung vereinen will, nach der Jesus ja nicht getauft hat. Aber in Wirklichkeit liegen die Dinge nicht so einfach. Man darf nicht übersehen, daß nach Joh 7,39 der Geist erst nach der Verherrlichung Jesu erscheinen wird; tatsächlich bringt ihn Jesus in 20,22 nach der Auferstehung. Also wäre eine Taufe während des Erdenlebens Jesu eine bloße Wassertaufe gewesen, nicht unterschieden von der des Johannes. Nehmen jedoch die Jünger Jesu die Taufe vor, so ist die Lage anders: sie repräsentieren hier die nachösterliche Gemeinde. Der Evangelist hat ja öfter die Zeiten derart ineinandergeschoben, wie z. B. in 4,23 und 4,36ff. sowie in 5,25.

Aber sehen wir von solchen Einzelheiten ab, um zu den größeren Kompositionszusammenhängen vorzudringen. Da wäre etwa die Frage des sog. Prologs. Daß ihn – wie *Bultmann* meint – ein bekehrter Täuferjünger aus dem Aramäischen übersetzt und auf Jesus angewendet habe, hat man mit Recht heute allgemein aufgegeben. Dagegen ergibt ein Vergleich der verschiedenen ,,biographisch" angelegten Evangelien, daß sie jeweils in dem Augenblick einsetzen, wo jenes Heilsgeschehen beginnt, von dem der betreffende Evangelist berichten will. Dieser Anfangspunkt verschiebt sich nun beständig nach rückwärts. Für Markus liegt er noch bei der Predigt und dem Taufen des Johannes. Lukas und Matthäus gehen in doppelter Weise weiter zurück: mit den Erzählungen von der wunderbaren Geburt und Kindheit einerseits und mit den Geschlechtsregistern andererseits. Johannes aber setzt vor der Schöpfung ein und legt damit den Ausgangspunkt unüberholbar fest. Wie aber soll die Notwendigkeit der Menschwerdung nun verständlich gemacht werden? Es wurde – nach einem alten Weisheitsmythus – zunächst der ,,Logos asarkos" in seinem vergeblichen Wirken vorgestellt. Damit, daß es vergeblich blieb, war die Notwendigkeit der Menschwerdung gegeben. Der Fleischgewordene gründete dann seine eigene Gemeinde. Damit ist dann ungefähr der Punkt erreicht, wo die früheren Evangelien das Heilswerk mit dem Auftreten des Johannes beginnen ließen.

Es ist freilich nicht gesagt, daß schon das Evangelium, das Johannes benutzte, diesen Prolog enthielt. Aber wenn man annimmt, daß Johannes selbst 1,1–18 eingefügt hat, dann liegt die Annahme doch sehr nahe, daß bereits die Vorlage den „Prolog" – wenn auch in einer kürzeren Form – brachte. V. 6–8 gehen nämlich von der irrtümlichen Auffassung aus, daß bereits in V. 4f. vom λόγος ἔνσαρκος die Rede sei. Ursprünglich aber ließ der Christushymnus – für ein gnostisches Täuferlied scheint uns gar nichts zu sprechen – die Fleischwerdung des Logos erst erfolgen, weil und als sich das Wirken des λόγος ἄσαρκος als vergeblich erwiesen hatte. Nur so wird man – darin dürfte *Bultmann* gegen *Käsemann* im Recht sein – dem Gewicht von 1,14 gerecht.

Nun geht das JE zum Thema der Johannestaufe über. Es stellt sie freilich sehr anders dar, entsprechend der neuen christologischen Gesamtanschauung. Die erste Täuferperikope 1,19–28 bringt ein Selbstzeugnis des Täufers, das im wesentlichen letztlich auf Mk 1,1–13 zurückgeht. Der Täufer bekennt freilich, er sei weder der Christus noch Elias noch der Prophet – für den Evangelisten stehen sich diese Begriffe darin sehr nahe, daß sie sämtlich sehr hohe Autorität verleihen –, sondern nur die von Jesaja vorhergesagte Stimme des Rufers in der Wüste. Nachdem der Übergangsvers 24 die πέμψαντες des V. 22 genauer bezeichnet hat, klärt eine zweite Szene, was unter diesen Umständen das Taufen des Johannes für einen Sinn hat. Daß der Messias, Elias und der Prophet taufen werden, ist dabei gar nicht vorausgesetzt. Es ergibt sich: die Taufe des Johannes ist lediglich eine Wassertaufe, und nach ihm wird alsbald ein weit Überlegener erscheinen. Ob auch diese Perikope aus dem benutzten Evangelium stammt oder reine johanneische Komposition ist, das läßt sich schwer entscheiden. Die Antwort hängt davon ab, ob man dem Evangelisten es zutraut, daß er ganze Szenen ohne Anhalt in der Tradition selbst bildet. 3,22ff. legt nahe, daß das zweite unwahrscheinlich ist.

Das Thema des kommenden Überlegenen wird in der nächsten Täuferperikope (1,29–34) weiter ausgeführt. Nun erst wird deutlich auf Jesus hingewiesen, das die Sünden der Welt fortnehmende Gotteslamm (ein dem Johannes fremder Begriff): ER folgt als der Überlegene auf Johannes. Jesu Taufe wird nicht mehr erwähnt (auch das setzt eine bei den Synoptikern anhebende Entwicklung [Mk 1,14f.] weiter fort). Es ist nicht einmal ganz sicher, ob Jesu Taufe überhaupt noch vorausgesetzt wird. Denn welchen Sinn hätte es, wenn er nur zum Empfang einer bloßen Wassertaufe gekommen wäre? Die Johannestaufe bekommt jetzt ihren Sinn, der ihr ganz verloren zu gehen droht, dadurch, daß Johannes bei ihr unter den Anwesenden jemanden sieht, auf den der Geist herniederkommt und bei dem er bleibt (auch das ist eine Fortentwicklung der synoptischen Tradition). Daß dies geschehen ist, wird in V. 34 feierlich bezeugt. V. 31f. sind ja vermutlich eine an die synoptische Tradition stärker angleichende Hinzufügung.

Damit stand Johannes – und wohl auch schon das von ihm verwertete Evangelium – vor der Aufgabe, vom Thema „Johannes" endgültig zum Thema „Jesus" überzugehen. Das wird in der nächsten Perikope (1,35–51) dargestellt am Übergang zweier Johannesjünger zu Jesus. Daß sich fünf weitere Jünger des Johannes an Jesus anschließen, vollendet nicht nur die heilige Siebenzahl, sondern gibt dem Verfasser auch Gelegenheit zu zeigen, daß Jesus zu Recht alle überlieferten christologischen Prädikate trägt. Auch hier ist nichtsynoptische Tradition eingearbeitet.

Nachdem in 1,50 angekündigt war, die Jünger würden noch Größeres als Jesu wunderbares Wissen über Nathanael sehen, bringt die erste Kanaperikope (2,1–11) die Erfüllung dieser Verheißung durch die Verwandlung des Wassers in Wein, die – was nach dem Vorhergehenden eigentlich widerspruchsvoll ist – nun den Glauben der Jünger an Jesus zur Folge hat. Im Rahmen des benutzten Evangeliums wird hier die δόξα Jesu darin offenbar, daß er in schrankenloser Macht Wasser in Wein verwandelt. Für Johannes selbst soll das Wunder nicht eine Ablösung des jüdischen Ritualwesens durch die christliche Anbetung in Geist und Wahrheit widerspiegeln (so *Hirsch*) und auch nicht die Fülle der messianischen Zeit abbilden (so *Nötscher* nach *Jeremias*). Der Evangelist zeigt hier vielmehr zunächst, daß sich Jesus nicht von irdischen Motiven leiten läßt, sondern nur handelt, wenn die göttliche Stunde kommt. Zugleich deutet dieser Hinweis auch die Stunde der Hingabe Jesu an die Seinen an, die sich später in seinem Sterben am Kreuz vollenden wird.

Der Übergangsvers 2,12 läßt eine alte Kapernaumtradition anklingen. Die nächste Perikope (2,13–22) bringt die Geschichte von der Tempelreinigung. Sie hat ihren johanneischen Sinn nicht so sehr in einer Reinigung des jüdischen Kultus, der für den Evangelisten gar nicht mehr als reinigungsfähig in Betracht kommt, als vielmehr in der geheimnisvollen Ankündigung eben des Todes am Kreuz. Es ist für die johanneische Komposition wichtig, daß das Kreuz seinen Schatten und sein Licht (2,19 spricht verhüllt von der Auferstehung!) schon auf den Beginn des Wirkens Jesu fallen läßt.

Die Verse 2,23–25, die von einem nicht zuverlässigen Glauben vieler an Jesus sprechen und viele „Zeichen" in Jerusalem voraussetzen – dieser Glaube wird eben nur durch Wunder geweckt! –, leiten über zur Nikodemusszene (3,1–21).

Hier zeigt Johannes (traditionelles Material – die Gestalt des nachts zu Jesus kommenden Nikodemus: vgl. 19,39 – wird nur als Anlaß verwendet), daß Jesu Wunder als solche keineswegs seine göttliche Sendung erkennen lassen, sondern daß die Gabe einer grundverschiedenen überirdischen Existenz nötig ist, um Gottes Wirken in Jesu Wundern sehen zu können. Daß Jesu Rede von 3,11 an mehr und mehr in ein Zeugnis der nachösterlichen Gemeinde übergeht, verwundert den nicht, der das von Johannes bewußt verwendete

Ineinander der Zeiten (vgl. 4,23; 5,25 und Kap. 7) verstanden hat. Auch hier wird wieder geheimnisvoll auf Jesu Kreuz angespielt (die heilsame „Erhöhung" der Schlange durch Moses!), das Gnade und Gericht in einem bringt. V. 19–21 dürften ein späterer Nachtrag sein, der die Ablehnung Jesu auf die moralische Schlechtigkeit der nicht Glaubenden zurückführt.

Zum letzten Mal erscheint der Täufer in der nächsten Perikope (3,22–36); seine Rede geht (ähnlich wie die Jesu an Nikodemus) in die der nachösterlichen Gemeinde über (V. 31ff.). Daß Jesus gleichzeitig mit dem Täufer tauft und „alle zu ihm gehen", erlaubt es, dem Leser zu zeigen, daß der Täufer willig und freudig die unbedingte Überlegenheit Jesu, des geliebten Gottessohnes, anerkennt, in dessen Hand der Vater alles gelegt hat. Eigentlich gehören auch 4,1–3 zu diesem Abschnitt. Denn gerade der fast immer als Glosse ausgeschiedene V. 2 macht klar, daß neben der Johannestaufe – eigentlich überlegen – die Taufe der christlichen Gemeinde steht. Jesus selber hat noch nicht getauft, weil der Geist ja erst nach seiner Erhöhung kam (7,39b). So hätte eine Taufe durch den irdischen Jesus lediglich eine Wassertaufe sein können, die sich von der des Täufers Johannes nicht unterschied.

Von nun ab tritt Johannes der Täufer im JE konsequenterweise nicht mehr auf. In 5,34–36 wird zwar anerkannt, daß Johannes für Jesus Zeugnis abgelegt hat, aber Jesus nimmt dieses Zeugnis nicht mehr in Anspruch. Daß das Zeugnis des Johannes in der Tradition eine gewisse Rolle gespielt haben muß, beweist 10,41, wonach seine Aussage über Jesus von vielen als wahr anerkannt wird, obwohl Johannes keine Wunder getan habe.

Mit Kap. 4 steht nun Jesus allein in der Mitte der Szene. 4,4–42 zeigen nicht nur Jesu Allwissenheit (V. 16) und seine Fähigkeit, das Lebenswasser zu spenden, mit aller Deutlichkeit, sondern Johannes ergreift hier auch die Gelegenheit, das Ineinander der Zeit vor und nach Ostern (= des predigenden Jesus und des gepredigten Christus) u. a. bei der Samaritanermission (V. 35–38) zu erläutern. Er weist auch nach, daß die christliche Anbetung Gottes nicht an einen bestimmten irdischen Ort gebunden ist – das war für die Juden keineswegs so selbstverständlich –, sondern jenseits von Zion und Garizim erfolgt, also dem Judentum wie dem halb jüdischen, halb heidnischen Samaritanertum gleich überlegen ist. Bei diesem langen, von Traditionsstücken durchsetzten Dialog, den der Evangelist als ganzen entworfen hat, zeigt sich sehr klar, daß es ihm durchaus nicht darauf ankommt, ein Thema nur einmal und dann erschöpfend zu behandeln, sondern daß er gern mehrere Themen anklingen läßt, wenn dazu nur irgendeine Gelegenheit sich bietet.

Die Geschichte vom βασιλικός und seinem kranken Sohn (4,43–54) stammt *ja* von der synoptischen Tradition über den Hauptmann von Kapernaum her, die freilich eine erstaunliche Entwicklung durchgemacht hat und nicht mehr den vorbildlichen Glauben, sondern die Wundermacht Jesu preist. Gerade deshalb aber sah sich Johannes dazu veranlaßt, in V. 48 deutlich zu machen, daß der durch Wunder erweckte Glaube noch nicht der eigentliche und von Jesus gewünschte ist. Wenn man das bedenkt, wird auch das Rätsel von 4,43–45 gelöst: da die Galiläer nur glauben, weil sie die Zeichen Jesu gesehen haben, die er beim Fest zu Jerusalem tat, haben sie nicht den durch kein Wunder getragenen Glauben an das Wort Jesu. Darum ist ihre freundliche Aufnahme Jesu doch noch nicht die Ehre, die Jesus eigentlich von der πατρίς verlangen kann.

Der Aufbau von Kap. 5 ist nicht sogleich durchsichtig. Den Beginn bildet eine verkürzt wiedergegebene Wundergeschichte: die Heilung eines seit 38 Jahren kranken Mannes am Teich von Bethzatha. Der aus der Tradition übernommene Zug, daß Jesus den geheilten Kranken sein Bett tragen läßt (ein Zug, der hier eine das Folgende herbeizwingende Provokation ist), führt dann zum Streitgespräch zwischen Jesus und den Juden, bei dem erst der eigentliche Gegensatz sich herausstellt: wie Gott die Toten aufrichtet und lebendig macht, so auch der Sohn – darauf hatte die Heilung hingewiesen, bei der Jesus den Kranken aufrichtet und lebendig gemacht hatte (vgl. ἔγειρε 5,8). Diese Entsprechung zwischen dem Vater und dem Sohn erlaubt es Johannes, hier – wieder im deutlichen Ineinander der Zeiten – die wahrhaft neue, christliche Existenz zu beschreiben, bei der der Mensch, vom Tod zum Leben hinübergeschritten, den Übergang ἐκ θανάτου εἰς ζωήν erfährt. Zugleich wird deutlich, daß Jesus dabei nicht von sich aus handelt, sondern im Gehorsam gegenüber dem Willen des Vaters. V. 27–29 dürften ein späterer Zusatz sein, der die Auferstehung am Ende der Tage ergänzend nachträgt. Mit V. 31 wechselt das Thema: das bisherige Selbstzeugnis Jesu wird gegen den Vorwurf geschützt, als ein solches keine Geltung zu haben. Jesus nimmt, entsprechend seiner Stellung, überhaupt kein menschliches Zeugnis als Sicherung seiner Würde an – auch das des Johannes kommt in diesem Sinne nicht in Betracht –, sondern für seine ja allem Irdischen transzendente Qualität kommt als entsprechend nur das Zeugnis des Vaters selbst in Betracht. Der abschließende Hinweis auf das Zeugnis des Moses könnte mit zu den von der Tradition gebotenen Angaben gehören.

In 6,1–21 erzählt Johannes, ebenfalls nach einer Tradition, die beiden Wunder der Speisung und des Meerwandelns. Aber sie sind – wie in 6,26 hervorgehoben wird – nicht in ihrem Zeichensinn verstanden worden: eigentlich wies die Speisung darauf hin, daß Jesus das Brot vom Himmel ist, die ewige Speise der Gemeinschaft mit Gott, die Jesus nach dem Willen des Vaters (V. 40) den Seinen spendet. Die Seinen aber sind die, welche Gott selbst zu ihm zieht (V. 44). Die nun folgenden Hinweise auf die Auferstehung am jüngsten Tage dürften eine spätere Ergänzung sein; dasselbe gilt von dem sich auch im Wortgebrauch unterscheidenden Verweis auf die Notwendigkeit, im Abendmahl Jesu Fleisch zu zerbeißen und Jesu Blut zu trinken: V. 54–58. Daß allein der Geist lebendig macht, heißt zugleich, daß Jesu Botschaft vom Vater dem Glaubenden das Leben bringt und daß dieses Leben erst mit dem Kommen des Geistes anheben kann.

Diese Rede von Jesus als dem Himmelsbrot läßt nicht nur viele Jünger sich von ihm trennen, sondern bringt auch die Frage, ob die Zwölf bei ihm bleiben werden. Jesus antwortet auf das namens der Zwölf gesprochene Petrusbekenntnis mit der Eröffnung, daß auch unter ihnen einer ein Teufel ist.

7,1–13 läßt den Leser gewahr werden, wie groß bereits die Gegnerschaft gegen Jesus geworden ist: die Juden wollen ihn schon töten, und auch seine eigenen Brüder sind noch ungläubig und gehören mit ihrem Denken und Empfinden der Welt an. Dennoch bleibt das Fragen nach Jesus auch unter den Juden noch lebendig.

Die nun folgende Rede Jesu setzt sich bis V. 36 fort. Sie verteidigt die Tatsache, daß Jesus das Gesetz durch die Sabbatheilung übertreten hat, mit dem Hinweis darauf, daß die Juden selbst das Sabbatgebot bei der Beschneidung zu übertreten gezwungen sind. Hier dürfte traditionelles Gut verwendet sein. Die eigentlich johanneischen Ausführungen berühren wiederum verschiedene Themen – darum wirken Kap. 7 und 8 so seltsam zerfasert – wie das von dem πατήρ Jesu, den die Juden nicht kennen, von der vergeblichen Verfolgung, vom Wunderglauben und dem vergeblichen Versuch, Jesus zu ergreifen, von dem Befehl zu einer offiziellen Verhaftung durch die Pharisäer. All das gibt den Hintergrund dafür ab, daß Jesus nun zum erstenmal davon spricht, er werde nur noch eine kurze Weile bei ihnen sein – ein Rätselwort, das der Evangelist benutzt (7,35), um die Juden als Propheten wider Willen die christliche Mission in der Diaspora bei den Griechen ankündigen zu lassen.

In 7,37–52 wird die Rede Jesu, eigentlich nur äußerlich abgesetzt, fortgeführt, wenn auch jetzt das Thema des Geistes kurz zur Sprache kommt. Daß die Häscher unverrichteter Sache zu den Pharisäern zurückkehren, gibt Anlaß, den Eindruck Jesu auf das Volk und die Verstockung der Pharisäer zu schildern, bei denen sich auch Nikodemus nicht durchsetzen kann: „der Prophet" kommt nach jüdischer Lehre nicht aus Galiläa.

In 8,12–20; 8,21–29 und 8,30–59 wiederholen sich in raschem Reigen die bisherigen Themen: Jesus ist das Licht der Welt; sein Selbstzeugnis ist gültig, da es in Wahrheit nicht nur ein solches ist; der Vater ist für die Nichtglaubenden verborgen, Jesus stimmt ganz mit ihm überein. Neu hinzu kommt der Nachweis, daß der falsche Glaube – der auf die eigenen Vorzüge pocht (V. 30ff.) – rasch in Feindschaft gegen die Gnadenbotschaft umschlägt. Damit spitzt sich der Konflikt mit den Juden rasch zu, die Jesus als Kinder des Teufels erklärt (V. 44: „eures Vaters, des Teufels"), während er selbst aus der zeitüberlegenen Ewigkeit stammt und schon von Abraham mit Freuden gesehen wurde.

Jetzt bedarf es nur noch eines geringen Anstoßes, um die Flamme des Konflikts zwischen Jesus und den Juden hell auflodern zu lassen. Johannes hat dafür zwei Überlieferungsstücke verwendet: die Erzählung von der Heilung des Blindgeborenen in Kap. 9 und die Geschichte von der Auferweckung des Lazarus in Kap. 11. Kap. 9 weist sich durch seine Auffassung des Wunders als übernommenes Gut aus. Johannes hat nur am Anfang (V. 2–5) und am

Schluß (V. 35–41) klärend eingegriffen, im übrigen aber die meisterhaft erzählte Geschichte (über die Quellenfrage s. o. S. 78 ff.) von der Blindenheilung und ihrer Auswirkung unverändert wiedergegeben. Es zeigt sich an dieser Geschichte, wie verstockt die Pharisäer und wie angstvoll und mutlos die von ihnen beherrschten Menschen sind (V. 20). Der in V. 14 angelegte Sabbatkonflikt (von ihm war wohl in der Tradition ausführlicher die Rede) kommt bei dieser Darstellung nicht zum Ausbruch. Dagegen beleuchtet das Ende die Lage scharf: wer sich zu Jesus bekennt, wird aus der Synagoge ausgeschlossen (V. 34). Das läßt schon vorausahnen, wie man mit Jesus selbst verfahren wird. Johannes hat diese Erzählung nicht in eine Rede mit dem Thema ,,Jesus ist das Licht der Welt'' ausmünden lassen – das war in 8,12 ausgesprochen und dem Leser noch im Gedächtnis. Es trifft nämlich nicht ganz zu, daß in der ersten Hälfte des JE jeweils auf die Wundertaten Jesu die entsprechenden interpretierenden Reden folgen. In Wirklichkeit verfährt Johannes freier und abwechslungsreicher: er kann sich, wie in 2,21, mit einer Andeutung begnügen, er kann aber auch die Deutung vorwegnehmen (8,12) und hat dann die Möglichkeit, noch eine zweite, verwandte Erklärung an die Wundergeschichte anzufügen (9,40f.).

Die Art, wie die Rede Jesu Kap. 10 auf die Heilungsgeschichte von Kap. 9 folgt, hat mit Recht Befremden erweckt. *Bultmann* hat hier wieder eine große geschlossene Redekomposition konstruiert. Aber man wird mit der an die Juden überhaupt (10,19) gerichteten Rede nicht derart frei umspringen können. Johannes besaß keine Wundergeschichte, die Jesus als den guten Hirten zeigte. Darum hat er sich auf eine andere Weise geholfen: er hat die Rede mit einer geheimnisvollen Bildrede (V. 6!) eröffnet, die später ergänzt und ausgeführt wird. Daß er dabei schon in V. 1–5 an Jesus gedacht hat, versteht sich von selbst; trotzdem muß man diese Verse zunächst als eine Bildrede behandeln und darf sie nicht sofort zur Allegorie machen. Sie handeln – ohne diesen Ausdruck schon zu verwenden – vom rechten Hirten, als dessen schattenhaftes Gegenbild der Dieb und Räuber sichtbar wird. Eigentlich beschrieben wird jedoch der rechte Hirt, der durch die Tür in den Hof – er ist mit einer Mauer umgeben – eintritt und nun in seinem vertrauten Verhältnis zu seinen Schafen dargestellt wird, die er ein jedes kennt und von denen er ebenso erkannt wird. Dieses Vertrauensverhältnis besteht zwischen dem Fremden und den Schafen nicht: sie fliehen vor seiner unbekannten Stimme. V. 1 scheint einen frühen Leser verlockt zu haben, in einer Glosse Jesus als die Tür anzusehen (nicht nur sa., sondern auch P 75 lesen in V. 7 ,,Hirt'' für ,,Tür'', haben also schon die Schwierigkeit empfunden). V. 7–9 dürften zusammengehören; dann sind in V. 8 mit den ,,Dieben und Räubern'' wohl die Führer im Aufstand von 66–70 gemeint, die sich als Erlöser Israels ausgaben und doch nur ein schreckliches Blutbad angerichtet haben. Ob man in V. 5 eine Anspielung auf den Auszug der christlichen Gemeinde nach Pella sehen darf, bleibt zweifelhaft. Mit V. 10 fährt die Rede fort und wendet sich nun entschlossen ihrem eigentlichen Thema zu, dem ,,rechten Hirten'', dem

„guten Hirten", als dessen Widerspieler nicht bloß der Wolf, sondern vor allem der Mietling eingeführt wird. Diese Hirtenrede deutet nicht nur an, daß Jesus sein Leben für „seine Schafe" einsetzt, sondern auch, daß er es wirklich für sie hingibt. Daß dabei der Blick über diesen „Hof der Schafe" hinausgeht zu der größeren Einheit, die in „ein Hirt und eine Herde!" gipfelt, darf man nicht beanstanden – die jenseits des Erdenlebens liegende Ausdehnung der christlichen Gemeinde über die ganze Welt wird auch in 11,52; 12,20 und 17,20 nur angedeutet und sozusagen grundsätzlich besprochen, aber nicht ausführlich und in konkreten Einzelheiten (die Gesetzesfrage ist für Johannes ohnedies schon erledigt). In V. 17f. wird sehr kühn Jesu Freiheit gegenüber Tod und Leben ausgesprochen; es sieht fast so aus, als erwecke er sich selbst aus dem Tod auf. Aber schließlich ist es doch das Gebot des Vaters, auf das alles zurückgeführt wird. Die Spaltung unter den Juden in V. 19–21 ist ein literarisches Mittel. Dem Leser wird angesichts der anstößigen Sätze V. 18 eingeschärft, daß hier nichts Dämonisches im Spiel ist. Dabei wird die Blindenheilung als σημεῖον, als Hinweis, verwertet.

Die neue Szene, die letzte angesichts der Öffentlichkeit (10,22–39), behandelt wiederum schon bekannte Motive: Jesu Werke, die ihm vom Vater gegebenen Schafe, seine Einheit mit dem Vater („niemand kann sie aus meiner Hand reißen" entspricht genau dem „niemand kann sie aus der Hand des Vaters reißen": V. 28f.) und der vergebliche Steinigungsversuch der Juden. Die Argumentation in V. 34ff. könnte aus der Tradition übernommen sein, die noch in höherem Grade mit dem AT arbeitete. Auch V. 20f. dürfte überkommene Elemente enthalten (Betonung der Wunder Jesu).

Kap. 11 bringt dann mit der Heilung des Lazarus das die Katastrophe auslösende Geschehen. Zum Verständnis des johanneischen Denkens entscheidend ist aber das vom Evangelisten eingefügte Gespräch mit Martha, wo der Auferstehung am jüngsten Tag das „Ich bin die Auferstehung und das Leben" Jesu entgegengesetzt wird. Dieses Wort erschließt den Sinn, den die Erweckungsgeschichte für Johannes besaß: sie ist nur ein Hinweis auf die wahre Erweckung, die Jesus bringt.

Zugleich dient diese Geschichte aber – V. 45–53 – zur Erklärung dafür, daß die Juden sich nun zur Tötung Jesu entschließen: seine Wunder würden sonst alle Juden auf seine Seite bringen und damit die völlige Unterdrückung durch die Römer herbeiführen. Hier die wirklichen Verhältnisse genau abgebildet zu sehen, ist naiv. Es ist die von Johannes übernommene Tradition, die hier ausgiebig zu Wort kommt. Sie hatte also bereits die Tempelreinigung an den Anfang gerückt und die Lazarusgeschichte die Krisis herbeiführen lassen.

Da Jesus die jüdischen Passahfeste wie selbstverständlich besuchte (ohne daß doch je von einer Passahfeier berichtet wird, er predigt vielmehr bei diesen Gelegenheiten), so zieht er auch jetzt nach Jerusalem. In 12,1–11 wird uns eine von den Synoptikern her bekannte Geschichte in einem weit fortentwickelten Stadium berichtet, die Johannes nicht kommentiert hat. Nur der

Zusammenhang mit der Lazarusgeschichte wird stark betont. Während die Salbungsgeschichte bei Lukas an früherer Stelle steht (7,36–50), findet sie sich bei Matthäus und Markus ebenso wie im JE in den letzten Jerusalemer Tagen. Dagegen bringt das JE nun erst – 12,12–19 – den Einzug Jesu in Jerusalem. Das Finden des Esels wird in V. 14 ganz kurz abgetan und nur mit Hinweis auf Jes 40,9 und Sach 9,9 begründet. Auch hier spielt das Lazaruswunder wieder eine wichtige Rolle, die sicher in der vom Evangelisten verwerteten Tradition begründet ist.

In 12,20–36 dagegen kommt der Evangelist selbst mit einer Jesusrede zu Wort. Griechische Proselyten begehren, Jesus zu sehen: das ist für den Evangelisten das Zeichen, daß nun die Stunde der Verherrlichung gekommen ist. Zunächst in dem Sinne der Todesstunde: das Weizenkorn muß sterben, wenn es Frucht bringen soll, erst der erhöhte Jesus kann und wird all die Seinen zu sich ziehen (V. 24. 32). Mit der Mahnung, daß Jesus nur noch kurz (V. 35) bei den Seinen sein wird, steigert sich für die Leser die Gewißheit des kommenden Abschieds, der in Jesu Sich-Verbergen (V. 37) gleichsam vorweggenommen wird. Die dann folgenden Verse kommen aus der benutzten Tradition: der Vorwurf, daß man trotz aller Wunder nicht an Jesus geglaubt hat, der doch genau der Weissagung des Jesaja entspricht. Jes 6,9 wird immer im NT zitiert, wenn das Rätsel der Verstockung Israels auftaucht. Allerdings wird dieser scheinbare Mißerfolg dadurch etwas ausgeglichen, daß viele – sogar von den ἄρχοντες – an Jesus glaubten und nur aus Furcht vor den Pharisäern (sie erscheinen hier als die Kerntruppe der Widersacher) es nicht zu bekennen wagten. Eine letzte kurze Rede Jesu (V. 44–50), welche die wichtigsten Themen noch einmal anklingen läßt, beschließt die öffentliche Tätigkeit Jesu.

Für die Erkenntnis der Komposition ist es entscheidend wichtig, daß man nicht mit falschen Erwartungen sie zu entdecken sucht. Der Evangelist war, um das zu wiederholen, kein Meisterschriftsteller oder überragender Dichter. Wenn irgend möglich, begnügte er sich damit, die ihm zugekommene Tradition aufzunehmen und mit möglichst geringen Eingriffen sie seiner Verkündigung dienstbar zu machen. Es kam dem Evangelisten nicht auf einen einheitlichen Stil und eine durchgefeilte Erzählung an, sondern er wollte die rechte Lehre, wie er sie verstand, zur Geltung bringen. Dafür bot sich ihm ein einfaches Verfahren an: er entnahm der Tradition ein Minimum von Wundern, die er dann in Reden Jesu erläutern ließ *(so Kap. 5. 6 und 9 u. a.).* Bei der Passionsgeschichte mußten die Reden vorangehen. Die Zweiteilung von 1,1–13,30 und 13,31–17,26 erlaubte zugleich die gesonderte Behandlung der zwei großen Themengruppen: Jesus und die Welt, Jesus und die Seinen. Kap. 18–20 bringen den letzten Zusammenstoß mit der Welt und die in den „Zeichen“ vorweggenommene „Erhöhung“ samt der Auferstehung. Der Passionsbericht nämlich will nicht beim Leser Mitleid für Jesus wecken, sondern den Sieger feiern, der bis zum letzten Atemzug ungebrochen Gottes Sache geführt hat, die Sache der göttlichen Liebe. Indem Jesus diesen Sieg erringt, ereignet sich seine Verherrlichung. Weil Jesus aber bei Johannes der ist, den der Vater gesandt hat, damit er des Vaters Worte spreche und des Vaters Werke tue, können wir auch von diesem Sterben sagen, daß sich darin die Verheißung von Joh 12,28 erfüllt hat: ,,Ich habe (meinen Namen) verherrlicht und werde ihn verherrlichen!"

3. Es lohnt sich, *das dritte Problem* auf einem kurzen Umweg über die synoptischen Evangelien anzugehen. Schon Mk erzählt Wundergeschichten sehr verschieden. Einerseits sind Mk 7,31–37 und 8,22–26 nach demselben Schema aufgebaut: Jesus wird wie einer jener ,,Wundermänner" dargestellt, der mit seinen Praktiken (Berührung, Speichel, Geste, besonderem Befehlswort) heilt. Ganz anders ist der Stil der Wundergeschichten in 5,1–20 und 9,14–20. Inhaltlich neu ist hier, daß Jesus Dämonen austreibt; formal neu ist die besondere Ausführlichkeit (Mt 8,28–34 kürzt stark bei der Wiedergabe von Mk 5; Mt 17,14–21 und Lk 9,37–42 geben Mk 9 viel knapper wieder): die Details sollen zeigen, wie mächtig die Dämonen sind, die Jesus überwindet.

Folgt aus diesem Stilunterschied, daß die Heilungsgeschichten von Mk 7 und 8 aus einer und derselben Quelle stammen und die Dämonengeschichten von Mk 5 und 9 aus einer anderen? Ist – anders gefragt – ein besonderer Stil schon ein sicheres Anzeichen für eine besondere Quelle? Oder verlangt einfach jede Art von Wundergeschichten die Wiedergabe in einem besonderen, in ihrem Stil? Dann hinge die Form vom Inhalt ab, und der Stil würde uns nichts über etwaige Quellen verraten.

Matthäus und Lukas haben aus der Heilungsgeschichte des besessenen Knaben von Mk 9 viel ausgelassen. Sie übernahmen nicht einfach ihre Quelle, sondern bearbeiteten sie zugleich gemäß der Sicht ihrer Zeit. Dabei fiel sogar der (für uns theologisch hochwichtige) Vers 24 von Mk 9 fort (,,Ich glaube, hilf meinem Unglauben!"). Dieses Zugleich von Glaube und Unglaube in einem und demselben Menschen hätte vielleicht den einfachen Leser schockiert; darum schärfte man ihm lieber die ,,einfache" Forderung des Glaubens ein. Von einer außermarkinischen Quelle ist hier bei Matthäus und Lukas nichts zu sehen. Das ,,Denken in Quellen", das man im vorigen Jahrhundert so liebte und dem auch heute noch mancher Ausleger huldigt, hat die Freiheit der Evangelisten übersehen, die nicht einfach wiedererzählen wollten, was sie vorfanden, sondern das, was wirklich geschehen war – wirklich entsprechend dem Verständnis ihrer eigenen Zeit.

Das frühere Bild von der Entstehung der kanonischen Evangelien – jedes war von seinem eigenen Evangelisten (einem Apostel oder Apostelschüler) verfaßt worden – war also übervereinfacht. Wer bei den Synoptikern die sogenannte Zweiquellentheorie anerkennt, muß zugeben, daß in dem ersten und dritten Evangelium jeweils mindestens noch drei weitere ,,Evangelisten" beteiligt waren: bei Matthäus außer Markus noch QMt und MtS(ondergut), bei Lukas außer Markus noch QLk und LkS. Diese drei Größen haben aber Matthäus und Lukas nicht einfach zu dem Eigenen hinzuaddiert, sondern alle vier Größen beeinflußten jeweils einander auf die verschiedenste Weise sowohl sprachlich wie inhaltlich.

Gehen wir nun, mit diesen synoptischen Erfahrungen bereichert, zum JE. Hier findet sich beim Erzählungsstoff ein buntes Nebeneinander von Stilen. Auch hier fragt es sich, ob in dieser Vielfalt sich verschiedene Quellen spiegeln, und das hieße zugleich, ob nicht auch das JE mehrere ,,Evangelisten" zu Verfassern hat – so befremdlich das klingt.

Machen wir uns zunächst mit der Mannigfaltigkeit des Erzählungsgutes vertraut! Die erste Wundergeschichte – der Beginn der Zeichen, die Jesus tat – wird kurz erzählt: 2,6–10 berichten das eigentliche Wunder. Obwohl hier eine bestimmte Gesellschaftsschicht bei einem konkreten Anlaß vorausgesetzt wird, ist der Erzähler nicht auf Realismus aus. *Strathmann* 58 hat wirklich recht: ,,Überdenkt man das Ganze, so läßt sich nicht verkennen, daß der Schilderung eine merkwürdige schemenhafte Unanschaulichkeit, ja Unwirklichkeit anhaftet." V. 11 verrät, wozu die Geschichte aufgenommen ist: das Wunder weckt Glauben (auch noch indem es weitererzählt wird!) und legitimiert damit Jesus. Daß diese Auslegung das Rechte trifft, bestätigt 2,23 (,,Und viele glaubten an seinen Namen, da sie die Wunder sahen, die er tat") und 3,2 (,,Wir wissen, daß du als Lehrer von Gott gekommen bist, denn niemand kann diese Wunder tun, die du tust, wenn nicht Gott mit ihm ist").

Dieselbe Art zeigt das zweite Kanawunder (4,46bf. 50–53). Es ist wieder eine Kurzgeschichte, und wieder erweckt das Wunder den Glauben an den Wundertäter. Aber auch die Heilung des Gelähmten am Teich von Bethzatha (5,1–9), die Speisung der 5000 (6,1–13) samt dem sich anschließenden Seewandeln und die Heilung des Blindgeborenen (9,1.6f.) sind in ihrem Kern kurz erzählte Wundergeschichten. Allerdings nur in ihrem Kern. Denn der Evangelist bringt diese Wundergeschichten – im Unterschied zu den Synoptikern – meist als anschauliche Chiffren, die das Thema für die folgenden Jesusreden bilden. Die Heilung des Gelähmten wird durch 5,9c Anlaß zu einem Sabbatkonflikt, und dieser leitet dann eine große Rede Jesu über das Verhältnis des Sohnes zum Vater ein (5,19–47). Nicht viel anders steht es mit der Erzählung von der Speisung: sie zielt hin auf Jesu Rede vom wahren Brot, das er selbst ist (6,35).

Aber nicht immer läßt sich die Bearbeitung des Vorgegebenen durch den Evangelisten so einfach bestimmen. Bisweilen begnügt er sich, wie in 4,48f., mit einer kurzen Andeutung, wie er die Geschichte verstanden wissen will. Ähnlich verhält es sich im Grunde in Kap. 11. Hingegen die Erzählung von Jesus und der Samariterin bereichert der Evangelist, indem er Themen von ganz anderem Gewicht einfügt. Das ist am deutlichsten in 4,19–27 (,,Was ist der rechte Gottesdienst?"). Aber wahrscheinlich gehen auch 4,31–38 auf den Evangelisten zurück. Die Geschichte von der Heilung des Blindgeborenen lag dem Evangelisten schon zu einer kunstvollen Komposition, einer dramatischen Szenenfolge, verarbeitet vor. Der eigentliche Heilungsbericht (9,3–7) bildet nur die Einleitung. Die Fortsetzung (9,8–12) zeigt den Nach-

barn und einstigen Bekannten, daß der Geheilte wirklich mit dem Blindgeborenen identisch und also ein unglaubliches Wunder geschehen ist, etwas
für Sünder Unmögliches. Die Szene mit dem Verhör vor den Pharisäern
(9,13–18a) bringt erschwerend das Motiv der Sabbatverletzung herein; 9,16
formuliert zum ersten Mal scharf das eigentliche Problem: ,,Wie kann ein
sündiger Mensch solche Wunder tun?" Eine weitere Steigerung enthält die
Auseinandersetzung zwischen den Pharisäern und den verängstigten Eltern
des Geheilten (9,18b–23), die fürchten müssen, aus der Synagogengemein-
schaft ausgestoßen zu werden. Dieses Schicksal widerfährt dann in 9,24–34
dem immer mutiger werdenden Geheilten, der die Pharisäer in tödliche Verlegenheit gebracht hat. Den Abschluß bildet das Wiedersehen Jesu mit dem
einst Blinden (9,35–38), der nun zu vollem Glauben und Anbetung kommt.

Gerade diese Geschichte hat entscheidend dazu beigetragen, daß man im
Evangelisten einen dramatischen Dichter von hohem Grade erblickte. Am
weitesten ging darin *Hirsch,* Evangelium 193, der im Evangelisten so etwas
wie einen frühchristlichen Goethe erblickt: ,,Die Darstellung kann sich dichterisch mit den berühmten Szenen in Goethes Egmont mindestens messen.
In antiker Literatur ist sie ohne Vergleich." Aber auch *Windisch,* Der johanneische Erzählungsstil, hat sich, obwohl nicht so emphatisch, ähnlich geäußert. Er und andere Ausleger haben nicht bemerkt, daß für den Evangelisten
der eigentliche Sinn der Geschichte nicht in dem legitimierenden Wunder
lag, sondern in dem Hinweis von 9,5: ,,Ich bin das Licht der Welt." Um dieser Hinweismöglichkeit willen hat der Evangelist die ganze ihm an sich
fremde Erzählung vom Wundererweis aufgenommen.

Ähnlich, und doch wieder verschieden ist das Verhältnis des Überkommenen zum Anteil des Evangelisten in Kap. 11. Wahrscheinlich hatte die Lazarusgeschichte schon eine lange Entwicklung in der Tradition hinter sich;
darauf deuten die Beziehungen zu anderen Geschichten hin, die sich vor allem im lukanischen Gut finden: Maria und Martha; die Salbung Jesu; der reiche Mann und der arme Lazarus. Aber das mag hier beiseite bleiben. In der
jetzigen Form ist die Lazaruserzählung die gewaltigste aller Wundergeschichten; die synoptischen Entsprechungen – die Tochter des Jairus; der
Jüngling von Nain – läßt diese Geschichte von der Weckung eines schon
verwesenden Leichnams weit hinter sich. Auch hier aber hat der Evangelist
an einer oft übersehenen oder mißdeuteten Stelle angedeutet, welchen Hinweis er in dieser Geschichte dem Leser geben will, nämlich in 11,20–26. Martha spricht die höflich-indirekte Bitte aus, Jesus möge ihren Bruder wieder
ins Leben zurückrufen; Gott wird ihm – dessen ist sie gewiß – das geben, was
er erbittet. Jesus sagt ihr die Erfüllung dieser Bitte zu. Aber nun läßt der
Evangelist die Martha plötzlich vergessen, worum sie gebeten und was ihr
zugesagt ist. Mit einem Mal spricht sie (11,24) nur von der (jüdisch-urchrist-
lichen) Erwartung einer allgemeinen Totenauferstehung am jüngsten Tage!
Warum der Evangelist das Gespräch so umbiegt, wird in 11,25 deutlich: Im
scharfen Gegensatz zu dieser futurischen Eschatologie ertönt nun ein gewal-

tiges Wort: ,,Ich bin die Auferstehung und das Leben! Wer an mich glaubt, wird leben, auch wenn er stirbt, und jeder, der lebt und glaubt, wird in Ewigkeit nicht sterben!"

Hat man einmal diesen Zusammenhang erkannt, dann erkennt man auch, daß in einem ähnlichen Zusammenhang, nämlich in Kap. 5, eine spätere Hand die Auferweckung der geistig Toten in der Begegnung mit der Jesusbotschaft durch die futurische Eschatologie ergänzen zu müssen glaubte. Jesus hatte in 5,21 gesagt: ,,Wie der Vater die Toten aufstehen läßt und lebendig macht, so macht auch der Sohn die lebendig, welche er will." Und dann hatte Jesus das in V. 24ff. erläutert mit den Worten: ,,Wahrlich, wahrlich, ich sage euch: wer mein Wort hört und dem, der mich gesandt hat, glaubt, hat ewiges Leben und kommt nicht ins Gericht, sondern er ist aus dem (geistigen) Tod ins (geistige) Leben hinübergegangen. Wahrlich, wahrlich, ich sage euch, es kommt die Stunde und ist jetzt, da die Toten die Stimme des Gottessohnes hören werden und die, welche sie gehört haben, leben werden. Denn wie der Vater Leben in sich hat, so hat er auch dem Sohn gegeben, Leben in sich zu haben."

In diesem Zusammenhang hat nun eine spätere Hand – wir meinen: ein Redaktor, der das vierte Evangelium herausgegeben und auch Kap. 21 hinzugefügt hat – die Verse 5,22f. und 5,27–29 sowie 5,30b eingeschoben. Am deutlichsten wird dieser Einschub in 5,28, wo ,,die Stunde" auf den jüngsten Tag bezogen wird, da alle, die in den Gräbern sind, die Stimme des Menschensohnes hören und aus den Gräbern herauskommen werden.

Man sollte aber auch nicht übersehen, daß hier mit dem Stichwort ,,Menschensohn" der Gedanke des zukünftigen Endgerichts verbunden ist und daß dieses Gericht – nach V. 22 und 27 – Jesus als dem ,,Menschensohn" übergeben worden ist. Dieses Endgericht wird sich danach richten, ob man zu den τὰ φαῦλα πράσσοντες gehören wird, die der Auferstehung des Gerichts verfallen werden, oder zu den τὰ ἀγαθὰ πράσσοντες, denen die Auferstehung des Lebens beschieden ist. Während der Evangelist Jesus hatte erklären lassen, er mache lebendig, welche er wolle, ist es an unserer Stelle der Mensch, der mit seinem Handeln sein Schicksal bestimmt. Der Evangelist denkt – wenn man den späteren Ausdruck verwenden darf – ausgesprochen prädestinatianisch: Zum Glauben kommen nur die, welche der Vater Jesus gegeben hat; das wird in Kap. 17 besonders hervorgehoben (vgl. 6,44). Man könnte zu der Vermutung versucht sein anzunehmen, daß hier ein notwendiges Paradox vorliege: eben das, was als Entscheidung Gottes erscheint, läßt sich andererseits auch als Entscheidung der Menschen verstehen. Aber angesichts von 5,29 kommt man mit dieser Auskunft nicht durch. Das wird deutlich an der anderen Stelle, wo ὁ φαῦλα πράσσων eine wichtige Rolle spielt: in den als Zusatz zu bewertenden Versen 3,19–21. Hier heißt es: Wer Schlechtes tut, haßt das Licht und kommt nicht zum Licht, damit seine schlechten Taten nicht als solche überführt werden usw. Hier wird der Widerspruch gegen die christliche Botschaft damit erklärt, daß das schlechte

Gewissen die Gegner hindert, sich der christlichen Gemeinde anzuschließen; wer sich aber nichts vorzuwerfen hat, der kommt zum Licht, der wird Christ. Nach diesem Selbstverständnis – das nicht das des Evangelisten ist! – sind die Christen die moralisch einwandfreien Menschen; die Christenfeinde aber haben schon ihre traurigen Gründe, sich von der Gemeinde fernzuhalten. Für den Evangelisten zeigt 3,18, wie er den Gerichtsgedanken auffaßt: das Gericht erfolgt eben damit, daß jemand den Gottessohn ablehnt. Das Gericht erfolgt nicht am Ende der Tage, sondern in der Begegnung mit der Christusbotschaft. Das hat darin seinen guten Sinn, daß für den Evangelisten der nie gesehene Vater nur in Jesus zugänglich ist. Wer die Jesusbotschaft ablehnt, verfehlt damit die einzige Tür zu Gott. Trotzdem ist es nicht der Mensch, der die eigentliche Entscheidung trifft; das geht eindeutig aus 15,16 hervor: ,,Nicht ihr habt mich erwählt, sondern ich habe euch erwählt." Die Jünger sind zwar nicht der Welt zugehörig, aber das verdanken sie nicht sich selber, sondern – wie wir aus 15,19 erfahren – Jesus hat sie aus der Welt erwählt.

Was Kap. 21 betrifft, so kommt es nach 20,30f. wirklich post festum, wie in der Erklärung ausgeführt ist. Auch daß das Kap. 21 keine ursprüngliche Einheit ist, sondern verschiedene Motive und Traditionen mühsam zu vereinen sucht, ist in der Erklärung gezeigt. Wenn sich eine auffallende Wendung wie das doppelte Amen in 21,19 und in Kap. 1–20 findet, so besagt das nichts über die Identität der Verfasser; denn so etwas läßt sich leicht nachahmen. Dagegen wiegen sehr schwer die von *Bultmann* 542f. angeführten Unterschiede im Sprachgebrauch: die Christen werden nur hier als Brüder bezeichnet, ἐξετάζω ersetzt ἐρωτάω, ἰσχύειν steht für δύναμαι und ἀπό statt ἐκ. Gerade in so unscheinbaren Abweichungen verrät sich die Hand des Redaktors.

Kap. 21 spielt wieder in Galiläa; alles Erzählungsgut sonst spielt in Jerusalem außer den beiden Kanageschichten und der Speisungserzählung (deren Lokalisierung freilich schwierig ist). Die Annahme einer Semeia-Quelle ist außerordentlich gewagt. Man wird folgende Fälle im Gebrauch von σημεῖον unterscheiden dürfen: (a) Jesus tut viele ,,Zeichen" (= Wunder): 2,23; 3,2; 6,2; 11,47; 20,30. (b) ein legitimierendes ,,Zeichen" (= Wunder) wird in 2,18 und 6,30 gefordert. (c) Nach 7,21 hat Jesus nur ein einziges ,,Werk" getan, nämlich das Wunder am Gelähmten in 5,8. Der Gebrauch von ,,Zeichen" und ,,Werke" überschneidet sich an manchen Stellen. (d) Bei 3,2 ist schwer zu sagen, ob der Evangelist schon eine Nikodemustradition vorfand, in der dieser von ,,Zeichen" (= Wunder) sprach. (e) 4,48f. stammen u. E. sicher vom Evangelisten. (f) In 6,14 ist mit dem ,,Zeichen" (= Wunder) die vorangegangene Speisung gemeint, wie aus ,,sehend das Zeichen, das Jesus getan hatte" hervorgeht. Dagegen bestreitet Jesus (Evangelist) in 6,26, daß die Menge ,,Zeichen gesehen" habe. (g) Die Heilung des Blindgeborenen ist 9,16 in dem Ausdruck ,,solche Wunder tun" gemeint. (h) Ähnlich ist in 12,18 von der Auferweckung des Lazarus als einem ,,Zeichen" (= Wunder)

die Rede. (i) In 7,31 wird von größeren „Zeichen" (= Hinweisen) in demselben Sinne geredet, wie in 5,20 von „größeren Werken" und in 1,50 einfach von „Größerem als diesem" gesprochen wird. Angesichts dieser Verschiedenheit im Gebrauch von σημεῖον läßt sich u. E. die Hypothese, daß
(fast) alles Erzählungsgut des JE aus einer „Zeichen"-Quelle stammt, nicht
halten.

In manchen Wundergeschichten läßt sich zeigen, daß der vom Evangelisten benutzten Fassung ältere Formen in der Überlieferung vorangegangen
sind. Darum begegnet der Versuch, jeweils aus dem vorliegenden Text die
Urform der betreffenden Wundergeschichte im Wortlaut zu rekonstruieren,
größeren Schwierigkeiten, als man bei solchen Rekonstruktionen meist angenommen hat. Man denke in solchem Zusammenhang z. B. an das Eindringen des Sabbatbruch-Motivs in 5,9c und 9,14.

In summa wird man sagen dürfen: (1) der Evangelist hat bei den Erzäh-
lungsstücken keines der drei anderen kanonischen Evangelien benutzt, obwohl z. B. so angesehene Forscher wie *Kümmel* und *Hirsch* (aber auch *Connick,* The Dramatic Character of the Fourth Gospel 160, mit Berufung auf
*Streeter* und *Colwell*) vom Gegenteil überzeugt sind. (2) Der Evangelist hat
das Erzählungsgut nicht frei geschaffen, sondern unter Benutzung von Tradition mehr oder minder frei geformt. (3) Das Erzählungsgut war durchweg
von der Ansicht geprägt, daß die Wunder Jesus legitimieren und damit eigentlich Glauben wecken sollten. (4) Der Evangelist dagegen sieht in den
„Zeichen" zwar wirklich geschehene Ereignisse; sie erhalten aber Bedeutung erst dadurch, daß sie (nach der Geistbegabung) für den Christen Hinweise werden auf Jesus als den Weg zum Vater.

Was die Redestücke betrifft, so hat *Bultmann* sie im großen und ganzen als
Bearbeitung einer Redenquelle (vgl. *Easton,* Bultmanns RQ Source) verstanden. Hier und da seien Stücke der Semeia-Quelle aufgenommen worden. Daß die Hypothese einer solchen Sammlung von (gnostischen) „Offenbarungsreden" hinfällig geworden ist, meinen wir in „Das JE und sein
Kommentar" 211f., nachgewiesen zu haben. Die inzwischen reichlich ver-
fügbar gewordenen gnostischen Offenbarungsreden zeigen einen völlig anderen Stil: Der Offenbarer spricht in langen Monologen, die nur ab und zu
von kurzen Fragen oder Ausrufen des Offenbarungsempfängers unterbrochen werden. Während nach *Bultmann* der Evangelist oft nur wie ein Redaktor die angeblichen Offenbarungsreden zitiert, erklärt und zurechtmacht,
kommt er u. E. in den Reden selbst zu Wort. Das schließt nicht aus, daß sich
auch in diesen Reden einerseits spätere Einschübe finden – man denke an die
oben zitierten Stellen über die τὰ φαῦλα πράσσοντες – oder auch ab und zu
Sprüche aus einer Überlieferung sich finden lassen, die wie Anklänge an
synoptisches Redegut wirken. Die Einteilung in Erzählungsstoff und Redegut ist freilich allzu roh. Was z. B. Kap. 1 an Szenen über Johannes den Täufer bringt, fällt unter keine dieser Kategorien oder unter beide. Der Hymnus
des Prologs läßt sich auch nicht unter der Rubrik „Redegut" unterbringen.

4. Dagegen ist es durchaus möglich, daß uns im vierten Evangelisten ein Theologe höchsten Formats begegnet und zu Wort kommt, der im Umkreis einer der „Großkirche" (wenn dieser eigentlich erst für spätere Zeiten sinnvolle Ausdruck hier erlaubt ist) fremden „Sekte" aufgewachsen ist; erst eine spätere Bearbeitung hat ihn weiteren kirchlichen Kreisen zugänglich gemacht. Daß gnostische Wendungen der johanneischen Sprache zunächst Gnostiker wie den Valentin-Schüler Herakleon gereizt haben, das vierte Evangelium gnostisch zu interpretieren, hat die Anerkennung des JE erschwert und verzögert. Aber um 200 waren diese Schwierigkeiten überwunden. Origenes hat mit Recht hervorgehoben, in welchem Maß Herakleon den Text entstellen mußte, um ihn gnostisch interpretieren zu können. Der vierte Evangelist war kein Gnostiker. Wenn man den Stil des vierten Evangeliums als ganzen betrachtet, wird man sagen dürfen, daß hier eine Vielfalt von Stilen sich vereinigt. Dabei ist das, was wir – sehr unbestimmt – als „die Vorlage" bezeichnen können, im selben Umfange beteiligt wie das, was der Evangelist selbst dazu beigetragen hat. Der Umfang einer späteren Redaktion ist u. E. zwar größer, als man bisher zuzugeben bereit war, aber an Ausmaß und Bedeutung (vor allem futurische Eschatologie und Sakramentenlehre) nicht mit den beiden zunächst genannten Größen vergleichbar.

## § 7: *Die verschiedenen Christologien im JE*

**Literatur:**

*Becker, J.,* Wunder und Christologie, NTS 16 (1969/70) 130–148.

*Behm, J.,* Die joh. Christologie als Abschluß der Christologie des Neuen Testaments, NKZ 41 (1930) 577–601.

*Benoit, P.,* Jesus the Savior According to St. John, in: Word and Mystery, ed. L. J. Donovan, Glen Rock 1968, 69–85; franz. LV 15 (1954) 391–410.

*Beutler, J.,* Ps 42/43 im JE, NTS 25 (1978) 33–57.

*Blank, J.,* Krisis-Untersuchungen zur joh. Christologie und Eschatologie, Freiburg 1964.

*Boismard, M. E.,* Jesus, sauveur, d'après S. Jean, LV 15 (1954) 103–122.

*Ders.,* La royauté du Christ dans le IV^e évangile, LV 11 (1962) 43–63.

*Borgen, P.,* Some Jewish Exegetical Traditions as Background for Son-of-Man-Sayings in John's Gospel, BEThL 44 (1977) 243–258.

*Boring, M. E.,* The Influence of Christian Prophecy on the Johannine Portrayal of the Paraclete and Jesus, NTS 25 (1978) 113–123.

*Braun, F. M.,* La seigneurie du Christ dans le monde, selon S. Jean, RThom 67 (1967) 357–386.

*Brun, L.,* Die Gottesschau des joh. Christus, SO 5 (1927) 1–22.

*Bühner, J. A.,* Der Gesandte und sein Weg im vierten Evangelium, Tübingen 1977.

*Christensen, C. R.,* John's Christology and the „Gospel of Truth", GordR 10 (1966) 23–31.

*Collins, R. F.,* The Search for Jesus. Reflections on the Fourth Gospel, LTP 34 (1978) 27–48.

*Coppens, J.,* Les logia johanniques du Fils de l'homme, BEThL 44 (1977) 311–316.

*Ders.,* Le Fils de l'homme johannique, EThL 54 (1978) 126–130.

*Creutzig, H. E.,* Zur joh. Christologie, Luth. 1938, 214–222.

*Dautzenberg, G.,* Die Geschichte Jesu im JE, in: Schreiner, J. ed., Gestalt und Anspruch des NTs, Würzburg 1969, 229–248.

*Davey, J. E.,* The Jesus of St. John, London 1958.

*Delling, G.,* Wort und Werk Jesu im JE, Berlin 1966.

*Dion, H. M.,* Quelque traits originaux de la conception johannique du Fils de l'homme, ScEc 19 (1967) 49–54.

*Dupont, J.*, Essais sur la christologie de S. Jean, Brügge 1951.

*Fennema, D. A.*, Jesus and the Father in the Fourth Gospel, masch. Diss. Duke University 1978.

*Feuillet, A.*, Les Ego-Eimi-christologiques du quatrième évangile, RSR 54 (1966) 5–22. 213–240.

*Fortna, R. T.*, Christology in the Fourth Gospel: Redactional-critical Perspectives, NTS 21 (1975) 489–504.

*Freed, E. D.*, The Son of Man in the Fourth Gospel, JBL 86 (1967) 402–409.

*Garvie, A. E.*, Jesus in the Fourth Gospel, Exp. ser. 8,17 (1919) 312–320.

*Gaugler, E.*, Das Christuszeugnis des JE, in: BEvTh 2, München ²1936, 34–67.

*Gnilka, J.*, Der historische Jesus als gegenwärtiger Christus im JE, BiLe 7 (1966) 270–278.

*Grimm, C. L. W.*, De joanneae christologiae indole paulinae comparatae, Leipzig 1833.

*Haenchen, E.*, Der Vater, der mich gesandt hat, NTS 9 (1963) 210ff.; neuerdings: *ders.* Gott und Mensch, Tübingen 1965, 68–77.

*Ders.*, Vom Wandel des Jesusbildes in der frühen Gemeinde, in: FS. G. Stählin, 1970, 3–14.

*Hanson, A.*, The Jesus of the Fourth Gospel, NewDiv 5 (1974) 20–24.

*Harnack, A. von*, Zur Textkritik und Christologie der Schriften des Johannes, SPAW. PH, 1915, Vol. 2., 534ff.

*Hegermann H.*, ,,Er kam in sein Eigentum". Zur Bedeutung des Erdenwirkens Jesu im vierten Evangelium, in: FS. J. Jeremias, 1970, 112–131.

*Higgins, A. J. B.*, The Words of Jesus According to John, BJRL 49 (1966/67) 363–389.

*Howton, J.*, The Son of God in the Fourth Gospel, NTS 10 (1963/64) 227–237.

*Jonge, M. de*, Jesus: Stranger from Heaven and Son of God, Missoula 1977.

*Köhler, H.*, Von der Welt zum Himmelreich oder die joh. Darstellung des Werkes Jesu Christi synoptisch geprüft und ergänzt, 1892.

*Kunniburgh, E.*, The Johannine Son of Man, StEv 4 (1968) 64–71.

*Lattke, M.*, Sammlung durch das Wort. Erlöser und Erlöste im JE, BiKi 30 (1975) 118–122.

*Leroy, H.*, Jesusverkündigung im JE, Stuttgart 1970.

*Lindars, B.*, The Son of Man in the Johannine Christology, in: Christ and Spirit in the NT, 1973, 43–60.

*Lütgert, W.*, Die joh. Christologie, Gütersloh 1899. ²1916.

*Mastin, B. A.*, A Neglected Feature of the Christology of the Fourth Gospel, NTS 22 (1975) 32–51.

*Maurer, C.*, Der Exklusivanspruch des Christus nach dem JE, in: FS. J. N. Sevenster, Leiden 1970, 143–160.

*McPolin, J.*, The ,,Name" of the Father and of the Son in the Johannine Writings, masch. Diss., Rom 1971.

*Mealand, D. L.*, The Christology of the Fourth Gospel, SJTh 31 (1978) 449–467.

*Meeks, W. A.*, The Prophet-King: Moses-Traditions and Johannine Christology, Leiden 1967.

*Ders.*, The Man from Heaven in Johannine Sectarianism, JBL 91 (1972) 44–72.

*Meyer, H.*, Die mandäische Lehre vom göttlichen Gesandten mit einem Ausblick auf ihr Verhältnis zur joh. Christologie, Kiel 1924.

*Miranda, J. P.*, Der Vater, der mich gesandt hat, Frankfurt 1972.

*Moloney, F. J.*, The Johannine Son of Man, Rom 1976. ²1979.

*Ders.*, The Fourth Gospel's Presentation of Jesus as the ,,Christ", DR 95 (1977) 239ff.

*Ders.*, The Johannine Son of Man, BTB 6 (1976) 177–189.

*Ders.*, The Johannine Son of Man, Sal. 38 (1976) 71–86.

*Müller, U. B.*, Die Geschichte der Christologie in der joh. Gemeinde, Stuttgart 1975.

*Murray, J. O. F.*, Jesus According to St. John, London 1936.

*Mussner, F.*, Der Charakter Jesu nach dem JE, TThZ 62 (1953) 321–332.

*Ders.*, ,,Kultische" Aspekte im joh. Christusbild, in: ders., Praesentia Salutis, Düsseldorf 1967, 133–145.

*Pfleiderer, O.*, Zur joh. Christologie, ZWTh 9 (1866) 241–266.

*Pollard, T. S.*, Johannine Christology and the Early Church, Cambridge 1970.

*Potterie, I. de la/ Barbaglio, G.*, Cristologia in S. Giovanni, Venedig 1967.

*Potterie. I. de la*, L'exaltation du Fils de l'homme, Greg. 49 (1968) 460–478.

*Prete, B.*, La missione rivelatrice di Cristo secondo il quarto Evangelista, ASB 20 (1970) 133–150.

*Ridderbos, H.*, On the Christology of the Fourth Gospel, in: FS. R. C. Oudersluys, Grand Rapids 1978.

*Riedl, J.*, Das Heilswerk Jesu nach Johannes, Freiburg 1973.

*Robertson, A. T.*, The Divinity of Christ in the Gospel of John, New York 1916.

*Ruckstuhl, E.*, Abstieg und Erhöhung des joh. Menschensohns in: FS. A. Vögtle, 1975, 314–341.

*Ders.*, Die joh. Menschensohnforschung, Theologische Berichte 1 (1972) 171–284.

*Sabugal, S.*, Una contribución a la cristologia joannea, Aug. 12 (1972) 565–572.

*Ders.*, Christos: Investigación exegetica sobre la cristologia joannea, Barcelona 1972.

*Segalla, G.*, Rassegna di cristologia giovannea, StPat 18 (1972) 693–732.

*Ders.*, Preesistenza, incarnazione e divinita di Cristo in Giovanni, RivBib 22 (1974) 155–181.

*Sidebottom, E. M.*, The Christ of the Fourth Gospel, London 1961.

*Ders.*, The Ascent and Descent of the Son of Man in the Gospel of St. John, AThR 39 (1957) 115–122.

*Smalley, S. S.*, The Johannine Son-of-Man-Sayings, NTS 15 (1968/69) 278–301.

*Smith, D. M.*, The Presentation of Jesus in the Fourth Gospel, Interp. 31 (1977) 367–378.

*Smith, T. C.*, The Christology of the Fourth Gospel, RExp 71 (1974) 19–30.

*Ders.*, Jesus in the Fourth Gospel, Nashville 1959.

*Summers, R.*, The Christ of John's Gospel, SWJTh 8 (1965) 35–43.

*Sundberg, A.*, Christologies in the Fourth Gospel, BR 21 (1976) 29ff.

*Sweeney, T. A.*, Jesus of the Fourth Gospel, masch. Diss. Graduate Theological Union 1974.

*Schenkel, D.*, Das Christusbild der Apostel und der nachapostolischen Zeit, 1879, 174–193. 203–213. 373–397.

*Schlier, H.*, Zur Christologie des JE, in: ders., Das Ende der Zeit, Freiburg 1971, 85–88.

*Schnackenburg, R.*, Der Menschensohn im JE, NTS 11 (1964/65) 123–137.

*Ders.*, Die Messiasfrage im JE, in: FS. J. Schmid, Regensburg 1963, 240–264.

*Schneider, J.*, Die Christusschau des JE, Berlin 1935.

*Schulz, S.*, Untersuchungen zur Menschensohn-Christologie im JE, Göttingen 1957.

*Tilborg, S. van*, Neerdaling en incarnatie: de christologie van Johannes, TTh 13 (1973) 20–33.

*Trémel, Y. B.*, Le Fils de l'homme selon S. Jean, LV 12 (1963) 65–92.

*Weizsäcker, C.*, Das Selbstzeugnis des joh. Christus, JDTh 2 (1857) 154–208.

*Wetter, G. P.*, Der Sohn Gottes, Göttingen 1916.

Wie das vierte Evangelium das Erdenleben Jesu versteht, ist umstritten. Liberale Theologen haben um die Jahrhundertwende behauptet, der johanneische Christus werde als der über die Erde schreitende Gott dargestellt. *Bousset, Heitmüller, J. Weiß, Wetter* und *Baldensberger* waren sich darin einig. Die sehr interessante Schrift *Baldensbergers, Der Prolog des vierten Evangeliums*, enthält auf der letzten Seite den Satz, ,,daß man von einer doketischen Christologie des Johannesevangeliums reden konnte" (171). Selbstverständlich war diese Deutung des Erdenlebens Jesu bei Johannes nicht ohne Grund: Das vierte Evangelium schildert und preist in vielen Geschichten Jesus als den großen Wundertäter und faßt dabei seine Wunder als Beweise für seine Göttlichkeit auf.

Aber die Dinge liegen nicht so einfach, wie es zunächst scheint. Die deutschen Neutestamentler sind sich heute so ziemlich alle darin einig, daß Matthäus und Lukas jeder das Markusevangelium fast ganz in sich aufgenommen haben. Insofern könnte man nicht ohne Recht sagen, daß jedes dieser beiden Evangelien von zwei Evangelisten stammt, nämlich von einem der den Großteil des Stoffes hergegeben hat, und einem der diesen Stoff bearbeitet hat – dabei sehen wir noch vom Redegut (Q) und dem jeweiligen Sondergut ab. Es spricht also a priori nichts dagegen, daß man auch im JE unterscheiden muß zwischen der evangelischen Überlieferung, die es benutzt – ob es eine Evangelienschrift war, wollen wir offen lassen –, und dem, wie es diese Überlieferung interpretiert hat. Das haben die erwähnten liberalen Theologen der Jahrhundertwende leider übersehen. Es spricht tatsächlich sehr viel dafür, daß wir im vierten Evangelium die Stimmen zweier theologisch verschieden denkender Evangelisten hören.

Selbstverständlich kann man fragen: Wie soll es möglich sein, daß der vierte Evangelist eine Schrift oder eine Tradition von ganz anderer theologischer Haltung übernommen hat? Die Lösung des Rätsels scheint mir in diesem Falle darin zu liegen, daß der Evangelist von der Tatsächlichkeit jener wunderbaren Ereignisse überzeugt war, die er in seiner Überlieferung berichtet fand. Aber er wollte – anders als seine ,,Vorlage" – diese Wunder nicht als Beweise für die Göttlichkeit Jesu angesehen wissen (sie sind ja alle innerirdische Ereignisse), sondern als Zeichen, als Hinweise auf etwas ganz anderes. Wie dieses Verständnis der σημεῖα gemeint ist, können wir uns an Gen 9,13ff. verdeutlichen. Dort wird vom Regenbogen gesagt, daß Gott ihn in die Wolken setzt als Zeichen, daß er keine neue Sintflut senden, sondern des Bundes mit Noah gedenken will. Das hebräische Wort ,,oth", Zeichen, hat die LXX mit σημεῖον übersetzt. Genau diesen Sinn hat σημεῖον im vierten Evangelium für den Evangelisten. Es ist kein Beweis, sondern ein Hinweis. Jene Menschen, welche die Speisung erlebt hatten und daraufhin Jesus zum König machen wollten (6,15), hatten das Zeichen gerade nicht als Zeichen gesehen (6,26). Sonst hätten sie erkannt, daß es auf das wahre Heilsereignis hinwies, nämlich, daß Jesus das wahre Himmelsbrot ist, daß er uns, wie es an anderer Stelle heißt (14,6), der Weg zum Vater ist. Aber auch an weiteren Stellen hat der Evangelist deutlich gemacht, wie man die von ihm berichteten Wundergeschichten verstehen soll. Sehr eindrucksvoll geschieht das in der Nikodemusszene (3,2–4). Nikodemus hatte gesagt: ,,Wir wissen, daß du von Gott gekommen bist als Lehrer. Denn niemand kann die Zeichen" – hier besagt dieses Wort wie in der benutzten Tradition soviel wie ,,Wunder" – ,,tun, die du tust, wenn nicht Gott mit ihm ist." Darauf antwortet Jesus: ,,Wahrlich, wahrlich ich sage dir: Niemand kann die Gottesherrschaft sehen, wenn er nicht von oben gezeugt ist." Mit anderen Worten: Niemand kann sehen, daß Gott in einer irdischen Tat Jesu am Werk ist, wenn Gott ihm nicht ein neues Leben und neue Augen geschenkt hat. Das zweite Kana-Wunder wird durch 4,48f. zurechtgerückt, durch den Tadel Jesu: ,,Wenn ihr nicht Zeichen und Wunder seht, wollt ihr nicht glauben." Dieser Tadel hat sein Gegenstück in der Zurechtweisung des Thomas in 20,29: ,,Weil du mich gesehen hast, hast du geglaubt; selig sind, die nicht gesehen haben und doch zum Glauben gekommen sind." Die späteren Generationen konnten ja Jesus nicht mehr sehen wie seine Zeitgenossen; sie hatten nur sein Wort, damit sich ihr Glaube daran entzünde. In 9,5 wird der vom Evangelisten gemeinte Sinn der Blindenheilung vorweg angedeutet: ,,Solange ich in der Welt bin, bin ich das Licht der Welt." Und ergänzend heißt es in 9,39: ,,Zum Gericht bin ich in die Welt gekommen, damit die nicht Sehenden sehen und die Sehenden blind werden." Was die Erweckung des Lazarus eigentlich bedeutet, sagen 11,25f.: ,,Ich bin die Auferstehung und das Leben. Wer an mich glaubt, wird leben, auch wenn er stirbt, und jeder, der lebt und an mich glaubt, wird nicht sterben in Ewigkeit."

Die benutzte Überlieferung sah in Jesus den großen Wundermann, dessen Machttaten seine Göttlichkeit beweisen und verbürgen. Diesen Sinn der Überlieferung korrigiert Johannes von Grund auf, ohne daß er darum die überlieferten Wundertaten leugnen müßte. Aber für ihn besteht ihr Wert in etwas anderem. Wichtig ist nicht, daß Jesus einen Gelähmten aufstehen läßt (5,8: ἔγειρε), sondern daß er – wie der Vater – (geistig) Tote auferstehen läßt (5,21: ἐγείρει, ζωοποιεῖ). Damit ist gegeben, daß die Heilszeit nicht erst jenseits des Grabes anbricht, sondern hier und jetzt, wo immer einer von denen Jesu Wort hört, die ihm der Vater gegeben hat: ,,Wahrlich, wahrlich ich sage euch: Es kommt die Stunde und ist jetzt, daß die Toten die Stimme des Gottes-Sohnes hören werden und die, welche sie gehört haben, leben werden. Denn wie der Vater in sich Leben hat, so hat er auch dem Sohn gegeben, Leben in sich zu haben" (5,24–26). Daß eine spätere Hand, die sich öfter im vierten Evangelium spüren läßt, das in 5,27–29 Gesagte wieder in den Sinn der üblichen Zukunftseschatologie umzudeuten versucht hat, sollte man eigentlich zu erkennen gelernt haben.

Damit ist aber erst zu einem Teil deutlich geworden, was für den vierten Evangelisten das Erdenleben Jesu zu bedeuten hat. Zweierlei muß mindestens noch gesagt werden. Einmal: Nach Johannes hat niemand je den Vater gesehen (1,18; 5,37b; 6,46). Der menschgewordene Logos ist – das ist der johanneische Sinn seines Erdenlebens – das sichtbare Ebenbild dieses unsichtbaren Vaters – wohlgemerkt: für die Erwählten, und nur für sie (14,9). Der Evangelist hat dafür nicht die in mancher Hinsicht gefährliche und irreführende εἰκών-Formel verwendet, sondern meist (beinahe vierzigmal) die Wendung gebraucht, daß ,,ihn der Vater gesandt hat". Das wird 23mal mit πέμπω, 15mal mit ἀποστέλλω wiedergegeben; ein Unterschied besteht nicht. Die Stellen, an denen die Wendung erscheint, sind: 3,34; 4,34; 5,23f.30.36f.38; 6,29.38f.44.57; 7,16.18.29.33; 8,16.18.26.42; 9,4; 10,36; 11,42; 12,44f.49; 13,16.20; 14,24; 15,21; 16,5; 17,8.18.21.23.25; 20,21. Diese Wendung besagt: Jesus ist nicht für sich da, sondern nur für den Vater. Er erfüllt nicht seinen eigenen Willen, sondern den des Vaters: 4,34; 5,30; 6,38; 9,31. Darum spricht er nicht seine eigenen Worte, sondern die des Vaters: 4,34; (6,63); 7,16; 8,26. 38.40; 14,10.24; 17,8; und er tut nicht seine eigenen Werke, sondern die des Vaters: 4,34; 5,17.19ff.30.36; 8,28; 10,25.37; 14,10; 17,4.14. Nur von hier aus versteht man richtig, was es bedeutet, wenn Jesus sagt: ,,Ich und der Vater sind eins" (10,30; vgl. 17,11.21f.). Der Vater bleibt dabei der völlig Bestimmende, so daß Jesus, ohne sich zu widersprechen, auch sagen kann: ,,Der Vater ist größer als ich" (14,28). Diese Wendung vom Gesandten Gottes, die weit über den jüdischen Begriff des ,,maschliach" hinausgeht, ist die kennzeichnendste christologische Formel des vierten Evangeliums. Man hat jüngst behauptet, sie wechsle unabhängig mit der anderen vom Einssein mit dem Vater, die ihr erst ihren besonderen christologischen Sinn gebe. Das trifft einfach nicht zu. Die wenigen Stellen, die von Jesu Einssein mit dem Vater sprechen – es kommen neben der Hauptstelle 10,30 noch 17,11.21f. in Frage – werden vielmehr mißverstanden, wenn man sie nicht von der so unvergleichlich oft im vierten Evangelium vorkommenden Wendung „der Vater, der mich gesandt hat" aus interpretiert. Jesus ist der göttliche Gesandte, und ein Gesandter erfüllt seine Aufgabe um so vollkommener, je mehr er nur der Ausdruck, der Mund und die Hand seines Souveräns ist. Gerade dann und nur dann, wenn er keine eigene Politik macht, sondern ganz im Dienst seines Souveräns lebt, ja gerade von diesem Dienst lebt (4,34), wird er mit ihm eins und hat wirklich Anspruch auf die Ehre, die dem Souverän gebührt. Darum wird der Vater, der ihn gesandt hat, den nicht ehren, der den Sohn nicht ehrt (5,23.44; 7,18; 8,50.54). Jesus denkt nicht daran, sich Gott gleich zu machen, wie die Juden wähnen (5,18). Er steht aber für uns an der Stelle des Souveräns, des Vaters, als der Gesandte, der sich ganz seinem Souverän hingegeben hat.

Zum andern: Weder die Juden noch die Jünger haben aber während Jesu Erdenleben in ihm den Vater gesehen. Wo Johannes von vielen spricht, die zum Glauben kommen (2,11.23; 7,31; 8,30ff.), stellt sich alsbald heraus: wahrer Glaube war es nicht (2,24f.; 8,40.47.59). Ähnlich steht es aber auch bei den Jüngern: 14,7–9 zeigen, daß Philippus trotz so langen Beisammenseins eben nicht in ihm den Vater gesehen hat, und 16,29ff. antwortet Jesus auf die Versicherung der Jünger, sie glaubten jetzt, daß er vom Vater gekommen sei, sie würden sich alsbald zerstreuen und ihn allein lassen. Den Grund für diese Glaubenslosigkeit der Jünger offenbart 7,39b: Vor der Verherrlichung Jesu gab es noch keinen Geist. Ihn haucht erst der Auferstandene seinen Jüngern ein (20,22).

Wie bei Paulus und in gewissem Sinn auch bei Mk, so ist das Erdenleben Jesu auch bei Johannes noch nicht die Zeit, da Jesu wahres Wesen erkannt wird, und das, obwohl dieses irdische Wirken nach Johannes gerade das Ziel hat, den Vater in ihm sichtbar zu machen. Dennoch erreicht das Erdenleben dieses Ziel, aber erst nachträglich: der Geist führt die Jünger in alle Wahrheit. Das Erdenleben Jesu wird sozusagen erst hinterdrein in seinem eigentlichen Sinn durchsichtig: durch den Geist. Dieser wird in seiner Bedeutung vor allem in den Aussagen über den „Beistand", den παράϰλητος, im Evangelium erläutert (14,16f.26; 15,26; 16,5–15). Bereits 8,26 hatte Jesus angedeutet, daß er noch viel zu sagen habe; aber erst nach der Erhöhung des Menschensohnes werde man erkennen, daß er es ist, den der Vater gesandt hat. Deutlicher wird die Rolle des Geistes in den Abschiedsreden beschrieben: Der Geist der Wahrheit wird die Jünger alles lehren (14,26); Jesus hätte ihnen noch viel zu sagen, aber sie können es jetzt noch nicht fassen.

Damit ist nun aber gegeben: Das neue Jesusbild, das der Evangelist entwirft, ist selbst eingegeben von dem Geist, der die Jünger in alle Wahrheit führt (16,13). Die Geistlehre des vierten Evangeliums ist nicht einfach ein bestimmtes Überlieferungsstück, das der Evangelist neben anderen aufgenommen hat, sondern die Lehre vom Parakleten wird entwickelt, weil sie seiner persönlichen Erfahrung entsprach. Es ist alles andere als ein bloß literarischer Vorgang, wenn das traditionelle Bild der Zukunftseschatologie ebenso wie der überlieferte Redenstoff von Grund auf umgewandelt werden in einer neuen Konzeption. Zwar hatte auch Paulus angedeutet, daß sogar der auferstandene Jesus noch nicht am Ziel war. Aber die eschatologische Zukunftserwartung blieb davon unberührt oder wurde sogar noch verstärkt. Der vierte Evangelist aber hat den Ausdruck der alten Parusie-Erwartung benutzt, um damit etwas Neues auszusagen, und das konnte er nur, wenn er dieses Neue zugleich auf andere Weise andeutete. In 14,16f. hören wir zunächst, Jesus werde den Vater bitten, den Geist zu senden. In 14,18 aber heißt es: ,,Ich werde euch nicht allein lassen, ich komme zu euch.'' In 14,23 endlich verheißt Jesus den Jüngern, der Vater und er werden kommen und bei dem Glaubenden Wohnung machen. Wenn das alles nicht nur eine wirre Anhäufung verschiedener Traditionsstücke sein soll, dann kann man darin das Unternehmen des Evangelisten sehen, der dasselbe mit Wendungen aus verschiedenen Traditionen beschreibt und damit die alte Überlieferung seiner Gegenwart verständlich macht. Daß Jesus wiederkehrt, war der gewohnte Ausdruck der frühen Enderwartung. Daß er den Vater bitten wird, den Geist zu senden, entspricht etwa Lk 24,49 und Apg 1,4. Die Botschaft, daß der Vater und Jesus beim Gläubigen einkehren werden (14,23), die andere, daß Jesus wiederkommt (14,18), und die dritte, daß der Geist, der Paraklet, gesandt wird (14,16), geben also dasselbe Ereignis sozusagen in drei Sprachen wieder. Welche Aussage ist dem Evangelisten eigentümlich? Der Vater kann uns nach Johannes nur im irdischen Jesus sichtbar werden: die erste Aussage ist also der zweiten sinngleich. Jesus aber kehrt für den Evangelisten im Geist der Wahrheit wieder. Dann ist also für Johannes die dritte Aussage letztlich gemeint und der erfahrenen Wirklichkeit am nächsten. Wenn aber das Schwergewicht derart auf den Geist, den der nachösterlichen Gemeinde gesandten Parakleten, übergeht, droht der ,,irdische Jesus'' zu einem bloßen Vorläufer des Geistes zu werden. Dem hat Johannes entgegengearbeitet, indem er daran erinnerte, daß zwischen Jesus und dem Geist innigste Übereinstimmung besteht: Der Geist ,,wird nicht aus sich selber sprechen, sondern was er hört, sagen . . . Er wird mich verherrlichen, denn er wird von dem Meinen nehmen und euch verkünden'' (16,13f.). Damit, daß der Evangelist unter der Leitung des Geistes den wahren Sinn der Jesusbotschaft verkündet, bringt er Jesus erst wirklich zu Ehren. Der Geist wird die Jünger alles lehren und sie an alles erinnern, was Jesus ihnen gesagt hat.

All das stimmt überein mit 6,63: ,,Der Geist ist es, der lebendig macht; das Fleisch ist nichts nütze. Die Worte, die ich zu euch gesprochen habe, sind Geist und Leben.'' Da Jesus – nach der Darstellung des Johannes – diese Worte schon in seinem Erdenleben gesprochen hat, behält dieses Erdenleben seine maßgebende Bedeutung. Freilich sind diese Reden bereits johanneisch interpretiert: der ,,historische Jesus'' kommt nur ausgelegt zu Wort.

# 1. Der Prolog

Den Johannesprolog zu verstehen, ist schwer. Das ist freilich keine neue Erkenntnis. Aber die vielen hundert Jahre des Umgangs mit diesem Text lassen uns auch heute noch manche Fragen gar nicht wahrnehmen, die zur Lösung dieses Problems nötig sind. So ist es uns fast selbstverständlich, daß dieses Evangelium vor der Schöpfung einsetzt. *Bultmann* 1–5 hat das große Verdienst, aus Stilgründen nachgewiesen zu haben, daß der Kern des johanneischen Prologs eine selbständige Größe war, ein Hymnus, der erst nachträglich zum Eingang eines Evangeliums wurde. Aber dabei mußte *Bultmann* eine tiefgreifende Bearbeitung dieses Hymnus durch den Evangelisten annehmen, bei der dieser seine Vorlage in einem Zentralpunkt mißverstand – sie habe erst in V. 14 von der Menschwerdung des Logos gesprochen, der Evangelist jedoch schon in V. 5. *Käsemann,* Prolog 164, hat sich mit Recht darüber gewundert, daß der Evangelist seine Vorlage so wenig begriffen haben soll. Aber sein eigener Versuch, den Schaden zu heilen – der Hymnus habe schon in V. 12 geendet – scheint uns den Riß nur noch ärger zu machen.

Was trieb eigentlich den Verfasser dieses Evangeliums dazu, seiner Schrift diesen Hymnus voranzustellen? Seit *Harnack,* ,,Über das Verhältnis des Prologs des vierten Evangeliums zum ganzen Werk", hat man ernsthaft darüber nachgedacht. Wollte der Evangelist die Grundgedanken seines Werkes – zur Einführung – vorausschicken? Aber trägt denn der Prolog wirklich diese Grundgedanken vor? Wollte er sein Werk mit dem Logosbegriff hellenistischen Lesern mundgerecht machen? Aber das vierte Evangelium erweckt gar nicht den Eindruck, für ,,a public nurtured in the higher religion of Hellenism" (*Dodd,* Interpretation 296) geschrieben worden zu sein. Man hat auch den Begriff einer Ouvertüre (vgl. *Heitmüller* 716) herangezogen, die den Hörer auf das Kommende einstimmen will. Aber eine solche Ouvertüre scheint eher zu Wagner als zur Spätantike zu passen. Diese kannte freilich nicht nur Einleitungen der Art, wie sie das Lukasevangelium zeigt, sondern für literarische Feinschmecker gab es die Möglichkeit, eine Rede oder Schrift mit einer Einleitung zu eröffnen, die mit dem Folgenden – wenn überhaupt – nur locker zusammenhing; bei Philo spürt man zuweilen dergleichen. Aber den Verfasser unseres Evangeliums wird man weder unter die sich historisch gebenden Schriftsteller wie Lukas noch unter jene einrechnen wollen, die ihre Leser durch einen Sprung von der Einleitung zum eigentlichen Thema überraschen wollten.

Also noch einmal: Warum beginnt dieses Evangelium mit einem solchen Prolog? Wenn man eine Antwort auf diese Frage sucht, sollte man nicht nur auf das vierte Evangelium blicken. Die ersten Evangelien begannen mit der Schilderung vom Wirken des Täufers. Das beweist nicht nur der Eingang des Markusevangeliums, sondern auch jenes „Normalbild" des Evangeliums, das Apg 10,38–40 andeutet. Aber bei diesem Anfang blieb es nicht. Zwar machte schon die markinische Tauferzählung Jesu eigentliche Würde deutlich, die dann die Wunder Jesu, die Bekenntnisse der Dämonen und die Verklärung bestätigten – von der Auferstehung einmal ganz abgesehen.

Matthäus und Lukas haben diesen für die Gemeinde so wichtigen Erweis der wahren Würde ihres Herrn noch ergänzt. Darum schoben sie vor den traditionellen Anfang des Evangeliums noch ein Art Vorgeschichte: die Erzählungen von der wunderbaren Geburt und Kindheit Jesu. Damit wurde sozusagen vom Beginn des Erdenlebens Jesu an dem Leser offenbar, wie wenig sich dieser Jesus von Nazareth in einen irdischen Rahmen einfügen ließ.

Das vierte Evangelium aber ließ die drei anderen mit einem einzigen Sprung unüberholbar hinter sich, indem es noch vor der Schöpfung, in der Ewigkeit selbst einsetzte. Wie ein solcher Einsatz auszusehen hatte, war schwer zu sagen. Die älteren Evangelien boten dafür kein Vorbild. Aber ein begnadeter Hymnendichter der Gemeinde hatte dem Evangelisten diese Sorge abgenommen, vorausgesetzt, daß er diese Gabe zu nutzen verstand. Freilich war auch jener Hymnus nicht aus dem Nichts entstanden. Auch er griff auf ein älteres Erbe (vgl. Jesus Sirach 24,1–24; Hen 42,1f.) zurück – auf ein sehr altes sogar. Es gab eine alte tiefsinnige und schwermütige Sage von der Weisheit. Sie verband zwei Urerfahrungen des Menschen. Einmal: diese Welt, in der wir leben, ist von göttlicher Weisheit geschaffen worden. Sie war von Anfang an bei Gott, und als er zu schaffen begann, da stand sie ihm als Werkmeisterin zur Seite. Darum sollte und könnte eigentlich alles so gut sein. Aber hier kam die zweite Urerfahrung ins Spiel: die Menschen selber verschlossen sich gegen die göttliche Weisheit. Nirgends wollte man etwas von ihr wissen. So mußte sie immer weiter wandern, denn niemand wollte sie aufnehmen. Und das Ende vom Liede – einem wehmütigen Liede! – war, daß sie wieder in den Himmel zurückkehrte.

Der christliche Hymnendichter konnte diese Geschichte verstehen. Wir wissen aus 1Kor 1,21f., daß sich die Christen erzählten: Gott hatte es zunächst mit der Weisheit versucht, die Menschen dazu zu bringen, ihn zu erkennen. Allein dieser Versuch war fehlgeschlagen. Da hatte Gott mit der törichten Verkündigung vom gekreuzigten Christus die Seinen zu retten unternommen, der doch Gottes Weisheit war! Damit war unserem Hymnendichter der Weg gewiesen, den er zu gehen hatte: er brauchte nur für „Frau Weisheit" den männlichen Logos einzusetzen, um seine Dichtung bruchlos durchzuführen. Damit soll nicht behauptet sein, daß er ein Pauliner war oder mit der paulinischen Form der Tradition vertraut: er ging – bei aller Anlehnung an eine alte Tradition (wie wir sehen werden) – seinen eigenen Weg.

¹Im Anfang war der Logos, und der Logos war bei (dem) Gott, und Gott (von Art) war der Logos. ²Dieser war im Anfang bei (dem) Gott. ³Alles ist durch ihn geworden, und ohne ihn ward nicht eins, was geworden ist. ⁴In ihm war Leben, und das Leben war das Licht der Menschen. ⁵Und das Licht scheint in die Finsternis, und die Finsternis hat es nicht erfaßt.

⁶Es ward ein Mensch, gesandt von Gott, sein Name Johannes. ⁷Dieser kam zum Zeugnis, damit er Zeugnis gebe für das Licht, auf daß alle gläubig würden durch ihn. ⁸Nicht er war das Licht, sondern er sollte Zeugnis geben für das Licht.

⁹Er war das wahre Licht, das jeden Menschen erleuchtet, der in die Welt kommt. ¹⁰Er war in der Welt, und die Welt war durch ihn geworden, und die Welt erkannte ihn nicht. ¹¹Zu den Seinen kam er, und die Seinen nahmen ihn nicht auf.

¹²Die aber, welche ihn aufnahmen, ihnen gab er Macht, Kinder Gottes zu werden, den an seinen Namen Glaubenden, ¹³die nicht aus Blut und nicht aus Fleischeswillen und nicht aus Manneswillen, sondern aus Gott gezeugt waren.

¹⁴Und der Logos ward Mensch und zeltete unter uns, und wir schauten seine Herrlichkeit, eine Herrlichkeit wie die des einzigen Sohnes vom Vater, voll Gnade und Wahrheit.

¹⁵Johannes gibt Zeugnis für ihn und ruft: „Dieser war es, von dem ich sagte: Der nach mir Kommende ist vor mir geworden."

¹⁶Denn aus seiner Fülle haben wir alle genommen, und (zwar) Gnade um Gnade. ¹⁷Denn das Gesetz wurde durch Moses gegeben, die Gnade und die Wahrheit sind durch Jesus Christus geworden.

¹⁸Gott hat niemand jemals gesehen; der einzige Sohn, der am Busen des Vaters ist, er hat Kunde gebracht.

**Literatur:**

*Aland, K.,* Eine Untersuchung zu Joh 1,3.4. Über die Bedeutung eines Punktes, ZNW 59 (1968) 174–209.

*Ammon, C. H. von,* De prologi Johannis Evangelistae fontibus et sensu, 1800.

*Asbeck, M.,* La ponctuation des versets 3 et 4 du prologue du quatrième évangile et la doctrine du Logos, in: FS. A. Loisy, Paris 1928 I, 220–228.

*Atal, D.,* Structure et signification des cinq premiers versets de l'hymne johannique au Logos, Kinshasa 1972.

*Ausejo, S. de,* Es un himno a Cristo el prólogo de San Juan, EstB 15 (1956) 223–277.381–427.

*Baldensperger, W.,* Der Prolog des vierten Evangeliums. Sein polemisch-apologetischer Zweck, Tübingen 1898.

*Barclay, W.,* John 1,1–14, ET 70 (1958/59) 78–82.114–117.

*Barrett, C. K.,* The Prologue of St. John's Gospel, in: ders., New Testament-Essays, 1972, 27–48.

*Ders.,* Κατέλαβεν in John 1,5, ET 53 (1941/42) 297.

*Becker, J.,* Beobachtungen zum Dualismus im Johannes-Evangelium, ZNW 65 (1974) 71–87 bes. 73–78.

*Berger, K.,* Zu „das Wort ward Fleisch": Joh 1,14a, NT 16 (1974) 161–166.

*Van den Bergh van Eysinga, G. A.,* Zum richtigen Verständnis des johanneischen Prologs, PrM 13 (1909) 143–150.

*Beutler, J.,* „Und das Wort ist Fleisch geworden . . .". Zur Menschwerdung nach dem Johannesprolog, GuL 46 (1973) 7–16.

*Black, M.,* Does an Aramaic Tradition Underlie John 1,16?, JThS (1941) 69–70.

*Blank, J.,* Das Johannesevangelium: Der Prolog Joh 1,1–18, BiLe 7 (1966) 28–39.

*Boismard, M.-E.,* Le Prologue de S. Jean, Paris 1953.

*Ders.,* ,,Dans le sein du Père, RB 59 (1952) 23–39.

*Bonsack, B.,* Syntaktische Überlegungen zu Joh 1,9–10, in: FS. G. D. Kilpatrick, 1976, 52–79.

*Borgen, P.,* Observations on the Targumic Character of the Prologue of John, NTS 16 (1969/70) 288–295.

*Ders.,* ,,Logos was the True Light." Contributions to the Interpretation of the Prologue of John, NT 14 (1972) 115–130; in schwedisch: SEÅ 35 (1970) 79–95; dtsch. in: Theologie aus dem Norden, ed. A. Fuchs, Linz 1976, 99–117.

*Bultmann, R.,* Θεὸν οὐδεὶς ἑώρακεν πώποτε (Joh 1,18), ZNW 29 (1930) 169–192.

*Burrows, M.,* The Johannine Prologue as Aramaic Verse, JBL 45 (1926) 57–69.

*Ders.,* The Aramaic Origin of the Fourth Gospel, London 1922.

*Bussche, H. van den,* De tout être la parole était la vie, BVC 69 (1966) 57–65.

*Ders.,* Il était dans le monde (Jn 1,9–11), BVC 71 (1968) 19–25.

*Cahill, P. J.,* The Johannine Logos as Center, CBC 38 (1976) 54–72.

*Collantes, J.,* Un Commentario Gnostiço a Joh 1,3, EE 27 (1953) 65–83.

*Collins, R. F.,* The Oldest Commentary on the Fourth Gospel, BiTod 98 (1978) 1769–1775.

*Crome, G. E.,* Ueber Lk 1,1–4 und Joh 20,30f. nebst einem Zusatz über Joh 1, 1–5. 9–14. 16–18, ThStKr 2 (1829) 754–766.

*Cullmann, O.,* Ὁ ὀπίσω μου ἐρχόμενος, CNT 11 (1947) 26–32.

*Deeks, D. G.,* The Prologue of St. John's Gospel, BTB 6 (1976) 62–78.

*Demke, C.,* Der sogenannte Logos-Hymnus im johanneischen Prolog, ZNW 58 (1967) 45–68.

*Dewailly, L. M.,* La parole parlait à Dieu? Joh 1,1b–2: Note d'exégèse biblique, RThPh 100 (1967) 123–128.

*Dibelius, M.,* ,,Im Anfang war das ewige Wort". Zu Joh 1,1–18, BiLe 10 (1969) 237–239.

*Dodd, C. H.,* The Prologue to the Fourth Gospel and Christian Worship, in: ed. F. L. Cross, Studies in the Fourth Gospel, London 1957, 9–22.

*Dyroff, A.,* Zum Prolog des Johannesevangeliums in: FS. J. Dölger, Münster 1939, 86–93.

*Eisler, R.,* La ponctuation du prologue antimarcionite à l'Évangile selon Jean, RPh 66 (1930) 350–371.

*Elliot, J. K.,* John 1,14 and the NT's Use of *pleres,* BiTr 28 (1977) 151–153.

*Eltester, W.,* Der Logos und sein Prophet. Fragen zur heutigen Erklärung des johanneischen Prologs, BZNW 30 (1964) 109–134.

*Epp, E. J.,* Wisdom, Torah, Word: The Johannine Prologue and the Purpose of the Fourth Gospel, in: FS. M. C. Tenney, 1975, 128–146.

*Feuillet, A.,* Le prologue du quatrième évangile, Brügge/Paris 1968.

*Florival, E.,* ,,Les siens ne l'ont par reçu" (Jn 1,11), NRTh 89 (1967) 43–66.

*Franke, A. H.,* Die Anlage des Johannesevangeliums, ThStKr 57 (1884) 80–154 bes. 150–151.

*Freed, E. D.,* Some Old Testament Influences on the Prolog of John, in: FS J. M. Myers, Philadelphia 1974.

*Ders.,* Theological Prelude to the Prologue of John's Gospel, SJTh 32 (1979) 257–269.

*Gaechter, P.,* Strophen im Johannesevangelium, ZKTh 60 (1936) bes. 99–111.

*Galot, J.,* Etre né de Dieu, Jean 1,13, AnBib 37, Rom 1969.

*Garvie, A. E.,* The Prologue to the Fourth Gospel and the Evangelist's Theological Reflexions, Exp. 10 (1915) 163–172.

*Gese, H.,* Der Johannesprolog, in: ders., Alttestamentliche Vorträge zur Biblischen Theologie, München 1977, 152–201.

*Glasson, T. F.,* Jn 1,9 and a Rabbinic Tradition, ZNW 49 (1958) 288–90.

*Ders.,* A Trace of Xenophon in John 1,3, NTS 4 (1957/58) 208–209.

*Green, H. C.,* The Composition of St. John's Prologue, ET 66 (1954/55) 291–294.

*Haacker, K.,* Eine formgeschichtliche Betrachtung zu Joh 1,3 fin., BZ 12 (1968) 119–121.

*Haenchen, E.,* Probleme des johanneischen ,,Prologs", in: ders., Gott und Mensch, 1965, 114–134.

*Ders.,* Das Johannesevangelium und sein Kommentar, in: ders.: Die Bibel und Wir, 1968, bes. 209–214.

*Hambly, W. F.,* Creation and Gospel. A Brief Comparison of Gen 1,1–2,4 and Joh 1,1–2,12, StEv IV (1968) 69–74.

*Harnack, A. von,* Über das Verhältnis des Prologs des vierten Evangeliums zum ganzen Werk, ZThK 2 (1892) 189–231.

*Hayward, C. T. R.,* The Holy Name of the God of Moses and the Prologue of St. John's Gospel, NTS 25 (1978) 16–32.

*Hegermann, H.*, „Er kam in sein Eigentum." Zur Bedeutung des Erdenwirkens Jesu im vierten Evangelium, in: FS. J. Jeremias, 1970, 112–131.

*Helderman, J.*, „In ihren Zelten . . ." Bemerkungen bei Codex XIII Nag Hammadi p. 47: 14–18, im Hinblick auf Joh 1,14, in: Miscellanea neotestamentica I, Leiden 1978, 181–211.

*Hengel, M.*, Der Sohn Gottes, Tübingen 1975, bes. 58.112ff.

*Hengstenberg, E. W.*, Ueber den Eingang des Evangeliums St. Johannis, Berlin 1859.

*Hennecke, E.*, Jean 1,3–4 et l'enchaînement du Prologue, in: FS. A. Loisy I, 1928, 207–219.

*Hill, D.*, The Relevance of the Logos-Christology, ET 78 (1967) 136–139.

*Hodges, Z. C.*, Grace after Grace: John 1,16, BS 135 (1978) 34ff.

*Hofrichter, P.*, „Nicht aus Blut, sondern *monogen* aus Gott geboren." Textkritische, dogmengeschichtliche und exegetische Untersuchung zu Joh 1,13–14, Würzburg 1978.

*Ders.*, *Egeneto anthropos*. Text und Zusätze im Johannesprolog, ZNW 70 (1979) 214–237.

*Hooker, M. D.*, John the Baptist and the Johannine Prologue, NTS 16 (1969/79) 354–358.

*Ders.*, The Johannine Prolog and the Messianic Secret, NTS 21 (1974) 40–58.

*Janssens, Y.*, Une source gnostique du Prologue?, BEThL 44 (1977) 355–358.

*Ibuki, Y.*, Lobhymnus und Fleischwerdung. Studien über den johanneischen Prolog, AnnJBI 3 (1977) 132–156.

*Jeremias, J.*, Der Prolog des Johannesevangeliums, CwH 88, Stuttgart 1967.

*Jervell, J.*, „Er kam in sein Eigentum." Zum Joh 1,11, STL 10 (1957) 14–27.

*Irigoin, J.*, La composition rythmique du prologue de Jean (1,1–18), RB 78 (1971) 501–514.

*Käsemann, E.*, Aufbau und Anliegen des johanneischen Prologs, in: FS. F. Delekat, 1957, 75–99, nun in: ders., EVB II, 155–180.

*Kehl, M.*, Der Mensch in der Geschichte Gottes, GuL 40 (1967) 404–40.

*Kemp, I. S.*, „The Light of Men" in the Prologue of Johns Gospel, IndJT 15 (1966) 154–164.

*King, J. S.*, The Prologue to the Fourth Gospel: Some Unsolved Problems, ET 86 (1975) 372–375.

*Kruijf, T. C. de*, The Glory of the Only Son, in: Studies in John, Leiden 1970, 111–123.

*Kuyper, L J.*, Grace and Truth. An OT Description of God, and its Use in the Johannine Gospel, Interp. 18 (1964) 3–19.

*Kysar, R.*, A Comparison of the Exegetical Presuppositions and Methods of C. H. Dodd and R. Bultmann in the Interpretation of the Prologue of the Fourth Gospel, masch. Diss. Northwestern University 1967.

*Ders.*, R. Bultmann's Interpretation of the Concept of Creation in John 1,3–4, CBQ 32 (1970) 77–85.

*Ders.*, The Background of the Prologue of the Fourth Gospel, CJT 16 (1970) 250–255.

*Ders.*, The Contributions of the Prologue of the Gospel of John to NT Christology and Their Historical Setting, Currents in Theology and Mission, 5 (1978) 348–364.

*Lacan, M. F.*, L'oeuvre du Verbe incarné: le don de la vie, RSR 45 (1957) 61–78.

*Lamarche, P.*, Le Prologue de Jean, RSR 52 (1964) 497–537.

*Lebram, J. C.*, Der Aufbau der Areopag-Rede, ZNW 55 (1964) 221–243 bes. 235ff.

*Louw, J. P.*, Narrator of the Father – *exegeisthai* and Related Terms in the Johannine Christology, Neotestamentica 2 (1968) 32–40.

*Martens, R. F.*, The Prologue of the Gospel of John: An Examintation of its Origin and Emphasis, masch. Diss. Concordia Seminary in Exile, Chicago 1974.

*Masson, Ch.*, Le Prologue du quatrième évangile, RThPh 117 (1940) 297–311.

*Ders.*, Pour une traduction nouvelle de Jn 1,1b et 2, RThPh 98 (1965) 376–381.

*Meagher, J. C.*, John 1,14 and the New Temple, JBL 88 (1969) 57–68.

*Michael, J. H.*, The Meaning of *exegesato* in St. John 1,18, JThS 22 (1921) 14–16.

*Ders.*, The Origin of St John 1,13, Exp. 16 (1918) 301–320.

*Müller, D. H.*, Das Johannes-Evangelium im Lichte der Strophentheorie, SKAW.PH 160, 8. Abh., Wien 1909, 1–60 bes. 2–4.

*Nagel, W.*, „Die Finsternis hat's nicht begriffen" (Joh 1,5), ZNW 50 (1959) 132–137.

*Newman, B. M.*, Some Observations Regarding a Poetic Restructuring of John 1,1–18, BiTr 29 (1978) 206ff.

*O'Neil, J. C.*, The Prologue to St. John's Gospel, JThS 20 (1969) 41–52.

*Osten-Sacken, P. von der*, Der erste Christ. Johannes der Täufer als Schlüssel zum Prolog des vierten Evangeliums, ThViat 13 (1975/76) 155–173.

*Pinto, B. de*, Word and Wisdom in St. John, Scrip. 19 (1967) 19–27.107–122.

*du Plessis, J. J.*, Christ as the „Only Begotten", Neotestamentica 2 (1968) 22–31.

*Pollard, T. E.*, Cosmology and the Prologue of the Fourth Gospel, VigChr 12 (1958) 147–153.

*Potterie, J. de*, De interpunctione et interpretatione versuum Joh 1,3–4, VD 33 (1955) 193–208.

*Prete, B.*, La concordanza del participio *erchomenon* in Giov. 1,9, BeO 17 (1975) 195–208.

*Richter, G.*, Ist *en* ein strukturbildendes Element im Logoshymnus?, Bib. 51 (1970) 539–44; neuerdings in: ders., Studien zum Johannesevangelium, 1977, 143–148.

*Ders.*, Die Fleischwerdung des Logos im Johannesevangelium, NT 13 (1971) 81–126; 14 (1972) 257–276; neuerdings in: ders., Studien zum Johannesevangelium, 1977, 149–198.

*Ridderbos, H.*, The Structure and Scope of the Prologue to the Gospel of John, NT 8 (1966) 180–201.

*Rissi, M.*, John 1,1–18, Interp. 31 (1977) 395–401.

*Ders.*, Die Logoslieder im Prolog des 4. Evangeliums, ThZ 31 (1975) 321–336; 32 (1976) 1–13.

*Rist, J. M.*, St. John 1,14 and Amelius, JThS 20 (1969) 230f.

*Ritschl, A.*, Zum Verständnis des Prologs des johanneischen Evangeliums, ThStKr 48 (1875) 576–582.

*Robinson, J. A. T.*, The Relation of the Prologue to the Gospel of St. John, NTS 9 (1962/1963) 120–129.

*Röhricht, R.*, Zur johanneischen Logoslehre, ThStKr 41 (1868) 299–315; 44 (1871) 503–509.

*Sahlin, H.*, Zwei Abschnitte aus Joh 1 rekonstruiert, ZNW 51 (1960) 64–69.

*Sanders, J. T.*, The New Testament's Christological Hymns. Their Historical Background, London 1971.

*Seeberg, R.*, Ὁ λόγος σὰρξ ἐγένετο (Joh 1,14), in: FS. A. von Harnack, Tübingen 1921, 263–282.

*Segalla, G.*, Preesistenza, incarnazione e divinita di Cristo in Giovanni, RivBib 22 (1974) 155–181.

*Smith, D. M. jr.*, The Composition and Order of the Fourth Gospel, 1960, bes. 61–63.

*Spicq, C.*, Le Siracide et la structure littéraire du prologue de S. Jean, in: Memorial M. J. Lagrange, Paris 1940, 183–195.

*Schlatter, F. W.*, The Problem of Joh 1,3b–4a, CBQ 34 (1972) 54–58.

*Schlier, H.*, ,,Im Anfang war das Wort" im Prolog des Johannesevangeliums, WuW 9 (1954) 169–180.

*Schmid, J.*, Joh 1,13, BZ 1 (1957) 118–125.

*Schmithals, W.*, Der Prolog des JE, ZNW 70 (1979) 16–43.

*Schnackenburg, R.*, Logos-Hymnus und johanneischer Prolog, BZ 1 (1957) 69–109.

*Ders.*, ,,Und das Wort ist Fleisch geworden . . .", Communio 8 (1979) 1ff.

*Schneider, H.*, ,,The Word Was Made Flesh." An Analysis of the Theology of Revelation in the Fourth Gospel, CBQ 31 (1969) 344–356.

*Schulz, S.*, Die Komposition des Johannesprologs und die Zusammensetzung des vierten Evangeliums, StEv I (1959) 351–362.

*Schwank, B.*, Das Wort vom Wort, EuH 42 (1966) 183–187.

*Stange, C.*, Der Prolog des Johannesevangeliums, ZSTh 21 (1950–52) 120–141.

*Storelli, F.*, Il prologo di Giovanni e il Logos origeniano, Nicolaus 5 (1977) 209–218.

*Taylor, J. R.*, A Note on John 1,18, ET 18 (1906/07) 47.

*Thoma, A.*, Das Alte Testament im Johannes-Evangelium, ZWTh 22 (1879) 18–66. 171–223.273–312, bes. 20–28.

*Thurneysen, E.*, Der Prolog zum Johannesevangelium, ZZ 3 (1925) 12–37.

*Thyen, H.*, Aus der Literatur zum Johannesevangelium, ThR 39 (1974) 1–69.222–252. 289–330; 42 (1977) 211–270; 43 (1978) 328–359, bes. I. 53ff.; III 217.

*Toit, A. B. du*, On Incarnate Word – A Study of John 1,14, Neotestamentica 2 (1968) 9–21.

*Trudinger, L. P.*, The Prologue of John's Gospel: Its Extent, Content and Intent, RTR 33 (1974) 11–17.

*Vawter, B.*, ,,What Come To Be In Him Was Life" (Jn 1,3b–4a), CBQ 25 (1963) 401–406.

*Wagenmann*, Zum joh. Prolog, JDTh 20 (1875) 441.

*Weiße, C. H.*, Die evangelische Geschichte kritisch und philosophisch bearbeitet, Leipzig 1838, VI 183–193.

*Weizsäcker, C.*, Die johanneische Logoslehre, mit besonderer Berücksichtigung der Schrift: Der johanneische Lehrbegriff von Dr. B. Weiß, 1862, JDTh 7 (1862) 619–708.

*Wengst, K.*, Christologische Formeln und Lieder im Urchristentum, Gütersloh 1972, 200–208.

*Windisch, H.*, Die katholischen Briefe, HNT 15, Tübingen 1930.

*Winter, P.*, Monogenes para Patros (Joh 1), ZRGG 5 (1953) 335–365.

*Dr. Ziegler*, Bemerkungen über das Evangelium des Johannes, und Erklärungen einzelner schwieriger Stellen desselben, Neuestes theologisches Journal, hrsg. J. P. Gabler, 9 (1802) 15–69. bes. 17–41.

*Zimmermann, H.*, Christushymnus und johanneischer Prolog, in: Neues Testament und Kirche, FS. R. Schnackenburg, 1974, 249–265.

■ **1** beginnt mit ἐν ἀρχῇ wie Gen 1,1 LXX. Das ist kein bloßer Zufall; die Übereinstimmung ist gewollt. Weit größer aber als diese kaum zufällige Übereinstimmung sind die Unterschiede: Gen 1,1 erzählt ein Geschehen:

Gott schafft. Joh 1,1 aber nennt etwas, das schon im Uranfang war; erstaunlicherweise ist es nicht „der Gott". Der Hymnus setzt also nicht bei Gott und seiner Schöpfung ein, sondern bei der Existenz des Logos im Anfang. Damit wird der Logos – wir haben kein deutsches Wort, das diesem griechischen in der Fülle seiner Bedeutungen entspricht (s. den Exkurs) – so hoch emporgehoben, daß es fast anstößig wirkt. Erträglich wird die Aussage erst durch die Fortsetzung „und der Logos war bei (dem) Gott", nämlich in inniger, personaler Verbundenheit.

Um Mißverständnisse zu vermeiden, sei hier eingeschaltet: damals waren ϑεός und ὁ ϑεός nicht dasselbe. Philo, De somn. I 229f., hat deshalb geschrieben: Der λόγος heiße nur ϑεός und nicht ὁ ϑεός, da er nicht im eigentlichen Sinne Gott sei. Philo dachte nicht daran, den jüdischen Monotheismus aufzugeben. Ähnlich hat auch Origenes, Johanneskommentar II 2,13–15 ausgelegt: Der Evangelist sage vom Logos nicht, er sei „der Gott", sondern nur „Gott". Tatsächlich war auch für den Verfasser des Hymnus' wie für den Evangelisten nur der Vater ὁ ϑεός (vgl. 17,3); „der Sohn" ist ihm untergeordnet (vgl. 14,28). Aber das wird hier nur angedeutet, weil gerade das Miteinander betont werden soll: der Logos war „bei dem Gott", d. h. in inniger, personaler Gemeinschaft mit ihm. – Denn εἰς und πρός c. Acc. antworteten ursprünglich nur auf die Frage „wohin?". In der Koine stehen sie häufig auch für ἐν bzw. παρά mit Dativ (vgl. 19,25) auf die Frage „wo?" in der Bedeutung „in" bzw. „bei". – Der Logos ersetzt also im Anfang nicht „den Gott", sondern lebt in und aus dieser Gemeinschaft (1,18; 4,34). Gerade das aber, daß er allein diese vorweltliche Verbundenheit mit „dem Gott" hat, steigert seine Bedeutung. V 1c bringt diese Bedeutung noch stärker zum Ausdruck: „und Gott (von Art) war der Logos." Damit erreichen die Aussagen über ihn, soweit sie den Bereich jenes Uranfangs betreffen, ihren Höhepunkt. Sie prägen dem Leser immer deutlicher die unvergleichliche Würde und Wichtigkeit des Logos ein.

*Bultmann* 16 wendet gegen diese Auslegung ein: Von Gott kann man nicht (im christlichen Sinn) im Plural reden. Dagegen vertrug sich in der Zeit, wo der Hymnus entstand, mit dem jüdischen und christlichen Monotheismus sehr wohl die Aussage, daß es neben und unter Gott ein nicht mit ihm identisches Gottwesen gab. Das beweist Phil 2,6–10. Hier beschreibt Paulus den später in Jesus Christus Menschgewordenen gerade als ein solches göttliches Wesen, vor dem sich dereinst alle Kniee beugen sollen. Aber wohlgemerkt: zur Ehre des Vaters, dem der Sohn einmal alle Macht zurückgeben wird (1Kor 15,28). Hier wie in Joh 1,1 wird also nicht von einer dialektischen Zweieinheit gesprochen, sondern von einer personal verbundenen Zweiheit, und die Kirche hat dem entsprochen, als sie die Lehre des Patripassianismus ablehnte.

Es versteht sich eigentlich von selbst, daß der Hymnus statt „Logos" nicht „Messias" oder „Menschensohn" sagen konnte. Denn diese beiden Größen treten ja erst nach der Schöpfung auf, wenn nicht sogar am Ende dieses

Äons. Zwar hat nach jüdischer Überlieferung Gott schon vor der Schöpfung den Namen des Messias genannt. Aber das besagte nur, daß die Größe ,,Messias" – ebenso wie z. B. auch die des Sabbats – schon im Schöpfungsplan Gottes enthalten war. Aber auch die Wendung ,,der Sohn" war unbrauchbar. Jeder Leser hätte es als widersinnig empfunden, hätte der Hymnus mit den Worten begonnen: ,,Im Anfang war der Sohn." Das Wort ,,Logos" dient hier also nicht als Lockvogel für griechische Leser. Es gab kaum ein anderes Ausdrucksmittel als das vom Hymnus gewählte.

In den drei Aussagen von 1a–c scheinen je zwei Worte den Ton zu tragen, und das zweite kehrt jeweils als das erste im nächsten Sätzchen wieder: ἀρχή – λόγος; λόγος – ὁ θεός; θεός – λόγος. Das hat *Bultmann* 2.5 vermuten lassen, hier liege ein aramäisches Original zugrunde, ähnlich gebaut wie die ,,Oden Salomos": je zwei Glieder eines Doppelverses drückten einen Gedanken aus (V. 9.12.14b); bisweilen ergänze auch das zweite Glied das erste (V. 1.4.14a.16). In anderen Fällen stehe es mit dem ersten in Parallelismus (V. 3) oder Gegensatz (V. 5.10.11). Daraus schloß *Bultmann* 3–5: Der Evangelist, einst ein Täuferjünger, habe nach seiner Bekehrung zum Christusglauben ein Gemeindelied der Täufersekte auf Jesus umgeschrieben und dabei bearbeitet. Eine solche Bearbeitung mußte *Bultmann* annehmen; denn er konnte seine Erklärung nur durchführen, wenn er Fortlassungen (V. 2?) und Zusätze des Evangelisten voraussetzte (V. 9.10.11.12). Überdies war *Bultmann* zur Annahme genötigt, der Evangelist habe seine (in V. 1–5 und 9–12 vom präexistenten Logos redende) Quelle mißverstanden und von V. 5 an auf den Fleischgewordenen bezogen. So ist aus der Formanalyse eine Quellenhypothese geworden. Aber beides (Lied der Täufergemeinde, vom Evangelisten umgearbeitet) läßt sich nicht halten. Die neueren Arbeiten über den Prolog – *Schnackenburg, Brown, Demke, Haenchen, Käsemann* – rechnen nur mit einem christlichen Hymnus und betonen dabei, daß auch die vermuteten Abstriche und Zutaten des Evangelisten noch nicht das von *Bultmann* vorausgesetzte Zweierschema einer Quelle ergeben.

Darüber hinaus zeigt schon V. 1, daß kein solches Zweierschema vorliegt. Der Vers dient ganz den verschiedenen Aspekten, die der neu eingeführte λόγος bietet. Das geschieht auf eine sehr kunstvolle Weise, nach dem Muster a–b; b–c; c–b. Es ist der einzige Vers im JE, der diese Anordnung der Begriffe so weitgehend durchführt. In Wirklichkeit ist allerdings die Übereinstimmung nicht so eng, wie es der Wortlaut vermuten läßt. In jedem der drei Unterabschnitte begegnet die Verbform ἦν. Aber sie bedeutet jeweils etwas anderes (vgl. *Brown* I,4). V. 1a enthält die Grundaussage: Im Anfang war – existierte – der Logos. Gerade diese im Verhältnis zum Alten Testament neue (fast könnte man im Blick auf die damalige Generation sagen: moderne) Größe existierte vor der Schöpfung, war also nicht geschaffen und teilte diese höchste aller Auszeichnungen mit ,,dem Gott", ,,dem Vater" selbst: der Logos ist ,,ewig". Da er, menschgeworden, Jesus sein wird, teilt dieser von je die göttliche Ehre. Aber es besteht keine Konkurrenz zwischen dem

Logos als θεός und dem ὁ θεός; der neue *(christliche)* Glaube steht mit dem alten monotheistischen nicht in Widerstreit. Das wird noch deutlicher in V. 1c: „und Gott von Art war der Logos" – hier ist ἦν ein bloßes Prädikativum. Um so genauer muß das Prädikatsnomen beachtet werden: θεός ist nicht identisch mit ὁ θεός. Darin liegt, noch versteckt, eine Christologie der Subordination des Sohnes, in dem gerade deshalb der Glaubende den Vater sehen kann, weil der Sohn nicht seine eigenen Worte sprechen, seine eigenen Werke tun, seinen eigenen Willen verwirklichen wollte, sondern nur Wort, Werk und Wille des Vaters. Von dieser Christologie, in der Demut und Gehorsam δόξα, d. h. Herrlichkeit, sind und der Kreuzestod Triumph, wird noch viel zu sagen sein.

*Bultmanns* 17 Einwand, daß man dann für θεός erwarten sollte θεῖος, übersieht, daß θεῖος viel weniger meint, als was hier vom Logos ausgesagt wird, und einem dem JE ganz fremden literarischen Griechisch angehört bzw. einen anderen Sinn ausdrücken würde. In der Areopagrede (Apg 17,29) z. B. ist der „neutrale" Ausdruck τὸ θεῖον nötig, um in der Sprache der griechischen Aufklärung „das Göttliche" zu bezeichnen. Der späte 2. Petrusbrief wiederum spricht in 1,3f. von θεία δύναμις und θεία φύσις. *Windisch,* Die katholischen Briefe 85, sagt von diesen Versen mit Recht, daß sie mit Anschauungen und Wendungen der hellenistischen Frömmigkeit gesättigt sind, und verweist für θεία δύναμις auf Apg 8,10; Plato, De lege III 691e; Aristoteles, Polit. IV (VII) 4 und andere Stellen. Θείας κοινωνοὶ φύσεως 2Petr 1,4 stimmt überein mit Philo, De decal. 104 p. 197, θείας . . . φύσεως . . . μετεσχηκότων, und bezieht sich überdies auf alle Christen. Damit bezeigt es eine spätere und vom JE ganz verschiedene Theologie. Eine genaue formale Entsprechung zu 1,1 findet sich im ganzen JE nicht.

Gegen die von uns vertretene Auslegung führt *Bultmann* 17 eine theologisch ganz verschiedene Exegese ins Feld. Die Spannung zwischen den Aussagen 1b und 1c gibt er in gewissem Sinne zu: „Nachdem die Aussage ὁ Λόγος ἦν πρὸς τὸν θεόν die Vorstellung hervorrufen könnte, es handele sich um die Gemeinschaft zweier göttlicher Personen, wird jetzt die Aussage ins entgegengesetzte Extrem getrieben: θεὸς ἦν ὁ λόγος. Aber auch dies wird sofort wieder gegen ein Mißverständnis geschützt, indem das eben Gesagte gleichsam revoziert und das πρὸς τὸν θεόν wiederholt wird . . .". Hinter das „Der Logos war bei dem Gott" wird nicht zurückgegangen. „Aber soll wirklich der mythologische Gedanke ausgesprochen werden, daß im Anfang zwei göttliche Personen nebeneinander, oder die eine der anderen subordiniert, vorhanden waren? . . . der Λόγος wird mit Gott gleichgesetzt: er war Gott" (16). *Bultmanns* eigentliches Anliegen scheint uns bei dieser Exegese von Joh 1,1f. dies zu sein, daß man von Gott nicht wie von einem „objektiven" Gegenstand reden darf, sondern nur, soweit er sich offenbart. Aber wenn diese Offenbarung darin bestehen soll, daß der Offenbarer, ein purer Mensch, behauptet, der Gott zu sein, den er offenbart, und darüber hinaus nichts offenbart, dann wird *Bultmann* mit Johannes uneins. Denn er läßt Jesus in seinen Ich-bin-Sätzen sagen: Ich bin das Brot des Lebens, usw., und diese Ich-bin-Sätze sind von Jesus nicht im eigenen Namen gesprochen, sondern in dem des Vaters. Kap. 5 wird das näher erläutern.

■ **2** hat schon einen anderen Charakter. Darum vermutet *Bultmann* 17f., V. 2 ersetze eine mythologische Aussage der vermuteten Täuferquelle. Dem gegenüber wendet *Käsemann,* Prolog 159, mit Recht ein: ,,Welche Aussage soll der Evangelist in V. 2 korrigiert haben, wenn er an dem schlechterdings nicht mythologischer zu formulierenden Inhalt von V. 18b keinen Anstoß nahm?'', und folgert, daß V. 1 ein Dreizeiler ist und daß man ,,das schon von *Burney* (Origin 40ff.) aufgestellte Postulat des durchgängigen Zweizeilers und die dann notwendig werdenden Textveränderungen fahren'' lassen muß. Zwar dominiere der Zweizeiler bis V. 12; aber das ergebe kein festes Schema. *Schnackenburg* I 212 hat ebenfalls diesen Vers dem Hymnus abgesprochen, weil er nichts Neues bringe, und sich nicht als ein Vers mit zwei Tonwörtern verstehen läßt. Das ist an sich noch kein Grund, ihn dem Evangelisten zuzuschreiben. Es fragt sich freilich überhaupt, ob es Sinn hat, unseren Hymnus auf Zwei- und Dreizeiler zu verteilen. Die anderen neutestamentlichen Hymnen raten nicht dazu. Phil 2,6–11; Kol 1,15–20; 1Kor 13 sprechen dafür, daß in solchen Hymnen eine – oft wundervolle – rhythmisierte Prosa vorliegt. Unter diesen Umständen ist auch nicht so sicher, daß eine fremde Hand da eingegriffen hat, wo ein Vers länger ist als seine Nachbarn.

V. 2 faßt kurz zusammen, was in 1a–c besonders wichtig war und darum dem Leser durch Wiederholung eingeschärft wird: ,,Dieser'' (der Logos) ,,war im Anfang bei dem Gott.'' Damit hat die erste Untereinheit des Hymnus ihr Ende erreicht und das Verhältnis zwischen dem Logos und ,,dem Gott'' geklärt. Das zeigt dem Leser, welche Stellung jenes ursprünglich göttliche Wesen besaß, das dann – fleischgeworden – die Kunde von dem noch nie gesehenen Vater bringt.

Solchen Aussagen wie V. 1f. kann man freilich vorwerfen, sie seien ,,mythologisch'' oder ,,mythisch''. Darum müsse man sie anders, nämlich wie *Bultmann* 16 entmythologisiert, auslegen. Aber dann trifft derselbe Vorwurf auch Paulus: Er spricht Phil 2,6ff. von dem, der ,,in göttlicher Gestalt seiend sich entleerte, indem er Knechtsgestalt annahm'', und sagt 2Kor 8,9 von Christus aus, daß er ,,reich seiend arm ward''. Das JE redet freilich nicht von einer κένωσις, wohl aber davon, daß Jesus bei der ,,Erhöhung'' jene Herrlichkeit wiedererlangen wird, die er aus Gottes Liebe vor der Erschaffung der Welt besaß (17,24). Dieser ,,Mythos'' findet sich in allen Schriften des NT; die Osterereignisse haben ihn in der gesamten christlichen Verkündigung zu Wort kommen lassen. Daß V. 1 und 2 einen paradoxen Tatbestand durch Oscillieren zwischen zwei Aussagen wiedergeben wollen (so *Bultmann* 17), ist also keine sich von vornherein empfehlende Hypothese. Man könnte hier so etwas wie ein ,,Vorspiel im Himmel'' angedeutet finden, wenn der Dichter des Hymnus auf solche Lokalisierung Wert gelegt hätte.

■ **3** beginnt einen neuen Unterabschnitt. Nachdem V. 1f. das Verhältnis des Logos zu Gott klargestellt haben, kommt der „Dichter" jetzt auf die Aufgabe des Logos zu sprechen, die alles Weitere begründet: er wird zum Mittler bei der Schöpfung, wie es beim Spätjudentum die Weisheit war. *Bultmann* 19f. deutet „alles, was durch ihn geworden ist" auf die Menschenwelt: „alles" sei nur liturgischer Sprachgebrauch. Aber dem widerspricht der Text. Er hebt gerade das Allumfassende der Mittlerrolle des Logos hervor. Die Betonung „ohne ihn ist nichts geworden, was geworden ist", hat nur dann Sinn, wenn es um die Gesamtheit der Schöpfung geht und nicht bloß um die Menschen. Nach der Gnosis ist die materielle Welt nicht durch den Logos geworden; sie ist ja gegenüber dem κόσμος νοητός, der primären, geistigen Welt, minderwertig und schlecht. Nach dem (in Fragmenten bei Origenes erhaltenen) Kommentar des valentinianischen Gnostikers Herakleon (um 150) zum JE ist der minderwertige Demiurg der eigentliche Weltschöpfer. Vom Logos stammt nur der Anstoß dazu. So erklärte man das διά, das sich unterscheidet (Orig. II 14) vom ἀφ' οὗ (woraus etwas geworden ist) und vom ὑφ οὗ (von wem etwas geschaffen ist). Die geistige Welt – Herakleon nennt sie „den Äon und das, was im Äon ist" – habe der Logos nicht geschaffen; sie war schon vor seiner Mittlertätigkeit vorhanden. Anders hat sich der Valentinschüler Ptolemäus geholfen, wie Irenäus I 8,5 berichtet: der Logos habe allen Äonen Wesen und Form gegeben. Aber wichtiger als diese Einzelheit ist etwas anderes: Ptolemäus hat versucht, im Johannesprolog – er führt ihn auf Johannes, den Jünger des Herrn, zurück –, die gnostische Urfrage nach der Entstehung der geistigen Welt beantwortet zu finden. Er geht dabei von einem ihm schon vorgegebenen Schema aus, nämlich dem: jene Mächte, welche den obersten Kreis des κόσμος νοητός, der Ogdoas, bilden, sind jeweils eine aus der andern entstanden. An der Spitze steht der Vater, der Gott. Jene Ἀρχή, von der Joh 1,1 spricht, ist ein Äon, in dem ein zweiter Äon sich schon befindet. Man müßte V. 1a nach gnostischem Verstehen übersetzen: „Im ‚Anfang' existierte der Logos" (der ebenfalls ein Äon, eine hohe geistige Macht, ist). Der „Anfang" hat eine Mittelstellung zwischen dem Vater, von dem er als erstes Geschöpf herstammt, und dem Logos, der ihm entstammt. Der „Anfang" wird auch „Sohn", Einziggeborener (μονογενής) und „Gott" genannt. Über den Logos in diesem System erfahren wir, daß zugleich mit ihm das ganze Wesen der (noch übrigen) Äonen aus dem „Anfang" hervorging, die der Logos dann geformt hat. Welches ist nun der nächstfolgende Äon, der sozusagen im Logos steckt und aus ihm hervorgeht? V. 3 antwortet darauf, wenn man die letzten Worte, ὃ γέγονεν, zum Folgenden zieht: „in ihm" (dem Logos) „war die ζωή, das „Leben". Sie ist die Paargenossin des Logos – nach diesem gnostischen Schema sind jeweils zwei der Äonen enger miteinander verbunden.

Der Verfasser des Hymnus *also* tritt hier in Gegensatz zur Gnosis. Für diese war die materielle Welt schlecht. Auch daß die geistige Welt, die sich über der materiellen erhob, vom Logos geschaffen wurde, war durchaus keine selbstverständliche Aussage. Daß das All durch den Logos geworden ist, widerspricht also der Gnosis. Der Prolog vermeidet, wie das JE überhaupt, das Wort κτίσις und auch κτίζειν. Die Passivkonstruktion ἐγένετο διά schien besonders geeignet, die Mittlerrolle des Logos zu beschreiben. Der eigentliche Schöpfer war für das JE „der Gott" (17,24). Im Gegensatz zu allen gnostischen Lehren verkündet der Hymnus, daß schlechthin alles durch den Logos geworden ist – die Menschen existieren ja nicht im Leeren, sondern im All, und dieses All war „durch" den Logos geworden. Darum ist es sinnvoll, daß vom Werden des Alls vor dem der Menschen die Rede ist.

■ **4** beginnt bei Nestle (25. Aufl.) noch mit ἐν αὐτῷ. In der 26. wird er (u. E. zu Unrecht) mit ὃ γέγονεν beginnen. *Aland* wird die Worte dort zu V. 4 hinzunehmen. Diesen vorgesehenen Wechsel hat er in einem ausführlichen Aufsatz, „Eine Untersuchung zu Joh 1,3.4" 203, begründet. Mit zahlreichen Belegen aus Handschriften, Gnostik- und Kirchenväter-Zitaten sucht er zu beweisen: „Im vierten Jahrhundert beginnt" die Zurechnung von ὃ γέγονεν zu V. 3 „sich in der griechischen Kirche durchzusetzen. Sie entsteht im Kampf gegen die Arianer und dient zur Abschirmung der kirchlichen Lehre. Ihr sekundärer Charakter ist unverkennbar. Das Abendland bleibt davon frei". *Aland* scheint uns im Recht zu sein mit der Behauptung, daß die Worte ὃ γέγονεν bei den Gnostikern und den östlichen Kirchenlehrern belegt sind. Erst als sich diese Worte im arianischen Streit als gefährlich erwiesen (sie schienen beim Logos ein Werden zu bezeugen), wurden sie im Osten an V. 3 angeschlossen. Aber damit ist nicht ausgeschlossen, daß man damals und damit die ursprüngliche Lesart wieder herstellte. Die handschriftliche Lage ist nämlich hier so: P 66 und P 75* sowie B und N haben vom Schluß des V. 1 bis zum Schluß von V. 5 keine Interpunktionszeichen. In *Kassers* Ausgabe von P 75 steht vor ὃ γέγονεν ein Punkt. Die photographische Textausgabe zeigt: er ist erst nachträglich eingeklemmt worden. Nun haben zwar viele spätere Handschriften – von C* s. o. sy^c an – vor ὃ γέγονεν ein Interpunktionszeichen, das zeigt aber bloß, daß die nichtgnostische Textüberlieferung hier die gnostische Satzteilung (nicht jedoch die gnostische Interpretation!) übernommen hat. Die Gnostiker (Valentinianer, Naassener, Peraten) sahen im Anfang des Hymnus die Entstehung jener Mächte der „Achtheit" (Ogdoas), welche den obersten Kreis des κόσμος νοητός, der höchsten geistigen Mächte, bilden, beschrieben. Sie sind jeweils eine aus der andern entstanden (s. o.). Die Worte in V. 1, „Im Anfang war der Logos" legten sie so aus: in dem „Anfang" = dem Monogenes steckte der Logos. Was in ihm, dem Logos, geworden ist, das war die ζωή, seine Paargenossin. Auf diese Weise deuteten sie ihre eigene Emanationslehre in V. 1ff. hinein. Daß damit der griechische Text mißbraucht wurde, liegt auf der Hand.

Wie sich die großkirchliche Auslegung den gnostisch interpunktierten Text zurechtlegte, zeigt Ambrosius. Er las zwar (Enarr. in Ps 36,35, Migne PL 14,1030 D – 1031 A): „Quod factum est in ipso, vita est"; aber er faßte damals das ἐν ᾧ instrumental: als „per eum" auf. Damit war die Übereinstimmung mit dem δι' αὐτοῦ von V. 3 hergestellt. Später (De fide 3,6; Migne PL 16,6226 D) ging er zu der Lesart der „meisten Gelehrten und Gläubigen" über, die ὃ γέγονεν zu V. 3 zogen. Origenes, Contra Celsum VI 5, unterschied das, was an sich im Logos ist, von dem, was in ihm den Menschen gegenüber geworden ist, nämlich Licht und Leben. Er fügte zu ἐρχόμενον εἰς τὸν κόσμον V. 9 exegetisierend hinzu: „die wahre und geistige Welt", also den κόσμος νοητός. Man verkehrt die Tatsachen, wenn man heute, mit Berufung auf die ältesten Handschriften, ὃ γέγονεν zu V. 4 ziehen würde, ganz abgesehen davon, daß man damit keinen sinnvollen Text bekommt. Das hat *Bauer* 12f. gezeigt, und das beweist wider Willen *Bultmann*. Er legt den bei ihm mit ὃ γέγονεν beginnenden V. 4 dahin aus, daß, wie der Anfang der Welt, „so auch ihr dauernder Bestand auf den Logos zurückgeführt wird". Aber vom dauernden Bestand ist gar nicht die Rede! *Bultmann* 21 bietet für den griechischen Text zwei Auslegungen an: (a) „Was da geworden ist, – in ihm (dem Logos) war (dafür) das Leben." Die Ergänzungen in Klammern zeigen schon, daß der Text selbst das nicht hergibt, was man in ihm sucht. (b) „Was da geworden ist, – in dem war er (der Logos) das Leben". Das ist ein dem Hymnus fremder Stil. In Wirklichkeit würde der mit ὃ γέγονεν beginnende V. 4 besagen: „Was geworden ist, in ihm war Leben." Das heißt: vom Logos ist bei der Verbindung von ὃ γέγονεν mit V. 4 überhaupt nicht die Rede. Also muß man – da sich heute schwerlich jemand auf die gnostische Deutung einlassen wird – ὃ γέγονεν mit V. 3 verbinden. Die Naassener (Hippolyt V 8,5) brachten freilich das Kunststück fertig, aus καὶ χωρὶς . . . ἐγένετο οὐδέν herauszulesen: „Das Nichts, das ohne ihn geworden ist, war die materielle Welt." Diese ist nach ihnen vom Chaos und dem feurigen Gott esaldaios (= El Schaddai) geschaffen worden. Aber V. 4 meint etwas ganz anderes: Im Logos war (wie im Vater) das wahre, göttliche Leben, der Geist, und dieses Leben des Logos war das Licht der Menschen. D. h.: dieses Licht blieb nicht der verborgene Besitz des Logos, sondern war für jedermann zugänglich, konnte und wollte jeden erleuchten, der in die Welt kommt. Wer im Einverständnis mit Gott lebt – und das allein ist wahres Leben –, wer sich in ihm geborgen weiß und von ihm sein Ziel bekommt (gnostisch ausgedrückt: „Wer weiß, woher er kommt und wohin er geht", nämlich von Gott und zu Gott), dem kann die Finsternis nicht mehr den Lebensweg verdunkeln. Anstoß, Zweifel, Mißtrauen, Verzweiflung sind ihm fremd geworden. Auch angesichts der Rätsel seines Lebensweges hat er keine Fragen mehr (vgl. 16,23).

■ **5** eröffnet einen neuen Unterabschnitt. Hatte V. 4 das Leben als Licht der Menschen bezeichnet, so hören wir nun, daß das Licht in der Finsternis scheint und die Finsternis es nicht erfaßt hat. Rätselhaft ist das Präsens φαίνει, das sogleich vom Aorist κατέλαβεν abgelöst wird. Es ist zwar richtig, daß man ein Licht immer dann anzündet, wenn es finster ist. Aber dieser allgemeine Satz sagt hier zu wenig aus. – Wenn man V. 5 von 6–8 her auslegte, müßte sich V. 5 auf die Menschwerdung Jesu beziehen. Tatsächlich hat man sich für die erste Erwähnung der Menschwerdung des Logos in V. 5 allgemein auf die Auslegung der alten Kirche berufen. Dabei ist man nicht auf die Wahrscheinlichkeit eingegangen, daß die alte Kirche in V. 4 die Interpunktion der Gnostiker übernommen hatte (schon in P 75!); vor allem aber hat man nicht in Betracht gezogen, daß die alte Kirche alles andere als kritisch gesinnt war. Für sie war entscheidend, daß V. 6 schon von Johannes (dem Täufer) handelte. Von da aus legte sie zwangsläufig V. 5 auf die Menschwerdung des Logos aus. Sobald man mit der modernen Forschung V. 6–8 als spätere Zutat ansieht, liegt für die Deutung von V. 5 auf die Inkarnation kein Grund vor. Wenn sie – ein so entscheidendes Ereignis! – gemeint gewesen wäre im Hymnus, dann müßte man wenigstens einen deutlicheren Hinweis auf sie erwarten als das nichts beweisende Präsens φαίνει. Die Exegeten haben sich mit der Erklärung dieses Präsens die größte Mühe gegeben; denn eigentlich müßte man zur Bezeichnung des Ereignisses der Menschwerdung einen Aorist erwarten, wie er in V. 14 tatsächlich verwendet wird. Normalerweise sollte ja Johannes der Täufer nach der von Markus begründeten Tradition vor Jesus erwähnt werden. Aber der gelegentlich unternommene Versuch, V. 9 als Beschreibung der Menschwerdung zu deuten, scheitert daran, daß weder das Imperfekt ἦν noch die conjugatio periphrastica ἦν . . . ἐρχόμενον (falls man überhaupt diese beiden Worte miteinander verbindet) geeignet sind, den Eintritt eines solchen Ereignisses zu beschreiben. Noch *Käsemann* 161 behauptet, mit V. 5 setze jene Schilderung ein, ,,welche die Erscheinung Jesu Christi in der Geschichte ins Auge faßt". Sehr energisch betont er (166): ,,Es gibt schlechterdings kein durchschlagendes Argument dafür, daß 5–13 jemals auf etwas anderes als die geschichtliche Epiphanie des Offenbarers bezogen worden seien." Da der Text des Hymnus nur mit den (eingeschobenen) Versen 6–8 verbreitet gewesen zu sein scheint, konnte in Zusammenhang mit diesen freilich V. 5 nur noch von der Menschwerdung verstanden werden. Daß schon der Evangelist selbst (*Bultmann* 26f.) den Täuferhymnus so mißverstanden habe, ist ebenso unwahrscheinlich wie *Bultmanns* weitere Auskunft (sie knüpft an *Harnack,* a.a.O. 220, an), V. 5–13 gäben ,,eine andeutende Schilderung des geschichtlichen Auftretens Jesu Christi", der dann in V. 14–16 die konkrete Darstellung folge. *Käsemann* 161ff. hat mit Recht gegen ein angebliches Mißverständnis des Evangelisten polemisiert. Aber seine eigene Lösung – in V. 5 und 14 liege ein Parallelismus vor – überzeugt ebensowenig.

Dagegen spricht nämlich einmal, daß in keiner Weise angedeutet wird, warum eigentlich der Logos Mensch wird. Zweitens fällt auf, daß dieses Ereignis im Präsens berichtet wird, während die Reaktion der Finsternis unmittelbar darauf im Aorist geschildert wird. *Käsemann* 166 faßt das Verb in V. 5 nicht zeitlos auf (gegen *Bultmann,* Hintergrund 12 Anm. 6), sondern behauptet, es habe ,,wie die schöne Parallele in 1Joh 2,8 Gegenwartsklang". Dabei wird übersehen, daß 1Joh 2,8 zwar in seinem Wortschatz das Evangelium benutzt, aber dabei in hohem Grade apokalyptische Naherwartung verrät: ,,denn die Finsternis vergeht und das wahre Licht scheint schon." Hier wird zwar von der Gegenwart gesprochen, aber sie kommt als sich verwirklichende Enderwartung zu Wort. Mit der Theologie des JE hat solche glühende Enderwartung (,,Kinder, es ist die letzte Stunde!": 1Joh 2,18) nichts zu tun. Dazu kommt drittens, daß *Käsemann* von *Bultmann* die Anschauung übernommen hat, ,,daß der Evangelist den von ihm vorgefundenen Hymnus in V. 14–18 mit einem Nachwort versah" (168). Wenn also der von Käsemann herausgehörte ,,Gegenwartsklang" noch nicht die gesuchte Lösung bietet, was besagt dann das φαίνει in V. 5? Wir meinen, es drücke eine unbestimmte, aber sehr lange Dauer aus, während der dieser Zustand des φαίνει bestand, während der Aorist οὐ κατέλαβεν das Urteil über den Mißerfolg dieser Tätigkeit ausspricht. V. 5 redet also – wenn wir diese späteren Begriffe hier anwenden dürfen – von der erfolglosen Tätigkeit des Logos asarkos in den Generationen vor der Menschwerdung des Logos. Der Hymnus sagt uns nicht, warum dieser Mißerfolg eingetreten ist. Er schildert keinen Sündenfall wie die Geschichte von Adam und Eva samt dessen Folgen, wie sie der 4Esra 7,11f. beschreibt: ,,Ihrethalben habe ich zwar den Äon geschaffen; als aber Adam meine Gebote übertrat, ward die Schöpfung gerichtet" (Paulus setzt Röm 8,20 etwas Ähnliches voraus). ,,Da sind die ,Wege' in diesem Äon schmal und traurig und mühselig geworden, ,elend' und schlimm, voll von Gefahren und nahe an großen Nöten" (zit. nach *Kautzsch,* Apokryphen II 369). Der Hymnus spricht davon ebensowenig wie von einer kommenden kosmischen apokalyptischen Wende, sondern beschreibt nur in äußerster Kürze den zwischen Schöpfung und Menschwerdung herrschenden Zustand – eine Schilderung, die sich in V. 9–11 fortsetzen wird.

■ **6–8** fallen auf durch ihren veränderten, prosaischeren und biblischen Klang. Vergebens versucht *Ruckstuhl* 43–54 hier ebenfalls einen Verscharakter nachzuweisen. Der Abschnitt erinnert an einen alttestamentlichen Erzählungsstil wie z. B. in 1Sam 1,1. Wer, wie *Bultmann,* diese Verse dem Evangelisten zuschreibt, muß zugleich annehmen, daß der Evangelist den Hymnus nicht mehr verstanden hat. Daran ist soviel richtig, daß der Interpolator tatsächlich V. 5 schon auf den menschgewordenen Logos bezogen hat. Damit war aber für ihn eine Schwierigkeit gegeben: Vor dem Auftreten Jesu mußte doch von Johannes dem Täufer berichtet sein! Diese scheinbare Lücke sollten nun V. 6–8 ausfüllen. Eigentlich hätte der Täufer sogar schon vor dem Logos genannt werden müssen; aber zwischen V. 4 und V. 5 bot sich keine Möglichkeit, eine solche Erwähnung des Täufers unterzubringen. Die erste Gelegenheit war nach V. 5 gegeben, obwohl auch da die Worte über den Täufer deplaziert wirken. Was den sekundären Charakter von V. 6–8 zwingend beweist, ist die Tatsache, daß in V. 19–28 die Bedeutung des Täufers als Vorläufer in einer breit ausgeführten Szene besprochen und deutlich gemacht wird. V. 6–8 wollen zwar ebenfalls den Täufer unter Jesus stellen: Er ist nicht selbst das Licht, sondern soll nur davon Zeugnis geben. Aber die Erinnerung an Mal 3,1 und 4,6 (von der Mk 9,12 und Mt 17,11 beeinflußt sind) hat dazu geführt, daß hier dem Täufer als Aufgabe zugeschrieben wird, alle zum Glauben (an Jesus) zu führen (V. 7). Das paßt weder zum Inhalt noch zur Theologie des JE. Diese Zweckbestimmung der Predigt des Johannes paßt auch nicht zu der Bedeutung, die das vierte Evangelium dem Täufer gibt. Um trotzdem V. 7 dem Evangelisten zuschreiben zu können, mußte sich *Bultmann* 31 mit der Auskunft behelfen: ,,Daß es alle sind, die durch den Täufer zum Glauben kommen sollen, zeigt, daß der Evangelist . . . das durch die Tradition stets wieder vergegenwärtigte Zeugnis meint, das seine Aktualität behält.'' Nun wird in V. 15 zwar tatsächlich, wie wir noch sehen werden, der Täufer mit seinem Zeugnis in den Lobpreis der christlichen Gemeinde eingegliedert. Aber welcher Leser sollte aus V. 7 den von *Bultmann* vermuteten Sinn herausfinden können? So elegant *Bultmanns* Lösung auch anmutet, sie ist ein Notbehelf. Wir halten es für ungleich wahrscheinlicher, daß hier eine synoptische Tradition nachklingt, und zwar eine recht alte Form dieser Tradition, die noch über Mk 1,5 hinausging: Johannes der Täufer sollte – als der von Mal 3,22 verheißene wiederkehrende Elias – ,,alles zurechtbringen''. Joh 1,19–28 schlagen dann ja auch ganz andere Töne an. In Joh 5,33f. redet Jesus vom Täuferzeugnis, aber in einer Weise, die deutlich macht, daß an 1,19–28 gedacht ist. Freilich beruft sich Jesus auch auf dieses Zeugnis nicht, weil er sich nur auf das Zeugnis des Vaters stützt, das erst der Geist bringen wird.

Wer hat es nun aber für nötig gehalten, V. 6–8 einzufügen? Daß der Hymnus dem Evangelisten schon in erweiterter Form vorlag, nahm die Forschung nicht an. Wie *Bauer* 15, so hat auch *Bultmann* 29 vermutet, der Evangelist selbst habe die uns störenden Verse 6–8 eingeschoben: ,,Man hat sich vorzustellen, daß beim mündlichen Vortrag die ,Anmerkungen' durch den Ton des Redners kenntlich werden'' (*Bultmann* 3 Anm. 4). Das ließe sich nur dann vorstellen, wenn der Evangelist selbst den Text vortrug. Ein Leser oder Vorleser des schriftlichen Textes aber konnte nicht wissen, daß V. 6–8 als ,,Anmerkungen'' zu verstehen und deshalb in anderem Ton vorzutragen seien. Dann muß man aber mit der Möglichkeit rechnen, daß jener Redaktor sie verfaßt hat, der Kap. 21 zum Evangelium hinzugefügt hat. – *Hirsch,* Studien 45, nahm an, der Redaktor habe V. 6–8 von ihrer ursprünglichen Stelle (vor 1,19) hierhin versetzt; er ,,wollte die kosmologische und die soteriologische Funktion des Logos . . . (d.h. Schöpfung und Erlösung) deutlich scheiden und die Deutung von 1,9–13 auf den Logos asarkos hindern''. Der Redaktor habe angenommen, daß von V. 9 an vom menschgewordenen Logos die Rede sei. Nach *Hirsch* hat diese Redaktion u. a. zwischen 130 und 140 stattgefunden, weil Joh 5,42 ,,in seinem eigenen Namen'' auf Bar Kochba hindeutet. Wir wissen heute durch P 52, daß diese Datierung falsch ist (s. Einleitung S. 46); das JE hat in der uns vorliegenden Form bereits um 100 existiert. Damals aber hatten die Motive der Dogmengeschichte des 2. Jahrhunderts noch nicht den für *Hirschs* Hypothese nötigen Grad der Dringlichkeit. Außerdem – und das bringt die engdültige Entscheidung – lassen sich

V. 6–8 durch die Art und Weise, wie sie vom „Licht" sprechen, nur als zwischen V. 5 und 9 stehend begreifen.

Was kann aber dann die Einfügung von V. 6–8 veranlaßt haben? Der Redaktor sah, wie heute *Käsemann* und andere auch, in V. 5 das irdische Auftreten Jesu beschrieben. Dann aber mußte – wie in den synoptischen Evangelien und Apg 10,37 – zuvor von Johannes dem Täufer, dem Vorläufer, die Rede sein. Daß der Redaktor dabei die Äußerungen über das Licht in V. 5 und 9 und die allgemeine Tendenz des vierten Evangeliums, den Täufer Jesus gegenüber abzuwerten, mitberücksichtigt hat, versteht sich von selbst. Aber er hat trotzdem ein etwas anderes Bild des Täufers vor Augen, als es dem Evangelisten vorschwebte: das Bild des Zeugen, der alle zum Glauben bringt.

Eigentlich müßte ja zuerst vom Täufer gesprochen werden, und dann erst von Jesus. Aber wenn man den Text des Hymnus nicht völlig ändern wollte, dann war es nicht möglich, den Täufer vor V. 5 einzuführen; der Leser kann den Versuch leicht selbst durchführen. Unmittelbar nach V. 5 war die gegebene Stelle, und da V. 5 und der ursprünglich unmittelbar darauffolgende V. 9 beide von φῶς handelten, war auch schon gegeben, daß der Täufer in seinem Verhältnis zum „Licht" beschrieben werden mußte. Die Ungeschicklichkeit, mit welcher der Ergänzer nun V. 8 und V. 9 aufeinanderprallen ließ, zeigt uns, daß er – bei V. 15 wird sich derselbe Vorgang wiederholen – kein sonderlich geschickter Schriftsteller war.

■ **9–11** führen das in V. 5 Angedeutete weiter aus, ohne konkrete Einzelheiten zu bringen. Sie heben nur das eigentlich Unbegreifliche hervor, daß diese durch den Logos gewordene Welt – hier ist deutlich die Menschenwelt gemeint – ihn so schroff ablehnte, wie man einen fremden Wanderer abweist. Das Vorbild des Weisheitsmythos' wird hier wieder sehr deutlich. Der Hymnus gibt nicht, wie die Gnosis, eine Erklärung für dieses unbegreifliche Verhalten der Welt; er stellt es nur klagend und anklagend dar. „Er war" – so fährt V. 10 fort – „in der Welt, und die Welt war durch ihn geworden" – sie hätte ihn also doch erkennen und aufnehmen müssen! Aber nein: „und die Welt erkannte ihn nicht. Er kam in sein Eigentum, und die Seinen nahmen ihn nicht auf." Wie man einem unwillkommenen fremden Wanderer die Tür vor dem Gesicht zuschlägt, so erging es der göttlichen Weisheit, dem göttlichen Logos: man öffnete sich ihm nicht. Man wußte nicht davon, daß er der Welt das Sein vermittelt hatte; er war wie ein Fremder, mit dem man sich nicht einläßt. Die Worte „Er war das wahre Licht" (die zu V. 8 wie die Faust aufs Auge passen) und „in die Welt kommend . . ." sind voneinander so weit entfernt, daß man ἐρχόμενον κτλ. auf „jeden Menschen" beziehen wird, zumal im Frühjudentum „jeder, der in die Welt kommt" gleichbedeutend war mit „jeder Mensch". Einen Anlaß, mit *Bultmann* 32 Anm. 6 ἄνθρωπον zu streichen, besteht nicht, weil man auch durch diese Operation keinen Vers mit zwei Tonwörtern erhält. Andererseits besteht u. E. auch kein Grund dafür, den ganzen V. 9 zu entfernen. *Käsemann,* Prolog 160, spricht von der Interpretation *Ruckstuhls,* wonach der Logos das Licht aller Menschen sei, ,,insofern er ihr Verstandes- und Willensleben, d. h. alle ihre natürlichen geistigen Äußerungen wirkt'', und weist diese Deutung mit der Begründung ab, daß hier ja ,,nicht bloß vom Nicht-Begreifen, sondern vom Nicht-Ergreifen gesprochen wird''. Aber *Käsemann* selbst gibt keine wirkliche Erklärung für die Aussage des V. 9, nach dem der Logos jeden Menschen erleuchtet, der in die Welt kommt. Es ist darum nicht überraschend, daß er (167) sich die Frage stellt, ob dieser Vers nicht am Ende eine Ergänzung des Evangelisten ist, ohne daß wir damit erfahren, wie er dann verstanden werden muß. Handelt V. 9 aber vom Logos asarkos, dann ist *Ruckstuhls* Interpretation nicht so unmöglich, wenn sie auch nicht ausreicht, sobald man den Logos als Mittler der Erlösung versteht. Das Wort φωτίζει muß dann das Anerbieten der Heilserkenntnis bedeuten, ebenso wie schon das Wort φαίνει in V. 5. Die Textgeschichte gibt keinen Anlaß dazu, den Vers aus dem Hymnus zu entfernen, und die Verbindung von φῶς in V. 5 und φῶς ἀληθινόν in V. 9 enthält nichts Verdächtiges. Daß die umfassende Tätigkeit des Logos und seine völlige Ablehnung durch den κόσμος, τὰ ἴδια oder οἱ ἴδιοι so stark hervorgehoben werden, macht die Fleischwerdung des Logos verständlich, wie sie V. 14 dann verkündet. Denn der Logos hat angesichts dieser Ablehnung nicht aufgegeben. Im Gegenteil: er hat nun das Höchste getan, das Letzte, was noch möglich war: er wurde, um bei den Menschen Eingang zu finden, selbst Mensch.

■ **12** Die beiden V. 12 und 13 passen weder gut zu V. 11 noch zu V. 14. Man hat zwar gelegentlich den harten Gegensatz von οὐ κατέλαβον und ὅσοι δὲ ἔλαβον für eine spezifisch johanneische Darstellung des Gegensatzes zwischen Glauben und Unglauben gehalten – *Bauer* 21 hat sogar gemeint, ὅσοι besage ,,man kann sie zählen'' –, aber der Begriff der geringen Anzahl liegt gar nicht in ὅσοι. Das ist daran kenntlich, daß im JE fast immer πάντες oder πάντα dem ὅσος vorangeht. In Betracht käme sonst nur ὅστις; es wird im JE gewöhnlich mit ἄν verbunden und hat ebenfalls nicht den Nebenton der geringen Anzahl (vgl. 2,5; 8,25; 14,13; 15,16; 21,25). – Was ist nun mit ἔλαβον gemeint? Eigentlich kann diese Wendung nur den Sinn von ,,glauben'' haben. Dazu paßt, daß es unmittelbar darauf heißt: ,,denen die an seinen Namen glauben''. Aber wenn von diesen in V. 12b gesagt wird: ,,Er gab ihnen Macht, Gottes Kinder zu werden'', dann scheint damit doch eine Möglichkeit angedeutet zu sein, die über den Status von Glaubenden hinausgeht. Die ,,Gotteskinder'' wären dann mehr als die, welche ,,an seinen Namen glauben'' (eine auch in 2,23 und 3,18 noch verwendete Gemeindeformel, die auch 1Joh 3,23 und 5,13 vorkommt). Aber das JE gibt auf einen solchen noch über dem Glauben stehenden höheren Grad keinen Hinweis. D. h. aber: Die verwendeten Ausdrücke scheinen in einer nicht wirklich durchdachten Weise gehäuft zu sein (vgl. *Haenchen,* Probleme 139).

■ **13,** an dem sich schon Generationen von Auslegern abgequält haben, verstärkt diesen Eindruck. Er setzt die Beschreibung jener Menschen fort,

die an Jesus glauben: Sie wurden nicht aus Blut (αἱμάτων ist – vgl. *Bultmann*
38 Anm. 2 – eine griechische Wendung, die sich schon bei Euripides, Ion
693, belegen läßt: ἄλλων τραφεὶς ἐξ αἱμάτων) und nicht aus dem Willen des
Fleisches und nicht aus dem Willen des Mannes, sondern aus Gott erzeugt.
Wörtlich genommen sagen diese Worte für alle Christen die Jungfrauengeburt aus. Darum ist es nicht verwunderlich, daß man diese Aussage mit zwei
leichten Änderungen (ὅς statt οἵ und ἐγενήθη statt – σαν) auf Jesus eingeschränkt hat. Die geringe und späte Bezeugung dieser Lesart beweist, daß
wir es hier mit einem Korrekturversuch zu tun haben (vgl. *Schmid,* Joh 1,13,
118–125). Wahrscheinlich sollte nur ausgedrückt werden, daß die wahren
Christen ihre Existenz als solche nicht der natürlichen Erzeugung, nicht irgendwelchen irdischen Vorbedingungen zu verdanken haben[1].

Gegen diesen Vers wäre also, wenn man ihn so versteht, gerade vom JE
nichts einzuwenden – wenn er an V. 14 anschließen würde. Leider ist das
nicht der Fall. V. 13 macht es nicht im geringsten verständlich, daß und
warum der Logos Fleisch (σάρξ meint hier: „Mensch", nicht als gottfeindliche, wohl aber als eine von Gott qualitativ unterschiedene Größe) geworden
ist. Der Ergänzer – er kennt Joh 3,3ff., ohne die Terminologie dieser Verse zu
übernehmen – will den Christen gar nicht so Unmögliches zumuten und will
nicht behaupten, sie hätten keine irdischen Eltern. Er will nur – wieder mit
einer Häufung aller möglichen Wendungen – betonen, daß man nicht durch
die natürliche Erzeugung und Geburt Christ wird, sondern durch ein Handeln Gottes, der allein einen Menschen in das wahre Leben rufen kann. Es ist
also lediglich die Ungewandtheit des Ergänzers, die den Theologen so große
Mühe gemacht hat. Gerade weil er möglichst viele Wendungen häufte, ohne
daß er den Sinn dieser Aussagen klar hervortreten zu lassen vermochte, hat er
diese Stelle schon früh zum Rätsel werden lassen und die Forscher genötigt,
zu der Hypothese zu flüchten, der Evangelist rede hier „andeutend". Sobald
man diesen Einschub als solchen behandelt, wird der Aufbau des Hymnus'
ebenso deutlich wie das Bemühen des Ergänzers.

■ **14** Verbindet man dagegen V. 14 mit V. 11, so fallen diese Schwierigkeiten fort: Der Verf. des Hymnus' konnte bekennen, daß der bisher erfolglose Logos asarkos nun noch ein Letztes getan hat, wovon weder das Heidentum noch das Judentum etwas geahnt haben: Er hat eine letzte Möglichkeit ergriffen und ist denen gleich geworden, denen er schon immer helfen
wollte. Es ist die Schwäche auch der Lösung von *Käsemann,* daß dieses Neue
nicht als solches verstanden und erst recht nicht begründet wurde. *Bultmann*
38f. dagegen hat den Neueinsatz in V. 14 erkannt. Er wird aber von der
Schwierigkeit gequält, die mit seinem Vorsatz gegeben ist, den „ganzen
Text" zu erklären, und zwar nicht in dessen historischem und literarischem
Werden, sondern in seiner heutigen, V. 6–8.12–13 einschließenden Form.

---

[1] Diese Aussageabsicht wird der Verf. später als einen spezifischen Gedanken des Evangelisten charakterisieren. Das läßt vermuten, daß der Verf. nun diesen Einschub dem Evangelisten
zusprechen würde, nachdem er ihn in älteren Fassungen für den Redaktor reklamiert hatte.

Es ist richtig, daß für diesen Teil des Hymnus der alte Weisheitsmythos wenig Material hergab (so noch *Haenchen*, Probleme 131). *Käsemann* hat besonderen Wert darauf gelegt, daß sich der Stil mit V. 14 ändert. Die Beobachtung ist richtig. Ihr trägt aber unsere Voraussetzung Rechnung, daß der Verfasser des Hymnus' jetzt etwas beschreibt, was er nicht einer alten Weisheitstradition entnimmt, sondern was die Gemeinde selbst erfahren hat. Immerhin fehlen Beziehungen und Übereinstimmungen nicht ganz. Das Wort ἐσκήνωσεν – der Logos hat mitten in der Menschenwelt sein Zelt aufgeschlagen – entspricht nämlich dem κατεσκήνωσα des Weisheitsmythos: Jesus Sirach 24,8 sagt von der Weisheit, daß sie in Jakob ein σκήνωμα, eine Heimstatt, gefunden hatte. Auch 2Kor 5,1 hatte von der irdischen Existenz als der οἰκία τοῦ σκήνους gesprochen und 5,4 davon einfach als σκῆνος geredet. Außerdem ist der stilistische Bruch nicht so hart, wie man nach *Käsemann* glauben möchte: die kettenartige Verschlingung geht weiter. Das Wort δόξα in V. 14c wird in V. 14d wieder aufgenommen, πλήρης V. 14 kehrt in πλήρωμα V. 16 wieder, und χάρις καὶ ἀλήθεια von V. 14e erscheint in V. 17 aufs neue. Die Aufnahme eines vorangegangenen Begriffes setzt sich also über V. 14 hinaus fort, ganz abgesehen von der Wiederholung von μονογενής und πατήρ V. 14 in V. 18, der nicht zum ursprünglichen Hymnus gehören dürfte, aber sich ihm stilistisch angleicht. Der Verfasser des Hymnus also will sagen, daß der Logos inmitten der Menschenwelt sein Zelt aufgeschlagen hatte, dort heimisch geworden war: Er war Mensch unter Menschen geworden. Freilich gewann er auf diese Weise nicht alle Menschen für sich. Das ,,wir", das seine Tat preist, ist eine christliche Gemeinde.

Wie dieses ,,Der Logos wurde Fleisch" vor sich gegangen war, erfahren wir allerdings nicht. Eine Entsprechung zum paulinischen ,,er entleerte sich selber" (Phil 2,7) fehlt hier und darf nicht – darin hat *Käsemann* 175 durchaus recht! – einfach in den Prolog eingetragen werden (sie liegt aber in Joh 17,5 vor). Jesus wird in Joh 1,45 als der Sohn des Joseph aus Nazareth bezeichnet, ohne daß dieses Wort des Philippus korrigiert wird. Jede Anspielung auf eine Jungfrauengeburt bleibt aus. Offensichtlich kam es dem Verfasser (bzw. dem Evangelisten) nicht auf das ,,Wie" der Menschwerdung an.

Welche Probleme hier lauern, wird an dem Hymnus Phil 2,6ff. deutlich. Hier meldet sich tatsächlich die Gefahr eines Doketismus, die das JE vermeidet (anders *Käsemann*, Jesu letzter Wille 44f. u. a.), in den Wendungen: ἐν ὁμοιώματι ἀνθρώπων (ἀνθρώπου ist eine sinnlose Lesart; es soll ja nicht die Würde des Urmenschen dargestellt werden, sondern die einfache Menschheit des Fleischgewordenen) und σχήματι εὑρηθεὶς ὡς ἄνθρωπος.

Die Frage ist freilich, wie der Verfasser des Hymnus' die Worte ,,wir sahen seine Herrlichkeit . . ." verstand und wie jener Mann es faßte, der das heute gewöhnlich ,,Zeichenquelle" genannte Evangelium entwarf und ihm den Hymnus voranstellte. Es ist möglich, daß sie beide mit der δόξα jene Wunder gemeint haben, die Jesus vollbrachte. An unserer Stelle könnte eine und dieselbe Wendung von den drei Männern, die sich ihrer bedient haben –

der Dichter des Hymnus', der Verfasser der Vorlage des 4. Evangeliums und der große Evangelist selber *(und der Redaktor?)* –, in verschiedenem Sinne gebraucht worden sein. Wie sich der Dichter des Hymnus' mit dem Gegensatz von Mosegesetz und Gnade und Wahrheit abgefunden hat, läßt sich nicht beweisen. Dem vierten Evangelium ist der Gegensatz von χάρις und νόμος fremd; das Wort χάρις kommt nur in 1,14 und 1,16f. vor. Darum ist die Auslegung des JE durch *Hirsch,* Evangelium 101–106, die von diesem Gegensatz ausgeht, trotz vieler wichtiger Erkenntnisse, die sie enthält, verfehlt.

Das Wort μονογενής, das Joh 1,14 zuerst bringt, meint den einzigen (und darum besonders geliebten) Sohn, der eine Ausnahmestellung genießt. Es wird hier noch durch παρὰ πατρός erläutert, das klassisch ,,von seiten des Vaters" bedeuten würde *(Blass-Debrunner* § 237,1). Es muß hier verwendet werden, weil der einfache Genitiv zu einem Mißverständnis führen würde: μονογενοῦς πατρός würde anscheinend von dem ,,einzigen Vater" reden.

■ **15** unterbricht die Verzahnung der Begriffe, die erst in V. 17 weitergeht, mit einem überraschenden Wort über den Täufer und von ihm. Es ist zeitlich gesehen sehr eigenartig: ,,Johannes legt Zeugnis ab über ihn und ruft" (präsentisches Perfekt: vgl. Blass-Debrunner § 341): ,,Dieser ist es, von dem ich gesagt habe: Der nach mir Kommende ist vor mir geworden, denn er ist eher als ich." Dieses Wort ist am ehesten verständlich, wenn Johannes hier in die Gemeinde eingegliedert erscheint; als solcher ist er stets gegenwärtig. Andererseits ist bisher von diesem Wort nichts mitgeteilt worden. Das οὗτος ἦν erinnert daran, daß das Auftreten des Täufers schon der Vergangenheit angehört. Abgesehen von diesem ἦν entspricht das Wort vor allem Joh 1,30; die Wendung ὁ ὀπίσω μου ἐρχόμενος ist aber 1,26 schon genannt worden. Der Vers ordnet den Täufer Jesus unter, ohne daß ihre Harmonie gestört wäre; von einem brennenden Gegensatz zu den Täuferjüngern ist nichts zu spüren. Joh 1,15 will zeigen, daß sich in Jesu Auftreten die bekannte Prophetie des Täufers erfüllt hat. Der scheinbare Nachteil Jesu, daß er erst nach Johannes mit seiner Tätigkeit begonnen hat, ist ohne Gewicht, weil Jesus, als aus der Ewigkeit stammend, dem Täufer unendlich voraus und überlegen ist. Anscheinend soll das ,,wir" der Gemeinde und ihr Zeugnis noch verstärkt werden, indem sich der scheinbare Gegner Jesu auch in diesen Chor der Zeugen für ihn einreiht.

■ **16** In diesem Vers setzt sich der ursprüngliche Gedankengang fort: ,,denn" (dieses ὅτι darf nicht, wie bei manchen Auslegern, als sekundär fortgelassen werden; es erklärt sowohl das ,,wir sahen seine Herrlichkeit" wie die Aussagen ,,voll Gnade und Wahrheit") ,,aus seiner Fülle haben wir alle empfangen, und zwar Gnade um Gnade". Das Verständnis von ἀντί ist freilich umstritten. *Bultmann* 53 und *Barrett* 140 erklären es durch den Hinweis auf Philo, De posteritate Cain 145, p. 254, in dem Sinn: ,,Wir werden mit immer neuer Gnade überschüttet." Die Gemeinde, die so redet, ist sich des-

sen bewußt, daß sie aus der ständig sich erneuernden Gnade lebt; das wird in
V. 17 durch den ὅτι-Satz erklärt.

■ **17** setzt nun in einer Weise, wie sie in den Evangelien nicht vorkommt,
die „Gnade und Wahrheit" in Gegensatz zu dem Gesetz, das durch Moses
zustande gekommen ist. Die Gnade und Wahrheit sind durch Jesus Christus
geworden. Man muß geradezu interpretieren: In Jesus ist die Gnade als die
göttliche Wirklichkeit sichtbar und wirksam geworden. *Bultmann* 53 hat von
seiner Voraussetzung aus, daß der Hymnus auf ein vorchristliches aramäisches Kultlied der Täufer zurückgeht, bestritten, daß V. 17 zum ursprünglichen Hymnus gehörte und ihn dem Evangelisten zugeschrieben. Erstaunlicherweise will aber auch *Schnackenburg* 252 – der doch hier einen christlichen
Hymnus annimmt – die Nennung des Christusnamens im Hymnus nicht
zugeben. Er faßt vielmehr V. 17f. als Hinzufügungen des Evangelisten auf,
weil der Name hier so unvermittelt komme wie in 17,3. Aber jene feierliche
Nennung des Gottgesandten in 17,3 beweist nicht, daß der Name in 1,17 die
Hand des Evangelisten verrät. Erst recht darf man sich nicht, wie *Schnackenburg* a.a.O., auf 1Joh 1,3; 2,1; 3,23; 4,2.15; 5,6.20 berufen. Denn an diesen
Stellen ist das, was im Hymnus der Höhepunkt des Gedankens war, zu einer
festlichen kirchlichen Formel geworden. „Stil und Inhalt" legen gerade
nicht, wie *Schnackenburg* meint, es nahe, daß hier der Evangelist redet. Vielmehr ist es das Natürlichste von der Welt, wenn der Hymnus mit dem Namen dessen schließt, den er preist.

■ **18** Damit ist es für den Evangelisten möglich geworden, den letzten
Vers des Prologs als Überleitung zum „eigentlichen" Evangelium einzufügen, zu den Szenen aus dem Wirken des Täufers und Jesu, die mit 1,19 beginnen. Nach dem, was wir oben über „Gott" und „der Gott" ausgeführt
haben, könnte man hier ὁ θεὸς erwarten. Aber der Evangelist bezeichnet Jesus nicht als „Gott"; die scheinbare Ausnahme in 20,28 erklärt sich anders (s.
z. St.). Darum braucht er hier nicht „der Gott" zu schreiben. Daß bisher
niemand (außer dem Sohn) Gott je gesehen hat, wird in 5,37 und 6,46 wieder
behauptet. Gott ist kein Weltding. Man kann seine Stimme nicht hören und
seine Gestalt nicht erblicken. Darüber müssen wir zugleich froh und traurig
sein. Froh – denn sonst wäre Gott eben nur ein Weltgegenstand, wenn auch
vielleicht ein besonders imponierender. Aber er wäre nicht der, der uns Lebensbrot und das Licht der Welt sein könnte, sondern würde selbst dessen
bedürfen. Aber zugleich macht uns diese Unsichtbarkeit Gottes schwer zu
schaffen. Denn sie legt uns immer wieder den Gedanken nahe: Dieser Gott,
den man nicht sehen, den man auf keine Art nachweisen kann, existiere
überhaupt nicht. Alles Reden von ihm sei eine bloße Mythologie, ein
Wunschdenken, eine fromme Dichtung. Darum ist es eine große Gnade,
wenn er jemanden sendet, der Gott gegenüber nicht in unserer Lage sich befindet, sondern dem er zugänglich ist. Die Worte ὁ ὢν εἰς κόλπον τοῦ πατρός (εἰς drückt keine Richtung aus, sondern ist hellenistischer Sprachgebrauch. Klassisch müßte παρὰ τῷ stehen) besagen nicht, wie u. a. *Käsemann,*

Jesu letzter Wille 27f., auslegt, daß Jesus trotz seiner Menschwerdung allezeit am Busen des Vaters liegt und also seine Menschwerdung Schein bzw. Doketismus ist. *Brown* I 17 hat zugunsten einer Doppelexistenz Jesu auf Erden wie im Himmel auf 3,13 hingewiesen, wo Jesus von sich selbst spreche als dem Menschensohn, „der im Himmel ist". Aber die Worte „der im Himmel ist" sind schwach und spät bezeugt und dürften aus 1,18 entnommen sein. Eine andere Erweiterung von 3,13 ist „der aus dem Himmel ist"; sie ist noch schwächer bezeugt. Das Partizip ὤν drückt hier einmal die Vergangenheit aus, für das das Griechische keine besondere Partizipialform hatte (vgl. die Unform in Offb. 1,4.8; 4,8; 11,17; 16,5: ὁ ὢν καὶ ὁ ἦν). Zugleich aber sind die Worte der Gemeinde inzwischen Gegenwart (vgl. 17,5) gewordene Zukunft, wo Jesus in der einstigen Herrlichkeit wieder beim Vater sein wird (17,24). Wäre die Menschwerdung nur Schein, dann wäre Gott nach wie vor unsichtbar. Es gäbe keine Stelle, wo wir ihn sehen könnten. Die johanneische Logik verlangt, daß der, welcher am Busen des Vaters geruht hat und darum den Vater genau kennt, uns Kunde gebracht hat. Ein doketischer Erlöser würde uns zum Narren halten. – Der Vers enthält eine große Textschwierigkeit: wie lauten die ersten Worte? 𝕂 Θ pl. latt. syᶜ lesen ὁ μονογενὴς υἱός; P 75 א¹ 33 Cl und die Gnostiker ὁ μονογενὴς θεός; P 66 B C* L syᵖ Ir Or aber μονογενὴς θεός. *Hirsch,* Studien 3, will alle diese Lesarten aus einem ursprünglichen ὁ μονογενής ableiten. Es sei – verschieden – erweitert worden, um die Mißdeutung auf den gnostischen Äon auszuschließen. *Schnackenburg* I 255 hält das zwar für möglich, zieht aber schließlich ὁ μονογενὴς υἱός vor. Das dürfte in der Tat die dem Textzusammenhang am besten entsprechende Lesart sein.

Daß der Hymnus schon auf das Erdenleben Jesu zurückblickt, zeigt eine verbleibende Spannung zwischen dem „Prolog" und der mit 1,19 beginnenden Erzählung des „Evangeliums" an: „Prolog" und Evangelium überschneiden sich. Aber im Unterschied zu Matthäus und Lukas verbleibt der „Prolog" nicht im Rahmen einer Kindheitsgeschichte.

● Der johanneische Prolog ist in den letzten hundert Jahren mit steigender Intensität erforscht worden. Denn es zeigt sich immer deutlicher: in diesem Abschnitt machen sich die verschiedensten Probleme bemerkbar, die sich nur schwer voneinander trennen lassen. Es fiel auf, daß das vierte Evangelium mit einem Prolog begann, wie keiner der Synoptiker ihn kannte. Denn die Erwähnungen des Täufers darin (V. 6–8.15) stammen von späterer Hand. Er war eigentlich ein Hymnus auf den in Jesus Christus fleischgewordenen Logos, das höchste Himmelswesen nach Gott. *Harnack,* Verhältnis 189–251, stellte die Forschung vor die Frage, wie sich der Prolog zum übrigen Evangelium verhält. Seine eigene Antwort lautete: Der Prolog solle hellenistische Leser ins Evangelium einführen. Diese Antwort hat 1953 *Dodd,* Interpretation 292–296, aufgenommen. Mit in Betracht gezogen, aber dann verworfen, hatte *Harnack* eine zweite Antwort: der Prolog sei eine Summe des Evangeliums; auch dafür entschied sich ein englischer Gelehrter, *Hoskyns,* The Fourth Gospel 137. Dagegen wandte *Käsemann,* Prolog 180, ein: ,,Der Prolog ist . . . weder ein Summarium des Evangeliums noch eine pädagogische Einführung für den hellenistischen Leser . . . Er bezeugt die praesentia des Christus . . . als des Schöpfers der eschatologischen Gotteskindschaft und der neuen Welt." Die zweite Frage, die der Prolog der modernen Forschung stellte, betraf die religionsgeschichtliche Einordnung des Prologs: Liegt der Zugang zu ihm im Alten Testament? Die einfachste Weise einer solchen Erklärung besteht in der Annahme, der Logos sei das personifizierte εἶπεν in Gen 1,3.6.9.11.14.20.24.26 LXX. Aber den Juden blieb der Gedanke fremd, jenes εἶπεν in einer von Gott unterschiedenen Hypostase zu personifizieren (s. Exkurs). Das dritte Problem bilden die später hinzugefügten Verse. *Brown* I 22 gibt folgende Liste der Annahmen über die benutzte Quelle zum Vergleich:

*Bernard:* V. 1–5. 10–11. 14. 18.

*Bultmann:* V. 1–5. 9–12b. 14. 16.

*De Ausejo:* V. 1–5. 9–11. 14. 16. 18.

*Gaechter:* V. 1–5. 10–12. 14. 16. 18.

*Green:* V. 1.3–5. 10–11. 14a.d. 18.

*Haenchen:* V. 1–5. 9–11. 14. 16–17.

*Käsemann:* V. 1. (2?) 3–5. 10–12.

*Schnackenburg:* V. 1.3–4. 9–11. 14. 16.

*Brown* selbst entscheidet sich: V. 1–5. 10–12b. 14. 16. Als erklärende spätere Zutaten sieht er 12c–13 und 17–18 an. Vom letzten Redaktor stamme die Hinzufügung von 6–9 und 15.

*Demke* 64 hat zuletzt einen im Gemeindegottesdienst vorgetragenen Gesang der ,,Himmlischen" (V. 1.3–5. 10–12b) und, als Antwort darauf, das Bekenntnis der ,,Irdischen", der Gemeinde (V. 14. 16) als Vorlage des Evangelisten bezeichnet, ohne anzugeben, wer die ,,Himmlischen" sind. Wir erfahren nur (61 Anm. 111), daß nicht an den Logos oder Gott zu denken sei.

Es erhebt sich bei diesem Durch- und Gegeneinander der Meinungen die Frage: Hat der Evangelist die Schuld daran? Oder fand er den Prolog bereits in dieser Form vor oder fällt sie einem Redaktor zur Last? Je nachdem, wie man diese drei Probleme zu lösen versucht, erscheint der Prolog in anderem Licht. Zwei Probleme mögen das illustrieren. Daß V. 17 z. B. nicht ursprünglich sei, war für *Bultmann* selbstverständlich, da er mit einem Lied der Täufergemeinde rechnete. Andere Forscher wenden gegen V. 17 ein, die Nennung von Moses und Jesus Christus sei nicht stilgemäß, oder die Erwähnung des Mosegesetzes schwäche die Erwähnung des Christusnamens. M. E. ist dieser Vers aber ein Bestandteil des ursprünglichen Hymnus, obwohl an anderen Stellen ein Ergänzer neue Informationen in den ursprünglichen Text eingeschoben hat. Einig sind sich aber alle, daß der Hymnus erweitert wurde. Das läßt fragen: Wie kommt diese Divergenz zustande? Andererseits sah *Bultmann* 9–15 wie *Heitmüller* 716 im Prolog eine Einführung im Sinn einer Ouvertüre, die – Motive aus dem Evangelium hervorhebend – das Fragen zu wecken sucht, mit dem erst das Evangelium verständlich wird. Religionsgeschichtlich gehöre der Prolog der (gnostisch beeinflußten) Täuferbewegung an; in seinen frühen Schriften (s. Literaturverzeichnis vor dem Exkurs S. 145) hat *Bultmann* diesen kühnen Gedanken entwickelt. Er konnte sich berufen auf die Schriften von *Reitzenstein* und *Lidzbarski*. Von *Reitzenstein* kamen besonders in Frage ,,Poimandres'', ,,Das mandäische Buch des Herrn der Größe und die Evangelien'', ,,Das Iranische Erlösungsmysterium'' und ,,Die Vorgeschichte der christlichen Taufe''. Von *Lidzbarski* wurde benutzt: ,,Das Johannesbuch der Mandäer'', ,,Mandäische Liturgien'' und ,,Ginza, der Schatz, oder das große Buch der Mandäer''.

Von diesen Schriften machte *Bultmann* reichen Gebrauch in seinem großen Aufsatz von 1925: ,,Über die Bedeutung der neuerschlossenen mandäischen und manichäischen Quellen für das Verständnis des Johannesevangeliums''. Durch sie wurde er in der Überzeugung bestärkt, ,,daß der Ursprung der Mandäer nichts anderes ist als die Taufsekte, die durch die Wirksamkeit Johannes des Täufers am Jordan entstand''. Nur so erkläre sich, daß bei den Mandäern ,,jedes fließende, zur Taufe geeignete Wasser'' ,,Jardna'' (= Jordan) heiße (ebd.). ,,Der Haß gegen das Judentum . . . und die Stellung zu Jerusalem, dessen Zerstörung als Zeichen des Endgerichts gilt'', schienen *Bultmann* nur verständlich zu sein bei solcher Entstehung der Mandäer in der Zeit vor der Zerstörung Jerusalems. Das johanneische Christentum stelle einen älteren Typus dar als das synoptische. Auftreten und Verkündigung Jesu standen vielleicht viel stärker im Zusammenhang mit der gnostisch täuferischen Bewegung; die aus den Synoptikern erkennbare judenchristliche Gemeinde sei vielleicht eine judaisierende Reaktionserscheinung gewesen. Das ursprünglichere urchristliche Täufertum dürfte von vornherein eine stärkere Tendenz zur Hellenisierung gehabt haben als die Urgemeinde. ,,Wir brauchen also unsere Zuflucht nicht zu mystischen ,Osterkomplexen' zu nehmen, um die Zusammenhänge des palästinensischen und hellenistischen Urchristentums zu verstehen. Natürlich ist das alles zunächst Konstruktion.'' Tatsächlich hat *Bultmann* denn auch diese Konstruktion später an manchen wichtigen Punkten geändert.

Diese, auch die späteren Anschauungen *Bultmanns* tragende Voraussetzung war von Anfang an bedroht. Daß die Mandäer zunächst eine der Taufsekten im Ostjordanland waren, ließ sich zwar wahrscheinlich machen. Aber ihre Identität mit den ,,Johannesjüngern'' ruhte auf allzu optimistischen Auslegungen des sog. Johannesbuches der Mandäer. Wie schwierig die Existenz einer Sekte in der Wüste war, haben uns erst die Ausgrabungen von Qumran erkennen lassen. Aber man hat vorschnell Johannes den Täufer mit Qumran in Verbindung gebracht. Seine Taufe war ein einmaliges Bußsakrament angesichts des nahen Weltendes (so schon *Bultmann*, Jesus 24f.). Von wiederholten Waschungen war darum bei Johannes keine Rede. Wir haben auch keinen Hinweis darauf, daß er eine beständig bei ihm am Jordan wohnende Sekte gegründet hat. Auf die von ihm Getauften läßt sich der Ausdruck „Sekte" nicht im selben Sinn anwenden wie auf die Gemeinde von Qumran: daß Johannesschüler nach der Taufe stets bei ihrem Meister blieben, ist nicht bewiesen. Daß man den hingerichteten Täufer schon früh als ein göttliches Wesen verehrte und ihm Hymnen zu Ehren sang, läßt sich nicht belegen. Aus der Notiz Apg 19,1–7 läßt sich wenig herausholen außer der Tatsache, daß Lukas nur eine einmalige Taufe der Johannesschüler vorauszusetzen scheint, aber keine wiederholten Taufbäder. Man ahnte in den zwanziger Jahren noch nicht, wie schwer es ist, die Wandergeschichte der Mandäer zu rekonstruieren, und welchen Einflüssen sie während dieser Zeit ausgesetzt waren, bis sie schließlich im Sumpfgebiet des Euphrat und Tigris ein kümmerliches Refugium fanden. Noch fehlten die großen Fortschritte von Lady *Drower, R. Macuch* und *K. Rudolph.* Letzterer meint (die Mandäer I 73): „Eine eigentliche Gemeinde hat Johannes nicht gegründet." „Die Johannestaufe und die Gestalt des Johannes muß endlich einmal völlig ohne irgendwelchen Zusammenhang mit den Mandäern gesehen werden" (ebd.). *Rudolph* vermutet, daß „die Wurzeln der mandäischen Gnosis und Taufreligion" „bei den Taufsekten des westlichen Zentrums" liegen. „Hier erfuhren sie die zentrale Ausgestaltung unter syrisch-gnostischem, iranischem (speziell parthischem) und teilweise mesopotamischem Einfluß auf jüdischem Grund, und zwar schon in vorchristlicher Zeit. Die Abwanderung nach dem Osten infolge des dauernden jüdischen Druckes muß . . . im 2. Jh. n. Chr. erfolgt sein (vermutlich im Zusammenhang mit der Bar-Kochba-Revolution) . . ." (ebd. 251). „Johannes der Täufer und seine Jüngerschaft haben nach dem Befund der uns zugänglichen Quellen keine Beziehung zu den Mandäern gehabt" (ebd. 80). – Von *Macuch* war bereits im Juni 1957 ein Aufsatz veröffentlich worden über „Alter und Heimat des Mandäismus nach neuerschlossenen Quellen". Lady *Drower* hatte von den Mandäern ein Dokument erworben, den Diwan Haran Gawaitha, in dem es Zeile 4–8 hieß: „Der innere Haran hat ihn angenommen, jene Stadt, in welcher die Nasoräer sind, weil dort kein Weg für die jüdischen Herrscher war. Über ihnen war Artabanus König. Also 60 000 Nasoräer haben sich von den Zeichen der Sieben (= Planeten) getrennt und sind in das Medische Gebirge hineingekommen, eine Stätte, wo keine Stämme über sie herrschten. Sie bauten dann die Tempel und wohnten in dem Ruf des Lebens und in der Kraft des hohen Lichtkönigs, bis sie zu Ende kamen." Das legte *Macuch* dahin aus: Unter König Artabanus III. Herrschaft im Hauran seien die Mandäer unter dem Druck der Juden etwa um 37 n. Chr. dem jüdischen Einfluß entgangen und von Palästina nach Mesopotamien gezogen. Dann wären die Mandäer schon früh in Mesopotamien eingewandert. Hier verschwimmt die Mandäergeschichte immer noch im Legendarischen. Nach *Bultmann* ist also der Evangelist selbst zuerst Täuferjünger gewesen, bevor er Christ wurde. Er habe dann einen aus aramäischen Zweizeilern bestehenden Hymnus auf

Jesus Christus umgedeutet. Das störte aber die innere Einheit des Hymnus'.
Der Evangelist verstand nicht, daß dieser zunächst vom Logos asarkos
sprach und erst ab V. 14 vom Logos ensarkos. Darum bezog er schon V. 5
auf die Menschwerdung und schaltete die prosaischen Verse 6–8 ein. Auch
andere Erläuterungen kämen auf sein Konto (s. bes. S. 5). Ursprünglich gehörten zum Hymnus nur V. 1.3–5. 9–12b. 14–16 (s. S. 4 bzw. 18). V. 2 habe
einen (stärker mythologischen) Satz der Quelle ersetzt.

*Käsemann,* Prolog 156–160, unterzog all das einer scharfen Kritik und trug
eine ganz andere Deutung des Prologs vor. Er lobt zwar *Bultmann* dafür, daß
dieser schon V. 5 als eine erste Beschreibung des Logos ensarkos gedeutet
habe. Aber der – christliche! – Hymnus habe nur aus V. 1, (2?), 3f. und 5 und
(9?) 10–12 bestanden. Der Evangelist habe ihn durch die Verse 14–18 mit einem Nachwort versehen, wobei 14a als Übergangsvers schon Gesagtes aufnimmt. Der eigentliche Zweck der Fleischwerdung sei die praesentia Dei;
der Logos werde immer wieder als Schöpfer bezeichnet, obwohl der Hymnus ihn deutlich genug nur als den Mittler bezeichnet. Auf all diese Fragen ist
nun weiter einzugehen.

Jedes der vier kanonischen Evangelien setzt da ein, wo für seinen Verfasser
das Heilsgeschehen begann (vgl. *Wikenhauser* 40 und *Barrett* 125). Für Markus lag das im Auftreten Johannes des Täufers. Lukas geht anders vor: Lk
1,1–4 ist ein literarisches Proömium, das über die Tradition, über seine Vorgänger und sein eigenes Ziel berichtet. Dann erst kehrt der Verfasser zum
üblichen Anfang zurück, der aber bereits durch die Erzählung von den wunderbaren Jugendgeschichten des Täufers und Jesu bereichert wird. Matthäus
wiederum führte den Stammbaum Jesu bis auf Abraham zurück und verband so die alttestamentliche und die neutestamentliche Heilsgeschichte.
Der sog. Prolog des Johannesevangeliums übertraf nun alle diese Möglichkeiten unüberholbar, indem er auf den Uranfang von Gen 1,1 zurückgriff.
Eigentlich ließ er freilich auch diesen weit hinter sich zurück. Denn nach Joh
1,1 existierte in diesem Schöpfungsanfang bereits der Logos bei Gott. Weil
dieser Logos schon vor aller Schöpfung da war (vgl. Joh 17,5.24), gehört er
selbst nicht mit zu den Geschaffenen. Das JE beginnt also mit einem ,,Vor-
spiel im Himmel". Damit erst ist das deutliche Streben, den Anfang der
Heilsgeschichte immer früher und schließlich alles umfassend anzusetzen, an
sein endgültiges Ziel gekommen. Aber es ging nicht nur um eine abstrakte
Erweiterung der Heilsgeschichte ,,nach rückwärts" bis an ihre äußerste
Grenze, wodurch die Gemeinde gewiß wurde, daß sie schon von Ewigkeit
her im Heilsplan Gottes vorgesehen und bedacht war. Vielmehr wurde auf
diese Weise Jesus Christus, den die Gemeinde als ihren Herrn verehrte, ihr
gleichsam in einer neuen Dimension seines Wirkens sichtbar, die ihr bisher
noch nicht deutlich geworden war. Damit waren die Weichen gestellt für die
Bahn der Christologie in den nächsten Jahrhunderten.

Die Verse 1,1–18 – wir wollen die Verse 6–8; 12f. und 15 vorläufig zurückstellen – bilden formal gesehen einen Hymnus auf ein himmlisches Wesen, das für uns Mensch wurde. Dieser Hymnus hat Entsprechungen in Kol 1,15–20 und Phil 2,6–11; auch 1Kor 13 ist ein thematisch allerdings verschiedener frühchristlicher Hymnus. Alle diese Hymnen sind nicht in metrischen Zwei- oder Dreizeilern geschrieben, sondern in einer Art von rhythmischer Prosa.

Die Hymnen im Kolosser- und im Philipperbrief handeln wie Joh 1,1–17 von einem himmlischen Wesen, das zur Erlösung für uns Menschen zur Erde herabgekommen ist. Das in Joh 1,1.14 Logos genannte himmlische Wesen wird durch V. 18 mit dem eigentlichen Evangelium verbunden, das nun seinerseits bei dem Täufer Johannes einsetzt.

Gewisse Spuren machten es wahrscheinlich, daß dieser Hymnus ursprünglich als selbständige Einheit existiert hat, wenn auch nicht ganz in der uns heute vorliegenden Form. Dafür spricht

(1) der Sprachgebrauch: Der Logos erscheint im JE nur in 1,1 und 1,14, später nicht mehr. Die Begriffe πλήρης und πλήρωμα werden nur in 1,14 und 1,16 verwendet. Der Gegensatz von Mosegesetz und durch Christus gewordene Gnade begegnet im JE nur in 1,17; das Wort χάρις findet sich im JE nur in 1,14.16f. Dieser Befund zeigt: der Prolog bedient sich einer dem JE gegenüber selbständigen Begriffssprache.

(2) Auch formal unterscheidet sich 1,1–17 vom übrigen Evangelium. Diese Verse sind zwar nicht durchgehend in strenger Metrik aufgebaut (die kunstvolle Konstruktion von 1,1 wiederholt sich nicht mehr), wohl aber in freien Rhythmen. Diese werden allerdings, wie schon in der Einzelbesprechung angedeutet, von einer anderen Hand mit reinen Prosa-Einschüben durchsetzt (1,6–8.12f.15). Man kann den rhythmischen Teil des Prologs als einen Hymnus bezeichnen, in dem die Gemeinde ihren Herrn feiert.

(3) Der Prolog führt zwar vom Existieren des Logos vor der Weltschöpfung bis zu seinem Wirken als Mensch. Dennoch fügt er sich dem Folgenden nicht nahtlos an; greift er doch über die Täufergeschichte (die in 1,19 beginnt) weit hinaus.

(4) Der Verbindungsvers 1,18 verknüpft den Prolog mit dem gesamten Evangelium.

*Bultmann* 8 hat mit Recht hervorgehoben, daß die besonders im Spätjudentum ,,begegnende Gestalt der *Weisheit* mit der Gestalt des Logos im Joh = Prolog verwandt“ ist. Die neuere Forschung ist zwar von der Bultmannschen Annahme eines nichtchristlichen Originals abgegangen (so u. a. *Käsemann,* Prolog 158f., *Schnackenburg* I 199; *Brown* I 21 und *Haenchen,* Das Johannesevangelium und sein Kommentar 209–314), und zu der Überzeugung gekommen, daß wir hier einen Hymnus der christlichen Gemeinde vor uns haben. Er handelt von der Erscheinung Jesu Christi auf Erden. Aber der (unbekannte) Verfasser sah dieses Erscheinen Jesu Christi auf der Erde als das abschließende Ereignis einer langen, wundersamen Geschichte, die von der Ewigkeit ihren Ausgang nahm.

Für den ersten Teil des Hymnus griff der Verfasser u. E. auf eine Überlieferung von der Weisheit zurück, die das Spätjudentum in verschiedenen Formen kannte. Die sachlich älteste Fassung begegnet uns in Hen 42,1f. Sie könnte – in dieser Vermutung berühren wir uns mit *Bultmann* – sogar auf eine noch frühere, nichtjüdische Gestalt zurückgehen: Nach dieser Fassung hätte die weibliche Genossin und Helferin des Urgottes, seine „Einsicht" oder ἔννοια, nach seinem Willen die Schöpfung hervorgebracht. Diese Fassung war ungnostisch. Die Welt entsteht nicht durch eine widergöttliche Macht, wie in den dualistischen Systemen der Gnosis. Darum fehlt hier auch jede ausdrückliche Erwähnung eines Urfalls. Aber die herbe Erfahrung zeigte immer wieder, daß die Menschen mit der von göttlicher Einsicht geschaffenen Welt nichts Rechtes anzufangen wissen. Dem entspricht die Form der Weisheitstradition von Hen 42,1f.: „Als die Weisheit kam, um unter den Menschen Wohnung zu nehmen, und keine Wohnung fand, da kehrte die Weisheit an ihren Ort zurück und nahm unter den Engeln ihren Sitz." Diese Fassung klagt voll Wehmut über die arge Menschheit, die der Weisheit keinen Raum gewährt.

Eine andere, vermutlich jüngere Art der Weisheitstradition im Frühjudentum finden wir in Jesus Sirach 24,2–24 ausgesprochen: Die Weisheit, aus dem Munde des Höchsten hervorgegangen, hat vergebens die ganze Erde nach einem Ruheort durchwandert. Da hat ihr der Schöpfer zuletzt in Israel eine bleibende Stätte gegeben. In dieser Weise hat sich das Judentum jenes wehmutsvoll klagende Lied von der heimatlosen Weisheit angeeignet und dabei den Ausdruck der Klage in den des Stolzes verwandelt. Denn diese im Judentum heimisch werdende Weisheit ist ja nichts anderes als die Tora, die „Weisung" bzw. das Gesetz, das Israel von seinem Gott erhalten hat, und nach dessen weisen Geboten es sein Leben führt. *Billerbeck* II 353–358; III 126–133 hat eine Fülle von Aussprüchen der Rabbinen über das Gesetz angeführt, die es mit der Weisheit ineins setzen. „Das Rabbinat hat je länger je mehr die „Weisheit" mit der Tora identifiziert" (*Kittel* in: ThWNT IV 139).

Dieses Lied von der Weisheit hat nun auch bei den Christen Verständnis gefunden. Wir wollen hier von den Anspielungen auf sie absehen, die sich in den synoptischen Evangelien (Lk 7,35; Mt 11,19; Lk 11,49; 13,34; Mt 23,24–46) und bei Paulus (1Kor 1,21–24; Röm 1,19f.) finden und Jesus mehr oder minder mit der Weisheit verbinden. Wirklich aufgenommen hat das Weisheitsbild nur der Verfasser des Prologs, indem er es als Grundlage für dessen erste Hälfte übernahm. Dabei konnte freilich die σοφία, als eine weibliche Gestalt, nicht mit dem später Menschgewordenen ineins gesetzt werden. Aber es zeigt sich, vor allem bei Philo, daß die Gestalt des Logos mit derjenigen der Weisheit fast sachgleich war. Für Philo war der Logos die höchste der δυνάμεις Gottes, die bald als dessen relativ selbständige Kräfte, bald als bloße Aspekte Gottes erscheinen; es sieht fast so aus, als werde dort schon die spätere kabbalistische Lehre von den Sephirot vorweggenommen (vgl. *Scholem,* Die jüdische Mystik in ihren Hauptströmungen 232–241).

Freilich faßte Philo den Logos (den er gelegentlich θεός, aber nicht ὁ θεός nennt) zugleich auch als den höchsten Engel und als die höchste Idee auf (gelegentlich sogar als δεύτερος θεός); alttestamentliche, platonische und stoische Begriffe gehen hier eine verwirrende Einheit ein. So konnte für den Verfasser des Prologs an die Stelle der Weisheit, die im Judentum als Werkmeisterin bei der Schöpfung dargestellt werden konnte, der Logos treten, der schon Mittler bei der Schöpfung wird. Sein Schicksal wurde dabei durchaus dem der Weisheit nachgezeichnet. Die durch ihn geschaffene Welt wollte nichts von ihm wissen, wie die Verse 3–5 und 9–11 zeigen. Will man die Stellung des Logos in diesem Stadium seiner Geschichte mit einem Ausdruck der späteren Kirchenlehre bezeichnen, so kann man hier von der (vergeblichen) Tätigkeit des Logos asarkos sprechen, des noch nicht Fleisch gewordenen Logos. Dem im Grunde nicht ins Deutsche übersetzbaren Wort Logos im Prolog kommt die Bedeutung der himmlischen Weisheit fast deckungsgleich nahe.

Der Verfasser hat, wie jenes Weisheitslied selbst, auf die Schilderung eines „Sündenfalls" verzichtet. Sie hätte nur das Interesse abgelenkt von der Gestalt, die er schildern wollte. Darum begnügte er sich mit den beiden Tatsachen: 1. Das All war von Gott durch den Schöpfungsmittler geworden, und 2.: Die Menschenwelt verschloß sich vor dem, dem sie alles verdankte. Der Logos fand sich in der Lage eines Lichtes vor, das in der Finsternis leuchtet. Es lag nicht an ihm, wenn es so stand: er war das wahre Licht, das jedem Menschen leuchtet, der in die Welt kommt. *Darum heißt es ja in V. 4:* „In ihm war Leben, und das Leben war das Licht der Menschen." Da das Leben im zweiten Versteil mit dem Licht identifiziert wird, kann es nicht das animalische, das physische Leben sein. Es muß sich vielmehr um die göttliche Lebendigkeit handeln, die der Logos besitzt und vermitteln kann. Es muß das Leben des Geistes sein. Von diesem kann man verstehen, daß es mit dem Licht der Menschen ineins gesetzt wird. Aber es kann nicht das Licht der menschlichen Vernunft sein. Es muß ein höheres Licht sein: das der Erkenntnis Gottes.

Aber eben diese Gabe wird dem Logos nicht abgenommen, wie der vielumstrittene V. 5 zeigt. Viele Exegeten – von der ältesten Zeit an bis zu *Käsemann*, Prolog 161, – haben in diesem Vers eine Beschreibung der Menschwerdung des Logos zu finden gemeint. Was dafür angeführt werden kann, ist – außer der Vielzahl der so urteilenden Exegeten – einzig das Präsens: „Und das Licht scheint in der Finsternis", das freilich sogleich vom Aorist abgelöst wird: „und die Finsternis hat es nicht ergriffen". Nun ist es an sich das Gewöhnliche, daß ein Licht in der Finsternis scheint; denn am hellen Tage zündet man kein Licht an. Aber V. 5 scheint diese Alltagserfahrung zu benutzen, um etwas Tieferes mitzuteilen: der Logos bietet jenes Licht der Finsternis an. Aber sie hat keinen Gebrauch davon gemacht. V. 9 scheint diese Deutung zu bestätigen: „Er war das wahre Licht, das jeden Menschen erleuchtet, der in die Welt kommt." Das Präsens „erleuchtet" (φωτίζει) entspricht genau jenem Wort „scheint" (φαίνει) in V. 5. Natürlich handelt es sich hier nicht darum, daß der Logos jedem Menschen, der geboren wird, die Vernunft schenkt. Sondern es geht nach wie vor um die „Erkenntnis Gottes". Dann aber kann „erleuchtet" nicht besagen, daß wirklich jeder Mensch damit erleuchtet wird. Das Licht kann strahlen und scheinen, aber der Mensch kann sich gegen die Erkenntnis verschließen.

Es ist deutlich, daß es sich nicht um ein einmaliges Geschehen handelt, sondern um eines, das sich immer aufs neue wiederholt: diese Wiederholung, diese Dauer drückt das Präsens in V. 9 aus. Daß nicht schon der menschgewordene Logos hier am Werk ist, sollte eigentlich nicht bestritten werden. Schon rein grammatisch ist es verkehrt, das Imperfekt „er war" (ἦν) mit dem Aorist „(Und der Logos) ward Fleisch" von V. 14 gleichzusetzen. Der Hymnus spricht von dem noch nicht Menschgewordenen in V. 5.9–11! Aber der Logos asarkos wurde nicht aufgenommen. Die Menschenwelt, die ihm ihr Dasein schuldete, erkannte ihn nicht (in V. 10 geht das Neutrum in das Masculinum über!). Er war für sie wie ein unwillkommener Fremder, den man von der Tür fortweist. Die Seinen nahmen ihn nicht auf.

Bis zu diesem Punkt konnte das alte Lied von der Weisheit den Gang der Darstellung bestimmen. Jetzt aber war von etwas zu reden, das weder die Resignation der alten heidnischen Erzählung noch der jüdische Lobpreis der Weisheit der Tora kannte: Der Logos kehrt weder in den Himmel zurück noch wird er Buch, sondern er wird Mensch. Ein ganz konkreter Mensch, der unter „uns" (= der ihn verkündigenden Gemeinde) sein Zelt aufschlug (dieser Zug könnte noch aus dem Weisheitsbild stammen [s. o. zu V. 14]) und dessen Herrlichkeit wir sahen. Es war eine Herrlichkeit, wie sie der geliebte Sohn des Vaters (= Gottes) hat. Welchen Charakter er besaß, wird mit den Worten „Gnade und Wahrheit" (Wahrheit = göttliche Wirklichkeit) beschrieben. Diese Gnade und Wahrheit des Logos ensarkos wurde, anders als das Licht des Logos asarkos in V. 10f., nicht abgelehnt: „Wir alle haben aus seiner Fülle empfangen: Gnade über Gnade." Diese Aussage wird durch Konfrontation mit ihrem Gegenteil erläutert: „Denn das Gesetz wurde durch Moses gegeben, die Gnade und Wahrheit ist durch Jesus Christus geworden." Mit dem nun endlich ausgesprochenen Namen dessen, der Mensch geworden ist, endete der christliche Hymnus. V. 18 verbindet ihn mit dem folgenden Evangelium: Gott hat niemand je gesehen – er ist für Menschen unsichtbar und entzieht sich damit unserer Erkenntnis. Nur „der eingeborene Sohn, der am Busen des Vaters ist, der hat Kunde gebracht". Menschwerdung des Logos und Evangelium hängen zusammen. Mit diesem V. 18 wird das irdische Wirken (ἐξηγήσατο) Jesu mit der himmlischen Wirklichkeit des μονογενὴς υἱός verbunden.

Nun ist es an der Zeit, auf die vorläufig ausgeklammerten Verse 6–8, 12f. und 15 zurückzukommen. Beginnen wir mit den Versen 6–8, die den meisten modernen Auslegern als spätere Zutat gelten. Diese Verse beschreiben die Sendung und Aufgabe des Täufers. Eigentlich sollte – wie bei den Synoptikern – zuerst von dem Vorläufer, dem Täufer Johannes, und dann erst von seinem Täufling Jesus die Rede sein. Dieser Anordnung entsprechen in Kap. 1 des JE die Abschnitte V. 19–28, in denen der Täufer die Hauptperson ist, und V. 29–51, in denen Jesus in den Mittelpunkt tritt. Das entspricht genau der synoptischen Reihenfolge. Aber V. 1–4 handeln deutlich vom Logos, der als Logos asarkos in der Sprache der späteren Dogmatik dem Logos ensarkos vorausgeht. Solange der Hymnus in seinem eigenen Zusammenhang vorgetragen wurde, brauchte der Täufer nicht genannt zu werden. Seine Erwähnung hätte sogar den Hymnus gestört und unterbrochen. Wurde er aber als Einleitung in ein Evangelium verwendet, ändert sich die Lage. Denn dann hätte nicht der Täufer den Anfang gemacht, sondern der Logos (V. 1–17); V. 19–28 redete nun vom Täufer und V. 29ff. von Jesus. D. h. aber: hier hätten sich zwei verschiedene Aufrisse gekreuzt: der erste begann in der Ewigkeit und führte dann über die Menschwerdung des Logos in die Gegenwart der Gemeinde. Hier ist das eigentliche Thema das Geschick des Logos; für den Täufer ist in diesem Aufriß kein Raum. Anders in dem zweiten: hier beginnt die Handlung schon auf Erden, beim Jordantäufer, und geht dann auf Jesus über. Benutzte also jemand den Hymnus als Einleitung in das Evangelium, dann entstand eine Spannung zwischen den beiden Entwürfen. Sie läßt sich noch darin spüren, daß der Hymnus nicht vor dem „eigentlichen" Evangelium endet, sondern darüber hinausragt in die Zeit der feiernden Gemeinde. Sie feiert den zum Himmel zurückgekehrten Jesus, der wieder beim Vater ist. In gewissem Sinn könnte man sagen, daß der Hymnus schon das ganze Evangelium umschließt, das er hier einleitet.

Der zweite Aufriß ist der ältere, dem die Verse 1,19–51 etwa entsprechen. Er bleibt ganz im Irdischen, beginnt mit dem Täufer, den die Juden befragen, ob er der große Erwartete ist, und geht dann zu Jesus über, zwischen dem und Johannes immer ein Abstand bleibt, so daß für eine Taufe kein Raum mehr ist, sondern nur noch für eine Ankündigung. Auch dieser Abschnitt ist so, wie er uns geboten wird, nicht alt; der Täufer rückt demütig ab von Jesus, den er nur sehen und bezeugen darf. Das ist, wenn man einen modernen Ausdruck verwenden darf, eine Verfremdung der alten Tradition.

Wer die Verse 6–8 eingefügt hat in den Logos-Hymnus, hat diese Zusammenhänge nicht mehr verstanden. Er hat nicht gesehen, daß in diesem Prolog der Täufer überflüssig geworden ist, daß der entscheidende Übergang nicht mehr zwischen der Täufergeschichte und der Jesusgeschichte sich ereignet, sondern der Sprung ist von der Ewigkeit in die Zeit, wie ihn V. 14 beschreibt. Weil ihm das Fehlen des Täufers im Prolog als ein Fehler erschien, hat er gemeint, diesen Mangel beheben zu müssen mit der Einfügung von V. 6–8. Ganz freilich hat er auch so nicht die ihm vorschwebende Ordnung wiederhergestellt. Denn nun mußte er annehmen, V. 5 beschreibe das Auftreten Jesu, der doch „eigentlich" erst nach Johannes, dem Vorläufer, kommen durfte. Und alle, die nicht den Sinn und Aufbau des Hymnus begriffen und darum in V. 5 die Fleischwerdung Jesu angedeutet zu finden meinten, mußten an dem angeblich vervollständigten Prolog scheitern, von den alten Kirchenvätern an bis hin zu *Käsemann*.

Jener Ergänzer hat freilich noch begriffen, daß im Prolog die Taufe nicht vorkommen konnte und darum den Täufer, übereinstimmend mit der späteren Schilderung von V. 19–51, nur als Zeugen beschrieben, durch den freilich alle an Jesus gläubig werden sollen. Das entspricht der Schilderung Mal 4,6: „Siehe, ich sende euch den Propheten Elia, ehe der große und furchtbare Tag des Herrn kommt. Und er wird das Herz der Väter den Söhnen und das Herz der Söhne den Vätern wieder zuwenden . . .“ Aber der Ergänzer hatte nicht begriffen, daß damit das Wirken des Logos asarkos in V. 9–11 weiter beschrieben war, sondern diese Verse auf den Logos ensarkos gedeutet. Dann aber paßten diese Verse nicht: der Logos ensarkos, der galiläische Jesus, hatte nicht nur Ablehnung erfahren.

So wurde eine zweite Erweiterung durch den Ergänzer nötig: es sind die Verse 12f. Denn – so denkt sich der korrigierende (und, da er nichts zu streichen wagt, hinzufügende) Ergänzer – nicht alle haben Jesus abgewiesen; er hat doch eine Gemeinde gesammelt derer, die ihn aufgenommen haben. Von ihnen wird nun ausgesagt: a) er hat ihnen Macht gegeben, Kinder Gottes zu werden, b) sie glauben an seinen Namen (eine in der christlichen Gemeinde beliebte Wendung), c) sie wurden nicht erzeugt aus Blut und Fleischeswillen und Manneswillen, sondern aus Gott. Das soll nicht heißen, daß sie alle einer Jungfrauengeburt ihr Dasein verdanken, sondern (3,3!) der Neuzeugung aus Gott – der letzte Redaktor wird dabei an die christliche Taufe gedacht haben. Dieser Einschub hat zur Folge, daß V. 14 eigentlich sinnlos wird: er nimmt ja voraus, was erst in V. 14b des Hymnus ausgesagt ist, freilich in anderer Sprache. Und er bringt mit V. 14a sogar die Menschwerdung viel zu spät, nachdem Jesus längst zu wirken begonnen hat.

Das gilt nun auch von der dritten Stelle, an der dieser Ergänzer eingegriffen hat: von V. 15. Daß dieser Vers den Zusammenhang zerreißt, ist deutlich: πλήρης χάριτος καὶ ἀληθείας wird in ὅτι ἐκ τοῦ πληρώματος κτλ. ja offenbar fortgeführt. Rätselhaft erscheint an V. 15 außer der Tatsache, daß er derart in den Zusammenhang einbricht, einmal das Präsens: „Johannes bezeugt . . .“, sodann aber auch die Tempora der Vergangenheit: „Er war es, von dem ich sagte.“ Wenn man jedoch die Intention des Ergänzers erfaßt, werden alle drei Rätsel auf einmal gelöst. Für den Ergänzer gehört das Zeugnis des Johannes zum Zeugnis der Gemeinde hinzu. Darum heißt es im Präsens: „Johannes bezeugt und ruft“; aber dies gegenwärtige Zeugnis muß man unterscheiden von dem einstigen Worte des Täufers. Jenes Wort des Johannes und das ganze Erdenleben Jesu liegen für den Ergänzer schon in der Vergangenheit. Deshalb heißt es nicht: „Dieser ist es“, wie in V. 30, sondern: „Dieser war es, von dem ich sagte.“ Gerade die Art, wie der Täufer hier in die Gemeinde eingegliedert wird, hebt sich von der des Evangelisten ab:

der Ergänzer kann den Täufer unbefangen viel positiver behandeln[1]. Daß er dabei den Zusammenhang zwischen V. 14 und 16 gesprengt hat, wäre noch nicht so schlimm, wäre dadurch nicht das andere verdunkelt worden, daß nämlich der „kettenartige" Anschluß der Sätze aneinander keineswegs mit V. 12 zu Ende ist, sondern daß dieses Merkmal des Hymnus' hier wiederkehrt und zeigt, daß der Hymnus noch weitergeht.

Wir wollen noch einmal auf den Weg zurückblicken, den wir durchmessen haben. Wir sind mit vielen anderen von der Vermutung ausgegangen, das vierte Evangelium habe mit einem Hymnus begonnen. Aber wir konnten uns nicht auf die Dauer an *Bultmann* anschließen, der in diesem Hymnus die Übersetzung eines aramäischen Textes vermutet, dessen Zeilen – mit je zwei betonten Wörtern – einst den Täufer verherrlicht hatten. Man muß zuviel Gewalt anwenden, um den Text in diese Form zu bringen, und mit den aramäischen Zweizeilern ging uns auch das gnostische Täuferlied verloren. Dafür hatten wir, in Gemeinschaft mit *Käsemann* und *Schnackenburg,* nun einen christlichen Hymnus vor uns. Aber auch von ihnen mußten wir uns schließlich trennen. Denn wir meinten zu sehen, daß auch sie noch zuviel von diesem christlichen Hymnus verlangten: Verse von gleichem Maß, wenn auch jetzt Strophen von Zweizeilern und solche von Dreizeilern zugelassen wurden. Aber wir erinnerten uns, daß die anderen frühen christlichen Hymnen, die wir kennen, eher den freien Rhythmen Hölderlins gleichen: Gebilde von wunderbarem Rhythmus, aber keine Strophen wie in einem Chorlied der griechischen Tragödie, sondern jeweils von eigenem Bau und jede Zeile ihrem eigenen Maß folgend, ohne daß sie in der Formlosigkeit alltäglicher Prosa untergeht. Es war nicht schwer zu entdecken – es war vielmehr längst entdeckt worden, daß die erste Hälfte dieses Hymnus als Material einen alten Mythos von der vergeblich durch alle Lande wandernden Weisheit benutzt. Einst ein schwermütiger heidnischer Mythos voll Trauer über diese wirre Welt, die für die Weisheit keinen Raum hat. Dann wurde der Hymnus vom Judentum in den Dienst der Tora gestellt: sie ist die Weisheit, die nun in Israel einen Ruheort gefunden hat. Aber der christliche Hymnus konnte dieser vergeblichen Wanderung der Weisheit oder vielmehr hier des Logos ein neues Ziel geben: der Logos wurde Mensch und fand eine gläubige Gemeinde, deren Lobpreis die zweite Strophe ausmacht, froh der Gnade und Wahrheit, die hier zu finden war. Während vorher nur das durch Mose gewordene Gesetz vorhanden war, sind Gnade und Wahrheit durch Jesus Chri-

---

[1] Nach der letzten Fassung (s. die Einzelauslegung zu V. 14) rechnete der Verf. mit einer komplizierteren Traditionsgeschichte, als er sie noch in seinem Aufsatz „Probleme des johanneischen Prologs" vertreten hatte. Der Ergänzer könnte nun auch der Verf. der Vorlage des vierten Evangeliums, d. h. der sogenannten „Zeichenquelle", gewesen sein. Da er sich aber in keiner der vielen Neufassungen nach dem Erscheinen des oben genannten Aufsatzes klar äußert, muß es dahingestellt bleiben. Man kann davon ausgehen, daß er die Verse 6–8 und V. 15 vom Redaktor eingefügt sein läßt. Die Verse 12 und 13 könnten wie V. 18 aber nun vom Evangelisten stammen.

stus geworden. Indem der, der den Hymnus mit dem nachfolgenden Evangelium verband, ihn als den rechten Künder des unsichtbaren Vaters vorstellte, verband er den Hymnus mit der Erzählung von der Kunde, die jener gebracht hatte.

Wir kommen zu dem letzten Problem, das der Prolog für uns bereithält. Das Weisheitslied, das er benutzte, gab einen Ausdruck her für die frühe Christologie. Es lehrte, daß ER, der Schöpfungsmittler Gottes, als Logos lange versucht hatte, bei den Menschen Gehör zu finden – vergebens. Der christliche Hymnus zeigte dann, daß dieser Logos, nicht entmutigt, menschgeworden seine Gemeinde gegründet hatte, die von ihm Gnade über Gnade erfuhr. Der Verbindungsvers 18 wies darauf hin, daß ER vom nie gesehenen Gott Kunde gebracht hatte, und sicherte damit der nun folgenden Erzählung Autorität und Zuverlässigkeit. Von Tod und Auferstehung Jesu spricht der Hymnus und der Prolog nicht. Gerade damit eignet er sich als Vorspruch für die Erzählung vom Erdenleben Jesu, an dessen Ende dann auch von Tod und Auferstehung Jesu die Rede sein konnte.

Dieser Christushymnus war nicht der einzige, den die junge Christenheit besaß und mit dem sie das Rätsel der Christusgestalt deutete. Der Hymnus in Kol 1,15–20 und der Hymnus in Phil 2,6–11 enthalten jeweils in ihrer zweiten Hälfte die apokalyptischen Gegenbilder zur vorzeitlichen Existenz des menschgewordenen Himmelswesens, die im Prolog des JE – nicht zufällig – fehlen. Denn in diesem Evangelium ist es die jeweils jetzt erfolgende Begegnung mit der Jesusbotschaft, die über Heil und Gericht entscheidet.

Diese Begegnung wird nach 1,14 nur möglich, weil jenes Himmelswesen ins Menschendasein übergegangen ist. Das kleine Wort ἐγένετο beschreibt den Übergang und stellt uns damit vor ein Rätsel, das die Entwicklung des christologischen und trinitarischen Dogmas in der alten Kirche bestimmt hat. Die „parallelen" Hymnen im Philipper- und Kolosserbrief stellen den Hymnus durch den Zusammenhang jeweils in eine neue Umgebung und färben damit seinen Sinn. Im Philipperbrief z. B. tritt der Hymnus deutlich in den Zusammenhang der Paränese und unterstreicht Gehorsam und Dienst als Charakteristika des Christenstandes. Hier, im Johannes-Prolog, liegt keine solche Beziehung vor. Gerade darum tritt bei ihm das Rätsel der Menschwerdung – dieser μετάβασις εἰς ἄλλο γένος – besonders hervor.

Wenn man, wie *Käsemann* in seiner neuen Schrift: „Jesu letzter Wille", meint, der vierte Evangelist war nicht nur der Gefährdung durch den Doketismus ausgesetzt, sondern ist einem naiven, also noch nicht reflektierten und grundsätzlich behaupteten Doketismus erlegen, so daß für ihn das Urteil „unreflektierter Doketismus" gilt, dann wäre freilich eigentlich kein solcher Übergang εἰς ἄλλο γένος erfolgt, Inkarnation und Erhöhung wären nur „Wechsel des Raumes", und Jesus wäre der über die Erde schreitende Gott, wie *Käsemann* immer wieder (26 u. a.) versichert. Aber Joh 17,5 enthält die Bitte Jesu, der Vater möge ihn mit jener Herrlichkeit verherrlichen, die er bei ihm besaß, bevor die Welt war. Eben diese Herrlichkeit besaß der Menschgewordene also nicht mehr. Darum ist sein Gebet an den Vater in Kap. 17 ebensowenig von einem „naiven Doketismus" her auszulegen wie Jesu Tod am Kreuz selbst. Mithin lehrt also auch das JE in seiner Weise eine Art von Kenosis, die mit dem Menschwerden dieses himmlischen Wesens verbunden ist.

Ob das JE so „naiv" war, wie es manchem Ausleger scheint, ist fraglich, auch wenn sich die Reflexion des Evangelisten in 1,14 nicht breitmacht. Immerhin redet 1,45 von „Jesus, dem Sohn Josephs von Nazareth", ohne daß diese Aussage später korrigiert wird. Eine Jungfrauengeburt, wie sie Mt und Lk in verschiedener Weise erzählen, wird im JE nirgends angedeutet. Das könnte zu dem Schluß führen: Im JE wird die volle Menschheit Jesu so ungebrochen ausgesagt, wie bei Mt und Lk nicht mehr. Darum sollte man sich auch erst bedenken, wenn man das JE „gnostisierend" nennt.

Mit alledem ist freilich jener Übergang εἰς ἄλλο γένος nur um so deutlicher geworden, ohne daß uns der Prolog verrät, wie der Evangelist ihn verstanden hat. War ein solcher „Übergang" für den Evangelisten und seine Zeit nicht so unerhört wie für uns? Dagegen spricht: alle religionsgeschichtlichen Parallelen, die man beigebracht hat, wissen nichts von einer Fleischwerdung des Logos in einem bestimmten wirklichen Menschen. Die Geistlehre des JE, wie sie in den Abschiedsreden angedeutet wird, kann uns aber einen Hinweis auf die Art geben, wie sich der Evangelist mit dieser Frage auseinandergesetzt hat.

## *Exkurs: Der vorjohanneische Logos – Hymnus*

**Literatur:**

*Aall, A.*, Geschichte der Logosidee in der griechischen Philosophie und der christlichen Literatur, 2 Vol., Leipzig 1896/1899.
*Ballenstedt, H. C.*, Philo und Johannes, 3 vol., Braunschweig 1802, Göttingen 1812.
*Bormann, K.*, Die Ideen- und Logoslehre Philons von Alexandrien, masch. Diss. Köln 1955.
*Bousset, W.*, Kyrios Christos. Geschichte des Christusglaubens von den Anfängen des Christentums bis Irenäus, Göttingen[6] 1967, bes. 304–316.
*Bréhier, E.*, Les idées philosophiques et religieuses de Philon d'Alexandrie, Paris [2]1925.
*Bultmann, R.*, Der Begriff des Wortes Gottes im Neuen Testament, in: ders., Glaube und Verstehen I, 1954, [6]1966, 268–293.
*Ders.*, Untersuchungen zum Johannesevangelium, in: ders., Exegetica, 1967, 124–197.
*Ders.*, Jesus, Tübingen 1958.
*Ders.*, Der religionsgeschichtliche Hintergrund des Prologs zum Johannesevangelium, in: ders., Exegetica, 1967, 10–35.

*Ders.*, Die Bedeutung der neuerschlossenen mandäischen und manichäischen Quellen für das Verständnis des Johannesevangeliums, ZNW 24 (1925) 100–146; neuerdings in: ders., Exegetica, 1967, 55–104.
*Clark, G. H.*, The Johannine Logos, Nutley N. J., 1972.
*Cohn, L.*, Zur Lehre vom Logos bei Philo, in: Judaica, FS. H. Cohn, Berlin 1912, 303ff.
*Colpe, C.*, Die religionsgeschichtliche Schule, Göttingen 1961.
*Conzelmann, H.*, Die Mutter der Weisheit, in: ders., Theologie als Schriftauslegung, 1974, 167–176 oder in: Zeit und Geschichte, FS. R. Bultmann, 1964, 225–234.
*Danielou, J.*, Philon d'Alexandrie, 1958.
*Dillon, J.*, The Middle Platonist, London 1977.
*Dix, G. H.*, The Heavenly Wisdom and the Divine Logos in Jewish Apocalyptic, JThS 26 (1975) 1–12.
*Dürr, L.*, Die Wertung des göttlichen Wortes im Alten Testament und im antiken Orient, zu-

gleich ein Beitrag zur Vorgeschichte des neutestamentlichen Logosbegriffes, MVÄG XLII. 1, Leipzig 1938.

*Epp, J. E.*, Wisdom, Torah, Word: The Johannine Prologue and the Purpose of the Fourth Gospel, in: FS. M. C. Tenney, 1975, 128–146.

*Fascher, E.*, Vom Logos des Heraklit und dem Logos des Johannes, in: ders., Frage und Antwort. Studien zur Theologie und Religionsgeschichte, Berlin 1968, 117–133.

*Ders.*, Der Logos-Christos als göttlicher Lehrer bei Clemens von Alexandrien, in: FS. E. Klostermann, TU 77, Berlin 1961, 193–207.

*Goldberg, A. M.*, Untersuchungen über die Vorstellung von der Schekhinah in der frühen rabbinischen Literatur, Berlin 1969.

*Goodenough, E. R.*, By Light, Light, Oxford 1935. ²1969.

*Greiff-Marienburg, A.*, Platons Weltseele und das Johannesevangelium, ZKTh 52 (1928) 519–531.

*Grether, O.*, Name und Wort Gottes im Alten Testament, 1934.

*Hadidan, Y. H.*, Philonism in the Fourth Gospel, in: FS. D. B. MacDonald, Princeton 1933, 211–222.

*Haenchen, E.*, Aufbau und Theologie des Poimandres, in: ders., Gott und Mensch, 1965, 335–377 bes. § 5 und 9.

*Hamerton-Kelly, R. G.*, Pre-existence, Wisdom and the Son of Man, Cambridge 1973.

*Hamp, V.*, Der Begriff „Logos" in den aramäischen Bibelübersetzungen. Ein exegetischer Beitrag zur Hypostasen-Frage und zur Geschichte der Logos-Spekulation, München 1938.

*Harris, J. R.*, Athena, Sophia and the Logos, BJRL 7 (1922) 56–72.

*Ders.*, The Origin of the Prologue to St. John's Gospel, Exp. 12 (1916) 147–160. 161–170. 314–320. 388–400. 414–426.

*Ders.*, Stoic Origins of the Prologue to St. John's Gospel, BJRL 6 (1921/22) 439–451.

*Hegermann, H.*, Die Vorstellung vom Schöpfungsmittler im hellenistischen Judentum und Urchristentum, Berlin 1961.

*Heinemann, I.*, Philons griechische und jüdische Bildung, 1932.

*Heinze, M.*, Die Lehre vom Logos in der griechischen Philosophie, 1872.

*Heinrici, G.*, Die Hermesmystik und das NT, Leipzig 1918.

*Hellwag, J.*, Die Vorstellung von der Präexistenz Christi in der ältesten Kirche, ThJb(T) 7 (1848) 144–161. 227–263.

*Holtzmann, H.*, Der Logos und der eingeborene Gottessohn im vierten Evangelium, ZWTh 36 (1893) 385–406.

*Jendorff, B.*, Der Logosbegriff. Seine philosophische Grundlegung bei Heraklit von Ephesos und seine theologische Indienstnahme durch Johannes den Evangelisten, Frankfurt/Bern 1976.

*Jeremias, J.*, Zum Logos-Problem, ZNW 59 (1968) 82–85.

*Jervell, J.*, Imago Dei, Göttingen 1959, bes. 52–70.

*Jonas, H.*, Gnosis und spätantiker Geist, 2 Vol., Göttingen 1934. 1954, bes. II 2.1: 44–49; II.3: 70–121.

*Kahn, C. H.*, Stoic Logic and Stoic Logos, AGPh 51 (1969) 158–172.

*Kanavalli, P. S.*, The Concept of Logos in the Writings of John and Justin, masch. Diss. München 1969.

*Keferstein, F.*, Philos Lehre von den göttlichen Mittelwesen, Leipzig 1846.

*Kleinknecht, H.*, Art.: Logos, in: ThWNT IV (1942) 76–89.

*Krebs, E.*, Der Logos als Heiland im ersten Jahrhundert, Freiburg 1910.

*Kroll, J.*, Die Lehren des Hermes Trismegistos, Münster 1914, bes. 55ff.

*Küchler, M.*, Frühjüdische Weisheitstraditionen, Fribourg/Göttingen 1979.

*Lagrange, M.-J.*, Vers le logos de S. Jean, RB 32 (1923) 161–184. 321–371.

*Langkammer, H.*, Zur Herkunft des Logostitels im Johannesprolog, BZ 9 (1965) 91–94.

*Leisegang, H.*, Art.: Logos, in: PRE 13 (1926) 1035–1081.

*Lidzbarski, M.*, Das Johannesbuch der Mandäer, 2 Vol. Gießen 1915.

*Ders.*, Mandäische Liturgien, Berlin 1920.

*Ders.*, Ginza, der Schatz, oder das große Buch der Mandäer, Göttingen 1925.

*Lieske, A.*, Die Theologie der Logosmystik bei Origenes, Münster 1938.

*Long, A. A.* ed., Problems in Stoicism, London 1971.

*Lovelady, E. J.*, The Logos-Concept of John 1,1, Grace Journal 4 (1963) 15–24.

*Mack, B. L.*, Logos und Sophia, Göttingen 1973.

*Macuch, R.*, Alter und Heimat des Mandäismus nach neuerschlossenen Quellen, ThLZ 82 (1957) 401–408.

*Ders.*, Logos etc., in: Altheim, F./Stiehl, R. hrsg., Die Araber in der Alten Welt, II, Berlin 1965, 108–109.

*Martens, R. F.*, The Prologue of the Gospel of John: An Examination of its Origin and Emphasis, masch. Diss. Concordia Seminary in Exile, Chicago 1974.

*McNamara, M.*, Logos of the Fourth Gospel and Memra of the Palestian Targum (Ex 12,42), ET 79 (1968) 115–117.

*Meyer, H.*, Die mandäische Lehre vom göttlichen Gesandten mit einem Ausblick auf ihr Verhältnis zur johanneischen Christologie, Kiel 1924.

*Middleton, R. D.,* Logos and Shekina in the Fourth Gospel, JQR 29 (1938/39) 101–133.

*Moeller, H. R.,* Wisdom Motifs and John's Gospel, BETS 6 (1963) 93–98.

*Moore, G. F.,* Intermediaries in Jewish Theology: Memra, Shekinah, Metatron, HThR 15 (1922) 41–85.

*Mühl, M.,* Der *logos endiathetos* und *prophorikos* von der älteren Stoa bis zur Synode von Sirmium 351, ABG 7 (1962) 7–56, bes. 33–43.

*Mühlenberg, E.,* Das Problem der Offenbarung in Philo von Alexandrien, ZNW 64 (1973) 1–18.

*Niedner,* De subsistentia τῷ θείῳ λόγῳ apud Philonem Jud. et Johannem Apost. tributa, ZHTh 11 (1849) 337ff.

*Odeberg, H.,* The Fourth Gospel in its Relation to Contemporaneous Religious Currents in Palestine and the Hellenistic-Oriental World, Uppsala 1929, reprint Amsterdam 1968.

*Paul, L.,* Ueber die Logoslehre bei Justin Märtyr, JPTh 17 (1891) 124–148.

*Pollard, T. E.,* Logos and Son in Origen, Arius and Athanasios, StPatr. II (1957) 282–287.

*Prümm, K.,* Der christliche Glaube und die altheidnische Welt, 1935, bes. I. 227–252.

*Pulver, M.,* Die Lichterfahrung im Johannesevangelium, im Corpus Hermeticum, in der Gnosis und in der Ostkirche, ErJb X (1943) 253–296.

*Reitzenstein, R.,* Studien zum antiken Synkretismus aus Iran und Griechenland, 1926, reprint Darmstadt 1965, bes. 69–103.

*Ders.,* Poimandres, Leipzig 1904, reprint Darmstadt 1966.

*Ders.,* Das mandäische Buch des Herrn der Größe und die Evangelien, SHAW 1919, 12. Abh.

*Ders.,* Die Göttin Psyche in der hellenistischen und frühchristlichen Literatur, SHAW 1917, 10. Abh.

*Ders.,* Das iranische Erlösungsmysterium, Bonn 1921.

*Ders.,* Die Vorgeschichte der christlichen Taufe, Leipzig 1929.

*Réville, J.,* La doctrine du Logos dans le quatrième évangile et dans les oeuvres de Philon, 1881.

*Ringgren, H.,* Word and Wisdom, Lund 1947.

*Rudolph, K.,* Die Mandäer, 2 Vol., Göttingen 1960/61.

*Siegfried, C.,* Philo von Alexandrien, Jena 1875, bes. 219–229.

*Soulier, H.,* La doctrine du Logos chez Philon d'Alexandrie, Turin 1876.

*Schaeder, H. H.,* Der ,,Mensch" im Prolog des IV. Evangeliums, in: R. Reitzenstein und ders., Studien zum Antiken Synkretismus aus Iran und Griechenland, 1926, 306–350.

*Schenke, W.,* Die ,,Chokma" (Sophia) in der jüdischen Hypostasenspekulation, in: Videnskapsselskapets Skripten II: Hist. Filos. Kl. 1912 (No. 6) 1913.

*Scholem, G.,* Die jüdische Mystik in ihren Hauptströmungen, Frankfurt 1957, bes. 232–241.

*Schulz, S.,* Die Bedeutung neuer Gnosisfunde für die neutestamentliche Wissenschaft, ThR 26 (1960) 209–266. 301–334 (vgl. bes. zu den Forschungen von Lady Drower).

*Stemberger, G.,* ,,Er kam in sein Eigentum." Das Johannesevangelium im Dialog mit der Gnosis, WuW 28 (1973) 435–452.

*Strachan, R. H.,* The Fourth Gospel its Significance and Environment, London³ 1946, 90–96.

*Thomas, J.,* Le mouvement baptiste en Palestine et Syrie, Gembloux 1935.

*Thyen, H.,* Die Probleme der neueren Philo-Forschung, ThR 23 (1955/56) 230–246.

*Urbach, E. E.,* The Sages. Their Concepts and Beliefs, Jerusalem 1973, bes. I 37–65.

*Völker, W.,* Heracleons Stellung zu seiner Zeit im Lichte seiner Schriftauslegung, masch. Diss. Halle 1923.

*Wennemer, K.,* Theologie des Wortes Gottes im Johannesevangelium, Schol. 38 (1963) 1–17.

*Wolfson, H. A.,* Philo's Foundations of Religious Philosophy in Judaism, Christianity and Islam, ²1950.

*Yamauchi, E. M.,* The Present Status of Mandaean Studies, JNES 25 (1966) 88–96.

*Zeller, E.,* Die Philosophie der Griechen, 1903, bes. III. 2. 417–434.

Der Johannesprolog war nie eine leichte Lektüre, auch nicht, als man noch den Apostel Johannes für den Verfasser hielt. Aber die Schwierigkeiten wuchsen, als die historische Kritik erwachte und als die Religionsgeschichte ausführlich zu Wort kam. Ein gutes Beispiel für den Abwehrkampf gegen die Religionsgeschichte und deren Folgen bietet *Zahns* Kommentar zum Johannesevangelium 1908 ⁶1921. *Zahn* war davon überzeugt, daß der Zebedaide das vierte Evangelium und dessen Prolog geschrieben hatte. Die religionsgeschichtliche Erklärung des Prologs (philonische Logoslehre; spätjüdische Weisheitslehre) lehnte *Zahn* 100ff. scharf ab: ,,Der Sprossenleiter, auf welcher der Evangelist nach einer immer noch nicht ausgestorbenen Hypothese zu seiner angeblichen Logoslehre emporgeklettert sein soll, fehlen nicht nur die Sprossen, sie hat auch keinen Boden, auf dem sie stehen könnte, sie schwebt in der Luft und endigt im Nebel" (104). ,,Christus als . . . menschliche, in der Welt erschienene Person ist . . . das Wort Gottes schlechthin, also das vollkommene Wort, welches Gott in die Welt hineingesprochen hat" (108). Aber ,,Johannes haftet nicht an dem Logosnamen, als ob dieser mehr wäre, als einer der menschlichen Versuche, kurz auszudrücken, was Gott der Menschheit durch die Sendung seines Sohnes geschenkt hat" (109). Dabei ist *Zahn* zweierlei entgangen; einmal: der Prolog nennt nur den noch nicht Menschgewordenen ,,Logos". Zweitens: wenn ,,Logos" nur einer der ,,menschlichen Versuche . . ." ist, dann ist auch ,,Sohn Gottes" ein solcher. Dann würde es *Zahn* aber schwer verhindern können, daß die hellenistischen oder spätjüdischen Aussagen bei Philo über Gott und dessen Logos – als menschliche Ausdrucksversuche – ebenso wertvoll sind wie die biblischen.

Wie gefährlich die Ablehnung der Religionsgeschichte bei der Deutung des Prologs ist, zeigt sich in ähnlicher Weise bei *Hirsch,* Evangelium 103ff. Man dürfe den Evangelisten nicht fragen: ,,Was denkst du denn über all die andern Gedanken, die sich damals die Menschen über das göttliche Schöpfungswort gemacht haben, über die Lehre der stoischen Philosophie vom Weltenwort, das die Weltordnung ist, . . . und über die sonderbaren Spekulationen jüdischer Theologen vom Wort, die die jüdische Bibel dem Geschmack heidnischer Spekulation mundgerecht machen? Er antwortet auf solche Fragen nicht." Natürlich nicht; die Antworten auf solche Fragen nach den religionsgeschichtlichen Beziehungen können nur durch Rückschlüsse aus dem Text gewonnen werden, und diese sind möglich. *Hirsch* 103 erklärt das ἐν ἀρχῇ so: ,,Der Verfasser will . . . sagen: in Jesus geht der Morgen des ersten Schöpfungstages noch einmal wunderbar über uns auf." Dabei vergißt *Hirsch,* ähnlich wie *Zahn,* daß 1,1 nicht vom Menschgewordenen redet, sondern vom Logos asarkos. An die Stelle der ,,orthodoxen" Erklärung Zahns tritt eine dem Prolog fremde pietistische Wendung. Es lohnt sich also statt solcher textfremder Auslegungen einmal einen kleinen Umweg nicht zu scheuen, und die religionsgeschichtlichen ,,Parallelen" nicht von vornherein aus dem Blickfeld zu verbannen.

Damit stehen wir vor einer neuen Aufgabe. Wir müssen versuchen, den religionsgeschichtlichen Ort dieses Hymnus' näher zu bestimmen.

Es scheint selbstverständlich zu sein, daß die Erklärung des vom Logos handelnden Abschnitts von eben diesem Worte ausgeht und zunächst seine Bedeutung an dieser Stelle festzustellen sucht. Sie hängt (so nahm man lange an) untrennbar zusammen mit seiner Herkunft. Man hat den Logos im johanneischen Prolog entweder aus dem AT herleiten wollen, oder aus der griechischen Philosophie oder endlich aus dem Frühjudentum oder der Gnosis. Am meisten hat *Bultmann* 6–14 für die Klärung der Lage geleistet. Er hat sich gegen die früher beliebte Vermutung ausgesprochen, der johanneische Logos sei das zur Person gewordene εἶπεν (וַיֹּאמֶר) der Schöpfungsgeschichte in der LXX. Denn einmal ist in Joh 1,1f. von der Schöpfung noch gar nicht die Rede. Zweitens hat das Judentum jenes εἶπεν („und Gott sprach") niemals zu einer neben Gott stehenden Person gemacht. Die talmudische Bezeichnung מימרא (= Wort) erscheint stets als Memra Jahwes oder Adonais. Zwar wird im AT gelegentlich das Wort Gottes dichterisch wie eine Person dargestellt (z. B. LXX Ps 32,6: „Durch das Wort des Herrn sind die Himmel gefestigt worden und durch den Hauch seines Mundes all ihr Heer"; Ps 106,20: „Er sandte sein Wort und heilte sie"; vgl. auch Ps 32,4; 107,4; Jes 40,8; 55,11); am weitesten geht darin LXX Sap. 18,15f., wo es heißt: „Dein allmächtiges Wort sprang vom Himmel, vom Königsthron, wie ein wilder Krieger, mitten in das Land des Verderbens. Als scharfes Schwert aber deinen unwiderstehlichen Befehl tragend und dastehend erfüllte es alles mit Tod, und es berührte den Himmel, während es auf der Erde schritt." Damit wird freilich nicht Gottes Schöpferwort geschildert, sondern sein Fluch, der Ägypten mit den Plagen trifft. Dafür dient das Bild eines riesigen Racheengels – aber eben: nur als dichterisches Bild. Der Logos von Joh 1,1 ist offensichtlich von ganz anderer Art.

Ebensowenig wie aus dem AT oder aus den Targumim läßt sich dieser Logos aus dem Griechentum begreifen. Das Wort Logos hat dort, wie *H. Kleinknecht* im ThWNT IV 76–89 darlegt, eine erstaunliche Fülle von Bedeutungen ausgedrückt. Wir wollen nur die wichtigsten anführen. Etymologisch hat Logos die Grundbedeutung des Sammelns und (Aus-)Legens. Als geistige Tätigkeit meint es zunächst das Zählen und Rechnen. Da in Logos das kritische und das summierende Moment mitschwingt, bekommt Logos einmal die Bedeutung des Aufzählens, des Erzählens, der Rede, der Sprache, des Satzes und des Wortes; sodann auch den der Sache, die in Rede steht. Aus Logos als Rechnung, Berechnung und Rechenergebnis folgt in mehr metaphysischem Sinn die Bedeutung: das Prinzip, Gesetz, der Grund, andererseits wirtschaftlich-kaufmännisch: die Kasse, das Konto. Endlich besagt Logos als mathematischer Begriff: das Verhältnis, die Beziehung; sodann: die vernünftige Beziehung der Dinge zueinander, der Sinn, die Ordnung, das Maß. Subjektiv gefaßt bedeutet es seit Demokrit das Denkvermögen, die menschliche Vernunft, den Geist, den Gedanken. Die Fülle dieser Bedeutungen mit einem einzigen deutschen Wort (männlichen Geschlechts!) wiederzugeben, ist unmöglich. Aber es bleibt nicht bei ihnen. Heraklit verwendet Logos auch im Sinne von Offenbarung als dem Aufzeigen von etwas, das man erkennen und verstehen soll, als die Kraft der Einsicht, mit welcher der Mensch sich und seine Stellung in der Welt versteht, in der ein Logos – ein erkennbares Gesetz – waltet, das nun auch zur Lebensnorm wird. Im Hellenismus bezeichnet, wie *Kleinknecht* weiter ausführt, Logos die Ordnung und Sinnhaftigkeit der Welt, das Weltgesetz der Vernunft, und dann auch das weltschaffende Prinzip. Als λόγος ὀρθός, Weltgesetz (νόμος der Welt wie

des einzelnen), gibt er die Kraft des Erkennens. Besonders in der Stoa bekommt der Logos seine höchste Bedeutung: er ist die das Geschehen ord-
nende Weltvernunft, mit der die Vernunft des einzelnen Menschen (wenn er
seinem vernünftigen Wesen folgt) übereinstimmt. Auch dieser Logos – der
nicht neben oder über der Materie steht, sondern deren Ordnung ist – hat mit
Joh 1,1 nichts zu tun. Dasselbe gilt von Hermes (vgl. das inzwischen freilich
überholte Buch von *J. Kroll,* Die Lehren des Hermes Trismegistos 55ff., sowie meinen Aufsatz, Aufbau und Theologie des Poimandres 335–377, bes.
§ 5 und § 9) und dem ägyptischen Gott Thot, wenn sie einmal als Wort bezeichnet werden. Sie stehen im Zwielicht einer viele Überlieferungen vermi-
schenden Begriffspersonifikation. Der Neuplatonismus entwickelt gleichfalls eine Logoslehre, nach welcher der Logos als gestaltende Kraft den Dingen Form und Leben verleiht und damit in Beziehung zu μορφή und ζωή
tritt. Über den Logos bei Philo und den Mysterienreligionen wird später zu
sprechen sein. Obwohl der hellenistische Logosbegriff gewisse Anklänge an
den johanneischen Logos zeigt, bleibt er dennoch tief von diesem geschieden: daß er zu einem einzelnen Menschen wird, ist hier ein unmöglicher Gedanke.

Damit zeigt sich, daß weder das AT noch das Griechentum den Schlüssel
zum Verständnis des johanneischen Logosbegriffes liefern.

Nun hat *Bultmann* 9–15 auf eine weitere Möglichkeit hingewiesen, nämlich auf die Gnosis, soweit deren ursprünglich dualistische Systeme in Betracht kommen, sowie auf die zur griechischen Tradition gehörenden Systeme des Neupythagoreismus und Neuplatonismus, die stärker die Einheit
der Welt festhalten.

Sowohl in ihnen wie in der dualistischen Gnosis erscheint als Zwischen-
wesen zwischen Gott und der Welt der Logos. Er soll verständlich machen,
wie die Entstehung einer (materiellen) Welt angesichts der völlig transzen-
denten Gottheit möglich war. Der Mensch, den dieses Denken ansprach,
fühlte sich in der Welt als Fremder, der eigentlich zum göttlichen Lichtreich
gehört (vgl. dazu *H. Jonas,* Gnosis und spätantiker Geist). Da der Logos
nicht nur die Existenz von Menschenseelen in der Welt, sondern auch deren
Befreiung begründet, ist er nicht nur Schöpfer, sondern auch Erlöser,
σωτήρ. Hier läßt der Logos den Menschen, im Unterschied zur stoischen
Logoslehre, sich nicht in die Welt eingliedern, sondern sich von ihr trennen
und seine wahre Heimat im jenseitigen, überweltlichen Reich finden. Der
Logos macht damit in gewisser Weise den Weltentstehungsakt rückgängig;
es kommt zu einer Art von Eschatologie als Selbstauflösung der Welt (vgl.
bes. die bei Nag Hammadi gefundene Schrift: De resurrectione). Der Logos
steigt in Menschengestalt in die materielle Welt hinab; sein menschlicher
Leib täuscht die dämonischen Weltmächte. In den christlich-gnostischen Systemen wird er mit Jesus eins gesetzt. Aber der Gedanke der Menschwerdung des Erlösers ist nach *Bultmann* 10f. nicht „aus dem Christentum in die
Gnosis gedrungen, sondern ist ursprünglich gnostisch; er ist vielmehr schon

sehr früh vom Christentum übernommen und für die Christologie fruchtbar gemacht worden. Diese (Erlöser-)Gestalt begegnet . . . unter verschiedenen Namen. Sie heißt δεύτερος θεός, υἱὸς θεοῦ, μονογενής, εἰκὼν τοῦ θεοῦ, gelegentlich auch δημιουργός, und sie wird auch Ἄνθρωπος, Urmensch, genannt. Fast" ausnahmslos heißt sie aber auch ,,λόγος", wenn auch dafür, ,,namentlich bei philosophischen Autoren", νοῦς eintritt . . . ,,In der eigentlichen Gnosis" erscheint sie als mythologische Person, oft freilich ,,zerdehnt oder gespalten" . . . in mehrere Größen, wobei bisweilen ,,der (in Jesus) menschgewordene Erlöser von dem kosmischen Logos unterschieden wird". Die Grundgedanken dieser Logoslehre finden sich seit dem 1. Jahrhundert n. Chr. ,,in religionsphilosophischer Literatur des Hellenismus . . . und in den christlich gnostischen Quellen". Daneben beruft sich *Bultmann* auf Ignatius, die Oden Salomos und die mandäischen Schriften. Allein er behauptet, ,,daß entscheidende Gedanken des gnostischen Mythos, und zwar der Gedanke des Zwischenwesens, das der Welt göttliche Kräfte vermittelt, vorgnostischen Ursprungs sind" und Weltentstehung und -gliederung erklären wollten, wofür *Reitzenstein,* Studien zum antiken Synkretismus 69–103, als Zeuge angerufen wird (vgl. dazu aber *C. Colpe,* Die religionsgeschichtliche Schule). Die dualistische Gnosis habe nach *Bultmann* 12 diese Gestalt des Zwischenwesens erst aufgegriffen und in ihrem Sinne umgewandelt. Das Christentum habe, wie er schließlich ausführt, den Gedanken des soteriologischen Zwischenwesens aufgenommen, wie schon Paulus (Röm 5,12ff.; 1Kor 15,43f.) beweist. Die vom vierten Evangelisten verwendete Quelle habe zu der frühen orientalischen Gnosis gehört, die nicht über die Entstehung der gottfeindlichen Welt reflektierte (der Urfallgedanke tritt nicht auf), die aber, wie in den Oden Salomos, durch den Einfluß des alttestamentlichen Gottesglaubens abgewandelt ist (13). Über den Ausgang des Logos vom Vater wird nicht spekuliert; der begriffliche Sinn des Wortes Logos als ,,Wort" ist undeutlich geworden (14). Eine Präexistenz der Menschenseelen und ihre Zugehörigkeit zur Einheit eines Lichtwesens (Urmensch) werden nicht erwähnt. Jedoch meint *Bultmann,* in Joh 3,4 Spuren davon zu finden (14). Der johanneische Logos sei Schöpfer und Offenbarer; die Welt wird faktisch als gottfeindliche Finsternis verstanden (15).

Angesichts dieser Erkenntnis fragt es sich, ob man nicht einen anderen Weg einschlagen sollte, der nicht vom Begriff Logos ausgeht, sondern vom Gedanken des Prologs (mag dieser auch umstritten sein). *Bultmann* 8f. hat schon hervorgehoben, daß die im AT, besonders aber im Frühjudentum ,,begegnende Gestalt der Weisheit mit der Gestalt des Logos im Joh-Prolog verwandt" ist. Man muß freilich dabei beachten: der Weisheitsmythos (den schon Philo kennt) hat eine Geschichte durchgemacht. In einer Form handelte er von der (uns aus der Gnosis, aber auch aus Philo, Leg. Alleg. II § 49; De ebriet. 30; De virt. II § 62 bekannten) weiblichen Genossin des Urgottes, auf welche die Schöpfung direkt oder indirekt zurückgeführt wird. Nach Prov. 8,22ff. hat Gott die Weisheit vor der Schöpfung gebildet (ἔκτισεν) oder sogar erzeugt (γεννᾷ); danach war sie ihm ἁρμόζουσα zur Seite. Als τεχνῖτις hat sie die Menschen belehrt (Sap. 7,21); sie war ein Funke von Gottes Macht, ein Abglanz des unsichtbaren Lichtes (7,25). Gott hat das All durch den Logos und den Menschen durch seine Weisheit geschaffen (9,1f.). Ähnliches sagt Jesus Sirach (1,4; 24,3ff.) aus (vgl. dazu *Conzelmann,* Die Mutter der Weisheit, 228ff.). Die Isis-Aretalogie bot für diesen wohl das nächste Vorbild. Wahrscheinlich haben aber Judentum und Isisreligion einen älteren Mythos übernommen. Aber angesichts der Erkenntnis, daß der Mensch mit der gut geschaffenen Welt nichts anzufangen weiß, ändert sich der Mythos und nimmt die Form an, die wir Henoch 42,1 finden: Als die Weisheit unter den Menschen keine Wohnung fand, kehrte sie an ihren Ort zurück und nahm unter den Engeln ihren Sitz. In dieser alten Form hat der Mythos einen traurig-resignierenden Sinn: göttliche Weisheit hat die Welt geschaffen, aber die Menschen wollten von solcher Weisheit nichts wissen. Darum ist das Leben so unglücklich geworden, wie wir es kennen. Im Judentum hat man sich freilich mit dieser Lehre von der Weisheit nicht zufriedengegeben: meinte man doch in der Tora die göttliche Weisheit selbst zu vernehmen. Dementsprechend führte Jesus Sirach 24,2–22 aus: die aus dem Mund des Höchsten hervorgegangene Weisheit habe vergeblich die ganze Erde durchstreift, um einen Ruheort zu finden. Aber da habe ihr der Schöpfer in Israel eine bleibende Stätte gegeben: nun hat die Weisheit in Israel und der Tora ihre Heimat. – Daß die erste Hälfte des Prologs dem Weisheitsmythos nicht nur ähnlich ist, sondern ihn sogar – wenn auch verändert – übernommen hat, blieb lange verkannt. Aus verschiedenen Gründen: einmal wird in V. 1 und 14 gar nicht von der Weisheit, sondern vom Logos gesprochen. Zum andern scheinen die beiden jüdischen Varianten des Weisheitsmythos' inhaltlich der ersten Hälfte des Prologs gar nicht nahezustehen. Drittens hat man – verführt von der gnostischen Interpretation und der aus ihr folgenden Interpunktion – den Aufbau des christlichen Hymnus' nicht mehr durchschaut und durch vermeintlich notwendige Ergänzungen in seinem wahren Sinn unkenntlich gemacht. Schließlich hat man sich nicht gefragt, warum der Verfasser des christlichen Hymnus – es war nicht der Evangelist – überhaupt eine Ursache hatte, das Lied von der Weisheit aufzunehmen. Was nun den ersten Punkt betrifft, so ist klar, daß man von einer Menschwerdung der σοφία in Jesus nicht reden konnte (obwohl Paulus in 1Kor 1,24 Christus einmal ,,Gottes Kraft und Gottes Weisheit'' genannt hat): die σοφία war als Gottes Partnerin stets als weiblich vorgestellt. Zum Glück gab es aber ein männliches Gegenstück zur Weisheit: eben den Logos. Er spielte z. B. in dem – aus vielen Quellen schöpfenden – Denken Philos eine der Weisheit ganz ähnliche Rolle und konnte geradezu an ihre Stelle treten. Bald erscheint er als die oberste der göttlichen δυνάμεις – sie können bei Philo verschiedene Aspekte der Gottheit ŝein oder auch selbständige, freilich Gott untergeordnete Wesen. Dann faßt er sie wieder alttestamentlich als die Engel (so daß der Logos zum obersten der Engel wird), an anderen Stellen aber als mit den platonischen Ideen identisch. Als ihr Repräsentant kann nun der Logos zu jener Weltvernunft (dem κόσμος νοητός) werden, welche die Stoiker in der Ordnung der Welt am Werk sahen. Eine so hohe Macht konnte darum Philo gelegentlich θεός (d. h. „uneigentlicher Gott" im Unterschied zum „eigentlichen Gott" = ὁ θεός) nennen. Zu Punkt 2 wäre zu sagen: In Wirklichkeit bilden V. 1–5 und 9–11 (also die erste Hälfte des ursprünglichen „Prologs") das genaue Gegenstück zum σοφία-Mythos in seiner oben zuerst genannten Form. Man hat das nur nicht bemerkt, weil man die späteren Einschübe V. 6–8 und 12f. nicht als solche erkannte und darum mit dem Gedankengang des „Prologs" nicht mehr zurechtkam. Damit sind wir bei Punkt 3: man hat nicht beachtet, daß die gnostische Interpretation in V. 3.4 zu einer falschen Interpunktion geführt hat, was sich dann auch in der nichtgnostischen Auslegung auswirkte. Vor allem aber ist der 4. Punkt wichtig: man hat nur die Parallele zwischen der Weisheit als Gehilfin Gottes bei der Schöpfung und der Mittlertätigkeit des Logos bei der Schöpfung berücksichtigt und übersehen, daß der christliche Hymnendichter völlig im Recht war, wenn er auch das vergebliche Wirken der Weisheit auf Erden in seinen christlichen Hymnus aufnahm. Denn er hat – soviel wir wissen, als erster – sich gefragt, warum die rettende Menschwerdung erst so spät erfolgt ist. Solange die Christen die apokalyptische Naherwartung hegten, mochte es verständlich erscheinen, daß Geburt, Tod und Auferstehung Jesu erst in der letzten Generation vor der Äonenwende erfolgt war: sie wurde ja durch diese Ereignisse herbeigeführt. Sobald aber die apokalyptische Naherwartung erlosch, gab es keine Antwort mehr auf die Frage, warum die Menschwerdung nicht früher erfolgt war. Hier aber konnte nur der Mythos von der vergebens die Erde durchstreifenden Weisheit helfen: Gottes Werben um die Menschen war nicht erst im letzten Augenblick erfolgt, sondern in allen vorhergehenden Generationen fortgegangen. Aber die Menschen hatten nichts davon wissen wollen! Genau das ließ sich nun auch von dem christlich verstandenen Logos sagen: er hatte als Logos asarkos sich immer um die Seinen bemüht, aber ohne Erfolg. An dieser Stelle aber konnte der christliche Hymnendichter den alten Weisheitsmythus überbieten: mochte nach der jüdischen Tradition die Weisheit am Erfolg verzweifelnd wieder in den Himmel zurückgekehrt sein und unter den Engeln ihren Sitz genommen haben – das Preislied der christlichen Gemeinde konnte eine andere und glückhafte Wendung der Dinge verkünden: der Logos war Fleisch geworden und hatte als Mensch seine Gemeinde gefunden, die ihn nun dankbar als den Boten der Offenbarung Gottes feierte. Damit war die zweite Hälfte des christlichen Logoshymnus' gegeben: V. 14 und 16f. Es versteht sich von selbst, daß dieser zweite Teil des Hymnus nicht wie der erste seinen Stoff allein aus dem Weisheitsmythos mehr entnehmen konnte. Der sog. Prolog ist also weder eine für hellenistische Leser bestimmte Einführung (vgl. *Harnack* und *Dodd*) noch eine Summe des Evangeliums (vgl. *Hoskyn* und *Schlier*) noch eine Ouvertüre, die verschiedene Motive aus dem Evangelium präludierend hervorhebt und damit den Leser einstimmt (vgl. *Heitmüller* und *Bultmann*), sondern er beschreibt die Heilsgeschichte von ihrem Anfang in der Ewigkeit an bis zu dem irdischen Wirken Jesu. Auf diese Weise kann sich die Erzählung von Jesu Worten und Taten in 1,19ff., wenn auch nicht ganz glatt, anschließen.

## 2. Das Bekenntnis des Johannes

[19]Und dies ist das Zeugnis des Johannes, als die Juden Priester und Leviten zu ihm sandten, um ihn zu fragen: Wer bist du? [20]Und er bekannte und er leugnete nicht und er bekannte: Ich bin nicht der Christus. [21]Und sie fragten ihn: Was denn? Bist du der Elias? Und er sagte: Ich bin es nicht. Bist du der Prophet? Und er antwortete: Nein. [22]Da sagten sie zu ihm: Wer bist du?, damit wir denen, die uns gesandt haben, Antwort geben. Was sagst du über dich selbst? [23]Er sagte: Ich bin „die Stimme eines Rufers in der Wüste: Macht den Weg des Herrn gerade!", wie der Prophet Jesaja gesagt hat. [24]Und sie waren von den Pharisäern gesandt. [25]Und sie fragten ihn und sagten zu ihm: Warum taufst du also, wenn du weder der Christus, noch Elias, noch der Prophet bist? [26]Johannes antwortete ihnen: Ich taufe mit Wasser; mitten unter euch steht der, den ihr nicht kennt, [27]der nach mir kommt, dem den Schuhriemen zu lösen ich nicht würdig bin. [28]Dies geschah in Bethanien jenseits des Jordans, wo Johannes taufte.

**Literatur:**

*Baldi, D.*, Betania in Transgiordania (Joh 1,28), TS 22 (1947) 44–48.

*Bammel, E.*, The Baptist in Early Christian Tradition, NTS 18 (1971) 95–128.

*Braun, F. M.*, L'arrière-fond judaïque du quatrième évangile et la communauté de l'alliance, RB 62 (1955), 5–44.

*Braun, H.*, Qumran und das Neue Testament. Ein Bericht über 10 Jahre Forschung (1950–59), ThR 28 (1962) 97–234.

*Buzy, D.*, Béthanie au-delà du Jourdain, RSR 21 (1931) 444–462.

*Cullmann, O.*, Ὁ ὀπίσω μου ἐρχόμενος, CNT 11 (1947) 26–32.

*Dalman, G.*, Orte und Wege Jesu, Gütersloh 1919, 75–95.

*Freed, E. D., Ego Eimi* in John 1,20 and 4,25, CBQ 41 (1979) 288–291.

*Galbiati, E.*, La testimonianza die Giovanni Battista (Giov. 1,19–28), BeO 4 (1962) 227–233.

*Garofalo, S.*, „Preparare la strada al Signore", RivBib 6 (1958) 131–134.

*Goguel, M.*, Jean-Baptiste, Paris 1928, 80ff.

*Ders.*, Les sources de récits du quatrième évangile sur Jean-Baptiste, RThQR 21 (1911) 12–44.

*Grensted, L. W.*, Joh. 1,22/2 Cor 10,9, ET 35 (1923/24) 331.

*Haenchen, E.*, Probleme des johanneischen „Prologs", in: ders., Gott und Mensch, 135–169.

*Holzmeister, U.*, „Medius vestrem stetit, quem vos nescitis" (Joh 1,26), VD 20 (1940), 329–332.

*Van Iersel, B. M. F.*, Tradition und Redaktion in Joh 1,19–36, NT 5 (1962) 245–267.

*Jonge, M. de*, Jesus as Prophet and King in the Fourth Gospel, EThL 49 (1973) 160–177, bes. 160. 163–169.

*Kraeling, C. H.*, John the Baptist, New York/London 1951, 8f.

*Krieger, N.*, Fiktive Orte der Johannestaufe, ZNW 45 (1954) 121–23.

*Kuhn, K. G.*, The Two Messiahs Arons and Israels, in: K. Stendahl ed., The Scrolls and the New Testament, New York 1957, 54–64.

*Lohmeyer, E.,* Das Christentum. 1. Band: Johannes der Täufer, Göttingen 1932, 26–31.

*Maertsen, T.,* Le troisième dimanche de l'Avent (Jn 1,19–28; Phil 4,4–7), ParLi 44 (1962) 710–716.

*Martyn, J. L.,* ,,We have Found Elijah'', in: Jews, Greeks and Christians, FS. W. D. Davies, Leiden 1976, 181–219.

*Modersohn, E.,* Des Täufers Selbst- und Christuszeugnis (Joh 1,19–24), Heilig dem Herrn 31 (1940) 157–159.

*Mommert, C.,* Aenon und Bethania, die Taufstätten des Täufers, Leipzig 1903.

*Muilenburg, J.,* Literary Form in the Fourth Gospel, JBL 51 (1932) 40–53.

*Overbeck, J.,* Neue Versuche über das Evangelium Johannis, Gera 1784.

*Payot, C.,* L'interprétation johannique du ministère de Jean-Baptiste, FV 68 (1969) 21–37.

*Parker, P.,* Bethany beyond Jordan, JBL 74 (1955) 257–261.

*Proulx, P./Alonso Schökel, L.,* Las Sandalias del Mesías Espose, Bib. 59 (1978) 1–37.

*Richter, G.,* ,,Bist du Elias?'' (Joh 1,21), BZ 6 (1962) 79–92; 238–256; 7 (1963) 63–80, neuerdings in: ders., Studien zum Johannesevangelium, hrsg. J. Hainz, Regensburg 1977, 1–41.

*Ders.,* Zur Frage von Tradition und Redaktion in Joh 1,19–34, in: ders., Studien im Johannesevangelium, hrsg. J. Hainz, Regensburg 1977, 288–314.

*Schnackenburg, R.,* Die Messiasfrage im Johannesevangelium, in: Neutestamentliche Aufsätze. FS. J. Schmid, Regensburg 1963, 240–264, bes. 245–250.

*Velena, J. H.,* Adventsonthulling, Jo 1,26b, HeB 23 (1964) 266–269.

*Voigt, S.,* Topo-geografia et teologia del Battista nel IV. Vangelo, SBFLA 7 (1977) 69–101.

*Williams, F. E.,* Fourth Gospel and Synoptic Tradition – Two Johannine Passages, JBL 86 (1967) 311–319.

*Wink, W.,* John the Baptist in the Gospel Tradition, in: MSSNTS 7, Cambridge 1968, 87–106.

*Zahn, Th.,* Zur Heimatkunde des vierten Evangelisten, NKZ 18 (1907) 265–294. 593–608; 19 (1908) 31ff. 207ff.

■ **19** knüpft mit dem erzählerischen ,,und'' an den Prolog und den Überleitungsvers 18 an. Nach *Hirsch,* Studien 45, hat 1,6–8 ursprünglich vor 1,19 gestanden (über das Unwahrscheinliche dieser Vermutung s. o. zu 1,6–8). Nach *Barrett* 143 bezieht sich der Abschnitt 1,19–28 nur innerlich auf 1,6–8: Der ὅτε-Satz beschreibe, bei welcher Gelegenheit der Täufer das Bekenntnis abgelegt hat. Dieses ὅτε solle nicht datieren, sondern den hochoffiziellen Hergang herausstellen: Die Juden sandten eine Delegation. Aber 1,6–8 meinte gar nicht einen einzelnen Akt des Bekennens; vielmehr ist dieses Bekennen die einzige und bleibende Aufgabe des Johannes. – Die Gesandtschaft besteht aus Priestern und Leviten. Beide kommen im JE nur hier vor, dagegen öfter im AT und oft in 1 QS (s. *F. M. Braun,* RB 62, 1955, 22f.), freilich auch in der Mischna (*H. Braun,* ThR 28, 1962, 195f.). Daß Priester und Leviten kommen, erklärt sich nicht daher, daß es hier um Reinheitsfragen geht (so *Bultmann* 60). Denn die Frage an Johannes lautet: ,,Wer bist du?''. Vielmehr soll die religiöse Bedeutung der Szene hervorgehoben werden. Nach *Zahn* 112 begleiteten die Leviten als Mitglieder der Tempelpolizei die Gesandtschaft auf dem unsicheren Weg. Nach der Mischna wachten an 21 Stellen in den Außenbezirken des Tempelbereichs nachts Leviten; daß sie als Eskorte einer solchen priesterlichen Gesandtschaft nicht in Frage kamen, ist deutlich. Aber ob der Evangelist überhaupt Genaueres über diese Tempelwache wußte, ist ebenso unsicher, wie daß er 7,32.45f. mit den ,,Dienern der Hohenpriester und Pharisäer'' (!) die Tempelwache meinte (anders *J. Jeremias,* Jerusalem z. Z. Jesu, 236–241). Die offizielle Anfrage, wer er sei, soll dem Täufer Gelegenheit zu dem Bekenntnis geben, das der Erzähler für den Leser bestimmt hat. Das zeigt die feierlich dreimal wiederholte Frage; sie hat nur in einer idealen Szene einen Sinn, aber nicht in einer historischen. Das Wort μαρτυρία steht wie ein Leitwort voran.

■ **20** Johannes versteht die Frage ,,Wer bist du?" sofort in ihrer eigentlichen Bedeutung. Er antwortet mit einer zunächst umständlich erscheinenden Feierlichkeit. Man darf aber nicht mit *Hirsch,* Studien 45f., das absolut gebrauchte erste ,,er bekannte" und sein verneintes Gegenteil ,,er leugnete nicht" als Zusätze streichen. Hier wird vielmehr feierlich gefragt und geantwortet, weil es im Sinne des Erzählers um das Allerwichtigste geht. Aus 4,25 ergibt sich, daß die Bedeutung von ὁ χριστός = ,,der Messias" als bekannt vorausgesetzt wird. So verstehen auch die Juden in 10,24 das Wort. Zwar begreift das JE selbst ὁ χριστός in einem tieferen Sinn als dem des jüdischen Messias, dennoch sind es hier Juden, welche die Frage stellen. Das hier eine direkte Rede einführende ὅτι verrät die volkstümliche Koine des JE (vgl. Bl.-Debr. § 470);

■ **21** Daß die Gesandtschaft weiter fragt, setzt voraus, daß die nun von ihr genannten Gestalten, ,,Elias" und ,,der Prophet", zwar nicht soviel bedeuten wie ,,der Messias"; dennoch drücken sie einen besonders hohen Rang aus. Beide bezeichneten damals Gestalten der messianischen Zeit. (Zur Gleichsetzung des Johannes mit Elias bei Mk und Mt siehe die Gesamtbesprechung.) Die Worte προφήτην . . . ὡς ἐμέ in Dt 18,15 LXX verstanden manche Gruppen des zeitgenössischen Judentums als die Bezeichnung eines bestimmten Propheten der Endzeit. Früher konnte man sich dafür nur auf die Pseudoklementinen berufen, die Jesus vorzugsweise ,,den Propheten" nennen (,,der Prophet" Hom. XI 25f.; XIII 14; – ,,der wahre Prophet" VIII 10; X 3; – ὁ τῆς ἀληθείας προφήτης III 11; XI 19; XII 29; – μόνος ἀληθὴς προφήτης III 21; – in III 53 deuten sie ausdrücklich Dt 18,15 auf das besondere Prophetentum). Die Anschauung der Pseudoklementinen aber, daß sich der wahre Prophet schon in Adam und dann immer wieder geoffenbart hat, zeigt uns, daß sich hier ein Judenchristentum mit gnostischem Einschlag äußert. Dagegen beweist uns jetzt 1 QS 9,11 (,,bis daß kommen werden der Prophet und die Messiasse von Aaron und Israel"), daß in der Sektenschrift von Qumran neben dem priesterlichen und dem königlichen Gesalbten ein ,,neuer prophetischer Gesetzgeber" für die Endzeit erwartet wurde (vgl. Kuhn, The Two Messiahs Aarons and Israels, 63 und besonders zu dieser Stelle *Maier*, Die Texte vom Toten Meer, II. 32f. mit Literaturangaben). In 4 QTest 5–9 (s. dazu *J. Maier* II, 165) wird Dt 18,18f. mit anderen messianischen Stellen zusammengenommen. In Joh 6,14f. wird ,,der Prophet, der in die Welt kommt", mit dem messianischen König identifiziert. Dasselbe gilt für Joh 7,52, wenn man dort mit P 66 und P 75 ὁ προφήτης liest, was wahrscheinlich ursprünglich ist. – Das Prophetentum in der synkretistischen Welt, das *Bauer* 32f. noch heranzog, kommt hier nicht in Betracht; auch Joh 9,17 gehört nicht in diesen Zusammenhang. – Sehr eingehend und treffend hat *H. Braun* (ThR 28, 1962, 196–202) die verschiedenen modernen Vermutungen über einen Zusammenhang unseres Abschnittes mit Qumran besprochen. Es ergibt sich: Der qumranische Prophet der Endzeit ist nicht mit einem der Messiasse identisch; vielmehr aber liegt in Joh 6,14 und 7,52 eine solche Ineinssetzung vor. Ob das freilich (wie *Braun,* a.a.O. 197 meint) auch für unseren Vers zutrifft, darf man bezweifeln: Elias wird ja auch nicht mit dem χριστός identifiziert. Vermutlich ist eine alte judenchristliche Tradition benutzt, die von Elias und ,,dem Propheten" als Vorläufern des Messias sprach. Daß der Erzähler diese drei Gestalten für ,,ranggleich" gehalten hat (*Braun,* a.a.O. 197), ist nicht gesagt. Die Komposition dürfte vielmehr so zu verstehen sein, daß Johannes zunächst gefragt wird, ob er die höchste Autorität beanspruche, die des Christus. Nachdem er das verneint hat, fragt man ihn, ob er eine der geringeren Gestalten der messianischen Zeit sein will, und auch eine solche Autorität nimmt er nicht in Anspruch!

Der Wortlaut der ersten Frage ist verschieden überliefert. *Bultmann* 60 A.5 hält τί οὖν σύ für die ursprüngliche Einheit; *Bauer* 32 faßt – wohl richtiger – τὶ οὖν als ,,Was nun?" mit der weiteren Frage: ,,Bist du Elias?" (nach der P 66 – allerdings τίς für τί –, P 75, C⋆ 33 bezeugten Lesart) zusammen.

■ **22–24** *Hirsch,* Studien 46, schrieb: Es würde ,,der Zusammenhang des Gesprächs geschlossener werden, wenn man 25 an 21 schlösse, also . . . 22–24 der Redaktion zuwiese. Das Bedürfnis des Ausgleichs mit den Synoptikern könnte den Zusatz auch leicht als Werk ,,des Redaktors" erklären". Aber er begnügt sich dennoch damit, V. 24 auszuscheiden. *Bultmann* 57f. dagegen ging weiter und strich V. 22–24. Allerdings begnügte er sich auch damit nicht, sondern nahm weitere Zusätze und Umstellungen an (s. zu V. 26f.). *Van Iersel* (NT 5, 1962, 245–267) hat *Bultmanns* Rekonstruktion einer leichteren, *Ruckstuhl,* Einheit 149–159, und *Smith,* Composition and Order 119–125, einer schärferen Kritik unterzogen. Wir können weder *Bultmanns* Hypothese noch die Kritik seiner Gegner (s. auch *Fortna,* The Gospel of Signs, 171–173) einfach übernehmen, sondern wir versuchen, einen eigenen Weg zu finden.

Auf den ersten Blick scheinen V. 22–24 durchaus am rechten Platz zu stehen (so auch *Schnackenburg* I 279f.). Johannes hat dreimal erklärt, wer er nicht ist. Nach diesen drei negativen Antworten wird anscheinend eine positive notwendig, die angibt, wer er nun wirklich ist. Das Zitat aus Jes 40,3 erscheint in einer Gestalt, die es bei keinem Synoptiker hat, und V. 24 läßt sich als Überleitung erklären.

Aber weder *Bultmann* noch seine Kritiker haben gemerkt, wo die eigentliche Schwierigkeit steckt, die Worte σὺ τίς εἶ in V. 19 haben eine ganz andere Bedeutung als τὶς εἶ in V. 22. Die Wendung in V. 19 meint (wie Johannes sofort erfaßt): ,,Bist du der Christus?" Sie leitet die erste jener drei Fragen und Antworten ein, in denen sich zeigt, daß Johannes in keiner Weise neben oder gar über Jesus steht. *Der Täufer* hat keine selbständige Bedeutung. Wenn nun in V. 22–24 die Frage nach der positiven Bedeutung des Johannes gestellt und beantwortet wird, so widerspricht das dem inneren Gefälle der Perikope. Da die ersten Aussagen des Johannes jeweils durch die Frage her-

vorgerufen werden: ,,Bist du . . .?`` (auf die jedesmal eine verneinende
Antwort folgte), lag es nahe, auch die positive Auskunft wieder durch die
Frage hervorzulocken: ,,Wer bist du?`` Es ging freilich dem Redaktor, dem
auch wir V. 22–24 zuschreiben möchten, nicht einfach um eine positive
Antwort als solche, sondern um die Einführung des bekannten Jesajazitats
40,3, das man bei der Darstellung des Johannes hier nicht missen wollte.
Aber dieses Zitat konnte nach der Frage: ,,Wer bist du?`` in V. 21 nicht mehr
in der Form gebracht werden, die es bei den Synoptikern nach der LXX hat.
Es mußte vielmehr an die Frage ,,Wer bist du?`` angeglichen werden. So ergab sich die kühne Umformung: ,,Ich bin die Stimme eines Rufers (Predigers).``

■ **24** dürfte den Übergang zu V. 25ff. wiederherstellen sollen. Gegen die
Ursprünglichkeit dieses Verses sprechen auch einige Besonderheiten. Das ἐκ
ist ungewöhnlich. Man sollte nach dem damaligen hellenistischen Griechisch eher ἀπό dafür erwarten. – Die Lesart οἱ ἀπεσταλμένοι bei ℵ WΘvg
pl beweist, daß man schon früh diese Schwierigkeit empfand. So machte
man die Gesandtschaft der Priester und Leviten zu Pharisäern. Das ist freilich
recht unwahrscheinlich. Denn die Pharisäer waren eine Laienbewegung.

Wenn man in V. 22–24 eine spätere Zutat sieht, dann stellt sich allerdings
eine Frage in noch schärferer Weise, nämlich die nach dem Charakter von
V. 19–21: Soll man diese Verse als eine in sich selbständige Einheit fassen,
oder sind sie nur ein Vorspiel zu der nun folgenden Frage nach der Taufe? Die
Antwort scheint sich in der Beobachtung zu geben, daß der Erzähler in V. 21
das Bekenntnis des Johannes in ganz besonders feierlicher Weise eingeführt
hat. Damit werden diese ersten drei Fragen so stark hervorgehoben, daß man
sie nicht mehr bloß als Vorspiel für die Tauffrage betrachten darf. Für die
christliche Gemeinde dieser Zeit war eben die Bedeutung des Täufers als Person wie die seiner Taufe ein bedrückendes Problem; sie mußte mit beiden
Fragen fertigwerden.

■ **25** Hier kommt also ein zweites Thema zur Sprache. Bisher hat sich
herausgestellt: Johannes besitzt keine Autorität, wie sie dem Christus, Elias
oder ,,dem Propheten`` zukommt. Damit wird jetzt die Frage akut: Was gibt
ihm dann überhaupt das Recht zu seinem Taufen? Damit ist nicht gesagt, daß
der Erzähler meint, der Christus oder Elias oder der Prophet wären alle Täu-
fergestalten. Die Spur einer solchen Überlieferung findet sich in der Tradition nicht. Die Taufe, die Johannes denen spendete, welche wegen ihrer
Buße der Feuertaufe des Gerichts entgehen durften, dieses ,,eschatologische
Sakrament`` ist ohne religionsgeschichtliche Parallelen. Auch die in Qumran
üblichen Waschungen, mit denen man die Johannestaufe in Verbindung
bringen wollte, haben nichts damit zu tun. Freilich hat auch das JE nicht
mehr den ursprünglichen Sinn der Johannestaufe gekannt und nicht geahnt,
daß die christliche Gemeinde aller Wahrscheinlichkeit nach die Taufe von
bekehrten Täuferjüngern übernommen hat, ebenso wie das Fasten (vgl. Mk
2,18–22).

Die Lesart προφήτης (ohne Artikel) bei Δ pc zeigt, daß man den Sinn von „der Prophet" bald nicht mehr überall verstanden hat. Apg 3,22 versteht allerdings ὁ προφήτης noch im messianischen Sinn.

■ **26f.** Johannes antwortet nach dem vorliegenden Text, er taufe „mit Wasser". Damit scheint gemeint zu sein: „nur mit Wasser", also ohne gleichzeitige Geistverleihung. Dafür spricht Apg 19,2; in der Täufersekte scheinen keine ekstatischen Erscheinungen mit der sich darauf gründenden Überzeugung, den Geist zu besitzen, aufgetreten zu sein. *Bultmann* 58 aber streicht die Worte „ich taufe mit Wasser" wie auch den V. 27; weiter streicht er ἐν ὕδατι βαπτίζων in V. 31, ἐν ὕδατι (V. 3) und ὁ βαπτίζων ἐν πνεύματι ἁγίῳ V. 33. Auf den verkürzten V. 26 läßt er den (ebenfalls verkürzten) V. 31 und V. 33 folgen, der mit οὗτός ἐστιν schließe. Mit V. 34.28–30 geht diese Perikope bei *Bultmann* zu Ende; wir kommen darauf bei der Besprechung von V. 29–34 zurück. *Bultmann* läßt sich anscheinend hier wie oft von der Voraussetzung leiten, daß das JE ursprünglich alles, was sich auf ein Thema bezog, jeweils auch an einer Stelle gebracht habe. Aber der Text legt die Frage nahe, ob sich das JE nicht einer anderen Erzählweise bedient: es kommt öfter auf dasselbe Thema ohne Scheu vor Wiederholungen zurück und deutet zunächst nur an, was es später offen ausspricht. *Hirsch,* Studien 46, hielt die Zuweisung von V. 25–27 an einen Redaktor für unnötig: „Die Frage nach dem Grunde der Taufe ist natürlich, nachdem Johannes die Voraussetzungen, die allein ihn (mindestens nach dem Verständnis des Christentums im nachapostolischen Zeitalter) zur vollmächtigen Taufe berufen hätten, sämtlich vereint hat, und die Antwort des Johannes, seine Taufe sei eine unvollmächtige Wassertaufe . . ., entspricht dem Johannesbilde ‚des Evangelisten' ‚gut'". Wir haben oben gezeigt, daß diese Frage durchaus nicht natürlich ist, wenn man den joh. Sinn von „Wer bist du?" V. 21 bedenkt. – Wer wie *Bultmann* in V. 26 ἐγὼ βαπτίζω ἐν ὕδατι streicht, bekommt einen sehr fragwürdigen Zusammenhang, da nun auf die Frage der Gesandtschaft „Warum taufst du?" (V. 25) als Antwort folgen würde: „Mitten unter euch steht der, den ihr nicht kennt." Dadurch wird *Bultmann* zu all den genannten Streichungen und Textänderungen genötigt. Wenn das oben über die joh. Erzählungsweise Gesagte zutrifft, so bleibt zwar der Zusammenhang zwischen der Wassertaufe des Johannes und dem Hinweis auf den Kommenden für die Hörer und Leser vorerst eine rätselhafte Andeutung. Aber dieser joh. Darstellung kommt die lukanische recht nahe. Lk kennt noch keine offizielle Gesandtschaft an Johannes, wohl aber die Erwartung und stumme Frage aller, ob er der Christus sei (Lk 3,15). Lukas läßt den Johannes diese Frage ganz ähnlich wie das JE mit dem Hinweis beantworten, daß er (nur) mit Wasser taufe und daß ein Stärkerer kommen werde, dem er die Sandalen zu lösen nicht wert sei. Freilich folgt darauf bei Lk 3,16c die aus Q stammende Ankündigung des Geisttäufers. – Was die Delegation mit der Antwort des Johannes anfangen konnte, ist dem Erzähler gleichgültig: sie hat mit ihren Fragen jene Antworten herbeigeführt, auf die es dem Erzähler

159

ankam. Das ,,mitten unter euch" macht auf den sozusagen am Rande der
Szene erscheinenden Jesus aufmerksam, von dem der nächste Abschnitt Nä-
heres sagen wird.

Durch Haplographie ist das ὁ in ὁ ὀπίσω bei B א\* ausgefallen; P 66 und
P 75 haben diesen Fehler noch nicht. Die Handschriften E F G N pc haben zu
Unrecht in Joh 1,27 die Erwähnung des Geisttäufers eingetragen.

■ **28** Die Ortsangabe dient, wie in 6,59 und 8,20, als Abschluß der Szene.
Zugleich gibt sie den bisher (V. 19–27) recht unbestimmten Aussagen über
das Auftreten des Johannes einen örtlichen Rahmen.

Leider ist der Ortsname nicht einheitlich überliefert. P 66 und P 75 sowie
B א\* it vg syᵖ bo Herakleon bezeugen Βηθανία, was wir mit *Schnackenburg* I 283 und *Brown* (44f. A. 28) vorziehen. Origenes fand (VI 40, 240) diesen Namen ,,fast in allen Handschriften". Da er aber am Jordan keine Ortschaft dieses Namens kannte, trat er für (das von Π Ψ 33 syˢᶜ sa Eus bezeugte)
Βηθάβαρα ein. Die Form Βηθάραβα lesen א² syʰᵐς. Βηθάραβα
sieht wie eine Verschreibung aus, aber es gibt einen Ort dieses Namens etwa
4 km westlich des Jordans. *Hirsch,* Studien 4, Anm. 28, der P 66 und P 75
noch nicht kannte, erklärt den Befund so: Ursprünglich habe in V. 28 jede
Ortsangabe gefehlt (sonst wäre diese in 10,40 wiederholt worden); es müsse
ein Landschaftsnamen wie τῇ Ἀραβίᾳ dagestanden haben. Daraus habe ein
Abschreiber Βηθάραβα gemacht. Βηθανία und Βηθάραβα seien Versuche,
daraus einen möglichen Ortsnamen zu gewinnen. *Hirsch* konjiziert also aufgrund einer bloßen Vermutung gegen die gesamte alte Überlieferung eine
höchst unwahrscheinliche Landschaftsbezeichnung. Vielmehr könnte
Βηθάβαρα eine Lokaltradition über die Taufstelle wiedergeben (*Barrett*
146). – Daß ein Name genannt ist, beweist, daß irgendeine Tradition über
den Taufort aufgenommen ist. Die Szene mit der Gesandtschaft ist dadurch
nicht gesichert. Bethanien ,,jenseits des Jordans" soll offensichtlich diesen
Ort von einem namensgleichen bei den Christen bekannten (also wohl Bethanien bei Jerusalem) unterscheiden.

● Nur um 3 Jahre liegen zwei Schriften auseinander, die den Unterschied
zweier Generationen von Forschern veranschaulichen können: der ,,konser-
vativen" Gelehrten des 19. Jahrhunderts und der kritisch-liberalen Forscher
aus dem Beginn des 20.

*Zahn* behandelte in seinem Kommentar von 1908 (6. Aufl. 1921) das JE als
eine historisch unbedingt zuverlässige Schrift. Wie wirkte sich diese Voraussetzung auf die Auslegung unserer Perikope aus? *Zahn* 119 überlegte: ,,Es ist
ebenso unwahrscheinlich wie unbezeugt, daß ,,Johannes" Monate lang bei
allem Wechsel der Jahreszeit und Witterung in dem glühend heißen Ghor
Tag und Nacht ununterbrochen unter freiem Himmel . . . oder in Höhlen
am Talrand gelebt haben sollte. . . ., so kann es . . . dem Täufer und seinen
ständigen Jüngern nicht an einem Quartier gefehlt haben, von wo aus der
Jordan ohne viel Zeitverlust zu erreichen war. . . . Wenn die Abgesandten

von Jerusalem ihn bei ihrer Ankunft am Jordan an dem Platz, wo er . . . zu taufen pflegte, nicht antrafen, werden sie einen Weg von 2–3 Stunden nicht gescheut haben, um ihn in seinem Standquartier aufzusuchen." Wozu dieses Aufgebot einer sich realistisch drapierenden Phantasie? Es galt, den Jordan-täufer mit dem nicht am Jordan auffindbaren Bethanien zu verbinden. *Zahn* setzt es ineins mit dem in Jos 13,26 (13,27 LXX) genannten כמנים. Daß er es dann mit τ und nicht mit ϑ hätte wiedergeben müssen, damit findet sich *Zahn* durch die Vermutung ab, der Zebedaide habe sein Werk einem Grie-chen diktiert! Diese aus dem Buch Josua entnommene Ortschaft setzte *Zahn* nun mit dem etwa 10 km vom Jordan entfernten Batne ineins. Er ließ also den Täufer jeden Tag mit seinen Jüngern im ,,glühend heißen Ghor" unver-drossen 20 km wandern.

Ganz anders faßte 1911 *M. Dibelius* in seiner Schrift ,,Die urchristliche Überlieferung von Johannes dem Täufer" Joh 1,19–34 an: ,,Nach geschicht-lichen Notizen dürfen wir hier nicht suchen, denn abgesehen von dem An-klang an ein, auch von den Synoptikern überliefertes Täufer-Wort Joh 1,26f. und abgesehen von dem Hinweis auf die Taufe Jesu durch Johannes . . ., den der Evangelist doch vorsichtig zu meiden scheint, ist das einzig Geschicht-liche in dem ganzen Abschnitt wohl nur die enge ursprüngliche Verbindung von johanneischer und christlicher Bewegung . . . In der ersten Szene läßt er Johannes sagen: ich bin nur eine Stimme, bin nicht der Messias, ja nicht ein-mal ein Vorläufer. . . . Aus dem gewaltigen Vorläufer, dem man, weil er ge-schichtlich *vor* dem Evangelium stand, eine besondere, wenn auch nun anti-quierte Würde zugestehen mußte, wird eine Gestalt *neben* Jesus, eine Begleit-erscheinung des Evangeliums, deren Wert einzig in der selbstlosen Zeugen-schaft besteht" (108f.).

Die hier angedeutete Entwicklung in der Beurteilung des Täufers, deren Anfang sich aus Mt 3,11 par. Lk 3,16/Q noch erschließen läßt, hat in Joh 1,27 ihr Ende gefunden. Wir wollen ihr hier zunächst nachgehen.

Johannes fühlte sich tatsächlich als der Vorläufer eines unvergleichlich Stärkeren und Höheren, dem er nicht einmal den Schuhriemen zu lösen wert war. Dieser Stärkere konnte nicht Jahwe selbst sein. Mit Ihm ließ sich ein Mensch überhaupt nicht vergleichen. Aber war der nach Johannes Kom-mende ein Mensch? Das schließen jene Aussagen über ihn aus, die wir in Mt 3,12 par. Lk 3,17 finden: ,,Er hat die Worfschaufel in seiner Hand und wird seine Tenne fegen und seinen Weizen in die Scheune sammeln; die Spreu aber wird er verbrennen mit unauslöschlichem Feuer." Was so beschrieben wird, das ist kein Mensch, sondern ein himmlisches Wesen, das zum *Feuer*gericht kommen wird. Und der Augenblick dieses Gerichts ist nahe: ,,Schon ist die Axt an die Wurzel der Bäume gelegt", – wie sie der Holzfäller anlegt, maß-nehmend, bevor er den gewaltigen Schlag führt – ,,jeder Baum nun, der nicht gute Frucht bringt, wird abgehauen und ins Feuer geworfen." Escha-tologische Buße in letzter Stunde wird hier gefordert; wer sie aber bringt, für den ist das ,,eschatologische Sakrament" da, das zu spenden Johannes berufen ist: die Taufe im Jordan. Wer sie nicht empfängt, den wird ER mit Feuer taufen!

Zu diesem Johannes ist, wie viele andere, auch der *historische* Jesus gewandert, um sich von ihm taufen zu lassen. Das hat dazu geführt, daß die frühchristliche Tradition, wie es Mk zeigt, mit dem Taufen des Johannes begann. Erleichtert wurde diese Aufnahme der Johannesüberlieferung durch zweierlei: Einmal hatte sich Johannes als Vorläufer des bald kommenden Weltenrichters gewußt. Sobald für die nachösterliche Christengemeinde feststand, daß der auferstandene Jesus dieser erwartete Weltenrichter sein wird, sah sie notwendigerweise in Johannes den Vorläufer Jesu. Zum anderen meinte sie in Jes 40,3 einen biblischen Hinweis auf Johannes zu finden: ,,Stimme eines Predigers in der Wüste: Bereitet den Weg des Herrn.'' Hier schien ja mit dürren und klaren Worten ausgesagt zu sein, daß einer in der Wüste predigen werde, man solle den Weg des Kyrios, also Jesu, bereiten.

Dabei übersah man freilich, daß dieser − sich auf die Rückkehr der Juden aus dem babylonischen Exil beziehende − Vers eigentlich anders abzuteilen ist: ,,Stimme eines Rufers: In der Wüste bereitet den Weg des Herrn; in der Steppe ebnet eine Straße für unseren Gott!'' Indem man diese Stelle auf Johannes deutete, wurde der Jordantäufer zugleich zum Wüstenprediger. Aber noch andere Schwierigkeiten stellten sich ein: Johannes war doch zuerst aufgetreten, und auch Jesus hatte sich von ihm taufen lassen. Das schien eine Art von Überlegenheit des Täufers über Jesus zu beweisen, und die kanonischen Evangelien, von Mk bis JE, zeigen, wie man sich bemühte, jenen ,,Schein'' zu zerstreuen. Bei Mk fehlen die von Mt und Lk aus Q übernommenen Worte über die Bußpredigt des Täufers (Mt 3,7b–10.12; Lk 3,7b–9.17), mit den großen Bildern von der Axt, die schon an der Wurzel der Bäume liegt, und Ihm, der den Weizen reinigt und die Spreu verbrennt mit unauslöschlichem Feuer. Und während es in Q geheißen haben dürfte: ,,Ich habe euch mit Wasser getauft, er wird mit Feuer taufen!'', finden wir bei Mk einen neuen Gegensatz: ,,Ich habe euch mit Wasser getauft, er wird euch mit heiligem Geist taufen!''. Das dürfte in Mt 3,11 par. Lk 3,16 zu der Verbindung von ,,heiligem Geist'' und ,,Feuer'' geführt haben, während nach Q gerade die mit ,,Feuer getauft'' werden sollten, die nicht mit Wasser von Johannes getauft waren. Mt 3,7 und Lk 3,7 zeigen in wörtlicher Übereinstimmung, daß die Taufbegehrenden jedenfalls von der rettenden Kraft der Jordantaufe überzeugt waren.

Daß die Tatsache der Taufe Jesu durch Johannes den Christen Verlegenheit zu bereiten begann, zeigt deutlich Mt 3,14f.: Als sich Jesus zur Taufe einstellt, weigert sich Johannes zunächst: Er habe es nötig, von Jesus getauft zu werden, und nicht umgekehrt. Aber die eigentliche Schwierigkeit ist damals den Christen nicht deutlich geworden: ,,Wir haben Grund'' − schreibt *Käsemann* (EVB II, 108) − ,,nicht zu vergessen, daß die Taufe Jesu durch Johannes zu den unbezweifelbaren Ereignissen des historischen Lebens Jesu gehört. Denn das heißt doch, daß Jesus in der glühenden Naherwartung des Täufers begann, sich deshalb vor dem drohenden Zorngericht ‚versiegeln' und dem heiligen Rest des Gottesvolkes eingliedern ließ." Mögen die Begriffe „versiegeln" und „heiliger Rest" hier aus anderen Zusammenhängen eingetragen sein, die Beobachtung *Käsemanns* bleibt richtig: Jesus ist unter den in der Täuferpredigt verkündeten Bedingungen der Buße zum Jordan gegangen und hat sich taufen lassen, um dem kommenden Zorn zu entrinnen (vgl. Lk 3,7b par. Mt 3,7b). Aber er hat dann in seiner eigenen Verkündigung die Predigt und das Tun des Täufers nicht fortgesetzt: Er hat (gegen Joh 3,22) nicht getauft und das Bußfasten des Täufers weder geübt noch seinen Jüngern geboten, so daß man ihn einen „Fresser und Säufer" schalt (Lk 7,33f.), und er hat (Mk 2,19) sein Nichtfasten mit einem Bilde begründet, das zeigt: Für ihn war das erwartete Kommen Gottes Anlaß zu jubelnder Freude und nicht zur Gerichtsangst des Täufers. Also muß – und das dürfte sich in der Erzählung von Jesu Taufe (Mk 1,9–11 par.) widerspiegeln – zwischen Jesu Gang zum Jordan und dem Beginn seiner eigenen Verkündigung etwas geschehen sein, das ihn gewiß machte: Der von Gott gewollte Weg sah ganz anders aus, als der Täufer gemeint hatte. Insofern war die Gemeinde im Recht, wenn sie nicht nur davon überzeugt war, daß der Täufer bloß ein Vorläufer war, sondern auch davon, daß zwischen ihm und Jesus der große „qualitative Unterschied" bestand.

Die letzte Korrektur am überkommenen Johannesbild hat das JE vollzogen. Es stellt den Johannes als „Zeugen" für Jesus dar und billigt ihm darüber hinaus das eine zu, daß er auch nicht mehr habe sein wollen als ein solcher demütiger und selbstloser Zeuge. Darum hat es den Johannes auch nicht mehr den „Täufer" genannt, wie es Mk 1,4 und Mt 3,1 getan hatten, und hat darüber hinaus nicht von der Taufe Jesu durch Johannes berichtet. Davon, daß nach Joh 3,22–36 Johannes und Jesus gleichzeitig getauft hätten, wird zu jenem Abschnitt noch zu sprechen sein.

Diese erste und ausführlichste der drei Johannes-Szenen des ersten Kapitels stellt uns vor die Frage: Wie weit gibt sie eine feste Tradition, wie weit werden nur bestimmte Grundüberzeugungen und Begriffe, welche die Traditionen enthalten, von einem Schriftsteller zu einer mehr oder minder geschlossenen Einheit komponiert? Für die zweite Möglichkeit spricht: Die drei Fragen und Antworten, aus denen das Gespräch zwischen der jüdischen Gesandtschaft und Johannes zunächst besteht, bilden einen außerordentlich kunstvollen Bau. Zuerst wird Johannes gefragt, ob er die höchste hier mögliche Autorität beanspruche, die des Christus: dann kommt die geringere Autorität des Elias ins Spiel (die in der älteren Tradition dem Täufer noch zuerkannt war: Mk 9,11–13; Mt 17,10–13) und schließlich die blasseste des „Propheten". An diese drei Fragen und Antworten wird – wenn unsere Annahmen zu V. 22–24 richtig sind – die Frage nach der Johannes-Taufe angeschlossen. Sie ist, schon durch diese Anordnung des Ganzen, nicht so betont wie die ersten. Die Tatsache, daß Johannes getauft hatte, war ja bekannt und konnte nicht bestritten werden. Sie wurde in 3,22ff. sogar benutzt um zu zeigen, wie völlig sich Johannes als wahrer Freund dem ,,Bräutigam" unterordnet. Für die apokalyptischen Worte der urchristlichen palästinensischen Täufertradition war in dieser Überlieferung kein Raum. Was Johannes über Jesus aussagt (1,29.36), liegt auf einer anderen Ebene. Nur etwas durfte auf keinen Fall zur Sprache kommen: die Tatsache, daß Johannes den Herrn getauft hatte. Damit war inhaltlich der Gehalt der ersten Szene gegeben. In einer Hinsicht ähnelt sie den folgenden: trotz mancher Angaben über Ort und Personen – Priester und Leviten aus Jerusalem, Bethanien – verliert die Szene das Vage und Unbestimmte nicht. Das liegt nicht an einer Schwäche des Erzählers, sondern daran, daß ihm nur das wichtig ist, was er sagt. Das ,,Historische" anschaulich zu schildern, ist nicht das Ziel.

# 3. Das Zeugnis des Johannes

[29]**Am folgenden Tag sieht er Jesus auf sich zukommen und sagt: ,,Siehe, das Lamm Gottes, das die Sünden der Welt wegnimmt!"** [30]**Dieser war es, von dem ich sagte: Nach mir kommt ein Mann, der über mir steht, weil er eher existierte als ich.** [31]**Und ich kannte ihn nicht, sondern damit er Israel bekannt würde, deswegen kam ich als Wassertäufer.** [32]**Und Johannes bezeugte und sagte: ,,Ich habe den Geist herabkommen gesehen wie eine Taube vom Himmel, und er blieb auf ihm.** [33]**Und ich kannte ihn nicht, aber der mich sandte, um mit Wasser zu taufen, jener hat mir gesagt: Auf wen du den Geist herabkommen und auf ihm bleiben siehst, der ist der Geisttäufer.** [34]**Und ich habe gesehen und bezeugt, daß er der Sohn Gottes ist."**

**Literatur:**

*Ashbey, G.*, Lamb of God, JThSA 1977, 63ff; 1978, 62ff.

*Barrett, C. K.*, ,,The Lamb of God", NTS 1 (1954) 210–218.

*Barrosse, T.*, The Seven Days of the New Creation in St. John's Gospel, CBQ 21 (1959) 507–516.

*Blakeway, C. E.*, Behold the Lamb of God, ET 31 (1919/1920) 364–365.

*Bogaert, M.*, Jn 1,19–28, ASeign 5 (1966) 41–54.

*Boismard, M.-E.*, La première semaine du ministère de Jésus selon S. Jean, VS 94 (1956) 593–603.

*Buse, J.*, St. John ,,The First Synoptic Passage", NT 3 (1959) 57–61.

*Cousar, C. B.*, John 1,29–42, Interp. 31 (1977) 401–406.

*Dodd, C. H.*, Rez.: Theologisches Wörterbuch zum Neuen Testament. Lieferung I–VII, JThS 34 (1935) 280–285.

*Giblet, J.*, Jean 1,29–34: Pour rendre témoignage à la lumière, BVC 16 (1956/57) 80–86.

*Gilchrist, E. J.*, ,,And I Know Him Not" (John 1,29), ET 19 (1907/08) 379–380.

*Hahn, F.*, Beobachtungen zu Joh 1,18.34, in: FS. G. D. Kilpatrick, 1976, 24–37.

*Howton, J.*, ,,Son of God" in the Fourth Gospel, NTS 10 (1963/64) 227–237.

*Jeremias, J.*, Ἀμνὸς τοῦ θεοῦ – παῖς θεοῦ (Joh 1,29.36), ZNW 34 (1935) 115–123.

*Joüon, P.*, L'Agneau de Dieu (Jn 1,29), NRTh 67 (1940) 318–321.

*Leal, J.*, Exegesis catholica de Agno Dei in ultimis viginti et quinque annis, VD 28 (1950) 98–109.

*May, E. E.*, Ecce Agnus Dei! A Philological and Exegetical Approach to John 1,29.36, Washington 1947.

*Mozley, A. D.*, St. John 1,29, ET 26 (1914/15) 46–47.

*Negoitsa, A.* und *Daniel, C.*, L'Agneau de

Dieu et le Verbe de Dieu, NT 13 (1971) 24–37.

*O'Neill, J. C.,* The Lamb of God in the Testaments of the Twelve Patriarchs, JSNT 1 (1979) 2–30.

*Plessis, P. J. du,* ,,Zie het Lam Gods", in: FS. H. N. Ridderbos, Kampen 1978, 120–138.

*Potterie, de la J.,* ,,Ecco l'Agnello di Dio", BeO 1 (1959) 161–69.

*Richter, G.,* Zu den Tauferzählungen Mk 1,9–11 und Joh 1,32–34, ZNW 65 (1974) 43–56; neuerdings in: ders., Studien zum Johannesevangelium, hrsg. J. Hainz, Regensburg 1977, 315–326.

*Roberge, M.,* Structures littéraires et christologie dans le IVe évangile: Jean 1,29–34, in: Le Christ hier, aujourd'hui et demain. Colloque de christologie tenu à l'Université Laval. Publ. par R. Laflamme et M. Gervais, Quebec 1976, 467–478.

*Roberts, J. H.,* The ,,Lamb of God" (Jn 1,29.36), Neotestamentica 2 (1968) 41–56.

*Sahlin, H.,* Zwei Abschnitte aus Joh I rekonstruiert, ZNW 51 (1960) 64–69.

*Stanks, T.,* The Servant of God in John I 29. 36, (Louvain Dissertation) 1963.

*Trudinger, L. P.,* The Seven Days of the New Creation in St. John's Gospel: Some Further Reflection (Jn 1,29–2,12), EvQ 44 (1972) 154–158.

*Virgulin, S.,* Recent Discussion of the Title, ,,Lamb of God", Scrip. 13 (1961) 74–80.

*Watt, A. C.,* John's Difficulty in Knowing the Christ, ET 19 (1907/08) 93–94.

*Weise, M.,* Passionswoche und Epiphaniewoche im Johannesevangelium. Ihre Bedeutung für Komposition und Konzeption des vierten Evangeliums, KuD 12 (1966) 48–62.

*Williams, J.,* Proposed Renderings for Some Johannine Passages (Joh 1.34.45), BiTr 25 (1974) 351–353.

Der Abschnitt 1,29–34 unterscheidet sich beträchtlich vom vorhergehenden. Dort hatte nur das Rätselwort vom Stärkeren geheimnisvoll auf Jesus hingedeutet, ohne ihn zu nennen. Jetzt tritt Jesus selbst auf und sein Name fällt. Aber noch spricht er kein Wort. Erst im nächsten Abschnitt wird der Leser seine Stimme hören. In diesen drei Abschnitten liegt also – wie schon *Strathmann* 46f. gesehen hat – eine dramatische Steigerung vor, und man würde sie zerstören, wollte man die beiden ersten Szenen in eine einzige zusammenziehen, wie es *Bultmann* 58 vorschlug. Bekannte sich Johannes in 1,19–28 hochoffiziell zu seiner Aufgabe als Zeuge Jesu, so steht nun der Täufer mit seinem Zeugnis von Jesus vor uns. Er gibt seinen Hörern kund, daß Jesus das Gotteslamm ist, das die Sünden der Welt tilgt, daß er aus der Ewigkeit kommt und der Gottessohn ist. Johannes ist mit seiner Wassertaufe nur beauftragt worden, damit er dabei erkenne, daß Jesus als der Empfänger und Träger des Geistes auch der Geisttäufer ist. Damit hat die Johannestaufe einen anderen Sinn bekommen als V. 27a es ahnen ließ.

■ **29** ,,Am folgenden Tage" scheint, zusammen mit den Zeitangaben in V. 35.39.43; 2,1, einen besonderen Zeitabschnitt anzudeuten. *Barrosse* meint in ihm ,,die Tage einer neuen Schöpfung" zu finden. *Boismard* (RB 70, 1963, 5–42) dagegen sieht hier ,,eine heilige Woche". Solche erbaulichen Deutungen stört freilich die ironische Bemerkung von *Wellhausen* 13: ,,Auf den nächsten und den nächsten und abermals den nächsten Tag folgt hier der dritte." – Sinnvoll ist eine solche Zeittafel eigentlich nur, wenn sie mit dem Tag der Gesandtschaft einsetzt und dieser zugleich der Tauftag Jesu ist. *Zahn* 115 vermutet, Johannes habe Jesus getauft, bevor die Gesandtschaft erschien. Dafür kann man sich allerdings auf 1,26 und 1,32 berufen. Aber eine solche Schlußfolgerung wäre nicht nur unsicher, sondern auch fehl am Platz. Das JE vermeidet es, Jesu Taufe durch Johannes zu erwähnen. Mit diesem

Schweigen entgeht es der Schwierigkeit, daß der Taufende (vgl. Mt 3,14f.) eigentlich höher steht als der Getaufte. Wer diese Erklärung des Schweigens verschmäht, müßte erklären, warum der Tauftag zwar als Ausgangspunkt einer Zeitrechnung vorausgesetzt, aber ungenannt bleibt. Vermutlich sind diese Zeitangaben (vgl. aber auch die Ortsangabe von V. 28) nur Zeichen dafür, daß eine neue Szene beginnt. Solche Zeit- und Ortsangaben können einfach als Kompositionsmittel verwendet werden, um Abschnitte anzudeuten.

Unbestimmt bleibt, zu welchen Hörern Johannes hier spricht. Nicht zu der Gesandtschaft! Sie hat mit ihren Fragen bewirkt, daß Johannes seine Selbstbescheidung aufs deutlichste aussprach und (ohne einen Namen zu nennen) auf den ihm so überlegenen Jesus hinwies. Sie ist mit V. 28 vom Schauplatz abgetreten. Nicht in Frage kommen auch die Jünger des Johannes. Sie sind noch gar nicht erwähnt; als sie in V. 35 dieselben Worte hören, folgen sie alsbald Jesus nach. Eigentlich angesprochen sind die Leser des Buches. Darum kann die Szenerie unbestimmt bleiben. In welchem Grade sie es ist, wird daran deutlich, daß Jesus zwar auf Johannes zukommt, aber nicht bei ihm eintrifft. Daß Jesu Kommen genannt wird, hat ebenfalls kompositorische Bedeutung: es motiviert das nun folgende Wort des Johannes über ihn. Zu einem Gespräch des Johannes mit Jesus – wie in Mt 3,14ff. – kommt es im JE nicht: Johannes ist Zeuge und spricht nur von Jesus, aber nicht mit ihm.

Weil konkrete Angaben in der Szene fehlen, schwebt das Wort vom Gotteslamm nun frei im Erzählungsraum. Es klingt alttestamentlich. Aber an welche alttestamentlichen Stellen ist dabei gedacht? Keine der von *Billerbeck* II 363–370, im ThW I 342–345 und von *Dodd,* Tradition 269–271, genannten Stellen paßt ganz genau. Lev 16,12f., spricht vom „Sündenbock", der – angeblich – Sünden wegnimmt. Aber er ist ein Bock und kein Lamm. Nach 2Kor 5,7f. und Joh 19,36 galt Jesus, mindestens in manchen christlichen Gemeinden, als das wahre Passahlamm. Dieses nimmt freilich keine Sünde fort, aber sein Blut läßt den Würgeengel vorübergehen. *Jeremias* (ThW I 342; ZNW 34, 1935, 117–123) erinnert an Jes 53,7, vielleicht angeregt von *Burney,* Aramaic Origin 107f., indem er vermutet, das aramäische „talja" spiele mit seinem Doppelsinn von a) Lamm und b) Knabe, Knecht herein. Ursprünglich habe man „talja delaha" = παῖς θεοῦ gesprochen. Allein ein aramäisches Original liegt nicht nahe, und der Prophetentargum zeigt (*Bultmann* 66A. 7; *Dodd,* JThSt 34, 1933, 284f.), daß für das hebräische „ebed" das aramäische „abda" zur Verfügung stand. Also brauchen wir keine Fehlübersetzung und keine Beziehung auf Jes 53,7 anzunehmen, wo das vor seinem Scherer verstummende Schaf mit dem schweigenden Gottesknecht verglichen wird. Die Gesamtbesprechung wird genauer auf den ganzen Komplex eingehen. Zunächst sei nur soviel gesagt: Der Erzähler hat aus verschiedenen Traditionen ein neues Bild für die Bedeutung Jesu geschaffen, wobei jüdisches Material mitbeteiligt war. „Die Sünde der Welt wegtragen" paßt eigentlich nicht zur Christologie des Evangelisten. Nach ihr ist nämlich Jesus nur für die gekommen, die ihm der Vater gegeben hat (Joh 6,39; 17,12). Daher Martin Luthers berühmtes Wort: ,,Non enim absolute pro omnibus mortuus est Christus." So wird man V. 29 als Stück einer ,,Vorlage" ansehen dürfen, und vermutlich nicht nur diesen Vers. – Auch das Wort ἁμαρτία ist kein Grundbegriff in der Botschaft des Evangelisten.

■ **30** *Bultmann* 67 bemerkt zu ihm: ,,Natürlich ist damit nicht auf das situationslose Wort V. 15 verwiesen, vielmehr, wie auch in V. 15, auf eine Szene, die der Evangelist nicht berichtet hat, aber als bekannt voraussetzt. Gemeint ist damit natürlich das parallele Wort der synoptischen Tradition, das der Redaktor V. 27 eingefügt hat." U. E. stammt V. 15 und nicht V. 27 von einem Redaktor. Als Vorbild scheint ihm für den ersten Teil V. 27 (,,der nach mir Kommende") und für den zweiten Teil V. 30 gedient zu haben (,,ist vor mir gewesen, weil er eher als ich existierte"). ,,Situationslos" ist V. 15 in dem Sinn, wie ihn der Redaktor dort eingefügt hat, keineswegs; er gliedert vielmehr Johannes in das Zeugnis der Gemeinde ein. – Aber warum weist der Erzähler nach dem Wort über Jesus als das Gotteslamm seine Leser darauf hin, daß Johannes das in V. 30 gesagte Wort über Jesus schon früher einmal gesprochen hat? Hinweise auf nur von den Synoptikern berichtete Szenen enthält das JE sonst nicht; darum scheint uns *Bultmanns* Lösung nicht so natürlich zu sein wie ihm. Wenn also der Erzähler nicht auf eine seinem Werk fremde Szene hindeutet, dann liegt es in der Logik von V. 30, daß seine Aussage über Jesus schon zuvor zu Wort gekommen war, aber ohne die ausdrückliche Nennung Jesu. Das würde heißen: wir haben an den V. 27 zu denken, der jetzt, in V. 30, wieder aufgenommen und weitergeführt wird (u. z. nicht von einem Redaktor). Neu ist in V. 30, daß hier – anders als bei den Synoptikern – die Lösung gefunden ist für ein Problem, das bei den Synoptikern noch nicht so hervorgetreten war. Sie sahen die Überlegenheit des von Johannes Angekündigten in dessen Stellung als eschatologischer Richter, nicht aber, wie in V. 30, in Jesu Präexistenz. Allerdings hat V. 30 noch eine weitere Aufgabe: er sorgt nicht nur für eine Verbindung mit dem vorigen Abschnitt, sondern auch mit dem weiteren. Während nämlich V. 29, das Erscheinen Jesu ankündigend, nur von Jesus gesprochen hatte, lenkt V. 30 den Gedankengang wieder zum Verhältnis zwischen Jesus und Johannes zurück. Allerdings bleibt die Frage offen, warum Johannes jetzt erst ein konkretes Wissen um Jesus zeigt. Wir meinen, daß darin die kompositionelle Absicht des Erzählers zum Ausdruck kommt, der die Offenbarung erst Schritt für Schritt zur Geltung kommen läßt.

■ **31** scheint die Antwort auf jene Frage zu bringen, allerdings in einer sehr merkwürdigen Form. Denn der Satz ,,Ich kannte ihn nicht, aber ich kam mit Wasser taufend, damit er Israel bekannt werde", ist auf den ersten Blick widerspruchsvoll – wie kann Johannes einen bekannt machen, den er noch nicht kennt? Was zunächst die Unkenntnis des Johannes betrifft, so hat man an die von Justin (Dial. 8,3: ,,Der Messias aber, auch wenn er geboren ist und irgendwo ist, ist unbekannt und kennt sich selbst nicht und hat keine

Vollmacht, bis Elias kommt, ihn salbt und ihn allen bekannt macht") bezeugte und auch Joh 7,27 als Meinung der Regierenden dargestellte Überzeugung gedacht: ,,Wenn aber der Christus kommt, weiß niemand, woher er ist." Hier jedoch, wo Johannes eine Identifizierung mit Elias ablehnt (1,21), liegt das Interesse an einer anderen Stelle: Die Wassertaufe des Johannes hatte den Zweck, daß Jesus Israel kund würde. Da aber im johanneischen Bericht nicht gesagt wird, daß Johannes Jesus taufte, ist zunächst nicht einsichtig, wieso die Sendung des Johannes als Täufer jenen Zweck erreichen sollte.

■ **32** versucht das zu klären, ohne von der Taufe Jesu zu sprechen: Johannes bezeugt, gesehen zu haben, daß der Geist wie eine Taube vom Himmel herabkam und auf Jesus blieb. Hinter dieser Darstellung liegt die uns aus den Synoptikern bekannte Vorstellung eines objektiven, sichtbaren Geschehens, das Johannes wahrgenommen hat (vgl. Mt 3,16ff.). Mit dem Prolog des JE, nach dem Jesus der fleischgewordene Logos ist, verträgt sich eine solche Vorstellung des Taufgeschehens nicht (*Bauer* 38f.). Außerdem befremdet es, daß nun in V. 33f. anscheinend eine Parallele folgt:

■ **33** Der Einsatz erfolgt wie in V. 31 mit den Worten: ,,Und ich kannte ihn nicht, aber." Eine solche Wiederholung erweckt leicht den Verdacht, daß ein Einschub oder ein Nachtrag vorliegt. An sich ist V. 33 viel leichter verständlich: ER, der den Johannes gesandt hat, mit Wasser zu taufen, er hat ihm gesagt: Auf wen er den Geist herabkommen und bleiben sehe, sei der, welcher mit dem heiligen Geist tauft. Warum wird die Bezeichnung ,,Gott" ersetzt durch die Wendung: ὁ πέμψας με? Vermutlich nicht, weil Jesus (z. B. in 5,30) gelegentlich von seiner eigenen Sendung in dieser Weise spricht – das JE versucht ja gerade Jesus von Johannes abzuheben! –, sondern eher, weil von einer besonderen Sendung des Johannes durch Gott nicht so offen gesprochen werden soll. – Bestehen bleibt allerdings auch hier die Schwierigkeit, die Logoslehre mit einer der synoptischen Taufgeschichte ähnlichen zu verbinden. Es kommt aber noch eine weitere Schwierigkeit hinzu: Jesus soll – im Unterschied zu dem nur mit Wasser taufenden Johannes – mit dem heiligen Geist taufen. Nach der Lehre des Evangelisten aber (7,39; 20,22) spendet er den Geist erst nach der Auferstehung; die Erwähnung des ,,Wassers" in 3,5 und 19,34 ist in ihrer Echtheit umstritten. Wenn ,,Wassertäufer" und ,,Geisttäufer" (1,33) in 1,19–34 einen Gegensatz bilden sollen, so kann er vom Evangelisten allenfalls übernommen worden sein (1,26.31.33), aber nicht neu gebildet. In der Erzählung 3,22f., wonach Jesus und Johannes gleichzeitig taufen, ist von diesem Gegensatz ebensowenig die Rede wie in 4,1. Der Evangelist sagt 5,26, daß der Sohn in sich Leben hat – und gibt – wie der Vater. Das ist das eigentliche joh. Äquivalent zu der Vorstellung, daß er der Geisttäufer ist.

■ **34** bringt den Abschluß dieser Szene: Johannes bezeugt, daß er das Niederkommen und Bleiben des Geistes auf Jesus gesehen (auch diese Vorstellung, daß der Geist ein sichtbarer Gegenstand ist, dürfte dem Evangelisten fremd sein) und das entsprechende Zeugnis abgelegt habe, daß Jesus der „Sohn Gottes" ist. Demnach müßte „Sohn Gottes" soviel wie „Geisttäufer" sein.

Allerdings lesen P 5$^{vid}$ ℵ* b e ff$^{2}$* sy$^{sc}$ Ambros ἐκλεκτός (vgl. Lk 23,35), und viele Ausleger ziehen diese Lesart vor, weil mit ihr dieses Kapitel sieben Hoheitstitel Jesu nennt: 1. Lamm Gottes, 2. Erwählter, 3. Rabbi, 4. Messias, 5. Sohn Gottes, 6. König Israels, 7. Menschensohn. Die von *Schnackenburg* 305 zitierte Vermutung von *Jeremias* (ThW V 687 A. 260), man habe die alte Lesart ἐκλεκτός im 4. Jahrhundert im Kampf gegen die adoptianische Christologie durch υἱὸς τοῦ θεοῦ ersetzt, ist inzwischen durch den Fund von P 66 und P 75 (Anfang des 3. Jh.) widerlegt worden. Sie bieten ebenso wie A B C Θ al pl sy$^{h}$ bo υἱὸς τοῦ θεοῦ. *Barretts* 149 Hinweis auf Jes 42,1: Ἰσραὴλ ὁ ἐκλεκτός μου, . . . ἔδωκα τὸ πνεῦμα μου ἐπ᾽ αὐτόν könnte gegen seine Absicht verständlich machen, warum christliche Schriftgelehrte in diesem Zusammenhang auf die Lesart ἐκλεκτός verfielen (zu „Sohn Gottes" s. *Hahn*, Hoheitstitel 280–333, für das JE bes. 329f.).

● Was in den drei Johannesszenen 1,19–28; 1,29–34 und 1,35–39 die Forscher immer wieder zu den kühnsten Textänderungen und -umstellungen verlockt hat, läßt sich ziemlich deutlich erkennen. Da meint man einmal Spuren synoptischer Tradition wahrzunehmen, die hier und dort eingedrungen sei. Aber dieser „synoptische Text" hat doch immer wieder seine Eigenheiten. Weiter scheint der Gegensatz von Wassertäufer und Geisttäufer eine entscheidende Rolle zu spielen; die Stichworte werden jedoch weit auseinandergerissen: V. 26 begegnet das erste, V. 33 das andere. Drittens macht sich der Gedanke geltend, das gesamte Taufen des Johannes habe nur den Zweck gehabt, dem Johannes unter der Menge der Kommenden *den* zu zeigen, der im eigentlichen Sinn der nach ihm Kommende ist. Aber dabei wird die Geistverleihung zu einem sichtbaren Vorgang, eine Auffassung, die man dem Evangelisten (20,21f!) nicht zuzutrauen vermag. Außerdem müßte Johannes, wenn er die Geistbegabung des Berufenen gesehen hat, eigentlich sein Taufen einstellen. Aber er tauft weiter, als wäre nichts geschehen. Also wird auch dieser Gedanke nicht konsequent zu Ende geführt. Von den vielen Dubletten, die den Exegeten aufgefallen sind, sei nur das doppelte „und ich kannte ihn nicht, aber" in V. 31 und 33 und die zweimalige Erwähnung des herabfahrenden Geistes in V. 32 und 33 genannt.

All das macht es verständlich, wenn *Schwartz* in seinen „Aporien im vierten Evangelium" (IV 497) – allerdings noch vor unserer Perikope – in den Seufzer ausbricht: „Die Versuchung liegt nahe, ermüdet und mutlos das kritische Messer aus der Hand zu legen und diese Partien in der Verwirrung und Unordnung zu lassen, der sie durch die Überarbeitung verfallen sind." Das kennzeichnet die Stimmung dieses letzten großen Literarkritikers am vierten Evangelium, und es war nur konsequent, daß er diese „Aporien" – sie umfassen immerhin 169 Seiten – nicht in seine gesammelten Werke aufgenommen hat. In gewissem Sinne ist es schade. Denn neben uns heute unmöglich erscheinenden Hypothesen enthalten diese jetzt so gut wie ganz vergessenen „Aporien" sehr beachtliche Einsichten. So hatte *Schwartz* u. a. die Freiheit entdeckt, mit der im vierten Evangelium die Tradition – ohne Rücksicht auf Verluste – theologisch umgearbeitet wird, bis alles ins Bild paßt – oder doch wenigstens sehr viel.

Man muß diese Beobachtung freilich noch mit anderen über die Kompositionsweise des JE verbinden, damit man einen Weg durch dieses Labyrinth zu finden Aussicht hat. Dazu gehört die Beobachtung, daß der Erzähler Bilder bestimmter Situationen andeutet, aber nicht voll ausmalt. Johannes und der auf ihn zuschreitende Jesus ergeben ein solches Bild. Nur diese Situation steht vor dem Leser; alles Beiwerk ist fortgelassen. Das Wesentliche aber wird uns nicht in Bewegung vorgeführt, sondern sozusagen in einem „Standfoto". Es soll gar nicht zu einer Begegnung, einem Gespräch mit Jesus kommen, beide wechseln kein Wort, sondern nur zu dem von Jesu Erscheinen ausgelösten Wort des Johannes: „Siehe, Gottes Lamm, das die Sünden der Welt fortträgt!" Dieses Wort über die Bedeutung Jesu, seine Aufgabe und sein Wesen, soll der Leser hören.

Es ist gehört worden und hat mit seinem tröstlichen Klang und der Innigkeit, die daraus spricht oder doch zu sprechen scheint, das Bild des JE in den Gemeinden sehr tief bestimmt: auf eine solche tröstende und heilende Gegenwart eines Retters haben sie gehofft. Darüber ist es geschehen, daß man die fast kühle Strenge nicht gewahr wurde, mit welcher das Jesusbild in den Reden des JE vor uns tritt. Das Bild des die Weltsünde forttragenden Lammes und das Bild des Erhöhten, der alle die Seinen zu sich ziehen will, haben sich als in der Tiefe verwandt erwiesen. Das erklärt zugleich die Möglichkeit, daß der Evangelist auch Texte seiner „Vorlage(n)" übernommen haben kann, die ihm selbst ferner lagen.

Für dieses Zeugnis des Johannes wird in unserem Abschnitt mit großer Freiheit eine Reihe traditioneller Bilder in Dienst genommen. Der Erzähler ist nicht so geschmacklos, Jesus zum „Sündenbock" zu machen. Aber dessen Aufgabe in Altisrael wird Jesus zugesprochen. Johannes konstatiert hier keine Erfüllung einer alttestamentlichen Weissagung. Der „Sündenbock" nahm ja (wie man glaubte) nicht die Sünde der Welt fort, sondern nur die Israels. Das Lamm, von dem hier statt jenes Bockes gesprochen wird, erinnert weiter an das Passahlamm. Mit ihm verband sich die Bedeutung des Bewahrenden, Rettenden. Aber Apg 8,32f. zeigen, daß die Christen auch jenes von Jes 53,7 beschriebene Schaf, das vor seinem Scherer verstummt, als Bild des schweigend leidenden Jesus verstanden. Diese verschiedenen Gestalten des Jesusbildes werden in V. 29 zu einer neuen Größe eigenen Rechts ineinander gespiegelt, wobei alle Einzelheiten nur noch unterbewußt mitwirken.

Diese Umbildung der Tradition geschieht mit solcher Souveränität, mit so kühner Freiheit, daß der Leser, der auf diese Eigenart des Erzählers dankbar aufmerksam geworden ist, voll Hoffnung ist, nun möchte sich auch der weitere Text in ähnlicher Weise aufschließen, in überzeugender Vollmacht. Aber so leichten Kaufs kommen wir nicht davon. Johannes hat – so hören wir V. 33 – längst gewußt, daß er vor der Aufgabe steht, einen nach ihm Kommenden zu bezeugen, der ihn gewaltig überragt. Aber er habe nicht geahnt, in welchem Menschen dieser Gesandte aus der Ewigkeit Gestalt gewinnen wird – insofern kann er das sagen, was V. 30 enthält: seine Unkenntnis und sein Wissen um die Berufung zum Zeugendienst. Das verstehen wir noch. Aber den Leser befremdet die Art und Weise, in der Johannes zu dieser Erkenntnis gelangen wird: Angeblich hat Gott das ganze Taufen des Johannes nur veranlaßt, damit er in der Menge der zu ihm Strömenden einen sieht, auf den sich der Geist hiniederläßt und bei dem er verbleibt. Das erinnert wieder an die Synoptiker und ihren Taufbericht. Aber wichtiger ist die Kühnheit, wie der Täufer hier allein *dem* dienstbar gemacht wird, dem das JE selbst sich zum Dienst verpflichtet weiß. Alle Eigenbedeutung des Johannes – die man damals noch durch das freilich trübe Medium der Täufersekte gesehen haben wird – verschwindet als Mißverständnis und Zerrbild. Dabei geht es – das müssen wir uns eingestehen – nicht ohne Gewaltsamkeit ab: jene Taufbewegung, die Johannes entfacht hat, besaß eine eigene Gewalt, die ja auch Jesus Elternhaus und Heimat verlassen und zum Jordan pilgern ließ. Wer die Bedeutung des JE in der Fülle der Information über die Jesuszeit erblickt, für den muß eine solche historische Verzeichnung, wie sie an dieser Stelle vorliegt, wie ein Schock wirken – wenn er sie sich eingesteht. Aber der Erzähler wollte nicht die Vergangenheit in der Buntheit ihres historischen Kostüms schildern, sondern die Linien aufzeigen, durch die er die einzelnen großen Gestalten verbunden sah.

Die Verse 1,31f. haben die neue Sinngebung der Johannestaufe so kurz und schwerverständlich dargestellt, daß (so meinen wir) eine spätere Hand das nur Angedeutete noch einmal ausführlicher und deutlicher in V. 33f. nachgebracht hat, eine erklärende Ergänzung, die respektvoll das zu Erklärende (V. 31) nicht streicht. Wenn diese unsere Vermutung zutrifft, dann verschwindet damit auch der Gegensatz von Wassertäufer und Geisttäufer aus der ursprünglichen Konzeption. Im Grunde paßte er auch nicht. Der Erzähler versteht die Tauftätigkeit des Johannes nur als ein Mittel, durch das dieser zur Erkenntnis Jesu kommt. Als was Jesus erkannt wird (das Gotteslamm . . .), das hatte er in V. 29 schon gesagt. Aber einer späteren Zeit, in der die Christen ihre Taufe (wenn sie auch nicht mehr von ekstatischen Geisterfahrungen begleitet war) als mit der Gabe des Geistes verbunden rühmten (Apg 19,1), war der V. 33 aus der Seele gesprochen.

Dieser kurze Abschnitt erlaubt uns einen Blick in den Wandel, der sich noch in den christlichen Gemeinden das 1. Jh. vollzogen hat. Er zeigt zugleich, wie sich hier Gewinn und Verlust verbinden. Indem sich der Taufgeist von Visionen und Ekstase scheidet, wird das Taufsakrament selbständig gegenüber dem Erlebnis, das dem Glaubenden dabei widerfährt (oder auch versagt bleibt). Damit trennt sich dieses Sakrament von den Riten der

Mysterienfrömmigkeit, mit denen es manche (auch noch moderne Forscher) für verwandt hielten. Aber zugleich entsteht nun die gefährliche Möglichkeit, daß das Taufsakrament zur Eintrittskarte in einen Verein entwürdigt wird, die man schon bei der Geburt mitbekommt.

## 4. Johannesjünger gehen zu Jesus über

[35]**Am folgenden Tage stand Johannes wieder da und von seinen Jüngern zwei,** [36]**und den umher wandelnden Jesus anblickend sagte er: „Siehe, Gottes Lamm!"** [37]**Und seine beiden Jünger hörten ihn sprechen und folgten Jesus.** [38]**Jesus aber wandte sich um und sah sie folgen und sagte zu ihnen: „Was ist euer Begehr?" Sie aber sprachen zu ihm: „Rabbi (d. h. übersetzt: „Lehrer"), wo bist du daheim?"** [39]**Er sagte zu ihnen: „Kommt, und ihr werdet sehen!" Da kamen sie und sahen, wo er daheim war, und blieben bei ihm jenen Tag. Es war etwa die zehnte Stunde.**

**Literatur:**

*Agnew, F.,* Vocatio primorum discipulorum in traditione synoptico, VD 46 (1968) 129–147.

*Cribbs, L. F.,* St. Luke and the Johannine Tradition, JBL 90 (1971) 422–450 bes. 433–435.

*Cullmann, O.,* Der johanneische Kreis. Zum Ursprung des Johannesevangeliums, Tübingen 1975, bes. 75–77.

*Dauer, A.,* Die Passionsgeschichte im Johannesevangelium, in: StANT 30, München 1972, bes. 35f.

*Dodd, C. H.,* Historical Tradition in the Fourth Gospel, Cambridge 1965, bes. 302–312.

*Hahn, F.,* Die Jüngerberufung Joh 1,35–51, in: Neues Testament und Kirche, FS. R. Schnackenburg, 1974, 172–190.

*Hanhart, K.,* „About the Tenth Hour" . . . on Nisam 15 (Jn 1,35–40), in: L'Évangile de Jean, BEThL 44, Gembloux/Leuven 1977, 335–346.

*Hornung, A.,* Nachfolge im Lichte der Apostelberufungen, Claretianum 10 (1970) 79–108.

*Hulen, A. B.,* The Call of the Four Disciples in John 1, JBL 67 (1948) 153–157.

*Spaemann, H.,* Die Stunde des Lammes (Joh 1,35–51), BiLe 7 (1966) 58–68.

*Zimmermann, H.,* „Meister, wo wohnst Du?" (Joh 1,38), LebZeug 1962, 49–57.

Nach der (nicht erzählten Taufe und) Begegnung mit Johannes folgt die Berufung der ersten Jünger in zwei Abschnitten. Sie unterscheidet sich gründlich von den synoptischen Berichten. Der zuerst gewonnene Jünger scheint Andreas zu sein, während der zweite im geheimnisvollen Dunkel bleibt. Die Exegeten (bes. die alten) haben in ihm dennoch den Zebedaiden Johannes (obwohl dessen Bruder Jakobus weder hier noch sonst, außer in Kap. 21, im JE erwähnt wird), bzw. den mit Johannes identischen „Jünger, den Jesus lieb hatte" (obwohl davon hier nicht die Rede ist) zu erkennen geglaubt. Dann erst wird Petrus von Andreas zu Jesus geführt und bekommt den Namen Kephas, dessen Sinn der Evangelist kennt. Am nächsten Tag findet Andreas den Philippus, der ebenfalls aus Bethsaida(!) stammt, und weiter den bei den Synoptikern nicht genannten Nathanael. Die Art, wie diese Jünger Jesus anreden, zeigt, daß sie vorwegnehmend die gläubige Gemeinde vertreten. Verschiedene Anzeichen deuten darauf hin, daß der Evangelist hier einen ihm überkommenen Bericht benutzt hat. Mit der Jüngerberufung sollte schon die christologische Bedeutung Jesu geklärt werden. Dabei fanden die Begriffe der gesamten älteren Überlieferung Aufnahme: Er ist der, den man unter den verschiedensten Bezeichnungen als den endgültigen Gesandten Gottes erwartet hatte. Mit einem Bilde, das die beständige Verbundenheit des ,,Menschensohnes" mit Gott darstellt, schließt Joh diese Abschnitte und überhöht mit ihm alle vorher genannten christologischen Aussagen.

■ **35** Mit ,,am folgenden Tage" beginnt wieder eine neue Szene. Der Erzähler verwendet weiter dieselbe Methode: er deutet nur das Wichtigste an. Das gibt der Erzählung etwas Geheimnisvolles: der Leser hat das Gefühl, es werde mehr gesagt, als zu lesen ist. Johannes steht mit zwei Jüngern da: er ist nicht als Massentäufer dargestellt wie in Mt 3,5.7. ,,Zwei von . . ." = ,,zwei seiner Jünger": die Koine setzt gerne ἐκ für den genitivus partitivus. Man darf also nicht aus der Wendung herauslesen, daß noch weitere Jünger zugegen sind. Wenn von einer ganzen Schar von Täuferjüngern nur zwei dem Hinweis des Johannes folgten, so wäre das ein kümmerliches Ergebnis. Man darf auch nicht (so ältere Ausleger) vermuten, die beiden Jünger seien ,,gestern" schon dagewesen; man mißversteht sonst den ganzen Sinn der Szenenfolge.

■ **36** Diesmal kommt Jesus nicht, (wie in V. 29) auf Johannes zu (der Erzähler liebt keine wörtlichen Wiederholungen), sondern ,,geht umher". Aber diese Wendung tut denselben Dienst: sie motiviert die abgekürzte (der Leser weiß, was die ganze Formel bedeutet) Wiederholung des Wortes von V. 29. *Zahn* 129 konstruiert: Jesus ,,hat die Nacht in der Nähe zugebracht (V. 38) und verrät noch durch nichts die Absicht, den Standort des T. zu verlassen (V. 43). Will er sich, wie andere Galiläer damals, als Schüler ihm anschließen und wartet er nur auf eine Einladung dazu? Johannes selbst scheint verwundert . . ." Hier möchte eine scharfsinnige und bisweilen pedantische Phantasie Lücken ausfüllen, die der Text nach ihrer Meinung enthält: alles wird auf Heller und Pfennig nachgerechnet. – Ἐμβλέψας unterscheidet sich im Sinne nicht von βλέπει V. 29: der Erzähler variiert leise. Obwohl tatsächlich nicht einsichtig ist, warum Jesus umhergeht (außer dem motivierenden Sinn dieses Tuns), zeigt Johannes keine Verwunderung, sondern gibt mit dem Wort über Jesus als das Gotteslamm indirekt den beiden Jüngern einen Wink.

■ **37** Sie hören, verstehen die Weisung und befolgen sie: sie gehen hinter Jesus her. Hier ist ἀκολουθεῖν erst das Vorspiel wirklicher Nachfolge. *Braun,* La sainte bible, X, 324, fragt dazu: ,,Die beiden Jünger gehen fort, Jesus nach. Erwachende Neugier? Mehr oder minder bewußte Bezauberung durch die Person Jesu? Geheimnisvolles Wirken der Gnade? Wer wird dieses

Geheimnis ergründen?" All das sind dem Erzähler fremde Fragen, auf die er darum nicht antwortet.

■ **38** Jesus, sich umwendend, fragt nach ihrem Begehren. Alles ist anschaulich (nicht „malerisch": *Zahn* 30), aber alltäglich. Das hat Ausleger wie *Büchsel* 41 zur Erklärung gereizt: „Diese Geschichte zu erzählen hat nur Sinn, wenn hinter dem ungenannten Genossen des Andreas (V. 40) sich der Evangelist, der Lieblingsjünger, verbirgt. Erzählt er hier seine eigene Geschichte, und wußten die ersten Leser das, so ist allerdings aufs beste verständlich, daß er sich diese Vorgänge, die bei aller Einfachheit für ihn eine so unvergleichliche Bedeutung hatten, zu berichten nicht entgehen läßt." Solche apologetische Auswertung vergißt, daß Anschaulichkeit keine Historizität garantiert und daß Alltäglichkeit gerade hier eine ganz andere Bedeutung besitzen kann (s. Gesamtbesprechung). *Godet* 97 erläutert Jesu Frage: „Was sucht ihr?" mit den Worten: „Er weiß, wohin das Sehnen Israels, das Seufzen der Menschheit, zielt"; das macht die Frage zu einem Schein und verwandelt die Alltäglichkeit in allegorischen Tiefsinn. Die Anrede der Jünger („Rabbi" eigentlich: „mein Großer", vgl. Bildungen wie „my Lord") behandelt den Angeredeten als Respektsperson, aber nicht, wie „einen zur Lehre berechtigten Theologen". Die Frage der Jünger nach Jesu Quartier (μένειν) regt die Ausleger in verschiedener Weise an: „Da die beiden Jünger ihn schon am vorigen Tage gesehen haben", (wovon der Text nichts sagt) „setzen sie voraus, daß es ihm in der Nacht nicht an einem Obdach in mäßiger Entfernung gefehlt haben könne" (*Zahn* 130 Anm. 35 schlägt den „Südostrand der Oase von Fasail, im Wadi Mellaha" vor), „und da er nichts von einer Absicht zeigt, fortzugehen, so fragen sie ihn nach dem Quartier, das er noch inne hat." Dagegen fragt *Schwartz* IV 527 empört: „Hatten sich dort Gasthöfe etabliert, um die Scharen aufzunehmen, die zu Johannes hinausströmten?", und vermutet hier einen Rest der Geschichte von der echten Jüngerwahl am dauernden Wohnsitz Jesu(!). Aber der Erzähler stellt sich den Johannes nicht von Massen umlagert vor und läßt darum auch die beiden Jünger nicht um eine ungestörte „private Unterredung" bitten. Die Regel, daß man die Erzählungen des einen Evangeliums nicht wie selbstverständlich in die eines andern eintragen darf, ist oft vergessen worden.

■ **39** Jesus beantwortet die Frage in einer geläufigen Wendung mit einer höflichen Einladung. Die Sprache der Alltagsgeschichte wird beibehalten, zum Leidwesen vieler Ausleger. In der – an sich berechtigten – Empfindung „Es muß doch mehr gewesen sein als ein bloßer Besuch!" ergänzten sie das scheinbar Fehlende aus dem Eigenen. Unschuldig war es noch, wenn *Bengel, Gnomon* I 433, die Einfachheit des Zimmers Jesu (nach 2 Kön 4,10!) rühmte. Gefährlicher wurde es, wenn *Belser* 61 vermutete, Jesus habe den beiden die Geschichte seiner soeben bestandenen dreifachen Versuchung erzählt. Wie weise der Erzähler war, als er keinen Versuch unternahm, die „glückseligen Stunden" genauer zu beschreiben (wobei die Tiefe unter der Oberfläche des Alltäglichen dahin gewesen wäre), wird jeder Pfarrer merken, der hier den

Erzähler zu verbessern unternimmt. Daß dieser mit den Voraussetzungen eines modernen Schriftstellers an seine Aufgabe heranging, ist freilich nicht gesagt. Jesu Wort ,,Kommt und seht!" etwa kann für ihn den Unterton einer Berufung besessen haben. Das wäre keine Allegorie im üblichen Sinn, sondern die Kunst eines hintergründigen Schreibens oder eines Malens, das den Betrachter zwingt, selbst aus dem Angedeuteten ein Bild zu machen. Unser Erzähler war jedenfalls kein Freund der vielen Worte und der üblichen Klischees. – Die ,,zehnte Stunde" hat den Auslegern Mühe gemacht. Nach der üblichen Zählung der Evangelien besagte der Ausdruck: 4 Uhr nachmittags. Aber ist dann im Orient nicht bald die Nacht da? Die Zeitangabe (wie immer im JE durch ὡς eingeleitet) markiert das Ende des Abschnitts, nicht des Besuchs.

● Gerade unser Abschnitt beweist, wie wichtig uns selbstverständlich erscheinende, oft unbewußt bleibende Voraussetzungen für die Auslegung sind. Die frühere Exegese war auf der Suche nach einem historisch zuverlässigen Bericht, möglichst nach dem eines Augenzeugen. Setzte man einen solchen Bericht voraus, dann wirkte jede anschauliche Einzelheit im Text als Beweis für geschichtliche Genauigkeit. Wenn aber solche konkreten Züge fehlten, dann verlockte das zur Ergänzung, sei es durch logische Rückschlüsse, sei es durch Rückgriffe auf Angaben anderer Evangelien oder sogar einfach durch die Betätigung munterer Phantasie. Geht man auf diese Weise vor, dann verwandelt der Text unversehens seinen Charakter. Die Auslegung soll aber gerade *den* Text erklären, der uns mit all seiner Rätselhaftigkeit vorliegt.

Unsere Einzelerklärung hat zu zeigen versucht, daß sich unsere Perikope (und die drei Johannesszenen überhaupt) nicht bemüht, ein bestimmtes Geschehen mit protokollarischer Genauigkeit zu schildern, sondern es dem Leser überläßt, den Sinn des nur Angedeuteten zu erfassen. Je mehr an Einzelheiten ein Vers enthält, desto größer ist die Versuchung, bei der früheren Auslegungsweise zu bleiben. Je mehr man sich jedoch einmal klar macht, was hier alles *nicht* erzählt wird, um so fragwürdiger wird dieses Unternehmen. Ist es nicht seltsam, daß die beiden Jünger anscheinend ohne ein Wort des Abschieds sich von ihrem alten Meister trennen, daß Jesus, von dessen Taufe ja nicht mehr die Rede ist, sich so lange an der Taufstelle aufhält, daß Johannes gar nicht mehr als Täufer, sondern nur als Zeuge Jesu auftritt, daß die beiden Jünger nach der μονή Jesu fragen, daß wir nicht erfahren, was sie nach diesem Tag beginnen (nicht umsonst haben viele Exegeten sie auch die ganze Nacht bei Jesus bleiben lassen), usw. usw.? Es wäre ein hoffnungsloses Geschäft, wollten wir uns auf alle diese Fragen einlassen, die den Erzähler anscheinend gar nicht interessieren.

Aber er will auch nicht, wie man gelegentlich gemeint hat, die Entstehung des Apostelkreises darstellen – die beiden Jünger bleiben in unserem Abschnitt anonym. Daß die Zwölf im JE keine besondere Rolle spielen, war schon erwähnt. Es geht vielmehr um die Entstehung der Gemeinde und zugleich um das Verhältnis des Johannes und seiner Jünger zu Jesus. (Daß in 1,40–51 die Mission beginnt, ist fast selbstverständlich, denn Gemeinde und Mission gehören im frühen Christentum aufs engste zusammen.) Dieses Verhältnis wird indirekt dargestellt, in einer Alltagsgeschichte von einem Besuch, bei dem anscheinend keine Glaubensfragen berührt werden. Aber die christlichen Leser verstanden diese indirekte Mitteilung: die beiden Jünger – und sie vertreten die christliche Gemeinde – erfahren, wo Jesus ,,daheim'' ist, und es wird deutlich, daß es mit dem Übergang von Johannes zu Jesus seine Richtigkeit hat. Das Wort des Johannes in 3,30, ,,Er muß wachsen, ich aber abnehmen'', steht unausgesprochen als Motto über diesen Szenen.

Diese drei Szenen (1,19–28 ohne V. 22–24; 1,29–34 und 1,35–39) haben sich als sehr kunstvolle Kompositionen herausgestellt, die dem Erzähler literarisch alle Ehre machen. Aber redet so eine ,,Quelle'', werden Geschichten in solcher Form durch die Überlieferung weitergegeben? Wir halten das für unwahrscheinlich. Die Tradition über Johannes bei Mk und Q sieht anders aus. Erst im Sondergut des Mt (3,14f) wird kritische Reflexion laut, ohne freilich ernsthaft zu stören. Älteste Überlieferung sind diese beiden Verse nicht.

So wird man die Frage nach alten Quellen oder alter Tradition in diesen Szenen wohl nur in der Weise stellen dürfen, daß man den Unterschied der Synoptiker und des JE, was das Verhältnis Johannes/Jesus betrifft, ins Auge faßt. Bei den Synoptikern beginnt Jesus seine Predigt, als Johannes für immer hinter den Mauern von Machärus verschwunden ist (vgl. Mk 6,14–29 par.). Im JE wirken die beiden Männer noch nebeneinander (vgl. Joh 3,22–36). Wer hat recht, die synoptische oder die johanneische Darstellungsweise?

*Stauffer* hat in seinem Buch ,,Jesus. Gestalt und Charakter'' sich für den johanneischen Aufriß entschieden (s. Kap. IV: Jesus und die Täuferbewegung) und die Tempelreinigung Jesu am Beginn seiner Wirksamkeit damit erklärt, daß er hier noch als Schüler des Täufers, getragen von der Sympathie der Volksmassen für seinen Meister, verstanden wurde. Dieses Ineinanderlesen des JE und der Synoptiker erscheint uns methodisch unzulässig und durch die romanhaften Kombinationen, zu denen es nötigt, diskreditiert. Das johanneische Bild vom Beginn des Wirkens Jesu stammt aus einer Zeit, in der die Anfänge der ,,historia Jesu'' ihre Konturen einzubüßen begann und so, frei geworden, gerade als Ausdrucksmittel der Christusbotschaft zu dienen fähig wurde.

## 5. Berufung der ersten Jünger

[40]Es war Andreas, der Bruder des Simon Petrus, einer der beiden, die von Johannes gehört hatten und ihm gefolgt waren. [41]Dieser fand zunächst seinen Bruder Simon und sagte zu ihm: „Wir haben den Messias gefunden" (d. h. übersetzt: Christus). [42]Er führte ihn zu Jesus. Jesus sah ihn an und sagte: „Du bist Simon, der Sohn des Johannes; du wirst Kephas heißen" (d. h. übersetzt: Petrus). [43]Am folgenden Tage wollte er nach Galiläa fortgehen und fand den Philippus. Und Jesus sagte zu ihm: „Folge mir!" [44]Es war aber Philippus aus Bethsaida, der Stadt des Andreas und Petrus. [45]Philippus fand den Nathanael und sagte zu ihm: „Von dem Moses geschrieben hat im Gesetz und die Propheten, den haben wir gefunden, Jesus, den Sohn Josephs, von Nazareth." [46]Und Nathanael sagte zu ihm: „Was Gutes kann aus Nazareth sein?" Sagte ihm Philippus: „Komm und sieh!" [47]Jesus sah Nathanael auf sich zukommen und sagte zu ihm: „Sieh, in Wahrheit ein Israelit, in dem kein Falsch ist." [48]Nathanael sagte zu ihm: „Woher kennst du mich?" Jesus antwortete und sprach zu ihm: „Bevor dich Philippus rief, als du unter dem Feigenbaum warst, sah ich dich!" [49]Nathanael antwortete ihm: „Rabbi, du bist der Sohn Gottes! Du bist der König Israels!" [50]Jesus antwortete und sprach zu ihm: „Weil ich dir sagte, daß ich dich unter dem Feigenbaum sah, glaubst du? Du wirst Größeres sehen!" [51]Und er sagte zu ihm: „Wahrlich, wahrlich ich sage euch: Ihr werdet den Himmel offen sehen und die Engel Gottes hinaufsteigen und hinabsteigen zu dem Menschensohn!"

**Literatur:**

*Barrett, C. K.*, Das Fleisch des Menschensohns, in: Jesus und der Menschensohn, FS. A. Vögtle, Freiburg 1975, 342–354.

*Betz, O.*, „Kann denn aus Nazareth etwas Gutes kommen?", in: FS. K. Elliger, Neukirchen 1973, 9–16.

*Borsch, F. H.*, The Christian and Gnostic Son of Man, London 1970.

*Brown, R. E. u. a.*, Der Petrus der Bibel – Eine ökumenische Untersuchung, Stuttgart 1976, bes. 114–129 (mit ausführlichen Literaturangaben).

*Coppens, J.*, Les logia johanniques du Fils de l'homme, in: L'évangile de Jean. BEThL 44, Gembloux/Leuven 1977, 311–15.

*Cousar, C. B.*, John 1,29–42, Interp. 31 (1977) 401–406.

*Cullmann, O.*, ThWNT VI (1955) 94–112.

*Dieckmann, H.*, „Der Sohn der Menschen" im Johannesevangelium, Schol. 2 (1927) 229–247.

*Dion, H. M.*, Quelque traits originaux de la conception johannique du Fils de l'Homme, ScFc 19 (1967) 49–65.

*Enciso Oiana, J.*, La vocación de Natanael y el Salmo 24, EstB 19 (1960) 229–236.

*Freed, E. D.*, The Son of Man in the Fourth Gospel, JBL 86 (1967) 402–409.

*Fritsch, J.*, „Videbitis . . . angelos Dei ascendentes et descendentes super Filium hominis" (Jo 1,51), VD 37 (1959) 3–11.

*Haenchen, E.*, Petrus-Probleme, in: ders., Gott und Mensch, Tübingen 1965, 55–67.

*Hahn, F.*, Die Jüngerberufung Joh 1,35–51, in: Neues Testament und Kirche, FS. R. Schnackenburg, Freiburg 1974, 172–190.

*Ders.*, Sehen und Glauben im Johannesevangelium, FS. O. Cullmann, Zürich/Tübingen 1972, 125–141.

*Hanhart, K.*, The Structure of John 1,35–4,54, in: Studies in John, FS. J. N. Sevenster, Leiden 1970, 22–46.

*Jacobi, B.*, Über die Erhöhung des Menschensohnes, ThStKr 8 (1835) 7–70.

*Jeremias, J.*, Die Berufung des Nathanael, Angelos 3 (1928), 2–5.

*Kuhli, H.*, Nathanael – ,,Wahrer Israelit"? Zum angeblichen attributiven Gebrauch von ἀληθῶς in Joh 1,47, BN 9 (1979) 11–19.

*Kunniburgh, E.*, The Johannine ,Son of Man', StEv IV (1967) 64–71.

*Lentzen-Deis, F.*, Das Motiv der ,,Himmelöffnung" in verschiedenen Gattungen der Umweltsliteratur des NTs, Bib. 50 (1969) 301–327.

*Lindars, B.*, The Son of Man in the Johannine Christology, in: Christ and Spirit in the New Testament, FS. C. F. D. Moule, Cambridge 1973, 43–60.

*Menoud, P. M.*, ,,Le fils de Joseph." Etude sur Jean I,45 et VI 42, RThPh 18 (1930) 275–288.

*Michaelis, W.*, Joh 1,51, Gen 28,12 und das Menschensohn-Problem, ThLZ 85 (1960), 561–578.

*Michaels, J. R.*, Nathanael under the Fig-tree (Jn 1,48; 4,19), ET 78 (1966/67) 182f.

*Moloney, F. J.*, The Johannine Son of Man, Rom 1976.

*Ders.*, The Johannine Son of Man, BTB 6 (1976) 177–189.

*Moule, C. F. D.*, A Note on ,,Under the Fig-tree" in John 1,48.50, JThS 5 (1954) 210f.

*Mußner, F.*, Petrus und Paulus – Pole der Einheit, in: QD 76, Freiburg 1976, bes. 40–49.

*O. L. aus Schlesien*, Nathanael, ZWTh 16 (1873) 96–102.

*Painter, J.*, Christ and the Church in John 1,45–51, in: L'Évangile de Jean, BEThL 44, Gembloux/Leuven 1977, 359–362.

*Potterie, J. de la*, L'exaltation du Fils de l'homme, Gr. 49 (1968) 460–78.

*Quispel, G.*, Nathanael und der Menschensohn (Joh 1,51), ZNW 47 (1956) 281–283.

*Riedl, J.*, ,,Wenn ihr den Menschensohn er-

höht habt, werdet ihr erkennen", in: Jesus und der Menschensohn, FS. A. Vögtle, Freiburg 1975, 355–70.

*Ruckstuhl, E.*, Abstieg und Erhöhung des johanneischen Menschensohnes, in: Jesus und der Menschensohn, FS. A. Vögtle, Freiburg 1975, 314–341.

*Ders.*, Die johanneische Menschensohnforschung, ThBerichte 1 (1972) 171–284.

*Schnackenburg, R.*, Der Menschensohn im Johannesevangelium, NTS 11 (1964/65) 123–137.

*Ders.*, Die Messiasfrage im Johannesevangelium, in: Neutestamentliche Aufsätze, FS. J. Schmid, Regensburg 1963, 240–264.

*Schulz, S.*, Untersuchungen zur Menschensohn-Christologie im Johannesevangelium, Göttingen 1957.

*Sidebottom, E. M.*, The Son of Man as Man in the Fourth Gospel, ET 68 (1956/57) 213–235. 280–283.

*Ders.*, The Ascent and Descent of the Son of Man in the Gospel of John, AThR 39 (1957) 115–122.

*Smalley, S. S.*, Johannes 1,51 und die Einleitung zum vierten Evangelium, in: Jesus und der Menschensohn, FS. A. Vögtle, Freiburg 1975, 300–313.

*Ders.*, The Johannine Son of Man Sayings, NTS 15 (1968/69) 278–301.

*Spaeth, H.*, Nathanael: Ein Beitrag zum Verständnis der Composition des Logos-Evangeliums, ZWTh 11 (1868) 168–213.309–343.

*Trémel, Y. B.*, Le Fils de l'Homme selon Saint Jean, LV (L) 12.62 (1963) 65–92.

*Windisch, H.*, Angelophanien um den Menschensohn auf Erden. Zu Joh 1,51, ZNW 30 (1931) 215–233.

*Ders.*, Joh 1,51 und die Auferstehung Jesu, ZNW 31 (1932) 199–204.

■ **40** Unvermittelt setzt ein neuer Abschnitt ein. Einer der beiden bisher unbenannten Jünger von V. 35 wird zu der bekannten Gestalt des Andreas. Diesen nennt Papias (Euseb III 39,4) an erster Stelle vor Petrus und Philippus; erst beim 4. Namen gehen beide Listen auseinander: Joh nennt Philippus, Papias den Thomas. Anscheinend wird hier eine Tradition sichtbar, die Petrus vom ersten Platz der synoptischen Liste verdrängt. Durch die Zweizahl der erstberufenen Jünger kommt Petrus erst an die dritte Stelle; das stimmt auch nicht mit Papias überein. Da der zweite Jünger unbenannt bleibt, kann seine Historizität bezweifelt werden. – Da Andreas der Bruder des Petrus ist, liegt es am nächsten, daß Andreas ihn sucht und ,,findet" – wo er und Philippus sich aufhalten, erfahren wir nicht: Die Erzählung ist – abgesehen von der Nathanael-Episode – aufs äußerste verkürzt. – Daß in V. 40–51 Personennamen erscheinen, ist nötig, weil nun, wenn auch nur andeutend, die Bildung des ersten Jüngerkreises geschildert wird. In V. 35 hätten Jüngernamen nur von den beiden Hauptpersonen abgelenkt, von Jesus und Johannes. Freilich ist die Entstehung des Jüngerkreises (von Aposteln spricht das JE nicht, es sei denn, alle Jünger wären damit gemeint: 20,19–22) nicht deutlich ausgeführt. – Wo die beiden Jünger die Nacht zugebracht haben, ist dem Erzähler ebenso gleichgültig wie die Frage, wo sich das weitere ,,Finden" ereignet. Man denkt zunächst an die Nähe der Taufstelle. Allerdings sagt das JE nichts vom Taufen des Johannes, als daß es (nur) mit Wasser erfolgte. Man entnimmt dem Erzähler besser nicht mehr an geographischen Angaben, als er deutlich beschreibt.

■ **41** Das dritte Wort dieses Verses hat schon früh Fragen veranlaßt. Πρῶτος hat zu der willkommenen Vermutung in der alten Kirche geführt, daß der noch ungenannte Gefährte des Andreas seinerseits den eigenen Bruder zu Jesus geführt hat. Leider wird das nicht erzählt, sondern ist nur aus der Lesart πρῶτος herausgesponnen. Die alte Kirche aber sah hier ein verstecktes Selbstzeugnis des demütigen Autors (des Zebedaiden Johannes), ohne sich zu fragen, ob Demut und verstecktes Selbstzeugnis sich miteinander vertragen. Freilich könnte – wenn man sich auf die Denkweise der alten Kirche einläßt – der ungenannte Genosse des Andreas auch der Zebedaide Jakobus sein, der in den Evangelien fast stets vor seinem Bruder Johannes genannt wird; nur Lk 8,51 und 9,28 variieren die Lesarten. Anscheinend war Jakobus der energischere von den beiden Brüdern und fiel darum auch der Verfolgung des Herodes Agrippa (Apg 12,2) zum Opfer. Aber die Lesart πρῶτον ist besser bezeugt, und auf ἴδιος kann man keine Häuser bauen: es steht in der Koine oft ganz unbetont. Und dieses πρῶτον könnte besagen: zunächst ereignete sich das Folgende: Andreas fand seinen Bruder Simon usw. Dann müßte Andreas gar keinen weiteren Jünger finden. Übrigens durchbricht V. 43 das Schema, daß ein neugefundener Jünger seinerseits immer einen weiteren findet. – Wenig beachtet hat man den Plural: ,,Wir haben gefunden"; er wiederholt sich V.45 im Munde des Philippus. Vielleicht ist er so zu erklären, daß jeweils der genannte Jünger als Vertreter der sich bildenden Gemeinde dieses ,,wir" gebraucht. – Das gräzisierte Wort Messias (maschiach = der Gesalbte) wird für den Leser mit Christos übersetzt.

Πρῶτος ist nur von ℵ* ℜ W (?) al bezeugt. P 66 und 75 lesen ebenso wie B AΘal f¹ f¹³ al sa bo: πρῶτον. Beide Lesarten bieten Schwierigkeiten. Darum hat man schon früh ,,mane" (= πρωί) gelesen; dieses lateinische Wort (,,früh", ,,morgens") geht sicher auf ein griechisches zurück, auch wenn das von unseren Handschriften nicht bezeugt ist. Es handelt sich hier also um eine Reflexionskonjektur.

■ **42** Jesus blickt den ihm Zugeführten an und sagt: ,,Du bist Simon, der Sohn des Johannes (hebräisch: Jochanan). Mt 16,17 aber läßt Jesus die Anrede ,,Simon, Sohn des Jona" gebrauchen. *Jeremias*, ThWNT III 410, bemerkt dazu: ,,Außer als Name des Propheten Jonas ist Jona(s) bis zum 3. nachchr. Jh. einschließlich als selbständiger männlicher Eigenname nicht nachweisbar." Dagegen kommt in der LXX gelegentlich Jona für das hebräische Jochanan vor. Daraus möchte *Jeremias* schließen, daß Jona in Mt 16,17 Abkürzung für Jochanan ist. Allerdings bleibe der Schluß unsicher, da die übliche Abkürzung von Jochanan יוחא oder יוֹחִי lautet. Es wäre möglich, daß man den seltenen Namen Jonas durch den häufigen „Jochanan" = Johannes ersetzt hat. Dann würde das JE hier einer anderen Tradition folgen (s. V. 40). Ob der Erzähler meint, Jesus spreche diese Worte aus seiner Allwissenheit heraus – er hat sich ja schließlich schon lange mit Andreas, dem Bruder des Petrus, unterhalten – ist nicht völlig sicher. Dagegen trifft das sicherlich auf den zweiten Teil des Wortes zu: „Du sollst Kephas heißen (d. h. Petrus)." In Mt 16,18 finden wir eine Aussage Jesu über die Gegenwart: „Du bist Petrus", verbunden mit einer weiteren über die Zukunft: „Auf diesen Felsen werde ich meine Gemeinde bauen." Joh 1,42 bringt ein Verbum im Futur: „Du wirst Kephas genannt werden": der Ehrenname wird von Jesus bereits zu Beginn des Wirkens Jesu dem Jünger verliehen. – Vgl. zu diesem Problemkreis: *Cullmann,* ThWNT VI 94–112, und vor allem dessen Monographie „Petrus" ([2]1960). Da *Cullmann* aber zum Teil eigenwillige Hypothesen vorträgt, (vgl. dazu die kritische Besprechung von *Haenchen:* „Petrus-Probleme" 55–67) ist Vorsicht geboten. – Dieser Jünger dürfte den hebräischen Namen שמעון (Apg 15,14 und in einigen Handschriften von 2Petr 1,1 mit Συμεὼν wiedergegeben) getragen haben; es ist aber durchaus möglich, daß er daneben den echt griechischen Namen Σιμών (schon bei Aristophanes, Wolken 351, belegt) führte. Das aramäische Wort כפא, gräzisiert Κηφᾶς, bedeutet den gewachsenen Fels, das griechische Wort πέτρα eher den Felsblock; doch wird die Unterscheidung nicht streng durchgeführt. Da πέτρα im Griechischen eine Femininform ist, hat man den Beinamen des Jüngers mit Πέτρος wiedergegeben. Nach Mk 3,16 hat Jesus dem Jünger diesen Ehrennamen bei der Berufung der 12 Apostel verliehen, nach Mt 16,18 bei Cäsarea Philippi. Tatsächlich hat aber Mt den Namen Petrus schon in 4,18 und 10,2 in der Wendung „Simon genannt Petrus" gebraucht. In 16,18 setzt er das voraus und interpretiert den Namen: „Petrus ist der Fels, auf dem Jesus seine Gemeinde bauen wird" (*Haenchen,* Der Weg Jesu 300–303). Weil im JE die Namengebung bereits in 1,42 erfolgt, hat *Cullmann,* Petrus 23, geschrieben: „Wir schließen aus diesen Abweichungen, . . . , daß die Erinnerung an den Augenblick, in dem Jesus dem Petrus den Beinamen gab, in der Überlieferung verlorengegangen war, wie das für den „Rahmen" vieler anderer Erzählungen der Evangelien der Fall ist." Da „Simon Petrus" erst in 21,15–17 die Leitung der Gemeinde (das „Weiden der Schafe") übertragen bekommt, vorher aber keine besonders rühmliche Rolle spielt, ist V. 42 als Wiedergabe einer vorjohanneischen Tradition zu beurteilen, die der Erzähler nicht übergehen wollte.

■ **43** deutet mit „am folgenden Tage" eine gewisse Zäsur an. Das Subjekt des Verbums wird nicht genannt. Man hat zum Teil an Andreas gedacht und ihn hier als den „zweiten" den Philippus finden lassen. Wahrscheinlicher ist jedoch, daß Jesus mit dem Subjekt gemeint ist; er ist ja die Hauptperson.

Damit wird allerdings das Schema: ,,Ein Jünger, der ,gefunden' ist, findet nun seinerseits einen weiteren" nicht angewendet. Warum hier die Absicht Jesu erwähnt ist, nach Galiläa zu gehen, ist nicht ganz deutlich; eine Vorbereitung von 2,2 könnte vorliegen. Philippus ist der einzige Jünger, der im JE von Jesus selbst zur Nachfolge ausdrücklich aufgerufen wird. Jesu Wort ,,Folge mir" klingt zwar synoptisch (Mk 2,14 bei der Berufung Levis), aber darum ist es noch nicht aus den Synoptikern entnommen.

■ **44** scheint verständlich machen zu wollen, wie es kam, daß Andreas, Petrus und Philippus nacheinander berufen wurden: sie kamen alle drei aus der Ortschaft Bethsaida, die östlich der Jordanmündung lag. Sie könnten also als Gruppe zur Taufe des Johannes erschienen sein, wenn auch nur Andreas als Jünger des Johannes bezeichnet wird. Nach Mk 1,29 stand allerdings das Haus des Simon und Andreas in Kapernaum, wenige Kilometer westlich der Jordanmündung in den See Genezareth. *Strathmann* 52f. hat beide Angaben mit der Vermutung versöhnen wollen, Petrus habe ,,nach Kapernaum hineingeheiratet". Eine solche – den Andreas übergehende – Vermittlung von Angaben bei Mk und Joh ist doch wohl von apologetischen Wünschen diktiert. Die Fortsetzung macht deutlich, daß das JE hier einer nichtmarkinischen und (trotz *Dodd*, Tradition 309f.) wahrscheinlich weniger zuverlässigen Tradition Raum gibt. Nach Joh 2,12 hat sich zwar Jesus mit seiner Mutter, seinen Brüdern und Jüngern einige Tage in Kapernaum aufgehalten, wo nach 4,46 der βασιλικός wohnte. Aber an diesem Ort findet später (Joh 6,66) der große Abfall der meisten Jünger von Jesus statt, und dem widerspricht es nicht, daß nach Mt 11,23 Kapernaum als endgültig verworfen galt – ἕως Ἅδου καταβήσῃ – wegen seines Unglaubens.

■ **45** Das ,,Finden" geht weiter. Diesmal findet Philippus den ihm anscheinend bekannten Nathanael. Von diesem wissen die Synoptiker nichts; nach Joh 21,2 stammt er aus Kana in Galiläa. Statt ,,Messias" heißt es nun: (Er,) den Moses im Gesetz und die Propheten vorausgesagt haben – Gesetz und Propheten zusammen bezeichnen hier die ,,heilige Schrift". Eine bestimmte alttestamentliche Stelle wird nicht genannt. Die genaue Personenangabe ,,Jesus, Sohn des Joseph, aus Nazareth" läßt erkennen, woran sich die Einwände gegen Jesus nach dieser Tradition entzündeten: es ist nicht die Vaterschaft Josephs.

■ **46** Nathanael wird zum Sprecher dieser Bedenken: er zweifelt an jemandem, der aus dem *galiläischen* Nazareth kommt. Dem entspricht Joh 7,52. Mt und Lk haben auf verschiedene Weise die Herkunft Jesu aus Nazareth mit der (späteren) Bethlehem-Tradition auszugleichen versucht. Nach Lk 2,4 wohnen die Eltern Jesu in Nazareth; Jesus wird aber infolge besonderer Umstände in Bethlehem geboren. Später (2,9) kehren die Eltern mit Jesus nach Nazareth zurück. Nach Mt 2,11 dagegen besitzt Joseph ein Haus in Bethlehem, zu dem der Stern die Magier geleitet. Erst nach der Rückkehr aus Ägypten (Mt 2,23) lassen sich die Eltern in Nazareth nieder. Die von Lk benutzte Überlieferung ist relativ älter als die des Mt, welche Nazareth erst spät ins Spiel kommen läßt. Joh dürfte hier die älteste Tradition bieten (s. die Gesamtbesprechung). Philippus antwortet (wie Jesus in V. 29) mit der beliebten Wendung (*Billerbeck* II 371): „Komm und sieh!" Die eigene Erfahrung wird hier die Einwände der jüdischen Tradition widerlegen. Das Sehen wird in diesem Abschnitt besonders betont: in V. 46–48 bildet es so etwas wie einen Stichwortanschluß formaler Art, obwohl die Geschichte inhaltlich eng zusammenhängt. An dieser Hervorhebung des eigenen Sehens wird, wie in 4,48, deutlich, daß sich die Christen selbst überzeugen müssen. Ein bloßes Fürwahrhalten der christlichen Botschaft genügt nicht.

■ **47** Als Nathanael auf Jesus zukommt, läßt ein Wort Jesu erkennen, daß ihm die Herzen der Menschen nicht verborgen sind. Die Kommentare heben mit Recht hervor, daß hier der wahre Israelit – d. h. der, in dem kein Falsch ist – von den Juden unterschieden wird, die im JE die Feinde Jesu und seiner Jünger sind (20,19.26).

■ **48** Die Frage des Nathanael „Woher kennst du mich?" provoziert das folgende Jesuswort und läßt damit deutlich werden, daß Jesus ein überirdisches Wissen besitzt, wie es ein θεῖος ἀνήρ hat. Ob Nathanael unter dem Feigenbaum meditiert hat oder sogar gelehrt, ist unwichtig. Es kommt nur auf das so bekundete Wissen Jesu an. *Dodd,* Tradition 310 Anm. 2, verweist wie *Moule,* JThSt 5 (1954) 210f, auf Susanna V. 51–59, wo die Frage nach der Art eines Baumes entscheidend für die Bewertung von Zeugenaussagen wird.

■ **49** Die Antwort des Nathanael ist eine Huldigung des durch Jesu Wort Überzeugten. „Rabbi" bezeichnet die irdische Stellung Jesu; „Sohn Gottes" und „König Israels" geben seinen überirdischen Rang und seine Bedeutung für das auserwählte Volk an.

■ **50** Jesus hat bisher nur ein Wissen offenbart, das auch ein θεῖος ἀνήρ besaß, wie man damals glaubte. Nun verspricht er, daß Nathanael Größeres sehen wird.

■ **51** gibt sich mit dem Einleitungswort „und er sagt ihm" als Fortsetzung des Gesprächs Jesu mit Nathanael zu erkennen. Aber das darauf folgende Logion wird, wie die großen Aussagen Jesu im JE, eingeführt mit dem sich an mehrere wendenden „Wahrlich, wahrlich, ich sage *euch*". Die Verheißung selbst „Ihr werdet den Himmel offen sehen und die Engel Gottes hinaufsteigen und hinabsteigen zu dem Menschensohn" spielt auf Jakobs Traum in Bethel an (Gen 28,12). Aber die Leiter, auf der sich die Engel dort bewegten, ist verschwunden. Das Ganze ist ein bildhafter Ausdruck dafür geworden, daß Jesus während seines Erdenlebens in beständiger Verbindung mit dem Vater steht. Daß er immer am Busen des Vaters weilt und seine Existenz auf Erden sich doketisch verflüchtigt (so *Käsemann,* Jesu letzter Wille 61.145), ist damit nicht gegeben. Das Bild von den vermittelnden Engeln ist absichtlich so gewählt, daß es dem Erdenleben Jesu seine ganze irdische Wirklichkeit läßt.

● Die Erzählung im JE, wie Jesus die ersten Jünger findet und die ersten Jünger ihn, zeigt ihre besondere Eigenart beim Vergleich mit Mk 1,16–20 und mit Lk 5,1–11. Bei Mk folgen zwei kurze Episoden aufeinander. In der ersten trifft Jesus die Fischer Simon und dessen Bruder Andreas am galiläischen Meer, in das sie ihre Wurfnetze werfen, und sagt: „Geht mir nach, dann mache ich euch zu Menschenfischern!" Darauf trifft er das Brüderpaar Jakobus und Johannes, die im Boot die Netze flicken, und ruft sie. Daraufhin lassen sie ihren Vater Zebedäus mit den Tagelöhnern im Boot und gehen Jesus nach. Es besteht kein Zweifel, daß auch das schon stilisierte Bilder sind, auf das unbedingt Nötige verkürzt und verdichtet. Aber sie sagen doch noch genug Konkretes aus, wenn man sie genauer befragt: wie eine fremde Gewalt die galiläischen Brüderpaare aus ihrem Fischerleben herausreißt und hinter Jesus hergehen läßt. In ähnlicher Kürze wird bei Mk nur noch die Berufung des Levi erzählt, den Jesus aus seiner Zollstelle wegholt (vgl. 2,13f.). Auch Mk hat, so scheint es, nur von 5 Jüngern alte Geschichten von ihrer Berufung gekannt. In Mk 3,16–19 wird dann, nach einer anderen Tradition, die Liste bis zu den „zwölf Aposteln" vervollständigt.

Lukas hat in 5,1–11 die beiden Geschichten von Mk 1,16–20 zu einem dramatischen Ereignis vereint erzählt. Dabei werden die Jünger innerlich vorbereitet auf die Berufung, indem sie zunächst Jesus predigen hören und dann das Wunder des Fischzugs erleben, das dem Petrus den Glauben an Jesus abgewinnt: er wird daraufhin allein zum kommenden Menschenfischer erklärt.

So verschieden diese beiden Darstellungen des Mk und Lk auch sind, so treten sie doch gegenüber der johanneischen zu einer Einheit zusammen. Ort und Art der Berufung, Anzahl und Reihenfolge der Namen erinnern kaum noch an den synoptischen Typ der ersten Jüngerberufung.

Sieht man genauer zu, dann erweist sich die johanneische Erzählung 1,35–51 als aus drei verschiedenen kleinen Einheiten zusammengesetzt. Die erste, 1,35–39, spricht von zwei ungenannten Täuferjüngern, die zu Jesus übergehen. Die zweite, V. 40–45, handelt davon, daß Andreas, Petrus und Philippus zu Jüngern Jesu werden. Die Zusammengehörigkeit dieser drei begründet V. 44 mit ihrer gemeinsamen Herkunft aus Bethsaida, dem „Fischerdorf". – Die zweite Einheit wird nun mit der ersten dadurch verbunden, daß der eine der beiden anonymen Jünger aus der vorigen Szene mit Andreas identifiziert wird. Der Erzähler hatte sich in V. 35–39 damit begnügt, daß Johannes (indirekt) zwei Jünger zu Jesus übergehen läßt. Ihm zuzumuten, daß er eine Massenabwanderung seiner Jünger zu Jesus veranlaßt, wird auf diese Weise vermieden, die mit den einfachsten Mitteln den „Richtungssinn" des Geschehens andeutet. Dabei wird eine Tradition verwendet, deren Spuren wir später bei Papias wiederfinden. Diese Identifikation hat aber Schwierigkeiten bereitet: man hat nach dem zweiten anonymen Jünger gefragt, der für die zweite Szene belanglos ist, und kam so auf Spekulationen über den Zebedaiden. Genaugenommen wäre Petrus jetzt nicht der zweite, sondern erst der dritte Jünger, der zu Jesus kommt; vor ihm würde der namenlose Gefährte des Andreas einzureihen sein. Aber wenn er überhaupt in den Zusammenhang der zweiten Einheit gebracht würde, wäre gar nicht sicher, ob Andreas oder dieser Anonymus der erste Jünger wäre, ja ob es überhaupt einen solchen ersten Jünger gäbe, was der Erzähler doch andeuten will. Die zweite Szene beruht also auf einer nichtsynoptischen vorjohanneischen Tradition, die sich später noch bei Papias findet (wenn auch im Zusammenhang einer Liste der zwölf Apostel). Aber nur ihr Anhang ist benutzt: Nathanael fällt aus der Reihe. – Die Verbindung der zweiten mit der dritten Szene erfolgt dadurch, daß Philippus den Nathanael ,,findet". Die Nathanaelszene durchbricht die bisherige Regel, daß die Verkündigung ,,Jesus ist der Messias" (oder dergleichen), auf keinerlei Widerstand trifft. Gerade Nathanael, obwohl er in Wahrheit ein ,,Israelit" ist, erhebt Einspruch gegen die Herkunft aus Nazareth. Diesen Einwand – der aufgrund jüdischer Tradition den Glauben an den Mann aus Nazareth verweigert – überwindet Jesus selbst durch sein wunderbares Wissen. – Auch diese dritte Szene, die eine andere Atmosphäre hat als die erste und zweite, dürfte aus einer vorjohanneischen Überlieferung stammen. Aus ihr spricht Apologetik der judenchristlichen Gemeinde gegen das Judentum. Daß ausgerechnet ein ,,wahrer Israelit" einen solchen Einwand gegen Jesus vorbringt, macht es um so bedeutsamer, daß er sich nun von Jesus überzeugen läßt. Vielleicht endete diese Episode einst mit V. 49, der begeisterten Anerkennung Jesu durch Nathanael. – Die Erkenntnis, daß Jesus mit V. 48 eigentlich nur ein wunderbares Wissen der Art gezeigt hat, wie man es auch sonst einem Wundermann zutraute, paßt eigentlich zur Theologie der benutzten Tradition (in Joh 4,10f. treffen wir sie wieder). V. 50 mit Jesu ironisch feststellender Frage – ,,Deswegen hast du geglaubt?" – und der Ankündigung des ,,Du wirst Größeres sehen!" könnte eine Korrektur des Evangelisten sein. Oder sollte man eher V. 51 ihm zuschreiben, der das eine, was not ist, in einem unvergeßlichen Bilde ankündigt? Es ist sehr schwer, einen Einzelvers des JE quellenmäßig so zu etikettieren.

*Hirsch,* Evangelium 119, der in V. 34 διδάσκαλε liest und so auf sieben Namen kommt: Gotteslamm, der Erwählte Gottes, der Lehrer, der Messias, der Sohn Gottes, der König Israels, der Menschensohn, behauptet von diesen sieben Namen, daß sie ,,in der israelitischen Hoffnung und Frömmigkeit irgendeinen Grund und Anlaß haben. Jesus ist die Erfüllung des Letzten, Verborgenen, das in dem Gottsuchen der israelitischen Religion lebt. Aber er ist die Erfüllung, die das Judentum und das Gesetz zerbricht". Diese Deutung hängt mit der paulinischen Front zusammen, die *Hirsch* auch im JE wiederfindet. Aber διδάσκαλε, ,,Rabbi" hat ,,in der israelitischen Hoffnung" keinen Grund. Man wird eher sagen dürfen, daß hier alle Namen gesammelt sind, die in der christlichen Gemeinde zur Ehre Jesu gebraucht wurden und die hier, wo die Keimzelle dieser Gemeinde geschaffen wird, als Ausdruck dessen erscheinen, was diese Gemeinde an Gabe und Verheißung in Jesus gefunden hat. Dabei ist „Rabbi" in gewissem Sinn der früheste Name, mit dem schon die vorösterliche Jüngerschar ihren „Meister" ehrte. Die anderen Namen aber haben bei Joh mehr oder weniger ihre Eigenkraft verloren; allein „Sohn Gottes" ausgenommen. Noch genauer gesagt: der eigentliche Name des JE für Jesus ist „der Sohn", ein Name, der ihn aus aller jüdischer Tradition heraushebt, freilich nur in seinem eigenen Munde Sinn hat und keine Anrede für die feiernde Gemeinde ist. Insofern bleibt hier in Kap. 1 das letzte noch verborgen, was das vierte Evangelium über Stellung und Würde Jesu aussagen wird.

Dagegen tritt etwas anderes schon deutlich hervor: für den vierten Evangelisten geht es einzig um Jesus. Dieser Einzigkeit wird auch der Täufer geopfert, der nicht mehr der Täufer Jesu bleiben darf, sondern sich darin bescheiden muß, Zeuge Jesu zu sein. Seine Ehre ist es darum, daß er mit seinem Zeugnis Jesus die Jünger zuführt. Es fragt sich, ob das nur ein Ausdruck der frühchristlichen Täuferpolemik ist oder ob Johannes in dieser Haltung nicht das letzte verwirklicht, was dem Glaubenden zukommt. Auf den ersten Blick ist das ein phantastischer Gedanke. Aber wir werden sehen, daß Jesus selbst nicht für sich sein, sondern nur für den Vater dasein und darin seine Ehre haben will. In 5,19f. wird das zuerst deutlich ausgesprochen werden.

Ein letztes Wort zur Technik des Erzählers: im Rückblick zeigt sich, wie konsequent von 1,19 an das eine auf das andere folgt. Von 1,19 an läßt sich der „Richtungssinn des Geschehens" entdecken. Literarisch gesprochen heißt das: hier findet eine bewußte Komposition statt. In ihr ist alles eingeschmolzen, was aus der einen oder anderen Tradition entnommen oder angeregt ist. Es ist unwahrscheinlich, daß hier eine Quellenschrift abgeschrieben ist, und damit wird die Hoffnung von *Schwartz* und *Wellhausen* enttäuscht, eine Grundschrift von höchstem historischen Wert zu entdecken. Aber auch die Zuversicht von *Noack, Zur johanneischen Tradition,* erfüllt sich nicht, daß hier zum erstenmal mündliche Überlieferung höchsten Alters in schriftliche Form gegossen worden ist. Wohl aber ist hier in einer Weise, wie nirgends in den synoptischen Evangelien mit gleicher Stärke, theologische Reflexion am Werke. Sie ist gepaart mit dem dichterischen Vermögen, das Entscheidende plastisch herauszustellen. Darum bleiben dem Leser auch Szenen im Gedächtnis, die arm an historischer Information sind, aber unübertroffen an Stärke der Ausdruckskraft.

## 6. Die Hochzeit zu Kana

**¹Und am dritten Tage fand eine Hochzeit statt in Kana von Galiläa, und die Mutter Jesu war dort. ²Eingeladen wurde aber auch Jesus und seine Jünger zur Hochzeit. ³Und als es an Wein mangelte, sagte die Mutter Jesu zu ihm: „Sie haben keinen Wein." ⁴Jesus sprach zu ihr:**

„Was haben wir hier miteinander zu schaffen, Frau? Meine Stunde ist noch nicht gekommen." [5]Seine Mutter sagte den Dienern: „Was er euch sagt, tut!" [6]Es standen aber dort sechs steinerne Wasserkrüge für die Reinigung der Juden, jeder 80 bis 120 Liter fassend. [7]Jesus sagte ihnen: „Füllt die Wasserkrüge mit Wasser!" Und sie füllten sie bis oben an. [8]Und er sagte zu ihnen: „Schöpft jetzt und bringt es dem Speisemeister!" Sie aber schöpften. [9]Als der Speisemeister aber das zu Wein gewordene Wasser kostete und nicht wußte, woher es kam, – die Diener aber wußten es, die es geschöpft hatten – ließ er den Bräutigam rufen [10]und sagte zu ihm: „Jedermann setzt zuerst den guten Wein vor, und wenn (die Gäste) trunken sind, den schlechteren; du aber hast den guten Wein bis jetzt aufgehoben." [11]Dies tat Jesus als Anfang der Zeichen im galiläischen Kana und offenbarte seine Herrlichkeit, und seine Jünger faßten Glauben an ihn. [12]Danach ging er nach Kapernaum hinab und seine Mutter und die Brüder und seine Jünger und dort blieb er nicht viele Tage.

**Literatur:**

*Anne-Etienne, Sr.*, Une lecture communautaire de la Bible: les noces de Cana, FV 17 (1978) 79–86.

*Bächli, O.*, „Was habe ich mit Dir zu schaffen?", ThZ 33 (1977) 69–80.

*Besser, W. E.*, Über Johannes II,4, ThStKr 18 (1845) 416–425.

*Boismard, M. E.*, Du baptême à Cana, in: LeDiv 18, Paris 1956, 133–159.

*Braun, F. M.*, La mère des fidèles, Paris ² 1954, 47–74.

*Brown, R. E.*, The „Mother of Jesus" in the Fourth Gospel, BETL 44, Leuven 1977, 307–310.

*Bussche, H. van den*, Het wijnwonder te Cana (Joh 2,1–11), CGan 2 (1952) 113–253.

*Cassel, P.*, Die Hochzeit von Kana, 1883.

*Ceroke, C. P.*, The Problem of Ambiguity in John 2,4, CBQ 21 (1959) 316–340.

*Charlier, P.*, Le signe de Cana – essai de theologie johannique, PenCath, Bruxelles 1959.

*Derrett, J. D.*, Water into Wine, BZ 7 (1963) 80–97.

*Dillon, R. J.*, Wisdom, Tradition and Sacramental Retrospect in the Cana Account (Jn 2,1–11), CBQ 24 (1962) 268–296.

*Dinkler, E.*, Das Kana-Wunder. Fragen der wissenschaftlichen Erfassung der Hl. Schrift. Protokoll der Landessynode der Ev. Kirche im Rheinland, Januar 1962, 47–61.

*Feuillet, A.*, Etudes Johanniques, Paris 1962, 11–33.

*Ders.*, La signification fondamentale du premier miracle de Cana (Jo 2,1–11) et le symbolisme johannique, RThom 1965, 517–535.

*Gaechter, P.*, Maria in Kana, ZKTh 55 (1931) 351–402.

*Galbiati, E.*, Nota sulla struttura del' libro dei segni (Jo 2–4), ED 25 (1972) 133–144.

*Geoltrain, P.*, Les noces à Cana. Jean 2,1–12. Analyse des structures narratives, FV 73 (1974) 83–90.

*Geyser, A.*, The Semeion et Cana of the Galilee, in: Studies in John, FS. J. N. Sevenster, Leiden 1970, 12–21.

*Grassi, J. A.*, The Wedding at Cana (John 2,1–11): A Pentecostal Meditation, NT 14 (1972) 131–136.

*Heine, R.*, Zur patristischen Auslegung von Joh 2,1–12, WSt 83 (1970) 189–195.

*Kopp, C.*, Das Kana des Evangeliums, Köln 1940.

*Leroy, H.*, Das Weinwunder in Kana, BiLe 4 (1963) 168–175.

*Linnemann, E.*, Die Hochzeit zu Kana und Dionysios, NTS 20 (1974) 408–418.

*Lohmeyer, E.*, Aufbau und Gliederung des 4. Evangeliums, ZNW 27 (1928) 11–36.

*Mackowski, R. M.*, „Scholar's Qanah, BZ 23 (1979) 278–284.

*Meyer, P. W.*, Joh 2,10, JBL 86 (1967) 181–197.

*Michel, O.*, Der Anfang der Zeichen Jesu, in: Die Leibhaftigkeit des Wortes, FS. A. Köberle, 1958, 15–22.

*Moloney, F. J.*, From Cana to Cana and the Fourth Evangelist's Concept of Correct (and Incorrect) Faith, Sal. 40 (1978) 817–845.

*Müller, L.*, Die Hochzeit von Kana, in: FS. E. Benz, 1967, 99–106.

*Nicol, W.*, The Semeia in the Fourth Gospel. Tradition and Redaction, Leiden 1972,

*Olsson, B.*, Structure and Meaning in the Fourth Gospel, CB.NT 6, Lund 1977.

*Preisler, H.*, Joh 2,4 und 19,26, ZNW 42 (1949) 208–214.

*Ramos-Regidor, J.*, Signo y Poder – A proposito de la exegesis patristica de Jn 2,1–11, Sal. 27 (1965) 499–562.

*Rissi, M.*, Die Hochzeit in Kana Joh 2,1–11, in: Oikonomia, FS. O. Cullmann, Hamburg 1967, 76–92.

*Rottmann, O.*, Joh 2,4: Eine mariologische Studie, ThQ 74 (1892) 215ff.

*Ruegg, U.*, et alii, Zur Freude befreit: Jesus auf der Hochzeit zu Kana, in: *Steiner, A. ed.*, Wunder Jesu, 1978, 147–166.

*Schmidt, K. L.*, Der johanneische Charakter der Erzählung vom Hochzeitswunder in Kana, in: Harnack-Ehrung, Leipzig 1921, 32–43.

*Smith, M.*, On the Wine-God in Palestine (Gen 18; Jn 2 and Achilles Tatius), in: FS. S. W. Baron, Jerusalem 1975, 815–829.

*Smitmans, A.*, Das Wunder von Kana. Die Auslegung von Joh 2,1–11 bei den Vätern und heute, Tübingen 1966.

*Spicq, C.*, Il primo miraculo de Gesú dovuto a sua Madre, SacDot 18 (1973) 125–144.

*Schnackenburg, R.*, Das erste Wunder Jesu, Freiburg 1951.

*Schulz, A.*, Das Wunder in Kana im Lichte des Alten Testaments, BZ 16 (1924) 93–96.

*Stauffer, E.*, Die Hochzeit zu Kana, in: K. Frör hrsg., Neue Wege im kirchlichen Unterricht, 1949, 49–61.

*Temple, S.*, The Two Signs in the Fourth Gospel, JBL 81 (1962) 169–174.

*Theissen, G.*, Urchristliche Wundergeschichten, Gütersloh 1974.

*Thyen, H.*, Auf neuen Wegen dem Rätsel des 4. Evangeliums auf der Spur? Überlegungen zu dem Buch von B. Olsson, SEÅ 40 (1975) 136–143.

*Toussaint, D.*, The Significance of the First Sign of John's Gospel, BS 134 (1977) 45–51.

*Vanhoye, A.*, Interrogation johannique et exegese de Cana (Jn 2,4), Bib. 55 (1974) 157–167.

*Walter, N.*, Die Auslegung überlieferter Wundererzählungen im JE, in: Theologische Versuche II (1970) 93–107.

*Williams, F.*, Fourth Gospel and Synoptic Tradition – Two Johannine Passages, JBL 86 (1967) 311–319.

*Windisch, H.*, Die johanneische Weinregel, ZNW 14 (1913) 248–257.

*Worden, T.*, The Marriage Feast at Cana, Scrip. 20 (1968) 94–106.

*Zehrer, F.*, Das Gespräch Jesu mit seiner Mutter (Joh 2,3f.) im Lichte der traditions- und redaktionsgeschichtlichen Forschung, BiLi 43 (1970) 14–27.

■ **1** ,,Am dritten Tage": von der Nathanael-Szene an gerechnet. Weil sich bei ihr Jesus noch am Jordan befand, genügte das bisherige ,,am nächsten Tage" nicht mehr. ,,Das galiläische Kana": der Leser soll wissen, wohin sich Jesus jetzt begibt. *Wikenhauser* 72 denkt an Chirbet Cana (14 km nördlich von Nazareth) oder Kefr Kenna (7 km nordöstlich von Nazareth; vgl. *Billerbeck* II 400). Für ,,Hochzeitsfeier" verwendet man sonst γάμος im Plural (*Bauer* WNT 300 s. v.) – Frühere Exegeten führten die Anwesenheit der (im JE nicht mit Namen genannten) Maria teils auf ein ,,Freundschafts- oder Verwandtschaftsverhältnis" zurück (so noch *Wikenhauser* 73), teils vermuteten sie (wie *Ewald* 145) eine Übersiedlung der Familie Jesu nach Kana. Der Erzähler berichtet nur das unbedingt Wichtige und kümmert sich nicht um unnötige Einzelheiten, die wir heute, ins historische Detail verliebt, gern wüßten.

■ **2** Von wem Jesus eingeladen wurde, ist eine solche Einzelheit, die dem Erzähler gleichgültig ist. Nach *Braun* 327 hatte Nathanael am Jordan die kleine Gruppe eingeladen (Joh 21,2!). *Zahn* 148 vermutet, Jesus sei mit seinen Jüngern nach Nazareth gewandert, habe erfahren, daß sich Mutter und Brüder auf einer Hochzeit in Kana befanden, und sei mit den Jüngern dorthin weitergewandert. *Brown* I 98 erwähnt die Vermutung, daß die Einladung von Nathanael ausging. Aber wie konnte dieser am Jordan zu einer Hochzeit in Kana einladen? Die ganze Art, wie man hier jeden Zug der Erzählung historisch auswertete, war ein Irrweg. *Zahn* 161 schrieb zwar richtig: ,,Was Johannes gibt, sind Skizzen", fügte aber leider hinzu: ,,Die von lebendiger Erinnerung und Anschauung zeugen . . .‟

■ **3** Auch warum Weinmangel eintrat (lies mit P 66 und P 75 ὑστερήσαω- τος οἴνου gegen die längere Lesart bei א* it sy[hmg]), hat nicht den Erzähler, sondern nur manche Erklärer beschäftigt. Daß die – siebentägige (Ri 14,10–18; Tob 11,18; Tos.B[e]rachoth II 10 Zuckerm. p. 4,7) – Hochzeitsfeier schon einige Tage gewährt hatte und der Weinvorrat durch die nachträgliche Einladung Jesu und seiner Jünger entstanden sei (*B. Weiß* 110), kann man nur mit *Bultmann* 80 Anm. 5 als eine groteske Phantasie bezeichnen. Das Wort der Maria enthält, wie die Reaktion Jesu darauf zeigt (*Brown* I 99), die heimliche Bitte, diesem Mangel abzuhelfen. Freilich nicht in der Weise (*Zahn* 154; *B. Weiß* 110), daß er durch einen Jünger beim Krämer neuen Wein besorgen läßt, oder sogar so, daß Maria Jesus und die Jünger zum Aufbruch mahnt (zit. nach *Bultmann* 80 Anm. 7). Vielmehr wird ein Wunder Jesu erwartet. Daß es im JE als erstes der ,,Zeichen" gezählt wird, liegt daran, daß diese Geschichte nicht von Anfang an in diesem Kontext umgelaufen ist (s. u. zu V. 11).

■ **4** hat besonders den katholischen Exegeten viel Sorge bereitet, da er für die Mariologie Schwierigkeiten schafft. Die Anrede γύναι (von Luther mit dem heute irreführenden Wort ,,Weib" übersetzt) enthält an sich nichts Herabsetzendes. Aber es ist doch verwunderlich, daß Jesus seine Mutter hier (und 19,26) ebenso anredet, wie in 4,21 die Samariterin und 20,13 Maria Magdalena. Verständlicher wird diese Anrede, ebenso wie die abweisende Wendung ,,τί ἐμοὶ καὶ σοί" (1Kön 17,18 u. ö.) durch Jesu weitere Antwort: ,,Meine Stunde ist noch nicht gekommen." Das besagt zweierlei: Jesus läßt sich in seinem Handeln nicht durch menschliche Anregungen bestimmen, mögen sie sogar von seiner eigenen Mutter kommen, sondern allein vom Willen des Vaters (vgl. z. B. 5,19.30; 7,6; 8,25 dazu *Lightfoot* 101 und *Haenchen,* ,,Der Vater, der mich gesandt hat" 68–77). Wenn Jesus dann, wenige Minuten oder Tage später, dennoch das Verlangte tut, ist das kein Widerspruch in den Augen des Evangelisten. Es kommt nicht auf den Zeitabstand als solchen an, sondern darauf, daß Jesus allein dem göttlichen Rufe folgt (7,6.13). Alle Taten solcher Hingabe an den Willen des Vaters aber gipfeln in der letzten Hingabe an den Liebeswillen des Vaters in der Erhöhung am Kreuz (15,13; 13,1; 19,30). Jedes zuvor vollbrachte ,,Zeichen" ist ein Vorgriff, eine Vorwegnahme des Endgültigen.

■ **5** Die Mutter Jesu läßt sich nicht von ihrer Gewißheit abschrecken, daß Jesus durch irgendeine Tat helfen wird. Wie Maria zu ihrer Autorität im Hochzeitshause kommt, erklärt der Erzähler nicht. Wichtig ist ihm allein, daß die Diener darauf vorbereitet werden, auch eine ihnen unverständliche

Weisung des Gastes zu befolgen. Ohne Zweifel ist dabei das V. 7 angedeutete Geschehen in Sicht, das ein einzelner nicht durchführen kann.

■ **6** beschreibt die Voraussetzung für das kommende Wunder. Es soll ja nicht bloß darin bestehen, daß ein wenig Wasser in Wein verwandelt wird. Vielmehr soll eine riesige Wassermenge in Wein verwandelt werden. Wo aber kann sich eine solche in einem Hochzeitshaus finden? Die Erzählung nimmt an, daß dort sechs steinerne Wasserkrüge standen, von denen jeder zwei bis drei μετρηταί faßte, also jeder 80 bis 120 Liter. Sehr große Steinkrüge werden auch in der jüdischen Literatur erwähnt. Vorratskrüge hat man für Öl, Wein und Getreide benutzt, die bis 50 Liter faßten. Wir haben jedoch nirgends ein Zeichen dafür, daß in einem Haus (oder dessen Hof?) sechs Steinkrüge von so unerhörten Ausmaßen zu Reinigungszwecken bereitstanden. Diese Überhöhung der Wirklichkeit wird die Geschichte dem Ziel verdanken, ein überdimensionales Verwandlungswunder darzustellen.

■ **7** Nun befiehlt Jesus den Dienern, diese Wasserkrüge zu füllen. Sie müssen also z. T. oder sogar ganz (*B. Weiß* 112) leer gewesen sein. Jetzt werden sie bis an den Rand mit Trinkwasser – das von irgendwoher herbeigeholt wird – gefüllt. Das war kein ganz einfaches Unternehmen, da Wasser im Gewicht von mehreren Zentnern (im Höchstfall bis zu 700 kg) herbeigetragen werden mußte. Mit diesem Maximalfall scheint aber die Erzählung zu rechnen. Denn nur wenn die Krüge ganz leer waren und jetzt randvoll mit Wasser gefüllt werden, ist es sicher, daß tatsächlich eine gewaltige Wassermenge zu Wein wird (s. V. 9).

■ **8** Selbstverständlich konnten nicht diese Riesenkrüge, deren Inhalt allein bis zu zwei Zentnern wog, dem Speisemeister gebracht werden. Vielmehr wird dem ἀρχιτρίκλινος nur eine Probe gereicht. Daß lediglich diese Probe in Wein verwandelt wurde, hält *Brown* I 100 zwar für möglich, aber der Meinung des Erzählers widersprechend. Denn in der Logik der Erzählung liegt es ja, daß nun weiter von diesem Wein getrunken wird. Außerdem wäre es dann gar nicht nötig gewesen, zunächst die Krüge ganz zu leeren und bis zum Rand mit frischem Wasser zu füllen. *Strathmann* 58 hat völlig recht mit seiner Behauptung, daß hier alle (apologetischen) Abschwächungsversuche fehl am Platze sind, ,,etwa, Jesus habe dem Hochzeitspaar einen langjährigen Vorrat stiften wollen . . . oder es habe eine suggestive Sinnestäuschung stattgefunden oder der Erzähler habe die Menge übertrieben". Dabei erkennt *Strathmann* 58 ruhig an, ,,daß der Schilderung eine merkwürdig schemenhafte Unanschaulichkeit, ja Unwirklichkeit anhaftet". ,,Weder der Tafelmeister noch der Bräutigam noch die Gäste bemerken, was geschehen ist. Niemand dankt dem Spender. Dieser selbst verschwindet stillschweigend" (57f.). – Zu diesen Schwierigkeiten kommt noch die andere, daß es keine rechte Parallele zu der hier vorausgesetzten Stellung des ἀρχιτρίκλινος gibt. *Billerbeck* II 407f. kann nur auf den Sir 32,1f. erwähnten ἡγούμενος verweisen, den die anderen zum Vorsteher eines Mahles wählen. Der συμποσιάρχης bei den Griechen war ebenfalls einer von den Gästen. Heliodor spricht (Aeth. VII 27) allerdings (*Bauer* 45) von ἀρχιτρίκλινοι und οἰνοχόοι. Das würde zu einem „Haupt der Aufwärter" führen, der Aufsicht und Leitung der aufwendigen Feier unter sich hat. Der „Speisemeister" unserer Erzählung scheint zwischen jenen beiden Möglichkeiten – Gast oder Oberkellner – zu stehen.

■ **9** Auf alle Fälle bezeugt dieser Mann, der nichts von dem Wunder weiß, aber sich auf Wein versteht – nur die Diener können es bezeugen, aber die fragt keiner –, die überragende Güte und Überlegenheit des neuen Weines. Da er den Bräutigam rufen läßt, um dieses Zeugnis abzulegen, befindet er sich nicht im Festraum. Aber das Nähere wird auch hier nicht erzählt, damit nichts von dem Entscheidenden ablenkt: der unbestreitbaren Feststellung, daß der neue Wein unvergleichlich besser ist.

■ **10** Das Sprichwort freilich, das dabei angeführt wird (es soll nicht bloß eine „humorvolle Bemerkung" sein, wie *Schnackenburg* I 337 vermutet), ist weiter nicht bekannt. *Billerbeck* II 409 erwähnt Num. Rabba 16 (181[b]), wonach die Kaufleute zunächst das Schlechte und dann erst das Gute zeigen. Das ist keine wirkliche Entsprechung. *Windisch*, „Die johanneische Weinregel" 253ff., hat auf eine Stelle in einem Bruchstück aus Pseudo-Theopomp hingewiesen. Aber hier wird nur die Unsitte der Spartaner getadelt, den Gästen zuerst guten und dann schlechten Wein einzuschenken. *Brown* I 100 hält es zwar für überkritisch anzunehmen, daß der Evangelist dieses angebliche Sprichwort selbst ad hoc geschaffen habe. Aber erstens muß dieser Vers nicht auf den Evangelisten zurückgehen. Zum andern bestand die vom „Sprichwort" vorausgesetzte Situation in Wirklichkeit nicht: eine solche Hochzeitsfeier dauerte nicht nur ein paar Stunden, während denen die Gäste allmählich trunken und unfähig wurden, die Qualität des Weines zu beurteilen. Vielmehr erstreckte sich die Feier über mehrere Tage; manche Gäste gingen während dieser Zeit fort und andere trafen ein. Beide Gruppen konnten also den Weinwechsel nicht konstatieren.

■ **11** „Das tat Jesus als erstes Zeichen im galiläischen Kana" faßt das Geschehen zusammen und charakterisiert es. Zur Konstruktion verweist *Bauer* 45 auf Isokrates (Paneg. 10,38 ed. *Blaß*): ἀλλ᾽ ἀρχὴν μὲν ταύτην ἐποιήσατο εὐεργεσιῶν. Das Wort σημεῖον, das in der LXX das hebräische אות = „Zeichen" übersetzt (z. B. Ex 4,8f.; Jes 7,11.14) dürfte in der übernommenen Tradition im Sinn von „Wunder" verstanden worden sein. Der Evangelist aber wird es als „Hinweis", und zwar auf etwas ganz anderes verstanden und in diesem Sinn als „Zeichen" aufgefaßt haben. Es mag sein, daß die Geschichte ursprünglich mit dem Lob geschlossen hat, das der „Speisemeister" dem guten neuen Wein gespendet hat. Aber die Erzählung ist dann in einen größeren Zusammenhang eingegliedert worden (vgl. 4,54), dessen Umfang freilich schwer bestimmbar ist. Daß Jesu Jünger erst jetzt zum Glauben an ihn kamen (ἐπίστευσαν), paßt nicht zu 1,40–49 mit den verschiedenen Glaubensbekenntnissen. Die Versuche mancher Exegeten, diese Spannung zu beseitigen – die Jünger kamen zu tieferem Verständnis der Person Jesu (*Schnackenburg* I

338) – passen nicht zu der aufgenommenen Überlieferung, sondern höchstens zu der Deutung, mit der sie für den Evangelisten erträglich wurde. Die Überlieferung der ersten Worte von V. 11 zeigt Varianten. P 66ᶜ P 75 H A Θ al lesen: ταύτην ἐποίησεν ἀρχὴν κτλ. אᶜ 𝕽 schieben vor ἀρχήν den Artikel ein; 1241 stellt ἀρχήν vor ἐποίησεν. Wichtiger ist die (in sich wieder durch Umstellungen aufgliedernde) Lesart, die אᶜ P 66 bieten: ταύτην πρώτην ἀρχήν κτλ. Die Lateiner zeigen, daß sie verbreiteter gewesen sein muß, so f: „hoc primum fecit initium signorum Jesus"; q: „hoc primum initium fecit Jesus signum"; b: „hoc primum signum; foss: „primum signorum". *Fortna* 35 hält die Lesart von א* P 66 für ursprünglich, d. h. wenigstens bis auf Johannes zurückgehend. Es könne – wegen des Geschlechtes von πρώτην – kein Mischtext sein; die Varianten erklärten sich so, daß die Schreiber die vermutete Verdoppelung verschieden zu verbessern versucht hätten. U. E. handelt es sich doch um einen Mischtext: Das ταύτην verführte einen Schreiber dazu, als Fortsetzung πρώτην zu vermuten und hinzuschreiben. Dann sah er, daß die Vorlage ἀρχήν enthielt, und trug dieses Wort nach, ohne πρώτην zu streichen. Ein solcher Fehler kommt öfter vor. Es kann aber auch die Vorlage von P 66* ταύτην τὴν ἀρχήν enthalten haben und der Schreiber das τήν in πρώτην verlesen haben.

■ **12** ist ein Übergangsvers: Jesus kann doch nicht von Kana nach Jerusalem wandern. Mt 4,13 zeigt, daß es eine Überlieferung von Jesu Aufenthalt in Kapernaum gegeben hat (vgl. Joh 6,59). – μετὰ τοῦτο unterscheidet sich von μετὰ ταῦτα nicht: vgl. *Bultmann* 85 Anm. 6.

In P 66* und P 75 sowie in B pc fehlt αὐτοῦ nach ἀδελφοί. Darin sieht man katholischerseits eine Bestätigung für die These, daß Jesu ἀδελφοί nicht seine leiblichen Brüder waren, sondern entweder aus einer früheren Ehe des Joseph (so *Epiphanius*) oder Söhne von Josephs Bruder oder von Marias Schwester (so *Hieronymus*) stammten. *Brown* 111 zitiert zustimmend den Satz von *Bernard* I 85, es sei schwer verständlich, wie die Lehre von der Jungfräulichkeit der Maria früh im zweiten Jahrhundert erwachsen sein könne, wenn vier Söhne der Maria (Mk 6,3: Jakobus, Josef, Juda, Simon) eine Rolle in der Gemeinde spielten und einer von ihnen sogar Bischof von Jerusalem gewesen sei. Aber Mk 3,20f.31–35, verglichen mit Lk 8,19–21 (s. dazu *Haenchen, „*Der Weg Jesu" 139–145) sollten genügen, um zu zeigen, daß menschliche Ideale auch mit sehr deutlichen andersartigen Traditionen fertigwerden können.

● Die Frage nach den „Quellen" und die nach dem „Ziel" dieser Geschichte, nach dem, was sie uns eigentlich sagen will, wollen wir beide zunächst zurückstellen. Das wird sich später als nützlich erweisen. Zunächst aber soll es uns um den Aufbau, die Komposition der Geschichte gehen, die uns der überlieferte Text bietet. Diese Erzählung, nur durch die Worte „Am dritten Tag" unbestimmt mit dem Vorhergehenden verbunden, setzt recht plötzlich ein: Im galiläischen Kana (es gab nicht bloß dieses einzige Städtchen solchen Namens) war eine Hochzeit, und Jesu Mutter – deren Namen Maria das JE nie nennt – war dort. Ob sie schon vor längerer Frist oder erst nun eingetroffen war, läßt der Erzähler ebenso offen wie Marias Beziehungen zur Hochzeitsfamilie (die Legende hat sich munter in der vermeintlichen Erzählungslücke getummelt – z. B.: Maria war eine Tante des Bräutigams [*Brown* I 98]). Da sie nicht mit Jesus am Jordan war, konnte sie nicht mit ihm zusammen vom Jordan nach Kana gewandert sein. Also läßt sie der Erzähler schon in Kana gleichsam bereitstehen. Aber auch Jesus samt seinen Jüngern wird eingeladen. Wie ihn die Einladung am Jordan erreichte, interessierte weder den Leser noch den Erzähler. So kann dieser, wie zuvor, in dem lockeren Stil berichten, der unwichtige Einzelheiten ausspart. Darum braucht er auch nicht mitzuteilen, warum der vorhandene Wein zu Ende ging. Frühere Ausleger haben das, jeder auf seine Weise, beantwortet. Dieser plötzliche Notstand ist das auslösende Moment. Nun scheint die Zeit zum Eingreifen der Mutter gekommen zu sein: sie macht ihren Sohn darauf aufmerksam, daß die Gastgeber keinen Wein mehr haben. *Büchsel* 44 meinte, Jesus „hat augenscheinlich die Verlegenheit nicht gewürdigt, wenn überhaupt bemerkt“. Der Erzähler gibt sich mit solchen Überlegungen nicht ab. Er wird doch im entscheidenden Augenblick das Interesse nicht auf solche Einzelheiten abgleiten lassen! Der Leser erwartet also, daß Jesus auf diese indirekte Bitte um ein Wunder hin sogleich zur Tat schreitet. Aber da kommt die Überraschung: Jesus lehnt schroff ab und begründet sein „Nein!“ mit den rätselhaften Worten: „Meine Stunde ist noch nicht gekommen.“ Das ist kein retardierendes Moment im üblichen literarischen Sinn. Es hat auch nicht mit der Ablehnung der Bitte des kananäischen Weibes zu tun, an die *Brown* I 102 erinnert. Bei Mk 7,24–30 und Mt 15,21–28 erfolgt Jesu „Nein“ aus ganz anderen Gründen als hier, wo es einzig darum geht, wann Gott will, daß Jesus handelt (5,19). Die Mutter Jesu läßt sich – wenigstens nach dem vorliegenden Text – nicht abschrecken. Sie sagt (mit einer an Gen 41,15 anklingenden Wendung) zu den Dienern, sie sollten alles tun, was auch immer er sagen werde. Offensichtlich setzt das einen ungewöhnlichen, aber doch erwarteten Befehl Jesu voraus, wie er tatsächlich alsbald erfolgt. Damit ihn der Leser versteht, muß der Erzähler auf eine Einzelheit eingehen. Irgendwo im Hause gibt es sechs riesige steinerne Wassergefäße, wie sie die jüdische Reinigung verlangt. Mehr sagt der Erzähler nicht darüber, denn jetzt ereignet sich das, was die Voraussetzung für das Wunder bietet: Jesus befiehlt den Dienern, diese Gefäße bis an den Rand mit Wasser zu füllen. Damit wird gesichert, daß die unerhört große Wassermenge wirklich vorhanden ist, die nun zu Wein wird. Die Worte „und sie füllten sie bis oben an“ fassen ein Geschehen kurz zusammen, das seine Zeit braucht. Denn die Erwartung des Lesers darf nicht überbeansprucht werden. Die Wassergefäße sind voll, und Jesus läßt dem Speisemeister eine Probe bringen aus irgendeinem der Riesenkrüge, die der Erzähler nun voll des köstlichen Weines weiß. Der Speisemeister kann das nicht wissen; gerade deshalb bekommt sein Lob des Weines objektives

Gewicht. Andererseits müssen (Zeugen müssen ja vorhanden sein!) die Diener es wissen: sie haben Wasser eingefüllt und Wein herausgeschöpft. Wie gut der Wein ist, kann nur indirekt dargestellt werden: Der Speisemeister läßt den Bräutigam rufen und macht ihm Vorhaltungen, daß er diesen edlen Wein solange zurückgehalten hat. Nun darf man (vgl. *Strathmann* 58) nicht erwarten, daß der Bräutigam zurückfragt: ,,Ja, wo kommt denn dieser Wein her?" Nein, das Wunder bleibt (trotz der Mitwisser) vom Schleier des Geheimnisses umhüllt. Auch die Diener wissen ja gar nicht, wie Jesus die Verwandlung zustande gebracht hat. Aber der Leser hat genug erfahren und versteht es durchaus, daß die Jünger auf dieses Wunder hin an Jesus glauben.

Wenn man sich so den Aufbau der Erzählung verdeutlicht hat, fallen Fragen fort, mit denen sich viele Exegeten abgemüht haben: Wie konnte man Jesu Mutter vor ihm einladen (*Schwartz* IV 512 Anm. 1); daß man Jesus am Jordan nach Kana einlud in einem Augenblick, wo dort noch niemand ahnte, er werde nicht allein erscheinen, sondern von neugewonnenen Jüngern begleitet (*Zahn* 154; *B. Weiß* 110). Die neugierige Frage, warum der Wein gerade jetzt zu Ende ging, darf man natürlich nicht mit *B. Weiß* 109 mit dem Hinweis auf die unerwarteten Gäste beantworten. Daß Jesus die Bitte der Maria so schroff abweist (s. dazu V. 4), hat auch noch manchem katholischen Ausleger viel Leid bereitet. *Schwartz* a.a.O. 512 wollte, da ihm in den διάχονοι die späteren christlichen Diakone zu stecken schienen, es den Gästen überlassen, die Gefäße zu füllen. Kritik ist keine schlechte Sache, aber übertreibt man sie, kann sie lächerlich werden. Daß wir nicht erfahren, wie lange das Fest schon dauerte, als der neue Wein auf den Tisch gekommen war, oder daß sich der Bräutigam bei Jesus bedankt, versteht sich von selbst (so denn auch *Strathmann* 58). Das Entscheidende ist geschehen und darf nicht durch belanglose Einzelheiten entwertet werden.

Was bleibt an Fragen übrig? Vor der Aufklärung bereiteten Wundergeschichten dem Leser keine Mühe; sie konnten als Beweise dienen. *Lessing* hat dann eingeschärft, daß wir nicht die Wunder selbst vor uns haben, sondern nur Erzählungen davon, und diese erweckten dann Fragen oder den Wunsch, das Wunderhafte auf gute Weise loszuwerden. So hat *Dodd*, Tradition 227f., es mit der Vermutung versucht, diese Wundergeschichte habe sich aus einer Bildrede entwickelt. Sie habe etwa begonnen mit ,,Ein Mann machte Hochzeit" und geendet mit ,,du aber hast den guten Wein bis jetzt bewahrt". Schön und gut. Aber dann hätte Jesus zwischen jenem Anfang und diesem Ende doch auch von einem Weinwunder erzählen müssen, und wer hätte das vollbracht haben sollen? Am gleichen Einwand scheitert *Dodds* weitere Vermutung, die Geschichte vom Stater im Fischmaul (Mt 17,24–27) sei aus einer Parabel Jesu entstanden.

*Schwartz* IV 512 und andere haben sich gefragt, ob Maria ursprünglich in der Geschichte vorkam. V. 4 zeige ja deutlich die Sprache und Denkweise des Evangelisten (vgl. 7,6). Aber wer V. 1b und V. 3 (nach οἴνου) bis V. 5 fortläßt, muß V. 6 hinter die ersten Worte von V. 3 umstellen und erzielt eine enigmatische Kürze. Darum wollte man lieber zu einer anderen Möglichkeit greifen: der ursprüngliche Text ging von λέγει ἡ μήτηρ τοῦ ᾿Ιησοῦ V. 3 sofort weiter zu τοῖς διακόνοις V. 5 weiter. Dann wäre die Mutter Jesu in der benutzten Überlieferung die durchaus ehrenvolle Aufgabe zugefallen, ein Wunder Jesu vorbereiten zu helfen. Läßt sich ein solcher Ansatz zu einer Mariologie damals denken? Man braucht sich nur an Stellen wie Lk 1,26–35 oder 2,19 zu erinnern, um diese Frage bejahen zu können. Freilich ist von Maria als Mithelferin bei der Vorbereitung eines Wunders Jesu noch ein weiter Weg bis zur Lehre von Maria als Mittlerin aller Gnaden, und der vierte Evangelist hat mit V. 4 diesen Weg nicht gerade erleichtert. Für diesen Versuch der Rekonstruktion einer (kürzeren) Quellenform könnte man anführen: Nach dem jetzigen (vom Evangelisten erweiterten) Text ist die Reaktion der Mutter in V. 5 sonderbar: hat sich doch Jesus in aller Form ihr Eingreifen in dieser Sache verbeten. Außerdem könnte sich auf diese Weise eine ähnliche Korrektur an der Überlieferung durch den Evangelisten wie in dem kurzen Einschub von 4,48f. ergeben.

Daß der Evangelist und auch schon der benutzte Erzähler sich diese Geschichte nicht einfach ausgedacht haben, ist unbestritten. Also ist Tradition benutzt. Aber was für eine? *Jeremias*, ,,Jesus als Weltvollender" 21–29, hat 1930 so argumentiert: ,,Das Bild der Hochzeit ist der zeitgenössischen Literatur wie dem Neuen Testamente außerordentlich geläufig. In den Tagen des Messias wird die Hochzeit sein, heißt es im Midrasch Ex. Rabba (ed. Stettin [1864] 15,30 zu Ex. 12.2 [43ᵃ,29]). Auch im Neuen Testament ist die Hochzeit Symbol der kommenden Heilszeit und der Vereinigung des Messias und der Gemeinde." ,,Schon jetzt, sagt Jesus, und das ist die gewaltige Kühnheit seines Wortes gegenüber der herrschenden Messiaserwartung, schon jetzt in meiner Niedrigkeit ist die Hochzeitsfreude angebrochen . . ." (24). ,,Hier liegt auch der Schlüssel zum Verständnis der Geschichte von der Hochzeit zu Kana (Joh 2,1–11). Wenn dort gesagt wird, ,und er offenbarte seine Herrlichkeit, und seine Jünger kamen zum Glauben an ihn', so heißt das im Sinne des Evangelisten . . .: die Jünger verstanden, was Jesus ihnen damit sagen will, daß er Wasser in Wein wandelt und als sein erstes Zeichen ihnen das Gewächs der Heilszeit bringt" (29). *Bultmann* 84 Anm. 1 wendet freilich dagegen ein: ,,Der Wein der Hochzeit von Kana stammt nicht aus der alttestamentlichen Heilserwartung, sondern aus dem Dionysoskult in Syrien" (s. dazu unten). Aber *Noetzel*, Christus und Dionysos 45, hat darauf hingewiesen, daß die rabbinischen Ausdeutungen und Berechnungen exegetisch auf Gen 49,11f. bauen, und die syrische Baruchapokalypse (*Billerbeck* IV 810) angeführt, die in § 1 S. 10f. der Einleitung ausführlich besprochen worden ist. Das Ergebnis ist für jeden Weinstock im tausendjährigen Reich: Zehn Milliarden Hektoliter Wein. Demgegenüber sind die 5 bis 7 Hektoliter unserer Perikope eine sehr bescheidene Andeutung kommender Überfülle. Von einer Verwandlung des Wassers in Wein redet diese Legende freilich nicht. Als Quelle für unsere Perikope kommt sie ebensowenig in Betracht wie die

Stelle im Jakobssegen, welche die Rabbinen zu solchen Berechnungen angeregt hat.

Andere – u. a. sei *Bultmann* 83 genannt – möchten unsere Geschichte aus heidnischer Tradition ableiten: ,,Zweifellos ist die Geschichte aus heidnischen Legenden übernommen und auf Jesus übertragen worden. In der Tat ist das Motiv der Geschichte die Verwandlung des Wassers in Wein, in der dieses Wunder eben das Wunder der Epiphanie des Gottes ist und deshalb auf den Zeitpunkt des Dionysos-Festes, nämlich die Nacht vom 5. auf den 6. Januar datiert wird." Die alte Kirche habe das noch verstanden, wenn sie ,,den 6. Januar für den Tag der Hochzeit von Kana hielt" (ebd.). Für den Evangelisten sei diese Erzählung Symbol der ,,Göttlichkeit Jesu als des Offenbarers". Anmerkungsweise fügt *Bultmann* 83 Anm. 5 noch hinzu: ,,Es ist sehr möglich, daß der Evangelist sich in seiner symbolischen Deutung schon auf eine Tradition stützen konnte. Auch nach Philo spendet der (durch Melchisedek abgebildete) Logos den Seelen ,statt Wasser Wein' (leg. all. III 82) und heißt der Logos der οἰνοχόος τοῦ ϑεοῦ (somn. II 249)."

Daß der Logos Wasser in Wein verwandelt, behauptet Philo jedoch nicht, und die ,,sobria ebrietas" des durch den Wein symbolisierten Geistes hängt mit dem bacchantischen Treiben nur e contrario zusammen. Die griechische Tradition sagt von Dionysos gar nicht, daß er Wasser in Wein verwandle. Die ,,Bakchen" des Euripides beschreiben anschaulich das Eindringen des orgiastischen Dionysoskultes in Griechenland. ,,Die Bakchen schlagen mit dem Thyrsos an Felsen, und sofort sprudelt perlendes Wasser heraus; andere stoßen den Doldenstengel in die Erde, und sofort sendet der Gott einen Weinquell hervor; wer aber nach Milch begehrt, der braucht nur mit den Fingerspitzen die Erde aufzuscharren; wer Honig haben wollte, fand ihn am epheugeschmückten Thyrsos hervorquellend" (*Euripides,* Bakchen 695–702). *Plato* hat im ,,Ion" 534ᵃ gezeigt, daß all diese wunderbaren Vorgänge sich nur im Bewußtsein der Mänaden abspielten und sich ,,objektiv" nicht ereigneten. Die echten Dichter werden ,,den Bakchen ähnlich . . . und wie diese aus den Strömen, Milch und Honig nur wenn sie begeistert sind, schöpfen, wenn aber ihres Bewußtseins mächtig, dann nicht, so bewirkt auch der Liederdichter Seele dieses . . .". Diese ekstatische Raserei, welche die Frauen und Mädchen ergriff, wurde von den Regierungen und der Priesterschaft domestiziert, indem sie daraus einen Staatskult machten, der an festgelegten Tagen begangen wurde (vgl. dazu die ausgezeichnete Studie von *Noetzel,* die wir oben schon erwähnt hatten: ,,Christus und Dionysos. Bemerkungen zum religionsgeschichtlichen Hintergrund von Joh 2,1–11"). *Noetzel* berichtet nach Pausanias (VI 26,1f.): ,,In alter Zeit riefen dort die Frauen von Elis den Gott, und das Wunder des sprudelnden Weines war das Zeichen, daß er erschien. . . . Später finden wir dort ein Gebäude und eine Priesterschaft, die das Wunder selbst veranstaltet." Von den bei *Bultmann* zitierten Überlieferungen über Dionysoswunder (Naxos, Teos, Andros, Nysa) sagt *Noetzel* 15: ,,All diese Wundererzählungen . . . sind verhältnismäßig spät, sie zeigen, daß eine Zeit gekommen ist, die auf Mythendichtung aus war und darin Vielfältiges leistete." Erstaunlicherweise hat man das Verwandlungsmotiv, das im Dionysoskult keine Rolle spielte, aus der Kanageschichte entnommen, „um einen aus dem ägyptischen Osirisglauben stammenden Brauch am Epiphaniefeste biblisch zu begründen" (37). Man tut also gut, wenn man auf diese angebliche religionsgeschichtliche Herleitung aus dem Dionysoskult verzichtet.

*Hirsch,* Evangelium 122–127, endlich hat den Unterschied von Wein und jüdischem Reinigungswasser zum Ausgangspunkt für seine Deutung der Perikope gewählt: „Die Geschichte selbst bringt die Wassertröge mit den Vorschriften des jüdischen Gesetzes über rein und unrein in Verbindung. Hält man sich an den Gegensatz von Geist und Gesetz, so hat man an Gleichnistiefe der Geschichte nach der Weise des Verfassers genug. Die Reinheit des Gesetzesdienstes wird verschlungen von der Gabe des heiligen Geistes. Wahrscheinlich muß man die Gleichnisbeziehung möglichst allgemein nehmen, als Entgegensetzung des jüdischen Gottesdienstes durchs Gesetz und des christlichen Gottesdienstes in Geist und Wahrheit. Dann ist das Wunder am deutlichsten gleichnishafte Abbildung von etwas, das durch den Tod Jesu kommt" (125).

Alle diese Typen von Deutungen sind sich darin einig, daß das erzählte Geschehen als solches dem Evangelisten wenig bedeutete. Nicht daß er diese Wunder für nie geschehen gehalten hätte (wie *Bultmann* 83 Anm. 4 vermutet), sondern für bloße „Symbole". Aber ließ Jesus hier Wasser zu Wein werden, so wurde dieser Wein doch getrunken wie anderer Wein auch, und der erweckte Lazarus starb später auch wieder (vgl. Joh 12,10). D. h. aber: Diese Wunder ließen die Menschen im Raum dieser Welt und änderten ihr Leben nicht von Grund auf. Gerade das aber wollte Jesus nach der Erkenntnis des JE. Darum war dem Evangelisten „die Stunde" Jesu das zentrale Ereignis. Denn sie war die Stunde, da Jesus in Erfüllung des väterlichen Willens sich ganz dahingab, und damit zugleich die Stunde, wo sich dieser Weg Jesu zum Kreuz als der Weg zum Vater öffnete – auch für uns. Denn hier kam in Sicht, was in der Welt verborgen und unzugänglich war. Alle „Zeichen" Jesu im JE zeigen auf diese letzte Stunde hin und nehmen sie insofern vorweg. Wer an Jesus glaubt, erkennt, was in jeder solchen Stunde eigentlich geschieht: Das Heil wird in Jesus zugänglich. Der Evangelist dürfte die Kanageschichte im Licht von 1,16f. des Prologs verstanden haben: „Aus seiner Fülle haben wir alle empfangen, und zwar Gnade um Gnade." Daß die „Reinigung der Juden" erwähnt wird, läßt sich von 1,17 her deuten: „Denn das Gesetz wurde durch Moses gegeben, die Gnade und die Wahrheit ist durch Jesus Christus wirklich geworden." In 1,50 hieß es: „Ihr werdet Größeres sehen" als jenes zauberhafte Wissen um Nathanaels Vergangenheit. Hier in Kana wird etwas von diesem Größeren sichtbar. In jenen Reinigungsriten wollte sich der Mensch selbst vor Gott rein machen. Nun aber kommt in der „Stunde" das Neue, die neue Gottesstunde: Nicht wir nehmen alle Unreinheit fort, sondern „das Lamm Gottes" (1,29.36). Indem sich Gott als der große Geber zeigt, tritt seine Herrschaft in Kraft. Das wird in der Kanageschichte anschaulich. Aber sehen kann es nur der, dessen Blick nicht am Freudentaumel der Hochzeit hängenbleibt. Wir haben einen besseren Grund zur Freude als den Hochzeitswein als solchen: Jesus geht zum Vater, und damit ist dieser Weg auch uns offen. Der Evangelist erörtert das hier nicht näher. Er stellt uns nur dieses Bild vor Augen. Er wird noch oft von alledem sprechen, auf die eine oder andere Weise. Aber es ist das Centrum Johanneum, das hier zum erstenmal angedeutet wird.

# 7. Die Tempelreinigung

[13]**Und nahe war das Passa der Juden, und Jesus zog hinauf nach Jerusalem. **[14]**Und er fand im Heiligtum die Verkäufer von Rindern und Schafen und Tauben und die Wechsler sitzen. **[15]**Und als er eine Geißel aus Stricken gemacht hatte, trieb er alle hinaus aus dem Heiligtum, die Schafe und Rinder, und die Münzen der Wechsler schüttete er aus, und ihre Tische stieß er um, **[16]**und den Taubenverkäufern sagte er: „Schafft das fort von hier! Macht nicht das Haus meines Vaters zu einem Haus des Handelns!" **[17]**Es gedachten seine Jünger daran, daß geschrieben ist: ‚Der Eifer um dein Haus wird mich verzehren.' **[18]**Da antworteten die Juden und sagten zu ihm: „Welches Zeichen zeigst du uns, daß du das tust?" **[19]**Jesus antwortete und sagte zu ihnen: „Löst diesen Tempel auf, und ich werde ihn in drei Tagen errichten!" **[20]**Da sagten die Juden: „In 46 Jahren wurde dieser Tempel erbaut, und du wirst ihn in drei Tagen errichten?" **[21]**Jener aber hatte vom Tempel seines Leibes gesprochen. **[22]**Als er nun von den Toten erweckt wurde, gedachten seine Jünger daran, daß er dies gesagt hatte, und sie glaubten der Schrift und dem Wort, das Jesus gesprochen hatte.**

**Literatur:**

Bjerkelund, C. J., En tradisjons- og redaksjonshistorik analyse an perikopene om tempelrendelsen, NTT 69 (1968) 206–216.

Braun, F. M., L'expulsion des vendeurs du Temple, RB 38 (1929) 178–200.

Ders., In spirite et veritate, I, RThom 52 (1952) bes. 249–254.

Buse, J., The Cleansing of the Temple in the Synoptics and in John, ET 70 (1958/59) 22–24.

Bussche, H. van den, Le Signe du Temple, BVC 20 (1957) 92–100.

Carmichael, J., Leben und Tod des Jesus von Nazareth, [2]1965.

Cullmann, O., L'opposition contre le Temple de Jerusalem, NTS 5 (1958/59) 157–173.

Dubarle, A. M., Le signe du Temple, RB 48 (1939) 21–44.

Eisler, R., The Messiah Jesus and John the Baptist, 1930.

Epstein, V., The Historicity of the Gospel Account of the Cleansing of the Temple, ZNW 55 (1964) 42–48.

Freed, E. D./Hunt, R. B., Fortna's Signs-Source in John, JBL 94 (1975) bes. 570–573.

Haenchen, E., Johanneische Probleme, ZThK 56 (1959) bes. 34–46.

Ders., Der Weg Jesu, Berlin 1966, 382–389.

Hiers, R. H., Purification of the Temple: Preparation for the Kingdom of God, JBL 90 (1971) 82–90.

*James, M. R.,* Notes on Apocrypha, JThS 7 (1906) 562–568 bes. 566.

*Kolenkow, A. B.,* The Changing Patterns: Conflicts and the Necessity of Death: John 2 and 12 and Markan Parallels, SBL.SP 1979. 1, 123–126.

*Leon-Dufour, X.,* Le signe du Temple selon Saint Jean, RSR 39 (1951) 155–175.

*Martin, R. A.,* The Date of the Cleansing of the Temple in Joh 2,13–22, IndJTh 15 (1966) 52–56.

*Mendner, S.,* Die Tempelreinigung, ZNW 47 (1956) 93–112.

*Moulton, H. K., Pantas* in John 2,15, BiTr 18 (1967) 126–127.

*Safrai, S.,* The Pilgrimage at the Time of the Second Temple, Tel Aviv 1965 (in Hebräisch).

*Schille, G.,* Prolegomena zur Jesusfrage, ThLZ 93 (1968) 481–488.

*Simon, M.,* Retour du Christ et reconstruction du Temple dans la pensée chrétienne primitive, in: Aux Sources de la Tradition Chrétienne, FS. M.Goguel, 1950, 247–257.

*Trocmé, E.,* L'expulsion des marchands du Temple, NTS 15 (1968/69) 1–22.

*Vogels, H.,* Die Tempelreinigung und Golgotha (Joh 2,19–22), BZ 6 (1962) 102–107.

*White, H. J.,* On the Saying Attributed to Our Lord in John II,19, Exp. 17 (1919) 415–423.

■ **13** Wie in 11,55, so veranlaßt auch hier das nahe ,,Passa der Juden'' Jesus, zum hochgelegenen Jerusalem hinaufzuziehen. Für diese Pilgerreise war ἀναβαίνω der übliche Ausdruck. Aber im JE verhält sich Jesus nicht wie ein Pilger. Wir hören nie, daß er am jüdischen Kult teilnimmt. Für das JE ist das ,,Passa der Juden'' – ebenso wie das Laubhüttenfest 7,2, das Tempelweihfest 10,22 und das nicht näher bestimmte ,,Fest der Juden'' 5,1 – kein christlicher Gottesdienst, sondern Feste, die Jesus und die Seinen nicht mehr berühren. Vielmehr macht das JE hier, wo zuerst eines der großen jüdischen Feste erwähnt wird, es dem Leser deutlich, wie hart Jesus dagegen Einspruch erhob. Die Feste am jerusalemischen Tempel bieten nach dem JE lediglich Jesus eine Gelegenheit für seine eigene Verkündigung. Sie geben ihm Anlaß, zu der versammelten Judenschaft über seine eigene Bedeutung zu sprechen. Der Erzähler benutzt diese Feste nicht als historische Wegmarken, nach denen man die Dauer der Öffentlichkeit Jesu berechnen dürfte. Weil aber die johanneische Tradition aus dem oben genannten Motiv u. a. von mehreren Passafesten sprach, hat der Evangelist die Geschichte von der ,,Tempelreinigung'' dem ersten von ihm erwähnten Passa der Juden zugeordnet – Jesus konnte doch nicht erst zu allerletzt seinen Widerspruch gegen diese Art von Gottesdienst in Wort und Tat geltend machen!

■ **14** Auf die Erwähnung Jerusalems folgt (wie in Mk 11,11.15) diejenige des ἱερόν. Die Kommentare meinen, der Erzähler habe damit den außerordentlich großen ,,Vorhof der Heiden'' bezeichnet, der sich südlich und nördlich von den Innenhöfen und den Tempelbauten (V. 19: ναός) erstreckte. Aber keiner der Evangelisten bedient sich dieser Bezeichnung ,,Vorhof der Heiden'', und es fragt sich, wie genau ihre Vorstellungen vom jüdischen Tempel waren. Er lag schon mehr als 20 Jahre in Trümmern, als das JE geschrieben wurde. Es versteht sich nicht von selbst, daß die Evangelisten (oder die Verfasser ihrer ,,Vorlagen'') bereits über die neuesten archäologischen Kenntnisse verfügten. – Nach V. 14 verkaufte man im ,,Heiligtum'' neben Tauben (dem Opfer der armen Leute: Lev 5,7; 12.8) auch Rinder und Schafe. Die teuren Rinder kamen als Privatopfer (s. Scheq 5,3 bei *Billerbeck* I

851) selten in Frage. Die beiden am Passamorgen von Priestern als Gemeinde-Opfer dargebrachten Jungstiere (Lev 1,1–17; Jos. Ant. 3,224; Philo, De Spec. leg. 1, 162.f.) waren natürlich nicht vorher im Tempel zum Verkauf angeboten gewesen. Die Überlieferung, daß Baba ben Buta (z. Z. Herodes des Großen) einmal dreitausend Stück Kleinvieh aus der Steppe von Qedar zum Tempelberg treiben ließ, um den übersteigerten Preis zu drücken (p. Jom Tob 2,61^c,13; *Billerbeck* I 852), berichtet von einem in der Zahl phantastisch übersteigerten Einzelfall. – Man hat die Zahl der Pilger und der Passa-Opfer stark übertrieben. Josephus (BJ VI 420.423–425) behauptet, man habe in den 60er Jahren einmal 256 500 Opfertiere gezählt. Unter der Voraussetzung, daß zu einer Passamahl-Gemeinschaft mindestens zehn Personen gehörten (nicht ,,durchschnittlich'', sondern ,,mindestens''), kommt Josephus auf 2 700 000 Mahlteilnehmer. *Jeremias,* Jerusalem z. Z. Jesu 96, hat die Zahl der Festpilger auf 125 000 geschätzt und hinzugefügt: ,,Man wird diese Zahl kaum um mehr als die Hälfte vermehren oder vermindern dürfen.'' Eine in der dritten Auflage (97f.) hinzugefügte Anmerkung stellt aber die Frage, ob die Gesamtzahl von 180 000 Festteilnehmern (Pilger und Einwohner Jerusalems) nicht doch zu hochgegriffen sei. Das ist sie sicher, und zwar in erheblichem Maße. 1965 hat *Safrai,* Pilgrimage 71–74, die früheren Vorstellungen auf bescheidenere, aber realistische Maße zurückgeführt: möglicherweise könnte man von einigen zehntausend Pilgern reden. Nach Pes. 8,3 (vgl. *Billerbeck* IV 1,46) genügte es, wenn jeder Mahlteilnehmer ein Stück vom Passa-Lamm in der Größe einer Olive bekam. So konnte ein einziges Lamm für 20 und mehr Teilnehmer ausreichen. Man muß also keine zu großen Herden annehmen, wie sie *Schlatter,* Mt 612, in den Unterbauten des herodianischen Tempels vermutete. Wahrscheinlich brachten die meisten Pilgergruppen ihr Lamm selbst mit; die anderen durften vom 10. Nissan an ihre Passa-Lämmer in Jerusalem erwerben. Ob solche Lämmer auch in den Kaufhallen auf dem Ölberg (vgl. Ta'anit 4 69^a, 37; *Billerbeck* I 851) zu erhalten waren (so *Eppstein*), stehe dahin. Die dafür angebotene Haupthypothese *Eppsteins* scheint uns fragwürdig: Im Jahr 30 habe sich der Hohepriester Kaiphas mit dem Hohenrat überworfen (,,Priester gegen Rabbinen'') und dem Hohenrat den bisherigen Sitzungsraum in der Quaderhalle entzogen. Als die Besitzer der oben erwähnten Kaufhallen auf dem Ölberg eine davon dem Hohenrat als Tagungsraum zur Verfügung stellten, habe sich Kaiphas an diesen Kaufleuten gerächt und ihren Konkurrenten zum erstenmal in der Geschichte erlaubt, ihre Tiere im Vorhof der Heiden selbst aufzustellen. So habe sich damals Jesus ein Bild dargeboten, wie er es bei seinen früheren Besuchen des Tempels noch nicht zu sehen bekommen hatte. Aber Kaiphas war – wenn überhaupt – nicht der einzige Sadduzäer im Hohenrat, sondern neben ihm waren Mitglieder der hohenpriesterlichen Familie dort vertreten, und die ,,Ältesten'', die zweite große Gruppe im Hohenrat, waren wohl überwiegend ,,altgläubige'' Sadduzäer. Die Schriftgelehrten im Hohenrat besaßen ihre Macht nicht durch ihre Zahl, sondern da das Volk hinter ihnen

stand. – Wechsler (die ebenfalls erst wenige Tage vor dem Passafest im „Vorhof der Heiden" ihre Tische aufschlugen) waren nötig, weil die Tempelsteuer nicht mit römischen oder griechischen Münzen bezahlt werden durfte (wegen der Abbildungen von Menschen darauf, die das Gesetz verbot). Da Judäa als römische Provinz das eigene Münzrecht verloren hatte, behalf man sich mit tyrischen Münzen, die nur die Angabe des Scheqelwertes trugen. Das Aufgeld der Wechsler betrug lediglich 2,12%. Bei der Tempelsteuer von einem Didrachma (etwa 1,30 DM) pro Person waren das keine 5 Pfennige. Lärmendes Feilschen kam also hier nicht in Frage. Scheq 5,3 (*Billerbeck* I 851) läßt erkennen, daß z. B. Trankopfer nach einem durchorganisierten System zu festen Preisen (auch in tyrischer Münze zahlbar!) verkauft wurden. Exegeten, die den Handel im „Vorhof der Heiden" als eine Art von Jahrmarktstreiben darstellen, kamen zu dieser Vorstellung nicht von ihren archäologischen Kenntnissen aus, sondern weil sie sich die Aktion Jesu nur unter der Voraussetzung eines unwürdigen Schachers im Tempel erklären konnten.

■ **15**   Da man Tiere nicht mit den bloßen Händen treiben kann, macht sich Jesus „eine Art Geißel" (lies mit P 66 und P 75 ὡς φραγέλλιον) aus Stricken, mit denen die Tiere angebunden gewesen waren. Er verwendet sie nicht gegen Menschen, sondern treibt damit die Tiere hinaus. Die u. a. von *Wellhausen* 15, *Hirsch,* Studien 47 und *Bauer* 47 verlangte Streichung der Worte „die Schafe und die Rinder" in V. 15 – und damit die Erwähnung der Schafe und Rinder in V. 14 – als angebliche späte Zutat ist unnötig. Wenn sich das Wort „alle" auf ein Neutrum plur. und ein Masculinum plur. bezieht, bestimmt das männliche Genus (hier: τοὺς βόας) die Form von πᾶς, woraus sich πάντας ergab. Die Wendung τε . . . καί kommt freilich beim JE nur hier vor. Aber sie kann aus der Vorlage mit übernommen sein. Dann wird es unnötig, mit *Hirsch* die Rinder und Schafe und die Worte „den Taubenverkäufern" zu streichen. Eine solche Streichung hätte überdies zur Folge, daß Jesus – nachdem er die Münzen der Wechsler ausgeschüttet und ihre Tische umgeworfen hatte – von ihnen verlangt hätte: „Schafft das weg von hier!", und das, obwohl er die Wechsler nach *Hirschs* Rekonstruktion schon zuvor hinausgetrieben hatte. Jesus – das ist wichtig – greift also nach dieser Darstellung auch die Wechsler selbst nicht mit der Geißel an (wie es sich nicht nur manche Künstler, sondern auch Kommentatoren vorgestellt haben), sondern unterbindet nur das Geldwechseln.

P 66 und P 75 lesen ebenso wie B τὰ κέρματα. Man braucht also nicht wie *Bauer* 47 mit א 𝕶 Θ al den kollektiven Singular κέρμα zu lesen. Κατέστρεψεν bei א Φ pc ist wohl eine jüngere Lesart. P 66 bietet, wie B Θ al, ἀνέτρεψεν; die von *Bauer* 48 vorgezogene Lesart ἀνέστρεψεν (A L) ist nun auch durch P 75 belegt.

■ **16**   Damit steht im Einklang, daß Jesus auch nicht gegen die Taubenverkäufer selbst vorgeht, sondern ihnen nur befiehlt, die Käfige mit den Tauben fortzuschaffen. Das Bild, das sich der Erzähler vom Vorgehen Jesu gemacht hat, ist insofern in sich einheitlich. Schwierig ist nur, sich vorzustellen, wie sich das Hinaustreiben der Tiere – wohin eigentlich? – zeitlich mit dem Vorgehen gegen die Wechsler zusammenordnen läßt. Wieweit dieses Bild historisch ist, dazu siehe die Gesamtbesprechung. Der Satz ,,Macht nicht das Haus meines Vaters zu einem Haus des Handelns!" richtet sich sachlich gegen alle zuvor genannten Gruppen. Im Interesse der Komposition aber wird er wuchtig ans Ende gestellt. Dieser Satz meint im Sinne des Evangelisten nicht, daß Jesus den Handel an heiliger Stätte verwirft: Es gibt für den johanneischen Jesus keine heilige Stätte, weder auf dem Garizim noch in Jerusalem (Joh 4,21). Was Jesus bei Joh verwirft, ist der Wahn, der Mensch könne sich Gottes Gunst durch Opfer erkaufen. Auch der V. 16 kann der Vorlage entnommen sein. Aber sie wollte damit – wenn wir sie recht verstehen – etwas anderes sagen: nämlich die Erfüllung des in Sach. 14,21 Erwarteten anzeigen: ,,Und es wird kein Krämer mehr sein im Hause Jahwes der Heerscharen an jenem Tag." Allerdings ist das Zitat nicht als solches und damit auch seine Erfüllung als solche nicht besonders kenntlich gemacht.

■ **17** Das dürfte den Einschub des V. 17 veranlaßt haben (vgl. *Haenchen*, Johanneische Probleme 103). Jesu Aktion schien biblisch nicht begründet zu sein. Darum wurde aus dem christologisch gedeuteten Psalm 69 der V. 10 entnommen in dem Sinn: Jesu Handeln erfolgt als Eifer für das Haus Gottes (also als Tempelreinigung, nicht Tempelzerstörung), und es würde seinen Untergang herbeiführen (καταφάγεται: 3.sg fut. von κατεσθίω, ,,verzehren": vgl. Bl.-Debr. § 74,2). Aus diesem Zusatz geht hervor, daß die Jünger (die vorher in dieser Geschichte nicht erwähnt waren) später angesichts des Handelns Jesu an Ps 69,10 gedacht haben, den sie als Weissagung verstanden. Dieser Zusatz, der V. 16 und V. 18 voneinander trennt, braucht nicht erst später erfolgt zu sein, sondern kann schon in der Vorlage des Evangelisten gestanden haben. Im Unterschied von den Synoptikern wird dieser indirekte Schriftbeweis aber nicht Jesus zugeschrieben, sondern den Jüngern; als unmittelbarer Zusatz zum Jesuswort ließ er sich nicht verwenden.

■ **18** ,,Die Juden" (Mk 11,27 werden die Hohenpriester, Schriftgelehrten und Ältesten genannt, Mt 21,23: die Hohenpriester und Ältesten des Volkes, Lk 20,1: die Hohenpriester, Schriftgelehrten mit den Ältesten) stellen die Vollmachtsfrage in der Weise, daß sie ein legitimierendes Zeichen fordern. Damit unterscheidet sich die johanneische Tradition von der synoptischen, die hier Johannes den Täufer und dessen Taufe ins Spiel brachte. Zugleich treten hier ,,die Juden" – wie oft beim JE – als Repräsentanten der gottentfremdeten Welt auf. Das Kanawunder scheint hier vergessen zu sein. Nur dadurch wird die johanneische Fortsetzung des Gesprächs möglich.

■ **19** Bringt das bei Mk 14,57f.; bei Mt 26,60f.; in Apg 6,14; Mk 15,29; Mt 27,40 in verschiedenen Fassungen wiedergegebene (angebliche) Jesuswort von der Tempelzerstörung: ,,Zerstört diesen Tempel, und ich werde ihn in drei Tagen aufrichten!" Dieses Wort ist mehrdeutig, und diese Mehrdeutigkeit wird bewußt benutzt. Die Juden verstehen es hier dahin, daß Jesus

zur Legitimation seiner Tempelaktion verspricht, den Tempel in drei Tagen
wieder aufzubauen, wenn ihn die Juden jetzt abbrechen. Damit treffen wir
eines jener „johanneischen" Mißverständnisse, die zeigen: die Welt erweist
sich als unfähig, Jesu Worte zu verstehen.

■ **20** Die Antwort der Juden beweist: sie mißverstehen Jesus tatsächlich in
dieser groben Weise. Sie machen gegen Jesus geltend: Man hat bereits 46
Jahre an dem Tempel gebaut. Der Wortlaut klingt freilich fast so, als würde
damit die ganze Zeit bis zur Vollendung des Baues angegeben. Nach Josephus Ant. 15 § 380 begann der Bau des herodianischen Tempels 20/19
v. Chr.; fertig wurde er erst im Jahre 63, kurz vor dem Krieg mit Rom (s.
*Billerbeck* II 411f.). Wenn man die Szene für eine Datierung verwerten dürfte
(*Schnackenburg* I 366; *Brown* I 117f.), so würde sie beim Passa des Jahres 28
spielen. – Die Angabe „46 Jahre" hat zur Diskussion über Jesu Alter beigetragen. Denn da die Christen Jesu Leib mit dem Tempel ineinssetzten, fanden sie hier eine Aussage über Jesu Alter. Überdies beträgt der Zahlenwert
des Wortes „Adam" – Jesus ist der zweite Adam! – nämlich 46 Jahre (Augustinus, in Joh. tract. X CC 36, 107f. und 12). Aber auch schon Irenäus kannte
solche Spekulationen, und sogar schon seine Quellen. Nach Irenäus, Adv.
haer. II 22,5, haben es die Presbyter als eine durch Johannes, den Jünger des
Herrn, ihnen zugekommene Lehre bezeichnet, daß Jesus, als er lehrte, im Alter der Vollendung stand, das vom 40. bis zum 50. Jahr reichte. Eben das
paßt zu unserem Vers: Faßt man die Bauzeit des Tempels bis zu dieser Zeit als
46 Jahre und identifiziert man entsprechend der Antwort damit das Alter
Jesu, so ergibt sich, daß er jetzt 46 Jahre alt war. Hätte man diesen Tempel
seines Leibes zerstört, so hätte ihn Jesus in drei Tagen wieder aufgebaut: er
wäre nach drei Tagen wieder auferstanden. Es ist aber auch möglich, daß im
Hintergrund der Versuch stand, gnostische Spekulationen über die Zahl 30
der Lebensjahre Jesu und die Anzahl der gnostischen Äonen unmöglich zu
machen. – Geboren wurde Jesus noch unter Herodes dem Großen, der 4 vor
Christus starb. Darum war er bei seinem Auftreten vermutlich einige Jahre
älter als jene 30 von Lk angegebenen Lebensjahre. Das kann die Tradition,
die man aus Joh 8,57 entnahm („Du bist noch nicht 50 Jahre alt"), gestützt
haben. – Das Wort ἐγείρω hat aktiven Sinn. Aber Jesus sagt Joh 10,18, er
habe die Vollmacht, sein Leben hinzugeben, und gleichfalls die Vollmacht,
es wieder zu nehmen. Das stimmt genau mit 2,19 und seinem ἐγερῶ überein:
Jesus selbst wird sich wieder erwecken[1]!

■ **21** hellt für den Leser das dunkle Rätselwort Jesu auf: Jesus sprach nicht
von dem herodianischen Tempel, sondern vom Tempel seines Leibes. Solange Jesus auf Erden lebt, ist Gott in ihm – und ihm allein – gegenwärtig,
während für die Juden Gottes Gegenwart an den Tempel auf dem Zion ge-

---

[1] In einer anderen Fassung findet sich genau die umgekehrte Auslegung. „Das Wort ἐγείρω
hat aktiven Sinn. Aber Jesus sagt 10,18 er habe die Vollmacht, ἐγεῖραι. Der scheint hier nicht zu
passen: Jesus wird doch erweckt!"

knüpft ist. Ohne Bild gesprochen meint Jesu Wort also: Wenn ihn die Juden töten – und er weiß, sie werden es tun, und er bejaht sein Leiden ebenso wie den Verrat des Judas in Joh 13,27 –, dann wird er am dritten Tage seinen Leib (wieder) „aufrichten", wird auferstehen (freilich nicht mit dem sterblichen Leib, in dem er während seines irdischen Wirkens lebte). Es ist durchaus möglich, daß Jesus die Frage der Juden nach seiner Vollmacht im christlichen Verständnis beantwortet hat: seine Auferstehung wird sein Tun legalisieren. Sie liegt hier freilich noch in der Ferne. Insofern ist sie für die Juden, mit denen er spricht, nicht der verlangte Wunderbeweis. Wohl aber könnte die Vorlage so argumentiert haben. Daß es ein solches Verständnis der Auferstehung als Legitimation in der Zeit der Evangelien gegeben hat, beweist Mt 12,40. Hier beantwortet Jesus die Zeichenforderung der Juden mit dem Rätselwort, der Menschensohn werde, wie Jona im Bauch des Fisches, drei Tage und drei Nächte im Bauch der Erde sein. Für die christlichen Leser kam diese Art der Legitimation ebensowenig zu spät wie das Tempelwort Jesu in der Vorlage des JE. Der Evangelist selber freilich hat (s. 3,2) nicht so gedacht. Für ihn brach mit der Geistverleihung durch den auferstandenen Jesus erst das wahre Gottesverhältnis und zugleich das wahre Verständnis durch die Jünger an. Damit würde dann die in V. 16 liegende Verurteilung des falschen jüdischen Gottesdienstes („Gott ist nicht käuflich!") positiv ergänzt: Jesu Erhöhung, nicht unser Opfer, bringt uns zu Gott. Aber ob der Evangelist wirklich den Bogen des Gedankens so weit gespannt hat, das läßt der Kontext nicht mit zwingender Klarheit sehen.

■ **22** Erst nach der Auferstehung Jesu haben seine Jünger den Sinn seines rätselhaften Wortes 2,16 erfaßt und diesem Wort daraufhin Glauben geschenkt (der Glaube trägt sein Verstehen in sich). Die Worte „der Schrift und" bleiben allerdings schwierig. Sie können nicht auf eine Schriftstelle (ἡ γραφή bedeutet die einzelne Schriftstelle; αἱ γραφαί die heilige Schrift) sich beziehen, weil eine solche Schriftstelle, die von drei Tagen sprach, im Text nicht vorkam. *Schnackenburg* I 367 denkt allerdings an ein, wenn auch nicht zitiertes, Logion von der Auferstehung „binnen drei Tagen". Also wird die anvisierte Schriftstelle doch der in V. 17 genannte Psalm 69,10 sein. Aber in ihm ist nur – auch bei christologischer Deutung – vom Sterben Jesu die Rede, und es erfordert, wie *Schnackenburgs* I 367 weiterer Versuch zeigt, eine ungewöhnliche Anstrengung, wenn man aus diesem Psalm einen Hinweis auf die Auferstehung entnehmen will. So werden die Worte „der Schriftstelle und" ein Zusatz sein, der Jesu Wort als gleichwertig neben die „heilige Schrift" stellt – das Alte Testament war ja zunächst die einzige „heilige Schrift", die das Christentum kannte. – Der Evangelist hat bei Jesu Aktion im Tempel nur Jesu Verwerfung des jüdischen Gottesdienstes im Auge. Auf das Recht zu dieser Reformation zielt für ihn die Frage der Juden, und dieses Recht liegt allein darin, daß Jesus den wahren Gottesdienst im Geist und in der Wahrheit eröffnen kann und wird. Nur bei dieser Deutung wird das Geschehen verstanden; so wird die merkwürdig schwache Reaktion der Juden gegen Jesu Eingriff in den Tempeldienst verständlich, wie ihn das JE berichtet.

● In dieser Perikope berührt sich das JE zum erstenmal mit synoptischer Tradition: Mk 11,11.15–17.27–33; Mt 21,12f.23–27 und Lk 19,45f.; 20,1–8. Es lohnt sich, diese drei Fassungen zu vergleichen und zu untersuchen, ob hier die Traditionsgeschichte eines Abschnitts sichtbar wird. Dann bleibt die Frage, ob und wie sich die johanneische Erzählung dieser Traditionsgeschichte zuordnen läßt. Erst dann läßt sich nach dem historischen Wert dieser Tradition überhaupt und der johanneischen Fassung insbesondere fragen. Endlich bilden die modernen kritischen Lösungen dieser Frage selbst ein Problem, das uns bis zur gegenwärtigen Beurteilung dieser Perikope führen wird.

Die vier verwandten Geschichten haben mehr miteinander gemeinsam, als der erste Blick wahrnimmt. Jedesmal spielt die Handlung vor einem Passa (tatsächlich wurden ja die Wechslertische erst da im Vorhof der Heiden aufgestellt – diesen Ausdruck verwendet freilich keiner der vier Evangelisten). Die eigentliche Handlung besteht aus einem gewaltsamen Eingriff Jesu in den üblichen Verlauf des Tempelbetriebes in dieser Zeit. Ein Wort Jesu erklärt und rechtfertigt zugleich sein Vorgehen; schießlich kommt es dann zu einer Diskussion über seine Vollmacht.

Mk 11,11 enthält das Besondere, daß Jesus nicht sofort nach dem Betreten Jerusalems und des Heiligtums mit der Tempelreinigung beginnt; er sieht sich alles nur an. Die Ausleger sind diesem Zug gegenüber ziemlich ratlos, soweit sie ihm überhaupt ihre Aufmerksamkeit schenken. Nach *Holtzmann,* Synoptiker 161, war für Jesus alles ,,neu''; auch nach *Wellhausen,* Evangelium Marci 88, war Jesus noch nicht oft im Tempel gewesen. *Taylor,* St. Mark 457, läßt Jesus nur bis zum Vorhof der Israeliten gehen. Gelegentlich aber hat der Papyrus Oxy 840 mit seinem Streitgespräch Jesu im Tempel mit einem Hohenpriester Levi (vgl. *Jeremias* in: Neutestamentliche Apokryphen I, 1959, 57f.) einen Forscher gereizt, das JE mit allen guten und weniger guten Gründen für ,,ausgezeichnet informiert'' zu erklären und damit die Worte ,,sich alles ansehend'' zu erklären. Noch gewagter ist die Vermutung, Jesus habe auch die den Priestern oder sogar dem Hohenpriester allein vorbehaltenen Teile des Tempels besichtigt. Das kann man, wenn man Jesus nicht zu einem alle Möglichkeiten ausnutzenden Touristen machen will, nur als eine messianische Inbesitznahme des Tempels ausgeben. Der Text sagt freilich kein Wort davon. In Mk 11,15 beginnt dann der eigentliche Bericht über die ,,Tempelreinigung''. Zur Bestürzung mancher Forscher wird hier gesagt, daß Jesus – von den Jüngern wird nichts gesagt; Jesus handelt allein – Verkäufer und Käufer verjagt, die Tische der Wechsler und die Sitze der Taubenverkäufer umstürzt – von einer Gegenwehr der Betroffenen ist keine Rede – und nicht erlaubt (V. 16), daß jemand ein (Wasser-)Gefäß über den großen Tempelplatz trägt. Das rechtfertigende Wort enthält der V. 17:

,,Mein Haus soll ein Bethaus genannt werden für alle Völker!" (Jes 56,7 und
Jer 7,11 als sog. ,,Mischzitat"). Im Kontext besagen diese beiden Worte aber
etwas anderes, was mit unserer Szene nichts zu tun hat: Die Tritojesajastelle
will nicht etwa den Opferdienst abschaffen und durch Gebet ersetzen, sondern sie sagt voraus, daß in der Endzeit auch die sich Israel anschließenden
Heiden den Tempel betreten dürften und daß ihre Opfer ebenso wie die der
Juden Gott angenehm sein werden. Das ,,Bet-Haus" (beth tᵉphillat) steht hier
also nicht im Gegensatz zum Opferdienst. Auch der zweite Teil des ,,Misch-
zitats" hat in seinem Kontext einen anderen Sinn: Jer 7,11 meint: Man stiehlt,
mordet, man bricht die Ehen und schwört Meineide, man opfert dem Baal
und läuft anderen Göttern nach, und dann geht man in den Tempel vor Gottes Angesicht und hofft hier geborgen zu sein. ,,Ist denn dieses Haus, das
nach meinem Namen genannt ist, in euren Augen eine Räuberhöhle geworden?" Mit der ,,Räuberhöhle" ist ein Ort gemeint, wo man, nachdem man
gestohlen und geraubt hat, mit dem Erbeuteten hingeht und sich dort sicher
fühlt. Diese ,,biblische Begründung" zeigt uns, wie sich Markus und seine
Gemeinde das Handeln Jesu verständlich zu machen versuchten. Die Christen haben hier, wie schon die Juden, nicht auf den Kontext geachtet und sich
nur den einen oder anderen Satz oder Satzteil herausgegriffen. Es ist möglich, daß Mk die Worte ,,für alle Heiden" auf den äußeren, großen sog.
,,Vorhof der Heiden" bezog und sich die Lage so vorstellte, daß die Wechsler
und Taubenverkäufer dort ihr Gewerbe trieben. Mt und Lk haben die Worte
,,für alle Heiden" fortgelassen und damit den scharfen Gegensatz von ,,Haus
des Gebets" und ,,Räuberhöhle" erzielt. Aber Lk ist offensichtlich bei der
genauen Schilderung der gewaltübenden Aktion Jesu nicht ganz wohl gewesen; darum hat er diese konkreten Züge fortgelassen, während Mt sie noch
unbefangen brachte.

Das JE dagegen hat gerade die Aktion Jesu ausführlich dargestellt: es
spricht vom Verkauf von Rindern und Schafen, es läßt Jesus sich eine Art
Geißel zurechtmachen und ,,alle" hinaustreiben, Rinder und Schafe; die
Münzen und Tische der Wechsler ausschütten und umwerfen. Die Taubenverkäufer kommen am glimpflichsten weg: sie sollen ihre Tauben fortbrin-
gen, und alle sollen nicht das ,,Haus meines Vaters" zu einem Kaufhaus machen. Allerdings findet sich ein solches Wort im AT nicht. Nur der Endvers
könnte von einer atl. Stelle beeinflußt sein, nämlich von Sach 14,21, wo zu
einer glückhaften und guten Zukunft gehören wird: ,,Und es wird kein
Krämer mehr sein im Hause des Herrn der Heerscharen an jenem Tage."

Die Endverse des Joh-Textes (2,18–21) dagegen verdeutlichen, daß der
wahre Tempel der Leib Jesu ist. Die Aktion gegen den Jerusalemer Tempel –
in dem sich die Juden Gottes Gunst erkaufen wollen – hat also ihren eigentlichen Grund im Gegensatz zwischen dem jüdischen und dem christlichen
Gottesdienst (vgl. damit 4,21–23). D. h. aber: Die johanneische Tradition
berichtet zwar von Jesu gewaltsamem Vorgehen gegen Händler und Wechsler ausführlicher als die Synoptiker und bietet damit eine weiter entwickelte

Form der Geschichte; aber die Aktion Jesu hat einen anderen Sinn bekommen: der jüdische Kultus muß der christlichen Anbetung in Geist und Wahrheit (so 4,23) weichen. Es geht hier nicht um eine „Tempelreinigung", sondern um die Abschaffung des Tempelkults überhaupt. Er hatte ja längst, bei der Zerstörung Jerusalems und des Tempels im Jahre 70, ein Ende gefunden, und nur so kennt ihn der Erzähler.

Nun zu der anderen Frage: steht hinter dem synoptischen und dem johanneischen Bericht von dem Zwischenfall im Tempel eine historische Wirklichkeit, und wenn ja, welche? Die erste Unterfrage wird lauten müssen: Ist die synoptische Datierung (Tempelreinigung beim Todespassa) der johanneischen (beim Beginn der öffentlichen Tätigkeit Jesu) vorzuziehen oder nicht? *Braun*, La Sainte Bible IX 330f., *Lagrange* 64f., *Taylor*, St. Mark 461f., treten noch für die Überlegenheit des johanneischen Berichtes ein. Aber die Mehrzahl der Forscher, darunter auch katholische Exegeten wie (vorsichtig freilich) *Schnackenburg* I 370 und *Brown* I 118, geben der synoptischen Darstellung den Vorzug.

Gleichgültig, wofür man sich entscheidet, muß man sich fragen: Liegt überhaupt ein historisches Ereignis zugrunde? Sicher ist jeder der Evangelisten überzeugt gewesen, auch das tatsächlich Geschehene zu berichten. Aber die Hauptsache war doch für alle die Bedeutung des erzählten Ereignisses. Die Aufhellung des historischen Ereignisses, wie wir sie suchen, war mehr eine Nebenaufgabe.

Das hat die Versuche der modernen historisch-kritischen Arbeit erschwert, den geschichtlichen Hintergrund der beiden Erzählungstypen aufzuklären. Zunächst mußte sich die Forschung in einem langen und schmerzlichen Prozeß von der Vorstellung befreien, daß die Darstellung in – sagen wir – Mk 11,15–19 und 11,27–33 oder Joh 2,13–22 so etwas wie ein Dokumentarfilm sei. Bei *Zahn* und *Weiß* war die Kritik noch nicht wirklich erwacht. *Zahn* 169 stellte sich das Geschehen so vor: In den äußeren Vorhöfen und Hallen um den Tempelplatz waren Hunderte von Rindern und Schafen aufgestellt. „Aus Stricken oder kurzen Tauenden, die leicht am Boden werden zu finden gewesen sein", machte Jesus eine Geißel und trieb „die Viehhändler samt ihrem Vieh . . . von dem durch Hallen und Tore umschlossenen Tempelplatz hinweg." *Zahn* hat nicht gemerkt, wie sinnlos seine Vorstellung war, Jesus habe große Herden mitsamt ihren Besitzern aus dem ganzen Tempelbezirk – wohin eigentlich? – hinweggetrieben. Wann Jesus die Zeit gefunden haben soll, sich den Wechslern und Taubenverkäufern zuzuwenden – *Zahn* hat die Behandlung beider Gruppen mit einer leidenschaftlichen Pedanterie ausgemalt –, wurde im eifrigen Bemühen, die Szene nachzumalen, nicht bedacht. Nach *B. Weiß* 120 hat „die synoptische Überlieferung . . . den unvergesslichen Vorfall irrthümlich" an das Ende der Tätigkeit Jesus versetzt. Es „spricht alle geschichtliche Wahrscheinlichkeit für die Darstellung" des vierten Evangeliums. „Beim letzten Festbesuch, wo Jesus . . . bereits den Untergang der Stadt und des Tempels verkündigte . . ., war die Tempelreinigung eine zwecklose Provokation . . ." ,,Dagegen konnte Jesus seine öffentliche Wirksamkeit nicht passender inaugurieren . . ., als wenn er am Mittelpunkt des theokratischen Volkslebens ein Zeugnis wider die Störung und Vergiftung der nationalen Frömmigkeitsübung durch gemeine Gewinnsucht ablegte." Bei *Lohmeyer,* Mk 235–237, ist der Umschlag der Forschung schon deutlich geworden: Die Erzählung ist kaum ein historischer Bericht zu nennen, sondern ein paränetisches Beispiel mit angefügter Lehre. Geschichtlich läßt sich der Vorfall kaum noch ganz erkennen; ,,denn es ist schwer vorstellbar, wie Jesus allein den weiten Tempelplatz sollte gesäubert haben" und warum weder die Tempelwache noch die römische Wache auf der Burg Antonia eingriffen. ,,Das Vorgehen Jesu trifft allein den Vorhof der Heiden . . . und bedeutet einen revolutionären Akt gegenüber dem . . . Synhedrium." Mußte dieses vor dem Volk, das Jesus stützte, oder vor dem römischen Regiment sich zurückhalten? Handelt Jesus, um das nahe Ende des Äons durch eine eschatologische Tat vorzubereiten?

Einfacher macht sich *Hirsch,* Frühgeschichte I 121–128 und Evangelium 127–133, die Lösung der Frage. Zugrunde lag dem Urmarkusbericht der Augenzeugenbericht des Petrus; die Verse Mk 11,15b.16.18 z. T. sind spätere Zutat. Der Vorwurf, daß Gottesdienst zum Geldgeschäft geworden ist, leitet die freie Umgestaltung. ,,Mit leisen Händen ein wenig an der Geschichte zurechtrücken und mit dem Ohre des Geistes die Reden hören, die zu der Geschichte gehören, das war alles, was (der Evangelist) tat." Die Tempelreinigung ,,ist etwas völlig Eigenes, in keine jüdische Logik Hineinpassendes; am ehesten kann man sie eine Vollmachtshandlung nach Art der Propheten nennen. Ihr Wesen ist nicht die Gewaltanwendung durch bewaffnete Anhänger, sondern die lähmendes Entsetzen und widerstandslose Scheu weckende Tat des Gottesmannes selber. Die Wirkung liegt in der inneren Erschütterung der davon Betroffenen. Es braucht deshalb von helfenden Händen nichts erzählt zu werden; was sich etwa davon fand, ist für den Vorgang als solchen von geringem Belang". Daß man mit einer solchen Psychologie nicht durchkommt, wird an Mk 11,17 klar: Jesus ließ (Imperfekt der Dauer!) nicht zu, daß jemand ein Gefäß durch den heiligen Tempelbereich trug. Das ist gut pharisäisch gedacht: man darf den heiligen Tempelbereich (dasselbe galt für Synagogen) nicht wie einen profanen Bezirk behandeln, indem man ihn zum abkürzenden ,,Richtweg" macht (*Billerbeck* II 27). Da die Tempelgebäude den gewaltigen Vorhof der Heiden praktisch in einen nördlichen und einen südlichen Teil zerlegten, die ein einzelner nicht übersehen und kontrollieren konnte, wäre eine solche Überwachung nur durch Wachen galiläischer Pilger an allen Toren des Vorhofs möglich gewesen. Manche Ausleger helfen sich mit einer messianisch begeisterten galiläischen Pilgermenge, die den helfenden Händen von *Hirsch* etwa entsprochen hätte. Aber wären die Pilger so begeistert gewesen, wenn Jesus und seine Jünger ihnen die Darbringung der Tempelsteuer, der Taubenopfer und des

Passamahles unmöglich gemacht hätten, zumal Jesus eine solche Tat durch keine entsprechende Verkündigung vorbereitet hatte und verständlich gemacht hätte. Tatsächlich läßt sich zeigen, daß die christliche Gemeinde versucht hat – und zwar auf verschiedene Weise zu verschiedener Zeit –, einen „biblischen Sinn" in den Erzählungen von einer Aktion Jesu zu finden.

Mk 11,18 läßt die Hohenpriester und Schriftgelehrten von Jesu Tun hören, ohne daß sie – wegen des Volkes – gegen ihn vorzugehen wagen. Durch die Sprüche vom Feigenbaum, vom Glauben und Vergeben (V. 21–25) wird die Vollmachtsfrage der Hohenpriester usw. soweit von der Tempelreinigung getrennt, daß die Worte „In welcher Vollmacht tust du das?" in der Luft schweben. Als Jesus die Gegenfrage stellt, ob die Johannestaufe vom „Himmel" (= Gott) gewesen sei, antworten sie: „Wir wissen es nicht!". Weil sie jede Antwort in Verlegenheit bringen würde – hier rekonstruiert der Erzähler das, was die Hohenpriester gedacht haben – hat Jesus sich mit dieser geschickten Fangfrage aus der Notwendigkeit befreit, über seine Vollmacht Auskunft zu geben. Aber war es für den Hohenrat wirklich unmöglich, auf Jesu Gegenfrage zu antworten? Die Hohenpriester hätten mit Recht erwidern können: Wenn du dich dort auf die Johannestaufe berufst, warum taufst du nicht selber? Oder, anders gewendet: Mag immer Johannes zu seiner Taufe von Gott autorisiert gewesen sein, so besagt das nichts für die Frage, ob Jesus für seinen gewaltsamen Eingriff von Gott legitimiert war oder nicht. Diese ganze Szene sieht viel eher nach einer vermeintlich sehr klugen christlichen Überlegung aus, wie Jesu Vollmacht und Autorität zur Geltung gebracht werden konnten, ohne daß die Gegenpartei überhaupt fähig war zu antworten. Daß „alle" den Johannes für einen Propheten hielten, war für Markus ebenso sicher, wie die Übereinstimmung der christlichen Taufe mit dem Willen Jesu.

Lk hat nicht nur die Last abgeworfen, die in der Geschichte über den Feigenbaum bestand. Sie paßte weder in sich – es war nicht die Zeit der Feigen: Mk 11,13b – noch in ihrer Auswertung als Beweis für die Kraft des Glaubens beim Gebet. Lk hat vielmehr auch die konkreten Aussagen über das Vorgehen Jesu nicht mehr gebracht. Jesus wirft keine Wechslertische und Händlersitze mehr um und jagt keine Herden mehr hinaus. Allerdings rückt nun im lukanischen Bericht die Vollmachtsfrage zu nah an die Tempelreinigung heran. Darum hat Lk die Vollmachtsfrage von der Tempelreinigung gelöst und dafür auf das Lehren Jesu bezogen, und die Frager können nun „an einem dieser Tage" Jesus befragen.

Diese Zähmung des Anstoßes hat nun aber die Wissenschaftler und ihre Phantasie nicht ruhen lassen. Das gibt für *Hirsch,* Evangelium 130f., wie für *Zahn* eine gefährliche Bahn frei. Wenn man nämlich wie *Zahn* 169f. Jesus die „Geißel auf den einen oder andern (Wechsler-)Tisch fallen" läßt, „daß die darauf angehäuften und nach Sorten geordneten Münzen durcheinander geworfen werden und zur Erde" rollen, und wenn man Jesus „dann, um das Werk der Verwirrung zu vollenden, die Tische selbst" umstürzen läßt, dann erzielt man bei dem Leser einen Eindruck, den der Erzähler keineswegs beabsichtigt hat. Wie wenig *Zahn* 171 den Evangelisten hier verstanden hat, beweist seine Auslegung von Joh 2,17: ,,Zelotisch und darum gefährlich erscheint auch den Jüngern das gewaltsame Auftreten Jesu''. Es ist nicht so verwunderlich, daß 1930 *R. Eisler,* The Messiah Jesus and John the Baptist, einen Roman entwerfen konnte, der Jesus einen mißglückenden Angriff auf den Tempel machen ließ und von Pilatus niedergeschlagen wurde (der Turm von Siloah: Lk 13,4. *Carmichael* hat Eislers Buch nicht ohne Nutzen gelesen). Kein Evangelist wäre auf den Gedanken gekommen, Jesu Jüngern ein zelotisches Mißverständnis zuzuschreiben, selbst wenn ein so mißverständliches Wort überliefert wird wie ,,Ich bin nicht gekommen, den Frieden zu bringen, sondern das Schwert'' (Mt 10,34; Lk 12,51). Das vierte Evangelium ist in einer Gemeinde entworfen worden, für die der Tempelkult (den es damals nicht mehr gab) noch etwas Reformierbares war und für die das Reich des Königs Jesus nicht von dieser Welt war.

Aber liegt nun irgendwo ein historischer Kern zugrunde? Nach allen vier Evangelien führt Jesus ganz allein die ,,Tempelreinigung'' durch. Wie ließ sich das erklären? *James* hat hingewiesen auf die Versübersetzung der Bibel, genannt ,,Aurora'', des Petrus von Riga (im späten 12. Jahrhundert) mit vielen Anmerkungen. Dort steht zur Tempelreinigung: In den von den Nazarenern benutzten Evangelien sei zu lesen, daß Strahlen aus Jesu Augen hervorkamen, durch die erschreckt sie (die Gegner) geschlagen wurden. *James* vermutete, diese Anmerkung gehe auf Hieronymus zurück (Comment. in Mt 9,9), einer Stelle, die mit den Worten schließt: ,,Ignem enim quiddam atque sidereum radiabat ex oculis eius, et divinitatis majestas'' in seinem Angesicht. Hieronymus erwähnt freilich hier kein von den Nazarenern benutztes Evangelium. *James* aber hielt es trotzdem nicht für ausgeschlossen, daß Hieronymus doch eine solche Quelle kannte. Aber in Wirklichkeit hat hier Hieronymus – den freundlichen Hinweis verdanke ich meinem verehrten Kollegen, Prof. Kettler, dem ich in vielem zu Dank verpflichtet bin – an dieser Stelle Origenes ausgeplündert. Dieser hat in seinem Johanneskommentar die Geschichte von der Tempelreinigung rein symbolisch ausgelegt (Tempel = Gemeinde; vgl. Buch X, 25, §§ 143–151; S. 197f.) und angedeutet, daß sich diese Geschichte nicht im Wortsinn ereignet haben kann (wenn man sie nicht als ἡ θειοτέρα τοῦ Ἰησοῦ δύναμις retten wolle), zumal Jesus moralisch fragwürdig gehandelt haben würde und die Händler und Wechsler von ihrem guten Recht überzeugt gewesen seien. Damit ist aber auch die moralische Schockwirkung von Jesu Aktion nicht verständlicher geworden. Man müßte ja auch, wie das *Hirsch* wirklich getan hat, bei den Wechslern und Taubenverkäufern ein – wenn auch nur unterschwelliges – Bewußtsein ihrer Schuld voraussetzen. Aber diese waren nicht nur von der Tempelbehörde konzessioniert, sie brauchten auch bei ihrem Geschäft – ohne das sich die Zahlung der Tempelsteuer und der Tempelkult nicht durchführen ließ – keinen Grund für ein schlechtes Gewissen zu haben.

Wir hatten oben *Lohmeyers,* Mk 237, Vermutung erwähnt, daß ,,die Geschichte nicht ein historischer Bericht . . ., sondern ein paränetisches Beispiel mit angefügter Lehre" zu nennen sei. Dann bleibt zu fragen, warum die Gemeinde diese eigentlich paränetische Beispielerzählung historisiert weitergegeben hat. Auf diese Frage läßt sich mit dem Hinweis antworten, daß die Evangelien zahlreiche solche (divergierende!) Teilbilder Jesu überliefert haben (vgl. *Schille,* Prolegomena zur Jesusfrage). Man denke an das (indirekt) Jesus zugeschriebene Ja zur Tempelsteuer (Mt 17,24–27), an das ebenfalls auf Jesus zurückgeführte Ja zum Opfer im Tempel (Mt 5,23–24), an das Ja zur Geldopfergabe an den Tempel (Mk 12,41–44; Lk 21,1–4), neben welche die Voraussagen der Tempelzerstörung (Mk 13,1–4; Mt 24,1–3; Lk 21,5ff.), der Schändung des Tempels (Mk 13,14; Mt 24,15) treten und das Wehe des Gerichtswortes über Jerusalem (Mt 23,37–38; Lk 13,34–35 samt der Erwähnung des οἶκος); das Wehe über die Töchter Jerusalems (Lk 23,27–31). Wieder eine andere Gruppe bilden die Worte über den Abbruch und Neubau des Tempels (Mk 14,58; Mt 26,61; Mk 15,29; Mt 27,40; Joh 2,19; Apg 6,14; vgl. Apg 7,47; 17,24).

Die von diesen Worten jeweils angedeuteten Jesusbilder lassen sich nicht einfach zur Deckung bringen, sondern geben verschiedene – historisch nicht gleichwertige – Aspekte des Jesusbildes der Evangelien. Man kommt auch nicht damit aus, daß man diese Verschiedenheiten einfach auf die Differenzen zwischen Judenchristen und Heidenchristen zurückführt. Ein solches simples Schema würde der Vielfalt der frühchristlichen Tradition und Verkündigung nicht gerecht werden. Erinnert sei auch an das angebliche Jesuswort über die Fruchtbarkeit im tausendjährigen Reich, das wir oben als Weiterbildung der syrischen Baruchapokalypse nachweisen konnten.

Die Jesusworte wurden nicht immer als isolierte Logien weitergegeben, sondern auch eingebettet in anschauliche Szenen, aus denen sich kein einheitliches historisches Gesamtbild rekonstruieren läßt. Wohl aber haben verschiedene alttestamentliche Worte über den ναός (Jes 56,7; Jer 7,11; Sach 14,21) dabei eine wichtige Rolle gespielt, nicht zu reden von den christologisch gedeuteten Psalmen.

# 8. Jesus tut viele Wunder

[23] **Als er aber in Jerusalem beim Passa bei dem Fest war, glaubten viele an seinen Namen, da sie die Wunder sahen, die er tat.** [24]**Jesus selbst aber vertraute sich ihnen nicht an, weil er alle kannte,** [25]**und weil er es nicht nötig hatte, daß jemand über den Menschen Zeugnis ablegte. Denn er selbst wußte, was in dem Menschen war.**

**Literatur:**

*Guthrie, D.,* Importance of Signs in the Fourth Gospel, VoxEv 5 (1967) 72–83.
*Hodges, Z. C.,* Untrustworthy Believers-Joh 2,23–25, BS 135 (1978) 139ff.
*Richter, G.,* Zum sogenannten Taufetext Joh 3,5, in: ders., Studien zum Johannesevangelium, 1977, bes. 334–345.
*Stauffer, E.,* Agnostos Christos. Joh 2,24 und die Eschatologie des vierten Evangeliums, in:

The Background of the New Testament and its Eschatology, FS. C. H. Dodd, 1956, 281–299.
*Topel, L. J.,* A Note on the Methodology of Structures Analysis in John 2,23–3,21, CBQ 33 (1971) 211–220.
*Tschido, K.,* The Composition of the Nicodemus-Episode: John 2,23–3,21, AnnJBIs 1 (1975) 91–103.

Dieser kleine Abschnitt wird oft als Zusatz des Evangelisten bezeichnet (z. B. *Wellhausen* 16 und *Bultmann* 91f.). Aber es fragt sich, was man unter dem Evangelisten versteht. Wer ihn wie *Bultmann* nur für einen Redaktor höherer Ordnung hält, muß andere Gründe geltend machen als der, welcher in ihm einen Theologen höchsten Formats sieht, dem es aber nichts ausmacht, Überliefertes stehen zu lassen, wenn er es irgendwie mit seinem eigenen Konzept in Einklang bringen kann. Daß der Abschnitt johanneische Wendungen enthält (s. *Brown* I 126f.), besagt noch nicht, daß keine Tradition vorliegt. Gewiß ist der Abschnitt ungewöhnlich farblos. Aber zu den vielen, von denen hier die Rede ist, soll doch wohl auch Nikodemus gehören. Insofern bilden die Verse nicht nur einen gewissen Abschluß der vorigen Szene (bei Fortdauer der Situation), sondern auch die Vorbereitung für 3,1–21.

■ **23** Jesus befindet sich weiterhin in Jerusalem. Das dreimalige ἐν wirkt überladen. Man wird mit *Hirsch,* Studien 48, ἐν τῷ πάσχα für einen Zusatz des Redaktors halten dürfen, der das Fest genau bestimmen wollte. Nach der vorangehenden Erzählung hat Jesus in Jerusalem noch keine Wunder getan, wenn man nicht die Tempelreinigung als ein solches ansieht, wofür der Text freilich keinen Anlaß bietet. Daß viele, weil sie die nun genannten Wunder sehen (θεωρεῖν und auch βλέπειν verdrängen das Präsens von ὁράω), hat der Evangelist jedenfalls als Vorbereitung der Nikodemusgeschichte aufgefaßt: daß die Menschen aufgrund der Wunder gläubig werden, entspricht 3,2; für den Evangelisten zeigt es, daß es mit ihrem Glauben nicht zum besten steht (vgl. 3,3). ,,Glauben an den Namen" (Joh 1,12; 2,23; 3,18; Mt 18,6; Mk 9,42; Joh sagt gewöhnlich: ,,an ihn" bzw.: ,,mich" glauben) scheint eine Wendung der Gemeindesprache zu sein mit dem Sinn: jemanden als den Gottgesandten erkennen und anerkennen. Dies spricht nicht unbedingt für den Evangelisten als Autor. Aber die hier mit σημεῖα gemeinten Wunder weisen Jesus eigentlich nur als einen θεῖος ἀνήρ aus, deren es damals manche gab. Die dem Evangelisten zugängliche Tradition schilderte Jesus durchgehend in dieser Weise. Die Wunder legitimieren ihn. V. 23 läßt sich also als eine Art von Sammelbericht verstehen. In ähnlicher Weise spricht 4,45 von Galiläern, die alle gesehen hatten, was Jesus in Jerusalem getan hatte. Auch 7,31 rechnet mit vielen Wundern, die Jesus in Jerusalem getan hat, während 7,3 vorauszusetzen scheint, daß Jesus bisher nur in Galiläa Wunder getan hat. 11,47 und 12,37 schreiben Jesus viele Zeichen zu, wie sie dann noch einmal in 20,30 erwähnt werden. Wenn diese ,,Sammelberichte" schon in dem benutzten „Evangelium" enthalten gewesen wären, so hätten sie dessen Charakter als eines „Wunderevangeliums" noch erhöht: die erzählten großen Einzelwunder wären dann nur besonders eindrucksvolle Beispiele der Wundertätigkeit Jesu gewesen. Der Evangelist konnte solche „Sammelberichte" ebensogut übernehmen wie die Einzelwunder, wenn er sie in gleicher Weise wie diese als Hinweise verstand.

■ **24** „Aber Jesus vertraute sich ihnen nicht an": die Wendung ist im Griechischen selten (*Wettstein* I 849 nennt eine Stelle bei Eustathius, *Bauer* 50 eine weitere bei Plutarch: „Vernünftig scheint mir der zu sein, der sich eher einem guten Manne anvertraut als einem festen Platz"). Das Wortspiel arbeitet mit den verschiedenen Bedeutungen von πιστεύω. Gemeint dürfte hier sein: „Er traute ihnen nicht"; vielleicht sogar: „Er gab sich ihnen nicht kund." So *Stauffer,* Jesus, Gestalt und Charakter 57: „Immer wieder vermied er es, sein Geheimnis preiszugeben" (Imperfekt: ἐπίστευεν). Mit der spätjüdischen Spekulation über den verborgenen Messias, der unbekannt als Bettler vor den Toren Roms lebt, hat V. 24 nichts zu tun.

■ **25** erläutert umständlich V. 24b. *Bultmann* 92 Anm. 5 hält diese Umständlichkeit der Sprache für ein Zeichen, daß hier der Evangelist selbst schreibt. Aber der Stil des Evangelisten ist anders; der Erzähler will freilich Jesus nicht als einen der θεῖοι ἄνϑρωποι schildern, von denen sich manche wie Apollonius von Tyana oder der mandäische Manda d'Haije ihrer Allwissenheit rühmten (*Bauer* 50), sondern als den allwissenden Gottessohn (vgl. aber schon Mk 2,8!). *Schwartz* I 352 Anm. 3 denkt bei dem Singular „der Mensch" an den Verräter; aber der Text bietet darauf keinen Hinweis.

● Ob der als Überleitung und Einleitung zur Nikodemusszene verständliche Abschnitt schon in einer Vorlage diesen Sinn hatte? Das anzunehmen fällt schwer, es sei denn, daß dort die Nikodemusszene einen anderen Inhalt hatte. Das wäre nicht unmöglich, da die Gestalt des Nikodemus in 19,39 mit dem Hinweis auf 3,1f. wieder auftritt. – Zu dem bei den Rabbinen mehrfach genannten Naqdemon ben Gorjon: vgl. *Billerbeck* II 413–417. – *Schwartz* II 121 Anm. 1 bemerkt zu den vielen σημεῖα: „Es ist zu beachten, daß die ‚vielen Zeichen' nur in Reden und Motivierungen oder in dem eingelegten Raisonnement 12,37 vorkommen, niemals in der Erzählung selbst, wie oft bei den Synoptikern; sie werden eben nach diesen vorausgesetzt und gehören in die festgeschlossene, sich bis zur Totenerweckung steigernde Mirakelreihe des 4. Evangeliums nicht hinein." Vielleicht sollte man eher sagen: Die Erwähnung der „vielen Zeichen" in 12,37 und 20,30 dürften vom Evangelisten wohl übernommen, aber nicht gebildet sein. Für ihn ist in 7,21 das eine Wunder genug, das Jesus an dem Gelähmten am Teich von Bethzatha vollbracht hat. Die wenigen Wundererzählungen, die der Evangelist übernommen hat, sollen ja nicht zur Legitimation Jesu dienen, zum Nachweis seines göttlichen Wesens. Sie können nur darauf hinweisen als Ereignisse, die auf eine ganz andere Dimension deuten. Darum braucht der Evangelist nicht die

Vielzahl der Wunder; sie beweist nur etwas für die, welche den „qualitativen Unterschied" von göttlicher und menschlicher Sphäre noch gar nicht erkannt haben. Das wird die nun folgende Nikodemusszene verdeutlichen.

## 9. Jesus und Nikodemus

¹Es war aber einer von den Pharisäern, mit Namen Nikodemus, ein Mitglied des Hohenrates der Juden. ²Dieser kam nachts zu ihm und sprach zu ihm: „Rabbi, wir wissen, daß du von Gott gekommen bist als Lehrer. Denn niemand kann die Zeichen tun, die du tust, wenn nicht Gott mit ihm ist." ³Jesus antwortete und sprach zu ihm: „Wahrlich, wahrlich, ich sage dir, wenn jemand nicht von oben gezeugt wird, kann er die Gottesherrschaft nicht sehen." ⁴Nikodemus spricht zu ihm: „Wie kann ein Mensch geboren werden, wenn er ein Greis ist? Kann er etwa zum zweiten Mal in den Schoß seiner Mutter eingehen und geboren werden?" ⁵Jesus antwortete: „Wahrlich, wahrlich, ich sage dir: wer nicht gezeugt wird aus Wasser und Geist, kann nicht in die Gottesherrschaft eingehen. ⁶Was aus dem Fleisch geboren ist, ist Fleisch, und was aus dem Geist geboren ist, ist Geist. ⁷Wundere dich nicht, daß ich dir sagte: Ihr müßt von oben gezeugt werden. ⁸Der Wind weht, wo er will, und du hörst sein Rauschen; aber du weißt nicht, woher er kommt und wohin er geht. So ist es mit jedem, der aus dem Geist gezeugt ist." ⁹Nikodemus antwortete und sprach zu ihm: „Wie kann das geschehen?" ¹⁰Jesus antwortete und sprach zu ihm: „Bist du ein Meister in Israel und weißt das nicht? ¹¹Wahrlich, wahrlich, ich sage dir: Wir reden, was wir wissen, und bezeugen, was wir gesehen haben, und ihr nehmt unser Zeugnis nicht an. ¹²Wenn ich von irdischen Dingen zu euch sprach und ihr nicht glaubt, wie werdet ihr glauben, wenn ich von himmlischen Dingen zu euch spreche? ¹³Und keiner ist in den Himmel hinaufgestiegen außer dem, der vom Himmel herabgekommen ist, der Menschensohn. ¹⁴Und wie Moses die Schlange erhöht hat in der Wüste, so muß der Menschensohn erhöht werden, ¹⁵damit jeder, der an ihn glaubt, ewiges Leben hat. ¹⁶Denn also hat Gott die Welt geliebt, daß er seinen einzigen Sohn gab, damit jeder, der an ihn glaubt, nicht verlorengeht, sondern ewiges Leben hat. ¹⁷Denn Gott sandte seinen Sohn nicht in die Welt, damit er die Welt richte, sondern damit durch ihn die Welt gerettet werde. ¹⁸Wer an ihn glaubt, wird nicht gerichtet, wer nicht glaubt, ist schon gerichtet, weil er nicht an den Namen des einzigen Gottessohns geglaubt hat. ¹⁹Dies ist das Gericht, daß das Licht in die Welt gekommen ist, und die Menschen liebten die Finsternis mehr als das Licht, denn ihre Werke waren böse. ²⁰Denn jeder, der Böses tut, haßt das Licht und kommt

nicht zum Licht, damit seine Werke nicht an den Tag kommen. [21]Wer aber die Wahrheit tut, kommt zum Licht, damit seine Werke offenbar werden, denn sie sind in Gott getan.“

**Literatur:**

*A (zu 3,1–21):*

*Ballenstedt, H. C.*, Philo und Johannes, 3 vol., Braunschweig 1802, Göttingen 1812, bes. I (1802) 97–118; II (1812) 69–94.

*Bauer, J.*, Πῶς in der griechischen Bibel, NT 2 (1958), 81–91.

*Beauvery, R.*, Accueillir le dessin d'amour que Dieu relève en Jésus, EeV 80 (1970) 113–117.

*Becker, J.*, Joh 3,1–21 als Reflex johanneischer Schuldiskussion, in: FS. G. Friedrich, 1973, 85–95.

*Bietenhard, H.*, Die himmlische Welt im Urchristentum und Spätjudentum, 1951, bes. 82ff.

*Billerbeck*, II 328 (zu 3,21).

*Bligh, J.*, Nicodemus, HeyJ 8 (1967) 40–51.

*Böcher, O.*, Wasser und Geist, in: FS. O. Stählin, Wuppertal 1970, 197–209.

*Braun, F. M.*, „La vie d'en haut“ (Jn 3,1–15), RSPhTh 40 (1956) 3–24.

*Büchsel, F.*, ThWb III 932–942.

*Cullmann, O.*, Der joh. Gebrauch doppeldeutiger Ausdrücke als Schlüssel zu dem 4. Evangelium, ThZ 4 (1948) 360–372.

*Dalman, G.*, Die Worte Jesu I, [2]1930, 89.

*Fowler, R.*, Born of Water and the Spirit, ET 82 (1971) 159.

*Gaeta, G.*, Il dialogo con Nicodemo. Per l'interpretazione del capitolo terzo dell'evangelo di Giovanni, Brescia 1974.

*Goppelt, L.*, Taufe und neues Leben nach Joh 3 und Röm 6, StimmOrth 1970, 4.51–53; 5.36–41.

*Gourbillon, J. G.*, La parole du serpent d'airain, RB 51 (1942) 213–216.

*Graf, J.*, Nikodemus, TThQ 132 (1952) 62–86.

*Hahn, F.*, Christologische Hoheitstitel, Göttingen 1963, 112–125.

*Hodges, Z. C.*, Water and Spirit – John 3,5, BS 135 (1978) 206ff.

*Jonge, M. de*, Nicodemus and Jesus: Some Observations on Misunderstanding and Understanding, BJRL 53 (1971) 338–358.

*Krenkel, M.*, Joseph von Arimathia und Nicodemus, ZWTh 8 (1865) 438–445.

*Krummacher, E. W.*, Bezieht sich Joh 3,5 auf die hl. Taufe?, ThStKr 31 (1859) 507–511.

*Meinertz, M.*, Die Nacht im Johannesevangelium, ThQ 133 (1953) 400–407.

*Mendner, S.*, Nikodemus, JBL 77 (1958) 293–323.

*Meeks, W. A.*, The Man from Heaven in Johannine Sectarianism, JBL 91 (1972) 44–72.

*Michaelis, W.*, Die Sakramente im Johannesevangelium 1946.

*Nötscher, F.*, Zur theologischen Terminologie der Qumran-Texte, 1956, 112f.

*Pesch, R.*, „Ihr müßt von oben geboren werden“ – Eine Auslegung von Joh 3,1–12, BiLe 7 (1966) 208–219.

*Plessis, J. J. du*, Christ as the „Only Begotten“, Neotestamentica 2 (1968) 22–31.

*Potterie, J. de la*, Naître de l'eau et naître de l'esprit, ScEc 14 (1962) 417–443.

*Ders.*, Structura primae partis Evangelii Johannis: III–IV, VD 47 (1969) 130–140.

*Ders.*, Ad dialogum Jesu cum Nicodemo, VD 47 (1969) 141–150. 257–283.

*Ders.*, Jesus et Nicodemus: de necessitate generationis ex Spiritu (Jo 3,1–10), VD 47 (1969) 193–214.

*Ders.*, Jesus et Nicodemus: de revelatione Jesu et vera fide in eum (Jo 3,11–21), VD 47 (1969) 257–283.

*Richter, G.*, Zum sogenannten Taufetext Joh 3,5, MThZ 26 (1975) 101–125, neuerdings ders., Studien zum Johannesevangelium, 1977, 327–345.

*Ders.*, Zum gemeindebildenden Element in den johanneischen Schriften, in: ders., Studien zum Johannesevangelium, 1977, bes. 392–394.

*Roberts, R. L.*, The Rendering ‚Only Begotten‘ in Joh 3,16, RestQ 16 (1973) 2–22.

*Roustang, F.*, L'entretien avec Nicodème, NRTh 78 (1956) 337–358.

*Sasse, H.*, ThWb III 888f.894ff.

*Schlatter, A.*, Der Evangelist Johannes, 1930, 84 (zu 3,1).

*Schnackenburg, R.*, Die Sakramente im Johannesevangelium, 1946.

*Schweizer, E.*, Erniedrigung und Erhöhung bei Jesus und seinen Nachfolgern, [2]1962, 179f.

*Ders.*, Zum religionsgeschichtlichen Hintergrund der Sendungsformel Gal 4,4; Röm 8,38; Jo 3,16f.; 1Jo 4,9, in: ders., Beiträge zur Theologie des Neuen Testaments, 1970, 83–96.

*Sjöberg, E.*, Neuschöpfung in den Totenmeer-Rollen, StTh 9 (1959) 131–136.

*Smith, C. H.*, Οὕτως ἐστιν πᾶς ὁ γεγεννημένος ἐκ τοῦ πνεύματος, ET 81 (1969/1970) 181.

*Spicq, C.*, Notes d'exégèse johannique, RB 65 (1956) 358–360.

*Spriggs, G. D.*, Meaning of ,,Water" in John 3,5, ET 85 (1974) 149f.

*Stählin, G.*, ThWb V, 430ff.

*Steinmeyer, F. L.*, Das Nachtgespräch Jesu mit Nikodemus, Berlin 1889.

*Thüsing, W.*, Erhöhung und Verherrlichung Jesu im Johannesevangelium, 1960.

*Topel, L. J.*, A Note on the Methodology of Structures Analysis in John 2,23–3,21, CBQ 33 (1971) 211–220.

*Tsuchido, K.*, The Composition of the Nicodemus-Episode John 2,23–3,21, AJBI 1 (1975) 91–103.

*Usteri, J. M.*, Exegetische und historisch-kritische Bemerkungen zum Gespräch Jesu mit Nikodemus, ThStkr 63 (1890) 504–551.

*Vellanickal, M.*, The Divine Sonship of Christians in the Johannine Writings, Rom 1977, 163–213.

B *(zum joh. Dualismus):*

*Achtemeier, E. R.*, Jesus Christ, the Light of the World. The Biblical Understanding of Light and Darkness, Interp. 17 (1963) 439–449.

*Baumbach, G.*, Qumran und das JE, Berlin 1958.

*Becker, J.*, Das Heil Gottes, 1964, 217–237.

*Ders.*, Beobachtungen zum Dualismus im JE, ZNW 65 (1974) 71–87.

*Bergmeier, R.*, Studien zum religionsgeschichtlichen Ort des prädestinatischen Dualismus in der joh. Literatur, masch. Diss. Heidelberg 1974.

*Böcher, O.*, Der joh. Dualismus im Zusammenhang des nachbiblischen Judentums, Gütersloh 1965.

*Bultmann, R.*, Zur Geschichte der Lichtsymbolik im Altertum, in: ders., Exegetica, 1967, 323–355.

*Charlesworth, J.*, A Critical Comparison of the Dualism in 1QS 3,13–4, 26 and the ,,Dualism" Contained in the Gospel of John, in: Qumran and John, 1972, 76–106.

*Coetzee, J. C.*, Christ and the Prince of this World in the Gospel and the Epistles of St. John, Neotestamentica 2 (1968) 104–121.

*Dibelius, M.*, Die Vorstellung vom göttlichen Licht. Ein Kapitel aus der hellenistischen Religionsgeschichte, DLZ 36 (1915) 1469–1483.

*Goetz, H.*, Der theologische und anthropologische Heilsuniversalismus bei Johannes in seiner exegetischen Begründung, masch. Diss. 1896.

*Huppenbauer, H. W.*, Der Mensch zwischen zwei Welten. Der Dualismus der Texte von Qumran (Höhle 1) und der Damaskus-Fragmente, Zürich 1959.

*Klein, F. N.*, Die Lichtterminologie bei Philon von Alex. und in den hermetischen Schriften, masch. Diss. Leiden 1962.

*Osten-Sacken, P. von der*, Gott und Belial, Göttingen 1969.

*Segal, A. F.*, Two Powers in Heaven, masch. Diss. Ph. D. Yale University 1975.

*Schottroff*, Der Glaubende und die feindliche Welt. Neukirchen 1970.

*Dies.*, Joh 4,5–15 und die Konsequenzen des joh. Dualismus, ZNW 60 (1969) 199–214.

*Schweizer, E.*, Jesus der Zeuge Gottes, in: Studies in John, Leiden 1970, 161–168.

*Stemberger, G.*, La symbolique du bien et du mal selon S. Jean, Paris 1970.

*Wetter, G. P.*, Phoos – Eine Untersuchung über hellenistische Frömmigkeit, zugleich ein Beitrag zum Verständnis des Manichäismus, SHVU 17 (1915–17).

In diesem Abschnitt drängen und überschneiden sich stärker als bisher Fragen der Quellenbenutzung, des historischen Wertes, der Komposition und der Theologie des JE. Das beweist das Auseinandergehen der Kommentare. B. *Weiß* 127 konnte 1893 noch schreiben: ,,Der Annahme, daß Joh ein Zeuge dieses Gesprächs gewesen ist, steht durchaus nichts entgegen"; *Strathmann* 67 hielt es 1954 für ,,verfehlt", . . . ,,die Frage nach der äußeren Geschichtlichkeit eines so verlaufenden Gesprächs überhaupt aufzuwerfen". Nach *Bultmann* 93 ist die Rede sachlich wie literarisch ,,das primäre Element der Komposition"; der Evangelist habe sie ,,seiner Quelle der ,Offenbarungsreden' entnommen". Damit ist die Frage nach dem Verhältnis von Quelle und Stil berührt. Daß – wie V. 19–21 voraussetzen – die furchtlose Offenheit für Jesus, der das Licht ist, aus den zuvor getanen Werken der Menschen folge, läßt sich mit der johanneischen Lehre von der Zeugung aus dem Geist, ,,von oben", nicht in Einklang bringen. Das beweist, daß dieser

Text überarbeitet ist. Die erste Hälfte des Abschnitts, das Gespräch Jesu mit Nikodemus, ist ein in Dialogform umgesetztes Lehrstück über die Bedeutung (oder Bedeutungslosigkeit) der Wunder Jesu, das für das Verständnis des ganzen Evangeliums entscheidend wichtig ist.

■ **1** Ἄνθρωπος = τίς ist kein Semitismus, sondern Koine (*Bultmann* 94 Anm. 2 mit Hinweis auf *Blaß-Debrunner* § 301,2), aber auch schon im klassischen Griechisch belegt. Νικόδημος (vgl. 7,50; 19,39): der im Griechischen beliebte Name kam auch bei Juden vor (über einen „Naqdemon ben Gorjon z. Z. Jesu vgl. *Billerbeck* II 413–419). Ἐκ τῶν Φαρισαίων: daß Pharisäer aufgrund von Wundertaten Jesu an ihn glauben, widerspricht den sonstigen Aussagen des JE über die Pharisäer (s. zu 9,13). Ἄρχων ist unbestimmt; in 7,48 stehen die ἄρχοντες neben den Pharisäern. Vermutlich meint das Wort hier: Mitglied des Hohenrates. Damit wird eine vom JE übernommene Überlieferung sichtbar, nach der ein hochangesehener Mann namens Nikodemus in Jerusalem zu den (geheimen?) Anhängern Jesu gehörte.

■ **2** Νυκτός: warum kommt Nikodemus des Nachts? Nach *Billerbeck* II 420 haben Rabbinen bis in die Nacht hinein disputiert. Aber das paßt nicht zu dieser Stelle: Nikodemus ist nicht am Tag gekommen und hat dann bis in die Nacht hinein mit ihm disputiert. Eine andere Möglichkeit wäre, daß die „Furcht vor den Juden" diese Art des Besuchs bei Jesus bestimmte (vgl. 19,38). Aber auch das will nicht recht ins Bild sich einfügen. Denn Nikodemus tritt auf als Sprecher einer Gruppe (s. οἴδαμεν in 3,2). Er könnte zu den „vielen" gehört haben, von denen 2,23 spricht; Jesu Wunder haben sie angeblich zum Glauben geführt, der freilich nicht der rechte war. Anders kombiniert *Bultmann* 94f. Nikodemus gibt Jesus die ehrende Anrede „Rabbi" und bezeugt mit „wir wissen" eine von vielen geteilte Überzeugung, daß nämlich Jesus ein von Gott inspirierter Lehrer sei. Sein Grund: Niemand könne solche Wunder tun („Wunder" in der Mehrzahl) wie Jesus, wenn nicht Gott mit ihm ist. Eine solche Überzeugung, daß ein Wunder eine Lehre legitimiere, war im Spätjudentum durchaus nicht selbstverständlich (*Billerbeck* I 127f. verweist auf Baba Mᵉci'a 59b). Dagegen stimmt mit Joh 3,2 überein Apg 2,22, wo Petrus sagt: „Jesus von Nazareth, ein Mann, legitimiert von Gott (ἀποδεδειγμένον) bei euch durch Krafttaten, Wunder und Zeichen, die Gott durch ihn in eurer Mitte tat . . .", und das Markusevangelium läßt sich schwerlich ohne die Voraussetzung verstehen, daß die vielen Wunder Jesu als Beweis dafür erzählt werden, daß er der Gottessohn ist. Aber auch im JE selber finden sich Stellen, die nur bei solcher Wertung des Wunders (als Legitimation bzw. als einer göttlichen Beglaubigung) Sinn bekommen. Ein unübertroffenes Muster dafür ist die Geschichte von der Blindenheilung in Kap. 9. Hier argumentiert die eine Partei – die Christen – damit, daß ein Blindgeborener nur durch ein göttliches Wunder und einen göttlichen Wundermann geheilt werden konnte, und die Gegenpartei – die Behörden – reagiert mit sanftem oder weniger sanftem Druck (der Geheilte wird aus der jüdischen Gemeinde ausgeschlossen) und dem freilich nicht beweisbaren Vorwurf, das Wunder sei gar nicht erwiesen. Denn handele es sich nun wirklich um denselben Menschen, war er wirklich von Geburt an blind? Die Eltern sind nur bereit zu bestätigen, er sei von Geburt an blind gewesen, aber wie er geheilt worden sei, wüßten sie nicht. Er sei alt genug und solle selber für sich reden. *Windisch* hat versucht, das in Form einer Szenenreihe darzustellen, die sich im Theater sicherlich sehr wirksam darstellen ließe. Aber für den Evangelisten ist die aus seiner Vorlage übernommene Geschichte überhaupt nur brauchbar als ein Hinweis darauf, daß Jesus das Licht der Welt ist. Der geheilte Blinde aber spricht in 9,31 den allgemeinen Satz aus: ,,Wir wissen, daß Gott nicht auf Sünder hört . . . (32) seit Ewigkeit wurde nicht gehört, daß jemand die Augen eines Blindgeborenen geöffnet hat. (33) Wäre dieser (Jesus) nicht von Gott, könnte er nichts tun." An dieser Stelle freilich kann der Evangelist seine Vorlage akzeptieren, aber in einem ganz anderen Sinn: Wäre Jesus nicht das laut werdende Wort Gottes, das er spricht, so könnte er nichts tun.

■ **3** Um so wichtiger ist es, daß Jesu Antwort an Nikodemus (eingeleitet durch besonders betontes ,,Wahrlich, wahrlich, ich sage . . .") jene Behauptung, er werde durch die Wunder für jedermann, der seine Taten sieht, unwidersprechlich legitimiert, entschieden verneint. Dabei bedient sich Jesus einer Wendung, die verschiedene Deutungen zuläßt: ,,von oben erzeugt werden" und ,,von neuem geboren werden". Gemeint ist das erste: eine neue, himmlische Existenz empfangen. Nikodemus aber versteht das zweite: ,,von neuem geboren werden." Mit diesem Mißverständnis macht er schon deutlich, daß er Jesus nicht versteht. Jesus sagt also: ,,Wer nicht von Gott eine neue, unirdische Existenz bekommt, der kann das Reich Gottes = das Wirken Gottes nicht sehen." Nikodemus hat Wundertaten Jesu, vielleicht Heilungen, gesehen und gemeint, er sehe hier Gott am Werk. Aber die βασιλεία τοῦ θεοῦ – das JE verwendet nur hier und in V. 5 diesen Begriff – läßt sich nicht in derselben Weise wahrnehmen wie ein irdischer Vorgang, etwa wie das Bestreichen der Augen eines Blinden mit Heilerde. Wenn ein Mensch das königliche Herrschen Gottes wahrnehmen soll (das sich in einem irdischen Geschehen vollzieht, aber nicht damit identisch ist), dann muß er dazu ein neues Sein, eine neue Existenz, ja auch neue Augen bekommen haben, die Gottes Hände am Werk sehen. Mehr wird davon nicht gesagt. Nur soviel ist klar: das göttliche Herrschen ist kein irdisches Ereignis, das jedermann wahrnehmen kann.

■ **4** Nikodemus aber versteht Jesu Worte dahin, daß der Mensch den Vorgang seiner Geburt von neuem erfahren muß. Daraufhin fragt er: Wie soll das möglich sein? Er, der Greis, kann doch nicht aufs neue in den Schoß seiner Mutter eingehen und dann ein zweites Mal geboren werden. So verstanden ist die Antwort des Nikodemus töricht und grotesk. Und man wird sie kaum anders auslegen dürfen als eben so. Der Evangelist malt also das Unverständnis des Nikodemus (= des ungläubigen Menschen) mit den grellsten Farben. Man wüßte gern, was der johanneische Jesus auf die Frage antworten würde: ,,Wie soll das zugehen, daß ich ein neuer Mensch werde? Wie kann ein alter Mensch sein Leben neu beginnen?" Er ist doch durch das, was er von seinen Eltern empfangen hat, und durch seine eigenen Erfahrungen bestimmt und zu dem geworden, was er ist, also im großen und ganzen festgelegt. Er trägt doch immer seine Vergangenheit mit sich herum als einen Teil seines Lebens nicht nur, sondern als ein Grundelement seiner Existenz. Geburt besagt doch einen solchen völligen Anfang, der die Leitlinien seines künftigen Lebens schon enthält. Gewiß, der Mensch ist noch ein Stück Möglichkeit, er ist nicht nur ein sich abspielender Vorgang. Aber sowenig er ein Vogel werden kann oder ein Kaninchen oder eine Palme, so wenig kann er ein neuer Mensch werden. Ein Mensch kann auch nicht aus seiner Zeit herausspringen und plötzlich aus einem Amenophis ein Heidegger werden. Diese Frage könnte der Evangelist ja nur beantworten, wenn er das ,,von oben erzeugt werden" in seiner Eigenart und völligen Verschiedenheit zu allem irdischen Werden und aller irdischen Veränderung genauer beschriebe. Aber er scheint eine andere Antwort bereit zu haben:

■ **5** Jesus scheint seine Antwort nur wenig modifiziert noch einmal zu wiederholen. Aber eins ist neu: als Vorbedingung nennt er nun: der Mensch muß aus Wasser und Geist geboren werden. Damit kann nichts anderes gemeint sein als die christliche Taufe. Etwas ausführlicher wird sie in Apg 19,5f. beschrieben bei der Taufe der bisherigen Johannesjünger durch Paulus: ,,Sie ließen sich taufen auf den Namen des Herrn Jesus. Und als ihnen Paulus die Hände auflegte, kam der heilige Geist auf sie, und sie redeten in Ekstase und prophezeiten." Die Taufe wird bei Joh 3,5 ebenso wie in Apg 19,5f. als Geist mit einem irdischen Vehikel oder sogar mehreren (Apg) verbunden gedacht: mit dem Taufwasser auf jeden Fall und eventuell einer Handauflegung. Auch die Gabe der ,,ekstasis" und der Prophetie sind sichtbare Äußerungen des neuen Lebens. Davon deutet Jesus in V. 5 nichts an: er erwähnt nur das Taufwasser. Aber daß die Geistgabe daran gebunden sein soll, widerspricht der Überzeugung des Evangelisten. In 20,22 heißt es vielmehr (mit Anspielung auf Gen 2,7): ,,Und nach diesen Worten hauchte er sie an und sprach zu ihnen: ,Empfanget den heiligen Geist.'" In 3,5 tritt außerdem (gegenüber V. 3) das Wort ,,hineingehen in das Reich Gottes" anstelle von ,,das Reich Gottes sehen". Auch das ist ein Bild: ein unsichtbarer Bereich ist die Basileia Gottes, in den man darum auch gar nicht hineingehen kann, der vielmehr schlechthin unzugänglich ist. Diesmal ist vom Taufwasser nicht die Rede, wie in V. 5. Dieses Reich ist nicht sichtbar wie ein Stein, der auf dem Wege liegt, es ist kein irdischer Gegenstand; ,,sichtbar" ist es nur für den, der mit seinem Leben darin existiert. Nur wer – um ein anderes Bild zu gebrauchen – liebt und geliebt wird, für den ist die Liebe (die gegebene und empfangene) eine Wirklichkeit.

■ **6** ,,Was aus dem Fleisch erzeugt wird, ist Fleisch, und das aus dem Geist Erzeugte ist Geist." Hier wird mit ,,Fleisch" die irdische Wirklichkeit und mit ,,Geist" die göttliche Wirklichkeit bezeichnet. Auch wenn ein Mensch außerordentlich begabte und fromme Eltern hat, gehört er dadurch noch nicht der göttlichen Wirklichkeit an. Er muß – das haben auf ihre Weise auch Gnostiker zu sagen versucht – von Gott ein neues Leben haben, eine Wirklichkeit, die nicht aus dem irdischen Erbe stammt. Verwandt mit dem hier Gesagten ist das Wort des Paulus 2Kor 4,18: ,,Denn was sichtbar ist, das ist zeitlich (= vergänglich), was aber nicht sichtbar ist, das ist ewig.'' ,,Ewig'' meint hier nicht unvergängliche Dauer, sondern etwas von allem Irdischen qualitativ Verschiedenes.

■ **7** · Jesus mahnt Nikodemus, sich nicht zu wundern – vielleicht könnte man sogar hier übersetzen – sich nicht zu stoßen an Jesu Wort: Ihr müßt von oben erzeugt werden. Das hier auftretende ,,ihr'' zeigt, daß nicht eigentlich Nikodemus als ein Individuum gemeint ist, sondern als Repräsentant all jener Juden, die an der Schwelle zum christlichen Glauben stehen, ohne sie doch zu überschreiten. In 5,28 werden wir auf dieselbe Konstruktion stoßen: ,,Wundert euch nicht darüber, daß die Stunde kommt, in der alle, die in den Gräbern ruhen, die Stimme des Menschensohnes hören und herausgehen werden, die das Gute getan haben, zur Auferstehung des Lebens, die das Schlechte getan haben, zur Auferstehung des Gerichts.'' Diesen Worten geht der V. 27 voran: ,,Und er hat ihm Macht gegeben, Gericht zu halten; denn er ist der Menschensohn.'' Dieser ganze Abschnitt von 5,27–29 ist ein Einschub des Redaktors, der zuvor schon V. 22–24 eingefügt hatte, die ebenfalls dem Sohn das ganze Gericht zugesprochen hatten, damit man ihn ebenso ehre wie den Vater. An diesen beiden Stellen ist es sehr deutlich, daß der Redaktor die ,,Auferweckung'' im Hier und Jetzt als eine ungenügende Auferstehungslehre betrachtete und darum die übliche futurische Eschatologie mit dem Gericht am Ende der Tage durch die beiden Einschübe wieder zur Geltung zu bringen suchte. Es fragt sich nun, ob das ,,Wundere dich nicht'' in 3,7 ebenfalls ein Zeichen dafür ist, daß hier der Redaktor durch seine Interpretation sein Verständnis durchzusetzen versuchte. In Frage käme dafür das Bild des Windes in 3,8.

■ **8** Dieser Vers kehrt wieder zur Einzahl zurück, soweit der Sprecher in Frage kommt. Dabei benutzt aber Jesus, um das staunende Nichtbegreifen seines Gesprächspartners zu überwinden, das doppeldeutige Wort πνεῦμα. Es kann einmal den Wind bedeuten, dann aber auch den göttlichen Geist, den Gott bei der Schöpfung dem Menschen eingehaucht hat. Das tertium comparationis liegt darin, daß man den Wind zwar rauschen hört, aber nicht weiß, woher er kommt und wohin er geht. So sei es auch mit allem, was von oben erzeugt ist. Hier ist zweierlei zu beachten: einmal kann der Mensch nicht nur das Rauschen des Windes hören, sondern er kann auch sofort erkennen, woher der Wind kommt und wohin er geht. Man kann z. B. sehr schnell feststellen, daß etwa ein von Westen kommender Wind weht und nach Osten gerichtet ist. Der Vergleich mit dem von oben Erzeugten trifft also nicht zu. Zum andern: Es gibt in der gnostischen Bewegung der damaligen Zeit die Anschauung, daß der wahre Gnostiker von sich selbst sagen könne: Ich weiß, woher ich komme (nämlich von Gott) und wohin ich gehe (nämlich zu Gott). Dagegen ist schwer zu sagen, inwiefern man vom Menschen, der von oben erzeugt ist, sagen kann, man höre seine Stimme. – Vermutlich soll der V. 8 besagen, daß man einen Geisterzeugten nicht verstehen könne. In diesem Falle würde sich V. 9 gut anschließen.

■ **9** Denn Nikodemus bekennt sofort sein völliges Nichtverstehen. Aber obwohl ihn Jesus gewarnt hatte, sich nicht zu wundern, ist es seine Frage „Wie kann das geschehen?" gerade, die ein solches Mißverstehen anzeigt. Dabei bleibt allerdings die Mahnung Jesu, Nikodemus solle sich nicht wundern, wenn ihm ein von oben Erzeugter begegnet und er ihn nicht versteht, für den Gesprächspartner ohne Trost. Erst recht ist es uneinsichtig, warum Nikodemus getadelt wird, wenn er das Reden eines Geisterzeugten nicht begreift. Man kann sich mit dem Gedanken helfen, daß Jesus sich bemüht, ihm klarzumachen, er, Nikodemus, könne ihn, den Geisterzeugten, nicht verstehen, und daß Nikodemus dazu staunend sagt: Wie kann es einen solchen Unterschied unter den Menschen geben, daß die Fleischgeborenen die Geistgeborenen nicht verstehen. In der Tat, ein solcher Dualismus, ein solcher unüberbrückbarer Unterschied unter den Menschen ist der jüdischen Lehre fremd, wenn auch ein Schüler nicht sofort versteht, was der Rabbi sagt.

■ **10** leitet nun einen harten Tadel an Nikodemus ein, dem dabei eine Stellung zugeschrieben wird, die er gar nicht hatte und die es im damaligen Judentum gar nicht gab: „Du bist der Lehrer Israels und verstehst das nicht?" Jesus hatte ja selbst soeben klargemacht, daß ein Geisterzeugter den Fleischerzeugten nicht verstehen könne. Hatte er je angenommen, daß Nikodemus ebenfalls ein Geisterzeugter war? Wahrscheinlich soll der Leser aus Jesu Wort die Erkenntnis gewinnen, daß Israel auch in seiner höchsten Möglichkeit das christliche Geheimnis verschlossen geblieben ist.

■ **11** Wieder eingeleitet mit dem doppelten ἀμήν folgt nun ein Satz, der sich im Munde Jesu sonderbar ausnimmt: „Wir reden, was wir wissen, und wir bezeugen, was wir gesehen haben, und ihr nehmt unser Zeugnis nicht an!" Gerade diese letzten Worte zeigen: hier redet die christliche Gemeinde und polemisiert gegen die jüdische, die sich anscheinend endgültig gegen die christliche verschlossen hat. Ähnlich wie zuvor der einzelne Nikodemus als Sprecher Israels dargestellt war, erscheint nun Jesus als Sprecher all derer, die (wie er selbst) „von oben erzeugt" sind. Ein solches „wir" taucht auch in 4,22 störend mitten in einer Jesusrede auf und ist offensichtlich ein Wort der Gemeinde: „Ihr" (die Samaritaner) „betet an, was ihr nicht kennt; wir beten an, was wir kennen, denn das Heil kommt von den Juden." Joh 3,11 blickt offensichtlich auf eine Zeit zurück, wo die Juden alle Bemühungen der christlichen Gemeinde endgültig abgewiesen haben. In 9,22 wird die jüdische Abmachung erwähnt, jeden, der sich zu Christus bekennt, aus der Synagoge auszuschließen, d. h. den großen Bann über ihn auszusprechen. In 9,34 widerfährt das dem einstigen Blinden. Um das Jahr 100 (vgl. bBer. 28b) wurde in das 18-Bittengebet, das in jedem Synagogengottesdienst jeder Jude mitzusprechen hatte, eine Bitte an Gott eingeschoben, er möge die ,,minim", die Ketzer – d. h. hier die Christen – vernichten. Das konnte kein Christ mehr mitsprechen, ohne seinen Glauben an Jesus Christus zu verraten. Tatsächlich war es im wesentlichen die Christologie, welche auf die Dauer zum Bruch mit den Juden führte. Das JE bringt Äußerungen, aus denen hervorgeht: noch bestand eine wenn auch gefährdete Gemeinschaft zwischen Juden und Judenchristen; an anderen Stellen wird deutlich, daß der Bruch schon vollzogen ist. Der Versuch Jesu in der ersten Hälfte des JE erweist sich als vergeblich, die Juden zu gewinnen. Das 4. Evangelium ist keine an Israel gerichtete Missionsschrift mehr.

■ **12** lenkt anscheinend wieder zum Gespräch Jesu mit Nikodemus zurück, wenn auch aus dem Dialog ein Monolog Jesu geworden ist: in V. 9 ist Nikodemus verstummt. Die Verse 3,12–21 sind – wenn sie überhaupt als Bestandteil eines Gespräches Jesu mit Nikodemus gedacht sind – eine Predigt Jesu an Nikodemus, der nicht einmal mehr zum Fragen imstande ist. Aber was Jesus oder der Evangelist in V. 12 eigentlich sagen will, darüber haben die Ausleger noch keine Einigkeit erzielt. Was ist mit den ἐπίγεια, was mit den ἐπουράνια gemeint? Was hat Jesus denn vom Irdischen gesagt, das Nikodemus nicht glaubt? *Bultmann* 105 meint: ,,Die Formulierung ist aus der Quelle" (d. h. aus den von Bultmann vermuteten Offenbarungsreden) ,,übernommen und hatte hier einen eindeutigen Sinn: Unter den ἐπίγεια war hier die irdische Welt im Sinne der gnostischen Interpretation verstanden; der Offenbarer gibt Aufklärung über ihre Entstehung und ihr Wesen und damit zugleich über das Wesen des Menschen, der sie (scil. die Welt) als Fremde verstehen soll; unter den ἐπουράνια war die Himmelwelt verstanden, die der Offenbarer als die Heimat der Seelen verstehen lehrt und zu der er die Rückkehr erschließt." Aber für die Gnosis sind die irdischen Dinge schon immer in ihrem dämonischen Wesen verstanden. Die Kosmologie ist in der Gnosis keineswegs mehr die Lehre vom Irdischen, sondern die Lehre vom Fall eines Teils des göttlichen Geistes, also sozusagen eine ,,negative Soteriologie"; diese Probleme waren für die Gnostiker besonders schwierig: wie konnte es zu einem solchen Fall kommen? Es gab freilich gnostische Sekten, die von Anfang an mit dem Vorhandensein des Guten und des Bösen rechneten. Aber meist ging das gnostische Denken zunächst von der unversehrten Existenz des göttlichen Geistes aus (vgl. *Haenchen,* Das Johannesevangelium und sein Kommentar 211f.). Dieses Rätsel hatte das gnostische Denken auf verschiedene Weise zu lösen versucht. Da es den Menschen nicht von Anfang an als ein Geschöpf des Bösen ansehen und damit an ihm verzweifeln wollte, kam es in irgendeiner Spielart zu dem Gedanken, daß ein Teil des Urguten abgelöst und in eine damit möglich gewordene Welt eingeschlossen wurde in Form der göttlichen Lichtfunken, die in allen oder doch vielen Menschenseelen fortlebten, wobei man das menschliche Dasein als eine Gefangenschaft unter bösen Mächten verstand. Es galt nun, diese Funken im Menschen daran zu erinnern, daß sie eigentlich zum Urguten gehörten und sich durch möglichst starke innere und äußere Loslösung von der bösen Welt für die Rückkehr in die himmlische Lichtheimat in einer asketischen Existenz vorbereiten mußten, die keinen Augenblick vergessen werden durfte. Konsequente Gnosis ließ sich eigentlich nur bei kleinen Gruppen durchführen, wie bei den Manichäern, zu denen auch der junge Augustin gehörte. Die spätere Sündenlehre Augustins trägt noch deutliche Spuren dieser seiner Vergangenheit in sich. Nur die ,,electi" – ganz zurückgezogen lebende Asketen –, die sich von den auditores (ein solcher war Augustin zunächst, bevor er Christ wurde) durch an bestimmten Stellen niedergelegte Speisen ernähren ließen, übten diese Askese. Solche Lebenshilfe für die ,,electi" durch ,,auditores" galt als gute Tat, so daß vielleicht auch die ,,auditores" mit der Rückkehr in das himmlische Lichtreich belohnt werden würden. Die Aufgabe des gnostischen Erlösers bestand darin, die göttlichen Funken im Menschen über das Weltendrama aufzuklären, sie an ihre göttliche Lichtheimat zu erinnern und dafür zu gewinnen. Daß der gnostische Erlöser selbst ein gefallener Lichtteil war, der die Wahrheit erkannt hatte (,,salvator salvandus"), ist keineswegs ein unvermeidlicher Bestandteil aller gnostischen Lehrmeinungen gewesen, wie die Theologen früher angenommen haben. Die Grunderfahrung des Menschen, an welche die entstehenden gnostischen Systeme anknüpften, war einmal das Gefühl der Menschen, in eine ihnen fremde, von Dämonen beherrschte Welt geraten zu sein (die kurze Formulierung dieser Erfahrung konnte etwa lauten: πόθεν τὰ κακά, ,,Woher kommt das Böse?"), zum andern die furchtbare Entdeckung, daß das Böse nicht bloß rings außen um den Menschen verführerisch lauert, sondern in ihm selbst seine tiefen Wurzeln hat.

Das JE benutzt wohl einige gnostisch klingende Sätze, ist aber wesentlich von der gnostischen Lehre verschieden: sein Erlöser, Jesus, ist nicht einer jener gefallenen göttlichen Funken, sondern der ,,Sohn", der von je in ungestörter Einheit mit dem Vater existiert hat, und unter den Menschen gibt es keine φύσει σωζόμενοι, von Natur gerettete Menschen, auch keine, die sich durch gute Taten die Rückkehr zum göttlichen Lichtreich verdienten, sondern nur die, denen durch den unerforschlichen göttlichen Willen das Heil durch den Glauben an die Gnadenpredigt des Erlösers erschlossen wurde. Judas ist der Typus der ,,Söhne des Verderbens", die von der Gnadenwahl ausgeschlossen waren. Der Christ, dem der Glaube an den Erlöser geschenkt wurde, verdankt sein Heil nicht eigenen guten Werken, sondern der göttlichen Gabe.

Was sind nun die irdischen Dinge, welche Jesus schon gelehrt hat und die von den Juden abgelehnt wurden? Daß man nicht weiß, woher der Wind kommt und wohin er geht, trifft einfach nicht zu. Darum paßt der Doppelsinn von πνεῦμα gar nicht. Der Theologe *Thüsing,* Erhöhung 225f., hat alles, was der irdische Jesus sagte, als ,,irdisch" aufgefaßt und das ,,Himmlische" auf Worte des Auferstandenen bezogen. Damit deckt er eine tiefe Schwierigkeit auf, die hier verborgen liegt. Mag sich der Evangelist noch so sehr bemühen, Jesus eine himmlische Botschaft auf Erden verkünden zu lassen, so bleiben alle diese Worte doch – ebenso wie seine Wunder – bloße Hinweise auf etwas, was uns immer nur getrübt und gebrochen zugänglich ist. Der Apostel Paulus hat zwar gemeint (1 Kor 13), er könne in der Ekstase mit Engelzungen sprechen. Aber solche Äußerungen des Geistes blieben dem Hörer unverständlich, wenn er nicht die Gabe der Deutung besaß, und auch diese bleibt irgendwie immer inadäquat. Das deutet das 4. Evangelium damit an, daß Jesus immer wieder vom unsichtbaren Vater spricht, bei dem der Sohn einst geweilt hat, und zu dem er nach seinem Erdenleben in die himmlische Herrlichkeit zurückkehrt. Joh 17,5 spricht von der Herrlichkeit, die Jesus vor der Erschaffung der Welt beim Vater hatte in der Liebe des Vaters (17,24) und die er nach dem Erdenleben wieder erhalten wird. Aber diese Sprache Jesu hat teil an der Bildhaftigkeit, die immer zugleich Abbild ist mit aller ihrer Rätselhaftigkeit. *Wellhausen* 18 hat sich zu helfen gesucht mit den Worten: ,,Mit 3,9 geht ein neuer Absatz an, der von einem Continuator stammt. V. 9 paßt nicht zu V. 8. Denn Jesus hat ja gesagt, daß man die Geistexistenz nicht versteht. Noch weniger passen aber zu V. 8 die Verse 10ff., wo dem Nikodemus vorgeworfen wird, daß er das nicht versteht, was nach V. 8 unbegreiflich" *sein soll.* ,,Weiter wird die Wiedergeburt . . . durch die Taufe als etwas Elementares . . . höheren Dingen entgegengesetzt." Jesus redet in 3,11 im Plural und nachher in der 3. Person von sich und betrachtet 3,19 ,,seine irdische Laufbahn als bereits abgeschlossen"; ,,. . . an Nikodemus denkt er nicht mehr". *Wellhausen* erwog, 3,9–21 als einen Nachtrag zu erklären. Aber er zögerte, 3,1–8 der Grundschrift zuzusprechen. Quellenscheidung scheint also erfolglos zu bleiben. Hilft der Gedanke, daß hier eine Komposition des Evangelisten vorliegt? Die (heute meist bei katholischen Autoren anzutreffenden) Versuche, den Abschnitt als einen Erlebnisbericht zu verstehen, sind – sit venia verbo – antiquiert. *Strathmann* 66 hat ganz recht: Das Gespräch ist nur eine Form. ,,Denn die Aufmerksamkeit gilt nur" Jesus und nicht Nikodemus . . . ,,Er verschwindet im Lauf des Gesprächs stillschweigend." Er ist nur ,,Anlaß der Äußerungen Jesu über das Thema", nämlich den wahren Heilsweg. Die Rede Jesu geht in V. 14–21 unmerklich in ein Zeugnis über Jesus über. *Strathmann* 67 fährt fort: ,,Dieses unvermerkte flimmernde Übergehen aus Reden Jesu in christliche Rede über ihn . . . ist nur dadurch möglich, daß in Wirklichkeit das ganze Evangelium . . . Predigtzeugnis über Jesus ist." Die einzelnen Vorgänge sind nur ,,Predigtformen des Evangelisten". Es ist nicht gesagt, daß der Evangelist ein besonders glänzender Schriftsteller gewesen ist. Z. B. ist die besonders konsequent aufgebaute und spannend erzählte Geschichte von der Auferweckung des Lazarus aus einer Tradition mit einem anderen theologischen Ziel übernommen. Aber wir können das Werk des Evangelisten als eine schriftstellerische Komposition zu erfassen versuchen, die anders gerichtete Traditionen benutzte. Vielleicht steht es so auch mit V. 12. *Schnackenburg* I

223

391 erinnert an Weish 9,16: ,,Mit Mühe erkennen wir die irdischen Dinge . . . die himmlischen aber, wer hat die ergründet?" und an Sanhedrin 39a, wo der Rabbi Gamaliel zum Kaiser sagt: ,,Du weißt nicht, was auf Erden ist; solltest du wissen, was im Himmel ist?" Ist es nicht möglich, daß der V. 12 ein jüdisches Sprichwort aufgreift, um eine Steigerung einzuführen? Dabei konnte die Geistbegabung insofern etwas Irdisches genannt werden, als sie sich auf Erden vollzieht, während die Fortsetzung, V. 13–21, insofern etwas Himmlisches heißen kann, als hier davon die Rede ist, daß der Menschensohn vom Himmel herabkommt und wieder zum Himmel hinaufsteigt. V. 12 betont also das völlige Unverständnis auch des wohlwollenden Judentums für die christliche Botschaft und läßt ahnen, daß nun der wichtigste Teil dieser Botschaft angedeutet wird, der erst erklärt, wie jene Geistbegabung möglich wird.

■ **13** Das ,,Zum-Himmel-Hinaufsteigen" ist hier schon ein vergangenes Ereignis (erst recht natürlich auch das ,,Vom-Himmel-Herabgekommen-Sein".) Der Sprecher steht also auf dem Standpunkt der christlichen, nachösterlichen Gemeinde. Wir werden erleben, daß der Evangelist öfter den Standpunkt des irdischen Jesus mit dem des erhöhten Jesus abwechseln läßt und damit mit dem der Gemeinde verbindet. Was hier in V. 13 behandelt wird, das sind im Grunde zwei Themen. Einmal wird daran erinnert: Nur einer ist wirklich vom Himmel herabgekommen und dorthin zurückgekehrt, nämlich der Menschensohn – eine im JE besonders beliebte Selbstbezeichnung Jesu (1,51; 3,13–14; 5,27; 6,27.53; 8,28; 12,23.34; 13,31; vgl. *Schnackenburg* I 411–423). Darin liegt implicite, daß nur er die wahre Kunde, die rechte Botschaft von Gott gebracht und damit den Zugang zu Gott eröffnet hat.

■ **14f.** *Sie* führen *nun das zweite Thema* näher aus: Daß Moses die Schlange in der Wüste erhöhte (Num 21,8f.) und jeder gerettet wurde, der zu ihr aufblickte, ist ein Abbild und Vorspiel dessen, was mit Jesus geschehen muß (hier geht die Rede wieder auf den Standpunkt des irdischen Jesus zurück): der Menschensohn muß ,,erhöht", gekreuzigt werden, ,,damit jeder an ihn Glaubende das ewige Leben hat" (Johannes vermeidet die Erwähnung der Kreuzigung, die nur in der Leidensgeschichte selbst genannt wird, und nennt statt dessen ihren göttlichen Sinn, die Erhöhung; vgl. dazu 19,30). Auf diese Weise zeigt sich: Die Voraussetzung für das Von-oben-Erzeugtwerden ist (nicht ein Vorverständnis des Menschen) der Kreuzestod Jesu! Tatsächlich bringt nach Joh 20,22 erst der Auferstandene den Jüngern den heiligen Geist, und 7,39 erklärt ausdrücklich, daß während Jesu Erdenleben noch kein Geist war, weil Jesus noch nicht verherrlicht war. Man sieht an diesem Bezug auf Num 21,8f., wie sich der Evangelist das Zeugnis des AT für Jesus vorgestellt hat (vgl. Joh 5,39).

■ **16** führt den letzten Teil von V. 15 weiter aus: So lieb hat Gott die Welt gehabt, daß er seinen einzigen Sohn hingab (Menschwerdung und Kreuz sind in einem in diesem Hingeben enthalten), damit jeder an ihn Glaubende nicht verlorengeht. In eigentümlicher Weise sind hier die allumfassende Liebe Gottes zu der Menschenwelt und die nur die Glaubenden rettende Sendung Jesu verbunden. In Wirklichkeit denkt der Evangelist – wenn man dafür spätere Begriffe benutzen darf – dualistisch und prädestinatianisch (vgl. *Schnackenburg* I 508–524). Er weiß, daß nicht jeder Christ wird, der die Verkündigung hört, daß es nicht am Prediger liegt, wenn einer die Botschaft ablehnt, daß Gott dem Sohn nicht alle gegeben hat, wie es später heißt (17,9). Dennoch versteht er die Christusbotschaft als einen Gnadenerweis Gottes.

■ **17** Denn Gott hat seinen Sohn nicht in die Welt gesandt, um über sie Gericht zu halten, sondern „um die Welt zu retten". Einen Augenblick lang könnte es hier scheinen, als wollte der Evangelist eine endgültige Erlösung aller lehren. Aber das ist nicht der Fall, wie V. 18 sogleich klarmacht.

■ **18** Wer an Jesus glaubt, der wird nicht gerichtet = verurteilt; wer nicht glaubt, der ist eben damit schon gerichtet, verurteilt, weil er „an den Namen des einzigen Gottessohnes" nicht geglaubt hat. Da es ohne Glauben an ihn kein Heil gibt, ist das Gericht für die Nichtglaubenden (das das JE nicht näher beschreibt) unausweichlich. Aber dieses Gericht, das sich geradezu mit logischer Notwendigkeit einstellt, ist nicht der Zweck der Sendung Jesu.

■ **19** Er wie der vorhergehende Vers enthüllen das Geheimnis johanneischer Eschatologie: das Endgericht ist nicht ein einmal Kommendes, jetzt noch Ausstehendes, sondern es vollzieht sich jetzt darin, ob ich der Predigt glaube oder nicht. Das Gericht ist die Scheidung zwischen den Guten und den Bösen. Aber nicht so, daß es bloß herausstellt, wie jeder war, sondern in der Begegnung mit Gottes Offenbarung wird erst vom Menschen die endgültige Entscheidung getroffen. Wer nicht zu Gott und dem Gottgesandten, dem Licht, will, der tut es, weil er Angst hat vor Gottes alles durchdringenden Augen.

■ **20f.** Wie sie hier lauten, sieht es so aus, als offenbare das Licht nur das bereits vorhandene Gute oder die Schlechtigkeit: Wer gut ist, hat keine Angst vor Gott und kommt darum zu Jesus; wer schlecht ist, hat Angst und bleibt ihm fern. Aber dieser Moralismus, bei dem es einzig auf die bereits vorhandene Qualität des Menschen ankommt, kann nicht der Sinn des Evangelisten sein. Sondern in der Begegnung mit Jesus entscheidet sich erst die Qualität des Menschen: Gut ist, wer sich Jesus trotz, oder mit seiner Sünde erschließt. Er wird mitsamt seinen Werken ganz in das göttliche Erbarmen hineingestellt.

● Joh 3,2–21 ist, so wie der Abschnitt jetzt vor uns liegt, ein großartiger Torso. Der Anfang läßt noch vermuten, was der Evangelist hier dem Leser verständlich machen wollte: den rechten Glauben. Als Eingang wählt er dafür eine nächtliche Szene: der große Nikodemus, Mitglied des Synhedriums, sucht Jesus auf und teilt ihm die erfreuliche Kunde mit, daß Jesus in Jerusalem Anhänger gefunden hat, darunter den Nikodemus selbst. Und da er ein redlicher Mann ist, sagt er auch gerade heraus, warum er und seine Freunde Jesus als gottgesandten Lehrer anerkennen: es ist nicht der Inhalt der Lehre Jesu (von ihm wird nur indirekt gesprochen), sondern es sind Jesu Wunder, welche den Nikodemus und seine Genossen überzeugt haben. Solche Wunder, wie Jesus sie vollbringt, beweisen, daß Gott hinter ihm steht. Wiederum ist es nicht die Eigenart der Wunder Jesu, von der solche Überzeugungskraft ausgeht, sondern die Absolutheit dieser Wunder: so etwas kann kein Mensch von sich aus zustande bringen. Also nicht etwa, daß Jesus Kranke heilt und sich so als Heiland bewährt, ist das Wichtige, sondern daß Jesus unheilbar Kranke gesund zu machen imstande ist, diese Absolutheit seiner Wundermacht besitzt die unwiderstehliche Beweiskraft.

Soweit die erste Szene, die eigentlich – wenn man es so ausdrücken darf – eine Liebeserklärung sein soll und nun, tragischerweise, auf Ablehnung stößt. Der aus den Wundern Jesu geborene Glaube ist nicht der Weg zu Jesus und zum rechten Glauben an ihn. Denn dieser vom Anblick der Wunder geweckte Glaube ist seiner Sache so sicher, wie man es Gott gegenüber nicht auf diese Weise sein darf: Gott läßt sich nicht erschließen, wie irdische Dinge und Verhältnisse sich erschließen lassen. Denn Gott ist kein Weltding. 2 Kor 4,18 hatten wir oben schon angeführt: Gott ist nicht sichtbar, so daß man sich seiner durch Sehen vergewissern und ihn sozusagen logisch in Besitz nehmen könnte. Und weil sich das mit Gott so verhält, muß der Mensch, der das Herrschen Gottes zu Gesicht bekommen will, neue Augen bekommen. Es hilft – um ein späteres Beispiel anzuführen – einem Menschen nichts für sein Gottesverhältnis, wenn er den erweckten Lazarus gespenstisch aus dem Grab wieder herausschweben sieht. Daß Gott die geistlich Toten lebendig macht – und das sind wir Menschen doch zunächst alle –, das ist das Entscheidende; und dazu kann die Auferweckung des Lazarus indirekt helfen, als Hinweis auf ein ganz anderes. Jesus spricht hier freilich nicht von ,,neuen Augen", sondern gebraucht einen anderen Ausdruck, der die Totalität dessen beschreibt, der für Gott neu werden muß: ein solcher Mensch muß von oben erzeugt werden. ,,Von oben" meint in der Sprache der damaligen Juden soviel wie ,,von Gott".

Dieses Wort Jesu ist als eine milde Korrektur gedacht und gemeint, die den Nikodemus davor bewahren soll, Gott wie einen Stein zu sehen. Aber Nikodemus versteht das ihm Gesagte nicht, und weil er ein ehrlicher Mann ist, der die Grenzen seines Geistes im Gespräch nicht verschweigt, sagt er nicht nur, was ihm unverständlich ist, sondern warum es ihm unverständlich erscheint. Er versteht nämlich Jesu Wort dahin, daß ein alter Mann (wie er als Mitglied des Synhedriums es wahrscheinlich ist) noch einmal geboren werden soll, und das kann man ihm doch nicht zumuten: er kann doch nicht noch einmal in den Schoß seiner Mutter eingehen und dann ein zweites Mal von ihr geboren werden. An dieser Stelle, meinen wir, setzt eine andere Hand ein, und wenn wir uns nicht täuschen, dann ist es die Hand jenes Redaktors, der den kirchlichen Klang wiedergegeben hat. Auf den ersten Blick unterscheidet sich Jesu zweite Antwort in V. 5 nur unwesentlich von der in V. 2.

Aber das ist eine Täuschung. In V. 2 heißt Basileia Gottes soviel wie „das Herrschen Gottes", in V. 5 aber ist es das Reich Gottes, in das man nur eintreten darf, wenn man getauft ist (d. h. „Wasser und Geist" empfangen hat). Hier ist der Bereich Gottes die Gemeinde, zu der man erst Zugang hat, wenn man durch die Taufe Mitglied geworden ist. Darum ist in V. 5 „sehen" durch „hineingehen" ersetzt. Das heißt aber nun: das Von-neuem-Geboren ist „Christ werden", in die Gemeinde aufgenommen sein. Damit ist das Anliegen des Evangelisten entstellt und verdunkelt worden. Mit V. 6 könnte sich die Rede des Evangelisten fortsetzen, nämlich dann, wenn damit eine Wesensverwandlung durch Gott gemeint wäre. Legt man diesen Vers jedoch im Sinne des Redaktors aus, dann betont er die scharfe Konstrastierung von Gemeinde und Nichtchrist. In V. 7 folgt ein Versuch des Redaktors, („Wundere dich nicht, daß . . ."), das Verhältnis zwischen Christentum und Judentum mit Hilfe einer alltäglichen Erfahrung und eines doppelsinnigen Wortes – πνεῦμα – zu verdeutlichen. Die Wirklichkeit des Windes kann jedermann erkennen, weil wir alle die Stimme des Windes, sein Rauschen, sein Säuseln oder Heulen, vernehmen können. Aber der Mensch weiß nicht, woher der Wind kommt, und wohin er geht. Das stimmt nun freilich nicht; jedermann weiß, woher etwa der Wüstenwind, der Chamsim, kommt, und wohin er bläst. Der Versuch, am Winde etwas Doppeltes zu unterscheiden, etwas Wahrnehmbares und etwas nicht Wahrnehmbares, läßt sich nicht durchführen. Darum ist das Bild des Windes, wenn man πνεῦμα als „Geist" versteht, in Wirklichkeit nicht brauchbar, jedenfalls nicht so, wie es der Redaktor meint: man kann die christliche Predigt hören, aber – ungetauft – nicht verstehen. Wie der Redaktor die folgende Frage des Nikodemus in V. 9 verstanden wissen will, ist nicht ganz sicher: „Wie kann das geschehen?" Worauf bezieht sich dieses „das"? Nikodemus war davon ausgegangen, daß jedermann erkennen könne: hinter dem Wundertäter steht Gott. Dieses für jedermann erschwingliche Erkennenkönnen hatte Jesus bestritten. Der Redaktor hatte zwar Jesu Antwort anders interpretiert als der Evangelist, aber auch er hatte daran festgehalten, daß man ohne Taufe (samt dem mit ihr verbundenen Geist, versteht sich) die christliche Botschaft nicht verstehen könne. Wenn sich V. 9 (als Bildung des Redaktors verstanden) auf die Möglichkeit eines in der Taufe mitgeteilten und darum nur dem Christen zugänglichen Wissens bezieht, dann mag sie dem modernen Menschen ganz plausibel erscheinen. Aber für den Redaktor lag die Sache nun so: Zunächst verdiente Nikodemus einen Tadel für seine Verständnislosigkeit, die andererseits bezeugte, daß auch „der Lehrer Israels" (was Nikodemus als bloßes Mitglied des Hohenrates freilich nicht war) angesichts der christlichen Lehre kapitulieren mußte. Jedenfalls sagen wir Christen, was wir wissen, und bezeugen, was wir gesehen haben, und die Juden nehmen dieses Zeugnis nicht an. Dabei hat der Redaktor Jesus nur das „Irdische" sagen lassen, die christliche Elementarlehre sozusagen, noch nicht aber das „Himmlische", was nach den folgenden Versen mit Jesu Kommen vom Himmel und mit seinem Ge-

hen zum Himmel zusammenzuhängen scheint und die Möglichkeit des Nikodemus vollends übersteigt. Aber der Redaktor deutet doch wenigstens die
Grundzüge jenes höheren Erkennens an: Jesus ist zum Himmel gefahren (der
so argumentierende Redaktor ist ein nachösterlicher Christ und sieht darum
manche Zeitverhältnisse anders, als sie Jesus in einer Rede an Nikodemus
dargestellt hätte), und das war nur möglich, weil er zuvor vom Himmel herabgekommen war als der „Menschensohn". Damit wird einer der christologischen Hoheitstitel genannt, den der Redaktor besonders zu lieben scheint
(man denke nur an 5,27, einen auch der Redaktion zugehörenden Vers). In
diesem Zusammenhang gibt nun der Redner so etwas wie einen Schriftbeweis: So wie Moses in der Wüste die Schlange erhöht hat (Num 21,8), damit
alle, die zu ihr emporsahen, gerettet würden, so mußte auch der Menschensohn (am Kreuz) erhöht werden, damit alle, die zu ihm emporblicken, errettet werden und ewiges Leben haben – Erhöhung am Kreuz und Himmelfahrt
werden also aufeinander bezogen. Der Redaktor scheint nicht zu wissen, daß
es christliche „electi" gibt, die der Vater erwählt hat, und daß er nur diese Jesus gegeben hat. Für den Redaktor besteht grundsätzlich für jeden Menschen
die Möglichkeit, durch die christliche Taufe in die Gemeinde aufgenommen
zu werden und damit gerettet zu werden. „Denn so hat Gott die Welt geliebt, daß er seinen einzigen Sohn (in den Tod) dahin gab, damit jeder, der an
diesen glaubt, nicht verloren geht, sondern ewiges Leben hat. Denn Gott hat
seinen Sohn nicht zum Gericht in die Welt gesandt, sondern damit die Welt
durch ihn gerettet wird." Freilich wollen sich nicht alle retten lassen. Wer an
Jesus glaubt, wird nicht gerichtet; wer nicht glaubt, der ist schon gerichtet,
weil er nicht an den Namen des einzigen Gottessohnes geglaubt hat. Aber
nun, in V. 19–21, fallen die entscheidenden Sätze: „Das aber ist das Gericht,
daß das Licht in die Welt gekommen ist und die Menschen die Finsternis
mehr geliebt haben als das Licht. Denn ihre Werke waren schlecht. Denn jeder, der Schlechtes tut, haßt das Licht und kommt nicht zum Licht, damit
seine Werke nicht überführt werden. Wer aber die Wahrheit tut, kommt
zum Licht, damit seine Werke offenbar werden, weil sie in Gott getan sind."
Damit ist klar geworden, wie der Redaktor die Verhältnisse sieht: die guten
Menschen, deren Werke sich sehen lassen können, werden Christen, weil
ihre Taten in dem durchdringenden Licht Jesu als gut deutlich werden. Wer
sich aber weigert, Christ zu werden, der hat schon seine Gründe dafür, nämlich seine Schlechtigkeit, die an das Licht käme bei der Begegnung mit Christus. Wenn man diesen Gedanken durchführt, ergibt sich, daß die Welt von
den Christen und Christus nichts wissen will: nicht eine geheimnisvolle
Gnadenwahl waltet hier, sondern die menschliche Freiheit hält die schlechten Menschen von Christus fern. Die christliche Gemeinde besteht aus den
guten, den anständigen Menschen; die Christenfeinde aber sind minderwer-
tiges Volk. Das hat nun freilich mit der Lehre der Evangelisten nichts zu tun,
und auch mit der justificatio impii hat es nichts zu tun. Was hier in aller Un-

schuld vorgetragen wird, ist eine Lehre von der justificatio piorum, wenn man es einmal mit reformatorischen Formulierungen ausdrücken will.

Und Nikodemus? Den hat der Redaktor aus den Augen verloren in seinem Eifer einer christlichen Apologetik. Diese ist freilich eine Abwehr der christenfeindlichen Angriffe, nach denen die Christen ein hergelaufenes Gesindel sind: „nicht viele Weise nach dem Fleisch, nicht viele Einflußreiche, nicht viele Adelige, sondern was töricht ist, das hat Gott erwählt" (1Kor 1,26). Dem Evangelisten wäre diese Philippika gegen Nikodemus kaum so leicht von den Lippen gekommen wie dem Redaktor. Jedenfalls hat er den reichen alten Mann nicht nur 7,50f. im Hohenrat für Jesus und die Christen eintreten lassen, sondern auch 19,39f. bei der Bestattung Jesu in eigener Person, und ohne die Kosten zu scheuen, mithelfen lassen.

## 10. Demütige Anerkennung Jesu durch Johannes

[22]Darauf kam Jesus und seine Jünger in das judäische Land, und dort blieb er mit ihnen und taufte. [23]Es war aber auch Johannes mit Taufen beschäftigt in Ainon nahe bei Salim, weil dort viele Quellen waren; und sie kamen und ließen sich taufen. [24]Denn Johannes war noch nicht ins Gefängnis geworfen. [25]Da kam es zu einem Streit von Johannesjüngern mit einem Juden wegen der Reinigung. [26]Und sie kamen zu Johannes und sagten zu ihm: „Rabbi, er, der mit dir jenseits des Jordan war, für den du Zeugnis abgelegt hast – siehe, er tauft, und alle gehen zu ihm!" [27]Johannes antwortete und sprach: „Niemand kann sich etwas nehmen, wenn es ihm nicht aus dem Himmel gegeben wird. [28]Ihr selbst seid meine Zeugen, daß ich sagte: Ich bin nicht der Christus, sondern daß ich vor jenem hergesandt bin. [29]Wer die Braut hat, ist der Bräutigam; der Freund des Bräutigams aber, der dasteht und ihn hört, freut sich herzlich über die Stimme des Bräutigams. Diese meine Freude ist jetzt vollkommen. [30]Er muß wachsen, ich aber abnehmen. [31]Wer von oben kommt, ist über allen; wer von der Erde ist, der ist irdisch und spricht Irdisches. Der aus dem Himmel Kommende (ist über allen). [32]Was er gesehen und gehört hat, das bezeugt er (,und niemand nimmt sein Zeugnis an). [33]Wer sein Zeugnis annimmt, hat besiegelt, daß Gott wahrhaftig ist. [34]Denn wen Gott gesandt hat, der redet die Worte Gottes; denn nicht teilweise gibt Gott. [35]Der Vater liebt den Sohn und hat alles in seine Hand gegeben. [36]Wer an den Sohn glaubt, hat ewiges Leben. Wer aber dem Sohn nicht gehorcht, wird das Leben nicht sehen, sondern der Zorn Gottes bleibt auf ihm."

**Literatur:**
*Beutler, J.,* Martyria. Traditionsgeschichtliche Untersuchungen zum Zeugnisthema bei Johannes, 1972.
*Billerbeck, I.,* 45. 500–517.
*Boismard, M. E.,* Aenon, près de Salem: Jean 3,23, RB 80 (1973) 218–229.
*Ders.,* Les traditions johanniques concernant le Baptiste, RB 70 (1963), bes. 25–30.
*Ders.,* ,L'amie de l'époux (Jo III,29).' A la rencontre de Dieu, in: Memorial A. Gelin, 1961, 289–295.
*Bussche, H. van den,* ,Les paroles de Dieu': Jean 3,22–36, BVC 55 (1964) 23–38.
*Cambe, M.,* Jésus baptise et cesse de baptiser en Judée: Jn 3,22–4,3, ETR 53 (1978) 97–102.
*Hauck, F.,* ThWb III, 429f.

*Huppenbauer, H. W.,* Der Mensch zwischen zwei Welten, Zürich 1959, bes. 68f.104f.
*Kundsin, K.,* Topologische Überlieferungsstoffe, 1925, bes. 25–27.
*Lindars, B.,* Two Parables in John (Jn 2,10; 3,29), NTS 16 (1969/70) 318–329.
*Linnemann, E.,* Jesus und der Täufer, in: FS. E. Fuchs, Tübingen 1973, 219–236.
*Payot, C.,* L'inteprétation johannique du ministère de Jean Baptiste, FV 7 (1969) 21–37.
*Richter, G.,* Zum gemeindebildenden Element in den joh. Schriften, in: ders., Studien zum Johannesevangelium, Regensburg 1977, bes. 387–391.
*Selms, A. van,* The Best Man and the Bride – from Sumer to St. John, JNES 9 (1950) 65–75.

Der Abschnitt läßt noch einmal Johannes über Jesus Zeugnis ablegen: ein Zeichen, wie es damals nötig war, um der konkurrierenden Täufergruppe[1] den Wind aus den Segeln zu nehmen, indem Johannes selbst den Verzicht auf solche Konkurrenz ausspricht und begründet. Dafür, daß hier noch eine historische Erinnerung im Spiel ist, hat man den Namen von Ainon und Salim angeführt, die nach V. 26 westlich des Jordans liegen müssen; aber auch den V. 25. So *Bultmann* 123, der an ein Apophthegma aus Täufertradition denkt, zu der auch V. 27 und „allenfalls" 29a gehörten. In ihr hätte sich der Täufer (V. 27!) auf seine Vollmacht berufen, und der Evangelist hätte das – ähnlich wie beim Prolog – auf Jesus umgedeutet. Aber das ist ebenso fragwürdig wie die Umstellung von 3,22–30 hinter 3,31–36, der sich freilich sogar *Schnakkenburg* angeschlossen hat. Beide Exegeten haben die Erkenntnis *Strathmanns* 82 nicht beachtet, daß es dem johanneischen Stil entspricht, wenn in aller Stille „der christliche Prediger an die Stelle des Vorläufers getreten" ist. Daß eine solche Umstellung unmöglich ist, wenn man für das einem Redaktor vorliegende Werk des Evangelisten eine Rolle oder einen Kodex annimmt, kommt noch als weiterer Gegengrund hinzu. Im Grunde sind alle Reden und Ereignisse dieses Evangeliums nur verschiedene Formen des christlichen Kerygmas unter Benutzung der einen oder anderen Tradition, die aber auch für manche Unterabschnitte entbehrlich ist.

■ **22** Μετὰ ταῦτα leitet wieder unbestimmt einen neuen Abschnitt ein: Jesus verläßt mit seinen Jüngern die Hauptstadt und hält sich taufend „im judäischen Lande" auf. Wo er tauft, erfahren wir nicht. Daß er selbst die Taufe vollzieht, wird 4,2 bestritten. Da für Johannes erst der Auferstandene den Geist mitteilt, wäre eine solche Taufe (gegen *Schnackenburg* I 449) eine Wassertaufe wie die des Johannes gewesen. Daß jemand auf seinen Namen getauft wird, behauptet der Evangelist nicht.

---

[1] Die Aktualität der Täufergruppen für das JE würde Haenchen in der letzten Fassung so wohl nicht mehr betonen.

■ **23** Aber auch Johannes tauft, und zwar nicht im Jordan, sondern in Αἰνών bei Σαλίμ. Als Begründung heißt es, daß dort ὕδατα πολλά waren, was „viele Quellen" meinen dürfte. Wo diese Orte genauer zu denken sind, bleibt unklar. Euseb, Onomastikon 40,1, hat beide 8 römische Meilen südlich von Skytopolis lokalisiert; das wäre „im nördlichsten Samarien" (*Bauer* 62). Aber damit ist nicht mehr anzufangen als mit dem Σαλίμ, das in Josua 19,22 LXX B erwähnt wird. Dem Evangelisten liegt vor allem daran, daß gerade in einer gleichen Situation – Tauftätigkeit – die unbedingte Überlegenheit Jesu desto deutlicher hervortritt.

■ **24** Die Bemerkung, daß Johannes noch nicht ins Gefängnis geworfen war, hat man vielfach als Polemik gegen die Synoptiker oder doch gegen eine synoptische Tradition gedeutet, die Jesus erst auftreten läßt, als der Täufer bereits in Machärus gefangen war. Aber der Erzähler will vor allem begründen, wie ein solches Nebeneinander Jesu und des Johannes möglich war.

■ **25** bietet freilich ein ungelöstes Rätsel, indem er von einer Auseinandersetzung mancher Täuferjünger mit einem Juden über die Reinigung spricht. Man hat das dahin verstehen wollen, daß es sich um einen von Jesus getauften Juden gehandelt habe. Aber im Zusammenhang mit dem Folgenden kann V. 25 eigentlich nur behaupten, daß es zu einer Auseinandersetzung von Johannesjüngern und Jüngern Jesu gekommen ist. Der älteste erhaltene Text lautet zwar μετὰ Ἰουδαίου, schon früh tauchen aber Versuche auf, diesen schwierigen Text zu korrigieren. Vielleicht hat *O. Holtzmann* 210 mit der Konjektur μετὰ τῶν Ἰησοῦ richtig geraten. Jedenfalls haben Johannesjünger das Taufen Jesu beobachtet. Daß nur von einem καθαρίσμα geredet wird und nicht von der Taufe, ist sehr wohl verständlich: zu einem solchen Konflikt, einem solchen Zweifel an der Wirkung der christlichen Taufe sollte der Leser nicht geführt werden.

■ **26** „Sie" – d. h. Johannesjünger, die bei dem Geschehen in 1,19–34 anwesend waren und jetzt Jesu Taufe miterlebt haben – kommen nun mit einer Kunde zu Johannes, die im Grunde ein Sich-Beklagen, eine Anklage ist. Sie reden ihren Meister als Rabbi an, mit dem Ehrennamen, den Nikodemus Jesus gegeben hatte, und teilen ihm mit: Jener nicht mit Namen genannte Mann, der mit Johannes jenseits des Jordan war und für den Johannes Zeugnis gegeben hat, der tauft jetzt, und alle gehen zu ihm. Jesu Name wird nicht ausgesprochen, weil eine Anklage gegen Jesus durch die Täuferjünger nicht laut werden darf. Es bleibt darum scheinbar bei dem überraschten und nicht begreifenden Feststellen, daß jener mit dem größten Erfolg das tut, was bisher dem Johannes allein vorbehalten schien. Daß trotzdem Töne der Anklage mitschwingen, wird darin deutlich, daß nun Johannes selbst Jesu Tätigkeit und Erfolg verteidigt.

■ **27** „Der Mensch" steht wieder für τις: man kann sich nichts nehmen, wenn es einem nicht von Gott gegeben worden ist. Gemeint ist aber die reli-

giöse Vollmacht; sie ist nicht eine Sache menschlicher Begabung oder Anmaßung, sondern Gabe vom Himmel, d. h. von Gott.

■ **28** Das sagt Johannes jetzt nicht zum erstenmal. Die eben bei ihm Klage
geführt haben, müssen bezeugen, daß er selbst schon erklärt hat: Ich bin
nicht der Christus, sondern vor ihm hergesandt. Damit ist der Erfolg Jesu in
seinem eigentlichen Wesen erfaßt, das nun in V. 29 angegeben ist:

■ **29** Das Bild von Braut, Bräutigam und Freund des Bräutigams (viel-
leicht hatte er die Brautwerbung überbracht und so die Ehe vorbereitet) ist
zunächst als Bild zu werten. Später hat man in der Braut die Kirche gesehen.
Johannes selbst aber, der den Begriff ,,Kirche" (ἐκκλησία) nicht benutzt,
macht an diesem Bilde anschaulich, daß Johannes in reiner, selbstloser
Freude den Erfolg Jesu begrüßen kann und begrüßt. Damit, daß Jesus ,,die
Braut" hat, daß alle zu ihm strömen, ist die Freude des Johannes vollendet.
D. h. einmal, daß sein Werben für jenen erfolgreich war, zum anderen aber,
daß damit seine eigene Aufgabe nun beendet ist. *Hirsch*, Evangelium 144, hat
zweierlei mit Recht hervorgehoben: hier bei Johannes sind die Lebensangst
und Ehrbegier überwunden, und man spürt: ,,Das sind die Worte eines, über
den der Tod schon den Fittich gesenkt hat." Darum braucht der Evangelist
die Gefangennahme und Hinrichtung des Täufers nicht ausführlich darzustellen; diese Andeutung, die er hier gibt, genügt, wenn man nicht diese leise
Stimme überhört.

■ **30** Das Verhältnis des Täufers zu Jesus wird hier auf eine ganz knappe
Formel gebracht: Er muß wachsen, ich aber abnehmen. Das ist jedoch nicht
nur als Aussage über Johannes gemeint, dessen Scheiden hier angedeutet
wird, sondern eine Aussage, die für alle Christen gilt. Im Grunde beginnt
schon hier jene kerygmatische Verkündigung, deren formales Subjekt Johannes der Täufer ist.

■ **31** Der von oben kommt, ist über allen: das ist eine Aussage über Jesus,
die auch für Johannes und seine Unterordnung gilt. Daß hier der Täufer als
aus der Erde seiend und Irdisches sprechend bezeichnet wird, zeigt dem Leser: die Linie zwischen dem Göttlichen und dem Menschlichen verläuft zwischen Jesus und Johannes. Wer aus dem Himmel, von Gott kommt, kann
Zeugnis von diesem ablegen.

Das nun folgende abermalige ,,ist über allen" fehlt bei P 75, ℵ*, pc it sy^c;
es dürfte trotz starker Bezeugung der Fehler eines frühen Abschreibers sein.

■ **32** *Nur wer vom Himmel herabgestiegen ist,* ist fähig zu bezeugen, was er
gesehen und gehört hat. Dabei geht es nicht um besondere Offenbarungen
darüber, wie es im Himmel aussieht und was sich dort zuträgt. Vielmehr ist
er, der von Gott kommt, allein fähig, uns zu sagen, was Gott mit uns vorhat,
wie Gott sich zu uns stellt – also das, was Paulus mit seiner Gnadenlehre umschrieben hat. Schwierigkeiten macht aber das Sätzchen: ,,und niemand
nimmt sein Zeugnis an", zumal soeben berichtet wurde, daß alles Volk zu Jesus strömt. Zweifellos liegt hier eine Spannung vor. Daß alle zu Jesus gehen,
gehörte zu jener Darstellung, die das Recht Jesu gegenüber dem Täufer be-

kräftigte. Daß niemand – gemeint ist doch wohl: von den Juden – das Christuszeugnis hört, ist die bittere Erfahrung der nachösterlichen Gemeinde der zweiten oder sogar dritten Generation, die das Nein Israels bestürzt und enttäuscht erlebt hat.

■ **33** Wer aber die Christuspredigt annimmt, der bestätigt damit, daß Gott wahrhaftig ist und die Menschen nicht mit dieser Predigt über seinen wirklichen Willen täuscht. Mit dieser Deutung gewinnt man den Anschluß an

■ **34:** Der von Gott Gesandte spricht die Worte Gottes. Man hat oft das JE als ein von der Christologie beherrschtes angesehen. Das trifft nicht zu: es geht im JE um Gott und nur um Gott, und deshalb um Jesus. Gott läßt Jesus seine, Gottes, eigenen Worte sprechen und hat ihm den Geist im Vollmaß gegeben.

■ **35** Er wiederholt in anderer Sprache dieselbe Aussage: Gott liebt den Sohn – die Begriffe „Sohn" und „er, den Gott gesandt hat" bezeichnen denselben – und hat alles in seine Hand gegeben. Damit ist nicht gemeint, daß alle zu Christen werden. Der Evangelist denkt realistischer, als man vielfach meint, und zugleich gerade deswegen „dualistisch", wie V. 36 bekräftigt:

■ **36** Wer an den Sohn glaubt, hat das ewige Leben; wer dem Sohn den Gehorsam verweigert, wird das Leben nicht sehen, sondern über ihm bleibt der Zorn Gottes. Dieses Wort vom Zorn Gottes, der über den Ungläubigen lastet, steht in erschreckendem Gegensatz und Spannung zu dem zuvor erklungenen Satz, daß Gott die Welt liebt. Aber auch in 3,16 wurde nicht verschwiegen, daß diese Liebe nicht jeden erreicht, sondern eben nur die, die an Jesus glauben. Universalismus und Partikularismus lassen sich hier nicht säuberlich voneinander trennen. Gott ist nicht einfach der „liebe Gott", und wenn auch das Christusbild in der Sixtina nicht die johanneische Verkündigung wiedergibt, so enthält es doch eine tiefe Wahrheit. Nur darf man nicht vergessen: Diesem Dilemma entginge nur der, welchen der Gotteswillen völlig unbestimmt ließe.

● *Wohlenberg,* Markus 55, behauptet, daß die vier erstberufenen Jünger nicht allein aufgrund einer flüchtigen Bekanntschaft von Jesus auserwählt wurden. Diese Tatsache liege auf der Hand. „Das Johannesevangelium füllt die hier vorhandene Lücke im Markusevangelium zum Teil aus" (Joh 1,35ff.; 2,2–12.17; 3,22–26; 4,2ff.). Warum Mk gerade das fortläßt, was zum Verstehen nach *Wohlenberg* nötig ist, und warum Johannes nur dies Fehlende (wenn auch nicht vollständig) bringt, darüber scheint er nicht nachgedacht zu haben. Vielmehr drängt das JE die Taufe des Johannes nach Möglichkeit in den Hintergrund. Der „Täufer" legt demütig Zeugnis für Jesus ab, der von Gott gesandt ist. Wie in 7,16; 14,10.24 ist auch dieses Wort Jesu (3,34) keine Selbstaussage. Indem ῥῆμα für λόγος eintritt, besagt der Vers dasselbe: „Denn der, den Gott gesandt hat, redet die Worte Gottes." Jesus tritt im JE als Gesandter Gottes auf, und nicht als Offenbarer. Er steht als Gesandter des

Vaters für diesen in der Welt. Er ist – um es einmal mit Kol 1,15 auszudrük-
ken – das sichtbare Ebenbild des unsichtbaren Vaters. Immer wieder erklärt
Jesus im 4. Evangelium, er spreche nicht seine eigenen Worte, sondern die
des Vaters (3,34; 7,16; 8,26.38.40; 14,10.24; 17,8), er tue nicht seine eigenen
Werke, sondern die des Vaters (4,34; 5,17.19ff.30.36; 8,28; 14,10; 17,4.14),
er erfülle nicht seinen eigenen Willen, sondern den des Vaters (4,34; 5,30;
6,38; 10,25.37). Wenn wir das hier Ausgesprochene zugespitzt formulieren
dürfen, können wir sagen: nach dem JE kommt Jesus alle Bedeutung gerade
deshalb zu, weil er nichts anderes sein will und ist als die Stimme und die
Hand des Vaters. Allein aus diesem Grunde fordert Jesus für sich Ehre bei
den Menschen: Wer ihn nicht ehrt, der ehrt den Vater nicht, der ihn gesandt
hat (5,23.44; 7,18; 8,50.54). Deshalb greifen die Juden völlig fehl, als sie Jesus
Lästerung vorwarfen: er mache sich Gott gleich (5,18). Er steht wirklich an
dessen Stelle als der ganz in seinem Souverän aufgegangene Gesandte.

# 11. Jesus bei den Samaritern

$^1$**Als der Herr nun erfuhr, daß die Pharisäer gehört hatten, Jesus gewinne und taufe mehr Jünger als Johannes, – $^2$obwohl Jesus
nicht selbst taufte, sondern seine Jünger –, $^3$da verließ er Judäa und
ging wieder fort nach Galiläa. $^4$Er mußte aber durch Samarien ziehen. $^5$Da kam er zu einer Stadt Samariens mit Namen Sychar, nahe
dem Grundstück, das Jakob seinem Sohn Joseph gegeben hatte. Es
war aber dort die Jakobsquelle. $^6$Ermüdet von der Wanderung,
setzte sich nun Jesus dort ohne weiteres nieder an der Quelle; es war
um die Mittagszeit. $^7$Da kam eine samaritanische Frau, um Wasser
zu schöpfen. Jesus sprach zu ihr: ,,Gib mir zu trinken!'' $^8$Seine
Jünger waren nämlich fortgegangen in die Stadt, um Lebensmittel zu
kaufen. $^9$Da sprach die samaritanische Frau zu ihm: ,,Wie kannst du
als Jude mich, eine samaritanische Frau, um einen Trunk bitten?''
Denn die Juden haben keine Gemeinschaft mit den Samaritanern.
$^{10}$Jesus antwortete und sprach zu ihr: ,,Wenn du die Gabe Gottes kenn-
test und wüßtest, wer der ist, der zu dir sagt: ,Gib mir zu trinken!',
dann würdest du ihn bitten und er würde dir lebendiges Wasser geben.'' $^{11}$Sie sprach zu ihm: ,,Herr, du hast kein Schöpfgefäß, und der
Brunnen ist tief. $^{12}$Bist du größer als unser Vater Jakob, der uns den
Brunnen gegeben hat, und er selbst trank daraus und seine Söhne und
seine Herden!'' $^{13}$Jesus antwortete und sprach zu ihr: ,,Jeder, der von
diesem Wasser trinkt, wird wieder durstig werden. $^{14}$Wer aber von
dem Wasser trinkt, das ich ihm geben werde, der wird in Ewigkeit
nicht mehr dürsten, sondern das Wasser, das ich ihm geben werde,
wird in ihm zu einer Quelle werden, deren Wasser ins ewige Leben**

sprudelt." <sup>15</sup>Die Frau sprach zu ihm: „Herr, gib mir dieses Wasser, damit ich nicht (mehr) dürste und hierher kommen muß um zu schöpfen." <sup>16</sup>Er sprach zu ihr: „Geh, ruf deinen Mann und komm (wieder) her!" <sup>17</sup>Die Frau antwortete und sprach: „Ich habe keinen Mann." Jesus sprach zu ihr: „Richtig hast du gesagt: Ich habe keinen Mann. <sup>18</sup>Denn fünf Männer hast du gehabt, und der, den du jetzt hast, ist nicht dein Mann. Damit hast du die Wahrheit gesagt." <sup>19</sup>Die Frau sprach zu ihm: „Herr, ich sehe, du bist ein Prophet. <sup>20</sup>Unsere Väter haben auf diesem Berg angebetet, und ihr sagt, in Jerusalem ist der Ort, wo man anbeten soll." <sup>21</sup>Jesus sprach zu ihr: „Glaube mir, Frau, es kommt die Stunde, da ihr weder auf diesem Berge noch in Jerusalem zum Vater beten werdet. <sup>22</sup>Ihr betet an, was ihr nicht kennt, wir beten an, was wir kennen; denn das Heil kommt von den Juden." <sup>23</sup>„Sondern es kommt die Stunde und ist jetzt, da werden die wahren Anbeter den Vater anbeten in Geist und Wahrheit. Denn der Vater sucht solche Anbeter." <sup>24</sup>„Gott ist Geist und seine Anbeter sollen ihn in Geist und Wahrheit anbeten." <sup>25</sup>Die Frau sprach zu ihm: „Ich weiß, der Messias kommt, welcher der Gesalbte genannt wird; wenn er kommt, wird er uns alles verkünden." <sup>26</sup>Da sprach Jesus zu ihr: „Ich bin es, der mit dir redet!" <sup>27</sup>Und in diesem Augenblick kamen seine Jünger, und sie wunderten sich, daß er mit einer Frau sprach; keiner sagte jedoch: „Was brauchst du oder was redest du mit ihr?" <sup>28</sup>Da ließ die Frau ihren Krug stehen und ging fort in die Stadt, und sie sagte den Leuten: <sup>29</sup>„Kommt, da ist jemand, der hat mir alles gesagt, was ich getan habe. Sollte er nicht der Christus sein?" <sup>30</sup>Sie verließen die Stadt und machten sich auf den Weg zu ihm. <sup>31</sup>Inzwischen fragten ihn die Jünger und sagten: „Rabbi, iß!" <sup>32</sup>Er aber sprach zu ihnen: „Ich habe eine Speise zu essen, die ihr nicht kennt!" <sup>33</sup>Da sprachen die Jünger zueinander: „Hat ihm etwa jemand zu essen gebracht?" <sup>34</sup>Da sprach Jesus zu ihnen: „Meine Speise besteht darin, daß ich den Willen dessen tue, der mich gesandt hat, und sein Werk vollende. <sup>35</sup>Sagt ihr nicht: Siehe, es sind noch vier Monate, und (dann) kommt die Ernte? Siehe, ich sage euch: Hebt eure Augen auf und schaut die Felder an: sie sind weiß zur Ernte. <sup>36</sup>Schon empfängt der Schnitter Lohn und sammelt Frucht zum ewigen Leben, auf das sich zugleich freuen der Sämann und der Schnitter. <sup>37</sup>Denn in diesem Falle ist das Sprichwort wahr: der eine sät, der andere erntet. <sup>38</sup>Ich habe euch gesandt zu ernten, worum ihr euch nicht bemüht habt; andere haben sich abgemüht, und ihr seid in ihre Mühe eingetreten." <sup>39</sup>Aus jener Stadt aber wurden viele von den Samaritanern an ihn gläubig wegen des bezeugenden Wortes der Frau: „Er hat mir alles gesagt, was ich getan habe." <sup>40</sup>Als nun die Samaritaner zu ihm gekommen waren, baten sie ihn, bei ihnen zu bleiben, und er blieb dort zwei Tage. <sup>41</sup>Und viel mehr wurden gläubig an ihn um seines Wortes willen, <sup>42</sup>und zu der Frau sagten sie:

## „Wir glauben nicht mehr wegen deiner Rede. Denn wir haben selbst gehört und wissen, daß er in Wahrheit der Retter der Welt ist."

**Literatur:**

*Argyle, A. W.*, A Note on John 4,35, ET 82 (1971) 247–248.

*Bligh, J.*, Jesus in Samaria, HeyJ 3 (1962) 329–346.

*Bonneau, N. R.*, The Woman at the Well: Jn 4 and Gen 24, BiTod 67 (1973) 1252–59.

*Bousset, W.*, Kyrios Christos, [5]1965, bes. 245.

*Bowman, J.*, Early Samaritan Eschatology, JJS 16 (1955) 63–72.

*Ders.*, Samaritan Studies, BJRL 40 (1957/58) 298–329.

*Brandenburger, E.*, Joh 4,31–38: Exegese und Anregungen zur Meditation und Predigt, Kirche im Dorf 22 (1971) 203–209.

*Braun, F. M.*, Avoir soif boire: Jn 4,10–14; 7,37–39, in: Melanges B. Rigaux, Löwen 1970, 247–258.

*Brown, R. E.*, The Problem of Historicity in John, CBQ 24 (1962), bes. 13f.

*Bull, R. J.*, An Archaeological Context for Understanding John 4,20, BA 38 (1975) 54–59.

*Cullmann, O.*, Samaria and the Origins of the Christian Mission, in: ders., The Early Church, 1956, 183–192.

*Ders.*, Die Christologie des Neuen Testaments, [2]1958, bes. 245–252.

*Daube, D.*, Jesus and the Samaritan Woman: The Meaning of *synchraomai*, JBL 69 (1950) 137–147.

*Dibelius, M./Conzelmann, H.*, Die Pastoralbriefe, [3]1955, bes. 74–77.

*Dölger, F., Soter*, PW 2. Reihe III, 1211–1221.

*Friedrich, G.*, Wer ist Jesus? Die Verkündigung des 4. Evangelisten dargestellt an Joh 4,4–42, 1967.

*Freed, E. D.*, The Manner of Worship in John 4,23, in: FS. R. T. Stamm, 1969, 33–48.

*Gärtner, B.*, The Temple and the Community in Qumran and the New Testament, 1965, bes. 44f.119f.

*Galbiati, E.*, Nota sulla struttura del' libro dei segni (Gv 2–4), ED 25 (1972) 139–144.

*Hahn, F.*, Die Worte vom lebendigen Wasser im Johannesevangelium, in: FS. N. A. Dahl, Oslo 1977, 51–70.

*Ders.*, „Das Heil kommt von den Juden", in: FS. E. L. Rapp, Meisenheim 1976, 67–84.

*Hall, D. R.*, The Meaning of *synchraomai* in John 4,9, ET 83 (1972) 56–57.

*Hatch, W. H. P.*, An Allusion to the Destruction of Jerusalem in the Fourth Gospel, Exp. 17 (1919) 194–197.

*Hauck, R., Kyrios*, in: ThWNT III 827–829.

*Ders., Karpos*, in: ThWNT III 617f.

*Hogan, M. P.*, The Woman at the Well (Jn 4,1–42), BiTod 82 (1976) 663–669.

*Horst, J., Proskynein*, 1932, bes. 306.

*Kilpatrick, G. D.*, John 4,41: *pleion* or *pleious?*, NT 18 (1976) 131–132.

*Ders.*, Joh 4,9, JBL 87 (1968) 327.

*King, J. S.*, Sychar and Calvary: A Neglected Theory in the Interpretation of the 4. Gospel (John 4,5), Theol. 72 (1974) 417–422.

*Lietzmann, H.*, Der Weltheiland, 1905.

*Lohmeyer, E.*, Christuskult und Kaiserkult, 1919.

*MacDonald, J.*, The Theology of the Samaritans, 1964, bes. 362–371.

*Marshall, J. H.*, The Problem of NT-Exegesis (John 4,1–45), JETS 17 (1974) 67–73.

*Mußner, F.*, „Zoe". Die Anschauung vom „Leben" im 4. Evangelium, München 1952.

*Neyrey, J. H.*, Jacob-Tradition and the Interpretation of John 4,10–26, CBQ 41 (1979) 419–437.

*Olsson, B.*, Structure and Meaning in the Fourth Gospel. A Text-Linguistic Analysis of John 2,1–11 and 4,1–42, 1974.

*Potter, R. D.*, Topography and Archaeology in the Fourth Gospel, StEv. I (1959) 329–337.

*Purvis, J. D.*, The Fourth Gospel and the Samaritans, NT 17 (1975) 161–198.

*Rengstorf, K. H.*, Die Anfänge der Auseinandersetzung zwischen Christusglauben und Asclepios-Frömmigkeit, 1953, bes. 15 Anm. 45.

*Robinson, J. A. T.*, The „Others" of John 4,38: A Test of Exegetical Method, in: StEv I (1959) 510–515.

*Sabugal, S.*, El titulo Messias-Christos en el contexto del relato sobre la actividad de Jesus en Samaria: Jn 4,25.29, Ang. 12 (1972) 79–106.

*Schenke, H. M.*, Jakobsbrunnen – Josephsgrab – Sychar. Topographische Untersuchungen und Erwägungen in der Perspektive von Joh 4,5–6, ZDPV 84 (1968) 159–189.

*Schmid, L.*, Die Komposition der Samariterszene in Joh 4,1–42, ZNW 28 (1929) 148–158.

*Schnackenburg, R.*, Die Anbetung in Geist und Wahrheit (Joh 4,23) im Licht von Qumrantexten, BZ 3 (1959) 88–94.

*Ders.*, Die Messiasfrage im Johannesevangelium, in: FS. J. Schmid, 1963, bes. 264.

*Schottroff, L.*, Joh 4,5–15 und die Konsequenzen des johanneischen Dualismus, ZNW 60 (1969) 199–214.

*Segella, G.*, Tre personaggi in cerca de fede:

un guideo, una samaritana, un pagano, ParVi 16 (1971) 29–49.

*Steinmeyer, F. L.,* Das Gespräch Jesu mit der Samariterin, Berlin 1887.

*Staerk, W.,* Soter I. Der biblische Christus, 1933, bes. 133.

*Schweizer, E., Pneuma,* in: ThWNT VI 436–438.

*Taylor, W. M.,* Jesus at the Well: John IV,1–42, New York 1884.

*Ullmann, C.,* Bemerkungen zu Joh IV,13.14 und VI 35, ThStKr 1 (1828) 791–794.

*Unnik, W. C. van,* A Greek Characteristic of Prophecy in the Fourth Gospel, in: FS. M. Black, 1979, 211–230.

*Vries, E. de,* Joh 4,1–42 in Geest en Hoofdzaak, GThT 78 (1979) 93ff.

*Walker, R.,* Jüngerwort und Herrenwort. Zur Auslegung von Joh 4,39–42, ZNW 57 (1966) 49–54.

*Watson, W. G. E.,* Antecedents of a New Testament Proverb, VT 20 (1970) 368–370.

*Wedel, A. F.,* John 4,5–26, Interp. 31 (1977) 406–412.

*Wendland, P.,* Soter, ZNW 5 (1906) 335–355.

*Windisch, H.,* Der johanneische Erzählstil, in: FS. H. Gunkel II, 1923, bes. 178–181.

Diese Perikope ist ein wahres Nest von Schwierigkeiten. V. 1–3 bilden einen der Übergänge, an denen die ersten Kapitel reich sind. Sie sollen überleiten von Jesu Tätigkeit in Jerusalem (2,12–3,21) und Judäa zu der in Samaria spielenden Szene 4,4–42. Man erkennt auch noch leicht, wie der Übergang von 3,22–36 gewonnen wird: In 3,26 und in 4,1ff. löst die Tatsache, daß Jesus größeren Erfolg hat als Johannes, eine Reaktion aus: In 3,26 beschweren sich die Johannesjünger bei ihrem Meister darüber, daß alle zu Jesus gehen, und Johannes muß ihnen klarmachen, daß das ganz in Ordnung ist. In 4,1 stoßen sich die Pharisäer daran, daß Jesus noch erfolgreicher ist als der schon verdächtige Johannes. Von ihnen droht Verfolgung; darum muß Jesus Judäa verlassen und sich nach Galiläa zurückziehen. Unterwegs trifft Jesus mit der Samariterin zusammen und bekehrt sie und ihre Ortschaft. Soweit ist der Aufbau durchsichtig.

■ **1** Das Problem steckt aber, wie so oft, im Detail. Der Eingangssatz ist umständlich und plump: ,,Als Jesus'' (oder: ,,der Herr'') ,,erkannte, daß die Pharisäer hörten, daß Jesus . . .'' Die Lesart ,,der Herr'' kommt im JE vor Kap. 20 nur in den beiden zweifelhaften Versen 6,23 und 11,2 vor. Obwohl z. T. auch beachtliche Handschriften (P 66 und P 75) diese Lesart decken, ist sie damit noch nicht gesichert; wo das JE von Jesus in der dritten Person spricht, verwendet es nicht den Ausdruck ὁ κύριος. Zwar kann sich die übliche Bezeichnung ,,Jesus'' auch auf eine ansehnliche Zeugenreihe berufen (u. a. D al א Θ syᶜᵖ bo), aber das kann auch ein früher ,,westlicher'' Korrekturversuch sein, der die hier plötzlich auftauchende, im JE unübliche Lesart ,,der Herr'' bessern wollte. Wenn א im JE in Verbindung mit D erscheint, so zeigt das nur, daß der Joh-Text von א schon früh von D beeinflußt ist, und zwar nicht nur in den Anfangskapiteln. *Bultmann* 128 Anm. 4 schlägt vor, die Worte ,,erkannte der Herr, daß'' auszuscheiden als eine ,,schlechte Glosse, die das Satzgefüge umständlich macht''. Aber auch der so entstehende Satz ,,als die Pharisäer hörten, daß Jesus . . ., verließ Jesus . . .'' wirkt nicht überzeugend. Vielleicht kommt die Schwierigkeit daher, daß der Evangelist oder schon seine Vorlage zugleich zwei Absichten verwirklichen wollte. Einmal soll Jesus von Anfang an als das handelnde Subjekt erscheinen und muß darum am Anfang des Satzes stehen. Zweitens war gemeint, daß die Pharisäer wegen seines großen Erfolges vorgehen wollten und er nun aus Furcht vor der drohenden Verfolgung rasch Judäa verließ. Allein das schien dem Erzähler die Jesus gegenüber gebotene Ehrfurcht zu verletzen; darum deutete er diesen Zusammenhang nur vorsichtig an. Bei ἔγνω war an Jesu überirdisches Wissen gedacht.

■ **2** haben die Kritiker besonders scharf angegriffen – nimmt doch dieser Vers das soeben von Jesu Tauftätigkeit Gesagte wieder zurück. Dazu kommt das sonst dem JE fremde Wort καίτοιγε. Nach *Bultmann* 128 Anm. 4 ist der Vers eine redaktionelle Glosse; man sieht freilich nicht ein, warum der Redaktor seine Korrektur nicht schon in 3,22 angebracht habe. Aber hier liegt eine innere Schwierigkeit vor, die gerade bei der Betonung des gewaltigen Erfolges von Jesu Tauftätigkeit Schwierigkeiten bereitete. Für den Evangelisten ist ja eine Taufe durch den irdischen Jesus sinnlos: bevor nicht der Auferstandene in 20,22 den Geist eingehaucht hat, waren seine und seiner Jünger Taufen bloß Wassertaufen wie die des Johannes. Darum scheint die Korrektur an der späteren Stelle (4,2) angebracht worden zu sein, wo auf dem Taufen ein besonderer Ton liegt: Jesus hat nicht selbst getauft, sondern nur seine Jünger. Deren Taufen konnte sich ein nachdenklicher Leser eher als eine Vorwegnahme der Gemeindepraxis zurechtlegen.

■ **3** Gegen ihn hat man eingewendet: Pharisäer gab es auch in Galiläa. Das ist historisch richtig, da der Pharisäismus eine über das ganze Land verbreitete Laienbewegung war. Der vierte Evangelist sieht aber in den Pharisäern eher eine in Jerusalem neben den Hohenpriestern residierende Behörde (so Joh 1,24; 7,32 [zweimal], 45–48; 8,13; 9,13.15; 11,46f.57; 12,19.42).

■ **4** Das Wort ,,er mußte" wird z. T. damit erklärt, daß hier göttlicher Wille mit im Spiel war, denn es gab auch die Möglichkeit, im Jordantal weiterzuziehen und durch die Lücke von Bethsan unter Vermeidung von Samarien nach Galiläa zu gelangen. Aber nach dem JE soll Jesus den kürzesten Weg eingeschlagen haben, wie Jos Vita 269 zeigt. Auf diese Weise konnte er auch einer Verfolgung zuvorkommen, indem er das gefährliche Land auf dem schnellsten Wege verließ. So erfährt der Leser, wie es eigentlich zu der folgenden Szene kam: eine Mission in Samarien lag dem Reiseplan nicht zugrunde. Daß sie dennoch zustande kam, war – wie oft während der paulinischen Mission – eine menschlich nicht geplante ,,Reise".

■ **5** Die samaritanische Ortschaft – πόλις wird oft in diesem Sinne gebraucht: *Zahn* 233; *Schlatter,* Mt 48, – namens Sychar erwähnt weder das AT noch das rabbinische Schrifttum, sondern zuerst der Pilger von Bordeaux im Jahr 333, also zu einer Zeit, da die zahlreicher werdenden christlichen Pilger jede im NT erwähnte Ortschaft zu sehen verlangten und auch zu sehen bekamen. Man identifiziert jetzt Sychar meist (vgl. *Schnackenburg* I 458f. und *Brown* I 164f.) mit Askar, das 1,5 km nordöstlich des Jakobsbrunnens liegt. Sichem, damals wohl nur noch eine kleine Siedlung, liegt näher am Jakobsbrunnen. Die Quelle bei Sokher (*Billerbeck* II 432f.) – erwähnt in Mᵉnachot

10,2 – ist allerdings nahe dem ,,Grundstück", das Jakob dem Joseph geschenkt hatte. Schon Jos 24,32 hat in solcher Weise die beiden Stellen Gen 33,19 und 48,22 vermischt.

■ **6** Der ,,Jakobsbrunnen" – als Name nicht nur im Aramäischen, sondern auch im Griechischen ohne Artikel – taucht zuerst beim Pilger von Bordeaux auf. Die Tradition spricht hier unbefangen von Müdigkeit und Durst Jesu. Der Evangelist übernimmt diese Darstellung, ohne daß er es darum zum Trinken (V. 28) oder Essen (V. 32) kommen läßt. Das ,,Alltäglich-Menschliche" wird nur für den Übergang zum Religiösen benutzt. – οὕτως: nach Ammonius (Catene, ed. Cramer S. 216,21) besagt hier soviel wie ὡς ἔτυχε: Jesus setzt sich einfach auf den Boden. Tatsächlich lesen P 66 und 1201 τῇ γῇ statt τῇ πηγῇ. Aber das dürfte doch wohl eine Haplographie sein. Freilich war der Brunnenrand wohl von einem runden Steinsitz umgeben. Der über 30 m tiefe, gemauerte Brunnenschacht stößt unten auf eine Quellader. Der oben 2,40 m breite Brunnenrand war zum Schutze gegen Versandung oder andere Verschmutzung mit einem großen Deckel überdacht. Eine Winde zum Hochziehen der (Leder-)Eimer gab es, wie bei allen palästinensischen Brunnen zu der Zeit nicht. Man mußte ein ledernes Schöpfgefäß mit einem Seil mitbringen; dafür waren zwei Öffnungen im Brunnendeckel vorgesehen. Einen Tonkrug, wie ihn die Samariterin auf dem Haupt oder der Schulter trug, konnte man nicht als Schöpfeimer verwenden; er wäre bei dem Hinablassen und Heraufholen an der gemauerten Schachtwand beschädigt worden. Der Evangelist oder vielleicht schon seine Vorlage haben das entweder nicht mehr gewußt oder auf diese Einzelheit nicht eingehen wollen. Daß die Kreuzigungsszene mit dem Ausruf Jesu ,,Mich dürstet" (19,28) auf dieselbe Zeit, die Mittagsstunde, fällt, hat *Lightfoot* 122 eine theologische Verbindung dieser beiden Szenen vermuten lassen. Aber das Durstmotiv spielt in beiden eine Rolle, ohne daß eine innere Verbindung besteht. Ὡς ἕκτη: im JE steht ὡς vor allen Zeitangaben.

■ **7** ,,Die Frau aus Samaria" (= γυνὴ Σαμαρῖτις V. 9): *Hirsch,* Studien 53, verweist diese Worte an den Redaktor, weil man so nur außerhalb Samariens sprechen könne. Sie kommt zum Wasserschöpfen: das ist eine im Orient typische Szene; vgl. Jos Ant II 275f. Daß sie in der Mittagshitze zum Jakobsbrunnen hinauspilgert, läßt *Zahn* 238 an ,,irgendwelchen Volksglauben oder Aberglauben", an die Wunderkraft dieses Wassers denken; aber es erklärt sich aus der schriftstellerischen Komposition. *Bengel,* Gnomon I 452, behauptet, Johannes habe auch Gespräche, die er nicht gehört hatte, dictante spiritu, mithin als zuverlässiger Gewährsmann niedergeschrieben, was *B. Bauer,* Kritik der evang. Geschichte des Johannes X, mit schweigender Kritik hervorhebt.

■ **8** Jesus wendet sich an die Frau, weil alle Jünger fortgegangen sind, um Lebensmittel zu kaufen. Ein oder zwei Jünger hätten genügt, um einige der tellergroßen, etwa 3 cm dicken Brote und vielleicht etwas Zukost zu tragen. Aber das Offenbarungsgespräch Jesu mit der Frau forderte Einsamkeit, welche die Jünger nicht stören. Außerdem mußte Jesus nun die Frau um Wasser bitten und konnte so mit ihr ins Gespräch kommen. Da die Frau nur einen (tönernen) Wasserkrug, aber keinen Schöpfeimer aus Leder und kein Seil mit sich bringt, konnte sie weder Wasser schöpfen noch spenden. Aber Leser, die nur Erbauung suchen, stört dergleichen nicht.

■ **9** Die Frau wundert sich, daß ein Jude – Jesus wird im JE nur hier so bezeichnet – eine Samariterin anspricht. Indirekt wird damit dem Leser gezeigt, daß Jesu Bitte die Trennwand zerbricht, die das jüdische Gesetz aufgerichtet hatte; vgl. Gal 3,28. Der (bei ℵ* D it fehlende) Satz οὐ . . . Σαμαρίταις erläutert das dem Leser. *Daube* 139 will den Satz mit ,,Die Juden benutzen nicht gemeinsam mit Samaritanern Gefäße" übersetzen; ebenso *Barrett* 194f. Das entspräche einer erst um 65 n. Chr. festgelegten Regel, welche die samaritanischen Frauen – und damit die von ihnen gegebenen Speisen und Getränke – für unrein erklärte (*Billerbeck* I 540). Nach *Barrett* hat der Evangelist diesen Satz erst in seinem späteren Alter hinzugefügt. Aber die Stellung der Juden zu den Samaritern war bis zu Rabbi Aquiba (gest. 135) nicht einheitlich: *Billerbeck* I 538f. Man kann, da das Wort ,,Gefäße" hier fehlt, ruhig übersetzen: ,,Die Juden verkehren nicht mit den Samaritern."

■ **10** Jesu Bitte um einen Trank ist von nun an nur noch Anlaß für das weitere Gespräch. Eigentlich hätte (so antwortet Jesus) die Frau ihn um einen Trank bitten sollen, wenn sie nämlich wüßte, wer sie bittet (letztlich ist Jesus selbst die Gabe Gottes) und was er geben kann: ,,lebendiges Wasser". Daß die Frau das nicht versteht, zeigt dem Leser: Der Mensch vermag von sich aus nicht die Offenbarung zu verstehen. Im Judentum ist das ,,Quellwasser" (= lebendiges Wasser) zunächst ein Bild für Jahwe selbst und das von ihm ausgehende Heil (vgl. Jer 2,13; 17,13; Sir 24,21; Prov 13,14; 18.4). Dann wurde es auf die Thora gedeutet (in der Damaskusschrift [CD 6,4] wird Num 21,28 so ausgelegt: ,,Der Brunnen, das ist das Gesetz") und schließlich auf die Lehre des Weisen. Philo, De fuga 198, nennt Gott die πηγὴ τοῦ ζῆν, versteht aber konkret darunter das Gesetz und den darin die Tugend lehrenden Gott. Im gnostischen Baruch-Buch (Hippolyt, Ref. 27,2) zeigt die Stelle ὅπερ ἐστὶ λουτρὸν αὐτοῖς . . . πηγὴ ζῶντος ὕδατος ἁλλομένου wie sich die Begriffe ,,Taufe" und ,,Trank" vermischen: der Trank gilt als Taufe im Lebenswasser. – Nicht vom JE beeinflußt ist dagegen Od. Sal. 5,11ff.: ,,und es tranken alle Durstigen auf Erden" (nämlich die Gnosis) ,,und der Durst wurde gestillt und erlosch . . . und sie leben durch das Wasser ein Leben für die Ewigkeit." Religionsgeschichtliches Material bieten reichlich *Bultmann* 133–136 und *Goppelt* Th WNT VI 135ff. (der aber, wie auch andere Forscher bei unserer Stelle [nämlich 143f.] an sakramentalen Genuß denkt).

■ **11** Soviel geht aus Jesu Wort aber auch schon für die Frau hervor, daß er nicht nur Brunnenwasser zu geben vermag. Das versetzt die Frau in Erstaunen. Denn er hat ja kein Schöpfgefäß und der Brunnen ist tief, wendet sie ein. Ob der Evangelist und seine Vorlage wußten, daß der Schacht des Jakobsbrunnens unten auf eine Quellader führte, oder ob sie solche Einzelheiten

ausließen, stehe dahin. Denn ,,Brunnen" und ,,Quelle" werden hier ab-
wechselnd gebraucht ohne Unterschied in der Bedeutung.

■ **12** Die Frau hat den Eindruck, Jesus beanspruche, mehr zu vermögen als
ihr Stammvater Jakob, der ihnen den gewaltigen Brunnen mit seinem tiefen
gemauerten Schacht gegeben hat und selbst mit den Seinen und seinen Herden daraus getrunken hat, also offensichtlich mit diesem Wasser zufrieden
war. – οὔτε . . . καὶ ist im klassischen Griechisch selten: *Bauer* 67, *Bl.-Debr.*
§ 445,3 verweisen auf 3Joh 10.

■ **13** Feierlich antwortet Jesus: ,,Wer vom Jakobsbrunnen trinkt, wird
wieder durstig." Gemeint ist: Alles, was die Welt dem Menschen zu bieten
vermag, befriedigt ihn nicht auf die Dauer. Das Verlangen meldet sich alsbald aufs neue. Der Mensch braucht also ,,mehr", nämlich das, was nun geheimnisvoll angedeutet wird.

■ **14** Das Wasser, das Jesus geben wird (wenn er ,,erhöht" ist) befreit den
Menschen für immer vom Durst, weil es das ist, wonach er eigentlich verlangt. Negativ ausgedrückt meint das: Der Mensch wird seiner Unrast und
Friedlosigkeit und dem ihn hetzenden Verlangen entnommen. Positiv wird
das umschrieben durch ein neues rätselhaftes Bildwort: Das Wasser, das Jesus spendet, wird im Menschen, der es empfängt, zu einer Quelle sprudelnden Wassers zum ewigen Leben. Meist versteht man dieses Wort so, daß dieses Wasser den Empfänger zum ewigen Leben führt. Dabei wird εἰς final
aufgefaßt (vgl. *Schnackenburg* I 466; *Braun* 342; *Brown* I 171). Aber eigentlich
steht doch da: Dieses Quellwasser wird im Empfänger zu einer Quelle. Das
legt eine andere Deutung nahe: Wen Jesus durch seinen Geist zu Gott führt,
der wird selbst zur Quelle, zum Heilbringer für andere. Das erfüllt sich tatsächlich bei der Samariterin: selbst zum Glauben gekommen, führt sie die
Samariter zum Glauben (vgl. auch 7,38). Die Gnosis (vgl. Hippolyt, Ref.
V 9,18; V 13; 27,2;) hat hier eingesetzt, freilich ohne die Worte ,,zum ewigen Leben" mit zu übernehmen.

■ **15** Ein neues Mißverstehen der Frau führt das Gespräch weiter: sie
möchte schon Wasser haben, das ihr das mühselige tägliche Wasserschöpfen
erspart. Wenn Jesus ihr so das Leben erleichterte, wäre Jesus in ihren Augen
dem Jakob überlegen. Aber auch in diesem Mißverständnis steckt, wenngleich verdeckt, die eigentliche tiefe Erlösungssehnsucht des Menschen. Daß
er heute ,,high" sein will, ergibt keinen Unterschied zur Samariterin.

■ **16** Aber das Gespräch knüpft nicht daran an, sondern geht unverbunden zu einem neuen Thema über, das erst allmählich deutlich wird. Jesu Aufforderung, die Frau solle mit ihrem Mann wieder zu ihm kommen, wirkt
wie eine Überrumpelung. Sinnvoll wird sie dadurch, daß die Frau eine Antwort geben muß, die es Jesus erlaubt, sogleich sein übermenschliches Wissen
zu zeigen.

■ **17** Viele Erklärer (z. B. *Holtzmann* 66, *B. Weiß* 142, *Büchsel* 64, *Strathmann* 85) meinen, die Frau wolle sich mit einer ,,halben Wahrheit" aus ihrer
peinlichen Lage befreien. Aber man sollte nicht nach der Psychologie der

Frau fragen, sondern nach der Absicht des Erzählers. Er läßt Jesus zunächst ironisch bestätigen, daß sie nicht gelogen hat.

■ **18** Dann deckt er ihre größere Unwahrheit auf: Sie hat fünf Männer gehabt (von denen sie durch den Tod oder einen Scheidebrief getrennt wurde), und jetzt lebt sie in ,,wilder Ehe'', wie man zu sagen pflegt. Nach *Billerbeck* II 437 sollte eine Frau höchstens dreimal heiraten; aber die Sadduzäerfrage Mk 12,18–27 setzte eine gesetzlich gebotene siebenfache Heirat einer Frau voraus, wenn auch nur in theologischer Spekulation. Eine verheiratete jüdische Frau konnte eine neue Ehe nur eingehen, wenn die alte durch den Tod des Gatten oder durch einen Scheidebrief, den er ihr gab, endete. Wie es hier zu der fünffachen Ehe gekommen ist, hat für die Geschichte keine Bedeutung; von ,,gesetzloser Roheit'' will der Evangelist nicht sprechen. Was er zeigen will, ist das überirdische Wissen Jesu. Jene Exegeten, die den Text wörtlich verstanden, haben recht gehabt. Aber den meisten reichte das nicht aus. Wer behauptet, daß Jesus die Frau moralisch entlarven wolle – *Zahn* 244 spricht von der ,,Aufdeckung ihres schon seit langer Zeit von Leichtsinn und ungebändigter Sinnlichkeit zeugenden . . . unsittlichen Lebens'' –, mißversteht den Text. Er sollte in der Vorlage, aus der ihn der Evangelist übernahm, wirklich nur zeigen, daß Jesus ein Schicksal durchschaut, das sich schlechterdings nicht erraten ließ. Andere Ausleger zogen – ebenfalls gegen den Sinn der Szene – eine allegorische Deutung vor: die Frau sei das samaritanische Volk, ihre fünf Männer jene fünf Götzen, welche die Samaritaner nach 2Kön 17,24ff. verehrten, und der Buhle sei Jahwe. Mit Recht hat *Schnackenburg* I 468 diesem (noch bei *Hirsch,* Studien 146, der die Frau freilich Symbol des samaritanischen Volkes und Individuum zugleich sein ließ, spukenden) Allegorisieren ein Ende gemacht, und auch *Brown* I 171 findet eine solche allegorische Absicht zwar möglich, aber vom Evangelisten nicht nahegelegt. Dafür läßt er den Leser erstaunen durch die Mitteilung, wie *Bligh,* Jesus in Samaria 335f., sich die Antwort der Frau erklärt: Sie sei unverheiratet und habe Heiratspläne mit Jesus gehabt . . . – Die allegorische Deutung von 2Kön 17 scheitert schon daran, daß der Text sie nicht hergibt. Die fremden Kolonisten, die Assur nach dem Fall des Nordreiches in Samaria ansiedelte, verehrten sieben Gottheiten, nicht fünf, und nicht nacheinander. Ob sie daneben noch Jahwe verehrten oder nicht, macht die deuteronomistisch überarbeitete Stelle nicht deutlich. Hier hat wieder einmal eine ,,erbauliche'' Schriftgelehrsamkeit mehr und anderes aus dem Text herausgeholt, als er sagen wollte.

■ **19** Wie die Frau zu ihrer Antwort kommt, darüber ist viel verhandelt worden. *Zahn* s. o. psychologisiert weiter: ,,Sie lenkt das Gespräch von diesem persönlichen Gegenstand auf eine den volkstümlichen Kultus betreffende Frage.'' *Edwards* 45 ist noch kühner. Er meint, die Frau halte Jesus für einen Gedankenleser, eine religiöse Erscheinung, und wenn er durchaus sprechen wolle, dann lasse man ihn über seinen eigenen Stoff reden und über eine lokale religiöse Kontroverse. Ein solches fast zynisch anmutendes Ver-

halten hat *Büchsel* 64 der Frau nicht zugetraut: „Aus dem Eindruck von seiner Größe und dem Bewußtsein von ihrer Verworfenheit heraus hat sie die
Stellung zu ihm gefunden, die ihr gebührt." *B. Weiß* 143 und *Strathmann* 85f.
fanden eine einfachere Lösung: Jesu unbegreifliches Wissen hat seine Anerkennung als Prophet zur Folge. Noch näher am Ziel liegt die Antwort *W.
Bauers* 69: Die Anerkennung Jesu als Prophet ist nur das Stichwort für das
Thema, das dem Evangelisten eigentlich am Herzen liegt: für das Thema des
rechten Gottesdienstes. Entscheidend ist seine Erkenntnis, daß die Frage von
Schuld, Sündenbewußtsein und Vergebung überhaupt keine Rolle spielt.
Faßt man V. 17f. als Beweis für die Allwissenheit Jesu auf, dann ergibt sich
die Möglichkeit, die sonderbare Reaktion der Frau, ihre Frage nach dem
rechten Gottesdienst, als einen literarischen Überleitungsversuch des Evangelisten zu verstehen, der die Gelegenheit herbeiführt, die Frage nach dem
rechten Gottesdienst zu klären. Die eigentliche Fortsetzung von V. 18 war in
der Vorlage des Evangelisten V. 28, in dem Jesu Allwissenheit über ihr Leben die Frau vermuten läßt, er könne der Messias sein. Daß er sich vor der
Frau schon in V. 25 als solchen zu erkennen gegeben hat, bleibt unberücksichtigt. Aber damit diese Zusammenhänge zwischen der Vorlage und der
Entfaltung der „johanneischen Lehre" vom rechten Gottesdienst dem Leser
deutlich werden können, müssen zunächst V. 20–28 noch genauer analysiert
werden.

■ **20** Wer – so fragt die Frau den von ihr als Propheten anerkannten Fremden – hat eigentlich recht: der samaritanische Brauch, auf dem Garizim an-
zubeten („auf diesem Berge da"), oder der jüdische einer Anbetung Gottes
in Jerusalem (auch der Name „Zion" fällt nicht)?

■ **21** Die Überzeugung, daß die Gottheit an einem bestimmten Ort verehrt werden wolle, den sie durch ihr Erscheinen dort kundgetan hat, ist alt:
Sie reicht von dem brennenden Dornbusch bis Lourdes. Die Samariterin sagt
statt dessen: Jerusalem oder „dieser Berg da". Jesus antwortet der Frau – er
redet sie ebenso an wie seine Mutter bei der Hochzeit von Kana und beim
Kreuz (20,15) „γύναι" –: „Es kommt die Stunde, da werdet ihr weder auf
diesem Berge da noch in Jerusalem den Vater anbeten!" Zur Zeit des Erdenlebens Jesu stand noch der Tempel auf dem Zion, während das Heiligtum auf
dem Garizim längst (128 v. Chr.) zerstört war. Er spricht also hier als Prophet. In V. 23 wird freilich erst deutlich werden, wie revolutionär Jesu Aussage über den rechten Gottesdienst ist. Als der Evangelist schrieb, lag der jüdische Tempel längst in Trümmern. Die Prophetie hatte sich erfüllt.

■ **22** sprengt den Zusammenhang: er tadelt die Samaritaner, weil sie nicht
wissen, was sie anbeten, während „wir", die Christen und die Juden, es wissen, „denn das Heil kommt von den Juden". *Bauer* 70 und *Bultmann* 139
Anm. 6 haben – gegen viele konservative Ausleger – mit Recht darauf hingewiesen, daß für das JE das Heil einzig von Gott und dessen Gesandten Jesus
Christus kommt. Die Juden vertreten im JE überwiegend die ungläubige
Welt. V. 22 ist also eine spätere Korrektur (vgl. dasselbe Verfahren in

5,22–23. 27–29.30b), Teil einer kirchlichen Redaktion, ohne die das JE freilich nie verbreitet gewesen ist.

■ **23** Erst mit diesem Vers kommen wir wieder in den echten johanneischen Gedankengang hinein. In der Wendung „Es kommt die Stunde und ist jetzt" verbindet der Evangelist bewußt zwei verschiedene Aspekte: den der Gegenwart des irdischen Jesus (für den „die Stunde" noch in der Zukunft lag) und den des Auferstandenen und der nachösterlichen Gemeinden (für welche die Stunde bereits gekommen war). Im Erdenleben Jesu konnte diese Stunde noch nicht eintreten, „denn es gab noch keinen Geist, weil Jesus noch nicht verherrlicht war" (7,39). Darum werden auch die Jünger immer wieder im JE (s. V. 32f.) als verständnislos dargestellt. Andererseits – und das erschwert zunächst das Begreifen für den Leser – beschreibt das JE trotzdem Jesus so, wie ihn (erst) der vom Geist ermöglichte Glaube versteht (vgl. 16,12), nachdem die Stunde gekommen ist (20,22). Dem entspricht es, daß nun doch schon der auf Erden wandelnde Herr als den Glauben weckend gezeichnet wird, den erst der Erhöhte gefunden hat (s. u. zu V. 38). Die wahren Anbeter werden weder in Jerusalem noch auf dem Garizim anbeten, sondern in Geist und Wahrheit den Vater verehren. Damit wird Juden und Samaritanern in gleicher Weise der rechte Gottesdienst abgesprochen, da sie ihn als an eine heilige Stätte gebunden wähnen. Die rechte Verehrung aber ist die, welche durch den „Geist der Wahrheit" (15,26) in Jesus, der die Wahrheit ist (14,6), den Vater sieht (14,9). Dieses Thema der wahren Anbetung begegnet uns auch im AT, in Qumran und im Hellenismus. Das Ungenügen des Opferkultes bezeugen schon Jes 1,11–20; 29,13; Joel 2,13; Amos 5,1–25; Micha 6,6–8; Psalm 40,7; 50,7–23; 51,18f. und andere Stellen. Dagegen durchbrechen 1Kön 8,27ff.; Jes 66 und Mal 4 (auf die u. a. *Bultmann* 140, Anm. 3 hinweist) die Schranken der an den Kultort gebundenen Frömmigkeit nicht. – Die Gemeinde von Qumran erwartete für die Endzeit, daß der heilige Geist einige Menschen von allen bösen Taten reinigt (1QS IV 20f.); nach CD ist das in der Qumrangemeinde schon eingetreten (CD II, 12f.; 1QS III 4–6; VIII 5f.). Ihre Überzeugung, das Land „mehr als durch das Fleisch von Brandopfern und Opferfett wohlgefällig zu machen", beweist 1QS IX 5f. Aber nicht nur die Gesamtheit in Qumran, sondern auch das einzelne Gemeindeglied kann hier den Geist erhalten: QH VII 6f.11f.; XIII 18f.; XIV 25; XVI 6f.11f.; XVII 26. – Aus der hellenistischen Welt vgl. Cicero, De nat. Deorum II 28,71: „Der beste und reinste und heiligste und frömmste Kult der Götter ist, wenn wir sie immer mit reinem und unverdorbenem Sinn und Wort (voce) verehren." Philo, Quod det. § 21: „Auch der hat den Weg zur rechten Frömmigkeit (εὐσέβεια) verfehlt, der den Kult (θρησκεία) höher stellt als die Heiligkeit (ὁσιότης) und dem Unbestechlichen Geschenke gibt, der solche nie annimmt, und der dem für Schmeichelei Unzugänglichen schmeichelt, welcher den echten Gottesdienst begrüßt – echt aber sind die Opfer der Seele, welche die Wahrheit als bloßes einziges Opfer bringt . . ."

■ **24** Als „Geist" ist Gott freilich nicht an einen bestimmten Ort gebunden. Aber der Evangelist denkt bei „Geist" weder, wie die Stoa, an einen feinen, sich durch die ganze grobe Materie hindurch erstreckenden lichten „Geiststoff" noch, wie die Hebräer, daran, daß Gott ein πνεῦμα hat (*Bauer* 71); sondern πνεῦμα geht, wie ἀλήδεια, auf die Gotteswirklichkeit. Sie ist zwar „jenseits" von allem Irdischen, kommt aber für den Glaubenden in Jesus zur Erscheinung und wird in der Gabe des die Offenbarung erkennenden Geistes zur Erfahrung. An die Stelle von Jerusalem und Garizim ist also, recht verstanden, für den Evangelisten Jesus selbst und sein Wort getreten, das zur Geistgabe an die Gemeinde wird.

■ **25** dient der Überleitung zu etwas Höherem; die Frau erkennt ja noch nicht, was Jesus sagt. Aber ihr Hinweis auf den Messias bereitet das nun folgende Wort der Selbstoffenbarung vor (*Bauer* 71). Spätere Quellen berichten von der samaritanischen Erwartung eines Taheb (= der Wiederkehrende oder – wohl besser – der Wiederbringende). *Zahn* 253: „Er wird die verschwundene Stiftshütte mit allen ihren Geräten ans Licht bringen und den Kultus in seiner ursprünglichen Reinheit wieder aufrichten." Wahrscheinlich hat der Evangelist diesen Satz von seinem eigenen Begriff des Messias aus gebildet: Der Messias – dieses ungriechische Wort wird der Samariterin in den Mund gelegt, um der Szene etwas Lokalkolorit zu geben – entscheidet endgültig, welches der rechte Gottesdienst ist.

Οἴδαμεν, Korrektur in P 66, Lesart in G L φ 33 al sy^hmg, würde den Standpunkt der Samaritaner überhaupt voraussetzen, ist aber doch wohl unter dem Eindruck des οἴδαμεν von V. 22 Abschreibern in die Feder geflossen. Ἀναγγέλλω steht hellenistisch für ἀπαγγέλλω (*Bauer* 71).

■ **26** Ἐγὼ εἰμι meint hier zunächst einfach: „Ich bin es", nämlich der Messias, von dem die Samariterin gesprochen hatte. *Stauffer,* Jesus, Gestalt und Geschichte 172 Anm. 109, will darin freilich eine Anspielung auf den geheimen Gottesnamen sehen, der nach ihm durch אני והוא wiedergegeben wurde. Für die Frau wäre das völlig unverständlich gewesen. Aber ebenso unwahrscheinlich ist, daß der Evangelist damit den Leser auf jene Formel hinweisen will. Man kann höchstens sagen: er läßt Jesus sich einer bekannten hellenistischen Offenbarungsformel bedienen. Der Evangelist läßt die Erkenntnis der Frau von Jesus beständig wachsen (Jude – Herr – Prophet – Christus) und bringt hier nicht eine alles andere überbietende Aussage dazwischen. Damit, daß Jesus der Christus ist und sich als solcher zu erkennen gibt, ist sein Urteil über den rechten Gottesdienst legitimiert, auch und gerade unter der in V. 25 ausgesprochenen Voraussetzung.

■ **27** Die Gespräche Jesu mit der Frau und mit den Jüngern werden hier vom Evangelisten kunstvoll verflochten (ob in der Vorlage die Jünger eine Rolle spielten, ist nicht sicher). Sachlich hat Jesu Unterredung mit der Samariterin ihr Ziel erreicht. Die Jünger wundern sich über Jesu Gespräch mit einer Frau (nicht mit einer Samariterin). *Billerbeck* II 438 zitiert Aboth Rabbi Nathan 2 (1d): „Man erzähle sich nicht mit der Frau auf der Straße, auch nicht mit der eigenen Frau, und erst recht nicht mit einer anderen Frau, wegen des Geredes der Menschen." Aber die Jünger wagen es nicht, den Meister zu fragen.

■ **28** folgte ursprünglich wohl unmittelbar auf V. 18: Auf dieses Wort spielt die Frau in V. 29 an, nicht auf V. 26. Dann wird verständlicher, warum die Frau den Krug stehen läßt: aus Eifer, ihre Botschaft im Ort zu verkünden. Nach *Daube* 138 ließ die Frau den Krug stehen, damit Jesus daraus trinken könne (so auch *Barrett* 201). Aber mit diesem Krug konnte Jesus ja nicht aus dem tiefen Brunnen Wasser herausholen. Daß Jesu freundliche Bitte die Frau überrascht habe (so *Daube* 137), geht an der Intention des Evangelisten vorbei. Nach *Edwards* 47 vergißt die Frau in ihrer Aufregung den Krug!

■ **29** Jesu wunderbares Wissen dient hier als Hinweis darauf, daß er vielleicht der Messias sein könne. Daß er sich selbst soeben der Frau als solcher zu erkennen gegeben habe, bleibt unberücksichtigt. Damit wird die Unterscheidung von V. 38 und 42 vorbereitet.

■ **30** Die Samaritaner verlassen die ,,Stadt" (Aorist) und gehen (Imperfekt) zu Jesus: Der Ruf der Frau hat Erfolg gehabt. Während sie wandern, ist Zeit für Jesu Gespräch mit den Jüngern, das der Evangelist hier einlegt.

■ **31** Die Jünger bieten Jesus von den im Ort gekauften Lebensmitteln (V. 8) an. Auch dieser Zug dient, wie oben die Bitte um Wasser, nur zur Anknüpfung einer Rede Jesu, diesmal einer Lehrrede an die Jünger und die Leser. Die Jünger erscheinen hier als eine einheitliche, nichtindividualisierte Gruppe. Beides – das Absehen vom Individuellen (das nicht nur hier vorliegt) und vom Alltag mit seinen Bedürfnissen, soweit dabei nicht eine ,,geistliche" Erkenntnis ins Spiel kommt – trägt dazu bei, daß das JE merkwürdig blaß anmutet. Das Irdische hat eben keinen Eigenwert. Wer, wie *Edwards,* aus dem JE ein besonders realistisches Erinnerungsbuch machen will, ist auf dem Holzweg.

■ **32** Wieder kommt ein johanneisches Rätselwort, das zum Mißverstehen geradezu einlädt. Weil die Jünger den Geist noch nicht haben, wird ihnen die Speise, auf die Jesus hinweist, einfach abgesprochen. Doch geht der Blick des Evangelisten nur auf Jesus. Daß er diese Speise hat, ist das Wichtige.

■ **33** Wie nicht anders zu erwarten war, mißverstehen die Jünger das Wort Jesu, so wie die Frau in V. 11 und 15, und zwar gerade dadurch, daß sie das Wort von der Speise ,,realistisch" auffassen.

■ **34** darf man nicht, wie *Zahn* 256, psychologisch-realistisch deuten: Jesus sei wie beim Gespräch mit der Samariterin der Durst, so nun hier auch der Hunger vergangen: ,,Man sieht, in welche Spannung und gehobene Stimmung Jesus durch die nicht beabsichtigte Unterredung mit dem nichtjüdischen Weibe versetzt worden ist." *Zahns* Generation ahnte noch nichts von einer Befragung des Textes auf die ihm zugrundeliegende Komposition. Sie war überzeugt, mit dem Nachweis der johanneischen Autorschaft sei das wichtigste Stück exegetischer Arbeit getan. Der Evangelist meint hier aber:

Der Mensch lebt von dem, wofür er lebt. Da Jesus ganz für die Erfüllung des göttlichen Willens lebt, lebt er auch davon. Ein Mensch, der nichts hat, wofür er lebt, verhungert geistig. Weil die Jünger den Vater noch nicht erkannt haben (14,8f.), kennen sie auch diese Speise nicht. Wer nun, in einer Variante von *Zahns* realistischer Deutung, V. 34 deutet, muß natürlich auf die Diagnose ,,Doketismus" verfallen.

■ **35** führt den Gegensatz zwischen Jesu Denkweise und der seiner Jünger auf eine neue Weise weiter. – Gewöhnlich argumentiert man: Zwischen Saat und Ernte lagen in Palästina durchschnittlich sechs Monate. Aber das ist landschaftlich und nach der Art des gesäten Getreides verschieden. Man braucht nur die Auskünfte in den Kommentaren von *Hirsch* Studien 54 und ders., Evangelium 152, *Barrett* 201f., *Schnackenburg* I 482f. und *Brown* I 182 zu vergleichen, dann sieht man, wie verschieden die Auslegungen dieser Stelle sind. Wir möchten annehmen, daß die Worte der Jünger (,,es dauert noch vier Monate, bis die Ernte kommt") besagen wollen: Es hat noch seine Zeit, bis die Ernte heranreift. Diesen Begriff ,,Ernte" wendet Jesus nun in übertragenem Sinn auf die Samaritanermission an: Jesus sieht die Felder schon weiß zur Ernte!

■ **36** Schon bekommt der Schnitter seinen Lohn (nicht: Belohnung!); von hier an hat das Bild nur noch übertragenen Sinn: ,,und sammelt Frucht zum ewigen Leben!" Das bezieht sich hier auf den Missionar Jesus und die (V. 41) zum Glauben heranströmenden Samaritaner. Das Wort ἵνα ist hier praktisch von ὥστε kaum unterschieden. Wer der Säemann und wer der Erntende ist, wird hier nicht ganz deutlich, weil der Evangelist wieder eine doppelte Sicht durchführt: einerseits läßt er Jesus aus seiner einstigen Situation in Samarien sprechen, bei der er die Mission zugleich beginnt und vollendet (vgl. τελειώσω in V. 34 und 19,30), andererseits von der christlichen Mission in Samarien überhaupt, bei der jede Generation auf die Mühe der früheren Generation angewiesen ist.

■ **37** ,,Denn in diesem Falle usw." paßt nur für die zweite Sicht. Das Sprichwort (λόγος), auf das angespielt wird, meint: Oft kommt der Säemann nicht in den Genuß seiner Arbeit; vgl. z. B. Hiob 31,7f.: ,,Wenn ein Makel klebt an meinen Händen, will ich säen und ein andrer esse!"; und Aristophanes, Equit. 392: ,,Du mähst eine fremde Ernte."

■ **38** ist deutlich vom Standpunkt des auferstandenen Jesus aus gesprochen: er sendet 20,21 die Jünger aus. Eine Aussendung wie Mk 6,7 par. hätte für den Evangelisten keinen Sinn, da die Jünger erst nach Jesu Erhöhung den Geist bekommen (*Bultmann* 147, Anm. 6). Seit *F. C. Baur* hat man hier einen Hinweis auf die in Apg 8 erzählte Mission des Philippus und die des Petrus und Johannes in Samarien vermutet. Andere dachten bei ἄλλοι an die atl. Propheten (samt Johannes dem Täufer). Für den Evangelisten liegt der erste Gedanke ebenso fern wie der zweite; eine Anspielung auf Simon Magus (vgl. *Holtzmann* 85) kommt überhaupt nicht in Betracht. Der Evangelist redet von der christlichen Mission, die er hier vorwegnehmend von Jesus selbst begründet werden läßt, und lehrt die christlichen Missionare sich bescheiden und dankbar in die Einheit der sich über Generationen erstreckenden Missionsarbeit einzuordnen. Dazu ist noch zweierlei anzumerken: Das Heidenchristentum hat in viel stärkerem Maße freundlich über die Samaritermission gedacht als die Judenchristen (Mt 10,31) und war sich dabei bewußt, im Sinne Jesu zu handeln. Dies hat der Evangelist dadurch ausgedrückt, daß er Jesus selbst schon den Anfang der Samaritermission zuschrieb.

■ **39** nimmt die in V. 30 unterbrochene Samaritergeschichte wieder auf. Dabei wird V. 29 direkt angeführt: Das Wort der Frau vom Wundermann Jesus führt viele zum Glauben an Jesus.

■ **40** Er erfüllt die Bitte der Samaritaner und bleibt zwei Tage bei ihnen. Als selbstverständlich wird vorausgesetzt, daß er in diesen beiden Tagen lehrend tätig ist, wie die Folge zeigt.

■ **41f** *Bultmann* 148f. hat in diesen Versen so etwas wie Kierkegaards Problem von ,,Jüngern der zweiten Hand" in den ,,Philosophischen Brocken" (bes. Kap. 5) zu finden gemeint. Aber das ist eingetragen: die Frau hatte ja den Samaritanern nur von Jesus als dem allwissenden Wundermann erzählt; also war das, was sie zunächst empfinden, ein Glaube an Jesus als einen Wundermann. Als sie Jesus selbst bei sich hatten, änderte sich ihr Glaube im Hören seiner eigenen Worte; die V. 41f. stellen also eine dem Evangelisten wichtige Glaubenserkenntnis heraus: Der Glaube ist dann ganz echt, wenn der Hörer im Wort der Botschaft den Herrn selber sprechen hört. Λαλία hat einen verächtlichen Nebensinn: Die Rede der missionierenden Zeugen ist kein Geschwätz! Aber sie bleibt belangloses Menschenwort, wenn nicht darin der Herr selbst zu Wort kommt. So kommen die Samaritaner zu ihrem Bekenntnis von Jesus als dem ,,Weltheiland". – Das Judentum der vorchristlichen Zeit sah in Gott den eigentlichen Retter Israels. Im Hellenismus werden Zeus und Asklepios, aber auch Isis und Serapis als ,,Retter" gepriesen. Von Hadrian an (vgl. *Barrett* 204) wird die Bezeichnung des römischen Kaisers als σωτὴρ τοῦ κόσμου sehr häufig (vgl. zum Titel σωτήρ: *Conzelmann*, HNT 13 74–77). – Die Erkenntnis der Samaritaner, daß Jesus der Weltheiland ist, beschließt unüberbietbar die Aussagen über Jesu Bedeutung: ein Jude – mehr als Jakob – ein Prophet – der Messias – der Retter der Welt.

● Die ältere Forschung las unsere Geschichte meist als einen historischen Bericht. Dabei stieß sie auf alle möglichen Schwierigkeiten: Warum gehen sämtliche Jünger einkaufen? Zwei oder höchstens drei hätten genügt, um einige der tellergroßen Brote mit ein bißchen Zukost zu tragen. Oder waren nur zwei bis drei Jünger mit Jesus unterwegs? Warum erquickten sie nicht vorher ihren Meister und sich durch einen Trank aus dem Brunnen? Wanderten sie etwa ohne ein ledernes Schöpfgefäß und Seil durchs Land? Die Frau hat auch kein ἄντλημα, kein Schöpfgefäß und kein Seil. Wie will sie Wasser schöpfen? Mit dem Wasserkrug (ὑδρία), den sie trägt, kann sie auch nicht aus dem tiefen Brunnen schöpfen. Warum wandert sie in der Mittagshitze von Sychar, wo es eine Quelle gab, zum Jakobsbrunnen? Von wem erfuhr der Erzähler das Gespräch Jesu mit der Frau? Daß er Jesus oder die Frau danach befragte, wäre ebenso modern wie töricht gedacht. Die gelegentlich von einem Exegeten benutzte Auskunft, vielleicht seien doch nicht alle Jünger in die „Stadt" gegangen, sondern etwa Johannes bei Jesus geblieben, widerspricht offen dem Text.

Aber auch die Gespräche Jesu mit der Frau und den Jüngern lassen sich nicht als Wiedergabe wirklicher Unterhaltungen begreifen. Immer wieder zeigen sich Brüche. Zunächst suchte man sie mit einer psychologischen Brücke zu überwinden. Da die Frau Jesu Rätselwort vom lebendigen Wasser nicht begreift (das für einen damaligen Juden gar nicht so unverständlich war), versuchte Jesus, sie durch Aufdeckung ihres persönlichen Lebens, ihrer „Intimsphäre", hellhörig zu machen. Woher weiß er von ihren fünf Männern? Nach *Lange* (zit. bei *B. Weiß* 142) hat „die psychische Einwirkung der fünf Männer auf die Frau . . . in ihrer Erscheinung Spuren abgedrückt". Aber auch um solche numerisch genau zu lesen, gehört mehr als „Menschen durchschauender Scharfblick" dazu, mit dem sich *Büchsel* 64 helfen will. Daß die Frau in der ganzen Gegend berüchtigt war und Jesus und die Jünger unterwegs den Stadtklatsch gehört hatten, dieser rationalistische Ausweg führt auch ins Nirgendwo. Sollen Jesus und die Jünger sich in einem Chan über Skandalgeschichten mit ihr unterhalten haben? Daß die Frau plötzlich vom Ort der rechten Anbetung zu reden begann, ist keine „gewöhnliche Weiberlist" (mit der anscheinend ein Exeget Bekanntschaft gemacht hatte), mit der sie einer „weiteren unangenehmen Erörterung ihrer Verhältnisse aus dem Weg gehen will", aber auch kein „beginnendes Verständnis für Jesu Bedeutung". Merkwürdigerweise begründet die Frau in V. 29 ihre Vermutung, Jesus sei der Messias, nicht mit Jesu Selbstbezeugung als Messias (V. 26), sondern mit seinem wunderbaren Wissen (V. 18). Auch das deutet darauf hin, daß die Verse 19–26 vom Evangelisten in einen älteren Text eingefügt worden sind, um sein eigenes Anliegen zur Sprache zu bringen. Daß Jesus, vom Missionserfolg gesättigt, auf Trank und Speise verzichtet – *Zahn* 256 malte das aus: „Man sieht, in welche . . . gehobene Stimmung Jesus durch die Unterredung . . . versetzt worden ist" –, ist eine mehr als fragwürdige psychologische Erklärung. *Wellhausen* 21 hat sich, angeregt durch *Schwartz* IV 509, daran gestoßen, daß Jesus zu den Samaritanern gar nichts sagt (V. 41). Daraufhin hat *Wellhausen* die Geschichte dahin umgedichtet, daß Jesu Rede über Saat und Ernte sich ursprünglich nicht an die Jünger gerichtet habe, sondern an die Samaritaner, als diese ihm Speise anboten. Das beweist, wie genügsam selbst große Forscher wie *Wellhausen* beim Erklären des JE sein konnten.

Manchem Exegeten wurde freilich bei solcher historisch-psychologischen Deutung unbehaglich zumute. Sie nahmen dann ihre Zuflucht zum typologischen Verständnis. So *Strathmann* 82: „Die Frau ist überhaupt keine Gestalt von Fleisch und Blut. Sie ist ein Typus, aber nicht der eines jammervoll verkommenen Weibes, das in einem ‚Maximum von ehelicher Verwirrung und Verirrung‘ lebt, sondern ein Symbol des Samaritertums, eine Personifikation der samaritanischen Gemeinde." Der Evangelist also „predigt in der Form des frei schaffenden Schriftstellers" (83). Dem letzteren kann man weithin zustimmen. Dagegen darf man von Johannes nicht sagen (*Strathmann* hält den Zebedaiden für den Autor des JE), was er weiter behauptet: „Daß hier ein ganz überlegener Geist in der bis ins einzelne überlegten Gestalt eines vollendeten kleinen Kunstwerks . . . seinen Glauben an Jesus . . . dargestellt hat" (89). Damit übergeht *Strathmann* begeistert die Schwierigkeiten, die wir oben angedeutet hatten. Gerade an dieser Perikope kann man sehen, daß es dem Evangelisten nicht darum ging, ein „vollendetes kleines Kunstwerk" zu schaffen. *Bultmann* 127f. wird deshalb dieser Geschichte viel besser gerecht, wenn er darauf hinweist, daß der Evangelist hier eine Tradition – deren Wortlaut wir nicht mehr rekonstruieren könnten (?) – nur mühsam mit seiner eigenen Botschaft vereint (vgl. dagegen *Hirsch,* Studien 43.53–55). Gerade weil der Evangelist die von ihm benutzte Überlieferung möglichst unverändert übernimmt, wirken die Reden auch wie eingesprengt, die er selber hier eingefügt hat. – *Hirsch,* Evangelium 146–148, geht mit *Strathmann* ein gutes Stück Weges mit. Aber seine Lösung ist eleganter als die seines Erlanger Kollegen. Er schreibt: Es sei „die sorgfältige Ausmalung der Szenerie ein Zeichen, daß der Verfasser an die ganze Geschichte mit der Samariterin besondere Kunst gesetzt hat. Das Gespräch ist der ausführlichste und auch der lebendigste Dialog des ganzen Werkes. Wer hier nicht die Hand des Dichters spürt, dem ist nicht zu helfen. Die Samariterin ist beides zugleich, ein in gesetzloser Roheit dahinlebendes einzelnes Weib und die Personifikation ihres Volkes" (146). Dann übernimmt *Hirsch* 147 die These, daß die fünf Männer mit den fünf Götzen aus Kön 2 sich entsprechen. „Die Geschichte webt das Kommen einer gesetzlosen Frau zu Jesus und das Überwundenwerden der samaritanischen Religion durch die christliche zur untrennlichen Einheit zusammen . . . Alles im vierten Evangelium ist zugleich Geschichte und Sinnspruch." . . . „Wir haben hier das schönste und reinste Beispiel der analytisch tiefen, aber die Wirklichkeit verlassenden Schau des Verfassers in die Bewegungen des menschlichen Herzens, das Jesus begegnet. Durchsichtig wie ein Präparat ist das seelische Geschehen, in dem der Glaube der Frau wird. Und doch könnte nun und nimmermehr ein wirkliches Gespräch mit einer gesetzlosen samaritischen Frau so verlaufen." Analysiert man die Geschichte aber genau, so zeigt sich (gegen *Hirsch*): Weder stimmt der Rückgriff auf die fünf Götzen der Samaritaner in 2Kön – es waren sieben –, noch wird das seelische Geschehen, in dem der Glaube der Frau wird, durchsichtig wie ein Präparat. Faktisch machte nur das Wissen Jesu von Dingen, die kein Mensch außerhalb ihres Bekanntenkreises wissen konnte, also ein übernatürliches Wissen, Eindruck auf die Frau und ließ sie Jesus ihren Landsleuten als möglichen Messias verkünden. Das dürfte der Text der Vorlage sein, die Jesus wie einen ϑεῖος ἀνήρ handeln und Glauben finden ließ. Aber im Grunde geht es dem Evangelisten in dieser Perikope gar nicht um die Frau und das Werden ihres Glaubens, wie *Hirsch* annahm, sondern um Jesus selbst und seine Verkündigung. Alle anderen Personen gewinnen nur Leben, soweit sie die Botschaft Jesu herauszustellen mithelfen. Daß die Frau fünf Ehemänner hatte und jetzt einen sechsten als Geliebten, berichtet der Evangelist nicht, um damit ihr Versunkensein in die Sinnlichkeit zu illustrieren. Ginge es darum, dann wäre ihre Reaktion auf die Enthüllung ihres Lebens durch Jesus wirklich unbegreiflich. Dieses Schicksal wurde – schon in der Vorlage! – gerade deshalb ausgewählt, weil es durch sein Herausfallen aus jeder Regel sich nicht erschließen und erraten ließ. Sogar der erfahrenste Psychologe könnte es aus dem Anblick der Frau nicht herauslesen. Wenn Jesus es trotzdem kennt, dann offenbart er damit ein übermenschliches Wissen. Der Evangelist korrigiert also hier die Theologie seiner Vorlage: ein zauberhaftes Wissen um alle möglichen innerweltlichen Dinge ist nicht das, was Jesus zum „Sohn" macht, sondern daß er der Weg zum Vater ist. Der jüdische Kult hat ebensowenig Anspruch darauf, der rechte Gottesdienst zu sein, weil er zur Anbetung auf den Zion führte, wie der samaritanische, weil er zur Anbetung Gottes auf dem Garizim mahnte. Der Vater ist kein räumlich gebundenes Wesen, das der Kategorie des Innerweltlichen angehört. Hier nähert sich die johanneische Lehre der paulinischen: „Hier ist nicht Jude noch Grieche . . .‟

*Bultmann* 148 hat in V. 39–42 eine „symbolische Darstellung des Problems der Hörer ‚zweiter Hand'‟ gefunden, das Kierkegaard in den „Brocken" (Samlede Vaerker, Bd. IV 266 vor allem) ausführlich besprochen hat. *Bultmann* 148 schreibt über Joh 4,39–42: „Die Frau . . . repräsentiert die vermittelnde Verkündigung, die den Hörer zu Jesus selber führt. . . . (149) Der Glaube darf nicht auf die Autorität anderer hin glauben, sondern muß selbst seinen Gegenstand finden; er muß, durch das verkündigte Wort hindurch das Wort des Offenbarers selbst vernehmen." Aber es fragt sich, ob damit die Verse 39–42 adäquat erklärt werden. Was die Frau ihren Landsleuten verkündigte, war ja die Botschaft von dem Prophet-Messias Jesus. Was die Hörer erst aus Jesu eigener Botschaft erfahren, ist, daß Jesus der „Retter der Welt" ist. Damit wird die Auffassung Jesu als eines σωτήρ, die im Grunde die ganze Vorlage durchzieht, ebenso korrigiert, wie die Bezeichnung der Frau als eines „Hörers erster Hand" durch die Botschaft Jesu selbst berichtigt ist: Er selbst ist der Weg. – Bei Kierkegaards Unterscheidung zwischen Jüngern erster und letzter Hand, also der historisch mit Jesus gleichzeitigen Christengemeinde und uns, aber wird die Lage anders gesehen: „Es gibt keinen Jünger zweiter Hand", heißt es S. 266 gegen Ende. „Selbst wenn die gleichzeitige Generation nichts anderes hinterlassen hätte als die Worte: ‚Wir haben geglaubt, daß der Gott anno so und so sich gezeigt hat in der geringen Gestalt eines Knechts, unter uns gelebt und gelehrt hat, und alsdann gestorben ist' – das ist mehr als genug. Das gleichzeitige Geschlecht hat getan was nötig war; denn diese kleine Anzeige, dies weltgeschichtliche N(ota)

B(ene) reicht zu, um Veranlassung zu werden für den späteren; und der umständlichste Bericht kann doch in alle Ewigkeit kein Mehr für den Späteren werden." Das Zeugnis eines Gläubigen kann einem anderen oder Späteren zur Veranlassung werden zu der Entscheidung für oder gegen Christus; das hat schon Johannes in 20,22 angedeutet (vgl. *Gerdes,* Das Christusbild Sören Kierkegaards, 1960). Aber da es zuletzt darauf ankommt, Gott im Worte der Zeugen zu hören, werden die Unterschiede von Jüngern erster und zweiter Hand belanglos.

Zum Schluß sei hier die Komposition von Joh 4,1–42 besprochen. Wir wollen dabei so vorgehen, daß wir dem Zusammenhang der Verse nachgehen und dabei die Gründe für die Aporien aufdecken. Dabei wird sich herausstellen, wo die Theologie des Evangelisten eine Änderung des überlieferten Textes erzwang.

Wenn man die eigentliche innere Folge der Verse 1–3 überdenkt, wird man gewahr, daß der Text nicht mehr nach dem logischen Zusammenhang aufgebaut ist. Das zeigt sich sofort an V. 1f. Eigentlich müßte als erste Sinneinheit (E 1 = Abkürzung nach *Olsson*, Structure and Meaning 124–133) kommen: Jesus hatte lehrend und taufend mehr Erfolg als Johannes. Dazu gehört als korrigierende Einheit (E 4) die Anmerkung V. 2: Obwohl Jesus selbst nicht taufte, sondern nur seine Jünger. Dieser Satz hat mit dem gespannten Verhältnis zwischen Jesus und den Pharisäern nichts zu tun; er will nur die Aussage ,,Jesus taufte" richtigstellen. Damit sie aber als in den Zusammenhang von V. 1 gehörend erscheint, ist dieser Vers so aufgebaut, daß die Worte ,,Jesus taufte mehr Jünger als Johannes" an sein Ende kommen. Das zweimal unmittelbar hintereinander gebrauchte Wort ,,taufen" läßt V. 2 enger mit V. 1 verbunden erscheinen, als sie es in Wirklichkeit sind. Eigentlich hätte auf E 1 (Jesus taufte mehr Jünger als Johannes) unmittelbar E 2 folgen müssen: Das hören die Pharisäer. Dieser Satz ist so kurz gefaßt, daß eine wichtige Mitteilung an die Leser unterschlagen wird: ,,und wollten Jesus verfolgen." Jetzt muß sich das der Leser aus dem Zusammenhang selbst erschließen. Es fragt sich, ob nur das Streben nach Kürze den Verfasser zu diesem Vorgehen veranlaßt hat; mindestens ist jedoch auch möglich, daß er nicht so früh (s. 5,16) den Begriff ,,verfolgen" einführen wollte. Auf die Andeutung einer Gefährdung durch die Pharisäer hätte zu folgen: ,,Das erfuhr Jesus" (E 3). Auch bei einer solchen Reihenfolge der Sätze in Kap. 4,1f. würde eine Aussage über Jesus (er machte mehr Jünger als Johannes) am Anfang stehen. Aber der Gegensatz Jesus/Johannes wäre dann über Gebühr betont gewesen – zumal nach 3,26 – und hätte den eigentlichen Gegensatz Jesus/Pharisäer verdeckt, auf den es dem Verfasser doch ankam. Das könnte erklären, warum er die ungeschickte Reihenfolge der Aussagen in V. 1f. trotz allem vorzog. Auf E 3 (das erfuhr Jesus) bringt V. 3 als E 4 die Beschreibung, wie Jesus auf die zu vermutende Gefahr reagierte: er verließ Judäa und ging wieder fort nach Galiläa. Mit V. 4 (E 4) beginnt die eigentliche Geschichte: Die Reise nach Galiläa muß über Samarien führen. Daran schließt sich unmittelbar an die Erwähnung von Sychar (E 5), das (E 6) nahe bei der Jakobsquelle lag. Die dazwischen eingeschobene Notiz über das von Jakob dem Joseph geschenkte Grundstück (V. 5b) vermindert die Plötzlichkeit, mit der in V. 6 der Jakobsquell genannt wird, bei dem sich fast die ganze folgende Handlung abspielt. Aus einer πηγή (Quelle) läßt sich leicht Wasser schöpfen, anders als bei einem φρέαρ (Brunnen), wie die Jakobsquelle in V. 14 bezeichnet wird. Daß der Jakobsbrunnen beides ist, Brunnen oben und Quelle auf dem Grunde, hatten wir bei der Einzelerklärung von V. 6 schon auseinandergesetzt. Der Verfasser verwendet hier zunächst das Wort πηγή, das – in Verbindung mit dem ,,Wasserkrug" der Frau (ὑδρία) – die Schwierigkeit des Schöpfens zunächst verdeckt (ganz freilich läßt sie sich nicht ausschalten). Immerhin wird deutlich, daß der Verfasser ein gewandter Erzähler ist, der sich bemüht, eine zusammenhängende Geschichte zu berichten. In V. 6 (= E 6) betritt Jesus den Schauplatz: ganz menschlich: müde von der Wanderung, setzt er sich einfach bei der Quelle hin. Die Tageszeit – Mittag – macht seine Erschöpfung noch verständlicher: E 7. Bisher war von V. 3 an immer nur von Jesus die Rede gewesen, und zwar immer nur in der dritten Person, denn er war sozusagen allein auf der Szene. Jetzt aber tritt in V. 7 (= E 7) eine zweite Person auf, eine samaritanische Frau, die Wasser schöpfen will. Damit ist die Voraussetzung für einen Dialog gegeben, der bis V. 25 weitergeht. Die Erschöpfung Jesu und das Wasser, das die Frau holen will, legen auch das Thema des kommenden Dialogs nahe: Jesus bittet (V. 7b = E 8) um einen Trank Wasser. Daß er sich mit dieser Bitte an die Samariterin wendet, erklärt der V. 8 (= E 9): die Jünger sind in den Ort gegangen, um Lebensmittel zu kaufen. Diese Mitteilung kommt – wenn man die Aufeinanderfolge der Sätze gemäß dem Ablauf der Ereignisse als ideal ansieht – reichlich spät. Denn die Jünger haben ja Jesus auf seiner Wanderung begleitet. Zwischen V. 5 und 6 wäre die letzte Gelegenheit gewesen, die Jünger zu erwähnen; etwa in der Weise: ,,Die Jünger nun gingen in . . ., Jesus aber, ermüdet . . ." Der Erzähler spricht von anwesenden Personen nur in dem Augenblick, wo er sie kompositionell nötig hat. In V. 8 muß er die Jünger erwähnen, um zu motivieren, daß Jesus sich an die Frau wendet. Daß auf diese Weise eine Pause zwischen Jesu Bitte und der Antwort der Frau entsteht, muß der Erzähler in Kauf nehmen. Das ist um so eher möglich, als die Frau die Bitte nicht sofort erfüllt (die sie tatsächlich gar nicht erfüllen kann), sondern mit Erstaunen fragt (V. 9ª = E 10), wie er als Jude eine samaritanische Frau um etwas bitten kann. Für die Leser, die das gespannte Verhältnis zwischen Juden und Samaritern nicht kennen, gibt V. 9b (= E 11) die nötige Aufklärung: Zwischen Juden und Samaritanern ist jeder Verkehr abgebrochen. Damit wird – neben dem bisher angedeuteten Thema ,,Wasser" – ein Nebenthema eingeführt: Juden/Samaritaner. Beide Themen vermischen sich von nun an bis V. 42, wenn auch nicht mit gleicher Betonung und Deutlichkeit. In V. 10 (= E 12) setzt Jesus den Dialog auf eine überraschende Weise fort. Zunächst geht er gar nicht auf ihre Frage direkt ein (es ist ja sonst

niemand da, den er um einen Trank bitten kann, als die Frau mit dem Wasserkrug). Vielmehr antwortet Jesus mit einem Rätselwort: Eigentlich müßten Bittsteller und Geber ihre Rollen tauschen, wenn die Frau ihre Lage recht
verstünde: Denn wüßte sie, vor wem sie steht, und was er geben kann,
würde sie bitten, und er ihr lebendiges Wasser geben. Mit dieser Antwort
bekommt das Wort ,,Wasser" einen neuen, übertragenen Sinn, der durch
den Ausdruck ,,lebendiges Wasser" angedeutet wird. Aber er ist doppelsinnig, und so kommt es dazu, daß die Frau darunter ,,fließendes Wasser,
Quellwasser" versteht, während Jesus ,,Lebenswasser" meint. Die Frau versteht zunächst (V. 11 = E 13) Jesu Verheißung dahin, daß er ihr Quellwasser
geben will, und bezweifelt, daß er dazu fähig ist. Denn der Jakobsbrunnen
(die Frau spricht in V. 11 dementsprechend von φρέαρ) führt zwar auf eine
Quelle, die für Jesus aber unerreichbar ist, da er kein Schöpfgefäß besitzt, wie sie
sofort sieht. Wenn also diese Möglichkeit ausfällt, besitzt er dann höhere Fähigkeiten als ihr Stammvater Jakob, der immerhin ihnen den Brunnen gegeben hat und offenbar damit zufrieden war, da er mitsamt seinen Söhnen und
Herden daraus getrunken hat (V. 12 = E 14)? Die Gegenfrage der Frau setzt
also, wenn auch nur versuchsweise, voraus, der Fremde könne am Ende im
Besitz besonderer Kräfte sein; dabei muß nicht an dämonische Gaben gedacht sein – vielleicht könnte der Herr auch ein Quellensucher sein? Jesu
Antwort (V. 13f. = E 15) läßt die Frau vorerst bei ihrem Glauben oder Raten, macht sie aber auf einen Mangel des Jakobsbrunnens aufmerksam, an
den sie bisher noch nie gedacht hat: Wenn sie von diesem Wasser getrunken
hat, dauert es nicht lange, und sie ist wieder durstig und muß Wasser schöpfen gehen. Wenn sie aber von dem Wasser trinke, das er ihr geben könne,
dann werde sie nie wieder durstig sein. Jesus meint damit die himmlische
Gabe der Verbundenheit mit Gott, die nicht, wie alle irdischen Gaben, sehr
bald beim Menschen ein neues Verlangen weckt. Tatsächlich hat man auch
im Judentum an die Weisheit Gottes als solche dem Menschen Frieden spendende Quelle gedacht und gesprochen. Aber die Frau in ihrer Verbundenheit
mit dem Irdischen wäre nie auf einen solchen Gedanken gekommen; sie bittet vielmehr (V. 15 = E 16) um das Zauberwasser, das ihr soviel Arbeit und
Mühe ersparen könnte und das ihr der Fremde anzubieten scheint. Bis dahin
ist der Gedankengang des Zwiegesprächs der beiden, obwohl jeder von etwas anderem spricht als der andere, glatt gelaufen. Aber mit V. 16 (= E 17)
springt Jesus aus dem Gedankengang heraus – zum mindesten scheint es der
Frau so – mit der Aufforderung, sie möge ihren Mann herbeirufen. Mit
V. 17f. zeigt der Erzähler, daß die Frau instinktiv ausweicht mit dem Satz:
,,Ich habe keinen Mann!" (= E 18), und nun erst recht von Jesu Antwort getroffen wird (E 19), die ihr wirklich nicht zu erratendes Leben haargenau ihr
auf den Kopf zusagt. An dieser Stelle endet das Gespräch, weil mit V. 19 ein
Einschub des Evangelisten beginnt, der das ihm Wichtige mit sanfter Gewalt
zur Geltung bringt. Die eigentliche Fortsetzung des Erzählers ist erhalten in
V. 28 (= E 20): Die Frau läßt den Krug stehen (nicht damit Jesus jetzt daraus

trinken kann, wie ein Exeget vermutet hat) und eilt zu ihrem Dorf (πόλις) mit der Botschaft: Ich habe einen Mann getroffen, der hat mir alles gesagt, was ich getan habe; sollte das am Ende der Messias sein? (V. 28–30). Die Samariter kommen, und er bleibt zwei Tage bei ihnen (V. 39f.). Damit ist die Geschichte von der ersten Samaritanermission, die Jesus selbst begonnen hat, zum Ziel gekommen. Die Verse 19–27 stammen vom Evangelisten (abgesehen von V. 22, den ein judenfreundlicher Leser einfügte) und ebenso V. 31.38 und ein Teil von V 40. *Die vermutete Vorlage hätte demnach folgenden Wortlaut:*

V. 4: Er mußte aber durch Samaria ziehen.

V. 5: Er kam nun zu einer samaritanischen Stadt namens Sychar, nahe dem Grundstück, das Jakob seinem Sohn Joseph gegeben hatte.

V. 6: Es war aber dort der Jakobsbrunnen. Jesus setzte sich nun, ermüdet von der Wanderung, an den Brunnen.

V. 7: Es kam eine Frau aus Samarien, um Wasser zu schöpfen. Da sagt zu ihr Jesus: Gib mir zu trinken!

V. 9: Sagt nun zu ihm die samaritanische Frau: Wie forderst du, der du ein Jude bist, von mir, einer samaritanischen Frau, zu trinken?

V. 10: (überarbeitet) Jesus sprach zu ihr: Wenn du wüßtest, wer zu dir sagt: Gib mir zu trinken!, so würdest du ihn bitten, und er gäbe dir lebendiges Wasser.

V. 11: Sagt sie zu ihm: Herr, weder hast du ein Schöpfgefäß, und der Brunnen ist tief. Woher hast du nun das lebendige Wasser?

V. 12: Bist du größer (mächtiger) als unser Vater Jakob, der uns den Brunnen gegeben hat, und er selber trank daraus und seine Söhne und seine Herden?

V. 13: Jesus sprach zu ihr: Jeder, der von diesem Wasser trinkt, wird wieder durstig werden.

V. 14: Wer aber von dem Wasser trinkt, das ich ihm geben werde, wird nie mehr durstig werden.

V. 15: Sagt zu ihm die Frau: Herr, gib mir von diesem Wasser, damit ich nicht dürste und hierher zum Schöpfen kommen (muß).

V. 16: Er sagt zu ihr: Geh, rufe deinen Mann und komme wieder her!

V. 17: Die Frau sagt zu ihm: Ich habe keinen Mann. Sagt zu ihr Jesus: Du hast richtig geantwortet: ‚Ich habe keinen Mann!'

V. 18: Denn du hast fünf Männer gehabt, und der, den du jetzt hast, ist nicht dein Mann.

V. 28: Da ließ die Frau ihren Krug stehen und ging in die Stadt, und sagte zu den Leuten:

V. 29: Kommt, seht einen Menschen, der mir alles gesagt hat, was ich getan habe.

V. 30: Sie gingen aus der Stadt und kamen zu ihm.

V. 39: Viele wurden gläubig an ihn wegen der Frau, die bezeugt hatte: Er hat mir alles gesagt, was ich getan habe.

255

V. 40: . . . Sie baten ihn, bei ihnen zu bleiben, und er blieb dort zwei Tage.
V. 41: Und viel mehr wurden gläubig wegen seines Wortes,
V. 42: Und sie sagten zu der Frau: Wir glauben nicht mehr wegen deines
Wortes. Denn wir haben selber gehört und wissen, daß dieser wirk-
lich der Retter der Welt ist.

Der letzte Abschnitt der „Gesamtbesprechung" erlaubt einen wichtigen
Schluß: Jener Erzähler, dessen Werk der vierte Evangelist benutzte, verstand
sich aufs Schreiben. Jesu Gespräch mit der Samariterin am Brunnen beweist
das. Zugleich wird hier deutlich, daß er Jesus mehr oder weniger als Wundermann (θεῖος ἀνήρ) darstellte. In diesem Fall tut Jesus zwar kein Wunder
wie in 4,43–54; aber durch sein überirdisches Wissen legitimiert er sich als
Messias. Die Benutzung von doppelsinnigen Wörtern oder Wendungen –
die man oft als spezifisch johanneisch ausgegeben hat, ist ihm schon vertraut.

# 12. Der Sohn des königlichen Beamten

[43]Nach diesen beiden Tagen aber ging er von dort fort nach Galiläa.
[44]Denn Jesus selbst bezeugte: „Ein Prophet hat in seinem Heimatland
keine Ehre." [45]Als er nun nach Galiläa kam, nahmen ihn die Galiläer
auf, die alles gesehen hatten, was Jesus beim Fest getan hatte. Denn sie
waren auch zum Fest gekommen. [46]Er kam nun wieder nach Kana in
Galiläa, wo er das Wasser zu Wein gemacht hatte. Und es war ein königlicher Beamter, dessen Sohn krank lag, in Kapernaum. [47]Als dieser hörte, Jesus sei aus Judäa nach Galiläa gekommen, ging er zu ihm
fort und bat ihn, er möge herabkommen und seinen Sohn heilen; der
war nämlich nahe daran zu sterben. [48]Da sprach Jesus zu ihm: „Wenn
ihr nicht Zeichen und Wunder seht, wollt ihr nicht glauben!"
[49]Spricht zu ihm der königliche Beamte: „Herr, komm herab, bevor
mein Sohn stirbt!" [50]Sagt zu ihm Jesus: „Geh, dein Sohn ist gesund!"
Der Mann glaubte dem Wort, das Jesus zu ihm gesprochen hatte, und
ging. [51]Während er aber noch herabzog, kamen ihm die Sklaven entgegen mit der Kunde: „Dein Sohn ist gesund!" [52]Da erfragte er von
ihnen die Stunde, in der es ihm besser ging. Da sagten sie zu ihm:
„Gestern um die siebente Stunde verließ ihn das Fieber." [53]Da erkannte der Vater, daß es zu jener Stunde war, in der Jesus zu ihm gesprochen hatte: „Dein Sohn ist gesund." Und er wurde gläubig und
sein ganzes Haus. [54]Dies hat Jesus wiederum als ein zweites Zeichen
getan, als er von Judäa nach Galiläa gekommen war.

Literatur:
*Boismard, M.-E.,* Saint Luc et la rédaction du
quatrième évangile Jn 4,46–54, RB 69 (1962)
185–211.

*Ders.,* Guérison du fils d'un fonctionnaire
royal, ASeig 75 (1965) 26–37.

*Busse, U.*, Die Wunder des Propheten Jesus, Stuttgart 1977. ²1979, bes. 141–160.

*Colwell, E. C.*, John Defends the Gospel, New York 1936.

*Cribbs, F. L.*, A Study of the Contacts that Exist between St. Luke and St. John, SBL. SP papers II, 1973, 1–93.

*Ders.*, St. Luke and the Johannine Tradition, JBL 90 (1971) 422–450.

*Erdozain, L.*, La función del signo en la según el cuarto evangelio (Jn 4,46–54 y Jn 20,24–29), Rom 1968, bes. 9–35.

*Feuillet, A.*, La signification théologique du second miracle de Cana, RSR 48 (1960) 62–75.

*Freed, E. D.*, Jn 4,51: παῖς or υἱός?, JThS 16 (1965) 448–449.

*Fortna, R. T.*, The Gospel of Signs, 1970, bes. 38–48.

*Ders.*, Source and Redaction in the Fourth Gospel's Portrayal of Jesus' Signs, JBL 89 (1970) 151–166, bes. 153–161.164.

*Gardner-Smith, P.*, Saint John and the Synoptic Gospels, 1938, bes. 22–24.

*Haenchen, E.*, Johanneische Probleme, in: ders., Gott und Mensch, 78–113.

*Ders.*, Faith and Miracle, StEv I (1959) 495–498.

*Hahn, F.*, Sehen und Glauben im Johannesevangelium, in: FS. O. Cullmann, 1972, 125–141.

*Harnack, A.*, Sprüche und Reden Jesu, 1907, bes. 54–56.

*Heer, J.*, Der Glaube der Königlichen, SUS 33 (1968) 147–164.

*Kilpatrick, G. D.*, Jn 4,51: παῖς or υἱός?, JThS 14 (1963) 393.

*Martyn, J. L.*, „We have found Elijah, in: FS. W. D. Davies, 1976, bes. 192ff.

*Neirynck, F.*, John and the Synoptics, BETL 44 (1977) 73–106.

*Ders.*, L'Évangile de Jean. Examen critique du commentaire de M.-E. Boismard et A. Lamouille, EThL 53 (1977), bes. 451–478.

*Nicol, W.*, The Semeia in the Fourth Gospel, 1972, bes. 41–48.55f.73f.

*Reim, G.*, John IV,44 – Crux or Clue? The Rejection of Jesus at Nazareth in Johannine Composition, NTS 22 (1976) 480–483.

*Schnackenburg, R.*, Zur Traditionsgeschichte von Joh 4,46–54, BZ 8 (1964) 58–88.

*Schulz, S.*, Q – die Spruchquelle der Evangelisten, 1972, bes. 236–246.

*Schweizer, E.*, Die Heilung der Königlichen Joh 4,46–54, EvTh 11 (1951/52) 64–71.

*Siegman, E. F.*, St. John's Use of the Synoptic Material: 4,46–54, CBQ 30 (1968) 182–198.

*Temple, S.*, The Two Signs in the Fourth Gospel, JBL 81 (1962) 169–174.

*Tenney, M. C.*, Topics from the Gospel of John II: The Meaning of the Signs, BS 132 (1975) 145–160.

*Windisch, H.*, Johannes und die Synoptiker, 1926.

Die V. 43–45 bilden eine Überleitung des Evangelisten. Er läßt das zweite Kanawunder nicht auf das erste unmittelbar folgen; in den Versen 46–54 geht es um die Heilung und den Glauben, in denen eine Polemik gegen eine andere Glaubensweise und Tradition spürbar wird. Ob es sich in einer Vorlage anders verhielt und sie wirklich nur aus „Zeichen" bestand, ist eine andere Frage.

■ **43** „Nach den zwei Tagen" nimmt V. 40 wieder auf. 𝕶Θ schieben nach „von dort" glättend ein: „und ging fort." Aber auch 4,3 wird nach dem samaritanischen Intermezzo wieder aufgenommen.

■ **44** bringt eine johanneische Form des Wanderwortes Mk 6,4 par.: „Ein Prophet ist ungeehrt nur in seiner Heimat usw." Die ἰδία (trotz 1,11 unbetont!) πατρίς = Heimatland ist nicht Judäa oder Jerusalem (wie es viele Exegeten von *Schwegler* bis zu *Barrett* 206 und *Tasker* 83 auffassen), sondern Galiläa (s. zu 1,46 und 7,41f.). Der Evangelist denkt daran, daß Jesus im fremden Samarien echten Glauben gefunden hat, im Unterschied zum bloßen Zeichenglauben in Jerusalem 2,23, den freilich auch die Galiläer (V. 45) teilen.

■ **45** verweist auf die vielen Zeichen, – sie waren in 2,23 (vgl. 7,31; 12,37) erwähnt, aber nicht beschrieben worden –, welche die galiläischen Festpilger miterlebt haben. Damit stellt sich die Frage: Gehören diese vielen Wunder zu derselben Überlieferung wie die beiden ausführlicher dargestellten Kanawunder? Die Frage wird sich später noch dadurch komplizieren, daß jene Heilung des Gelähmten von Kap. 5 in Jerusalem als das einzige zu gelten scheint (7,21). Die Gesamtbesprechung wird darauf eingehen müssen.

■ **46** nimmt ausdrücklich 2,1–11 wieder auf. Die Geschichte vom glaubenden Centurio von Kapernaum, welche Mt 8,5–13 und Lk 7,1–10 in Kapernaum lokalisieren, hat sich sehr stark verändert. An die Stelle des Centurio ist ein „Königischer" (Offizier oder Beamter?) getreten, bei dem es nicht sicher ist, ob er im Dienst des „Königs" Herodes Antipas steht. Erst recht wird nicht mehr sichtbar, daß er ein Heide mit einem ungewöhnlich starken, vorbildlichen Glauben an Jesu Macht ist; hier weicht der johanneische Entwurf am stärksten von der synoptischen Überlieferung ab.

Die Lesart βασιλίσκος, die „Kleinkönig" bedeuten könnte, bei Dabo ist wohl einer falschen Rückübersetzung vom lateinischen Wort „regulus" entsprungen, das man seinerzeit mit βασιλίσκος wiedergab.

■ **47** Dieser Mann ist zwar – wie bei den Synoptikern – in Kapernaum stationiert. Aber auf die Nachricht, Jesus halte sich wieder in Galiläa auf, kommt er nach Kana und bittet um die Heilung seines Sohnes. Damit ist gegeben, daß nur noch eine Fernheilung helfen kann. Ἐρωτᾶν im Sinne von „bitten" ist nicht „inkorrekt", sondern hellenistisch. Damit wird die Vermutung überflüssig, hier habe Lk 7,3 Pate gestanden. Joh ist auch hier von den Synoptikern unabhängig. Eine wirkliche Benutzung des Lk würde die fast totale Differenz zum lukanischen Bericht völlig unverständlich machen.

■ **48** überrascht. Denn der Mann hat ja seinen Glauben an Jesus nicht davon abhängig gemacht, daß er zunächst ein Wunder Jesu zu sehen bekommt. Vielmehr ist er des Glaubens, daß Jesus auch aus der Ferne heilen kann. Das alttestamentliche „Zeichen und Wunder" (LXX in Ex 7,3; Dt 4,34; Jes 8,18; 20,3; Jer 39,20; Sap 8,8; 10,6) bringt das JE ja nur an dieser Stelle. Der Evangelist hat V. 48f. nur eingefügt, um mit diesem Tadel des Wunderglaubens sein eigenes Verständnis der überlieferten Geschichte auszudrücken. Darüber hinaus zeigt er sich hier in seiner eigentümlichen Zwischenstellung zwischen Paulus einerseits und der synoptischen Tradition andererseits: Nach Paulus (Phil 2,6ff.) hat sich der Gottessohn bei seiner Menschwerdung seiner göttlichen Machtfülle entäußert, so daß ihn keiner der dämonischen Herrscher dieses Äons erkannt hat (1Kor 2,8); nach Markus haben gerade die Dämonen Jesus in seiner wahren Würde erkannt und sind durch Machtworte zum Verstummen gebracht worden. Diese Wunder legitimieren Jesus. Johannes lehrt die Fleischwerdung des Logos, versteht aber die Wunder, von denen er sieben ausführlich erzählt, nur als Hinweise auf etwas ganz anderes (Jesus das Licht der Welt, der Weg zum Vater usw.), aber nicht als für jedermann einsichtige Beglaubigungen.

■ **49** ist nötig geworden, um wieder den Anschluß an die überlieferte Erzählung zu gewinnen. Daß das durch die Wiederholung der väterlichen Bitte erfolgt, mag stilistisch nicht gelungen sein; aber es war der kürzeste Weg.

Das Wort παιδίον beweist nicht, daß es sich um ein „Knäblein" handelt, wie *Zahn* 270 meinte; die Koine liebte die Deminutiva, ohne ihren verkleinernden Sinn noch zu spüren. Für παιδίον setzen ℵ it nach Mt παῖδα ein, während A φ beim υἱός von V. 47 bleiben. Das Ringen in der Überlieferung darum, ob es sich um einen Knecht oder Sohn gehandelt hat, wird im JE endgültig zugunsten von „Sohn" entschieden. Ursprünglich dürfte es sich (anders *Brown* I 193) um einen kranken Knecht des Hauptmanns gehandelt haben. Darin hat Lk 7,2 mit seinem δοῦλος . . ., ὃς ἦν αὐτῷ ἔντιμος recht.

■ **50** Jesus erfüllt nun die Bitte mit dem Wort: „Geh, dein Sohn ist gesund" (ζῆν findet sich in diesem Sinn in der LXX und entspricht dem hebräischen חיה). Der Mann glaubt dem Wort Jesu und geht heim in das 33 km) entfernte Kapernaum. *Hirsch,* Evangelium 154, meint, der Erzähler habe Mt 8,7ff. als eine vom Vater bestandene Glaubensprobe verstanden: „Dieser Mensch ist fähig, in einem harschen von dannen Geschicktwerden das wahrhaftige und vollmächtige Wort zu erkennen, das vertrauenden Gehorsam fordert." Aber V. 49 ist Erfüllung der Bitte, kein harsches „Von-dannen-Geschicktwerden", und der nicht von Joh benutzte Mt-Text ist keine Abweisung (vgl. *Schnackenburg* I 502 Anm. 5; *Haenchen,* Der Weg Jesu 97). Die Schwierigkeit, daß der Mann Kapernaum – gegen „gestern" V. 52 – noch am selben Tag erreichen konnte, hat *Joüon,* in: RSR 19 (1928) 358, mit dem Hinweis bekämpft, daß der jüdische Tag bei Sonnenuntergang beginnt.

■ **51** Der Gen. abs. neben αὐτῷ ist eine Inkorrektheit der Volkssprache. Die Meldung der entgegenkommenden Diener – in Mt 8,9 handelt es sich um Soldaten – beweist: Jesu Zusage hat sich erfüllt. Die Formulierung von V. 50 („Dein Sohn ist gesund") wird absichtlich wieder aufgenommen (D Θ 𝔎 33 sy führen sie mit ὁ υἱός (σου) wörtlich an). Also schon unterwegs erhält der Vater die Freudenkunde.

■ **52** Als sich der Mann erkundigt, zu welcher Stunde es dem Sohn besser ging, erfährt er, daß das Fieber um die 7. Stunde (1 Uhr mittags) den Kranken verließ. Die Frage nach der Stunde ist die genaueste Zeitbestimmung, die damals möglich war.

■ **53** Die Antwort der Diener zeigt dem Vater, daß Jesu Wort augenblicklich gewirkt hat. Auffallend ist die (*Billerbeck* II 441 angeführte) Parallele aus Berach. 34b Bar.: Als ein Sohn des Rabi Gamaliel II (um 90) erkrankte, sandte der Vater zwei Gelehrtenschüler zu Rabbi Chanina ben Dosa, er möge um Erbarmen für ihn beten. Nach seinem Gebet sandte Rabbi Chanina die Boten zurück mit dem Bescheid: „Geht, denn das Fieber hat ihn verlassen." Die Boten notierten sich die Stunde und gingen. Rabbi Gamaliel sagte auf diese Kunde: „Geradeso war es; in jener Stunde verließ ihn das Fieber." Daß die rabbinische Überlieferung vom JE abhängig ist, ist unwahrscheinlich. Auf die Konstatierung des Wunders hin wird der Mann und sein ganzes „Haus" – Familie und Dienerschaft – gläubig. Der Evangelist versteht die Tradition so: Zunächst hatte der Mann nur geglaubt, daß Jesus den Sohn heilen werde. Die zweite, gesteigerte Aussage über den Glauben besage nun den

Beginn des wahren Glaubens an Jesus als den Spender des ewigen Lebens. Der Evangelist wiederholt immer wieder das Wort ζῆν, überläßt es aber dem Leser, es in seiner tiefen Bedeutung, die es für ihn selber hat – „Ich bin die Auferstehung und das Leben" (11,25) –, zu erkennen. In der Vorlage entspricht 4,53 der Aussage von 2,11.

■ **54** Hier wird (ohne Rücksicht auf die vielen Wunder, von denen 2,23 die Rede gewesen war) das Wunder als zweites gezählt. Πάλιν δεύτερον ist eine volkstümliche Fülle des Ausdrucks; sie begegnet 21,16 aufs neue und ist kein Zeichen einer Überarbeitung.

● Dieses zweite in Kana vollbrachte Wunder wird wie das erste nicht vom Evangelisten in einer Rede kommentiert. Die sich an Wunder anschließenden Reden Jesu richten sich an die Ἰουδαῖοι; diese sind hier wie bei der Hochzeit nicht zugegen. Damit ist nicht gesagt, daß diese beiden Wunder keine „Zeichen" im johanneischen Sinne sind; sie werden ausdrücklich in ihrem Zeichencharakter hervorgehoben. Gleichfalls verbindet diese Erzählung mit der von der Hochzeit in Kana, die in 2,11 „Beginn der Zeichen" genannt wurde, daß der Wundertäter Jesus hier im Mittelpunkt der Handlung steht. Wahrscheinlich zeigt sich damit das Wesen der von Johannes benutzten „Vorlage": Sie berichtete Wundertaten Jesu, die ihn als Gottessohn offenbaren und erweisen.

Das Verhältnis dieser Perikope zur Erzählung Mt 8,5–13/Lk 7,1–10 lehrt, wie stark sich eine Geschichte nicht nur durch die Redaktionsarbeit eines Evangelisten, sondern auch in der mündlichen Überlieferung wandeln kann (dazu ausführlicher *Haenchen*, Gott und Mensch 82–90). Man kann ruhig zugeben, daß die Geschichte vom „Königischen" und die vom Hauptmann von Kapernaum auf dasselbe Ereignis zurückgehen. Die katholische Auslegung bis hin zu *Mollat* 89 und *Braun* 350 – erst bei *Schnackenburg* I 506 und noch deutlicher bei *Brown* I 193 kündigt sich eine Änderung an – und die ältere protestantische Exegese (*Beyschlag, Hengstenberg, Godet* 204 und *Zahn* 273: „Mutwillig . . . hat man aus gewissen oberflächlichen Ähnlichkeiten . . . geschlossen, daß Jo in Ermangelung eigener Erfindungsgabe aus ‚der synoptischen' seine Geschichte gebildet habe") kommen nicht über die „beachtlichen Unterschiede" hinweg. Man hat freilich keinen Anlaß, die johanneische Erzählung als eine freie Umdichtung der synoptischen anzusehen (so z. B. *Hirsch* 154; *Strathmann* 93: „Man wird . . . urteilen müssen, Johannes habe den Bericht über den gleichen Vorgang für seine Zwecke möglichst wirkungsvoll umgeformt"); auch *Bultmann* 152 läßt zu Unrecht durch V. 48f. einen synoptischen Dialog verdrängt und die Fernheilung von Joh eingefügt sein. Die stilistische Ungewandtheit, mit welcher der Evangelist in V. 48f. der Geschichte seinen eigenen Sinn aufprägt, beweist vielmehr, daß er sie sonst unverändert aufgenommen hat. Eine solche Einfügung in den Zusammenhang, wie sie hier vorliegt, ist ja nur dann möglich, wenn dieser Zusammenhang bereits fest ist. Gerade die Art, wie Johannes hier das

Erzählungsgut behandelt, bezeugt also, daß der Evangelist nicht zum erstenmal den Fluß der mündlichen Tradition zum Stehen brachte. Die Perikope vom Königischen, so wie wir sie jetzt bei Johannes lesen, ist nur unter der Voraussetzung verständlich, daß dem Evangelisten schon ein fester Text der Geschichte bekannt und vertraut war. Diese Geschichte hat also nicht nur schon eine erhebliche Entwicklung durchgemacht, bevor sie den Evangelisten erreichte, sondern sie hatte auch schon eine feste Form gefunden, die er nicht zerschlagen hat. Wohl aber hat er sich die Freiheit genommen, das ihm Überlieferte neu und tiefer zu interpretieren. Das hat er freilich nicht immer durch einen eingeschobenen Vers getan wie hier. Solche Fälle sind verhältnismäßig selten. Gewöhnlich gibt er die Auslegung der evangelischen Tradition in der anschließenden oder (bei der Passion) vorangehenden Rede Jesu.

Die Unterschiede zur synoptischen Parallelüberlieferung sind freilich sehr groß: In Kapernaum befindet sich jetzt nur noch der schwerkranke Sohn des königlichen Beamten; dieser selbst kommt zu Jesus nach Kana. Von seinem Heidentum ist keine Rede mehr. Aber auch sein berühmtes Glaubenswort ist verschwunden, das bei den Synoptikern den eigentlichen Mittelpunkt bildete. Gerade deswegen aber hat sich die Überlieferung gewandelt: nicht mehr ein menschliches Verhalten – und wäre es noch so vorbildlich – steht im Zentrum, sondern die Wundertat Jesu: es ist ein zweites σημεῖον! Dann aber ist es gleichgültig geworden, ob sich hier ein Jude oder Heide an Jesus gewendet hat; viel wichtiger war es der vom Evangelisten übernommenen Form der Erzählung, daß hier eine Fernheilung die Macht Jesu unwiderleglich beweist. Allerdings ist gerade dieser Zug des Wunderbeweises in der rabbinischen Geschichte von Rabbi Chanina (s. o. zu V. 52) eine erstaunliche Parallele, bei der die Fernheilung auch mit der Kontrolle des Zeitpunktes verbunden ist. Möglicherweise hat hier ein jüdisches Motiv die Tradition beeinflußt; daß *Schnackenburg* I 506 Anm. 1 meine Analyse der lukanischen Parallelform „nicht restlos überzeugend" findet, ist betrüblich.

Die Tradition, die Johannes hier aufnahm, suchte durch dieses Wunder aufs neue die Herrlichkeit und Würde Jesu unmittelbar zu beweisen. Der Evangelist aber läßt in V. 48f. den Leser wissen, was christlich von solchem Wunderglauben zu halten ist. Der königliche Beamte fordert freilich nicht ein Wunder, weil er sonst nicht zum Glauben an Jesus bereit ist. Er bittet einfach um die Genesung seines Sohnes. Für den Evangelisten ist sie freilich nur eine – wenn auch erstaunliche – Veränderung innerhalb der irdischen Verhältnisse und ändert an der Beziehung des Menschen zu Gott nichts. Wenn man glaubt, daß Jesus das irdische Leben erhalten kann, dann hat man noch nicht erfaßt, daß er das wahre Leben zu geben vermag, das Leben aus und in Gott.

Tatsächlich glaubt denn auch der Bittsteller – so versteht der Evangelist die Überlieferung – zunächst nur, daß Jesus seinen Sohn gesund machen wird. Erst zuletzt kommt er, als das Wunder auf die Minute genau festgelegt ist, doch zum rechten Glauben: das findet der Evangelist in der Schlußwendung der Erzählung beschrieben: ,,Er ward gläubig mit seinem ganzen Haus." Damit hat sich aber genau das ereignet, was Jesus in V. 48 vorhergesagt hat: Der Vater hat erst geglaubt, als er ,,Zeichen und Wunder sah". Das eigentlich christliche Vorbild jedoch wird in 20,20 beschrieben werden in Jesu Wort an Thomas: ,,Selig sind, die nicht sehen und doch glauben!"

Diese Perikope macht es auch nötig, die Johannesauslegung *Käsemanns,* Jesu letzter Wille, in Frage zu stellen. Der in allen drei Auflagen unveränderte Anfangssatz (11) macht Mut dazu: ,,Ein sonderbares Geständnis sei an den Anfang gestellt: Ich werde über etwas sprechen, was ich noch nicht zutiefst verstehe." Stellen wir dazu gleich eine Frage, die *Käsemann* 27 bald darauf an den Leser richtet: ,,In welchem Sinne ist derjenige Fleisch, der über die Wasser und durch verschlossene Türen geht, seinen Häschern ungreifbar ist, am Brunnen von Samaria, müde und einen Trank verlangend, gleichwohl nicht zu trinken braucht und eine andere Speise hat als die für welche seine Jünger sorgen?" Die Texte, auf die hier angespielt wird, helfen uns, genau bedacht, schon zur Antwort auf diese Fragen (denn es sind ja in Wirklichkeit sehr verschiedene, die *Käsemann* hier aneinanderreiht), von denen wir nur die ersten zitiert haben. Die Geschichte vom Seewandeln Jesu erzählt nicht nur Joh 6,16–21, sondern – freilich in leicht verschiedener Form –, auch Mk 6,45–52 und Mt 14,22–33. Die frühe Gemeinde fand es in ihrem heiligen Buch vom Herrn ausgesagt, er wandle über das Meer wie über den festen Boden und bezog diesen Herrn gemäß ihrer Auslegungsweise auf Jesus. Wie wenig ihr ein solches Meerwandeln als dem Menschen versagt galt, zeigt die Mt-Variante, die auch den Petrus – solange sein Glaube dazu ausreicht – über die Wellen schreiten läßt. Kurz, es ist nicht alles spezifisch johanneisch, was hier bei Käsemann von dem johanneischen Christus ausgesagt wird, und daß der Auferstandene durch verschlossene Türen schreitet, wird eben nicht vom zuvor auf Erden Wandelnden ausgesagt. Man muß mit den Evangelien fein säuberlich umgehen und darf auch ihre Aussagen nicht durcheinanderwerfen.

Zwar gibt Käsemann, angesichts von Kap. 21, zu, daß auch ein Redaktor sich am 4. Evangelium ergänzend und korrigierend versucht hat. Aber wenn man das JE näher bedenkt, kann einem deutlich werden, daß die Lage nicht so einfach ist, wie *Käsemann* anzunehmen bereit ist: unsere Perikope zeigt z. B., daß der Evangelist Traditionen übernommen hat, die er nur mühsam in seinem eigenen Entwurf unterbringen konnte, wie das die moderne Forschung an vielen Orten nachgewiesen hat. Die Thomasgeschichte hat der Evangelist auch nur aufnehmen können, indem er mit dem letzten Vers die für ihn unentbehrliche theologische Korrektur anbrachte.

In Kap. 5 wird deutlich, daß der Redaktor die futurische Eschatologie an zwei wichtigen Stellen in den Text ,,verbessernd" eingefügt hat. Es sind wirklich mindestens drei Hände, die man im JE unterscheiden kann: ein ,,Wunderevangelium", dessen σημεῖα der Evangelist als Zeichen = Hinweise auf die ganz andere Dimension Gottes aufnimmt. Aus dieser Vorlage hat der Evangelist sehr viel Stoff übernommen. Aber auch der Redaktor ist keineswegs auf Kap. 21 beschränkt. Wenn man alle drei ,,Evangelisten" nicht unterscheidet, dann ist es nicht verwunderlich, wenn alles unverständlich bleibt.

Zusammenfassend läßt sich sagen, was schon *Gardner-Smith* und andere behauptet hatten: Die Berührungen mit den synoptischen Evangelien sind gering und betreffen nur gewisse Motive. Längere wörtliche Übereinstimmungen fehlen völlig. Oft klingen nur einzelne Wendungen an. Dieser Befund deutet nicht auf eine Benutzung der synoptischen Evangelien hin, sondern auf die Verwertung einer Tradition, die sich mit der von den synoptischen Evangelisten aufgenommenen berührte. In diesen Fällen zeigte das Johannesevangelium die spätere, oft schon deutlich ,,zersagte" Gestalt.

Damit wird der früher als selbstverständlich geltenden Annahme der Boden entzogen, das JE habe die Synoptiker oder doch einige von ihnen ,,benutzt". Bei dieser beliebten Vermutung scheint die Vorstellung eines Schriftstellers mitgespielt zu haben, der die Werke seiner Vorgänger mindestens im Kopf, vielleicht aber sogar auf seinem Schreibtisch hat. Aber das JE dürfte die Synoptiker gar nicht gekannt haben. Es wollte sie darum weder ergänzen noch verbessern, noch verdrängen.

Dafür, daß er als erster den Fluß der mündlichen Überlieferungen zum Stehen gebracht hat, spricht nichts. Das JE setzt vielmehr eine bereits festgewordene, ja schon ,,zersagte" Überlieferung voraus. Damit entfallen die apologetischen Folgerungen: als ,,erster" Evangelist sei er ebenso früh wie Markus und von höchstem historischen Wert. Seine Tradition wie seine theologische Botschaft zeigen deutliche Spuren fortgeschrittener Entwicklung. Das 4. Evangelium ist wohl ein reifes Werk, aber keine frühzeitig gereifte Treibhausfrucht.

## 13. Das Wunder am Teich

[1]**Danach war ein Fest der Juden, und Jesus zog hinauf nach Jerusalem. **[2]**Es ist aber in Jerusalem am Schaf(-Tor) ein Teich, hebräisch ,,Bethzatha" genannt, mit fünf Säulenhallen. **[3]**In diesen lag eine Menge Kranker: Blinder, Lahmer, Ausgezehrter (Gelähmter, welche auf die Bewegung des Wassers warteten. **[4]**Ein Engel des Herrn aber stieg manchmal herab zum Teich und brachte das Wasser in Bewegung. Wer nun als erster nach dem Aufwallen des Wassers hineinstieg, wurde gesund, welche Krankheit auch immer er hatte.) **[5]**Es war aber dort ein Mann, der schon seit 38 Jahren krank war. **[6]**Als Jesus diesen liegen sah und erkannte, daß er schon lange krank war, sagte er zu ihm: ,,Willst du gesund werden?" **[7]**Der Kranke antwortete ihm: ,,Herr, ich habe niemanden, damit er mich, wenn sich das Wasser be-

wegt, in den Teich trägt; während ich aber gehe, steigt ein anderer vor mir herab." [8]Jesus sagte zu ihm: ,,Stehe auf, nimm deine Matte und geh umher!" [9]Und sofort wurde der Mann gesund, und er nahm seine Matte und ging umher. – Es war aber Sabbat an jenem Tage. [10]Da sprachen die Juden zu dem Geheilten: ,,Es ist Sabbat, und es ist dir nicht erlaubt, deine Matte zu tragen!" [11]Er aber antwortete ihnen: ,,Er, der mich gesund gemacht hat, hat mir gesagt: ,Nimm und geh umher!' " [12]Sie fragten ihn: ,,Wer ist der Mann, der dir gesagt hat: ,Nimm und geh umher?'" [13]Der Geheilte wußte nicht, wer es war. Denn Jesus war, da eine Menschenmenge an dem Ort war, (unbemerkt) weggegangen. – [14]Danach fand ihn Jesus im Tempel und sagte zu ihm: ,,Sieh, du bist gesund geworden. Sündige nicht mehr, damit es dir nicht (noch) schlimmer ergehe!" [15]Der Mann ging fort und sagte den Juden, Jesus sei es, der ihn gesund gemacht habe. [16]Und deswegen verfolgten die Juden Jesus, weil er dies an einem Sabbat getan hatte. [17]Er aber antwortete ihnen: ,,Mein Vater wirkt bis jetzt, und ich wirke auch." [18]Deswegen suchten die Juden noch mehr, Jesus zu töten, weil er nicht nur den Sabbat auflöste, sondern auch Gott seinen Vater nannte, sich selbst Gott gleichsetzend. – [19]Da antwortete ihnen Jesus und sprach: ,,Wahrlich, wahrlich, ich sage euch: der Sohn kann nichts von sich aus tun, wenn er nicht den Vater etwas tun sieht. Denn was jener tut, das tut ebenso auch der Sohn. [20]Denn der Vater liebt den Sohn und zeigt ihm alles, was er tut, und er wird ihm noch größere Werke als dieses zeigen, daß ihr staunen sollt. [21]Denn wie der Vater die Toten aufstehen läßt und lebendig macht, so macht auch der Sohn lebendig, welche er will. [22]Denn der Vater richtet auch niemand, sondern das ganze Gericht hat er dem Sohn übergeben, [23]damit alle den Sohn ehren, wie sie den Vater ehren. Wer den Sohn nicht ehrt, ehrt den Vater nicht, der ihn gesandt hat. [24]Wahrlich, wahrlich, ich sage euch: Wer mein Wort hört und glaubt dem, der mich gesandt hat, der hat ewiges Leben und kommt nicht ins Gericht, sondern ist schon vom Tod hinüber geschritten ins Leben. [25]Wahrlich, wahrlich ich sage euch: Es kommt die Stunde und ist schon jetzt, daß die Toten die Stimme des Gottessohnes hören und daß die, welche sie gehört haben, leben werden. [26]Denn wie der Vater in sich Leben hat, so hat er auch dem Sohn verliehen, Leben in sich zu haben. [27]Und er hat ihm Macht gegeben, Gericht zu halten. Denn er ist der Menschensohn. Wundert euch nicht darüber, [28]denn es kommt die Stunde, in der alle, die in den Gräbern sind, seine Stimme hören werden [29]und herauskommen werden: die, welche das Gute getan haben, zur Auferstehung des Lebens, die aber das Böse getan haben, zur Auferstehung des Gerichts. – [30]Ich kann nichts von mir aus tun. Wie ich höre, richte ich, und mein Gericht ist gerecht, denn ich suche nicht meinen Willen, sondern den Willen dessen, der mich gesandt hat."

**Literatur:**

*A. (zu 5,1–30)*
*Benoit, P.,* Découvertes archéologiques autour de la piscine de Bethesda, in: P. W. Lapp ed., Jerusalem through the Ages, Jerusalem 1968, 248–264.
*Bernard, J.,* La guérison de Bethesda. Harmoniques judéo-hellenistiques d'un récit de miracle un jour de sabbat, MSR 33 (1976) 3–34.
*Ders.,* Jean V et le Jésus de l'histoire, masch. Diss. Université de Lille III, 1978.
*Bertling,* Eine Transposition im Evangelium Johannis, ThStKr 53 (1880) 351–53.
*Bligh, J.,* Jesus in Jerusalem (Jn 5), HeyJ 4 (1963) 115–134.
*Boismard, M. E.,* L'évolution du thème eschatologique dans les traditions johanniques, RB 68 (1961), bes. 514–18.
*Bowman, J.,* The Identity and Date of the Unnamed Feast of John 5,1, in: FS. W. F. Albright, London 1971, 43–56.
*Buse, J.,* John V. 8 and Johannine-Marcan Relationship, NTS 1 (1954/55) 134–136.
*Bussche, H. van den,* Guérison d'un paralytique à Jerusalem le jour du Sabbat, Jean 5,1–18, BVC 61 (1965) 18–28.
*Cullmann, O.,* Sabbat und Sonntag nach dem Johannesevangelium: Joh 5,17, in: ders., Gesammelte Aufsätze und Vorträge 1925–1962, Tübingen 1966, 187–191.
*Dodd, C. H.,* Une parabole cachée dans le quatrième Évangile, RHPhP 42 (1962) 107–115; englisch in: ders., More New Testament Studies, Manchester 1968, 30–40.
*Ders.,* John 5,19–35 in Christian History and Interpretation, in: Studies Presented to John Knox, Cambridge 1967, 183–198.
*Ders.,* Notes from Papyri: Joh 5,5: JThS 26 (1924/25) 78.
*Duprez, A.,* Jésus et les dieux guérisseurs. A propos de Jean 5, Paris 1970.
*Eltester, F. W., Eikon* im Neuen Testament, Berlin ¹1958.
*Ferraro, G.,* Il senso di ,*heos arti*' nel testo di Gv 5,17, RivBib 20 (1972) 529–545.
*Fitch, W. O.,* The Interpretation of John 5,6, StEv IV (1968) 194–197.
*Gaechter, P.,* Zur Form von Joh 5,19–30, in: Neutestamentliche Aufsätze, FS. J. Schmid, 1963, 65–68.
*Gaffron, H. G.,* Studien zum koptischen Philippusevangelium unter besonderer Berücksichtigung der Sakramente, masch. Diss. Bonn 1969.
*Haenchen, E.,* Johanneische Probleme, in: ders., Gott und Mensch, 1965, 105–109.
*Ders.,* Literatur zum Codex Jung, ThR 30 (1964) 39–82.
*Jeremias, J.,* Die Wiederentdeckung von Bethesda, Joh 5,2, Göttingen 1959.

*Ders.,* The Rediscovering of Bethesda, Louisville 1966.
*Ders.,* Die Bedeutung des Fundes vom Toten Meer (3 Q 15 bestätigt Jo 5,2), JNLL 9 (1960) 193f.
*Ders.,* Die Kupferrolle von Qumran und Bethesda, in: ders., Abba, 1966, 361–364.
*Jervell, J.,* Imago Dei, Göttingen 1960, bes. 132–170.
*Johnson, D. B.,* A Neglected Variant in Gregory 33 (Joh 5,8), NTS 18 (1971/72) 231–232.
*Langbrandtner, W.,* Weltferner Gott oder Gott der Liebe, Frankfurt 1977, bes. 11–14.
*Lohse, E.,* Jesu Worte über den Sabbat, in: ders., Die Einheit des NT, 1973, 62–72.
*Malinine, M. u. a.* ed., De resurrectione. Codex Jung, Zürich/Stuttgart 1963, bes. 28f. 43–50.
*Maurer, L.,* Steckt hinter Joh 5,17 ein Übersetzungsfehler?, WuD 5 (1957) 130–140.
*Moreton, M. J.,* Feast, Sign and Discourse in Joh 5, StEv IV (1968) 209–213.
*Norris, J. P.,* On the Chronology of St. John V and VI, JP 3 (1871) 107–112.
*Pronobis, C.,* Bethesda zur Zeit Jesu: TThQ 114 (1933) 181–207.
*Sell, J.,* A Note on a Striking Johannine Motif Found at CG VI: 6,19, NT 20 (1978) 232–240.
*Sundberg, C. A.,* „*Isos tō Theō*": Christology in John 5,17–30, BR 15 (1970) 19–31.
*Thompson, J. M.,* Accidental Disarrangement in the Fourth Gospel, Exp. 17 (1919) 47–54.
*Vanhoye, A.,* La composition de Jn 5,19–30, in: Mélanges B. Rigaux, Gembloux 1970, 259–274.
*Wieand, D. J.,* John 5,2 and the Pool of Bethesda, NTS 12 (1966) 392–404.

*B. (zur joh. Eschatologie)*
*Aebert, B.,* Die Eschatologie des JE, masch. Diss. Breslau, Teildruck Würzburg 1936.
*Barrett, C. K.,* The Place of Eschatology in the Fourth Gospel, ET 59 (1947/48) 302–305.
*Beasley-Murray, G.,* The Eschatology of the Fourth Gospel, EvQ 18 (1946) 97–108.
*Beck, M. M.,* Die Ewigkeit hat schon begonnen, Frankfurt 1965.
*Blank, J.,* Krisis – Untersuchungen zur joh. Christologie und Eschatologie, Freiburg 1964.
*Ders.,* Die Gegenwartseschatologie im JE, in: K. Schubert, hrsg., Vom Messias zum Christus, Wien 1964, 279–313.
*Boismard, M. E.,* L'évolution du thème eschatologique dans les traditions johanniques, RB 68 (1961) 507–524.
*Bultmann, R.,* Die Eschatologie des JE, ZZ 6 (1928) 4–22.
*Cassien, B.,* Kirche oder Reich Gottes? Zur

joh. Eschatologie, In Extremis 1939, 186–202.

*Corell, A.,* Consummatum est. Eschatology and Church in the Gospel of St. John, London 1958.

*Groos, D.,* Der Begriff *Krisis* bei Johannes exegetisch entwickelt, ThStKr 41 (1868) 244–273.

*Holwerda, D. E.,* The Holy Spirit and Eschatology in the Gospel of John, Kampen 1959.

*Kittel, R.,* Zur Eschatologie des JE, DtPfrBl 65 (1965) 716–720.

*Kümmel, W. G.,* Die Eschatologie der Evangelien, ThBl 16 (1936) 225–241.

*Kysar, R.,* The Eschatology of the Fourth Gospel, Perspective 13 (1972) 23–33.

*Linton, O.,* JE og eskatologien, SEÅ 22.23 (1957/58) 98–110.

*Meyer, P. W.,* The Eschatology of the Fourth Gospel, masch. Diss. Union Theol. Seminary 1955.

*Moule, C. F. D.,* A Neglected Factor in the Interpretation of Johannine Eschatology, in: Studies in John, Leiden 1970, 155–160.

*Pancaro, S.,* A Statistical Approach to the Conception of Time and Eschatology in the Fourth Gospel, Bib. 50 (1969) 511–524.

*Ricca, P.,* Die Eschatologie des vierten Evangeliums, Zürich 1966.

*Richter, G.,* Präsentische und futurische Eschatologie im vierten Evangelium, in: FS. Schülergabe A. Vögtle, 1975, 117–152; nun in: ders., Studien zum JE, Regensburg 1977, 346–382.

*Summers, R.,* The Johannine View of the Future Life, RExp 58 (1961) 331–347.

*Stählin, G.,* Zum Problem der joh. Eschatologie, ZNW 33 (1934) 225–259.

*Stauffer, E.,* Agnostos Christos. Joh 2,24 und die Eschatologie des vierten Evangeliums, in: FS. C. H. Dodd, 1956, 281–299.

*Thompson, J. D.,* An Analysis of Present and Future in the Eschatology of the Fourth Gospel, masch. Diss. Emory University 1967.

■ **1** Μετὰ ταῦτα leitet wieder (s. o. zu 2,12) einen neuen Abschnitt ein. P 66, P 75, A B D W pm lesen nur Ἰησοῦς, während ℵ C 𝔎 pm davor den Artikel setzen. Vermutlich meinten sie (wie viele Exegeten) damit das Passa, wie auch Tatian (vgl. *Zahn,* Geschichte des neutestamentlichen Kanons II 544f. 555) und Irenäus (II 22,3). Für das Laubhüttenfest entschieden sich *Bernard* I 226 und *Strathmann* 94. Für Pfingsten (= Wochenfest) sprach sich u. a. *Braun* 351 aus, während *Weiß* 193 hier nach vielen Vorgängern das Purimfest fand. – Aber das Fest wird nur erwähnt, um Jesus zu einer großen Rede nach Jerusalem zu bringen. Die „johanneischen Festreisen" sind (abgesehen von der letzten) nur literarische Mittel, ohne historischen und chronologischen Wert. Jesus muß nach Jerusalem wandern, weil für den Erzähler dort „die Juden" (Joh 1,19; 2,13; 5,1; 7,14; 9,13; 10,22; 11,18f.55) wohnen. Sie sind die Repräsentanten der „Welt", Feinde Christi und der Christen (9,22.34). Die folgende Heilungsgeschichte rechnen *Bultmann* 177 Anm. 4 und *Fortna* 48–54.107f. zu der „Zeichenquelle", deren siebentes und letztes Wunder sie nach *Fortna* ursprünglich war. Jedenfalls spielte sie schon in der vom Evangelisten benutzten Tradition in Jerusalem. *Bultmann* 154f. läßt 5,1–47 auf 6,1–71 folgen (vgl. Einleitung § 4).

■ **2** enthält mehrere Schwierigkeiten. 1. Das Präsens ἔστιν scheint zu besagen, daß das im Folgenden genannte Bauwerk zur Zeit der Vorlage noch existierte. Aber es fragt sich, ob man damals noch von den fünf Säulenhallen etwas wußte, von denen vier den Doppelteich umgaben und die fünfte den Doppelteich halbierte. Der Text spricht nur von einem einzigen Teich. Die Ausgrabungen der „Weißen Väter" zeigten, daß es sich um einen kleineren nördlichen und einen größeren südlichen Teich handelte, die ein Felsstreifen von 6,5 m Breite trennte. Auf diesem befand sich (vgl. Cyrill von Jerusalem, Homil. in Paral. MPG 33, 1133; Theodor von Mopsuestia, Kommentar zum

Johannesevangelium, ed. J. B. Chabot, Paris 1897 I 108,3f.; *J. Jeremias,* Die Wiederentdeckung von Bethesda 13 und dortige Anm. 1 und 3.) die fünfte Säulenhalle. Josephus erwähnt weder die Teiche noch die Säulenhallen, sondern nur die nördliche Vorstadt Bezetha. Er teilt mit (BJ II § 530), daß der syrische Legat Cestius diese bei seinem Angriff auf Jerusalem im Oktober 68 in Brand steckte. Darüber hinaus berichtet Josephus (BJ V § 302) weiter, daß die Römer im Mai 70 nicht nur einen großen Teil der ersten Mauer, sondern auch die nördliche Vorstadt niederlegten, ,,die schon zuvor dem Cestius zum Opfer gefallen war". – 2. Umstritten ist die Konstruktion von V. 2 (die Evangelien waren ursprünglich ohne Akzente, Jota subscriptum und Worttrennung geschrieben!). *Jeremias,* a.a.O 6, übersetzt: ,,Es ist aber in Jerusalem beim Schafteich die auf Aramäisch Bethesda genannte (Stätte) mit fünf Säulenhallen . . ." Dabei entsteht die Schwierigkeit, daß vor ἡ ἐπιλεγομένη kein Bezugswort steht. Das Beziehungswort (Stätte) muß dabei ergänzt werden. Für eine andere Konstruktion treten u. a. *Bauer* 79 und *Bultmann* 179 A. 5 ein. Sie fassen κολυμβήθρα als einen Nominativ auf und ergänzen zu προβατικῇ das Wort πύλη (Tor); Das ergibt: ,,Es ist aber in Jerusalem beim Schafstor (vgl. Neh 13,1.32; 33,39.) ein auf Aramäisch Bethesda genannter Teich mit fünf Säulenhallen." *Jeremias* wendet dagegen ein, ein Teich könne nicht ,,Haus" (beth) heißen. Aber der Evangelist bezieht den ,,hebräischen" Namen Bethesda (dessen Bestandteile er nicht versteht) auf den ganzen Komplex: den Teich mit den Säulenhallen. *Origenes* (Fragment LXI) schreibt in seinem Johanneskommentar: ,,In Jerusalem beim Schafstor (!) ist ein Teich. . . . Aus diesem Grunde geht Er (Jesus) zum Teich am Schafstor . . ." und legt damit den Text im Sinn der zweiten Möglichkeit aus. Dagegen verstanden die Exegeten seit Euseb den Text im Sinn der ersten Möglichkeit. Dabei wurde es nötig, den Namen ,,Schafteich" zu erklären. Schon *Origenes* erwähnt, daß man zu seiner Zeit das Wasser des Teichs für heilkräftig hielt, weil die Eingeweide der (Gott dargebrachten und geopferten) Lämmer hineingeworfen wurden" (a.a.O.). Noch andere Legenden über den ,,Schafteich" berichten Pilger, die später ins heilige Land zogen (vgl. Itin. Hieros., ed. P. Geyer 1898, 21,5f.; 177,14ff.). – 3. Eine letzte Schwierigkeit ergibt sich aus der Verschiedenheit des ,,hebräischen" Namens in V. 2. Die unterschiedlichen Formen (vgl. *Barrett* 210f.) in den Handschriften legen ein ursprüngliches ,,Bezetha" nahe. Das dürfte eine alte Flurbezeichnung (vgl. *Dalman,* Orte 325f.) sein. Von ihr hatte wohl die nördliche Vorstadt Jerusalems ihren Namen erhalten, der in den Josephushandschriften (BJ II § 328.530; V § 149–151) eine ähnliche Streuung der Varianten zeigt, wie der Name in Joh 5,2.

■ **3** ist später (alt: P 66.75, 𝕳 A* q sy᷍ᶜ sa) mannigfach erweitert und erklärt worden. Durch die Hinzufügung von πολύ nach ,,Menge" haben A Θ Ψ 063.078 die Fülle der Heilung suchenden Kranken noch gesteigert. D a b j l f¹ haben als vierte Gruppe von Kranken noch die παραλυτικοί eingefügt; wie sich diese von den χωλοί unterschieden, wird nicht deutlich. Endlich haben Ψ A<sup>corr</sup> D W Θ λ φ pl. lat sy<sup>p</sup>bo Chr erläuternd hinzugefügt: ,,welche auf die Bewegung des Wassers warteten.'' Nach dem alten Text halten sich die Kranken in allen fünf Säulenhallen auf und nicht nur, wie in der Spätform der Überlieferung, in der fünften Halle zwischen den beiden Teichen. Es wird aber deutlich, daß man nicht dem Teichwasser als solchem die Heilkraft zuschrieb. Denn sonst hätten sich die Kranken möglichst lange im Wasser aufgehalten. Genauere Auskunft darüber bekommt der Leser erst in V. 7.

■ **4** findet sich in P 66.75, und den ältesten Handschriften noch nicht. Er wird erst vom byzantinischen Text in verschiedenen Formen dargeboten und erklärt anschaulich, wie sich der Leser die Ursache für die Wasserbewegung vorstellen soll, die ihm seine Heilkraft gab. Obwohl sich diese Ergänzungen erst in jüngeren Handschriften finden, dürften sie der ursprünglichen Geschichte vom heilenden Teich nicht ganz fremd sein (vgl. *Jeremias,* a.a.O. 25f. A. 2 und Mk 5,30; Apg 5,13f.; 19,11f.). Warum der Evangelist – außer der Andeutung in V. 7 – nichts dergleichen berichtet, wird die Gesamtbesprechung erörtern.

■ **5** blendet die Menge der Kranken aus und zeigt einen einzigen davon – modern gesprochen: in Großaufnahme – genau. Er ist schon 38 Jahre lang krank. Daß er sich diese ganze Zeit ,,dort'' in der Halle aufgehalten hat, steht freilich nicht da (mit *Brown* I 207). Aber wahrscheinlich hat sich der Erzähler dennoch die Lage so vorgestellt. Die Länge der Krankheitsdauer (vgl. Lk 13,11; Apg 4,22; Joh 9,1) läßt die Größe der folgenden Heilungstat besonders hervortreten (vgl. *Bultmann,* Geschichte 236). V. 5 bereitet V. 6 vor: Das Licht soll auf Jesus fallen, der überraschend und souverän die ganze Situation von Grund auf ändert.

■ **6** beschreibt, wie Jesus dazu kommt, sich gerade diesem Mann zuzuwenden: er sieht ihn liegen und erkennt – dank seines überirdischen Wissens (vgl. *Strathmann* 97 und *Brown* I 207) und nicht in einem Gespräch mit dem Kranken (so *Weiß* 197) –, daß er schon so lange krank ist. Seine Heilung wäre also ein besonders großes Wunder. Jesus beginnt das Gespräch mit der Frage, ob der Kranke gesund werden will. Auch den heutigen Leser überrascht das, da er als selbstverständlich voraussetzt, daß ein Kranker geheilt werden will. Aber der Erzähler will den Kranken selbst die Lage schildern lassen; das wirkt viel lebendiger, als wenn diese Belehrung (wie in V. 3 und 5) in der dritten Person erfolgt. Andererseits möchte er Jesus die Initiative ergreifen lassen. Dann mußte er ein Wort Jesu einfügen, das seinen Kontakt mit dem Kranken herstellt und diesem zugleich erlaubt, seine trostlose Situation zu beschreiben. Diesem Zweck dienen Jesu Worte: ,,Willst du gesund werden?'' Zugleich lassen sie den Leser ahnen, daß Jesus nun eine wunderbare Heilung vollbringen will.

■ **7** Daraufhin schildert der Kranke seine so gut wie aussichtslose Lage. Er bittet Jesus nicht um Heilung – wie sollte er auch? *Strathmann* 97 meint freilich: ,,Der Kranke bemerkt gar nicht das in Jesu Frage liegende Angebot.''

Aber als solches kann es nur der christliche Leser verstehen. Der Kranke weiß ja nicht, wer hier mit ihm redet; darum kann er auch nicht auf den Gedanken kommen, Jesus biete ihm die Heilung an. Er kennt nur eine Möglichkeit, nämlich das heilende Teichwunder, und das ist ihm in den vielen Jahren immer wieder entgangen. Denn er hatte keinen Menschen, der ihn bei der Bewegung des Wassers in den Teich brachte (βάλλω = „bringen" im Koinegriechisch: vgl. Mk 2,22; Joh 18,11; 20,25.27.). So kam ihm stets ein anderer zuvor. Wenn man sich überlegt, welche Antwort in den Worten des Kranken liegt, ergibt sich etwa: „Natürlich will ich gesund werden. Ich habe es ja seit vielen Jahren immer wieder versucht. Aber es hat sich als unmöglich herausgestellt." Gerade entgegengesetzt versteht *Brown* I 209 die Lage. Er hält die Schilderung des Mannes in seiner Stumpfheit für so lebensecht, daß sie zur ursprünglichen Tradition gehört haben könne, und meint: Wenn seine Krankheit nicht so tragisch wäre, könne man sich fast belustigen über sein phantasieloses Verhalten gegenüber dem heilenden Wasser. Sein verschrobenes Murren über die „Springinsfelde", die früher zum Wasser gelangen, verrate eine chronische Unfähigkeit, eine Gelegenheit zu ergreifen. – Hier spielt die psychologisierende Phantasie dem Exegeten einen Streich und läßt ihn da ein lebensvolles Charakterbild sehen, wo der Erzähler lediglich die trostlose Lage darstellt, aus der allein das Wort Jesu den Kranken rettet. – Daß *Dodd,* Interpretation 320ff., behauptet, die Thora war wohltätig, aber wie konnte sie es für die sein, die ihre Gnadenmittel zu gebrauchen sich weigerten, leitet eine eigenartige Exegese ein: der Mann hätte vielleicht schon längst geheilt sein können, wenn er in den Teich hinabgestiegen wäre. Darum sage Jesus zuerst: „Hast du den Willen, gesund zu werden?" Die Antwort sei eine lahme Entschuldigung. Der Mann habe den Willen nicht. Das Gesetz könne nur den Weg zum Leben zeigen, aber nicht den Willen zum Leben schaffen. Das Wort Christi aber gebe den Willen zum Leben samt der Kraft zum Leben. – Dieser Gegensatz von Thora und Wort Christi ist grundlos in die Erzählung eingetragen und erleuchtet sie nicht, sondern verdunkelt sie. Daß der Kranke bei der Kur mitwirken solle, ist ein dem Evangelisten wesensfremder Gedanke.

■ **8** Unerwartet erfolgt nun Jesu Wort. Es ist zugleich Befehl und die Gabe, die das Wunder bewirkt: „Steh auf, nimm deine Matte und gehe umher!" Dieser Wortlaut erinnert an Mk 2,11, wo Jesus zum Gelähmten sagt: „Steh auf, nimm deine Matte und geh heim!" *Dodd,* Tradition 178f., hat gezeigt, daß die entsprechenden synoptischen Heilungsgeschichten vom Evangelisten nicht benutzt sind. Wohl aber könnten „wandernde" Einzelzüge aus der mündlichen Überlieferung aufgenommen sein, vielleicht sogar vom Evangelisten selbst (ähnlich auch *Bultmann* 177). Dieses Parallelwort Mk 2,11 ist viel natürlicher: der Geheilte wird in „sein Haus", zu den Seinen entlassen. Daß er seine Matte trägt, beweist, daß sich an ihm das Wunder vollzogen hat. Die Forderung in Joh 5,8: „. . . nimm deine Matte und geh umher" hängt mit der Umwandlung zusammen, welche hier die Heilungsgeschichte erfahren hat: sie wird Anlaß zu einem Sabbatkonflikt (vgl. V. 9ff.). Damit bekommt die johanneische Form ihre Besonderheit: Der Konflikt bricht nicht unvermutet über Jesus herein, sondern Jesus provoziert ihn. Er läßt den Geheilten demonstrativ am Sabbat mit seiner Matte auf- und abgehen und führt so den Zusammenstoß mit den Juden und ihren Sabbatvorschriften herbei (gegen *Bultmann* 181 A. 2). *Wellhausen* 24 hat an eine literarische Abhängigkeit unseres Verses von Mk 2,11 gedacht und deshalb gegen ihn eingewendet, daß der Kranke nicht auf einer Bahre hergetragen wurde, sondern selbst gehen konnte, ,,wenngleich nicht schnell genug, um zuerst zu kommen". Also sei die aus Mk 2,11 entlehnte Aufforderung unangebracht. Die Szene ist allerdings in Joh 5,1–7 nicht in allen Einzelheiten erzählt. Aber daß ein Kranker nicht den ganzen Tag auf den Steinfliesen der Säulenhalle liegen konnte, ist ebenso deutlich wie der andere Umstand, daß der Mann schwerlich mit seiner Matte als morgens kommend und abends wieder heimschleichend vorgestellt ist. Man kann *Wellhausen* also nur zugeben, daß der Erzähler lediglich die ihm wichtigen Züge aus der Tradition aufgenommen hat. Wahrscheinlich hat er dabei eine derartige Frage, wie der Kranke überhaupt in die Säulenhalle gelangte, sich ebensowenig gestellt wie die andere, woher er zu essen bekam. Es geht dem Erzähler nicht um ein vollständiges Bild des Kranken, der nur als Objekt des Handelns Jesu von Interesse ist. ,,Er ist nur ein Objekt, das Jesus auswählt, um an ihm am Sabbat einen den Konflikt heraufbeschwörenden Beweis seines göttlichen Wirkens zu vollziehen", umschreibt *Strathmann* 99 diese Art der Darstellung.

■ **9** Manche Exegeten haben dem Geheilten vorgeworfen, daß er sich nicht erst bei Jesus bedankt hat, bevor er mit der Matte auf und ab ging. Das zeigt: sie waren nicht mit dem Erzähler einig. Für ihn kam es hier nur auf Jesus und den Erfolg seines Wortes an. Darum berichtet er nicht nur, daß der Mann ,,sofort" gesund wurde, sondern auch, daß er sofort die Weisung Jesu ausführt und mit seiner ,,Last" herumgeht. Der Erzähler will nicht die Entstehung eines persönlichen, gefühlsbeladenen Verhältnisses zwischen Jesus und dem Geheilten darstellen. V. 21 wird zeigen, daß für den Evangelisten das Heilungswort ἔγειρε war. Jesus heilt – so sieht es der Evangelist – den Mann nicht aus Mitleid, sondern er macht ihn gesund, um Anlaß für das ihm ungleich Wichtigere zu erhalten: für die Offenbarungsrede über sein Verhältnis zum Vater. Er will Jesus nicht als von Gefühlen getrieben darstellen. Die Liebe, von der das JE spricht, ist kein sentimentales Gefühl. Jesus kann überraschend scharf auf ein irdisches Ansinnen reagieren, auch wenn es in guter Absicht an ihn gerichtet wird (vgl. 22,4; 7,3; 19,26), und damit seinen Abstand von der ,,Welt" anzudeuten. Freilich ist der Sabbatkonflikt im Grunde wieder nur ein Überleitungsmotiv zum christologischen Thema, das der Evangelist bewußt ansteuert.

■ **10** Es ist erstaunlich, daß die Juden weder hier noch im Folgenden von den Wundern bewegt werden. Ihnen geht es nur um die Befolgung des Sabbatgebotes. Aber der Evangelist wandelt das Thema der Sabbatheilung nicht so ab wie die Synoptiker (die freilich auch nicht einhellig sind: vgl. Mk 1,29–31; 3,1–5; Lk 13,10–17; 14,1–6). Es hilft ihm nur, vorbereitend Jesu Verhältnis zum Vater herauszustellen. Das wird freilich erst von V. 17 an deutlich. Zuvor wird – als ein retardierend die Spannung steigerndes Moment – die Schwierigkeit beschrieben, Jesus als den festzustellen, der die Übertretung des Sabbatgebotes (eine Last nicht von einem Bereich in den anderen tragen!) veranlaßt hat. Den Juden fällt der Mann, der am Sabbat seine Matte tragend umhergeht, sofort auf (daß er selbst ja auch ein Jude ist, wird ausgeklammert). Sie machen ihn – und den Leser! – darauf aufmerksam, daß er etwas Verbotenes tut. Denn das Tragen einer Last am Sabbat wird Jer 17,21f. verboten mit den Worten: „So spricht der Herr: Hütet euch um eures Lebens willen, am Sabbattag eine Last zu tragen und sie hereinzubringen durch die Tore Jerusalems. Tragt am Sabbattage auch keine Last heraus und tut keine Arbeit, sondern haltet den Sabbattag heilig, wie ich euren Vätern geboten habe."

■ **11** Der Geheilte fügt sich aber nicht widerspruchslos der jüdischen Forderung (dann käme es überhaupt zu keinem Streit Jesu mit den Juden), sondern beruft sich auf die Weisung dessen, der ihn gesund gemacht hat. Das erinnert an Kap. 9, wo dieses Argument freilich bis ins Letzte geltend gemacht wird. Der Evangelist hat dieselbe Methode nicht zweimal mit gleicher Konsequenz und Ausdehnung durchführen können. Das ist ebenso klar, wie daß beidemal ein schriftstellerisches Mittel angewendet wird, um den Widerspruch zwischen dem Sabbatgebot und der Weisung Jesu spürbar zu machen. Hier dient außerdem die Sabbatfrage nur als Vorgefecht, als Vorbereitung für das eigentliche Anliegen des Evangelisten.

■ **12** Nun wird das Interesse der Juden erst recht rege. Sie fragen nicht nach dem Wunder, das geschehen ist (in Kap. 9 wird dessen Wirklichkeit erst in allen Instanzen erwiesen), sondern sie wollen wissen, wer eigentlich den Sabbatbruch befohlen hat. Um den Gegensatz zwischen Gesetz und Evangelium handelt es sich hier nicht (s. dazu die Gesamtbesprechung).

■ **13** führt ein Element in die Erzählung ein, das die Handlung plötzlich stoppt und damit die Spannung erhöht: Der Geheilte kann die Frage der Juden beim besten Willen nicht beantworten. Denn inzwischen ist Jesus, der sich nicht zu erkennen gegeben hatte (sollte er sich etwa dem Geheilten vorstellen?), in der sich drängenden Menge verschwunden. Bliebe es bei dieser Lage, so wäre die Handlung zu Ende. Die innere Logik der Erzählung fordert also, daß sich Jesus und der Geheilte irgendwo anders wiederfinden und daß dann der Geheilte den Juden sagen kann, wer ihn gesund gemacht hat. Damit wird dann Jesus zugleich als der erkennbar, der jenen Sabbatbruch befohlen hat.

■ **14** Für eine solche Begegnung ist der Tempel schriftstellerisch der geeignete Ort; jeder Leser hat von ihm gehört. Jesus spricht dort im JE öfter, und daß der Geheilte zum Tempel geht, enthält auch keinen inneren Widerspruch. Aber das Wort, das Jesus nun dem Geheilten sagt, überrascht freilich die Ausleger ebenso wie jeden aufmerksamen Leser: ,,Siehe, du bist gesund geworden." Das hätte Jesus ja schon früher konstatieren können. Aber die Komposition hatte verlangt, daß dort das Gespräch zunächst vermieden wurde. Nur dadurch, daß der Geheilte sofort weisungsgemäß mit seiner Matte tragend umherging und daß sich Jesus entfernte, konnte es zu einem Wortwechsel zwischen ihm und den Juden kommen. Das Wort ,,gesund", das nun zum viertenmal fällt (V. 7. 9. 11. 14. 15), hält formal die Szene zusammen. Aber bei dieser Feststellung, daß die Heilung eingetreten ist, konnte es auch nicht sein Bewenden haben. So wurde als weiteres Jesuswort die Warnung hinzugefügt: ,,Sündige hinfort nicht mehr, damit dir nicht etwas Schlimmeres widerfährt!" Die Exegeten haben sich mit diesem Wort viel Mühe gegeben. In Joh 9,2 lehnt Jesus die Erklärung von Krankheit als Sündenstrafe ab. Der Evangelist müßte also das Wort aus seiner Vorlage übernommen haben. Aber damit ist nicht alles erklärt – worin soll die Sünde bestanden haben, die dem Geheilten vor 38 Jahren ein so langes Siechtum eintrug, und wie jung müßte er damals gewesen sein? Das fragt *Strathmann* 99 mit einem gewissen Recht. Vielleicht hatte die Urform der Geschichte mit der Weisung an den Geheilten geschlossen, in sein Haus zurückzukehren, und ein Bearbeiter hatte gemeint, statt dessen eine moralische Wendung eintragen zu sollen. Das schadet freilich der Komposition hier.

■ **15** klingt nämlich nun so, als habe der Geheilte ausgerechnet auf Jesu Mahnung hin diesen bei den Juden denunziert. Das führt dann nicht nur zur Frage, wieso er jetzt mit einemmal den Namen Jesu weiß, sondern läßt auch sein Verhalten wie eine große Undankbarkeit und grobe Gehässigkeit erscheinen. Darum dürfen wir uns nicht wundern, daß man hier das schwere Geschütz moralisierender Typologie und Psychologie aufgefahren hat. Allerdings bringt erst diese Mitteilung an die Juden die Handlung wieder in Gang. Daran scheint dem Evangelisten gelegen zu sein. Zuvor ließ er den Mann fast wie eine Marionette sofort mit der Matte auf und ab gehen; nun läßt er ihn ebenso rasch die Frage der Juden beantworten, wie sein Retter heißt. Obendrein bleibt undeutlich, ob er nun jenen Juden am Teich (die ihn ja gefragt hatten) Meldung erstattet hat. Aber mit solchen Kleinigkeiten hat sich der Evangelist nicht abgegeben.

■ **16** Man muß sich auch hier hüten, dem Evangelisten eine ihm fremde Absicht zuzuschreiben. Er will an dieser Stelle z. B. nicht aus der Sabbatheilung die Verfügungsgewalt Jesu über den Sabbat beweisen, wie es in Mk 2,23–28 geschieht und in der von Kap. 9 benutzten Tradition ebenfalls und besonders ausführlich durchgeführt wird. Die Sabbatfrage ist hier nur ein Vorspiel, das die Steigerung zum eigentlichen Konflikt, die christologische Rede, erlaubt. Das Wort ἐποίει bezieht sich wohl nicht auf die Heilung, sondern auf Jesu Weisung an den Geheilten. P 66 liest ἐποίει, P 75 und 579 dagegen ἐποίησεν. Die beiden Lesarten sind also sehr früh bezeugt. Die zweite scheint uns den Anstoß zu verraten, den man hier am Imperfekt nahm. Es kann – entsprechend *Blass-Debrunner* § 330 – verstanden werden als Ausdruck der „relativen Zeitstufe" und muß dann im Deutschen als Plusquamperfekt wiedergegeben werden. *Bauer* 82 möchte das Imperfekt hier als Ausdruck der Wiederholung verstehen, so daß es der beständigen Haltung Jesu entspräche. Aber diese eine Sabbatheilung wird im JE als eine charakteristische Einzeltat Jesu dargestellt (7,23). In der vom JE benutzten Überlieferung scheint die Auseinandersetzung eine größere Rolle gespielt zu haben als im JE selbst, wo der paulinische Kampf gegen das Gesetz des Judentums schon als entschieden zurückliegt. Auf die Art der Verfolgung geht der Erzähler nicht näher ein. Er läßt die Juden keine Steine aufheben, um Jesus zu töten. Das würde das Interesse des Lesers zu sehr auf diese Nebenszene ableiten. Darum ist das blasse Wort ἐδίωκον genug. Das Imperfekt dürfte als iterativ zu verstehen sein (*Blass-Debrunner* § 325). Der Evangelist, der hier sehr kurz und vage bleibt, um sein eigentliches christologisches Thema rasch in einem einheitlichen Gedankengang zu erreichen, scheint an eine sich mehrfach wiederholende Handlung der Juden zu denken. Er will sie aber nicht näher beschreiben, da ihm alles an der Reaktion Jesu auf seine Gegner liegt und nicht an der Darstellung der jüdischen Aggression im einzelnen.

■ **17** Jesu „Antwort" bezieht sich nicht auf eine an ihn gerichtete Frage oder ihm entgegengeschleuderte Anklage. Vielmehr beruft sich Jesus einem unausgesprochenen Vorwurf gegenüber (den der Leser kennt) in majestätischer Ruhe auf Gott und sein eigenes Verhältnis zu ihm (das erst aus V. 19–21 genauer verständlich wird): „Mein Vater wirkt bis zu diesem Augenblick (vgl. *Bauer*, WNT 218), und ich wirke." Gemeint ist mit diesem enigmatischen Wort: „Weil mein Vater bis zu diesem Augenblick wirkt, darum wirke auch ich (ohne Unterbrechung durch den Sabbat)." Der Erzähler läßt die Juden sofort begreifen, daß Jesus mit „mein Vater" hier „Gott" meint. Der Gedanke, daß Gott nicht aufhören kann zu wirken und daß darum auch der Gedanke an die Sabbatruhe Gottes (Gen 2,2) in Spannung zu diesem Wirken steht, hat bei den Rabbinen (vgl. *Billerbeck* II, 461f.) und bei Philo zu verschiedenen Ausgleichsversuchen geführt. Zwei rabbinische Gedanken seien besonders hervorgehoben: Gottes Tätigkeit als physische Schöpfung hat zwar am Sabbat ein Ende gefunden, nicht aber seine moralische Tätigkeit, die sich an Guten und Bösen vollzieht (indem die Guten in ihrem weltlichen Ergehen belohnt und die Bösen bestraft werden). So GenR 8ᶜ. – Anders ExR 30 (89ᵃ): Nach rabbinischer Exegese verbietet das Sabbatgebot nicht, daß man am Sabbat etwas in seinem Haus herumträgt. Gottes Gehöft aber ist die obere und die untere Welt. Darum darf er darin schaffen, ohne mit dem Sabbat in Konflikt zu geraten. – Weniger gequält erscheint uns die Auskunft Philos in Leg. alleg. I 3f.; in Quod det. pot.: ins. § 161 und 18 und in De Cher 87–90. Philo erklärt einmal rundheraus: „Gott hört nie auf zu schaffen, sondern wie das Brennen zum Wesen des Feuers gehört und das Kaltsein zum Wesen des Schnees, so gehört das Schaffen zum Wesen Gottes, und das um so mehr, als er für alles andere der Anfang des Tuns ist." – Dieser Beweis wird von dem Gedanken gestützt: „Das wahrhaft

Seiende ist schaffend, nicht leidend." Aber nun muß Philo als frommer Jude auch dem von der Genesis bezeugten Ruhen Gottes einen Sinn geben. Dafür setzt er die Sabbatruhe Gottes ineins mit der ἀνάπαυσις, dem (auch von der Gnosis dem Göttlichen zugeschriebenen) ἀναπαύεσθαι. Diese Ruhe deutet er als Unveränderlichkeit, als nicht von der Mühe abgenutzte Frische. „Was an der Schwäche nicht teilhat, das wird – auch wenn es alles schafft – in Ewigkeit nicht aufhören zu ruhen." In Wirklichkeit führt dieser Gedanke freilich vorbei an der Genesis zu einem ihr ganz fremden Gedanken: Die Sabbatruhe Gottes währt immer, nicht nur am 7. Tag, und ebenso währt sein Schaffen immer. Der Sabbat als ein „Ausruhenmüssen von der Arbeit" hat demnach nur für den Menschen Sinn, der von der Arbeit ermüdet einen Ruhetag braucht, wie Philo ausdrücklich feststellt. Auch dem Heidentum ist der Gedanke nicht fremd, daß Gott immer wirkt. Cicero, De offic. III 28,102 spricht von den Philosophen, die Gott immer handeln und etwas bewegen lassen. Wenn Gott das primum movens ist, ist er ohne das alles Bewegen nicht denkbar. Andererseits läßt sich damit der Gedanke vereinen, daß das primum movens selbst nicht bewegt ist, sondern ἀκίνητον πάντα κινεῖ. Die (gedachte) Achse bleibt unbewegt. („Gedacht" meint hier nicht eine subjektive Zutat, sondern die Feststellung, daß dieses Ruhende räumlich nicht wahrnehmbar ist.) Maximinus Tyr., Diss. XV 6,2 meint: „Wenn Herakles sich ausruhen wollte, würde niemand wagen, ihn einen Sohn des Zeus zu nennen."

■ **18** Tatsächlich läßt der Evangelist die Juden auf den – schwer zu bestreitenden – ersten Teil der „Antwort" Jesu nicht eingehen, sondern auf den zweiten Teil: „und ich wirke". Bisher haben sie Jesus schon verfolgt, weil er – mit seiner Weisung an den Geheilten – den Sabbat verletzt hatte. Was aber in Jesu Wort ἔγειρε eigentlich das Wichtige war, werden wir erst in V. 19–21 erfahren. Jetzt suchen ihn die Juden zu töten, weil er sein Tun in Parallele zu dem seines „Vaters" stellt und sich damit selbst Gott gleich macht. Damit ist der Punkt erreicht, der für den Evangelisten zentrale Bedeutung hat. Er entwickelt darüber eine besondere Lehre, die im Folgenden allmählich deutlich wird.

■ **19** In gewissem Sinn ist diese Christologie das eigentliche Thema des JE, aber in ihrer Bezogenheit auf das Erdenleben Jesu. Die Frage, wie sich Jesus zu Gott verhält, wird in allen vier kanonischen Evangelien, wenn auch in verschiedener Form, gestellt und beantwortet. Der vierte Evangelist hat darauf eine Antwort gegeben, an die vor ihm kaum einer gedacht hat. Die Dogmengeschichte hat sie nicht in der dem JE eigentümlichen Weise aufgegriffen, was sich bis zu *Käsemann, Jesu letzter Wille*, belegen läßt. Dieser bleibt bei dem „liberalen" Verständnis des johanneischen Jesus als des über die Erde schreitenden Gottes und nimmt die in Joh 5,19–21 und 5,24–26 entwickelte Dialektik nicht zur Kenntnis (vgl. die Gesamtbesprechung). Das gilt, obwohl die eine Seite der johanneischen Christologie die Dogmengeschichte tief beeinflußt hat. – Jesu „Antwort" beginnt mit der Formel ἀμήν,

ἀμήν. Sie erweitert feierlich das einfache ἀμήν, das in der synoptischen Überlieferung wichtige Jesussprüche einleitet. Im JE kommt diese Formel von 1,51 bis 21,28 fünfundzwanzigmal vor (vgl. ThWNT I 339–342) in der Bedeutung: ,,So ist es!'' – Jesu eigentliche Rede beginnt mit dem lapidaren Satz: ,,Der Sohn kann nichts von sich aus tun.'' Jesus beansprucht zwar – das haben die Juden richtig verstanden – den Sohnestitel und die Sohnesstellung, aber er gibt ihnen hier einen ganz neuen und unerwarteten Sinn. Die Juden hatten aus dem Anspruch auf den Sohnesnamen herausgehört, daß sich Jesus Gott gleichstelle. Aber gerade das meint ,,der Sohn'' in Jesu Mund eben nicht. Er will damit nicht seine eigene Macht und Autorität ausdrücken. Er fordert für sich selbst nicht die Stellung, die Mt 11,22 und 28,19ff. beschreiben. Wie ist also das Jesuswort recht zu verstehen? – Jesus bleibt nicht tatenlos. Sein Tun ist jedoch in eigenartiger Weise mit dem seines Vaters verbunden: ,,Der Sohn kann nichts von sich aus tun, wenn er nicht den Vater etwas tun sieht. Denn was jener tut, das tut in gleicher Weise auch der Sohn.'' Eine solche Entsprechung zweier Handlungen kennen wir – bis zu einem gewissen Grade – aus einer alltäglichen Erfahrung. Ein Blick in den Spiegel zeigt uns, daß jeder Bewegung, die wir machen, die Bewegung unseres Spiegelbildes entspricht (von der Seitenvertauschung können wir hier einmal absehen). Diese Erfahrung läßt sich freilich nicht gänzlich für die Erklärung von V. 19 verwenden. Das Spiegelbild tut zwar in gleicher Weise das, was der vor dem Spiegel Stehende tut, aber es ist keine lebendige Person, die im Spiegel sich bewegt, und der johanneische Text enthält darum auch nicht das Wort, das ungefähr dem Begriff ,,Spiegelbild'' entsprechen würde: das Wort εἰκών fehlt im JE. Paulus hat es 2Kor 4,4 und der Kolosserbrief in 1,15 benutzt. An beiden Stellen wird Jesus als εἰκὼν τοῦ θεοῦ bezeichnet, aber um seine Macht und Herrlichkeit hervorzuheben. Das wird im Kolosserhymnus besonders deutlich. In Joh 5,19 soll das jedoch nicht ausgesagt werden. Vielmehr geht es hier darum, daß der Sohn von sich aus nichts tun kann, daß er vom Tun des Vaters völlig abhängig ist. Darum ist der Eikon-Begriff hier nicht am Platz. Dabei sprach vielleicht noch etwas anderes mit: vielleicht war der Eikon-Begriff für den Evangelisten allzusehr gnostisch belastet. Taucht doch das Wort im Thomas-Evangelium (vgl. Spruch 50; 90,1; 83; 95,20.22.25) und besonders oft im Philippus-Evangelium auf (vgl. Spruch 26 (106,14); 60 (112,37); 61 (113,24); 67 (115,11.13.14.15.16f.); 69 (115,35); 72 (116,37); 76 (117,37); 86 (120,13); 121 (129,27.32); 124 (132,21); 127 (134,13): vgl. zum PhEv die Dissertation von *Hans-Georg Gaffron*). – Vor allem aber war der Verzicht auf dieses Wort wohl ratsam, weil die Beziehung zwischen einer lebendigen Person und ihrem Spiegelbild der Intention des Evangelisten nicht entsprach. Wäre Jesus wirklich nur ein Spiegelbild des Vaters, dann käme diesem die ganze Wirklichkeit zu und das Spiegelbild Jesus wäre nicht (um es mit Begriffen der späteren Dogmatik auszudrücken) vere homo. Zugleich aber wäre er auch nicht vere deus. Der Evangelist dagegen versucht auf seine Weise beide Aussagen in ihrem wahren und eigentlichen Sinn herauszustellen. Für ihn ist Jesus kein automatisch reagierendes Spiegelbild; vielmehr sieht Jesus, was der Vater tut, und handelt dementsprechend. Man könnte das mit *Käsemann,* Jesu letzter Wille 29, als Beschreibung des Gehorsams Jesu fassen. Aber im JE kommen ὑπακούω, ὑπακοή und ὑπήκοος nicht vor. Es ergäbe hier nicht den rechten Klang.

■ **20** ergänzt darum den vorhergehenden Vers in personalem Sinn: ,,Der Vater liebt den Sohn und zeigt ihm alles, was er tut." Damit wird deutlich, daß Jesus nicht nur ein Abbild oder Spiegelbild ist. Der Evangelist vergleicht hier das Verhältnis des Vaters zu Jesus mit dem eines alten, erfahrenen Handwerksmeisters zu seinem Sohn. Denn tatsächlich wurde einst – im handwerklichen Kleinbetrieb – der Sohn in dieser Weise belehrt, indem der Vater ihm alles ,,vormachte". Der Evangelist benutzte also hier ein für den damaligen Leser sehr anschauliches Bild. Es ist nun wichtig zu erkennen, daß der Evangelist hier nicht von einem Vorgang innerhalb des göttlichen Bereichs redete, sondern vom Handeln Jesu auf Erden. Dieses irdische Handeln Jesu ist das Tun dessen, den der Vater liebt und der tut, was er den Vater tun sieht. Dieses ,,auf Erden" aber schließt in sich, daß Jesu Erdenleben und -wirken für seine Zeitgenossen dialektisch wird. Es hat, indem es das Wirken des Vaters nachbildet, eine doppelte Wirkung, eine positive und eine negative. Die negative besteht darin, daß auch Jesu Worte und Taten zweideutige ,,Zeichen" sind und darum seine Worte und Taten auf taube Ohren treffen können. Tatsächlich ist das innerhalb des ganzen vom JE dargestellten Wirkens bis zur Auferstehung noch der Fall: Jesu Botschaft bleibt unverstanden. Man sieht darin nur eines, das unterhalb der unsichtbaren Linie bleibt, die den unsichtbaren Vater von uns scheidet. Die Bedingung des ,,Von-oben-gezeugt-Seins" wird bis zur Auferstehung nicht erfüllt (vgl. 7,39 und 20,22). Da der Geist erst nach Ostern kommt, bewirkt das ganze Erdenleben Jesu noch nicht den wahren Glauben. Die gläubig werdenden Samariter und den aus der Synagoge ausgeschlossenen Blindgeborenen kann der Evangelist nur als wirklich Glaubende anführen, weil er – bewußt! – die Zeiten vor und nach Ostern ineinanderschiebt (,,Die Stunde kommt und ist jetzt": 5,25). Erst nach Ostern ändert sich diese Lage. Jesu Erdenleben wird im JE nicht (wie in Gal 4,4) auf ein Minimum zusammengestrichen; es kann – wenigstens in gewisser Weise – zur Geltung kommen. Denn der Evangelist schreibt sein Evangelium, das dieses Erdenleben schildert, für die nachösterliche Gemeinde. Sie erkennt kraft des Geistes die Botschaft Jesu und glaubt, daß er vom Vater gesandt ist. Der Geist ist der Schlüssel, der Jesu Botschaft aufschließt und wirksam werden läßt.

■ **21** Wie hat nun das JE in unserem Falle die Aufgabe des Sohnes, die aus seiner Verbundenheit mit dem Vater folgt, anschaulich gemacht? Die Antwort gibt der Satz: ,,Denn wie der Vater die Toten aufstehen läßt und lebendig macht, so macht auch der Sohn lebendig, die er will." Diese (in V. 24–26 fortgeführten) Worte gilt es genau zu lesen. Das entscheidende Wort ist ἔγειρε. Es erinnert den Leser an V. 8, wo Jesus zum Kranken sagt: ἔγειρε.

Damit tritt eine Beziehung zwischen zwei Ereignissen heraus: zwischen dem
Aufstehenlassen des Gelähmten, das Jesus mit seinem Befehlswort bewirkt,
und dem Aufstehenlassen (Auferstehenlassen) der (geistlich) Toten, an dem
der Vater den Sohn teilnehmen läßt. Jene Heilung am Teich war also nicht
nur ein Ereignis innerhalb der irdischen Welt (ein solches war es freilich
auch, und der Evangelist dürfte nicht bezweifelt haben, daß es sich wirklich
zugetragen hat!). Aber als solch ein irdisches Ereignis war es zugleich ein
Hinweis auf etwas ganz anderes, das Jesus ebenfalls zu vollbringen imstande
war, was aber nicht mehr ein anschauliches irdisches Ereignis war: auch Jesus
konnte „lebendig machen". – Die Worte „welche er will" stehen im Widerspruch dazu, daß Jesus nicht seinen Willen tut, sondern den des Vaters (4,34;
5,30; 6,38; 6,40). Das gilt auch für sein Erwecken der (geistlich) Toten. Der
fremde Einschub in V. 22f. und 27ff., von dem sogleich gesprochen werden
wird, schreibt Jesus eine ganz andere Stellung zu als die, welche den Worten
„welche er will" entspricht. – In dieser Weise ist das Erdenleben Jesu, wie es
der Evangelist mit Hilfe seiner Vorlage darstellt, ein immer neuer Hinweis
auf Jesu eigentliches Ziel und auf seine eigentliche Vollmacht. – Freilich stets
nur in der Form eines Hinweises, einer indirekten Mitteilung, was die Taten
Jesu betrifft. In den Reden Jesu aber hat der Evangelist versucht, diese Grenze
der indirekten Mitteilung soweit hinauszuschieben, wie es überhaupt möglich war. Allerdings müssen sich auch diese Reden der irdischen Worte und
Bilder bedienen. Die Grenzen der Chiffrenschrift werden auch hier nicht
überschritten, wenn auch der Evangelist darauf vertraute, daß der Geist seinen nachösterlichen Lesern diese Chiffren aufschließen werde. *Bultmann,*
Theologie 398.412, hat diese inneren Grenzen auch der Reden Jesu mit Recht
hervorgehoben. Sie drohen freilich auch die Reden ebenso wirkungslos zu
machen wie das Wunder am Teich, das den Geheilten im „geistlichen" Tode
ließ (anders die Heilung des Blindgeborenen in Kap. 9!). Es konnte geschehen, daß die „Toten", zu denen Jesus im JE sprach, tot blieben; es konnte geschehen, daß auch die Leser die Reden Jesu nicht verstanden und darum
„tot" blieben, d. h. ohne das wahre Leben in der Verbundenheit mit Gott.
Es besteht eine Gnadenwahl, von der V. 24–26 mehr sagen werden.

■ **22f.** bringen einen völlig neuen Gedanken, der sich weder mit V. 19–21
noch mit V. 24–26 vereinen läßt. Bisher hieß es, der Sohn tue nur das, was er
den Vater tun sieht; er könne von sich aus nichts tun. Das besagt: Der Vater
ist und bleibt der Bestimmende, und der Sohn führt nur das aus, was der Vater will. Hier dagegen wird die ganze Vollmacht des Gerichts dem Sohn zugeschrieben, dem sie der Vater übertragen habe. Damit ist der Sohn nicht
mehr der, welcher nur für den Willen des Vaters lebt. Vielmehr hat der Vater
hier zugunsten des Sohnes auf das Gericht verzichtet. Den Grund dafür
nennt V. 23: alle sollen den Sohn so ehren, wie sie den Vater ehren, und
wenn der Sohn der allmächtige Weltenrichter ist, dann werden die Christen
sich schon hüten, diesem Mächtigen die gebührende Ehre zu verweigern.
Dieser Gedanke wird durch den Satz verstärkt: „Wer den Sohn nicht ehrt,

der ehrt auch den Vater nicht, der ihn gesandt hat." Die johanneische Formel
„der ihn gesandt hat" wahrt notdürftig den Anschluß an den Sprachgebrauch des Evangelisten, aber nicht an dessen Verkündigung. Denn V. 22f.
widersprechen Joh 3,17f.: „Wer an ihn (scil. den Sohn) glaubt, wird nicht
gerichtet." Sie widersprechen aber auch dem, was in 5,24 ausgesagt wird
(s. u.). *Bultmann* 192 Anm. 2 hat sich die Einsicht in diese Zusammenhänge
durch die Auskunft verschlossen, daß in V. 19–21 das Richteramt nur nach
der einen Seite, der des Lebendigmachens, beschrieben sei. – *Bultmann* liest
aus V. 23 heraus, daß Gott nicht durch einen anderen Richter, nämlich den
Sohn, abgelöst sei; vielmehr solle hier die Gleichheit des Wirkens von Vater
und Sohn beschrieben werden. Der Vater bleibt also Richter, wie ja V. 21
durch das ὥσπερ – οὕτως gesagt hatte, daß beide, Vater und Sohn, das Richteramt ausüben. Aber in V. 21 ist überhaupt nicht vom Richteramt die Rede,
sondern erst in dem (den Einschub beginnenden) V. 22. Daß der Vater durch
den Sohn sein Richteramt vollzieht, wird in V. 23 geleugnet: Der Vater hat
das ganze Gericht dem Sohn übergeben, „damit alle den Sohn ehren, wie sie
den Vater ehren". Die „mythologische Formulierung" ist keineswegs mißverständlich, sondern widerlegt die Auslegung, die einen dem johanneischen Denken fremden Vers als johanneisch zu verstehen sich bemüht. –
*Auch* der Begriff der κρίσις, von dem *Bultmann* ausgeht, ist nicht der des
Evangelisten. Für diesen ist „das Gericht", wie sich aus V. 24 ergibt, das
verurteilende Gericht und nicht eine „Entscheidung" zwischen „lebendig
machen" und „töten". Die Einschübe in den johanneischen Text dagegen
fassen den Begriff κρίσις im Sinn des endzeitlichen, zukünftigen Weltgerichts, wie das sogleich V. 27ff. zeigen werden. Der Redaktor hat in dem
johanneischen Text die Erwähnung des zukünftigen Endgerichts vermißt,
durch das für ihn Jesus erst seine große Machtstellung erweisen wird. Aus
dieser Sicht der Lage heraus hat er auch schon in V. 21 die Worte οὓς θέλει
eingefügt. Jesus macht nur die lebendig, die ihm der Vater gegeben hat, und
dasselbe gilt für Jesu Jünger. Die Worte οὓς θέλει wären erträglich, wenn das
„er will" auf den Vater bezogen wäre oder wenn statt ihrer οὓς ὁ πατὴρ θέλει träte.

■ **24–26** Diese Worte schließen sich unmittelbar an V. 21 an und erläutern
ihn. Wieder macht das doppelte ἀμήν darauf aufmerksam, daß nun ein entscheidend wichtiger Satz Jesu folgt. Die Aussage: „Wer meine Worte hört
und dem glaubt, der mich gesandt hat" darf man nicht zu eng fassen. Der
Evangelist spricht ja, wie in V. 25 deutlich wird, nicht nur von der irdischen
Lebenszeit Jesu, sondern er hat die gesamte Jesusbotschaft vor und nach
Ostern im Sinn. In 20,21 werden wir zu hören bekommen, daß die Jünger,
welche die Jesusbotschaft verkünden, damit in seine Vollmacht und schick-
salhafte Bedeutung eintreten. Es geht hier also um die Begegnung des Menschen mit der Jesusbotschaft überhaupt, wie sie ihm gerade im JE dargeboten
wird. Dem, der diese Botschaft hört und dessen gewiß wird, daß sie die göttliche Wahrheit ist, ihm ist die Gemeinschaft mit Gott zugesagt und gegeben.

V. 21 hatte ausgesagt, daß Jesus die Toten lebendig machen kann, daß er die geistlich Toten auferstehen zu lassen vermag. Diese Auferstehung vollzieht sich also mitten im Leben des Menschen. Obwohl er in der Welt bleibt (17,15), wird er in eine andere Existenzweise versetzt. Er tritt ein in die Gemeinschaft mit dem von Jesus repräsentierten Vater, den niemand je gesehen hat. Von dieser Gemeinschaft wird 14,23 mehr aussagen. Ein solcher Mensch „kommt nicht in das Gericht" (hier benutzt der Evangelist eine Wendung der überkommenen futurischen Enderwartung), das schon jetzt innerhalb der bestehenden Welt vor sich geht. Ein solcher Mensch ist vielmehr aus dem Bereich des Todes (der Welt, für die Gott tot ist) in den Bereich des Lebens hinübergegangen. – Bei diesem „Lebendigwerden", bei dieser „Auferweckung" denkt der Evangelist nicht daran, daß ein Verstorbener wieder aus dem Grab heraussteigt (die Auferweckung des Lazarus ist wichtig nur als ein indirekter Hinweis auf etwas ganz anderes). Er meint aber auch nicht ein bloßes Gefühl der Verbundenheit mit einer höheren Macht, ein subjektives Gestimmtsein. Er spricht vielmehr von einem neuen Leben, das innerhalb der alten, leiblich-geistigen Existenz rätselhaft aufbricht, also von einer nicht geträumten, sondern wirklichen Existenz. Soweit sie im Handeln des Menschen sichtbar wird, bleibt sie zweideutig (das Maximum dieser Zweideutigkeit ist die „Erhöhung Jesu" als Kreuzigung und Rückkehr zum Vater). Ein solcher Mensch überwindet etwa die auch ihn überfallende Angst vor den Mächten, die ihn in seiner Umwelt bedrohen und in ihren Bann zwingen wollen. Er lernt es, in der Welt zu leben, ohne ihr zu verfallen. Er überwindet die Unruhe, obgleich das, was ihn bedroht, nicht verschwunden ist. Die Gemeinde des Evangelisten dürfte sehr genau gewußt haben, wie nahe in jedem Augenblick die Gefahr der Verfolgung war. Aber sie lebte im Frieden, den sie von Jesus empfing (14,27; 16,33). Für einen solchen Menschen ist zuletzt auch der Unterschied zwischen irdischem Leben und irdischem Tod unwichtig geworden. Diese neue Existenz in der Verbundenheit mit Gott erlischt nach der Überzeugung des Evangelisten auch nicht dadurch, daß er aus dem Geheimnis der Zeit in das Geheimnis der Ewigkeit eintritt. Wer den Kontakt mit Gott gefunden hat, „der wird den Tod nicht schauen in Ewigkeit" (8,52). – Zu dieser Lehre scheint es eine sehr ähnliche, gnostische Entsprechung zu geben in der koptischen Schrift „Die Abhandlung über die Auferstehung" im Codex Jung. Sie führt, besonders S. 48,15, den Gedanken aus: Die Auferstehung ist keine Illusion ($\varphi\alpha\nu\tau\alpha\sigma\iota\alpha$). sondern die Welt ist eine bloße Einbildung. Der Glaubende weiß, daß er schon erlöst ist, schon auferstanden, obwohl er sehend und hörend usw. immer noch in der Welt ist. Wenn ihm die Todesstunde naht, dann wird er vom Erlöser emporgezogen wie die Strahlen, welche die sinkende Sonne zu sich zurückzieht (zur „Sonnentheologie": vgl. a.a.O. S. 28f.), und die Illusion der Welt ist zu Ende. – Gerade an dieser scheinbaren Parallele wird der Unterschied des JE zu dieser Gnosis in zwei Punkten sehr deutlich: Einmal weiß der Gnostiker schon um sein wahres Selbst, das er eigentlich immer schon gewesen ist, zum andern sieht er die Welt als eine bloße Illusion an, die mit dem Tod des vorstellenden Subjekts aufhört. Demgegenüber nimmt der Evangelist die Welt ernst. Im hohenpriesterlichen Gebet heißt es (17,15): „Ich bitte nicht, daß du sie aus der Welt herausnimmst, sondern daß du sie vor dem Bösen bewahrst." Die Welt ist kein bloßer Schein, keine illusionäre Seifenblase, die in der Todesstunde zerplatzt. Weiter nimmt der Evangelist die Welt damit ernst, daß er weiß: Er selbst hat ihr zugehört, bevor ihn Jesus erwählte. Diese Unterschiede zwischen Gnosis und JE muß der beachten, der versucht ist, das JE zur Gnosis zu rechnen. – Der Leser, dessen Augen geöffnet sind, bekommt in V. 24 zu wissen, daß jenes Aufstehenlassen des Gelähmten auf die wirkliche Auferstehung nur hinweist. Das wird deutlich gerade am Beispiel eines Menschen, der zwar leiblich aufstehen konnte, der aber von der wahren Auferstehung zur Gemeinschaft mit Gott nichts ahnte. Hier zeigt sich, wie der Evangelist überlieferte Wundergeschichten interpretiert und sie sich dabei selbst in einem neuen Sinn aneignet. Besonders wichtig ist hier in Jesu Rede die Unterscheidung und zugleich Ineinssetzung von Gegenwart und Zukunft: „Die Stunde kommt und ist jetzt." Vom Standpunkt des irdischen Jesus aus gesehen lag „die Stunde" noch in der Zukunft des Ostermorgens. Vom Standpunkt des Evangelisten aus aber ist sie Gegenwart geworden, wenn auch nicht für jedermann. Die Auferstehungsstunde – nun ineinsgesetzt mit dem Augenblick des Gläubigwerdens – ist nicht mehr verbunden mit einer kosmischen Katastrophe in einer nahen oder fernen Zukunft, wie sie das Spätjudentum und auch die Urgemeinde (vgl. 1Thess 4,13–17; 1Kor 15,20–29.50–55. – Mk 9,1; 13,24–27; 14,62. – Röm 13,11ff. – Mt 16,28; 24,26f.30f.34; 26,64; 28,18. – Lk 9,26f.; 21,32f.; 22,69f. – Apg 1,9–11; 3,20f.) noch erwarteten, wenn auch mit abnehmender Dringlichkeit. Für den Evangelisten beginnt das neue Leben überall da, wo sich ein Mensch der Christusbotschaft öffnet und aus ihr zu leben beginnt. Der eigentliche Zielpunkt aber ist (das wird für den deutlich, der dem Evangelisten genau zuhört) der „unsichtbare Vater". Jesu Bedeutung liegt darin, daß er der Weg zu ihm ist und daß wir in ihm den Vater „sehen" und „hören" können: Seine Worte sind die Worte des Vaters und seine Taten die Taten des Vaters.

■ **27–29** Keineswegs alle Christen um die Zeit des Evangelisten waren mit dieser Botschaft zufrieden. Die meisten hingen an den alten Vorstellungen von einem Gericht am Ende der Tage, das der (danielische) Menschensohn vollziehen wird. Die Verwandlung der Zukunftseschatologie in eine Jetzteschatologie, in den Augenblick des Gläubigwerdens, genügte ihnen nicht. Darum sind nachträglich auch die Verse 27–29 eingefügt worden (vgl. *Bultmann* 195f.), die das schmerzlich Vermißte nachtrugen. Zunächst versichert V. 27, daß Gott dem Sohn die Macht gegeben hat, Gericht zu halten, „denn er ist der Menschensohn" (Dan 7,13). Mit diesem apokalyptischen Titel wird die futurische und mythische Enderwartung wieder eingeführt. Der Menschensohn wird hier als der Weltenrichter verstanden und mit Jesus ineinsgesetzt, wie sich das aus V. 28 ergibt: ,,Wundert euch nicht darüber, denn es kommt die Stunde" (die Dialektik der Zeiten, des Jetzt und des Einst, wird bewußt korrigiert, indem das vorher Gesagte im traditionellen Sinne ausgelegt wird), ,,in der alle in den Gräbern seine Stimme hören und hervorkommen werden", und zwar die, welche ,,Gutes getan haben, zur Auferstehung des Lebens, die aber das Schlechte getan haben, zur Auferstehung des Gerichts". – Der Ausdruck ,,Auferstehung des Gerichts" zeigt, daß der Redaktor in einer Schwierigkeit steckt: eigentlich müßte einer Auferstehung zum Leben eine ,,Auferstehung zum Tod" entsprechen. Aber wozu eine Auferstehung der Bösen, wenn sie dann doch vernichtet werden sollen? So ist wohl an eine ewige Qual der Bösen gedacht, wie sie Jes 66,24 beschrieben wird. Dann aber paßt der Ausdruck ,,Gericht" in V. 29 nicht zur Vorstellung des Redaktors, dem eine Gerichtsentscheidung über die Bösen und Guten vorschwebt, die er in V. 22 und 27 passend ,,Gericht" genannt hat. – Der Evangelist hat in 11,25 klargemacht, daß Jesus diese Lehre vom Jüngsten Tag scharf ablehnt. Statt dessen verkündet das JE eine Auferstehung, die in der Begegnung des glaubenden Menschen mit Gott besteht und sich in jedem Augenblick des Lebens ereignen kann. In der gläubigen Annahme der Jesusbotschaft geschieht das Wesentliche: der glaubende Mensch ist wieder mit Gott verbunden. Darüber hinaus gibt es nichts Größeres, was er empfangen könnte. V. 27–29 aber sind damit nicht zufrieden, sondern warten auf eine kosmische Wende, wo sich die Gräber öffnen, die Guten belohnt und die Bösen verdammt werden. Nicht eine Rechtfertigung der Sünder, sondern die der Gerechten wird hier verkündet (vgl. den Einschub Joh 3,19–21), und die schauerliche Vision von Jes 66,24 taucht wieder auf. – Der Redaktor hat übersehen, daß Jesus niemanden richtet (8,15). Der Satz: ,,Wundert euch nicht darüber" (nämlich daß Jesus als der Menschensohn das Gericht abhalten wird) schafft mühsam einen Übergang dazu. Freilich kennt auch der Evangelist ein Gericht – nämlich die bleibende Gottesferne. Dieses Gericht vollzieht sich ebenfalls im Jetzt, wenn jemand die Jesusbotschaft ablehnt und sich damit den Zugang zum Vater versperrt. Dieses Gericht gibt unserem Leben seinen Ernst, aber läßt ihm auch noch eine letzte Hoffnung.

■ **30** schließt an V. 26 an: Jesus kann von sich aus nichts tun, ,,denn ich suche nicht meinen Willen, sondern den Willen dessen, der mich gesandt hat". Dazwischen hat der Redaktor, um den Zusammenhang mit seinem Einschub V. 27–29 aufrechtzuerhalten, noch die Worte eingeschoben: ,,Wie ich höre, richte ich", ohne zu bemerken, daß ja nach V. 27 der Vater das ganze Gericht an Jesus übertragen hat. Was aber der Evangelist eigentlich sagen will, kommt in der auf V. 19 zurückgreifenden Versicherung zum Ausdruck, daß er von sich aus nichts tun kann. Darin liegt freilich auch die eine große Schwierigkeit der johanneischen Christologie: Wir lassen uns (ebenso wie die Juden im JE) so leicht dazu verführen, in Jesus den zu sehen, der das Seine sucht und der eigentlich ein über die Erde schreitender Gott ist. Für den Evangelisten wäre das eine Gotteslästerung: Nur weil Jesus lediglich für Gott da ist, keinen eigenen Anspruch erhebt, wird er ganz zum unverzerrten Bild des Vaters. Die Juden meinten: Jesus macht sich Gott gleich. Er stellt sich ebenbürtig neben ihn, und da es nur einen Gott gibt, verdrängt er ihn. Ein solches Mißverständnis ist auch in mancherlei Formen christlicher Frömmigkeit vorgekommen. Aber der Evangelist denkt anders. Indem Jesus das, und nur das, tut, was er „den Vater tun sieht", kann der Glaubende in ihm „den Vater sehen". So gilt: „Ich und der Vater sind eins" (10,30) und „der Vater ist größer als ich" (14,28). Das ist die Dialektik der johanneischen Christologie.

● Diese dreißig Verse tragen zur Enträtselung des JE ungewöhnlich viel bei. Sie zeigen die Art, wie der Evangelist eine Handlung sich entwickeln läßt und damit die Größe und Grenze seines Kompositionsvermögens; sie führen ausgezeichnet ein in die Eigenart seiner Christologie und erlauben schließlich, das Quellenproblem des JE in seiner Vielfalt durchsichtig zu machen.

Den Anfang bildet eine – in Jerusalem lokalisierte – Heilungsgeschichte. Der Ort der Handlung – wir wissen heute, daß es eine von Herodes erbaute Säulenanlage war, die zwei große Zisternen umsäumte und zugleich voneinander trennte – wird wohl nach der benutzten Vorlage angedeutet. Der Evangelist dürfte den einstigen Prachtbau nicht mehr selbst gesehen haben, denn daß „das milden Zwecken dienende Gebäude von der Zerstörung verschont geblieben ist" (*Weiß* 194), ist lediglich eine den uns bekannten Tatsachen widerstreitende freundliche Vermutung. Aus dem ἔστιν läßt sie sich nicht verifizieren. Die alte Legende von der besonderen Heilkraft des Wassers, wenn es sich bewegte, hat der Evangelist fortgelassen – Jesus konkurriert nicht mit einem Engel, auch nicht siegreich. Um so deutlicher tritt die Konfrontation Jesu mit dem Kranken heraus, weil der Erzähler alles ihm entbehrlich Scheinende fortgelassen hat. Jesu eigenartige Frage „Willst du gesund werden?" sollte nicht feststellen, ob im Kranken überhaupt noch der Wille lebendig ist, gesund zu werden – der johanneische Jesus ist kein psychologisch gebildeter Mediziner –, sondern läßt den Leser schon erraten, daß hier die Geschichte von einer Krankenheilung folgen wird. Auch das Gegenüber der hoffnungslosen Lage, die der Kranke schon durch Jahrzehnte erfahren hat, und der Heilungsmacht Jesu, welche die seltenen Heilgaben des Teiches gleichsam spielend überwindet, tritt so wenig hervor, daß wir nicht einmal wissen, ob der Erzähler es wenigstens indirekt betonen wollte. Schließlich darf man nicht vergessen: die Heilung wird nicht um ihrer selbst willen berichtet, sondern sie nur ist Mittel zu dem Zweck, einen Sabbatkonflikt zwischen Jesus und den Juden herbeizuführen. Die Formgeschichte hat vermuten lassen, daß der wie nachlässig hinterdrein folgende Satz V. 9c „Es war aber Sabbat an jenem Tage" ursprünglich nicht zur Heilungsgeschichte gehörte, sondern erst im Laufe der Tradition hinzukam. Dieser Vers bildet aber den Übergang zur nächsten Erzähleinheit.

Die Heilungsgeschichte hat im 19. Jh. zu allegorischen Deutungen Anlaß gegeben. In seinem Kommentar zum JE wies *H. J. Holtzmann* auf seine Vorgänger hin mit den Worten: ,,Einerseits . . . wird die christliche Erfahrung, wonach der vom Heiland Erlöste sich auch von einem Gesetzeszwang losgesprochen weiß (*Hausrath*, Neutestamentliche Zeitgeschichte ²1874 IV 418), aber in derselben Erlösung auch ein Motiv zum μηκέτι ἁμαρτάνειν findet (Gal 5,1.13; Röm 6,1–18), in Form einer biblischen Geschichte erzählt (*Thoma*, Die Genesis des Johannes-Evangeliums 1882, 470f.; *O. Holtzmann*, Das Johannes-Evangelium 1887, 60. 102.217). Andererseits versteht sich die Frage V. 6 erst recht, wenn sie als Frage an Jerusalem, ja an das ganze Volk gefaßt, der Kranke als Typus des letzteren verstanden wird (*Luthardt*, Das Johannes-Evangelium ²1875 I 439). Dann werden auch die 38 Jahre in V. 5 irgendwelche Deutung herausfordern, am ehesten nach Dt 2,14 auf die Dauer des Strafaufenthaltes in der Wüste (*Baumgarten*, Geschichte Jesu 1859, 139f.) . . .‟ *Hirsch*, Evangelium 156–158, der *H. J. Holtzmann* als sein Vorbild verehrte, hatte dementsprechend die Geschichte von der Heilung am Teich so interpretiert: ,,Weil der Verfasser Zeichen Jesu niemals rein erfunden, sondern da stets nur Überliefertes frei gestaltet hat, rechnet man vermutlich am besten mit einer außerhalb der drei Evangelien umlaufenden Geschichte. Die 38 Jahre, die der Kranke liegt, beruhen dann aber nicht auf Überlieferung. Sie sind aus 5Mose 2,14 genommen und bedeuten die Jahre des Strafaufenthaltes in der Wüste. Es ist kaum zu kühn, wenn man annimmt: der Kranke, den Jesus aus achtunddreißigjähriger Gebundenheit zu Gesundheit und freier Bewegung zurückholt und der dafür nicht dankt, sondern mit den Mosesschülern gemeinsame Sache macht gegen Jesus, ist im gleichen Sinne Verkörperung des gesetzesgebundenen Judentums wie die Samariterin Volk und Religion der Samariter darstellt. D. h. er ist zugleich dichterisch angeschaute individuelle Einzelperson (und als solche mit einem unverkennbaren Zug von Niederträchtigkeit ausgestattet) wie Sinnbild. Dadurch gewinnt auch die Warnung Jesu vor der Verschuldung, die ihm Ärgeres widerfahren lassen wird, ihren Sinn: durch die Scheidung von Jesus, der es aus der Gesetzesknechtschaft befreien will, überliefert sich das Judentum dem Gerichte. Die Schau von Geschehenem als Gleichnis, die diese Deutung voraussetzt, geht kaum über das hinaus, was Paulus Gal 4 gesagt hat . . .‟ ,,Es ist hier der durch Paulus Gal 4,10 ausgesprochene Standpunkt, den die Heidenkirche sich angeeignet hat, daß es eine unziemliche Verletzung der Freiheit, die uns Jesus gibt, wäre, das Sabbatgebot irgendwie zu halten.‟ . . . ,,Es ist in paulinischer Tiefe gefaßt: Christus ist des Gesetzes Ende.‟

Verkürzt wiederholt sich diese Auslegung bei *Strathmann* 100, der in der Heilungserzählung ,,eine im Dienst der Verkündigung stilisierte Geschichte‟ findet, ,,deren Grundmotiv . . . wir in anderer Abwandlung in der synoptischen Erzählung von der Heilung des Gichtbrüchigen vor uns haben‟. – Nach *Bultmann* 180 Anm. 7 sind ,,die 38 Jahre . . . weder im Sinn der Quelle noch im Sinn des Evangelisten allegorisch zu deuten auf die 38 Jahre" von Dt 2,14. „Vermutlich ist die Wundergeschichte" der Semeia-Quelle entnommen (177). *Fortna* 102–109 nimmt an, daß die Heilungsgeschichte die letzte der sieben aus der Semeia-Quelle entnommenen Erzählungen war. Vielleicht habe nach περιεπάτει in Kap. 5 eine Wendung gestanden wie „Und Jesus sprach zu ihm: Sündige nicht mehr, damit dir nicht etwas Ärgeres zustößt", und möglicherweise noch ein Satz wie: „Dieses tat Jesus als siebentes (oder: letztes) Zeichen" (53).

Diese Forschungsübersicht enthält eine Reihe von Fragen, die auch die heutige Forschung noch beachten sollte. Einmal geht es nicht an, Züge der synoptischen, paulinischen und johanneischen Theologie beliebig nebeneinander aufzuführen. Jene „Einheit der Schrift", auf die man sich dabei beruft, darf man nicht dazu mißbrauchen, handfeste Widersprüche zwischen neutestamentlichem Schrifttum aus der Welt zu bringen, die zu sehen wir inzwischen gelernt haben. Auch *Hirschs* Auslegung des JE wird noch dadurch gefährdet, daß er in Johannes den großen Schüler des Paulus sieht und die innere und äußere Situation beider nicht sorgfältig scheidet. Daß er überdies die dichterischen Fähigkeiten des vierten Evangelisten außerordentlich hoch einschätzt, läßt ihn die Frage übersehen, ob nicht eine literarisch gelungene – wenn sie es überhaupt ist –, aber theologisch dem Evangelisten fremde Schilderung aus einer übernommenen Vorlage stammen könnte (z. B. die Heilung des Blinden Kap. 9). Seine Auslegung unserer Heilungsgeschichte als künstlerische Darstellung eines individuellen Schicksals und zugleich des jüdischen Volkes läßt sich, genau gesehen, ebensowenig durchführen wie eine entsprechende Deutung der Samariterin in Kap. 4 (s. dort). Der Kranke kann sich zwar wieder frei bewegen, aber das jüdische Volk wird keineswegs von Jesus „zu Gesundheit und neuer Bewegung" zurückgeholt. Überhaupt sollte man die johanneischen Aussagen über das jüdische Gesetz zunächst daraufhin prüfen, ob sie mit dem paulinischen Problem des Gesetzes etwas zu tun haben, bevor man daran geht, Aussagen des JE paulinisch zu deuten. Die Art, wie Jesus z. B. Joh 8,17; 10,34; 15,25 von „eurem Gesetz" spricht, zeigt schon, wie fern sich das „johanneische Christentum" dem jüdischen Gesetz gegenüber fühlt. Im Wesentlichen entnimmt man daraus nur Schriftzeugnisse für Jesus oder benutzt es apologetisch. Der Sabbatbruch Jesu soll nicht so sehr seine Erhabenheit über das Gesetz zeigen, als vielmehr die Darlegung über sein Verhältnis zum Vater vorbereiten. Seltsamerweise haben weder Hirsch noch die anderen Ausleger gesehen, daß das Wort „gesund" die ganze Heilungsgeschichte durchzieht und sprachlich zusammenhält (V. 6. 9. 11. 14 und 15.). Die auffallende Formulierung der Frage Jesu in V. 6 ist mit durch dieses wohl schon der Vorlage angehörende ὑγιής beeinflußt. Daß es in 7,23 wieder auftritt (wo die Heilung am Teich neu besprochen wird), besagt noch nicht, daß diese Stelle auch der Quelle angehörte. Denn die hier vorgetragene Apologetik setzt voraus, daß Jesu Heilung am Sabbat selbst der Sabbatbruch war und nicht sein Befehl, der Geheilte solle mit seiner Matte umhergehen. Vielleicht hat die Kürze des Ausdrucks in 5,16 das Mißverständnis veranlaßt, zumal schon die Synoptiker (z. B. Lk 13,10–14) die Sabbatheilung als Sabbatbruch voraussetzten.

*Holtzmann,* a.a.O. 3f.76, und andere Gelehrte seiner Zeit sahen die Heilungsgeschichte in 5,2ff. noch als freie Verwendung synoptischen Materials an. *Hirsch,* Evangelium 156, hat die Heilungserzählung mit Recht nicht auf die Synoptiker zurückgeführt, aber auch nicht als reine Erfindung des Evangelisten ausgegeben. *Bultmann* und *Fortna* gingen weiter; sie vermuteten beide darin einen Bestandteil einer „Zeichen-Quelle". Aber hier muß man unterscheiden. Für den Evangelisten ist diese Geschichte wertvoll wegen des Wortes ἔγειϱε in V. 8, das er als Hinweis auf etwas ganz anderes verstand: auf das Auferwecken von (geistlich) Toten durch den Vater und den Sohn. Damit ist noch nicht bewiesen, daß diese Geschichte einer (aufgrund von 2,11 und 4,54 vermuteten) „Wunder-Quelle" – nach *Fortna* sogar als siebente und letzte – angehörte. Es fragt sich aber, ob nicht die großen Wunder in Kap. 9 und 11 in einer „Wunder-Quelle" den Abschluß gebildet haben, wenn sie trotz der großen formalen Unterschiede wirklich dazugehörten.

An dieser Übersicht läßt sich besonders gut zeigen, wie stark die bewußte und unbewußte Methode der Auslegung das Verständnis der Komposition beeinflußt. Zunächst galt es lange als ausgemacht, daß das JE das Werk eines einzigen Verfassers ist, nämlich des Lieblingsjüngers und Zebedaiden Johannes. Es gab Theologen, deren Glaube an dieser Echtheitshypothese hing. Was an Widersprüchen und Spannungen sich allmählich geltend machte, schob man zuerst auf den Leser ab, der, das Mysterium dieses tiefsten aller Evangelien durchschauen zu wollen, sich erkühnte. Erst nach und nach meldete sich zögernd die Einsicht, daß vielleicht auch der Verfasser an diesen Schwierigkeiten nicht ganz ohne Schuld sei. In rücksichtsvollster Form ließ sich diese Vermutung so aussprechen: hier liegt ein Werk vor, hinter dem eine lebenslange Meditation seines Verfassers steht. Später wurde die Kritik kühner: vielleicht war der Autor gestorben, bevor er die letzte Hand an seine Entwürfe legen konnte. Dann hätte es seine unbefriedigende Form den Schülern des Evangelisten zu verdanken, die sich in den verschiedenen Fassungen und Entwürfen nicht immer ganz zurechtfanden. So schienen sich apostolische Echtheit und Erkenntnis der Aporien miteinander versöhnen zu lassen. Eine moderne Form dieser Hypothese hat *Brown* (1966) in der Einleitung seines Kommentars vorgetragen. Inzwischen hatte man – vor allem sind hier *Schwartz* und *Wellhausen* (1908) zu nennen – längst härtere Spielarten dieser Kritik entwickelt: an eine Urschrift hätten sich immer weitere Schichten angeschlossen, die allen möglichen Bearbeitern ihr Dasein verdankten. Man ahnte damals noch nicht, daß gar nicht so viel Zeit für die immer erneuten angeblichen Bearbeitungen vorhanden ist: der P 52 und der Papyrus Egerton machten, jeder auf seine Weise, die beliebte Verschiebung des vierten Evangeliums tief ins 2. Jh. unmöglich. Wahrscheinlich ist es schon gegen Ende des 1. Jh. veröffentlicht worden. Das schließt eine Vielzahl aufeinanderfolgender Bearbeitungen aus. Da die Textgeschichte nur zwei kleine Nachträge festzustellen erlaubt (5,3bf. und die Perikope von der Ehebrecherin 7,53–8,11), liegt die Annahme am nächsten, daß eine unveröffentlichte Schrift durch eine einzige Bearbeitung mit Erfolg brauchbar gemacht wurde, wenn es auch noch Jahrzehnte gedauert hat, bis das JE in dieser Form neben den drei Synoptikern allgemein anerkannt war. Damit legt sich eine Dreiteilung der Bestandteile des JE nahe.

Das Kapitel bietet dem Leser eine besonders gute Gelegenheit, diese drei Stimmen unterscheiden zu lernen, die im 4. Evangelium zu Wort kommen: 1. Die des vom Evangelisten benutzten Materials, 2. die des Evangelisten selbst und 3. die des Redaktors. Zugleich wird aber auch die Grenze dieser Unterscheidungsmöglichkeit sichtbar.

Nach dem einleitenden ersten Vers beginnt mit V. 2 eine Heilungsgeschichte, die bis zu den Worten „ging umher" in V. 9 reicht. Der Rest dieses Verses aber macht diese Heilung zu einem Sabbatbruch, der schließlich in V. 16 eine Verfolgung Jesu durch die Juden zu bringen droht. Jesu Antwort wird von den Juden als ein lästerliches Sich-Gleichsetzen Jesu mit Gott verstanden. Dieses Mißverständnis löst schließlich eine längere Rede Jesu über sein wirkliches Verhältnis zum Vater aus.

Auf den ersten Blick haben wir also in diesem Kapitel eine folgerichtig sich entwickelnde Einheit vor uns. Sieht man aber näher zu, dann erfüllt sie sich mit „Aporien", so daß *Schwartz* III 152 von ihr sagte: „Die Geschichte von der Heilung des Kranken am Teich Bethesda . . . gehört zu den Stücken des vierten Evangeliums, die immer schwieriger werden, je mehr man sich in sie vertieft." Worin besteht eigentlich der Sabbatkonflikt, der in V. 9c aufbricht? Die erste Antwort muß lauten: darin, daß der Geheilte, seine Matte tragend, umhergeht. Das ist, wie ihn die Juden sogleich (V. 10) belehren, eine am Sabbat verbotene Arbeit. Aber der Geheilte verweist darauf, daß der Wundertäter, der ihn geheilt hat, ihm solches Tun gerade aufgetragen hat. Sieht man daraufhin den V. 8 näher an, dann zeigt sich, daß Jesus keineswegs dem Geheilten eine Weisung wie in Mk 2,11 erteilt: Der Mann soll nicht heimgehen, sondern seine Matte ostentativ herumtragen. Das soll aber nicht nur als ein Beweis dafür geschehen, daß der Gelähmte geheilt worden ist, sondern damit er sich, der Weisung folgend, gegen das Sabbatgebot vergeht. Das ganze Heilungsgeschehen hat also, in diesem Zusammenhang betrachtet, nur den Sinn, das Sabbatgebot – und welch ungeheure Bedeutung hatte es für das Judentum! – aufzuheben. Aber bei weiterer Überlegung stellt sich heraus, daß der Evangelist selbst gar nicht auf diesen Sinn hinaus wollte, als er diese Geschichte wieder erzählte.

Er benutzt die Überlieferung, um mit ihr das Seine zu sagen; besser: um den Sinn herauszubringen, der nach seiner Erkenntnis in der Überlieferung enthalten ist. Der Evangelist geht also nicht willkürlich mit dem Text um. Seine „Komposition" soll die rechte Jesusbotschaft freilegen, weiter nichts. An der „Wirklichkeit" dessen, was ihm überliefert ist, hegt er dabei keinen

Zweifel, wohl aber an der Deutlichkeit der überlieferten Aussage, und hier kommt seine eigene Interpretation ins Spiel.

Die Überlieferung von der Heilung am Teich, die er hier aufgreift, hat schon eine Geschichte hinter sich. Wir können das noch merken, aber sie nicht mehr in ihrem frühesten Wortlaut wiederherstellen. Das liegt z. T. auch daran, daß diese Tradition für den Evangelisten keinen Selbstwert hat außer dem rechten Christussinn. Er bemüht sich nicht, das ihm Überlieferte mit liebevoller Genauigkeit wiederzugeben, und er ist auch kein Künstler mit der Lust am Ausmalen. Das bewahrt ihn freilich davor, sich in Kleinigkeiten zu verlieren, aber es fallen dabei manchmal auch Einzelheiten fort, die schon für die frühen Leser zum Verstehen nötig waren. Das beweist der Zusatz zu V. 3 und der neu hinzugekommene V. 4.

Die Heilungsgeschichte hätte viele Möglichkeiten geboten, sie farbig und lebendig zu erzählen. Der Evangelist aber beeilt sich, möglichst rasch dahin zu kommen, wo es wichtig wird, weil Jesus auftritt. Die alte Überlieferung vom wundertätigen Teich, in dem ab und zu einmal ein Engel das Wasser bewegte – das wird V. 4 richtig erraten haben –, das dann einen einzigen Kranken zu heilen vermochte, hätte z. B. erlaubt, deutlich zu machen, wie überlegen Jesus dem jüdischen Gnadenort gegenüber ist. Er bringt mit einem Wort das fertig, worauf der Kranke 38 Jahre vergeblich gewartet hat. Aber der Evangelist hat Wichtigeres zu sagen. Der wunderwirkende Befehl Jesu: ,,Steh auf, nimm dein Bett und geh umher‘‘ wird der Ansatzpunkt für das, was hier als das eigentliche Geschehen erzählt werden muß.

Jesus provoziert hier eine Sabbatverletzung. Dieser schon in der Tradition enthaltene Zug hätte dafür ausgenützt werden können, um Jesu Macht über den Sabbat zu zeigen. Aber so geht der Evangelist nicht vor. Er zeigt: Für Gott gibt es – trotz Gen 2,2 – keine Sabbatruhe, und darum auch nicht für Jesus. Dieses ,,darum‘‘ recht verständlich zu machen, ist die Aufgabe der Rede Jesu von V. 19–21. 24–26 und 30a.

Daß sich Jesus ebenso verhält wie sein Vater, Gott, können die Juden nur als Lästerung verstehen: Jesus maßt sich an, was Gott allein zukommt. Er scheint sich die Gottheit rauben zu wollen. Aber das Gegenteil ist richtig. Er kann von sich aus nichts tun. Er ist kein ,,zweiter Gott‘‘ oder gar der eine wahrhaftige Gott. Er ist nur für Gott da. Das Wort ,,Gehorsam‘‘ fällt nicht. Das paßt zum Knecht, aber nicht zum Sohn, so wie der Evangelist diese Sohnschaft versteht. Der Sohn blickt nur auf den Vater, und was der Vater tut, das vollzieht der Sohn hier auf Erden nach. Der Vater hat vor ihm keine Geheimnisse. Er zeigt ihm auch das Letzte. Der Vater hat Leben in sich und darum auch die Fähigkeit, es zu spenden. Nicht das irdische Leben ist gemeint, das unweigerlich im Grabe endet, sondern das wirkliche Leben – ,,das ewige Leben‘‘ wird es hier genannt. Dieses wahre Leben und die Fähigkeit, es mitzuteilen, besitzt auch Jesus: er kann tun, was er den Vater tun sieht, und will nichts anderes tun. Er kann wie der Vater die Toten auferstehen lassen und lebendig machen. Einen Hinweis darauf, daß er solches vermag, versteht schon die Heilungsgeschichte mit dem wirkenden Wort: „Steh auf!" Den Zug der Sabbatverletzung nutzt der Evangelist aus: Solches Handeln ist immer möglich. Es ist die eigentliche Aufgabe des gesamten Erdenlebens Jesu, solches Leben zu schenken. Alles, was er an Wundern vollbringt, ist ein Hinweis darauf.

Dieses göttliche Tun bleibt jedoch trotzdem ein Geheimnis. Es vollzieht sich am lebenden Menschen, der doch eigentlich tot ist in seinem gottfernen Erdendasein. Dieses göttliche Tun Jesu läßt den Menschen, jetzt und hier, hinübergehen aus dem Tod in das Leben, das diesen Namen verdient. Worin es besteht, das wird hier nicht weiter beschrieben. Der Evangelist wird später dem Leser immer wieder andeuten, was dieses Leben ist: „Mein Vater und ich werden kommen und bei ihm Wohnung machen!", heißt eine dieser Andeutungen (14,23). Die Trennung von Gott und Mensch wird von Jesus aufgehoben (1,14!), so lautet die Verheißung. Sie erfüllt sich überall da, wo ein Mensch die Jesusbotschaft hört und in Jesus den Vater sieht, der für uns Menschen so erschreckend unsichtbar ist (1,18; 6,46). Also: weil Jesus sozusagen sich ganz leer gemacht hat für Gott, ist Gott in seiner ganzen Fülle hier zur Stelle (1,16).

Weil der Evangelist nur Augen hat für dieses ganze Geschehen, wirkt seine Erzählung der irdischen Geschehnisse oft blaß und farblos. Er hat (wie *Käsemann* gelegentlich richtig sagt) nur eine Passion, und jene ist die, in der der Vater für uns sichtbar werden kann (denn auf den Vater kommt es eigentlich an: 14,28). Darum kommt in diesem Evangelium, viel mehr als in den synoptischen, die alltägliche Wirklichkeit zu kurz, und Jesus kommt in Gefahr, doketisch mißverstanden zu werden. Er geht von „Zeichen" zu „Zeichen". Sein Leben besteht in lauter Hinweisen auf den Vater, ist ein beständiger Hinweis auf den Vater. Und doch kann diesen Hinweis niemand verstehen, bevor der Geist gekommen sein wird (7,39). Aber für den Evangelisten ist er bereits gekommen. Deshalb kann er davon sprechen und in den Jesusreden den Schleier des Geheimnisses etwas heben.

Man kann es verstehen, daß dieses Jesusbild dem Herausgeber des Evangeliums (JR: V. 22f.; 27–29; 30b) ergänzungsbedürftig erschien. Darum hat er, sich im Stil anpassend, so gut er konnte, möglichst viel von dem nachgetragen, was die „Kirche"[1] in ihrem Bekenntnis anderes und über das Hinausgehendes sagte, was der Evangelist verkündete. Und so übermalte er, ohne es recht zu merken, das johanneische Jesusbild und stellt Jesus als den „Menschensohn" dar, der als solcher das Weltgericht vollziehen wird am Ende der Tage, wenn sich die Gräber öffnen und die Toten heraussteigen, die einen zur Auferstehung des Lebens, die anderen zur Auferstehung des Gerichts. Darum, weil Jesus der Richter sein wird, dem Gott das ganze Gericht übertragen hat, muß man ihn ehren, wie man den Vater ehrt, und muß man

---

[1] Das Problem „kirchliche Redaktion" stellt sich dem Verf. in den letzten Lebensjahren nicht mehr so wie es Bultmann vorgeschlagen hat.

ihn fürchten, wie man den Vater fürchtet. Denn dieser Vater, den Jesus als Menschensohn sichtbar machen wird, ist dem unähnlich geworden, den der Evangelist verkündet hatte. Jesus selbst ist dem Jesus in der Sixtinischen Kapelle gleichgeworden. Vor ihm wird sich der Höllensturz der Verdammten vollziehen, derer, die Schlechtes getan haben. Mit dieser Gerichtslehre zieht die moralische Forderung als das eigentlich Notwendige ins JE ein. So entsteht ein geheimer Kampf zwischen den johanneischen Bildern von Jesus und Gott und denen des Redaktors. Darum wird der Leser, auch der gelehrte Ausleger, leicht verwirrt und weiß oft nicht recht, wie er all das vereinen soll, was doch in diesem einen Evangelium steht.

Der Abschnitt 5,1–30 ist eine besonders wichtige Probe johanneischer Komposition. Die Heilungsgeschichte erlaubt die Umstrukturierung zu einem Sabbatbruch. Der dadurch entstandene Konflikt mit den Juden wird dadurch verzögert, daß der Geheilte Jesus nicht kennt. Die Ausleger haben sich z. T. darüber beschwert, daß der Leser nicht erfährt, wie der Geheilte dann im Tempel Jesu Namen erfährt (so *Schwartz* III 157; *Wellhausen* 25). Aber der Evangelist überläßt es dem Leser, Unwesentliches selbst zu erraten. Ein Satz wie: ,,Da erfuhr der Geheilte, daß sein Retter ,Jesus‘ hieß‘‘ wäre stilistisch höchst ungeschickt gewesen. Dann wäre der Geheilte wirklich als ein undankbares und boshaftes Individuum erschienen; jetzt ist das nur eine Hilfsannahme von *Hirsch*. Nun bricht der Konflikt mit den Juden endlich aus. Er führt zu Jesu stolzem Wort über sein Verhältnis zum Vater (V. 17). Daß er sich diesem gleich macht (so fälschlich *Holtzmann* 77), wird daraus irrtümlich gefolgert. Nun kann der Evangelist in 5,19–21; 5,24–26.30a.c seine besondere Christologie entwickeln. Sie ist wirklich ein Novum. Gerade weil Jesus auf alle Eigenwilligkeit verzichtet und nur für seinen Vater da ist, gebührt ihm die δόξα des Souveräns, dessen Gesandter er ist (vgl. *Haenchen,* Der Vater, der mich gesandt hat, 68–77). Weil die Menschen nur in ihm den – unsichtbar bleibenden – Vater sehen können (14,9), besitzt die Begegnung mit ihm und seinem Wort jenen Entscheidungscharakter, der auf das ,,Ziehen‘‘ des Vaters (6,44) zurückgeht. Im Hier und Jetzt dieser Begegnung fällt die Entscheidung über das ewige Schicksal der Menschen (5,24). Eine solche Rolle spielt das Wort Jesu nur im JE. Insofern entspricht es besonders der reformatorischen Theologie, mag dieser Zug rein formal auch gnostisch erscheinen. Diese Begegnung wird erst nach Ostern durch den Geist möglich (7,39). Darum ist die Wendung ,,Die Stunde kommt und ist jetzt‘‘ für den Evangelisten so wichtig und charakteristisch. Sie erklärt zugleich, warum der Evangelist das irdische Wirken darstellen kann, obwohl es doch unverstanden bleibt. Es geht ihm – ähnlich wie dem Mk-Ev – darum, die Identität des irdischen Jesus mit dem erhöhten Herrn zu zeigen in einer Zeit, wo die Genossen des Erdenlebens Jesu und Zeugen des Auferstandenen dahinstarben. Von dem erhöhten Herrn her ließ sich diese Identität nicht sichtbar machen. Gegenüber der gnostischen Bewegung (für die ja die Menschwerdung des Erlösers zum Fall in die gottfeindliche Materie zu werden und zu doketischen Erklärungen zu verführen drohte [vgl. 1Joh 4,2]), hatte man durch die Steigerung der Wunder und durch den Nachweis, daß der Auferstandene gegessen und getrunken hatte, seine Wirklichkeit zu sichern gesucht. All diese Apologetik wurde durch das recht verstandene JE unnötig. Denn nur vom irdischen Jesus her ließ sich seiner Meinung nach die Identität mit dem erhöhten Herrn sichern, obwohl dessen wahres Wesen erst nach Ostern von den Gläubigen erfaßt worden war. Aber da das Evangelium ja von der nachösterlichen Gemeinde gelesen wurde, welcher der Geist jene Hinweise („Zeichen") erschloß, welche die Hörer Jesu noch nicht verstanden hatten, so wurde diese Botschaft einer verborgenen Offenbarung jetzt durchaus sinnvoll. Gerade 5,25 enthält diese eigentümliche Dialektik zwischen der unbegriffenen Offenbarung im Erdenleben Jesu und seinem erhöhten Sein. Für den Evangelisten war das gläubige Hören des Wortes Jesu der eschatologische Augenblick. Er wartete nicht auf eine kosmische Katastrophe, in der alles zurecht kommen sollte. Der Weg zum Vater war hier und jetzt offen für den Glaubenden. Weil aber die „Kirche" nicht dieses Evangelium verstand und darum zähe an dem festhielt, was dem vierten Evangelium unwichtig schien, wurde seine Theologie des Wortes durch die erneute Betonung von Wunder, Sakrament, Amt und Parusiegericht wieder undeutlich. Nur vom irdischen Jesus her ließ sich dessen Identität mit dem erhöhten Herrn sichern, obwohl er nicht vor Ostern verstanden worden war. Diese eigentümliche Spannung zwischen der unbegriffenen Offenbarung im Erdenleben Jesu und der Würde des Erhöhten verstärkte die Anziehungs- und Abstoßungskraft des vierten Evangeliums. Paulus hatte seine Botschaft vom Sehen des Erhöhten aus entworfen; Mk hatte sich mit der „mysterious revelation" des Messiasgeheimnisses im Grunde erfolglos abgemüht.

Weil *Bultmann* den Krisis-Begriff – Krisis als „Entscheidung" verstanden – brauchte, hatte er noch nicht entdeckt, daß V. 22–23 vom Redaktor stammten und nicht bloß V. 27–29 (und 30b). Es finden sich also in Kap. 5 relativ lange Einschübe des Redaktors im Text des Evangelisten. Das bestätigt unsere frühere Vermutung, daß man das JE vor seiner Veröffentlichung erheblichen Korrekturen unterworfen hat. Das hatte lange die Erkenntnis erschwert, daß man nicht zwei, sondern drei verschiedene Hände im JE unterscheiden muß, die theologisch ganz verschieden sind: die Vorlage, der es um möglichst große Wunder als Beweise der Gottessohnschaft Jesu ging, das eigentliche Evangelium, das ein theologischer Durchbruch war und die Wunder nur als Hinweis auf das Gottesverhältnis deutete, und den Redaktor, der das JE durch die Sakramentstheologie und eine primitive Ethik ebenso bereicherte wie durch den apologetisch so nützlichen Jünger, den Jesus liebte. Daß ausgerechnet die Vorlage die am packendsten erzählten Perikopen enthielt, machte es noch schwerer, Theologie und Werdegang des vierten Evangeliums zu erkennen.

Der Glaube, den der johanneische Jesus fordert, bezieht sich eigentlich nicht auf ihn, sondern auf den Vater, der ihn gesandt hat (5,24). Jesus spricht „nur" das offenbarende Wort, das es zu glauben gilt. Aber dieses Wort gibt eigentlich nur die Worte des Vaters wieder (Joh 3,34; 7,16; 8,26.38.40; 14,10.24; 17,8), so entspricht 5,24 durchaus dieser Grundauffassung. Aus ihr folgt dann weiter, daß nach der Geistverleihung (20,22) die Verkündigung der Jünger (und selbstverständlich auch die des Evangelisten) denselben Entscheidungscharakter enthält. Wie der Evangelist dieses Lebendigmachen versteht, hat die Einzelauslegung von V. 21 und 24–26 zu erläutern versucht. Daß in diesem Abschnitt noch ungelöste Schwierigkeiten stecken, beweist die Tatsache, daß darauf noch in unserem Text die Verse 31–47 folgen.

## 14. Das Zeugnis für Jesus

[31]„Wenn ich für mich Zeugnis ablege, ist mein Zeugnis nicht wahr. [32]Ein anderer ist es, der für mich zeugt, und ich weiß, daß das Zeugnis wahr ist, das er für mich ablegt. [33]Ihr habt zu Johannes gesandt, und er hat Zeugnis für die Wahrheit abgelegt. [34]Ich aber nehme nicht das Zeugnis von Menschen an, sondern das sage ich, damit ihr gerettet werdet. [35]Jener war eine brennende und scheinende Leuchte; ihr aber wolltet euch eine Zeitlang an seinem Lichte ergötzen. [36]Ich aber habe ein größeres Zeugnis als das des Johannes. Denn die Werke, die mir der Vater gegeben hat, daß ich sie vollende, bezeugen, daß mich der Vater gesandt hat. [37]Und der Vater, der mich gesandt hat, er legt für mich Zeugnis ab. Weder habt ihr jemals seine Stimme gehört, noch habt ihr seine Gestalt gesehen, [38]und sein Wort habt ihr nicht als ein bleibendes in euch. Denn ihr glaubt dem nicht, den er gesandt hat. [39]Ihr erforscht die Schrift, weil ihr meint, darin das ewige Leben zu haben, und sie ist es, die mich bezeugt. [40]Und ihr wollt nicht zu mir kommen, auf daß ihr Leben habt. – [41]Ehre von Menschen nehme ich nicht an, [42]wohl aber habe ich euch erkannt, daß ihr die Liebe Gottes nicht in euch habt. [43]Ich bin im Namen meines Vaters gekommen, und ihr nehmt mich nicht auf. Wenn ein anderer in seinem eigenen Namen kommt, ihn werdet ihr aufnehmen. [44]Wie könnt ihr glauben, die ihr voneinander Ehre annehmt und nicht die Ehre von dem einzigen Gott suchet? [45]Glaubt nicht, daß ich euch bei dem Vater verklagen werde. Euer Ankläger ist Moses, auf den ihr gehofft habt. [46]Denn wenn ihr Moses glaubtet, würdet ihr an mich glauben; denn er hat von mir geschrieben. [47]Wenn ihr dem, was er geschrieben hat, nicht glaubt, wie werdet ihr meinem Worte glauben?"

**Literatur:**

*Bell, H. J.*, ,,Search the Scriptures" (Joh 5,39), ZNW 37 (1938) 10–13.

*Bernard, J.*, Témoignage pour Jésus-Christ: in 5,31–47, MSR 36 (1979) 3–55.

*Boismard, M.-E.*, A propos de Jean 5,39. Essai de critique textuelle, RB 55 (1948) 5–34.

*Bruce, F. F.*, ,,It is they that bear witness to me", in: ders., The Time is Fulfilled, Exeter 1978, 33–53.

*Charlier, J. P.*, L'exégèse johannique d'un précepte légal: Jean VIII, 17, RB 67 (1960) 503–515.

*Duprez, A.*, Jésus et les dieux guérisseurs. A propos de Jn V, Paris 1970.

*Giblet, J.*, Le témoignage du Père (Jn 5,31–47), BVC 12 (1955) 49–59.

*Haenchen, E.*, Zum Text der Apostelgeschichte, in: ders., Gott und Mensch, 1965, 172–205.

*Mayeda, G.*, Das Leben-Jesu-Fragment Papyrus Egerton 2, Bern 1946.

*Neugebauer, F.*, Miscelle zu Joh 5,35, ZNW 52 (1961) 130.

*Vanhoye, A.*, Opera Jesu donum Patris (Jo 5,36; 17,4), VD 36 (1958) 83–92.

*Ders.*, L'oeuvre du Christ, don du Père (Jn 5,36 et 17,4), RSR 48 (1960) 377–419.

■ **31** Jesus gibt zu: Wenn er nur für sich selbst Zeugnis ablegt, so hat dieses bloße Selbstzeugnis keinen Wert. Der Verfasser hat gewußt, was für ein Anstoß in der Tatsache lag, daß gerade in seinem Evangelium Jesus beständig von sich in seiner Beziehung zum Vater als dessen Gesandter spricht. Ist das nicht ein Selbstzeugnis, auf das man nichts zu geben braucht? Ist das nicht einfach ein bloßer menschlicher Anspruch, der höchst vermessen ist? Wie kann man für einen solchen Anspruch Glauben verlangen? Das entspricht genau dem jüdischen Denken, das auch die frühe Gemeinde übernahm.

■ **32** Aber Jesus behauptet nun, daß es wirklich einen solchen anderen gibt, der für ihn Zeugnis ablegt. Daß er, Jesus, betont, er wisse um die Wahrheit dieses Zeugnisses, ist freilich ein seltsamer Fortgang des Gedankens. Einen Zeugen, von dessen Wahrhaftigkeit man nicht überzeugt ist, anzurufen, wäre ja sinnlos. – Von da aus versteht sich die von ℵ D a e q syᶜ vertretene Lesart οἴδατε, die besagt, die Juden kannten die Wahrheit dieses Zeugnisses über Jesus. Aber da die Juden nach V. 37 weder Gottes Stimme gehört noch seine Gestalt gesehen haben und da sein Wort nicht bleibend in ihnen ist, kennen sie das Zeugnis des Vaters nicht und wissen über dessen Wahrheit gerade nichts. Wer immer die Konjektur οἴδατε ersann, hat freilich vielleicht in diesem ,,anderen" den Täufer gesehen, von dem in V. 33 die Rede ist. Aber für das johanneische Denken war es selbstverständlich, daß eigentlich nur Gott als Zeuge in Frage kommt, und es war weiter selbstverständlich, daß dieses Zeugnis wahr war.

■ **33** Die Juden haben sich an Johannes den Täufer gewandt, und er hat (1,19–27) für ,,die Wahrheit" Zeugnis abgelegt. Das könnte einfach meinen, daß der Täufer Jesus als den ,,Kommenden" angekündigt und als Gottes Lamm und Geistträger bezeugt hat (1,29–34). Aber die Wendung hat vielleicht doch einen höheren Sinn. Jesus nennt sich in 14,6 ja selbst ,,die Wahrheit". Dann würde der Satz besagen, daß der Täufer Jesus als ,,die Wahrheit" bezeugt hat, die von Gott in die Welt gesandt ist (vgl. 18,37).

■ **34** Aber Jesus nimmt das Zeugnis eines Menschen nicht an. Er kann sich nicht ernsthaft darauf berufen. Denn auch der Täufer ist nur ein Mensch; er ist ,,von der Erde" (3,31). Darum hat auch sein Zeugnis nur begrenzten

Wert. Würde sich Jesus auf dieses Zeugnis berufen, so würde er damit zugeben, daß Gott durch ein menschliches Zeugnis gesichert werden kann. Dann
aber wäre Gott auch menschlicher Kritik ausgesetzt. Damit wäre Gott selbst
und der, den Gott gesandt hat, der Welt eingeordnet. Warum erwähnt dann
Jesus überhaupt das Zeugnis des Täufers? Die Antwort ,,damit ihr gerettet
werdet'' könnte dann besagen, daß die Antwort des Täufers es möglich gemacht hat, daß manche Menschen zum Nachdenken kamen und sich ernsthaft fragten, ob Jesus nicht wirklich der ist, der er zu sein beansprucht.

■ **35** scheint zugleich den Täufer abzuwerten und das Verhalten der Juden
zum Täufer zu tadeln. Freilich war der Täufer nicht das ,,Licht'' (das ist allein
Jesus: vgl. 1,9), aber er war eine Leuchte, die angezündet ist und brennt. Man
muß dabei an die kleinen Lampen der Antike denken, die, mit Öl gefüllt und
mit einem Docht versehen, einen schwachen Schein gaben. *F. Neubauer* hat
die Vermutung ausgesprochen, daß hier auf Ps 132,17 angespielt wird:
,,Eine Leuchte habe ich meinem Gesandten bereitet.'' Zum Stil des Evangelisten gehören solche Anspielungen allerdings nicht. Dagegen ließe sich eine
solche Anspielung annehmen, wenn hier christliche Schriftgelehrsamkeit
am Werke wäre. Daß der Täufer auf Jesus hingewiesen hat, entsprach freilich
auch der Überzeugung des Evangelisten. Er hat auch (3,26) berichtet, daß
alle vom Täufer weg und zu Jesus gegangen sind. Aber damit wäre die Fortsetzung von V. 35 noch nicht bezeugt, daß man den Täufer nicht ernst genommen und seinen Hinweis auf Jesus überhört hat. Hat man sich nur ge-
freut, einen ,,Gottesmann'' in seiner Mitte zu haben? Das ist nicht, wie *Lohmeyer,* Urchristentum I 29, meinte, ,,eine kaum verhohlene Anspielung''
darauf, ,,daß Johannes ihnen (den Juden) eine messianische Gestalt war''.
Wohl aber könnte es an den Beifall erinnern, welchen der Täufer zeitweise
mit seiner Predigt und Taufe gefunden hat. Aber sicher ist diese Deutung
nicht.

■ **36** Jesus aber hat ein besseres Zeugnis als das des Täufers (das ist wohl
mit μεῖζω τοῦ Ἰωάννου gemeint), nämlich die ,,Werke'', die zu vollbringen
ihm der Vater gegeben hat. Das läßt sich von der Theologie des Evangelisten
aus nur verstehen, wenn man die ,,Werke'' als ,,Hinweise'' versteht. Dann
sind sie freilich nicht mehr jedermann zugänglich und nicht in der Weise
zwingend, wie es die Welt haben möchte. Sie würden nur dem etwas sagen,
der ,,von oben gezeugt'' ist. Versteht man die ,,Werke'' so, dann bleibt der
Evangelist seiner Botschaft treu. Es bliebe dabei, daß sich Gott und dessen
Gesandter nicht ,,objektiv'' feststellen lassen wie eine Hochdruckzone.
Ostern steht zwar im Kalender, aber wann für den einzelnen Ostern eintritt,
das steht in keinem unserer Kalender.

■ **37** Neben diesen ,,Werken'' wird nun der Vater selbst als Zeuge genannt. Das paßt eigentlich nicht. Zwar ist der Vater der einzige Zeuge, der
eigentlich in Betracht kommt, aber ihn haben die Juden noch nie zu Gesicht
bekommen, und seine Stimme haben sie noch nicht gehört. Daß Gott so als
ein Zeuge neben dem Täufer, den Werken und der Schrift genannt wird, ist

für die Erklärer eine harte Nuß. Ganz abgesehen davon, daß nach Ex 24,11 die Ältesten am Sinai ebenso wie Moses Gott gesehen haben. Davon weiß V. 37 nichts. Die angeredeten Juden haben weder jemals die Stimme des Vaters vernommen noch seine Gestalt gesehen. Der Vater wäre also, strenggenommen, für die angeredeten Juden der unbekannte Gott. Nun kann man sich freilich mit der Auskunft helfen, daß die Juden hier als Repräsentanten der ungläubigen Welt stehen.

■ **38** Daß sie das Wort des Vaters nicht bleibend in sich haben, müßte man dahin deuten, daß sie sich immer nur vorübergehend (2,23–25!) für Jesus entschieden haben. Aber im jetzigen Abschnitt entscheiden sie sich überhaupt nicht für Jesus und den Vater, sondern glauben dessen Gesandten nicht, wie ausdrücklich betont wird. Wer ist mit dem λόγος gemeint: Jesus, der Logos des Prologs oder das Alte Testament?

■ **39** ist in der Auslegung besonders umstritten. Wahrscheinlich ist nur das eine, daß die von P 66, P 75, dem P. Egerton 2 (ca. 150 n. Chr.),  und B gelesene ἐραυνᾶτε die ursprüngliche Textform ist. Die klassische Form, ἐρευνᾶτε, haben dann die jüngeren Handschriften wiederhergestellt. Der Sinn des Wortes wird durch die Vokaländerung nicht geändert. – Der P. Egerton 2 enthält Stoffe aus der synoptischen, johanneischen und apokryphen Tradition. Vermutlich hat sein Schreiber mehrere Evangelien kennengelernt und für seine Gemeinde daraus ein eigenes Evangelium geschaffen. *Barrett* 223 führt die Parallelstelle zu unserem Text (Zeile 5–10) im griechischen Wortlaut an und bespricht sie. Er geht auch auf *Blacks* These ein (s. u.), daß hier und bei den Varianten a b sy^c eine aramäische Form des Jesuswortes zugrunde liegt. *Jeremias,* Unbekannte Jesusworte 43, hat den Text rekonstruiert und in Neutestamentliche Apokryphen I 59f. ed. Schneemelcher, folgendermaßen übersetzt: ,,. . . (zu) den Gesetzeskundigen: . . . j>eden, der zuwider handelt gegen das Gesetz, aber nicht mich! . . . (5) . . . was er tut, wie er es tut". Zu (den) Obersten des Volkes (aber) gewendet sagte er folgendes Wort: ,,(Ihr) erforscht die Schriften, in denen ihr meint, Leben zu haben; sie sind es, (10) die von mir zeugen (Joh 5,39). Meint nicht, daß ich kam, um (euch) bei meinem Vater zu verklagen! Es ist einer da, (der euch ver)klagt, Moses auf den ihr eure Hoffnung gesetzt habt." (Joh 5,45!) Als sie aber sag(15)ten: ,,Wir wissen, daß Gott zu Moses gesprochen hat. Von dir aber wissen wir nicht, (wo du herkommst)" (Joh 9,29), antwortete Jesus und sagte zu ihnen: Jetzt (schon) wird Anklage erhoben" (Joh 12,31) ,,gegen (euren) Unglauben. (20) Niemand anders . . ." – *Mayeda,* Das Leben-Jesu-Fragment, bringt einen reichen Apparat. Er vermutet, der Papyrus habe eine Quelle benutzt, die das JE auch kannte. Wir sind mit *Jeremias* der Ansicht, daß der Verfasser des Fragments die Evangelienstelle (aus dem Gedächtnis und) frei zitiert und zusammengestellt und dabei bearbeitet hat. – *Black,* ,,Aramaic Approach" 72f., hat vermutet, daß das JE und der P. Egerton eine aramäische Vorlage hatten mit dem Wortlaut: ,,dis^ebhirin 'attun behon". Das JE gebe das mehrdeutige aramäische ד mit ὅτι wieder, der Papyrus

Egerton aber richtiger mit dem Relativpronomen. Der Altlateiner b gibt V. 39 doppelt wieder: erforscht die Schriften, ,,quoniam putatis vos in ipsis vitam aeternam habere, in quibus putatis vos vitam habere.'' Auch a ff² und die beiden armenischen Versionen bieten das Relativpronomen. Das aramäische Wort סבר, das *Black* hier vermutet, kann sowohl ,,meinen'' wie ,,hoffen'' bedeuten. *Barrett* 223 betont demgegenüber, daß die Hypothese eines ursprünglichen Aramäisch zwar möglich, aber keineswegs notwendig ist. Er versteht ἐραυνᾶτε nicht als Imperativ, sondern als Indikativ: ,,Ihr erforscht die Schriften, weil ihr in ihnen ewiges Leben zu haben meint, und sie sind es, die von mir zeugen.'' Der Papyrus Egerton dagegen müßte wiedergegeben werden mit: ,,Ihr erforscht die Schriften, in denen ihr Leben zu haben meint.'' *Barrett* hält diese ,,glattere'' Lesart für sekundär. – Zu *Blacks* These eines aramäischen ד in neutestamentlichen Texten: *Haenchen,* ,,Zum Text der Apg'', bes. 196. Wir möchten ἐραυνᾶτε als Indikativ übersetzen; dieses Thema der Schriften wird erst in V. 45 wieder aufgenommen, mit dem auch der Papyrus Egerton 2 fortfährt (s. o.). Aber er bietet keinen ursprünglichen Text des JE, sondern kombiniert verschiedene Schriftstellen nach Stichworten. – Nach *Hirsch,* Studien 57f., sind die Worte ὅτι ὑμεῖς bis ἔχειν ein Zusatz des Redaktors. Dieser wolle erklären, warum das Schriftstudium die Juden nicht zu Jesus kommen läßt: sie glauben, schon in Gesetz und Propheten das ewige Leben zu haben. Aber dann ist es gar nicht das Schriftstudium, das sie von Jesus fernhält, sondern das Vorurteil, mit dem sie es betreiben. Es ist nicht der Redaktor, der etwas Fremdes mit jenen Worten einträgt, sondern der Exeget, der in jene Worte einen ihnen fremden Sinn einbringt.

■ **40** Daß die Juden nicht zu Jesus kommen wollen, weil sie das Heil schon in Gesetz und Propheten zu besitzen glauben, steht nicht da (gegen *Bultmann* 201). Vielmehr wird den Juden vorgeworfen, daß sie, obwohl die Schriften für Jesus Zeugnis ablegen, nicht sich bei ihm Leben holen wollen.

■ **41** erinnert mit dem hier ziemlich unvermittelt auftretenden Wort ,,Ehre von Menschen nehme ich nicht'' an V. 34. Jesus macht ja vom Zeugnis des Täufers keinen Gebrauch. Er sucht, wie es V. 44 den Faden aufnehmend sagt, Gottes Ehre, d. h. die von Gott gegebene Ehre.

■ **42** schließt hart an (vgl. aber 2,23–25). Einige Handschriften haben durch Umstellung den Text zu glätten versucht: ,,daß ihr nicht habt die Liebe Gottes''. So lesen (א*) D b e q. Hier liegt wieder eine jener Stellen vor, auf die *Boismard* hingewiesen hat, wo der Sinaiticus und D zusammengehen. Wir meinen aber, daß in diesen Fällen nicht ein besonderer Texttyp vorliegt, sondern daß der Sinaiticus im JE stark ,,westlich'' beeinflußt ist.

■ **43** enthält wieder keinen rechten Anschluß und ist inhaltlich unklar: Wer ist der, der im eigenen Namen kommend von den Juden Anerkennung findet? *Hirsch,* Studien 58, hat das, wie schon *Wellhausen* 27, als Anspielung auf Bar Kochba beurteilt, die freilich nicht der Evangelist, sondern ein Redaktor geschrieben habe. Freilich enthalten alle unsere Handschriften den

Vers. Aber das JE ist schon vor Bar Kochba herausgegeben worden, wie man nach P 52 und dem Papyrus Egerton 2 annehmen muß. *Spitta,* Quelle 133, sieht in dem Vers einen Hinweis auf Dt 18,20; aber dort wird von einem Propheten gesprochen, der im Namen Gottes zu sprechen behauptet, obwohl es Gott ihm nicht geboten hat, oder von Propheten, die im Namen anderer Götter reden. So bleibt der Vers dunkel.

■ **44** Wieder tritt ein neuer Gedanke auf: zum Glauben ist der unfähig, der bei den Menschen Ehre sucht und nicht nach der Ehre von dem alleinigen Gott strebt. Das könnte den Gedanken von V. 42 weiterführen.

■ **45–47** Sie berühren sich inhaltlich mit V. 39: die Schriften sind es, die von Jesus zeugen. Moses hat schon von Jesus geschrieben. Lk 24,44 zeigt, daß die spätere Gemeinde sich in dieser Überzeugung das AT angeeignet hat. Zur Theologie des Evangelisten paßt das nicht, wohl aber berührt es sich mit Lk 16,31. Für den Evangelisten erfolgt das Gericht in dem Augenblick, wo der Mensch die Jesusbotschaft ablehnt; daß die Juden schon vom AT her Jesus anerkennen müßten und also die Juden eigentlich sich des Ungehorsams gegen Moses schuldig machen, ist eine dem Evangelisten fremde Apologetik, die nahe daran ist, den jüdischen Unglauben gegenüber Moses für ihre eigentliche Schuld zu erklären.

● Zwischen V. 30 und 31 liegt ein Bruch. Die Themen der Totenerweckung und das Verhältnis von Vater und Sohn werden nicht weitergeführt, und der straffe Gedankengang hört auf. Diese Schwierigkeit wird in fast allen modernen Kommentaren deutlich (s. u.). Auch was wir im folgenden geben, ist nur ein Notbehelf. Bei ihm wird nach Möglichkeit vorausgesetzt, daß wir uns im Denkbereich des Evangelisten bewegen. Es gehört zur Eigenart des JE, daß Jesus beständig von sich selbst und von seiner Vollmacht als Gesandter des Vaters spricht. Ist das nicht ein Selbstzeugnis, das in den Augen der Juden wertlos ist? Ist das nicht einfach ein rein menschlicher Anspruch, der höchst vermessen ist? Fordert der Anspruch Jesu nicht eine vollgültige Bezeugung, eine μαρτυρία? Es ist möglich, daß schon der Evangelist vor dieser Frage stand. Seine in den Abschiedsreden gegebene Antwort scheint freilich der Hinweis auf den Geist zu sein, der allen Fragen der Jünger ein Ende setzt. Es ist aber nicht ausgeschlossen, daß der ganze Abschnitt V. 31–47, der von dem Problem der μαρτυρία und der δόξα handelt, ein redaktioneller Zusatz ist, der nachweisen wollte, daß es für Jesus dennoch gültige Zeugen gab.

Vor welche inneren Schwierigkeiten V. 31–47 stellen, macht sehr gut *Brown* I 227–229 deutlich. Nach ihm setzt V. 30 jenen schweigenden Einwand voraus, der in 8,13 ausgesprochen wird: ,,Niemand kann sein eigener Zeuge sein!" Tatsächlich bringt das Mischnatraktat K^eth 2,9 diesen Grundsatz (*Billerbeck* II 466; vgl. *J. P. Charlier,* L'exégèse johannique d'un précepte légal 503–515). – Jesus zählt 4 Zeugen auf, die für ihn sprechen. Sie sind aber – nach *Brown* – nur vier Aspekte des ,,anderen" (des ,,Vaters"), den V. 32

nennt: (1) Johannes der Täufer (s. 1,19–34); (2) Jesu Wunder (so versteht *Brown* die ἔργα, die nach *Bultmann* 190f. jedoch Jesu gesamte Offenbarertätigkeit bedeuten); (3) der Vater selbst (der nach *Browns* Deutung von V. 38 in den Herzen der Menschen das innere Zeugnis abgibt); (4) die (von Gott kommenden) heiligen Schriften.

Die Synoptiker kennen kein Jesuswort von solcher apologetischer Tendenz. Darum nimmt *Brown* an, dieser Abschnitt könne der christlichen Gemeindeapologetik gegen jüdische Einwände entstammen – das ganze 5. Kapitel wolle ja die Judenchristen bewegen, die Synagoge zu verlassen und ihren Jesusglauben zu bekennen. – V. 41–47 richten sich nach *Brown* I 228f. gegen die Wurzeln der jüdischen Ablehnung. Jesus zürne den Juden nicht aus persönlicher Ehrsucht, sondern weil sie in ihm Gott ablehnen. V. 45–47 greife den empfindlichsten Punkt der Juden an: Sie hoffen, in Moses einen Fürsprecher bei Gott zu haben (s. *Billerbeck* II 561), aber er sei ihr Ankläger.

Angenommen, V. 31–40 stammen aus der Apologetik der christlichen Gemeinde, dann sind die Spannungen noch nicht sichtbar geworden, geschweige denn erklärt, die zwischen ihnen bestehen. Schon seit alters streitet man darum, wer der „andere" (ἄλλος), der von Jesus Verschiedene, in V. 32 ist. Cyrill von Alexandrien und die lateinischen Kirchenväter sahen darin wegen V. 34 und 36 den „Vater" (wie heute *Brown* selbst und *Bultmann*). Chrysostomos (in Joh XI 1; PG 59, p. 230) und die meisten griechischen Kirchenväter aber deuteten ihn auf den Täufer. Falls der „Vater" gemeint ist, paßt nicht dazu der folgende Hinweis auf den Täufer. Denn mag dessen Zeugnis auch von Gott kommen (s. 1,29–36), so wird es doch hier (V. 34) als Zeugnis eines Menschen abgelehnt. D. h. aber: die vier von *Brown* genannten Größen lassen sich nicht als vier Aspekte Gottes verstehen. Wenn die ἔργα die Wunder Jesu meinen, wie *Brown* annimmt, dann verstößt dieser Vers gegen die Theologie des Evangelisten, wie sie oben angedeutet war. Sie würde dagegen zur Theologie des von ihm benutzten Erzählungsgutes passen. Aber eine solche Einschätzung der Wunder kann sehr wohl auch dem Redaktor eingeleutet haben. Das ist für die Quellenfrage nicht unwichtig. *Bultmanns* Deutung der ἔργα auf die gesamte Offenbarungstätigkeit steht unter dem Verdacht, daß sie an der näherliegenden Beziehung auf die Wunder Jesu vorbeikommen will. Gott kann eigentlich nicht selbst als dritter Zeuge angeführt werden, denn er ist nicht ein Aspekt Gottes. So bleibt es rätselhaft, warum der Vater als dritter Zeuge neben dem Täufer und den Wundern aufgeführt wird als eine eigene Größe. *Browns* Deutung von V. 37 auf das testimonium internum hat offensichtlich die Aufgabe, die „Vier-Aspekte-Theorie" zu stützen. Der Hinweis auf die Schrift ist im Text, d. h. in V. 39, nicht scharf vom Vorhergehenden abgegrenzt.

All das erweckt den Eindruck, als sei der ganze Abschnitt V. 31–47 wirklich ein nicht durchreflektierter Versuch, Jesus durch die Anführung „objektiver" Zeugen gegen den Vorwurf zu schützen, daß seine Aussagen über sich selbst keinen Wert hätten. Auch für V. 45–47 würde das gelten. Sie sind mit

V. 43f. nicht wirklich verbunden, sondern berühren sich näher mit V. 39f., ohne doch mit diesen einfach themengleich zu sein.

Das würde aber nun die Vermutung nahelegen, daß der Redaktor größeren Anteil am überlieferten Text des JE hätte, als man bisher angenommen hat. Zielten seine von uns vermuteten Einschübe in V. 5,22f.; 27–29 und 30b darauf ab, die johanneische Lehre von der Auferweckung des „toten" Menschen im Jetzt der Begegnung mit der Jesusbotschaft zu ergänzen durch die ältere Erwartung der futurischen Eschatologie, der Lehre vom Weltgericht des Menschensohnes am Ende der Tage, so würde hier der Versuch vorliegen, die eigentümliche Ungeschütztheit der johanneischen Lehre vom Selbstzeugnis Jesu zu ergänzen und abzusichern durch scheinbar dem jüdischen Einwand begegnende Argumente.

Damit tritt nachträglich die vom Evangelisten übernommene Tradition vom Zeugnis des Täufers für Jesus als nicht ganz zur Lehre des Evangelisten passend heraus: Der „Vater" ist nur in Jesus sichtbar, und so sieht ihn wiederum nur der, dem nach Ostern der Geist zuteil wurde.


## 15. Die Speisung der Fünftausend

[1]**Danach ging Jesus fort auf das andere Ufer des galiläischen Sees von Tiberias. [2]Es folgte ihm aber eine große Menge; denn sie sahen die Zeichen, die er an den Kranken tat. [3]Jesus aber stieg auf einen Berg, und dort ließ er sich mit seinen Jüngern nieder. [4]Es war aber nahe das Passa, das Fest der Juden. [5]Als nun Jesus die Augen aufhob und eine große Menge auf sich zukommen sah, fragte er den Philippus: „Woher werden wir Brote kaufen, damit diese (sich satt) essen?" [6]Das aber sagte er, um ihn zu prüfen; denn er wußte, was er tun wollte. [7]Philippus antwortete ihm: „Brote für zweihundert Denare werden nicht genügen für sie, damit jeder ein bißchen bekommt!" [8]Einer seiner Jünger sagte zu ihm, Andreas, der Bruder des Simon Petrus: [9]„Hier ist ein Knabe, der hat fünf Gerstenbrote und zwei Fische. [10]Aber was ist das bei so vielen?" Jesus sagte: „Laß die Leute sich lagern!" Es war aber viel Gras an der Stelle. Da lagerten sich die Männer, ungefähr fünftausend an der Zahl. [11]Da nahm Jesus die Brote und als er das Dankgebet gesprochen hatte, verteilte er sie unter die Dasitzenden, ebenso auch von den Fischen, soviel sie wollten. [12]Als sie aber satt waren, sagte er zu seinen Jüngern: „Sammelt die übrig gebliebenen Brocken, damit nichts umkomme!" [13]Da sammelten sie und füllten von den fünf Gerstenbroten zwölf Körbe mit Brocken, die übrig geblieben waren. [14]Menschen nun, die sahen, was für ein Zeichen er wirkte, sagten: „Dieses ist wahrhaft der Prophet, der in die Welt gekommen ist!" [15]Jesus aber, der erkannte, daß sie kommen und ihn**

**entführen wollten, um ihn zum König zu machen, zog sich weiter auf den Berg hinauf allein zurück.**

**Literatur:**

*Berrouard, M. F.*, La multiplication des pains et le discours du pain de vie, LV 18 (1969) 63–75.

*Bligh, J.*, Jesus in Galilee, HeyJ 5 (1964) 3–21.

*Boismard, M.-E.*, Le papyrus Bodmer II, RB 64 (1957) 363–398.

*Braun, F.-M.*, Quatre ,,signes" johanniques de l'unité chrétienne, NTS 9 (1962/63), bes. 147f. zu 6,12–13.

*Charlier, J. P.*, La multiplication des pains, ASeig 32 (1967) 31–45.

*Cribbs, L. F.*, St. Luke and the Johannine Tradition, JBL 90 (1971) 422–450; bes. 435–437.

*Ders.*, A Study of the Contacts that Exist between St. Luke and St. John, SBL-SP. 109 (1973) 1–93; bes. 38–43.

*Dunkerley, R.*, The Sign of the Meal (Jn 6), LQHR 32 (1963) 61–66.

*Gärtner, B.*, John 6 and the Jewish Passover, Uppsala 1959.

*Haenchen, E.*, Johanneische Probleme, in: ders., Gott und Mensch, 1965, bes. 90–93.

*Heising, A.*, Exegese und Theologie der alt- und neutestamentlichen Speisewunder, ZKTh 86 (1964) 80–96.

*Johnston, E. D.*, The Johannine Version of the Feeding of the Five Thousand – an Independent Tradition?, NTS 8 (1961/62) 151–154.

*Leenhardt, F. J.*, La structure du chapitre 6 de l'Evangile de Jean, RHPhR 39 (1959) 1–13.

*Martyn, J. L.*, ,,We have found Elijah" in: Jews, Greek and Christians, FS. W. D. Davies, 1976, 181–219 bes. 193–197.

*Mendner, S.*, Zum Problem ,,Johannes und die Synoptiker", NTS 4 (1957/58) 282–307.

*Mollat, D.*, Le chapitre 6 de S. Jean, LV 31 (1957) 109–119.

*Moule, C. F. D.*, A Note on Didache IX 4, JThS 6 (1955) 240–243.

*Norris, J. P.*, On the Chronology of St. John V and VI, JP 3 (1871) 107–112.

*Preiss, T.*, Etude sur le chapitre 6 de l'Évangile de Jean, ETR 46 (1971) 144–156.

*Quivreux, F.*, Le récit de la multiplication des pains dans le quatrième Évangile, RSR 41 (1967) 97–108.

*Shorter, M.*, The Position of Chapter VI in the Fourth Gospel, ET 84 (1973) 181–183.

*Smith, M.*, Mk 6,32–15,47 and John 6,1–1943, SBL.SP, 1978, 281ff.

*Smith, M. H.*, Collected Fragments: on the Priority of John 6 to Mark 6–8, SBL. SP, 1979. 1., 105–108.

■ **1** Μετὰ ταῦτα (s. zu 2,12): ist eines der wenigen Gliederungsmittel, die im JE benutzt werden. Nach dem jetzigen Text hat Jesus zuvor in Jerusalem gesprochen. Der Übergang ist hart. Deshalb haben viele Forscher Kap. 6 vor Kap. 5 gestellt. Bei *Bultmann* (vgl. *Schnackenburg* II 7–11; *Barrett* 226f.) folgt auf Kap. 4 zunächst 6,1–59, dann Kap. 5; weiter 7,15–24 und 8,13–20, und zwar alles unter dem Titel: ,,Die Offenbarung als κρίσις." Diese Umstellungen sind unmöglich (s. Einleitung § 4), damit fällt auch der darauf gegründete Aufriß dahin. *Brown* I 235f. urteilt mit Recht, daß die Voranstellung vor Kap. 5 einige Vorteile brächte, aber nicht zwingend notwendig sei. Andere Argumente sprächen für die überlieferte Anordnung, die auch wir voraussetzen. Der Evangelist hatte kein Interesse an einer genauen Wiedergabe der Wanderwege Jesu. Vermutlich besaß er auch nicht die Möglichkeit dazu. ,,Jenseits des Meeres" scheint das folgende Geschehen auf dem Ostufer zu lokalisieren. Die Bezeichnung des Sees ist überladen. Das hat man schon früh erkannt und zu beseitigen versucht. Während (G) N pc sy² τῆς Γαλιλείας fortlassen, beseitigen D (Θ) pc b c r¹ die Doppelbezeichnung, indem sie vor τῆς Τιβεριάδος einfügen εἰς τὰ μέρη, das Mk 8,10 und Mt 2,22; 15,21; 16,13 vorkommt. *Hirsch*, Studien 59, hält zu Unrecht die Lesart von D für

den „Ausgangspunkt aller Handschrift-Varianten". P 75 liest den uns vorliegenden Text, während P 66, von dem *Hirsch* noch nichts wußte, τῆς Τιβεριάδος in den Text einflickte. Tiberias, erst um 26 n. Chr. gegründet (*Billerbeck* II 467–477; *Dalman, Orte* 195f.) wird von Josephus, Bell. III § 57 und
IV 456 zur Bezeichnung des Sees benutzt; Pausanias V 7,3 nennt λίμνην Τι-
βεριάδα ὀνομαζομένον. In 21,1 spricht der Ergänzer vom „Meer von Tiberias". Er wird auch hier ergänzend eingegriffen haben, indem er den neuen
Namen nachbrachte.

■ **2** Daß eine große Menge Jesus folgte (Imperfekt der Dauer!), wird hier
aus dem Kontext freilich nicht verständlich. Der Zug stammt aus der Tradition dieser (gegenüber den Synoptikern sekundären) Geschichte. „Sie sahen" ist eine Konstruktion nach dem Sinn (s. *Blass-Debrunner* § 134,1). P 66
hat das dem von א 𝕂 pm gebotene ἑώρων entsprechende ἑώρουν zu ἐθεώ-
ρουν verbessert; P 75 liest ἐθεώρων. Diese Formen ersetzen das im Präsens
und Imperfekt ungebräuchliche ὁρᾶν (*Blass-Debrunner* § 101 S. 65). V. 2
motiviert den Zulauf der Menge mit Heilungen Jesu, die man gesehen hat.
Das stammt aus der Theologie der Vorlage. Der Evangelist bestreitet in
V. 26 ein Sehen der Semeia in ihrer eigentlichen Hinweisbedeutung. Mk ist
es auch nicht ganz gelungen, die Menge einzuführen (s. *Haenchen, Der Weg
Jesu* 245).

■ **3** א D gehen hier wieder einmal zusammen; א ist (gegen *Boismard,
Le Papyrus Bodmer II* 366) im ganzen JE oft „westlich" beeinflußt. Mk
weiß nichts von einem Berg (6,30–44; 8,1–10), wohl aber Mt 15,29 (Speisung der 4000), nicht aber in 14,33 (Speisung der 5000) (vgl. *Gardner-Smith,
St. John* 27–33). Da Jesus die Menge erst in V. 5 auf sich zukommen sieht
und erst in V. 15 auf den Berg entweicht (*Wellhausen* 28), verrät sich hier
eine sekundäre Entwicklung, welche wohl schon die Vorlage bot (gegen
*Bultmann* 156 A.4).

■ **4** hielt *Wellhausen* 28 für einen an beliebiger Stelle eingeführten „Mei-
lenzeiger der Chronologie", der erst nachträglich dem Text „aufgenäht" sei
und die Dauer der Wirksamkeit Jesu auf mehrere Jahre verlängere. *Hirsch,
Studien* 59f., vermutet u. E. zu Recht, daß der Bearbeiter mit diesem Vers
die vermißte Einsetzung des Abendmahls wenigstens angedeutet hat. (Vgl.
dazu *Bultmann* 156 A.6: Die Beziehung auf die Eucharistie wird vom redaktionellen Zusatz 6,51–58 hergestellt.)

■ **5** eröffnet die eigentliche Erzählung mit einer gewissen Feierlichkeit
(anders *Bultmann* 156 A.7, der auch in 4,35 solche Feierlichkeit bestreitet).
Hier ist weder von Krankenheilungen die Rede wie in Mt 11,29f. noch von
einem Lehren Jesu. Daß sich Jesus (V. 3) mit seinen Jüngern niedersetzt, soll
keine Ähnlichkeit mit einem sitzend lehrenden Rabbi ausdrücken. Vielmehr
beherrscht der Gedanke des kommenden Wunders das Ganze. Die Frage an
Philippus (der im JE 12mal erwähnt wird) könnte dahin gedeutet werden,
daß Jesus selbst nicht wisse, was er tun solle, und bei anderen Auskunft und
Beratung suche. Darum folgt

■ **6** mit der Versicherung, daß die Frage ‚prüfenden‘ (nicht: versucherischen) Charakter hatte. Jesus selbst wußte alles voraus und beabsichtigte schon das Wunder. Daß Jesu Allwissenheit sein Menschsein zu einem bloßen Schein machen müsse, hat auch Mk 2,8 und 9,3 nicht sagen wollen; man darf darum auch bei Johannes keinen Doketismus daraus ableiten.

■ **7** soll nicht den Philippus als besonders ungläubig schildern, sondern dem Leser klarmachen, daß die (schon in der Tradition genannte) Summe von 200 Denaren nicht im mindesten genügen würde (vgl. dazu die Gesamtbesprechung). Die Steigerung des Wunders in der Entwicklung der Überlieferung läßt sich hier sehr deutlich aufzeigen. Die Menge, deren Zahl erst V. 10 bringt, ist also sehr groß.

■ **8** *Hirsch,* Studien 60, möchte den Andreas auf den Redaktor abschieben, da ein ,,wortkarger Schriftsteller‘‘ – war der Verfasser der Vorlage das? – nicht sagen würde ,,einer seiner Jünger‘‘ und danach den Namen nennen würde. Aber ,,Andreas, der Bruder des Simon Petrus‘‘ kam schon in 1,40 vor und wird weiter 1,45; 6,8; 12,22 (2mal) erwähnt. Petrus selbst wird an unserer Stelle übergangen. Man könnte vermuten, er solle auf diese Weise geschont werden, daß er nicht den Unglauben verrät, den Andreas unfreiwillig in aller Unschuld bekennt. Aber das will der Evangelist nicht sagen. Petrus spielt im JE überhaupt keine hervorragende Rolle.

■ **9** Die Mitteilung des Andreas, ein Knabe sei da mit fünf Gerstenbroten und zwei Fischen, soll nur dem Leser zeigen, daß die menschlichen Möglichkeiten in diesem Fall versagen. – Zu den Formen παιδάριον und ὀψάριον vgl. *Svansson*, ,,Diminutives 134–151, mit Tabellen der Deminutivendungen -ίον, -άριον, -ιδιον, -αρδιον, -ιδάριον, -ισκος, -ισκη, -ις. Insgesamt verwendet das Neue Testament 33 Arten der von der Koine so sehr geliebten Deminutiva, die keine Verkleinerungsbedeutung haben, am meisten Joh neben Mk und Lk. Danach ist *Blass-Debrunner* § 111,3 zu verbessern. Wie der Knabe mit den Lebensmitteln hierherkommt, darf man nicht fragen. Die Geschichte erinnert an 2Kön 4,42ff.: Ein Mann brachte dem Propheten Elisa 20 Gerstenbrote (wie sie arme Leute aßen) und Schrotkorn in einem Sack. Da befahl er: ,,Gib es den Leuten zu essen!‘‘ Sein Diener aber entgegnete: ,,Wie kann ich dies 100 Männern vorsetzen?‘‘ Doch er erwiderte: ,,Gib es den Leuten zu essen, denn so hat der Herr gesprochen: ‚Man wird essen und noch übrig lassen.‘‘‘ Als er es ihnen vorsetzte, aßen sie und ließen davon übrig, wie der Herr es verheißen hatte. – Während *B. Weiß,* Johannes 236, noch kühn behauptete, nichts zeuge gegen die Augenzeugenschaft des Evangelisten, hielt *Bauer* 92 wohl mit Recht die Elisageschichte für ,,das Urmuster unserer Erzählung‘‘, während *Bultmann* 157 Anm. 3 ,,keine Nachwirkung von 2Kön 4,43f.‘‘ für erwiesen hält. Aber die Übereinstimmungen sind doch zu groß: ein zu geringer Vorrat an Gerstenbroten wird vorgesetzt, entgegen den Bedenken: ,,Was ist das für so viele!‘‘, und die Leute werden satt und lassen noch etwas übrig. *Barrett* 229 hält eine Erinnerung an 2Kön 4,42–44 für möglich. *Wellhausen* bespricht merkwürdigerweise die alttestamentliche

Parallele nicht. Dabei ist sie für die Entwicklungsgeschichte von Traditionsstücken besonders wichtig.

■ **10** erinnert freilich an Mk 6,39ff. Aber dort sollen sich die Leute in Gruppen zu 50 und 100 auf dem grünen Rasen niederlassen, damit die in Mk 6,44 berichtete Zählung möglich wird. Vielleicht hat Joh die von ihm benutzte Tradition etwas verkürzt wiedergegeben. Jedenfalls hängt sein Interesse nicht an dieser Wundergeschichte als solcher, sondern an ihrem später (V. 35) offenbarten Zeichencharakter.

■ **11** Jesus selbst verteilt Brot und Fisch, ohne daß die 12 Apostel beteiligt werden. Daß die Schilderung dadurch nicht anschaulicher wird, ist freilich wahr. Aber der Erzähler läßt auch sonst die Apostel zurücktreten. Entscheidend ist, was Jesus tut. Jeder bekommt nicht nur ein bißchen, sondern soviel er will. Vermutlich hat der Redaktor aus εὐχαριστήσας eine Anspielung auf das Abendmahl herausgelesen, das er im JE nicht berichtet fand. An sich sprach aber jeder jüdische Hausvater über das Brot den Segen: ,,Gepriesen seist du, Jahwe, unser Gott, König der Welt . . ., der du das Brot aus der Erde lässest hervorgehen" (*Billerbeck* I 685). Das Wort ὀψάριον ist eine Deminutivbildung aus ὄψον, Gekochtes, Zukost zum Brot; gemeint sind die als Zukost genossenen Fische.

■ **12** Alle werden satt. In Mk 6,43 heben die Gesättigten selbst die nicht verzehrten κλάσματα (Brotbrocken) auf. Hier läßt Jesus die Jünger die Sammelarbeit übernehmen – wahrscheinlich ein aus der Vorlage übernommener Zug. Er macht erst den ganzen Umfang des Wunders deutlich: diese gesammelten Reste waren mehr, viel mehr als das, was ursprünglich vorhanden gewesen war. Von Fischresten ist hier nicht die Rede. Nun ließ man (*Billerbeck* IV 2, 626) nach einer rabbinischen Tradition nur Brocken liegen, die kleiner waren, als eine Olive. Daß man Brotreste sammelte, war also jüdische Sitte. Hier aber trat sie in den Dienst des Wunderbeweises.

■ **13** Die Jünger sammeln zwölf Körbe voll – jeder einen Korb. Woher diese Körbe mit einem Mal zur Stelle waren, darf man bei einer solchen Geschichte nicht fragen – sie will anschaulich machen, aber ohne auf Realismus aus zu sein. Die zwölf Körbe und die fünf Brote werden eindrucksvoll gegeneinandergestellt: das ganze Wunder läßt sich in diesem Bild sehen. Damit schloß die Geschichte ursprünglich einmal ab. Hier aber geht sie über den Höhepunkt hinaus noch weiter:

■ **14** Als die Leute dieses Wunder gesehen hatten, das Jesus vollbracht hatte, erklärten sie ihn für den Propheten, der in die Welt gekommen ist: Dt 18,15; Apg 3,22f. zeigen, daß die Beziehung dieses Propheten auf Jesus auch im außerjohanneischen Christentum bekannt und anerkannt war. – In Qumran wurde ,,der Prophet" als eine der drei eschatologischen Gestalten (neben den beiden Messiassen) erwartet: 4Qtest 5; 1QS IX 10 (vgl. auch Test. Benj. 9,2; Test. Levi 8,15; 1Makk 4,46; 14,21). – Unsere Stelle läßt sich für die Vermutung anführen, daß die Tradition der Vorlage des JE auch vom Judenchristentum mit beeinflußt ist.

■ **15** bringt einen im Grunde von V. 14 völlig verschiedenen Gedanken: Jesus erkennt, daß man ihn wegen des Brotwunders wegführen und zum König machen will. Daß er sich diesem Verlangen der Menge durch raschen Rückzug auf den Berg entzieht – ℵ* lat sy$^c$ verdeutlichen, indem sie für „er ging fort hinauf" einsetzen „er floh" –, widerspricht zwar V. 3, nach dem Jesus schon auf dem Berge ist. Aber dieser Zug paßt gut dazu, daß Jesus 18,36 gegenüber Pilatus den unpolitischen Charakter seines Königtums betont: „Mein Reich ist nicht von dieser Welt." Für die Christologie des Evangelisten ist es entscheidend wichtig, daß Jesus, als der Gesandte des Vaters, kein politisches Ziel anstrebt, was ja in jedem Fall „von der Welt" wäre. – Der Zusatz bei D „und dort betete er" berücksichtigt nicht, daß Jesus ja hier aus einem ganz anderen Grunde auf den Berg sich zurückzieht. Vielleicht hat der Ergänzer an Mk 6,46 gedacht.

Die *beiden letzten Verse* enthalten viele Schwierigkeiten. *Schnackenburg* II 23–28 hält sie für lösbar nur bei der Annahme, der Evangelist habe den „Chorschluß" – Vers 14 – seinem eigenen theologischen Urteil gemäß formuliert. Es ist richtig, daß manche Wundergeschichten einen den Wundertäter preisenden „Chorschluß" haben wie z. B. Mk 4,41b, wo die Jünger nach der Sturmstillung sagen: „Wer ist der, daß ihm auch Wind und Meer gehorsam sind?" Aber die synoptischen Speisungsgeschichten enden anders: bei Mk 6,44 und 8,9 und Mt 14,21 und 15,38 mit der Angabe der großen Zahl von Gespeisten, bei Lk 9,17 und JE mit der Angabe der 12 mit Brotbrocken gefüllten Körbe. Joh 6,13 ebenso mit der Angabe der Körbe. Insofern hat die joh. Speisungserzählung keinen weiteren Chorschlußvers mehr nötig. Betrachtet man V. 14 für sich allein, so wirkt er tatsächlich wie ein Chorschluß, der aus joh. Material gebildet ist. „Der Prophet" wird in Joh 1,21 nach dem Messias und Elias als eine dritte eschatologische Gestalt erwähnt. In Joh 7,40 sagen manche Juden in Jerusalem von Jesus: „Dieser ist wirklich der Prophet"; andere halten ihn für den Messias; eine dritte Gruppe bestreitet das, weil dieser aus dem Dorf Bethlehem kommen soll. „Der Prophet" bezieht sich eigentlich auf die Verheißung Dt 8,15, Gott werde einen Propheten wie Moses senden, dessen Anweisungen alle zu befolgen hätten. Joh 6,14 erweckt den Eindruck, als solle er einen erbaulichen Übergang zu einer freilich nicht erbaulichen Fortsetzung bilden. Denn nun kommt etwas, zu dem die Synoptiker kein Gegenstück haben: Jesus – auf den jetzt die Handlung übergeht – erkennt, daß die wunderbar gespeisten Männer kommen und ihn gewaltsam wegführen und zum König machen wollen. Weil damals im Osten des römischen Reiches der Cäsar oft, wie zuvor die Seleukiden, „König" (βασιλεύς) genannt wurde, wäre das eine Ausrufung Jesu als des Cäsar gewesen, und das hätte die Römer sogleich eingreifen lassen. Aber für den Evangelisten wäre die Ausrufung zum (weltlichen) König ein unerträglicher Gedanke gewesen. In der Versuchungsgeschichte halten Mt und Lk das Angebot der Weltherrschaft für eine teuflische Versuchung. Wer auch immer V. 15 geschrieben hat, wollte deutlich machen, daß die christliche Bewegung unpolitisch war. Apg 17,7 klagen die Juden den Paulus und seine Begleiter und die ganze christliche Mission als antirömische politische Bewegung an: sie bringen angeblich das ganze Reich in Aufruhr und behaupten, ein anderer sei Cäsar (βασιλεύς), nämlich Jesus. Man hat die nachösterlich sich rasch verbreitende Sekte als eine antirömische politische Bewegung verleumdet, und auch Joh 6,15 gehört mit in diesen Zusammenhang als ein Stück christlicher Apologetik: Jesus entzieht sich dem Ansinnen der verständnislosen Menge, indem er rasch den Berg weiter hinaufsteigt. Aber V. 15 hat noch eine weitere Aufgabe: er trennt Jesus auch von den Jüngern, die ja bei der joh. Darstellung der Speisung nicht beteiligt gewesen waren und um die sich deshalb die Menge nicht weiter kümmerte. V. 15 verbindet also die Speisungsgeschichte mit der Erzählung vom Seewandeln, indem es die letztere vorbereitet.

Zu der ganzen Szene vom Brotwunder und seiner Wirkung lese man, was in Dostojewskis Roman ,,Die Brüder Karamasow'' der Großinquisitor zu dem wiederkehrenden Christus sagt: ,,Du versprachst ihnen himmlisches Brot, ich aber frage dich . . .: Kann sich dieses Brot in den Augen des schwachen, ewig verderbten und ewig undankbaren Menschengeschlechts mit irdischem Brote messen? Und wenn dir um des himmlischen Brotes willen Tausende und Zehntausende nachfolgen, was soll dann mit den Millionen und Milliarden von Wesen geschehen, die nicht die Kraft haben, das Erdenbrot um des Himmelsbrotes willen zu verachten? Oder sind dir nur die Zehntausende der Großen und Starken teuer, die übrigen Millionen aber . . ., die Schwachen, doch dich Liebenden, sollen die dann nur zum Material für die Großen und Starken dienen? Nein, uns sind auch die Schwachen teuer . . .''

● Die christlichen Gemeinden haben die Speisungsgeschichte sehr geliebt. *Darum* erscheint *sie* in den Evangelien, außer an unserer Stelle, *fünfmal:* Mk 6,34–44; Mt 14,13–21; Mk 8,1–10; Mt 15,32–39; Lk 9,10–17. Das erlaubt uns, an dieser Stelle die Entwicklung der Tradition, die in der joh. Vorlage und im JE als ganzem vorliegt, genauer zu verfolgen. Dabei zeigt sich zunächst: Es besteht eine über die Speisungsgeschichte hinausgehende Übereinstimmung im Kontext: Bei Mk 6 folgen auf die Speisung (34–44) die Erzählung vom Seewandeln (45–52) und die Überfahrt nach Gennesar (53–56). Mk 7,1–23 schildert zwar einen Streit mit den Pharisäern und scheint so ein neues Thema anzusprechen, aber 7,24–30 enthält die Geschichte von der Syrophönizierin, bei der das Brot der Kinder die entscheidende Rolle spielt, und 7,31–37 beendet mit einer Heilungsgeschichte das Ganze. Dem entspricht in hohem Grade die (von Markus nicht als solche erkannte) Parallele 8,1–9a von der Speisung der 4000. Zum Seewandel findet sich hier kein Analogon, wohl aber zu der Überfahrt (8,9bf.), die diesmal nach Dalmanutha führt. In 8,11bf. kommt es zu einem Streitgespräch mit den Pharisäern, die ein Zeichen fordern. 8,13–21 enthalten ein Gespräch vom Brot (Sauerteig) und 8,22–26 eine Heilungsgeschichte. Mit diesem Komplex berührt sich nun eng die joh. Version: Joh 6,5–13 schildert die Speisung der 5000, V. 16–20 das Seewandeln. V. 21 berichtet kurz die Überfahrt, die diesmal in Kapernaum endet. An sie schließt sich in V. 26–31 ein Streitgespräch mit der Menge an, die ein Zeichen verlangt. In V. 32–51a erreicht der Evangelist mit der interpretierenden Rede Jesu von sich als dem wahren Himmelsbrot sein Ziel.

Das Interessante an diesen – trotz aller Unterschiede bestehenden – Übereinstimmungen ist die Tatsache: hier findet sich nicht nur in den „kleinen Einheiten", sondern in einem größeren Traditionsstück eine überraschende Übereinstimmung des Themas. Das führt auf die Frage, ob nicht schon früher, als man gewöhnlich meint, sich größere Traditionsgruppen gebildet haben, die sich als von einem Gesamtthema zusammengehalten erweisen. Es könnte sein, daß besonders eindrucksvolle Einzelstücke, „kleine Einheiten", eine verbindende Kraft ausgeübt haben, die umfangreichere Traditionsgebilde hervorriefen. Diese bestanden ihrerseits aus einzelnen Überlieferungseinheiten, die freilich gelegentlich gegen andere gleichsam ausgetauscht werden konnten. Die Forschung wird sich fragen müssen, wie groß der Anteil der einzelnen Evangelisten an alledem ist.

*Demnach* ist die joh. Variante nicht aus einem oder mehreren der synoptischen Texte komponiert worden (so noch *Hirsch,* Evangelium 170; *Strathmann* 111); der Gedanke, der Verfasser habe die Synoptiker vor sich gehabt und bald aus diesem, bald aus jenem ein Wort, eine Wendung, einen Zug ausgewählt, läßt sich nicht durchführen. Denn einmal setzt dies voraus, daß damals schon die drei Evangelien – oder wenigstens das des Markus – überall verbreitet waren und dem Evangelisten zur Verfügung standen; zum andern genügt es nicht, um alle Züge des johanneischen Berichtes zu erklären. Vielmehr wird man annehmen müssen: die Geschichte von der wunderbaren Speisung war schon vor Mk in verschiedenen Fassungen verbreitet (von denen keine den absoluten Vorrang beanspruchen kann). Eine weitere von ihnen gibt Joh 6,1–13 wieder, die nicht von den Synoptikern abhängig ist. Damit ist nicht gesagt, daß die johanneische Fassung ebenso alt oder sogar noch älter und ursprünglicher ist als z. B. die des Mk. Verschiedene Züge (z. B. die Nennung der Jünger Philippus und Andreas; Petrus wird übergangen) zeigen spätere, novellistische Ausmalung, und das Verhältnis Jesu zu den Jüngern erscheint aus späterer und zugleich johanneischer Sicht.

Die Einleitung ist kürzer als in Mk 6 par., weil die Verbindung der Speisung mit der Erzählung von Herodes und dem Täufer einerseits und der Aussendung der 12 Jünger andererseits ebenso fehlt wie in Mk 8. Dort erklärt sich aber das unvermittelte Einsetzen daraus, daß die Wiederholung einen (wenn auch nur angedeuteten) neuen Rahmen verlangte. Das Verhältnis Jesu zu seinen Jüngern (die Zwölf werden nicht genannt) ist in Joh 6,1–13 verändert. Alle Aktivität liegt bei Jesus, der von vornherein weiß, was er tun will. Seine Befragung des Philippus zeigt nur die Unmöglichkeit, der Not

mit natürlichen Mitteln abzuhelfen; dasselbe gilt von der Äußerung des Andreas in 9b. V. 9a dagegen leitet schon zum folgenden Wundergeschehen
über. Die Sammlung der nicht verzehrten Reste erweist, daß sie die ursprünglich vorhandene Gesamtmenge übersteigen und so die Tatsächlichkeit der wunderhaften Brotvermehrung an den Tag bringen. Die Erwähnung der Gerstenbrote wird auf den Einfluß von 2Kön 4,42f. LXX zurückgehen; schriftkundige Christen fanden das Wunder Jesu schon im AT vorge-
bildet. Die Fische (die ja ebenfalls vermehrt werden!) passen in die Situation
am See hinein, stören dagegen jede – oft versuchte – eucharistische Deutung
des Mahls. Daß Jesus vor der Austeilung den Segen spricht, bleibt durchaus
im Rahmen jüdischer Sitte, die den Hausvater vor Beginn des Mahles eine
Benediktion sprechen läßt.

Bei den Synoptikern bleibt das Wunder ohne jeden Eindruck auf die Jünger (die hier bei der Handlung selbst ausgeschaltet sind) und die Menge. Hier
dagegen will man nach V. 14f. Jesus als den verheißenen Propheten zum
König machen und zeigt damit, daß man das Wunder nicht in seinem johanneischen Sinn als Hinweis auf Jesus als das wahre Himmelsbrot verstanden
hat.

Diese Perikope enthält (abgesehen von V. 14f.?) den Text einer vom
Evangelisten nur leicht überarbeiteten Vorlage. Sie ist eine Variante der in
den synoptischen Evangelien mehrfach in verschiedener Form enthaltenen
Geschichte einer wunderbaren Speisung.

Wir wollen nun den Einzelvergleich durchführen. Wenn man die Erfahrung voraussetzt, daß sich das Wunderhafte in einer Geschichte während der
Überlieferung nicht vermindert, sondern vielmehr vermehrt, dann ist die
Fassung in Mk 8,1–9a jedenfalls in der Zahlangabe die ursprünglichste, die
sich erhalten hat: statt 5000 werden hier „nur" 4000 gesättigt, und zwar mit 7
Broten, nicht mit 5. Den sieben Broten entsprechen hier sieben Körbe mit
übrig gebliebenen Brocken. Mt 15,32–38 schließt sich eng an Mk 8,1–9a an,
vergrößert aber die Menge der wunderbar Gesättigten in 15,38: „Die Essenden aber waren 4000 Männer außer den Kindern und Frauen." In der Mk-
Fassung von Kap. 8 fehlt das Wunder des Seewandelns. Die Überfahrt erfolgt ohne ein weiteres Wunder. Man kann sich freilich fragen, ob Markus
ein solches Wunder ausgelassen hat, weil sonst die beiden Erzählungen sich
allzusehr geglichen hätten. Aber u. E. geht eine solche Erwägung fehl. Markus ist, wie Mk 8,19–21 beweisen, fest davon überzeugt, daß zwei verschiedene Speisungen stattgefunden haben. Daß also in der Version von Mk 8 das
Wunder des Seewandelns fehlt, zeigt: hier ist das Wunderhafte noch nicht so
gesteigert wie in Mk 6,34–44 und der noch weiter entwickelten Form, die Mt
14,13–31 erhalten hat (Seewandeln des Petrus). Die Zahl der Körbe in Mk 6,
Mt 14 und Lk 9 entspricht nicht jeweils der Zahl der verteilten Brote. Das hat
seinen Grund in der Angleichung der Korbzahl an die Zahl der beim Austeilen hier beteiligten zwölf Jünger. Aber auch damit ergibt sich eine Vergröße-
rung des Wunders.

Die joh. Variante berührt sich in vielem mit Mk 6,34–44: 5 Brote (Joh 6,9) und 5000 Gespeiste und 12 Körbe mit Resten werden vorausgesetzt. Diese Reste, die κλάσματα, hat der angelsächsische Theologe *F. C. Synge* in Theology 50 (1947) 263f., wenigstens für Mk 8,19f., eucharistisch gedeutet: die κλάσματα seien nicht Reste, die nicht gegessen waren, sondern unverteilt gebliebene Stücke. Die Jünger (die bei Joh nicht als Verteiler auftreten) sollten die eucharistische Speise von Leib und Blut Christi austeilen, von der nichts umkommen darf. Aber für die Darstellung im JE paßt das nicht. Denn hier sind die κλάσματα ausgeteilte Brocken, die nicht umkommen sollen. – *C. F. D. Moule,* A Note 240–243, hört, wie schon *A. Robinson* in: Theological Studies XIII (1911/12) 547f., aus der Didache ein Echo von Joh 6 und 11 heraus: Ihr Satz: ,,Wie dieses κλάσμα auf den Bergen zerstreut war und zur Einheit zusammengebracht wurde" sei ein Echo von Joh 6,12 συνάγετε und von Joh 11,52 (,,daß er die zerstreuten Kinder Gottes zur Einheit versammle") auf die Speisungsgeschichte. Richtig an dieser Auslegung ist u. E., daß in Did IX 3 das κλάσμα (das dem ποτήριον entspricht) auf das Abendmahlsbrot der Gemeinde anspielt. Aber mit den κλάσματα in Joh 6 hat das nichts zu tun: diese Brocken sind ja gar nicht auf den Bergen zerstreut gewesen.

Zurück zu der joh. Variante! Ihr folgt die Erzählung vom Seewandeln, obwohl sie für den Evangelisten fast ganz unergiebig ist, allerdings in einer von Mk abweichenden Form: Das zeigt, daß das JE nicht von Mk abhängig ist. Dafür sprechen auch noch andere Indizien: in Mk 6,37 wären zweihundert Denare ausreichend, in Joh 6,7 genügen 200 Denare aber nicht dafür, daß jeder auch nur ein Stückchen Brot bekommt. Nach Mk 6,35 spielt die Speisungsgeschichte gegen Abend; nach Joh 6,15f. aber bricht die Dunkelheit erst herein, als sich Jesus auf den Berg zurückgezogen hat. Neu bei Joh ist die Erwähnung der Gerstenbrote, in der sich 2Kön 4,42–44 bemerkbar macht. Dem könnte ein Funke später christlicher Schriftgelehrsamkeit zugrunde liegen; aber es kann auch sein, daß hier ein alter Zug der Erzählung (wieder) zu Ehren kommt. Davon später mehr.

Die Eigenart der joh. Darstellung gegenüber der synoptischen Tradition tritt aber an einer anderen Stelle besonders deutlich hervor: In Mk 6 machen die Jünger Jesus auf die drohende Notlage aufmerksam. In Mk 8 dagegen geht die Initiative auf Jesus über: er weist die Jünger auf die Einsamkeit hin und auf die Unmöglichkeit, Brot zu kaufen. Das JE redet von einer solchen Notlage überhaupt nicht mehr. Als Jesus die Menge kommen sieht, steht für ihn schon fest, daß er jetzt das Speisungswunder vollbringen wird (6,5f.). Die Frage an Philippus und die Mitteilung des Andreas (bei den Synoptikern hier nicht erwähnte Personen!) unterstreichen nur, daß für Menschen die Möglichkeit nicht besteht, die Aufgabe zu lösen. Die joh. Vorlage zielt ausschließlich auf die Größe des Wunderbaren ab, wie es *Strathmann* 108 gut formuliert: ,,Das Wunder als solches, also eine gewaltige Demonstration" ist ,,der Zweck, auf den hin das ganze Verhalten Jesu abzielt". Damit hängt zusammen, daß in der joh. Darstellung jener ,,menschliche" Zug ausfällt, der in Mk 6 und 8 (wenn auch auf verschiedene Weise) hervortritt: das Mitleid Jesu mit den armen Menschen. Der vierte Evangelist sieht in dieser ganzen Wundergeschichte, die er als wirklich geschehen nicht bezweifelt hat, nur einen Hinweis, daß Jesus das wahre Himmelsbrot ist. Davon wird später zu sprechen sein, weil ja die Brotrede in 6,26–51a dieses Thema ausführlich entfaltet.

Von daher versteht man, daß die joh. Fassung der Geschichte, verglichen mit der synoptischen, eigentümlich kühl und farblos wirkt. Die Konzentration auf Jesus und sein Wunder läßt das „Menschliche" zurücktreten. Wenn man den Wandel der Überlieferung kurz angeben will, so kann man etwa sagen: Die frühe Gemeinde verband die Erinnerung an ein Mahl Jesu mit seinen Jüngern am galiläischen See mit der alttestamentlichen Eliasgeschichte und verkündete damit: Was an wunderbarer Macht und Fülle des Segens vom Herrn ausging und ausgeht, das übertrifft weit die Wunder des Alten Bundes. Für *A. Schweitzer,* Mystik 352–356, war die Speisung ein Bericht vom ersten „Abendmahl" Jesu gewesen, der das unmittelbar bevorstehende Ende des alten Äons erwartete. Die Erinnerung an diese von eschatologischer Hochspannung gleichsam geladene Mahlzeit blieb, aber zu einer Wundergeschichte verwandelt, erhalten. Diese Erklärung *Schweitzers* hat großen Eindruck gemacht. Aber sie ist nur eine Hypothese, die vorschnell historisiert und dabei Jesus die Schweitzersche Nah-Eschatologie zuschreibt, die freilich alsbald vom Ausbleiben der endzeitlichen Verfolgung korrigiert worden sei.

Die Vorlage des JE bringt eine reine Wundergeschichte ohne eschatologischen Symbolgehalt. Der Evangelist nahm sie auf im Blick auf das, was er selbst über das Manna des Mose und über Jesus als das wahre Himmelsbrot zu sagen im Sinn hatte. Wie wenig er am Kern des überkommenen Berichtes änderte, wird daran deutlich, daß er die Geschichte vom Seewandeln mit übernahm, die in einem Stadium der Tradition (noch nicht in Mk 8!) sich mit der Speisungsgeschichte verbunden hatte. Das ist charakteristisch für die Kompositionsweise des Evangelisten: Er übernimmt verhältnismäßig große Blöcke des Erzählgutes, deren eigentlichen Sinn er erst später – hier in 6,26 – in einer Jesusrede entfaltet. Es wäre darum verkehrt, in jedem Einzelzug des joh. Erzählungsgutes etwas von jenem geheimen Sinn, von der eigentlichen Botschaft des Evangelisten zu suchen. Die Eigenart dieser Kompositionsmethode bringt es mit sich, daß sehr viele Züge des Erzählungsgutes nicht wirklich ausgewertet werden können.

Versucht man, wie *Bultmann* die Erzählung von der Speisung als Bestandteil einer Semeia-Quelle zu interpretieren, so liegt darin zugleich etwas Richtiges und etwas Verkehrtes. Richtig ist u. E., daß es sich bei dieser Perikope um ein vom Evangelisten in seiner Vorlage vorgefundenes und ziemlich getreu wiedergegebenes Quellenstück handelt, in dem ein Glauben weckendes Wunder berichtet war. Aber dabei droht übersehen zu werden, daß dieses Quellenstück nicht die früheste Form dieser Speisungsgeschichte wiedergibt, sondern eine entfaltete und zugleich, bei der Entwicklung dieser Tradition, verkürzte Spätform der Überlieferung. Man darf sich die Entwicklung dieser Überlieferung nicht wie das geradlinige Wachstum einer Tanne oder Fichte vorstellen. Sie gleicht vielmehr eher dem Wachstum eines großen Laubbaumes mit einer mächtig sich nach allen Seiten ausbreitenden Krone. Die Vorstellung der Semeia-Quelle, wie sie bei *Bultmann* zu bestehen scheint, verführt dazu, in der vom JE benutzten Form der Vorlage zugleich die Urform zu erblicken und die Entwicklungsgeschichte dieser Tradition zu vergessen. Das komplexe Verhältnis zwischen der ursprünglichen Form des jeweiligen Erzählungsgutes, der Spätform in der Vorlage, die der Evangelist benutzte, und der eigentlichen Botschaft des Evangelisten muß dem Exegeten stets bewußt bleiben, ohne daß er darüber eventuelle Eingriffe des Redaktors übersieht. Außerdem hat der Evangelist die Vorlage öfters abgeändert, kürzend oder erweiternd (vgl. z. B. 4,48f.; 5,1–7). *Auch* besteht bei Joh 6,1–13 die Gefahr, daß man dieses Stück in einer falschen Perspektive sieht, nämlich in seiner Verwandtschaft mit den synoptischen Speisungsgeschichten. Man muß es aber – ebenso wie das ganze Kap. 6 – vielmehr im Vergleich mit Kap. 5 lesen. Beide Kapitel sind im Grunde auf gleiche Weise aufgebaut. Zunächst wird in beiden Fällen ein Wunder Jesu erzählt: die Heilung des Gelähmten in Kap. 5, die Speisung der 5000 in Joh 6,1ff. Dann folgt beidemal eine Art Zwischenspiel. In Kap. 5 beginnt es im Grunde mit dem Schlußsatz von V. 9b: ,,Es war aber Sabbat an jenem Tage.'' Hier wird die Zündschnur für die folgende Explosion gelegt. Mit V. 17 eröffnet sich die eigentliche Auseinandersetzung mit den Juden, die in der großen Rede Jesu über sein Verhältnis mit dem Vater gipfelt und den Hauptbeitrag für die Erkenntnis der joh. Christologie gibt. In Joh 6 eröffnet wieder eine Wundergeschichte (6,1–13) die große Einheit dieses Kapitels. Das auslösende Moment ist – fast unmerklich – die Speisungsgeschichte. Zunächst scheint sie gar keinen Anlaß für einen Konflikt herzugeben, wie ihn 5,9b gab. In 6,14 beginnt ein Zwischenspiel, das mit 5,9bff. innerlich parallel läuft. Da es aber verschiedenes Material enthält, ist es nicht so durchsichtig wie 5,9b–18. Die große Rede von 6,25–71 ist an Gewicht der Rede Jesu von 5,19–47 gleich, wenn es sie nicht wegen der unmittelbaren Folgen, die sie zeitigt, noch übertrifft. Denn nach Kap. 6 folgt keine begeisterte Menge mehr Jesus. Der ὄχλος πολύς, der Jesus sucht, ist verschwunden. Daß viele neue Glaubende gewonnen werden – nach 8,30 sieht es so aus –, ist nur ein Schein, den Jesus sogleich selbst zerstört. Der Ausschluß des Blindgeborenen aus der Synagoge (Joh 9,34f.) zieht den äußeren Trennungsstrich. Die Talfahrt der Jesusbewegung ist offenbar geworden, die mit 6,14 begonnen hat. Die Auferweckung des Lazarus, die mit 11,45 wieder viele Gläubige zu bringen scheint, ist in Wirklichkeit der Anfang vom Ende.

## 16. Das Seewandeln Jesu

[16]**Als es aber Abend geworden war, gingen seine Jünger zum Meer hinunter,** [17]**bestiegen ein Schiff und machten sich auf den Weg nach Kapernaum jenseits des Meeres. Und es war schon dunkel geworden, und Jesus war noch nicht zu ihnen gekommen.** [18]**Und das Meer wurde von einem starken Wind aufgewühlt, der wehte.** [19]**Als sie nun etwa 25 oder 30 Stadien gefahren waren, sahen sie Jesus auf dem Meer wandeln und nahe an das Schiff kommen; und sie erschraken.** [20]**Er aber sagte zu ihnen: ,,Ich bin es! Fürchtet euch nicht!"** [21]**Da wollten sie ihn ins Schiff nehmen, und sogleich war das Schiff am Lande, auf das sie zufuhren.** [22]**Die Menge, die am jenseitigen Ufer stand, sie sahen am folgenden Morgen, daß kein anderes Schiff dort war außer einem einzigen, und daß Jesus nicht ins Schiff gestiegen war mit seinen Jüngern, sondern nur seine Jünger weggefahren waren.** [23]**Aber es kamen Schiffe aus Tiberias, nahe dem Ort, wo sie das Brot gegessen hatten, als der Herr den Segen gesprochen hatte.** [24]**Als nun die Menge sah, daß Jesus nicht dort war und auch nicht seine Jünger, stiegen sie in die Schiffe und kamen, Jesus suchend, nach Kapernaum.** [25]**Und als sie ihn jenseits des Meeres fanden, sprachen sie zu ihm: ,,Rabbi, wann bist du hierher gekommen?"**

**Literatur:**

*Anonym,* Noch ein Versuch über das Wandeln Jesu auf dem Meere nach Mt 14,24–33; Mk 6,45–51 und Joh 6,16–21, MRP 12 (1802) 310–333.

*Bleek, F.,* Verhältniß der joh. Darstellung zur synoptischen in der Erzählung vom Wandeln Jesu auf dem Meere, in: ders., Beiträge, 1846, 102–105.

*Gieseler, J. K. L.,* Vermischte Bemerkungen: zu Joh 6,22, ThStKr 2 (1829) 137–138.

*Giffort, G.,* Ἐπὶ τῆς θαλάσσης (Joh 6,19), ET 40 (1928/29) 236.

*Holtzmann, H. J.,* Das schriftstellerische Verhältnis des Johannes zu den Synoptikern, ZWTh 12 (1869) 62–85. 155–178. 446–456; bes. 163–164. 170.

*Roberge, M.,* Jean VI, 22–24: Un problème de critique textuelle, LTP 34 (1978) 275–289.

*Ders.,* Jean VI, 22–24: Un problème de critique littéraire, LTP 35 (1979), 139ff.

*Zarella, P.,* Gesú cammina sulle acque. Significato teologico di Gv 6,16–21, ScC 95 (1967) 146–160.

■ **16** Bei Anbruch der (im Süden rasch eintretenden) Dunkelheit gehen die Jünger hinunter zum Meer. Sie haben also die ,,Flucht" Jesu nicht mitgemacht. Das spricht dafür, daß V. 14f. ursprünglich nicht zur Speisungsgeschichte gehört haben. Immerhin kann man V. 16 noch von der Bergsituation des V. 3 aus verstehen. Da Jesus auf den Berg – zum Gipfel des Berges? – gegangen ist, müssen sich die allein gelassenen Jünger nun entscheiden. Sie bleiben nicht am Ort der Speisung. Von der Menge ist zunächst keine Rede mehr, obwohl sie am Ort der Speisung bleibt (V. 22). Warum die Jünger ohne Jesus abfahren, hat schon Mk 6,45 nicht mehr wirklich begründen können. Ursprünglich war die Einzelgeschichte der Speisung nicht auf die Fortsetzung (Seewandeln) hin angelegt.

■ **17** Die Jünger gehen an Bord eines Schiffes (jenes Schiffes, mit dem sie zur Speisung gekommen waren?) und fahren über den See nach Kapernaum. Warum sie gerade dorthin gelangen wollen, geht aus der Geschichte selbst nicht hervor. Daß Jesus mit den Seinen sich dort kurze Zeit aufgehalten hatte, war 2,12 berichtet. Aber das begründet nicht, daß jetzt Kapernaum Fahrtziel wird. Vermutlich hat die Überlieferung von einer Lehrtätigkeit Jesu in Kapernaum (Mt 11,23; Lk 10,15), die von Wundern begleitet war, hier diesen Ort als weiteren Schauplatz der Handlung (6,59!) bestimmt. – Sehr merkwürdig ist der zweite Versteil: ,,es war schon finster (σκοτία) geworden, und Jesus war noch nicht zu ihnen gekommen''. Die Korrektur von ℵ D könnte von 12,35 beeinflußt sein (*Bultmann* 159 A.9). Dieser Wortlaut vermeidet die Plusquamperfektform ἐγεγόνει, die nach *Bauer* 93 darauf hindeutete, daß die Jünger bis zum Anbruch der Finsternis gewartet hatten. *Wikenhauser*, Johannes 121, meint, V. 17b solle begründen, warum sich die Jünger eingeschifft hatten; *Brown* I 251 vermutet, die Jünger hätten nahe am Strand gesegelt in der Erwartung, Jesus werde ans Ufer kommen. *Brown* faßt ἤρχοντο als Imperfectum der unvollendeten Handlung. Näher scheint uns die Übersetzung ,,sie begannen . . .'' zu liegen. V. 17 hatte in der früheren Tradition vielleicht die Aufgabe gehabt, auf die Notlage vorzubereiten, in welche die allein gelassenen Jünger gerieten. Jetzt klingt diese Not höchstens noch leise an.

■ **18** will *Bultmann* 159 Anm. 1 mit *Heitmüller* 773 als Glosse streichen, weil nachher die Sturmstillung nicht erzählt wird und der im JE seltene gen. abs. stilistisch aus dem Rahmen fällt. Schon *Wendland*, Literaturformen 276, hatte gesehen, daß hier das Moment der Gefahr ganz zurücktritt. Aber wenn kein Sturm herrscht, verliert das Kommen Jesu über den See eigentlich seinen (helfenden) Sinn. An alttestamentlichen Vorbildern für das Seewandeln pflegt man Hiob 9,8 (,,der einherschreitet auf den Höhen des Meeres''), Jes 43,16 (,,der Herr, der einen Weg bahnte im Meer usw.''), Ps 77,20 (,,dein Pfad ging durchs Meer usw.'') anzuführen. Eine wirkliche Parallele ist aber nur Hiob 9,8 LXX: der Herr ist ,,περιπατῶν ὡς ἐπ᾽ ἐδάφους ἐπὶ θαλάσσης'' (,,einherschreitend wie auf festem Boden auf dem Meer'').

■ **19** Ἐληλακότες: ,,nachdem sie gerudert hatten'' oder ,,nachdem sie (segelnd) gefahren waren 25 oder 30 Stadien'': ungefähr in der Mitte des Sees, der nach Josephus, Bell III 506, vierzig Stadien breit und 140 Stadien lang war. Tatsächlich sind diese Angaben zu gering: die größte Breite beträgt nach *Gerber*, Biblisch-historisches Handwörterbuch III 1754, bis 12 km und die Länge 21 km. Der Erzähler verfügt aber nicht über die heutigen geographischen Kenntnisse. Die ganze Geschichte wird – anders als Mk 6,48 – nicht vom Standpunkt Jesu, sondern von dem der Jünger aus berichtet: sie sehen Jesus plötzlich über das Meer wandeln und sich dem Schiff nähern. Dieser Anblick flößt ihnen Angst ein. Darum spricht Jesus in

■ **20** ihnen beruhigend zu: ,,Ich bin es! Seid ohne Furcht!'' Die Worte ἐγώ εἰμι wirken hier nicht als göttliche Offenbarungsformel. Doch haben die

Forscher in der Markusparallele eine göttliche Epiphanie gesehen. *Hirsch,* Frühgeschichte I 182–186, hat aus Joh 21, Mk 6 und Mt 14,30f. die erste Erscheinung Jesu vor Petrus rekonstruieren wollen und (186) gestanden, er würde diese Geschichte, „wenn sie etwa so, wie hier vermutet, gelautet haben sollte, für einen streng wahrhaftigen Erlebnisbericht halten". Das dürfte freilich eine Überschätzung phantasievoller Rekonstruktionsmöglichkeiten sein.

■ **21** Die Jünger wollen Jesus zu sich ins Schiff nehmen. *Bultmann* 159 A.7 fragt dazu: „Soll man ergänzen, daß die Absicht ausgeführt wurde? Oder soll man sich vorstellen, daß Jesus, „dem Schiff vorausgehend, es ans Ufer geführt habe . . ."? Wir müssen u. E. beide Fragen verneinen: beide Vorstellungen verfehlen die Eigenart des sich hier neu ereignenden Wunders: das Schiff mit den Jüngern und der am Schiff befindliche Jesus sind plötzlich am Strand, auf welchen die Jünger zufuhren. Chrysostomos, Homil 43,1, t. VIII, p. 255e/256a, schreibt, den Sinn der Stelle wiedergebend: „Er stieg aber nicht in das Schiff, damit er das Wunder ($\vartheta\alpha\tilde{\upsilon}\mu\alpha$) größer wirke." Origenes ist derselben Meinung: $\vartheta\epsilon\acute{\iota}\alpha$ $\delta\upsilon\nu\acute{\alpha}\mu\epsilon\iota$ sei man plötzlich am Lande gewesen. Zum Meerwandel tritt hier ein neues Wunder. – Daß im homerischen Hymnus auf den pythischen Apoll (394ff.) ein Schiff, nachdem der Gott an Bord gekommen ist, wunderbar schnell das Ziel erreicht, besagt für unsere Stelle nichts.

■ **22** Die Forscher fassen heute (z. B. *Brown* I 257) $\tau\tilde{\eta}$ $\dot{\epsilon}\pi\alpha\acute{\upsilon}\varrho\iota\upsilon\nu$ eher als Abschnittsmarkierung denn als eine chronologische Angabe auf. *Die folgenden Verse sollen* wohl den „objektiven" Nachweis für die Wirklichkeit des Wunders bringen. Aber sie wirken unklar, als wären sie schlecht erzählt oder als wären verschiedene Überlieferungen ineinandergeraten. Die Menge befindet sich noch am Ort der Speisung (gegen *Bultmann* 160 A.1, der meint, sie sei zu Fuß heimgegangen), der vom jetzigen Standpunkt der Jünger und Jesu am Westufer als „jenseits des Meeres" beschrieben wird. Εἶδον (אD: εἶδεν) drückt dem Sinne nach eine Vorvergangenheit aus (vgl. *Brown* I 257): gemeint ist, daß die Leute sich am nächsten Tag erinnern, nur ein Boot am Strande gesehen zu haben, mit dem bloß die Jünger, ohne Jesus, abgefahren seien. Die hellenistische Deminutivbildung $\pi\lambda\upsilon\iota\acute{\alpha}\varrho\iota\upsilon\nu$ wechselt mit $\pi\lambda\upsilon\tilde{\iota}\upsilon\nu$ ohne Unterschied des Sinnes ab. א* D und (א Θ) versuchen schon den Text zu verbessern.

■ **23** Das Wort αλλα darf man nicht als „aber" ($\dot{\alpha}\lambda\lambda\acute{\alpha}$) fassen, sondern muß es als „andere" ($\check{\alpha}\lambda\lambda\alpha$) verstehen. Es kommen Schiffe von Tiberias an den Ort der Speisung – anders als mit Hilfe von neu auftauchenden Schiffen konnte der Erzähler die Menge nicht wieder zu Jesus bringen. Die Worte εὐχαριστήσαντος τοῦ κυρίου haben D 091 pc a e sy^sc fortgelassen. Dagegen bringt sie P 75 ebenso wie א A B K L W Δ Θ f¹³. In P 66 ist leider eine Lage mit dem Text von 6,11–35 ausgefallen. Es dürfte sich hier um einen Zusatz des Redaktors handeln, der seine Auffassung der Speisung als eines eucharistischen Mahles in Erinnerung bringt und von Jesus als dem Kyrios spricht.

■ **24** wiederholt allerdings z. T. das in V. 22 Gesagte. Er soll aber wohl dem Leser klarmachen, welchen logischen Schluß die Menge gezogen hat: da Jesus und die Jünger nicht mehr da sind, besteigen sie die Schiffe und fahren, Jesus suchend, nach Kapernaum. Dieses „Jesus suchend" bereitet Jesu Wort in V. 26 vor: „Ihr sucht mich . . ." Warum die Menge nach Kapernaum fährt, bleibt ebenso dunkel wie bei der Fahrt der Jünger nach Kapernaum in V. 17. Dem Erzähler schwebt wohl schon die große Rede vor, die er – eine gewisse Tradition dürfte zugrunde liegen – in Kapernaum gehalten hat. *Dodd,* Tradition 217, meint freilich: daß der gefährliche Mob zu einer Synagogengemeinde verwandelt wurde, verdecke, daß die Gefahr einer politischen Verwicklung Jesu in eine messianische Bewegung bestand. Jesus habe sich ihr durch den Rückzug auf den Berg entzogen, während die Jünger durch eine nächtliche Flucht über den See (mit der Gefahr des Schiffbruchs) entkamen. Das Mißliche an dieser Deutung ist aber, daß eine messianische Schilderhebung Jesu nur für den Fall gedroht hätte, wenn er wirklich 5000 Menschen mit fünf Gerstenbroten gespeist hätte. Wir meinen statt dessen, daß *Dodd* hier die spätere Verdächtigung der Christen als einer politischen Untergrundbewegung mit der Lage zur Zeit Jesu verwechselt.

■ **25** Als die Leute Jesus jenseits des Sees (diesmal vom Ort der Speisung aus gerechnet, den sie soeben verlassen hatten) wiederfinden, fragen sie ihn: „Rabbi, wann bist du hierher gekommen?" Eigentlich sollte man eher die Frage erwarten: „Wie bist du (plötzlich) hierher gekommen?" Aber auch jene Form der Frage soll nur auf das Wunder aufmerksam machen, das Jesus vom Berg der Speisung früher nach Kapernaum gebracht hat als die am nächsten Tag dorthin mit den Schiffen fahrende Menge. Es ist freilich kaum anzunehmen, daß es so viele Schiffe in Tiberias gab, daß sie 5000 Menschen transportieren konnten. Die Zahl 5000 war freilich in der vorgefundenen Tradition von der Speisung enthalten. Wahrscheinlich dachte aber der Erzähler nicht mehr an jene große Zahl, sondern nur an „die Menge", die ja schon aus 100 Menschen bestehen konnte. Mit dieser Frage ist noch einmal auf das Wunder der Überfahrt und des Seewandelns verwiesen (das freilich nur der Leser, nicht aber die Menge kannte), und zugleich der Ausgangspunkt für die folgende Rede Jesu erreicht.

● Offensichtlich verband die schriftliche Vorlage, deren sich der Evangelist hier bediente, mit der Geschichte von der Speisung der 5000 ebenso die Schilderung vom Seewandeln wie Mk 6,45–52 und Mt 14,22–27. Er hat auch sie übernommen, obwohl er sie nicht im selben Maß für seine Zwecke auswerten konnte wie die Erzählung von der Speisung. Auch hier treffen wir also eine alte Wundergeschichte an, die mehr als eine Entwicklung durchgemacht hat. Ihre bekannteste Fassung bieten Mk 6,45–52. Auch sie ist jedoch nicht ursprünglich. Denn Speisung und Abfahrt der Jünger sind nur künstlich verbunden: Jesus nötigt diese zur Abfahrt, ohne daß dafür ein Grund ersichtlich wird. – *A. Schweitzer,* Geschichte 422, meinte von der

Speisung: ,,Sie war von Jesu Standpunkt aus ein Sakrament der Errettung.''
,,Dieses unverstandene Mahl wurde in der Überlieferung zum Wunder um-
gebildet. Es kann sein, daß Anspielungen auf die Wunder des messianischen
Mahles, die vielleicht in der ,Danksagung' vorkamen, zu dieser Umgestaltung etwas beigetragen haben. Auch die fieberhafte eschatologische Spannung, die damals alle beherrschte, ist in Betracht zu ziehen. Glaubten doch
die Jünger an demselben Abend, als sie Jesum, der am Gestade entlangge-
wandelt war, ins Schiff nehmen sollten, um ihn nach Bethsaida überzuset-
zen, daß er ihnen auf den Wellen des Meeres entgegenkomme (424).'' Man
sieht, wie *Schweitzer* hier ohne Bedenken eine alte rationalistische Erklärung
dieses Wunders aufnimmt, weil er sie von seiner Voraussetzung eschatologischer Hochspannung aus psychologisch verstehen zu können meinte. –
Selbst der Markusbericht weiß nichts davon: Jesus sieht – bei Nacht! – die
Not der Jünger. In der vierten Nachtwache kommt er an ihnen vorbei. Forscher, die Entfernung und Zeit genau bedachten, sind zu dem Schluß gekommen, Jesus sei mit der Geschwindigkeit eines Fußgängers über die Wellen gewandert. Das ist eine der Schweitzerschen Erklärung entgegengesetzte
Haltung und doch in ihrer Rationalität mit ihr wieder verwandt. Markus
sieht die Dinge ganz anders; die Jünger schreien auf, weil sie Jesus für ein Gespenst halten (das zeigt dem Leser, ein wie menschenunmögliches Geschehen sich hier ereignet), da steigt er zu ihnen ins Boot. Der Wind flaut ab; aber
sie begreifen immer noch nichts. Es ist möglich, ja sogar wahrscheinlich, daß
hier die Geschichte von der Sturmstillung (Mk 4,35–41) eingewirkt hat.
Dort heißt es ja ebenfalls: ,,und der Wind beruhigte sich'' (Mk 4,39). In der
Mt-Wiedergabe – bei Mk fehlt eine entsprechende Geschichte, weil im
Mk-Exemplar des Lk hier bereits die große Lücke begann, die bis Mk 8,26
reichte (vgl. dazu *Haenchen*, Weg Jesu 303f., wo freilich Zeile 18 zu lesen ist:
Lk 18,18–22,4 statt Joh 6,11–35) – erscheint in 14,22–27 zunächst im wesent-
lichen der Mk-Text. Dann aber kommt eine sekundäre Erweiterung: Petrus
versucht ebenfalls, auf den Wellen zu wandeln. Den zweifelnd Sinkenden
rettet Jesus und wird als Gottessohn verehrt. Nach der Landung werden viele
Kranke geheilt. – Ganz anders steht es mit der zweiten Variante der Speisungsgeschichte in Mk 8,1–10 und Mt 15,32–39. Hier besteigt Jesus nach der
Speisung mit seinen Jüngern ein Schiff und fährt nach einem Ort, dessen
Name in der Überlieferung entstellt ist (vielleicht Magdala). Wir meinen,
daß dieses Fehlen eines Wunders bei der Rückkehr von der Speisung den älteren Text enthält.

Der joh. Bericht ähnelt dem des Mk, hat aber trotzdem seine eigenen Besonderheiten. Nach der Darstellung des Verfassers (6,14f.) hat Jesus die ihm
drohende Gefahr, als Cäsar ausgerufen zu werden, schon in ihrem Werden
erkannt und sich ihr durch eine rasche Flucht weiter den Berg hinauf entzogen. Damit hat Jesus die Speisungsstelle verlassen. Die Volksmenge bleibt
noch die Nacht über am Speisungsort. Die Jünger haben diesen schon bei
Einbruch der Dämmerung verlassen und im Boot die Fahrt nach Kapernaum

angetreten, ohne daß Jesus ihnen eine entsprechende Weisung für alle Fälle gegeben hätte. Sie müssen aus eigenem Entschluß handeln. Auch im Mk-Bericht liegt hier eine schwierige Stelle: Jesus nötigt die Jünger, ohne ihn nach Bethsaida vorauszufahren, während er sich zum Gebet auf den Berg begibt. Die Schwierigkeit ist kompositorischer Art: Jesus muß sich irgendwie auf den Berg begeben, um dort die Not der Jünger im Seesturm zu sehen und über die Wogen zu ihnen zu gehen. Bei Joh werden die Gewichte etwas anders verteilt: Die Jünger fahren auf eigene Faust in Richtung Kapernaum; daß sich ein heftiger Wind erhebt und die See rauh wird, wird zwar kurz mitgeteilt, aber von einer großen Gefahr für die Jünger ist keine Rede, und daß Jesus vom Berg einfach über die Wogen wandert, wird nicht als große Rettungstat gefeiert. Dafür tritt ein neues Wunder ein, das rational zu erklären sich viele Forscher vergebens bemüht haben: in dem Augenblick, wo die Jünger in der Mitte des Sees Jesus ins Boot nehmen wollen, ist es ebenso wie Jesus selbst plötzlich am Ziel: am Strand von Kapernaum. Da die große Menge durch Schiffe aus Tiberias ebenfalls Kapernaum erreicht, scheint die frühere Konstellation der drei Größen wiederhergestellt zu sein, nur daß die Synagoge von Kapernaum an die Stelle der Einöde getreten ist. Diese Besonderheiten beweisen, daß der Evangelist einer eigenen schriftlichen Überlieferung gefolgt ist. In ihr war der Zug ausgefallen, daß Jesus den in Seenot geratenen Jüngern zu Hilfe kommt. Die im joh. Text erzählte Geschichte macht dem Leser deutlich, daß die Jesus suchende Menge zwar das im irdischen Sinn Wunderhafte spürt, aber nicht mehr. Mit der Anrede ,,Rabbi" – die Absicht, Jesus zum König zu machen, ist hier vergessen – beweist sie, daß sie Jesu wahre Würde nicht ahnt. Hier kann der Evangelist die große Rede Jesu über das wahre Manna anschließen, das nicht Moses gegeben hat. Vielmehr ist Jesus selbst das Lebensbrot. Bei der Aussprache Jesu mit der Menge wird sie rebellisch, und die Menschen, die ihn soeben noch zum König machen wollten, verlassen ihn enttäuscht und erbittert. Im Grunde sind nur noch die Zwölf ihm treu geblieben, und auch das erscheint in Frage gestellt: auf das Treuebekenntnis des Petrus hin erhält er von Jesus die Antwort, daß einer der Zwölf von Jesus Auserwählten in Wirklichkeit ein Teufel ist. Die Katastrophe der Wirksamkeit Jesu in Galiläa ist eingetreten.

Forscher, die wie *Hirsch,* aber auch *Kümmel,* Einleitung[17] 167ff., eine Benutzung der synoptischen Evangelien vermuten, berücksichtigen u. E. nicht hinreichend, daß damals – etwa zwischen 80 und 90 – keineswegs in jeder Gemeinde die synoptischen Evangelien vorhanden waren. Zumal Mk dürfte keineswegs leicht zu beschaffen gewesen sein; Mt war vermutlich in der Ausbreitung begriffen. Vor allem aber: die Gemeinde, in welcher der Evangelist lebte, scheint abseits vom Hauptstrom der christlichen Überlieferung gewesen zu sein. Wenn unsere Vermutung zutreffen sollte, daß der Evangelist in ihr eine Evangelienschrift vorfand, die Jesu Würde von vielen und großen Wundern beglaubigt schilderte, besteht kein Anlaß für die Annahme, daß der Evangelist darüber hinaus nach weiterem Überlieferungsgut synoptischen Stils gesucht hat.

## 17. Jesu Rede vom wahren Himmelsbrot

[26]Jesus antwortete ihnen und sprach: „Wahrlich, wahrlich, ich sage euch: Ihr sucht mich nicht, weil ihr die Zeichen gesehen habt, sondern weil ihr von den Broten gegessen habt und satt geworden seid. [27]Beschafft euch nicht die vergängliche Speise, sondern die Speise, die bleibt zum ewigen Leben, die euch der Menschensohn geben wird. Denn diesen hat der Vater versiegelt." [28]Da sprachen sie zu ihm: „Wie sollen wir es anfangen, daß wir uns die Werke Gottes beschaffen?" [29]Jesus antwortete und sprach zu ihnen: „Das ist das Werk Gottes, daß ihr an den glaubt, den er gesandt hat." [30]Sie sprachen zu ihm: „Was tust du für ein Zeichen, damit wir es sehen und dir glauben? Was wirkst du? [31]Unsere Väter haben das Manna in der Wüste gegessen, wie geschrieben steht: ‚Brot aus dem Himmel gab er ihnen zu essen'." [32]Da sagte ihnen Jesus: „Wahrlich, wahrlich, ich sage euch: Nicht Moses hat euch das wahre Brot aus dem Himmel gegeben, sondern mein Vater gibt euch das wahre Brot vom Himmel. [33]Denn Gottes Brot ist das (der), was (der) vom Himmel herabkommt und der Welt Leben gibt." [34]Da sprachen sie zu ihm: „Herr, gib uns immer dieses Brot!" [35]Jesus sagte zu ihnen: „Ich bin das Brot des Lebens. Wer zu mir kommt, soll nicht hungern, und wer an mich glaubt, wird niemals dürsten. [36]Aber ich habe euch gesagt: Ihr habt mich gesehen und nicht geglaubt. [37]Alles, was mir der Vater gibt, wird zu mir kommen; und den, der zu mir kommt, werde ich nicht hinausstoßen. [38]Denn ich bin vom Himmel herabgekommen, nicht um meinen Willen zu tun, sondern den Willen dessen, der mich gesandt hat, [39]daß ich von allem, was mir der Vater gegeben hat, nichts verliere, sondern es auferwecke am jüngsten Tage. [40]Denn das ist der Wille meines Vaters, daß jeder, der den Sohn sieht und an ihn glaubt, ewiges Leben hat, und ich werde ihn auferwecken am jüngsten Tage." [41]Da murrten die Juden untereinander, weil er gesagt hatte: ‚Ich bin das Lebensbrot, das vom Himmel herabgekommen ist.' [42]Und sie sprachen: „Ist das nicht Jesus, der Sohn Josephs, dessen Vater und Mutter wir kennen? Wie sagt er jetzt: ‚Ich bin aus dem Himmel gekommen?'" [43]Jesus antwortete ihnen und sprach zu ihnen: „Murrt nicht miteinander! [44]Niemand kann zu mir kommen, wenn ihn nicht der Vater zieht, der mich gesandt hat, und ich werde ihn auferwecken am jüngsten Tage. [45]Es steht bei den Propheten geschrieben: ‚Und alle werden gottgelehrt sein.' Jeder, der vom Vater gehört und gelernt hat, kommt zu mir. [46]Nicht daß jemand den Vater

gesehen hätte, außer dem, der von Gott ist; er hat den Vater gesehen. [47]Wahrlich, wahrlich, ich sage euch: Wer glaubt, hat ewiges Leben. [48]Ich bin das Brot des Lebens. [49]Eure Väter haben in der Wüste das Manna gegessen und sind gestorben. [50]Dieser (Dieses) ist das Himmelsbrot, der (das) vom Himmel herabkommt, damit man davon ißt und nicht stirbt. [51a]Ich bin das lebendige Brot, das vom Himmel herabgekommen ist. Wenn jemand von diesem Brote ißt, wird er in Ewigkeit leben."

[51b]„Das Brot aber, das ich geben werde, ist mein Fleisch für das Leben der Welt." [52]Da stritten die Juden miteinander und sagten: „Wie kann uns dieser sein Fleisch zu essen geben?" [53]Da sprach Jesus zu ihnen: „Wahrlich, wahrlich ich sage euch: Wenn ihr nicht das Fleisch des Menschensohnes esset und sein Blut trinket, habt ihr nicht Leben in euch. [54]Denn wer mein Fleisch zerbeißt und mein Blut trinkt, hat ewiges Leben; und ich werde ihn auferwecken am jüngsten Tage. [55]Denn mein Fleisch ist wahre Speise und mein Blut ist wahrer Trank. [56]Wer mein Fleisch zerbeißt und mein Blut trinkt, bleibt in mir und ich in ihm. [57]Wie mich der lebendige Vater gesandt hat und ich um des Vaters willen lebe, so wird auch, wer mich ißt, um meinetwillen leben. [58]Dieses (Dieser) ist das vom Himmel herabgekommene Brot; nicht wie die Väter aßen und starben, nein: Wer dieses Brot ißt, wird in Ewigkeit leben". [59]Das sagte er, lehrend in der Synagoge von Kapernaum.

**Literatur:**

*A. (zu 6,26–59)*

*Aletti, J. N.,* Le discours sur le pain de vie (Jn 6). Problèmes de composition et fonction des citations de l'Ancien Testament, RSR 62 (1974) 169–197.

*Andersen, A.,* Zu Joh 6,51b, ZNW 9 (1908) 163f.

*Barrett, C. K.,* Das Fleisch des Menschensohnes (Joh 6,53), in: Jesus und der Menschensohn, FS. A. Vögtle, 1975, 342–354.

*Barth,* Nähere Beleuchtung des 6. Kapitels des Ev. Johannes, Magazin für christliche Prediger 2.1 (1824) 43–63.

*Beauvery, R.,* Le fils de Joseph! Manne descendue du ciel? Jn 6,41–52, ASeign 50 (1974) 43–49.

*Bergmeier, R.,* Glaube als Werk? Die „Werke Gottes" in Damaskusschrift II, 14–15 und Joh 6,28f., RdQ 6 (1967/69) 253–260.

*Blank, J.,* Die johanneische Brotrede und „Ich bin das Lebensbrot", BiLe 7 (1966) 193–207. 255–70.

*Borgen, P.,* Bread from Heaven. An Exegetical Study in the Concept of Manna in the Gospel of John and the Writing of Philo, Leiden 1965.

*Ders.,* Observations on the Midrashic Character of John 6, ZNW 54 (1963) 232–240.

*Ders.,* The Unity of the Discourse in Jn 6, ZNW 50 (1959) 277–278.

*Bornkamm, G.,* Die eucharistische Rede im Johannesevangelium, in: ders., Geschichte und Glauben I, 1968, 60–67. Zuerst in: ZNW 47 (1956) 161–169.

*Ders.,* Vorjohanneische oder nachjohanneische Bearbeitung in der eucharistischen Rede Joh 6? in: ders., Geschichte und Glauben II, 1971, 51–64.

*Croatto, J. S.,* Riletture dell'Esodo nel cap. 6 di San Giovanni, BeO 17 (1975) 11–20.

*Crossan, J. D.,* It is Written: A Structuralist Analysis of John 6, SBL.SP 1979.1, 197–214.

*Dunn, J. D. G.,* John VI – An Eucharistic Discourse?, NTS 17 (1971) 328–338.

*Feuillet, A.,* Les thèmes bibliques majeurs du discours sur le pain de vie (Jn 6), NRTh 82 (1960) 803–822. 918–939. 1040–1062.

*Ders.,* Note sur la traduction de Jer 31,3c, VT 12 (1962) 122–124.

*Ders.,* Le discours sur le pain de vie, Paris 1967.

*Finkel, A.,* The Pharisees and the Teacher of Nazareth, Leiden 1964, bes. 149ff.

*Fortna, R. T.,* Source and Redaction in the Fourth Gospel's Portrayal of Jesus' Signs, JBL 89 (1970) 151–166, bes. 155–161.

*Ghiberti, G.*, Il cap. 6 di Giovanni e la presenza dell'Eucarestia nel IV. Vangelo, ParVi 14 (1969) 105–125.

*Giblet, J.*, The Eucharist in St. John's Gospel, Conc (GB) 4 (1969) 60–69.

*Goguel, M.*, L'Eucharistie des origines jusqu'à Justin Martyr, 1910.

*Hofius, O.*, Erwählung und Bewahrung. Zur Auslegung von Joh 6,37, Theologische Beiträge 8 (1977) 24–29.

*Howard, J. K.*, Passover and Eucharist in the Fourth Gospel, SJTh 20 (1967) 329ff.

*Jeremias, J.*, Joh 6,51c–58 redaktionell?, ZNW 44 (1953) 256–257.

*Jonge, H. J. de*, Caro in spiritum, in: De Geest in het geding, FS. J. A. Oosterbaan, Alphen 1978, 145–168.

*Kieffer, R.*, Au-delà des recensions? L'évolution de la tradition textuelle dans Jn 6,52–71, Lund 1968.

*Kittel, G.*, Die Wirkungen des Abendmahles im NT, ThStKr 96/97 (1925) 215–237.

*Köster, H.*, Geschichte und Kultus im Johannesevangelium und bei Ignatius von Antiochien, ZThK 54 (1957) 56–69.

*Klos, H.*, Die Sakramente im JE, Stuttgart 1970.

*Le Deaut, R.*, Une aggadah targumique et les „murmures" de Jn 6, Bib. 51 (1970) 80–83.

*Leenhardt, F. J.*, La structure du chap. VI de l'évangile de Jean, RHPhR 39 (1959) 1–13.

*Leon-Dufour, X.*, Le mystère du Pain de Vie (Jn 6): RSR 46 (1958) 481–523.

*Luthardt, C.*, Ἔργον τοῦ θεοῦ und πίστις in ihrem gegenseitigen Verhältnis nach der Darstellung des johanneischen Evangeliums, ThStKr 25 (1852) 333–374.

*Malina, B. J.*, The Palestinien Manna Tradition, Leiden 1968, bes. 94–106.

*McPolin, J.*, Bultmanni theoria literaria et Jo 6,51c–58c, VD 44 (1966) 243–258.

*Mees, M.*, Sinn und Bedeutung westlicher Textvarianten im Joh 6, BZ 13 (1969) 244–251.

*Menoud, Ph.-M.*, „Le fils de Joseph". Etude sur Jean I,45 et VI,42, RThPh (1930) 275–288.

*Molonney, F. J.*, John 6 and the Celebration of the Eucharist, DR 93 (1975) 243–251

*Moore, F. J.*, Eating the Flesh and Drinking the Blood: A Reconsideration, AThR 48 (1966) 70–75.

*Preiss, T.*, Etude sur le chapitre 6 de l'évangile de Jean, ETR 46 (1971) 144–156.

*Reesch, F. A.*, The Signs and the Discourses: The Rich Theology of John 6, Currents in Theology and Mission 5 (1978) 386ff.

*Richter, G.*, Die alttestamentlichen Zitate in der Rede vom Himmelsbrot: Joh 6,26–51a, in: ders., Studien zum Johannesevangelium, 1977, 199–265.

*Ders.*, Zur Formgeschichte und literarischen Einheit von Joh VI, 31–58, ZNW 60 (1969) 21–55, neuerdings: ders., Studien zum Johannesevangelium, 1977, 88–119.

*Ruager, S.*, Johannes 6 og nadveren, TTK 50 (1979) 81ff.

*Ruckstuhl, E.*, Literarkritik am Johannesevangelium und eucharistische Rede (Joh VI, 51c–58), DT 23 (1945) 153–190. 301–333.

*Segalla, G.*, La struttura circolare – chiasmatica di Gv 6,26–58 e il suo significato teologico, BeO 13 (1971) 191–198.

*Skrinjar, A.*, De terminologia sacrificali in Joh 6,51–56, DT 74 (1971) 189–197.

*Springer, E.*, Die Einheit der Rede von Kaphernaum (Joh 6), BZ 15 (1918–21) 319–334.

*Schlatter, A.*, Der Bruch Jesu mit der Judenschaft, in: FS. C. von Orelli, Basel 1898, 1–23.

*Schlier, H.*, Joh 6 und das johanneische Verständnis der Eucharistie, in: ders., Das Ende der Zeit, 1971, 102–123.

*Schnackenburg, R.*, Zur Rede vom Brot aus dem Himmel – eine Beobachtung zu Joh 6,52, BZ 12 (1968) 248–252.

*Ders.*, Das Brot des Lebens, in: Tradition und Glauben, FS. K.-G. Kuhn, Göttingen 1971, 328–342.

*Schneider, J.*, Zur Frage der Komposition von Jo 6,27–58, in: Mem. E. Lohmeyer, 1951, 132–142.

*Schürmann, H.*, Joh 6,51c – ein Schlüssel zur großen johanneischen Brotrede, BZ 2 (1958) 244–262.

*Ders.*, Die Eucharistie als Repräsentation und Applikation des Heilsgeschehens nach Joh 6,53–59, TThZ 68 (1959) 30–45. 108–118. Erneut in: ders., Ursprung und Gestalt, Düsseldorf 1970, 167–184.

*Stanley, D. M.*, The Bread of Life, Worship 32 (1957/58) 477–488.

*Steinmeyer, F. L.*, Die Rede Jesu in der Schule von Capernaum, Berlin 1892.

*Temple, P. J.*, The Eucharist in St. John 6, CBQ 9 (1947) 442–452.

*Temple, S.*, A Key to the Composition of the Fourth Gospel, JBL 80 (1961) 220–232, bes. 224–230.

*Thompson, J. M.*, The Interpretation of John VI, Exp. 11 (1916) 337–348.

*Thyen, H.*, Aus der Literatur zum Johannesevangelium: 4. Fortsetzung, ThR 43 (1978) 328–359.

*Ullmann*, Bemerkungen zu Joh IV 13.14 und VI, 35, ThStKr 1 (1828) 791–794.

*Vanneste, A.*, Le pain de vie descendu du ciel (Jn 6,55–58), ASeign 54 (1966) 41–53.

*Wilckens, U.*, Der eucharistische Abschnitt der johanneischen Rede vom Lebensbrot (Joh

6,51c–58), in: Neues Testament und Kirche, FS. R. Schnackenburg, 1974, 220–248.
*Wilkens, W.,* Das Abendmahlszeugnis im 4. Evangelium, EvTh 18 (1958) 354–370.

B. *(Sakramente im JE)*
*Baker, J. A.,* The „Institution" Narratives and the Christian Eucharist, in: J. T. Ramsey ed., Thinking about the Eucharist, London 1972, 38–58.
*Braun, F. M.,* Le baptême d'après le quatrième évangile, RThom 48 (1948) 347–393.
*Ders.,* L'eucharistie selon S. Jean, RThom 70 (1970) 5–29.
*Brooks, O. S.,* The Johannine Eucharist, JBL 82 (1963) 293–300.
*Brown, R. E.,* The Eucharist and the Baptism in John, in: ders., NT-Essays, 1965, 77–95.
*Ders.,* The Johannine Sacramentary, in: ders., NT-Essays, 1965, 51–76.
*Costa, M.,* Nota sul simbolismo sacramentale del IV. Vangelo, RivBib 13 (1965) 239–254.
*Craig, C. T.,* Sacramental Interest in the Fourth Gospel, JBL 58 (1939) 31–41.
*Cullmann, O.,* Urchristentum und Gottesdienst, Zürich ²1950.
*Evans, C. F.,* The Eucharist and Symbolism in the NT, in: Thinking about the Eucharist, London 1972, 59–66.
*Feuillet, A.,* Le sacerdoce du Christ et de ses ministres, Paris 1972.
*Fritschel, T. C.,* The Relationship between the Word and the Sacraments in John and in Ignatius, masch. Diss. Hamburg 1962/1963.
*Ghiberti, G.,* Il cap 6 di Giovanni e la presenza dell' Eucarestia nel IV. Vangelo, ParVi 14 (1969) 105–125.
*Holtzmann, H. J.,* Sakramentalisches im NT, ARW 7 (1904) 58–69.
*Howard, J. K.,* Passover and Eucharist in the Fourth Gospel, SJTh 20 (1967) 329–337.
*Klos, H.,* Die Sakramente im JE, Stuttgart 1970.
*Koehler, T.,* The Sacramental Theory in John 19,26f., University of Dayton Review 5 (1968) 49–58.

*Köster, H.,* Geschichte und Kultus im JE und bei Ignatius von Antiochien, ZThK 54 (1957) 56–69.
*Lindars, B.,* Word and Sacrament in the Fourth Gospel, SJTh 29 (1976) 49–64.
*Lindijer, C. H.,* De sacramenten in het vierde evangelie, Haarlem 1964.
*Lohse, E.,* Wort und Sakrament im JE, NTS 7 (1960/61) 110–125.
*MacGregor, G. H. C.,* The Eucharist in the Fourth Gospel, NTS 9 (1962/63) 111–119.
*Michaelis, W.,* Die Sakramente im JE, Bern 1946.
*Naish, J. P.,* The Fourth Gospel and the Sacraments, Exp. 23 (1922) 53–68.
*Niewalda, P.,* Sakramentssymbolik im JE?, Limburg 1958.
*Philips, Th.,* Die Verheißung der hl. Eucharistie nach Johannes, Paderborn 1922.
*Proudman, C. L. J.,* The Eucharist in the Fourth Gospel, CJT 12 (1966) 212–216.
*Ramos, F. F.,* Los sacramentos en el cuarto Evangelio, StLeg 7 (1966) 11–105.
*Raney, W. H.,* The Relation of the Fourth Gospel to the Christian Cultus, Gießen 1933.
*Ruckstuhl, E.,* Wesen und Kraft der Eucharistie in der Sicht des JE, in: Das Opfer der Kirche, Luzern 1954, 47–90.
*Smalley, S. S.,* Liturgy and Sacrament in the Fourth Gospel, EvQ 29 (1957) 159–170.
*Schnackenburg, R.,* Die Sakramente im JE, Sacra Pagina (BEThL), Paris/Gembloux 1959, 235–254.
*Schweizer, E.,* Das joh. Zeugnis vom Herrenmahl, EvTh 12 (1953) 341–363.
*Stöger, A.,* Das österliche Sakrament der Taufe, BiLe 52 (1979) 121ff.
*Tragan, P. R.,* ed., Segni e sacramenti nel Vangelo di Giovanni, Rom 1977.
*Vawter, B.,* The Johannine Sacramentary, TS 17 (1956) 151–166.
*Worden, T.,* The Holy Eucharist in St. John, Scrip. 15 (1963) 97–103; 16 (1964) 5–16.

■ **26** Jesus antwortet nicht auf die (in V. 25) an ihn gerichtete Frage, die ja nur den Leser auf das Wunder des Seewandelns aufmerksam machen soll. Vielmehr bezieht er sich auf die am Schluß von V. 24 vom Evangelisten gebrauchte Wendung: „Jesus suchend".

Damit wird deutlich: Hier will der Evangelist nicht eine ihm überlieferte Rede Jesu wiedergeben, sondern er führt selbst die Sache Jesu, indem er – im Bewußtsein des Geistbesitzes – Jesus so sprechen läßt, wie es der vom Evangelisten erkannten Wahrheit entspricht. Das gilt für die früheren Reden im JE ebenso wie für die folgenden (s. dazu die Ausführungen zu 16,13). Mit dem feierlichen doppelten ,,Amen" versichert Jesus, daß sie in Wirklichkeit ihn nicht suchen, weil sie ,,Zeichen" gesehen haben (σημεῖα meint hier nicht ,,Wunder", sondern ,,Hinweise"), sondern weil sie sich an den Broten gesättigt haben. Daß Jesus die fünf Gerstenbrote wunderbar vermehrt hat, wird überhaupt nicht erwähnt. Dieses Wunder ist ja für den Evangelisten nur insofern wichtig, als es hinweist auf das wahre Himmelsbrot: Jesus. Dabei wird, ähnlich wie in 4,15, das gröbste Mißverständnis vorausgesetzt, das möglich ist: Man sucht Jesus nur in der Hoffnung, von ihm irdisch gesättigt zu werden. Die Menschen, vor denen Jesus nach dieser Darstellung steht, denken nur an ihre materielle Existenz und die dafür nötigen Mittel, das ,,Lebensbrot".

■ **27** Darum fordert Jesus seine Hörer auf, sich nicht die vergängliche Speise zu beschaffen, sondern die zum ewigen Leben bleibende, welche die wahre Existenz in der Gemeinschaft mit Gott gibt. – Viel wichtiger ist etwas anderes: die nun folgenden Worte ἦν bis ὁ θεός sind vom Redaktor eingeschoben. Er verstand die Speisungsgeschichte als Einsetzung der Eucharistie und wollte auch hier an diesen Sinn erinnern. Darum führte er den Menschensohn als Spender der Eucharistie ein und stellte Jesus als den dar, den der Vater ,,versiegelt" hat. Das besagt hier (gegen *Bauer* 95): Jesus ist durch seine Wunder beglaubigt. Die dem Evangelisten vertraute Wendung ,,der Vater" hat der Redaktor durch den Zusatz ,,Gott" (ὁ θεός) verdeutlichen zu müssen gemeint. – Daß ℵ 28 al lat Cl das zweite τὴν βρῶσιν auslassen, erklärt sich dadurch, daß das Auge eines alten Schreibers vom τὴν vor βρῶσιν zum τὴν nach βρῶσιν übersprang.

■ **28** knüpft an die Mahnung Jesu an, seine Hörer sollten sich die ewige Speise beschaffen. Darauf fragen die Hörer: Was sollen wir tun, um die Werke Gottes zu wirken? Die Wendung ,,die Werke Gottes wirken" erscheint in Num 8,11 LXX. Dort bezeichnet sie das Tun der Leviten, welche die von Gott gewollten liturgischen Aufgaben erfüllen sollen. An unserer Stelle beschreibt die Wendung wahrscheinlich das jüdisch-gesetzliche Denken der Hörer: sie fragen, was sie tun sollen, damit sie die von Gott gewollten Werke schaffen. – Das Verb ἐργάζομαι geht von der Bedeutung ,,(sich) beschaffen" über zu der ,,schaffen". Man sollte davon nicht großes Aufheben machen und darauf hinweisen, daß man den Hörern keine solchen Wortspiele zutrauen sollte (gegen *Bultmann* 162 A.8). Wir haben es sowieso nicht mit den Hörern und ihren wahrscheinlichen Reaktionen zu tun, sondern mit dem Evangelisten und seiner Gedankenführung.

■ **29** macht der jüdischen Frage gegenüber klar: diese Werkreligion ist abgeschafft. Denn das einzige von Gott gewollte ,,Werk" ist der Glaube an Jesus, den Gott gesandt hat. Darauf läßt sich nach der Überzeugung des Evangelisten die ganze christliche Religion zurückführen. In diesem Dialog spiegelt sich auch der Gegensatz zwischen Juden und dieser christlichen Gemeinde, in welcher der Evangelist lebt und wirkt, wider. Die Schwierigkeit der Auslegung besteht hier darin, die Formel: ,,an Jesus glauben" mit dem Inhalt zu erfüllen, den sie damals besessen hat und heute besitzen muß, wenn sie nicht in Gefahr geraten soll, als Leergut abgeschoben zu werden. Für den Evangelisten hat diese Wendung den einen Sinn zu erkennen, daß Jesus der göttliche Gesandte ist, in dem der Souverän repräsentiert und gegenwärtig ist (s. 14,9: vgl. *Haenchen,* Der Vater, der mich gesandt hat, 68–77).

■ **30** Dieser Vers hat die Forscher vielfach überrascht und zu kritischen Versuchen verleitet: Jesu Hörer haben doch soeben das große Speisungswunder erlebt. Wie können sie da ein Wunder fordern, das Jesus legitimiert? Aber der Evangelist will hier keine psychologisch durchsichtige Darstellung der Reaktionen bei den Hörern bringen. Die Zeichenforderung der Juden zeigt freilich einmal, wie unfähig die Menschen sind, die erlebten Zeichen als solche zu erfassen. Zum andern schafft der Evangelist sich damit den Übergang zum eigentlichen Thema, dem er zustrebt: das Himmelsbrot.

■ **31** Dazu hilft der Hinweis der Hörer auf das, was die Väter erlebt haben: ,,sie aßen in der Wüste das Manna", und sie fügen als Juden den Schriftbeweis an. In Betracht kommt in erster Linie Ps 77,14 LXX: ,,Und er ließ Manna auf sie regnen, und Brot des Himmels gab er ihnen." Dieser Vers wird hier in verkürzter, zusammengezogener Form gegeben, die der folgenden Argumentation dient. Weitere alttestamentliche Parallelen sind Ex 16,4 LXX, wo der Herr zu Moses sagt: ,,Siehe, ich lasse euch Brot aus dem Himmel regnen" und Ps 104,40 LXX ,,und mit Brot des Himmels sättigte er sie". Später heißt es dann Sap 16,20: ,,statt dessen speisest du dein Volk mit Engelnahrung und sandtest ihnen, ohne daß sie Mühe hatten, das für sie bereitete Brot vom Himmel herab." Die Stellen zeigen, wie beliebt dieses Thema im Judentum war. Das gilt auch noch von der rabbinischen Zeit (vgl. *Billerbeck* II 481 und *Schlatter* 172). Die Apokalypse Baruch 29,8 bezeugt die Erwartung, daß in der Endzeit sich das Mannawunder wiederholen wird: ,,Und zu jener Zeit werden wieder die Mannavorräte von oben herabfallen, und sie werden davon in jenen Jahren essen, weil sie das Ende der Zeiten erlebt haben." Um solche eschatologische Zukunftserwartung handelt es sich für den Evangelisten freilich nicht; das zeigt Jesu Antwort in

■ **32** Aufs neue mit dem doppelten ,,Amen" einleitend, versichert Jesus zweierlei, etwas Negatives und etwas Positives. Er bestreitet, daß Moses ihnen das Brot aus dem Himmel gegeben hat, aber er verheißt mit gleichem Nachdruck, daß sein Vater ihnen das wahre Himmelsbrot gibt. Damit wird der Gegensatz zu der jüdischen Tradition und den jüdischen religiösen Ansprüchen äußerst scharf. Was dieses wahre Himmelsbrot ist, erklärt nun

■ **33** Dabei verwendet der Evangelist ein sprachliches Mittel, das wir im Deutschen nicht nachbilden können. Im Griechischen ist ὁ ἄρτος (das Brot) männlichen Geschlechts. Darum kann ,,der vom Himmel Herabkommende" sich sowohl auf ,,Brot" wie auf Jesus beziehen. Der Evangelist benutzt diese Doppelmöglichkeit, um wiederum mit ihr das Unverständnis der Welt für die christliche Botschaft zu veranschaulichen.

■ **34** bringt nämlich die Bitte der Leute, Jesus möge ihnen immer dieses

Brot geben. Genau dieselbe Technik des Mißverständnisses haben wir schon in 4,15 erlebt. Dabei macht es dem Evangelisten nichts aus, daß die Hörer zuvor gerade ein Zeichen verlangt haben, ehe sie Jesu Anspruch anerkennen würden. Jetzt ist – oberflächlich wenigstens – das Thema gewechselt, aber auch die Stimmung der Menschen: sie bitten um die freilich mißverstandene Gabe dieses Brotes.

■ **35** gibt nun darauf die offene Antwort: Jesus sagt rundheraus, daß er selber das Brot des Lebens ist. Allerdings macht diese Antwort noch nicht deutlich, inwiefern er dieses Lebensbrot ist. Statt dessen folgt die Versicherung: Wer zu mir kommt, wird nicht mehr hungern, und wer an mich glaubt, wird nicht mehr dürsten. Vorausgesetzt wird dabei, daß die Welt den Menschen niemals zufriedenstellen kann. Bei allem, was sie ihm bieten kann (im heutigen Jargon: schnelle Wagen, schöne Frauen), ist er unbefriedet, entfremdet, besser: friedlos. Ungenügen, Langeweile, Angst und Sorge suchen ihn heim. Wirkliche Ruhe, wahren Frieden, ein Ziel, für das sich zu leben und zu sterben lohnt, findet er nicht. Aber so einleuchtend das wäre: es wird noch nicht besprochen. Statt dessen beginnt ein neues Thema, vom dem V. 36–38 und 40 handeln.

■ **36** erinnert daran, daß Jesus schon zuvor gesagt hatte, daß die Leute Jesus zwar gesehen, aber nicht geglaubt haben. Weil dieses Sehen nicht das wirkliche „Sehen" war, haben ℵ A pc it sy$^{sc}$ das Wort με ausgelassen, so daß sich das Sehen nur auf das Zeichen bezieht. Was der Evangelist mit dem rechten Sehen Jesu meint, macht 14,9 deutlich.

■ **37** klingt zunächst besonders tröstlich. Aber es wird eben gerade nicht gesagt, daß der Vater Jesus alle(s) gibt. Wen er ihm gibt, wer zum Heil bestimmt ist, der kommt freilich zum Glauben und wird nicht von Jesus zurückgestoßen. Denn Jesus will ja den Willen seines Vaters erfüllen.

■ **38** Er ist, das wird noch einmal hervorgehoben, nicht dazu vom Himmel herabgekommen, daß er seinen eigenen Willen tut, sondern den Willen dessen, der ihn gesandt hat. Was aber ist dieser Wille? Darauf scheint V. 39 zu antworten.

■ **39** scheint zu sagen, daß Jesus nach Gottes Willen nichts verliert von dem, was ihm gegeben ist. Mit „sondern" aber folgt nun ein Satz, der völlig gegen die Verkündigung des Evangelisten streitet: „sondern ihn auferwecke am jüngsten Tage." Gerade diese traditionelle Zukunftseschatologie ist dem Evangelisten ganz fremd (11,24f.!). An ihrer Stelle hat er die jederzeit mögliche Begegnung mit der Jesusbotschaft und damit dem Heil gesetzt. Man könnte versuchen, sich hier damit vor dem Widerspruch zu retten, daß der Evangelist eben diesen Augenblick der Begegnung den „letzten Tag", den „jüngsten Tag" nenne. Dann wäre ein traditioneller Ausdruck aufgenommen, aber uminterpretiert.

■ **40** aber zeigt mit dem wörtlich übereinstimmenden Anfang „Das aber ist der Wille (des Vaters)", daß V. 39 eine vorangestellte Korrektur war, welche die Zukunftseschatologie hier wie an vielen anderen Stellen in diesem

Abschnitt hineinbringen sollte. Das ist auch am Ende von V. 40 geschehen mit dem Zusatz: ,,und ich werde ihn auferwecken am jüngsten Tage." Dieser Zusatz wie der ganze V. 39 stammen vom Redaktor. Aber noch etwas anderes gilt es bei diesen und ähnlichen Aussagen des JE zu bedenken: es steht nicht da, daß der Vater *alle* Jesus gegeben hat und *alle* zu ihm kommen werden. Der Evangelist weiß vielmehr um das dunkle Geheimnis, daß die Jesusbotschaft, und würde sie noch so überzeugend und glühend vorgetragen, den einen erfaßt, den anderen aber kalt läßt. Für den einen ist sie Gottes Wort, für den anderen ein bloßes Menschenwort, das nicht überzeugt. Warum das so ist, warum Gott Jesus nicht alle gegeben hat, das weiß auch der Evangelist nicht. Er kann nur feststellen, daß es so ist, und Gottes Willen respektieren, den er nicht durchschaut. Soweit der Vater der Deus absconditus bleibt, soweit er sich nicht im Sohn offenbart (und das bloße Hören der Verkündigung ist noch kein Empfang der Offenbarung!), haben wir nicht weiter zu fragen, sondern müssen uns bescheiden.

■ **41** Die Jesusbotschaft wird nun in V. 41–51a und 59 verteidigt und erläutert. Die Juden – jetzt, wo Jesu Hörer feindlich werden, tritt dieser Name wieder auf – murren über Jesus. Es fällt aber auf, daß V. 41 sich nicht direkt auf V. 40 bezieht, sondern auf V. 35: ,,Ich bin das Brot des Lebens!" Das könnte Anlaß zu der Vermutung sein, daß der ganze Abschnitt V. 36–40 vom Redaktor eingefügt sei. Dem widerspricht aber, daß die Verdoppelung von V. 39.40 deutlich anzeigt, daß in V. 39 ein Einschub vorliegt, und wir haben keinen stichhaltigen Grund für die Annahme eines Einschubes innerhalb eines Einschubes. Der Abschnitt 36–38 und 40ab gilt dem Problem, wie es zu dem sich nun offenbarenden Unglauben kommen kann bei Menschen, die gesehen haben, d. h. die Verkündigung gehört haben. Die Juden murren gegen Jesus wegen seines Anspruchs, das vom Himmel gekommene Brot zu sein.

■ **42** Sie begründen ihren Einwand: Jesus ist doch der Sohn Josephs. Sie kennen seinen Vater und seine Mutter. (א* W b sy^sc lassen ,,und seine Mutter" aus, ,,weil die Existenz der Mutter in den Augen der Christen die himmlische Herkunft Jesu nicht ausschloß": vgl. *Bauer* 97.) Aber für den Evangelisten ist die Geburt aus der Jungfrau kein ,,Glaubenssatz" (*Bauer* 97); er setzt vielmehr voraus, daß Jesus als wahrer Mensch einen irdischen Vater und eine irdische Mutter hat, ohne daß damit sein Kommen von Gott geleugnet wäre. Es ist nicht gesagt, daß mit den ,,Juden" nur solche gemeint und getroffen sind; es wäre möglich, daß der Evangelist auch Christen kennt, mit deren Christologie sich – wie bei Mt und Lk – die Annahme eines menschlichen Vaters Jesu nicht vertrug.

■ **43f.** *In diesen Versen mahnt Jesus die Juden zunächst, ihr Murren zu unterlassen.* Es ist eben nicht gesagt, daß jeder zum Glauben kommt. Luther hat das einmal so ausgedrückt: ,,Non enim absolute pro omnibus mortuus est Christus." Der Evangelist sagt das auf eine andere Weise: Niemand kann zu mir kommen, wenn ihn nicht der Vater zieht, der mich gesandt hat. Das erinnert den Leser daran, daß der Gesandte keine eigene Autorität hat. Er hängt immer noch von seinem Souverän ab. Daß die Worte „und ich werde ihn auferwecken am jüngsten Tage" wieder vom Redaktor stammen, der immer wieder die Zukunftseschatologie zur Geltung bringen will, versteht sich von selbst. Der Ausdruck „Der Vater zieht die Erwählten zu Jesus" hat also denselben Sinn wie: „Der Vater hat Jesus die Erwählten gegeben."

■ **45** bringt einen Schriftbeweis aus Jer 31,34: „Da wird keiner mehr den anderen, keiner seinen Bruder belehren und sprechen: ‚Erkennt den Herrn!', sondern sie werden mich alle erkennen", und aus Jes 54,13 LXX: „καὶ θήσω . . . πάντας τοὺς υἱούς σου διδακτοὺς θεοῦ." *Bultmanns* 172 Auslegung scheint durch diesen Text in die Irre geführt worden zu sein: „Was jenes ‚Ziehen' des Vaters ist, wird jetzt vollends deutlich. Schon das πᾶς deutet an, daß nicht an eine determinierende Auswahl einzelner gedacht ist, sondern daß es jedem freisteht, zu den vom Vater Gezogenen zu gehören. . . . Vollends V. 45b zeigt: Jenes Ziehen ist kein magischer Vorgang, keine mit Naturkraft sich vollziehende Determination. Es geschieht vielmehr darin, daß der Mensch in der Preisgabe des eigenen Urteils auf den Vater ‚hört' und ‚lernt', daß er Gott zu sich reden läßt. Nicht *hinter* der Glaubensentscheidung des Menschen, sondern *in ihr* vollzieht sich das ‚Ziehen' des Vaters." Diese letztlich alles auf die freie Entscheidung des Menschen setzende Auslegung verkehrt den Sinn des Textes in sein Gegenteil. Die Worte: „Jeder, der hört und lernt" besagen eben gerade nicht, daß jeder hört und lernt. Statt ihrer könnte auch stehen: „Wenn jemand hört und lernt." Mit „Naturkraft" – einem modernen und hier völlig unpassenden Begriff – hat die „Determination" nichts zu tun. Auch die Aussagen von *Bultmann,* Theologie 375, zu diesem Punkt führen nicht weiter: „Folgt auf die Aussage, daß niemand zu Jesus kommen kann, den der Vater nicht ‚zieht' (6,44), der Satz ‚πᾶς κτλ.' (6,45), so zeigt schon das πᾶς, daß jeder die Möglichkeit hat, sich vom Vater ziehen zu lassen (oder auch sich zu sträuben)." „Der Mensch kann nicht anders handeln, als er ist, aber im Ruf des Offenbarers eröffnet sich ihm die Möglichkeit, sein Wesen zu vertauschen, er kann ‚wiedergeboren werden' (3,1ff.) und so zu seinem eigentlichen Sein gelangen" (377). Aber sowenig der Mensch durch seine Entscheidung geboren wird, sowenig wird er durch seine Entscheidung „von oben gezeugt". Zu *Bultmanns* 375 Sätzen aber ist zu sagen: Es steht eben nicht da: „Jeder kann vom Vater hören und lernen." Sondern das Zitat „und alle werden gottgelehrt sein" wird in den johanneischen Sinnzusammenhang aufgenommen und dabei neu interpretiert. Denn für den Evangelisten hat eben nicht jeder die Möglichkeit, den Vater zu hören, sondern nur die, welche der Vater Jesus gegeben hat. Mit andern Worten: Für den Evangelisten liegt die Entscheidung über ewiges Leben und Tod nicht bei dem sich entscheidenden Menschen, sondern bei der unserem Begreifen unzugänglichen Entscheidung des Vaters. Ob man das einen Determinismus nennen will, ist gleichgültig. Es ist eben nicht wahr, daß im JE statt des kosmologischen Dualismus der Gnosis sich ein Entscheidungsdua-

lismus findet (Bultmann, a.a.O. 373). Wenn auch einige Valentinianer gelehrt haben (wie Clemens von Alexandrien berichtet), daß die Pneumatiker
φύσει σωζόμενοι sind, also durch ihr göttliches Selbst von vornherein gerettet sind, so ist das doch nicht einfach ,,die gnostische Lehre". Das Thomasevangelium zeigt in Spruch 21 (p. 85,6–15; vgl. auch Spruch 70 und 97): Für
diese Gnostiker war damit, daß jemand sein göttliches Selbst entdeckte und
sich damit von der Welt trennte, noch nicht alles gegeben. Die Welt bleibt
vielmehr auf der Lauer wie ein Dieb, der auf die Gelegenheit zum Einbrechen
wartet. Darum muß der Gnostiker des Thomasevangeliums jeden Augenblick seines Lebens bis zum letzten sich davor hüten, wieder von der Welt
verschlungen zu werden, d. h. sich wieder aus der Welt zu verstehen als ein
Teil der Welt mit weltlichen Zielen und Hoffnungen und Ängsten. Verfällt
der Gnostiker dieser Verführung, dann hilft ihm alles vorangegangene Ent-
scheidungsleben nichts. Wenn das JE einen Entscheidungsdualismus vertreten würde, so würde es sich noch keineswegs von ,,der" Gnosis unterscheiden. Der Evangelist vertritt weder einen Entscheidungsdualismus noch einen Wesensdualismus. Er sieht auch im ,,Vater" nicht eine prima causa,
denn dann würde der Vater zur Welt gehören (vgl. das oben zu 3,1ff. Gesagte).

■ **46** sucht klarzumachen, daß von Gott Sehen bisher nie die Rede sein
konnte. Gesehen hat ihn nur der, welcher beim Vater war und jetzt, nach
Ostern, wieder beim Vater ist. Darum sind wir alle auf Jesus angewiesen, in
dem nach 14,9 für den Glaubenden der Vater sichtbar wird.

■ **47** betont die entscheidende Wichtigkeit des Glaubens: wer glaubt, hat
(eben damit) das ewige Leben. Das ewige Leben wartet nicht ,,jenseits des
Grabes", sondern bricht jetzt und hier in der Begegnung mit Jesus und seiner
Botschaft an. Damit beginnt die wahre Existenz. Zuvor ist der Mensch eigentlich tot.

■ **48** formuliert einerseits abschließend noch einmal den Anspruch Jesu: er
ist das Lebensbrot. Andererseits wird damit der Anspruch abgewehrt, den
die Juden für Moses und die mit ihm verbundene Gottesgeschichte erheben
(das Manna in der Wüste!).

■ **49** ,,Eure Väter" – sind es nicht auch Jesu Väter? Offensichtlich ist das
nicht die Meinung des Evangelisten. Denn jene Väter waren ja ungläubig.
Daran hat auch das Manna nichts geändert: es war für sie kein ,,Brot des Lebens". Denn die Menschen, die es gegessen haben, sind gestorben. Aber
werden denn die an Jesus Glaubenden nicht auch sterben? Nach 11,25 leugnet
der Evangelist das keineswegs, aber er erwartet, daß das Gottesverhältnis des
Glaubens dadurch nicht betroffen wird.

■ **50a** macht sich wieder den Umstand zunutze, daß ὁ ἄρτος, das Brot,
anders als im Deutschen oder Englischen, männlichen Geschlechts ist. Damit geraten wir in das nicht Übersetzbare. Οὗτος (,,dieser") meint letztlich
freilich Jesus. Er ist das vom Himmel herabkommende Brot. Wer davon ißt,
stirbt nicht, fällt nicht aus der Verbundenheit mit Gott heraus. Daß die Ge-

meinschaft mit Jesus – weil das Bild des Lebensbrotes vorausgesetzt wird – ein von diesem Brot Essen genannt wird, erlaubte es dem Redaktor, in V. 51b seine eigene Eucharistielehre einzuführen. So entsteht ein neuer Abschnitt, der bis V. 59 reicht.

■ **51b** Der Vers gibt sich als Erläuterung. *Bultmann* 174–177, der solche Erläuterungen sonst öfter dem Evangelisten zuschreibt, sieht hier davon ab und findet in V. 51b–58 ebenfalls den Redaktor am Werk. Dieser sieht die Lebensgabe Jesu in der Eucharistie: „Und zwar ist das Brot, das ich gebe (nämlich nach Ostern) mein Fleisch ,für das Leben' der Welt." D. h.: für den Redaktor ist Jesu Fleisch am Kreuz für die Rettung der Welt hingegeben worden. Nun kommt es darauf an, daß man an diesem Fleisch Anteil erhält. Jetzt wird nicht mehr vom Brot gesprochen, sondern vom Fleisch.

■ **52** macht deutlich, welchen Anstoß die hier entwickelte Eucharistielehre den Juden bereitete. In den Abendmahlsberichten Mk 14,22.24; Mt 26,26.28; Lk 22,19f. werden σῶμα und αἷμα Jesu unterschieden; ebenso 1Kor 11,24f. und 10,16f. Dafür tritt hier σάρξ καὶ αἷμα ein. Wortparallelen finden sich bei Ignatius. Aber obwohl er gegen doketische Gnostiker polemisiert, die Jesu Leiden nur für Schein halten – er, der dem Martyrium entgegengeht, will ja darin der Passion Jesu nachfolgen, – hat er die Eucharistie anscheinend spiritualisiert. In Eph 22 spricht Ignatius vom Brechen des Brotes, das ein φάρμακον ἀθανασίας ist, ein ἀντίδοτος τοῦ μὴ ἀποθανεῖν. Man soll nur, mahnt Trall. 6,1, die christliche Speise benutzen, sich aber des fremden Krautes der Häresie enthalten, die 6,2 ein θανάσιμον φάρμακον mit Honigwein ist. Die Stellen, welche die σάρξ in der Eucharistie erwähnen, sind Röm 7,3: „Ich will Gottes Brot, welches das Fleisch Jesu ist . . ., und als Trank will ich sein Blut, das die unvergängliche Liebe ist", Philad. 4 wird die wahre Eucharistie als die μία σάρξ unseres Herrn Jesus Christus und der eine Trank zur Einigung mit seinem Blut bezeichnet. Smyrn. 7,7 sagt von den Irrlehrern, daß sie sich der Eucharistie und des Gebets enthalten, da sie nicht bekennen, die Eucharistie σάρκα εἶναι unseres Retters Jesus Christus, τὴν ὑπὲρ τῶν ἁμαρτιῶν παθοῦσαν. Die Aussage Trall. 8,1 „(πίστει) ὅ ἐστιν σάρξ τοῦ κυρίου, καὶ ἐν ἀγάπῃ, ὅ ἐστιν αἷμα Ἰησοῦ Χριστοῦ erinnert an eine Spiritualisierung, wie wir sie im Philippusevangelium p. 105,1–7 finden. Dort heißt es: während unser Fleisch nicht erben wird, wird das Fleisch Jesu und sein Blut erben. „Deshalb sagt er: ,Wer nicht mein Fleisch essen und mein Blut trinken wird, hat kein Leben in sich.' Was ist es? Sein Fleisch ist der Logos und sein Blut ist der Heilige Geist." (*Ménard*, L'évangile selon Philippe 142, zitiert Apollinaris von Hierapolis, Fragm. IV über das Passa: ὁ ἐκχέας ἐκ τῆς πλεύρας αὐτοῦ τὰ δύο πάλιν καθάρσια, ὕδιος καὶ αἷμα, λόγον καὶ πνεῦμα.) Anders steht es bei Justin, Apol. I 66,1ff.: „Diese Speise heißt bei uns Eucharistie." (Nur die Glaubenden und Getauften und ein christliches Leben Führenden erhalten sie.) „Denn wir nehmen das nicht wie gewöhnliche Speise und gewöhnlichen Trank . . . Sondern wie . . . Jesus Christus, unser Retter, Fleisch und Blut für unsere Rettung annahm (ἔσχεν), so – wurden wir gelehrt – ist auch diese Speise, aus der unser Blut und Fleisch in (κατά) Verwandlung erneuert wird, das Fleisch und Blut jenes fleischgewordenen Jesus. Das haben die bösen Dämonen in den Mithrasmysterien nachgeahmt und zur Befolgung dargereicht. Denn daß Brot und ein Becher Wasser bei den Weihen einem Neophyten vorgesetzt wird, das wißt ihr oder könnt es erfahren." Danach ist man versucht, eine Einwirkung der Mysterienreglionen auf das Eucharistieverständnis zur Zeit Justins zu vermuten. Aber im Lukasevangelium selbst läßt sich so etwas wie eine Annäherung an dieses neue Verständnis erkennen. Beim Abendmahlsbericht Lk 22,19f. werden gemäß der alten Tradition noch σῶμα und αἷμα unterschieden. In Lk 24,39 aber sagt der Auferstandene, daß er σάρκα καὶ ὀστέα, Fleisch und Knochen, hat. Diese Vergröberung gegenüber etwa der paulinischen Vorstellung kann auf den Gegensatz gegen gnostische Doketen zurückgehen (wenn das auch nicht der einzige Grund gewesen sein muß; das ὤφθη des alten Berichts 1Kor 15 konnte den Verdacht wecken, daß die Jünger nur ein φάντασμα gesehen hatten). Stellte man sich aber die Wirklichkeit des Auferstandenen in dieser Weise vor, dann mußte auch die Anteilnahme daran in der Eucharistie dementsprechend vorgestellt werden. Der Redaktor trägt also eine jüngere Lehrform ein.

■ **53** schwächt aber den Anstoß nicht ab, sondern wiederholt feierlich und verschärfend das bisher Gesagte. Nach der Auffassung des Redaktors ist das christliche Abendmahl ein Mysterium, das den Außenstehenden nicht rational zugänglich gemacht werden darf. Es bleibt vielmehr dabei: Wer ewiges Leben haben will, der muß das Fleisch des Menschensohnes essen und „mein Blut trinken". Die Aufforderung zum Blutgenuß war für den frommen Juden eine Blasphemie. Der Redaktor riskierte mit diesen Ausdrücken, die Vorwürfe thyesteischer Mahlzeiten bei den Christen zu unterstützen. Gleichzeitig liegt in dieser Aussage eine antignostische Spitze. „Leben in sich haben" meint im Munde des Redaktors hier die Aussicht, dereinst am jüngsten Tage auferweckt zu werden. Das „ewige Leben" ist hier also nicht als eine hier und jetzt anhebende und durch den Tod nicht unterbrochene Verbundenheit des einzelnen mit Gott vorgestellt, wie sie der Evangelist dem Glaubenden zuschrieb. Das Wort „Menschensohn" ist hier einfach im Sinne von „ich" im Munde Jesu gebraucht. Genaugenommen kann also der Redaktor nur eine Auferstehung der Gläubigen erwartet haben; die Ungläubigen verbleiben im Tode.

■ **54** setzt nun den Gedanken erläuternd fort, wobei für „essen" das Wort τρώγω benutzt wird. *Blass-Debrunner* § 101 bezeichnet es als vulgären Ersatz für ἐσθίω; die LXX hat es noch nicht verwendet. Sie übersetzt in Ps 40,10 das hebräische אוֹכֵל לַחְמִי mit ὁ ἐσθίων ἄρτους μου. *Bauer* 98 dürfte recht haben, daß hier absichtlich ein das Zerbeißen (des Brotbissens) nahelegender Ausdruck gewählt ist. Die Form ἐσθίω wäre, wie Ps 40,10 zeigt, durchaus möglich gewesen. Wenn es in Joh 13,18 aber ὁ τρώγων μου τὸν ἄρτον heißt, so legt das den Verdacht nahe, daß 13,18bf. vom Redaktor eingeschoben sind, die V. 21 unpassend vorwegnehmen (s. u. zu dieser Stelle).

■ **55** begründet das zuvor Gesagte: Jesu Fleisch ist wahre Speise und sein Blut ist wahrer Trank deshalb, weil sein Empfänger am jüngsten Tag auferweckt werden wird. Futurische Eschatologie und Sakramentsglaube sind beim Redaktor also eng verbunden: nur wer das Abendmahl empfängt, darf auf die Auferstehung hoffen. D hat die Worte καὶ τό bis πόσις ausgelassen, vielleicht wegen eines Weiterspringens von (βρῶ)σις zu (πό)σις. D ist reich an Verschreibungen der verschiedensten Art. (ℵ*) ℵ̂ (D) Θ lat sy lesen ἀληθῶς statt ἀληθής. *Brown* I 283 erklärt das so: ἀληθινός wäre hier unmöglich, weil es die himmlische Wirklichkeit, „die einzig rechte", im Gegensatz zu ihrem natürlichen Gegenstück bezeichnet, und das würde hier nicht passen, weil Jesus hier nicht sein Fleisch und Blut einem natürlichen Gegenstück entgegensetzt, sondern den echten Wert seines Fleisches und Blutes als Speise und Trank betont. Die „westliche" Lesart erfasse mit ihrem Adverb den Sinn des Verses besser. – P 66 und 75, B C L W 565.892 pl lesen ἀληθής.

■ **56** wiederholt noch einmal die bisher gebrauchte Formel des Redaktors τρώγειν τὴν σάρκα und verbindet sie spannungsreich mit einer dem Evangelisten lieben Formel „bleibt in mir und ich in ihm" (vgl. 15,5). Denn daß der, welcher das Abendmahl genießt, in Jesus bleibt und Jesus in ihm, kann man vom Essen und Trinken der „Abendmahlselemente" Brot und Wein gerade nicht sagen. Vielmehr wird erst am jüngsten Tag Jesus mit dem Glaubenden wirklich wieder verbunden sein. Jesus ist zwar jetzt schon auferstanden, der Glaubende aber noch nicht. Der Evangelist denkt darüber ganz anders (vgl. 5,24f.). Für den Redaktor ist das Abendmahlsbrot und der Abendmahlswein geheimnisvoll identisch mit Jesu Leib und Blut. Darum gilt, daß Er in dem Menschen bleibt, der Ihn genossen hat. Der mystische Klang der Worte darf nicht darüber hinwegtäuschen, daß der Redaktor in Wirklichkeit sehr rational denkt. Der lange Zusatz, den D (a ff²) bieten, mildert, indem er wieder auf den Begriff „Leib" zurücklenkt, den Anstoß: „Wenn ihr nicht den Leib des Menschensohnes als das Lebensbrot nehmt, habt ihr nicht Leben in ihm." *Hirsch,* Studien 65, hält freilich diesen bei D zugefügten Satz für „die schönste Paradoxie, eben das, was die Juden nachher die ‚harte Rede' nennen: Wenn ihr nicht den in den Tod gegebenen Leib (mit diesen Worten muß man σῶμα bei Johannes übersetzen) des Menschensohnes empfangt als das Brot des Lebens, dann habt ihr kein Leben in ihm." Diese Deutung wird nur möglich, wenn man wie *Hirsch* annimmt, daß eine Rede in der dritten Person und eine in der ersten Person ineinandergeflochten sind. Die zweite stamme vom Redaktor, die erste vom Evangelisten, der sich scheute, Jesus vom Essen seines eigenen Fleisches durch die Hörer sprechen zu lassen.

■ **57** Die johanneisch klingenden Formulierungen in diesem Vers sprechen durchaus nicht gegen die Tätigkeit eines Redaktors. Interessant ist aber, daß der Ausdruck „der lebendige Vater" nur hier erscheint. Er entspricht der Wendung „das lebendige Brot" in V. 51. – „Wie der Zusammenhang zeigt, kann διά nicht ‚wegen‘, ‚um willen‘ heißen . . .": urteilt *Bultmann* 176 Anm. 7. Deshalb übersetzt er „auf Grund des Vaters" und gibt in der Anmerkung den Sinn „sein Leben verdanken" an. *Radermacher,* Grammatik 142, meint: „Überhaupt zeigt diese Präposition ein merkwürdiges Schwanken in Konstruktion und Bedeutung"; sie hat, mit dem Akkusativ verbunden, oft auch instrumentalen Sinn. Das scheint uns auch hier der Fall zu sein. Wie der Vater Leben hat und dem Sohn gibt, so wird auch der, welcher das Abendmahl genießt, durch ihn leben – in der Auferstehung am jüngsten Tage.

■ **58** Οὗτος meint nicht nur das Abendmahlsbrot, sondern damit zugleich auch Jesus. Die „Väter" haben eben nicht das christliche Abendmahl genossen und sind darum gestorben (vgl. 6,49). Wer aber das christliche Abendmahl genießt, wird deshalb in Ewigkeit leben, weil er am jüngsten Tage auferweckt werden wird. In diesem Sinne ist das christliche Abendmahl für den Redaktor ein φάρμακον ἀθανασίας. Mit diesem Vers hat der Redaktor denselben Abschluß erreicht, zu dem der Evangelist in V. 51a gelangt war. Er hat nicht ohne Geschick gearbeitet.

■ **59** *Bultmann* 174 hält diesen Vers für den ursprünglichen Abschluß der Szene. In 1,28 und 8,20 markiert freilich eine Ortsangabe den Abschluß einer Szene. Aber in unserem Falle ist es fraglich, ob eine Überlieferung vom vergeblichen Wirken Jesu in Kapernaum berichtet hat. Der Weheruf über Kapernaum (Mt 11,23//Lk 10,15) ließe sich ja auch daher verstehen, daß es nicht gelungen ist, in Kapernaum eine christliche Gemeinde zu begründen. Überraschend aber bleibt, daß die Rede Jesu mit einem Mal eine Synagogenpredigt gewesen sein soll. *Brown* I 278–280 sucht mit Hilfe von *A. Guildings* Lektionartheorie die Möglichkeit zu erhärten, daß hinter 6,35–50 eine von Jesus in der Passazeit zu Kapernaum gehaltene Synagogenpredigt steht. Auch das scheint uns, trotz der Vorsicht, mit der *Brown* zu Werke geht, schon den Kreis des Möglichen zu überschreiten. Nach der Einleitung V. 25 sollte man eigentlich erwarten, daß die Rede im Freien stattgefunden hat. *Loisy* 244 gibt den V. 59 dem Redaktor, und er wird damit recht haben.

● In gewissem Sinne sind das für die Erforschung unseres Abschnitts am meisten Entscheidende die Verse 6,51b–59. Für *Bauer* 99f. stammen sie aus der Hand des Evangelisten: „Wie er 3,5 von der Taufe gehandelt hat, so spricht er hier, gleichfalls vorgreifend, von dem anderen Mysterium der Christenheit. Nur unter dieser Voraussetzung versteht sich auch die im Widerspruch zu den Gegnern immer erneute Wiederholung und schärfere Zuspitzung der Paradoxie 52–57. Es spiegelt sich da das Grauen der Welt vor den thyesteischen Mahlen der Christen . . ., das seinen letzten Grund in deren Abendmahlsbrauch hat." *Käsemann,* Jesu letzter Wille 74, gibt zwar zu: „Redaktionelle Überarbeitung dürfte durch Joh 21 bewiesen und für Stellen wie 6,51b–58 kaum zu leugnen sein." Aber er fügt hinzu: „Doch hat der

Evangelist zweifellos nicht nur um Jesu Taufe gewußt, sondern auch die christliche Taufe und das Herrenmahl selbstverständlich vorausgesetzt. Wenn in 3,33ff.; 6,32ff. und anderswo darauf angespielt wird, ist das am Ende des ersten Jahrhunderts wirklich nicht überraschend. Im Gegenteil, man kann in dieser Zeit eine Fülle solcher Anspielungen von vornherein erwarten." *Brown,* für den der Herausgeber der ersten und zweiten Ausgabe des JE der Evangelist ist, sieht in V. 51–59 eine Zutat des Herausgebers der dritten Ausgabe, des Redaktors, die ursprünglich zum johanneischen Bericht über die Einsetzung der Eucharistie beim letzten Mahl gehörte. *Bultmann* 162 schließlich hält V. 51b–58 für „von der kirchlichen Redaktion hinzugefügt, welche darüber hinaus die ganze Rede – vor allem durch den refrainartigen Satz „und ich werde ihn auferwecken am jüngsten Tage" – „unter die Anschauung von V. 51b–58" zu stellen versucht.

Bei den meisten dieser Exegeten klingt hier eine leichte Unsicherheit mit. *Brown* 278ff. z. B. läßt V. 51–58 auch aus johanneischem Material stammen und überlegt ernsthaft, ob man sich nicht doch auf die These von *A. Guilding* einlassen könne, nach der Jesus selbst sich bei seinen Predigten an die in der jeweiligen Zeit gerade in der Synagoge verlesenen Schrifttexte gehalten habe (in denen allerdings gerade vom Essen der verbotenen Frucht des Lebensbaumes die Rede war). Allerdings sieht er ein, daß diese These hier allzuwenig Beweiskraft hat. *Bauer* weiß um den Widerspruch gegen V. 51b–59 mit dem Folgenden und um die Folgerungen, die *Wellhausen* 32 und andere daraus gezogen haben, indem sie diese Verse als eine Überarbeitung ansahen. Aber: „unbedingt nötig ist das nicht. Der Verf. hält energisch fest an dem sakramentalen Brauch, aber er weiß, daß es dabei nicht die Dinge sind, von denen die übernatürliche Wirkung ausgeht. Für ihn haben auch die Sätze nebeneinander Platz: der Gläubige hat ewiges Leben . . . und: nur der Teilnehmer am Herrenmahl hat ewiges Leben" (*Bauer* 101f.). Ein solches Nebeneinander vertritt schließlich auch *Käsemann* 74. Immerhin geht er weiter und fragt, warum Johannes nicht eine Einsetzung der Sakramente voraussagt und sogar die Einsetzung des Herrenmahls durch die Geschichte von der Fußwaschung verdrängt. Seine Antwort (75) lautet: „Das besagt, daß das merkwürdige Verhältnis unseres Evangeliums zu Sakramenten und Kult nicht isoliert . . . werden kann. . . . Zur Debatte steht in Wahrheit die johanneische Konzeption der Geschichte." Das heißt für *Käsemann* nicht nur, daß es hier um den Primat der Christologie geht, sondern schließlich, daß „Inkarnation . . ., wie der Prolog unmißverständlich zu erkennen gibt, Begegnung des Schöpfers mit seiner Kreatur meint".

Dabei wird nun freilich, so scheint es uns, übersehen, daß im JE der Kosmos und der Mensch nicht als Geschöpfe betrachtet werden, wie man nach einigen Sätzen des Prologs und auch vereinzelten anderen Stellen der Vorgeschichte vermuten kann. Wer zu Jesus kommen will, muß von oben gezeugt werden, muß von Gott „gezogen" werden. Und das widerfährt nicht allen Menschen, sondern einer Auswahl. Jesus betet nicht für den Kosmos. Das aus dem benutzten Evangelium übernommene Wort 1,29 gilt nur begrenzt. Daß der Logos „den Widerstand der Welt gegen ihren Schöpfer überwindet oder potenziert", diese Formulierung *Käsemanns* 79f. wird dem JE nicht gerecht. Denn diese Betonung des Schöpfers scheint uns in das vierte Evangelium hineingelesen zu sein. Die tatsächlich alles beherrschende Christologie handelt vom Gesandten, der die ihm vom Vater gegebenen Menschen errettet. Hier rächt sich, daß *Käsemann* 30 behauptet: „Die Formel ‚der Vater, der mich gesandt hat', ist schließlich in unserem Evangelium weder die einzige noch die kennzeichnendste christologische Formel." Daß Jesus im JE nirgends als „der Offenbarer" bezeichnet wird, wie *Bultmann* ihn unaufhörlich (und auch *Käsemann* 31) nennt, sollte zu denken geben.

Aber bleiben wir vorerst bei der Frage, ob Johannes wirklich die Sakramentstheologie neben seiner ganz anderen Christologie dulden konnte. Was besagen V. 51b–59 denn eigentlich? Sie versöhnen die Eucharistielehre mit der futurischen Enderwartung einer Auferweckung am jüngsten Tag. Wer das christliche Sakrament genossen hat, der, und nur der, wird am jüngsten Tag auferweckt: das ist für den Redaktor das Leben, das Jesus spendet. Und zu dieser Anschauung kommt er, weil er, wie die ziemlich gleichzeitige Aussage Lk 24,39, selbst den Auferstandenen als ‚Fleisch und Knochen habend' sich vorstellt. Wenn das auch nicht so grobschlächtig wie bei Lk gemeint sein mag, sondern an eine Art „himmlisches Fleisch" gedacht sein kann (das ja später in der Dogmengeschichte auch prompt aufgetaucht ist), so kann man an diesem Christus eben nur Anteil bekommen durch die Materie der Eucharistie.

Für eine solche Eucharistielehre ist im JE ebensowenig innerer Raum wie für die futurische Eschatologie, auch nicht neben seiner „eigentlichen" Lehre. Es kann zwar wirklich so sein, wie es *Käsemann* 87 formuliert, daß das JE ein „Relikt einer in den Winkel abgedrängten urchristlichen Gemeinschaft ist". Wenn jedoch unsere Annahme zutreffen sollte, daß der Evangelist ein sehr anderes, wunderfrohes Evangelium umdeutend benutzt hat, dann ist es nicht einmal ausgeschlossen, daß der Evangelist ein einzelner war, ein Reformer oder sogar ein Revolutionär, der nicht in irgendeine Zukunft entfloh, sondern in der Jetzt-Begegnung mit der Jesusbotschaft das einzig wichtige und dem Leben Sinn Gebende erblickte. Es ist nicht einmal ausgeschlossen, daß dieser Evangelist den Abschluß der Geschichte vom Seewandeln – sie waren von der Seemitte plötzlich am Lande – nach ihrem tieferen Sinn als einen Hinweis darauf verstand, daß die Begegnung mit Jesus und seiner Botschaft die Grenzen von Raum und Zeit sprengt. Dann wären die 2000 Jahre, die es für Kierkegaard mittlerweile geworden waren und die er wegzubekommen sich bemühte, schon im JE gesichtet und überwunden worden.

*A. Guildings* These, Jesus habe sich bei seinen Reden stets an Themen gehalten, die den jeweils an den betreffenden Festen in der Synagoge gelesenen Texten entsprachen, kann hier an 6,4 anknüpfen. U. E. hat der Redaktor diesen Vers hier eingesetzt, um seine eucharistische Deutung vorzubereiten.

Aber davon abgesehen passen die in Frage kommenden alttestamentlichen Texte Gen 3 mit der Warnung, vom Lebensbaum zu essen, keineswegs zu dieser Rede Jesu. Vielmehr wird gerade angesichts dieser apologetischen Versuche, den Jesus des JE als fromm die jüdische Festpraxis achtend darzustellen, die gegensätzliche Tendenz der Rede Jesu deutlich. Jesus sagt V. 32 in aller Schärfe: Nicht Moses hat euch das Brot aus dem Himmel gegeben. Das Judentum, die jüdische Religion kann nicht beanspruchen, das Heil zu vermitteln. Der wahre Geber des Himmelsbrotes ist vielmehr Gott, indem er jetzt Jesus als das Himmelsbrot sendet. Darum ist der Glaube an ihn das einzige Gott wohlgefällige Tun. Dieser Glaube an Jesus wird hier (V. 40) mit dem Sehen Jesu gleichgesetzt. Selbstverständlich handelt es sich bei diesem Sehen um jenes, von dem 14,7ff. sprechen: von dem in Jesus den Vater Sehen.

In dieser Perikope werden die mit der johanneischen Christologie zusammenhängenden Fragen besonders dringend. *Dodd,* Interpretation 290, hat mit Recht darauf hingewiesen, daß im ersten Teil des JE jeweils zuerst ein Wunder erzählt wird; dann bringt eine Rede die johanneische Interpretation dieses Wunders. In unserem Fall werden die aus der Tradition, d.h. wahrscheinlich aus einem nichtkanonischen Evangelium übernommenen Wundergeschichten derart ausführlich berichtet, daß die Auslegung des Evangelisten erst in V. 26 beginnt. Wie sind die vorangehenden 25 Verse nun aufzufassen? Zwei Möglichkeiten scheinen sich anzubieten: einmal die, daß man Johannes Jesus als über die Erde schreitenden Gott darstellen läßt. In diese Falle scheint uns *Käsemann* geraten zu sein, nicht nur, wenn er selbst (65f.) diese Formel gebraucht, sondern auch, wenn er schreibt (53): ,,Man kann die Verantwortung über die erzählten Wundergeschichten nicht der Tradition zuschieben. Johannes hat diese Tradition schließlich aufgegriffen, . . . und die mirakulösesten Wunder des Neuen Testaments ausgewählt. Das tut man nicht, wenn man bloß Illustrationen zu den Reden Jesu liefern will und am Wunder selbst ganz uninteressiert ist . . .'' (54). ,,Kein Christ ist am Ende des 1. Jahrhunderts auf den Gedanken gekommen, daß Gott ohne Wunder auf den Plan treten könne oder die Wiedergeburt das einzige ihm angemessene Zeichen sei. Die johanneische Wunderkritik beginnt und endet dort, wo Jesus selbst um seiner Gaben willen gesucht oder vergessen wird. Umgekehrt gibt es seine Herrlichkeit nicht ohne seine Wunder, und je größer und demonstrativer sie sind, um so besser. . . . Hier greift Reduktion im vierten Evangelium nicht Platz.''

Das Gegenbild zu solcher Auffassung finden wir bei *Bultmann.* Er nimmt an, daß 20,30f. der Schluß des Evangeliums war, das der Evangelist benutzt hat, und fährt fort (78f): ,,Wenn es der Evangelist gewagt hat, diesen Schluß zugleich als Abschluß für sein Buch zu verwenden, so zeigt das nicht nur, daß das σημεῖον für ihn eine fundamentale Bedeutung hat, sondern zugleich – wenn er das Wirken Jesu, wie er es darstellt, unter den Begriff des σημεῖον stellen kann! –, daß dieser Begriff nicht der eindeutige der naiven Wundererzählung ist. Vielmehr ist deutlich – und wird durch die Exegese vollends deutlich werden –, daß sich die Begriffe σημεῖα und ῥήματα (λόγοι) gegenseitig bestimmen: das σημεῖον ist keine bloße Demonstration, sondern redender Hinweis, Symbol, und das ῥῆμα ist nicht Lehre als Mitteilung eines Gedankengehalts, sondern geschehendes Wort, Ereignis der Anrede . . . Damit ist aber auch die Frage geboten, wie weit der Evangelist dem Traditionsstück eine neue Deutung gegeben, und ob er diese durch die redaktionelle Bearbeitung der Traditionsstücke zum Ausdruck gebracht hat." Später fügt *Bultmann* 83 A.4 hinzu: ,,Die Frage, ob der Evangelist das Wunder für ein wirkliches historisches Ereignis gehalten habe, scheint mir nicht so selbstverständlich bejaht werden zu dürfen, wie es gewöhnlich geschieht; doch mag sie dahingestellt bleiben."

Damit scheinen die Möglichkeiten erschöpft zu sein, wie der Evangelist die Wunder aufgefaßt haben kann: als wirkliche Ereignisse, die demonstrieren, daß hier das Göttliche am Werk ist, daß hier der über die Erde schreitende Gott dargestellt wird, oder als Symbole, die nur Symbole, aber keine wirklich geschehenen Ereignisse sind.

Die kritische Exegese der liberalen Theologie hatte um die Jahrhundertwende ein Jesusbild im vierten Evangelium zu finden gemeint, das sich genau auf die Formel bringen läßt, die *Käsemann* benutzt: Jesus ist der über die Erde schreitende Gott. Darum weist *Käsemann* auf *F. Chr. Baur, G. P. Wetter, Heitmüller* und *Bousset* anerkennend hin (26 A.9; 61 A.68) und betont, daß alle Wunder, mögen sie für den Evangelisten auch ,,Zeichen und Hinweise für die im Logos selber erfolgende Offenbarung" bleiben, ,,als Beweise göttlicher Macht im Raum des Vorläufigen" doch gelten: in den Wundererzählungen geht es ,,primär um Bekundungen der Herrlichkeit Jesu" (113). ,,Wenn Thomas auf den nicht sehenden Glauben verwiesen wird, dann doch erst, nachdem er gesehen und betastet hat" (54f.).

Dabei wird u. E. übersehen, daß der Evangelist immer wieder – wie z. B. in 20,21 – an den überlieferten Wundergeschichten Korrekturen anbringt, die jene zu bloßen Hinweisen auf etwas ganz anderes werden lassen, das sich direkt eben nicht sehen läßt. Davon, daß sich der Evangelist die allermirakulösesten Wunder herausgesucht hat, kann man nur unter der Voraussetzung reden, daß ihm die gesamte evangelische Überlieferung, von Mk an, zur Verfügung stand – und nicht nur die kanonische. Die ganze Lage erscheint jedoch in einem völlig anderen Licht, wenn er nicht alle diese Evangelien vor sich auf dem Schreibtisch stehen hatte, sondern in seiner Gemeinde nur ein einziges ,,Wunderevangelium" par excellence vorfand, an dem sie sich erbaute, und wenn man in Johannes nicht jenen glänzenden Schriftsteller hineinsieht, als den ihn nicht nur *Windisch* und *Hirsch* gefeiert haben. So war er, wenn er dieses Evangelium benutzen wollte, genötigt, es durch einzelne Korrekturbemerkungen (wie 4,48f.) und die Reden Jesu zum Zeugnis seiner eigenen Christologie zu machen. Daß er sich ein solches Evangelium dienstbar gemacht hat, welches das Erdenleben Jesu schilderte, hing damit zusammen, daß für ihn dieses Erdenleben, durchaus als ein wirklich durchlebtes Erdendasein anerkannt, zugleich die indirekte Mitteilung der (von den Juden wie von den Jüngern freilich nicht erfaßten) Offenbarung war. Indirekt insofern, als alle diese Wunder, bis hin zur Wiederbelebung des schon verwesenden Lazarus (um von einzelnen Heilungen wie 5,9 und 9,7 ganz abzusehen) innerhalb des irdischen Geschehens blieben: Lazarus kann zwar, auferweckt, sein Erdendasein noch eine Weile fortsetzen, bis die Hohenpriester (12,10!) seinen zweiten und nicht mehr zurückgenommenen Tod herbeigeführt haben werden.

Aber – und das ist das Entscheidende – das Gottesverhältnis des Lazarus wird durch die Auferweckung ebensowenig geändert wie das des Gelähmten von Kap. 5. Stellen, die besagen, daß Jünger aufgrund von Wundern zum Glauben kommen, gehören dem aufgenommenen Material an, wie z. B. 2,11.23–25. Doch wird dieser Glaube schon in 2,24 in Frage gestellt. Aus 7,39 geht hervor, daß vor dem Kommen des Geistes ein Glaubensbekenntnis Jesu noch nicht möglich war, und der Geist wird erst nach Ostern (20,22) mitgeteilt. In diesem Punkt differieren die Anschauungen des benutzten Evangeliums und die des Evangelisten besonders deutlich. Was *Käsemann* über die Wunder im JE sagt, muß also in dreifacher Hinsicht korrigiert werden: 1. Die von *Käsemann* 51ff. aufgezählten Wunder gehen (soweit sie überhaupt den irdischen Jesus betreffen: erst der Auferstandene geht durch verschlossene Türen!) nur relativ über die in den anderen kanonischen Evangelien erzählten hinaus. 2. Alle johanneischen Wunder überschreiten den irdischen Rahmen nicht: die Gespeisten werden wieder hungrig usw. 3. Ihre Bedeutung als σημεῖα, als Hinweise, wird nicht erkannt. Insofern bleibt Jesus während seines Erdenlebens ebenso unbegriffen und unerkannt wie bei Mk. Sein irdisches Dasein wird erst nach Ostern begreifbar, und auch da nicht als den durch Wunder legitimierten über die Erde schreitenden Gott. Was Jesus selbst über sein Verhältnis zum Vater aussagt, wird in seiner Dialektik von *Käsemann* nicht berücksichtigt: er tut nicht seinen Willen, spricht nicht seine eigenen Worte, tut nicht seine eigenen Taten. Er ist ganz für den Vater da und nur insofern mit dem Vater eins. Das schließt aber keineswegs aus, daß der Vater größer ist als er, und also ist sein Gebet Kap. 17 keineswegs ein Scheingebet. Den Eindruck des Doketischen, den *Käsemann* angesichts des johanneischen Jesus immer wieder empfindet und den auch schon *Baldensperger,* Prolog 171, empfunden hatte, entstammt einer Überzeugung, die alle vier kanonischen Evangelien voraussetzen: der Überzeugung nämlich, daß der Mensch Jesus zugleich ein göttliches Wesen war. Aber der vierte Evangelist, der an der Herkunft Jesu aus Joseph und Maria keinen Anstoß nahm, gab der *Menschheit* Jesu mehr Raum, als Mt und Lk es taten.

Mit dem, was wir zu *Käsemanns* These ausgeführt haben, ist schon gegeben, daß wir auch der Lösung *Bultmanns* nicht zustimmen können. Wenn der Evangelist ein fremdes Evangelium weitgehend übernommen hat (freilich nicht ohne starke Korrekturen und ohne größere Zusätze, wie besonders in

Kap. 4 und 11), so hat er das allem Anschein nach nicht nur getan, weil ihm gerade dieses Evangelium bekannt und vielleicht von früh an vertraut war. Sein Widerspruch galt nicht den erzählten wunderbaren Einzelheiten, sondern der Art, wie sie verstanden waren. Der Evangelist hat also, meinen wir, keineswegs in den Wundern, z. B. der Heilung des Gelähmten, nur Symbole gesehen, sondern sie waren für ihn wirklich geschehene Ereignisse. Aber als solche wiesen sie auf etwas anderes hin, und gerade das kann ein Symbol nicht. Es spricht also nichts dagegen, daß der Evangelist gegen die vielen Wunder etwas einzuwenden hatte, die seine Vorlage ausführlich erzählte oder nur summarisch andeutete, wie in 2,23; 7,31 oder 20,30. Er faßte sie eben nicht lediglich als Wunder auf – daß sie solche waren, blieb für ihn in gewissem Sinne nebensächlich, um nicht zu sagen gleichgültig; wichtig war, daß das ἐγείρειν des Gelähmten in 5,8 hinwies auf das ἐγείρειν der (geistlich) Toten, wie es der Vater und darum auch der Sohn vermochte.

Wir haben vorhin die σημεῖα indirekte Mitteilungen genannt. Es fragt sich, ob die Reden Jesu über diese „Indirektheit" hinausgehen. Was ist denn eigentlich gesagt, wenn sich Jesus das wahre Himmelsbrot nennt? Geht der Evangelist damit weiter als bei jenem ἐγείρειν in Kap. 5? Wenn sich Jesus – indem er im Namen des Vaters spricht! – als das wahre Himmelsbrot bezeichnet oder als das Wasser des Lebens, als Licht der Welt, als die Wahrheit und das Leben, was ist damit nun wirklich gemeint? *Käsemann* antwortet: „Hier wird das genannt, was menschliches Leben ermöglicht" (108), und er ergänzt diese Aussage durch die andere: „Er vermag das als der Schöpfer" (109). Zwar ist der Logos nicht der Schöpfer, sondern der Schöpfungsmittler, durch den alles geworden ist, was geworden ist, aber der Begriff „der Schöpfer" ist nicht der Zentralbegriff, ist nicht der Schlüsselbegriff des vierten Evangeliums (ganz abgesehen davon, daß das Wort „der Schöpfer" im JE nicht begegnet). Jesus gibt ja gerade nicht das, was unser irdisches Leben ermöglicht, wie es die Samariterin und die Hörer in Kapernaum von ihm erhofften. Was er gibt, deutet vielleicht am deutlichsten seine Selbstbezeichnung „der Weg" an. Es ist die neue Verbundenheit mit Gott, die er herbeiführt, und gerade sie läßt sich nicht direkt beschreiben. In den Abschiedsreden spricht Jesus von dem Frieden, den er den Seinen schenkt und den die Welt nicht geben kann, und davon, daß für den Glaubenden die quälenden Fragen aufhören (16,23). Das ist freilich etwas, was heute in Deutschland keinen Eindruck macht, weil das stete Fragen und Bohren als die wahre menschliche Haltung gilt und die fraglose Sicherheit verpönt ist. Wenn uns der Aussageinhalt über Gott bei Johannes so gering erscheint, so darf man freilich nicht vergessen, daß bei jedem Bild, das der Evangelist gebraucht, alle im Hintergrund stehen, die er an anderen Stellen verwendet, und das Gesamtbild vervollständigen. Im ganzen darf man wohl sagen: Wenn Gott für uns das Lebensbrot und das Lebenswasser ist, dann ist das eine Gnadenbotschaft, obwohl die paulinischen Begriffe fast ganz fehlen. Daß sich Jesus auf die Botschaft beschränkt, er, der bloße Mensch, sei der Offenbarer, und daß das bloße „Daß" – oder vielmehr der Anspruch darauf, alles ist, was der Evangelist zu sagen hat, paßt zwar zu der These der geforderten menschlichen Entscheidung, als die *Bultmann* die johanneische Verkündigung versteht, aber es läßt die Tatsache nicht genug zur Geltung kommen, daß Gott es ist, der das wahre Himmelsbrot gibt, und nicht meine Entscheidung. Es trägt auch nicht der Schwierigkeit Rechnung, daß wir von Gott nur mit irdischen Begriffen sprechen können, die doch unzureichend sind. Das hat zum Teil heute zu dem Vorwurf der Hinterweltlichkeit geführt, die von den Computern überholt und abgetan ist. Aber wenn man auch alles, was Computer an Information wiederzugeben vermögen, in Rechnung stellt, so darf man doch nicht vergessen, daß Menschen ihm das alles eingegeben haben. Wenn der Evangelist in den Aussagen über den Vater (den niemand je gesehen hat außer dem Sohn) so einsilbig ist, dann darf man ihm keinen Mangel an Information vorwerfen, die er uns schuldig bleibe. Johannes hat sich vieles an Aussagen versagt, was die Phantasie der Apokalypse in so reicher Fülle bringt, und auch von den Einzelheiten der „Tiefen Gottes" geschwiegen, die Paulus kraft alttestamentlicher Aussagen und einer pneumatischen Deutung zu kennen glaubte (Röm 11,25–36; 1Kor 2,16). Es ist wahr: bei der Schweigsamkeit des Evangelisten – man kann auch über die Abstraktheit seiner Aussagen klagen – kommt viel von der Menschlichkeit Jesu nicht zur Sprache, was bei den Synoptikern anklingt. Aber wir dürfen nicht vergessen, daß seine Vorlage weithin einen ϑεῖος ἀνήρ beschrieb. Wenn der Evangelist das ausschaltete, dann behielt er relativ wenig an „Material" in der Hand. Zugleich aber war dieses „Wenige" – z. B. die Aussage über das Himmelsbrot – gerade auf unser Leben hier in der ängstigenden Welt bezogen. Freilich nicht so – und darin liegt auch die Möglichkeit eines Einwandes gegen den Evangelisten –, daß sich seine Aussagen von jedem nachvollziehen lassen. Heute, in unserem naturwissenschaftlichen Zeitalter, kann freilich nur das auf Wahrheit Anspruch erheben, was sich grundsätzlich von jedem nachvollziehen läßt. Indem der Evangelist darauf hinweist, daß zu Jesus nur kommen kann, wen der Vater „zieht", hat er von vornherein diese Nachvollziehbarkeit seiner Aussagen durch jedermann zurückgewiesen. Das Himmelsbrot liegt nicht mit Garantieschein in jedem Kaufladen aus.

## 18. Jesus und die Entscheidung

**[60]Viele nun von seinen Jüngern, die es gehört hatten, sagten: „Hart ist diese Rede; wer kann sie anhören?" [61]Jesus aber, der von selbst wußte, daß seine Jünger murrten, sagte zu ihnen: „Daran nehmt ihr Anstoß? [62]Wie, wenn ihr nun den Menschensohn dahin aufsteigen seht, wo er zuvor war? [63]Der Geist ist es, der Leben schafft; das Fleisch nützt nichts. Die Worte, die ich zu euch geredet habe, sind Geist und**

Leben. ⁶⁴Aber es gibt einige unter euch, die nicht glauben!" Denn Jesus wußte von Anfang an, welche es sind, die nicht glauben, und wer es ist, der ihn verraten wird. ⁶⁵Und er sagte: „Deshalb habe ich zu euch gesagt, daß niemand zu mir kommen kann, wenn es ihm nicht vom Vater gegeben ist." ⁶⁶Deshalb zogen sich viele von seinen Jüngern zurück und zogen nicht mehr mit ihm umher. ⁶⁷Da sprach Jesus zu den Zwölfen: „Wollt auch ihr fortgehen?" ⁶⁸Simon Petrus antwortete ihm: „Herr, zu wem sollen wir gehen? Du hast Worte ewigen Lebens! ⁶⁹Und wir haben geglaubt und erkannt, daß du der Heilige Gottes bist!" ⁷⁰Jesus antwortete ihnen: „Habe ich nicht euch Zwölf auserwählt? Und doch ist einer von euch ein Teufel!" ⁷¹Er meinte aber Judas, Sohn Simons des Iskarioten; dieser nämlich sollte ihn verraten, einer von den Zwölfen.

**Literatur:**

*Beauvery, R.,* Voulez-vous partir, vous aussi? Jn 6,60–69, ASeign 52 (1974) 44–51.
*Boccali, G.,* Un maschal evangelico e la sua applicazione: Gv 6,63, BeO 10 (1968) 53–58.
*Bornkamm, G.,* Die eucharistische Rede im Johannesevangelium, ZNW 57 (1956) 161–169, bes. 165–168.
*Cipriani, S.,* La confessione di Pietro in Gv 6,69–71 e suvi rapporti con quella dei Sinottici, in: San Pietro, Brescia 1967, 93–111.
*Dekker, C.,* Grundschrift und Redaktion im Johannesevangelium, NTS 13 (1966/67) 66–80, bes. 67–70.77f.
*Ferraro, G.,* Giovanni 6,60–71, RivBib 26 (1978) 63–69.
*Hilgenfeld, A.,* Noch ein Wort über Joh 6,71, ZWTh 9 (1866) 336.

*Joubert, H. L. N.,* The Holy One of God (Jn 6,69), Neotestamentica 2 (1968) 57–69.
*Michael, J. H.,* The Actual Saying behind St. John 6,62, ET 43 (1931/32) 427–428.
*Pascher, J.,* Der Glaube als Mitteilung des Pneumas nach Joh 6,61–65, TThQ 117 (1936) 302–321.
*Phillips, G.,* „This is a Hard Saying; Who Can be a Listener to It?", SBL. SP 1979. 1, 185–196.
*Temple, S.,* A Key to the Composition of the Fourth Gospel, JBL 80 (1961) 220–232 bes. 230–232.
*Worden, T.,* „Seigneur, à qui irions-nous?", Conc (F) 50 (1969) 105–181.

■ **60** *Mit ihm* beginnt eine neue Szene und Frage; sie beherrscht im Grunde den Rest des Kapitels. V. 66 fängt nicht ganz neu an. Nach V. 60 setzt auf Grund der Rede Jesu ein großer Abfall unter den Jüngern ein (daß sie alle in der Synagoge von Kapernaum anwesend waren, gehört zur vereinfachenden Darstellung). Viele Jünger erklären sich außerstande, eine solche „harte Lehre" weiter anzuhören; wie aus V. 66 noch deutlicher wird, endet damit ihr Jüngerverhältnis zu Jesus.

■ **61** Der Evangelist läßt Jesus auf diesen Widerstand (der in einem Unverständnis wurzelt) antworten, ohne daß ihm jemand davon berichtet hat: Jesus „weiß" einfach, daß man darüber murrt, ohne daß dieses Murren als solches ihm gegenüber ausgesprochen worden ist (vgl. Mk 2,8). Der Evangelist gibt angesichts des Anstoßes dem Leser des Evangeliums eine Verstehenshilfe, die das Anstoß-Nehmen (σκανδαλίζω) möglichst verhindern soll. In ihrer Kürze verlangt sie freilich selbst nach einer Verstehenshilfe.

■ **62** gibt das an, was man als entscheidend bedenken muß: Wer dem Anspruch Jesu gegenüber den Anstoß empfindet, daß sich dieser Mensch der ganzen Tradition entgegenstellt und sich selbst als den darstellt, der allein das „ewige Leben" ermöglicht, der soll nicht vergessen, daß Jesus eben mehr ist als ein „bloßer Mensch": Er ist von Gott herabgekommen und wird wieder dorthin zurückkehren.

■ **63** Was an ihm wichtig ist und ihm seine Autorität gibt, ist also nicht seine Existenz als ein bloßer Mensch, als „Fleisch". Das „Fleisch", seine irdische Existenz, gibt ihm nur die Möglichkeit, seine Botschaft auszurichten in Wort und Werk, die Möglichkeit, Gott in sich sichtbar werden zu lassen in dieser Botschaft. „Geist" ist also nicht Enthusiasmus, sondern Erkenntnis Gottes: sie allein bringt den Menschen in Verbindung mit dem Vater und schafft dadurch Leben. Daß „das Fleisch nichts nützt", meint nicht, daß es also auch ebensogut ohne Menschwerdung hätte gehen können. Es soll nur verhindern, daß man den Schwerpunkt dort sucht, wo er nicht liegt. Damit wird die Sakramentslehre des Redaktors in einer Schärfe abgelehnt, die alle versöhnende Apologetik und Ausgleichung beider Standpunkte widerlegt.

■ **64f.** bemühen sich um den Nachweis, daß dieser Abfall der Jünger für Jesus nicht unerwartet kommt: er hat längst darum gewußt und davon gesprochen. Dabei wird von diesem Tatbestand und von Jesus in der dritten Person gesprochen; V. 65 dagegen, eingeführt (oder angefügt) mit den Worten „und er sagte", bringen Jesu eigene Worte. Das ganze wirkt wie zwei Glossen, die aus der Vorhersagung des einen Verräters etwas anderes machen, nämlich Jesu Vorauswissen um die, welche nicht glauben würden. Damit wird – unfreiwillig – deutlich, daß der Mensch eigentlich eine quantité négligeable ist; es steht von vornherein fest, wer zum Glauben ausersehen ist und wer nicht. Darum meldet sich das frühchristliche Problem des Abfalls von Gläubigen: Es ist nicht damit getan, daß jemand zum Glauben an Jesus kommt, sondern er muß auch bei diesem Glauben bleiben. Der Anlaß zum Abfall aber ist im Unterschied etwa zu Mk 8,31–38 nicht eine Verfolgung, die den Menschen mit ihren Schrecken weich werden läßt, sondern der Inhalt der Lehre selbst. Für den Redaktor ist es die christliche Sakramentslehre, für den Evangelisten dagegen Jesu Absolutheitsanspruch, der sich auch gegen das AT wendet. – In diesem Zusammenhang sollte man aber noch einmal auf V. 63b eingehen: „Die Worte, die ich geredet habe, sind Geist und Leben." Das kann dahin verstanden und mißverstanden werden, als sei letztlich eine von der geschichtlichen Gestalt Jesu gelöste Lehre von Gott das, worauf es eigentlich ankommt; Jesus der Mensch ist nur der zufällige Träger dieser Botschaft (vgl. *Bultmann* 340ff.: „Für die Botschaft ist es gleichgültig, wer sie trägt." Das meint Johannes keineswegs). Denn dieser Mensch ist vom Himmel gekommen – auch wenn das nicht sichtbar ist – und bringt darum allein die rechte Botschaft. Genauer: er ist in Wort und Tat die rechte Botschaft. Hier erhebt sich für uns die Frage, ob das nicht eine mythische Vorstellung ist, die durch Interpretation, durch Auslegung zum Verschwinden gebracht werden muß. Auch für uns ist die Lage so, daß uns viele Botschaften erreichen, die in verschiedene Richtungen weisen; welchen Weg sollen wir gehen? Für Johannes ist das Wissen darum, daß Jesu Worte „Geist und Leben" sind und sie allein uns in Verbindung mit Gott bringen, eine göttliche Gabe, nicht aber eine uns zugängliche Erkenntnis. Es ist also nicht so, daß Jesu Worte in der Art eines mathematischen Lehrsatzes uns die Zustimmung abzwingen. Es ist möglich, daß sie uns kalt lassen, und ein Christ hat kein Recht, auf solche Menschen verächtlich herabzublicken. Es kann ihm durchaus passieren, daß er morgen erkennen muß: Im Grunde geht es mir genauso. Ich weiß nicht, wie es kommt, aber heute machen diese Worte auch auf mich keinen Eindruck mehr. Mit dem Wort „Entscheidung" kommt man angesichts dieser Lage auch nicht weiter. Wir müssen uns damit abfinden, daß manche von uns an Jesus nicht vorbeikommen, andere aber sehr wohl, ohne daß es ihnen Schwierigkeiten macht. Paulus hat einmal von den Nichtchristen als von denen gesprochen, die keine Hoffnung (auf ein Leben nach dem Tod) haben (1 Thess 4,13). Wer Christ zu sein versucht, um eine solche Hoffnung zu bekommen, sollte schleunigst damit aufhören. Die Hoffnung kann die Folge des Christseins, aber nicht der Antrieb dazu sein. Und die Form der paulinischen Enderwartung ist uns sowieso nicht mehr zugänglich. Daß sich die Gräber auftun und dann das irdische Leben in einer nur teilweise veränderten Existenz weitergeht, wird zwar von vielen ersehnt; aber der Evangelist hofft, wenn er 5,25 schreibt, darauf gerade nicht.

■ **66** setzt im Grunde eben da ein, wo V. 60 begann. Nur daß es sich in der Fortsetzung diesmal nicht eigentlich um „die vielen" handelt, die nicht mehr Jesus nachfolgen wollen, sondern um die andere Frage, wie es um den sonst bei Johannes nicht hervortretenden eigentlichen Jüngerkreis steht: wird er diesen Anstoß überwinden, den die vielen nicht aushielten?

■ **67f.** Jesus provoziert selbst die Entscheidung, die bei diesen schon gefallen ist, mit der Frage, ob auch sie weggehen wollen. Nur hier treten an entscheidender Stelle im JE die Zwölf auf und scheinen so etwas wie ein Vorbild des rechten Jüngers geben zu sollen. Aber hören wir zu Ende, bis wir die Szene verstanden zu haben meinen.

■ **69** Simon Petrus – mit feierlicher Nennung des Namens und christlichen Ehrennamens –, antwortet als Sprecher der Zwölf („wir"!), indem er an das Wort Jesu vom „Gehen" (= fortgehen) anknüpft: „Herr, zu wem sollen wir fortgehen?" Es ist niemand in Sicht, der die Jünger zur Nachfolge reizen könnte. Aber es kommt nicht nur auf dieses Negative an; von Jesus gilt: er hat Worte des ewigen Lebens. Für den Evangelisten meint das: Jesu Worte sind voll des ewigen Lebens, denn sie führen uns zum Vater; in ihnen spricht der Vater zu uns.

■ **70** Mit ihm wird das so Ausgedrückte nun mit einer feierlichen Formel ausgesprochen: „Wir haben geglaubt und erkannt, daß du der Heilige Gottes bist." „Der Heilige Gottes" ist einer jener Würdenamen, mit denen Jesu Stellung bezeichnet wird. Ebensogut könnte dafür eintreten: „der Messias" oder „der Menschensohn". Gemeint ist auf alle Fälle jener Eine, der als der Retter von Gott gekommen ist, selber zur göttlichen Sphäre gehört und darum allein den Anspruch darauf hat, mit Autorität Botschaft von Gott zu bringen. Die Worte „wir haben geglaubt und erkannt" stehen friedlich nebeneinander, als könnten sie nicht zwei verschiedene und einander sich befehdende Gewißheiten bezeichnen. Für Johannes drücken sie aber wirklich nur eine und dieselbe Gewißheit und Sache aus. Für ihn erkennt der Glaubende wirklich Gott, der dem Nichtglaubenden verschlossen, unzugänglich, unbekannt bleibt. Aber diese Erkenntnis ist nicht die Zustimmung zu einem mathematischen, logischen Inhalt. Sie ist vielmehr Glaube, und d. h. Hingabe des ganzen Menschen an den Erkannten und seinen Willen, Liebe (aber ohne wilde Leidenschaft) und Frieden. Im eigentlichen Sinne ist der Jesus, den Johannes zeichnet, selbst ein Muster solchen Glaubens, obwohl Johannes nie von ihm sagt, er glaube.

■ **71** *Aber der Abschlußvers* zeigt nun, daß es dem Evangelisten durchaus nicht auf eine Glorifizierung des Zwölferkreises ankommt. Ausgerechnet nach dem feierlichen „Wir haben geglaubt und erkannt" antwortet Jesus zweierlei, was in hartem Gegensatz zu dem Wort und Bekenntnis des Petrus steht. Einmal macht Jesus geltend: Er ist es, der die Zwölf erwählt hat. Es ist nicht der menschliche Entschluß gewesen, der die Zwölf zu Jesus führte und bei ihm bleiben ließ. Sondern Jesus mit seiner Entscheidung hat diesen Kreis geschaffen. Von ihm her hat der Kreis Autorität – wenn er Autorität hat. Wieder wird damit der Jünger, bzw. der Christ, an seine Grenzen gemahnt. Es ist nicht seine, sondern Jesu Entscheidung, die ihn zum Jünger, zum Christen gemacht hat. – Aber auch diese Entscheidung beschneidet Jesu Freiheit nicht. Es ist also nicht so, daß Berufung auch schon Erwählung ist. Paulus hat Röm 8,30 geschrieben: „Die, welche Gott vorherbestimmt hat, die hat er auch berufen, und die, welche er berufen hat, die hat er auch gerechtfertigt; die aber, welche er gerechtfertigt hat, die hat er auch verherrlicht." Damit bekommt das Handeln Gottes eine unbeirrbare Gradlinigkeit, die dem einzelnen Christen Trost schenkt. „In ecclesia certa salus", könnte man das kurz formulieren. Johannes aber läßt Jesus etwas anderes sagen: Er hat die Zwölf erwählt, aber einer von ihnen ist ein Teufel. V. 71b sagt, daß damit Judas Ischarioth gemeint ist. Man könnte denken, hier werde wieder einmal das göttliche Vorauswissen Jesu dokumentiert. Aber darum dürfte es Johannes nicht gehen. Er will vielmehr an diesem Fall seinen Lesern klarmachen: Obwohl der Glaube nicht in der Hand des Menschen liegt, nicht eine Möglichkeit ist, zu welcher der Mensch von sich aus den Zugang hat, obwohl der Glaubende sich als von Gott ausgewählt wissen soll, darf er nicht denken, damit sei er nun sicher: nun könne nichts mehr passieren. Judas ist als einer der Zwölf von Jesus erwählt worden, und er wurde zum Verräter. Ja, vielleicht hätte der Evangelist sogar sagen können: Er wurde von Jesus erwählt, um der Verräter zu sein.

● Wir sehen an dieser Stelle: Der Evangelist hat die Zwölf – die in der frühchristlichen Tradition eine große Rolle spielten – hier eingeführt, um an ihnen zu verdeutlichen, wie wenig sich ein Mensch, und wäre er von Jesus selbst auserwählt, dessen rühmen und sich daraufhin in Sicherheit fühlen darf. Das wahre Himmelsbrot ist freilich herabgekommen, um der Welt Leben zu geben. Aber das besagt nicht, daß jeder Mensch gerettet wird, daß jeder den Weg zum Vater findet. Gerade weil alles vom Willen des Vaters abhängt, ist die unheimliche Spannung nicht aufgehoben, in welcher der Glaubende existiert. Das vierte Evangelium ist alles andere als primitiv und undialektisch. Das Jünger-Sein gibt noch keine Sicherheit (vgl. V. 60 und 66). Die einfache Sprache, deren sich der Evangelist bedient, verführt den Leser leicht dazu, auch einfache Gedanken zu erwarten, und läßt ihn die Hintergründigkeit nicht sehen, die z. B. in der nach der Kapernaum-Rede folgenden Szene verborgen ist. Daß für den Evangelisten die Zwölf keine Autorität sind, versteht sich von selbst.

Im JE fehlen (abgesehen von 6,67–70) alle jene Stellen, wo Jesus bei den Synoptikern mit den zwölf Jüngern allein spricht. Aber das liegt daran, daß die Zwölf eben bei Johannes keine Rolle spielen – wieder abgesehen von 6,67–70 –, was für die Zwölf keine besondere Empfehlung ist. *Doch berühren sich gerade diese Verse mit dem Petrusbekenntnis Mk 8,27ff.* Nach der ,,harten Rede'' in der Synagoge von Kapernaum wird Jesus von vielen seiner Jünger verlassen. Als er nun die Zwölf fragt: ,,Wollt ihr etwa auch gehen?'', antwortet Simon Petrus (ebenfalls als Sprecher der Jünger): ,,Herr, zu wem sollen wir gehen? Du hast Worte des ewigen Lebens. Und wir haben geglaubt und erkannt, daß Du der Heilige Gottes bist!'' Auch hier ,,provoziert'' Jesus ein Bekenntnis der Jünger, in dem allerdings der Christustitel nicht erscheint. Darauf antwortet Jesus: ,,Habe ich nicht euch Zwölf auserwählt? Und einer von euch ist ein Teufel!'' Der Evangelist erläutert das: Jesus meinte den Judas Σίμωνος Ἰσκαριώτου. Die Tradition, die hier benutzt wird, läßt nicht mehr den Petrus einen ,,Satan'' sein, sondern der Verräter Judas wird ein Teufel. Noch wichtiger aber ist ein anderer Unterschied: Im Grunde wird hier das Bekenntnis des (für die Zwölf sprechenden) Petrus in seiner Fragwürdigkeit gezeichnet: einer der Zwölf, die angeblich Jesus erkannt und an ihn geglaubt haben, ist kein Glaubender, sondern ein Teufel. Nach *Bultmann* 345 ist es der Sinn dieser Verse, ,,zu zeigen, daß selbst für denjenigen, der aus dem Kreis der Ungläubigen in den Kreis der δώδεκα vordrang, und der auch das Ärgernis überwand, das diesen Kreis bis auf Zwölf verkleinerte, keine Sicherheit gegeben ist''. Aber für das JE ging Judas verloren als der ,,Sohn des Verderbens'', ,,damit die Schrift erfüllt werde''. Auch der Verräter ist – und zwar als der zukünftige Verräter! – von Jesus mit erwählt worden. Der Mensch wird für Johannes nicht, wie im gnostischen Thomasevangelium, durch seine Entscheidung gerettet oder geht verloren, sondern durch die Entscheidung Gottes, vor dem die Herzen der Menschen sind wie Wasserbäche. Die Meinung, das für das JE Charakteristische sei ein Entscheidungsdualismus, in der Gnosis dagegen sei man davon überzeugt gewesen, die Pneumatiker seien φύσει σῳζόμενοι, ist in beiden Teilen irrig.

## 19. Einleitung zu Joh 7 und 8

Die große Redekomposition von Joh 7 und 8 bietet besondere Schwierigkeiten. Die ältere Forschung – z. B. *B. Weiß* 283–254, aber auch die konservativen Nachzügler wie *Zahn* und *Büchsel* 93–112 – verdankte ihre psychologische Auslegungsweise der glücklichen Blindheit für die überall lauernden Gefahren. Aber wer genau zusieht, merkt auch hier schon, wo später das dünne Eis aufbrechen wird. Nach *Wellhausen* und *Schwartz* ist es nicht mehr möglich, im Bericht des JE die vollständige und getreue Wiedergabe der Ereignisse zu finden. Die Anstöße sind erkannt, und es kommt nun darauf an herauszufinden, worin sie ihren Grund haben.

In Kap. 5 und 6 hatte jeweils ein Wunder den Anlaß für eine Rede Jesu gegeben. In Kap. 7 ist das nicht mehr der Fall. Darum muß der Evangelist mehrfach auf das vorangegangene jerusalemische Wunder am Teich von Bethzata zurückgreifen. Aber das genügt nicht. Darum leitet die Episode 7,1–13 das ganze ein.

Auch das ist nicht ohne Mühe möglich gewesen. Kap. 6 hatte mit dem Abfall vieler Jünger nach der Rede Jesu in Kapernaum geendet. Daß alle galiläischen Jünger Jesus damals verlassen hatten, steht nicht da; man hat es zu Unrecht aus 6,66–71 geschlossen. Immerhin wäre der weitere Aufenthalt Jesu in Galiläa – man kann dafür Monate vermuten – für den Evangelisten schwer erklärbar gewesen, wenn er sich ernsthaft für solche Fragen interessiert hätte. In Wirklichkeit geht es ihm um theologische, nicht um chronologische oder topographische Probleme.

Das Laubhüttenfest gibt dem Evangelisten nicht nur die willkommene Gelegenheit, Jesus wieder und diesmal endgültig aus Galiläa fort und nach Jerusalem zu bringen, sondern es erlaubt ihm, in dem Gespräch mit den Brüdern (wie schon 2,4 im Wort an die Mutter) klarzumachen, daß Jesus nicht an ihn herangetragenen Anregungen folgt, sondern nur der göttlichen Weisung.

Trotzdem bleibt auch hier manches fragwürdig (s. die Einzelerklärung). Auffällig ist z. B., daß bisher die ,,Welt" nur als Gegenstand des göttlichen Heilsplanes genannt war. In Kap. 7 aber erscheint sie erstmals als die widergöttliche Macht – soweit die johanneische Theologie einen selbständigen Gegenspieler gegen Gott überhaupt zuläßt. Die Juden in Jerusalem – mehrfach treten dafür genauer die von der Menge unterschiedenen Hohenpriester und Pharisäer ein – sind die unbelehrbaren Repräsentanten dieser Welt. Daß sie unzugänglich sind, läßt sich aber nur zeigen, wenn sich Jesus immer wieder bemüht, ihnen sein Recht und seine Sendung zu erweisen. Darum muß er immer wieder nach Jerusalem pilgern, und die Feste geben dazu den scheinbaren Anlaß. Denn nirgends wird erzählt, daß Jesus sich an den Festriten beteiligt, und die Bezeichnung des Laubhüttenfestes als ,,Fest der Juden" in 7,2 sagt genug. Die Versuche neuerer Erklärer, in seinen Reden Anspielungen auf die Feste zu entdecken – *Guilding* (vgl. die Rezension von

*Haenchen* in: ThLZ 86 [1961] 670–672) ist darin am weitesten gegangen –, haben nicht den erwünschten Erfolg gebracht. Vielmehr zeigt sich, daß bei ihnen der Wunsch der Vater des Gedankens ist, wie so oft in der Exegese.

Seit *Wellhausen* und *Schwartz* – mögen sie auch manchmal über das Ziel hinausgeschossen sein – weiß man, daß die vielen einzelnen Redeszenen in Kap. 7 und 8 keine wirkliche Einheit bilden. Widersprüche und Wiederholungen bekräftigen das in gleicher Weise. Sie lassen jeweils ein theologisches Thema anklingen, und es wäre voreilig, alles im Evangelium, was sich auf ein und denselben Gegenstand bezieht, als eine ursprüngliche Einheit zu betrachten, die durch die Torheit eines Bearbeiters oder eine uns unbekannte Katastrophe zersprengt worden ist. Freilich steht das Maß des dem Leser Zumutbaren nicht von vornherein fest, und man wird sich z. B. fragen, wie man die Sendung der „Diener" zu Jesu Verhaftung in V. 32 und ihre erfolglose Rückkehr nach drei Tagen in V. 45 erklären soll: hat der Evangelist den Leser, für den beide Stellen nur um eine Seite auseinanderliegen, im Auge gehabt, oder muß man eine dann freilich wieder problematische Umstellung annehmen, oder benutzt der Evangelist geschichtliche Züge souverän für seine schriftstellerischen und theologischen Zwecke? In V. 32 veranlaßt die Absendung der Diener Jesus, über die nur noch kurze Zeit zu sprechen, die er bei den Hörern sein wird; in V. 45, als die Häscher mit leeren Händen wiederkehren, malt ihre Erklärung: „Noch nie hat ein Mensch so gesprochen!" indirekt die Hoheit Jesu, die von V. 40 an zum Thema wird. Dasselbe Motiv kann also im einzelnen verschiedenen theologischen Interessen dienen, auch auf Kosten der historischen Wahrscheinlichkeit.

Bei einer so umfangreichen Komposition liegt es von vornherein nahe, daß verschiedene Überlieferungen verwertet sind, ohne daß man sogleich bestimmte Quellen ausfindig machen könnte. Die Art, wie Jesus in V. 22 f. argumentiert, ist typisch rabbinisch und setzt Kenntnisse voraus, die dem Evangelisten an anderen Stellen anscheinend nicht zu Gebote standen. Auch die Art, wie V. 27 von dem plötzlich aus der Verborgenheit auftauchenden Messias spricht, setzt eine besondere Kenntnis rabbinischer Tradition voraus. Selbstverständlich wäre es voreilig, den Evangelisten daraufhin für einen in rabbinicis belesenen Mann zu halten oder den Apostel Johannes damit als Verfasser zu „beweisen". Aber das Nebeneinander von völlig unhistorischen Zügen (die Pharisäer als Behörde!) und von solcher rabbinischer Überlieferung zeigt, daß man sich die vom Verfasser direkt oder indirekt benutzte Tradition als vielschichtig und uneinheitlich vorstellen muß. Ein anderes Beispiel für die schwierige Lage dessen, der die Genauigkeit historischer Kenntnisse beim Verfasser nachprüfen müßte, liegt in V. 37 vor: ist der letzte, „große" Tag des Laubhüttenfestes der siebente oder der achte Tag? Die Ausleger sind sich nicht einig. Dem Evangelisten geht es aber wahrscheinlich nur darum, das Bild eines besonders hohen Feiertages zu zeichnen, an dem Jesus erneut seine Verkündigung aufnimmt. Man wird sich also stärker als bisher darum bemühen müssen, die Verkündigungsabsicht des Evangelisten als den stärksten Faktor bei seiner Darstellung des Wirkens Jesu anzuerkennen.

Nur eine kleine Nebenbemerkung zum Schluß: die ältere Auslegung hat völlig die Ironie überhört, mit welcher der Evangelist die Unterdrückung der eigenen Glaubensentscheidung beim Volk durch die Behörde darstellt. Das einseitig historische Fragen der früheren Exegeten hat sie verführt, andere Interessen wahrzunehmen. So verliert das Bild des Evangelisten bei ihnen an Genauigkeit und Farbe.

# 20. Geht Jesus nach Jerusalem?

**[1]Danach wanderte Jesus in Galiläa umher. Denn er wollte nicht in Judäa umherwandern, weil ihn die Juden zu töten suchten. [2]Es war aber nahe das Laubhüttenfest der Juden. [3]Da sprachen seine Brüder zu ihm: „Geh fort von hier und ziehe nach Judäa, damit auch deine Jünger deine Werke sehen, die du tust. [4]Denn niemand tut etwas im Verborgenen, der in der Öffentlichkeit zu sein wünscht. Wenn du das tust, offenbare dich der Welt!" [5]Denn auch seine Brüder glaubten noch nicht an ihn. [6]Da sagte Jesus zu ihnen: „Meine Zeit ist noch nicht da, aber eure Zeit ist stets bereit. [7]Die Welt kann euch nicht hassen; mich aber haßt sie, weil ich ihr bezeuge, daß ihre Werke schlecht sind. [8]Zieht ihr hinauf zu dem Fest; ich gehe noch nicht hinauf zu diesem Fest; denn meine Zeit ist noch nicht erfüllt." [9]Als er das zu ihnen gesagt hatte, blieb er in Galiläa. [10]Als aber seine Brüder zum Fest hinaufgezogen waren, da ging auch er hinauf, nicht öffentlich, sondern gleichsam im verborgenen. [11]Die Juden suchten ihn nun beim Fest und sagten: „Wo ist er?" [12]Und es gab viel Gemurmel über ihn bei den Massen. Die einen sagten: „Er ist gut!"; andere aber sagten: „Nein, er verführt die Menge!" [13]Niemand aber sprach offen über ihn aus Angst vor den Juden.**

**Literatur:**

*Bleek, F.,* Ueber Joh 7,8, die richtige Lesart (. . .) und den Sinn, in: ders., Beiträge, 1846, 105–107.
*Bornkamm, G.,* Joh 7,10–18: Eine Meditation, WPKG 59 (1970) 108–113.
*Cottam, T.,* At the Feast of Booths (Joh 7,1–10,21), ET 48 (1936/37) 45.
*Dekker, C.,* Grundschrift und Redaktion im Johannesevangelium, NTS 13 (1966/67) 66–80.

*Oke, C. C.,* At the Feast of Booths. A Suggested Rearrangement of John VII–IX, ET 47 (1935/36) 425–427.
*Olbricht, T. H.,* „Its Work Were Evil (Jn 7,7), RestQ 7 (1963) 242–244.
*Schneider, J.,* Zur Komposition von Joh 7, ZNW 45 (1954) 108–119.

■ **1** „Und danach": P 66 ℵ* D al it sy lassen das „und" aus, das P 75 B lesen ℵ D gehen hier wieder wie so oft zusammen. Die Imperfecta περιεπάτει und ἤθελεν deuten einen längeren Aufenthalt in Galiläa an; vom Passa, das 6,4 bevorsteht, bis zum Laubhüttenfest liegt ein halbes Jahr. Als Grund gibt V. 1b an, daß Jesus der Todesdrohung in Judäa (5,16.18) entgehen wollte.

■ **2** Aber für den Evangelisten mußte die Auseinandersetzung Jesu mit der „Welt" in der Hauptstadt Jerusalem stattfinden, wo die jesusfeindlichen Hohenpriester und Pharisäer regieren. Also müssen die Gründe angeführt werden, die Jesus dennoch nach Jerusalem gehen lassen. Der erste ist das Laubhüttenfest, das Josephus das höchste Fest der Juden genannt hat. Der zweite Grund erweist sich allerdings fast als Gegengrund: Jesu Brüder fordern ihn auf, zum Fest hinaufzuziehen nach Jerusalem. Die Brüder waren zuletzt in 2,12 erwähnt. Wenn man dort mit P 66ᶜ ἔμεινεν liest (was auch A F G Hᶜ 053 565 1241 al bo Orᵖᵗ bieten, während P 75 pm ἔμειναν haben), dann würde das Gespräch mit den Brüdern in Kapernaum stattfinden, wo Jesus die große Rede in Kap. 6 gehalten hatte. Da der Evangelist nicht berichtet hat, daß Jesus von dort weggeht, abgesehen von dem Verb περιεπάτει, könnte die jetzige Szene noch in Kapernaum stattfinden. Wenn das aber wegen περιεπάτει unwahrscheinlich ist, so bleibt immer noch möglich, daß Jesus auf seinen Wanderungen durch Galiläa wieder einmal nach Kapernaum gekommen ist und hier mit seinen Brüdern spricht. Vielleicht war es Bestandteil einer Überlieferung, daß Jesu Familie in Kapernaum geblieben war. Wenn es nun in V. 5 heißt, daß auch seine Brüder nicht an ihn glaubten, so würde das mit der Überlieferung von Mk 3,21.31–35 zusammenstimmen, wonach die Familie Jesus für besessen hielt und ihn wieder nach Hause bringen wollte; die Überlieferung wäre im JE freilich etwas abgeschwächt. Gelegentlich weisen die Erklärer darauf hin, daß zu diesen ungläubigen Brüdern auch Jakobus gehörte, der erst durch eine Erscheinung des Auferstandenen zum Glauben kam. Aber wie auch immer die dem Evangelisten zugängliche Tradition ausgesehen haben mag, sie dient nun seinen Zwecken.

■ **3** Denn die Brüder fordern ihn auf, von hier wegzugehen (μεταβαίνω kann sogar heißen: „übersiedeln") und nach Judäa zu gehen, womit nach dem Zusammenhang Jerusalem gemeint ist. Das judenchristliche Nazoräerevangelium erzählt (Fragment 2 bei Hieronymus), daß die Mutter und seine Brüder Jesus aufgefordert haben, mit ihnen zur Taufe zu gehen; er antwortete: „Was habe ich gesündigt, daß ich mich taufen lassen soll? Wenn nicht eben das (was er gerade gesagt hat) eine Sünde ist". Die Szene Mk 3,31ff. bringt auch das Thomasevangelium in Spruch 99. In Spruch 104 aber klingt die apokryphe Überlieferung, die Hieronymus erhalten hat, an: „Sie sprachen [zu ihm]: Komm, laß uns heute beten und fasten! Jesus sprach: Was ist denn die Sünde, die ich tat, oder worin besiegte sie mich?" Der Rest des Spruches gibt Mk 2,20 wieder. Auch in der apokryphen Überlieferung ist die Familie ungläubig im Sinne der christlichen Verkündigung. Sehr schwierig ist aber auch die Fortsetzung: „damit auch deine Jünger die Werke sehen, die du tust". Vielleicht ist „deine Jünger" ein falscher Ersatz für das unbestimmte Subjekt „man": „damit sie auch dort (καὶ ἔνϑα) die Werke sehen, die du tust". Die Änderung könnte erfolgt sein, weil man aus 6,66 schloß, daß nur die Zwölf Jesus in Galiläa treu geblieben sind, er also nur noch Jünger in Jerusalem hat (2,23). Die Werke, von denen die Brüder sprechen, wären dann die in Galiläa getanen Wunder, von denen 4,46ff. und Kap. 6 berichtet haben.

■ **4** setzt voraus, daß man in Jerusalem die Wunder Jesu noch nicht kennt. Aber eigentlich geht es den Brüdern nicht darum, daß Jesus in Jerusalem Kranke heilt oder andere Wunder tut. Sie sehen die Wunder (an denen sie nicht zweifeln) als Mittel an, bekannt zu werden. Jesus könne doch unmöglich im Verborgenen, in diesem Winkel Galiläa etwas tun und bekannt sein wollen. In Jerusalem anerkannt zu werden, ist für sie entscheidend, denn für sie ist Jerusalem die Welt, der sich Jesus nun offenbaren solle.

■ **5** betont zu Recht, daß auch die Brüder nicht an ihn glaubten. Für Jesus ist nämlich Jerusalem – hier wird das zum erstenmal sichtbar – die Welt als die gottfeindliche Welt, die ihn haßt.

■ **6** Die Antwort Jesu ist insofern klar, daß seine „Stunde" – καιρός bedeutet hier dasselbe wie anderswo ὥρα – noch nicht da ist, jene Stunde also, da er ans Kreuz geht nach dem Gebot des Vaters. Die Brüder kennen keine solche besondere Stunde, deshalb ist es für sie immer an der Zeit.

■ **7** Da sie der Welt dienen, kann die Welt sie nicht hassen. Ihn aber haßt sie, weil er bezeugt, daß ihre Werke schlecht sind. Daraus folgt, daß Jesus nur nach Jerusalem gehen kann, wenn ihn der Vater dazu ruft.

■ **8** Das wird in einem leider an einer wichtigen Stelle unsicheren Text ausgesprochen: Sie sollen zum Fest gehen. „Ich gehe nicht" (oder: „noch nicht") „zu diesem Fest, denn meine Zeit ist noch nicht erfüllt." Gewöhnlich hält man die von א* D K lat sy[sc] bezeugte Lesart οὐκ für die ursprüngliche und οὔπω für eine Erleichterung, obwohl P 66 P 75 B L T W al lat bo sa dafür eintreten. Aber die Lesart οὐκ enthält eine innere Schwierigkeit: Jesus weiß ja noch gar nicht, wann seine Zeit erfüllt sein wird und der Vater ihn zum Sterben nach Jerusalem rufen wird. Darum kann er nach der inneren Logik der Lage gar nicht sagen: „nicht", sondern muß – wie in V. 6 – „noch nicht" sagen. Unter diesem Aspekt bringen die ältesten Zeugen vermutlich die rechte Lesart; daß man sie später wieder aufgegriffen hat, dies geschah freilich, um dem Widerspruch zu entgehen, daß Jesus ja doch nach Jerusalem gepilgert ist.

■ **9** beschließt diese Szene mit einer Ortsangabe, wie das im JE oft der Fall ist: Jesus blieb noch in Galiläa.

■ **10** hat den Erklärern Mühe gemacht. *Schlatter* 189 scheint die Schwierigkeiten freilich noch nicht gesehen zu haben. B. *Weiß* 288 erklärt mit anderen Exegeten: Jesus zog nicht in einer Festkarawane hinauf (daß diese zum durch τότε bezeichneten Zeitpunkt schon längst nach Jerusalem gezogen wären, übersieht *Weiß*), sondern „gleichsam inkognito", und zwar, damit man ihm keine messianischen Ovationen bereiten könne. Auf den Widerspruch zu V. 8 (*Weiß* 288 liest οὐκ), geht er nicht ein. *Bauer* 108 verweist auf *Wellhausen* 34f. und *Schwartz* II 117f. und erklärt V. 10 so: „Da es bei dieser Gelegenheit nicht zur Offenbarung Jesu als des Gottgesandten, der zum Vater zurückkehrt, kommt (ἀναβαίνω)", geht er οὐ φανερῶς, ἀλλ' (ὡς) ἐν κρυπτῷ zu Werke, während er am Ende seines Lebens anders verfährt. *Strathmann* 128 überlegt: Die Brüder wollen, daß Jesus in aller Öffentlichkeit wirkt – sie verstehen die Passion Jesu nicht. „Verstehen wir die Ablehnung der Aufforderung der Brüder so, so ist es nur ein scheinbarer, nicht aber ein sachlicher Widerspruch, daß Jesus zunächst das Hinaufgehen zu dem Fest kategorisch ablehnt, dann aber doch unauffällig nachkommt." Aber von einem triumphalen Einzug haben die Brüder ja nicht gesprochen, und Jesus tritt in V. 14 und 37 durchaus in aller Öffentlichkeit auf. Es bleibt zu erwägen, ob V. 10 nicht später eingefügt ist. Durch das „nicht" in V. 8 war die Schwierigkeit gegeben: Jesus erklärt mit aller Bestimmtheit, er gehe nicht hinauf zu diesem Fest, und wenig später geht er doch hinauf. Dem trägt nun V. 10 – freilich recht künstlich – dadurch Rechnung, daß er Jesu Hinaufgehen als nicht öffentlich darstellt, sozusagen als kein richtiges ἀναβαίνειν. Läßt man diesen Vers als eine spätere Glosse aus (in der handschriftlichen Überlieferung weist nur eine Unsicherheit in der Wortstellung darauf hin), dann gewinnt der Zusammenhang Klarheit: Jesus bleibt vor der Hand in Galiläa. Die Juden aber (hier sind sie nicht mit Sicherheit auf die feindliche Obrigkeit zu deuten) sind gespannt, ob „er" erscheinen wird: V. 11. Man faßt das ἐκεῖνος gewöhnlich als eine verächtliche Bezeichnung Jesu, dessen Namen man gar nicht nennen wolle. Aber es gibt eben nur *ein* solches „er", das Jesus in gewisser Weise als den geheimen Mittelpunkt der Szene kenntlich macht.

■ **12** deutet sogar an, daß manche auf seiner Seite stehen und sagen, er sei ein „guter" Mann, während andere ihn als Volksverführer bezeichnen (was ein spezifisch jüdischer Vorwurf gewesen sein dürfte). Daß keine der Gruppen laut von ihm spricht „aus Furcht vor den Juden", zeigt wie 9,22: ein Christusbekenntnis innerhalb der Judenschaft ist für den Evangelisten bereits unmöglich geworden. Nur insgeheim kann man mit ihm sympathisieren; 9,34 weist auf ein Ausstoßen aus der Synagoge hin, was zur Zeit des Evangelisten erfolgt sein wird. *Hirsch,* Evangelium 193f., sagt von V. 11–13: „Die Darstellung kann sich mit den berühmten Szenen in Goethes Egmont mindestens messen. In antiker Literatur ist sie ohne Vergleich." Das ist eine unmäßige Übertreibung. Apg 14,4 und vor allem 23,9f. zeigen ähnliche Beispiele für die Darstellung zweier verschiedener Gruppen im Judentum, wenn auch eine Frage wie „Wo ist er?" hier nicht erklingen kann.

■ **13** Aber das Für und Wider wird nicht laut, weil alle Angst haben, den Zorn der Juden zu erwecken (der Verfasser denkt sich die Juden als eine in Jerusalem konzentrierte, herrschende Schicht). Daß auch die Sprecher in V. 13 Juden sind, paßt nicht in sein Bild der – historisch unmöglichen – Lage und wird darum nicht erwähnt.

● Der Vater hat Jesus gesandt: das macht endlich noch eine Schwierigkeit verständlich, die manchen Exegeten viel zu schaffen gemacht hat. Es gibt eine ganze Reihe von Stellen, an denen Jesus von Johannes auf eine Weise handelnd dargestellt wird, wie ein Mensch eben nicht handeln würde oder könnte. In 2,3 etwa bittet ihn seine Mutter, wenn auch indirekt, durch ein Wunder zu helfen. Jesus lehnt das Ansinnen ab, wobei er die Mutter – ebenso wie später in 19,26 – nur mit dem Wort ,,Frau" anredet. Wenig später aber vollbringt er dennoch dieses erbetene Wunder. Ähnlich liegt der Fall in 7,3ff.: Seine Brüder fordern ihn auf, mit ihnen nach Jerusalem zu ziehen und dort Wunder zu tun. Jesus weist das zurück und erklärt, er gehe nicht zu diesem Fest. Aber ein paar Tage später zieht er dennoch hinauf, und in 9,6f. vollbringt er das Aufsehen erregende Wunder, die Heilung des Blindgeborenen. Schließlich sei aus der Fülle der Beispiele noch 18,6 herausgehoben: als Jesus zu der Kohorte, die ihn gefangennehmen will, die Worte spricht: ,,Ich bin es", da stürzt sie zu Boden. Johannes hat freilich das Kanawunder und das Niederfallen der Kohorte schon in der Tradition erzählt vorgefunden; aber das erklärt noch nicht, warum er es aufgenommen hat. Dies wird jedoch nun deutlich aus der Begründung, die Jesus 2,4 für seine Ablehnung gibt: ,,Meine Stunde ist noch nicht gekommen." Jesus ist in keiner Weise von menschlichen Motiven abhängig, sondern nur von den Weisungen des Vaters; das macht der Evangelist hier mit diesem Satz klar, dem in 7,6 der ähnliche Satz entspricht: ,,Meine Zeit (καιρός) ist noch nicht da." Auch die Aufforderungen seiner nächsten Verwandten können ihn nicht bewegen. Um das zu verdeutlichen, gibt Jesus der Maria nicht den Namen ,,Mutter", sondern redet sie – ebenso wie in 19,26 – mit ,,Frau" an.

Wir müssen jedoch diese Worte ,,Stunde" und ,,Zeit" noch genauer betrachten. Sie scheinen sich freilich zunächst nur auf gewisse Situationen im Leben Jesu zu beziehen, in denen er die Weisung des Vaters abwartet. Aber wie die Exegeten schon gemerkt haben: es steht doch mehr dahinter. Johannes denkt bei der Stunde an jene Stunde, da Jesus die große Liebestat vollbringen wird: am Kreuz. Sie wird in der kleinen Liebestat, mit der er in Kana dem Weinmangel abhilft, für den Evangelisten schon angedeutet und vorausgenommen. Dasselbe gilt von dem Auftreten in Jerusalem, zu dem die Brüder ihn auffordern. Auch hier hat Johannes jenen Zug nach Jerusalem im Sinn, der später Jesus an das Kreuz bringen wird. Dieser Weg zum Kreuz aber, dieser Weg in den Tod ist ganz allein des Vaters und Jesu eigener Wille. Die Welt kann ihn mit all ihrer Macht nicht herbeiführen.

## 21. Jesus beim Laubhüttenfest

[14]Als das Fest schon halb vorbei war, stieg Jesus hinauf zum Tempel und lehrte. [15]Da wunderten sich die Juden und sprachen: ,,Wie kommt dieser zu solcher Gelehrsamkeit, obwohl er kein (Rabbinen-) Schüler gewesen ist?" [16]Da antwortete Jesus ihnen und sprach: ,,Meine Lehre ist nicht die meine, sondern dessen, der mich gesandt hat. [17]Wenn jemand seinen Willen tun will, wird er erkennen, ob die Lehre von Gott ist oder ich aus mir selber spreche. [18]Wer aus sich selbst spricht, sucht seine eigene Ehre. Wer aber die Ehre dessen sucht, der ihn gesandt hat, der ist recht, und in ihm ist kein Unrecht. [19]Hat euch nicht Moses das Gesetz gegeben? Und keiner von euch lebt nach dem Gesetz. Warum sucht ihr mich zu töten?" [20]Die Menge antwortete: ,,Du bist besessen; wer sucht dich zu töten?" [21]Jesus antwortete und sprach zu ihnen: ,,Ein Werk habe ich getan, und ihr seid alle darüber befremdet? [22]Darum: Moses hat euch die Beschneidung gegeben (nicht daß sie von Moses stammt, sondern von den Vätern), und am Sabbat beschneidet ihr einen Menschen. [23]Wenn der Mensch am Sabbat die Beschneidung erhält, damit das Gesetz des Mose nicht aufgelöst wird, warum zürnt ihr mir, weil ich einen ganzen Menschen am Sabbat gesund gemacht habe? [24]Urteilt nicht nach dem Augenschein, sondern fällt ein gerechtes Urteil!"

[25]Da sprachen einige der Jerusalemer: ,,Ist er nicht der, den sie zu töten suchten? [26]Und siehe, er redet öffentlich, und sie sagen ihm nichts. Haben etwa die Behörden wirklich erkannt, daß er der Christus ist? [27]Aber von diesem wissen wir, woher er ist. Wenn aber der Christus kommt, weiß niemand, woher er ist!" [28]Da rief Jesus im Tempel lehrend und sprach: ,,Mich kennt ihr und wißt, woher ich bin? Und ich bin (doch) nicht von mir aus gekommen, sondern wahrhaftig ist der, der mich gesandt hat, den ihr nicht kennt. [29]Ich kenne ihn; denn ich bin von ihm, und er hat mich gesandt." [30]Da suchten sie ihn zu steinigen. Aber niemand legte Hand an ihn; denn seine Stunde war noch nicht gekommen.

[31]Von der Menge aber wurden viele gläubig an ihn, und sie sagten: ,,Wenn der Christus kommt, wird er größere Zeichen tun als dieser?" [32]Die Pharisäer hörten, daß die Menge so über ihn tuschelte, und die Hohenpriester und Pharisäer sandten Diener, um ihn zu ergreifen. [33]Da sprach Jesus: ,,Noch kurze Zeit bin ich bei euch; denn ich gehe zu dem, der mich gesandt hat. [34]Ihr werdet mich suchen und nicht finden, und wo ich bin, könnt ihr nicht hinkommen."

[35]Da sprachen die Juden zueinander: ,,Wohin will dieser gehen, daß wir ihn nicht finden werden? Will er in die Diaspora der Griechen gehen und die Griechen lehren? [36]Was meint dieses Wort, das er sagte:

,Ihr werdet mich suchen und nicht finden, und wo ich bin, könnt ihr nicht hinkommen?' "

[37]Am letzten, großen Tag des Festes stand Jesus da und rief: „Wenn jemand Durst hat, der komme zu mir und trinke. [38]Wer an mich glaubt – aus seinem Leib werden (wie die Schrift sagt) Ströme lebendigen Wassers fließen." [39]Das aber sagte er vom Geist, den die empfangen sollten, welche an ihn gläubig geworden waren. Denn noch gab es keinen Geist, weil Jesus noch nicht verherrlicht war. [40]Leute aus der Menge, die diese Worte hörten, sagten: „Dieser ist wirklich der Prophet!" [41]Andere sagten: „Er ist der Christus!" Aber andere sagten: „Kommt denn der Christus aus Galiläa? [42]Hat nicht die Schrift gesagt: Aus dem Samen Davids und aus Bethlehem, Davids Heimatort, kommt der Christus?" [43]So gab es seinetwegen eine Spaltung in der Menge. [44]Einige von ihnen aber wollten ihn ergreifen; aber niemand legte die Hand an ihn.

[45]Da kamen die Diener zu den Hohenpriestern und Pharisäern, und jene sagten zu ihnen: „Warum habt ihr ihn nicht gebracht?" [46]Die Diener antworteten: „Niemals hat ein Mensch so gesprochen, wie dieser Mensch gesprochen hat." [47]Da antworteten ihnen die Pharisäer: „Habt auch ihr euch verführen lassen? [48]Ist etwa einer von den Regierenden an ihn gläubig geworden oder von den Pharisäern? [49]Sondern dieses Volk, das das Gesetz nicht kennt – verflucht sind sie!" [50]Sprach zu ihnen Nikodemus, der nachts zu ihm gekommen war, einer von ihnen: [51]„Verurteilt das Gesetz den Menschen, wenn man ihn nicht zuerst gehört hat und weiß, was er tut?" [52]Sie antworteten und sprachen zu ihm: „Bist auch du aus Galiläa? Forsche und sieh, daß der Prophet nicht aus Galiläa erweckt wird!"

**Literatur:**

*Allen, W. C.,* Joh 7,37–38, ET 34 (1922/23) 329–330.

*Bauer, J. B.,* Drei Cruces (Joh 7,28 und Spr. 18,4), BZ 9 (1965) 84–85.

*Bertling,* Eine Transposition im Evangelium Johannis, ThStKr 53 (1880) 351–353.

*Blindley, T. H.,* Jn 7,37–38, Exp. 20 (1920) 443–447.

*Blenkinsopp, J.,* The Quenching of Thirst: Reflections on the Utterance in the Temple, Jn 7,37–39, Scrip. 12 (1950) 39–48.

*Ders.,* John 7,37–39: Another Note on a Notorious Crux, NTS 6 (1959/60) 95–98.

*Boismard, M.-É.,* De son ventre couleront des fleuves d'eau (Jn 7,38), RB 65 (1958) 523–546.

*Ders.,* Les citations targumiques dans le quatrième évangile, RB 66 (1959) bes. 374–376.

*Braun, F. M.,* Avoir soif et boire: Jn 4,10–14; 7,37–39, in: Mélanges B. Rigaux, 1970, 247–258.

*Brun, L.,* „Floder av levende vand" (Joh 7,37–39), NTT 29 (1928) 71–79.

*Burney, C. F.,* Our Lord's Old Testament Reference in Joh 7,37–38, Exp. 20 (1920) 385–388.

*Ders.,* The Aramaic Equivalent of ἐκ τῆς κοιλίας in Jn 7,38, JThS 24 (1922/23) 79–80.

*Van den Bussche, H.,* Jésus, l'unique source d'eau vive Jn 7,37–39, BVC 65 (1965) 17–23.

*Ders.,* Leurs écritures et son enseignement, Jn 7,14–36, BVC 72 (1969) 21–30.

*Cortes, J. B.,* Yet Another Look at John 7,37–38, CBQ 29 (1967) 75–86.

*Cortés Quirant, J.,* „Torrentes de agua viva". Una nueva interpretación de Juan 7,37–39, EstB 16 (1957) 279–306.

*Daniélou, J.,* Joh 7,38 et Ezéch 47,1–11, StEv II (1961) 158–163.

*Dubarle, A.-M.,* Des fleuves d'eau vive (S. Jean 7,37–39), VivPen III (1944) 238–241.

*Fee, G. D.*, Once More: John 7,37–39, ET 89 (1978) 116ff.

*Feuillet, A.*, „Les fleuves d'eau vive", in: Parole de Dieu et sacerdoce, FS. J. J. Weber, Paris/Tournai 1962, 107–120.

*Flowers, H. J.*, The Displacement of John 7,37–44, Exp. 22 (1921) 318–320.

*Gieseler, J. K. L.*, Vermischte Bemerkungen: zu Joh 7,38, ThStKr 2 (1829) 137–141.

*Goguel, M.*, La venue de Jésus à Jérusalem pour la fête des tabernacles (Joh 7), RHR 83 (1921) 123–162.

*Grelot, P.*, De son ventre couleront des fleuves d'eau. La citation scripturaire de Jean 7,38, RB 66 (1959) 369–374.

*Ders.*, A propos de Jean 7,38, RB 67 (1960) 224–225.

*Ders.*, Jn 7,38: Eau du rocher ou source du temple?, RB 70 (1963) 43–51.

*Hahn, F.*, Die Worte vom lebendigen Wasser im Johannesevengelium, in: FS. N. A. Dahl, 1977, 51–70.

*Harris, R.*, Rivers of Living Water (Jn 7,38), Exp. 20 (1920) 196–202.

*Hooke, S. H.*, „The Spirit Was Not Yet" (Jn 7,39), NTS 9 (1962/63) 372–380.

*Kilpatrick, G. D.*, The Punctation of Jn 7,37–38, JThS 11 (1960) 340–342.

*Kim Pyung-Hak, R.*, Lebendiges Wasser und Sakramentssymbolik, masch. Diss. Rom 1969/70.

*Kohler, M.*, Des fleuves d'eau vive. Exégèse de Jean 7,37–39, RThPh 10 (1960) 188–210.

*Kuhn, K. H.*, St. John 7,37–38, NTS 4 (1957/58) 63–65.

*Leanca, G.*, Testimoniance della tradizione indiretta su alcuni passi del Nuovo Testamento: Gv 7,37–38 e altri, RivBib 15 (1967) 407–418.

*Mehlmann, J.*, Propheta a Moyse promissus in Joh 7,52 citatus, VD 44 (1966) 79–88.

*Menard, J.-E.*, L'interprétation patristique de Jean VII, 38, RUO 1955, 5–25.

*Miguens, M.*, El Agua y el Espiritu en Jn 7,37–39, EstB 31 (1972) 369–398.

*Pancaro, S.*, The Metamorphosis of a Legal Principle in the Fourth Gospel. A Close Look at Jn 7,51, Bib. 53 (1972) 340–361.

*Rahner, H.*, „Flumina de ventre Christi." Die patristische Auslegung von Joh 7,37–38, Bib. 22 (1941) 269–302. 367–403.

*Sahlin, H.*, Till förstaelsen av Joh 7,37–41, SEÅ 11 (1946) 77–90.

*Schweizer, E.*, Neues Testament und heutige Verkündigung, Neukirchen 1969.

*Smith, C. W. F.*, Tabernacles in the Fourth Gospel and Mark, NTS 9 (1962/63) 130–146.

*Smothers, E. R.*, Two Readings in Papyrus Bodmer II, HThR 51 (1958) 109–111.

*Stanly, D. M.*, Holy Scripture. The Feast of Tents: Jesus' Self-Revelation, Worship 34 (1964) 20–27.

*Stiftinger, K.*, Exegesegeschichtliche Studie zu Joh. 7,37f., masch. Diss. Graz 1970/71.

*Turner, C. H.*, On the Punctation of John 7,37–38, JThS 24 (1922/23) 66–70.

*Waitz, E.*, Zur Erklärung von Joh 7,22–24, ThStKr 54 (1881) 145–160.

*Woodhouse, H.*, „The Holy Ghost Was Not Yet Given" (Jn 7,39), Theol. 67 (1964) 310–312.

An das galiläische Erzählungsstück schließen sich nun drei in Jerusalem spielende Szenen an: 7,14–36; 7,37–52; 8,12–59, die wieder ihrerseits mannigfach unterteilt sind. 7,14–24 ist die erste Untereinheit: Rechtfertigung der Sabbatheilung. Weitere Untereinheiten bilden 7,25–30: Uneinigkeit über Jesus im Volk; 7,31–36; Jesus verkündet sein Fortgehen; 7,37–44: Jesu Verheißung des Geistes; 7,45–52 die Feindschaft der Pharisäer gegen Jesus.

■ **14** Als das Fest schon halb vorbei ist, zieht Jesus hinauf – der Evangelist läßt ihn sofort in den Tempel gehen und lehren. Von einer Teilnahme Jesu an den Festriten ist gar keine Rede, und die Phantasie mancher Exegeten, die Jesus V. 37 mitten beim Ritus des Wasserausschüttens auftreten lassen, ist nicht am Platz. Er „lehrte" – wieder bezeichnet das Imperfekt die Dauer. Über Ort und Inhalt der Lehre macht der Evangelist zunächst keine Angabe. Das Fest (im AT einfach חַג oder סֻכּוֹת genannt; *Jos.* Ant. VIII § 100 spricht von ὁ τῆς σκην. καιρὸς ἑορτῆς σφόδρα παρὰ τοῖς Ἑβραίοις ἁγιωτάτης καὶ μεγίστης: vgl. *Billerbeck* II 774–812). Ursprünglich war es das Fest der Weinlese; im Festritual wurde auch des Herbstregens gedacht, der sich um diese Zeit einstellte. Bei der Vergeschichtlichung der Feste brachte man es in

Verbindung mit der Zeit, wo Israel in der Wüste in Zelten, Hütten gelebt
hatte, und forderte, daß die Juden in dieser Woche (später kam noch ein 8.
Tag hinzu) in Laubhütten lebten. Μεσαζούσης liest nicht nur D, sondern
auch P 66, das durch Rasur zu dem üblichen (*Schlatter* 190) μεσούσης korrigiert wurde. Da nach V. 10 Jesus schon vorher nach Jerusalem hinaufgezogen war, nahm *B. Weiß* 290 an, Jesus habe sich dort eine Zeitlang verborgen
aufgehalten. *Loisy* 497 meint sogar, Jesus sei von Anfang an dort gewesen,
aber unerkannt, und hält sogar einen Anfang von Doketismus nicht für ausgeschlossen. *Heitmüller* 785 hielt einen verborgenen Aufenthalt für möglich,
meinte aber: ,,der Bericht macht einen gewollt geheimnisvollen Eindruck''.
Einig ist man sich darin, daß Jesus nicht in einer Pilgerkarawane zum Fest gezogen ist. Dem Evangelisten liegt der Gedanke ganz fern, daß Jesus schon
verborgen in Jerusalem geweilt hat; er läßt vielmehr Jesus sofort zum Tempel hinaufsteigen und lehren. *Bultmann* 221 möchte Jesu Ablehnung der Öffentlichkeit mit dem späteren öffentlichen Auftreten durch die Erklärung
versöhnen, Jesus bleibe für den Evangelisten dennoch der verhüllte Offenbarer und sein Wirken verliere darum nicht den Charakter des κρυπτόν. Aber
das trägt zuviel in den Text ein. Was Jesus lehrte, wird hier nicht gesagt; die
Tatsache des Lehrens bildet die Voraussetzung für das Folgende.

■ **15** γράμματα οἶδεν: der jüdische Schulunterricht orientierte sich am Alten Testament. So fällt (*Bultmann* 205 Anm. 8) ,,Schriftkenntnis haben'' und
,,gebildet sein'' zusammen. Μὴ μεμαθηκώς: ,,ohne Schüler eines Rabbi gewesen zu sein''. Nach *Zahn* 377 zeigt sich Jesus als wirksamer Haggadist,
obwohl er keine rabbinische Ausbildung genossen hat. Man hat weder Anlaß, von Jesus als einem ,,genialen Autodidakten'' zu sprechen (*Zahn* 377)
noch mit *Bauer* 109 eine jüdische Polemik zu vermuten, nach der Jesus ein
Analphabet war. Der Evangelist will auf einen anderen Gedanken hinaus:
Weil Jesus keinen rabbinischen Unterricht genossen hatte, scheint er eine eigene Lehre vorzutragen, die nicht (wie üblich) von einem Lehrer aus der
Tradition übernommen ist.

■ **16** Eben diese Vermutung aber verneint Jesus: ,,Meine Lehre'' – d. h.
die von ihm soeben vorgetragene, bei der ihn der Evangelist keineswegs alttestamentliche Schriftauslegungen vortragen lassen wollte, sondern die später erwähnte Selbstverkündigung – ist nicht ,,meine Lehre'' (,,eine geistrei-
che Antithese'', bemerkt *Zahn*) als eine selbsterdachte. Jesus trägt vielmehr
jene Lehre vor, die von dem stammt, der ihn gesandt hat (vgl. *Haenchen*,
,,Der Vater, der mich gesandt hat'' 68–77, bes. 71).

■ **17** klingt formal an Num 16,28 an, wo Moses zu den Israeliten sagt:
,,Daran werdet ihr erkennen, daß der Herr mich gesandt hat, alle diese
Werke zu tun, und daß ich nicht von mir'' (sie tue). Aber die Fortsetzung –
Vernichtung der ,Rotte Korah' – zeigt, daß hier, anders als bei Johannes, an
ein Wunder als Legitimation gedacht wird. Dagegen kennt Philo, De spec.
leg. I 65, das Bild des wahren Propheten, der nicht von sich aus spricht, sondern dessen sich Gott bedient. *Wrede,* Messiasgeheimnis 201f. A.3, schrieb

zu V. 17: Der Evangelist „sagt einfach: bei den Gegnern der Lehre Jesu, die seine Lehre nicht als göttlich anerkennen, liege der Grund nur darin, daß sie eben Gott ungehorsam seien . . ." „Der Unglaube ist ihre Schuld . . ., sie wollen nicht den Willen dessen tun, der ihn gesandt hat" (201). *Bultmann* 206 hat dem zugestimmt. Aber auch *Bauer* 109 versteht die Stelle so: „Mißverständnis bezüglich der göttlichen Sendung Jesu beruht auf bösem Willen. Vgl. 5,40." Die Frage ist nur: Was ist hier als der jedermann zugängliche göttliche Wille gedacht, den man nur zu erfüllen braucht, um zu erkennen, daß er genau mit der Lehre Jesu übereinstimmt? Setzt das JE ein zu jedem Menschen sprechendes Gewissen voraus, das freilich viele überhören, weil sie es nicht hören wollen? *Lightfoot* 178 legt die Stelle anders aus, wenn es auch zunächst nicht den Anschein hat: Jesus „fügt hinzu, daß es für jedermann offen ist, der Gottes Willen zu tun wünscht, (d. h. an ihn zu glauben, den Gott gesandt hat)". Aber wenn den „Gotteswillen-Erfüllen" gleichbedeutend ist mit der Anerkennung, daß Gott Jesus gesandt hat, und wenn Jesu Lehre wesentlich darin besteht, sich als den göttlichen Gesandten zu verkünden, stecken wir dann nicht in einer Tautologie: wer an Jesu göttliche Sendung glaubt, der erkennt, daß er von Gott gesandt ist (s. Gesamtbesprechung)? – *Dieser Vers* ist durch *Ritschls* Theologie (vgl. *Haenchen*, Ritschl als Systematiker, 409–475, bes. 449) sehr berühmt geworden; man legt ihn gewöhnlich so aus: Wenn man diese vorgeschriebene Praxis ohne Einsicht treu befolgt, dann wird man schon zu der Erkenntnis kommen, daß sie von Gott stammt. Aber darum geht es bei Johannes nicht; einen solchen „blinden" Gehorsam verlangt er nicht. Jesus fordert hier gerade nicht, daß man das tut, was er sagt (mit der Aussicht, dann zu sehen, daß es richtig ist), sondern wer Gottes Willen tut, der erkennt, daß Jesus der Gesandte ist, der ganz in Gottes Auftrag aufgeht. Jenes Tun und diese Erkenntnis bilden kein Nacheinander, sondern sind verschiedene Seiten desselben Geschehens. *Demnach* kennt der Evangelist zwar einen Glauben, der des Erwachens durch das weckende Wunder bedarf, aber er weiß nichts von einem „Den-Willen-Gottes-Tun", bevor man erkannt hat, daß es Gottes Wille ist. Vielmehr muß Gott den Menschen ziehen, damit er zum Glauben kommt, nicht aber der Mensch aus eigener Willkür etwas tun, was sich als göttlicher Wille ausgibt. Das wäre ein Weg von unten nach oben, und gerade er ist dem Evangelisten ganz fremd. Hier hat die Lehre von der existentiellen Entscheidung, die ein modernes Gebilde ist, *Bultmann* dazu verführt, *Ritschl* existentialistisch zu deuten. *Ritschl* hat die Stelle so verstanden: zunächst soll der Mensch in einem reinen Autoritätsglauben handeln; später wird er dann erkennen, daß der betreffende Glaube den rechten Inhalt hat. *Bultmanns* Lehre vom „Sich-Entscheiden" aber übersieht, daß die Entscheidung des Glaubens für den Evangelisten zugleich menschliche Erkenntnis und göttliche Belehrung, ja besser: göttliche Entscheidung, göttliche Neuzeugung ist, bei der die neue Erkenntnis und die neue Willigkeit der Liebe und des Gehorsams zugleich geboren werden. Es gibt bei *Bultmann* nur wenige Beispiele einer solchen nur halb durchdachten Lehre wie gerade an dieser Stelle.

■ **18** scheint ein anderes Mittel an die Hand zu geben, mit dem man Jesu Lehre auf ihre Echtheit prüfen kann. Wer von sich aus spricht, der sucht seinen eigenen Ruhm. Aber das ist für Johannes bei Jesus ja gerade nicht der Fall: Jesus sucht nur die Ehre des Vaters und nicht die eigene. Darum spricht er nicht aus sich selbst, sondern ist wahrhaftig, und in ihm ist kein Unrecht.

■ **19** Damit ist die Möglichkeit gegeben, aus der Verteidigung zum Angriff vorzugehen: Moses hat den Juden das Gesetz gegeben – das ist indiskutabel. Jeder Hörer mußte es zugeben. Aber nun wirft Jesus den jüdischen Hörern vor: Keiner von ihnen erfüllt das Gesetz. Sie bilden also den genauen Gegensatz zu ihm, in dem kein Unrecht ist. Aber inwiefern „tun“ sie nicht das Gesetz? Der Schluß des Verses sagt es: „Warum sucht ihr mich zu töten?“ (vgl. 5,18). Die Frage könnte mit dem Vorhergehenden so verbunden sein: Wenn ihr selber das Gesetz nicht haltet, warum wollt ihr mich dann töten, wenn ich es auch nicht halte?

■ **20** Es ist nur zu verständlich, daß die Menge antwortet, Jesus sei besessen; wer wolle ihn denn töten? Der Charakter der Menge ist nicht sehr deutlich. Einerseits hat Moses diesen Menschen das Gesetz gegeben; sie sind also Juden. Andererseits wird später das Raunen der Menge über Jesus von den „Juden“ scharf getadelt. In V. 49 sprechen die Pharisäer von der „Menge, die das Gesetz nicht kennt; verflucht sind sie!“ als einer von ihnen verachteten und abgelehnten Größe, die nicht mit ihnen identisch ist, sondern eher eine Art von Untertanen bildet, die nur sehr bedingt zu den „Juden“ gehören. Die „Juden“ sind also nicht einfach das jüdische Volk in seiner Gesamtheit, sondern das jüdische Volk, soweit es bewußt und rücksichtslos sich Jesus widersetzt.

■ **21–23** *Der erste Vers* zeigt, daß der Evangelist an Jesu Aufenthalt in Jerusalem denkt, den Kap. 5 beschrieben hat. Da hat man ihn ja wirklich töten wollen (5,18). Das liegt nun freilich 18 Monate zurück, und unser Vers scheint den Hörern eben jenen Willen zuzuschreiben. Dann wäre dieser Mordwille der Ungehorsam gegenüber der Forderung des Gesetzes: Du sollst nicht töten! Aber Johannes sagt das nicht. Er erinnert vielmehr ausdrücklich an die Heilung des Gelähmten am Teich von Bethzata. Sie ist V. 21 das eine Werk, das Jesus in Jerusalem getan hat und das alle befremdet. Leider wird hier der Text unsicher. Gehört διὰ τοῦτο (V. 22) zum Vorhergehenden oder zum Folgenden? Im ersten Falle wäre zu übersetzen: „und ihr alle seid befremdet deswegen“. Aber man gebraucht διὰ τοῦτο gewöhnlich nicht am Ende, sondern am Anfang eines Satzes. Also gehört es zum Folgenden? „Deswegen hat euch Moses die Beschneidung gegeben“ – das hat keinen Sinn. Man hilft sich, indem man eine sog. Ellipse annimmt, eine Auslassung. Man ergänzt dann also etwa: „Darum, um euch zu zeigen, daß euer Befremden keinen Grund hat, sage ich euch“ usw. (*Loisy* 496). Aber damit sind wir noch nicht aus den Schwierigkeiten heraus. Bisher nahmen wir an, die Hörer hielten das Gesetz des Moses nicht, da sie Jesus zu töten suchten. Jetzt geht es wieder um Moses, aber um ein anderes Gebot: das der Beschneidung am 8. Tag. Und überdies wird in einer Art Parenthese gesagt, daß die Beschneidung nicht von Moses kommt, sondern schon von den Erzvätern. Daß sie dort erwähnt wird, ist freilich richtig. Aber der ganze Beweis wird dadurch verdorben. So liegt die Annahme nahe, daß diese störende Parenthese die Verschlimmbesserung durch einen frühen Leser ist, der das Jesuswort schützen wollte gegen den Vorwurf der Inkorrektheit. Wenn wir diese Parenthese fortlassen, lautet der Satz: Moses hat euch die Beschneidung gegeben, und am Sabbat beschneidet ihr einen Menschen. Das war dann der Fall, wenn der 8. Tag nach der Geburt auf einen Sabbat fiel. Die Juden führen also am Sabbat die Beschneidung aus, um das Gebot des Moses nicht zu verletzen. Wie kann, wie darf man da Jesus grollen, der am Sabbat einen ganzen Menschen gesund gemacht hat? Hier wird also den Hörern nicht ihr Ungehorsam gegen das Gesetz des Moses vorgeworfen, sondern ihr Gehorsam, der sie den Sabbat verletzen läßt. Die Argumentation entspricht (vgl. *Billerbeck* II 488) der des Rabbi Elieser ben Asarja (Sabb. 132a): ,,Wenn schon bei der Beschneidung, bei welcher es sich bloß um ein Glied handelt, der Sabbat zurücktreten muß, um wieviel mehr ist dies bei der Lebensrettung der Fall?'' Daß dieser Gedanke auch weiter eine Rolle bei den Auseinandersetzungen der Gemeinde mit den Juden gespielt hat, lehrt Justin (Dial. 27,5): ,,Hat Er, der doch auch den Befehl gab, daß am 8. Tag auf jeden Fall, auch wenn er ein Sabbat ist, die Neugeborenen beschnitten werden, gewollt, daß diejenigen sündigen, welche am Sabbat beschnitten werden oder die Beschneidung vornehmen?'' Jesus argumentiert also hier so wie die christliche Gemeinde zur Zeit des Evangelisten. Freilich war bei der Heilung am Teich der Gelähmte gar nicht in Lebensgefahr; insofern war der Beweis des Rabbi Elieser zwingender als der hier vorgeführte. Der Evangelist mag hier eine Tradition wiedergegeben haben, die in der Gemeinde umlief.

■ **24** Da Jesus einen ganzen Menschen gesund gemacht hat, ist es unsinnig, ihm einen Sabbatbruch vorzuwerfen. Er hatte zur Heilung noch mehr Recht als jene, die am Sabbat beschneiden. Der ganze Beweis hat freilich nur einen Sinn, wenn man insgeheim mit dem Midrasch NumR 12f., f. 203,2 voraussetzt: ,,praeputium est vitium in corpore''; dann kann, ja muß die Beschneidung als die Beseitigung eines ,,vitium'' angesehen werden. Freilich ist die sonstige Bezeugung dieser Anschauung erst spät. – V. 24 schließt mit der Mahnung, nicht nach dem äußeren Schein zu urteilen, sondern gerecht zu richten.

■ **25–30** bilden eine neue Untereinheit. Den Widerspruch in V. 25 zu V. 20 erklärt man z. T. damit, daß die Jerusalemer, im Unterschied zur Menge der galiläischen Festpilger, die Mordpläne der Regierenden kennt. Aber daß sie dieses Wissen so offen ausplaudern, befremdet. Man sollte lieber dem Evangelisten zutrauen, daß er bestimmte Motive – hier den Mordplan – je nach Lage verwendet und dabei ruhig Spannungen und Widersprüche in Kauf nimmt.

■ **25** Er ist angeschlossen durch das Stichwort „töten", mit der Fortsetzung: „Haben etwa die führenden Kreise erkannt, daß er der Messias ist?" Das ist nicht einfach als Hohn von Johannes gesagt, zeigt aber, wie sehr die Menschen durch die geistlich-politische Obrigkeit abhängig gemacht sind.

■ **26** Daß man Jesus, den man doch töten will, ruhig sprechen läßt, bringt einige Jerusalemer auf den Gedanken, die Regierenden hätten am Ende erkannt, daß Jesus der Christus ist. Das zeigt nicht nur die religiöse Unmündigkeit – was „die da oben sagen", entscheidet –, in der die Regierenden das Volk halten, sondern schiebt zugleich ihnen die ganze Schuld zu.

■ **27** Aber sogleich fällt den Leuten ein, daß ihre Vermutung unmöglich ist: von Jesus weiß man, woher er kommt. Dagegen „wissen wir", daß, wenn der Christus kommt, niemand weiß, woher er ist. Es wird sich alsbald zeigen, daß dieser Einwand ein Bumerang ist: Jesus besitzt genau jene Qualität, deren angebliches Fehlen man gegen ihn ins Feld führte. – Vgl. Justin, Dial. 8: „Wenn aber auch der Christus geboren ist und irgendwo lebt, ist er unerkannt und kennt sich selbst nicht und hat keine Macht, bis Elias kommt und ihn salbt und ihn allen offenbar macht" (zitiert bei *Barrett* 266). *Billerbeck* II 489 verweist auch auf Dial. 110, wo Trypho sagt: „Wenn man auch sagt, daß der Messias (schon) gekommen (d. h. geboren) ist, so weiß man doch nicht, wer es ist; sondern erst dann, sagt man, wird man erkennen, wer es ist, wenn er offenbar geworden und verherrlicht ist" (vgl. aber auch Mt 24,26/Lk 17,23).

■ **28** Ἔκραξεν: in Joh 1,15; 7,28.37; 12,44 als Einleitung feierlicher Rede (vgl. *Wetter,* Sohn Gottes 58). *Zahn* 390 psychologisiert wieder: Stark erregt über die kühlen Bemerkungen rufe Jesus laut „ohne Rücksicht auf die Öffentlichkeit und die Heiligkeit des Tempels, in dem er bis dahin in ruhigem Lehrvortrag sich als schriftkundiger Rabbi hat hören lassen, und mit unverkennbarer Ironie ruft er den Kannengießern von Jerusalem zu . . .". Aber das Wort διδάσκων zeigt, daß Johannes gar nicht an eine Änderung im Charakter der Szene denkt. Er gibt kein realistisches Bild des Geschehens auf dem Tempelplatz, sondern blendet alles bis auf das Allernötigste ab. Mit Jesus hat es die seltsame Bewandtnis, daß man sein irdisches Woher kennt und dennoch nicht weiß, woher er ist, nämlich vom Vater. Dieser ist, obwohl er ἀληθινός (hier = ἀληθής P 66) ist, den Juden unbekannt, obwohl sie ihn durch das Gesetz zu kennen meinen.

■ **29** Jesus aber kennt ihn, kommt er doch von ihm her und ist von ihm gesandt. Da es bei diesem Woher aber um die Frage geht, ob Jesus der Christus sein kann, hat Jesus gerade aus dem Nichtwissen der Juden gezeigt, daß sich in ihm die jüdische Erwartung erfüllt.

■ **30** Dieser Anspruch bringt nun nicht näher genannte Leute zu dem Versuch, ihn zu ergreifen. Aber dazu ist niemand imstande, weil seine Stunde noch nicht gekommen ist. *Zahn* 392 meint, einige der gereizten Jerusalemer wollten freiwillig Polizeidienst leisten, hätten aber vor der Menge der galiläischen Festpilger Angst gehabt. Aber Johannes macht hier anschaulich, daß menschliche Entschlüsse und Beschlüsse den Plan Gottes nicht ändern können. Bevor nicht die von Ihm festgesetzte Stunde für die Kreuzigung kommt, kann niemand Jesus selbst etwas anhaben.

■ **31–36** bilden die zweite Untereinheit, eine Art Zwischenspiel, ein Intermezzo. Die Menge, die in V. 35 mit den Juden identifiziert wird, zeigt sich hier als nicht einheitlich. Viele werden gläubig. Was sie dafür als Grund angeben, läßt freilich schon ahnen, daß dieser Glaube noch nicht in Ordnung ist: Wenn der Messias komme, werde er nicht größere Wunder tun können, als Jesus sie getan hat.

■ **31** *Der Unterabschnitt wird mit der Information eröffnet:* Viele von der Menge werden gläubig. Freilich ist ihr Glaube fragwürdig, wenn sie das Kommen des Christus (als einer von Jesus verschiedenen Gestalt!) als Möglichkeit bezeichnen und an Jesus nur wegen seiner Wunder glauben, die hier plötzlich als in Jerusalem bekannt vorausgesetzt werden.

■ **32** Aber diese Reaktion der Menge veranlaßt nun die (wieder als Behörde auftretenden) Pharisäer, Diener auszusenden – ob Johannes etwas von der Tempelpolizei noch wußte? –, die Jesus ergreifen sollten. Die Gefahr, in der sich Jesus befindet, wird immer aufs neue von Johannes hervorgehoben. Das bereitet einerseits den Leser auf die einmal kommende Passion vor, andererseits wird so deutlich, daß alle gegen Jesus ergriffenen Maßnahmen vorher zum Scheitern verdammt sind.

■ **33** kann man als Reaktion Jesu auf dieses feindliche Vorgehen fassen (so *Bauer* 111): auch wenn er weiß, daß es jetzt noch nicht Erfolg haben wird, ist er doch nur noch kurze Zeit bei ihnen. Dann geht er zu dem, der ihn gesandt hat. Auch das Motiv des ἔτι μικρόν (12,35; 13,33; 14,19; 16,18f.) wird mehrfach und in verschiedener Weise verwendet. Hier leitet es ein – insgeheim prophetisches – Mißverständnis der Juden ein.

■ **34** Sie werden Jesus suchen und nicht finden – nämlich in der Notzeit des Krieges und der Zerstörung Jerusalems. Zu dem Wort: ,,Wo ich bin, könnt ihr nicht hinkommen" vgl. Clemens Alexandrinus, Strom. IV 41,2f. ,,Selig (sind) die um meinetwillen verfolgt werden, denn sie werden einen Ort haben, wo sie nicht verfolgt werden können", und die verderbte Fassung dieses Spruches in: ThEv, Spr. 68. (vgl. *Haenchen*, Spruch 68 des Thomasevangeliums 19–29).

■ **35** Die Juden mißverstehen dieses Wort und sprechen damit, ohne es zu wissen, eine Prophezeiung dessen aus, was zur Zeit des Evangelisten Wirklichkeit geworden war: der christlichen Mission in der Diaspora. Der Evangelist denkt nicht nur an eine Mission unter hellenistischen Judenchristen; das Wort Ἕλληνες und die Tatsache der Heidenmission zur Zeit des Evangelisten beweisen das.

■ **36** wiederholt noch einmal das den Juden unverständliche Jesuswort von V. 34 und schärft es damit dem Leser besonders ein.

■ **37–44** bilden die nächste Untereinheit.

■ **37** eröffnet einen neuen, nur durch die Zeitangabe verbundenen Unterabschnitt. Er endet erst mit V. 44. Die Ausleger streiten darüber, ob mit dem letzten, dem ,,großen" Tag des Festes, der 7. oder 8. Tag gemeint ist. Wahrscheinlich hat der Evangelist nicht über so genaue Informationen verfügt, wie sie *Billerbeck* II (s. o.) im Exkurs über das Laubhüttenfest bietet. Nach *Billerbeck* II 490 verstehen die Rabbinen unter dem letzten Tag des Festes regelmäßig den 7., da sie den 8. als ein eigenes Fest rechnen (808–812). Für den 7. Tag führt man an, daß der 8. nichts Besonderes aufzuweisen hat, wenn er auch Sabbatcharakter besitzt (wie der 1.), während am 7. Tag nicht ein, sondern 7 Umgänge um den Altar erfolgen und die Prozessionsweihen abgeschlagen werden (*Billerbeck* II 793–799). Die Worte: ,,Wer dürstet usw." bezieht *Billerbeck* II 491 auf die Wasserlibationen beim Laubhüttenfest (die eigentlich in Beziehung zum Herbstregen gestanden hatten): ,,Am frühen Morgen jedes der 7 Tage (Sukka V 1) ging ein Priester unter großer Begleitung zum Siloah und füllte unter den Klängen der Tempelmusik und Rezitation von Schriftstellen wie Jes 12,3 eine goldene Kanne (von 1,6 Liter Inhalt) mit Wasser aus dem Siloah, welches nach der Rückkehr zum Tempel, unter lautem Jubel und Musikbegleitung, zugleich mit einer Kanne Wein in eigens zu diesem Zweck am Altar angebrachte silberne Schalen und von da in zum Erdboden gehende Röhren gegossen wurde. Auf den ersten Teil dieses Ritus bezieht sich das in der Mischna erwähnte Sprichwort: Wer die Freude des Wasserschöpfens nicht gesehen hat, hat in seinem Leben nie eine Freude gesehen." Am 8. Tag fand aber diese Libation nicht mehr statt (trotz *Dodd*, Interpretation 348f.). Aber in V. 37 wird von Trinken gesprochen; die Libationen werden nicht erwähnt.

■ **38** Eine weitere Schwierigkeit für die Exegese von V. 37 und V. 38 liegt in der Unsicherheit der Abgrenzung. Gewöhnlich setzt man nach πινέτω einen Punkt. Dann ist das folgende ,,Der an mich Glaubende" ein Nominativus absolutus, auf den sich aber der Rest des Satzes bezieht: Ströme werden sich also aus dem Leibe dessen ergießen, der an Jesus glaubt. Aber ist wirklich daran gedacht? Sach. 14,8ff. haben die Rabbinen (*Dodd*, Interpretation 350) auf das Laubhüttenfest gedeutet, zusammen mit Sach 13,1; Hes 47,1ff. und Jes. 12,3. Diese Tradition geht zurück auf Rabbi Elieser ben Jakob (90 n. Chr.). Aber Johannes deutet dergleichen nicht an. Um der jüdischen Tradition näherzukommen, wenn auch antithetisch, hat man ,,der an mich Glaubende" zum vorangehenden Vers gezogen. Mit ,,wie die Schriftstelle sagt" wäre dann ein neuer Satz begonnen, der sich auf Jesus beziehen könnte: Er ist es, aus dem die Ströme – des Geistes – fließen werden. Für diese Deutung kann man darauf hinweisen, daß die Rabbinen die von Paulus 1 Kor 10,4 zitierte Stelle von dem Wasser gebenden Felsen, der den Israeliten durch die Wüste folgte, entwickelt haben. Paulus hat diesen Felsen als eine πνευματικὴ πέτρα auf Christus bezogen, den Geistspender. Johannes würde dann hier etwas Ähnliches von Jesus selbst aussagen lassen.

■ **39** erklärt das Vorangegangene tatsächlich in diesem Sinne: Jesus hat seinen Ausspruch getan im Blick auf die, welche durch ihn den Geist empfangen sollten, und fügt hinzu: ,,Denn noch gab es keinen Geist, weil Jesus noch nicht verherrlicht war." Natürlich spricht Johannes hier nicht von der 3. Person der Trinität, sondern von dem auf Erden in den Gläubigen wirkenden Geist, den Jesus erst Joh 20,22 den Seinen spendet. *Bultmann* 229 A.2 sieht zwar keinen ,,Anlaß, V. 39 als Glosse der kirchlichen Redaktion zu streichen", auf die vielmehr V. 38b zurückgehe. ,,Nur V. 39b könnte redakt. Glosse sein . . ., wenngleich die Anschauung, daß die Gemeinde den Geist erst nach dem δοξασθῆναι Jesu empfängt, die der Abschiedsreden ist (vgl. bes. 14,26; 16,7)." – Schwierigkeiten macht vor allem das Wort κοιλία, ,,Bauch", ,,Leib". Man hat an antike Brunnen gedacht, wo das Wasser aus dem Mund einer Gestalt sprudelt, in deren Innern es sich zuvor befunden hat. Aber solche Erklärung ist künstlich (s. die Gesamtbesprechung).

■ **40f.** ,,Von der Menge": ergänze dem Sinne nach ,,einige". Dazu merkt *Blass-Debrunner* § 164 an: ,,Der Genitivus partitivus ist . . . durch die Umschreibung mit ἐκ . . . stark zurückgedrängt." Im Hebräischen und Aramäischen entspricht מִן: Vgl. *Radermacher* 125: Das Ersetzen des Genitivs erfolgt auf breiter Front und ist kein Hebräismus. Der Vers schildert zunächst die Anerkennung, die auf Jesu Rede hin einsetzt: man hält ihn für den Propheten oder sogar für den Christus. Aber das ruft wieder den Einwand hervor: der Christus kommt nicht aus Galiläa.

■ **42** bringt dafür den Schriftbeweis: der Christus kommt aus dem Samen Davids und aus dem Dorf (!) Davids, Bethlehem (Micha 5,1; Ps 80,4f. vgl. 1,46).

■ **43f.** konstatiert den so entstehenden Zwist; einige der Gegner wollen sogar Jesus ergreifen, aber es gelingt keinem, ebenso wie V. 30. Mit einer Art von innerem Stichwortanschluß (,,ergreifen" = ,,bringen") nimmt Johannes das Motiv von V. 30 wieder auf. Mit V. 45 beginnt der letzte Unterabschnitt im Kap. 7.

■ **45** Nun erst werden die V. 32 genannten Diener wieder erwähnt, die – nach drei Tagen! – unverrichteter Dinge zurückkehren und von den Hohenpriestern und Pharisäern mit der verständlichen vorwurfsvollen Frage empfangen werden: ,,Warum habt ihr ihn nicht hergebracht?" Der Anschluß an V. 44 ist nicht gut, denn die Diener sind aus einem anderen Grund erfolglos geblieben, als die in V. 30 (und V. 44?) erwähnten Männer: In Wirklichkeit aber hat der Evangelist hier eine neue Szene beginnen lassen, die sich mit dem Recht Jesu befaßt (und insofern den Gedanken von V. 42 wieder aufnimmt). Sie reicht bis V. 52.

■ **46** schildert die Autorität Jesu, welche die Diener gar nicht erst einen Versuch der Verhaftung unternehmen ließ: ,,Noch nie hat ein Mensch so gesprochen!"

■ **47** Wütend antworten ihnen die Pharisäer, die abermals als vorgesetzte Behörde der Diener und als neben den Regierenden stehend vorgestellt sind:

,,Seid auch ihr verführt worden?" Damit verbindet sich nun ein aus V. 26 bekanntes Motiv:

■ **48** Es hat sich doch keiner der Regierenden oder der Pharisäer zu Jesus bekehrt! Erst 12,42 spricht davon, daß auch viele der Regierenden zum Glauben kommen, aber es wegen der Pharisäer nicht zu sagen wagen, damit sie nicht aus der Synagoge ausgeschlossen werden.

■ **49** Nur die gesetzesunkundige Menge, die verfluchte, läßt sich verführen (vgl. *Billerbeck* II 494–519). Wer so schrieb, war innerlich vom Gesetz frei und wußte noch etwas von der Verachtung, mit der die Pharisäer auf das am Gesetz ungebildete Volk herabsahen.

■ **50** Aber auch das stimmt nicht ganz: Nikodemus erhebt Einspruch – er wird vorgestellt als der, der zuvor (3,1ff.) zu Jesus gekommen ist. An Nikodemus zeigt nun der Evangelist, daß doch einer aus diesem maßgebenden Kreise für Jesus eintritt, wenn es auch nur ein einziger ist (vgl. 19,39).

■ **51** Er macht, wenn auch in vorsichtiger Frageform, geltend, daß das – personifizierte – Gesetz niemanden verurteilt, wenn es ihn nicht zuerst selbst gehört hat und weiß, was er tut. Es mag an Dt 1,16f. und 19,15 gedacht sein: ,,Richtet gerecht in der Sache", ,,ihr sollt kein Ansehen der Person kennen"; ein einzelner Zeuge genügt nicht, sondern die Aussage von zwei und mehr Zeugen soll vorliegen! – Nach unserem Gesetz muß doch auch der Angeklagte gehört werden!, macht Nikodemus geltend. Er spielt also das Gesetz gegen die Pharisäer aus. Ohne Erfolg:

■ **52** Er wird mit einem Schriftbeleg abgewiesen, nachdem er zuvor als ein heimlicher Anhänger Jesu verdächtigt worden ist: der Prophet wird nicht aus Galiläa erweckt. Die meisten Handschriften lesen allerdings ,,ein Prophet", also ohne den Artikel, der sich aber bei P 66 findet. Das könnte allerdings eine gelehrte Korrektur sein. Aber auch dieser Text ist keine unwidersprochene Tradition: *Billerbeck* II 519. ,,Du hast keinen einzigen Stamm in Israel, aus dem nicht Propheten hervorgegangen wären" (Sukka 27b). Weiter verallgemeinernd Seder Olam Rabba 21: ,,Du hast keine Stadt im Lande Israel, in der es nicht Propheten gegeben hat."

• *Schwierigkeiten bereitet V. 17 mit der offengebliebenen Frage:* wie können wir dessen gewiß werden, daß Jesus der Gesandte des Vaters ist und daß sich der Vater wirklich so zu uns verhält, wie Jesus sagt und lebt? Diese Frage ist uns nicht verboten. Johannes hat sie selbst gestellt und beantwortet. Wenn wir nämlich sein Evangelium genau lesen, dann merken wir: Eigentlich hat der in Wort und Tat den Vater offenbarende Jesus in seinem irdischen Wirken überhaupt keinen rechten Glauben gefunden. Zwar spricht Johannes öfter davon, daß Jesu Jünger (2,11) oder Leute aus der Menge (7,31) oder sogar die Juden selbst (8,30f.) – die gewöhnlich als eine von der Menge verschiedene Gruppe auftreten – zum Glauben kommen. Allein wenn man genauer zusieht, dann wird einem deutlich: rechter Glaube war das alles ja noch nicht. Das wird in aller Klarheit sichtbar bei den vielen Juden von 8,30ff., die –

kaum daß sie gläubig geworden sind – alsbald Anstoß nehmen und sich empört gegen Jesus auflehnen. Auch bei den Jüngern hilft aller gute Wille noch nicht zum wirklichen Glauben an Jesus: Sie erkennen ihn einfach nicht. Denn als Jesus, unmittelbar vor der Passion (14,7), zu ihnen sagt: ,,Jetzt kennt ihr den Vater und habt ihn gesehen'', da antwortet Philippus ebenso treuherzig wie verständnislos: ,,Herr, zeige uns den Vater, und es wird uns genügen!'', und Jesus muß klagen: ,,Solange war ich bei euch, und du hast mich nicht erkannt, Philippus?'' (14,9). Als noch später (16,30) die Jünger versichern, daß sie jetzt wirklich glauben, Jesus sei vom Vater gesandt, da bekommen sie die illusionslose Antwort: ,,Jetzt glaubt ihr? Siehe, die Stunde kommt und ist gekommen, daß ihr zerstreut werdet, ein jeder zu den Seinen, und mich allein lasset.'' Warum sind auch die Jünger noch nicht zum wahren Glauben durchgestoßen? Johannes hat es 7,39 deutlich ausgesprochen (vgl. auch 16,7): ,,Es gab nämlich noch keinen Geist, weil Jesus noch nicht erhöht war.'' Erst wenn Jesus von ihnen gegangen ist, wird er ihnen den heiligen Geist senden: ,,An jenem Tage werdet ihr mich nichts fragen'' (16,23). Erst als der Auferstandene den Jüngern seinen Atem einhaucht – so wie einst Gott dem Adam bei der Schöpfung –, erst da bekommen sie den heiligen Geist und sind damit fähig zum wahren Glauben (20,22). Dieses Kommen des Geistes ist jene im Gespräch mit Nikodemus genannte Zeugung von oben, die Jesum als den Gesandten des Vaters und damit zugleich den Vater in ihm schauen läßt. Erst dann wird es möglich, in der hassenden und verfolgenden Welt (aus der nach 17,15 die Christen nicht herausgenommen werden) wirklichen Frieden und die echte Freude zu finden. Johannes kann diese Spendung des Geistes auch anders beschreiben – er ist nicht auf eine einzige Formulierung beschränkt! –: Jesus zieht als der Erhöhte all die Seinen zu sich (12,32), oder (da in Jesus der Vater handelt) der Vater muß die Erwählten zu Jesus ziehen (6,44). Erst damit tritt die Stunde ein, da die Jünger Jesus wirklich hören und wirklich erkennen, die Stunde, da Jesus wirklich verherrlicht wird. Erst der Auferstandene oder der Geist oder der Paraklet – Johannes gebraucht bewußt alle drei aus verschiedenen Traditionen stammenden Ausdrücke nebeneinander – überwindet jene Schranke, die dem irdischen Wirken Jesu gesetzt war, eine Schranke, die ihn noch unmittelbar vor der Passion (16,12) zu den Jüngern sagen läßt: ,,Ich habe euch noch viel zu sagen, aber ihr könnt es jetzt noch nicht tragen.''

Wenn also alles wirkliche Hören und Erkennen Jesu – und damit die Gewißheit, daß er der Gesandte des Vaters ist – dasselbe ist wie die Geistverleihung oder das Kommen des Parakleten oder Jesu Wiederkehr, war dann dieser Geistempfang für Johannes ein deus ex machina, der den unmöglichen Glauben möglich machte und darum im Grunde den Menschen allein ließ bei seinem Entschluß, zu glauben oder nicht zu glauben? Nein, dieser Geist war eine Erfahrung und keine Ausrede. Er ist sowenig eine Illusion, wie die sich ganz hingebende Liebe es ist. Aber so wie sich diese Liebe nicht ,,machen'' läßt, so auch nicht der Geist, jenes Hören und Erkennen. Wenn Johannes mehr als einmal davon spricht, daß Jesus nur die rettet, die ihm vom Vater gegeben sind, dann redet hier dieselbe Erfahrung, daß keine perfekte Predigt den Unglauben überwindet und daß der Mensch mit all seinem guten Willen vor der wichtigsten Frage seines Lebens hilflos steht. Johannes stellt keine „deterministische Theorie" auf, sowenig wie er eine Theorie über den Geistempfang aufstellt: wo das Wort Jesu nicht zündet (aus welchem Mund auch immer es gesprochen wird), wo man nicht erkennt, daß er „aus der Wahrheit ist", da stoßen wir auf ein Geheimnis, das Johannes in seiner ganzen rätselhaften Wirklichkeit vor sich sieht, aber ebensowenig erhellen kann wie wir. Es ist – gerade nach Johannes – Gottes Geheimnis.

*Ähnliches spricht V. 39 aus. Denn man darf nicht übersehen:* dieses ganze irdische Wirken Jesu bleibt ohne das Echo oder die Frucht des Glaubens. Gewiß heißt es schon 2,11, daß Jesu Jünger Glauben an ihn faßten. Aber wie es um diesen aus der Vorlage übernommenen Satz eigentlich steht, verrät 2,22: sie haben erst später der Schrift und dem Worte Jesu geglaubt. Nach 2,23 haben viele in Jerusalem auf Grund der Wunder an Jesus geglaubt. Aber was es mit diesem Glauben auf sich hat, zeigt die Fortsetzung: Jesus traut ihnen nicht. Daß Nikodemus (Kap. 3) nicht wirklich „glaubt", braucht nicht erst bewiesen zu werden. Die Samaritaner erklären zwar in 4,42, daß sie an Jesus jetzt nicht mehr wegen der Rede der „Samariterin am Brunnen" glauben, sondern weil sie ihn selbst gehört haben und wissen, daß er wirklich der Retter der Welt ist. Aber das Ineinander der Zeiten, das in 4,35 sichtbar wird, warnt uns davor, den Glauben der Samaritaner unbesehen als Ereignis innerhalb des Erdenlebens Jesu zu betrachten. Die Heilung, welche 4,46–54 berichten, führt freilich dazu, daß der „Königliche" und sein ganzes Haus zum Glauben kommt – aber eben doch nur, weil er „Zeichen und Wunder" gesehen hat. Von einem Glauben des Gelähmten in Kap. 5 kann keine Rede sein. Das Wunder der Speisung ist nach 6,26 gerade nicht als Zeichen gesehen worden und hat nicht zum Glauben geführt. Die Juden, deren Gläubigwerden 8,30 meldet, erweisen sich alsbald als erbitterte Feinde Jesu. Der geheilte Blinde kommt 9,38 zum Glauben an Jesus als den Messias. Aber daß er aus der Synagoge ausgeschlossen wird, zeigt doch das Verhältnis einer späteren Zeit. Die Erweckung des Lazarus bringt nach 11,45 viele zum Glauben; ebenso weist 12,11 darauf hin. Aber 12,37 bringt die bittere Klage, daß Jesus trotz so vieler Wunder keinen Glauben gefunden hat. Die Glaubenserklärung der Jünger in 16,30 wird sofort von Jesus widerlegt.

Die Lösung des Rätsels liegt darin, daß nach 7,39b es vor der Erhöhung Jesu noch keinen Geist gab. Erst der Auferstandene bringt 20,22 den verheißenen Geist. Da aber die Geistverleihung erst mit der Parusie gleichgesetzt werden kann, kann man weder von Pfingsten noch von der Parusie als Ereignissen innerhalb des Lebens Jesu reden. Wie die Synoptiker, so hat auch Johannes die Spannung zwischen dem Wirken des irdischen Jesus und des Auferstandenen gespürt. Den Ausgleich findet er darin, daß zwar der irdische Jesus in Wort und Wunder den Namen Gottes offenbart habe, aber der

Auferstandene erst den rettenden Glauben an den Vater und dessen Gesandten, Jesus Christus, ermöglicht hat. Gelegentlich (16,12) ersetzt Johannes diese einfache Unterscheidung durch eine verwandte: Jesu Predigt mußte noch unvollständig bleiben, weil die Aufnahmefähigkeit der Hörer nicht ausreichte; erst der Geist der Wahrheit führt in die ganze Wahrheit ein.

## 22. Die Ehebrecherin[1]

[53]**Und sie gingen ein jeder in sein Haus.** [8,1]**Jesus aber ging auf den Ölberg.** [2]**In der Frühe aber begab er sich wieder zum Tempel, und das ganze Volk kam zu ihm, und er setzte sich nieder und lehrte sie.** [3]**Es bringen aber (zu ihm) die Schriftgelehrten und die Pharisäer eine Frau, die beim Ehebruch ergriffen war, stellen sie in die Mitte** [4]**und sagen zu ihm: ,,Meister, diese Frau ist auf frischer Tat beim Ehebruch ergriffen worden.** [5]**Im Gesetz aber hat uns Moses geboten, solche zu steinigen. Was sagst du nun?"** [6]**Das aber sagten sie, ihn versuchend, damit sie etwas hätten, um ihn zu verklagen. Jesus aber bückte sich nieder und schrieb mit dem Finger auf die Erde.** [7]**Als sie aber nicht abließen, ihn zu befragen, richtete er sich auf und sagte: ,,Wer von euch ohne Schuld ist, werfe als erster auf sie (den) Stein."** [8]**Und wieder bückte er sich nieder und schrieb auf die Erde.** [9]**Als sie das aber gehört hatten, gingen sie fort, einer nach dem anderen, die Ältesten voran, und er blieb allein zurück mit der Frau, die in der Mitte stand.** [10]**Jesus aber richtete sich auf und sagte zu ihr: ,,Frau, wo sind sie? Hat dich keiner verurteilt?"** [11]**Sie aber sagte: ,,Keiner, Herr!" Jesus aber sagte: ,,Auch ich verurteile dich nicht! Geh, von jetzt ab sündige nicht mehr!"**

**Literatur:**

*Becker U.*, Jesus und die Ehebrecherin, Berlin 1963.

*Blinzler, J.*, Die Strafe für Ehebruch in Bibel und Halacha. Zur Auslegung von Joh VIII, 5, NTS 4 (1957/58) 32–47.

*Bornhäuser, D.*, Jesus und die Ehebrecherin (Joh 8,1–11), NKZ 37 (1926) 353–363.

*Campenhausen, H. von*, Zur Perikope von der Ehebrecherin (Joh 7,53–8,11), ZNW 68 (1977) 164–175.

*Coleman, B. W.*, The Woman Taken in Adultery. Studies in Texts: Jo 7,53–8,11, Theol. 73 (1970) 409f.

*Derrett, J. D. M.*, Law in the New Testament: The Story of the Woman Taken in Adultery, NTS 10 (1963/64) 1–26.

*Eisler, R.*, Jesus und die ungetreue Braut (Joh 8,1–11), ZNW 22 (1923) 305–307.

*Dieck, C. F.*, Ueber die Geschichte von der Ehebrecherin im Evangelium Johannis, ThStKr 5 (1832) 791–822.

*Jeremias, J.*, Zur Geschichtlichkeit des Verhörs Jesu vor dem Hohen Rat, ZNW 43 (1950/51) bes. 148–50.

*Johnson, A. F.*, A Stylistic Trait of the Fourth

---

[1] Der Verf. erachtete die Perikope von der Frau, die im Ehebruch ertappt wurde, nicht als einen originalen Teil des 4. Evangeliums. Sie ist hinter Joh 7,52 von D und anderen altlateinischen Handschriften eingeschoben worden. Aber sie fehlt in den besten griechischen Handschriften (P 66, P 75 (A) B (C) L N T W X Δ Θ Ψ 33 157 565 892 1241 u. a.).

Gospel in the Pericope Adulterae, BETS 9 (1966) 91–96.

*Manson, T. W.,* The Pericope de Adultera (Joh 7,53–8,11), ZNW 44 (1952/53) 255–256.

*Merlier, O.,* Langue et exégèse néotestamentaire: La péricope de la femme adultère, in: FS. M. Triantaphyllidis, Athen 1960, 553–561.

*Osborne, R. E.,* Pericope adulterae, CJT 12 (1966) 281–283.

*Riesenfeld, H.,* Die Perikope von der Ehebrecherin in der frühkirchlichen Tradition, SEÅ 17 (1952) 106–111.

*Rousseau, F.,* La femme adultère. Structure de Jean 7,53–8,11, Bib. 59 (1978) 463–480.

*Salvoni, F.,* Textual Authority for Jn 7,53–8,11, RestQ 4 (1960) 11–15.

*Schilling, F. A.,* The Story of Jesus and the Adulteress, AThR 37 (1955) 91–106.

*Schnyder, C.,* Ankläger und Angeklagte (Joh 8,1–11), Ref. 26 (1977) 641ff.

*Steck, R.,* Die Perikope von der Ehebrecherin, in: Zur Feier des 50jährigen Amtsjubiläum des Herrn Prof. Dr. A. Schweizer. Gratulationsschrift der ev.-theol. Fakultät an der Hochschule Bern zum 29. 10. 1884, Bern 1884.

*Trites, A. A.,* The Woman Taken in Adultery, BS 131 (1974) 137–146.

*Wensinck, A. J.,* John VIII,6–8, in: FS. J. R. Harris, 1933, 300–302.

*Wikgren, A. P.,* The Lectionary Text of the Pericope John 8,1–11, JBL 53 (1934) 188–198.

*Wittichen, C.,* Die ursprüngliche Zugehörigkeit der Erzählung von der Ehebrecherin zum Markusevangelium, in: ders., Zur Markusfrage, JPTh 5 (1879) 165–182; 7 (1881) 366–375, bes. Kap. III.

# 23. Fortsetzung der Rede Jesu in Jerusalem

[12]Da sprach Jesus abermals zu ihnen: „Ich bin das Licht der Welt. Wer mir folgt, soll nicht im Dunkel wandern, sondern er wird das Licht des Lebens haben." [13]Da sagten die Pharisäer zu ihm: „Du legst für dich selbst Zeugnis ab. Dein Zeugnis ist nicht wahr." [14]Jesus antwortete und sprach zu ihnen: „Auch wenn ich für mich selbst zeuge, ist mein Zeugnis wahr; denn ich weiß, woher ich komme und wohin ich gehe. Ihr aber wißt nicht, woher ich komme und wohin ich gehe. [15]Ihr richtet nach dem Fleisch; ich richte niemanden. [16]Und wenn ich aber richte, so ist mein Urteil (Gericht) wahr; denn ich bin nicht allein, sondern ich und der, der mich gesandt hat. [17]Und in eurem Gesetz aber ist geschrieben, daß das Zeugnis zweier Menschen wahr ist. [18]Ich bin der (eine), der für mich zeugt, und der andere der Vater, der mich gesandt hat!" [19]Da sprachen sie zu ihm: „Wo ist dein Vater?" Jesus erwiderte: „Weder kennt ihr mich noch meinen Vater. Würdet ihr mich kennen, würdet ihr auch meinen Vater kennen." [20]Diese Worte sprach er, beim Opferkasten im Tempel lehrend; und niemand ergriff ihn; denn noch nicht war seine Stunde gekommen.

[21]Da sprach er wieder zu ihnen: „Ich gehe und ihr werdet mich suchen und ihr werdet in eurer Sünde sterben; wo ich hingehe, könnt ihr nicht kommen." [22]Da sprachen die Juden: „Will er etwa Selbstmord begehen, daß er sagt: ‚Wohin ich gehe, könnt ihr nicht kommen?'" [23]Und er sagte zu ihnen: „Ihr seid von unten; ich bin von oben. Ihr seid aus dieser Welt: ich bin nicht aus dieser Welt. [24]Ich sagte euch: ‚Ihr werdet in euren Sünden sterben.' Denn wenn ihr

nicht glaubt, daß ich es bin, werdet ihr in euren Sünden sterben."
[25]Da sagten sie zu ihm: ,,Wer bist du?" Jesus sagte zu ihnen: ,,Wozu
rede ich überhaupt mit euch? [26]Vieles habe ich über euch zu sagen und
zu richten; aber der mich gesandt hat, ist wahrhaftig, und was ich von
ihm gehört habe, das spreche ich in der Welt." [27]Sie erkannten nicht,
daß er vom Vater zu ihnen redete. [28]Da sagte Jesus: ,,Wenn ihr den
Menschensohn erhöhen werdet, dann werdet ihr erkennen, daß ich es
bin und nichts von mir selber sage, sondern wie mich der Vater gelehrt hat, das sage ich. [29]Und der mich gesandt hat, ist mit mir, weil
ich immer das tue, was ihm angenehm ist." [30]Als er das sagte, wurden
viele an ihn gläubig. [31]Da sagte Jesus zu den Juden, die an ihn gläubig geworden waren: ,,Wenn ihr in meinem Worte bleibt, werdet ihr in Wahrheit meine Jünger sein, [32]und ihr werdet die Wahrheit erkennen, und die
Wahrheit wird euch frei machen." [33]Sie antworteten ihm: ,,Wir sind
Abrahams Same und sind niemals jemandes Knecht gewesen; wie
sagst du: Ihr werdet frei werden?" [34]Jesus antwortete ihnen: ,,Wahr-
lich, wahrlich ich sage euch: Jeder, der die Sünde tut, ist Knecht der
Sünde. [35]Der Knecht aber bleibt nicht ewig im Hause, der Sohn aber
bleibt ewig. [36]Wenn euch nun der Sohn freimacht, werdet ihr wahrhaft frei sein. [37]Ich weiß, daß ihr Abrahams Same seid. Aber ihr sucht
mich zu töten, weil mein Wort bei euch keinen Raum hat. [38]Was ich
gesehen habe bei meinem Vater, sage ich. Tut auch ihr nun, was ihr
vom Vater gehört habt." [39]Sie antworteten und sprachen zu ihm:
,,Unser Vater ist Abraham." Jesus sagte zu ihnen: ,,Wenn ihr Kinder
Abrahams wäret, würdet ihr die Werke Abrahams tun. [40]Nun aber
sucht ihr mich zu töten, einen Mann, der ich euch die Wahrheit gesagt
habe, die ich von Gott gehört habe. Das hat Abraham nicht getan.
[41]Ihr tut die Werke eures Vaters." Sie sprachen zu ihm: ,,Wir sind
nicht im Ehebruch erzeugt worden. Wir haben einen Vater: Gott!"
[42]Jesus sagte zu ihnen:,,Wenn Gott euer Vater wäre, würdet ihr mich
lieben; denn ich bin von Gott ausgegangen und komme (von ihm).
Denn ich bin nicht von mir selbst gekommen, sondern er hat mich
gesandt. [43]Warum versteht ihr meine Rede nicht? Weil ihr mein Wort
nicht hören könnt. [44]Ihr seid von (eurem) Vater, dem Teufel, und
wollt tun, wonach ihn verlangt. Er ist ein Mörder von Anfang an, und
er ist nicht in der Wahrheit, weil es für ihn keine Wahrheit gibt. Wer
immer lügt, redet aus dem Eigenen; denn er ist ein Lügner und sein
Vater. [45]Weil ich aber die Wahrheit sage, glaubt ihr mir nicht. [46]Wer
kann mich einer Sünde überführen? Wenn ich die Wahrheit sage,
warum glaubt ihr mir nicht? [47]Wer aus Gott ist, der hört Gottes Worte. Darum hört ihr nicht, weil ihr nicht aus Gott seid." [48]Die Juden
antworteten und sprachen zu ihm: ,,Haben wir nicht mit Recht gesagt, daß du ein Samaritaner bist und besessen?" [49]Jesus antwortete:
,,Ich bin nicht besessen, sondern ich ehre meinen Vater, und ihr ver-

unehrt mich. [50]Ich suche nicht meinen Ruhm; es gibt einen, der ihn sucht und richtet. [51]Wahrlich, wahrlich ich sage euch: Wenn jemand mein Wort bewahrt, wird er in Ewigkeit nicht sterben." [52]Da sprachen die Juden zu ihm: „Jetzt haben wir erkannt, daß du besessen bist. Abraham ist gestorben und die Propheten, und du sagst: Wenn jemand mein Wort bewahrt, wird er den Tod nicht schmecken in Ewigkeit? [53]Bist du größer als unser Vater Abraham, der gestorben ist, und die Propheten sind gestorben. Wozu machst du dich?" [54]Jesus antwortete: „Wenn ich mich selbst ehre, ist meine Ehre nichtig. Der Vater ist es, der mich ehrt, von dem ihr sagt: ‚Er ist unser Gott‘, [55]und ihr habt ihn nicht erkannt, ich aber kenne ihn. Wenn ich sagte, ich kenne ihn nicht, dann wäre ich ein Lügner wie ihr. Aber ich kenne ihn und bewahre sein Wort. [56]Abraham, euer Vater, jubelte, daß er meinen Tag sehen sollte, und er sah ihn und freute sich." [57]Da sprachen die Juden zu ihm: „Du bist noch nicht 50 Jahre alt und hast Abraham gesehen?" [58]Jesus sagte zu ihnen: „Wahrlich, wahrlich ich sage euch, bevor Abraham wurde, bin ich." [59]Da hoben sie Steine auf, um sie auf ihn zu werfen. Jesus aber verbarg sich und ging fort aus dem Tempel.

**Literatur:**

*Atal, D.*, „Die Wahrheit wird euch freimachen", in: Biblische Randbemerkungen, FS. R. Schnackenburg, Würzburg [2]1974, 283 bis 299.

*Barth, C. H. W.*, „Ueber den Menschenmörder von Anfang" – eine exegetische Studie zu Joh 8 v. 44, Magazin für christliche Prediger 2.2 (1824) 35–69.

*Bartholomew, G. L.*, An Early Christian Sermon-Drama: John 8,31–59, masch. Diss. Union Theol. Sem. 1974.

*Blank, J.*, Predigtmeditationen: Joh 8,48–59, in: ders., Schriftauslegung in Theorie und Praxis, 1969, 207–220

*Charlier, J. P.*, L'exégèse johannique d'un précepte légal: Jn 8,17, RB 67 (1960) 503–515.

*Church, W. R.*, The Dislocations in the Eighteenth Chapter of John, JBL 49 (1931) 375–383.

*Dahl, N. A.*, Manndraperen og hans far (Joh 8,44), NTT 64 (1963) 129–162.

*Ders.*, Der Erstgeborene Satans und der Vater des Teufels, in: FS. E. Haenchen, 1964, 70–84.

*Dodd, C. H.*, Behind a Johannine Dialog (Jn 8) in: ders., More NT Studies, 1968, 41–57 (franz.: RHPR 1 [1957] 5–17).

*Egenter, R.*, Joh 8,31f. im christlichen Lebensbewußtsein, in: FS. M. Schmaus, 1967, 1583–1605.

*Gräßer, E.*, Die Juden als Teufelssöhne nach Joh 8,37–47, in: Antijudaismus im NT?, München 1967, 157–170.

*Hoang Dac-Anh, S.*, La liberté par la vérité, Ang. 55 (1978) 193–211.

*Jacobi, B.*, Ueber die Erhöhung des Menschensohnes: Joh 8,14–15, ThStKr 8 (1835) 7–70.

*Kern, W.*, Der symmetrische Gesamtaufbau von Joh 8,12–58, ZKTh 78 (1956) 451–454.

*Kraft, H.*, Gnostisches Gemeinschaftsleben, masch. Diss. Heidelberg 1950.

*Lategan, B. C.*, „The Truth That Sets Man Free": Jn 8,31–36, Neotestamentica 2 (1968) 70–80.

*Leenhardt, F. J.*, Abraham et la conversion de Saul de Tarse, suivi d'une note sur „Abraham" dans Jean VIII, RHPR 53 (1973) 353–398.

*Lona, H. E.*, Abraham in Johannes 8, Bern/Frankfurt 1976.

*Mollat, D.*, L'Évangile Jn 8,45–59: „Avant qu'Abraham ne fût je suis", ASeign 34 (1963) 54–63.

*Preiss, Th.*, Aramäisches in Joh 8,30–36, TZ 3 (1947) 78–80.

*Pulver, M.*, Die Lichterfahrung im Johannes-Evangelium, im Corpus Hermeticum, in der Gnosis und in der Ostkirche, ErJB 10 (1943) Zürich 1944, 253–296.

*Riedl, J.*, „Wenn ihr den Menschensohn erhöht habt, werdet ihr erkennen" (Joh 8,28), FS. A. Vögtle, Freiburg 1975, 355–370.

*Schein, B. E.*, Our Father Abraham, masch. Diss. Yale University, 1972.

*Troadec, H.*, Le témoignage de la lumière, Jean 8,12–59, BVC 49 (1963) 16–26.
*Tuñi Vancello, J. O.*, ,,La verdad os hará libres" (Jn 8,32): Liberacion y libertad del creyente en el cuarto evangelio, Barcelona 1973.

*Würzburger, K.*, Abrahams Kinder: Überlegungen zu Joh 8,30–39, KBRS 124 (1968) 82–85.
*Ziegler, C. L.*, Erläuterung der schwierigen Stelle Joh 8,12–59, MRP 5 (1796) 227–290.

■ **12** *Bultmann* 260 läßt diesen Vers auf 9,41 folgen, weil dort vom Thema des Sehens gesprochen wird. Aber der Evangelist muß nicht ein Thema so abhandeln, daß er alle Aussagen darüber an einer Stelle nacheinander bringt. – Die Welt ist Finsternis. Jesus ist das Licht, das erhellend in dieses Dunkel einbricht. Nach *Bultmann* 260 ist Jesus das Licht, ,,weil er die Helligkeit schenkt, in der das Dasein selbst erhellt wird . . . und zu sich selbst, zum Leben, kommt . . . Die Offenbarung redet zu Menschen, denen es um sich im Ganzen, um ihre Eigentlichkeit, geht". Aber vom Thema der Eigentlichkeit – im Gegensatz zum ,,man" – redet *Heidegger,* nicht der Evangelist. Freilich setzt er hier Jesus auch nicht, wie *Loisy* noch meinte, bestimmten Mysteriengottheiten gegenüber, Attis z. B. und besonders Mithras. ,,Ich bin" polemisiert nicht gegen andere ,,Lichtspender" (vgl. *Bultmann* 261). Was er ankündigt, soll weder den Menschen von andern Göttern (an denen Johannes nicht interessiert ist) fort noch zu sich selbst bringen, sondern zu dem einzigen und wahren Gott, der als der Vater Jesus gesandt hat. Er ist Licht für die – von Gott abgekommene – Welt, indem er jeden, der ihm folgt (d. h., indem er an ihn als den Gesandten glaubt,) auf den rechten Weg bringt: nennt er sich doch selbst in 14,6 ,,den Weg", scil. zum Vater.

■ **13** Die ungläubigen Pharisäer hören aus diesen Worten nur den unbegründeten menschlichen Anspruch heraus. Für Jesus spricht nicht die Garantie, welche die rabbinische Lehrtradition dem einzelnen Lehrer gab. Wer nur sich selbst empfiehlt, ist unglaubwürdig. Das ist die große Schwierigkeit, die mit dem Anspruch des von aller Welt isolierten, nicht durch menschliche Zustimmung gedeckten und gesicherten Jesus von Nazareth zusammenhängt.

■ **14** Jesus gibt zu, daß er für sich selbst Zeugnis ablegt. Dennoch hat das in diesem Fall nicht die Folge, daß das Zeugnis entwertet wird. Denn Jesus weiß – und nun verwertet der Evangelist eine aus der Gnosis bekannte Formel –, woher er kommt und wohin er geht, nämlich von Gott zu Gott. Seine Gegner dagegen wissen das nicht, und so können sie seinen Anspruch nicht gelten lassen.

■ **15** Sie urteilen nach dem Fleisch, nach dem, was da sichtbar vor ihnen steht und sich nach weltlichen Maßstäben ausweisen kann. Sehr sonderbar wird dieser Gedanke fortgesetzt in dem Sätzchen: ,,ich richte niemanden". Es steht in Gegensatz zu dem vorhergehenden ,,ihr richtet nach dem Fleisch". Im heutigen Text des JE wird das Gericht bald Jesus zugesprochen, bald abgesprochen. Hier scheint das zweite der Fall zu sein, denn nun folgt

■ **16** ,,Und wenn ich doch richte". Aber damit ist, wie sich herausstellt, kein Gericht für andere gemeint. Vielmehr ist die κρίσις, von der V. 16

spricht, nichts anderes als die κρίσις Jesu. Das Thema ist immer noch die Wahrhaftigkeit seines Anspruchs, den nicht nur er erhebt, sondern auch der Vater bestätigt.

■ **17f.** In „eurem" (!) Gesetz ist geschrieben, daß das Zeugnis zweier Menschen wahr ist (Dt 17,6; 19,15). Diese für menschliche Gerichtsfälle gegebene Regel wird hier apologetisch zugunsten Jesu angewendet: er und der Vater sind die beiden vom Gesetz geforderten Zeugen. Daß diese Berufung auf das jüdische Gesetz fragwürdig ist, zeigt sogleich

■ **19** mit der Frage der Gegner: Wo ist dein Vater? Aber sie bringt Jesus und den Evangelisten nicht aus der Fassung, sondern beweist im Gegenteil, daß die so Fragenden weder Jesus noch den Vater kennen und mit ihrer Frage nur diese ihre Unkenntnis verraten. Johannes benutzt das jüdische Gesetz wie eine Sammlung heiliger Orakel, die man ohne Rücksicht auf den Zusammenhang zitieren und interpretieren kann. Wie üblich, endet auch diese Szene mit einer Ortsangabe:

■ **20** Jesus spricht diese Worte am Opferkasten, bei dem in Mk 12,41ff. die Geschichte von der armen Witwe sich zuträgt, die mit ihrer kleinen Gabe alle anderen Geber übertrifft. Vermutlich wird der Evangelist außer dieser in der christlichen Tradition umlaufenden Einzelheit über den Tempel nichts Genaues mehr gewußt haben; so benutzt er sie, um dem Lehren Jesu im Tempel mehr Lokalkolorit zu geben. Die Bemerkung, daß ihn keiner ergriff, weil seine Stunde noch nicht gekommen war, macht zugleich die Bedrohung deutlich, unter der Jesu Wirken in Jerusalem beständig steht, wie auch die Unmöglichkeit, Jesus etwas anzutun, solange noch der unsichtbare Schirm des göttlichen Willens ihn bewahrt.

*Der mit V. 21 einsetzende neue Unterabschnitt reicht bis zu V. 29. Er greift schon bekannte Motive auf, führt sie aber neu weiter.*

■ **21** Jesus geht – nämlich bald, und zwar zum Kreuz und zum Vater –, und sie werden ihn umsonst suchen, wie das schon 7,33f. ausgeführt hatten. Aber dann ist es zu spät für sie; mit der Vernichtung Jerusalems vollzieht sich auch das Gericht Gottes über diese die Welt repräsentierende Stadt. Daß Jesus hinzufügt: Wohin ich gehe, könnt ihr nicht kommen (7,34.36), bringt die Juden wieder auf eine törichte Vermutung, die dennoch einen wahren, aber von ihnen unerkannten Kern enthält. Die Juden sagen nämlich

■ **22:** „Will er sich etwa töten?" Menschlich gesehen ist die Art, wie Jesus in den Tod geht, tatsächlich eine Provokation des Todes (so sieht es wenigstens der Evangelist), die einem Selbstmord gleichkommt.

■ **23** macht freilich klar, daß es um das Verhalten Jesu und der Juden anders bestellt ist. Sie können nicht dahin gehen, wo er hingeht, zum Vater. Sie sind von unten, er von oben: aus der Gotteswelt. Sie sind aus dieser Welt, Jesus ist nicht aus dieser Welt. Sentenzartig ist hier der Unterschied auf eine kurze Formel gebracht, die doch nicht einfach den gnostischen Dualismus selbst sich aneignet, sondern nur eine seiner Formeln. – Denn Johannes behauptet nicht, wie die Gnosis, die Welt sei durch einen Fall aus Gott entstanden, und der Mensch müsse sich nur seines göttlichen Wesens wieder bewußt werden. Nein, das All ist durch den Logos als Schöpfungsmittler geworden. Aber die deshalb dem Logos gehörende Menschenwelt will nichts von ihm wissen, sondern bleibt in sich selbst verschlossen. Johannes kann den so rätselhaft aufgebrochenen Gegensatz verschieden ausdrücken, wie z. B. in diesem Vers mit der Unterscheidung von ,,unten" und ,,oben". Für ,,unten" kann in derselben Bedeutung auch ,,diese Welt" eintreten, oder aber auch einfach ,,die Welt" entsprechend gnostischem Sprachgebrauch.

■ **24** bringt die Erklärung für Jesu rätselhaftes Wort in V. 21b: Sie werden in ihren Sünden sterben, wenn sie nicht glauben, daß ,,ich es bin". Dieses ἐγώ εἰμι klingt rätselhaft und soll so klingen. Der christliche Leser weiß, daß Jesus der Gottes- und Menschensohn ist. Aber wie sollen die Juden darauf kommen? Sie können nur fragen: Wer bist du denn?

■ **25f.** sind eine alte crux interpretum. Indem manche τὴν ἀρχήν als ,,anfänglich" fassen, übersetzen sie: ,,Von Anfang an bin ich das, was ich zu euch rede", oder sogar: ,,Ich bin, was ich schon anfänglich zu euch geredet habe", was am Präsens λαλῶ scheitert. Man kann aber τὴν ἀρχήν auch als ,,überhaupt" fassen. Dann ist die beste Parallele Ps. Clem. Hom VI 11: ,,Wenn du nicht auf das achtest, was ich sage, wozu rede ich da überhaupt mit dir?" So schon Chrys. Hom 53,1 t. VIII p. 311b, Theodor v. Mops. P. 191, Theophylakt und Euthymios. Ὅτι als Einleitung direkter Fragen: Mk 2,16b, 9,11.28. Dann spräche hier wie in Mk 9,19 der Unmut des göttlichen Gesandten, der auf beständiges Unverständnis trifft. Aber nun wird die Fortsetzung schwierig. Man müßte als Eingang von V. 26 ein ,,Aber" erwarten: Jesus will eigentlich nicht mehr mit den Juden reden, aber im Auftrag des Vaters fährt er dennoch mit seiner Predigt fort. Die Frage, wer er ist, wäre damit zunächst noch nicht beantwortet. Statt dessen spricht Jesus so, als bestünde ein ganz anderer Gegensatz: sie haben gefragt, wer er ist. Er will nicht über sich reden, aber über sie hätte er viel zu sagen und zu richten. Aber – und nun müßte die Antwort auf die jüdische Frage erfolgen – ,,der mich gesandt hat, ist wahrhaftig usw.". Was er von ihm gehört hat, spricht Jesus in der (κόσμος) Welt.

■ **27** Die Juden begreifen diesmal nicht, daß Jesus vom Vater spricht.

■ **28** Jesus antwortet darauf, als ob sie ihm das mitgeteilt hätten: Wenn sie ihn erhöht haben, also nach Ostern, werden sie erkennen, daß er (es) ist, nämlich wenn sie in der Zerstörung Jerusalems die Strafe trifft. Dann wird klar, daß Jesus nicht seine eigene Lehre gebracht hat, sondern die des Vaters.

■ **29** Und eben der, der ihn gesandt hat, ist unsichtbar bei ihm. Nur scheinbar ist Jesus allein. Gott ist bei ihm, weil er immer tut, was Gott gefällt.

*Damit setzt ein neuer Unterabschnitt ein, der von V. 30–59 reicht und die Zuspitzung des Konflikts nach anfänglicher Übereinstimmung schildert.*

■ **30** Daß auf diese Worte hin viele an Jesus glauben, ist eigentlich unverständlich, da er nichts Neues gesagt und sich geheimnisvoll verhüllend ausgedrückt hat. Johannes aber benutzt diesen angeblich entstandenen Glauben vieler Juden um zu zeigen, daß in Wirklichkeit die Juden alles andere als gläubig sind.

■ **31** führt den Konflikt herbei, da Jesus diesen neuen Gläubigen zusagt, sie würden in Wahrheit (nur) seine Jünger sein, wenn sie bei seinem Worte (Lehre) bleiben. Schon hier wird also, wenn auch leise, der Abfall angedeutet. Aber

■ **32f.** lösen den Konflikt aus: Jesu Wort setzt voraus, daß die Hörer noch nicht frei sind, sondern erst freigemacht werden könnten, wenn sie ,,bleiben", d. h. in der Wahrheit, im christlichen Glauben an Jesus bleiben. Das Wort ,,Freiheit" reizt die Hörer zur Entgegnung, daß sie, als Nachkommen Abrahams, noch nie unfrei, Knechte, gewesen sind. Wie kann er ihnen dann die Freiheit verheißen?

■ **34f.** Jesus weist zur Antwort darauf hin, daß jeder Knecht der Sünde ist, der sündigt; also setzt er voraus, daß sie noch sündigen – wie, wird erst V. 40 klar. Dann aber steht vor ihnen noch die Möglichkeit der Verwerfung; nur Christus und die Seinen haben das nicht zu befürchten.

■ **36** Die Juden scheinen frei zu sein, aber wirklich frei werden sie erst als Christen sein. Sie haben sich zwar darauf berufen, Söhne Abrahams zu sein, aber das wird für sie eine vernichtende Behauptung.

■ **37** Jesus weiß, daß sie – der Abstammung nach – von Abraham kommen; man könnte auch sagen: dem Fleisch nach. Aber sie suchen ihn zu töten, weil sein Wort in ihnen keinen Raum hat, weil sie nicht glauben. Damit verschärft sich der Konflikt; denn nun zweifelt Jesus doch ihr Herkommen von Abraham an:

■ **38** Er spricht, was er bei dem Vater gesehen hat; sie aber tun, was sie von dem Vater gehört haben. Die Handschriften haben im ersten Satzteil ὁ und im zweiten μου ergänzt. Aber das Wort soll rätselvoll bleiben.

■ **39** Da Jesus und die Juden jeweils die Herkunft von ,,dem Vater" behaupten, aber ihr Verhalten verschieden ist, stellen die Juden fest, daß sie Abraham zum Vater haben. Jesus bezweifelt das: als Kinder Abrahams würden sie so handeln wie er, und das tun sie keineswegs.

■ **40** Denn sie suchen ihn zu töten, was Abraham nicht getan hat. Dabei ist er jemand, der das ausspricht, was er von Gott gehört hat und was darum die Wahrheit ist.

■ **41** Endlich wird Jesus noch deutlicher: Ihr tut die Werke eures Vaters. Darauf antworten sie, daß sie nicht uneheliche Kinder sind, gehen aber von ihrem Anspruch, daß Abraham ihr Vater ist, zu dem anderen über, daß Gott ihr Vater sei. Beide Aussagen aber haben den Sinn, daß sie das Gottesvolk sind.

■ **42f.** Von der Voraussetzung aus, daß er selbst von Gott kommt, kann Jesus antworten: sie müßten ihn lieben, wenn sie ebenfalls von Gott kämen. Aber warum verstehen sie dann sein Wort nicht, d. h. warum glauben sie nicht?

■ **44** hat den Erklärern viel Mühe gemacht. Er läßt sich aber unter drei

Bedingungen verstehen: 1. man setzt zwischen ,,Vater" und ,,des Teufels" ein Komma oder tilgt dieses ,,Vater" oder fügt ein Κάιν ein; 2. man liest statt τοῦ πατρός ein πατρός. 3. Es dürfte hinter ὑμεῖς ἐκ τοῦ πατρός ein ὑμῶν sehr früh ausgefallen sein. Für den Schluß von V. 44 bietet möglicherweise das ,,qui" bei e und Lucifer von Calaris, das auf ein ὅς ἄν statt ὅταν führt, eine Lösung: ,,Wenn jemand die Lüge spricht, redet er aus dem Eigenen; denn er ist ein Lügner und sein (d. h. dieses Menschen) Vater", eben der Teufel. Dann hat man nicht nötig, mit *Hirsch,* Studien 78–80, Kain zum Judenvater zu machen. Der Teufel ist der Vater der Juden, und er hat in der Wahrheit nicht Bestand gehabt, d. h. er ist gefallen.

■ **45** ist insofern merkwürdig, als nach dem schärfsten denkbaren Angriff wieder der alte Gedanke erscheint: warum glaubt man Jesus nicht, wenn er doch die Wahrheit sagt. Diese Frage ist ja beantwortet, wenn die Juden Teufelskinder sind!

■ **46** Niemand kann Jesus einer Sünde überführen. Wenn er die Wahrheit sagt, warum dann der Unglaube? D al haben diesen Vers ausgelassen.

■ **47** Wer aus Gott ist, hört die Worte Gottes, wenn sie gesprochen werden. Jesus spricht sie. Also sind die Juden nicht aus Gott, wenn sie Jesu Worte nicht als Gottesworte hören.

■ **48** Nun antworten die Juden, indem sie ihn als Samaritaner und besessen bezeichnen.

■ **49** Jesus entgegnet: Er sei nicht besessen, sondern ehre den Vater, und sie verunehren ihn.

■ **50** Er sucht nicht seine Ehre; ein anderer besorgt das für ihn: Gott, der richten wird.

■ **51** Jesus schließt mit der provozierenden Verheißung: Wer an ihn glaubt, der werde in Ewigkeit nicht sterben (s. Gesamtbesprechung).

■ **52** Das beweist nach Meinung der Juden, daß Jesus besessen ist. Abraham ist gestorben und die Propheten auch. Wie kann da Jesus seinen Anhängern versprechen, sie würden in Ewigkeit nicht sterben?

■ **53** Jesus kann doch nicht größer sein als Abraham, der wie die Propheten auch gestorben ist; wozu macht er sich? Was für eine Stellung beansprucht er, maßt er sich an?

■ **54** Jesus erwidert: Wenn er sich selbst Ehre zuspräche, wäre diese Ehre nichts wert. Ihn ehrt der Vater, den die Juden als ihren Vater bezeichnen.

■ **55** Sie aber kennen ihn nicht, während Jesus ihn kennt. Würde er das Gegenteil behaupten, wäre er ein Lügner wie sie. Aber er kennt den Vater und bewahrt sein Wort.

■ **56** Abraham, der angebliche Vater der Juden, freute sich darauf, meinen Tag zu sehen (für ἵνα nach ἀγαλλιάω vgl. *Blass-Debrunner* § 392,1a); vielleicht liegt dem ,,er freute sich" eine rabbinische Auslegung von Gen 17,17 zugrunde (vgl. Philo, De mut. nom. 154ff. p. 602). Abraham hätte dann im Paradies (Lk 16,22–31) den Tag des Menschensohnes (vgl. Lk 17,22) gesehen.

■ **57** Die Juden weisen demgegenüber auf das Widersinnige der Behauptung hin, daß der noch nicht 50 Jahre alte Jesus – man hat diese Zahl aus Joh 2,20 erschlossen, und zwar haben das schon die von Irenäus zitierten Presbyter getan: Iren II 22,5 – den Abraham gesehen haben will. P 75 א* 0124 sy$^s$ sa lesen: ἑώρακεν σε.

■ **58** Jesus erwidert: bevor Abraham wurde, bin ich – ein Hinweis auf sein ewiges Sein. Die Juden verstehen das als eine Gotteslästerung. Daher

■ **59** heben sie Steine auf, um ihn zu steinigen (vgl. für eine Steinigung im Tempel: Jos. Ant. XVII 9,3: Das Volk steinigt beim Passa Soldaten des Archelaos im Tempel). – Wie das ,,Sich-verbergen" vorgestellt ist, gibt Johannes nicht an. Augustin hat bereits an ein doketisches Verschwinden gedacht (*Bauer* 132). Vgl. aber auch 10,31; 10,39; 12,36; Lk 4,30. Die Schlußworte ,,und ging aus dem Tempel hinaus" sind nötig zur Überleitung der folgenden Geschichte.

● Lassen wir für Kap. 8 die Quellenfrage beiseite und bleiben bei der johanneischen Botschaft selbst. Nach ihr ist Gott und sein Handeln dem Menschen völlig verborgen: ,,Niemand hat Gott je gesehen!" (1,18; 5,37; 6,46). Denn diese Welt ist Gott entfremdet, und die Vertreter dieses ,,unten" sind für Johannes die ,,Juden". An ihnen verdeutlicht er, daß auch das sinnenfälligste Zeichen sie nicht auf Gott zu weisen vermag. Den Gipfel der Verblendung zeigt freilich die Lazarusgeschichte. Auch sie ist für Johannes nur ein Zeichen, das – ebenso wie die schon erwähnte Heilung des Gelähmten (5,9) – auf die wahre Erweckung zu einem Leben mit Gott hinweist. Die Welt, diese Welt, ist also unfähig, von sich aus zu Gott vorzudringen – besonders, wenn sie ihn schon zu kennen meint (8,41).

Nach Johannes gibt es vielmehr nur eine einzige Möglichkeit, von dem unsichtbaren Vater Kunde zu erlangen: wenn er jemanden mit solcher Kunde sendet. Damit stehen wir bei dem Problem der johanneischen Christologie, dem wichtigsten aller johanneischen Probleme. Wie Johannes es aufgefaßt hat, zeigt die immer aufs neue wiederkehrende Formel: ,,der Vater, der mich gesandt hat". Jesus ist der Gesandte des Vaters.

Machen wir uns zunächst klar, was das besagt: ,,der Gesandte". Ein Gesandter vertritt einen Souverän. Die Ehre, die man ihm erweist, gilt nicht seiner Person als solcher. Seine Bedeutung rührt vielmehr daher, daß durch ihn der eigentlich Mächtige und Entscheidende spricht und handelt. Der rechte Gesandte ist aber kein ,,nuntius alienae sententiae", der nur fremde Worte nachspricht, sondern er stellt sich ganz in den Dienst seines Souveräns. Gerade indem er nur dessen Gedanken und Wünsche im Sinn und Herzen hat und auf alles Eigene verzichtet, wird er mit seinem Souverän wahrhaft identisch: er denkt dessen Gedanken, er spricht dessen Worte, er trifft dessen Entscheidungen. Je mehr er so im Willen seines Herrn aufgeht, um so mehr verdient er die Ehre, die diesem zukommt.

Diese Darstellung des Gesandten hat bisher ganz von Jesus abgesehen.

Aber sie trifft genau auf ihn zu. Er steht als Gesandter des Vaters für diesen in der Welt. Immer wieder erklärt Jesus im 4. Evangelium, er spreche nicht seine eigenen Worte, sondern die des Vaters (3,34; 7,16; 8,26.38.40; 14,10.24; 17,8), er tue nicht seine eigenen Werke, sondern die des Vaters (4,34; 5,17.19ff.30.36; 8,28; 14,10; 17,4.14), er erfülle nicht seinen eigenen Willen, sondern den des Vaters (4,34; 5,30; 6,38; 10,25.37). Wenn wir das hier Ausgesprochene zugespitzt formulieren dürfen, können wir sagen: nach dem Johannesevangelium kommt Jesus alle Bedeutung gerade deshalb zu, weil er nichts anderes sein will und ist als die Stimme und die Hand des Vaters. Allein aus diesem Grunde fordert Jesus für sich Ehre bei den Menschen: Wer ihn nicht ehrt, der ehrt den Vater nicht, der ihn gesandt hat (5,23.44; 7,18; 8,50.54). Deshalb greifen die Juden völlig fehl, als sie Jesus Lästerung vorwerfen: er mache sich Gott gleich. Er steht wirklich an dessen Stelle als der ganz in seinem Souverän aufgegangene Gesandte.

*Ein weiteres Problem des Kap. 8 deutet V. 51 an. Die dortige Aussage nähert sich der von Mk 8,27–9,1.* Eine genaue Parallele zu Mk 8,27–9,1 finden wir bei Johannes nicht. Dennoch klingen einzelne Teile dieser Perikope auch bei ihm noch an. Die Wendung von Mk 9,1 ,,einige werden den Tod nicht schmecken" bis zur Parusie wird in Joh 8,51 charakteristisch umschrieben: ,,Wenn jemand mein Wort bewahrt, wird er den Tod nicht schauen in Ewigkeit." Damit wird die Erwartung einer zukünftigen Parusie ersetzt durch eine Fassung, bei der die Gegenwart an die Stelle der Zukunft tritt. Das entspricht der johanneischen Grundhaltung. Mk 8,35 mit all seinen synoptischen Parallelen spricht der vierte Evangelist in 12,25 auf seine Weise aus: ,,Wer sein Leben liebt, verliert es, und wer sein Leben in dieser Welt haßt, bewahrt es zum ewigen Leben." Voran geht das Logion vom Weizenkorn: ,,Wahrlich, wahrlich ich sage euch: Wenn das Weizenkorn nicht in die Erde fällt und stirbt, dann bleibt es allein" – wenn man ein Weizenkorn nicht aussät, so kann es sich nicht vermehren; ,,Ausgesät-werden-in-die-Erde" wurde als ein Sterben verstanden. Damit berührt sich das Pauluswort 1Kor 15,36: ,,Was du säest, kommt nicht zum Leben, wenn es nicht stirbt". – ,,Wenn es aber stirbt, bringt es viele Frucht." Aus beiden Stellen geht hervor, daß man damals meinte: das in die Erde begrabene Weizenkorn, das dort seine Gestalt verliert, stirbt. Johannes spricht nicht von einem eschatologischen Ereignis im Sinne einer apokalyptischen Zukunftserwartung, sondern von etwas, was hier und jetzt bei jedem Menschen eintreten kann: daß er in Verbindung zu Gott tritt.

## 24. Die Heilung des Blinden

[1]Und fortgehend sah er einen Mann, der von Geburt an blind war. [2]Und seine Jünger fragten ihn: „Rabbi, wer hat gesündigt, dieser oder seine Eltern, daß er blind geboren wurde?" [3]Jesus antwortete: „Weder hat dieser gesündigt noch seine Eltern, sondern (er wurde blind geboren), damit die Werke Gottes an ihm offenbar würden. [4]Wir müssen wirken die Werke dessen, der mich gesandt hat, solange es Tag ist; es kommt die Nacht, da niemand wirken kann. [5]Solange ich in der Welt bin, bin ich das Licht der Welt." [6]Nach diesen Worten spuckte er auf die Erde und machte einen Teig aus dem Speichel. Und er legte den Teig auf die Augen des Blinden, [7]und sagte zu ihm: „Geh, wasche dich im Siloahteich" (d.h. Gesandter)! Da ging er fort und wusch sich, und er wurde sehend. [8]Da sagten die Nachbarn und die, welche ihn früher gesehen hatten – denn er war ein Bettler –: „Ist das nicht der, der da saß und bettelte?" [9]Andere aber sagten: „Nein, aber er sieht ihm ähnlich." Jener sagte: „Ich bin es!" [10]Da sagten sie zu ihm: „Wie wurden deine Augen geöffnet?" [11]Jener antwortete: „Ein Mann mit Namen Jesus machte einen Teig und salbte meine Augen und sagte mir: Geh zum Siloah und wasche dich. Da ging ich fort, und als ich mich gewaschen hatte, wurde ich sehend." [12]Und sie sagten zu ihm: „Wo ist er?" Er sagte: „Ich weiß es nicht." [13]Sie führten ihn zu den Pharisäern, den einstmals Blinden. [14]Es war aber Sabbat an dem Tage, da Jesus den Teig gemacht und seine Augen geöffnet hatte. [15]Da fragten ihn wiederum auch die Pharisäer, wie er wieder sehend geworden war. Er aber sagte zu ihnen: „Er legte mir einen Teig auf die Augen, und ich wusch mich, und nun sehe ich." [16]Da sagten einige von den Pharisäern: „Dieser Mann ist nicht von Gott, denn er hält den Sabbat nicht ein." Andere aber sagten: „Wie kann ein sündiger Mensch solche Zeichen tun?" Und es gab eine Spaltung unter ihnen. [17]Da sagten sie wiederum zum Blinden: „Was sagst du über ihn, daß er deine Augen geöffnet hat?" Er aber sagte: „Er ist ein Prophet." [18]Da glaubten die Juden nicht, daß er blind gewesen und sehend geworden war, bis sie seine Eltern (des Sehend-Gewordenen) gerufen hatten. [19]Und sie fragten sie: „Ist dies euer Sohn, von dem ihr sagt, daß er blind geboren wurde? Wie kann er da jetzt sehen?" [20]Da antworteten seine Eltern und sprachen: „Wir wissen, daß das unser Sohn ist und daß er blind geboren wurde. [21]Wie er aber jetzt sehen kann, wissen wir nicht, oder wer seine Augen geöffnet hat, wissen wir nicht. Fragt ihn, er ist alt genug. Er wird für sich selbst reden!" [22]Das sagten seine Eltern, weil sie die Juden fürchteten. Denn die Juden waren schon darüber einig geworden: Wer ihn als Christus bekenne, solle aus der Synagoge ausgestoßen werden. [23]Deswegen sagten seine Eltern: „Er ist alt genug; fragt ihn!" [24]Da riefen sie zum zweitenmal

jenen Mann, der blind gewesen war, und sagten zu ihm: „Wir wissen, daß dieser Mann ein Sünder ist." [25]Da antwortete jener: „Ob er ein Sünder ist, weiß ich nicht. Eins weiß ich: ich war blind; jetzt sehe ich." [26]Da sagten sie zu ihm: „Was hat er mit dir gemacht? Wie hat er deine Augen geöffnet?" [27]Er antwortete ihnen: „Ich habe es euch schon gesagt und ihr habt es (nicht) gehört. Warum wollt ihr es noch einmal hören? Wollt auch ihr seine Jünger werden?" [28]Und sie schmähten ihn und sagten: „Du bist sein Jünger! Wir aber sind die Jünger des Moses. [29]Wir wissen, daß Gott zu Moses gesprochen hat. Von diesem aber wissen wir nicht, woher er ist." [30]Der Mann antwortete und sagte zu ihnen: „Darin liegt das Verwunderliche, daß ihr nicht wißt, woher er ist, und er meine Augen geöffnet hat. [31]Wir wissen aber, daß Gott Sünder nicht erhört, sondern wenn einer fromm ist und seinen Willen tut, den erhört er. [32]Seit Ewigkeit hat man nicht gehört, daß jemand die Augen eines Blindgeborenen geöffnet hat. [33]Wäre dieser nicht von Gott, hätte er nichts tun können." [34]Sie antworteten und sprachen zu ihm: „Du wurdest ganz in Sünden geboren, und du belehrst uns?" Und sie stießen ihn aus. [35]Jesus hörte, daß sie ihn ausgestoßen hatten, und fand ihn und sagte: „Du glaubst an den Menschensohn?" [36]Jener antwortete und sprach: „Wer ist er, Herr, daß ich an ihn glaube?" [37]Jesus sprach zu ihm: „Du hast ihn gesehen, und der mit dir spricht, ist es." [38]Der aber sprach: „Ich glaube, Herr!" und fiel vor ihm nieder. [39]Und Jesus sprach: „Zum Gericht kam ich in diese Welt, damit die Nichtsehenden sehen und die Sehenden blind werden." [40]Einige von den Pharisäern hörten das, die bei ihm waren, und sagten zu ihm: „Sind auch wir blind?" [41]Jesus sagte zu ihnen: „Wäret ihr blind, hättet ihr keine Sünde. Nun aber sagt ihr: ‚Wir sehen!' Eure Sünde bleibt."

**Literatur:**

*A. (zu 9,1–41)*
*Bligh, J.*, The Man Born Blind, HeyJ 7 (1966) 129–144.
*Bornhäuser, D.*, „Meister, wer hat gesündigt, dieser oder seine Eltern, daß er ist blind geboren?": Joh 9,2, NKZ 38 (1927) 433–437.
*Bornkamm, G.*, Die Heilung des Blindgeborenen (Joh 9), in: ders., Geschichte und Glaube II, München 1971, 65–72.
*Brodie, L. T.*, Creative Rewriting: A Key to a New Methodology, SBL. SP 1978. 2. 261–267.
*Buttmann, A.*, Besprechung des im 3. Heft des Jahrgangs 1859 dieser Zeitschrift enthaltenen Aufsatzes des Herrn D. G. E. Steitz: Ueber den Gebrauch des Pronomen ἐκεῖνος im vierten Evangelium, ThStKr 33 (1860) 505–536.
*Comiskey, J. P.*, Rabbi, Who Has Sinned?, BiTod 26 (1966) 1808–1814.

*Jong, K. H. E. de.*, Joh 9,2 und die Seelenwanderung, ARW 7 (1904) 518f.
*Martyn, J. L.*, History and Theology in the Fourth Gospel, New York 1968, bes. 3–41.
*Mollat, D.*, La guérison de l'aveugle-né, BVC 23 (1958) 22–31.
*Müller, K.*, Joh 9,7 und das jüdische Verständnis des Siloah-Spruches, BZ 13 (1969) 251–256.
*Porter, C. L.*, John 9,38.39a: A Liturgical Addition to the Text, NTS 13 (1967) 387–394.
*Reim, G.*, Joh 9. Tradition und zeitgenössische messianische Diskussion, BZ 22 (1978) 245–253.
*Steitz, E.*, Der classische und der johanneische Gebrauch von ἐκεῖνος. Zur Verständigung über Joh 9,37 und 19,35 neu untersucht, ThStKr 34 (1861) 267–310.

B. (JE und AT/Judentum)

Barrett, C. K., Das JE und das Judentum, Stuttgart 1970; englisch: Philadelphia 1975.

Beutler, J., Die „Juden" und der Tod Jesu im JE, in: H. H. Henrix, ed., Exodus und Kreuz im ökumenischen Dialog zwischen Juden und Christen, Aachen 1978, 75–93

Bleek, F., Der Verfasser des vierten Evangeliums beweist durch seine Bekanntschaft mit dem AT sich als einen Juden und Palästinenser . . ., in: ders., Beiträge 1864, 244–257.

Botha, F. J., The Jews in the Fourth Gospel, TheolEvang. 2 (1969) 40–45.

Bowman, J., The Fourth Gospel and the Jews, Pittsburgh 1975.

Ders., The Fourth Gospel and the Samaritans, BJRL 40 (1958) 298–308.

Bratcher, R. J., The „Jews" in the Gospel of John, BiTr 26 (1975) 401–409.

Buchanan, G. W., The Samaritan Origin of the Gospel of John, in: FS. E. R. Goodenough, 1968, 149–175.

Carroll, K. L., The Fourth Gospel and the Exclusion of the Christians from the Synagogue, BJRL 40 (1957) 19–32.

Cullmann, O., L'opposition contre le temple de Jérusalem, motif commun de la theologie johannique et du monde ambiant, in: ders., Des sources de l'évangile, Neuchâchtel/ Paris 1969, 25–41.

Diez Merino, L., „Galilea" en el IV. Evangelio, EstB 31 1972) 247–273.

Faure, A., Die alttestamentlichen Zitate im vierten Evangelium und die Quellenscheidungshypothese, ZNW 21 (1922) 99–121.

Fischer, Ueber den Ausdruck hoi Joudaioi im Ev. Johannis. Ein Beitrag zur Charakteristik desselben, TZTh 11 (1840), 2. Heft, 96–133.

Florival, E., Les siens ne l'ont pas reçu. Regard évangélique sur la question juive, NRT 89 (1967) 43–66.

Franke, A., H., Das AT bei Johannes, Göttingen 1885.

Freed, E. D., OT-Quotations in the Gospel of John, Leiden 1965.

Ders., Did John Write His Gospel Partly to Win Samaritans Converts?, NT 12 (1970) 241–256.

Ders., Samaritan Influence in the Gospel of John, CBQ 30 (1968) 580–587.

Fuller, R., The „Jews" in the Fourth Gospel, Dialog 16 (1977) 31–37.

Grässer, E.,, Die antijüdische Polemik im JE, NTS 10 (1964/65) 74–90.

Ders., Die Juden als Teufelssöhne nach Joh 8,37–47, ACJD 2 (1967) 157–170.

Gryglewicz, F., Die Pharisäer und die Johanneskirche, in: Fuchs, A., ed., Probleme der Forschung, Linz 1978, 144–158.

Haupt, E., Die alttestamentlichen Citate in dem vierten Evangelium erörtert, 1871.

Hickling, C. J. A., Attitudes to Judaism in the Fourth Gospel, BEThL 44 (1977) 347–354.

Hilgenfeld, A., Der Antijudaismus des JE, ZWTh 36. 2 (1893) 507–517.

Hruby, K., On the Separation of the Church and Judaism, in: Theologische Berichte III, Zürich 1974.

Jocz, J., Die Juden im JE, Jud. 9 (1953) 129–142.

Knight, G. A. F., Antisemitism in the Fourth Gospel, RTR 27 (1968) 81–88.

Leistner, R., Antijudaismus im JE?, Bern/Frankfurt 1974.

Lowe, M., Who were the Joudaioi?, NT 18 (1976) 101ff.

Lütgert, W., Die Juden im JE, in: FS. G. Heinrici, Leipzig 1914, 147–154.

Martyn, J. L., History and Theology in the Fourth Gospel, New York 1968, ²1979.

Matsunaga, K., The Galileans in the Fourth Gospel, AJBI 2 (1976) 139–158.

Meeks, W. A., Galilee and Judea in the Fourth Gospel, JBL 85 (1966) 159–169.

Ders., Am I a Jew? Johannine Christianity and Judaism, in: FS. M. Smith, 1975. I, 163–186.

Michaels, J. R., Alleged Anti-Semitism in the Fourth Gospel, GordR 11 (1968) 12–24.

Painter, J., The Church and Israel in the Gospel of John, NTS 25 (1978) 103–112.

Pancaro, S., The Relationship of the Church to Israel in the Gospel of St. John, NTS 21 (1975) 396–405.

Purvis, J. D., The Fourth Gospel and the Samaritans, NT 17 (1975) 161–198.

Reim, G., Studien zum alttestamentlichen Hintergrund des JE, Cambridge 1974.

Ruddick, C. T., Feeding and Sacrifice: the OT-Background of the Fourth Gospel, ET 79 (1968) 340f.

Shepherd, M. H., The Jews in the Gospel of John, AThR suppl. 3 (1974) 95–112.

Sikes, W., The Anti-Semitism of the Fourth Gospel, JR 21 (1941) 23–30.

Schlatter, A., Der Bruch Jesu mit der Judenschaft, in: FS. C. von Orelli, Basel 1898, 1–23.

Schram, T. L., The Use of Joudaioi in the Fourth Gospel, masch. Diss. Utrecht 1974.

Thoma, A., Das AT im JE, ZWTh 22 (1879) 18–66. 171–223.

Wahlde, U. C. von, A Literary Analysis of the „ochlos"-passages in the Fourth Gospel in their Relation to the Pharisees and Jews-material, masch. Diss., Marquette University 1975.

Wiefel, W., Die Scheidung von Gemeinde und Welt im JE auf dem Hintergrund der

Trennung von Kirche und Synagoge, ThZ 35
(1979) 213–227.
*Windisch, H.*, Das joh. Christentum und sein

Verhältnis zum Judentum und zu Paulus,
ChW 47 (1933) 98–107. 147–154.

■ **1** Καὶ παράγων: die Handlung spielt immer noch während des Laubhüttenfestes. Frühere Ausleger (*de Wette* 170, *Godet* 351f.) psychologisieren: Nach dem heftigen Auftritt in Kap. 8 könne diese Begebenheit nicht unmittelbar gefolgt sein, denn die Jüngerfrage setze eine ruhige Gemütsverfassung voraus! In Wirklichkeit dürfte mit V. 1 eine ursprünglich selbständige Überlieferung beginnen. Man kann nicht aus dem Textzusammenhang auf den Ereigniszusammenhang schließen. Daß der Kranke von Geburt an blind war, gibt der Erzähler an. Ob die Heilung am Tempel- oder Stadttor sich ereignet, kümmert den Erzähler nicht.

■ **2** Hier dagegen ist vorausgesetzt, daß die Jünger (in 6,66–71 zuletzt erwähnt) von der angeborenen Blindheit wissen. Es handelt sich also nicht, wie in 5,6, um ein wunderbares Wissen Jesu. Der Evangelist benutzt die Jüngerfrage, um Jesu Antwort bringen zu können. Er wird die Schwierigkeit gar nicht empfunden haben. *Zahn* 434 Anm. 59 meint, Jesus könnte ein Gespräch mit dem Kranken angeknüpft haben, bei dem dieser Umstand zur Sprache kam. Aber auch das Gespräch in 5,6ff. bringt keine solche psychologische Erklärung, um das Wissen Jesu um die Krankheitsdauer zu erklären. Ob in einem früheren Stadium der Geschichte vorausgesetzt war, daß die Blindheit nicht von Geburt an bestand? Nach *Billerbeck* II 528f. haben die Rabbinen auch an Fälle gedacht, wo ein Kind schon im Mutterleib sündigt. *Bauers* 133 Vermutung, daß hier hellenistisch-platonische oder gnostische Präexistenzlehren von der Seele im Spiel seien, lehnt *Bultmann* 251 mit Recht ab. Die Erklärung von Krankheit als Sündenstrafe ist dem Judentum geläufig; die bekanntesten Vertreter sind Hiobs Freunde.

■ **3** Jesus lehnt (aber nur für diesen Fall; ähnlich 11,4: *Bultmann* 251) dieses Entweder/Oder ab: hier gibt die Krankheit Gelegenheit, ,,die Werke Gottes zu offenbaren". Daß die Leser diese Erklärung als grausam empfinden könnten (ein Mensch muß viele Jahre die Not der Blindheit ertragen, damit einmal seine Heilung die Macht Gottes zeigen wird), ist dem Erzähler ebensowenig in den Sinn gekommen wie in 11,4. Mit den Werken Gottes ist, anders als in 6,29, nicht der Glaube an Jesus gemeint. – *Dodd,* Tradition 186–188, sieht hier eine Frage der Theodizee erhoben wie in Lk 13,1–5. Aber als solche ist sie vom Erzähler nicht gemeint. *Dodd* vergleicht auch zu Unrecht mit Lk 11,20/Mt 12,28 (eine Heilung als Zeichen) daß das Reich Gottes gekommen ist. Der Evangelist vertritt nicht einfach *Dodds* realized eschatology. Die ,,Zeichen" beweisen nicht, daß Gottes Herrschaft schon gekommen ist, sondern weisen jeweils indirekt den einzelnen darauf hin, daß Jesus für ihn der Weg zu Gott sein kann.

■ **4** In ihm fällt der Wechsel von ,,wir" und ,,ich" auf. *Dodd,* Tradition 186, vermutet (vgl. *Billerbeck* II 529) Benutzung eines rabbinischen Sprichwortes: ,,Der Tag ist kurz und die Arbeit viel, die Arbeiter sind faul und der

Lohn groß, und der Hausherr drängt." Rabbi Tarphon (um 100) verwendet es im Blick auf das Torastudium, ohne daß diese Beziehung von Haus aus besteht. Hier ist der Tag der Lebenstag und die Nacht der Tod, wo man nicht mehr wirken kann. Das „wir" soll zeigen, daß der Spruch auch den Jüngern gilt.

■ **5** Hier dagegen ist Jesus das Licht der Welt, solange er auf Erden lebt. Das ist befremdlich, weil für die Christen doch der erhöhte Herr das Licht der Welt ist. Aber der Vers will sagen, warum Jesus das danach erzählte Wunder tut: es macht sinnenfällig, daß er das Licht der Welt ist.

■ **6** schließt genau an V. 3 an: Nachdem dort angekündigt war, daß hier die Werke Gottes offenbar werden sollten, vollbringt Jesus das Wunder, das die Werke Gottes offenbart. Die Art, wie er aus seinem Speichel und Erde einen Brei macht und diesen dem Blinden auf die Augen legt (die von P 66, P 75 ℵ Θ pl Ir^lat u. a. gebotene Lesart ἐπέχρισεν könnte aus V. 11 übernommen sein – andererseits ist es, wie *Brown* I 372 bemerkt, auch möglich, daß ἐπιτίθεναι von B aus V. 15 übernommen ist. Aber dort ist es eher am Platz als in V. 6, weil der Bericht in der Wiederholung verkürzt wird), überrascht durch das grob Materielle der Heilungsmethode. In 5,8 genügt auch ein bloßes Wort. Außerdem hat es nun den Anschein, als ob Jesus nicht allein am Wunder beteiligt ist, sondern auch das Wasser des Siloah. Darum wird dieses Wort, etymologisch zu Unrecht, als „der Gesandte" interpretiert, so daß trotz allem Jesus der Heilende ist. *Brown* erinnert daran, daß Elisa den Naiman auch nicht auf der Stelle heilt, sondern ihn zum Jordan gehen und dort siebenmal baden heißt. Wie der Blinde den Weg zum Siloahteich findet, interessiert den Erzähler nicht. Es ist möglich, daß dieser Zug der Vorlage nicht ohne die Erinnerung an Jes 8,6 gestaltet ist: „Weil dieses Volk die sanft fließenden Wasser Siloahs verachtet". – Die Blindenheilung wird also (ähnlich wie in Mk 8,22–26 und die Taubstummenheilung in Mk 7,32–37) mit den Mitteln dargestellt, mit denen damals im Judentum (vgl. *Billerbeck* II 15) und Heidentum (*Petronius* c. 131) Wunderheilungen vollzogen oder doch versucht wurden. Dem Speichel traute man besondere Heilkräfte zu.

■ **7** Der Kranke wird durch den Gang zum Teich von Siloah eine selbständige Erzählungsfigur, wie sie das Folgende voraussetzt; erst 9,35 trifft er wieder mit Jesus zusammen. Indem der Name Siloah (etymologisch wohl unzutreffend) mit „Gesandter" übersetzt wird, weist der Erzähler darauf hin, daß es dennoch Jesus ist, der – als der Gesandte des Vaters – die Heilung vollbringt. – Das οὖν, das in diesem Vers uns begegnet, kommt in den erzählenden Stücken des vierten Evangeliums immer wieder vor. Man kann daraus keine Schlüsse ziehen; *E. Schweizer* und *E. Ruckstuhl,* Die literarische Einheit des Johannesevangeliums 198ff., sahen darin ein spezifisch johanneisches Merkmal. Aber wenn man den Stil einer bestimmten Schrift untersucht, bleibt immer die Frage zu beantworten, ob ein solches „Merkmal" dem einzelnen Schriftsteller zugehört oder der Tradition, aus der er schöpft, oder der literarischen (oder unliterarischen) Schicht, welcher er entstammt.

Die Verteilung des οὖν im vierten Evangelium ist merkwürdig ungleichmäßig: In der Nikodemusgeschichte z. B. kommt es, soviel ich sehe, überhaupt nicht vor, dagegen ist es in der Erzählung vom Blindgeborenen (von 9,7 ab), erstaunlich häufig.

■ **8** Die Erwähnung der Nachbarn zeigt, daß der Geheilte wieder sein altes Quartier aufsucht. Wir erfahren nun, daß er früher an einer geeigneten Stelle (Apg 3,10 ist es ein Tempeltor) als Bettler gesessen hat. Daß manche den frühen Blinden nicht wiedererkennen, veranschaulicht die Verwandlung, die mit ihm vorgegangen ist, und damit indirekt die Wirklichkeit des Wunders.

■ **9** Der Streit um die Identität des Geheilten, der durch sein eigenes Wort entschieden wird, bereitet den Versuch der ungläubigen Juden in V. 18 vor, die Identität des Geheilten zu leugnen und so das Wunder aus der Welt zu schaffen.

■ **10** Der Leser weiß zwar schon, wie er geheilt worden ist. Daß die Heilungsgeschichte nun für die Nachbarn und später für die Pharisäer wiederholt wird, verrät einmal den Unglauben der Welt, schärft aber andererseits zugleich dem Leser die Wirklichkeit des Wunders ein. Eine ähnliche Erzählungstechnik findet sich in der dreifachen Erzählung von der Berufung des Paulus in Apg 9.22 und 26 und in der noch öfter wiederholten Erzählung von der Bekehrung des Cornelius in Apg 10f.

■ **11** Woher der Geheilte den Namen Jesu weiß (anders als der geheilte Kranke in 5,13), bleibt als unwichtig ungesagt. Ἐπέχρισεν klingt nicht zufällig an Christus an; es ist in V.6 auch in P 66.75 D Θ pl Ir[lat] für ἐπέθηκεν überliefert. Die Erzählung wird bei jeder Wiederholung kürzer – der Leser kennt sie ja nun und soll nicht gelangweilt werden.

■ **12** Man fragt den Geheilten nun nach Jesus – der Name war in V. 11 genannt; so genügt hier dafür das Wort ἐκεῖνος. Der Blindgewesene weiß nicht, wo sich Jesus aufhält; man muß sich also an ihn selber halten.

■ **13** Man führt ihn zu den wieder als Behörde agierenden Pharisäern; wer ihn zu diesen führt und warum, erfährt man nicht. Wichtig ist allein, daß nun die Pharisäer zu dem ihnen sehr unangenehmen Wunder Stellung nehmen müssen.

■ **14** Jetzt erst wird – ähnlich wie in 5,9 nachgetragen, daß Jesus das Wunder an einem Sabbat vollbracht hat. Das Kneten eines Teiges war als Arbeit am Sabbat verboten: vgl. *Billerbeck* II 530, der auf Schab 7,2 verweist. Daß Jesus einen Sabbatbruch begangen hat, gibt Anlaß in V. 16 zu der Leugnung, daß er „von Gott ist".

■ **15** Wieder fragt man – diesmal sind es die Pharisäer – den Geheilten nach der Heilung. Dies wird nun im Telegrammstil beschrieben. Schon hier wird deutlich, daß der Geheilte durchaus keine Angst vor der Behörde hat, wie die anderen alle.

■ **16** Daß einige von den Pharisäern nun wegen des Sabbatbruchs behaupten, Jesus sei nicht von Gott, kommt im Textzusammenhang unerwartet.

Aber der Erzähler und seine Gemeinde sind davon überzeugt, daß Jesus von Gott kommt, und ,,andere`` treten hier ebenfalls dafür ein, weil ein sündiger Mensch nicht solche ,,Wunder`` (σημεῖα) tun könne. Angesichts des so ausgebrochenen Zwistes wendet man (wörtlich: sie = 3. pl.) sich an den Geheilten und fragt ihn nach seinem Urteil über den, der ihm die Augen geöffnet hat.

■ **17f.** Er gibt zur Antwort, Jesus sei ein Prophet. Um sich dieses unangenehmen Zeugen zu entledigen, glauben die Juden, daß er gar nicht blind gewesen und geheilt worden ist, und rufen seine Eltern herbei – diesmal sind es ,,die Juden``, die wie eine Behörde auftreten.

■ **19** Sie werden nun befragt: Ist dies wirklich ihr Sohn, der angeblich blind geboren ist? Wie kann er dann jetzt sehen? Diese Szene zeigt die Verlegenheit der Gegner. Aber da es damals angeblich Geheilte gab, ist die Reaktion der ,,Juden`` realistischer, als sie uns zunächst erscheint.

■ **20f.** Die Eltern antworten äußerst vorsichtig: Was sie bezeugen können, ist zweierlei, nämlich daß es wirklich ihr Sohn ist und daß er wirklich blind war. Wie er aber jetzt sehen kann oder wer ihn geheilt hat, wissen sie nicht. Dazu möge man ihn selber fragen; er ist ja alt genug und kann für sich selber reden.

■ **22** läßt die Eltern so aus Furcht vor den ,,Juden`` sprechen. Aber es war bisher nicht angedeutet, daß die Eltern bei der Heilung dabei waren oder daß der Geheilte es ihnen erzählt hat. Wie sie zu der Kenntnis, die sie trotz ihrer Versicherung zu besitzen scheinen, gekommen sind, wird uns nicht mitgeteilt; dafür erfahren wir, daß die ,,Juden`` schon beschlossen hatten, jeden aus der Synagoge auszuschließen, der Jesus als den Christus bekennt. Zur Zeit des Erzählers und in dem ihm bekannten Umkreis kann es also eigentlich keine Judenchristen in einer jüdischen Gemeinde mehr gegeben haben.

■ **23** hebt noch einmal hervor, daß die Eltern aus diesem Grund ihren Sohn im Stich gelassen haben. Das macht die Schwierigkeit, in der sich damals eine Mission unter Juden befand, sehr deutlich.

■ **24** Sie – d. h. die Juden – rufen nun den Geheilten wieder herein, der anscheinend beim Verhör der Eltern nicht dabei war (ohne daß das besonders erwähnt wurde), und behandeln ihn fast schon wie einen Verurteilten. Denn die Formel ,,Gib Gott die Ehre!`` wird – wenn auch nicht nur – dann angewendet, wenn man einen Verurteilten auffordert, seine Tat einzugestehen und damit, daß er die Wahrheit sagt, Gott die Ehre zu geben (*Billerbeck* II 535). Durch die folgenden Worte zeigen die Gegner, daß sie sich schon festgelegt haben (darum sehen sie im Geheilten einen potentiellen Verurteilten): sie wissen, daß Jesus ein Sünder ist.

■ **25** Sehr im Unterschied zum Geheilten am Teich (Kap. 5) ist aber der ehemalige Blinde keineswegs eingeschüchtert: er wisse nicht, ob Jesus ein Sünder sei. Er wisse aber, daß er blind war und jetzt sehe. Also – das ist gemeint – hat Jesus an ihm ein Wunder vollbracht.

■ **26** Daraufhin soll er noch einmal berichten, wie diese Heilung zustande kam.

■ **27** Nun beginnt er sie zu verhöhnen: Warum wollen sie das zum zweitenmal hören? Können sie sich etwa nicht satthören und wollen auch Jesu Jünger werden?

■ **28** Verständlicherweise verlieren sie nun die Geduld und beschimpfen ihn: Er sei ein Jünger Jesu, sie aber Schüler des Mose. Warum das mehr ist, sagt

■ **29.** Mit Moses hat nämlich Gott geredet; das wissen sie (aus der Tora). Woher aber Jesus ist, wissen sie nicht. Er hat keine Legitimation. Darauf antwortet

■ **30.** Das sei gerade das Verwunderliche, daß sie über Jesu Herkunft keine Klarheit besitzen, obwohl er doch die Augen dieses Blindgeborenen geöffnet hat. Daß damit die angeblich fehlende Legitimation gegeben ist, sagt ausdrücklich

■ **31.** Wir wissen (d. h. es ist die allgemein anerkannte Überzeugung), daß Gott Sünder nicht erhört, sondern nur Fromme, die seinen Willen tun. Also muß Jesus ein solcher Frommer sein, der Gottes Willen tut.

■ **32** unterstreicht das Unerhörte dieses Wunders, das darum eine ganz besonders sichere und verläßliche Legitimation ist: es ist ohne Beispiel, daß ein Blindgeborener geheilt wurde. Daraus zieht die Folge

■ **33.** Wäre „dieser" nicht von Gott, so könnte er nichts tun. – Das stimmt mit den eigenen Aussagen Jesu im vierten Evangelium überein, und doch unterscheidet es sich von ihnen: Der Blindgeborene vertritt die in Joh 3,2 von Nikodemus formulierte Lehre, daß Jesus durch das Wunder von Gott legitimiert ist. Nur Böswilligkeit kann an diesem Wunderbeweis vorbeigehen, wie jetzt die Juden.

■ **34** Damit hat es sich der Geheilte endgültig mit den Gegnern verdorben: Sie beschimpfen ihn als einen ganz in Sünden Geborenen – so legen sie seine angeborene Blindheit aus – und werfen ihn aus der Synagogengemeinde heraus.

■ **35f.** lassen Jesus auftreten, der bisher, leiblich abwesend, dennoch die eigentliche Mitte der Handlung und Gegenhandlung gewesen war. Er fragt den Geheilten, ob er an den Menschensohn glaubt. Der versteht die Bezeichnung „Menschensohn" sofort, und zwar im Sinne von „Christus", „Messias", und wünscht nur zu erfahren, wer er ist (als Blinder hat er ja Jesus noch nicht gesehen!), damit er an ihn glaubt. Obwohl er weiß, daß ein Mann namens Jesus ihn geheilt hat, muß er erst noch durch das Selbstzeugnis Jesu erfahren, daß dieser, der vor ihm steht, der ist, an den er eigentlich schon glaubt.

■ **37** Nun gibt sich Jesus feierlich zu erkennen: Du hast ihn gesehen (er hat sogar durch Jesus sein Sehenkönnen erhalten!), und der mit dir spricht, ist es.

■ **38** Der Geheilte antwortet mit dem Glaubensbekenntnis an den Kyrios und vollzieht den Akt der Proskynese: er wirft sich vor Jesus anbetend nieder. – Daß er aus der Synagoge ausgeschlossen wird, zeigt das Verhältnis einer späteren Zeit.

■ **39** Die eigentliche Handlung dieser Szene ist damit abgeschlossen; Jesu Worte ziehen nun das Fazit: Er ist zum Gericht in diese Welt gekommen, damit die Blinden sehen und die Sehenden blind werden. Das ist die johanneische Form der synoptischen Darstellung, daß Jesus die Sünder annimmt und die Frommen, die Selbstgerechten von ihm abgewiesen werden. Das Gleichnis vom Pharisäer und Zöllner wird hier sozusagen in johanneischer Sprache und Darstellung vorgeführt. Das Gericht ereignet sich angesichts eben der Tat Jesu, die dem Empfänger Segen und Gnade ist.

■ **40f.** bringt ein verdeutlichendes Nachspiel: einige Pharisäer protestieren empört dagegen, daß sie als blind bezeichnet werden, wo sie doch als Schüler des Moses wissen, wer Gottes Bote ist. Jesus verschärft nun das bisher Gesagte: Gerade daß sie behaupten, sehend zu sein, macht sie endgültig sündig. Für sie ist keine Vergebung mehr möglich. Zu einem Verblendeten gibt es keinen Zugang mehr.

● Die Heilung des Blindgeborenen wird ungewöhnlich ausführlich erzählt; nur die Auferweckung des Lazarus (Kap. 11) wird ähnlich breit berichtet. In Kap. 9 ist eine kunstvoll aufgebaute Vorlage fast ohne bearbeitende Zusätze wiedergegeben; nur V. 4f. wird vom Evangelisten stammen und V. 39–41 wahrscheinlich von ihm angefügt sein.

V. 1–7 bringen die Einleitung: eine Heilungsgeschichte, die durch V. 14 zu einem Sabbatkonflikt wird. Man bemerkt die Ähnlichkeit mit 5,1–9. Aber hier fehlt die große anschließende Rede Jesu, wie sie sich in Kap. 5 findet. V. 8–12 enthalten den ersten Unterabschnitt: Die Nachbarn und andere, die den ehemaligen Bettler kennen, wollen ihren Augen nicht trauen, daß dies der ehemalige blinde Bettler ist. Sie lassen sich von der Heilung durch Jesus erzählen, den man aber nicht mehr sehen kann. Von den Jüngern, die in V. 2f. plötzlich zur Stelle sind, ist keine Rede mehr. Sie haben nur die Aufgabe zu fragen, was V. 3 beantwortet. Der 2. Unterabschnitt reicht bis V. 17: der Geheilte wird vor die Pharisäer geführt und muß von seiner Heilung erzählen. Während die Pharisäer bestreiten, daß der Wundertäter „von Gott" ist, da er den Sabbat nicht einhält, wenden andere ein: ein sündiger Mensch kann solche Wunder nicht tun. Der Geheilte selbst gibt auf Befragen an, er halte den, der ihn geheilt hat, für einen Propheten. V. 18–23 bringen einen weiteren Unterabschnitt: Die Identität des Geheilten wird bezweifelt – und festgestellt. Die herbeigeholten Eltern bestätigen zwar, daß es ihr von Geburt an blinder Sohn ist, wollen sich aber nicht zu seiner Heilung äußern – man solle ihn selber fragen, er sei alt genug. Dieser Zug zeigt, wie groß die Furcht vor den Juden ist, die schon beschlossen haben, jeden aus der Synagoge auszuschließen, der Jesus als den Christus bekennt. In V. 24–34 erfolgt ein neues Verhör. Der abermals nach dem Hergang der Heilung Befragte wird ironisch und fragt, ob die Pharisäer etwa auch Jünger des Mannes werden wollen, der ihn geheilt hat. Demgegenüber bekennen sie sich als Jünger des Moses; woher aber „er" sei, wissen sie nicht. Darauf der Geheilte, die Tendenz der Wundergeschichte stark unterstreichend: das sei doch merkwürdig; denn es ist allgemein bekannt, daß ein Blindgeborener noch nicht geheilt wurde und jemand eine solche Tat nur vollbringen kann, wenn er von Gott ist. Darauf verwünschen sie ihn und schließen ihn aus der Synagoge aus. V. 35–38 dürften den alten Schluß enthalten: Jesus gibt sich dem Geheilten zu erkennen, der ihn alsbald gläubig als den Menschensohn verehrt. V. 39–41 bringen noch ein Nachspiel mit dem Thema: blind und sehend. Jesus macht die Blinden sehend und die Sehenden blind. Die Frommen verhärten sich gegen ihn. Anwesende Pharisäer erheben dagegen einen Einwand und erhalten die Antwort: Weil sie behaupten, sehend zu sein, d. h. Gott zu erkennen, und ihn nicht anerkennen, gibt es für sie keine Vergebung der Sünde.

Der Grundgedanke dieser Geschichte, ihre Lehre, ist: Das unerhörte Wunder der Heilung eines Blindgeborenen beweist, daß Jesus „von Gott ist". Wer das nicht zugibt, ist verblendet. Es ist deutlich, daß die Theologie dieser Geschichte nicht die des Evangelisten ist, sondern der von Nikodemus in 3,2 vorgetragenen entspricht. *Denn* diese Erzählung nützt die Wundergeschichte bis in die letzte Möglichkeit dahin aus, daß das Wunder die gültige Legitimation Gottes ist. Damit nimmt diese Geschichte, die äußerst geschickt und spannend erzählt ist und Johannes den Ruf eines großen Dramatikers eingetragen hat (vgl. *Hirsch,* Evangelium 235. 245), genau den Standpunkt des Nikodemus ein, wenn es in 9,31 heißt: „Wenn jemand gottesfürchtig ist und seinen Willen tut, auf den hört Er." Der Evangelist hat sein eigenes Verständnis der Geschichte nur kurz in V. 5 und in 9,39 angedeutet: „Ich bin zum Gericht in diese Welt gekommen, damit die Nichtsehenden sehend und die Sehenden blind werden." Dem Evangelisten dienen ja die Wundergeschichten nur als Hinweis auf etwas ganz anderes; an der Tatsächlichkeit der Wunder hat er ebensowenig gezweifelt, wie er sie als Beweise gewertet hat. Der Evangelist hat also eine ihm innerlich fremde Geschichte übernommen und in V. 4f. jenen eigentlichen Sinn, den sie für ihn hat, ausgesprochen: Jesus ist das Licht der Welt. Darauf weist diese Heilungsgeschichte – indirekt – hin. Daß sie kein Beweis ist, wird daran deutlich, daß sich die Pharisäer nicht überzeugen lassen, sondern den Geheilten aus der Synagoge hinauswerfen.

Frühere Ausleger, wie z. B. *Godet* 351f. überlegen: Diese Begebenheit kann nicht unmittelbar auf den heftigen Auftritt in Kap. 8 gefolgt sein, weil die Jüngerfrage in V. 2 eine ruhige Gemütsverfassung voraussetzt; 8,59 könne sich morgens zugetragen haben; 9,1ff. am Abend desselben Tages. *Zahn* 435 überlegt statt dessen, woher die Jünger wissen, daß der Mann von Geburt an blind war, und denkt, Jesus könnte ein Gespräch mit ihm angeknüpft haben, bei dem das erzählt wurde. Als Ort nimmt er das Tempeltor an, während *Godet* vorsichtiger auf das Stadttor rät. *B. Weiß* 356, der auch an

383

die Nähe des Tempels denkt – Apg 3,2! –, erinnert an die Heilungsgeschichte des Blinden von Bethsaida Mk 8,22–26. Zwei Züge entsprechen sich: Es handelt sich um eine Blindenheilung; dabei spielt der Speichel eine Rolle. Andererseits entspricht Mk 8,22–26 genau der Heilung des Taubstummen in 7,32–37. Auch hier wird, neben der Handauflegung, der Speichel als Heilungsmittel verwendet, und zwar in einer viel drastischeren Weise: Er wird direkt, und nicht in einem Brei oder Teig, auf das erkrankte Organ gebracht. Aber nur die im JE verwendete Form erlaubt es, den Blinden zum ,,Siloah" zu senden, und dieses Wort wird als ,,Gesandter" erklärt. Dieser Umstand und der Beweis, daß bei Johannes der Mann blind geboren ist, weisen darauf hin, daß der Evangelist eine solche wundersteigernde Überlieferung verwendet. Das Element des Wunders ist in allen johanneischen Geschichten, soweit dazu synoptische Parallelen vorhanden sind, gesteigert, und auch jene Wundergeschichten ohne synoptische Entsprechung, wie die Heilung des Blindgeborenen (Kap. 9) und die Auferweckung des Lazarus (Kap. 11), übertreffen alle bei den Synoptikern erzählten Wunder. Was diese Wundergeschichten beim Leser bewirken sollen, sagt Joh 20,30f. – vermutlich der alte Schluß des benutzten ,,Evangeliums" – deutlich: ,,Viele andere Zeichen hat Jesus vor seinen Jüngern getan, die nicht in diesem Buch geschrieben sind; diese aber sind geschrieben, damit ihr glaubt, daß Jesus der Christus ist, der Sohn Gottes, und damit ihr glaubend das Leben habt in seinem Namen!" Daß die Wundergeschichten tatsächlich im Blick auf dieses Ziel erzählt wurden, läßt sich besonders leicht an der Heilungsgeschichte des Blindgeborenen erkennen. Hier wird in V. 16.25 und 31 der Leser in immer neuen Wendungen darauf aufmerksam gemacht, daß Gott einen Sünder nicht erhört, so daß Jesus aus Gott sein müsse – sonst hätte er dieses Wunder nicht vollbringen können.

## 25. Jesus, der rechte Hirte

[1]**,,Wahrlich, wahrlich ich sage euch: Wer nicht durch die Tür in den Hof der Schafe hineingeht, sondern von anderswoher hinaufsteigt, der ist ein Dieb und Räuber.** [2]**Wer durch die Tür hineinkommt, ist der Hirte der Schafe.** [3]**Ihm öffnet der Türhüter, und die Schafe hören seine Stimme, und er ruft seine Schafe bei Namen und führt sie hinaus.** [4]**Wenn er seine (Schafe) alle hinausgeführt hat, geht er vor ihnen her, und die Schafe folgen ihm; denn sie kennen seine Stimme.** [5]**Einem Fremden aber werden sie keineswegs folgen, sondern werden vor ihm fliehen; denn sie kennen die Stimme der Fremden nicht."** [6]**Dieses Gleichnis sprach Jesus zu ihnen; jene aber erkannten nicht, was es war, das er zu ihnen sagte.** [7]**Jesus sprach nun wieder zu ihnen: ,,Wahrlich, wahrlich ich sage euch: Ich bin die Tür der Schafe.** [8]**Alle,**

die vor mir kamen, sind Diebe und Räuber. Aber die Schafe haben nicht auf sie gehört. ⁹Ich bin die Tür. Wenn jemand durch mich hineingeht, wird er gerettet werden, und er wird hineingehen und herausgehen und Weide finden. ¹⁰Der Dieb kommt nur, um zu stehlen, zu schlachten und zu verderben; ich kam, damit sie Leben und Überfluß haben. ¹¹Ich bin der rechte Hirte. Der rechte Hirte setzt sein Leben für die Schafe ein. ¹²Der Mietling und Nichthirte, dem die Schafe nicht zu eigen sind, sieht den Wolf kommen, verläßt die Schafe und flieht – und der Wolf raubt sie und zerstreut sie –; ¹³denn er ist ein Mietling, und die Schafe liegen ihm nicht am Herzen. ¹⁴Ich bin der rechte Hirt, ¹⁵und ich kenne die Meinen, und die Meinen kennen mich, wie mich der Vater kennt und ich den Vater kenne, und ich gebe mein Leben für die Schafe. ¹⁶Und ich habe andere Schafe, die nicht aus diesem Hofe sind. Auch sie muß ich führen, und sie werden meine Stimme hören, und es wird eine Herde sein, ein Hirt. ¹⁷Deswegen liebt mich der Vater, weil ich mein Leben hingebe, damit ich es wieder nehme. ¹⁸Niemand nimmt es mir weg, sondern ich lege es von mir aus ab. Ich habe Macht, es abzulegen, und ich habe Macht, es wiederum zu nehmen. Dieses Gebot empfing ich von meinem Vater.'' ¹⁹Wiederum entstand eine Spaltung unter den Juden wegen dieser Worte. ²⁰Viele von ihnen sagten: ,,Er ist besessen und verrückt. Was hört ihr auf ihn?'' ²¹Andere sagten: ,,Dies sind nicht die Worte eines Besessenen. Kann ein Dämon Augen von Blinden öffnen?''

²²Da kam das Tempelweihfest in Jerusalem; es war Winter. ²³Und Jesus wandelte im Tempel in der Halle Salomos. ²⁴Da umringten ihn die Juden und sagten zu ihm: ,,Bis wann hältst du unsere Seele in der Schwebe? Wenn du der Christus bist, sage es uns offen!'' ²⁵Jesus antwortete ihnen: ,,Ich habe es euch gesagt, und ihr glaubt nicht. Die Werke, die ich im Namen meines Vaters tue, sie geben für mich Zeugnis. ²⁶Aber ihr glaubt nicht, weil ihr nicht aus meinen Schafen seid. ²⁷Meine Schafe hören meine Stimme, und ich kenne sie, und sie folgen mir, und ich gebe ihnen ewiges Leben, ²⁸und sie sollen in Ewigkeit nicht verlorengehen, und niemand wird sie aus meiner Hand rauben. ²⁹Mein Vater, der (sie) mir gegeben hat, ist größer als alle, und niemand kann sie aus der Hand meines Vaters rauben. ³⁰Ich und der Vater sind eins.'' ³¹Wieder hoben die Juden Steine auf, um ihn zu steinigen. ³²Jesus antwortete ihnen: ,,Viele gute Werke des Vaters habe ich euch gezeigt. Wegen welchen Werkes von ihnen wollt ihr mich steinigen?'' ³³Die Juden antworteten ihm: ,,Wir steinigen dich nicht wegen eines guten Werkes, sondern wegen der Lästerung, und weil du, der du ein Mensch bist, dich selbst zu Gott machst.'' ³⁴Jesus antwortete ihnen: ,,Steht nicht in eurem Gesetz geschrieben: ,Ich habe gesagt: Ihr seid Götter?' ³⁵Wenn er jene, an die das Wort Gottes erging, Götter genannt hat, und wenn die Schrift nicht aufgelöst wer-

den kann, [36]sagt ihr von dem, den der Vater geheiligt und in die Welt gesandt hat, ‚Du lästerst!‘, weil ich sagte: ‚Ich bin Gottes Sohn!‘? [37]Wenn ich nicht die Werke meines Vaters tue, so glaubt ihr mir nicht, [38]wenn ich sie aber tue, so glaubt – wenn ihr mir nicht glaubt – doch meinen Werken, damit ihr wißt und erkennt, daß in mir der Vater ist und ich im Vater." [39]Da suchten sie ihn wieder zu ergreifen; und er entging ihren Händen. [40]Und er ging wieder fort jenseits des Jordans zu dem Ort, wo Johannes zuerst getauft hatte, und blieb dort. [41]Und viele kamen zu ihm und sagten: „Johannes hat zwar kein Zeichen getan; alles aber, was Johannes über diesen gesagt hat, war wahr." [42]Und viele wurden dort an ihn gläubig.

**Literatur:**

*Ackermann, J. S.*, The Rabbinic Interpretation of Ps 82 and the Gospel of John, HThR 59 (1966) 186–191.

*Bammel, E.*, „John did no Miracles": John 10,41, in: C. F. D. Moule ed., Miracles. Cambridge Studies in their Philosophy and History, London 1965, 197–202.

*Becquet, G.*, Jésus, Bon Pasteur, donne vie à une nouvelle communauté (Jn 10,11–18), EeV 80 (1970) 242–243.

*Boismard, E.-M.*, Jésus, le prophète par excellence, d'après Jean 10,24–39, in: Neues Testament und Kirche, FS. R. Schnackenburg, 1974, 160–171.

*Bruns, J. E.*, The Discourse on the Good Shepherd (Jn 10) and the Rite of Ordination, AEcR 149 (1963) 386–391.

*Derrett, J. D. M.*, The Good Shepherd: St. John's Use of the Jewish Halakah and Haggadah (Joh 10,1–18), StTh 27 (1973) 25–50.

*Emerton, E. A.*, Melchisedek and the Gods: Fresh Evidence for the Jewish Background of John X,34–36, JThS 17 (1966) 399–401.

*Ders.*, Some New Testament Notes. I. The Interpretation of Psalm 82 and John 10, JThS 11 (1960) 329–332.

*Fascher, E.*, „Ich bin die Tür!" Eine Studie zu Joh X,1–18, DTh (1942) 33–57. 118–133.

*Ders.*, Zur Auslegung von Joh X,17–18, DTh (1941) 37–66.

*Fischer, K. M.*, Der johanneische Christus und der gnostische Erlöser. Überlegungen auf Grund von Joh 10, in: K. W. Tröger Hrsg., Gnosis und Neues Testament, 1973, 245–267.

*Friedrichsen, A.*, Herdekapitlet Joh 10, SEÅ 8 (1943) 30–48.

*Frisque, J./Maertens, T.*, Deuxième dimanche du temps pascal, ParLi 47 (1965) 338–350.

*George, A.*, Je suis la porte des brebis, (Jn 10,1–10), BVC 51 (1963) 18–25.

*Giblet, J.*, Et il y eut la dédicace, Jn 10,22–39, BVC 66 (1965) 17–25.

*Hahn, F.*, Die Hirtenrede in Joh 10, in: FS. E. Dinkler, 1979, 185–200.

*Hanson, A.*, John's Citation of Ps 82, NTS 11 (1964/65) 158–162.

*Ders.*, John's Citation of Ps 82 Reconsidered, NTS 13 (1967) 363–367.

*Hofius, O.*, Die Sammlung der Heiden zur Herde Israels, ZNW 58 (1967) 289–291.

*Iglesias, M.*, Sobre la transcripcion „Hijo de Dios" en P[45], StPapy 8 (1969) 89–96.

*Jonge, M. de/Woude, A. S. van den*, 11Q Melch and the New Testament, NTS 12 (1965/66) 301–326.

*Jost, W., Poimen*. Das Bild vom Hirten in der biblischen Überlieferung und seine christologische Bedeutung, 1939.

*Kiefer, O.*, Die Hirtenrede: Analyse und Deutung von Joh 10,1–18, Stuttgart 1967.

*Ders.*, Le seul troupeau et le seul Pasteur, ASeign 25 (1969) 46–61.

*Kruijf, T. C., de.*, Messias Jezus en Jezus Christus, TPast 63 (1967) 372–378.

*Lohfink, G.*, Kein Wunder in Nazareth, KatBl 102 (1977) 699ff.

*Martin, J. P.*, John 10,1–10, Interp. 32 (1978) 171–175.

*Mary, Th.Sr.*, The Good Shepherd, BiTod 38 (1968) 2657–2664.

*Meyer, P. W.*, A Note on Jn 10,1–18, JBL 75 (1956) 232–235.

*Mollat, D.*, Le bon pasteur (Jn 10,11–18.26–30), BVC 52 (1963) 25–35.

*O'Grady, J. F.*, The Good Shepherd and the Vine and the Branches, BTB 8 (1978) 86ff.

*Peck, G.*, On Sheep and Shepherds, ANQ 19 (1978/79) 105ff.

*Potterie, J. de la*, Le bon pasteur, in: Populus Dei. Mélanges Card. Ottaviani, Rom 1969, 927–968.

*Quasten, J.*, The Parable of the Good Shepherd, (Jn 10,1–21), CBQ 10 (1948) 1–12. 151–169.

*Reynolds, S. M.*, The Supreme Importance of

the Doctrine of Election and the Eternal Security of the Elect as Taught in the Gospel of John, WestTJ 28 (1965/66) 38–41.

*Robinson, J. A. T.*, The Parable of Jn 10,1–5, ZNW 46 (1955) 233–240.

*Schneider, J.*, Zur Komposition von Joh 10, CNT 11 (1947) 220–225.

*Simonis, A. J.*, Die Hirtenrede im Johannesevangelium, Rom 1967.

*Spitta, F.*, Die Hirtengleichnisse des 4. Evangeliums, ZNW 10 (1909) 59ff. 103ff.

*Steinmeyer, F. L.*, Die Aussagen Jesu im Zehnten Capitel des Johannes, Berlin 1891.

*Stemberger, G.*, Les brebis du Bon Pasteur, ASeign 25 (1969) 62–70.

*Villiers, J. L. de*, The Shepherd and the Flock (Jn 10,1–18), Neotest. 2 (1968) 89–103.

*Weigandt, P.*, Zum Text von Joh 10,7. Ein Beitrag zum Problem der koptischen Bibelübersetzung, NT 9 (1967) 43–51.

*Whittacker, J.*, An Hellenistic Context for John 10,29, ViChr 24 (1970) 241–260.

■ **1** leitet eine kurze Bildrede (s. V. 6) ein. An sie knüpft Johannes die Rede Jesu vom guten Hirten an, da die vorangegangene Geschichte der Blindenheilung keinen Bildstoff für diese Rede abgibt. Das Thema „Jesus ist das Licht der Welt" war (8,12 und) 9,5 kurz zur Sprache gekommen. – Mit ἀμὴν ἀμήν (vgl. 1,51) beginnt eine den orientalischen Verhältnissen entsprechende Schilderung des Hirten, dessen Verhalten durch das blässer gezeichnete Gegenbild seines Opponenten noch mehr Relief bekommt. Daß zunächst von diesem Gegenbild gesprochen wird, ist schriftstellerisch unbefriedigend und hat böse Folgen gehabt. – Der Dieb und Räuber (s. Obadja 5) geht nicht durch die Tür in den Hof, – αὐλή ist eine steinerne Einfriedigung – in dem die Schafe nachts, von einem Unterhirten bewacht, untergebracht sind – man würde ihn ja nicht einlassen – da die Tür von einem Türhüter bewacht wird, sondern klettert anderswo (ἀλλαχόθεν volkstümliche Koine für ἄλλοθεν) über die Mauer dieses Hofes.

■ **2** Der Hirt der Schafe dagegen ist dadurch charakterisiert, daß er durch die Tür hineingeht. Er ist der Besitzer der Schafe. Mit diesem Zug wird deshalb begonnen, weil sich an ihn die weitere Tätigkeit des Hirten anschließt. – Weder Herde noch Tor noch Torhüter sollte man allegorisch auslegen. Hier wird tatsächlich ein Bild orientalischer Hirtenwirklichkeit gezeichnet.

■ **3** Ihm macht der Türhüter auf (vgl. Mk 13,34: ἡ θυρωρὸς Joh 18,16f.), und „die Schafe hören seine Stimme" (daß er sie ruft, wird nur in dieser indirekten Weise ausgedrückt wegen des Folgenden „er ruft seine Schafe mit Namen"). Wenn *Longus*, Pastoralia IV 26.38, von Damis sagt: ἐκάλεσε τινας αὐτῶν ὀνόμαστι, so dürfte das realistischer sein. Von einer großen Herde trägt nicht jedes Schaf einen besonderen Namen. Aber diese Beschränkung ist hier verboten durch den zugrunde liegenden theologischen Sinn: Jesus kennt jeden der Seinen; jeder von ihnen steht in einem direkten Verhältnis zu ihm (s. z. V. 6). Τὰ ἴδια = „seine" (vgl. V. 12); eine Unterscheidung von Schafen anderer Besitzer in derselben Herde ist nicht beabsichtigt. – Pollux I 250 erklärt ποιμαίνειν mit ἐπὶ νόμας ἐξάγειν.

■ **4** ἐξέβαλε: βάλλω samt Komposita ist in der Koine abgeschwächt (5,7; 18,11; vgl. Jak 2,25): „herauslassen", „herausbringen". Die Wiederholung von ἴδια zeigt, daß ein gewisser Ton darauf liegt: die enge Verbundenheit des Hirten mit „seinen" Schafen wird damit angedeutet. Ein Vorausziehen des Hirten setzt schon Ps 80,2 voraus. Daß ihm die Schafe folgen, weil sie seine Stimme kennen, zeigt ihr Vertrauen zu ihm.

■ **5** *Es folgt* das Gegenbild: einem Fremden, also nicht Vertrauten, werden sie keineswegs folgen, weil ihnen die Stimme dieses Mannes fremd ist. Daß Jesus aus der Sicht des Erzählers mit alledem durchaus nicht nur eine zu seiner Situation belanglose Geschichte aus dem Hirtenleben erzählt hat, deutet

■ **6** an: Jesus hat eine παροιμία gesprochen, nach 16,25.29 eine Rätselrede mit einem verborgenen Sinn. Dem entspricht die Erklärung von παροιμία durch Suidas mit λόγος ἀποκρυφός der – nach Jesus Sirach 47,17 (39,3) eine ἑρμενεία benötigt (vgl. auch den Eingang des Thomasevangeliums). Johannes gibt aber diesen verborgenen Sinn nicht an, sondern berichtet nur, daß Jesu Hörer dieses Rätselwort nicht verstanden. Daß er bei dem Hirten an Jesus gedacht hat, ist nach dem Folgenden sicher. Aber damit ist es noch nicht erlaubt oder sogar gefordert, die andern Gestalten sämtlich allegorisch auszulegen, z. B. ὁ θυρωρός = Moses (so Chrysostomus) oder = der Täufer (so noch *Zahn* 450) oder gar = Gott (so *Schlatter* 234). Immerhin wird der Gegensatz des rechten Hirten und der Diebe und Räuber, der sich in ihrem Verhalten zu den Schafen zeigt, für die Leser der Schlüssel zum Text gewesen sein. Da für sie ohne Zweifel Jesus der rechte Hirt war, bleibt die Frage, was als seine Herde verstanden wurde. Das vierte Evangelium kennt keine verfaßte Gemeinde mit kirchlichen Ämtern, auch wenn das *Käsemann,* Wille 65f., unglaubhaft vorkommt. Die Gemeinde, für die er sein Evangelium verfaßt hat, ist eine Gruppe von Pneumatikern, und so stellt sich ihm auch die judenchristliche Gemeinde der Frühzeit dar, obwohl er von der Existenz der Zwölf weiß.

■ **7** ist deutlich vom Vorhergehenden abgesetzt. Mit ,,wahrlich usw.'' wird wieder ein bedeutsames Jesuswort eingeleitet. Fast alle Handschriften bieten einen Text, nach dem sich Jesus als ,,die Tür'' der Schafe (= zu den Schafen) bezeichnet. Nur sa las ποιμήν statt θύρα. Das hielt man für eine vereinzelte Korrektur. Jetzt bezeugt P 75 dieselbe Lesart. Man beurteilt sie trotzdem als die leichtere und damit spätere Lesart, zumal sie durch V. 9 gedeckt sei. Aber beides ist fraglich. V. 8 verlangt, daß unmittelbar von Jesus als dem Hirten und nicht als von der Tür die Rede war. Daß trotzdem fast alle Handschriften θύρα lesen, dürfte daher kommen, daß man in der Ausdeutung von V. 1 Jesus als die Tür in dem Sinne beschrieb, daß man nur durch ihn in die Gemeinde hineinkommt. Jesus ist der Hirt der Schafe, von dem sie alles zum Leben Nötige bekommen, der sie schützt, leitet und pflegt.

■ **8** nennt im Gegensatz dazu alle, die vor ihm (waren), ,,Diebe und Räuber''. *Bultmann* 286 denkt dabei an gnostische Erlösergestalten. Aber was hätten solche in der Auseinandersetzung mit der jüdischen Gemeinde zu suchen? Auch an die alttestamentlichen Propheten kann der Text nicht denken; ihre Worte gehören ja der ,,Schrift'' an, auf die bisweilen verwiesen wird. Also scheinen als Gegenfiguren nur die jüdischen Regenten bis hin zu den Hohenpriestern und Pharisäern in Frage zu kommen, deren Regiment freilich für den Evangelisten der Vergangenheit angehört, soweit sie als jerusalemische Behörde auftreten. Die Auslegung der folgenden Verse muß zeigen, ob sich diese Deutung bewährt. Schwierig ist freilich schon die Aussage, daß die Schafe diesen Männern nicht gefolgt sind. *Bauer* 140 erinnert an das gnostische Baruchbuch, wo Baruch, der göttliche Gesandte, zum zwölfjährigen Jesus sagte: ,,Alle Propheten vor dir wurden verführt, Falsches zu sagen" (Hippol. V. 26,29 p. 131; vgl. *Haenchen*, Das Buch Baruch, 304f.). Nach *Bultmann* 286 stellt sich der Offenbarer ,,in diesem Worte allen angeblichen Offenbarern früherer Zeiten gegenüber als der Einzige". Aber die ,,Ich-bin"-Worte sagen nicht ,,Ich und kein anderer ist es" (scil. der Offenbarer), obwohl man die verwirrte Stelle 10,7–9 so deuten könnte. Auch wenn sich Jesus den rechten Hirten nennt, dann ist er es, weil ihn der Vater kennt und deshalb liebt, weil er sein Leben hingibt. Es ist die ϑύρα des Vaters, die hinter Jesu Hirtenhandeln steht (10,18). Man rechnet in der modernen Auslegung mit falschen Messiassen, von denen sich die Gemeinde nicht verführen ließ. Aber solche *Pseudochristoi* lassen sich vor Jesus eben nicht wirklich nachweisen; sie werden vielmehr sonst nur als Gestalten der kommenden Endzeit gedacht.

■ **9** zeigt deutlich, daß hier Christus als die Tür verstanden wird, durch welche die Seinen Rettung (im Gericht) und (ewige) Weide finden. Wenn man den Vers als eine mißverstehende und falsch deutende Glosse streicht, ergibt sich ein guter Zusammenhang mit dem (korrigierten) V. 7f. – Es besteht aber auch die Möglichkeit, den gesamten Abschnitt V. 7–10 eben nicht, wie noch *Bauer* 139, als ursprünglichen Bestandteil des Evangeliums aufzufassen: es kann sich um eine frühe Glosse handeln, die durch V. 1 (,,Wer nicht durch die Tür eingeht . . .") veranlaßt wurde. Das wird in diesem Vers ja besonders deutlich: ,,Wer durch ihn eingeht, wird gerettet werden" – hier wird Jesus als die Tür zu den Schafen aufgefaßt.

■ **10** spricht nämlich nun von den Dieben und Räubern, welche die Herde nur ausnützen wollen und also von ihr, nicht für sie leben. Das paßt nicht auf gnostische Erlöser und auch nicht auf die *Pseudochristoi*. Allerdings wird sonst die jüdische Obrigkeit nicht mit diesen Farben gemalt, und ihr Verhältnis zu den Christen war nicht derart, daß diese als ihre Herde bezeichnet werden konnte.

■ **11–13** sind eine deutlich abgesetzte Einheit. Sie beginnen mit den Worten: ,,Ich bin der rechte Hirt." Das wird sogleich erläutert: der rechte Hirt opfert sich für die Schafe. Sein Gegenbild ist hier nicht der Dieb und Räuber – es wäre absurd, hier von ihm zu sprechen –, sondern der ,,Mietling". Ihm gehören die Schafe nicht, und darum setzt er sich auch nicht für sie ein. Veranschaulicht wird das am Fall, daß die Herde durch den Wolf bedroht wird: der Mietling sieht ihn kommen und flieht. Ob das die Regel war, ist eine Frage für sich; hat nicht ein Schäfer auch Hunde bei sich, so daß der ,,Mietling" gar nicht so ernsthaft bedroht ist? Aber angenommen, er flieht, dann richtet der Wolf ein Blutbad an und zerstreut die Herde, soweit sich die Tiere vor dem Wolf retten. Es fragt sich, ob wir hier eine bildhafte Veranschaulichung dessen haben, wie sich der rechte Hirt benimmt. Es könnte ja auch sein, daß der Verfasser dieser Verse an eine Situation der Gemeinde denkt, die von einer drohenden Verfolgung gefährdet ist. Dann wäre der rechte Hirt der Vorsteher, der sich in der Stunde der Gefahr nicht rettet und die Gemeinde führerlos den Feinden überläßt, während der ,,Mietling" sich hier dadurch als solcher erweist, daß er sich aus dem Staube macht. Diese in Krisenzeiten gemachte Erfahrung könnte nun, wenn sie dem Bild zugrunde liegt, dazu dienen, daß sie Jesus als den rechten Hirten darzustellen erlaubt. Dieses Thema vom Tod des Hirten wird am Schluß von V. 15 wieder kurz aufgenommen, in V. 17f. aber abschließend behandelt. Dazwischen drängen sich aber andere Gedanken ein.

■ **14f.** – abgesehen vom Schluß von V. 15 – erläutern die Behauptung, daß Jesus der rechte Hirt ist, mit der Feststellung, daß er die Seinen kennt und sie ihn und sich damit zwischen ihnen das Verhältnis von Vater und Sohn wiederholt. ,,Kennen" ist hier natürlich mehr als eine intellektuelle Kenntnisnahme: es besteht in einer (wechselseitigen) Gemeinschaft. Einander kennen heißt nicht eine Bekanntschaft haben, sondern lebendig verbunden sein.

■ **16** fügt dem noch hinzu, daß die Herde, von der bisher gesprochen war, noch durch weitere Schafe vergrößert werden wird, die Jesus ebenfalls als Hirt führen wird, so daß schließlich eine Herde und ein Hirt vorhanden sein wird. Hier wird anscheinend auf verschiedene Gruppen von Christen angespielt. Am ehesten bietet sich die Unterscheidung zwischen der judenchristlichen Gemeinde, deren Hirt Jesus von Anfang an gewesen ist, und der heidenchristlichen an, die er – von seinem Erdenleben aus erst in der Zukunft – zu seiner Herde machen wird, so daß der Unterschied zwischen beiden verschwindet. Oder man könnte denken, daß die Heidenchristen nur als potentielle Christen bezeichnet werden, die aber auch zur endgültigen Gemeinde hinzugehören werden. Wir hätten dann hier so etwas wie ein Gegenstück zu der Griechenszene von 12,20–36 (s. dazu). Hier wird nun die Aussicht auf die Gewinnung der ,,Griechen" verbunden mit dem Gedanken an den Tod Jesu: erst sterbend wird sein Leben fruchtbar, erst Ostern bringt die große Gemeinde.

■ **17f.** Es fragt sich nun, ob die hier folgende Erwähnung der Lebenshingabe keinen Bruch mit dem Vorhergehenden bringt, sondern innerlich damit verbunden ist. Man fragt sich zuerst, wie λάβειν zu übersetzen ist: heißt es ,,nehmen" oder ,,bekommen", ,,empfangen"? Weswegen liebt ihn der Vater? Weil er sein Leben hingibt – aber nicht als ein endgültiges Sterben: auf diesen Tod folgt die Auferstehung? Ist sie nun die eigene Tat Jesu, so daß er sich selbst das Leben wiedergibt? Wahrscheinlich handelt es sich darum zu zeigen, daß Jesu Tod seine eigene freie Tat war. Aber dabei kann es nicht bleiben, denn dann wäre das Ende eben doch, daß Jesus tot ist, und der Tod hätte gesiegt. Also muß Jesus, wenn er nicht zur Beute des Todes werden soll, diesen überwinden, indem er – wieder durch seine eigene freie Tat – aufersteht. Damit scheint nun allerdings die Freiheit Jesu die des Vaters überflüssig zu machen. Darum wird V. 18 am Schluß noch hinzugefügt, daß Jesus mit Tod und Auferstehung das Gebot des Vaters erfüllt. Wie sich seine Freiheit und die des Vaters eigentlich verhalten, wird in V. 29 ausgeführt werden. – Rätselhaft ist in V. 18 der Aorist ἦρεν, den P 45 B אᕁ syP bezeugen. P 66 liest αἴρει; P 75 hat eine Lücke. Man kann den Aorist auf die bereits zurückliegenden Versuche beziehen, Jesus zu töten; aber der Zusammenhang spricht nicht dafür. Vielmehr spricht Jesus, wie im folgenden τίθημι, von dem Augenblick, da er stirbt.

■ **19–21** Wieder einmal bricht ein Zwist unter den Juden angesichts des Selbstzeugnisses Jesu aus. Der Schriftsteller zeigt damit die beiden Möglichkeiten, die sich angesichts dieses Zeugnisses Jesu (und seiner Gemeinde) ergeben: die einen erklären ihn für besessen; die andern machen demgegenüber geltend, daß ein Besessener (oder dessen „Geist") nicht die Augen eines Blinden öffnen kann. Also der Hinweis auf das Wunder ist es, der das menschlich Unbegreifliche doch nicht ganz unmöglich erscheinen läßt.

■ **22** eröffnet einen neuen Abschnitt, der erst mit V. 39 endet. Die Zeitangabe „Tempelweihfest" und „Winter" hebt ihn deutlich vom Vorhergehenden ab.

■ **23** gibt mit der Erwähnung der „Halle Salomos" (vgl. Apg 3,11; 5,12) etwas Lokalkolorit. Möglicherweise stellt sie sich der Evangelist als eine geschlossene Halle vor, in der sich Jesus wegen des Winters umhergehend aufhält.

■ **24** läßt die Juden die das Folgende beherrschende Frage stellen: Ist Jesus nun der Christus oder nicht? Die Juden wollen hier, daß Jesus offen (= παρρησία) heraussagt (vgl. 11,14), ob er der Christus ist. Der Evangelist weiß zwar, daß Christus wie Messias „der Gesalbte" meint. Er verwendet aber den Messiasbegriff nicht; für ihn geht es nur noch darum, ob Jesus der Christus ist. Allein die christliche Bezeichnung kommt für ihn noch in Frage. Daß diese Frage für die Juden immer noch quälend offen ist, zeigt schon ihren Unglauben. *Bultmanns* 275 Überlegung, daß diese Frage eine Antwort verlangt, die sie der Entscheidung enthebt, und daß sich Jesus nun durch eine „indirekte Mitteilung" offenbaren könne, scheint nicht dem Denken des Evangelisten zu entsprechen. Jesus sagt der Samariterin (4,26), daß er der Messias ist (und dabei ist sie bis dahin noch gar nicht als gläubig dargestellt) und 9,37 offenbart er sich dem geheilten Blinden als der Menschensohn. Aber es gibt auch andere Stellen, wo Jesus den messianischen Anspruch erhebt und von manchen Juden auch so verstanden wird wie z. B. in 7,41a.

■ **25–30** Der Evangelist wollte im vorangegangenen Vers einmal die Verblendung der Juden darstellen, die immer noch nicht bereit zum Glauben sind, und eben damit zugleich die Möglichkeit für eine neue Rede Jesu schaffen, die sein Verhältnis zum Vater erläutert. Dem εἶπον, dem Imperativ, entspricht der lautlich gleiche Aorist εἶπον – ein Wortspiel, das wir im Deutschen nicht genau nachbilden können. Es fragt sich, ob man mit *Hirsch,* Stu-

dien 84f., den Hinweis auf die Werke in V. 25 streichen darf, so daß sich ein
Sinn ergeben würde: „ihr glaubt nicht, weil ihr nicht zu meinen Schafen gehört" (V. 26). Auf keinen Fall sollte man aber die Aussage „und ich gebe ihnen ewiges Leben" (V. 28) entfernen, und erst recht nicht den V. 29. Vielmehr ist die Folge von V. 28 und 29 besonders wichtig. Nachdem Jesus zuerst gesagt hat: „und niemand soll sie" – die ihm gegebenen Schafe – „aus
meiner Hand rauben", fährt er fort, indem er dieselbe Aussage für die Person
Gottes macht: „Der Vater, der (sie) mir gegeben hat, ist größer als alle"
(oder: „alles") „und niemand kann sie aus der Hand des Vaters rauben." Das
ist genau die Voraussetzung, aus der V. 30 verstanden werden kann: „Ich
und der Vater, wir sind eins." Jesus und der Vater sind nicht eine einzige Person – das würde εἷς erfordern –, sondern eins, so daß Jesus eben das tut, was
Gott tut. Johannes vertritt eine ausgesprochen subordinatianische Christologie. Aber gerade weil Jesus sich alles eigene Sprechen und Wirken versagt,
um sich völlig dem Willen des Vaters hinzugeben, kann der Glaubende in
ihm den Vater sehen. Obwohl der Vater größer ist als der Sohn (Joh 14,28),
kann Jesus deshalb (10,30) sagen: „Ich und der Vater sind eins" (natürlich gerade nicht: einer).

■ **31** „Natürlich" mißverstehen die Juden das wieder als Lästerung: Jesus,
der Mensch, mache sich zu Gott. Das ist für die Juden eine Gotteslästerung,
die sie mit dem Versuch einer Steinigung beantworten.

■ **32** Jesus verteidigt sich: Will man ihn wegen seiner guten Werke steinigen, die ihm sein Vater gab?

■ **33** Die Juden sagen: Nein! Aber weil er sich zu Gott macht.

■ **34–38** Die Antwort Jesu auf diese Anklage weicht von allem bisher Gesagten ab. Ps 82,6 wird zitiert als Zeugnis dafür, daß Gott schon Menschen
„Götter" genannt hat. Wenn das nun in „eurem" Gesetz steht und dieses
Gesetz nicht aufgelöst werden kann, wie können die Juden dann den, welchen Gott in die Welt gesandt hat, einen Lästerer nennen, weil er gesagt hat:
„Ich bin Gottes Sohn"? Hier wird also vorausgesetzt, daß Jesus diese Aussage getan hat; das muß also in den Augen des Verfassers der Sinn von V. 30
gewesen sein. Also soll man wenigstens seinen Werken glauben und damit
erkennen, daß in ihm der Vater ist und er im Vater. Das ist offensichtlich
wieder eine neue Form der bisherigen Aussagen „Ich bin Gottes Sohn" und
„Ich und der Vater sind eins".

■ **39** Die Folge dieser neuen Aussage ist freilich ein neues Mißverstehen
der Juden, die Jesus wiederum ergreifen wollen. Wie er ihrer Hand entgeht,
wird nicht ausgeführt. Dafür erfahren wir in

■ **40f.,** daß Jesus fortgeht an den Ort jenseits des Jordans, wo Johannes zuerst getauft hat, und dort bleibt. Weiter heißt es, daß hier viele an ihn gläubig
werden, weil sich die Aussagen des Täufers über ihn als wahr erwiesen haben. In den Augen des Evangelisten dürfte das freilich kein wahrer Glaube
sein.

■ **42** Wichtiger aber dürfte es für den Evangelisten sein, daß er jetzt Jesus in solcher Entfernung von dem Ort wußte, wo die folgende Geschichte spielte, daß Jesus gar nicht unmittelbar bei dem kranken Lazarus eintreffen konnte. Allerdings braucht die jetzige Form der Geschichte einen solchen räumlichen Abstand nicht mehr, da sie Jesus einfach warten läßt, bis Lazarus gestorben ist. Damit ist die Voraussetzung für das große Wunder gegeben.

● Kap. 10 überbietet die anderen Redestücke noch an Schwierigkeit. So ist dieses Kapitel in P 66 und 75 nicht von Kap. 9 abgesetzt. Eine Trennung von Kap. 9 kann zwei Gründe anführen: 1. ein neues Thema beginnt mit 10,1 (wenn auch die Blindenheilung 10,21 noch einmal erwähnt ist), nämlich das Hirtenmotiv: 10,2.(7). 11.(12).14. 10,22–39 handelt von der Frage, ob Jesus der Christus ist; seine Gegner sind die Juden. Der 2. Grund: mit dem doppelten Amen beginnt ein neuer Abschnitt. Andererseits bleibt undeutlich, wer in 10,1–21 als Gegner vorausgesetzt wird. Für *Hirsch,* Evangelium 254, sind es die Gesetzeslehrer. ,,Daß Jesus die Seinen aus der Knechtschaft des Gesetzes in die Freiheit des Evangeliums führt, das ist die tiefere Bedeutung des Sinnspruches.“ Aber diese Deutung mit Hilfe paulinischer Gedanken ist unberechtigt. *Bultmann* 249 hat zu Unrecht eine ,,Lichtrede“ nach Kap. 9 vorausgesetzt und rekonstruiert sie aus 8,12; 12,44–50; 8,21–29. *Barrett* 304f., der auch hier nichts von Umstellungen wissen will, gesteht, daß man in diesem Kapitel nur schwer einen einheitlichen Gedankengang finden kann, der Kap. 9 eher erläutere als fortsetze. Mit den Mietlingen seien die Pharisäer gemeint, die den Blinden ausgestoßen haben, anstatt für ihn zu sorgen. Auch *Strathmann* 157ff. behauptet, daß 9,40f. die Einleitung zu Kap. 10 bildet: die Hirtenrede sei an die Pharisäer gerichtet. Aber er muß eingestehen, ,,daß die Hirtenrede mit der Schärfe ihres Angriffs, der doch die unmißverständliche Bezeichnung der Gemeinten vermeidet, und der exklusiven Schroffheit ihres Anspruchs, der doch der greifbaren Präzision ermangelt, mit ihren fortgesetzten Bildverschiebungen und Gedankensprüngen, mit der rätselhaften Kürze ihrer Andeutungen in der Tat etwas Verwirrendes hat“ (161f.). *Bauer* 142 räumt zwar ein, daß 10,21b Kap. 9 und 10 verbindet, aber dieser Vers könne auch ein Zusatz sein. Man müsse die Deutung von Kap. 10 auf die Pharisäer preisgeben. *Bauer* 143 ist ,,fast“ bereit anzunehmen, ,,daß der Evangelist hier allerlei fremde Bilder und Begriffe übernommen hat ohne die Kraft, sie zu einer Einheit zusammenzuschmelzen“. Angesichts dieser Schwierigkeiten des Textes verwundert es nicht, daß sich *Bultmann* 272–274 durch erhebliche Umstellungen zu helfen sucht. Er vermutet, der Evangelist habe wieder die Offenbarungsreden benutzt, in denen 10,11–13. 1–5.8.10. 14–15a, 27–30 aufeinanderfolgten (274), läßt es aber offen, ob diese Quellenstücke auch schon durch Erklärungen des Evangelisten erweitert seien. Aus der Quelle habe der Evangelist den folgenden Komplex geschaffen: 10,22–26. 11–13. 1–10. 14–18. 27–39. Dieser ganze Komplex habe sich an 12,36b; 10,19–21 angeschlossen – denn diese Verse setzten eine längere Diskussion voraus. Dabei meint *Bultmann* wieder aus dem Stil die

Offenbarungsquelle erkennen zu können, und läßt es unerklärt, wie deren
Verarbeitung durch den Evangelisten zu ihrer heutigen Form gekommen ist.
Uns scheint diese doppelte Rekonstruktion – der angeblichen Offenba-
rungsquelle und ihrer Verarbeitung durch den Evangelisten – nicht haltbar.
Die Versetzung so kleiner Abschnitte läßt sich weder unter Voraussetzung
eines Kodex noch einer Rolle verstehen. Kap. 10 – mit dem Generalthema
„der (rechte) Hirt" – behandelt schon Jesu Verhältnis zu den Seinen. Es ist
locker in zwei Teile gegliedert: V. 1–21 und V. 22–42; V. 40–42 leiten zu
Kap. 11 über. Nur der zweite Teil besitzt eine Situationsangabe. Der erste
Teil ist durch V. 21b mit Kap. 9 verbunden: 10,1–21 erläutern die Rolle
(s. o. *Barrett*), die Jesus in Kap. 9 gespielt hat.

 Bei der Auslegung hat sich gezeigt, daß der Text noch manche Fußangel
für den Forscher bereithält. Daß die Schilderung realistisch sei, kann man –
obwohl einmal (10,23) die Halle Salomos erwähnt wird – keineswegs sagen.
Die Dunkelheit des Textes hat z. T. darin ihren Grund, daß der Evangelist
Jesus zu den Juden auf eine Weise sprechen läßt, die wohl seine Leser, nicht
aber die im Text vorausgesetzten Hörer verstehen konnten. Manches deutet
darauf hin, daß man schon frühzeitig nicht mehr mit dem Text zurechtge-
kommen ist und hier und da nicht vor Textänderungen zurückscheute. V. 8
setzt sich z. B. in V. 10 fort. V. 11–13 ist zwar eine gut geschlossene Einheit.
Aber sie scheint doch Jesus als Vorbild des rechten Gemeindeleiters zu beschreiben. V. 14 nimmt V. 4 wieder auf, V. 15 schließt gut an. Dagegen
bringt V. 16 einen neuen Gedanken, nämlich den der aus Judenchristen und
Heidenchristen bestehenden Kirche, der keineswegs johanneisch ist. Hier
sind die Schafe, die bisher die Erwählten waren, zu den Judenchristen geworden, die dem Evangelisten herzlich gleichgültig sind. Da V. 17 an V. 15
anschließt, wird man V. 16 mit *Hirsch* dem Redaktor zuschreiben dürfen.
M. a. W.: der Text in Kap. 10 spiegelt ebenfalls Verhältnisse zwischen der
christlichen und der jüdischen Gemeinde wider, wie sie sich gegen Ende des
ersten Jahrhunderts herausgebildet haben dürften.

   Polemik und Christologie gehen engverbunden nebeneinander her. Wenn
man sich auf Grund von V. 17f. fragt, wie Johannes selbst über die Auferstehung gedacht hat und warum er nicht auf die Benutzung der ihm jedenfalls in
dieser Form beschwerlichen Ostergeschichten verzichtet hat, dann wird
man zweierlei sagen dürfen: 1. Johannes selbst hat vom Kommen des Geistes, des Parakleten, und Jesu Wiederkehr im gleichen Sinne gesprochen.
Seine eigene Christologie hatte ihren Grund in der Verbindung der Tradition
vom Erdenleben Jesu mit der Erfahrung des Geistes, der den Glauben an den
Vater und dessen Gesandten Jesus Christus in sich schließt. Johannes ist nicht
der Meinung gewesen, daß Jesus im Tod geblieben sei und nur im Kerygma
der Jünger – womöglich von einem bloßen „Daß" – weitergelebt habe. Er ist
– man denke an Stellen wie 10,18 oder 17,5 – davon überzeugt gewesen, daß
nun das mit „Der Logos wurde Mensch" beschriebene Herabkommen Jesu

vom Vater in einem entsprechenden Hinaufgehen zum Vater sein Gegenstück bekommen hat.

## 26. Die Auferweckung des Lazarus

¹Es war aber jemand krank, Lazarus von Bethanien, aus dem Dorf der Maria und Martha, ihrer Schwester. ²Es war aber Maria, die den Herrn mit Öl gesalbt und seine Füße mit ihren Haaren abgewischt hatte; deren Bruder Lazarus war krank. ³Es sandten nun die Schwestern zu ihm die Botschaft: „Herr, er, den du liebst, ist krank." ⁴Als Jesus es aber hörte, sagte er: „Diese Krankheit ist nicht zum Tode, sondern zur Verherrlichung Gottes, damit der Sohn Gottes durch sie verherrlicht werde!" ⁵Es liebte aber Jesus die Martha und ihre Schwester und den Lazarus. ⁶Als er nun hörte, daß er krank sei, da blieb er noch an dem Ort, wo er war, zwei Tage. ⁷Dann sagte er zu den Jüngern: „Wir wollen wieder nach Judäa gehen." ⁸Sagen zu ihm die Jünger: „Rabbi, gerade erst wollten dich die Juden steinigen, und du willst wieder dorthin gehen?" ⁹Jesus antwortete: „Hat der Tag nicht zwölf Stunden? Wenn jemand am Tage wandert, stößt er nicht an; denn er sieht das Licht dieser Welt; ¹⁰wenn er aber bei Nacht wandert, stößt er an, weil das Licht nicht in ihm ist." ¹¹Das sagte er, und danach spricht er zu ihnen: „Lazarus, unser Freund, ist eingeschlafen; aber ich gehe, um ihn aufzuwecken." ¹²Da sagten die Jünger zu ihm: „Wenn er eingeschlafen ist, wird er gesund werden." ¹³Jesus aber hatte von seinem Tod gesprochen; jene aber meinten, er spreche von der Ruhe des Schlafes. ¹⁴Da nun sagte ihnen Jesus offen: „Lazarus ist gestorben, ¹⁵und ich freue mich um euretwillen, damit ihr zum Glauben kommt, daß ich nicht dort war; aber laßt uns zu ihm gehen!" ¹⁶Da sprach Thomas, genannt Zwilling, zu seinen Mitjüngern: „Gehen auch wir, um mit ihm zu sterben!" ¹⁷Als nun Jesus ankam, fand er ihn schon vier Tage im Grabe liegend. ¹⁸Bethanien aber war nahe bei Jerusalem, ungefähr fünfzehn Stadien. ¹⁹Es waren aber viele von den Juden zu Martha und Maria gekommen, um sie über ihren Bruder zu trösten. ²⁰Als Martha nun hörte: Jesus kommt!, ging sie ihm entgegen; Maria aber saß im Hause. ²¹Da sprach Martha zu Jesus: „Herr wärst du hier gewesen, mein Bruder wäre nicht gestorben! ²²Und nun weiß ich, was du auch von Gott erbittest, wird dir Gott geben." ²³Spricht zu ihr Jesus: „Dein Bruder wird auferstehen!" ²⁴Spricht zu ihm Martha: „Ich weiß, daß er auferstehen wird am jüngsten Tage bei der Auferstehung." ²⁵Sprach zu ihr Jesus: „Ich bin die Auferstehung und das Leben; wer an mich glaubt, wird leben, auch wenn er stirbt, ²⁶und jeder, der im Glauben an mich lebt, wird in

Ewigkeit nicht sterben. Glaubst du das?" [27]Sie sagt zu ihm: „Ja, Herr, ich habe den Glauben erfaßt, daß du der Christus bist, der Sohn Gottes, der in die Welt kommt." [28]Und nach diesen Worten ging sie fort und rief ihre Schwester Maria und sagte ihr heimlich: „Der Meister ist da und ruft dich!" [29]Als aber jene es hörte, sprang sie auf und ging zu ihm. [30]Jesus aber war noch nicht in das Dorf gekommen, sondern befand sich noch an der Stelle, wo ihm Martha begegnet war. [31]Wie nun die Juden, die bei ihr im Hause waren und sie trösteten, sahen, daß Maria schnell aufstand und hinausging, folgten sie ihr in der Meinung, sie gehe zum Grab, um dort zu weinen. [32]Als nun Maria dorthin kam, wo Jesus war, sah sie ihn und fiel ihm zu Füßen und sagte zu ihm: „Herr, wärst du hier gewesen, mein Bruder wäre nicht gestorben!" [33]Als nun Jesus sah, daß sie weinte und daß die mit ihr gekommenen Juden weinten, ergrimmte er im Geiste und erregte sich [34]und sprach: „Wohin habt ihr ihn gelegt?" Sie sagten zu ihm: „Herr, komm und sieh!" [35]Jesus weinte. [36]Da sagten die Juden: „Siehe, wie er ihn lieb hatte!" [37]Einige aber von ihnen sagten: „Konnte nicht dieser, der die Augen des Blinden geöffnet hat, bewirken, daß auch dieser nicht starb?" [38]Jesus ergrimmte wieder in sich und ging zum Grabe. Es war aber eine Höhle, und ein Stein war davor gelegt. [39]Jesus aber sprach: „Nehmt den Stein fort!" Es sprach zu ihm die Schwester des Verstorbenen, Martha: „Herr, er riecht schon; denn es ist der vierte Tag." [40]Jesus sagte zu ihr: „Habe ich dir nicht gesagt: Wenn du glaubst, wirst du die Herrlichkeit Gottes sehen?" [41]Da nahmen sie den Stein fort. Jesus aber hob die Augen auf und sprach: „Vater, ich danke dir, daß du mich erhört hast. [42]Ich aber wußte, daß du mich immer erhörst. Aber wegen der umherstehenden Menge sagte ich, damit sie glauben, daß du mich gesandt hast!" [43]Und als er das gesagt hatte, rief er mit lauter Stimme: „Lazarus, komm heraus!" [44]Der Tote kam heraus, Füße und Hände mit Binden umwickelt, und sein Gesicht war mit einem Schweißtuch bedeckt. Jesus sprach zu ihnen: „Macht ihn los und laßt ihn gehen!"

**Literatur:**

*Bailey, J. A.*, The Tradition Common to the Gospels of Luke and John, Leiden 1963.

*Bleek, F.*, Auslassung der Auferweckung des Lazarus bei den Synoptikern, in: ders., Beiträge, 1846, 100f.

*Bonner, C.*, Traces of Thaumaturgic Technique in the Miracles, HThR 20 (1927) 171–181.

*Brodie, L. T.*, Creative Rewriting: A Key to a New Methodology, SBL. SP 1978. 2, 261–267.

*Cadman, W. H.*, The Raising of Lazarus, StEv I (1959) 423–434.

*Dunkerley, R.*, Lazarus, NTS 5 (1958/59) 321–327.

*Eckhardt, K. A.*, Der Tod des Johannes, Berlin 1961, bes. 17–20.

*Grossouw, W. K.*, „Ich bin die Auferstehung und das Leben." Glaubst Du das?, Schrift 9 (1970) 98–102.

*Feuillet, A.*, Études Johanniques, 1962, bes. 130–151.

*Gumlich, F.*, Die Räthsel der Erweckung Lazari, ThStKr 35 (1862) 65–110. 248–336.

*Heise, J.*, „Menein" in den johanneischen Schriften, Tübingen 1967.

*Holtzmann, H. J.*, Das schriftstellerische Verhältnis des Johannes zu den Synoptikern, ZWTh 12 (1869) 62–85. 155–178. 446–456.

*Junker, H.*, Die Auferstehung und das ewige Leben, EvErz 16 (1964) 330–333.

*Kopp, C.*, Die Heiligen Stätten der Evangelien, Regensburg 1959.

*Leroy, H.*, Rätsel und Mißverständnis. Ein Beitrag zur Formgeschichte des Johannesevangeliums, Bonn 1968, bes. 5f. 183–185.

*Lewis, F. W.*, A Certain Village, not Bethany, ET 32 (1920/21), 330.

*Martin, J. P.*, History and Eschatology in the Lazarus-Narrative, SJTh 17 (1964) 332–343.

*McNeil, B.*, The Raising of Lazarus, DR 92 (1974) 269–275.

*Merli, D.*, Lo scopo della resurrezione dio Lazzaro, BeO 12 (1970) 59–82.

*Michiels, R.*, De opwekking van Lazarus, CBG 21 (1975) 433–447.

*Osborne, B.*, A Folded Napkin in an Empty Tomb, HeyJ 14 (1973) 437–440.

*Preisker, H.*, Wundermächte und Wundermänner der hellenistisch-römischen Kultur und die Auferweckung des Lazarus in Joh 11, WZ (H). GS 6 (1952/53) 519–523.

*Reiser, W. E.*, The Case of the Tide Tomb: The Place of the Napkins of John 11,44 and 20,7, HeyJ 14 (1973) 47–57.

*Reuter, H. R.*, Wider die Krankheit zum Tode, in: FS. H. E. Tödt, Heidelberg 1978, 563ff.

*Romaniuk, K.*, „Je suis la Résurrection et la Vie", Conc. 60 (1970) 63–70; deutsch: Conc. 6 (1970) 702–707.

*Sabourin, L.*, Resurrectio Lazari, VD 46 (1968) 339–350.

*Sahlin, H.*, Lazarus-gestalten i Luk 16 och Joh 11, SEA 37/38 (1972/73) 167–174.

*Sanders, J. N.*, Those Whom Jesus Loved (Jn 11,5), NTS 1 (1954) 29–41.

*Sass, G.*, Die Auferstehung des Lazarus, Neukirchen-Vlyn 1967.

*Scognamiglio, A. R.*, La resurrezione di Lazzaro: un „segno" tra passato e presente, Nicolaus 5 (1977) 3–58.

*Schniewind, J.*, Die Parallelperikopen bei Lukas und Johannes, 1914, Neudruck Darmstadt ²1958.

*Stenger, W.*, Die Auferweckung des Lazarus. Vorlage und johanneische Redaktion, TThZ 83 (1974) 17–37.

*Thompson, L. M.*, The Multiple Uses of the Lazarus-Motif in Modern Literature, Christian Scholar's Review 7 (1978) 306ff.

*Trudinger, P.*, The Raising of Lazarus – A Brief Response, DR 94 (1976) 287–290.

*Ders.*, A „Lazarus Motif" in Primitive Christian Preaching, ANQ 7 (1966) 29–32.

*Wilcox, M.*, The „Prayer" of Jesus in John XI, 41b–42, NTS 24 (1978) 128–132.

*Wilkens, W.*, Die Erweckung des Lazarus, TZ 15 (1959) 22–39.

Ohne Verbindung mit dem Vorhergehenden setzt hier die letzte und größte Wundergeschichte des JE ein: Die Auferweckung des Lazarus. Auch die Synoptiker erzählen Auferstehungswunder: Die Tochter des Jairus (Mk 5,22–43) und der Jüngling von Nain (Lk 7,11–17). Aber ihnen gegenüber ist das Wunderhafte im JE 11,1–44 gesteigert. Denn gegenüber den synoptischen Erzählungen zeigt sie eine deutliche Steigerung des Wunderhaften: Lazarus liegt schon den vierten Tag – verwesend – im Grabe, als Jesus ihn auferweckt (11,39). Die Synoptiker haben diese Geschichte nicht gekannt; sie hätten sie sich als die größte aller Auferweckungsgeschichten nicht entgehen lassen. Die Personen der johanneischen Lazaruslegende kommen auch in den synoptischen Evangelien vor, aber in ganz anderen Zusammenhängen (s. die Gesamtbesprechung).

■ **1** *Wellhausen* 52f., *Schwartz* III 166, *Bauer* 148, *Hirsch,* Studien 87–90, *Bultmann* 300, *Fortna* 74–87, *Schnackenburg* II 396–445, *Brown* I 420–437 sind schon bei der Analyse von V. 1 auf besondere Schwierigkeiten gestoßen. Aber diese Aporien werden geringer, wenn man den Text nicht vor allem auf historische Auskünfte befragt. Dem Leser war diese Geschichte noch fremd. Der Erzähler – er ist nicht einfach mit dem Evangelisten identisch, wenn dieser ihm auch auf weiten Strecken wörtlich folgt – mußte ihm die Personen und ihre Lage erst vorstellen. Die Hauptperson ist natürlich Jesus selbst. Jedoch reagiert er – als Wundertäter – auf die ihm vorgetragenen Bitten. Der eigentliche Motor aber, der die ganze Handlung in Bewegung bringt und hält, ist die Krankheit des Lazarus, der nach seinem Wohnort Bethanien näher bestimmt wird – nach Joh 1,28 wäre es das „Bethanien jenseits des Jordan", östlich von Jericho, gewesen, nach der alten Überlieferung an der mittleren der drei Furte südlich der Allenby-Brücke gelegen (vgl. *Dalman*, Orte und Wege Jesu 257–268; *C. Kopp*, Die heiligen Stätten der Evangelien, Regensburg 1969, hält diese Lokalisierung ebenfalls für möglich). Als Schwerkranker – das Wort ἀσθενής wie ἀσθένεια V. 4 und ἀσθενέω V. 2f.6 meint hier eine schwere Krankheit – ist Lazarus auf die Hilfe anderer angewiesen, die in demselben Dorf wohnen. Es sind die Schwestern Maria und Martha.

■ **2** Maria ist – das benutzt der Erzähler – den Lesern und Hörern schon bekannt: hat sie doch den Herrn mit Myrrhenöl gesalbt und seine Füße mit ihrem Haar abgewischt. Weil das erst in 12,1–8 ausführlich erzählt wird, haben manche Ausleger den V. 2 für eine spätere redaktionelle Bemerkung gehalten (so *Schnackenburg* II 403). Aber der Erzähler hat die Eigenart, Personen, die durch eine besondere Tat in den Gemeinden bekannt sind, eben mit diesem Zuge bei ihrem ersten Auftreten vorzustellen. So wird Maria hier schon genannt, damit der Leser über sie informiert ist (vgl. zu Nikodemus: Joh 7,50; 19,39; zu Kaiaphas: 11,49f. und 18,14; zu dem Verräter Judas: 6,71; 12,4; 13,2; 18,2.3.5; zu dem „Jünger, den Jesus liebte": 13,23; 18,15f.; 19,26; 20,2.3.8; 21,20). V. 2 stimmt genau mit den Eingangsworten von V. 1 überein. Mit dem Ende von V. 2 ist so die erste kleine Untereinheit, V. 1f., in sich abgeschlossen; die Lage ist geschildert, aus der sich die weitere Handlung entwickelt.

■ **3** „Nun" – das für die Erzählungsstücke im JE typische οὖν kommt in der Lazarus-Perikope vierzehnmal vor – senden die Schwestern zu ihm (gemeint ist Jesus) die Botschaft (wörtlich: „sagend"). Ein Bote überbringt sie, ohne selbst erwähnt zu werden: „Herr, er den du lieb hast, ist krank!" Die Bitte (vgl. *Bultmann* 302) darin wird nur indirekt ausgesprochen. Sie ist demütig und kurz: „er, den du lieb hast" betont die enge Verbundenheit Jesu mit Lazarus; ausgesprochen hieße die Botschaft: „Lazarus ist krank. Du hast ihn doch lieb. Komm bald! Er ist sehr krank." Eine solche Bitte kann Jesus doch nicht abschlagen! Aber alles verläuft ganz anders.

■ **4** Als Jesus diese Botschaft vernimmt (der Bote verschwindet darauf sogleich, aber eine solche Kleinigkeit wird gar nicht erwähnt; Regieanweisungen gibt der Erzähler sehr selten), sagt Jesus (eigentlich dem Leser!) ein sehr merkwürdiges Wort: „Diese Krankheit hat nicht den Tod zum Ziel; sie dient der Verherrlichung Gottes, indem sein Sohn sie vollbringend Gott verherrlicht." Dieses Wort ist hintergründig: Die Krankheit wird nicht tödlich sein – aber dennoch wird Lazarus ganz tief in das Todesdunkel hinabsteigen müssen, bevor ihn Jesus auferweckt. Gottes Herrlichkeit besteht nicht darin, daß er dem Glaubenden das Schwere erspart, sondern daß sich gerade bei diesem Sich-Verweigern zeigt: Er vermag durch seinen Sohn auch das Unmögliche möglich zu machen.

■ **5** Äußerlich gesehen handelt Jesus lieblos. Die Schwestern hatten, wenn auch nur indirekt, um Jesu sofortiges Kommen gebeten. Damit rückt das Mißverständnis nahe: Jesus handelt, wenn er nicht kommt, lieblos. Damit der Leser Jesu seltsames Verhalten nicht mißversteht, hebt der Erzähler nachdrücklich hervor: Jesus liebte die Martha und ihre Schwester und den Lazarus. Was er ihnen durch sein Fernbleiben antat, mußte für alle drei unbegreiflich und entsetzlich sein. Der Erzähler weiß, daß auch der Leser schokkiert sein wird: Was soll diese unverständliche Härte? Deshalb versichert er: Jesus liebt alle drei. Daß Lazarus als Letzter genannt wird, soll Jesu Liebe zu ihm nicht verkleinern. Gerade dieses letzte Wort trägt den Ton, weil Jesu Verhalten Lazarus gegenüber am unbegreiflichsten ist. Beweisen kann der Erzähler an dieser Stelle Jesu Liebe nicht, sondern nur behaupten. – Wenn man das verallgemeinert, was hier von der Not der drei Geschwister erzählt wird, so offenbart sich ein Geheimnis, um das der Erzähler weiß: Gott erspart denen, die er liebt, das Schwere nicht. Er erwartet vielmehr, daß der Glaubende damit einverstanden ist, wenn er zur Ehre des aus dem Tode errettenden Gottes in diesen Tod hineingehen muß. Die wirkliche Liebe zu Gott schließt ein, daß der Glaubende willig Gott alles hingibt, ohne zu wissen, ob und wie er es wiederbekommt.

■ **6** beschreibt das sich schon lange andeutende befremdliche Verhalten Jesu: Er bleibt, als er die Botschaft gehört hat, ruhig zwei Tage an dem Ort, wo er sich befindet. B. *Weiß* 402 hat dieses Verhalten damit erklären wollen, daß Jesus auf einen Wink Gottes wartete. Er wußte lediglich, daß ihm Gott seine Wunderhilfe nicht versagen werde. ,,Daß er blieb, um den Lazarus erst sterben zu lassen, um ihn auferwecken zu können *(Bretschneider, Strauß, . . . Baur . . .), wird schon dadurch ausgeschlossen, daß nach V. 17 Lazarus jedenfalls bald, nachdem die Botschaft zu Jesus gelangte, gestorben sein muß.*" Das heißt doch: Auch wenn sich Jesus auf die über dreißig Kilometer lange Reise sofort aufgemacht hätte, wäre er dennoch zu spät gekommen. Aber das zweitägige Warten Jesu ist damit nicht einen Deut erklärt. Und daß Jesus solange auf einen Wink Gottes wartete, steht im Text auch nicht. Es verschiebt höchstens das Unbegreifliche auf Gott. Man kann freilich auf Joh 5,19b verweisen, wo Jesus sagt: Der Sohn kann nichts tun, was er nicht den Vater tun sieht. Aber wenn man das im Sinne der Weißschen Apologetik versteht, verkürzt man das Menschliche an Jesus und droht ihn zu einer bloßen Marionette zu machen. Dafür aber gibt unsere Stelle keinen Hinweis. Nein, die Verse 4.11 und 15 zeigen, daß Jesus sehr wohl kraft seines übernatürlichen Wissens weiß, sein Verweilen verwandelt eine bloße Krankenheilung in das unerhörte Wunder der Totenerweckung, das für den Erzähler den Glauben leichter macht.

■ **7** wird durch die Worte ,,dann, danach" von dem Vorhergehenden abgesetzt (vgl. die ähnliche Lage in Mk 2,5 und 10). Inhaltlich eröffnet der Vers einen neuen Abschnitt, der bis 11a reicht. Das Erstaunliche daran ist, daß zwar auch von einer Reise nach Judäa die Rede ist, aber Lazarus mit keinem Wort erwähnt wird. Nun kehrt das μετὰ τοῦτο in V. 11a wieder. Das könnte – darauf hat *Fortna* 78 aufmerksam gemacht – anzeigen, daß die V. 7–10 ein Einschub sind, der die V. 6 und 11 unterbricht. Dafür spricht auch der Inhalt. Jesus redet zu den Jüngern, die mit einemmal zur Stelle sind: ,,Wir wollen wieder nach Judäa gehen!" Vermutlich stellt der Erzähler sich vor, daß er in Peräa ist, an der alten Taufstelle des Johannes am Jordan; das war in 10,40, der letzten Ortangabe, erwähnt. Aber warum Jesus mit seinen Jüngern nach Judäa zurückkehren will, dafür gibt er keinen Grund an.

■ **8** Deshalb antworten die Jünger denn auch, es habe keinen Sinn, jetzt dorthin zurückzukehren, und sie begründen dieses Nein zu Jesu Vorschlag mit der Erfahrung, die Jesus vor nicht langer Zeit dort gemacht hat. Vielleicht sind dabei zwei Stellen zusammengeflossen, wenn sie sagen: ,,Meister" (hier reden sie ihn zum letztenmal im JE mit ῥαββί an), gerade erst haben dich die Juden steinigen wollen" (vgl. 8,59), und er hatte sich verborgen und das Heiligtum verlassen. Aber auch in 10,39 hatte sich wieder der Haß der Juden Luft gemacht: ,,da suchten ihn die Juden zu ergreifen". Jesus aber war ihren Händen entgangen. An diese beiden Ereignisse scheint der Erzähler zu denken. Was die Jünger gegen Jesu Vorschlag einwenden, ist also die Erfahrung, daß in Judäa die Gefahr auf ihn lauert. Was kann Jesus darauf antworten?

■ **9** Wie Orientalen es gern tun, so antwortet Jesus auf die Frage mit einer Frage: ,,Hat der Tag nicht zwölf Stunden?" Wir schreiben dem Tag 24 Stunden zu. Aber die Juden unterschieden zwei große und verschiedene Einheiten: Tag und Nacht. Der Tag hat zwölf Stunden; die andern gehören zur Nacht. Daß die Tagesstunden je nach der Jahreszeit etwas differieren, blieb unberücksichtigt. Auf diese Frage kann Jesus Zustimmung erwarten: es gibt zwölf helle, sonnenerleuchtete Stunden. Daran kann Johannes anknüpfen: wenn jemand am Tage wandert, dann stößt er nicht an – man denke an die damaligen Straßen in Palästina (abgesehen von den römischen Heerstraßen); es sind enge, steinige Pfade. Am Tage stößt man nicht an das Geröll an, das im Wege liegt; denn man sieht ,,das Licht dieser Welt". Wir würden heute anders formulieren: Wir sehen die Welt im Licht der Sonne. Schwieriger ist die Fortsetzung zu verstehen:

■ **10** ,,wenn aber einer nachts wandert, stößt er an; denn das Licht ist nicht in ihm". Dieser Text hat seit altersher den Auslegern Mühe gemacht; die Handschrift D bietet eine geschickte Konjektur, indem sie statt ἐν αὐτῷ liest ἐν αὐτῇ (scil. der Nacht). *Fortna* 78 gibt zu, daß die Rekonstruktion des Textes in diesem Jesuswort schwierig ist. Es gebe jedoch Anhaltspunkte: jedesmal, wenn der Evangelist die Quelle nach einer Interpolation wiederaufnehme, greife er zurück, wiederhole oder umschreibe einige Worte, die vor der Unterbrechung vorkamen, und mache gewöhnlich eine zeitlich verbindende Angabe. Es fragt sich jedoch, ob hier der Evangelist einen Einschub vorgenommen hat, oder ob eine ungeschickte Hand – die frühere Stelle 9,4 benutzend – für den Einschub verantwortlich ist. *Bultmann* 304 meint, hier sei ein Wort aus den Offenbarungsreden benutzt, das einfach lautete: Wer am Tag wandelt, stößt nicht an; wenn aber jemand nachts wandelt, stößt er an. Der Gedanke, daß Jesus die Zeit, da er auf Erden weilt, benutzen muß, um ein Wunder zu tun, scheint uns der Denkweise des Evangelisten wenig zu entsprechen. Auch hat sich die Hypothese einer Quelle von ,,Offenbarungsreden" nicht durchgesetzt, und außerdem mußte Bultmann den Text ändern, um ihn für seine Deutung passend zu machen. *B. Weiß* 403 erklärt: ,,Die bestimmt begrenzte Zahl der Stunden des natürlichen Tages . . . bezeichnet die einem von Gott zugemessene Zeit des Wirkens", wo Jesus nichts zustoßen konnte. Berufen kann man sich dafür auf die Worte ἦν δὲ νύξ in 13,30; sie bezeichnen ja die Stelle, wo Judas fortgegangen ist, um Jesus zu verraten. – Der Kern der Schwierigkeit scheint darin zu liegen, daß nur die Fragwürdigkeit einer Reise nach Judäa besprochen wird, ohne daß das Lazarus-Thema in V. 7–10 überhaupt erwähnt wird. Es kommt erst in V. 11 zur Sprache, nur durch die Worte μετὰ τοῦτο, die schon V. 7 gebracht hatte, sich äußerlich in den Zusammenhang einfügend. Kurz, der Argwohn bleibt, daß V. 7–10 eingefügt sind, um das Risiko einer Rückkehr nach Judäa zu betonen, das freilich im Wort des Thomas wieder zur Geltung kommt.

■ **11** ist wieder deutlich vom Vorhergehenden abgehoben: jetzt endlich spricht Jesus von Lazarus, um dessentwillen er ja nach Judäa – Bethanien – gehen will: ,,Unser Freund Lazarus ist eingeschlafen, aber ich gehe, um ihn aufzuwecken." Das μετὰ τοῦτο, das schon in V. 7 verwendet war, scheint uns wie *Fortna* dafür zu sprechen, daß hier ein Einschub mit derselben Wendung endet, mit der er begann. Als Text vor dem Einschub wäre also etwa zu vermuten: (V. 7) ,,Darauf sagte er zu den Jüngern": (V. 11) ,,Unser Freund Lazarus ist eingeschlafen, aber ich gehe, um ihn aufzuwecken." Damit deutet Jesus verhüllt die wahre Lage an. Nach *Leroy,* Rätsel und Mißverständnis 5f. und 183–185, ,,handelt es sich beim johanneischen Mißverständnis um eine abgewandelte Form des Rätsels. Die Funktion des Rätsels, das Wissen des Gefragten vor dem Fragesteller zu erweisen, wird vom Mißverständnis ausgeübt". Das in einer Feststellung verborgene Rätsel dient dazu, ,,den Gesprächspartner desto sicherer zur Kundgabe seines Nicht-Wissens zu veranlassen". Den Gesprächspartner ,,als unwissend . . . angesichts des Wissens und der Weisheit Jesu zu erweisen, ist die Tendenz des Mißverständnisses". Diese literarische Form hängt im vierten Evangelium mit der Christologie zusammen. ,,Nur weil Jesus der Wissende ist, und das Wissen um die Offenbarung Kriterium der Jüngerschaft, kann diese Form angewendet werden" (184). Auch die Gemeinde ist von der Offenbarung Jesu abhängig, die ihr aber zuteil wird. – Man wird also den Ton hier nicht auf das Unverständnis der Jünger legen dürfen – der Evangelist will sie keineswegs als dumme Teufel darstellen! –, sondern auf das ihm gegenüber um so heller leuchtende Wissen Jesu. Mit der Christologie der Vorlage, die sich weithin der θεῖος ἀνήρ-Vorstellungen bedient, verträgt sich das durchaus. – Der hier mit den Worten ,,und danach spricht er zu den Jüngern" beginnende Abschnitt reicht bis V. 15 und begründet jetzt mit dem Tod des Lazarus, warum Jesus nach Judäa gehen will. V. 16 gehört thematisch noch zum Abschnitt 11,7–10 mit dem Thema: die Gefahr, die mit der Wanderung nach Judäa verbunden ist. Neu daran ist aber, daß Thomas an der tödlichen Gefahr für Jesus teilhaben will, während in V. 7–10 nur von der Gefährdung Jesu die Rede war.

■ **12** zeigt das Unverständnis der Jünger. *Schwartz* III 167 Anm. 2 hat es zu Unrecht als ,,albern" beurteilt: ,,Sie können doch nicht annehmen, das sei ein Krankenbericht, und erzähle ihnen von seinem, Lazarus, Befinden." Tatsächlich fassen sie Jesu Worte als einen ,,Krankenbericht" auf. Denn daß Jesus ihnen sagt, Lazarus sei eingeschlafen, so wie man eben abends einschläft, um das kann es sich ja doch nicht handeln. Also nehmen sie an, Lazarus sei erkrankt und nach der überstandenen Krisis in einen heilenden Schlaf verfallen (vgl. *Wettstein* I 915). Warum ihn Jesus daraus erwecken wolle, das wissen sie freilich nicht und darauf gehen sie gar nicht ein. Daß dieses ,,Gehen" Jesu ein tagelanger Marsch über Jericho nach Bethanien ist, das weiß der Erzähler nicht oder will es als ein störendes Eindringen der realen Welt in die geheimnisvolle Legendenwelt nicht zulassen. Für den Erzähler steht ja der geheime Sinn der Jesusworte, die seine Allwissenheit verraten, von vornherein fest. Darum gibt es für ihn hier keine Aporie, und er zerbricht sich nicht den Kopf darüber, daß bei der Allwissenheit Jesu eigentlich gar kein Bote nötig war. Anders ausgedrückt: Wir dürfen nicht erwarten, daß Jesu Worte – Jesus will Lazarus auferwecken – gar nicht ein Mißverständnis wie das der Jünger zulassen. V. 11b verrät schon, daß die Jünger falsch verstehen.

■ **13** macht den Lesern klar, was Jesus eigentlich meinte – von ,,schlafen" redet man ja gern als einem Euphemismus für das harte Wort ,,gestorben sein" – und was die Jünger fälschlich aus seiner Rede heraushörten.

■ **14** löst die Spannung: Jetzt redet Jesus offen (d. h. παρρησίᾳ), ohne ein mißverständliches Bild (vgl. Joh 16,29): ,,Lazarus ist gestorben" – das erklärt nachträglich jenes κεκοίμηται in V. 11 und Jesu Verheißung, er werde ihn auferwecken.

■ **15** Jesu Wort ist so zu verstehen: ,,Ich freue mich um euretwillen, daß ich nicht dort war" (dann wäre Lazarus nicht gestorben, sondern von ihm geheilt worden; siehe 11,21–32), ,,damit ihr zum Glauben kommt." Der Erzähler ist überzeugt: Der Augenzeuge einer Auferweckung kommt leichter zum Glauben als der Zeuge einer bloßen Krankenheilung (vgl. zur Weiterentwicklung einer ursprünglichen Heilungs- zur Auferweckungsgeschichte: *Haenchen*, Weg Jesu 204–213). Für die Christologie des Erzählers sind Jesu Wundertaten Machterweise, die seine Gottessohnschaft *beweisen*. Für den Evangelisten erscheint die Lage anders: auch die größten Wunder sind Ereignisse innerhalb der irdischen Welt. Als solche haben sie keine Beweiskraft: ein Schluß aus einem innerweltlichen Ereignis auf das Reich des Vaters hat keine Gültigkeit. Der Bereich des Vaters ist ,,das ganz andere". Darum können Wunder nur *Hinweise* sein auf eben dieses ganz andere; hier, bei der Auferweckung, geht es in Wahrheit um die Auferweckung eines geistlich Toten zur Gemeinschaft mit Gott, zum eigentlichen Leben. In der Vorlage ist nun Jesu Aufforderung, zu Lazarus zu gehen, begründet.

■ **16** Θωμᾶς ist ein echt griechischer Name (*Blass-Debrunner* § 53,2), von Juden gern benutzt zur Übersetzung des aramäischen Namens תְּאוֹמָא (,,Zwilling"). Thomas tritt auf in den Synoptikern (Mk 3,18; Mt 10,3; Lk 6,15; Apg 1,13), im JE 11,16; 14,5; 20,24. 26–28; 21,2. Der Abschnitt Joh 20,24–28 ist ein späterer Einschub in die Vorlage; er soll aufgekommene Zweifel an der Auferstehung (vgl. den analogen Abschnitt Lk 24,36–43!) überwinden, indem einer der Jünger durch Konstatierung der Wundmale Jesu von der Weltlichkeit des Auferstandenen überzeugt wird. Der Evangelist hielt einen so entstandenen Glauben für minderwertig: 20,29. – In der Tradition des christlichen und gnostischen Syriens wurde Thomas (Zwilling!) mit Jesu Bruder Judas identifiziert: Nach der Abgarlegende (Euseb hist. 1,13,4) sandte ,,Thomas, einer von den 12 Aposteln", den Thaddäus nach Edessa. Nach dem syrischen Bericht aber (Euseb 1,13,11) ,,sandte Judas, der auch Thomas genannt wurde" den Thaddäus zu Abgar. In den Thomasakten kommt gelegentlich die Benennung Ἰούδας Θωμᾶς ὁ καὶ Δίδυμος vor (vgl. dazu *Hennecke-Schneemelcher* I 199–223 und II 309). – In der Gnosis wurde Thomas zum (geistlichen) Bruder Jesu; so beim Thomasevangelium (vgl. dazu *Haenchen,* Die Botschaft des Thomasevangeliums, Berlin 1961) im Eingangsspruch und in den Sprüchen 13 und 114. – Das Wort des Thomas in V. 16 drückt einmal die Treue dieses Jüngers aus; zugleich aber klingt ein Unterton von Resignation mit, der die Blindheit dieses Jüngers für die Macht Jesu verrät. Drittens aber liegt im Wort des Thomas die Wahrheit verborgen, daß dieser Weg nach Bethanien schließlich doch zum Tod Jesu führen wird. Es ist nicht ausgeschlossen, daß dieser Vers den Einschub von V. 7–10 angeregt hat.

■ **17** D 33 69 pm sy fügen nach ὁ Ἰησοῦς zur Verdeutlichung noch εἰς Βηθανίαν ein. In den älteren Handschriften, P 66 und P 75 sowie B C* pc fehlen dagegen diese Worte noch. Daß es sich um Bethanien handelt, geht ja aus dem folgenden Text hervor. Die Ausführlichkeit einer Beschreibung verbürgt noch nicht ein höheres Alter dieses Textes. – Jesus trifft (zusammen mit den hier nicht mehr erwähnten Jüngern) am Abend des vierten Tages nach dem Tod und Begräbnis des Lazarus vor Bethanien ein. Nach jüdischem Glauben verweilt die Seele noch drei Tage nach dem Tod in der Nähe des Leibes (vgl. *Billerbeck* II 544f.). Am vierten Tag war also nach jüdischer Überzeugung eine Wiederbelebung des Verstorbenen unmöglich, da die Seele in den sich verändert habenden Leib nicht mehr wiedereintreten wollte. Um so überraschender war es für die Zeugen des Wunders hier, daß Jesus den Lazarus am vierten Tage wiedererweckte. Der vierte Tag hatte also hier eine besondere Bedeutung und wird vom Erzähler mit Bedacht für das größtmögliche Auferweckungswunder übernommen.

■ **18** gibt die Entfernung zwischen Bethanien und Jerusalem mit „etwa fünfzehn Stadien" (= 3 km) an. *Dalman,* Orte 266, bezeichnet das als ungenau. Aber dem Erzähler kam es nicht auf ganz genaue geographische Angaben an: die Zahlenangabe wird, wie gewöhnlich im JE, durch die Voraussetzung des ὡς = „ungefähr" als nicht metergenau bezeichnet. Die Entfernung zwischen Bethanien und Jerusalem wird angegeben, um zu erklären, wie es möglich war, daß sich alsbald viele Trauergäste aus Jerusalem einstellten. – Zur Sitte des Trauerbesuches schreibt *Wikenhauser,* Johannes 214: „Die Sitte des Trauerbesuchs ist uralt (vgl. 2Sam 10,2). Sie wurde zur Zeit Jesu fleißig geübt und von den Rabbinen eingeschärft. Es existierte für die Tröstung der Hinterbliebenen ein ziemlich kompliziertes Zeremoniell. Sie begann nach der Bestattung des Toten auf dem Heimweg vom Grabe und setzte sich während sieben Tagen fort, indem immer neue Trauergäste im Hause erschienen." – Maria blieb zu Hause sitzen – auch das gehörte zur Trauer –, um die Trauergäste zu empfangen und ihre Trostworte entgegenzunehmen.

■ **19** Für den Erzähler ist Jerusalem der eigentliche Wohnsitz der „Juden". Daß auch die drei Geschwister in Bethanien Juden waren, sieht er nicht; sie gehören ja zum Jüngerkreis. Trauernde zu trösten, galt als eine fromme und verdienstliche Liebespflicht (s. o. und vgl. *Billerbeck* IV 1, 559–610 bes. 592–607). Das Auftreten der Juden zur Tröstung entspricht also alter jüdischer Sitte. Daß diese Juden nachher die Nachricht vom Wunder in Jerusalem verbreiteten, war kompositionell für den Erzähler willkommen (11,45).

■ **20** Woher Martha – nur sie? – hört, daß Jesus bis vor das Dorf gekommen ist, bleibt als unbedeutende Kleinigkeit unerwähnt. Eine der Schwestern mußte im Hause sitzen bleiben, um die Trostsprüche der immer wieder neu sich einstellenden Trauergäste dankbar entgegenzunehmen (s. o.); während also Maria den „Empfangsdienst" im Hause versieht (auch das Sitzen gehörte mit zum Zeremoniell: vgl. Lk 10,39), eilt Martha hinaus, Jesus entgegen. So muß Martha dann die Rolle der nicht vollständig Glaubenden übernehmen, die erst von Jesus belehrt werden muß.

■ **21** Marthas Worte sprechen hier zugleich ihre Trauer wie auch ihr Vertrauen zu Jesus aus: Wäre er zugegen gewesen, hätte ihr Bruder nicht sterben können: Wo Jesus zugegen ist, muß der Tod weichen. Aber ist Jesus wirklich endgültig zu spät gekommen? Sie ist keineswegs dieser Ansicht, wie ihre Worte an Jesus im folgenden Vers bezeugen.

■ **22** Sie richtet vielmehr, freilich auf eine sehr zarte und demütige Weise, indirekt ihre Bitte an Jesus, er möge doch *jetzt* Lazarus wiedererwecken. Etwas anderes können ihre Worte ja nicht besagen: „Ich weiß, daß Gott dir jede Bitte erfüllen wird!" Damit werden Bekenntnis und Bitte unauflöslich miteinander verknüpft.

■ **23** lenkt zu dem über, was der Evangelist selbst neu in die Geschichte einbringt, die vielleicht ursprünglich mit V 28 weiterging. Jesu Antwort auf die Bitte ist mißverständlich und wird mißverstanden. Jesu Antwort: „Dein Bruder wird auferstehen!" könnte zwar die Zusage Jesu sein, er werde ihren

Wunsch erfüllen und den Lazarus sofort auferwecken. Aber es könnte sich doch auch darauf beziehen, daß am Ende der Tage alle und somit auch Lazarus auferstehen werden. Dann wäre Marthas Bitte abgeschlagen. Marthas Antwort, sie wisse, daß alle einmal am jüngsten Tage auferstehen werden, klingt etwas verdrossen, als wollte sie sagen: „Das weiß ich, aber ich habe um die Auferweckung hier und jetzt gebeten." Es ist für den Evangelisten nicht leicht, sein eigenes Anliegen hier im Text unterzubringen. Aus V. 22 ging hervor, daß Martha es für möglich hielt, daß Jesus hier und jetzt ihren Bruder auferwecken könne. Das bringt den Evangelisten in eine gewisse Schwierigkeit. Auch er selber ist ja davon überzeugt, daß die wahre Auferweckung in irgendeinem Augenblick – also hier und jetzt – geschieht, im Augenblick, da sich die Augen öffnen und der Glaube wesenhaft wird. Aber dieses Hier und Jetzt ist nicht dasselbe wie bei Martha. Für sie wäre die Erfüllung ihrer Bitte das Vertrauen, daß Jesus die Vollmacht zu einer Ausnahme hat. Daß und warum die scheinbare Ausnahme aber die Regel ist und aus einem anderen Auffassen von „Auferweckung" herrührt, ahnt sie nicht. Der Evangelist entkommt dieser Schwierigkeit dadurch, daß er Martha einfach in die Erwartung einer allgemeinen Auferstehung am Ende der Tage zurückfallen läßt. Demgegenüber kann der Evangelist energisch auf die Gegenwärtigkeit hinweisen und auf die andere Qualität dieser Auferstehung, die tatsächlich noch jenseits von Marthas Glaubenshorizont liegt. Dieses Aufreißen des alten, beschränkten Horizonts wird durch Jesu Wort herbeigeführt: „Ich bin die Auferstehung und das Leben; wer an mich glaubt, wird leben, auch wenn er stirbt." – An dieser Stelle wird für den aufmerksamen Leser deutlich, wie schwer es der Evangelist hatte, der in ihrer Weise packenden und damals sicher überzeugenden Darstellung seine Interpretation aufzuzwingen, die aus den Wundern Hinweise werden ließ, und Hinweise passen nie ganz. – Ihm geht es um die geistliche Auferstehung im Augenblick des Glaubens (und den kann man von dem toten Lazarus nicht erwarten). Dabei ist das eigentlich Wichtige, daß die leibliche Auferweckung jetzt und hier für den Evangelisten Hinweis auf die geistliche Auferweckung sein soll, und die läßt sich nur an dem Nebenumstand anschaulich machen, daß Jesus jetzt und hier den Lazarus wieder zum Leben erweckt. Daß dieses Leben eigentlich ein anderes sein sollte, gibt die Erzählung in der Vorlage nicht her: das Gottesverhältnis des Lazarus hat sich durch die Auferweckung nicht verändert.

■ **24** Um seine eigene Interpretation der Auferweckungsfrage zu verdeutlichen, hat der Evangelist hart in die Erzählung eingegriffen. Martha hat mit einemmal vergessen, daß sie um eine sofortige Auferweckung gebeten hatte. Sie spricht, wieder eingeleitet durch das Wort οἶδα, das aus, was die jüdischen und frühchristlichen Gemeinden von der Auferstehung erwarteten: daß sie – wie man Ez 37,1–14 deutete, ohne daß es dort so gemeint war – am jüngsten Tag erfolgen werde. Ez 37,1–20 beschreiben die berühmte Vision des Propheten vom Feld voller Totengebeine, einem Feld übersät von einzelnen Knochen. Auf Gottes durch den Propheten gegebenen Befehl sammeln sie sich wieder zu Gerippen, die sich dann mit Sehnen, Fleisch und Haut bekleiden und schließlich wiederaufstehen. Aber wie der Prophet belehrt wird, bedeutet diese Vision, daß Gott den Rest der Exilierten wieder heimkehren und zu einem großen Volke machen wird. Es handelt sich also eigentlich um eine „völkische Auferstehung", nicht um die leibliche Auferstehung eines Volkes oder der ganzen Menschheit. In dem redaktionellen Einschub Joh 5,27–29 wird gerade diese „leibliche" Auferstehung aller Menschen am jüngsten Tage in die Rede Jesu (und des Evangelisten) eingetragen. Dieses Bekenntnis der Martha zeigt also nur die (auch im Christentum herrschend gewordene) Gemeindevorstellung, nämlich die Erwartung einer futurischen Auferstehung (s. zu Joh 5,28f.), die gerade bei Ez 37 eine einfache Wiederlebendigmachung wäre, und d. h. einer leiblichen, nicht einer geistlichen. Durch das vorangesetzte οἶδα klingt diese Antwort Marthas wie eine selbstverständliche und allgemein anerkannte Gewißheit.

▪ **25** bringt es erst an den Tag, warum der Evangelist sich selbst vergessen lassen mußte: jetzt konnte er gegen diese „normale" Auferstehungserwartung die majestätischen Worte des johanneischen Jesus voll geltend werden lassen: „Ich bin die Auferstehung und das Leben!" – P 45 l sy^s Cypr Or lassen „und das Leben" fort. Kaum zu Recht: die Kirchenväter haben oft vor allem bekannte Zitate nur verkürzt angeführt. Ein weiterer Grund für solche Auslassung könnte der gewesen sein, daß nur die Erwähnung der Auferstehung in dieser Szene passend schien. Aber dieser Schein trügt, denn im folgenden spielt gerade der Begriff des Lebens eine entscheidende Rolle. Bei der Auferweckung des Lazarus hat freilich der Begriff der Auferstehung einen besonders guten und notwendigen Sinn. – Dieses Jesuswort anstelle der allgemeinen Auferstehung am jüngsten Tage, die gar nicht von Jesus herbeigeführt wird (wenn er danach auch als Richter eine Rolle spielt) setzt eine andere Auferweckung voraus, die hier und jetzt erfolgt, nämlich in dem Augenblick, wo ein Mensch die Jesusbotschaft – von Jesus selbst oder einem seiner Jünger – hört und glaubt. Die wirkliche Auferstehung ereignet sich für den Evangelisten da, wo sie die allgemeine Erwartung gar nicht vermutete, nämlich im Jetzt und Hier, und sie besteht in etwas, was in der allgemeinen Erwartung gar nicht zu seinem Recht kam: nämlich im Glauben an den Gottessohn, der die Vollmacht zur geistlichen Erweckung besitzt. In ihr kommt der Mensch wieder oder erstmals in das rechte Verhältnis zu Gott und zum Leben und damit zu einer neuen Existenz, die über die irdische – vom Tod ungebrochen – hinaus weitergeht (vgl. *Schnackenburg* II, 444f.). Manche Exegeten meinen nun freilich, man könne doch die gegenwärtige und die zukünftige Auferstehung miteinander verbinden – zuerst kommt die „geistliche" und dann die leibliche – und in der zweiten die endgültige Verbundenheit mit Gott ausgesprochen finden. Diese apologetische Harmonisierung scheitert jedoch daran, daß es für den Evangelisten keinen höheren Grad der Verbundenheit mit Gott als den hier und jetzt erreichbaren gibt.

▪ **26** gibt in einem nicht ganz einfachen Wortlaut den Ausdruck, was der

Tod, das Sterben des irdischen Menschen, nach der geistlichen Auferstehung im Hier und Jetzt noch besagt, nämlich: nichts. Nimmt man das wörtlich, dann ist damit ausgesprochen: Jene „geistliche" Existenz der Verbundenheit mit Gott, die im Glauben entsteht, ist nicht ein „neues Selbstverständnis" (so *Bultmann* 194. 307f.), das mit dem irdischen Tod des Menschen endet, sondern eine von dem irdischen Menschen real verschiedene Größe. Darum endet sie nicht mit dem Tod des irdischen Menschen, ohne daß dabei mehr ausgesagt werden kann, als daß sie mit Gott verbunden bleibt. Da niemand je den Vater gesehen hat, ist auch die im Glauben „von oben gezeugte" neue Größe als solche in die Unsichtbarkeit des Vaters aufgenommen. Der Evangelist hat das in 5,24 mit dem Jesuswort ausgedrückt: „Wer mein Wort hört und dem glaubt, der mich gesandt hat, hat ewiges Leben und kommt nicht ins Gericht, sondern er ist hinübergegangen aus dem Tod in das Leben."

Das hat man z. T. für „gnostisch" gehalten. Nun haben zwar manche Gnostiker aus valentianischen Kreisen – *Bultmann* 372 Anm. 3 verallgemeinert das zu Unrecht und dehnt es auf alle Gnostiker aus – die Überzeugung gehegt, daß jeder Pneumatiker von Natur die Identität mit dem Göttlichen besitzt und darum notwendig gerettet ist (φύσει σῳζόμενοι). Das gnostische Thomasevangelium vertritt aber deutlich eine andere gnostische Lehre: es setzt voraus, man hat das Heil nicht ein für allemal. Gnostische Missionare vertrauen einzelnen Menschen, die ihnen als zugänglich erscheinen, als gnostische Erkenntnis an: Wer seinen Unterschied von der feindlichen Welt schmerzlich spürt, der ist gerade dadurch ein von der Welt verschiedenes „Selbst" geworden, das sich als von der Welt wesensverschieden spürt und seine Herkunft aus dem göttlichen Lichtreich spürt. Aber nun kommt es darauf an, daß ein solcher Mensch sich tatsächlich nicht von der Welt und all ihren Reizen betören läßt, daß er jeden Augenblick des Lebens auf der Wacht ist vor der Welt, die wie ein Einbrecher auf der Lauer liegt. Wenn der gnostische Schüler diese schärfste aller Askesen nicht durchhält, dann stirbt er wie alle Nichtgnostiker und löst sich im Tode ganz auf. Gerade die Gleichniserzählung im Spruch 97 macht das anschaulich: „Jesus sprach: Das Reich des Vaters gleicht einer Frau, die einen Krug trägt, der voll Mehl ist, und die einen weiten Weg geht. Der Henkel des Kruges zerbrach, das Mehl strömte herab hinter ihr auf den Weg. Sie merkte (es) nicht; sie wußte nichts von ihrem Mißgeschick. Als sie in ihr Haus gelangt war, stellte sie den Krug auf den Boden. Sie fand ihn leer." Dieser Spruch ist ein Warngleichnis, das den unbemerkten Verlust des „Reiches" beschreibt, der erst bemerkt wird, als es zu spät ist (am Ende des Lebensweges!). Das „Reich", das „Selbst" ist nichts, was man ein für allemal besitzt. Es kann „unterwegs" verlorengehen, ohne daß man es merkt (das christliche Äquivalent würde lauten: „man kann den Glauben verlieren, ohne etwas davon wahrzunehmen"). Wer das göttliche Selbst nicht besitzt, dem wird (beim Sterben) auch die irdische Existenz genommen werden. Dagegen wird der standhafte Gnostiker, wie das der „Brief an Rheginos" (Hrsg. Michael *Malinine* u. a., De resurrectione

[Epistula ad Rheginum]. Codex Jung F. XXII<sup>r</sup>–F. XXV<sup>v</sup> Stuttgart 1963) zeigt, im Augenblick des Sterbens wieder in das göttliche Lichtreich entrückt, aus dem er gekommen war. Für den Evangelisten stellt sich die Lage ganz anders dar. Für ihn gibt es niemanden, der nur an seine Identität mit dem Göttlichen erinnert zu werden brauchte. Vielmehr muß eine ,,Zeugung von oben" (Joh 3,3.5) aus dem geistlichen Totsein erwecken, und dieses ,,Von-Oben-Gezeugt-Werden" widerfährt nur dem, den der Vater selbst Jesus gegeben hat. Damit erst bekommt der Mensch jene neue Existenz, die Nikodemus für unmöglich hält. Sie ist ein Übergang vom ,,geistigen" oder ,,geistlichen" Tod in das Leben (5,24), das Jesus – weil er wie der Vater selbst das Leben ist – zu verleihen vermag. – Die Worte ,,tot" und ,,lebendig" lassen sich in der Bedeutung, die ihnen der Evangelist in ihrem übertragenen Sinn gibt, sehr schwer im Deutschen kurz wiedergeben. Das Wort ,,geistlich" hat heute für die meisten einen erbaulichen Museumsklang; ,,geistiger Tod" aber könnte heute als eine ,,Verblödung" mißverstanden werden. Für den Evangelisten beginnt das ,,ewige Leben" schon mitten im irdischen Leben und wird nicht im Sinn von Verstand, Vernunft, Intellekt oder ,,inneres Leben" aufgefaßt. Denn all das besitzt und betätigt der Mensch schon, bevor er ,,von oben erzeugt" wird, und das besitzt und betätigt er auch danach bis zu seinem irdischen Tod. Alles das ist vom ,,ewigen Leben" ,,qualitativ" verschieden, was ,,neben" ihm besteht. Ebenso ist der ,,geistliche Tod" nicht das Erlöschen des irdischen Lebens auf dem Sterbebett, sondern betrifft das verlorene oder verfehlte Gottesverhältnis. Vielleicht würde ,,spiritual death" bzw. ,,spiritual life" den johanneischen Sinn besser wiedergeben. – Der irdische Aspekt dieses Vorgangs ist der Augenblick, wo der Mensch die Jesus-Botschaft hört und glaubt. Für den Evangelisten ist die Geschichte von Lazarus, der im Tode den Lebensruf Jesu hört, ein Hinweis auf diese Verleihung der neuen Existenz in der Gemeinschaft mit dem Vater und dem Sohn. Ein Hinweis ist aber verschieden von dem, auf das er hinweist. Das Aufleuchten eines Blinkers am Auto, das auf das Ändern der Fahrtrichtung hinweist, ist nicht schon selber die Änderung der Fahrtrichtung. Wer Sterben und Leben symbolisch auf die sündige und die sündenlose Existenz beziehen will, scheitert an V. 25. Denn der Satz: ,,Er wird leben" (= sündlos sein), ,,auch wenn er stirbt" (= sündigt), gibt keinen erträglichen Sinn. Der Evangelist redet nicht nur von Symbolen, sondern er glaubt tatsächlich: Wer in der ,,Erzeugung von oben" eine überirdische Existenz erhalten hat, wird in diesem neuen Dasein vom Tod nicht mehr berührt, der auch dem glaubenden Menschen ebensowenig erspart bleibt wie Lazarus – und Jesus selbst. Allerdings muß er ,,bleiben" (8,31.35; 14,17; 15,4–7). Die ,,Zeugung von oben" wirkt nicht automatisch. Andererseits ist es zugleich der Wille des Vaters, der den Gläubigen durchhalten läßt (Joh 17,12). Diese Spannung zwischen menschlichem Gehorsam und göttlichem Willen kann keine christlich-theologische Aussage vermeiden.

■ **27** bringt als Antwort ein feierliches Bekenntnis der Martha. Es kontrastiert in seinem liturgischen Klang freilich auffällig mit ihrem Bekenntnis in V. 21. Trotzdem erfüllt dieses liturgisch stilisierte Bekenntnis ausgezeichnet seinen Zweck: Mit diesem harmonischen Ausklang kann Martha die Szene – die noch vor Bethanien spielt – verlassen und ihrer Schwester Maria den Platz freimachen.

■ **28** Damit scheint freilich eine neue Schwierigkeit aufzutauchen. Manche Kommentare haben daran Anstoß genommen, daß der Text nicht den Wunsch Jesu erwähnt, jetzt mit Maria zu sprechen. Aber diese Schwierigkeit entspringt einem Mißverständnis. Der Erzähler sieht es nicht als seine Aufgabe an, so etwas wie ein Polizeiprotokoll der Szene zu geben. Aus Marthas Worten, die der Leser ernstzunehmen hat, geht schon hervor, daß Jesus tatsächlich Maria zu sehen wünscht. Darum braucht dieser Wunsch nicht besonders im Text zu stehen. Der Erzähler nimmt sich die Freiheit, Dinge nicht erst zu erzählen, die der Leser selbst dem Text entnehmen kann. Jene Aporien, die *Schwartz* und *Wellhausen* auf Schritt und Tritt bei ihrem Gang durch das vierte Evangelium hemmten, haben meist ihren Grund darin, daß sie dem Erzähler mit der Strenge eines Schulmeisters einen fremden Stil aufzwingen wollten. Wer die Freiheit schriftstellerischer Komposition nicht nach Gebühr achtet, darf sich nicht wundern, wenn er vor lauter Fallstricken im Text nicht zum Fortschreiten der Erklärung kommt. Der Erzähler hat also Jesus nicht ausdrücklich sagen lassen, auch Maria solle zu ihm kommen. Vielmehr hat er das von der Tradition nahegelegte Neben- und Nacheinander der beiden Schwestern, so gut es ging, auf die in V. 28 geschilderte Weise hergestellt. Das hatte den Vorteil, daß die Handlung nicht durch ein den raschen Fortgang hemmendes Wort aufgehalten wurde.

■ **29f.** Freilich bietet der Text auch so noch Schwierigkeiten, die letztlich in der Geschichte seiner Entstehung begründet sind. Faktisch ist für Maria kein neuer Aspekt vorhanden, den ihre Worte zur Geltung bringen könnten. *Hirsch,* Evangelium 290f., vertrat freilich eine andere Meinung: Der Verfasser ,,läßt Maria bei der Begegnung mit Jesus genau das gleiche erste Wort der Klage zu Jesus sagen wie Martha, aber – in der Haltung der Anbetung. Und darum geht es ganz anders weiter. Mit Martha kommt es zu jenem Gespräch, bei dem sich Marthas Nichtverstehen Jesu trotz ihres Glaubens enthüllt. Zwischen Jesus und Maria fällt kein Wort mehr nach der ersten kurzen Klage, die doch Anbetung war. Maria schweigt und Jesus schweigt . . . Durch dies ihr Schweigen steht Maria unter den Personen des Werks so gut wie einzigartig da . . . die schweigend vor sich hinweinende Maria erschüttert Jesus zu Schmerz und Tränen. Man kann es nicht anders verstehen, als daß an Maria die christliche Haltung Leid und Tod gegenüber gemalt werden sollte: der Schmerz wird in dem, der glaubend anbetet, zur stummen wartenden Bitte". Was im Text für *Hirschs* Deutung spricht, sind die Worte: ,,Als sie ihn sah, fiel sie ihm weinend zu Füßen." Martha hatte zwar in jener Fassung der Geschichte, die der Evangelist benutzte, die Glaubensworte gesprochen: ,,Ich weiß, daß Gott dir geben wird, was immer du von ihm erbittest"

(V. 23). Das so angelegte Bild der Martha ist nur durch den Eingriff des Evangelisten gestört worden: plötzlich sieht es so aus, als sei sie geistlich taub geworden und höre aus Jesu Verheißungswort nur das heraus, was aller Welt selbstverständlich war: die Auferstehung am Ende der Tage. *Hirsch* hat im allgemeinen die Unterschiede zwischen der Vorlage, die der Evangelist sich so weit zu eigen gemacht hat, und den Einträgen des Evangelisten in diese Vorlage nicht unterschieden. Ihm kam es vor allem darauf an, den Evangelisten von dem späteren Redaktor zu unterscheiden. Das hat es ihm möglich gemacht, die Worte der Martha abzuwerten und ein – in seiner Überdeutung besonders preisendes – Glaubensbild der Maria einzufügen, während doch Maria nur die erste Hälfte von dem sagt, was ihre Schwester schon zu Jesus gesprochen hatte. Der Erzähler hatte nicht an der Tatsache vorbeigehen können, daß die Überlieferung von den zwei Schwestern sprach (vgl. Lk 10,38–42). Darum mußte er beide irgendwie an der Handlung beteiligen, ohne doch genügend Stoff dafür zu haben. So hatte in der Vorlage des Erzählers hier Martha den besseren Teil erwählt, den ihr der Evangelist und *Hirsch* dann genommen haben.

■ **31** Daß Maria eilig vom Trauerhaus fortgeht, wird kompositionell geschickt als Motivation dafür verwendet, daß alle dort anwesenden Juden mit ihr zu Jesus kommen und damit dann zu Zeugen dessen werden, wie Jesus dem verwesenden Lazarus ein neues Leben spendet. Noch ist es freilich nicht soweit. Jesus steht immer noch (wie in einer rätselhaften Starre, an der aber der Erzähler schuld ist) an jener Stelle irgendwo vor dem Dorf, wo ihm Martha begegnet war. Die Anlage der ganzen Szene ist geschickt aufgebaut. Lazarus ist irgendwo außerhalb des Dorfes beigesetzt worden – wo, das weiß Jesus nicht. So geht er nicht zum Trauerhaus, was an sich das Übliche gewesen wäre, und da kommt auch schon Martha ihm entgegen. Maria erfährt nichts von den Worten, welche Martha und Jesus getauscht haben. Sie kennt das Thema nicht, von dem jenes Gespräch Jesu mit ihrer Schwester gehandelt hatte. Sie weiß nur – ohne daß dieses Wissen irgendwie begründet würde – daß Jesus an einer bestimmten Stelle des Weges auf sie wartet. Erst in V. 34 wird die Handlung vor das Grab des Lazarus verlegt.

■ **32** Als Maria Jesus sieht, wirft sie sich ihm weinend zu Füßen – dieser Zug ist neu in dem Bild von der Begegnung der beiden Schwestern mit Jesus – und spricht dieselben Worte wie zuvor Martha: ,,Herr, wärst du hier gewesen, mein Bruder wäre nicht gestorben!'' Man kann das verschieden auslegen. *Hirsch,* Evangelium 290, hat gemeint, der Verfasser habe in Martha und Maria ein Gegenbild schaffen wollen: Maria klagt ebenso wie Martha, aber – ,,in der Haltung der Anbetung''. Der Verfasser könne das Schweigen der Maria nicht negativ gemeint haben: ,,die schweigend vor sich hinweinende Maria erschüttert Jesus zu Schmerz und Tränen'' (290f.); an ihr solle ,,die christliche Haltung Leid und Tod gegenüber gemalt werden'' (291). Diese Auslegung hängt mit *Hirschs* Voraussetzung zusammen, daß der Evangelist ein großer Dichter war. Demgegenüber sollte man nüchtern zugeben, daß sich die Haltungen der beiden Schwestern nicht als Gegenbilder verstehen lassen. Die Art, wie Maria von Martha herbeigerufen wird, wie sie fast die Rede ihrer Schwester wiederholt, bewirkt, daß sie beinahe nur wie ein Schatten ihrer Schwester erscheint. In V. 39 wird sie dann der Martha wieder Platz machen, was zu diesem Eindruck des Schattenhaften beiträgt. Der Erzähler hatte ja schließlich auch nicht die Aufgabe, von jeder der Schwestern eine genaue und unterschiedene Charakteristik zu geben. Im übrigen hat die inhaltliche Wiederholung von V. 21 in V. 32 den Vorteil, daß damit dem Leser der Glaube an die Macht Jesu erneut eingeschärft wird.

■ **33** wird verschieden gedeutet. Schon zwei verschiedene Textformen stehen gegeneinander: eine harte, bezeugt von P 66*, P 75, B u. a. und eine mildere in P 45, P 66, D (Φ) pc p sa; man wollte wohl bei P 45, P 66, D pc p sa den Eindruck nicht aufkommen lassen, daß sich Jesus selbst in Emotionen versetzte. Mit Recht wird man den Text und Sinn der Vorlage und die Auffassung des Evangelisten unterscheiden. Die Vorlage hatte wohl die seelische Vorbereitung eines Wundertäters als literarisches Vorbild benutzt (so *Bultmann* 310 Anm. 4, der nach dem Vorbild von *Bonner*, Traces of Thaumaturgic Technique in the Miracles 171–181, voces mysticae gebraucht findet). Die neueren Kommentatoren übersehen oft, daß ἐνεβριμήσατο absolut, ohne Objekt verwendet wird, und ergänzen das Fehlende, soweit sie nicht die anstößigen Ausdrücke durch apologetische Auslegung ungefährlich machen. *Bauer* 152 und *Schnackenburg* II 420–422 deuten das ,,ergrimmen'' als gegen die weinenden Juden und Maria (diese läßt *Schnackenburg* hier aus) gerichtet; ihr Weinen zeige, daß sie nicht an die Macht des Lebensfürsten glauben, der vor ihnen steht. Dieselbe Deutung benutzen sie in V. 38. *Black,* Approach 240–243, geht einen anderen Weg: In Joh 11,33 sei eine syrische Wendung falsch verstanden und übersetzt worden. Die syrische Wendung ,,eth azaz bᵉ ruha'' habe einen weiteren Sinn als die entsprechenden griechischen Worte ἐνεβριμήσατο τῷ πνεύματι ,,Er war tief bewegt in seinem Geist''. Ein Anfall von Ärger oder Zorn sei nicht gemeint. So kann sich der englische Forscher mit dem üblichen Text versöhnen: ,,he goaned in the spirit and was troubled''. Aber die Vorlage – so scheint es uns – hat Jesus nach dem Modell eines solchen Wundertäters dargestellt wie ihn *Bonner* charakterisiert. In Joh 9,6ff. ist das ja zweifellos auch der Fall, wo Jesus wie ein heidnischer Wundermann dargestellt wird, der einen Blinden heilt, indem er aus Erde und Speichel einen Brei macht und dem Blinden auf die Augen legt. Es besteht also von der Methode her kein Einwand gegen die Vermutung, daß die Vorlage sich der typischen Vorstellungen von Wundermännern bedient, ohne daran Anstoß zu nehmen. In den Synoptikern gibt es ja ebenfalls solche Fälle (Mk 7,31–36; 8,22–26). Nicht ausgeschlossen ist die Vermutung, daß der Evangelist die Vorlage dahin verstand, daß Jesus angesichts des Todes so ergrimmt und selbst ebenfalls so weint wie Maria und die Juden. Dasselbe könnte für V. 38 gelten. Für den Evangelisten lag ja der Schwerpunkt dieser Geschichte an einer ganz anderen Stelle: die Auferweckung des Lazarus war ein Hinweis auf die eigentliche Auferweckung, durch die ein geistlich toter Mensch in die volle Gemeinschaft mit Gott zurückgewonnen wird (s. o. V. 25f.).

■ **34** Diese Erklärung wird dadurch bestätigt, daß jetzt mit dem Wortlaut der Vorlage weiter erzählt wird. Jesus fragt, wo Lazarus bestattet ist. Eigentlich widerspricht diese Frage seiner sonst oft betonten Allwissenheit. Kompositionell sind diese Verzögerungen der Handlung notwendig für den Erzähler, der so die Spannung über weite Strecken der Geschichte aufrechterhalten kann.

■ **35f.** Jesus bricht selbst in Tränen aus. Das soll weder seinen Jammer über den menschlichen Unglauben ausdrücken noch – gegen *Braun* 400 – ein stilles, nicht leidenschaftliches, sondern von der Vernunft gezügeltes Weinen beschreiben. Vielmehr darf nach der in V. 33 gegebenen Erklärung jetzt offen gesagt werden, wie menschlich Jesus empfindet. Das wird um so größer, als nun die – durchaus noch nicht als feindlich dargestellten – Juden sagen: „Seht, wie er ihn geliebt hat!" Damit wird das in V. 5 Gesagte wieder aufgenommen. Allerdings ahnen die, welche so sprechen, noch nicht, daß diese Liebe mehr vermag, als bloß Tränen des Mitleids und Schmerzes zu vergießen.

■ **37** Einige unter den Juden gehen noch weiter und beziehen sich dabei auf das in Kap. 9 erzählte Wunder der Blindenheilung. Was jedoch hier nur fragend erwähnt wird, wird sich alsbald als eine nicht geahnte Weissagung zu erkennen geben.

■ **38** Abermals steigert sich Jesus in die innere Bereitschaft zum Wunder (s. o. V. 33) und schreitet zum Grab. Damit nähert sich die Geschichte zu einem kaum noch erträglichen Höhepunkt der Spannung. Sie wird noch für einen Augenblick zurückgehalten von der nüchternen Angabe über den Verschlußstein, der den Zugang zum Grab versperrt (s. *Billerbeck* I 1051) und das Wort der Martha, das in seinem verzweifelten Realismus tatsächlich keinen Glauben mehr erkennen läßt.

■ **39** Jesus befiehlt, den Stein fortzunehmen. Aber nun hält Martha, die Schwester des Verstorbenen, nicht länger an sich. Ihr „Sagen" muß als ein leidenschaftlicher Aufschrei verstanden werden: „Herr, er stinkt schon, denn er ist bereits am vierten Tage tot!" Diese geradezu brutal offene Schilderung der Lage dient als Vorbereitung für die kommende Wundertat: Ein bereits in Verwesung übergehender Leichnam wird ins gesunde Leben zurückgebracht. – Daß Lazarus einbalsamiert worden ist, wird nirgends gesagt; auch die wohlriechenden Kräuter, die man zwischen die Binden um den Leichnam legte, dienen nur für die Zeit der Beisetzung. Eine Einbalsamierung wie bei den Ägyptern war bei den Juden nicht üblich.

■ **40** Die menschlich-allzumenschliche Reaktion der Martha ist – das wird durch dieses Jesuswort enthüllt – eigentlich ein Ausdruck des Zweifels an der Macht Gottes, dessen Herrlichkeit sich nun offenbaren wird. Damit soll Martha nicht als Individuum des Unglaubens angeklagt werden. Sie hat vielmehr die – freilich undankbare! – Aufgabe erhalten, die allen Menschen zunächst naheliegende Unfaßbarkeit eines so großen Wunders zu demonstrieren.

■ **41f.** machen klar: Jesus weiß von vornherein, daß der Vater ihm jede Bitte erfüllt, wie das früher (V. 21) Martha ja selbst gesagt hat. Deshalb trägt er die Bitte auch nicht als Bitte vor, sondern als Dank für etwas schon Gegebenes. Auch dieser Dank brauchte eigentlich nicht geäußert zu werden. Er wird nur laut, damit die herumstehende Menge erkennt: Jesus ist wirklich der, den der Vater gesandt hat. Diese Bezeichnung seiner Würde kann schon von der Vorlage des Evangelisten verwendet worden sein. Daß auch hier wieder die Mittel der θεῖος ἀνήρ-Theologie benutzt werden, sollte man *Käsemann* durchaus zugeben. Nur ist damit das Anliegen des Evangelisten noch nicht verstanden.

■ **43f.** bringen nun kurz die Darstellung des eigentlichen Wunders. Jesus ruft mit lauter Stimme – ein majestätischer Befehl eines θεῖος ἀνήρ –: „Lazarus, komm heraus!" Und es geschieht: der Verstorbene kommt heraus. Noch sind seine Füße und Hände mit Leinenbinden festgebunden; Lazarus kann auch nicht sehen, wo der Weg zum Ausgang des Grabes ist; denn ein Schweißtuch verhüllt noch sein Gesicht. Das Wunder besteht also nicht bloß darin, daß der Verstorbene wieder lebt, sondern auch darin, daß er – wie von Geisterhand getragen – aus dem Grab herausschwebt. Daß sich Jesus nicht weiter um den Freund kümmert, sondern nur sagt: „Löst ihn und laßt ihn gehen!", könnte einem frühen Stadium der Überlieferung angehören, wo Lazarus noch nicht der Bruder der beiden Schwestern Maria und Martha war. Darüber hinaus muß geklärt werden, ob dieser Zug nicht auch kompositionell verstanden werden muß. Auch das muß in der Gesamtbesprechung behandelt werden.

● Die Spannungen innerhalb des vierten Evangeliums sind in Kap. 11 besonders spürbar. Die kritischen Exegeten dieses Jahrhunderts versuchten sie mit verhältnismäßig einfachen Mitteln zu lösen: eine Quelle ist bearbeitet worden. Was dabei als Lösungen angeboten wurde, hat *Bultmann* 301 Anm. 4 mit Recht als nicht befriedigend beurteilt. – *Schwartz* III 166–171 nahm an: Ursprünglich erzählte man, Jesus kam (Steigerung des Nain-Wunders) unmittelbar nach der Bestattung des Lazarus am Grab an, traf dort die Schwestern und die Juden, erweckte den Lazarus und führte damit „seinen eigenen Untergang auf Erden" herbei. Diesen Text des ursprünglichen Evangeliums habe man „später übertüncht". – Nach *Wellhausen* 50–53 ist die Lazarus-Perikope in der Grundschrift die Peripetie. Von der Grundschrift sind nur die Verse 1a. 3. 7–10. 16 (17?) und 33–37 erhalten. Alles weitere entstammt einer Bearbeitung. *Spitta,* Quelle 230–255, unterschied eine Grundschrift des Apostels Johannes (401–407) von Zusätzen des Bearbeiters. Diese entstammen teils eigener Reflexion, teils anderer ihm bekannter Evangelientradition. – *Wendt,* Schichten 97, meinte: Zur älteren Schicht gehören die

Worte Jesu. Sie enthalten gute historische Überlieferungen eines Augenzeugen. Der Redaktor der Redeschicht hat diese Worte formell umgeprägt; er hat seine Erinnerung an die wirklichen Jesusworte wahrscheinlich erst nach einer langen Zwischenzeit fixiert. Noch später hat der vierte Evangelist diese späten Aufzeichnungen redaktionell überarbeitet. Trotzdem kann man durch diesen doppelten Schleier noch die Gestalt des geschichtlichen Jesus erkennen. Hier treten uns gewisse Seiten seines Wesens entgegen, die von den Synoptikern nicht in gleicher Stärke hervorgehoben sind. ,,Der Evangelist" hat ,,synoptische Überlieferungen mit *mündlichem* Überlieferungsstoff verschiedener Herkunft verschmolzen und nach eigenen besonderen Gesichtspunkten und Ideen weiter ausgestaltet" (22). – *Wendland,* Literaturformen 305–307, fand in unserem Abschnitt eine Kombination von synoptischer Tradition und freier Erfindung, welche den massiven Wunderglauben des Evangelisten (!) zur Geltung kommen ließ. Nach *Hirsch,* Evangelium 272ff., lag dem Evangelisten die Geschichte von der Auferweckung des Lazarus in einer kürzeren Fassung vor. Hier war Lazarus nicht der Bruder, sondern der Dorfgenosse der Maria und Martha. ,,Eine restlos klare Aufteilung der erweiterten und überarbeiteten Stücke auf ihn (d. h. den Evangelisten) und seine Vorlage ist schwer möglich" (273). Erst durch den Evangelisten ist die Geschichte wahrhaft lebendig geworden. Die Lazarusgeschichte war auch in ihrer ursprünglichen Gestalt eine Legende. Sie gehörte nicht dem Kreis der Jerusalemer Urgemeinde an. ,,Die Wunder Jesu, die als geschichtlich hinreichend bezeugt gelten dürfen, sind immer . . . als erbarmender Erweis der Liebe erkennbar. Lazarus dagegen ist reines Demonstrationsobjekt göttlicher Hoheit . . . Der Verfasser hat mit der Aufnahme der Lazaruslegende sein eigenes Bild von Jesus gefährdet" (275f.). – Nach *Bultmann* 301 Anm. 2 stammt die Lazarusgeschichte aus der Semeiaquelle, in die der Evangelist die Verse 4.7–10.16.20–32 und 40–42 eingefügt hat, ,,in denen er wie sonst Worte aus den Offenbarungsreden verwendet" (301 Anm. 4). Seiner Meinung nach sah der Text der Vorlage folgendermaßen aus:

[1]Es war aber einer krank, Lazarus von Bethanien, aus dem Dorf der Maria und Martha, ihrer Schwester. [3]Da sandten die Schwestern zu ihm, sagend: Herr, siehe, es ist krank, den du liebst. [5]Es liebte aber Jesus den Lazarus. [6]Als er nun hörte, daß er krank sei, da blieb er noch zwei Tage an dem Ort, an dem er war. [11]Danach sagte er zu (seinen Jüngern): Unser Freund Lazarus ist eingeschlafen, aber ich gehe, um ihn zu erwecken. [12]Da sprachen die Jünger zu ihm: Herr, wenn er eingeschlafen ist, wird er gesund werden. [14]Da nun sagte ihnen Jesus offen: Lazarus ist gestorben, und ich freue mich um euretwillen (damit ihr zum Glauben kommt), daß ich nicht da war; aber wir wollen zu ihm gehen. [17]Als nun Jesus kam, fand er ihn schon vier Tage im Grabe. [18]Es war aber Bethanien nahe bei Jerusalem, etwa 15 Stadien. Es waren aber viele von den Juden zu Martha und Maria gekommen, um sie zu trösten wegen des Bruders usw.

Aber die Juden kommen erst wegen der johanneischen Passionsgeschichte herein. Und das johanneische Mißverständnis gehört auch nicht in die ursprüngliche Erzählung. *Diese könnte etwa so gelautet haben:*

[1]Es war aber einer krank: Lazarus von Bethanien, aus dem Dorf der Maria und Martha, ihrer Schwester. [3]Es sandten nun die Schwestern an ihn die Botschaft: Herr, es ist krank, den du liebst. [4]Als das Jesus hörte, [6]blieb er an dem Ort, wo er war, zwei Tage. [7]Danach sagte er zu seinen Jüngern: Unser Freund Lazarus ist gestorben, aber wir wollen zu ihm gehen. [18]Es war aber Bethanien nahe bei Jerusalem, etwa 15 Stadien. [20]Als nun Martha hörte, daß Jesus kam, ging sie ihm entgegen; Maria aber saß im Hause. [21]Da sagte Martha zu Jesus: Herr, wärst du hier gewesen, mein Bruder wäre nicht gestorben. [22]Und nun weiß ich, daß Gott dir alles geben wird, was du erbittest. [33]Jesus [34]sagte: Wo habt ihr ihn hingelegt? [35]Sie sagte zu ihm: Komm und sieh! [38]Es war aber eine Höhle, und ein Stein war davor gelegt. [39]Jesus sagte: Nehmt den Stein fort! Da sagte Martha zu ihm: Herr, er riecht schon. Denn er ist den vierten Tag tot. [43]Da rief Jesus mit lauter Stimme: Lazarus, komm heraus! [44]Heraus kam der Verstorbene, gebunden an Füßen und Händen mit Binden, und sein Gesicht war mit einem Schweißtuch bedeckt. Jesus sagte: Macht ihn frei und laßt ihn gehen!

*Brown* I 429 war mit Recht auch mit der Lösung von *Bultmann* nicht zufrieden. Statt ihrer schlug er vor: die isoliert überlieferte Geschichte kommt aus früherer Tradition. Der „pädagogische Genius" hat mit ihr die öffentliche Tätigkeit Jesu enden lassen. – Am reichsten sind zweifellos *Schnackenburgs* II 530–544 Überlegungen im Exkurs über das eschatologische Denken im JE. Sie gehen tiefer, als es sonst geschieht, auf die Probleme der präsentischen und futurischen Eschatologie ein. Aber es bleibt die Frage, ob die futurische Eschatologie – mit der Martha rechnet – sich wirklich so mit der präsentischen verbinden läßt, wie es *Schnackenburg* zu meinen scheint.

Man hat längst gemerkt, daß sich unsere Perikope mit anderen Stellen in den synoptischen Evangelien berührt, besonders im Lukasevangelium. Das trifft schon für den Namen Lazarus zu, der – wie wir schon sahen – die Gräzisierung des abgekürzten Namens Elazar (Gott hat geholfen) ist, der im palästinischen Talmud zu Lazar abgekürzt wird. Wir kennen diesen Namen vor allem aus dem lukanischen Gleichnis vom reichen Mann und armen Lazarus (Lk 16,19–31). Der Reiche bleibt hier anonym, aber der Arme heißt, in prophetischer Vorwegnahme seines schließlichen Geschicks: „Gott hilft." Aber das lukanische Gleichnis berührt sich darüber hinaus noch enger mit der Auferweckungsgeschichte des Lazarus. In Lk 16,30f. heißt es nämlich: Auch wenn Lazarus von den Toten erweckt würde und wieder ins Leben zurückkäme, würden sich die Juden nicht, wie der Reiche in der Qual erhofft, zur Buße bewegen lassen. Das entspricht genau Joh 11,45–53, wo die unbußfertigen Juden beschließen, den auferweckten Lazarus und den auferweckenden Jesus zu töten. D. h. aber: In Joh 11 wird eben das Wirklichkeit, was in Lk 16,30f. als bloße Möglichkeit in einer Erzählung Jesu auftaucht: Lazarus wird von den Toten auferweckt, aber die Juden tun nicht Buße, sondern sinnen auf Mord. – Jedoch nicht nur Lazarus, sondern auch seine beiden Schwestern Martha und Maria werden im Lukasevangelium erwähnt: Lk 10,38–40 erzählt, daß sie beide in einem – nicht genannten – Dorf leben (vgl. Joh 11,1). In der lukanischen Geschichte ist Martha unaufhörlich mit dem διακονεῖν beschäftigt; in Joh 12,2 heißt es dementsprechend von ihr: ἡ Μάρθα διηκόνει. Bei Maria geht die Entsprechung nicht so weit. Immerhin heißt es von ihr in Lk 10,39, daß sie ruhig im Hause zu Jesu Füßen sitzt, und in Joh 11,20: ,,sie saß zu Hause". Freilich eilt sie dann zu Jesus. – Aber außer diesen Beziehungen gibt es auch andere. Lk 7,36–50 berichtet, daß eine Sünderin Jesus salbt und seine (von ihren Tränen benetzten) Füße mit ihrem Haar abwischt. Auf eine entsprechende Szene spielt nun aber Joh 11,2 an: Maria habe Jesu Füße gesalbt und mit ihrem Haar abgewischt. Diese Geschichte wird dann in Joh 12,1–8 ausführlich erzählt, und zwar sei das bei einem Gastmahl im Dorf Bethanien erfolgt. Der Ort der Handlung ist bei Lukas eine anonyme πόλις, in Mk 14,3 und Joh 12,1 aber Bethanien. Lukas bringt zu Mk 14,3–9 kein Gegenstück. Vielleicht nahm er an, die Salbungsgeschichte von Kap. 7 sei die bessere Variante der markinischen Salbungsgeschichte. – In dieser Lage hat man sich mit der anscheinend naheliegenden Annahme geholfen, daß Johannes die synoptischen Evangelien – oder doch wenigstens das eine oder andere – gekannt und benutzt hat. Besonders *Hirsch* hat mit dieser Hypothese gearbeitet. Nach seiner Meinung hat der große Schriftsteller und Dichter Johannes aus den synoptischen Evangelien jeweils passende Züge oder Einzelheiten entnommen und in freier Wiedergabe seinem Werk einverleibt.

1938 hat *Gardner-Smith,* St. John and the Synoptic Gospels (bes. z. St. 42–50), eine kleine, aber überzeugende Studie veröffentlicht. Er weist nach, daß der vierte Evangelist keins der synoptischen Evangelien, geschweige denn alle drei, gekannt und benutzt hat (vgl. zustimmend *Dodd, Noack* und *J. Jeremias*). Überdies wäre das Zusammenfließen solcher Einzelheiten sowieso schwer verständlich. Dann muß man sich aber dazu entschließen, hier ganz andere Möglichkeiten ins Auge zu fassen, vor allem die: Wir bekommen hier den Wandel der mündlichen Tradition zu spüren. Dafür spricht besonders zweierlei.

Einmal haben schon manche Forscher (z. B. *H. J. Holtzmann,* Das schriftstellerische Verhältnis des Johannes zu den Synoptikern; *Schniewind,* Die Parallelperikopen bei Lukas und Johannes; *.Bailey,* The Tradition Common to the Gospels of Luke and John) bemerkt, daß besonders zwischen dem dritten und vierten Evangelium Beziehungen bestehen, und zwar von sehr verschiedener Ausdehnung und Art. Um nur eine oben nicht angeführte zu erwähnen: Lukas kennt bereits Abschiedsreden Jesu an die Jünger. In diesem Fall wird man kaum zu der Auskunft greifen, Johannes habe das dritte Evangelium gelesen und sich von ihm anregen lassen.

Zweitens aber gibt es Beobachtungen, die uns zeigen: Lukas und Johannes sind die spätesten Evangelien (wenn *Noack* nur auf die mündliche Tradition hinweist und daraus folgert, Johannes sei gleich früh wie Markus und habe zuerst die mündliche Tradition gesammelt, so scheitert das an dem sogleich zu nennenden Beispiel). Wenn Lk 7 und Joh 12 erzählen, eine Frau habe Jesus gesalbt, so stimmt das mit Mk 14 überein. Aber Mk 14,3 ist es eine ungenannt bleibende Frau, und sie salbt Jesu Haupt, Lk 7 benetzt eine Sünderin beim Mahl Jesu Füße mit ihren Tränen und wischt sie mit ihrem Haar ab; dann salbt sie sie. Joh 12,3 salbt Maria die Füße Jesu und wischt sie mit ihren Haaren ab. Hier sieht man, wie eine Überlieferung zersagt und zugleich erweitert wird (der Name der Salbenden wird genannt: Maria). Das ist keine Frühform. Auch daß Lazarus in Joh 11,44 nicht wie ein geliebter Freund und Bruder der beiden Schwestern behandelt wird, sondern ähnlich wie die Tochter des Jairus in Mk 5,43, zeigt uns, daß die johanneische Lazaruserzählung eine längere Vorgeschichte hinter sich hat.

Nun muß man sich von Vorurteilen freimachen, die als solche oft gar nicht bewußt werden. Die Tatsache, daß Matthäus und Lukas beide Markus benutzt haben, legt die Vermutung nahe, daß die mündliche Jesusüberlieferung mit den sog. Großevangelien abgeschlossen war. Der Papyrus Egerton 2 zeigt uns, wie ein neues Evangelium aus sehr verschiedenen – auch außersynoptischen – Traditionen von einem Sammler von Jesusgeschichten verfaßt werden konnte. Die mündliche Überlieferung hat lange neben der schriftlichen existiert. Wir haben oben in § 1 der Einleitung (S. 8f.) das von Euseb, h.e. III 39,3, erhaltene Papiasfragment zitiert. Eben dieser Papias hat eine in der syrischen Baruchapokalypse erhaltene jüdische Legende in einer vergröberten Form als ein vom Jünger Johannes tradiertes Jesuswort überliefert. Man hat eben sowohl das Spruchgut wie den geschichtlichen Stoff nicht uniformiert erhalten; oft sind es nur die eindrucksvollsten Worte und Formulierungen, die sich solchem Wandel widersetzen. Dabei sind neue Bildungen, Sprüche und Geschichten – oder doch wenigstens ähnliche – entstanden.

Einige Forscher sind allerdings überzeugt, Jesus habe, wie später die Rabbinen, mit seinen Jüngern schon jene Überlieferungen memoriert, die sie weitergeben sollten. Aber wie müßten die Evangelien aussehen, wenn Jesus so wie die Rabbinen um den Wortlaut seiner Worte besorgt gewesen wäre? Man braucht nur die Bergpredigt bei Matthäus und die Feldrede bei Lukas zu vergleichen oder die Wandlungen zu beobachten, welche die Geschichte vom Hauptmann von Kapernaum von Mt 8,5–13 über Lk 7,1–10 bis Joh 4,46–54 durchgemacht hat. Dann sieht man: die Geschichte der Tradition war nicht nur ein literarischer Prozeß. Was wir an schriftlichen Angaben über den Redestoff und die Erzählungen in den Evangelien besitzen, das dürfte weithin nur als die eine oder die andere Momentaufnahme des Überlieferungsflusses zu beurteilen sein, wie er gerade diese oder jene Gemeinde, diesen oder jenen Evangelisten erreicht hat und von ihm aufgefaßt und weitergegeben wird. Den Wunschtraum des Vinzenz von Lerinum von dem ,,quod semper et ubique et ab omnibus creditum est", darf wenigstens die kritische Wissenschaft nicht weiterträumen. Es läßt sich freilich nicht immer leicht ausmachen, ob ein Evangelist mit seiner Überlieferung frei umging oder ob er eine andere benutzt hat als sie sich sonst findet.

Aber an dieser Stelle hat noch ein anderer Faktor mitgewirkt und den Blick für die Probleme der Tradition, der mündlichen Tradition und ihres Wandels getrübt. Es scheint auf der Hand zu liegen, daß eine von einem Evangelisten benutzte Überlieferung („eine Quelle"!) älter sein muß als dieses Evangelium und darum dem berichteten Ereignis näher. Darum dieser Eifer der Quellensucher, wie er zu Zeiten die Forschung als das vermeintlich wichtigste Problem beherrscht hat. Es ist aber keineswegs gesagt, daß eine von einem Evangelium verwertete Tradition schon die älteste ist. Wir kennen doch in den wenigsten Fällen den genauen Verlauf der synoptischen Tradition und die Zwischenstationen, die er berührt hat. Damit hängt etwas anderes zusammen: man war oft zu schnell bereit, – man denke an *Schwartz* und *Wellhausen* – von einem „Urbericht" oder Urevangelium zu sprechen, wo nur wahrscheinlich war, daß ein Evangelist ein früheres „Evangelium" benutzt hatte. Die uns zugänglichen Angaben über das „Leben Jesu" sind nur wie der Gipfel eines Eisbergs, dessen eigentliche Masse unsichtbar unter Wasser liegt. Die Erwähnung von Chorazin in Mt 11,21 und Lk 10,13 bezeugt z. B. die Lückenhaftigkeit der für uns noch greifbaren Überlieferung.

Nicht jeder „Evangelist" hat alles gewußt, was alle anderen überliefert haben. Das wird gerade in der Lazaruserzählung deutlich. Hätte Markus diese erstaunlichste aller Wundergeschichten gekannt, die das Neue Testament enthält, er hätte sie seinen Lesern nicht vorenthalten (vorausgesetzt, daß er sie in seinem Jesusbild hätte dulden können). Die Lazarusgeschichte ist relativ spät entstanden und sogar im JE nicht unverändert geblieben. Damit stehen wir vor der Frage: Wie hat der vierte Evangelist die ihm (vermutlich schriftlich als Bestand eines Evangeliums) vorliegende Lazarusgeschichte verstanden? *Wellhausen* 51 hat an Joh 11,25f. anknüpfend die Bemerkung gemacht: „Wenn das gilt, so ist die Auferweckung des Lazarus höchst überflüssig. Der Spruch der die Pointe von 21–27 ist, raubt dem Ganzen alle Bedeutung." *Wellhausen* war gewiß ein Forscher hohen Ranges. Aber er hat das Problem, an das hier sein Spaten rührte, nicht gehoben. Tatsächlich ist die Geschichte von Lazarus, die der Evangelist hier nacherzählte, in gewissem Sinn für seinen Zweck höchst ungeeignet. Lazarus kehrt ja einfach in sein altes Erdenleben zurück. Es ist in gewissem Sinn ein innerweltliches Geschehen, das sich an ihm in dieser Auferweckung vollzieht. Er wird vermutlich wieder bald sterben, wie Joh 12,10 nahelegt. Nirgends wird mit einem Wort angedeutet, daß sich sein Verhältnis zu Gott durch diese Auferstehung verändert hat. *Eckhardt,* Der Tod des Johannes 11–28, hat in verzeihlichem Eifer versucht, das Fehlende nachzuholen: Jesus habe den Lieblingsjünger Johannes erweckt, von dem man dann meinte, er werde nicht mehr sterben. Hier wird die Lazarusgeschichte weitergedichtet, nicht viel anders, als wäre sie nach vielen Jahrhunderten neu erzählt worden. Eingegriffen hat der Evangelist in die ihm überlieferte Lazarusgeschichte wohl nur in V. 23–27. Es genügte ihm, daß er hier die für ihn allein wichtige Erkenntnis zur Geltung brachte, auf die in seinen Augen die Lazarusgeschichte anschaulich und le-

bendig zwischen ihren Zeilen hinwies: Die volle Verbundenheit mit Gott ist
für den Christen nicht etwas das sich einst irgendwann jenseits von Grab und
Verwesung einstellen kann. Vielmehr finden wir „ewiges Leben" schon hier
und jetzt, nämlich die Verbundenheit mit dem Vater Jesu in ihrer ganzen
Fülle und Seligkeit. Einen verborgenen Hinweis – der aber durch V. 25f.
enthüllt wird – sah der Evangelist in der Lazarusgeschichte. Darum hat er sie
übernommen. Einen kleinen Fingerzeig hat er ihr eingefügt, wie der Geschichte vom βασιλικός in 4,48f. oder in der Thomasgeschichte in 20,29.
Aber auch die Geschichte von der Heilung des Blindgeborenen (Kap. 9) ist
wichtig als Hinweis darauf, daß Jesus das Licht der Welt ist und als solches
auch anerkannt werden soll.

Manche Forscher nehmen an, daß der Evangelist in diesen Geschichten
bloße Symbole gesehen habe. Aber ein Symbol leistet gerade das nicht, was
der Hinweis-Charakter dieser Geschichte zu leisten vermag. Man kann die
Hinweisfunktion (σημεῖα) dieser Geschichten mit dem Aufleuchten des
Blinkers in einem Auto vergleichen, das signalisiert: Jetzt wird der Wagen
seine Richtung ändern. Der reale Vorgang des Blinker-Aufleuchtens ist
durchaus verschieden von der Richtungsänderung des Wagens. So ähnlich
brauchte der Evangelist reale Vorgänge, oder was er für solche hielt, die
hinweisen konnten auf das „ganz andere".

Dem Evangelisten war nicht daran gelegen, eine Reihe von Szenen zu
dichten, sondern wirklich geschehene Ereignisse zu erzählen. Für ihn war
das Erdenleben Jesu die Erscheinung des unsichtbaren Vaters in seinem
sichtbaren Sohn. Die wahre Jesusbotschaft war für ihn und alle, denen der
Geist zuteil wurde, verborgen – offenbar in diesem Erdenleben Jesu: verborgen für den, der diesen Hinweis nicht verstand (auch wenn er fest geglaubt
hätte, daß Jesus einen verwesten Lazarus wieder lebendig gemacht hatte), offenbar für den, welchem der Geist die Augen öffnete für diesen Hinweis auf
den jenseitigen Sinn des diesseitigen Geschehens.

Daß der Evangelist ein „Evangelium" vorfand, das zunächst er allein zu
lesen verstand, war sein Glück und sein Unglück zugleich. Denn diese von
einem großen Dichter verfaßte Evangeliumsschrift, die von Wunder zu
Wunder führte, war verfaßt worden von einem, für den die Göttlichkeit Jesu
hier greifbar, beweisend erzählt wird. Es war das Unglück für den Evangelisten, daß dieses von ihm als Hinweis benutzte „Evangelium der Wunder"
dennoch als eine Sammlung wirklicher Wundergeschichten verstanden
wurde. Dann waren die Wunder Jesu nur Vorgänge in der alltäglichen Welt,
die nicht zu Gott emporführten, vermeintliche Beweise, wie die Thomasgeschichte ohne den letzten Vers, der den Thomasglauben gerade korrigierte.
Zum Buch der Kirche ist es nur geworden, als ein Redaktor die schlimmsten,
d. h. die höchsten Botschaften des Evangelisten, auf das gesündere, normale
Christentum einigermaßen zurückgebracht hatte, freilich seinerseits durch
Zusätze, wie wir sie in Kap. 5 so deutlich gefunden haben.

Die Schwierigkeit, die das vierte Evangelium den Auslegern bereitet hat, liegt darin begründet, daß der Evangelist ein ,,Wunderevangelium" zum Träger seiner eigenen Botschaft gemacht hat, für die ein Wunder als solches – und wäre es die Auferweckung eines schon Verwesenden – ein Geschehen innerhalb der irdischen Wirklichkeit bleibt und bedeutsam nur für den wird, der in diesen irdisch bleibenden Ereignissen Hinweise sieht auf das nicht mehr Irdische. Freilich mißverstehen Jesu Jünger immer wieder alles, was Jesus sagt und tut. Denn (vgl. 7,39) solange der Geist noch nicht gegeben ist, müssen die Menschen, wie die Juden, Jesus in seinem ganzen Tun und Sprechen als innerweltliche Ereignisse mißverstehen. Jesus ist freilich Fleisch geworden, damit die Glaubenden in ihm den Vater sehen. Aber während seines Erdenlebens müssen seine Jünger wie Philippus 14,8 ihn bitten: ,,Herr, zeige uns den Vater!" Darauf antwortet Jesus: ,,Solange bin ich bei euch und du hast mich nicht erkannt, Philippus? Wer mich gesehen hat, hat den Vater gesehen!" Aber dieses Sehen wird erst möglich, als der Auferstandene zu den Jüngern kommt und zu ihnen spricht: ,,Friede sei mit euch! Wie mich der Vater gesandt hat, so sende ich euch!" Und mit diesen Worten hauchte er sie an und sagte zu ihnen: ,,Empfanget den heiligen Geist!" Hier ereignet sich auf einer höheren Stufe jenes Geschehen, das im Alten Testament von der Schöpfung des Menschen in Gen 2,7 gesagt ist: Gott haucht dem irdischen Menschen seinen Geist ein. Das Erdenleben Jesu hat für Johannes also den Sinn einer Offenbarung des unsichtbaren Vaters, die als solche erst sichtbar wird nach ihrem Abschluß im Kreuz und dem Empfang des Geistes.

Darum war Johannes alles andere als ein Doketist. Wer ihn, wie *Käsemann* in seiner Schrift ,,Jesu letzter Wille" zu einem naiven Doketisten macht, wird Opfer einer verhängnisvollen Verwechslung. Es gibt allerdings im vierten Evangelium – aber auch schon in den drei anderen Evangelien – einzelne Züge, in denen Jesus wie ein θεῖος ἀνήρ dargestellt wird, oder, um *Käsemanns* Worte zu gebrauchen, wie ein Gott, der über die Erde schreitet. In dem ausgesprochenen ,,Wunderevangelium", das Johannes u. E. seinem eigenen Evangelium zugrunde gelegt hat, mag man noch etwas öfter diesen Eindruck haben. Aber weder die Synoptiker noch Johannes haben wegen solcher Züge doketische Anwandlungen gehabt. Sie waren alle davon überzeugt, daß in Jesus von Nazareth ein Gottwesen ein richtiger Mensch geworden war und ein wirkliches Menschenleben geführt hatte bis zum Tod am Kreuz. Wer die Kreuzigungsgeschichte zu einem bloßen Symbol macht, zu einer bloßen Bedeutsamkeit, zu einem Ereignis, das sich nie ereignet hat, der konstruiert ein Frühchristentum, das es nie gegeben hat. Es hat sich freilich eine Verschiebung vollzogen von Jesu Kreuzeswort bei Markus (,,Mein Gott, mein Gott, warum hast du mich verlassen?") über Lukas (,,Vater, in deine Hände empfehle ich meinen Geist") zu Johannes (,,Es ist vollbracht"). Aber das reicht noch nicht aus, um Johannes zu einem Doketen zu machen. Er glaubt an den wahren Menschen Jesus, der zugleich der Gottessohn ist. Damit ist er für die spätere Dogmengeschichte so wichtig geworden.

## 27. Der Todesbeschluß des Synhedriums

[45]Da wurden viele gläubig von den Juden, die zu Maria gekommen waren und gesehen hatten, was er getan hatte, an ihm. [46]Einige aber von ihnen gingen fort zu den Pharisäern und sagten ihnen, was Jesus getan hatte. [47]Da beriefen die Hohenpriester und Pharisäer ein Synhedrium ein und sagten: „Was sollen wir tun? Denn dieser Mensch tut viele Zeichen. [48]Lassen wir ihn so gewähren, werden alle an ihn glauben, und die Römer werden kommen und uns den Ort und das Volk nehmen." [49]Einer aber von ihnen, Kaiaphas, welcher der Hohepriester jenes Jahres war, sagte zu ihnen: „Ihr versteht nichts [50]und ihr bedenkt nicht, daß es für euch besser ist, wenn einer für das Volk stirbt und nicht das ganze Volk zugrunde geht." [51]Das aber sagte er nicht von sich selbst, sondern als Hoherpriester jenes Jahres prophezeite er, daß Jesus für das Volk sterben sollte, [52]und nicht nur für das Volk, sondern damit er auch die verstreuten Kinder Gottes sammele. [53]Von jenem Tage an beschlossen sie, ihn zu töten. [54]Jesus nun wandelte nicht mehr öffentlich umher, sondern er ging von dort fort in das Land nahe der Wüste in eine Stadt namens Ephraim, und dort blieb er mit den Jüngern.

[55]Nahe war aber das Passa der Juden, und viele zogen hinauf nach Jerusalem aus dem Lande vor dem Passa, damit sie sich heiligten. [56]Da suchten sie Jesus und sprachen miteinander, im Tempel stehend: „Was dünkt euch? Er wird sicher nicht zum Fest kommen." [57]Aber die Hohenpriester und die Pharisäer hatten Befehle gegeben, es anzuzeigen, wenn jemand seinen Aufenthalt wüßte, damit sie ihn ergriffen.

**Literatur:**

*Albright, W. F.,* The Ephraim of the Old- and New Testament, JPOS 3 (1923) 36–40.

*Bammel, E.,* Joh 11,45–47, in: The Trial of Jesus, FS. C. F. D. Moule, 1970, 11–40.

*Barker, M.,* Caiaphas' Words in Jn 11,50 refer to Messiah ben Joseph, in: Trial of Jesus, FS. C. F. D. Moule, 1970, 41–46.

*Dodd, C. H.,* The Prophecy of Caiaphas: John 11,47–53, in: ders., More New Testament Studies, 1968, 58–68.

*Ensfelder, J. T.,* Die Weissagung des Hohenpriesters Kaiphas – ein exegetischer Versuch über Joh XI, 50–51, ThJb(T) 1 (1842) 792–800.

*Glusman, E. F.,* The Cleansing of the Temple and the Anointing at Bethany: The Order of Events in Mark 11/John 11–12, SBL.SP 1979. 1., 113–118.

*Grimm, W.,* Das Opfer eines Menschen. Eine Auslegung von Joh 11,47–53, in: FS. S. ben Chorin, Trier 1978, 61–82.

*Ders.,* Die Preisgabe eines Menschen zur Rettung des Volkes (Joh 11,50), in: Josephus-Studien, FS. O. Michel, Göttingen 1974, 133–146.

*Hofius, O.,* Die Sammlung der Heiden zur Herde Israels (Joh 10,16; 11,51f.), ZNW 58 (1967) 289–291.

*Pancaro, S.,* „People of God" in St. John's Gospel? (John 11,50–52), NTS 16 (1970) 114–129.

*Schwank, B.,* Ephraim in John 11,54, BEThL 44 (1977) 377–384; ebenso in: EuA 51 (1975) 346–351.

*Schepens, P.,* Pontifex anni illius (Joh 11,49.51; 18,14), RSR 11 (1921) 372–374.

*Widengren, G.,* The Gathering of the Dispersed, SEA 41/42 (1976/77) 224–234.

*Windisch, H.,* Der 2. Korintherbrief, Göttingen ⁹1924, Neudruck 1970.

■ **45** Das Wunder wirkt zugleich Glauben und Unglauben: Viele jüdische Augenzeugen aus der Schar der Trauergäste bei Maria (Martha wird hier nicht erwähnt) werden gläubig. Vermutlich geht hier der Text der Vorlage weiter (s. d. Gesamtbesprechung). Man erkennt jetzt, wie wichtig diese Zeugen für unsere Erzählung sind: sie versichern den Lesern, daß dieses Wunder sich wirklich ereignet hat.

■ **46** Einige Juden aber gehen zu den Pharisäern, die hier als die eigentlichen Feinde Jesu gelten. Das widerspricht der lukanischen Darstellung, entspricht aber wohl den Verhältnissen, die sich nach Ostern allmählich entwickelten. Daß diese Zeugen ungläubig bleiben auch angesichts dieses Wunders, zeigt, wie verstockt sie sind. Genauer wird das Verhältnis dieser Denunzianten zu den Pharisäern nicht dargelegt; dem Erzähler ist diese Einzelheit unwichtig.

■ **47** Die Hohenpriester und die Pharisäer (die hier als Regierungsbehörde erscheinen) berufen nun den Hohenrat ein, der aber zunächst ratlos ist. Denn das Wunder kann man nicht leugnen. Der Ausweg, es als von Beelzebub gewirkt zu erklären, tritt nicht ins Blickfeld (vgl. Mk 3,22). Aber man sieht im Wunder keinen Beweis für Jesu Messianität. Man macht sich einfach die Lage klar, wie sie sich bei nüchterner Betrachtung ergibt, nämlich nach der Meinung des Erzählers, der sich in die Situation der ungläubigen Juden versetzt: ,,Dieser Mensch" – eine verächtliche Bezeichnung, welche die Nennung des Jesusnamens vermeidet – ,,tut viele Wunder" (σημεῖα). Das bestätigt dem Leser aufs neue, daß die Auferweckung des Lazarus wirklich geschehen ist, erklärt aber zugleich die eigenartige Logik, nach der gerade dieser Erfolg Jesu seine Tötung schließlich nötig macht.

■ **48** führt das aus: Wenn man Jesus weiter so wirken läßt, werden endlich alle an ihn glauben (nämlich als den Messias) und es wird eine politische messianische Bewegung entstehen, die Jesus als König Israels verehrt. Die Folge wird sein, daß die Römer eingreifen, den ,,Ort" (= Tempel) besetzen und das Volk der regierenden Klasse fortnehmen. Der in der Auslegung oft zitierte Gedanke, daß der Lebensspender gerade weil er Leben spendet, sterben muß, taucht im Text nicht auf: die Auferweckung wird nur als großes Wunder gewertet, das seinen Eindruck auf die Masse nicht verfehlen wird, zumal ihm andere Wunder folgen werden. Die vom Erzähler dargestellten Leiter der Juden denken rein politisch-innerweltlich. Die religiöse Bedeutung des Wunders kommt für sie nicht in Sicht. Daß im Judentum das Wunder nicht gegen das Gesetz ausgespielt werden konnte – jedenfalls nicht im rabbinischen Judentum – spielt hier keine Rolle.

■ **49** In dieser schwierigen Situation bringt Kaiaphas (der von 18–36 amtierte) die Entscheidung als ,,der Hohepriester dieses Jahres". Ob damit nur gesagt sein soll, daß er gerade der damals regierende Hohepriester war (ohne daß damit etwas über die Dauer seines Amtes bestimmt wäre), oder ob der Erzähler meint, daß die Hohenpriester jedes Jahr wechselten, (sie wurden in Wirklichkeit auf Lebenszeit gewählt, aber von den Römern oft schon nach kurzer Amtsführung abgesetzt), wird nicht ganz deutlich. *Bultmann* 314 Anm. 2 tritt für das zweite ein: Der Genitiv ,,jenes Jahres" sei ,,schwerlich temporaler Genitiv mit der Bedeutung ,in, innerhalb' " (*Blass-Debrunner* § 186,2), sondern setze voraus, ,,daß die Person des Hohenpriesters jährlich wechselte, wie es bei heidnischen Hohepriester-Ämtern in Syrien und Kleinasien der Fall war" (vgl. *Bauer* 156). Da die Art, wie der Erzähler die Pharisäer als Amtspersonen darstellt, unzutreffend ist, spricht viel dafür, daß die in V. 49 und 18,13 vorkommende Formel im Sinne *Bultmanns* zu verstehen ist. Warum der Erzähler ihn als den derzeitigen Inhaber dieses Amtes den Lesern vorstellt, macht erst V. 51 deutlich.

■ **50** Kaiaphas wirft den Ratsmitgliedern fehlende Einsicht vor: Sie bedenken nicht, daß es besser ist, wenn ein Mensch für das Volk stirbt und nicht das ganze Volk untergeht. Das ist an sich eine kühle Rechnung, bei der einfach vorausgesetzt wird: der einzelne ist weniger wert als das Volk. Wenn statt ἔθνος nun das Wort λαός stünde, könnte man in dieser Aussage eine religiöse Begründung finden: Es geht alles darum, daß das auserwählte Volk als solches erhalten bleibt, wozu auch seine (relative) Selbständigkeit unter einem theokratischen Regiment gehören würde. Aber das will der Erzähler den Kaiaphas nicht sagen lassen. Dem Hohenpriester geht es nur, wie dem Hohenrat überhaupt, um die eigene Macht.

■ **51** Nun entdeckt der Erzähler aber doch so etwas wie einen religiösen Beweggrund für dieses Wort, freilich einen sehr anderen, als in V. 50 angedeutet war: Als der Hohepriester dieses Jahres hat Kaiaphas, ohne das zu ahnen, prophetisch den göttlichen Plan ausgesprochen, der hinter dem Tod Jesu stand. Es war wirklich besser, daß Jesus für das Volk starb, als daß alle starben. Hier deutet der Erzähler die Heilsbedeutung an, die der Tod Christi hat; aber er deutet sie auch nur an. So wird es nicht völlig deutlich, ob er an einen Sühnetod Jesu denkt oder eine andere Art von Stellvertretung.

■ **52** Aber es geht bei Jesu Tod nicht bloß um das jüdische Volk, sondern um die über die ganze Erde verstreuten Gotteskinder, die zu einer neuen, großen Einheit versammelt werden sollen – das Wort ,,Kirche" fällt nicht. Jesu Tod hat also in dem Sinne eine universale Bedeutung, daß er allen Christen zugute kommt.

■ **53** Von diesem Tage an steht fest (zu βουλεύομαι s. *Blass-Debrunner* § 392,1a), daß man Jesus töten wird. Vielleicht kreuzen sich hier zwei Gedanken: 1. von dem Tage an überlegte man, wie man Jesus beseitigen könne, und 2. an diesem Tage wurde der Beschluß gefaßt, ihn zu töten.

■ **54–57** Jesus (dem das dank seines wunderbaren Wissens nicht verborgen bleibt) hält sich nun nicht mehr offen unter den Juden auf, d. h. innerhalb Judäas, sondern er geht von dort fort in das Land nahe der Wüste, nach einer ,,Stadt" namens Ephraim, wo er mit seinen Jüngern bleibt. Damit wächst die Spannung der Erzählung: die tödliche Gefahr ist sichtbar geworden. Wie wird sich Jesus nun weiter verhalten: Bleibt er in seinem Versteck, wo er sicher ist, oder kehrt er doch wieder nach Jerusalem zu den Juden zurück? – Über diese ,,Stadt Ephraim" hat man sehr viel gerätselt. Zum Versuch von *Guilding,* The Fourth Gospel and Jewish Worship 143–153, die Erwähnung einer solchen Stadt zu erklären, s. meine Besprechung: ThLZ 86 (1961) 670–672. – Josephus erwähnt BJ IV 9,9 (§ 551) ein ,,Städtchen" Ephraim nahe bei Bethel, das *Billerbeck* II 546 mit dem getreidereichen Chapharajim identifizieren will, das in der Mischna Ephrajim heißt. Dagegen denkt *Soggin,* BThHWb I 421, an eine nicht weit von Baal Hazor (2Sam 13,23) gelegene Ortschaft, die vielleicht keine andere sei als das 1Makk 11,34 genannte Apherema. *Dalman,* Orte und Wege Jesu 231–235, rät auf ,,das heut eṭ-ṭaijibe genannte Dorf, etwa 7 Kilometer nordöstlich von Bethel". Der Name wandelt sich in der weiteren Tradition: D spricht von einer χώρα Σαμφουριν = Sepphoris, Chrysostomus t.VIII 390c bietet Ἐφρατά. *Hirsch,* Studien 25, nimmt hinter ,,Land" einen verderbten Namen an, der sich nicht mehr rekonstruieren läßt.

● Die Auslegungsgeschichte dieses Abschnittes zeigt, von welch verschiedenen Gesichtspunkten her die Forscher sie behandelt haben – wir müssen uns begreiflicher Weise auf eine kleine Auswahl beschränken.

*Wellhausen* 54 ist, wie auch sonst, wieder auf der Suche nach dem gelobten Land, d. h. für ihn: der Grundschrift. Ihr waren – dessen ist sich *Wellhausen* gewiß – die vielen Wunder ebenso fremd wie der Hohepriester Kaiaphas und die Opferidee in V. 50–52. In Wirklichkeit seien die Flucht Jesu nach Peräa (10,40) und die nach Ephraim (11,54) Varianten. Daraus folge aber, daß der Synhedrialbeschluß eingeschoben ist, ,,um den Wechsel der Zufluchtsstätte zu ermöglichen. Zuerst ging Jesus nach Peräa. Nach dem Auftreten der Behörde gegen ihn fühlte er sich dort aber nicht mehr sicher und begab sich an einen entlegeneren Ort am Rand der Wüste". Erst ganz zuletzt sei die Lazarusgeschichte in die Mitte zwischen die Varianten gestellt worden. – D. h. aber: *Wellhausen* geht von der Hypothese einer Grundschrift aus, welche dem geschichtlichen Hergang nahestehe, und entwickelt von da aus eine Geschichte der Tradition, die an dem seidenen Faden jener Hypothese hängt.

Anders *Schwartz* III 173, der Meister im Entdecken von ,,Aporien im vierten Evangelium". Er wendet gegen V. 54 ein: ,,Also war Thomas' Wort 11,16 eitel Renommisterei und das Synhedrium sehr dumm; denn es läßt sich den gefährlichen Mann entgehen . . ." – Im Grund verwendet *Schwartz* dasselbe Verfahren wie sein Freund *Wellhausen:* Er setzt ebenfalls eine Grundschrift voraus, nur daß er skeptisch über die Möglichkeit denkt, sie wiederzugewinnen zu können. Im Eifer, einen schlimmen Widerspruch zwischen 11,16 und 11,54 zu finden, übersieht er, daß der Erzähler sich die Lage anders denkt: Erst durch die Auferweckung des Lazarus wird die Todesgefahr für Jesus so groß, daß er bis an den Rand der Wüste ausweicht. Der Anteil, den die Komposition des Erzählers an der Darstellung hat, kommt ihm als solcher überhaupt nicht zu Gesicht.

*Bultmann* 313 Anm. 2 dagegen erklärt wie *Finegan,* Die Überlieferung der

Leidens- und Auferstehungsgeschichte Jesu 40f., V. 45–54 „für eine johanneische Bildung, der keine Quelle zugrunde liegt". Wie sich diese Erfindung des Evangelisten zu V. 11 verhält, den der Evangelist ebenfalls redigiert haben soll (303 Anm. 6), wird nicht besprochen.

*Strathmann* 174 sieht sich „zu der Annahme gedrängt, daß es sich auch bei diesem Kapitel gar nicht um eine buchstäblich zu nehmende geschichtliche Begebenheit handelt, sondern um eine unter Verwendung und Ausgestaltung synoptischer, besonders lukanischer Überlieferungselemente frei gestaltete symbolische Erzählung, welche mit Hilfe eines einzigartigen ‚Zeichens‘ die Wahrheit des die exklusive Heilsbedeutung Jesu auf knappsten Ausdruck bringenden Verheißungswortes an Martha (V. 25.26) . . . noch einmal einprägen und zugleich zeigen will, daß er als Opfer gerade dieser seiner Sendung und Bedeutung gestorben ist". Dieses Kapitel „enthüllt seine Kraft erst, wenn wir es aufgeben, uns mit einem apologetisch-historischen Verständnis abzuquälen! Wir sollten diese veraltete Apologetik um so mehr fahrenlassen, als dabei doch nie eine wirkliche Überzeugung, sondern höchstens eine Beschwichtigung herauskommt". Aber der Gedanke *Strathmanns,* daß der Jünger Johannes tiefsinnige Symbolgeschichten erfunden haben soll, um die erlebte Bedeutung seines Meisters auszudrücken, hat keine Überzeugungskraft, sondern ist selbst ein letzter apologetisch-historischer Versuch, der nur eine Beschwichtigung zu geben imstande ist, wenn überhaupt das.

Eine solche Apologetik macht sich aber auch bei *Brown* I 440 geltend, wenn er aus 18,13 schließt, der abgesetzte Hohepriester Annas habe immer noch Einfluß besessen, und aus seiner Erwähnung ein Anzeichen intimer Kenntnis gewinnt. Angesichts solcher Kenntnis wiederum könne das Wort über Kaiaphas als den Hohenpriester jenes Jahres keinen Irrtum über die jüdischen Institutionen verraten. Das „Samphourin" von D will Brown als Verderbnis von „schem Ephrajim" (= dessen Name Ephraim ist) erklären. In dem Bericht über die Flucht nach Ephraim findet er eine geschichtliche Erinnerung, obwohl er, wie *Dodd,* The Prophecy of Caiaphas 58–68, darin eine Geschichte sieht, der es allein auf die Aussage von V. 50 ankommt: „Es ist besser, daß ein Mann für das Volk stirbt, als daß das ganze Volk zugrunde geht."

*Hirsch,* Evangelium 294, urteilt: „Soweit der Verfasser hier nicht frei gestaltet, sondern Überlieferungen verarbeitet hat, handelt es sich um späte Überlieferungen legendären Charakters. Die Verhandlung des Hohen Rats in dieser Lektion ganz frei zu ersinnen, lag keineswegs außerhalb seiner Möglichkeiten. Er läßt einfach wie immer die handelnden Personen die ihm als gegeben scheinenden Motive aussprechen und trifft gewiß nicht ganz am Richtigen vorbei." Aber (296) „es entspricht" den Verhältnissen im damaligen Palästina „gut, wenn der Verfasser den Hohen Rat . . . von der Sorge beherrscht zeigt, eine messianische Erhebung unter Jesus könnte zur Zerstörung des Tempels und zur Vernichtung der Herrschaft des Hohen Rates über die Judenschaft führen". Darin liege aber eine doppelte Ironie: 1. Jesus wird vom Unglauben als politischer Messias mißverstanden. 2. Was der Hoherat aber fürchtet, ist im Jahre 70 doch eingetreten. Die Hierarchie will politisch handeln. Aber weil sie nur an der Erhaltung des kirchlichen Bestandes und Machtbereiches interessiert ist und von vorbeugen wollender Angst getrieben wird, führt sie schließlich das herbei, was sie vermeiden will. Das Wort des Kaiaphas drückt an sich kühle Glaubenslosigkeit aus, welche den Zweck die Mittel heiligen läßt: die Erhaltung der jüdischen Religionsgemeinschaft rechtfertigt den Justizmord. Aber in diesem Wort drückt der Erzähler zugleich das tiefe christliche Erlösungsgeheimnis aus: Jesus stirbt für die Menschen. ,,Kaiaphas wird von Gott zum Propheten gebraucht, ohne es zu ahnen" (297). Wer sich vor Gott verschließt, wird dennoch von Gott als Werkzeug benutzt (298). ,,Gott" ist, ,,ob wir es gleich nicht begreifen können, dennoch allein wirkende Wahrheit und Liebe . . ." (299).

Versucht man die hier angedeuteten Exegesen ihrem Ziel nach zu ordnen, so ergeben sich drei Gruppen. Manche Forscher – etwa *Wellhausen* und *Schwartz* – bemühten sich vor allem darum, die Entwicklung des uns vorliegenden Textes zu rekonstruieren. Andere bemühten sich – hier kann man etwa auf die Namen von *Guilding* und *Brown* hinweisen – das wirklich hinter den Texten stehende Geschehen mit den Texten zu versöhnen. Wieder anderen schließlich ging es darum, den theologischen Aussagegehalt des Textes herauszuarbeiten. Dabei zeigt sich nun gerade bei *Bultmann, Strathmann* und *Hirsch,* daß, wer das dritte Ziel ansteuert, fast notwendig dazu geführt zu werden scheint, im Text weithin eine reine Komposition des Verfassers zu sehen.

An dieser Stelle aber wird der Widerspruch gegen diese dritte Tendenz wach: Es zeigen sich Elemente, die auf Benutzung von Tradition hindeuten, und zwar solche von formaler wie von inhaltlicher Art. Zur ersten gehört das Auftauchen des für den Erzählungsstil charakteristischen Wortes οὖν in 11.1.3.14.16.17.20.21.31.33.36.38.45.47.54, das sich in 11,56 und 12,1.2.3. 7.9 fortsetzt. In dem besonders dem Evangelisten zugeschriebenen Stück V. 23–27 fehlt dieses οὖν. Daß es in der Dramatik der Verse 41–44 nicht zu erwarten ist, dürfte einleuchten, ohne daß damit diese Verse dem Evangelisten zugeschrieben werden müßten. Inhaltlich dem Evangelisten fremd ist die Konstatierung der vielen Wunder in V. 45 und 47f., die Glauben erwekken sollen (wenn auch nicht bei allen bereits jetzt), weiter der Gedanke, daß der Hohepriester als solcher von Gott zum Propheten gemacht wird, ohne daß er darum weiß, und die Erwähnung einer Flucht Jesu in die Stadt Ephraim, die keine reine Erfindung des Evangelisten sein kann.

Aber das eigentliche Problem des 11. Kapitels ist mit alledem noch nicht wirklich in Sicht gekommen. Es liegt in seiner Bedeutung für die Komposition des JE. Diese unterscheidet sich gerade bei dem Beginn der Passionsgeschichte tief von den Synoptikern. Bei diesen wird zwar in den Streitgesprächen und in der eschatologischen Rede Jesu deutlich, daß eine unerhörte Spannung diese Jerusalemer Tage vor dem Passa beherrscht, gar nicht zu sprechen von den drei Leidensankündigungen Jesu. Aber warum die Hohenpriester und Ältesten Jesus eigentlich gefangen nehmen, diese Frage bleibt – auf der menschlichen Ebene, unterschieden vom Geheimnis des Gotteswillens – unbeantwortet. Erst Jesu Bekenntnis vor dem Hohenrat, das dieser als todeswürdige Lästerung empfindet, soll den hinreichenden Grund für das Todesurteil abgeben, das freilich die Römer bestätigen und vollziehen müssen. Aber diese Begründung ergibt sich sozusagen erst hinterdrein, nach der Gefangennahme, nicht vorher. Hier liegt also in gewissem Sinne bei den Synoptikern eine Lücke vor, wenn sie auch die frommen Leser nicht gefühlt haben. Anders steht es beim JE.

Allerdings muß man, um die nicht ganz einfache Gedankenführung recht zu erkennen, an dieser Stelle sorgfältig unterscheiden zwischen dem JE und seiner ,,Vorlage". Wir haben bisher immer wieder feststellen können, daß zwischen dem vom Evangelisten benutzten Material – das wir uns als ein ihm vorliegendes ,,Wunder-Evangelium" vorstellen – und der Bearbeitung dieses Materials durch den Evangelisten eine tiefe Differenz besteht. Das benutzte Material hebt immer wieder die Wunder Jesu in ihrer Vielzahl und Größe als Beweise seiner wahren Würde und Macht hervor. Der vierte Evangelist dagegen sieht in den Wundern nur Hinweise auf das ,,ganz andere", nämlich daß Jesus die Macht hat, den Seinen das wahre Gottesverhältnis zu erschließen.

Bleiben wir zunächst bei dem ,,Material" der vermuteten Vorlage, zu der die Lazarusgeschichte aller Wahrscheinlichkeit nach gehört. Sie beschreibt das größte der Wunder, die Jesus tut. Gibt es von da aus eine gedankliche Brücke zu der eigentlichen Passionsgeschichte, die mit der Verhaftung beginnt und mit dem Kreuz endet? Zunächst scheint dieses Lazaruswunder keinen Anlaß zu einer Verhaftung und Hinrichtung des Wundertäters zu enthalten. Aber in Joh 11,45–54 läßt sich erkennen, wie der Erzähler (also der Verfasser der Vorlage) sich den Zusammenhang zwischen diesem Wunder und dem Prozeß Jesu zurechtgelegt hat. Es ist nicht das Lazaruswunder als solches, das den Hohenrat zum ,,Todesbeschluß" veranlaßt. Vielmehr zeigt 11,47f., daß einmal die Auferweckung des Lazarus als solche als Beispiel für die vielen Wunder aufgefaßt wird, die Jesus getan hat, und daß der Hoherat zweitens erwartet, Jesus werde weiter solche Wunder vollbringen. Das paßt durchaus zu der Grundhaltung der Vorlage, wie wir sie immer aufs neue wahrgenommen haben. Aber aus all diesen Wundern Jesu, den schon geschehenen und den noch zu erwartenden, ziehen nun – nach dem Erzähler – die Synhedristen eine Folgerung, die alles weitere bestimmt: Wenn man Jesus weiterhin so viele Wunder tun läßt, dann werden alle Juden an ihn glauben. Das entspricht allerdings nicht ganz dem, daß weder der Hoherat sich durch die Auferweckung des Lazarus bestimmen läßt, noch auch alle Augenzeugen des Wunders gläubig werden. Manche von diesen gehen ja (11,45) gerade zu den Pharisäern und denunzieren Jesus. Aber wir wollen diese Nebenfrage nicht weiter verfolgen, die offensichtlich dem Erzähler keine Schwierigkei-

ten bereitet hat. Er zieht vielmehr aus dem vom Hohenrat befürchteten
Glauben aller Juden an Jesus den weiteren Schluß, daß die Römer eingreifen
und den regierenden Hierarchen den Tempel und die ihnen noch verbliebene
Herrschaft über das Volk nehmen werden. Warum aber werden die Römer
sich zu solchen Maßnahmen veranlaßt sehen, wenn alle Juden zum Glauben
an Jesus kommen würden? Hier ist ein Gedanke nicht ausgesprochen, der
doch vorausgesetzt wird: Dieser Glaube des Volkes wird ein Glaube an Jesus
als den Messias sein, als den ,,König Israels" (eine Formulierung, die nicht
nur in der Passionsgeschichte des JE eine große Rolle spielt, sondern auch bei
den Synoptikern auftaucht: Mk 15,9ff.; Mt 27,11; Lk 23,2f. als einen nationalen Messias. Das hat besonders in Lk 23,2f. eine deutliche Parallele.

Hier stehen wir nun vor einer weiteren Frage. Wir haben bisher immer
noch davon gesprochen, daß der Erzähler die Lage in dieser Welt sieht und
deshalb so darstellt. Wie kommt er aber zu dieser Darstellung? Einen Fingerzeig für die Antwort finden wir in Joh 6,14f. Hier erkennt Jesus, daß ihn
die Menge auf Grund der wunderbaren Speisung zum König machen will,
und entzieht sich dem durch die Flucht auf den Berg. D. h. hier geschieht
nach der Darstellung des Erzählers eben das, was der Hoherat befürchtet:
Die Menge will den, der das Brot wunderbar vermehren kann, zum König
(= Messias) machen. Hier klingt also schon ein Thema an, hier wird ein Ak-
kord angeschlagen, der in Kap. 11 nicht mehr so rasch verstummt wie in
Kap. 6, sondern zu seiner ganzen Bedeutung kommt. Die Verse Joh 6,14f.
sind also erheblich wichtiger, als man beim Lesen des 6. Kapitels ahnt.

Allerdings hatte der Erzähler bei dieser Begründung des Todesanschlags
ein Hindernis zu überwinden, das wir noch nicht ganz erwogen haben. Die
Sorge des Hohenrates, die Erfolge der (Wunder-)Tätigkeit Jesu würden zu
einem Konflikt mit Rom führen, und man müsse darum Jesus vorher beseitigen, scheint auch dem Erzähler noch nicht als durchschlagende ,,morali-
sche" Begründung der Ausschaltung Jesu genügt zu haben. Darum hat er in
der Kaiaphasrede das moralische Motiv durch ein verbreitetes Sprichwort
verstärkt, das er als solches freilich nicht zitiert. Im AT finden sich nur Vor-
stufen dafür: In 2Sam 20,20–22 und Jona 1,12–15 wird gefordert, daß der
eine Mann ausgeliefert werden soll, gegen den sich der Zorn Gottes oder der
überlegenen Feinde richtet. Was Jos. BJ II 103f. (von *Bultmann* angeführt) in
diesem Zusammenhang für eine Bedeutung haben soll, ist unklar. Auch
*Schlatter* 259 ist unergiebig. Dagegen gibt *Billerbeck* II 546 wirkliche Parallelen aus GenR 94 (60a): ,,Es ist besser, daß dieser Mann getötet werde, als daß
die Gesamtheit seinetwegen bestraft wird." Weniger gut paßt die Stelle
Midr.Sm 32 § 3 (71a): ,,Ist es nicht besser für euch, tausend Mann hinzugeben, als daß eure Stadt zerstört wird?" Ähnlich Midr.Coh 9,18 (46a) mit ähn-
lichem Sinn. *Windisch,* 2Kor 182f., hat Beispiele aus der griechischen und lateinischen Literatur beigebracht. Daß hier etwas aus einem anderen Zusammenhang verwendet wird, ergibt sich auch aus einem sprachlichen Merkmal: nur hier wird im JE für ,,Volk" das Wort ἔθνος verwendet; in der Stelle

Joh 18,14, die auf die Kaiaphasäußerung anspielt, ist dagegen von λαός die Rede.

Übrigens bleibt auch so noch eine gewisse Spannung bestehen. Kaiaphas redet ja vom jüdischen Volk. Aber die darin angeblich enthaltene Prophetie meint nicht die Juden, sondern die Christen. Diese Differenz wird dadurch verdeckt, daß im folgenden von den ,,Gotteskindern" geredet wird, einem Ausdruck, der im JE nur in 1,12 vorkommt, also einer u. E. nicht vom Evangelisten stammenden Stelle. Aber auch davon abgesehen ist die angebliche Prophetie fragwürdig, wie V. 52 zeigt. Es geht ja nicht nur um die bestehende Christenheit, sondern auch um die kommende.

Der Erzähler hat also in der Lazarusgeschichte nicht nur Jesu Macht an einem ganz besonderen Fall veranschaulicht, sondern zugleich dieses Ereignis als Ausgangspunkt dafür benutzt, daß der Hoherat anscheinend einen gewissen Grund dafür hatte, Jesus für immer zum Verstummen zu bringen. Damit ist die Lazarusgeschichte für den Erzähler in gewisser Weise zum Schlüssel für das Rätsel der Passionsgeschichte geworden. Der in der erbaulichen Auslegung oft hervorgehobene Zug, daß man den Lebensfürsten gerade deshalb getötet habe, weil er Leben schenkte, hat in unserem Abschnitt dagegen keinen Grund.

Soviel von der Komposition der Vorlage und ihrem Verständnis der Geschichte Jesu, speziell der Passionsgeschichte. Nun muß aber auch die zweite Frage beantwortet werden: wie die Lage für den Evangelisten aussah. Das ist nicht so schwer. Denn wie weithin zugegeben wird, hat der Evangelist die Vorlage in V. 23–27 unmißverständlich korrigiert. Das Lazaruswunder hat für ihn den Sinn, die Bedeutung Jesu als ,,Auferstehung und Leben" herauszustellen. ,,Auferstehung und Leben" aber sind keine ihm inhärent bleibenden Eigenschaften, sondern er vermag sie anderen mitzuteilen, und zwar nicht erst am Ende der Tage, sondern schon hier und jetzt. Gemeint ist dabei, daß Jesus das rechte Verhältnis zwischen Gott und den Menschen ermöglichen kann, soweit ihm ,,der Vater diese Menschen" gegeben hat. *Wellhausens* Spott, von dem wir oben berichteten, die Auferweckung des Lazarus sei überflüssig, wenn V. 25 gelte, zeigt nur, daß er die ,,Zeichen"-Bedeutung nicht verstanden hat, welche die Lazarusgeschichte für den Evangelisten besaß. Der Evangelist konnte die Lazaruserzählung an dieser Stelle durchaus billigen: Sie enthält das größte und abschließende Zeichen, das Jesus der Welt gibt. Zugleich aber zeigten V. 45–54, daß die Hohenpriester und Pharisäer das Zeichen nicht erkannten: Lazarus ist als φίλος Jesu der Prototyp des auserwählten Jüngers, den Jesus ins Leben ruft. Daß die Juden das Königtum Jesu mißverstanden, entsprach durchaus der Überzeugung des Evangelisten. Wie er den Königsanspruch Jesu auffaßte, hat er in der Pilatusszene 18,33–40 selbst ausführlich dem Leser angezeigt; 18,37 gibt er seine eigene Interpretation des Königtums Jesu. Die Juden und Kaiaphas handelten nicht wirklich aus Sorge um das auserwählte Volk, sondern aus Sorge um die eigene Macht: auch das war für den Evangelisten gegeben. Endlich war das Ausweichen

Jesu vor der drohenden Gefahr an einen entlegenen Ort wie Ephraim für den Evangelisten kompositionell durchaus akzeptabel. Denn es machte dem Leser klar, daß Jesus sich jederzeit retten konnte, wenn er wollte, daß er also aus freiem Willen in den Tod ging.

Über dem Suchen nach der theologischen Bedeutung der Sätze für die Vorlage und für den Evangelisten dürfen wir aber das historische Problem selbst nicht aus den Augen verlieren, das im NT zwar angedeutet, aber nicht wirklich behandelt wird: Hat die Jesusbewegung messianische Züge getragen und darum Jesus ans Kreuz gebracht? *Eisler* hat in seinem Buch ,,Ἰησοῦς βασιλεὺς οὐ βασιλεύσας" nachzuweisen versucht, daß Jesus tatsächlich als messianischer Revolutionär aufgetreten sei, den Tempel besetzt habe und von Pilatus besiegt und hingerichtet worden sei. *Carmichael* hat 1962 (The Death of Jesus) vor allem *Eisler* (und *Winter*) ausschreibend, diese Deutung wiederholt. Daß Jesus eine messianische Bewegung entfacht habe, findet in den Evangelien nur dürftige Anhaltspunkte: Unter den 12 Jüngern Jesu befand sich nach Lk 6,15 und Apg 1,13 ein ,,Simon ὁ ζηλωτής", wohl ein ehemaliges Mitglied der nationalistisch-religiösen Extremistenpartei. Vermutlich ist derselbe gemeint mit ,,Simon ὁ Καναναῖος" in Mt 10,4 und Mk 3,18; man muß dazu annehmen, daß das aramäische Wort nicht mit ,,Kanaanäer" zu übersetzen ist, sondern von ,,qenana" = ,,Eiferer" herkommt. Weiter kann man das Jesuswort anführen: ,,Ich kam nicht, Frieden zu bringen, sondern das Schwert" (Mt 10,34; Lk 12,51) und den rätselhaften Satz von den beiden Schwertern Lk 22,36; die Geschichte vom Schwertschlag bei der Gefangennahme Jesu (Mk 14,47; Mt 26,51; Lk 22,50; Joh 18,10); Jesu Klage über Jerusalem (Lk 23,27–31), seine Weissagung der Zerstörung des Tempels (Mk 13,2; Mt 24,2; Lk 21,6), das angebliche Tempelwort Jesu im Prozeß (Mk 14,58; Mt 26,61; Apg 6,14; Joh 2,19.21), und endlich die oft wiederholte Bezeichnung Jesu als ,,der König der Juden" im Prozeß bei allen Evangelisten. Man hat vielfach gemeint, all das verrate, daß Jesus wegen einer messianisch-politischen Bewegung hingerichtet worden sei; die Gemeinde aber habe diese belastenden Aussagen bis zur Unkenntlichkeit entschärft. Aber so einfach läßt sich der Tatbestand nicht erklären. Daß Jesus zu einer gewaltsamen unmittelbaren Aktion schritt, dem widersprechen die wichtigsten und durchgehenden Weisungen seiner Lehre (,,Liebet eure Feinde" u. ä.). Daß Jesus das Schwert bringt, heißt im Zusammenhang, daß der Anschluß an ihn die Einheit der Familien zerreißt – und das ist erst für die Zeit nach Ostern sinnvoll. Dasselbe gilt von der Weisung, sich ein Schwert zu kaufen: die Zeit der Verfolgung ist da. Damit verbunden hat Lukas das Wort von den beiden Schwertern, die erklären, wie es zum Widerstandsversuch bei der Verhaftung kam. Nachösterlich ist wohl die Weissagung der Tempelzerstörung, die sich steigert zum Wehe über Jerusalem und der christlichen Überzeugung, daß dessen Zerstörung die Strafe für die Tötung Jesu ist. Vor 70 erwartete man, daß in der messianischen Zeit der Tempel noch schöner werden würde. Nach 70 hofften die Juden, daß in den Tagen des Messias der

Tempel herrlich wiedererstehen werde. Dabei wurde meist Gott als Erbauer des Tempels gedacht. Aber in den Orac.Sib. V 420ff. ist es der Messias, der den Tempel neu baut. Ebenso lehren LevR. 9 (111a); NumR. 13 (168b), Midr.HL 4,16 (117b): *Billerbeck* I 1003–1005. Die in Lk 23,27–31 ausgesprochene Anklage, daß Jesu Tötung die Zerstörung Jerusalems bringen werde, beantworten die Juden mit der Gegenanklage, Jesus habe behauptet, er werde den Tempel zerstören und nach drei Tagen neu bauen, was nicht eintrat. Die Christen suchten auf verschiedene Weise diesem Wort den Stachel zu nehmen (vgl. auch die jüdische Tradition bei *Billerbeck* I 1027).

## 28. Die Salbung in Bethanien

[1]Jesus kam nun, sechs Tage vor dem Passa, nach Bethanien, wo Lazarus war, den Jesus von den Toten auferweckt hatte. [2]Da machten sie dort für ihn ein Mahl, und Martha bediente bei Tisch, Lazarus aber war einer von denen, die mit ihm zu Tisch lagen. [3]Da nahm Maria ein Pfund echten, kostbaren Nardenöls, salbte die Füße Jesu und trocknete seine Füße mit ihren Haaren; das Haus aber war voll vom Duft des Öls. [4]Es sprach aber Judas, der Iskariote, einer seiner Jünger, der ihn verraten sollte: [5]„Warum wurde dieses Öl nicht für 300 Denare verkauft und das Geld den Armen gegeben?" [6]Das aber sagte er nicht, weil ihm die Armen am Herzen lagen, sondern weil er ein Dieb war und als Kassenverwalter das, was einkam, unterschlug. [7]Da sagte Jesus: „Laß sie, damit sie es für den Tag meines Begräbnisses aufhebe. [8]Denn die Armen habt ihr immer bei euch; mich aber habt ihr nicht immer."

**Literatur:**
*Bevan, T. W.,* The Four Anointings, ET 39 (1927/28) 137–139.
*Bruns, J. E.,* A Note on John 12,3, CBQ 28 (1966) 219–222.
*Derrett, J. D. M.,* The Anointings at Bethany, StEv. II (1964) 174–182.
*Fortna, R. T.,* The Gospel of Signs, 1970, 149–152.
*Foston, H. M.,* Two Johannine Parentheses, ET 32 (1920/21) 520–523.
*Glusman, E. F.,* The Cleansing of the Temple and the Anointing at Bethany: The Order of Events in Mark 11/John 11–12, SBL.SP 1979. 1., 113–118.
*Haenchen, E.,* Der Weg Jesu, ²1968, 462–472.
*Holtst, R. A.,* The Relation of John 12 to the Socalled Johannine Book of Glory, masch. Diss. Princeton 1974.
*Jeremias, J.,* Mc 14,9, ZNW 44 (1952/53) 103–107.

*Kittlaus, L. R.,* Evidence from Jn 12 that the Author of John Knew the Gospel of Mark, SBL.SP 1979. 1., 119–122.
*Kleist, J. A.,* A Note on the Greek Text of St. John 12,7, CJ 21 (1925) 46–48.
*Kolenkow, A. B.,* The Changing Patterns: Conflicts and the Necessity of Death: John 2 and 12 and Markan Parallels, SBL.SP 1979, 1., 123–126.
*Kühne, W.,* Eine kritische Studie zu Joh 12,7, ThStKr 98/99 (1926) 467f.
*Legault, A.,* An Application of the Form-Critical Method to the Anointings in Galilee and Bethany, CBQ 16 (1954) 131–141.
*Lemonnyer, A.,* L'onction de Béthanie: Notes d'exégèse sur Jean 12,1–8, RSR 18 (1928) 105–117.
*Munro, W.,* The Anointing in Mark 14,3–9 and John 12,1–8, SBL.SP 1979. 1., 127–130.
*Prete, B.,* „I poveri" nel racconto giovanneo

dell'unzione di Betania (Gv 12,1–8), ASB 24
(1978) 429–444.
*Sanders, J. N.,* ,,Those whoms Jesus Loved":
Joh 11,5, NTS 1 (1954/55) 29–34.
*Schnackenburg, R.,* Der johanneische Bericht
von der Salbung in Bethanien, MThZ 1
(1950) 48–52.

*Sybel, L. von,* Die Salbungen, ZNW 23 (1924)
184–193.
*Weise, M.,* Passionswoche und Epiphaniewoche im Johannesevangelium, KuD 12 (1966)
48–62, bes. 51f.

Die Szene gehört zu jenem Material des JE, das Parallelen bei den Synoptikern hat: in Mk 14,3–9, Mt 26,6–13 und Lk 7,36–50. Während bei Markus
das Ereignis in Bethanien kurz vor dem Einzug in Jerusalem stattfindet, berichtet es Lukas als während der Tätigkeit Jesu in Galiläa geschehen. *Brown* I
449–454 geht ausführlich auf das Verhältnis der Berichte ein. *Dodd,* Tradition 162–173, hatte vermutet, daß hinter den drei Berichten ein und dasselbe
Ereignis lag. *Brown* entscheidet sich für die von *Legault,* Application
131–141, mitgeteilte Lösung von *Benoit.* Danach muß man zwei Ereignisse
unterscheiden: eins in Galiläa, eins in Bethanien. In Galiläa handelt eine Dirne; einer solchen sei es zuzutrauen, daß sie in der Öffentlichkeit ihr Haar lö-
ste. Dagegen in Bethanien habe Maria ihre Liebe zu Jesus in der kostbaren
Gabe ausgedrückt. Aber die zweite Geschichte sei von der ersten beeinflußt
worden. Tatsächlich liegt ein sehr kompliziertes Verhältnis von gegenseitigen Beeinflussungen der Traditionen vor. Berührungen mit den Synoptikern und Unterschiede von ihnen wechseln ab (s. Gesamtbesprechung).

■ **1** Nach Joh 12,1 kommt Jesus, der sich in der ,,Stadt Ephraim" aufgehalten hat (s. 11,54), sechs Tage vor dem Passa nach Bethanien. Dieses Datum spielt aber im folgenden keine Rolle; man wird vermuten dürfen, daß es
schon in der Vorlage des JE gestanden hat. Auf eine ,,heilige Passionswoche" weist hier nichts hin. Auf ,,am folgenden Tage" (12,12) folgt schon
,,vor dem Feste aber" (13,1) und nach den Abschiedsreden die Gefangennahme (18,1ff.). Lazarus wird als in Bethanien und beim Mahl anwesend erwähnt, aber nicht als Hausherr und Gastgeber. Der Zusatz ,,den er von den
Toten erweckt hatte", befremdet insofern, als diese Auferweckung ja gerade
zuvor in Kap. 11 erzählt worden war. Aber die Wiederholung der Wendung
in 12,9 läßt vermuten, daß dieser Zug mit der Erwähnung des Namens Lazarus schon fest verbunden war.

■ **2** Wie in Lk 10,40 versieht Martha den Tischdienst. Das war in der Lk-
Stelle verständlich, da er dort zum Wesen der Einladungsgeschichte gehörte.
Hier aber, wo ,,man" ein Mahl für Jesus veranstaltete, ist die Anwesenheit
dieser Frau (ebenso wie die der Maria) für judenchristliche Leser befremdlich; verständlich wird sie nur durch das Bestreben heidenchristlicher Tradition, möglichst viele ,,biblische Personen" zu vereinen. Auf solche Weise
wird die Überlieferung anscheinend mehr anschaulich.

■ **3** Dieser Zug beherrscht auch die weitere Schilderung. Nach Martha
wird nun Maria eingeführt, die im Laufe der Tradition (von ,,einer Frau"
Mk 14,3, zu einer ,,Sünderin" Lk 7,37ff. und zu der von sieben Dämonen be-
freiten Maria Magdalena Lk 8,2) zu der johanneischen Vorlage geführt hat.

Sie nimmt einen „römischen" Liter (327 gr) echter kostbarer Nardensalbe – vom Zerbrechen eines Alabastergefäßes ist hier keine Rede – und salbt damit Jesus. Bei dieser Szene werden nur einige Züge angedeutet; woher Maria mit einemmal dieses kostbare Salböl hat, auf eine solche Frage geht der Erzähler nicht ein: die Hauptsache ist, daß sie jetzt eine solche Salbung durchführen kann. Anscheinend war schon der Text der Vorlage nicht mehr in Ordnung. Denn daß Maria die Füße und nicht das Haupt Jesu salbt und obendrein die Salbe mit ihren offenen Haaren wieder fortwischt, paßt nicht zu der Sitte – höchstens eine Dirne läuft mit offenem Haar herum, und das ist Maria nicht, auch wenn sie Jesus hingegeben liebt. Daß das ganze Haus voll vom Duft des Nardenöls wird, zeigt, wie kostbar es ist. – *Hirsch,* Evangelium 303, versteht die Salbung als Dank für die Erweckung des Lazarus: „der Dank schwebt, ein unausgesprochen schweigendes Gebet, im Raume um Jesus . . . Die Geste der Maria hat in der grenzenlosen Phantastik des Herzens dennoch etwas Verhaltenes, weil Maria von Anfang an als in sich hineinschweigende Anbetung geschildert gewesen ist". Aber ist das nicht eine romantische Überinterpretation, die dem vierten Evangelisten ganz fernliegt, wie sich alsbald zeigen wird!

■ **4** Die unerwartete (und gegenüber der Fassung in Lk 7 uns überschwenglich anmutende) Ehrung durch die gläubige Maria steht in scharfem Gegensatz zu ihrem Tadel durch Judas. Er vertritt die Welt, die nur an den Geldwert denkt, wenn sie sich auch als fromm tarnt: Man hätte doch an die Armen denken sollen! Das sagt er, eben jener Jünger, der bald seinen Meister verraten wird. Damit wird der in der älteren Tradition schon angelegte Charakter des Verräters entlarvt, wie in

■ **5** offenbar wird: „Man hätte das kostbare Öl" – wem gehörte es eigentlich? Das ist egal – „für dreihundert Drachmen verkaufen und das Geld den Armen geben sollen!" – das klingt sehr fromm und voll christlicher Sorge für die Armen.

■ **6** Dem Leser wird ausdrücklich mitgeteilt, daß Judas in Wirklichkeit gar nicht an die Armen denkt, sondern an die 300 Denare – soviel verdiente ein Arbeiter für 300 Arbeitstage –, die man für dieses kostbare Öl sicher bekommen hätte. *An diese Summe* wird er, der betrügerische Kassenwart, nun nicht mehr herankommen. – Warum Judas den Herrn verraten hat? Das war eine Frage, welche die frühen Christen immer wieder geplagt hat. In Sach 11,12 meinte man dann die Lösung gefunden zu haben. Die dort genannte Summe ist hier freilich gesteigert, verzehnfacht worden. – Daß Jesus gerade den am wenigsten geeigneten Mann, einen Dieb, zum Kassenwart gemacht hat, das hat die Überlieferung an dieser Stelle nicht beunruhigt. Die vermeintliche Angabe bei Sacharja legte die apologetisch-psychologische Deutung der Prophetenstelle zu nahe und machte weiteres Nachsinnen unnötig.

■ **7** Jesu Antwort beginnt mit dem altüberlieferten Befehl: „Laß sie!" Begründet wird diese Weisung mit einer neuen Deutung der Liebestat Marias: Sie hat vorwegnehmend hier die Totensalbung vollzogen. Der Wortlaut ist allerdings schwierig: „damit sie es bewahre"? Nach *Schlatter* 64 sollen die Worte bedeuten: „damit sie den im Fläschchen zurückgebliebenen Rest für meine Leiche verwende." *Bultmann* 318 Anm. 4 ähnlich: „damit sie es auf den Tag meines Begräbnisses bewahre." Besserungsversuche finden sich bei ℵ pm, welche ἵνα streichen und τηρήσῃ durch τετήρηκεν ersetzt haben. *Schmiedel* hat eine Konjektur vorgeschlagen: man solle τηρήσῃ nach Mt 26,12 ersetzen durch ποιήσῃ („Denn indem sie dieses Salböl auf meinen Leib goß, hat sie meine Bestattung vollzogen"). Wie auch der älteste Text ausgesehen haben mag, vermutlich hat er die Tat der Maria als Vorwegnahme der Totenbestattung verstanden und gerechtfertigt. *Hirsch,* Evangelium 304: „der Dank an den, der dem Lazarus das Leben wiedergab, konnte nur die Totensalbung sein . . ." So wäre Maria „von allen Menschen, die Jesus im vierten Evangelium begegnen . . ., dem Geheimnis der Stunde am nächsten" gekommen.

■ **8** Der andere Bestandteil der Antwort Jesu folgt erst jetzt: „Die Armen habt ihr immer bei euch, mich aber habt ihr nicht immer." Dieses Wort ist von der Todesgewißheit Jesu erfüllt. Darum war es der Gemeinde so teuer; zeigte es doch, daß Jesus bewußt seiner Sterbestunde entgegenging und sie damit bejaht hat. Darüber vergaß oder überhörte man das andere, was doch auch hier mitklingt: Mit Jesus als einem menschlichen Du konnte man nur so lange umgehen, wie er noch hier auf der Erde weilte. Was Maria jetzt tut, nutzt die letzte Möglichkeit menschlicher Nähe und Verbundenheit. – *J. Jeremias,* Mc 14,9 103–107, hielt die Salbungsgeschichte erst für verständlich von der typisch palästinischen Unterscheidung her zwischen Almosen und Liebeswerk. Eine Geldgabe an die Armen wäre ein Almosen gewesen; die Totenbestattung aber war ein besonderes, höher bewertetes Liebeswerk. Die auf den Mk-Bericht bezogene Erklärung hat gegen sich, daß die Frau nicht wußte, daß sie eine Totensalbung vollzog. Aber auch der Gegensatz zwischen Almosen und Liebeswerk (das auch Toten erwiesen werden kann) steht gar nicht im Mittelpunkt der Geschichte, sondern der zwischen den Armen und Jesus. In der johanneischen Fassung geht es darum, daß man die Armen immer hat, daß man aber Jesus bald nicht mehr haben wird. Daß Jesus das Tun der Frau mit der rabbinischen Unterscheidung von Almosen und Liebeswerk, das einen höheren Wert darstellt, gerechtfertigt haben soll, ist ein Ausweg, den man nicht beschreiten sollte. Auf diese Weise – indem man Jesus zum Rabbi macht – wird die „palästinensische Echtheit" denn doch zu teuer bezahlt.

● Das Wort „Tradition" erweckt leicht den Eindruck, als handle es sich bei einer – zumal biblischen – Überlieferung um etwas Festes, Unveränderliches, um einen „heiligen Text", der unversehrt von Mund zu Mund und von Schrift zu Abschrift geht, – Papias hat (s. oben § 1 der Einleitung) diese Vorstellung gehabt. Unser Abschnitt kann uns von dieser irrigen Meinung abbringen. Eine Überlieferung ist vielmehr etwas Lebendiges und sich

Wandelndes, dessen Entwicklung man in günstigen Fällen verfolgen kann.
Das wird bei unserem Abschnitt besonders deutlich. Zwar erzählen uns Mk
14,3–9, Mt 26,6–13 und Joh 12,1–8 von einer Salbung Jesu vor der Passion in
Bethanien. Aber Lk besitzt in 7,36–50 die Geschichte einer Salbung Jesu, die
sich irgendwann vorher in einem nicht genannten Ort unter anderen Um-
ständen abgepielt hat und nur deshalb, trotz aller Unterschiede von Mk und
Mt, mit in Betracht gezogen werden muß, weil sie sich in einer Reihe von
Zügen mit der johanneischen Fassung berührt.

Das früheste Stadium dieser Geschichte, das uns erhalten ist, scheint in Mk
14 vorzuliegen. Hier wird als Ort der Handlung Bethanien bei Jerusalem genannt, genauer: das ,,Haus Simons des Aussätzigen''. Diese Angabe läßt
freilich verschiedene Deutungen zu. Das Haus kann früher einmal einem
Simon gehört haben, der aussätzig wurde und es nun verlassen mußte (denn
Aussätzige durften ja nicht innerhalb einer Ortschaft in Israel wohnen). Es
wurde aber weiter das Haus Simons genannt, nur mit dem Zusatz ,,des Aussätzigen''. In diesem Fall hätte der Erzähler eine gute Ortskenntnis besessen.
Man hat freilich auch vermutet, das Haus sei das Eigentum eines Aussätzigen
gewesen, den Jesus von seiner Krankheit geheilt hatte. Den Namen aber
habe es dennoch unverändert behalten (vgl. Mk 15,15a). Die Phantasie aber,
die während der Überlieferung neutestamentlicher Geschichten sehr lebendig tätig gewesen ist, konnte weiter zur Vermutung treiben, Simon habe aus
Dankbarkeit für seine Heilung durch Jesus dieses Festmahl veranstaltet. Um
ein solches muß es sich gehandelt haben, weil die Teilnehmer am Mahl (Mk
14,3) auf ,,Speisesofas'' gelegen haben, auf den linken Arm gestützt. Da man
ein gewöhnliches Mahl im Sitzen einnahm, muß es sich um ein Festmahl gehandelt haben.

Das klingt alles sehr plausibel. Aber das Haus könnte auch ehemals einem
Simon gehört haben, der es beim Anbruch seiner Krankheit verließ. Nun
hieß es nicht mehr ,,das Haus Simons'', sondern ,,das Haus Simons des Aussätzigen''. Vielleicht war er schon lange tot; Häuser behalten manchmal
lange ihre Namen. Von einer Heilung dieses Simon sagt unser Abschnitt
nichts, und damit wird auch die Deutung dieses Mahles als eines Ausdrucks
der Dankbarkeit für die Heilung fragwürdig. Wer zur Zeit Jesu in diesem
Haus wohnte und Jesus dorthin zum Mahl eingeladen hatte, kann aus der anscheinend so kenntnisreichen und zuverlässigen Überlieferung nicht mit Sicherheit entnommen werden. D. h.: wir wissen nicht, wer Jesus zum Mahl
eingeladen hatte und wie groß der Kreis der Gäste war. Es ist nicht einmal sicher, daß alle Gäste zu den Jüngern Jesu gehörten. Daß die salbende Frau
während des Mahls in das Haus gelangen konnte, deutet darauf hin, daß wir
uns keine strenge Auswahl der zugelassenen Gäste vorstellen müssen.

Von Mk erfahren wir nur, daß Jesus von einer hereingekommenen Frau
gesalbt wurde. Wer diese Frau war, was sie zu der Salbung trieb, erfahren
wir nicht. Der Tadel ihrer Tat durch ,,einige'' richtet sich nicht gegen sie als
Person. Daß sie eine ,,Sünderin'' ist, eine stadtbekannte Dirne, sagt der Text

nicht. Nach V. 8 könnte man vermuten, daß Jesus sie kannte. Aber auch das bleibt ein unsicherer Schluß. Gerade daß der Mk-Bericht mit seinen Angaben so sparsam ist, hat dazu geführt, daß die „Tradition" ihn bereicherte und dabei veränderte.

Die Frau brachte ein ἀλάβαστρον mit sich, ein Gefäß aus Glas, Ton oder Alabaster, in dem man flüssige Salbe aufbewahrte. Vor dem Gebrauch zerbrach man den langen, schlanken Hals und goß die Flüssigkeit – meist nur wenige Tropfen des sündhaft teuren Parfüms – dem Geehrten aufs Haupt. Gelegentlich hat man vermutet, die Frau habe das Alabastergefäß zerbrochen (V. 3), damit es nach diesem Dienst nicht wieder benutzt werde. Damit verkennt man die Unmöglichkeit, es mehrmals zu gebrauchen. Da die Frau das Salböl dem zu Tisch liegenden Jesus aufs Haupt gießt, muß sie an der Kopfseite des meist für drei Personen bestimmten Speisepolsters gestanden haben (die von Lk erzählte Salbung der Füße setzt voraus, daß sie hinter den Liegenden stand). Die Frau selber spricht bei ihrem Tun kein Wort, oder der Erzähler setzt voraus, daß darüber nichts zu sagen war. Die Erklärung, die Jesus selbst in V. 8 über die Salbung gibt, dürfen wir nicht als eine Beschreibung dessen auffassen, was die Frau selbst mit ihrer Tat bezweckte. Entscheidend wichtig war, wie Jesus sie verstand.

Überraschend ist für uns die Reaktion „einiger" zu dieser Salbung (V. 4f.). Sie, die Mitgäste, sind empört über diese Verschwendung. Der Erzähler verrät uns nicht, ob es sich bei ihnen um Jünger Jesu handelte. Sie finden, das köstliche Öl hätte verkauft werden und der Ertrag den Armen gegeben werden sollen. Mit keinem Wort wird angedeutet, daß dieser Tadel reine Heuchelei war; anscheinend war es die ehrliche Überzeugung der Männer, die hier zu Wort kam. Die „über dreihundert Denare" sind eine Schätzung des Erzählers, der den hohen Wert dieses Salböls durch eine große Summe veranschaulicht. Daß sie sich wegen dieser unerhörten Verschwendung aufregen, veranlaßt Jesus, *die Frau* in Schutz zu nehmen. Mit „laßt sie!" macht er zunächst der empörten Aufregung gegenüber der Frau ein Ende. Der Ausdruck „Mühe machen" deutet auf eine erregte Szene hin, wie sie sich bei temperamentvollen Orientalen durchaus vorstellen läßt. Daß der Protest gegen die Salbung Jesu eigentlich auch diesen selbst mit trifft, hat der Erzähler übersehen. Tatsächlich verteidigt sich Jesus ja auch, wenn er sagt, die Armen werden sie ja immer haben und könnten ihnen Gutes tun – wenn sie wollten (es fällt schwer, aus diesen Worten nicht die ironische Frage mit herauszuhören, ob ihre Sorge um die Armen ihnen wirklich aus dem Herzen kommt). Jedenfalls wird Jesus nicht immer bei ihnen sein. Durch dieses Wort bekommt die Erzählung – und das macht das Besondere darin aus – einen tödlichen Ernst. Von nun an schweigen die Tadler. Die Frau hat Jesus den letzten Liebesdienst erwiesen – ob sie das nun wußte oder nicht, ist nicht wichtig. Aber Jesus weiß es und sagt es. Die Frau hat überdies – so scheint der Erzähler die Lage zu verstehen – alles hergegeben, um die teure Salbe kaufen zu können. Aber darauf liegt nicht der eigentliche Ton, sondern auf der Enthüllung des Todesgeheimnises: die Frau hat die Salbung vorweggenommen, die eigentlich erst bei seiner Bestattung erfolgen sollte. Nach Mk 16,1 ist ja wirklich Jesu Leichnam nicht mehr gesalbt worden. Als die Frauen kamen, um ihn zu salben, war das Grab schon leer und die Zeit für eine Salbung war vergangen.

Zu unserer Überraschung aber läßt Mk die Geschichte nicht mit V. 8 enden, sondern fügt ein weiteres Jesuswort hinzu, das uns zunächst befremdet. Das feierliche „Wahrlich aber, ich sage euch, wo das Evangelium in der ganzen Welt verkündet wird, da wird man auch sagen, was sie getan hat, zu ihrem Gedächtnis". Den Namen dieser Frau erfahren wir nicht. So hoch Jesus sie ehrt, ihren Namen weiß Gott allein. Nicht dieser Name soll eigentlich hier gefeiert werden, sondern ihrer Tat soll weiter gedacht werden. So wie heute in vielen Ländern und Hauptstädten am Grab eines unbekannten Soldaten eine ewige Gedächtnisflamme brennt, so scheint auch hier eine Tat zum ewigen Gedächtnis herausgehoben zu werden. Aber die im Markusevangelium weiterlebende Tat ist etwas anderes. Sie preist nicht einen unbekannten Soldaten, der in der Verborgenheit des Kampfes gestorben ist, sondern eine unbekannte Frau, von deren ganzem Leben wir nichts wissen und deren Name in diese Vergessenheit mit eingeschlossen ist. Was weiterlebt, ist ihre Tat, die den Meister liebevoll ehrte in der Stunde, da noch niemand wußte außer ihm, daß es die letzte Wohltat und Liebe war, die ihm in diesem Leben erwiesen wurde.

Im Evangelium des Mt (26,6–13) wird die Geschichte noch sehr ähnlich erzählt, nur kürzer, wie es die Art des Mt ist, der sehr viel mehr Stoff in seinem Evangelium unterbringen wollte – man denke nur an die Menge des Redestoffes, die hier über Mk hinaus dargeboten wird. Das zwingt den ersten Evangelisten, auf alle epische Breite und lebendige Anschaulichkeit zu verzichten und sich streng auf das zu beschränken, was er für unentbehrlich hält. So kommt es zu dem kurzen Text von Mt 26: „Als Jesus in Bethanien war im Hause Simons des Aussätzigen, kam zu ihm eine Frau, die eine Alabasterflasche hatte mit sehr wertvoller Myrrhe, und sie goß es auf das Haupt des zu Tische Liegenden. Als es aber die Jünger sahen, wurden sie unwillig und sagten: ,Warum ist diese Verschwendung geschehen? Denn dies konnte für viel (Geld) verkauft und den Armen gegeben werden!' Jesus aber verstand sie und sprach zu ihnen: ,Was macht ihr der Frau Mühe? Denn sie hat ein gutes Werk an mir getan. Immer nämlich habt ihr die Armen bei euch; mich aber habt ihr nicht immer. Denn indem sie dieses Salböl auf meinen Leib goß, hat sie es zu meiner Bestattung getan.'" Und dann fügt auch Mt hinzu: „Wo dieses Evangelium verkündet werden wird in der ganzen Welt, wird auch gesagt werden, was sie getan hat, zu ihrem Gedächtnis."

So ähnlich auch Mt die Geschichte erzählt hat, einiges ist doch verändert: aus den unbekannten „einigen", von deren Empörung Mk gesprochen hatte, sind die Jünger geworden. Diese Änderung lag sehr nahe: Wer anders sollte an dem Mahl Jesu im Hause Simons des Aussätzigen weiter noch teilgenommen haben wenn nicht seine Jünger? Dazu muß gesagt werden: wir finden in den Evangelien immer wieder das Bestreben, anscheinende Leerstellen auszufüllen, indem man sich aus dem Kontext den fehlenden Inhalt geben läßt. Das geschieht auch hier auf eine sehr naheliegende Weise, indem die unbekannten Tadler, von denen Mk gesprochen hat, mit den unbekannten Jüngern identifiziert werden. Noch etwas anderes ist verändert worden. Die Frage, wieviel man wohl für dieses Salböl bekommen hätte, wird nicht mehr mit der Zahlenangabe „über 300 Denare" beantwortet. Auf die genaue Zahl kommt es nicht an; darüber etwas zu sagen hätte bloß auf etwas Nebensächliches abgelenkt. Genug, wenn schon gesagt wird „für viel (Geld)" (im griechischen Text noch einfacher: πολλοῦ). Den Zusatz „wenn ihr wollt" hat Mt fortgelassen; auch er konnte die Gedanken auf ein Nebengleis führen. Ganz unscheinbar ist die nächste Änderung bei Mt: indem der Erzähler das Wort γνούς einfügt („als Jesus es merkte"), dämpft er die laute Empörung ab, die sich bei Mk heftig hatte austoben können. Die Jünger haben in ihren Herzen „gesprochen"; λέγειν drückt nicht selten ein Sprechen in Gedanken aus. Weil es aber die Jünger sind, die sich bei Mk mit lauter Anklage empören, wird das Grobe der Szene hier abgemildert. Das hindert den Fortgang der Handlung nicht, denn Jesus merkt es schon, was sie so sagen oder doch sagen wollen.

Nach V. 7 hat die Frau die Salbe auf das Haupt Jesu gegossen. Aber in V. 11 sagt Jesus: Die Frau hat meinen Leib gesalbt. Dem entspricht Mk 14,3 und 8. Beide Evangelisten haben also bedacht, daß zur Totensalbung nicht bloß das Haupt, sondern der Leib gesalbt wird. Dementsprechend verstehen sie die Salbung des Hauptes hier als eine stellvertretende Salbung des (ganzen) Leibes. Das neue Verständnis der Salbung hat sie genötigt, bei der Schilderung der Salbung vom Haupt (κεφαλή) zu sprechen, den Text der Deutung durch Jesus aber sinngemäß (σῶμα) umzuformen.

Auch das dritte Evangelium enthält eine Salbungsgeschichte (Lk 7,36–50). Aber die spielt nicht in Bethanien am Eingang des Passionsabschnittes, sondern Jesus wird irgendwo (Nain wird 7,11 genannt) von einem Pharisäer zu einem Gastmahl eingeladen. Er nimmt die Einladung an und legt sich mit den anderen Tischgästen zum Mahl auf Speisepolster nieder. Das hört eine Hetäre in der Stadt, besorgt sich ein Alabastergefäß mit Myrrhensalbe, geht zum Haus des Pharisäers und tritt von hinten zu den Füßen der tafelnden Gäste heran. Als sie sich über Jesu Füße beugt, netzen ihre Tränen Jesu Füße. Sie wischt sie mit ihrem Haar fort, küßt und salbt die Füße. Der Konflikt entsteht nicht aus dem Tadel der (nicht genannten) Jünger an der Verschwendung, sondern aus den Gedanken des Pharisäers über Jesus. Wäre der ein „Prophet", so denkt der Gastgeber, „so müßte er doch wissen, wer und was für eine die Frau ist, die ihn berührt". Der unausgesprochene Vorwurf trifft unmittelbar Jesus selbst und nur mittelbar die Frau. Dem entspricht es, daß Jesus sich und im Zusammenhang damit die Frau verteidigt.

Noch geht alles mit der zwischen Gästen üblichen Höflichkeit zu. „Simon, ich möchte dir etwas sagen" und „Herr, sprich!" sind die Worte des Gastes und die Antwort des Gastgebers. Jesus erzählt eine kleine Geschichte von den zwei Männern, die die geliehenen Summen – 50 und 500 Denare – nicht bezahlen konnten, und daß der gütige δανειστής (Gläubiger) beiden die Schuld erließ; „wer wird ihn mehr geliebt haben?" Der Gastgeber Simon antwortet, wie erwartet: „Ich nehme an, der, dem er mehr geschenkt hat." Damit hat er sich selbst das Urteil gesprochen, wie Lk in V. 40–45 breit ausführt.

Dabei dürfte er aus der Mk-Tradition den Namen Simon für den anonymen Pharisäer und den Zug der Salbung (der ihm die Erweiterung der Anklage durch V. 46 erlaubte) entlehnt haben. Die nichtsynoptische Tradition, die vor allem benutzt wurde, scheint die Geschichte dahin verstanden zu haben, daß die Liebeserweisung der Frau an Jesus die Antwort auf die ihr von Gott (durch die Predigt Jesu?) gewährte Vergebung war. Die lukanische Fassung in V. 45 ist nicht so eindeutig (s. *J. Weiß*, Schriften des Neuen Testaments I ²1907, 450f.). Läßt man, wie billig, die Nennung des Namens Simon und das Salbungsmotiv ebenso dem Schriftsteller Lukas gehören wie die eines Rhetors würdige Gegenüberstellung der Sünderin und des Pharisäers (von βλέπεις V. 45 bis εἶπεν V. 48), dann bekommt man ein ungefähres Bild jener Überlieferung, die Lk neben einzelnen Zügen der Mk-Tradition benutzt hat. V. 49f. gehören ihm ganz an; V. 49 beweist, daß Jesus sogar noch mehr als ein Prophet war (ὃς καὶ ist eine bei Lk nicht seltene hellenistische Verstärkung des Relativums – z. B. Apg 1,11 οἵ καὶ εἶπαν – durch καὶ); V. 50 klingt wie eine Anleihe aus Mk 5,34. Daß ein Pharisäer als Vertreter der frommen Sitte einen Gast so schlecht behandelt hat (keine Gelegenheit zur Fußwaschung, kein Kuß; s. *Billerbeck* I 426f.), hatte in der Überlieferung kaum einen Anhalt, sondern ist von Lk aus dem Schweigen über diese selbstverständlichen Züge erschlossen worden. Lk 7,36ff. ist also ursprünglich keine Salbungsgeschichte gewesen.

Die Salbungsgeschichte Joh 12,1–8 gibt uns ein Beispiel, wie sich zwei Geschichten innerhalb einer langen Traditionsgeschichte gegenseitig durchdringen. Ein Motiv führt von der namenlosen Frau (Mk und Mt) und der „Sünderin" (Lk 7) zu Maria (Lk 10,38–42 und Lk 8,2) als der Salbenden. Die τινες des Mk wandeln sich über die „Jünger" bei Mt zu dem Verräter Judas. Dabei verschiebt sich der Akzent, wenn auch Jesus immer die Hauptperson bleibt. Mit der Bethanien-Tradition ist der Leidensgedanke verbunden, mit dem Gastmahl beim Pharisäer die Verbindung der Vergebung mit der dankenden Liebe. Beide Traditionen führen jeweils zwei Kontrastpersonen vor: die johanneische stellt Maria, die nur an Jesus denkt, dem Judas gegenüber, der nur an sich selbst denkt; die lukanische Fassung läßt die „Sünderin" über den Pharisäer obsiegen. Beidemal stellt Jesus die Wahrheit über die Menschen heraus, die ihm begegnen. Aber die johanneische Perikope hat einen ganz anderen Charakter. Sie stellt einen Wendepunkt dar. Noch befindet sich Jesus für eine rasch vergehende Zeit in Freiheit, umgeben von Freunden und Jüngern. Gewiß muß er auch hier mit Unverständnis ringen, und das Böse lauert schon auf den günstigen Augenblick. Eigentlich versteht Jesus allein diese Lage wirklich. Seine Rede vom ἐνταφιασμός zeigt dem Leser den dunklen Schatten der Passion. Gewiß, der Jubel, der bei seinem Einzug in Jerusalem aufbrausen wird, das Gefühl der Machtlosigkeit bei seinen Gegnern, als liefe ja doch alle Welt Jesus zu, können für kurze Zeit die Wirklichkeit verdecken. Tatsächlich aber hat die Wirksamkeit Jesu in der Welt bereits ihr Ende erreicht, und der Schluß von Kap. 12 wird die Klage bringen, daß doch trotz aller Wunder kein Glaube entstanden ist. Wer Ohren hat zu hören, vernimmt schon leise den Klang der Sterbeglocke.

## 29. Erwartung und Drohung

[9]**Da erfuhr die große Menge der Juden, daß er dort sei, und sie kamen nicht nur Jesu wegen, sondern auch um den Lazarus zu sehen, den er von den Toten erweckt hatte.** [10]**Die Hohenpriester aber beschlossen, auch den Lazarus zu töten,** [11]**weil seinetwegen viele Juden hingingen und an Jesus glaubten.**

**Literatur:**

*Faure, A.,* Die alttestamentlichen Zitate im vierten Evangelium und die Quellenscheidungshypothese, ZNW 21 (1922) 99–121, bes. 111.114.

*Soltau, W.,* Das vierte Evangelium in seiner Entstehungsgeschichte dargelegt, SHAW. PH 1916, 6. Abh. bes. 9. 12. 24. 26.

■ **9** *Innerlich unverbunden folgt auf die Mahlszene in Bethanien ein Übergangsabschnitt (V. 9–11).* Die Menge sind nicht die Festpilger, sondern die 11,18.31.45 erwähnten Juden, die das Wunder der Auferweckung des Lazarus mit angesehen haben. Sie sind in Jerusalem ansässig. Einige von ihnen hatten (11,48) die Pharisäer von der Auferweckung des Lazarus informiert. Aber auch der große Rest dieser Augenzeugen müßte inzwischen von Bethanien nach Jerusalem zurückgekehrt sein, da er sich ja (11,45) in der polis Ephraim verborgen hatte. Mit dem 12,17 genannten ὄχλος könnten sie an sich identisch sein; aber dagegen spricht V. 18, wonach sie von dem Wunder nur gehört hatten.

■ **10** Der *Erzähler* macht darauf aufmerksam, daß die Hohenpriester auch die Tötung des Lazarus planten. Für den Todesbeschluß des Hohen Rates gibt die vorangegangene Auferweckungserzählung das religiöse Motiv her: Die jüdische Verblendung will Jesus *wie Lazarus* gerade darum töten, weil er sich an *jenem* als der Lebensspender erwiesen hat. Die vom *Evangelisten* verwertete Tradition zeigt sehr deutlich ein Merkmal: für sie beweisen die Wunder Jesu unmittelbar und für jedermann sichtbar Jesu göttliche Würde, und es ist ein Zeichen unergründlicher Verstocktheit, daß Jesu Gegner sogar angesichts der Auferweckung einer schon in Verwesung übergegangenen Leiche den Glauben verweigern und nur überlegen, wie man den neu belebten Lazarus wieder ins Grab bringen könne.

■ **11** Die Erweckung des Lazarus bringt nach 11,45 viele zum Glauben; ebenso weist dieser Vers darauf hin. Weil das Vorhandensein des Lazarus für Jesus wirbt, muß auch er beseitigt werden.

● Diese drei Verse lassen sich kaum mit einem synoptischen Abschnitt vergleichen. Bei Mk und Mt hat die Salbungsgeschichte ihren Platz nach der Einzugserzählung. Die Salbung in Bethanien erfolgt also hier während des Wirkens Jesu in Jerusalem. Das, was die synoptische Tradition an Ereignissen in Jericho berichtet (Mk/Mt: Bartimäus; Bartimäus und Zachäus:Lk), hat kein Gegenstück im JE; aber auch all die Redestücke (Gleichnisse; Streitgespräche), welche die Synoptiker nach dem Einzug berichten, haben kein Gegenstück im JE außer der Salbungsgeschichte, die starke Berührungen mit Lk zeigt, wo sie aber in Nain lokalisiert ist. Bei Johannes folgt auf Kap. 12, dessen letzte Verse wie der Schluß eines Evangeliums wirken, in Kap. 13 die Erzählung vom letzten Mahl und der Ansage des Verrats. Daran schließen sich die sog. Abschiedsreden Jesu an (Kap. 14–17).

Man könnte also vermuten, daß das JE die große Lücke, die durch das Fortlassen der synoptischen Tradition über die Jerusalemer Reden entstanden ist, durch die ganz anders gearteten Abschiedsreden ausgefüllt worden ist. Es fragt sich allerdings, ob das JE bewußt auf die Lehrtätigkeit Jesu in Jerusalem verzichtet hat und dafür das gewaltige Redegut der Abschiedsreden aufgenommen hat.

Aber Johannes hat ja auch bis Kap. 12 im Grunde keinen der Synoptiker benutzt, sondern wesentlich als Zeichen verstandene Geschichten aus der nicht synoptischen Tradition aufgenommen. Da Johannes durch die Auferweckung des Lazarus die Katastrophe herbeiführen läßt, mußte er die Tempelreinigung nach vorn ziehen und brauchte – abgesehen vom letzten Mahl – keine Auseinandersetzung mit den Juden mehr berichten.

Die V. 9–11 leiten schon über zum Einzug Jesu in Jerusalem. Sie zeichnen die Spannung der Leute, die nicht nur Jesus sehen wollen, den großen Wundertäter, sondern auch den Lazarus, den er aus dem Grab wieder ins Leben zurückgerufen hat. Viele kommen seinetwegen und werden angesichts dieses Wunderbeweises gläubig. Darum beschließen nun die Hohenpriester, auch den Lazarus, diesen lebendigen Zeugen der Wunderkraft Jesu, zu töten. Wie das geschehen ist, ja ob überhaupt, erzählt das JE nicht. Wahrscheinlich ist diese naive Erzählung, die so erfüllt ist von der Freude am Wunder, schon vor dem Evangelisten erzählt worden. Denn für ihn ist ja diese Auferweckung ins irdische Leben nicht die wahre Erweckung zum ewigen Leben mit Gott, die Jesus mit der Gabe des Geistes spenden wird.

## 30. Der Einzug in Jerusalem

[12]Die Menge, die zum Fest gekommen war, hörte am folgenden Tage, daß Jesus nach Jerusalem kommt, [13]nahmen die Palmenzweige und zogen hinaus ihm entgegen und riefen: „Hosianna! Gepriesen sei, der da kommt im Namen des Herrn, und der König Israels!" [14]Jesus aber fand ein Eselchen und setzte sich darauf, wie geschrieben steht: [15]Fürchte dich nicht, Tochter Zion! Siehe, dein König kommt sitzend auf einem Eselsfüllen. [16]Das verstanden seine Jünger zunächst nicht, aber als Jesus verherrlicht war, da erinnerten sie sich daran, daß dieses über ihn geschrieben war und daß sie ihm das getan hatten. [17]Da bezeugte die Menge, die mit ihm war, daß er den Lazarus aus dem Grab gerufen und ihn von den Toten erweckt hatte. [18]Darum zog ihm auch die Menge entgegen, weil sie hörte, daß er dieses Zeichen getan hatte. [19]Die Pharisäer aber sagten zueinander: „Ihr seht, daß nichts hilft! Siehe, die Welt läuft hinter ihm her."

**Literatur:**

*Farmer, W. R.*, The Palm Branches in John 12,13, JThS 3 (1952) 62–66.
*Freed, E. D.*, The Entrance into Jerusalem in the Gospel of John, JBL 80 (1961) 329–338.
*Gyllenberg, R.*, Intaget i Jerusalem och JE uppbyggnad, SEA 41/42 (1976/77) 81–86.
*Haenchen, E.*, Der Weg Jesu, ²1968, 379.
*Holst, R. A.*, The Relation of John 12 to the Socalled Johannine Book of Glory, masch. Diss. Princeton Theological Seminary 1974.
*Patsch, H.*, Der Einzug Jesu in Jerusalem. Ein historischer Versuch, ZThK 68 (1971) 1–26.
*Smith, D. M.*, John 12,12ff. and the Question of John's Use of the Synoptics, JBL 82 (1963) 58–64.

● Der Einzug Jesu in Jerusalem wird verhältnismäßig kurz und an die Synoptiker erinnernd dargestellt. Das „Finden" des Esels erscheint nicht als Wunder, sondern als Erfüllung von Jes 40,9/Sach 9,9. Ausdrücklich wird hervorgehoben, daß erst die nachösterliche Gemeinde diese Vorhersage über Jesus entdeckt hat; also hat Jesus nicht bewußt ihre Erfüllung herbeigeführt. Zum erstenmal erscheint der in der johanneischen Passionsgeschichte eine große Rolle spielende Titel „der König Israels" für Jesus. Nur die ihm entgegenziehende Menge, nicht die Anhänger Jesu rufen dies. Er zieht ja nicht an der Spitze galiläischer Festpilger ein, sondern nur mit seinen Jüngern. Besonders hervorgehoben wird noch einmal das Lazarusgeschehen, was ihm viele Anhänger zuführt, so daß die Pharisäer seufzend resignieren: Es hilft alles nichts! Die ganze Welt läuft hinter ihm drein! Hier liegt nicht der johanneische Begriff von Welt vor. Auch sonst hat man den Eindruck, daß übernommenes Gut – einschließlich der Zitate – mitgeteilt wird. Daß hier eine besondere Quelle beginnt, wie *Bultmann* 319 meint, wird eigentlich durch nichts nahegelegt. Der Schluß der kleinen Perikope gibt schon den Anschluß für das Folgende. Dabei weitet sich der Begriff „die ganze Welt" von der Schar der begrüßenden Menge aus auf die Heidenchristen. Das besagt nicht, daß zwischen V. 19 und 20 ein Bruch bestehen muß (vgl. das zu V. 20 Ausgeführte).

Nach 12,1 findet der Einzug am fünften Tag vor dem Passa statt. Aber entsprechende weitere Zeitangaben, die eine heilige Woche ergeben würden, fehlen; 13,1 gibt nur an: vor dem Passa. Es lohnt, sich die synoptischen Parallelen zu verdeutlichen: Mk 11,1–10; Mt 21,1–11; Lk 19,29–38. Mk 11,1–7 erzählt ausdrücklich von der wunderbaren Beschaffung des Esels. Daß diese Szene fehlt, ist bezeichnend für den Unterschied zur johanneischen Darstellung überhaupt: Das JE läßt dieses ganze synoptische Material fort. Es wird nur die Mahlszene bringen und dann die langen Reden Jesu. Die Unterschiede setzen sich nach der Gefangennahme fort. Der Schwerpunkt liegt bei Johannes in der Darstellung der Aussprache zwischen Pilatus und Jesus. Sie beruht freilich nicht auf Tradition, sondern ersetzt eine solche. Die Ausbreitung der Kleider Mk 14,8 ist nicht erwähnt, ebenso der Umstand, daß die Folgenden mit Hosianna rufen. Auch der Einzug Jesu in Jerusalem ist bei Johannes von dem Lazaruswunder und dessen Folgen überschattet. In 12,1 wird Lazarus als Tischgast erwähnt, und 12,17 hebt die Bedeutung seiner Erweckung aufs neue hervor. Unter diesen Umständen versteht es sich fast von selbst, daß der Evangelist – falls seine Tradition ein Gegenstück zur Heilung des blinden Bartimäus enthalten hätte – dieses geringe Wunder nicht hätte beachten können. Aber es fragt sich eben, ob die ihm verfügbare Überlieferung der synoptischen analog zu denken ist. Jesus kommt **(V. 12)** nicht mit einer großen Pilgerschar zur Stadt, sondern nur von seinen Jüngern geleitet. Freilich zieht ihm die große Menge der Festpilger entgegen, als sie von seinem Kommen hört (V. 9), und empfängt ihn mit Palmzweigen und dem Ruf aus Ps 118,25f. Während Mk 11,10 sie vom kommenden Reich „unseres Vaters David“, Mt 21,2 wenigstens vom „Sohne Davids“ sprechen läßt, berührt sich **V. 13** am ehesten mit Lk 19,38, wo Jesus ebenfalls als König begrüßt wird. Vermutlich folgen Lukas und Johannes einer späteren Fassung der Geschichte, die allerdings schon durch das Hochspielen des Königstitels in der eigentlichen Leidensgeschichte schon bei Markus vorbereitet war. Dadurch, daß im vierten Evangelium die Salbung bereits vor dem Einzug erzählt wird und **V. 14** die Geschichte vom wunderbaren Finden des Esels in der äußersten Kürze („er fand“) wiedergegeben wird, wirkt der Bericht aufs äußerste gestrafft. Nur die beiden alttestamentlichen Zitate – Ps 118,25f. beim Einzugsruf und Jes 40,9, verbunden mit Sach 9,9 – erinnern die Leser daran, daß sich hier – zunächst freilich unerkannt **(V. 16)** – alttestamentliche Weissagung und damit längst angesagter Gotteswille erfüllt. Andererseits lenken **V. 17f.** nachdrücklich die Erinnerung auf die Erweckung des Lazarus zurück: diese ist es, welche die große Menge Jesus entgegenziehen läßt. Aber dieser Zug hat zugleich eine weitere Bedeutung: einmal macht er verständlich, weshalb **(V. 19)** die Pharisäer resignierend zueinander sagen: „Ihr seht, es ist alles umsonst: die Welt läuft ihm nach!“ Aber dieses Eingeständnis der Gegner (das sie doch nicht hindern wird, ihren Todesbeschluß gegen Jesus zu verwirklichen) bereitet zugleich den nun folgenden Abschnitt vor, der wieder einmal die weiteren Horizonte des vierten Evangeliums erkennen läßt.

## 31. Die „Griechen" und Jesu Rede über die Stunde der Verherrlichung

[20]Es waren aber einige „Griechen" unter den Festpilgern, die beim Fest (Gott) anbeten wollten. [21]Sie kamen zu Philippus aus Bethsaida in Galiläa und baten ihn: „Herr, wir wünschen Jesus zu sehen." [22]Philippus geht und sagt es Andreas; Andreas und Philippus gehen und sagen es Jesus. [23]Jesus aber antwortet ihnen: „Die Stunde ist gekommen, daß der Menschensohn verherrlicht wird. [24]Amen, Amen ich sage euch, wenn das Weizenkorn nicht in die Erde fällt und stirbt, bleibt es allein; wenn es aber stirbt, bringt es viele Frucht. [25]Wer sein Leben liebt, verliert es, und wer sein Leben in dieser Welt haßt, bewahrt es zum ewigen Leben. [26]Wenn jemand mir dient, soll er mir folgen, und wo ich bin, wird auch mein Diener sein. Wenn jemand mir dient, wird ihn der Vater ehren. [27]Jetzt ist meine Seele verwirrt, und was soll ich sagen? Vater, rette mich aus dieser Stunde? Aber dazu bin ich ja in diese Stunde gekommen! [28]Vater, verherrliche deinen Namen!" Da kam eine Stimme vom Himmel: „Ich habe (meinen Namen) verherrlicht und werde (ihn) verherrlichen!" [29]Das Volk, das dabeistand und es hörte, sagte, daß es gedonnert habe. Andere sagten: „Ein Engel hat zu ihm gesprochen." [30]Jesus antwortete und sagte: „Nicht meinetwegen war diese Stimme, sondern euretwillen. [31]Jetzt ist das Gericht über diese Welt, jetzt wird der Herrscher dieser Welt hinausgeworfen werden. [32]Und ich werde, wenn ich von der Erde erhöht bin, alle an mich ziehen!" [33]Dieses aber sagte er, um anzudeuten, welchen Tod er sterben werde. [34]Da antwortete ihm die Menge: „Wir haben aus dem Gesetz gehört, daß der Christus (Messias) bleibt in Ewigkeit; wie kannst du sagen, der Menschensohn müsse erhöht werden? Wer ist dieser Menschensohn?" [35]Da sprach Jesus zu ihnen: „Nur noch kurze Zeit ist das Licht unter euch. Geht einher, solange ihr das Licht habt, damit euch nicht die Finsternis ergreife! Wer in der Finsternis umhergeht, weiß nicht, wo er geht. [36]Solange ihr das Licht habt, glaubt an das Licht, damit ihr Söhne des Lichtes werdet." Dieses sagte Jesus, ging fort und verbarg sich vor ihnen.

Literatur:

*Barksdale, J. O.,* Victory of Light. II: Joh 12,20–36; Kol 1,9–20, JCQ 28 (1962) 48–54.

*Beauvery, R.,* Jésus élevé attire les hommes à lui, EeV 80 (1970) 117–119.

*Bussche, H. van den,* Si le grain de blé ne tombe en terre, BVC 5 (1954) 53–67.

*Caird, G. B.,* Judgement and Salvation. An Exposition of Jn 12,31–32, CJT 2 (1956) 231–237.

*Hermann, R.,* Die Prüfungsstunde des Sen-

dungsgehorsams Jesu, ZSTh 7 (1929/30) 742–771.

*Kossen, H. B.,* Who were the Greeks of John 12,20?, in: Studies in John, Leiden 1970, 97–110.

*Leon-Dufour, X.,* „Père, fais-moi passer sain et sauf à travers cette heure!", in: Neues Testament und Geschichte, FS. O. Cullmann, 1972, 157–166.

*Moore, W. E.,* „Sir, We Wish To See Jesus":

Was this an Occasion of Temptation? (Joh 12,20ff.) SJTh 20 (1967) 75–93.

*Potterie, J. de la*, L'exaltation du Fils de l'homme: Joh 12,31–36, Greg. 49 (1968) 460–478.

*Rasco, A.*, Christus granum frumenti (Joh 12,24), VD 37 (1959) 12–25.65–77.

*Thüsing, W.*, ,,Wenn ich von der Erde erhöht bin . . ." (Joh 12,32). Die Erhöhung Jesu nach dem Johannes-Evangelium, BiKi 20 (1965) 40–42.

*Torry, C. C.*, ,,When I am Lifted up from the Earth": John 12,32, JBL 51 (1932) 320–322.

*Unnik, W. C. van*, The Quotation from the Old Testament in Jn 12,34, NT 3 (1959) 174–179.

*Wrege, H. T.*, Jesusgeschichte und Jüngergeschichte nach Joh 12,20–38 und Hebr 5,7–10, in: Der Ruf Jesu und die Antwort der Gemeinde, FS. J. Jeremias, 1970, 259–288.

• Unter den Festpilgern befinden sich, wie **V.20** kurz mitteilt, auch einige ,,Griechen". Man wird dabei an hellenistische Juden aus der Diaspora denken dürfen. Aber für den Evangelisten stehen sie als Vertreter der griechischen Welt überhaupt, also auch der Heiden. Darum wird so feierlich und umständlich berichtet, daß sie dem Philippus aus Bethsaida ihren Wunsch vortragen, Jesus zu sehen **(V.21)**, und daß dieses Verlangen über Philippus und dessen Bruder Andreas Jesus selbst unterbreitet wird **(V.22)**. Und aus demselben Grund – weil diese wenigen ,,Griechen" die Heidenwelt repräsentieren, die zu Jesus drängt – antwortet Jesus **(V.23)** darauf mit der Feststellung: Jetzt ist die Stunde gekommen, da der Menschensohn verherrlicht wird. Ob die ,,Griechen" mit Jesus gesprochen haben und was dabei gesagt worden ist, das ist demgegenüber unwichtig und wird darum gar nicht mehr erzählt. Wieder bestätigt sich dadurch die Eigenart des vierten Evangelisten, daß er sich gern auf eine Andeutung beschränkt und es dem nachdenkenden Leser überläßt, selbst daraus die Folgerungen zu ziehen. Das aber ist – auch in unserem Falle – oft nicht so einfach. Die Stunde der Verherrlichung ist, wie **V.24** erkennen läßt, zunächst ja die Stunde, da Jesus ans Kreuz emporgehoben wird und stirbt. An diesem Sterben vorbei gibt es keinen Weg zur Herrlichkeit. Das macht, durch das doppelte ,,wahrlich" bekräftigt, das Wort vom Weizenkorn anschaulich: Nur wenn es auf die Erde fällt und stirbt, bringt es viele Frucht – sonst bleibt es allein, isoliert und unfruchtbar, ein verfehltes Dasein. Damit ist der Evangelist beim Thema des christlichen Martyriums angelangt, das ja auch schon Mk nicht fremd war (8,27–9,1). Wer sein Leben liebt und darum bewahren, schützen und nicht in Gefahr kommen lassen will, der wird es verlieren und es nicht zum wahren Leben werden lassen; wer aber sein Leben in dieser Welt haßt, der wird es bewahren zum ewigen Leben. Gewiß fehlen in dieser Verheißung auch die dunklen Untertöne nicht. Dennoch ist zunächst einmal aus der Forderung der Nachfolge im Leiden die Verheißung der Seligkeit der Gottesgemeinschaft geworden (die freilich keine Gefühlsseligkeit ist). Dieses ,,dienen" ist von dem ,,sich verleugnen", dem ,,auf sich selbst verzichten" bei Mk nicht verschieden. Aber es bleibt zu bedenken, daß dieser Verzicht auf das Eigene für Johannes die vollkommene Liebe ist. Das Erdenleben ist für Johannes nicht aus dem Grunde der zeitlichen Naherwartung entwertet wie bei Paulus. Aber die johanneische Verlegung der letzten Stunde ins Jetzt ändert an der Abwertung dieser „Welt" bei Johannes nicht das geringste. Der „eschatologische Vorbehalt" des Paulus scheint dem JE fremd zu sein. Aber in einer verborgenen Weise ist er dennoch erhalten geblieben: die „Erhöhung" kann nicht aus diesem doppelten Aspekt von Tod und Gloria herausgenommen werden. Wie beides konkret im Leben der Jünger Jesu aussehen soll, beschreibt der Evangelist nicht. Hierüber läßt er seinem Leser die schwere Aufgabe, eine erbaulich klingende, aber abstrakt bleibende Aussage mit der konkreten Verwirklichung in seinem jeweiligen Hier und Jetzt zu füllen. Wohl versichert Jesus **(V. 26)**, daß der, der ihm dient und auf dem harten Wege folgt, auch das himmlische Ziel Jesu erreichen wird; auch ihn wird „der Vater ehren". Allein auch diese „Ehre" liegt nicht nach oder neben, nicht jenseits des irdischen Lebens, und bleibt darum eine verborgene und harte Herrlichkeit, ein Dienst, der in Selbstlosigkeit und Selbstverzicht getan werden muß. Auch für Jesus selbst ist das – wie **V. 27** offen ausspricht – nichts Selbstverständlich-Leichtes: auch seine Seele gerät aus der Fassung, und es liegt ihm nahe zu sagen: „Vater, rette mich aus dieser Stunde!" Die Angst Jesu, welche Mk schildert, ist bei Johannes nur wie eine kleine Wolke, die einen Augenblick lang die Sonne zu verdunkeln scheint. Es ist deutlich, daß Johannes hier den für ihn wesentlichen Inhalt der Gethsemane-Tradition bringt, die er darum später nicht mehr erwähnt. Aber Gethsemane wird sozusagen auf den Bruchteil einer Minute konzentriert: „aber dazu bin ich ja in diese Stunde gekommen!" folgt unmittelbar. Die enge und bleibende Verbundenheit Jesu mit dem Vater, den er ja auf Erden repräsentiert, erlaubt es dem Evangelisten nicht, über diese Andeutung hinauszugehen. Vielmehr bricht Jesus alsbald **(V. 28)** in die Bitte um die Verherrlichung des göttlichen Namens aus, und eine Stimme aus dem Himmel sagt das zu: er wird „erhöht" werden, wie ihn Gott schon in der Fleischwerdung „erhöht" hatte. Man wird auch hier das Wort „verherrlichen" in seinem antithetischen Zwillingssinn verstehen müssen. Gott wird dadurch verherrlicht, daß Jesus, den Johannes als die ganz gehorsame Verkörperung des Gotteswillens malt, sich ganz in das Leiden hineingibt: der göttliche Wille triumphiert in dieser Stunde, in der Gott, ganz ins Leiden eingehend, seine Liebe zu den Seinen endgültig zeigt. **V. 29** schärft ein, daß die Menge diese Stimme des Vaters nicht als solche zu hören vermag, sondern darin nur ein Donnern vernimmt; höchstens ein Engelwort wollen andere zugestehen. Als Ausdruck dafür, daß man Gottes Stimme nicht als ein Naturphänomen fassen darf, das sich empfangen und abhören läßt, ist V. 29 durchaus verständlich. Dagegen macht uns **V. 30** Mühe. Hier versichert Jesus, diese Antwortstimme sei nicht um seinetwillen laut geworden, sondern um der Hörer willen. Heißt das: Jesus brauchte keine Antwort Gottes auf seine Bitte, weil er dank seiner ungetrübten Verbundenheit mit dem Vater eine solche Bestätigung nicht nötig hatte? Dann wäre aber eigentlich doch nicht nur die bejahende Antwort Gottes, sondern auch Jesu eigenes Gebet nicht um seinet- und des Vaters willen nötig gewesen, sondern um der Jünger willen? Aber ist ein Gebet, eine Bitte, die der Bittende gar nicht braucht, eigentlich noch ernst gemeint? Ist hier *Käsemanns* Vorwurf nicht berechtigt, der Evangelist mache sich eines naiven Doketimus schuldig? Damit sind wir der größten Schwierigkeit der johanneischen Christologie auf der Spur: das vollständige Dasein Jesu für Gott, das ihn erst den Offenbarer Gottes werden läßt, droht Jesus in eine Welt zu entführen, in der wir nicht leben, die uns unzugänglich ist. Für Mk ist Jesus in den Abgrund der Gottesferne und Gottesfremde hineingegangen, in das schreckliche Schweigen Gottes zu einer Stunde, da der Mensch die Antwort Gottes am leidenschaftlichsten zu vernehmen wünscht und sie doch nicht hört. Die johanneische Identität des „Ich und der Vater sind eins" zeigt hier ihre Gefahr: wenn niemand den Vater je gesehen hat und der Vater und Jesus eins sind, dann droht nun auch Jesus in eine uns unsichtbare Welt zu entschwinden und selbst unsichtbar zu werden. Der Evangelist hat dieses Problem gesehen und in **V. 31f.** darauf eine Antwort gegeben. Jetzt, in dem Augenblick, da Jesus verherrlicht, gekreuzigt wird, ergeht das Gericht über die Welt: jetzt wird der Herrscher dieser Welt hinausgeworfen werden. Jesu Gang ans Kreuz und in den Tod ist der Sieg der göttlichen Liebe. Der Gesandte Gottes, in dem der Vater sichtbar wird, geht in freiem Willen, nicht genötigt von einem göttlichen, von außen an ihn herantretenden Gotteswillen, in den Tod am Galgen. Damit ist die Macht, welche in dieser Welt und über diese Welt herrscht, überwunden, oder vielmehr, in diesem Augenblick – der ja noch aussteht, wenn man die historische Uhrzeit befragt – wird sie überwunden werden. Inwiefern? Wird nun nicht mehr gesündigt, Krieg geführt und vergewaltigt, gefoltert und betrogen, nicht mehr gejammert und verzweifelt werden? V. 31 gibt zur Antwort: „Und ich werde, wenn ich erhöht sein werde von der Erde, alle zu mir ziehen." Das Wort „alle" ist hier mißverständlich. Jesus wird „nur" alle die zu sich ziehen, die ihm der Vater gegeben hat und denen er den Geist spenden wird als der zu Gott Erhöhte. Offensichtlich ist für den Evangelisten, als er den Geist empfing und Jesus verstand und glaubte, das Kreuz zur Glorie geworden. Aber das wäre eine Redensart, wenn es nicht auch für sein eigenes Leben gegolten hätte. Das heißt, daß er nun den in sein eigenes Leben fallenden Kreuzesschatten zu bejahen vermochte als den göttlichen Glanz, daß er die Angst verlor vor dem Beherrscher dieser Welt und seiner Macht. Daß er also die Angst verlor vor seiner eigenen Angst und Verzweiflung, vor dem ihm angetanen Unrecht und Leiden, und willig Ja zu sagen vermochte zu dem Martyrium, das damals für den Christen bereitstand. Heute bedroht den Christen das Martyrium in vielen Ländern nicht mehr in dieser Weise. Dafür umschließt ihn die „Welt" ringsum mit einer Dichtigkeit und Intensität, in der ein Rückzug in die verborgene Innerlichkeit nicht mehr als möglich erscheint. Die Beeinflussung durch die „Gewalten" von Staat, Wirtschaft und Parteien, durch die Massenkommunikationsmittel mit ihrer unmerklichen, aber um so wirklicheren Kraft ist so groß, das Schweigen Gottes, aus dem nur selten für den einen oder anderen der tröstende „Geist" hervorzubrechen scheint, so unerbittlich und umfassend, daß die Gefahr der Resignation und sogar der Verzweiflung gerade bei den am meisten wachen Menschen überwältigend groß ist. Keine Angst vor der eigenen Angst und sogar vor der eigenen Schuld zu haben, die wir oft unwissentlich auf uns laden, das klingt schon wie eine Utopie. Wir haben also keinen Anlaß, uns über das scheinbar fehlende Martyrium des heutigen Christen zu wundern, sondern eher darüber, daß wir seine Wirklichkeit nicht spüren, bloß weil die alte Gestapo abgeschafft ist und der Schlagstock nicht jeden Augenblick tanzt.

V. 30–36 stellen unser Begreifen vor andere Fragen. Wenn **V. 33** nur sagen sollte, daß Jesu Erhöhtwerden eben die Kreuzigung meine, so wäre das die nachträgliche Erklärung von etwas, das uns der Evangelist längst vorher angedeutet hat. Aber der Vers sieht wie eine Überleitung zu dem folgenden Abschnitt aus, in dem aufs neue vom Hinweggehen des Erlösers und Offenbarers die Rede ist. Die Volksmenge scheint **(V. 34)** seltsamerweise zu verstehen, daß hier ein messianischer Anspruch, gekoppelt mit einer Leidensankündigung, geltend gemacht worden ist. Dagegen wendet sie ein, daß das (jüdische) Gesetz von einem solchen Abtreten des Christus nichts sage und von dem Menschensohn im Buch Daniel auch tatsächlich nichts dergleichen ausgesagt wird: er scheint eine Gestalt zu sein, die jenseits aller Erniedrigung lebt und nur selber das Gericht vollzieht, nicht aber ihm verfällt. Es besteht kein Zweifel, daß hier im Grunde Fragen verhandelt werden, die nicht eine jerusalemische oder galiläische Menge bewegten, sondern die christliche Gemeinde zur Zeit des Evangelisten selbst. Für sie bleibt es ein Anstoß, daß der Offenbarer verschwinden soll; nur sie ist übrigens imstande, das Erhöhtwerden auf das Sterben zu deuten und den Menschensohn (der in dem vorigen Abschnitt gar nicht erwähnt war) als anderen Namen des Messias zu erkennen. Wenn der Messias-Menschensohn sterben soll (V. 34 Ende) – was ist das dann für ein Menschensohn? Jesu Antwort in **V. 35** nimmt nichts von der Ankündigung des Kreuzes fort: „Nur kurz ist das Licht noch unter euch", nur eine kleine Weile. Das verlangt vom Glaubenden, daß er an das Licht glaubt und demgemäß seinen irdischen Weg geht, solange er noch das Licht vor Augen hat. Damit werden wir, zunächst was den Evangelisten anbetrifft, auf etwas Seltsames aufmerksam gemacht: Er war ja überzeugt, daß die Gemeinde wirklich nur ein Kleines zu warten gebraucht hatte, bevor für den fortgegangenen Jesus der Geist gekommen war, der sie in alle Wahrheit führte. Trotzdem mahnt Jesus hier, als ob das „nur ein Kleines" auch nach Ostern gelte, als ob das Alleinsein des Christen nicht nur einige menschliche Tage oder Wochen dauerte, sondern mit einem uns unbekannten Zeitmaß gemessen werden müßte. Damit aber tritt das vierte Evangelium uns wieder näher, die ob seiner Geistlehre und unserer Geistleere erschrocken und enttäuscht zu werden drohten. Die Nächsterwartung des vierten Evangeliums besagt nicht, daß nichts mehr erwartet zu werden braucht, sondern daß wir immer wieder alles zu erwarten haben und uns darum nicht auf die Bärenhaut legen können. Wir werden vielmehr weiter umgetrieben und aufgescheucht bleiben (wenn wir uns nicht von der „Welt" einschläfern lassen) und lernen, daß wir nicht zu billigem Preis auf den „Geist" abonnieren können. Die Erhöhung liegt nicht hinter uns, sondern vor uns, und sie ist nicht eitel Glanz und Glorie, sondern Blut und Tränen und Todesschweiß des Christen, der ein Christ bleiben oder werden will. Die amerikanischen Negersklaven haben sich einst in einer für sie gnadenlosen Welt mit einem Lied getröstet, in dem es hieß: Wir müssen alle über den Jordan gehen. Das meinte gewiß auch, daß wir alle, jeder einzelne, in das verheißene Land gehen müssen. Aber zugleich klang darin die Gewißheit mit, daß wir alle, jeder einzelne, über die Todesgrenze gehen müssen. Das kann uns helfen, die Dialektik des „über ein Kleines" besser zu fassen und beides in seiner Wirklichkeit zu erkennen: einmal, daß schon der nächste Augenblick mich von meiner Angst, Einsamkeit, Verzweiflung und Schuld befreien kann und also „über ein Kleines" das Gefängnis gesprengt ist, in das wir eingeschlossen sind und an dem wir selbst immer weiter mitbauen. Aber „über ein Kleines" warnt uns zugleich, die „Verherrlichung" nicht wie die Erfüllung einer Utopie abzuwarten, sondern daran festzuhalten, daß der Weg zur Herrlichkeit nicht am Kreuz vorbeigeht, das uns immer „über ein Kleines" erwartet.

## 32. Der Rede Jesu zweiter Teil

³⁷Obwohl er aber so viele Zeichen vor ihnen getan hatte, glaubten sie nicht an ihn, ³⁸damit sich das Wort des Propheten Jesaja erfüllte, der gesagt hatte: „Herr, wer hat unserer Predigt geglaubt, und wem hat sich der Arm des Herrn enthüllt?" ³⁹Deswegen vermochten sie nicht zu glauben, weil wiederum Jesaja gesagt hat: ⁴⁰„Geblendet hat er ihre Augen, und verhärtet hat er ihr Herz, damit sie nicht sehen mit ihren Augen und nicht verstehen mit ihrem Herzen und nicht umkehren und ich sie heile." ⁴¹Dieses sagte Jesaja, weil er seine Herrlichkeit sah und über ihn sprach. ⁴²Dennoch glaubten freilich von den Ratsherren viele an ihn; aber wegen der Pharisäer bekannten sie es nicht offen, um nicht aus der Synagoge ausgeschlossen zu werden. ⁴³Denn sie liebten die Ehre bei Menschen mehr als die Ehre bei Gott. ⁴⁴Jesus aber rief laut und sprach: „Wer an mich glaubt, glaubt nicht an mich, sondern an den, der mich gesandt hat. ⁴⁵Wer mich sieht, sieht den, der mich gesandt hat. ⁴⁶Ich bin als Licht in die Welt gekommen, damit jeder, der an mich glaubt, nicht in der Finsternis bleibt. ⁴⁷Wenn einer meine Worte hört und sie nicht befolgt, werde nicht ich ihn richten. Denn ich bin nicht gekommen, um die Welt zu richten, sondern um die Welt zu retten. ⁴⁸Wer mich ablehnt und meine Worte nicht annimmt, hat seinen Richter: Das Wort, das ich gesprochen habe, jenes wird ihn richten am letzten Tag. ⁴⁹Denn ich habe nicht aus

**mir selbst gesprochen, sondern der Vater, der mich gesandt hat, er hat mir Auftrag gegeben, was ich sage und was ich reden soll. [50]Ich weiß, daß sein Auftrag ewiges Leben ist. Was ich rede, rede ich so, wie es mir der Vater gesagt hat."**

**Literatur:**

*Boismard, M.-E.,* Le caractère adventice de Jn 12,45–50, SacPag 2 (1959) 189–192.
*Borgen, P.,* The Use of Tradition in John 12,44–50, NTS 26 (1979/80) 18–35.

*Schnackenburg, R.,* Joh 12,39–41: Zur christologischen Schriftauslegung des vierten Evangelisten, in: Neues Testament und Geschichte, FS. O. Cullmann, 1972, 167–177.

● Mit **V.36b** schließt die Rede rätselhaft ab. Jesus, der eben zu den Seinen anläßlich der Griechen gesprochen hatte, verbirgt sich, so als ob das „über ein Kleines" schon Wirklichkeit geworden sei. Statt seiner nimmt der Evangelist – oder wohl ein Redaktor – das Wort zur Klage und Anklage: Obwohl Jesus – wie **V.37** erinnert – soviel Zeichen vor ihnen getan hat – Heilung des Blindgeborenen und die Erweckung des Lazarus sind solche Zeichen, solche Hinweise, die für viele andere mit stehen –, glaubten sie nicht an ihn. Das Wunder des Unglaubens scheint dem Sprecher so groß, daß er davor seine Zuflucht nur zu dem göttlichen Willen selbst nehmen kann, der schon im Propheten Jesaja angekündigt hat: unsere Predigt wird vergeblich sein, und der Arm, das Regiment und die Macht des Herrn bleiben unerkannt. Wir sind also mit den traurigen Erfahrungen unserer Predigt nicht die ersten und einzigen, sondern wandern in einer langen Reihe bitter Enttäuschter, die zu Gott schreien müssen, weil hier niemand auf sie hört. Aber vielleicht steht es doch noch anders und womöglich schlimmer. **V.40** zitiert jene Jesajastelle, die immer wieder im Neuen Testament auftaucht, wenn das Rätsel der Erfolglosigkeit christlicher Verkündigung sich drohend erhebt: Gott selbst fügt es so, daß die Augen nicht mehr sehen und die Ohren nicht mehr hören und es darum keine Heilung mehr gibt. Das soll nach **V.41** Jesaja gesagt haben, weil er seine, Jesu, Herrlichkeit sah und von ihm und nicht von sich selber gesprochen hat. Wobei freilich von uns bedacht werden müßte, daß diese Herrlichkeit eben zugleich die andere Seite des Kreuzes ist. Aber vor allem werden wir uns fragen, ob wir selbst von dieser Blindheit und Taubheit ausgenommen sind und der Prophet immer nur von den andern gesprochen hat, als er solche Heillosigkeit ankündigte. Es ist nicht so sicher, wo die Grenzen zwischen uns und den anderen liegen; vielleicht weist uns die Welt nur soviel Zeichen, die auf den Sturm deuten, und zugleich bleiben uns die Zeichen Jesu verborgen, weil auch wir den Vater immer wieder als den verborgenen Gott erfahren; anders ausgedrückt, weil wir dem „über ein Kleines" nicht zu entlaufen vermögen und auch nicht entlaufen sollen, weil es mit zum Jüngerschicksal gehört.

**V.42** scheint freilich eine tröstliche Kunde zu bringen: trotz alledem hätten doch auch viele, sogar von den Oberen, den herrschenden und jesusfeindlichen Gruppen, an ihn zu glauben begonnen und nur wegen der Pharisäer, der Unentwegten, das nicht zu bekennen gewagt. Aber im Grunde ist dieser heimlich bleibende Glaube ein kümmerlicher Trost und ein schlechter Ratgeber. Denn **(V.43)** der Grund dafür, daß jene Glaubenden ihren Glauben nicht zu bekennen wagten, lag doch darin, daß sie die Ehre bei den Menschen mehr liebten als die Ehre bei Gott, daß der „gesunde Realismus", der seine Ansprüche nicht aufgeben will, vom Kreuz und damit der Hingabe, dem Engagement und der sicher nicht ausbleibenden Enttäuschung („über ein Kleines") nichts wissen will, damals nicht und heute nicht. Demgegenüber erhebt Jesus in **V.44** noch einmal seine Stimme und wiederholt seine Botschaft, die doch so ungesicherte: Wer an ihn glaubt, glaubt in Wirklichkeit nicht an ihn (der christliche Glaube darf auch den Gesandten nicht mit dem Vater verwechseln, den Boten nicht mit dem, der ihn gesandt hat), sondern eben an den, der den Boten schickt, den Boten und die Boten. Nur da, wo diese Verwechslung nicht eintritt, wo Jesus nicht und nicht der Pfarrer oder der Missionar mit dem Vater verwechselt wird, bleiben die Proportionen gewahrt, und wird im Boten der Sendende sichtbar. Jesus ist **(V.46)** wirklich als Licht in die Welt gekommen, damit keiner im Dunkeln (d. h. in Angst, Schuld, Verzweiflung) zu versinken braucht, der an ihn glaubt. Er richtet den nicht, der seine Worte hört und nicht glaubt. Denn er ist nicht in die Welt gekommen um zu richten, sondern zu retten. Das – verschmähte, überhörte und nicht angenommene – Wort wird einen solchen Menschen richten, und zwar nicht an einem fabelhaften Jüngsten Tage, sondern eben jetzt, wie wir das in unserer Gotteseinsamkeit nur zu gut erfahren. Jesus ist (diese Worte von **V.49f.** sind die letzten in der Öffentlichkeit gesprochenen) wirklich nur Stimme des Vaters gewesen; er spricht nach wie vor nicht aus sich selbst. Und eben das ist es, was uns so wenig eingehen will, weil dieses Wort in einer so verzweifelten Einsamkeit vor uns steht, nicht getestet und von der Weltgeschichte und unserer eigenen Erfahrung alle Tage neu bestätigt, sondern verdeckt von dem „über ein Kleines".

## 32. Das letzte Mahl

¹**Vor dem Passafest – Jesus wußte, daß seine Stunde gekommen war, hinüberzugehen aus dieser Welt zum Vater, in Liebe zu den Seinen in der Welt – liebte er die Seinen bis ans Ende. ²Und bei einem Mahl, als der Teufel sich schon vorgenommen hatte, daß ihn Judas, Simons Sohn, der Iskariote, verrate, ³da – im Wissen darum, daß der Vater ihm alles in die Hände gegeben hatte und daß er von Gott kam und zu Gott ging, – ⁴erhebt er sich vom Mahl und legt seine Oberkleider ab und nimmt ein Leintuch und gürtet sich damit. ⁵Dann gießt er Wasser in die Schüssel, und begann die Füße der Jünger zu waschen und mit dem Leintuch abzutrocknen, mit dem er umgürtet war. ⁶Als**

er nun zu Simon Petrus kommt, sagt der zu ihm: „Herr, du wäschst meine Füße?" [7]Jesus antwortete und sprach zu ihm: „Was ich tue, weißt du jetzt nicht, du wirst es aber danach erkennen." [8]Petrus spricht zu ihm: „Du sollst mir in Ewigkeit nicht die Füße waschen!" Jesus antwortete ihm: „Wenn ich dich nicht wasche, gehörst du nicht zu mir!" [9]Spricht zu ihm Simon Petrus: „Herr, nicht meine Füße nur, sondern auch die Hände und das Haupt!" [10]Spricht zu ihm Jesus: „Wer gebadet hat, braucht sich nicht zu waschen (außer die Füße), sondern ist ganz rein. Und ihr seid rein, aber nicht alle." [11]Denn er wußte, wer ihn verraten sollte; darum sagte er: Ihr seid nicht alle rein. [12]Als er nun ihre Füße gewaschen und seine Kleider angezogen und sich wieder zum Mahl gelegt hatte, sprach er zu ihnen: „Versteht ihr nicht, was ich euch getan habe? [13]Ihr nennt mich: Der Meister, und Der Herr, und ihr redet recht, denn ich bin es. [14]Wenn ich nun eure Füße gewaschen habe, der Herr und der Meister, sollt auch ihr einander die Füße waschen. [15]Ein Vorbild habe ich euch gegeben, damit auch ihr tut, wie ich euch getan habe. [16]Wahrlich, wahrlich ich sage euch: der Knecht ist nicht größer als sein Herr, und der Sendbote nicht größer als der, der ihn gesandt hat. [17]Wenn ihr das wißt, selig seid ihr, wenn ihr das tut. [18]Ich spreche nicht von euch allen: ich weiß, welche ich erwählt habe. Aber damit die Schrift erfüllt wird: Der mit mir das Broß ißt, hat wider mich die Ferse erhoben. [19]Von nun an sage ich das euch, bevor es geschieht, damit ihr – wenn es geschieht – glaubt, daß ich es bin. [20]Wahrlich, wahrlich ich sage euch: wer da aufnimmt, wen ich sende, nimmt mich auf, wer aber mich aufnimmt, nimmt den auf, der mich gesandt hat." [21]Nach diesen Worten ward Jesus betrübt im Geist und bezeugte und sprach: „Wahrlich, wahrlich ich sage euch, einer von euch wird mich verraten." [22]Die Jünger sahen einander an, ungewiß, von wem er spreche. [23]Es lag aber einer von seinen Jüngern zu Tisch an der Brust Jesu, den Jesus liebte. [24]Dem gab Simon Petrus einen Wink und sagte zu ihm: „Sage, wer's ist, von dem er redet." [25]Jener lehnte sich zurück an die Brust Jesu und sagte zu ihm: „Herr, wer ist es?" [26]Jesus antwortete: „Jener ist es, dem ich den Bissen eintauche und gebe." Da tauchte er den Bissen ein und gab ihn dem Judas, Simons Sohn, dem Iskarioten. [27]Und nach dem Bissen, da fuhr der Satan in ihn. Da sagte Jesus zu ihm: „Was du tust, das tu bald!" [28]Dieses aber verstand keiner der zu Tische Liegenden. [29]Denn manche meinten, da Judas die Kasse hatte, daß ihm Jesus sagte, kaufe, was wir für das Fest brauchen, oder er solle den Armen etwas geben. [30]Da nahm jener den Bissen und ging sogleich hinaus. Es war aber Nacht.

Literatur:

*Bacon, B. W.,* The Sacrament of Footwashing, ET 43 (1931/32) 218–221.

*Barton, G. A.,* The Origin of the Discrepancy between the Synoptists and the Fourth Gospel as to Date and Character of Christ's Last Supper with his Disciples, JBL 43 (1924) 28–31.

*Bishop, E. F. F.*, ,,He that Eateth Bread with me hath Lifted up his Heel against me": Jn 13,18 (Ps XLI,9), ET 70 (1958/59) 331–333.

*Bleek, F.*, Ueber den Monathstag des Todes Christi und des letzten Mahles mit seinen Jüngern und die in der Beziehung zwischen Johannes und den Synoptikern stattfindende Differenz, in: ders., Beiträge, 1846, 107–156.

*Böhmer, W.*, Das Fußwaschen Christi, nach seiner sacramentalen Würde dargestellt, ThStKr 23 (1850) 829–842.

*Boismard, M. E.*, Le lavement des pieds, RB 71 (1964) 5–24.

*Braun, F. M.*, Le lavement des pieds et la réponse de Jésus à Saint Pierre (Jean XIII,4–10), RB 44 (1935) 22–33.

*Campenhausen, H. von*, Zur Auslegung von Joh 13,6–10, ZNW 33 (1934) 259–271.

*Christie, W. M.*, Did Christ Eat the Passover with his Disciples? or, The Synoptics versus John's Gospel, ET 43 (1931/32) 515–519.

*Cothenet, E.*, Gestes et actes symboliques du Christ dans le IVᵉEvangile, in: Gestes et paroles dans les diverses familles liturgiques, Rom 24 (1978) 95–116.

*Derrett, J. D.*, ,,Domine, tu mihi lavas pedes?", BeO 21 (1979) 13–42.

*Dunn, J.*, The Washing of the Disciples Feet in John 13,1–20, ZNW 61 (1970) 247–252.

*Eisler, R.*, Zur Fußwaschung am Tage vor dem Passah, ZNW 14 (1913) 268–271.

*Evdokimow, P.*, Etude sur Jean 13,18–30, EeV (1950) 201–216.

*Fiebig, P.*, Die Fußwaschung (Joh 13,8–10), Angelos 3 (1930) 121–128.

*Fridrichsen, A.*, Bemerkungen zur Fußwaschung Joh 13, ZNW 38 (1939) 94–96.

*Gerritzen, F.*, El lavatorio de los pies (Joh 13,1–17), Sinite 4 (1963) 145–164.

*Graf, E.*, Bemerkungen über Joh 13,1–4, ThStKr 40 (1867) 714–748.

*Grossouw, W. K.*, A Note on Joh 13,1–3, NT 8 (1966) 124–131.

*Haring, N. M.*, Historical Notes on the Interpretation of Jn 13,10, CBQ 13 (1951) 355–380.

*Jaubert, A.*, Une lecture du lavement des pieds en mardi-mercredi saint, Museon 79 (1966) 257–286.

*Kassing, A.*, Das Evangelium der Fußwaschung, EuA 36 (1960) 83–93.

*Kelly, J.*, What Did Christ Mean by the Sign of Love?, AfER 13 (1971) 113–121.

*Knox, W. L.*, Joh 13,1–10, HThR 43 (1950) 161–163.

*Lazure, N.*, Le lavement des pieds (Jn 13,1–15), ASeign 38 (1967) 40–50.

*Lohmeyer, E.*, Die Fußwaschung, ZNW 38 (1939) 74–94.

*Lohse, W.*, Die Fußwaschung (Joh 13,1–20). Eine Geschichte ihrer Deutung, masch. Diss. Erlangen 1966/67.

*Martin, J.*, Symposion. Die Geschichte einer literarischen Form, 1931.

*Michl, J.*, Der Sinn der Fußwaschung, Bib. 40 (1959) 697–708.

*Moffatt, J.*, The Lord's Supper in the Fourth Gospel, Exp VII (1913) II, 1–22.

*Mußner, F.*, Die Fußwaschung (Joh 13,1–17), GuL 31 (1958) 25–30.

*Niccacci, A.*, L'unitá litteraria di Gv 13,1–38, ED 29 (1976) 291–323.

*Richter, G.*, Die Fußwaschung: Joh 13,1–20, MThZ 16 (1965) 13–26, neuerdings in: ders., Studien zum Johannesevangelium, 1977, 42–57.

*Ders.*, Die Deutung des Kreuzestodes Jesu in der Leidensgeschichte des Johannesevangeliums (Joh 13–19), in: ders., Studien zum Johannesevangelium, 1977, 58–73.

*Ders.*, Die Fußwaschung im Johannesevangelium, Regensburg 1967.

*Robinson, J. A. T.*, The Significance of the Foot-Washing, in: Neotestamentica et patristica, FS. O. Cullmann, 1962, 144–147.

*Ru, G. de*, Enige notities bij de herinterpreties van de voetwassing, KeTh 30 (1979) 89–104.

*Snyder, G. F.*, John 13,16 and the Anti-Petrinism of the Johannine Tradition, BR 16 (1971) 5–15.

*Sparks, H. F. D.*, St. John's Knowledge of Matthew. The Evidence of John 13,16 and 15,20, JThS 3 (1952) 58–61.

*Thyen, H.*, Johannes 13 und die ,,kirchliche Redaktion" des vierten Evangeliums, in: Tradition und Glaube, FS. K. G. Kuhn, 1971, 343–356.

*Weiser, A.*, Joh 13,12–20 – Zufügung eines späteren Herausgebers?, BZ 12 (1968) 252–257.

*Weiss, H.*, Foot-Washing in the Johannine Community, NT 31 (1979) 298–325.

*Wilcox, M.*, The Composition of Joh 13,21–30, in: FS. M. Black, 1969, 143–156.

*Zweifel, B.*, Jésus lave les pieds de ses disciples. Essai d'exégèse sur Jn 13,1–20, masch. Lic. Lausanne 1965.

Der ungewöhnliche Eingang dieses Kapitels (V. 1–3) spiegelt ein Geschehen wider, dessen Ungewöhnlichkeit der Evangelist aus einer den Synoptikern fremden Tradition (vgl. aber Lk 22,27!) entnimmt. Hier liegt eine alte Quelle zugrunde, die schon die Fußwaschung statt der Passamahlzeit erzählte. Wahrscheinlich wollte auch sie schon Jesus nicht als einen das Passamahl essenden frommen Juden darstellen (Entjudaisierung!). Die andere Meinung, daß sie selbst ihn als das wahre Passalamm sah, ist im vierten Evangelium nicht angedeutet. Die Fußwaschung ist das große Liebeszeichen. Kein „Bund mit Gott", – statt dieses jüdischen Begriffes – ist Jesu Liebe zu den „Seinen" der „Sinn".

■ **1** Die Zeitangabe „vor dem Passafest" (der 13. Nisan und nicht der 14. wie bei den Synoptikern: vgl. 18,28 mit Mk 14,17–23; Mt 26,20–29; Lk 22,14–20) nötigt den Evangelisten nicht zu der Annahme, daß Jesus in Jerusalem das Passa gefeiert habe: alle Jerusalemreisen Jesu haben im JE nicht den Zweck gehabt, den Herrn am Tempelkult teilnehmen zu lassen. Vielmehr ist er nur hinaufgezogen, um im Tempel seine eigene Sendung und Bedeutung zu verkünden. Die auffallende Partizipialkonstruktion, die mit εἰδώς beginnt, hat ohne Zweifel der Evangelist selbst (gegen *Bultmann* 351) formuliert, um den Leser bedenken zu lassen, was Jesus selbst weiß und was der Leser auch wissen muß: die entscheidende Stunde, von der schon immer wieder die Rede war, steht nun unmittelbar bevor: die Todesstunde. Aber mit Recht bekommt sie nicht diesen Namen. Er wird ersetzt und feierlich umschrieben in dem wahren und eigentlichen Sinn, den diese Stunde hat, als die Stunde „hinüberzugehen aus dieser Welt zum Vater". Damit ist sie – wenn auch zunächst nur für Jesus, später aber auch für die Seinen – deutlich geworden als die Grenze für diese Welt, welche diese unsere Welt nie überschreiten kann und jenseits deren – „jenseits" ist hier weder ein räumlicher noch ein eigentlich zeitlicher Begriff, wie sich zeigen wird – das Reich des Vaters mit seinen vielen Wohnungen sich erstreckt. Das besagt nicht (gegen *Käsemann,* Jesu letzter Wille 34) einen bloßen Ortswechsel, sondern „diese Welt" und „der Vater" sind qualitativ verschiedene Machtbereiche. In der Gnosis hat dieser qualitative Unterschied eine höchst wichtige Rolle gespielt: z.B. die Jenseitigkeit des „Guten" in der Baruchgnosis bei Hippolyt, Ref V 26,25; und den „nichtseienden Gott" im basilidianischen System bei Hippolyt, Ref. VII,20f. (vgl. *Jonas,* Gnosis und spätantiker Geist I 94–140; ders., The Gnostic Religion 48–99). Hier nähert sich also Johannes gnostischer Ausdrucksweise erstaunlich an. – Im johanneischen Sinn verstanden ist die nahende Sterbestunde nichts, das schreckt und ängstet. Vielmehr erlaubt sie und bringt sie die Vollendung eines großen Werkes. Nachdem Jesus die Seinen, die in dieser Welt sind, geliebt hat – alle seine Worte und Werke gehörten zu dieser gar nicht sentimentalen Liebeserweisung –, gibt er den Seinen nun den letzten und abschließenden Liebesbeweis. Die Fußwaschung, die er sogleich vollziehen wird, ist – vorläufig freilich nur insgeheim – eine Vorwegnahme des Geschehens am Kreuz und drückt dessen Sinn als Tat Jesu anschaulich aus. Diese Vorwegnahme war notwendig, da der Evangelist die Sterbeszene selbst nicht als solche Liebestat darstellen konnte. Dazu ist sie viel zu sehr ein – von der Tradition festgelegtes – Leiden. – *Was aber hat in der Quelle gestanden?* Δείπνου γινομένου (V. 2) wäre nach dem Genitiv ἑορτῆς τοῦ πάσχα unpassend. Dem Sinn nach aber ist es gemeint. Dieses Mahl mit der Fußwaschung ersetzt schon in der Vorlage geradezu das Passamahl.

■ **2** setzt ein mit der Bezeichnung der Situation: ein Mahl (vgl. *Billerbeck* IV 611–639) ist im Gange, bei dem sich dann das Folgende ereignet. Die Angabe, daß der Teufel es dem Judas, Simons Sohn, dem Iskarioten, schon ins Herz gegeben hatte, Jesus auszuliefern, (die sonderbare Form des Sätzchens rührt daher, daß der mißverständliche Genitiv Ἰούδας Σίμωνος nach καρδίαν vermieden werden soll) stammt aus der dem Evangelisten vorgegebenen Überlieferung. Das zeigt der ähnliche, aber keineswegs abgeschriebene Zug in Lk 22,3. Johannes selbst spricht zwar gelegentlich vom „Herrn dieser Welt", aber nicht vom Teufel oder Satan – er hat in seiner Schau des Lebens Jesu ebensowenig Raum wie die vielen Dämonen, von denen die synoptische Tradition so gern berichtet[1].

■ **3** Der Evangelist konnte sich diesen Zug aber zu eigen machen, indem er in wirkungsvollem Gegensatz dazu den eigentlichen Stand der Dinge beschrieb, wie ihn Jesus selbst wußte und wiederum der Leser auch wissen soll: Jesus weiß, daß ihm der Vater alles in die Hände gegeben hat, und daß er also in königlicher Freiheit handeln kann, wenn er nun den niedrigsten Knechtsdienst auf sich nimmt. Er weiß, daß er von Gott kommt und zu Gott geht, umfangen also – wie das alsbald deutlich werden wird – vom Heils- und Liebeswillen des Vaters. – „Von Gott kommen und zu Gott gehen" ist in der Gnosis die Formel, die das Selbstbewußtsein des vollkommenen Gnostikers beschreibt; hier aber drückt es die besondere Stellung Jesu aus. Im Gegensatz zu ihr steht der Sklavendienst, den Jesus jetzt verrichten will. Damit rückt erst das Unerhörte dieser Tat in das rechte Licht.

■ **4** Mit *ihm* kommt *nun* die in V. 2 eingeleitete Handlung in Gang: Jesus erhebt sich während des Mahles (die Lesart γενομένου versucht das Uner-

---

[1] Die älteren Fassungen sehen die Quellenlage anders. Der Verfasser schreibt: „V. 2 enthält als alten Kern nur die genaue Angabe: ‚und als eine abendliche Mahlzeit stattfand'. Da sich Jesus V. 12 nach der Fußwaschung wieder zu Tisch legt, findet sie während des Mahles statt, wo die Jünger auf Dreierpolstern liegen und ihre Füße für den sie Waschenden leicht erreichbar sind. Wer diesen durch V. 23 bestätigten Vorgang nicht mehr vor Augen hat wie die Maler in Mittelalter und Renaissance (z. B. Leonardo da Vinci: Abendmahl), steht vor einem unlösbaren Problem, was schon in der Lesart γενομενου bei ℵ D Θ 33 pl lat (P 66 die Verschreibung γεναμενου) spürbar ist: Jesus muß nach der Mahlzeit den vor ihm sitzenden Jüngern die Füße waschen. Auch dieser Vers ist also aufgefüllt, und zwar mit dem τοῦ διαβόλου-Satz. Aber was meint er? ‚Als schon der Teufel sich vorgenommen hatte?' Woher stammt diese Wendung? Ist sie hebräisch? Das αὐτόν paßt nicht; gemeint ist damit natürlich Jesus. Vielleicht *ist* doch eher *zu übersetzen:* ‚Als der Teufel schon dem Judas ins Herz gegeben hatte, daß er ihn ausliefere'? Das stößt sich jedoch mit V.27. Aber der Lieblingsjünger ist wohl erst später eingeschoben. Dabei hat man V.2 mißverstanden. Eine Frage bleibt, warum in V.3 noch einmal ein längerer Partizipialsatz mit εἰδώς kommt – im Grunde wurde darüber doch in V. 1 schon gesprochen. Soll damit das τοῦ διαβόλου neutralisiert werden?" Demnach könnte die Auffüllung vom Endredaktor stammen, der der lukanischen Tradition 22,3 nahesteht.

hörte dieses alle überlieferte Form durchbrechenden Handelns zu mildern). Wenn man aber δείπνου γινομένου in V. 2 stehenläßt, wird ἐκ τοῦ δείπνου überflüssig. Dagegen wird es nach V. 2f. notwendig. Weil das Mahl noch vor dem Passa eingenommen wird, ist es bei aller Feierlichkeit – die Teilnehmer liegen auf Speisepolstern – nicht das Passamahl und nicht das synoptische „Abendmahl". Jesus legt seine Oberkleider ab und umgürtet sich mit einem Leintuch. Die Szene scheint ungewöhnlich anschaulich zu sein, und unsere Phantasie ist nur zu schnell bereit, sie bis in die kleinsten Einzelheiten auszumalen: wie die Jünger, überrascht und betroffen vom rätselhaften Tun des Meisters, bewegungslos dasitzen und nicht wissen, was mit ihnen geschieht und was sie dabei zu tun haben. Aber um eine wirkliche Waschung handelt es sich in der Darstellung des Evangelisten nicht mehr: man wäscht nicht 24 Füße mit Wasser aus einem Waschbecken und trocknet sie nicht mit einem einzigen Leinenschurz ab. Vielmehr hat der Evangelist die Handlung, bei der es ihm ja eigentlich nur um ihren Sinn geht, schon in der vereinfachten, gleichsam stilisierten Form dargestellt, die sie vielleicht schon als heiliger Ritus in der Gemeinde des Evangelisten angenommen hatte.

■ **5** führt die Handlung weiter, die vor der schweigenden Runde vor sich geht (erst von Petrus wird ein Wort dazu berichtet!): Jesus gießt Wasser in die Schüssel und beginnt, die Füße der Jünger zu waschen und mit dem Leinenschurz abzutrocknen, mit dem er sich umgürtet hat. *J. Jeremias,* Abendmahlsworte 94, sieht im Artikel vor „Waschbecken" einen Semitismus: es sei die Wiedergabe des Status emphaticus ohne definite Bedeutung. Aber für den Erzähler ist das Becken – P 66 verdeutlicht das selten belegte Wort durch die Erweiterung ποδονιπτήρ – selbstverständlich vorhanden. Gerade weil dieser Vers noch keine Reaktion der Jünger auf das überraschende Handeln Jesu berichtet, sondern nur dessen Beginn, steigert er die Spannung.

■ **6** endlich unterbricht sie, als Jesus zu Simon Petrus kommt. Es ist nicht gesagt (obwohl man das öfter behauptet hat), daß Jesus die Fußwaschung zuerst bei Petrus begonnen hat. Vielmehr spricht das „da kommt er zu Simon Petrus" dafür, daß vor diesem andere schweigend das Tun des Meisters an sich geschehen ließen. Petrus aber sagt zu Jesus – der knappe Text läßt nur erraten, wer zu wem spricht; spätere Handschriften haben das verdeutlicht – mit entsetzter Abwehr: Herr, du willst meine Füße waschen? (*Blass-Debrunner* § 319: praesens de conatu). Die Worte „Herr" und „Füße" stehen an den betonten Stellen des Satzes, am Anfang und Ende, einander gegenüber und beschreiben damit die innere Unmöglichkeit dieses Tuns: Wie kann der Lehrer die Füße der Schüler waschen? Diese Reaktion des Petrus konnte der Evangelist ohne weiteres aus der Vorlage übernehmen. Denn er versteht das Handeln Jesu als Tat der sich erniedrigenden Liebe, die im Kreuz ihren Höhepunkt erreicht. Die Fußwaschung als Interpretation, als Erklärung des Kreuzes ist als Tat der sich erniedrigenden Liebe mit dem Kreuzesgeschehen im Wesen identisch. Insofern steht Petrus hier vor dem σκάνδαλον τοῦ σταυροῦ. Petrus empfindet die Fußwaschung als etwas, was nicht zum

Herr-Sein Jesu paßt. Petrus veranlaßt Jesus, nun sein Handeln verständlich zu machen. Das geht in

■ **7** vor sich, und zwar in feierlicher Form: „er antwortete und sprach". Das darf nicht als alttestamentlich-jüdisch verstanden werden, sondern als Ausdruck der Vollmacht, mit welcher der Herr handelt. Jesus antwortet ruhig und bestimmt: „Was ich tue, weißt du jetzt nicht; du wirst es aber danach erfahren." Jesu Antwort berücksichtigt das Nicht-Begreifen des Jüngers, ohne ihn zu tadeln, und verspricht eine Erklärung für später. *Bultmann* 355f. hat scheinbar zu Recht bestritten, daß Jesu Erklärung in V. 12 dieses „danach" sein könne. Diese Schwierigkeit würde noch größer, wenn V. 12 unmittelbar auf V. 7 folgte. Das ist aber u. E. in der Schrift des Evangelisten tatsächlich der Fall gewesen; V. 8–11 sind später eingefügt worden.

■ **8** In diesem Einschub kümmert sich Petrus überhaupt nicht um Jesu Antwort, sondern wiederholt verstärkt seinen Einwand: Er werde es nie zulassen, daß Jesus seine Füße wäscht. Dieses Verhalten hat nur dann Sinn, wenn man es als Anfang einer neuen, nun erfolgenden Auseinandersetzung versteht, die nicht auf die kommende Erklärung Jesu wartet. Er antwortet dem widerstrebenden Petrus: Wenn er ihn nicht wasche, habe er keine Gemeinschaft mit ihm – der alttestamentliche Ausdruck hat z. B. in 2Sam 20,1 beim Masoreten und in der LXX ein Vorbild.

■ **9** läßt daraufhin den Petrus in tollem Unverstand von der leidenschaftlichen Ablehnung der Fußwaschung zum Verlangen umschlagen, Jesus möge ihm auch Hände und Haupt waschen, als läge in der Quantität des Wassers das Heil. Petrus macht im JE keine gute Figur. Er ist nicht der Protagonist unter den Jüngern im guten Sinn, sondern zeigt deren Unverstand an. Denn daß die anderen Jünger begriffen haben, was Jesus tut, wird nicht angedeutet. Nun muß freilich – Massenszenen sind Ausnahmen – einer der Sprecher sein, in dem alle zu Wort kommen. Von einem begreifenden Lieblingsjünger ist hier keine Rede – er hätte sich hier nicht einfügen lassen, ohne die Komposition zu zerstören. Es ist deutlich: Bei diesem Verhalten des Jüngers ist ein Mißverständnis im Spiel. Worin es aber eigentlich besteht, läßt sich dennoch so leicht nicht sagen.

■ **10** Denn dieser Vers, der die Erklärung bieten sollte, ist dunkel und in seinem Wortbestand nicht sicher. Bisher hatte der Evangelist für das Waschen der Füße das Verb νίπτειν verwendet; nun taucht daneben und im Gegensatz dazu plötzlich das Verb λούειν auf. Die kurze Lesart (ohne εἰ μὴ τοὺς πόδας), die ℵ c vg^codd Or bieten, würde besagen: Wer gebadet hat, braucht sich nicht zu waschen, sondern ist ganz rein. Aber wozu dann die Fußwaschung? So scheint der auch von P 66 B C gelesene Langtext allein sinnvoll: Wer gebadet hat, braucht sich nur die Füße zu waschen (oder „waschen zu lassen"). Dazu paßt freilich wieder nicht der Nachsatz: sondern er ist ganz rein. Anscheinend hat man die Fußwaschung als einen sakramentalen Akt verstanden, der erst mit Jesus Gemeinschaft gibt. Sehen wir einmal davon ab, daß man nun mit der Erklärung von λούειν in Schwierigkeiten kam, das auf die Taufe zu zielen schien und an Wert dann die Fußwaschung überragte. Warum aber mußte diese dann noch erfolgen, um Gemeinschaft mit Jesus zu geben? Allein das eigentliche Mißverständnis, von dem V. 8–11 Kunde gibt, liegt in etwas anderem. Die Fußwaschung schafft freilich Gemeinschaft zwischen Jesus und seinen Jüngern; denn sie ist ein sinnenfälliger Ausdruck seiner Hingabe. Aber nur als solcher, nicht als reinigende sakramentale Wirkung einer Waschung kommt sie hier in Betracht. Außerdem ergeben sich aus V. 8ff. zwei weitere Schwierigkeiten. Einmal werden die Jünger für rein erklärt. Das bejaht und verneint V. 10 in einem Atem: Sie sind rein, aber nicht alle.

■ **11** Das habe, wie dieser Vers hinzufügt, Jesus gesagt, weil er seinen Verräter kannte. Aber wenn die Jünger rein sind als λελουμένοι, wozu werden sie hier alle noch der Fußwaschung teilhaftig? Zweitens aber ist die Art und Weise im vierten Evangelium unerhört, wie Petrus trotzig in V. 8 Jesu Bescheid von V. 7 widerspricht. So ungeschickt geht der Evangelist nicht zu Werk. Daß dieser Widerspruch nur die Versicherung des Herrn veranlassen soll, ohne die Fußwaschung gebe es keine Gemeinschaft mit ihm, macht die Sache nicht besser, und die Torheit, mit der Petrus nun auch Hände und Haupt gewaschen haben will, ist etwas anderes als die gewohnten johanneischen Mißverständnisse. Sie übersieht den eigentlichen Anstoß, der im Sklavendienst der Fußwaschung liegt. Gewiß stellt auch der Evangelist öfter das Unverständnis der Jünger dar. Aber hier wird das Mißverstehen selbst nicht recht begriffen. Der Widerstand des Petrus in V. 6 richtet sich dagegen, daß der Lehrer dem Schüler die Füße waschen und sich damit über alle Grenzen erniedrigen will. *Bultmann* 356–361 legt das dahin aus, daß es sich um den Dienst des fleischgewordenen Gottessohnes handelt, und nicht um einen persönlichen Liebesdienst überhaupt, und fragt, warum sich der natürliche Mensch nicht einen solchen sich gefallen lassen solle? Dazu ist zu sagen, daß es hier zunächst gar nicht um den fleischgewordenen Gottessohn geht, sondern um einen Sklavendienst, den man in Israel nicht einmal den jüdischen, sondern nur heidnischen Sklaven zumutete. Petrus nimmt daran Anstoß, daß der Herr gegen alle geltenden Regeln dem Schüler solchen Dienst erweisen will, während es doch allenfalls nur umgekehrt sein dürfte. So jedenfalls versteht der Evangelist die Lage, und so wird sie auch in V. 12 vorausgesetzt, zu dem wir nun weitergehen.

■ **12** Es ist deutlich, daß hier eben jene Erklärung erfolgt, die in V. 7 verheißen war. Natürlich kann man dagegen mit *Bultmann* 355 einwenden, daß Petrus für den Evangelisten die Tat Jesu erst wirklich verstehen konnte, wenn das Kreuz Jesu dazu die Erklärung gab. Aber der Evangelist, der ja auch sonst gern die Zeiten der irdischen Wirksamkeit Jesu und der Gemeinde ineins setzt, kann hier als Schriftsteller nicht warten, bis er Jesu Tod und Auferstehung erzählt hat. Er muß jetzt schon das sagen, was Jesu rätselhaftes Handeln zu bedeuten hat, und kann nicht erst den Auferstandenen in Kap. 20 auf die Fußwaschung zurückkommen lassen. Faktisch ist – darin hat *Bult-*

*mann* ganz recht – nach der Theologie des Evangelisten den Jüngern erst nach der Geistausgießung der Sinn dessen aufgegangen, was Jesus ist und bringt. Aber das ändert nichts daran, daß Jesus schon vorher, und nicht nur an dieser Stelle, die heilvollen Worte sprechen muß, die eigentlich erst nach der Geistmitteilung verständlich werden. Darum kann V. 12 unmittelbar V. 7 weiterführen: Jesus vollendet bei allen Jüngern die Fußwaschung, legt wieder sein Obergewand an und legt sich aufs neue auf das Speisesofa. Dann setzt er bei der Frage von V. 7 ein: Verstehen die Jünger, was er ihnen getan hat? Offensichtlich nicht, und so muß er es in den beiden folgenden Versen ihnen klarmachen.

■ **13** knüpft die Erklärung daran an, daß sie ihn „Lehrer" (Rabbi) und „Herr' (Mari) nennen. Sie tun recht daran; er ist es wirklich. Aber er, der Herr und der Lehrer, hat ihnen die Füße gewaschen. Dann folgt daraus, daß auch sie einander die Füße waschen sollen. Man hat sich daran gestoßen, daß hier wieder nur von der Fußwaschung, diesem anschaulichen Ausdruck, die Rede ist und nicht von dem Sinn, der darin zum Ausdruck kommt. Aber das Schlüsselwort des „Liebens" war schon in V. 1 gefallen, und wird in V. 34 noch weiter ausgeführt werden. So läßt es der Evangelist bei dem so anstößigen Bildausdruck der Fußwaschung sein Bewenden haben und erklärt sie als ein Beispiel und Vorbild, das er den Jüngern gegeben hat. Das Verhalten Jesu zu ihnen, die völlige Hingabe (die freilich im Kreuzestod erst ihren vollen und letzten Ausdruck finden wird, wenn sie auch schon mit der Menschwerdung begann), soll auch das Verhalten der Seinen zueinander bestimmen.

■ **14** Wenn also Jesus als der Rabbi und Herr den Jüngern die Füße gewaschen hat, so ist das ein Akt der Selbsterniedrigung (aus Liebe), der Selbstentäußerung, und auf diesem Motiv der Liebe liegt der eigentliche Ton. Das meint auch der Evangelist, erst von hierher versteht man die Erniedrigung – und damit das Kreuz! – richtig. Aber dieses Wort Liebe fehlt hier. Statt dessen wird davon gesprochen, daß Jesus den Jüngern ein Beispiel gegeben hat, dem sie folgen sollen, indem sie einander „die Füße waschen", d. h. sich nicht übereinander erheben.

■ **15** spricht eben diesen Sinn ziemlich klar aus: Jesus hat ein Beispiel gegeben dafür, wie sich die Jünger verhalten sollen. Jesu Fußwaschung ist hier nicht als Sinndeutung des Kreuzes (und seines ganzen Erdenlebens) begriffen, als die erlösende Selbsterniedrigung der göttlichen Liebe, sondern für das Verhältnis Gott–Mensch oder Jesus–Mensch tritt eigentlich das Verhältnis des einen Christen zum anderen. Vielleicht hätte der Evangelist das übernehmen können, weil auch ihm daran lag, daß die Liebe, die Gott und Jesus mit den Jüngern verband, auch unter diesen selbst herrsche. Dann hätte der Evangelist seinen Eingriff auf ein Minimum beschränkt. Er wäre damit zufrieden gewesen anzudeuten, wie er eigentlich das Ganze der Fußwaschung verstanden wissen wollte, das er nach einer Tradition berichtete, die überdies nach ihm durch die sakramentale Deutung der Fußwaschung völlig widersprüchlich und undeutlich wurde.

■ **16** An diese Geschichte gleichsam angewachsen ist treibendes Spruchgut. Das Jesuswort wird eingeleitet mit ,,Amen, Amen ich sage euch". Mit ,,der Knecht ist nicht mehr als sein Herr, und der Gesandte nicht mehr als der, welcher ihn gesandt hat" scheint eine Mahnung zur Demut gegeben zu werden. Die Jünger sind ja nicht mehr und nicht besser als ihr Herr. Gerade darum ist Jesu Tat der Fußwaschung so beispielhaft und vorbildlich. *Insofern paßt dieser Vers zur Geschichte von der sich erniedrigenden Liebe.*

■ **17** Wenn sie das wissen, fügt *dieser Vers* abschließend hinzu, dann seien sie selig, wenn sie dieses Wissen leben. Aber es ist nicht eigentlich die Mahnung zur Liebe – sie wird uns später (V.34) in der Jesusrede begegnen –, sondern die Warnung vor dem Hochmut und vielleicht auch der Leidensscheu. Daß Nachfolge eine Nachfolge im Leiden ist und nicht in der Glorie, wird so rasch vergessen, und das JE, das wie kein anderes das Leiden Jesu auf sein Menschsein reduziert und dafür das Bild des himmlischen Herrn mit desto leuchtenderen Farben malt, hat selbst eine solche Erinnerung recht nötig.

■ **18–20** Mit diesen Versen stoßen wir aufs neue auf eine spätere Hinzutat, auf eine redaktionelle Einfügung. In 6,70 hatte schon eine ähnliche Äußerung Jesu gestanden, die aber fest im Zusammenhang verankert ist; in 15,16 wird, dem Zusammenhang ebenfalls entsprechend, wieder darauf angespielt. Hier dagegen nehmen die Verse in ungeschickter Weise voraus, was in V.21ff. ausgesagt werden wird, und zerstören damit die Spannung, auf die der Text offensichtlich angelegt ist. Die Zutat hat nicht nur den Zweck – von dem V.19 spricht –, den Leser auf den Verrat vorzubereiten und ihm einzuschärfen, daß Jesus ihn genau vorausgewußt habe; sie liefert vielmehr auch mit dem Zitat von Ps 41,10 den Schriftbeweis dafür, daß dieser Verrat in der Schrift vorausgesagt war und darum im Heilsplan Gottes enthalten war. Früher war man überzeugt, daß die Synoptiker unsere Stelle benutzt haben. Mk 14,18 läßt Jesus sagen, daß einer seiner Tischgenossen beim Abendmahl ihn ausliefern werde, und Mk 14,20 antwortet Jesus auf die Frage, wer er sei, nur: ,,einer der Zwölf, der mit mir in die Schüssel taucht". Es ist deutlich, daß Jesus hier keinen Bissen in die Schüssel eintaucht und dem Judas gibt, sondern daß es bei der verhüllten Aussage bleibt. Mt 26,25 fragt Judas: ,,Bin ich es?" und bekommt die nicht eindeutig bejahende Antwort: ,,Du sagst es." Lk 22,14 leitet einen Bericht ein, der Johannes näherkommt. Aber erst V.21ff. wird der Verrat angekündigt mit den Worten Jesu: ,,Siehe, die Hand dessen, der mich ausliefert, ist mit mir auf dem Tisch." Kein Wort von der Schüssel und dem Eintauchen. Vermutlich konnte Lk bei seinen Lesern die Einzelheiten der jüdischen Passamahlzeit nicht als bekannt voraussetzen. Was sich bei Mt schon anbahnt, der ausdrückliche Hinweis auf Judas unterbleibt bei Johannes zunächst, weil das alttestamentliche Zitat hier im Vordergrund steht. Es ist möglich, daß es besonders wichtig wurde angesichts des jüdischen (und später heidnischen) Vorwurfs gegen Jesus, er habe nicht einmal gemerkt, daß einer seiner Jünger ihn den Juden in die Hände gespielt hat. Anscheinend ist Jesus, wenn man von Mk ausgeht, tatsächlich überrascht worden. V.19 läßt den Verrat vorher von Jesus den Jüngern angekündigt werden, damit er, einmal geschehen, ihren Glauben nicht erschüttere. Dabei ist vor allem an die Leser des Evangeliums gedacht. V. 20 fällt ganz aus dem Zusammenhang heraus; er ist durch das Stichwort πέμπω locker mit V.16 verbunden; inhaltlich und formal hängt er eng mit Mt 10,40 zusammen und könnte bei der Redaktion von dorther übernommen sein.

■ **21** Mit ihm geht die eigentliche Erzählung – wohl in der Form der Vorlage – weiter und bringt wie Mk 14,19; Mt 26,22 und Lk 22,21 die eigentliche Voraussage des Verrats. Sie wird in einer Form, die den Leser auf das Besondere dieses Augenblicks aufmerksam macht, eingeleitet: Jesus zeigt sich tief erschüttert und spricht feierlich, aber unbestimmt die Gewißheit aus, daß einer aus der Tafelrunde ihn verraten wird. Das ist nach V.18 nichts Neues, und nach V.11 erst recht nicht. Neu ist in dieser Geschichte aber die Reaktion der Jünger. Daß sich dieses Wort Jesu erfüllen wird, daran zweifelt niemand.

■ **22** erinnert an die synoptischen Parallelberichte, geht aber doch seinen eigenen Weg: Die Jünger sehen einander an, ungewiß, von wem er wohl so spreche. Aber sie fragen nicht, wie bei Mk und Mt: Bin ichs? oder Bin ichs?

■ **23** Mit diesem Vers beginnt die erste jener Stellen, die den ,,Lieblingsjünger" einführt, genauer: den Jünger, ,,den Jesus liebte". Die Synoptiker kennen keinen solchen bevorzugten Jünger, und unsere Stelle gibt auch keinerlei Anlaß, mit der Historizität dieser Szene zu rechnen. V. 23 berichtet, daß dieser Jünger am Busen Jesu lag. Die Speisesofas, für drei Personen, entsprachen der Sitte, daß man bei feierlichen Anlässen das Mahl im Liegen einnahm. Und zwar lag man, auf den linken Arm gestützt, seitlich, so daß die rechte Hand zum Essen frei war. Um das Essen zu erleichtern, war der Platz des zweiten, mittleren, gegenüber dem links liegenden Mahlteilnehmer etwas nach hinten verschoben, so daß sein Kopf sich etwa in Brusthöhe des links Liegenden befand (ἐν κόλπῳ). Dasselbe wiederholt sich beim rechten Mahlteilnehmer. Eine besondere Verbundenheit war damit nicht angedeutet. Der eigentliche Ehrenplatz war der linke (vgl. *Billerbeck* IV 1.41–76; IV 2.611–639). Wenn also ein Jünger rechts von Jesus lag, so brauchte er seinen Kopf nur zurückzubiegen und konnte eine leise Frage an ihn richten. In dieser Lage hat sich nach V. 23 jener Jünger befunden, ,,den Jesus liebte".

■ **24** Aber dieser Vers läßt sich nicht ganz leicht damit verbinden. Zwar kann Petrus, wenn er auf irgendeinem Speisesofa in der großen Runde liegt, diesem Jünger zuwinken. Aber wie kann er zu ihm sagen, er möge sich erkundigen, wen Jesus meine? Eine Unterhaltung im Flüsterton, von der manche Ausleger sprechen, wäre doch nur bei völliger Stille vorstellbar, und gerade dann müßte sie auch von anderen mitgehört werden. Der angeredete Jünger erfüllt die Bitte des Petrus: er neigt sich zurück und fragt Jesus: Wer ist es?

■ **26** Nach diesem Vers antwortet Jesus, indem er dem Jünger mitteilt, er werde einen Bissen in die Schüssel eintauchen und dem (zukünftigen) Verräter geben. Dann taucht er den Bissen ein und gibt ihn dem Judas, Sohn des Simon, des Iskarioten.

■ **27** bringt genau besehen zwei Fortsetzungen. Zunächst: mit dem Bissen fuhr der Satan in jenen. Darauf folgt Jesu Wort: „Was du tun willst, tu bald!" In dieser Form ist zugleich der Teufel und Jesu Wort in Judas wirksam.

■ **28** Nach diesem Vers hat keiner der Tischgäste verstanden, warum er das zum Judas sagte. Sie haben also Jesu Wort gehört, das er an Judas richtete, aber nicht die Wechselrede zwischen Petrus, dem Lieblingsjünger und Jesus. Was die Jünger vermuten, teilt

■ **29** mit: Manche meinen, Judas als Kassenverwalter solle noch etwas für das Fest einkaufen, andere, er solle den Armen etwas geben. Schwer läßt sich

■ **30** anfügen: erst jetzt nimmt Judas den Bissen und geht sofort hinaus. Aber nach V. 26f. hat Judas bereits den Bissen erhalten. Das zeigt, daß mit dieser Szene nicht alles recht bestellt ist. Die eindrucksvolle Schlußbemerkung: „Es war aber Nacht" ist gerade wegen ihrer möglichen tiefen Bedeutung (Nacht des Leidens) besonders geheimnisvoll und auf den Leser wirkend. Jesus hat also – das wird hier im Unterschied zu den anderen neutestamentlichen Darstellungen gesagt – selbst die Tat des Judas herbeigeführt. Damit erweist sich, daß der Verrat ihn nicht überrascht, in einer viel eindrücklicheren Weise als in der bloßen Voraussage des Verrats. Wenn man die Verse 23–26ab und 28f. einer Bearbeitung zuschreibt, ergibt sich ein für den Evangelisten durchaus möglicher Bericht. Aber eine wirklich zwingende Rekonstruktion ist das nicht (s. Gesamtbesprechung).

● *Hirsch,* Evangelium 341, hat den Lieblingsjünger beseitigt, indem er behauptete: „Der Verfasser kennt keinen bevorzugten Jünger und keine besondere Liebe zu einem einzelnen." Das mag sein, aber die Streichung der Worte „den Jesus liebte" löst das Rätsel nicht, trotz der Überlegung, die *Hirsch* anstellt: „Hätte er" (der Verfasser) „hier einen Bestimmten als den Vertrauten genannt, der einen Ehrenplatz hat und diese Frage an Jesus richten kann, so hätte er seiner Gesamtdarstellung widersprochen . . . und außerdem auf einen ganz neuen Punkt, der von der Judasgeschichte ablenkt, die Aufmerksamkeit gerichtet. Es zeugt von echtem künstlerischem Sinn, daß er das empfunden hat und so den durch die Handlung Geforderten auf den Platz rechts neben Jesus zur unbenannten und unbestimmten Nebenfigur macht. Wer ihn versteht, stellt weiter keine Frage und vermutet weiter kein Geheimnis." Aber damit, daß Petrus den auf dem vermeintlichen Ehrenplatz Sitzenden auffordert, Jesus zu fragen, wird eben dennoch die Aufmerksamkeit auf diesen Jünger gelenkt. Außerdem muß jetzt zum mindesten dieser Jünger zur Rechten wissen, wer Jesus verraten wird. Das widerspricht aber dem in V. 28 Gesagten: Keiner der Tischgäste verstand das Wort Jesu an Judas. Der Lieblingsjünger hätte es verstehen müssen. Mit dem Streichen der Worte „den Jesus liebte" kommt man nicht aus, und auch, wenn man mit *Hirsch* weiter V. 27a streicht („Und mit dem Bissen, da fuhr in jenen der Satan") und V. 28f. entfernt, wird man mit der Schwierigkeit nicht ganz fertig. Man muß vielmehr beachten: in allen Stücken, die vom Lieblingsjünger handeln, steht er als der Überlegene dem Petrus gegenüber; diese Überlegenheit zeigt sich in verschiedener Weise, aber darauf kommt es nicht an. Es muß also die ganze Petrusszene als ein Einschub betrachtet werden. Nun ist deutlich, daß zwei Motive miteinander ringen: einmal ist es der von Jesus gegebene Bissen, der den Judas zur Beute des Satans werden läßt, zum anderen ist es das Wort Jesu, das den Verräter zu seinem Werk hinausschickt. Es ist wohl kaum die Frage, was von beidem gröber ist: der magische Bissen, mit dem der Satan in Judas fährt. Wir haben also anzunehmen, daß dieser Zug einer vergröbernden Bearbeitung angehört. Aber wenn auch die Szene mit Petrus und dem Lieblingsjünger ausfallen muß, dann bleibt als Text übrig, daß auf V. 22 sofort V. 27b folgt, wobei für das bloße „ihm" freilich eintreten muß: „Judas, dem Sohn Simons des Iskarioten." Es ist auch dann noch so, daß Judas nicht von sich aus den Verrat begehen kann: Jesus gibt ihm die Weisung dazu. Aber das geschieht ohne den magischen Bissen und den Satan. Läßt man das Gespräch zwischen Petrus, dem Lieblingsjünger und Jesus fort, dann besteht keine Notwendigkeit, die Verse 28f. noch zu streichen. Sie haben jetzt durchaus ihren Sinn. Die Handlung hat sich nun zwischen Jesus und Judas abgespielt, zwischen dem Opfer und dem, der es opfern wird und doch nicht von sich aus die Möglichkeit dazu in sich hat. Es bleibt also dabei: der vierte Evangelist läßt Jesus nicht verraten werden, zum betrogenen Opfer werden. Vielmehr behält Jesus stets die Fäden des Geschickes in der Hand: er hat die Macht, sein Leben abzulegen. Aber die Bearbeitung hat, überdies ohne stilistisches Geschick – die ganze Szene ist von A bis Z künstlich –, nicht an dieser Überlegenheit Jesu genug gehabt: sie wollte Jesu Macht deutlicher herausgestellt haben und den Teufel in den verhaßten Judas fahrenlassen. So dürfte eine der erstaunlichsten Szenen des vierten Evangeliums durch eine töricht arbeitende Redaktion verdorben worden sein. Wir werden ihr immer wieder begegnen, und es wird sich immer aufs neue zeigen, daß diese Eingriffe den Text undurchsichtig machen. Man kann nicht nur die Lieblingsjünger-Szenen „ausheben", sondern auch damit den Text erhellen. Das Erstaunliche ist ja, daß im Grunde der Lieblingsjünger eine unbedeutende Gestalt bleibt, deren Reiz in ihrem Namen allein liegt und der darin angedeuteten Qualität des Mannes, die doch in keiner Weise sichtbar wird. 18,15f.; 19,26; 20,2 und 21,7.20 werden das bezeugen.

Die Art wie Jesus den Verräter bezeichnet, wandelt sich von dem einen Evangelium zum anderen. Hier lagen zwei Tendenzen miteinander im Streit. Einerseits freute man sich, wenn man berichten konnte, daß Jesus den Verräter vorher genau gekennzeichnet habe; andererseits durfte man dabei eine gewisse Grenze nicht überschreiten, sonst wurde es unverständlich, daß die Jünger Judas noch unter sich geduldet haben. Die älteste Tradition dafür scheint Mk zu bieten. Nach ihm hat Jesus lediglich vorausgesagt, daß einer der Zwölf, die als Tischgenossen gedacht sind, ihn verraten, d. h. ausliefern, den Feinden in die Hände spielen wird. Offensichtlich hat der Vorwurf, Jesus habe den Verrat nicht geahnt (was wohl zutrifft), trotz seiner noch erkennbaren Vorsichtsmaßnahmen, die Christen geplagt. Daß die Jünger einander ansehen, ungewiß, wer gemeint sei, ist unrealistisch, wenn Judas dabei war. Bei Mk wird deutlich, daß man damit nicht zufrieden war: Jesus mußte wenigstens andeuten, daß Judas der Schuldige ist. Aber auch diese Andeutung ist unrealistisch: sie hätte die Jünger gegen Judas mißtrauisch machen können. Schon bei Mk taucht die Wendung vom ,,In-die-Schüssel-Tauchen'' auf. Sie hat guten Sinn beim Passamahl. Ein Schriftbeweis wird nicht für diesen Verrat gegeben, sondern nur für den Tod des ,,Menschensohnes'' angedeutet. Lk hat die Schüssel und das Eintauchen fortgelassen – es wird seinen Lesern unverständlich gewesen sein. Dafür hat er die Gemeinsamkeit des Mahles angedeutet mit der Wendung, die Hand des Verräters sei ebenso wie die Jesu über dem Eßtisch – daß jeder einen Eßtisch vor sich hatte, scheint er nicht vorauszusetzen. Statt des Schriftbeweises ist von der ,,Bestimmung'' die Rede. Das ist für Griechen leichter verständlich (vgl. Apg 2,23; 10,42; 11,29; 17,26.31). Da nach Lk die Ankündigung des Verrats unmittelbar auf die Austeilung des Brotes folgt, könnte in V. 21 gedacht sein, daß Judas den Bissen empfängt und Jesus ihm diesen Bissen gibt. Das wäre die Voraussetzung für die johanneische Tradition, die sich mündlich aus einer der lukanischen Fassung entsprechenden entwickelt hat. Johannes ist als Erzähler in einer ungünstigen Ausgangslage. Judas ist sowohl getauft wie nun von Jesus gewaschen. Das läßt sich ertragen, wenn man die Taufe und Waschung – oder nur die Waschung, wenn der Abschnitt V. 8–11 später eingeschoben ist – nicht als magischen Zwang versteht, sondern eben als ,,Beispiel''. Trotzdem ist dann der johanneische Parallelbericht zur Ansage des Verrates sehr merkwürdig und wenig einheitlich. Hier wird zunächst Ps 41,10 als alttestamentliche Voraussage des Verrats angeführt. Dann kommt die schlecht angefügte Ankündigung: Einer von euch wird mich verraten. Dies zu erfragen, wird der Lieblingsjünger von Petrus ermuntert, der auf dem Liegepolster rechts von Jesus liegt, mit dem Kopf in der Höhe der Brust Jesu. Auf seine Frage: Herr, wer ist es? antwortet Jesus: Jener ist es, dem ich den Bissen eintauche und gebe. Und er taucht den Bissen ein und gibt ihn dem Judas Iskariot. V. 27a, der nun folgt, scheint eine spätere Zutat zu sein: Und nach dem Bissen fuhr der Satan in ihn. Der eigentliche Text geht weiter in V. 27b: Jesus sagt zu ihm: Was du tust, tu bald! Aber das versteht keiner der Tischgenossen – außer Judas. Er nimmt den Bissen und geht sofort hinaus. ,,Es war aber Nacht.'' Hier ist das Widereinander der beiden oben erwähnten Tendenzen besonders auffällig. Der Leser versteht sofort, wer gemeint ist, und zwar ohne V. 27a. Denn nicht der Teufel treibt Judas fort, sondern Jesus selbst ist es, der ihn zu seinem Werk fortschickt. *In diesem Bericht* vertragen sich die Verse 18 und 21 nicht. Jesus hat schon vorher gesagt, daß er verraten wird. Warum wird er erst in V. 21 traurig? In V. 18 erscheint nun eine alttestamentliche Stelle als Schriftbeweis. Sie ist kaum besonders alt – Mt hätte sie

sonst sicherlich gebracht. Sie zeigt, daß man einige Psalmen als Passionsbe-
schreibungen gelesen hat. So ist Ps 41,9 in die Passionsgeschichte hineingekommen: ,,Ja, auch mein Freund, auf den ich vertraute, der mein Brot aß,
. . .'' In Hebräisch: ,,Auch der Mann meines Friedens, auf den ich vertraute,
der mein Brot aß, hat hoch gemacht gegen mich seine Ferse'' = hat mir einen
Fußtritt versetzt. (LXX Ps 40,10: ,,Denn auch der Mensch meines Friedens,
auf den ich hoffte, der meine Brote aß, hat großgemacht gegen mich das
Schlagen mit der Ferse.'') Da V. 11 die Bitte um Auferweckung enthält, ist
es besonders leicht verständlich, daß man diese Stelle auf die Passion gedeutet hat. Hier bei Johannes liegt also ein späterer, den Synoptikern noch unbe-
kannter Schriftbeweis vor. Es fragt sich darum um so mehr, ob er schon in
der Vorlage stand, vom Evangelisten stammt oder erst durch die Bearbeitung hineinkam. Das Wort ψωμίον kommt nur hier im Neuen Testament
und nicht in der LXX vor. Sie kennt das Verb ψωμίζειν = ,,speisen'' (aktiv),
aber auch das Substantiv ψωμός im Sinne von ,,Brot'', so Ruth 2,14: ,,Als es
nun Essenszeit war, sprach Boas zu ihr: Komm her und iß mit und tunke deinen Bissen in den Essig.'' Das Wort ,,Bissen'' heißt hier im Hebräischen פַּת,
was ,,Bissen'', ,,Brocken'' bedeutet. Aber eine Verbindung dieser Stelle mit
Ps 41,10 läßt sich nicht nachweisen. Das Neue ist einmal, daß Jesus hier den
Judas durch eine Geste kennzeichnet. An sich taucht jeder in die Schüssel.
Aber man braucht nicht mit *Hirsch*, Evangelium 338, anzunehmen, daß Judas dadurch als Fremder bezeichnet werden soll. Das Überreichen eines Bissens kann auch eine besondere Ehrung sein. Weiter wird dieses Überreichen
eines Bissens als Erkennungszeichen hier dem Lieblingsjünger deutlich gemacht; ohne das bleibt es für die Jünger unverständlich. Darauf folgen zwei
sich ausschließende Folgerungen: nach der ersten fährt mit dem Bissen der
Satan in Judas – man hat von einem höllischen Abendmahl gesprochen. Jesus
hätte dann mit dem Bissen den Judas zu einem Freiwild für den Satan gemacht. Daß der Evangelist dergleichen nicht meinte, ist an sich klar, wird
aber bestätigt durch das nun folgende Jesuswort: ,,Was du tust, tu gleich!''
Hier zeigt sich ganz unmagisch, wie Jesus sein Geschick in Händen hat: Mit
einem Wort, das alle hören und doch keiner außer Judas versteht, sendet er
ihn in den schon geplanten Verrat. Da er gerade dem Judas durch die Über-
reichung des Bissens ganz nahe ist (wie vorzustellen?), kann er leicht gerade
zu diesem sprechen, ohne ihn mit Namen nennen zu müssen und ohne daß
sich ein anderer angeredet fühlen konnte. Aber dieser ganze Abschnitt stößt
sich mit V. 18f. Das besagt: Die Tradition vom Bissen kann älter sein als deren Verbindung mit dem Lieblingsjünger, obwohl sie hier in Verbindung
mit diesem vorkommt. Das Besondere ist nun, daß erst der Lieblingsjünger
erfährt, wer der Verräter sein wird, ohne daß er freilich daraus eine Folgerung zieht. Natürlich dürfte er den Judas nicht festhalten und nicht öffentlich
anprangern – das hätte die ganze Handlung und Geschichte durcheinander
gebracht. Aber das beweist nicht, daß diese Szene lebensecht ist. Es steht mit
ihr wie mit 20,8. Hier kommt der Lieblingsjünger zum Glauben an die Auf-

erstehung Jesu, aber er sagt den andern Jüngern kein Sterbenswörtchen davon. Es wird nur sein Vorzug vor Petrus berichtet, aber dieser Vorzug bleibt ohne eine Wirkung in der Geschichte. Der Lieblingsjünger wird rein literarisch herausgestellt, nicht aber realistisch. Die Geschichte in Joh 13 ist mit Jesu Wort an Judas sehr schön. Aber es ist schwer zu sagen, wie sie gelautet hätte, wenn keine Frage eines Jüngers voranging. Am ehesten kommt V. 22 als Anschlußvers in Betracht. Aber der Schluß von V. 26 fügt sich nicht glatt an. Die Worte λαμβάνει καὶ passen nicht; sie könnten eine Erinnerung an den Abendmahlsbericht sein, wo Jesus das Brot nahm und ihnen gab. Vielleicht ist mit P 66 und A zu lesen: καὶ ἐμβάψας το ψωμίον! Dann wäre das Jesu Antwort auf die unausgesprochene Frage der Jünger, und zwar eine Antwort, die nichts verrät, außer für Judas durch das dabei gesprochene Wort, nicht durch den Bissen als solchen. Daß Jesus ihn dem Judas gibt, dient nur dazu, sie beide in engen Kontakt zu bringen. Der Bissen hat keine magische Bedeutung, und auch das Wort nicht: Judas sieht sich durchschaut und weiß zugleich, daß sich Jesus dem Geplanten nicht widersetzt. Natürlich wäre es schöner, wenn V. 30 sofort auf V. 27 folgte. Aber zwingend ist das noch nicht. Man kann V. 28f. daraufhin noch nicht streichen.

*Ein weiteres Problem wirft die traditionelle Deutung der V. 14–15 auf.* Man mißversteht den dortigen Text, wenn man diese Deutung der Fußwaschung „paränetisch", oder „ethisch" nennt. Sowenig Jesu Handlung damit bezeichnet werden kann, ebensowenig die seiner Jünger. Jesu Handlung der Fußwaschung – die Selbsthingabe bis in den Tod anzeigend – ist seine rettende Offenbarungstat. Man kann nicht mit ihm und dadurch mit dem von ihm offenbarten „Vater" in Gemeinschaft treten, wenn man selbst nicht zu dieser Selbsthingabe bereit ist. Es geht um diese Art der Existenz, die allein die Einheit mit dem Vater und dem Sohn ermöglicht. Zu sagen, daß dieses nur etwas Ethisches sei, aber unterhalb des Religiösen liege, bringt die ganze johanneische Theologie durcheinander. Die Haltung zum Mitchristen (bzw. zum Mitmenschen) läßt sich nicht von der zu Gott und zu Jesus trennen. In diesem Sinne gibt es kein „rein Religiöses", das uns am Nächsten vorbei zu Gott kommen ließe. Johannes hat Jesu ganzes Erdenleben nämlich als die Offenbarung und Verwirklichung dieser Gottesliebe gesehen. Das macht er eben besonders deutlich bei der Schilderung des letzten Mahles Jesu, während dessen – also an so auffallender Stelle wie möglich – Jesus sich erhebt und seinen Jüngern die Füße wäscht. Die Fußwaschung galt damals als ein erniedrigender Dienst. Hier aber zeigt sich die freiwillige Selbsterniedrigung des Herrn und Meisters – anders ausgedrückt: seine sich ganz hingebende Liebe. Gemäß dem Willen des Vaters war Jesus nicht für sich da, sondern für die, welche der Vater ihm gegeben hatte. Dieses Da-sein für die anderen ist jene Liebe, die Jesus seinen Jüngern als das neue Gebot verkündet (15,12); sie ist jenes Fruchttragen, von dem er in 15,8 spricht. Diese sich ganz hingebende Liebe schenkt seltsamerweise dem Leben erst seinen wahren Inhalt. Alles andere menschliche Verhalten: Jagd nach Genuß, Verlangen nach

Glück, Streben nach Macht – all das läßt ja zuletzt das Leben leer. Nur das Wasser der sich ganz hingebenden Liebe stillt den steten Durst des Menschen. Diese Liebe gibt dem Leben – auch wenn der Mensch darüber sterben muß – sein Ziel. Wer so liebt, bei dem kehren der Vater und Jesus ein (14,23).

## 33. Das Liebesgebot

[31]**Als er nun hinausgegangen war, sprach Jesus: „Nun ist der Menschensohn verherrlicht worden, und Gott hat sich in ihm verherrlicht.** [32]**Wenn sich aber Gott in ihm verherrlicht hat, wird er ihn in sich verherrlichen, und er wird ihn bald verherrlichen.** [33]**Meine Kinder, noch ein Kleines bin ich bei euch. Ihr werdet mich suchen, und wie ich zu den Juden sagte: ‚Wo ich hingehe, könnt ihr nicht hinkommen', so sage ich es jetzt auch euch.** [34]**Ein neues Gebot gebe ich euch: Einander zu lieben, wie ich euch geliebt habe, daß ihr einander liebt.** [35]**Daran werden alle erkennen, daß ihr meine Jünger seid, wenn ihr Liebe untereinander habt."** [36]**Spricht zu ihm Simon Petrus: „Herr, wo gehst du hin?" Jesus antwortete: „Wo ich hingehe, kannst du mir jetzt nicht folgen, du wirst mir aber später folgen."** [37]**Petrus sprach zu ihm: „Herr, warum kann ich dir jetzt nicht folgen? Ich will mein Leben für dich geben!"** [38]**Jesus antwortete: „Du wirst dein Leben für mich geben? Wahrlich, wahrlich ich sage dir: Bevor der Hahn kräht, wirst du mich dreimal verleugnen."**

**Literatur:**

*A (13,31–17,26):*

*Ballenstedt, H. C.,* Die letzten Reden Jesu an seine Jünger, im Geiste Johannes vorgetragen, in: *ders.,* Philo und Johannes, vol. 2, Göttingen 1812, 95–141.

*Baumeister, T.,* Der Tod Jesu und die Leidensnachfolge des Jüngers nach dem Johannesevangelium und dem ersten Johannesbrief, WiWei 40 (1977) 81ff.

*Becker, J.,* Die Abschiedsreden Jesu im Johannesevangelium, ZNW 61 (1970) 215–246.

*Behler, G. M.,* Die Abschiedsworte des Herrn: Joh 13–17, Salzburg 1962.

*Bornkamm, G.,* Die Zeit des Geistes. Ein johanneisches Wort und seine Geschichte, in: ders., Geschichte und Glauben I, 1968, 90–103.

*Boyd, W. J. P.,* The Ascension According to St. John. Ch. 14–17 not Prepassion but Postresurrection, Theol 70 (1967) 207–211.

*Boyle, J. L.,* The Last Discourse (Jn 13,31–16,33) and the Prayer (Jn 17): Some Observations on their Unity and Development, Bib. 56 (1975) 210–222.

*Bussche, H. van den,* Le discours d'adieu de Jésus, Tournai 1959.

*Carmody, J.,* The „Death of God" and John 14–17, BiTod 30 (1967) 2082–2090.

*Gaechter, P.,* Der formale Aufbau der Abschiedsrede Jesu, ZKTh 58 (1934) 155–207.

*Hauret, C.,* Les Adieux du Seigneur (Jn 13–17), Paris 1952.

*Huby, J.,* Le discours de Jésus après la Cène suivi d'une étude sur la connaissance de foi dans Saint Jean, Paris 1933.

*Kundsin, K.,* Die Wiederkunft Jesu in den Abschiedsreden des Johannesevangeliums, ZNW 33 (1934) 210–215.

*Lacomara, A.,* Deuteronomy and the Farewell-Discourse (Jn 13,31–16,33), CBQ 36 (1974) 65–84.

*Langbrandtner, W.,* Weltferner Gott oder Gott der Liebe, Bern: Frankfurt 1977, bes. 50–69.

*Nägelsbach, F.,* Die Voraussagungen Jesu

nach Joh 14–16 und ihre Folgerungen, NKZ 22 (1911) 663–669.

*Oehler, W.,* Das Wort des Johannes an die Gemeinde: Evangelium Johannis 15–17, Gütersloh 1938.

*Onuki, T.,* Die johanneischen Abschiedsreden und die synoptische Tradition, Annual of the Japanese Biblical Institute 3 (1977) 157–268.

*Pass, H. L.,* The Glory of the Father. A Study in St. John 13–17, London 1935.

*Riggs, R.,* John's Persecution Ethic: A Study in the Farewell Discourse, masch. Diss. Vanderbilt University 1969.

*Segalla, G.,* Il libro dell'Addio di Gesú ai suvi, ParVi 15 (1970) 356–376.

*Seynaeve, J.,* Le testament spirituel du Christ. Les discours de la denière Cène (Jn 13–17), Orientations Past. 14 (1962) 66–75.

*Schneider, J.,* Die Abschiedsreden Jesu. Ein Beitrag zur Frage der Komposition von Joh 13,31–17,26 in: Gott und die Götter, FS. E. Fascher, Berlin 1958, 103–112.

*Stagg, F.,* The Farewell Discourses: Jn 13–17, RExp 62 (1965) 459–472.

*Steinmetz, F. J.,* ,,Und ich gehe nimmer, wann ich gehe . . .'' – Zum Verständnis der johanneischen Abschiedsreden, GuL 51 (1978) 85–99.

*Steinmeyer, F. L.,* Die Scheiderede Jesu an den Kreis der Seinen, Berlin 1893.

*Swete, H. B.,* The Last Discourse and Prayer of Our Lord – A Study of St. John 14–17, London 1914.

*Walter, E.,* Die Mysterien des Wortes und der Liebe (Joh 14–17), [1]Freiburg 1964, [2]Düsseldorf 1967.

*Zimmermann, H.,* Struktur und Aussageabsicht der johanneischen Abschiedsreden, BiLi 8 (1967) 279–290.

B (Joh 13,31–38):

*Bornkamm, G.,* Zur Interpretation des Johannesevangeliums. Eine Auseinandersetzung mit E. Käsemanns Schrift ,,Jesu letzter Wille nach Johannes 17'', EvTh 28 (1968) 8–25.

*Bussche, H. van den,* Nu is de Mensensoon verheerlijkt (Joh 13,31–38), CGan 3 (1953) 97–105.

*Cerfaux, L.,* La charité fraternelle et le retour du Christ selon Jn 13,33–38, EThL 24 (1948) 321–332.

*Charlier, C.,* La présence dans l'absence (Jn 13,31–14,31), BVC 2 (1953) 61–75.

*Kelly, J.,* What did Christ Mean by the Sign of Love?, AfER 13 (1971) 113–121.

*Kölbing, F. W.,* Biblische Erörterungen: Ueber Joh 13,34.35, ThStKr 18 (1845) 685–696.

*Lazure, N.,* Louange à Fils de l'homme et commandement nouveau: Jn 13,31–33a. 34–35, ASeign 26 (1973) 73–80.

*Reese, J. M.,* Literary Structure of John 13,31–14,31; 16,5–6; 16,16–33, CBQ 34 (1972) 321–331.

*Thils, G.,* De interpretatione Evangelii Sancti Johannis 13,31–14,31, CMech 29 (1940) 33–36.

*Vellanickal, M.,* The Divine Sonship of Christians in the Johannine Writings, Rom 1977.

■ **31** Als Judas hinausgegangen ist, ist Jesus – scheinbar – mit den Getreuen allein. Von nun an spricht er bis zum Ende von Kap. 16 nur zu ihnen und mit ihnen. – Wodurch wurde jetzt der Menschensohn, und in diesem Gott, verherrlicht? Mehrere Möglichkeiten bieten sich an: Dadurch, daß Jesus den Verräter gekennzeichnet und zugleich ans Werk gesandt hat, ist der Verrat und damit die Passion nun unausweichlich. Die Herrlichkeit Gottes und Jesu, die damit in den Blick kommt, ist also nicht die eines irdischen Triumphes, sondern die der Passion. Die Hingabe in den Tod, die Jesus in der Fußwaschung veranschaulicht hatte, ist jene Herrlichkeit, von der Jesus spricht. Warum ist sie aber erst nun eingetreten, da Judas fortgegangen ist? Weil diese Hingabe in den Tod, diese äußerste Liebe eben nicht allen gilt, sondern nur denen, die Gott und Jesus erwählt haben. Mag Gott auch die Welt lieben – das besagt nicht, daß die ganze Welt gerettet wird, wenn Gott sich ihr in Jesus preisgibt. Johannes weiß um das Geheimnis, daß nicht jeder glaubt. In dem Augenblick, da Jesus diese Worte spricht, glaubt ja nach seiner Meinung noch niemand wirklich an ihn, auch die Erwählten nicht. Wenn

Jesus sie als solche behandelt, so ist das ein Vorgriff in die Zukunft, da sie der Geist zu wirklich Erwählten gemacht hat.

■ **32** Schon die ältesten Handschriften haben die Worte „Wenn sich Gott in ihm verherrlicht hat" fortgelassen, aufgrund eines uralten Schreibfehlers: der Schreiber ist vom ersten „Gott hat sich in ihm verherrlicht" sogleich auf das zweite übergesprungen; d. h. er hat gemeint, das zweite geschrieben zu haben, als er das erste geschrieben hatte. Wir haben also die Worte zu erklären: Wenn sich Gott in ihm verherrlicht hat, so wird sich Gott auch in ihm verherrlichen, und er wird ihn sofort verherrlichen. Nachdem Jesus mit dem Fortschicken des Judas alle Brücken hinter sich abgebrochen hat, wird es nun nicht mehr lange dauern bis zum Kreuz von Golgatha. Hier spricht also – gegen *Käsemann* – der Sterbende, der seinen Tod als Verherrlichung bejaht, und das nicht nur, weil auf den Tod die Auferstehung folgen wird. Die Liebe Gottes, die sich selbst dahingibt, erscheint am deutlichsten und größten am Kreuz und nicht am Ostermorgen. Darum hat Johannes auch die Auferstehung so rasch erzählt, fast wie etwas Nebensächliches. Jesus sagt also seinen baldigen Tod an. Und in dieser Lage schlägt er einen neuen, innigen Ton an mit

■ **33** Kinder! Er muß es ihnen nun sagen: er ist nur noch kurz bei ihnen. Nur wenige Stunden trennen ihn noch von seinem Tode, und eine nicht viel kleinere Frist von seinem Zusammensein mit den Seinen. Sie werden ihn suchen, und er muß ihnen nun wie einst (7,34) den Juden sagen, daß sie nicht dahin werden gehen können, wohin er geht: in den Tod. Dieser Gedanke wird in V. 36 fortgeführt.

■ **34f.** bringt in dieser Situation als ein neues Gebot das der gegenseitigen Liebe, die Jesus ihnen vorgelebt und soeben in der Fußwaschung versinnbildlicht hat. An dieser Liebe werden alle erkennen, daß sie seine Jünger sind. Hier ist im Sinne des Johannes nicht mit der weltumspannenden Kirche gerechnet, sondern mit der kleinen Schar der Glaubenden, für die dieses Evangelium geschrieben ist.

■ **36** erst darf Petrus fragen: Herr, wohin gehst du? Eine törichte Frage, wie es scheint. Jesus bleibt bis zuletzt unverstanden, auch von Petrus, der hier freilich als Wortführer der Jünger gedacht ist. Jesus antwortet nicht nur mit einer Wiederholung seines Wortes, sondern auch mit einer Prophezeiung: Petrus wird ihm zwar nicht jetzt, wohl aber später – in den Tod – folgen.

■ **37** zeigt, daß Petrus doch etwas mehr verstanden hat, als es zunächst schien: zwar fragt er noch einmal, warum er jetzt nicht folgen kann, aber er versichert, er sei bereit, sein Leben für Jesus zu geben. Damit zeigt er freilich in einem tieferen Sinne sein Nichtverstehen: er unterschätzt das, was er leisten müßte. Darum bekommt er von Jesus

■ **38** zur Antwort: In Wahrheit werde er jetzt nicht sein Leben für Jesus geben, sondern er werde Jesus dreimal verleugnen, bevor der Hahn kräht. Damit kommt wieder ein synoptisches Motiv zu Ehren, aber es hat den Sinn,

Jesu Vorauswissen des Kommenden zu zeigen. Er geht nicht in eine unbekannte Zukunft, sondern er weiß alles, was auf ihn zukommt. Daß damit das Versagen der Jünger seinen Stachel verliert, ist wohl deutlich. Petrus spielt hier freilich keine hervorragende Rolle: er zeigt ein ungerechtfertigtes Selbstvertrauen. Aber man hört nichts davon, daß der Lieblingsjünger sich besser bewähren wird. In 18,15f. scheint er zwar – als Bekannter des Hohenpriesters! – wieder im Gegenspiel zu Petrus aufzutauchen. Aber da es nur heißt „ein anderer Jünger“, so läßt sich das nicht streng beweisen.

● *Bornkamm,* Zur Interpretation des JE 17, meint: „Denn nicht um eine episodische Geschichte in der Zeit geht es hier, sondern um die Problematik von Zeit und Geschichte überhaupt, vor die sich der Glaube überhaupt gestellt sieht.“ Das trifft nicht zu. In dem Augenblick, wo der Geist zu den Jüngern kommt, ist diese Situation überwunden; hier beginnt freilich erst die neue Gemeinschaft mit Jesus und dem Vater. Man darf also nur sagen: Dies ist die Lage für alle Menschen, denen der Geist noch nicht zuteil geworden ist. Die Fragwürdigkeit des Geistes, die zu behaupten die Moderne nur zu geneigt ist, dürfte dem Evangelisten fremd gewesen sein. Andererseits weiß doch auch der Evangelist etwas von der bleibenden Lage der Jünger in der Welt, in der sie des Trostes bedürfen und der Stärkung, kurz: in der sie den Geist nötig haben. Der Paraklet aber ist nichts anderes als eine neue Gestalt Jesu; Johannes setzt die Wiederkunft Jesu, den Parakleten und das Kommen des Vaters in eins. Nur so kann er die Geschichte und Tradition mit seiner Gegenwartserfahrung verbinden.

## 34. Rede Jesu über die Lage der Jünger

[1]„Euer Herz erschrecke nicht! Glaubt an Gott, und glaubt an mich! [2]Im Haus meines Vaters sind viele Wohnungen. Wenn nicht, würde ich euch gesagt haben: Ich gehe, euch eine Stätte zu bereiten? [3]Und wenn ich gegangen bin und euch einen Ort bereitet habe, komme ich wieder und werde euch zu mir nehmen, damit auch ihr seid, wo ich bin. [4]Und wo ich hingehe – ihr kennt den Weg!“ [5]Sagt zu ihm Thomas: „Herr, wir wissen nicht, wohin du gehst. Wie sollen wir den Weg wissen?“ [6]Sagt zu ihm Jesus: „Ich bin der Weg und die Wahrheit und das Leben. Keiner kommt zum Vater außer durch mich. [7]Wenn ihr mich erkannt hättet, so würdet ihr auch meinen Vater kennen. Jetzt kennt ihr ihn und habt ihn gesehen.“ [8]Sagt zu ihm Philippus: „Herr, zeige uns den Vater, und wir sind zufrieden!“ [9]Sagt zu ihm Jesus: „So lange Zeit bin ich bei euch und du hast mich nicht erkannt, Philippus? Wer mich gesehen hat, hat den Vater gesehen. Wie kannst du sagen: Zeige uns den Vater? [10]Glaubst du nicht, daß ich im Vater

bin und der Vater in mir ist? Die Worte, die ich spreche, spreche ich nicht von mir. Der in mir bleibende Vater tut seine Werke. [11]Glaubt mir, daß ich im Vater bin, und der Vater in mir. Wenn aber nicht, glaubt um der Werke selbst willen. [12]Wahrlich, wahrlich ich sage euch: Wer an mich glaubt, wird die Werke tun, die ich tue, und er wird größere Werke als diese tun; denn ich gehe zum Vater. [13]Und was ihr erbittet in meinem Namen, das werde ich tun, damit der Vater im Sohn verherrlicht wird. [14]Wenn ihr etwas in meinem Namen erbittet, ich werde es tun. [15]Wenn ihr mich liebt, werdet ihr meine Gebote halten. [16]Ich werde den Vater bitten, und der wird euch einen anderen Tröster geben, daß er ewig bei euch sei: [17]den Geist der Wahrheit, den die Welt nicht fassen kann, weil sie ihn nicht sieht und erkennt. Ihr erkennt ihn; denn er bleibt bei euch und wird in euch sein. [18]Ich lasse euch nicht verwaist: Ich komme wieder zu euch. [19]Nur kurz, und die Welt sieht mich nicht mehr, ihr aber seht mich, weil ich lebe, und auch ihr werdet leben. [20]An jenem Tage werdet ihr erkennen, daß ich im Vater bin und ihr in mir und ich in euch. [21]Wer meine Gebote hat und sie bewahrt, der ist es, der mich liebt. Wer mich aber liebt, der wird von meinem Vater geliebt werden, und ich werde ihn lieben und mich ihm kundmachen." [22]Spricht zu ihm Judas, nicht der Iskariote: „Herr, was ist geschehen, daß du dich uns kundmachen willst und nicht der Welt?" [23]Jesus antwortete ihm und sprach zu ihm: „Wenn mich jemand liebt, wird er mein Wort bewahren, und mein Vater wird ihn lieben, und wir werden zu ihm kommen und bei ihm Wohnung nehmen. [24]Und wer mich nicht liebt, der hält meine Worte nicht. Und das Wort, das ihr hört, ist nicht mein, sondern das des Vaters, der mich gesandt hat. [25]Dies habe ich euch gesagt, noch bei euch seiend. [26]Der Paraklet aber, der heilige Geist, den der Vater senden wird in meinem Namen, er wird euch alles lehren und euch an alles erinnern, was ich euch gesagt habe. [27]Frieden lasse ich euch, meinen Frieden gebe ich euch. Nicht wie die Welt gibt, gebe ich euch. Euer Herz erschrecke und verzage nicht! [28]Ihr habt gehört, daß ich euch sagte: Ich gehe fort und werde zu euch zurückkommen. Wenn ihr mich liebtet, würdet ihr euch freuen, daß ich zum Vater gehe; denn der Vater ist größer als ich. [29]Und nun habe ich es euch gesagt, bevor es geschieht, damit ihr zum Glauben kommt, wenn es geschieht. [30]Ich werde nicht mehr viel mit euch reden; denn es kommt der Fürst der Welt. Und an mir hat er nichts, [31]sondern damit die Welt erkennt, daß ich den Vater liebe und so handle, wie es mir der Vater geboten hat: Steht auf, wir wollen von hier fortgehen!"

Literatur:
A.: Joh 14,1–31
Bacon, B. W., „In my Fathers's House are Many Mansions", John 14,2, ET 43 (1931/1932) 477–478.

*Ders.*, Displacement of John 14, JBL 13 (1894) 64–76.

*Barrett, C. K.*, ,,The Father is Greater than I`` (Joh 14,28): Subordinationist Christology in the New Testament, in: Neues Testament und Kirche, FS. R. Schnackenburg, 1974, 144–159.

*Beauvery, R.*, Évangiles et homélies. Présentation exégétique des Évangiles de Dimanche (Joh 14,1–12.15–21), EeV 79 (1969) 287–291.317–319.633–636.

*Beck*, Ueber Joh 14,1.2, ThStKr 4 (1831) 130–134.

*Bertram, G.*, Joh 14,9 und das gnostische Christusbild, AIK. Christ. Arch. 7 (1969) 379–389.

*Blank, J.*, Das Wort, der Geist und die Gemeinde (Joh 14,23–32), TischWo 3 (1965) 28–44.

*Ders.*, Predigtmeditationen: Joh 14,23–31, in: ders., Schriftauslegung in Theorie und Praxis, 1969, 188–206.

*Bleek, F.*, Ueber Joh 14,31 als Beweis der Authentie der joh. Reden, in: ders., Beiträge, 1846, 236–239.

*Borgen, P.*, God's Agent in the Fourth Gospel, in: Religions in Antiquity. Essays in Memory of E. R. Goodenough, Leiden 1968, 137–147.

*Boring, M. E.*, The Influence of Christian Prophecy on the Johannine Portrayal of the Paraclete and Jesus, NTS 25 (1978) 113–123.

*Cignelli, L.*, Gv 14,28 nel'esegesi di S. Ireneo, SBFLA 27 (1977) 173–196.

*Eckle, W.*, Geist und Logos bei Cicero und im JE, Hildesheim 1978.

*Ensley, E. C.*, Eternity is Now. A Sermon on Joh 14,1–11, Interp. 19 (1965) 295–298.

*Fensham, F. C.*, ,,I am the Way, the Truth and the Life``: John 14,6, Neotestamentica 2 (1968) 81–88.

*Fischer, G.*, Die himmlischen Wohnungen: Untersuchungen zu Joh 14,2f., Bern/Frankfurt 1975.

*George, A.*, L'Évangile Jn 14,23–30: Les venues de Dieu aux croyants, ASeign 51 (1963) 63–71.

*Girgensohn, H.*, Worte Jesu an die ecclesia viatorum. Betrachtungen zu Joh 14,1–6, in: ders., Heilende Kräfte der Seelsorge, Göttingen 1966, 177–184.

*Gollwitzer, H.*, Außer Christus kein Heil? Joh 14,6, ACJD 2 (1967) 171–193.

*Gundry, R.*, ,,In my Father's House are Many Monai, ZNW 58 (1967) 68–72.

*Hammer, J.*, Eine klare Stellung zu Joh 14,31b, BiKi 14 (1959) 33–40.

*Klijn, J. F. A.*, John 14,22 and the Name Judas Thomas, in: Studies in John, FS. J. N. Sevenster, Leiden 1970, 88–110.

*Korteweg, T.*, The Reality of the Invisible.

Some Remarks on St. John 14,8 and Greek Philosophic Tradition, in: M. J. Vermaseren ed., Studies in Hellenistic Religions, Leiden 1979, 50–102.

*Kugelman, R.*, The Gospel for Pentecost: Joh 14,23–31, CBQ 6 (1944) 259–275.

*La Roche, S.*, Ueber Joh 14,1.2, ThStKr 3 (1830) 114–118.

*Potterie, J. de la*, ,,Je suis la voie, la vérité et la vie`` (Joh 14,6), NRTh 88 (1966) 917–926.

*Rossetto, G.*, La route vers le Père: Jn 14,1–12, ASeign 26 (1973) 18–30.

*Simonetti, M.*, Giovanni 14,28 nella controversia ariana, in: FS. J. Quasten, Münster 1970, 151–161.

*Schaefer, O.*, Der Sinn der Rede Jesu von den vielen Wohnungen in seines Vaters Haus und von dem Weg zu ihm (Joh 14,1–7), ZNW 32 (1933) 210–217.

*Schnackenburg, R.*, Johannes 14,7, in: FS. G. D. Kilpatrick, 1976, 345–356.

*Widengren, G.*, En la maison de mon Père sont demeures nombreuses (Jn 14,2), SEA 37/38 (1972/73) 9–15.

*B.: Der Paraklet*

*Bacon, B. W.*, The ,,Other`` Comforter, Exp. 14 (1917) 273–282.

*Bammel, E.*, Jesus und der Paraklet in Joh 16, in: Christ and Spirit in the New Testament, FS. C. F. G. Moule, Cambridge 1973, 199–217.

*Barrett, C. K.*, The Holy Spirit in the Fourth Gospel, JThS 1 (1950) 1–15.

*Bartlett, W.*, The Coming of the Holy Ghost According to the Fourth Gospel, ET 37 (1925/26) 72–75.

*Berrouard, M. F.*, Le Paraclet, défenseur du Christ devant la conscience du croyant, RSPhTh 33 (1949) 361–389.

*Betz, O.*, Der Paraklet, Leiden 1963.

*Bornkamm, G.*, Der Paraklet im JE, in: ders., Geschichte und Glaube I, 1968, 68–89.

*Ders.*, Die Zeit des Geistes. Ein johanneisches Wort und seine Geschichte, in: ders., Geschichte und Glauben I, 1968, 90–103.

*Brown, R. E.*, The Paraclete in the Fourth Gospel, NTS 13 (1966/67) 113–132.

*Ders.*, The ,,Paraclete`` in the Light of Modern Research, StEv IV (1968) 158–165.

*Büchsel, F.*, Der Geist Gottes im NT, Gütersloh 1926, 485–511.

*Cassien, B.*, La Pentecôte johannique, Valence-sur-Rhône 1939.

*Davies, J. G.*, The Primary Meaning of Parakletos, JThS 4 (1953) 35–38.

*Durand, M. G. de*, Pentecôte johannique et Pentecôte lucanienne chez certains Pères, BLE 79 (1978) 97ff.

*Floor, L.*, The Lord and the Holy Spirit in the

Fourth Gospel, Neotestamentica 2 (1968) 122–130.

*Ghiberti, G.*, La rivelazione giovannea del Paraclito, in: Lo Spirito Santo nella liturgia della parola, Trevisio 1967, 7–58.

*Holwerda, D. E.*, The Holy Spirit and Eschatology in the Gospel of John, Kampen 1959.

*Hunt, W. B.*, John's Doctrine of the Spirit, SWJTh 8 (1965) 45–65.

*Hurley, J. M.*, The Paraclete in the Fourth Gospel, BiTod 36 (1968) 2485–2488.

*Isaacs, M. E.*, The Concept of Spirit. A Study of *Pneuma* in Hellenistic Judaism and its Bearing on the New Testament, London 1976.

*Johansson, N.*, Parakletos, masch. Diss. Lund 1940.

*Johnston, G.*, The Spirit-Paraclete in the Gospel of John, Pittsburgh Perspective 9 (1968) 29–37.

*Ders.*, The Spirit-Paraclete in the Gospel of John, Cambridge 1970.

*Kipp, J. L.*, The Relationship between the Conception of the „Holy Spirit" and the „Risen Christ" in the Fourth Gospel, masch. Diss. Princeton Theological Seminary 1964.

*Kothgasser, A. M.*, Die Lehr-, Erinnerungs-, Bezeugungs- und Einführungsfunktion des johanneischen Geist-Parakleten gegenüber der Christus-Offenbarung, Sal. 33 (1971) 557–598; 34 (1972) 3–51.

*Ders.*, Das Problem der Dogmenentwicklung und die Lehrfunktion des johanneischen Parakleten, masch. Diss. Rom 1968.

*Leaney, A. R. C.*, The Historical Background and Theological Meaning of the Paraclete, Duke Divinity School Review 37 (1972) 146–159.

*Ders.*, The Johannine Paraclete and the Qumran Scrolls, in: John and Qumran, London 1972, 43ff.

*Locher, G. W.*, Der Geist als Paraklet, EvTh 26 (1966) 565–579.

*Lofthouse, W. F.*, The Holy Spirit in the Acts and the Fourth Gospel, ET 52 (1940/41) 334–336.

*Martin, A. G.*, Le Saint-Esprit et l'Évangile de Jean dans une perspective trinitaire, RRef 29 (1978) 141–151.

*McPolin, J.*, The Holy Spirit in the Lucan and Johannine Writings, IrThQ 45 (1978) 117ff.

*Meeks, W. A.*, The Divine Agent and his Counterfeit in Philo and the Fourth Gospel, in: E. Schüssler-Fiorenza ed., Aspects of Religious Propaganda in Judaism and Early Christianity, Notre Dame/London 1976, 43–67.

*Michaelis, W.*, Zur Herkunft des johanneischen Paraklet-Titels, CNeot. 11 (1947) 147–162.

*Mowinckel, S.*, Die Vorstellung des Spätjudentums vom Heiligen Geist als Fürsprecher und der johanneische Paraklet, ZNW 32 (1933) 97–130.

*Müller, U. B.*, Die Parakletenvorstellung im JE, ZThK 71 (1974) 78–93.

*Mussner, F.*, Die johanneischen Parakletensprüche und die apostolische Tradition, in: ders., Praesentia Salutis, Düsseldorf 1967, 148–158.

*Niccacci, A.*, Esame letterario di Gv 14, ED 31 (1978) 209–260.

*Patrick, J. G.*, The Promise of the Paraclete, BS 127 (1970) 333–345.

*Pillai, C. J.*, „Advocate"-Christ's Name for the Holy Spirit, BiTod 30 (1967) 2078–2081.

*Porsch, F.*, Pneuma und Wort. Ein exegetischer Beitrag zur Pneumatologie des Johannesevangeliums, Frankfurt 1974.

*Ders.*, Anwalt der Glaubenden. Das Wirken des Geistes nach dem Zeugnis des JE, Stuttgart 1978.

*Potterie, J. de la*, L'Esprit Saint dans l'évangile de Jean, NTS 18 (1972) 448–451.

*Ders.*, Parole et esprit dans S. Jean, BEThL 44 (1977) 177–201.

*Riesenfeld, H.*, A Probable Background to the Johannine Paraclete, in: Ex Orbe Religionum, FS. G. Widengren, Leiden 1972, 266–274.

*Sasse, H.*, Der Paraklet im JE, ZNW 24 (1925) 260–277.

*Snaith, N.*, The Meaning of the „Paraclete", ET 57 (1945/46) 47–50.

*Synge, F. C.*, The Holy Spirit in the Gospels and Acts, CQR 1935, 205–217.

*Schlier, H.*, Der Heilige Geist als Interpret nach dem JE, Internationale Katholische Zeitschrift Communio, 2 (1973) 97–108.

*Ders.*, Zum Begriff des Geistes nach dem JE, in: FS. J. Schmid, 1963, 233–239.

*Schnackenburg, R.*, Die johanneische Gemeinde und ihre Geisteserfahrung, in: Die Kirche des Anfangs, FS. H. Schürmann, 1977, 277–306.

*Schwegler, F. C. A.*, Der Montanismus und die christliche Kirche des zweiten Jahrhunderts, Tübingen 1841, 15–151.

*Ders.*, Das nachapostolische Zeitalter, vol. 2, 1846, 338–374.

*Villalón, J. R.*, Sacrements dans l'esprit, Paris 1977, 277–282.

*Windisch, H.*, Die fünf Parakletsprüche, in: FS. A. Jülicher, Tübingen 1927, 110–137.

*Ders.*, Jesus und der Geist im JE, in: Amicitiae corolla, FS. J. R. Harris, London 1933, 303–318.

*Ders.*, The Spirit-Paraclete in the Fourth Gospel, Philadelphia 1968.

*Woodhouse, H. F.,* The Paraclete as Interpret-     *Wotherspoon, A. W.,* Concerning the Name
er, BibTh 18 (1968) 51ff.                         „Paraclete", ET 34 (1922/23) 43–44.

Das Problem, mit dem der Evangelist in diesem Kapitel sich abmüht, besteht darin: Wie verhält sich die Geisterfahrung, die ihn beherrscht und ihm sein neues Jesusverständnis gegeben hat, mit der überkommenen Überlieferung von der Wiederkunft Jesu? Man sprach von ihr in doppeltem Sinn: einmal konnte man als Jesu Wiederkehr jene Erscheinungen des Auferstandenen bezeichnen, die nach 1Kor 15 einer nicht geringen Zahl von Christen der ersten Generation zuteil geworden waren; zum andern konnte man darunter jene erhoffte Wiederkehr Jesu in Herrlichkeit am Ende der Zeiten, beim Anbruch der Gottesherrschaft verstehen. Der Evangelist glaubt nicht daran, daß es etwas Höheres geben kann als die Gemeinschaft mit dem Vater, und sie kann einem hier und jetzt zuteil werden in der Erfahrung des Geistes. Also deutet er jene urchristliche Tradition von der endzeitlichen Wiederkehr als eine andere Aussageform eben dessen, was ihm selbst widerfahren ist. Er sagt zwar nicht prosaisch: Was man früher so und so genannt hat, das ist eigentlich nichts anderes als die Geisterfahrung. Sondern er stellt die Aussagen in beiden Formen nebeneinander (sprachlich muß das heißen: er läßt sie aufeinander folgen) und überläßt es dem Leser, die Identität der traditionellen und der eigenen, „modernen" Ausdrucks- und Anschauungsweise zu entdecken. Und er macht diese Identität deutlich angesichts der Notlage, in der sich die Christen seit dem Fortgang des irdischen Jesus befanden, seit dieser Ferne Gottes, der damit fragwürdig zu werden drohte. Daß dabei auch andere Begriffe ineinsgesetzt werden, wie Gebote, Worte, Wort, ist angesichts jener entscheidenden Gleichsetzung von Eschatologie und Geisterfahrung jetzt nicht mehr so auffallend. Aber zugleich müssen wir bedenken: Gerade hier läßt sich Jesu Stellung zum Vater, seine besondere Aufgabe gut erklären. So kommt auch dieses Thema immer wieder zur Sprache.

● **V. 1** Jesu Sterbestunde rückt rasch näher. Sein Tod wird für die Jünger eine schreckliche Erschütterung sein. Sie, die meinen, sie würden ihn nicht verlassen, werden erfahren, daß sie sämtlich versagen. Weil ihnen – wie uns allen – Gott nur in Jesus nahe ist, werden sie ihre Einsamkeit als eine Gottverlassenheit mißverstehen. Darum müssen sie jetzt getröstet, gestärkt, aufgerichtet, zu dem Entscheidenden gemahnt werden: Glaubt an Gott und glaubt an mich! **V. 2** Sie werden das Ende von Jesu irdischem Dasein als etwas empfinden, was sie in Not stürzt, und dabei ist Jesu Fortgang doch zu ihrem Heil: er wird ihnen bei Gott eine Stätte bereiten. Wenn der Evangelist dieses Bild gebraucht und von den vielen Wohnungen dort spricht, so will er nicht wörtlich genommen werden: Jesus stellt das rechte Gottesverhältnis wieder her. Er macht den Menschen beim Vater heimisch. Aber die Möglichkeiten des Evangelisten, die Verbindung der Glaubenden mit Gott durch Jesus darzustellen, erlauben auch das Aufgreifen anderer Bilder, vor allem der endzeitlichen Erwartung: **V. 3** Wenn Jesus den Seinen bei Gott die Heimat bereitet hat, kommt er wieder und nimmt sie zu sich, damit sie wieder mit ihm – bei Gott – vereinigt sind. Damit wird die Parusie-Erwartung in den Dienst der johanneischen Verkündigung gestellt. Denn V. 3 meint keineswegs, daß erst bei einem endzeitlichen Wiederkommen Jesu die Gottverlassenheit der Seinen aufhört. Die Verse **4–10** führen zu dieser johanneischen Uminterpretation der eschatologischen Hoffnungen hin, und zwar in der Form eines durch Unverstehen der Jünger notwendig werdenden Gesprächs Jesu mit ihnen. Das auslösende Moment bildet in V. 3 Jesu Wort, sie wüßten ja den Weg zu dem Ziel, wo er hingeht. Darauf erklärt Thomas, sie wüßten nicht, wo er hingeht, und würden dementsprechend auch nicht den Weg dorthin kennen. Das ist nicht so unverständig, wie es klingt, da ja nach der Überzeugung des Evangelisten noch nie jemand den Vater gesehen hat: in seiner Jenseitigkeit ist er schlechthin unzugänglich. Aber gerade in diesem Zusammenhang kann die Aufgabe und Bedeutung Jesu sichtbar werden: er ist der Weg, scil. zum Vater, und als solcher die ,,Wahrheit" und das ,,Leben" erschließend, die göttliche Wirklichkeit. Niemand kommt zum Vater außer durch ihn. Dabei ist durchaus an den fleischgewordenen Logos gedacht, an Jesus von Nazareth. Denn er ist in seiner Menschlichkeit der, in dem der Glaubende den Vater sehen kann. Freilich nicht in der Weise, daß jeder den Vater gesehen hat, der Jesus gesehen hat – sonst müßten die Hohenpriester und ihr Anhang ja auch schon den Vater gesehen haben. Außerdem macht Jesus den Vater sichtbar in seinem gesamten Lebensweg, einschließlich des jetzt bevorstehenden Sterbens: nur so kann die Hingabe der Liebe begriffen werden. Aber auch das nicht durch einen Rückschluß aus der irdischen Erscheinung. Erst später wird deutlich werden, daß Jesu Erdenleben erst dank des Geistes als Gegenwart des Vaters erkannt werden kann. Daraus wird verständlich, daß Philippus jetzt Jesus bitten kann, ihnen den Vater zu zeigen. Demgegenüber verweist Jesus **(V. 10)** zunächst darauf, daß er und der Vater in ungebrochener Einheit stehen. Aber worin läßt sich das aufweisen – wenn es überhaupt so etwas wie einen Aufweis dafür gibt? Jesus verweist auf seine Worte, die er nicht von sich aus spricht, sondern im Auftrag: sie sind die Werke, die der Vater, der in ihm ist, tut. Damit ist schon die Möglichkeit gegeben für die Situation nach Jesu Fortgang. Freilich nicht in der Weise, daß einfach die Worte des irdischen Jesus tradiert werden. Das ganze JE ist nicht eine konservierende Weitergabe der Worte des ,,historischen Jesus", sondern eine – neue – Interpretation, die von einem neuen Gesamtverständnis der Gestalt und Botschaft Jesu ausgeht. Dieses neue Gesamtverständnis spricht auch aus **V. 11f.** Diese beiden Verse wiederholen den Aufruf zum Glauben, daß Jesus in Einheit mit dem Vater steht, und verweisen erneut auf seine Werke, die nach dem bisher Gesagten nichts anderes als seine Worte sind. Das ist wichtig für die Auslegung von **V. 12:** er soll nicht prophezeien, daß seine Jünger einst mehr Tote erwecken können und eventuell solche, die schon länger in den Gräbern gelegen haben als Lazarus. Diejenige Auferweckung, für welche die Erweckung des Lazarus ja nur ein Hinweis ist, ist die Erweckung der geistig Toten, wie sie in 5,25f. angedeutet worden ist. Gerade deshalb kann es nicht einfach darum gehen, die Worte des irdischen Jesus zu reproduzieren. Vielmehr wird die neue Verkündigung, wie sie der vierte Evangelist selbst übt, sich weitgehend vom Wortlaut der Sprüche des „historischen Jesus" trennen und eigene Wege gehen, ohne deshalb aber den inneren Kontakt mit dem zu verlieren, was Jesus selbst einst gesagt hat. Das wird alsbald bei den Aussagen über den Parakleten deutlich werden. Gerade Jesu Weggang zum Vater macht den Weg frei für eine solche neue und vollmächtige Interpretation und Verkündigung (V. 12 Ende). Mit **V. 13f.** stoßen wir auf einen aus der Synopse – Mt 7,7 – vertrauten Gedanken. Er wird hier eingeschoben, um den Zusammenhang zwischen dem irdischen Jesus, der jetzt zum Vater geht, und seinen Jüngern herauszustellen. Ihr Wirken wird unter seinen Schutz gestellt, wird darum als ein Gebet in seinem Namen aufgefaßt, das er selber erfüllen wird. Wenn man diese beiden Verse also nicht als einen sinnlosen Einschub aus der Synopse fassen will, wird man sich zu einer solchen Auslegung verstehen müssen. Das um so mehr, als diese Worte kein wirkliches Gegenstück in der Synopse haben. Dort ist einmal von dem Namen Jesu als dem Machtmittel die Rede, mit dessen Hilfe man Dämonen beschwört und Heilungen vollbringt, so daß der Jesusname verstanden wird als ein überlegener Konkurrent von Zaubernamen, die sonst in solchen Fällen gebraucht werden. Oder die Synoptiker reden davon, daß Menschen wegen des Namens verfolgt werden, d. h. weil sie Christen sind, weil sie zur Jesusgemeinde gehören. Es versteht sich fast von selbst, daß der irdische Jesus kein Wort wie V. 13f. gesprochen hat. Hier kommt die spätere Jesustradition zu Wort, aber eben in einer johanneischer Verkündigung angepaßten neuen Interpretation. Nur bei einem solchen Verständnis von V. 13f. entsteht kein Bruch zu den nun folgenden Aussagen über den Parakleten. Die Verse **15–31** sind, gerade weil hier verschiedene Traditionsmittel gebraucht sind, um dasselbe von verschiedenen Seiten her zu beleuchten, geradezu Schlüsselworte für das Verständnis der johanneischen Botschaft.

Zunächst wird von den Geboten Jesu gesprochen, die der ihn Liebende einhält. Liebe zu Jesus ist hier nicht als ein Gefühl verstanden; das Mißverständnis, daß mit Liebe ein Sentiment gemeint sei, wird dadurch ausgeschlossen, daß sie als ein Gehorsam gegen eine Weisung dargestellt wird. Das ist freilich ebenfalls eine mißverständliche Aussage: sicher will der vierte Evangelist kein neues Gesetz aufrichten. Wohl aber darf man an das zuvor über das Beispiel oder Vorbild Gesagte erinnern. Es geht um einen Lebensgehorsam. Aber wie ihn ermöglichen? Das beantworten zunächst **V. 16f.:** Jesus wird den Vater bitten, einen anderen Tröster oder Anwalt zu senden, der nicht, wie der irdische Jesus, nur für eine begrenzte Zeit in der Gemeinde wirkt. Was mit der immer noch undeutlichen und umstrittenen Bezeichnung Paraklet gemeint ist, zeigt die nähere Bestimmung in **V. 17:** es handelt sich um den Geist der Wahrheit. Freilich läßt sich auch diese Bezeichnung verschieden interpretieren. Man wird aber wohl darunter etwas Konkretes verstehen müssen: die Christengemeinde, in welcher der Evangelist lebt, und er selber haben eine Geisterfahrung gemacht, und sie hat das neue Jesusbild und die neue Christologie hervorgerufen, die der Evangelist als Sprecher dieser ,,Bewegung" nun im vierten Evangelium dargestellt hat. Für die Welt, die unchristliche und antichristliche Welt, ist dieser Geist unfaßbar. Vermutlich hat man von einer Schwärmerei gesprochen, weil der Außenstehende angesichts dieser von einer neuen Mitte her wirkenden – und wie wirkenden? – Bewegung nichts zu sehen bekam, was sie beglaubigte. Anders steht es freilich, wie **V. 18** ausführt, mit denen, die dieser neuen Gemeinschaft, dieser ,,Erweckungsbewegung" angehören. Für sie ist dieser Geist der Wahrheit nichts Unbekanntes und Fremdes, sondern von ihm her haben sie ja das neue Leben – wir vergessen nicht, daß sich der johanneische Jesus selbst ,,das Leben" genannt hat. Hier ist man überzeugt, wirklich nicht mehr vom Vater getrennt zu sein, weil man Jesus recht verstanden zu haben überzeugt ist. V. 18 drückt eben das, was bisher als eine Geistsendung vom Vater beschrieben ist, mittels einer anderen Tradition aus: Jesus läßt die Seinen nicht verwaist: er kommt wieder. Diese Aussage, die bisher im Dienst einer eschatologischen Naherwartung stand, wird nun inhaltlich umgeprägt: was man früher einmal ,,Wiederkehr Jesu" geheißen hat, das vollzieht sich jetzt in Wahrheit in der Sendung des Geistes. Die Geschichte Jesu hört also nicht mit seinem Fortgang von den Jüngern auf, sie geht in einer anderen Form weiter und bekommt ein neues Kapitel, das allem Vorangegangenen erst seinen wirklichen Sinn gibt. **V. 19** nimmt dabei Bezug auf Jesu Tod: er wird ihn für die Welt aus dem Bereich des Sichtbaren entrücken, aber für die Seinen wird er wieder sichtbar sein, indem er ihnen ein neues Leben schenkt, keine bloße Fortführung der bisherigen christlichen Tradition. Nun – **V. 20** – ist die Zeit der Unmündigkeit für die mit dem Geist Begabten zu Ende: sie wissen jetzt, daß sie mit Jesus dieselbe Einheit bilden, wie sie Jesus mit dem Vater verbindet. **V. 21** drückt das soeben Gesagte noch einmal mit dem Begriff der ,,Gebote" Jesu aus, die der ihn Liebende erfüllt. Die Geistethik ist nicht eine Anarchie, sondern eine wirkliche Ethik mit den höchsten Anforderungen, die denkbar sind: der unbegrenzten Hingabe, wie sie Jesus vorgelebt hat in seiner ganzen menschlichen Existenz. Das aber besagt zugleich, daß die Trennung vom Vater für den Christen beseitigt ist. Der Vater ist nicht mehr der Unbekannte, das große X, das am Ende auch das Nichts sein kann. Vielmehr steckt unter der Maske des Nichts der große Liebende. Dem Christen wird verheißen, daß der Vater ihn wieder lieben werde und Jesus sich ihm kundtun werde. *Bultmann* nennt Jesus in seinem Kommentar ständig den ,,Offenbarer", scil. des Vaters. Seltsamerweise gebraucht Johannes diesen gnostischen Begriff nicht und redet hier, wo er von ,,sichtbar machen" redet, nicht von einem Kundtun des Vaters, sondern seiner selbst. Gerade weil Jesus so ganz auf eigene Geltung verzichtet hat, kann er ganz an die Stelle des Vaters treten. Aber V. 21 bereitet zugleich auf das Kommende vor: Judas – nicht der ja fortgegangene Sohn des Simon, des Iskarioten (sy [s] nennt ihn Thomas, sy^c Judas Thomas) – stellt eine Frage, die sehr versteckt im Vorigen enthalten war: Warum will sich Jesus nur den Seinen kundtun und nicht der Welt? **(V. 22).** Aus diesem Wort geht hervor: die johanneische Gemeinde weiß sich mehr oder minder als eine „geschlossene Gesellschaft". Sie ist nicht vom Bewußtsein beseelt, daß sie die Welt missionieren soll; vielmehr hat die Mission eine innere Grenze. Worin sie besteht, deutet **V. 23** zwar an, ohne daß diese Schranke der Mission für uns ganz deutlich ausgesprochen wird: Wer Jesus liebt, ist gehorsam; diese Liebe fehlt der Welt, die Jesus in seiner wahren Bedeutung überhaupt nicht zu Gesicht bekommt und in Einheit damit sich nicht zu dem verlangten Lebensgehorsam versteht, dessen Vorbild Jesus gegeben hat. Aber der Evangelist vervollständigt seine Aussage noch auf eine bisher nicht benutzte Weise: Er sagt nicht nur, daß der Vater den wahren Jünger seinerseits lieben wird, sondern daß er und Jesus zum Gläubigen kommen und dort Wohnung machen werden. Man hat gelegentlich von einer Gottesmystik des vierten Evangeliums gesprochen. Da aber Jesus und der Vater eins sind, weil im Gesandten der ihn Sendende zur Stelle ist, ist dieser neue Satz am Schluß von V. 23 gar nicht so unerhört, wie es zunächst aussieht. Was aber ist damit gemeint, daß Jesus und der Vater im Glaubenden gegenwärtig und heimisch sein werden? Nach dem, was der Evangelist bisher auf verschiedene Weise von der Wiederkehr Jesu gesagt hat, kann auch diese neue Aussage nichts anderes meinen als die Geistexistenz des wirklichen Christen. Aus ihr folgt z. B. (vgl. 20,21ff.), daß der Christ für seine Hörer ebenso zum Bringer von Gnade und Gericht wird, wie es der irdische Jesus geworden ist. Indem er die Jesusbotschaft ausspricht, hört sie der Angesprochene oder sie bleibt ihm verschlossen. Man könnte daran denken, daß damit eine Theologie der Entscheidung angedeutet wird. Aber Johannes geht einen anderen Weg: in dieser Lage, bei der Begegnung mit der Jesusbotschaft, wird „nur" sichtbar, ob der Angesprochene zu jenen gehört, die der Vater Jesus gegeben hat. Die Entscheidung liegt bei dem Vater, nicht beim Menschen. Sowenig der Mensch durch seine Entscheidung geboren wird – er kann sich seine Eltern und seine Stellung in der Geschichte nicht aussuchen und durch seine Entscheidung bestimmen –, sowenig kann er durch seine Entscheidung die neue Zeugung aus dem Geist herbeiführen. Der Mensch bleibt mit seinen eigenen Entscheidungen innerhalb „dieser Welt", und nichts Irdisches kann die Gottesherrschaft herbeiführen (s. o. 3,3–18). Das Geheimnis der göttlichen Erwählung läßt sich nicht in den Bereich der Anthropologie überführen. Darum gibt es auch keine Wunder als Gottesbeweise. Wer Jesus nicht liebt **(V. 24),** hält seine Gebote nicht; für ihn ist das Leben in der völligen Selbsthingabe nichts Gebotenes, nichts sinnvoll zu Forderndes. Aber V. 24 mahnt noch einmal, dieses Wort Jesu, das die Seinen hören, nicht als sein Menschenwort zu vernehmen, sondern als das Wort des Vaters, der ihn gesandt hat. Über diese Not, daß anscheinend immer nur wieder der Anspruch Jesu wiederkehrt, der Gesandte Gottes zu sein, und daß dieser Anspruch wie ein ungedeckter Scheck aussieht, hilft dem Evangelisten **(V. 25f.)** nur der Hinweis auf den Parakleten, den Geist der Wahrheit, den der Vater in Jesu Namen senden wird: er wird die Jünger alles lehren, sie also aus der Not der Lebensrätsel herausführen und sie an Jesu eigene Worte erinnern. Die Spannung der beiden Aussagen, daß erst der Paraklet die ganze Wahrheit bringt und daß er doch nur in Erinnerung bringt, was Jesus schon gesagt hat, zeigt die Schwierigkeit, die im Zusammentreffen von neuer Geisterfahrung und alter Tradition gegeben ist. Diese Geisterfahrung, in der das Jenseits von aller irdischen Geschichte sich offenbart, ereignet sich ja mitten in der Geschichte, und der Evangelist bejaht das. Das Erdenleben Jesu ist für ihn ja gerade darum wichtig, weil es die Gefahr bannt, daß aus der Geisterfahrung ein subjektiver Traum wird. Und doch reproduziert der Evangelist nicht einfach die historische Vergangenheit – dann müßte er die Geisterfahrung auf die Logien des historischen Jesus reduzieren, die eine kirchliche Tradition bot. Er läßt vielmehr den historischen Jesus schon die Geisterfahrung interpretieren und nimmt ihn damit selbst in die neue Geistwirklichkeit hinein.

**V. 27–31** bringen den friedvollen Abschluß der Rede, die eigentlich schon eine Abschiedsrede ist. Jesus hinterläßt den Glaubenden seinen Frieden, der nicht bloß ein teilweiser und immer wieder ungenügender ist wie der Friede, den die Welt gibt **(V. 27)**. Noch einmal ertönt der mahnende Zuspruch, sich nicht verwirren und ängstigen zu lassen. Denn **(V. 28)** Jesus kehrt ja wieder. Eigentlich müßten sich die Seinen über seinen Fortgang zum Vater freuen; denn der Vater ist größer als er. Er selbst ist „nur" der Gesandte, der Vater aber der Souverän, der ihn sendet. Er ist die Verheißung, der Vater aber die Erfüllung. Was Jesus hier von seinem eigenen Fortgang sagt, gilt eigentlich auch für das Sterben eines jeden Christen. Also man soll nicht daran Anstoß nehmen, daß Jesus nun geht! Er hat es vorausgesagt **(V. 29)**, damit der Glaube der Seinen nicht zerbricht, wenn Jesus wirklich scheidet. Er hat nicht mehr viel zu sagen **(V. 30)**; denn der Herrscher der Welt kommt, und das ist der Tod mit all seinem Grauen. Auf Jesus hat er keinen Anspruch, und ihn kann er nicht behalten. Aber **(V. 31)** es muß dennoch gestorben sein, damit die Welt sieht, daß Jesus den Vater liebt, der ihn in die Tiefe von Welt und Tod ruft. Nur an diesem Gehorsam Jesu wird deutlich, daß er nicht sich selbst lebt, sondern so handelt, wie es ihm der Vater aufträgt.

V. 31 endet mit der Aufforderung: Steht auf, laßt uns von hier gehen! Diese Worte erinnern freilich an Mk 14,42. Aber dort werden sie in Gethsemane gesprochen, das Johannes auf den Spruch 12,27 verdichtet hat. Hier ist die Lage anders: Bisher war Jesus mit seinen Jüngern beim letzten Mahl, zu dem sie auf Speisepolstern lagen. Nun heißt er sie aufstehen und fortgehen. Die Kapitel 15–17 müßten dementsprechend unterwegs, auf dem Gang zum Kidron, gesprochene Rede Jesu sein.

## 35. Jesus, der Weinstock

[1] „Ich bin der wahre Weinstock, und mein Vater ist der Weingärtner. [2] Jede Rebe an mir, die nicht Frucht bringt, nimmt er fort, und jede, die Frucht bringt, reinigt er, daß sie mehr Frucht bringt. [3] Ihr seid jetzt rein um des Wortes willen, das ich euch gesagt habe: [4] bleibt in mir, und ich in euch. Wie die Rebe nicht von selbst Frucht bringen kann, wenn sie nicht am Weinstock bleibt, so auch ihr nicht, wenn ihr nicht in mir bleibt. [5] Ich bin der Weinstock, ihr die Reben. Wer in mir bleibt und ich in ihm, der bringt viel Frucht; denn ohne mich könnt ihr nichts tun. [6] Wenn jemand nicht in mir bleibt, wird er herausgeworfen und vertrocknet wie die Rebe, und man sammelt sie und wirft sie ins Feuer, und sie brennt. [7] Wenn ihr in mir bleibt und meine Worte in euch bleiben, werdet ihr erbitten, was immer ihr wollt, und es wird euch zuteil werden. [8] Darin verherrlicht sich mein Vater, daß ihr viel Frucht bringt und meine Jünger seid. [9] Wie mich der Vater geliebt hat, so habe auch ich euch geliebt. [10] Bleibt in meiner Liebe! Wenn ihr meine Gebote bewahrt, werdet ihr in meiner Liebe bleiben, wie ich die Gebote des Vaters bewahrt habe und in seiner Liebe bleibe. [11] Das habe ich euch gesagt, auf daß meine Freude in euch sei und eure Freude vollkommen sei. [12] Dies ist mein Gebot, daß ihr einander liebt, wie ich euch geliebt habe. [13] Größere Liebe als diese hat niemand, daß er sein Leben läßt für seine Freunde. [14] Ihr seid meine Freunde, wenn ihr tut, was ich euch gebiete. [15] Ich nenne euch nicht mehr Knechte; denn der Knecht weiß nicht, was sein Herr tut. Ich habe euch Freunde genannt, weil ich euch alles kundgetan habe, was ich von meinem Vater gehört habe. [16] Nicht ihr habt mich erwählt, sondern ich habe euch erwählt, daß ihr hingeht und Frucht bringt und eure Frucht bleibe, auf daß der Vater euch gibt, worum auch immer ihr ihn in meinem Namen bittet. [17] Dieses gebiete ich euch, daß ihr einander liebt."

**Literatur:**

*Beauvery, R.,* La mission des disciples, (Jn 15,9–17), EeV 80 (1970) 273–275.

*Ders.,* Les disciples, communauté à laquelle Jésus donne vie (Jn 15,1–8), EeV 80 (1970) 242–245.

*Borig, R.,* Der wahre Weinstock. Untersuchungen zu Joh 15,1–10, München 1967.

*Braun, H.,* Joh 15,1–8, GPM 23 (1968/69) 290–293.

*Bussche, H. van den,* La vigne et ses fruits, BVC 26 (1959) 12–18.

*Dibelius, M.,* Joh 15,13: Eine Studie zum Traditionsproblem des Johannesevangeliums, in: FS. A. Deissmann, Tübingen 1927, 169–189.

*George, A.,* Les témoins de Jésus devant le monde, ASeign 50 (1966) 30–40.

*Ders.,* Jésus, la vigne véritable (Jn 15,1–17), Logos (Tokio) 2 (1960) 148–167.

*Grundmann, W.,* Das Wort von Jesu Freunden (Joh 15,13–16) und das Herrenmahl, NT 3 (1959) 62–69.

*Hawkins, D. J.,* Orthodoxy and Heresy in John 10,1–21 and 15,1–17. EvQ 47 (1975) 208–213.

*Jaubert, A.,* L'image de la vigne (Jean 15), in: Oikonomia, FS. O. Cullmann, 1967, 93–99.

*Lee, G. M.,* Three Notes on ἵνα, Bib. 51 (1970) 239–40.

*Ders.,* John 15,14: „Ye are my friends", NT 15 (1973) 260.

*O'Grady, J. F.,* The Good Shepherd and the Vine of the Branches, BThB 8 (1978) 86ff.

*Rademakers, J.*, Je suis la vraie vigne (Jn 15,1–8), ASeign 26 (1973) 46–58.

*Rosscup, J. E.*, Abiding in Christ. Studies in John 15, Grand Rapids 1973.

*Sandvik, B.*, Joh 15 als Abendmahlstext, ThZ 23 (1967) 323–328.

*Segalla, G.*, La struttura chiastica di Gv 15,1–8, BeO 12 (1970) 129–313.

*Smith, C. R.*, The Unfruitful Branches in John 15, Grace Journal 9 (1968) 3–22.

*Sparks, H. F. D.*, St. John's Knowledge of Matthew. The Evidence of John 13,16 and 15,20, JThS 3 (1952) 58–61.

*Thyen, H.*, ,,Niemand hat größere Liebe als die, daß er sein Leben für seine Freunde hingibt" (Joh 15,13), in: FS. E. Dinkler, Tübingen 1979, 467–482.

*Vouga, F.*, ,,Aimez-vous les uns les autres." Une étude sur l'église de Jean (Jn 15,9–12), Bulletin de Centre Protestant d'Etudes, Genève, 26 (1974) 5–31.

● **V. 1** Wenn man die mit diesem Vers beginnende Rede als im Gehen gesprochen sich vorstellt, so ergibt das kein realistisches Bild. Anscheinend liegt dem Evangelisten gar nicht daran, ein solches zu zeichnen. Mit der Schlußbemerkung von 14,31 hat er eine notdürftige und vage Situationsangabe angedeutet; diese Rede hat eigentlich keinen Ort in Raum und Zeit. Man kann sie freilich Abschiedsrede und Testament nennen. Aber es ist auch so etwas wie eine Jüngerlehre oder ein Regierungsprogramm. Denn Kap. 15 und 16 zeigen, wie Jesus seine Gemeinde haben will, was er ihr geben wird und was sie von der Welt zu erwarten hat. Aber über Jesus erscheint hier der Vater, der größer ist als Jesus. Jesus ist der wahre Weinstock, und sein Vater der Weingärtner. Was besagt hier das Wort ἀληϑινός, ,,wahr"? Das Folgende macht doch deutlich, daß zwischen Jesus und den Seinen das Verhältnis besteht, das zwischen dem Weinstock und den Reben waltet. Warum wird nun nicht gesagt: Ich bin wie ein Weinstock usw., damit der Bildcharakter deutlich wird? Zunächst: für den Evangelisten geht es eben nicht bloß um ein Bild, sondern um die genau zutreffende Beschreibung der Jüngerwirklichkeit. Aber Jesus ist nicht der Spender irdischer Lebenskraft, wie es der Weinstock für seine Reben ist. Er ist der wahre Weinstock, weil er das wahre Leben mitteilt. Er gibt keine vegetative oder animalische Existenz, sondern teilt eine Geistwirklichkeit mit. Dieses Wort ist freilich zu schwach. Es droht mißverstanden zu werden als etwas Intellektuelles, das irgendwie blaß über der eigentlichen Wirklichkeit schwebt. Aber gerade das meint der Evangelist nicht. Geistexistenz ist eine Lebenswirklichkeit in einem konkreten Raum und einer konkreten Zeit, mitten in der Geschichte und der Natur. Aber der Mensch, der eine solche Existenz führt, ist nicht das Opfer seiner Zeit, jedenfalls nicht innerlich. Er lebt in Kontakt mit ihr, aber sie beherrscht ihn nicht, weil er in eines anderen Dienst steht. Natürlich kann man sich fragen, ob sich hier nicht Mißverständnisse einschleichen können und ob ein solcher Mensch sich bei irgendeinem Vorhaben im Dienst des Höchsten glaubt, während er in Wirklichkeit irgendeinem Zeitidol zu Willen ist. Das hat es immer wieder gegeben, und darum ist die Geistexistenz nicht etwas ein für allemal Gegebenes, sondern etwas, das prüfendes Bedenken, das kritische Unterscheidung der Geister nicht aus-, sondern einschließt. **V. 2** macht deutlich, daß Geistexistenz auch in einem zweiten Sinn nicht ein für allemal gegeben ist: auch der Fromme ist nicht vollkommen, sondern muß sich die Zucht seines Gottes gefallen lassen; wer Frucht bringt, muß sich fragen, warum er nicht noch reichere Frucht trägt. Johannes unterscheidet von solcher Unvollkommenheit, die immer unterwegs ist, jene andere, die dürr und vertrocknet ist und sich gegen die Mühe des Fruchtbarwerdens sperrt. Diesem lieblosen Ungehorsam gegen Jesu Gebot wird das Gericht durch den Vater angesagt. Die Art, wie der Evangelist diesen Namen für Gott gebraucht, kann irreführen. Er meint mit „Vater" nicht den „lieben Gott", sondern den unergründlichen Herrn, dessen Liebe sehr hart sein kann und auch einmal den Galgen, das Kreuz in ihren Dienst nimmt. In diesem Sinne ist das vierte Evangelium nicht auf das gnostische Hochziel der ἀνάπαυσις aus, des Ausruhens, der endgültigen Ruhe und Unbeweglichkeit. Weil es nicht so um Gott und sein Handeln an den Christen bestellt ist, darum kann **V. 3** und 4a den Jüngern zwar sagen, daß sie nun rein sind wegen des Wortes, das Jesus zu ihnen gesprochen hat. Aber sie müssen in diesem Worte „bleiben", es muß in ihnen Wurzel schlagen und ihr ganzes Leben bestimmen. Nur dann bleiben wir „in ihm". Aber **V. 4** hat noch mehr zu sagen: die Rebe kann nicht von allein Frucht bringen, sondern empfängt ihre Kraft und Süße vom Weinstock. Der Glaubende ist nicht das selbstmächtige Ich, sondern das immer neu empfangende, das nichts als eigene Leistung beansprucht. So hat auch Jesus, wie ihn das vierte Evangelium (und nicht nur dieses!) darstellt, nichts als eigene Leistung beansprucht, sondern sich ganz in den Dienst des Vaters gestellt und auf das eigene Wort verzichtet. Er hat sich dem hingegeben, was der Vater in ihm wirkte. Darum waren seine Worte die Werke des Vaters. Dieses Leersein des Menschen, damit die ganze Fülle Gottes in ihn einströmen kann, läßt sich freilich durch keine Technik der Selbstentfremdung erlernen und erzwingen; es ist das Geheimnis der Liebe, das sich hier ereignet. Die Liebe, von der Johannes spricht und die Jesus beim Jünger sehen will, ist keine Leidenschaft, die besitzen will, die sich einer Sache oder eines Menschen bemächtigen will, sondern es ist jene Hingabe, die Jesus in der Fußwaschung veranschaulicht hat. Wenn **V. 5** sagt, daß wir Christen ohne Ihn nichts tun können, so ist das keine Bankrotterklärung, sondern ein Ausdruck der Bereitschaft und des zuversichtlichen Hoffens auf die Fülle, die der Weinstock spenden kann. **V. 6** malt dazu das Gegenbild: da ist der Weinberg, die vertrockneten Ranken sind abgeschnitten worden und auf einen Haufen zusammengekehrt, und schließlich verbrennt man das unnütze Zeug. Das ist die Fruchtlosigkeit eines in Lieblosigkeit und Selbstbehauptung verdorrten Lebens, das auch dann in Verzweiflung endet, wenn es äußerlich gesehen sehr viel geleistet zu haben scheint und eine gefürchtete Macht gewesen ist. Diesem drohenden Versagen stellt **V. 7** noch einmal das andere Leben gegenüber, das mit Jesus verbunden bleibt und dessen Bitten erhört sind, weil in jenen nicht der Egoismus regiert. Dieses „Frucht bringen" des Glaubenden ist, wie **V. 8** lehrt, die Verherrlichung Gottes, wobei wir wiederum nicht vergessen dürfen, daß ein gewisses Kreuz auf Golgatha der fruchtbarste unter allen Bäumen gewesen ist. Gott liebt nicht die Fruchtlosigkeit und Frustration, und auch wo das Leben eines der Seinen vergeblich scheinen mag für unsere Augen, muß man bedenken, daß Gott alle Dinge sieht. Jesus selbst stellt sich in **V. 10** als das große Vorbild der Liebe hin. Das kann erstaunlich scheinen und befremden, denn der „johanneische Jesus" ist nicht zärtlich, und das Tändeln ist dem sehr fern, der zum Kreuz unterwegs ist. Auch Jesus konnte seinen Lebensweg nicht nach Belieben wählen; auch für ihn gab es „Gebote", die er zu erfüllen hatte. Daß er die schwere Last leicht zu tragen wußte, darf uns nicht zu dem Irrtum verführen, daß seine Last leicht war. Darum war es eine so verhängnisvolle Täuschung, als der theologische Liberalismus im johanneischen Jesus nur den über die Erde schreitenden Gott zu sehen meinte und darüber die Menschwerdung vergaß, die nicht nur eine Redensart oder ein Stück vergilbte Tradition ist. Darum war die Passionsgeschichte für den vierten Evangelisten auch keine Verlegenheit, wie man neuerdings wieder gemeint hat. Einer solchen Behauptung gegenüber haben sogar jene Ausleger wie z. B. *Wilkens* recht, wenn sie im Werk des Johannes auch ein Passionsevangelium zu erblicken meinen. Daß wir damit nicht fehlgreifen, macht **V. 13** deutlich, der von der höchsten Liebe spricht, die sich für die Freunde dahingibt. *Dibelius,* RGG² III 354, hat einmal diesen Vers als eine Art von eingedrungenem Gemeinplatz dargestellt, der mit der besonderen Botschaft des Johannes nicht innig verbunden sei. Das Wort Liebe in Joh 15,13 habe „durchaus die übliche Bedeutung, nicht die typische johanneische („Wesensgemeinschaft")". Es ist sehr wohl möglich, daß der Evangelist hier Jesus ein geläufiges Wort über den höchsten Grad der Freundesliebe in den Mund gelegt hat; aber das besagt keineswegs, daß er es nicht in seinem Sinn umgeprägt hat, den man nun allerdings mit „Wesensgemeinschaft" nur sehr mißverständlich wiedergeben würde. Denn Wesensgemeinschaft klingt so, als handle es sich um die Übereinstimmung zweier vorhandener Wesenheiten, und von dieser Art ist die Beziehung zwischen Jesus und seinen „Freunden" freilich nicht. Die Rebe ist keine selbständige Wesenheit gegenüber dem Weinstock, und der Kraftfluß vom Weinstock geht zur Rebe und nicht umgekehrt. Jesus ist, wie darum **V. 14** sagen kann, gegenüber den Seinen der Gebietende, der Auftraggeber. Wenn er **(V. 15)** für sie den Namen δοῦλοι, Knechte ablehnt, so deshalb, weil der Knecht blind, ohne Einsicht dem Befehl des Herrn gehorcht und nicht mit dem freudig verstehenden Herzen des Freundes. Aber das ergibt keine Gleichstellung: Jesus hat die Seinen gewählt, nicht umgekehrt. Er hat sie „gesetzt", bestimmt, dazu gemacht, daß sie bleibende Frucht bringen. Stolz auf den Missionserfolg, an den hier vor allem gedacht sein mag, ist damit abgeschnitten. Wie aber hängt damit das Folgende zusammen: daß ihnen der Vater alles geben wird, worum sie in Jesu Namen bitten werden? Ist hier unbedacht ein synoptisches Traditionsstück eingeschoben? Näher liegt eine andere Verbindung: der Erfolg entstammt nicht dem eigenen Tun, sondern ist Erfüllung einer Bitte durch Gott, ist also Gabe. Aber es würde diese Schwierigkeit auch bestehen bleiben, wenn man einen synoptischen Einschub annehmen würde: warum wird gerade hier dieser Spruch eingefügt? **V. 17** scheint die Aufgabe zu haben, von dem Stichwort „lieben", das mehr oder minder offen diesen Abschnitt durchzog, überzuleiten zum Haß der Welt, von dem nun die Rede sein wird.

## 36. Der Haß der Welt gegen die Jünger

[18]„Wenn die Welt euch haßt, erkennt, daß sie mich zuerst gehaßt hat. [19]Wenn ihr aus der Welt wäret, würde die Welt das Ihre lieben. Weil ihr aber nicht von der Welt seid, sondern ich euch aus der Welt erwählt habe, darum haßt euch die Welt. [20]Gedenket des Wortes, das ich euch gesagt habe: der Knecht ist nicht größer als sein Herr. Wenn sie mich verfolgt haben, werden sie auch euch verfolgen. Wenn sie mein Wort bewahrt haben, werden sie auch das eure bewahren. [21]Aber all das werden sie euch antun um meines Namens willen, weil sie den nicht kennen, der mich gesandt hat. [22]Wäre ich nicht gekommen und hätte zu ihnen gesprochen, hätten sie keine Sünde; jetzt aber haben sie keinen Vorwand betreffs ihrer Sünde. [23]Wer mich haßt, haßt auch meinen Vater. [24]Hätte ich unter ihnen nicht die Werke getan, die kein anderer getan hat, hätten sie keine Sünde; jetzt aber haben sie gesehen und gehört: mich und meinen Vater. [25]Aber es sollte das Wort erfüllt werden, das in ihrem Gesetz geschrieben ist: Sie haben mich grundlos gehaßt. [26]Wenn der Beistand kommen wird, den ich euch vom Vater senden werde, der Geist der Wahrheit, der vom Vater ausgeht, er wird über mich Zeugnis ablegen. [27]Und auch ihr werdet Zeugnis ablegen; denn ihr waret von Anfang an mit mir."

**Literatur:**

*A (15,18–27):*
*Baumeister, T.,* Der Tod Jesu und die Leidensnachfolge des Jüngers nach dem JE und dem 1. Joh.-brief, WiWei 40 (1977) 81–99.
*Becker, J.,* Die Abschiedsreden Jesu im JE, ZNW 61 (1970) 215–246, bes. 230.236–241.
*Ders.,* Beobachtungen zum Dualismus im JE, ZNW 65 (1974) 71–87, bes. 84f.
*George, A.,* L'évangile: Les témoins de Jesus devant le monde, ASeign 50 (1966) 30–40.
*McNaugher, J.,* The Witnessing Spirit and the Witnessed Christ, BS 88 (1931) 207–219.

*B (joh. Ekklesiologie):*
*Allen, E. L.,* The Jewish Christian Church in the Fourth Gospel, JBL 74 (1955) 88–92.
*Baumbach, G.,* Die Funktion der Gemeinde in der Welt in joh. Sicht, ZdZ 21 (1971) 161–167.

*Ders.,* Gemeinde und Welt im JE, Kairos 14 (1972) 121–136.
*Becker, J.,* Joh 3,1–21 als Reflex joh. Schuldiskussion, in: FS. G. Friedrich, Stuttgart 1973, 85–95.
*Bogart, J.,* Orthodox and Heretical Perfectionism in the Johannine Community as Evident in the First Epistle of John, Missoula 1977.
*Bousset, W.,* Jüdisch-christlicher Schulbetrieb in Alexandria und Rom, Göttingen 1915.
*Boxel, P. van,* Glaube und Liebe. Die Aktualität des joh. Jüngermodells, GuL 48 (1975) 18–28.
*Braun, F. M.,* Apostolique et pneumatique selon S. Jean, RThom 71 (1971) 451–462.
*Brown, R. E.,* „Other Sheep Not of the Fold": The Johannine Perspective on the Christian Diversity in the Late First Century, JBL 97 (1978) 5–22.

*Ders.*, The Community of the Beloved Disciple, Ramsey/London 1979.

*Ders.*, Johannine Ecclesiology – The Community's Origin, Interp. 31 (1977) 379–393.

*Bussche, H. van den*, Die Kirche im vierten Evangelium, in: Von Christus zur Kirche, Wien 1966, 79–107.

*Conzelmann, H.*, Paulus und die Weisheit, in: ders., Theologie als Schriftauslegung, 1974, 167–176.

*Cullmann, O.*, Von Jesus zum Stephanuskreis und zum JE, in: FS. W. G. Kümmel, 1975, 44–56.

*Ders.*, Der joh. Kreis, Tübingen 1975.

*Culpepper, R. A.*, The Johannine School, Missoula 1975.

*Dahl, N.*, The Johannine Church and History, in: Current Issues in NT-Interpretation, New York 1962, 124–142.

*Ders.*, Das Volk Gottes, Oslo 1941, reprint Darmstadt ²1963, 167–174.

*Fiorenza, E. S.*, The Quest for the Johannine School, NTS 23 (1977) 402–427.

*Fort, P. le*, Les structures de l'eglise militante selon S. Jean, Genf 1970.

*Gaugler, E.*, Die Bedeutung der Kirche in den joh. Schriften, IKZ 14 (1924) 97–117.

*Grant, R. M.*, The Fourth Gospel and the Church, HThR 35 (1942) 95–116.

*Grayton, K.*, Jesus and the Church in St. John's Gospel, LQHR 35 (1967) 106–115.

*Gryglewicz, F.*, Die Pharisäer und die Johanneskirche, in: Fuchs, A., ed., Probleme der Forschung, Linz 1978, 144–158.

*Haacker, K.*, Jesus und die Kirche nach Johannes, ThZ 29 (1973) 179–201.

*Hartke, W.*, Vier urchristliche Parteien und ihre Vereinigung zur apostolischen Kirche, Berlin 1961.

*Heitmüller, W.*, Zur Johannes-Tradition, ZNW 15 (1914) 189–209.

*Howard, W. F.*, Christianity According to St. John, London 1943.

*Hruby, K.*, On the Separation of the Church and Judaism, in: Theologische Berichte III, Zürich 1974.

*Jonge, M. de*, Son of God and Children of God in the Fourth Gospel, in: FS. R. C. Oudersluys, Grand Rapids, 1978.

*Kraft, H.*, Gnostisches Gemeinschaftsleben, masch. Diss. Heidelberg 1950.

*Kuhl, J.*, Die Sendung Jesu Christi und der Kirche nach dem JE, Siegburg 1967.

*Kysar, R.*, Community and Gospel: Vectors in Fourth Gospel Criticism, Interp. 31 (1977) 355–366.

*Langbrandtner, W.*, Weltferner Gott oder Gott der Liebe, Bern/Frankfurt 1977.

*Lebram, J.*, Die Theologie der späteren Chokma und des häretischen Judentums, ZAW 77 (1965) 202–211.

*Luck, U.*, Die kirchliche Einheit als Problem des JE, WuD 10 (1969) 51–67.

*Martyn, J. L.*, History and Theology in the Fourth Gospel, New York ²1979.

*Ders.*, Clementine Recognitions 1,33–71, Jewish Christianity and the Fourth Gospel, in: FS. N. A. Dahl, 1977, 265–295.

*Ders.*, Glimpses into the History of the Johannine Community, BEThL 44 (1977) 149–176.

*Marzotto, D.*, L'unita degli uomini nel Vangelo di Giovanni, Brescia 1977.

*Meeks, W. A.*, Die Funktion des vom Himmel herabgestiegenen Offenbarers für das Selbstverständnis der joh. Gemeinde, in: ders., ed., Zur Soziologie des Urchristentums, München 1979, 245–283.

*Ders.*, ,,Am I a Jew?" – Johannine Christianity and Judaism, in: FS. M. Smith, 1975, I 163–186.

*Miller, J. W.*, The Concept of the Church in the Gospel acc. to John, masch. Diss. Princeton Theological Seminary 1976.

*Miranda, J. P.*, Der Vater, der mich gesandt hat, Frankfurt/Bern 1972.

*O'Grady, J. F.*, Individual and Community in John, Rom 1978.

*Ders.*, Johannine Ecclesiology: a Critical Evaluation, BTB 7 (1977) 36–44.

*Ders.*, Individualism and Johannine Ecclesiology, BTB 5 (1975) 227–261.

*Painter, J.*, The Church and Israel in the Gospel of John: A Response, NTS 25 (1978) 103–112.

*Ders.*, Christ and Church in John 1,45–51, BEThL 44 (1977) 359–362.

*Pancaro, S.*, People of God in John's Gospel, NTS 16 (1970) 114–129.

*Ders.*, The Relationship of the Church to Israel in the Gospel of St. John, NTS 21 (1975) 396–405.

*Pastor Piñeiro, F. A.*, Comunidad y ministerio en el evangelio joaneo, EE 50 (1975) 323–356.

*Ders.*, La ecclesiologia joanea segun E. Schweizer, Rom 1968.

*Peterson, E.*, Der Gottesfreund – Beiträge zur Geschichte eines religiösen Terminus, ZKG 42 (1923) 161–202.

*Rademakers, J.*, Mission et apostolat dans l'évangile johannique, StEv II (1964) 100–121.

*Ricca, P.*, Note di ecclesiologia giovannica, Prot. 22 (1967) 148–166.

*Richter, G.*, Studien zum JE, Regensburg 1977.

*Segella, G.*, L'esperienza cristiana in Giovanni, StPat 18 (1971) 289–342.

*Smith, D. M.*, Johannine Christianity: Some

Reflections on its Character and Delineation, NTS 21 (1975) 222–248.

*Schelkle, K. H.*, Kirche im JE, ThQ 156 (1976) 277ff.

*Schmitt, J.*, Le groupe johannique et la chrétienté apostolique, in: Les groupes informels dans l'église, Strasbourg 1971, 169–179.

*Schnackenburg, R.*, Die Kirche im NT, Freiburg 1961, 93–106.

*Ders.*, Die joh. Gemeinde und ihre Geistesfahrung, in: FS. H. Schürmann, 1977, 277–306.

*Schweizer, E.*, Der Kirchenbegriff im Evangelium und den Briefen des Johannes, StEv I (1959) 363–381.

*Ders.*, Gemeinde und Gemeindeordnung im NT, Zürich 1959, 105–124.

*Thyen, H.*, Entwicklungen innerhalb der joh. Theologie und Kirche im Spiegel von Joh 21 und der Lieblingsjüngertexte des Evangeliums, BEThL 44 (1977) 259–299.

*Vanderlip, D. G.*, Christianity According to John, Philadelphia 1975.

*Wiefel, W.*, Die Scheidung von Gemeinde und Welt im JE auf dem Hintergrund der Trennung von Kirche und Synagoge, ThZ 35 (1979) 213–227.

*Wilken, R. L.*, Collegia, Philosophical Schools and Theology, in: ed. S. Benko et alii, The Catacombs and the Colosseum, Valley Forge 1971, 268–291.

*Windisch, H.*, Das joh. Christentum und sein Verhältnis zum Judentum und zu Paulus, ChW 47 (1933) 98–107.

● **V. 18** Der Evangelist lebt in einer Zeit und Umgebung, die der christlichen Gemeinde feindlich ist. Diese Feindschaft läßt ihn nach dem Grund der Ablehnung fragen. Als ersten nennt er, daß Jesus selbst ja schon auf den Haß der Welt gestoßen ist, die ihn an das Kreuz gebracht hat. Aus Kap. 18 und 19 geht hervor, daß für ihn diese Welt in den Juden repräsentiert war: sie sind – wie 16,2 zeigt – auch die Urheber von Verfolgungen, welche die christliche Gemeinde treffen. Da sie die Christen aus der Synagoge ausschließen (16,2), handelt es sich um Judenchristen, die aber von ungewöhnlicher Art sind. Das Merkwürdige ist, daß das vierte Evangelium die Juden als die heftigen Feinde darstellt, aber keine genaue Kenntnis des Judentums neben einzelnen Stellen anderer Art mehr verrät. Das führt uns darauf, daß wir vielleicht zwei Schichten unterscheiden müssen. Die ältere Vorlage, die der Evangelist benutzte, hatte noch genauere Kenntnisse vom Judentum, da sie (oder mindestens ihre Väter) aus der jüdischen Gemeinde ausgeschlossen waren (vgl. 9,22). Von dort aus wäre auch die auffällig starke Verwendung der Formel „Der König der Juden" in der Passionsgeschichte zu erklären, die nicht auf die eigene Komposition des Evangelisten zurückgeht. Auch an 6,15 wäre in diesem Zusammenhang zu denken. – Aber die Juden sind eigentlich nicht als die Vertreter der Welt im Spiel, und auf dem Begriff „Welt" liegt der eigentliche Ton. Hier meldet sich ein Dualismus zwischen der Welt und jenem Reich des Vaters, für das der Evangelist keinen besonderen Begriff hat, keinen terminus technicus. Das deutet darauf hin, daß seine Vorlage ihm keinen solchen Gegenbegriff zu „Welt" bot. Die eigentliche Frage aber lautet: War schon die jüdische Gemeinde, von der sich die in der Vorlage zu Wort kommenden Christen ablösten, irgendwie dualistisch erweicht? Da sie noch keinen Namen für das Reich des Vaters besesssen hat, führt das zur Annahme, daß ihr die neue Botschaft in einer dualistischen („vorgnostischen"?) Form gebracht wurde. Dann würde man auch vermuten dürfen, daß zwischen dieser Form und der synoptischen Tradition bereits ein erheblicher Unterschied bestand. Bedenkt man, daß wir das vierte Evangelium um etwa 90–100 ansetzen müssen, dann liegt die Vorlage entsprechend früher und ist etwa gleichzeitig mit Mt und Lk. Aber die Entstehung dieser Gemeinde wird noch früher erfolgt sein. Das Erstaunliche ist, daß damals in einem Teil des missionierenden Christentums die synoptische Tradition bereits stark zurückgetreten und durch eine verwilderte ersetzt oder verdrängt war. Anscheinend ist die Mission, der die ,,Vorgemeinde" des Evangelisten ihr Dasein verdankt, von einem Nebenzweig der christlichen Mission ausgegangen, der sich um die Gewinnung der Judenschaft bemühte. Das wäre dann der Wahrheitskern der Meinung, daß das vierte Evangelium eine Missionsschrift für Israel hätte sein sollen. Aber von diesen allgemeinen Erwägungen zurück zu 15,18. Welt und Christen stehen von Anfang an im Gegensatz, sind sich feindlich **(V. 19)**. Wären die Christen der Welt eigen, so hätten sie keine Verfolgungen zu befürchten (vgl. 7,7). Das würde eigentlich zur Annahme führen, daß die Christen als solche außer- und überweltlich sind. Dann würde schon die Qualität, welche die Christen von Haus aus besitzen, sie von der Welt unterscheiden. Aber V. 19 sieht die Lage anders: an sich gehörten auch die Christen zur Welt. Aber Jesus hat sie aus der Welt auserwählt und damit aus der Welt herausgenommen. Es handelt sich also nicht um eine Entscheidungstheologie, so daß es jedem Glied der Welt möglich wäre, durch eigene Wahl in das Gottesreich zu kommen. Nur das Wunder einer zweiten Zeugung durch den Geist, einer Umwandlung von Grund auf, führt sie hinein und schließt jedes Gefühl eigener Überlegenheit aus. **V. 20** verweist auf 13,16 zurück, ein Wort, das nach der Fußwaschung gefallen war und besagte, daß der Knecht keine bessere Behandlung zu erwarten hatte als sein Herr. V. 20b bringt dann die in diesem Zusammenhang unpassende positive Entsprechung: Wenn sie mein Wort bewahrt haben, so werden sie auch das eure bewahren. Gewiß soll das gleiche Schicksal von Herr und Diener beschrieben werden; aber das Oberthema ist doch die Verfolgung, die beide zu erdulden haben. Daher hat *Pallis* auch hier eine Negation hineinkonjiziert: ,,Wenn sie das Wort nicht bewahrt haben, werden sie auch das eure nicht bewahren." Die Konjektur ist schlecht, weil ,,mein" Wort nicht fehlen darf. Außerdem ist zu beachten: nach dem JE haben auch die Jünger die Weisungen Jesu nicht bewahrt, geschweige denn andere Gruppen. Man müßte sich also damit helfen, daß hier jenes Ineinander der Zeiten stattfindet (Zeit Jesu und Zeit der Gemeinde), das öfter im JE erscheint. Aber da hier Jesus und die Jünger gegeneinander gestellt werden und bei beiden davon die Rede ist, daß irgendwer ihr Wort bewahrt hat, kommt diese Erklärung nicht in Frage. Außerdem paßt **V. 21** zu 20a, aber nicht zu 20b: die christliche Gemeinde wird verfolgt werden ,,um meines Namens willen", einfach wegen der Zugehörigkeit zu Christus, weil man sein Verhältnis zum Vater nicht kennt. **V. 22** vertritt einen anderen Gesichtspunkt: Wäre Jesus nicht gekommen mit seiner Botschaft, wären die jetzigen Gegner ohne Sünde; nun aber haben sie für diese keinen Vorwand, keine Entschuldigung. Nachdem **V. 23** noch einmal darauf hingewiesen hat, daß wer Jesus haßt, auch den Vater haßt, bringt **V. 24** eine Art Parallele zu V. 22: Wenn Jesus nicht unter ihnen die Werke getan hätte, die kein anderer getan hat (vgl. die Argumentation des Blindgeborenen in Kap. 9,15.25.30–32), wären die Gegner schuldlos. Nun aber haben sie diese Werke gesehen „und mich und meinen Vater gehaßt". **V. 25** beschließt diesen ganzen Abschnitt, der dem Denken des Evangelisten fremd ist: all das ist geschehen, damit sich Gottes Wille erfüllte: „sie haben mich ohne Grund gehaßt". Hier ist gedacht an Ps 35,19: „Laß sie sich nicht über mich freuen, die mir unbillig sind, noch mit den Augen spotten, die mich ohne Ursache hassen"; an Ps 25,19: „Siehe, daß meine Feinde so viel sind und hassen mich aus Frevel"; an Ps 69,5: „Die mich ohne Ursache hassen, deren ist mehr, denn ich Haare auf dem Haupt habe. Die mir unbillig feind sind und mich verzehren sind mächtig." Die frühe Christenheit hat die „Unschuldpsalmen des leidenden Gerechten" als Passionsevangelium gelesen. Auch die hier vorliegende Argumentation beruht darauf.

Ohne einen Anschluß folgt nun in **V. 26** wieder ein Parakletspruch: Wenn der von Jesus gesandte Paraklet vom Vater kommt, der vom Vater ausgehende Geist der Wahrheit, dann wird er über Jesus Zeugnis ablegen. Hier scheint ein Ausgleich für das Verhältnis von Vater und Sohn (bzw. Jesus) hinsichtlich der Sendung des Geistes gesucht zu werden: der Geist der Wahrheit geht vom Vater aus, aber er wird von Jesus gesandt werden! In 14,16 hatte es geheißen, daß ihn der Vater – auf die Bitte Jesu hin – geben werde. Es ist deutlich, was hier auf dem Spiele steht: Was meint eigentlich der Evangelist, wenn er vom Parakleten spricht? (Vielleicht können wir das Wort am besten mit „Beistand" übersetzen.) Als nähere Erklärung hören wir, daß er der Geist der Wahrheit ist. Dem Theologen ist es wohl das nächste, hier an die dritte Person des trinitarischen Dogmas zu denken. Aber es fragt sich, ob der Evangelist so etwas wie das trinitarische Dogma gekannt und gemeint hat. Etwas anderes war ihm sicher bewußt: ein himmlisches Wesen, der Logos, der Sohn, war Mensch geworden, und nicht nur Mensch schlechthin – den gibt es nämlich nur als Begriff, nicht aber als jemand, der im ersten Jahrhundert durch Galiläa gewandert ist! –, sondern ein ganz bestimmter Mensch, nämlich Jesus von Nazareth. Der hatte sein irdisches Dasein am Kreuz vollendet. Dann war er, schon ein Unberührbarer, heimgegangen zum Vater, und hatte, nun nicht mehr ein Mensch von Fleisch und Blut wie wir – denn wir können nicht durch verschlossene Türen gehen –, den Seinen den heiligen Geist verliehen, indem er sie anhauchte, wie Gott den Lehmkloß Adam, als er ihn zur lebendigen Seele machte. So stellt der Evangelist das Wirken Jesu dar und seine Abschiedsgabe, die Spende des Geistes. Aber die Parakletsprüche lassen erkennen, daß mit dieser Gabe etwas entscheidend Neues zur Wirksamkeit gekommen war, das es während des Erdenlebens noch nicht gegeben hatte (7,39), eben der Geist. Wir wissen aus den Briefen des Paulus, daß das frühe Christentum, das sich hier sehen oder erraten läßt, ein ekstatisches Geistchristentum gewesen ist. Lk hat das Kommen dieses

Geistes auf das 50 Tage nach dem Todespassa kommende Pfingstfest datiert (Apg 2). Er wußte noch, daß das Reden in Zungen dazu gehört hat, in einer ekstatischen Rede, die keine Menschensprache ist – vielleicht hat sie mancher für eine Engelsprache gehalten. Aber der Geist hat sich nicht nur in solchem Sprechen oder Stammeln geäußert, sondern in einem neuen Leben, und diese Geistexistenz ist auch für Paulus das allein Wichtige gewesen: Wer den Geist Christi nicht hat, der ist kein Christ. Ja es hat den Anschein, als habe Paulus sich dieses Christsein der Christen so vorgestellt, daß sie alle zusammen als Glieder den großen Christusleib bilden (nicht einen kopflosen Rumpf, zu dem dann Jesus das Haupt beigesteuert habe!). So gewiß Jesus Christus für Paulus nach wie vor eine individuelle Person war, zu der er gebetet hat und von der er die Antwort vernahm, so gewiß waren doch alle Christen ,,in Christus", eben als Glieder dieses großen, übergreifenden Christusleibes. Demgemäß aber hatten sie denn auch zu leben, und leider hat Paulus ihnen das immer wieder einschärfen müssen, weil das alte doch noch nicht so ganz vergangen war, wie es wünschenswert gewesen wäre. Der vierte Evangelist hat die Briefe des Paulus nicht gelesen und spricht nicht ihre Sprache. Aber auch er war gewiß, daß den Christen der Geist geschenkt war, und das hatte nun gewaltige Konsequenzen für ihn und seine Leser. Es hieß nämlich einmal, daß – abgesehen von Jesus selbst – es während des irdischen Lebens Jesu noch keinen Geist gegeben hatte. Darum war damals die Jesusbotschaft auch auf taube Ohren und verschlossene Herzen gestoßen. Erst jetzt, wo der Geist diese Herzen aufgeschlossen hatte, konnte man die Jesusbotschaft wirklich vernehmen, und der Evangelist hatte sich denn auch bemüht, sie für seine Leser neu und verständlich zu interpretieren. Was an synoptischem Redegut den Evangelisten erreicht haben mochte, können wir nicht genau sagen. Es klingt jedenfalls nur selten an und kommt gegen die neue Sprache und deren Inhalte nicht auf. Konkret heißt das u. a.: die Naherwartung des Endes, welche die erste Christenheit bewegt hatte, ist im vierten Evangelium zugleich aufs höchste gesteigert und abgeschafft worden – ,,aufgehoben", hätte *Hegel* gesagt. Mit dem Kommen des Geistes sind wir wieder mit Gott, dem Vater, verbunden worden. ER, der Unsichtbare, hat uns in Jesus sein sichtbares Ebenbild gesandt und damit den Weg zu IHM freigemacht. Mehr kann uns keine Zukunft mehr bringen. Aber dennoch leben wir nicht im Himmel, sondern immer noch (17,15) in der Welt. Das ,,Bleiben" wird darum zu einer Aufgabe für die Christen. Daß ihnen der Paraklet dabei hilft, wird nicht ausgesprochen. Seine Stellung bleibt überhaupt fragwürdig: ist er ein anderer als Jesus (,,einen anderen als Helfer senden") oder kehrt in ihm Jesus wieder? Erinnert er nur an Jesus oder führt erst er in alle Wahrheit? Wer sendet ihn? Ist er eine Person? Sicher nicht in dem Sinne, in dem Jesus eine war. Man wird sich die Frage vorlegen müssen, ob an den Parakletaussagen korrigiert worden ist, wobei die Kontinuität mit Jesus stärker betont wurde, oder ob der Evangelist selbst mit der Problematik von alt und neu, von Kontinuität und Diskontinuität nicht ganz fertig geworden ist. Soviel aber dürfte klar sein, daß das vierte Evangelium noch nicht die spätere Trinitätslehre enthält, nach der drei göttliche Personen, aber von einer Substanz, als ein unaussprechliches Geheimnis existieren. Hier ist einerseits der Geist als ,,Person" in einer Weise neben Jesus getreten, wie weder bei Paulus noch bei Johannes. Andererseits ist die Einheit mit dem Auferstandenen, wie sie die paulinische Lehre vom ,,In-Christus-Sein" aussprach und Johannes noch erraten ließ, zurückgetreten. Daß der christliche Glaube eigentlich von Ostern an datiert und doch untrennbar mit dem Prediger in Galiläa, der in Jerusalem gekreuzigt wurde, zusammenhängt, hat bis heute keinen adäquaten Ausdruck gefunden. Es bleibt auch die Frage offen, ob die johanneischen Parakletsprüche nur ein Restbestand einer einst größeren Reihe von Aussagen sind oder ob sie überhaupt erst in die ursprüngliche Konzeption eingebaut sind. Daß der Auferstandene selbst wiederkehrend den Geist bringt, paßt schlecht zu den Aussagen, daß er den Geist als Erhöhter senden wird. Was ist hier als Tradition benutzt? Was will der Evangelist mit dieser Überlieferung aussprechen? Da er anscheinend verschiedene Aussagen als bloße Variationen derselben Botschaft betrachtet, droht diese Botschaft selbst undeutlich zu werden. Nur die eine Tatsache ist deutlich, daß die synoptische Botschaft vom Reich bis auf minimale Spuren verschwunden ist: die ganze Theologie ist von dem Gedanken des Vaters aus entwickelt, den noch niemand gesehen hat, und der darum den Sohn sendet, in dem er aber wiederum nicht gesehen werden kann, solange der Sohn noch auf Erden weilt. Erst als der Geist das Leben Jesu als einen verborgenen Hinweis auf die zunächst nur in Jesus bestehende Einheit mit dem Vater interpretiert, wird nachträglich dieses Erdenleben sinnvoll. Aber nicht als Opfer, nicht zur Tilgung der menschlichen Sünden – die Sünde besteht vielmehr nur darin, daß die Menschen Jesus nicht als den vom Vater gesandten Gottessohn anerkennen. Vorher kann der Begriff Sünde eigentlich gar nicht auf sie angewendet werden. Das sind für eine von Paulus aus entworfene Glaubenslehre unerhörte Gedanken, und es ist nicht verwunderlich, daß gewöhnlich die paulinische und johanneische Frömmigkeit miteinander kombiniert werden. – Während **V. 26** vom Zeugnis des Geistes für Jesus spricht, bringt **V. 27** einen neuen Gedanken: auch die Jünger werden für Jesus Zeugnis ablegen, weil sie von Anfang an mit ihm gewesen sind. Im Zusammenhang der johanneischen Theologie ist das schwer verständlich, da die Jünger während seines Erdenlebens Jesus nicht erkannt haben und die späteren Jünger auch nicht von Anfang an mit dabei waren.

## 37. Abschluß der Rede an die Jünger

[1],,Dies habe ich euch gesagt, damit ihr nicht Anstoß nehmt. [2]Sie werden euch aus den Synagogen ausstoßen. Aber es kommt die Stunde, wo jeder, der euch tötet, Gott einen Dienst zu erweisen wähnt.

³Und dies werden sie tun, weil sie den Vater nicht erkannt haben und auch mich nicht. ⁴Aber ich habe euch dies gesagt, damit ihr, wenn die Stunde kommt, an das denkt, daß ich es euch gesagt habe. – Dieses habe ich euch anfangs nicht gesagt, weil ich bei euch war. ⁵Jetzt aber gehe ich zu dem, der mich gesandt hat, und niemand von euch fragt mich: ‚Wohin gehst du?' ⁶Vielmehr, weil ich euch das gesagt habe, hat die Trauer euer Herz erfüllt. ⁷Aber ich sage euch die Wahrheit: es ist für euch gut, daß ich fortgehe. Denn wenn ich nicht weggehe, kommt der Beistand nicht zu euch; wenn ich aber gehe, werde ich ihn zu euch senden. ⁸Und wenn er kommt, wird er die Welt überführen der Sünde und der Gerechtigkeit und des Gerichts. ⁹Wegen der Sünde, weil sie nicht an mich glauben; ¹⁰wegen der Gerechtigkeit aber, weil ich zum Vater gehe und ihr mich nicht mehr seht; ¹¹wegen des Gerichts, weil der Herrscher dieser Welt gerichtet ist. ¹²Ich habe euch noch viel zu sagen, aber ihr könnt es jetzt noch nicht (er)tragen. ¹³Wenn aber jener kommt, der Geist der Wahrheit, wird er euch in die ganze Wahrheit führen. Denn er wird nicht von sich selber reden, sondern was er hört, wird er sagen, und das Kommende euch künden. ¹⁴Er wird mich verherrlichen; denn er wird es von dem Meinen nehmen und euch verkünden. ¹⁵Alles, was der Vater hat, ist mein. Darum sagte ich: er wird es von dem Meinen nehmen und euch verkünden. ¹⁶Eine kleine Weile, und ihr werdet mich nicht mehr sehen, und wiederum eine kleine Weile, und ihr werdet mich sehen." ¹⁷Da sagten einige seiner Jünger zueinander: „Was ist das, was er sagt: ‚Eine kleine Weile, und ihr werdet mich nicht sehen, und wieder eine kleine Weile, und ihr werdet mich sehen?' Und: ‚Ich gehe zum Vater'?" ¹⁸Da sagten sie: „Was ist das, was er sagt: ‚Eine kleine Weile'? Wir wissen nicht, was er sagt." ¹⁹Jesus erkannte, daß sie ihn fragen wollten, und sagte zu ihnen: „Darüber forscht ihr untereinander, daß ich sagte: ‚Eine kleine Weile, und ihr werdet mich nicht sehen, und wieder eine kleine Weile, und ihr werdet mich sehen?' ²⁰Wahrlich, wahrlich ich sage euch: Ihr werdet weinen und klagen; die Welt aber wird sich freuen. Ihr werdet traurig sein, aber eure Trauer wird zu Freude werden. ²¹Wenn eine Frau gebiert, hat sie Trauer, weil ihre Stunde gekommen ist; wenn aber das Kind geboren ist, denkt sie nicht mehr an die Trauer wegen der Freude, daß ein Mensch in die Welt gekommen ist. ²²Auch ihr habt jetzt Trauer. Ich werde euch aber wiedersehen und euer Herz wird sich freuen, und eure Freude wird euch niemand nehmen. ²³Und an jenem Tage werdet ihr mich nichts fragen. Wahrlich, wahrlich ich sage euch: Worum ihr den Vater bittet in meinem Namen, wird er euch geben in meinem Namen. ²⁴Bis jetzt habt ihr um nichts in meinem Namen gebeten. Bittet, und ihr werdet empfangen, daß eure Freude vollkommen ist. ²⁵Das habe ich in Bildern zu euch gesagt; es kommt die Stunde, wo ich nicht mehr in Bildern zu euch sprechen

werde, sondern offen euch vom Vater verkünde. [26]An jenem Tage werdet ihr in meinem Namen bitten, und ich sage nicht, daß ich den Vater euretwegen bitten werde. [27]Denn der Vater selbst liebt euch, weil ihr mich geliebt habt und geglaubt habt, daß ich vom Vater ausgegangen bin. [28]Ich bin vom Vater ausgegangen und in die Welt gekommen. Wiederum verlasse ich die Welt und gehe zum Vater." [29]Seine Jünger sagten: „Sieh, nun sprichst du offen, und gebrauchst kein Bild. [30]Jetzt wissen wir, daß du alles weißt und nicht nötig hast, daß jemand dich fragt; darum glauben wir, daß du von Gott ausgegangen bist." [31]Jesus antwortete ihnen: „Jetzt glaubt ihr? [32]Siehe, es kommt die Stunde und ist gekommen, daß ihr zerstreut werdet, jeder zu dem Seinen, und mich allein laßt. Aber ich bin nicht allein; denn der Vater ist mit mir. [33]Dieses habe ich euch gesagt, damit ihr in mir Frieden habt. In der Welt habt ihr Angst. Aber habt Mut: ich habe die Welt besiegt."

**Literatur:**

*Bammel, E.,* Jesus und der Paraklet in Joh 16, in: Christ and Spirit in the New Testament, FS. C. F. G. Moule, Cambridge 1973, 199–217.

*Bleibtreu, W.,* Ev. Joh 16,23–24, NKZ 22 (1911) 958–962.

*Bream, H. N.,* No Need to be Asked Questions. A Study of John 16,30, in: FS. R. T. Stamm, Leiden 1969, 49–74.

*Bruns, J. E.,* A Note on John 16,33 and 1John 2,13–14, JBL 86 (1967) 451–453.

*Carson, D. A.,* The Function of the Paraclete in John 16,7–11, JBL 98 (1979) 547–566.

*Fascher, E.,* Joh 16,32: Eine Studie zur Geschichte der Schriftauslegung und zur Traditionsgeschichte des Urchristentums, ZNW 39 (1940) 171–230.

*George, A.,* L'Esprit, guide vers la vérité plénière: Jn 16,12–15, ASeign 31 (1973) 40–47.

*Ders.,* La tâche du Paraclet: Jn 16,5–14, ASeign 47 (1963) 28–36.

*Ders.,* La nouveauté de pâques: Jn 16,23–30, ASeign 48 (1965) 39–46.

*Hatch, W. H. P.,* The Meaning of Joh 16,8–11, HThR 14 (1921) 103–105.

*Kremer, J.* Jesu Verheißung des Geistes – Zur Verankerung der Aussage von Joh 16,13 im Leben Jesu, in: Die Kirche des Anfangs, FS. H. Schürmann, 1977, 247–276.

*Lindars, B.,* Δικαιοσύνη in Jn 16,8 and 10, in: Mélanges Béda Rigaux, Gembloux 1970, 275–286.

*Patrick, J. G.,* The Promise of the Paraclete, BS 127 (1970) 333–345.

*Rubio Moran, L.,* Revelación en enigmas y revelación en claridad. Analisis exegetico de Jn 16,25, Salm. 19 (1972) 107–144.

*Smith, D. M.,* John 16,1–15, Interp. 33 (1979) 58–62.

*Stanton, A. H.,* Convince or convict (Joh 16,8), ET 33 (1921/22) 278–279.

*Stenger, W.,* Δικαιοσύνη in Joh 16,8.10, NT 21 (1979) 2–12.

*Zerwick, M.,* Vom Wirken des Heiligen Geistes in uns. Meditationsgedanken zu Joh 16,5–15, GuL 38 (1965) 224–230.

● (V. 1f.) Was hat Jesus den Jüngern gesagt, damit sie nicht Anstoß nehmen und irre werden? Er hat ihnen die kommende Verfolgung angesagt, die den Haß der Welt deutlich macht. Die Welt sieht in den Jüngern nur – bestenfalls! – eine in die Irre gehende und in die Irre führende kleine Minorität, die man nicht gewähren lassen darf. Man wird sich nicht bloß darauf beschränken, sie aus den Synagogen auszustoßen, sondern man wird sie totschlagen und glauben, damit besonders fromm zu sein. Was die Kirche später in Kreuzzügen gegen Mohammedaner und Albigenser und andere „ketzerische" Gruppen praktizierte, hat sie in der Frühzeit am eigenen Leibe erfahren, ohne freilich daraus zu lernen. Sie war ebenfalls überzeugt, Gott einen frommen Dienst zu erweisen, indem sie die „Ungläubigen" verfolgte. Die Christen waren die Nonkonformisten der Antike par excellence und bekamen das zu spüren. **(V. 3)** Damit hat die Welt freilich gezeigt, daß sie weder den Vater noch Jesus erkannt hat. Gott ist nicht direkt erkennbar, und auch der nicht, den er sendet. Es ist immer möglich, hier nur einen Vertreter menschlichen Unverstandes zu sehen, der sich gegen die heilige Tradition vergeht. Diesen Angriff auf das Überkommene empfindet man als so gefährlich und unentschuldbar, weil man von diesem Überkommenen lebt. Gerät es in Zwielicht, ins Zweifelhafte, wird es unsicher, dann droht die Grundlage der Existenz zu schwinden, und man fällt ins Nichts. Es ist also ein Stück Notwehr, was das junge Christentum erfahren mußte. Davon spricht Johannes freilich nicht; er will nur verhindern, daß diese Notzeit die Christen außer Fassung bringt und verzweifeln läßt. Jesus hat es vorher gesagt, daß es so kommen wird **(V. 4)**; es ist also nicht unerwartet über die Jünger gekommen. Darin sieht der Evangelist einen Trost und eine Hilfe. Immerhin geht er nicht so weit, daß er andeutet, Gott habe auch das so gefügt – der Widerspruch zu V. 2 wäre zu groß. Ursprünglich freilich – also zu Beginn der vom Evangelisten geschilderten Tätigkeit Jesu – hat Jesus davon nicht gesprochen, weil er selbst bei den Seinen war. Freilich hat es auch damals schon Angriffe gegeben, aber sie richteten sich nur auf Jesus selbst. Nun aber **(V. 5)** geht er fort, und gerade jetzt, da er nicht mehr gegenwärtig ist, kommt die Notzeit. Aber die Jünger machen sich nicht klar, was sein Fortgang bedeutet; sie fragen nicht: Wohin gehst du? Wenn man an 13,36 denkt, an die Frage des Petrus: „Herr, wohin gehst du?", stößt man freilich auf eine Spannung. Allerdings war dort der Zusammenhang anders. Die eigentliche Frage lautete: Weshalb konnten die Jünger Jesus auf seinem Weg nicht folgen, auf dem Weg ins Martyrium? Die nur angedeutete Antwort war, daß sie dazu noch nicht fähig waren; erst später wird ein Petrus die Kraft haben, diesen Leidensweg ebenfalls zu gehen. An unserer Stelle aber sieht Johannes die Lage so: Jesus verläßt die Jünger gerade in dem Augenblick, wo sie ihn am meisten nötig haben, und das ist das Unbegreifliche. Weil es so unverständlich ist, erweckt es nur Schmerz und läßt den Gedanken gar nicht aufkommen, daß auch dieses Scheiden seinen göttlichen Sinn hat. **(V. 6)** Aber, und das ist das Überraschende, es ist für die Jünger besser, wenn Jesu Erdendasein nun aufhört: **(V. 7)** Denn wenn er nicht fortgeht, kann der „Helfer", der Geist nicht kommen. Wenn er aber geht, dann sendet er ihn. Die Jünger brauchen also in gewissem Grade den Geist nötiger als Jesus. Für den, der von den Paulusbriefen, aber auch von den Synoptikern herkommt, ist das Erstaunliche an dieser Antwort, daß sie Jesu Tod nicht als ein Opfer versteht, durch das der sündige Mensch mit Gott versöhnt wird. Es ist längst aufgefallen, daß der Begriff Sünde im vierten Evangelium zwar 16mal vorkommt, aber dennoch keine entscheidende Rolle spielt. In 1,29 – Jesus ist das Lamm, das die Sünde der Welt fortträgt – wird eine tradierte Formel übernommen, die in einer für den Evangelisten schon veralteten Sprache aussagt, daß Jesus der Erlöser ist. Aber wie er das ist, bekommen wir damit nicht zu wissen: nämlich als der göttliche Gesandte, in dem der Souverän, der Vater, präsent wird. In 8,21–34 wird viermal von der Sünde gesprochen. Aber die Sünde besteht hier darin, daß man Jesus nicht als den vom Vater Gesandten anerkennt: im Grunde ist das die einzige Sünde, von der Johannes weiß: Blindsein für Gott, da wo er sich zeigt. 8,46 spricht von der Sündlosigkeit Jesu, die der Feindschaft gegen ihn jeden Grund nimmt. 9,34 nennen die Pharisäer den geheilten Blinden einen Sünder, weil er sich zu Jesus bekennt – hier wird die Wirklichkeit also gerade auf den Kopf gestellt. 15,22–24 macht klar, daß es Sünde nur geben kann, wo es Offenbarung gibt (und man sich gegen sie verschließt). Dann bleiben nur die vier Stellen in Kap. 16.19 und 20 noch übrig, von denen alsbald zu sprechen sein wird. Trotzdem ist Johannes den Synoptikern nicht so fremd, wie es danach scheinen könnte. Die synoptischen Abendmahlsworte machen auf ihre Weise deutlich, daß Jesu Tod Gott neu zugänglich macht, und eben das sagt Johannes sogar noch betonter und ausschließlicher: vor ihm bestand dieser Zugang gar nicht. Mk 14,24 spricht von dem neuen Bund in Jesu Blut, das für viele vergossen wird: hier wird vorausgesetzt, daß ein Bund nicht ohne Bundesopfer geschlossen werden kann und daß darum Jesu Blut fließen muß. Wie wenig aber hier an der Ausdrucksweise liegt, erkennt man daran, daß der Kreuzigungsbericht gar nicht davon spricht, daß Blut fließt. Erst Joh 19,34 ist – nachträglich! – davon die Rede, und hier spricht wahrscheinlich nicht der Evangelist. Johannes aber kennt nicht bloß nur eine Sünde, nämlich die, daß man Jesus nicht als den Gottgesandten erkennt, sondern er kennt auch nur ein Mittel, das diese Sünde beseitigt: den von Jesus gespendeten Geist (V. 7). Er gibt dem damit Beschenkten die Sicht auf Jesus und damit auf den Vater frei und ermöglicht so das neue Gottesverhältnis, den neuen Bund, den „Weg" oder wie immer die verschiedenen christlichen Traditionen das nennen. Darum ist bei Johannes das Wort „erkennen" 56mal (am meisten in allen vier Evangelien) und „glauben" 98mal (wieder am häufigsten in allen vier Evangelien) gebraucht, während πίστις und γνῶσις fehlen. Daß „glauben" das „erkennen" noch überwiegt, weist darauf hin, daß es sich um keine rationale Erkenntnis handelt, um keine „vernünftige" Überlegung. Sondern Johannes meint, daß uns die Augen aufgehen müssen und wir sie nicht selbst aufmachen können, um Gott zu sehen in seiner Liebe zu uns. – **V. 8–11** sprechen von dem, was der Geist zu tun haben wird, auf eine sehr merkwürdige Weise: er soll die Welt überführen ihrer Sünde – eben daß sie nicht an Jesus glaubt –, der Gerechtigkeit Jesu – nämlich daß er zum Vater geht und so als der Gerechte anerkannt wird von der höchsten Autorität – und des Gerichts über den Herrscher der Welt, das sich schon vollzogen hat. **V. 12** würde sehr gut an V. 7 anschließen: Jesus, der auf Erden Wandelnde, hätte den Jüngern noch viel zu sagen, aber sie können es noch nicht ertragen. Was dieses „viele" ist, bleibt naturgemäß unerwähnt. Auf alle Fälle kann es nicht die kommende Verfolgung sein; denn von ihr war ja schon die Rede. Vielleicht ist aber V. 12 nur als Vorbereitung für **V. 13a** gedacht: Erst der Geist der Wahrheit wird die Jünger in die ganze Wahrheit einführen. In dieser ersten Vershälfte wird deutlich vorausgesetzt, daß jenes, was der Geist lehren wird, über die Botschaft des irdischen Jesus hinausgehen wird; man könnte vielleicht sagen: soweit hinausgehen wird, wie die Korrekturen und Zusätze des Evangelisten über die Tradition, die ihm in seiner Vorlage zu Gebote stand. Hier spricht ein klares Bewußtsein davon, daß zwischen dem, was der irdische Jesus sagte und tat, und der Botschaft des Geistes eine Zäsur besteht. Auch Mk hat darum auf seine Weise gewußt und es – so gut er es vermochte – ausgesprochen. Aber Johannes hat die Enderwartung, die für Mk noch als ein kosmisches Ereignis in einer unbestimmten Zukunft lag, derart radikalisiert, daß die chronologische Zeit ausgeschaltet wird und mit ihr jene Veränderungen innerhalb der Welt, auf die Mk und die erste Christenheit warteten. **V. 13b–15** bemüht sich nun, die Diskontinuität zwischen dem Geist-Beistand und dem irdischen Jesus wieder verschwinden zu lassen. Jedoch nicht nur das, sondern hier wird das Schwergewicht auf den irdischen Jesus gelegt: der Geist hat nichts Eigenes zu sagen, sondern nur das auszusprechen, was er hört, und – überraschenderweise – die Zukunft zu verkünden. Daß dies aus dem bisherigen Gedankengang hinausführt, ist deutlich; denn für ihn spielt die Zukunft als vorhergesagte keine Rolle. Daß er Jesus verherrlichen wird, aus dem Seinen schöpfen und es verkünden wird, ist eher verständlich: damit wird die Kontinuität bewahrt, ohne daß der Geist zum bloßen Nachsprecher wird: er wird – so läßt sich der Vers jedenfalls verstehen – der eigentliche Testamentsvollstrecker Jesu sein, der die wahre Herrlichkeit Jesu an den Tag bringt: Jesus war nicht bloß ein Wundertäter, sondern eröffnete den Weg zum Vater. Aber **V. 15** paßt nicht ganz dazu: er zeugt von der Schwierigkeit, zwei verschiedene Auffassungen zu verbinden: der Geist wird vom Vater gesandt und verkündet dessen „letzten Willen", und er verkündet die Jesusbotschaft, da ja alles, was der Vater besitzt, auch Jesus gehört. Für den Evangelisten werden das nur verschiedene Ausdrücke derselben Wahrheit gewesen sein; aber die Art, wie hier ein Wort erklärt wird, dem Evangelisten zuzuschreiben, wird nicht jeder so bereit sein wie *Bultmann,* für den es geradezu zur Eigenart des Evangelisten gehört, solche Erläuterungen in vorgefundene Texte einzuschieben.

Wie immer man sich entscheidet, es bleibt ein Rest der Einsicht ausgesprochen, daß ungeachtet aller Kontinuität zwischen dem irdischen Jesus und dem nachösterlichen Geist ein Unterschied besteht und daß das Eigentliche erst vom Geist verkündet wird. Faktisch hat allerdings die Kirche die Osterbotschaft und nicht die Predigt Jesu von Nazareth zur Grundlage ihrer Verkündigung und Lehre gemacht, und vielleicht darf man sagen, daß gerade das vierte Evangelium sie darin bestärkt hat.

Mit **V. 16** beginnt ein neuer Abschnitt, der einen anderen Aspekt des Scheidens Jesu überaus umständlich bespricht. Dabei bilden **V. 16–19** eine

Untereinheit, in der die Worte „ein Kleines" und „nicht sehen" und „wiedersehen" die Hauptrolle spielen. Dabei werden die Jünger als völlig unverständig beschrieben: sie verstehen einfach nicht, was die Worte von V. 16 besagen: „Ein Kleines, und ihr werdet mich nicht mehr sehen, und wieder ein Kleines, und ihr werdet mich sehen." Aber auch das „ich gehe zum Vater" ist nun mit einem Mal ein Rätselwort, das in 14,28 noch gar keine Frage wachgerufen hatte. Jesus weiß, bevor die Jünger ihn fragen wollen, was ihnen auf den Lippen liegt, und antwortet darauf in einer unerwarteten Weise. Zuvor schien es eine ausgemachte Sache zu sein, daß er zu dem unsichtbaren Vater zurückkehrt, von dem er ausgegangen ist, und daß sich das für die Jünger zum Segen auswirken wird: nun können sie den Geist empfangen. Jetzt ist das Fortgehen Jesu und seine Wiederkehr zu einem Geheimnis geworden, das **V. 20ff.** zu enthüllen versuchen. Jesu Weggang wird die Welt mit Freude erfüllen und die Jünger in Bestürzung und Trauer versetzen. Man könnte denken, daß damit die bleibende Lage der Jünger nach Karfreitag beschrieben wird. Aber diese Auslegung läßt sich schwer durchführen. Denn das Bild von dem gebärenden Weib in **V. 21,** das dann in **V. 22** auf die Jünger angewendet wird, spricht doch von der einmaligen Situation zwischen Karfreitag und Ostern (Pfingsten). Die Verlassenheit, in der sich die Jünger zu ihrem Schmerz durch Jesu Tod vorfinden, wird ja abgelöst von der Freude, welche das Wiederkommen Jesu (als Geist; aber das wird nicht ausdrücklich gesagt) auslöst. Diese Lage aber wiederholt sich nicht; jedenfalls ist der Evangelist überzeugt, daß der Geist, εἰς τὸν αἰῶνα, in alle Zukunft bei den Jüngern bleiben wird (14,16). Man könnte also nur in der Lage jener Christen eine Analogie finden, die es schmerzlich empfinden, daß der Jesus, von dem die Tradition so anschaulich und tröstlich erzählt, nicht mehr da ist, und die von der Überlieferung von einem ihn ersetzenden und sogar womöglich überbietenden Geist (in dem er wiedergekehrt ist) nichts oder noch nichts erfahren haben. Aber das ist eine moderne Konstruktion, mit der man nicht, nur um diesen Abschnitt allgemein gültig zu machen, ihn künstlich umdeuten sollte. Während hier also der Schmerz der verlassenen Jünger und die Freude über den (im Geist) wiedergekehrten Herrn kontrastieren, (V.22 sagt übrigens ebenfalls zum Schluß, daß diese Freude endgültig ist und niemand sie ihnen fortnehmen wird, und stimmt so mit 14,16 überein.) bringen **V.23f.,** durch das Stichwort „Freude" angeknüpft, etwas Neues hinzu. Es sieht so aus, daß das Verb ἐρωτᾶν hier nicht „fragen", sondern „bitten" bedeutet und damit den Übergang zum neuen Thema scheinbar erleichtert. An jenem Tag der Wiederkehr Jesu wird jedenfalls aller Mangel auf seiten der Jünger behoben sein; das gilt, wie immer man auch ἐρωτᾶν übersetzt. V.23 führt jedoch etwas Neues ein: Das Gebet im Namen Jesu, das (V. 24) die Jünger bisher nicht gekannt haben. **V.24** verheißt dafür Erhörung und damit die Vollendung der Freude – man bittet um das, was man noch nicht besitzt, und wenn man es erhält, ist die Freude vollkommen. Es wird sicher zutreffen, daß sich ein Gebet im Namen Jesu erst allmählich eingebürgert hat. Eine andere Frage ist jedoch, ob das Geistchristentum jener Jünger, zu denen der Paraklet gekommen ist, ein solches Gebet geübt hat. Das Thema ,,Gebet im Namen Jesu" ist 14,14 zum ersten Mal – und zwar recht überraschend – angeklungen. Wenn es dort nicht bloß bei X λ 565 al b sy^sc Nonnus und einigen Vulgatahandschriften fehlen würde, könnte man an eine in den Text geratene Glosse denken, zumal es recht isoliert steht. Andererseits könnte es auch eine Korrektur sein, der es anstößig war, daß die Jünger größere Werke vollbringen werden als Jesus selbst. In V. 26 wird sogleich dieses Thema erneut aufgenommen. **V. 25** aber betont zuvor, daß Jesus vorher in Bildreden gesprochen habe, d. h. wohl eher: in Rätselreden, verhüllt, so daß es die Jünger nicht verstanden. Es komme aber die Stunde, wo diese Hülle fallen und Jesus (im Geist) sozusagen nicht mehr in Chiffren, sondern im Klartext reden wird. Nach diesen Worten wird in **V. 26,** mit der schon in V. 23 benutzten Wendung ,,an jenem Tage", wie etwas Neues festgestellt, daß die Jünger dann ,,in Jesu Namen bitten" werden. Aber das wird nun wieder merkwürdig abgeschwächt: Jesus will damit nicht sagen, daß er den Vater ihretwegen bitten wird, so daß er zwischen den Jüngern und dem Vater stehen würde (und das ist doch beim Gebet in Jesu Namen eigentlich der Fall). Denn – so erklärt **V. 27** – der Vater selbst liebt euch und – einen solchen Gedankengang erwartet man – erfüllt darum euer Bitten. Aber der Satz läuft anders weiter: der Vater liebt die Jünger, weil sie geglaubt haben, daß er von Gott ausgegangen ist. Das ist tatsächlich die johanneische Bestimmung des Glaubens. Sie wird von **V. 28** unterstützt: Jesus selber formuliert die entscheidende Bestimmung: Er ist vom Vater ausgegangen und in die Welt gekommen; er verläßt wieder die Welt und geht zum Vater. Die Jünger – **V. 29** – haben keine Schwierigkeit, das – intellektuell – zu verstehen, da es ohne Verhüllung ausgesprochen ist. Sie bezeugen zugleich in **V. 30** ihren Glauben an Jesu Allwissenheit: er hat es nicht nötig, daß ihn jemand fragt – diesmal bedeutet ἐρωτᾶν jedenfalls ,,fragen" und nicht ,,bitten". Das Verb ἐρωτᾶν kommt im JE 26mal vor. Zwölfmal hat es die in der Koine übliche (vgl. *Bultmann* 148, Anm. 2) Bedeutung ,,bitten". Davon gehören die Fälle 4,47; 19,31 und 19,38 ziemlich sicher zur Tradition; 17,9; 17,15 und 17,20 ebenso sicher zur Rede des Evangelisten; ebenso 18,21. Die beiden Bedeutungen lassen sich also nicht auf Tradition und Evangelist verteilen; in Kap. 9 bedeutet ἐρωτᾶν ,,fragen" in einem der Tradition entnommenen Abschnitt, und 16,5 verwendet Jesus das Wort in einer vom Evangelisten geschaffenen Rede in diesem Sinne. Man muß also darauf verzichten, aus diesem Unterschied im Wortgebrauch irgendwelche Schlüsse auf die Herkunft eines Verses aus Tradition oder Komposition des Evangelisten zu ziehen. Zurück zu **V. 31:** Jesus widerlegt ihre Beteuerung, Glauben zu haben, mit der Ansage ihrer baldigen Zerstreuung. Aber wenn es so ist **(V. 32),** daß Jesus mit dem Vater untrennbar verbunden ist, dann werden die Seinen zwar in der Welt Trübsal haben. Aber sie dürfen getrost sein: das ist nicht das Endgültige. Von diesem Wort kann man sagen, daß es für alle Generationen der Jünger gilt. Der Geist ist hier nicht als Tröster eingeführt. **V. 33** schließt nicht ganz selbstverständlich an: Worauf bezieht sich „dieses habe ich geredet"? Daß Jesus vom Vater nicht verlassen wird: mit dieser Zusicherung soll den Seinen Mut zugesprochen werden.

## 38. Das „hohepriesterliche" Gebet

[1]Das sagte Jesus, und die Augen zum Himmel erhebend sprach er: „Vater! Gekommen ist die Stunde. Verherrliche deinen Sohn, damit der Sohn dich verherrliche. [2]Denn du hast ihm Macht gegeben über alles Fleisch, um allen, die du ihm gegeben hast, das ewige Leben zu geben. [3]Das aber ist das ewige Leben, daß sie dich erkennen, den einzigen wahren Gott, und den du gesandt hast, Jesus Christus. [4]Ich habe dich verherrlicht auf der Erde, das Werk vollendend, das du mir gegeben hast, daß ich es tue. [5]Und nun verherrliche du mich, Vater, bei dir in der Herrlichkeit, die ich besaß bei dir, bevor die Welt war. [6]Ich habe deinen Namen kundgetan den Menschen, die du mir aus der Welt gegeben hast. Dein waren sie, und mir hast du sie gegeben, und sie haben dein Wort bewahrt. [7]Jetzt haben sie erkannt, daß alles, was du mir gegeben hast, von dir ist. [8]Denn die Worte, die du mir gegeben hast, habe ich ihnen gegeben, und sie haben sie angenommen und in Wahrheit erkannt, daß ich von dir ausgegangen bin, und sie haben geglaubt, daß du mich gesandt hast. [9]Ich bitte für sie; nicht für die Welt bitte ich, sondern für die, die du mir gegeben hast, da sie dein sind, [10]und das Meine ist alles dein, und das Deine mein, und ich bin in ihnen verherrlicht. [11]Und ich bin nicht mehr in der Welt; und sie sind in der Welt, und ich komme zu dir. Heiliger Vater, bewahre sie in deinem Namen, damit sie eins seien wie wir. [12]Als ich bei ihnen war, bewahrte ich sie in deinem Namen, den du mir gegeben hast, und behütete sie, und niemand von ihnen ging verloren außer dem Sohn des Verderbens, damit die Schrift erfüllt werde. [13]Nun aber komme ich zu dir, und dieses spreche ich in der Welt, damit sie meine Freude in sich vollkommen haben. [14]Ich habe ihnen dein Wort gegeben, und die Welt hat sie gehaßt; denn sie sind nicht aus der Welt, wie ich nicht aus der Welt bin. [15]Ich bitte nicht, daß du sie aus der Welt fortnimmst, sondern daß du sie vor dem Bösen bewahrst. [16]Sie sind nicht aus der Welt, wie ich nicht aus der Welt bin. [17]Heilige sie durch deine Wahrheit. Dein Wort ist die Wahrheit. [18]Wie du mich in die Welt gesandt hast, habe ich sie in die Welt gesandt. [19]Und für sie heilige ich mich, damit auch sie geheiligt seien in Wahrheit. [20]Aber ich bitte dich nicht nur für sie, sondern auch für die durch ihr Wort an mich Glaubenden, [21]damit alle eins seien, wie du, Vater, in mir, und ich in dir bin, damit auch sie in uns sind, damit die Welt glaube, daß du mich gesandt hast.

[22]Und ich habe ihnen die Herrlichkeit gegeben, die du mir gegeben hast, damit sie eins seien, wie wir eins: [23]Ich in ihnen und du in mir, damit sie vollendet seien zur Einheit, und die Welt erkenne, daß du mich gesandt hast und sie geliebt hast, wie du mich geliebt hast. [24]Vater, ich will, daß, wo ich bin, auch die bei mir seien, die du mir gegeben hast, damit sie meine Herrlichkeit sehen, die du mir gegeben hast, weil du mich geliebt hast seit der Gründung der Welt. [25]Gerechter Vater, wenn auch die Welt dich nicht erkannt hat, so habe ich doch dich erkannt, und diese haben erkannt, daß du mich gesandt hast. [26]Und ich habe ihnen deinen Namen kundgetan und werde es tun, damit die Liebe, mit der du mich geliebt hast, in ihnen sei und auch ich in ihnen."

**Literatur:**

*Agourides, S. C.*, The „High Priestly Prayer" of John, StEv IV (1968) 137–143.

*Appold, M.*, Christ Alive! Church Alive! Reflections on the Prayer of Jesus in John 17, Currents in Theology and Mission 5 (1978) 365ff.

*Ders.*, The Oneness Motif in the Fourth Gospel, Tübingen 1976.

*Battaglia, O.*, Preghiera sacerdotale e innologia ermetica: Gv 17 e CH 1,31–32e.13,18–20, RivBib 17 (1969) 209–232.

*Becker, J.*, Aufbau, Schichtung und theologiegeschichtliche Stellung des Gebets in Joh 17, ZNW 60 (1969) 56–83.

*Bobrinskoy, B.*, Die theologischen Grundlagen des gemeinsamen Gebets für die Einheit, US 22 (1967) 25–37.

*Bornkamm, G.*, Zur Interpretation des Johannesevangeliums. Eine Auseinandersetzung mit E. Käsemanns Schrift „Jesu letzter Wille nach Johannes 17", EvTh 28 (1968) 8–25.

*Ders.*, Die eucharistische Rede im JE, ZNW 47 (1956) 161–169.

*Cadier, J.*, The Unity of the Church; an Exposition of Jn 17: Interp. 11 (1957) 166–176.

*Conybeare, F. C.*, John XVII, 23–24, HThR 17 (1924) 188–189.

*Cranny, T.*, John 17: „As we are one", New York 1966.

*Delorme, J.*, Sacerdoce du Christ et ministère. Sémantique et théologie biblique, RSR 62 (1974) 199–219.

*Ellwein, E.*, Das hohepriesterliche Gebet (Joh 17) in der Auslegung Luthers, in: FS. A. Köberle, Hamburg 1958, 91–106.

*Feuillet, A.*, Le sacerdoce du Christ et de ses ministres d'après la prière sacerdotale du quatrième évangile et plusieurs données parallèles du NT, Paris 1972.

*Fürst, W.*, Die Einheit der Kirche nach Joh 17, DtPfrBl 64 (1964) 81–86.

*George, A.*, L'heure de Jean XVII, RB 61 (1954) 392–397.

*Giblet, J.*, Sanctifie – les dans la vérité (Jn 17,1–26), BVC 19 (1957) 58–73.

*Huby, J.*, Un double Problème de Critique textuelle et d'interprétation St. Jean 17,11–12, RSR 27 (1937) 408–421.

*Käsemann, E.*, Jesu letzter Wille nach Johannes 17, Tübingen [1]1966, [3]1971.

*Keppler, P. W. von*, Unseres Herrn Trost, Freiburg 1887, [3]1914.

*Laurentin, A.*, We attah – καὶ νῦν. Formule caractéristique des textes juridiques et liturgiques, Bib. 45 (1964) 168–197, 413–432.

*Lloyd-Jones, D.*, The Basis of Christian Unity: an Exposition of Jn 17 and Eph 4, Grand Rapids 1963 (schwedisch: Stockholm 1967).

*Luck, U.*, Die kirchliche Einheit als Problem des Johannesevangeliums, WuD 10 (1969) 51–67.

*Malatesta, E.*, The Literary Structure of John 17, Bib. 52 (1971) 190–214.

*Marzotto, D.*, L'unità degli uomini nel vangelo di Giovanni, Brescia 1977.

*Michel, O.*, Das Gebet des scheidenden Erlösers, ZSTh 18 (1941) 521–534.

*Ders.*, Die Fürbitte des Erlösers: Joh 17,20–26, EMZ 2 (1941) 353–360.

*Minear, P. S.*, Evangelism, Ecumenism and John 17, ThTo 35 (1978) 5ff.

*Ders.*, John 17,1–11, Interp. 32 (1978) 175–179.

*Morrison, C. D.*, Mission and Ethic. An Interpretation of Jn 17, Interp. 19 (1965) 259–273.

*Newman, B. M.*, The Case of the Eclectic and the Neglected ἐκ of John 17, BiTr 29 (1978) 339–341.

*Rademakers, J.*, La prière de Jésus: Jean 17, ASeign 29 (1973) 48–86.

*Randall, J. F.*, The Theme of Unity in John 17,20–23, EThL 41 (1965) 373–394.

*Riedl, J.*, Die Funktion der Kirche nach Johannes, BiKi 28 (1973) 12–14.

*Rigaux, B.*, Die Jünger in Joh 17, TThQ 150 (1970) 202–213 (vgl. RTL 1 [1970] 289–319).

*Ritt, H.*, Das Gebet zum Vater, Würzburg 1979.

*Smyth-Florentin, F.*, Jésus veut associer ses disciples à son amour: Jn 17,24–26, ASeign 96 (1967) 40–48.

*Schnackenburg, R.*, Strukturanalyse von Joh 17, BZ 17 (1973) 67–78.196–202.

*Stachel, G.*, Die Einheit in Christus. Kate-

chese über Joh 17,20–23, KatBl 90 (1965) 313–320.

*Steinmeyer, F. L.*, Das hohepriesterliche Gebet Jesu Christi, Berlin 1886.

*Thüsing, W.*, Herrlichkeit und Einheit. Eine Auslegung des hohenpriesterlichen Gebetes Jesu, Düsseldorf 1962.

*Ders.*, Die Erhöhung und Verherrlichung Jesu im Johannesevangelium, Münster 1960, ²1970.

*Villain, M.*, Those Who Believe. A Meditation on John 17, OiC 6 (1970) 140–145. 547–553.

Nur durch die drei ersten Worte abgesetzt, beginnt ein neuer Abschnitt, der ebensowenig lokalisiert ist wie Kap. 15 und 16. Daß Jesus die Augen zum Himmel richtet, drückt äußerlich aus, daß er nun zu Gott spricht, nachdem er zuvor mit den Juden (bis Kap. 10) und mit den Jüngern gesprochen hatte. Die Anrede Gottes als ,,Vater`` stellt das einzigartige Verhältnis heraus, in dem er als ,,der Sohn`` zu Gott steht. Es ist nur von einem ,,Sprechen`` (εἰπεῖν), nicht von einem ,,Beten`` (προσεύχεσθαι) die Rede, obwohl man seit David Chytraeus (1531–1600) Kap. 17 als ,,das hohepriesterliche Gebet`` bezeichnet. Dieses abschließende Gebet (die wenigen Sätze, die Jesus mit Pilatus wechseln darf, sind etwas, das ganz für sich steht) unterscheidet sich von allen Abschiedsreden (z. B. der des Paulus in Milet) so tief, daß ein Vergleich eigentlich unmöglich ist. Das beruht darauf, daß auch Jesu Stellung und Lage einzigartig ist. Die (schon im ganzen Evangelium ins Auge gefaßte) ,,Stunde`` ist gekommen. Allerdings ist auch das, strenggenommen, eine Vorwegnahme. Aber diese Rede konnte nicht in der Sterbestunde am Kreuz gehalten werden. Das ,,Es ist vollbracht`` in 19,30 gibt jedoch einen wichtigen Gedanken unseres Kapitels wieder. Der Evangelist hat – ohne eine Vorlage zu besitzen – diese Rede (als Pneumatiker!) entworfen und Jesus in den Mund gelegt. Obwohl sie als ein wirkliches Gebet gedacht ist (gegen *Käsemann*, Jesu letzter Wille), ist sie doch zugleich wie die anderen literarischen Abschiedsreden (z. B. die Testamente der 12 Patriarchen) für den Leser bestimmt; manche Wendungen *werden* allein aus dieser Beziehung *erhellt*. Eigentlich ist ,,die Stunde`` ja Jesu Übergang von dieser Welt in die vorweltliche Herrlichkeit beim Vater (V. 5.24). Als ein solches μεταβῆναι (5,24) blickt sie zurück in die Vergangenheit und schaut voraus in die Zukunft, von der bisweilen sogar schon als Vergangenheit gesprochen wird (V. 4.11).

■ **1** eröffnet einen Abschnitt mit dem Thema δοξάζω, das in der ganzen Rede immer aufs neue anklingt. Allerdings wird es durch V. 2f. unterbrochen. Die Bitte ,,verherrliche deinen Sohn`` bezieht sich zunächst auf die bevorstehende Erhöhung am Kreuz, die aber zugleich, und hier vor allem, die Erhöhung zum Vater ist. Deshalb kommt das Überraschende, daß Jesus eigentlich um seinen Tod bittet (vgl. aber schon 12,27f.!), dem Leser gar nicht zum Bewußtsein. Jesus bittet freilich nicht um das Sterben als solches, son-

dern um die Vollendung seines Werkes (vgl. 19,30), mit dem er, das Heilswerk krönend, den Vater verherrlicht. Insofern fallen die Verherrlichung des
Sohnes durch den Vater und die Verherrlichung des Vaters durch den Sohn
ineinander.

■ **2** Καθώς, „dementsprechend, daß" drückt den Zusammenhang aus
zwischen der Bevollmächtigung Jesu zur Verleihung des ewigen Lebens und
seiner Verherrlichung. Die Worte πάσης σαρκός (= alles Fleisch, כָּל בָּשָׂר )
haben eine Entsprechung in 3,35 „alles hat er in seine Hand gegeben" und
13,3 „alles hat er in seine Hände gegeben", trotzdem sind sie hyperbolisch,
gehen sie über die Wirklichkeit hinaus. Das zeigt die Fortsetzung „alles, was
du ihm gegeben hast", die nur eine Auswahl meint. Die Wendung „alles
Fleisch" kommt bei Johannes nur hier vor. Jesus gibt nach der Überzeugung
des Evangelisten nur den Erwählten das Heil; er verbirgt nicht, daß der
Glaube nicht jedermanns Ding ist. Diese Tatsache aber führt er nicht darauf
zurück, daß viele Menschen sich gegen die Botschaft verschließen, sondern
eben darin sieht er den Willen des Vaters. Über diesen Dualismus wird nicht
zurückgefragt; denn der Hinweis auf den göttlichen Willen schenkt uns keine
Einsicht in diesen. Man kann das als Rückwirkung der Tatsache deuten, daß
die Gemeinde, aus der das vierte Evangelium stammt, eine kleine Minderheit, eine Sekte war, und daß diese Sekte sich ebenso wie die von Qumran
damit begnügte, daß sie aus den Erwählten bestand. Aber der christliche
Glaube war auch zu der Zeit, als sich fast das ganze Abendland zu ihm bekannte, nicht die alle diese Menschen bestimmende Macht, sondern glühte
und brannte nur in einer Minderheit. Wieder bricht hier die Frage auf, ob es
überhaupt richtig ist, die totale Verwirklichung des Gotteswillens zum Maßstab des Christlichen zu machen. Die Erwählten sind ja nicht darum erwählt,
weil sie vollkommen sind, sondern weil der Vater sich ihrer angenommen
hat. *Bultmanns* 376 Versuch, den genauen Sinn des „alles Fleisch" für den
Evangelisten durch den Gedanken zu retten, daß Jesus ja auch das Gericht
vollzieht, stört den Zusammenhang, wo nur vom Heil die Rede ist. Von einer schließlichen Erlösung aller sagt das JE nichts, auch wenn es überkommene Aussagen wie die vom Lamm, das die Sünden der Welt fortnimmt
(1,29), benutzt. Die Konstruktion von V. 2 macht uns Schwierigkeiten. Der
„konstruktionslose Kasus" „alles, was du ihm gegeben hast" (vgl. *Blass-
Debrunner* § 466) wird vorgezogen und später durch eine Präposition in einem anderen Kasus (und Numerus), nämlich αὐτοῖς, wieder aufgenommen.
Manche Ausleger finden hier einen Semitismus; aber die Konstruktion findet
sich auch im volkstümlichen Griechisch. Hier soll sie gewählt-feierlich klingen. Das Wort „alles" ist, wie gewöhnlich in solchen Fällen, an den folgenden Relativsatz ὅ κτλ. attrahiert. Im Deutschen ist eine wörtliche Wiedergabe unmöglich. Der hyperbolische Ausdruck ist gewählt, um die Macht
Jesu als noch größer darzustellen (vgl. V. 24). Das irdische Wirken Jesu wird
hier zum Grund für die Bitte um die erbetene Verherrlichung.

■ **3** erklärt nun, worin das ewige Leben besteht, nämlich in der Erkenntnis des einzigen, wahren Gottes (*Strathmann* 224: „Jesus Christus ist das Ende aller Religionsgeschichte. Und Gott ist das Ende oder die Unmöglichkeit alles christlichen Heroenkultes.") und seines Gesandten. Jesus Christus – dieser Ausdruck erscheint nur noch 1,17 im JE – entspricht dem feierlichen Stil. Daß Jesus von sich selbst in der 3. Person redet, hat der Evangelist in Kauf genommen. Da der Vater nun in Jesus sichtbar ist (14,9), kann vom Vater nur in Verbindung mit Jesus gesprochen werden. So verbindet der Evangelist die überragende Vollmacht Jesu mit der Einzigkeit Gottes. „Gott ist Gott, und Muhammed ist sein Prophet" ist nur scheinbar eine Parallele dazu. Denn Jesus ist kein Prophet, sondern „der Sohn". Die Erkenntnis ist nicht als ein intellektueller Akt gemeint, sondern als Beginn der Lebenshingabe eines Menschen und seiner Verbundenheit mit Gott (und Jesus).

■ **4** spricht nicht von einem „Verherrlichen", das sich in der Zukunft, im Kreuzestod vollziehen wird, sondern von einer Verherrlichung, die nun schon der Vergangenheit angehört, nämlich von dem Wirken Jesu auf Erden. Dabei klingt in τελειώσας bereits das τετέλεσται von 19,30 an: Jesus hat Gott auf Erden verherrlicht, indem er in Wort und Werk den ihm zuteil gewordenen Auftrag erfüllte. Bei dieser Aussage bleibt unberücksichtigt, daß erst der Geist den Sinn und die Verkündigung des Erdenlebens erschlossen hat, daß also Jesu Wirken auf Erden vor Ostern – so sieht es der Evangelist –, vor seinem Tod noch gar nicht verständlich war. Weil aber in dieser Stunde der Unterschied von Vergangenheit und Zukunft fast ganz aufgehoben ist und beide sich durchdringen, ist es dem Evangelisten möglich, zwischen beiden Gesichtspunkten abzuwechseln. Es ist die große Einheit des Werkes Jesu, die zuletzt diese Zusammenschau ermöglicht. Für den Evangelisten beginnt die Heilszeit hier und jetzt, soweit Jesu Botschaft Glauben findet; jenen „garstigen Graben", von dem einst *Lessing* sprach, kennt er nicht dank der Gegenwart des Geistes.

■ **5** nimmt die Bitte von V. 1 wieder auf, geht aber dabei von der Vergangenheit über zu der erwarteten Zukunft. Dennoch besteht eine Differenz zwischen jenem „verherrliche deinen Sohn" und „verherrliche mich": jetzt erscheint die Herrlichkeit nicht in der Vollendung des Heilswerkes Jesu, sondern es geht um die Herrlichkeit, die Jesus vor der Erschaffung der Welt schon bei Gott besaß (von dieser Herrlichkeit wird V. 24 erneut sprechen). *Bultmann* 375–380 sieht in dieser Wendung einen mythologischen Ausdruck, dessen sich der Evangelist bedient hat, ohne ihn mythologisch zu verstehen. Aber der Evangelist hat dem Leser keinen Fingerzeig gegeben, um ihm ein solches Verstehen zu ermöglichen. Von einem „eschatologischen" Ereignis spricht er auch nicht; dazu kommt es erst bei der Umsetzung der johanneischen Texte in eine existentiale Interpretation. Es fragt sich aber, ob die „Entgeschichtlichung", die auf diese Weise eintritt, jener Erweiterung des „Jetzt" entspricht, von der im JE die Rede ist. Diese beruht im Grunde auf der Ewigkeit des Gottessohnes.

■ **6** blickt auf das vollbrachte Werk Jesu zurück: er hat „Gottes Namen den Menschen offenbart", die jener ihm aus der Welt gegeben hat. Dabei bedient sich der Evangelist frei einer auch im Heidentum gebräuchlichen Formel: „Herrin Isis . . . verherrliche mich, wie ich den Namen deines Sohnes Horus verherrlicht habe" (P. Mag VII = P. London 121, 502ff.). Die Worte σοὶ ἦσαν erinnern an gewisse valentianische Aussagen, nach denen nur die φύσει-Pneumatiker gerettet werden. Daß sie Gottes Wort bewahrt haben, meint keine Katechismus- oder Bibelkenntnis, sondern einen Lebensgehorsam, der die dauernde Verbundenheit mit Gott bezeugt. Es fällt auf, wie stark der Evangelist die Tatsache betont, daß der Vater nur die ihm Gehörenden (die er doch zu solchen bestimmt hat!) dem Sohn gibt. Für die Glaubensgenossen des Evangelisten war das eine besondere Stärkung. Das Rätsel der Prädestination wird im JE nie mit Namen genannt. Der Evangelist wird es nicht aus irgendeiner Überlieferung gekannt haben, sondern aus der bitteren Erfahrung, daß es Menschen gibt, an denen das spurlos vorübergleitet, was für ihn ein das ganze Leben erhellendes Wort ist.

■ **7f.** Die Theologie des JE ist in ihrem Wesen eine Theologie des Wortes. Das ist freilich auch die Theologie vieler Gnostiker gewesen; darum ist es nicht verwunderlich, daß manche Forscher den Evangelisten zu einer gnostischen Erscheinung gemacht haben. Aber dem Gnostiker sagte der jeweilige Offenbarer, sein Wesenskern sei im Grunde göttlich, und es genügte, diesen Glauben an sich selbst aufrechtzuerhalten gegenüber einer widersprechenden Welt. Dagegen sind die Glaubenden der johanneischen Gemeinde durch eine Zeugung von oben, die sie aus dem Tod ins Leben hinübergehen ließ (3,5f.; 5,24), ihrer Verfallenheit an die Welt entnommen worden, nicht dank ihrer ursprünglichen Beschaffenheit. Jesus hat ihnen die ihm gegebenen Worte gegeben – in gewissem Sinn ist er nur der Mittler, so wie ein Gesandter vermittelnd zwischen den Souverän und dessen Gegenüber treten kann. Dieses nicht durch Beweise gesicherte Wort haben sie angenommen, d. h. sie haben wirklich geglaubt, daß dieser vor ihnen stehende Mensch vom Vater gesandt ist. Diese Wendung ist die eigentlich johanneische. Da für den Evangelisten die Taten Jesu – mögen sie noch so erstaunlich sein – nur Hinweise auf etwas ganz anderes sind, das selbst als solches nicht in Sicht kommt, und keine legitimierenden Wunder, ist der Glaube an Jesus für ihn alles andere als selbstverständlich, sondern etwas Ungeheuerliches. Daß Jesus der Gottesbote war, das konnte eigentlich nur gegen den Augenschein geglaubt werden. Ein „Lehrer" – aber ohne die eigentliche rabbinische Ausbildung, gewissermaßen ohne die nötigen Abschlußprüfungen und -zeugnisse –, beglaubigt nur durch ein paar in ihrer Beweiskraft umstrittene Wunder, schließlich von einem seiner engsten Anhänger verraten und schmählich hingerichtet, war ein seltsamer Gottgesandter. Daß er von Gott gekommen und wieder zu Gott gegangen war, hatte andererseits nur Sinn, wenn der Gott, der ihn gesandt hatte, anders dachte und handelte, als es das übliche Gottesbild nahelegte. Das Kreuz, oder sagen wir deutlicher und anstößiger, der Galgen traf ja nicht nur Jesus, sondern auch den, der ihn gesandt hatte. *Diese Ungeheuerlichkeit* verdeckt uns eine 2000jährige Tradition, die das Ärgernis so gut wie ganz ausgelöscht hat. Erst heute, wo sich so viele am Anspruch Jesu ärgern, wird dieser Anstoß wieder sichtbar und damit das JE unerwartet wieder aktuell. Der Evangelist wußte darum und hat alles getan, um diese anstößige Verbundenheit mit dem Vater wieder und wieder hervorzuheben: sie ist eigentlich der Grund, auf dem sein ganzer Glaube ruht: Nur in Jesus, hier und nur hier berührt sozusagen der Himmel die Erde, und das wiederum nicht mit beruhigender Sichtbarkeit. Der Evangelist hängt tatsächlich nur am Wort (zu dem Jesu Taten als verba visibilia gehören).

■ **9** bringt einen neuen Abschnitt: die Fürbitte für die Gemeinde. Dabei wird noch einmal deutlich, daß nicht der κόσμος, die Welt, in diese Fürbitte eingeschlossen ist, sondern nur die vom Vater dem Sohn gegebenen Menschen. *Luther* hat einmal das JE das „zarte . . . Hauptevangelium" genannt. Aber es ist alles andere als zart, sondern in gewissem Sinn sehr hart und unerbittlich. *Denn es stellt ein* neues Rätsel dar: warum richtet sich dieses „Sichselbst-Hingeben", diese schrankenlose Demut nur auf die Erwählten und nicht auf die ganze Welt? Man kann sich die Antwort leichtmachen, indem man auf den gnostischen Dualismus verweist, von dem die Sprache des JE sicherlich nicht unbeeinflußt ist. Aber religionsgeschichtliche Parallelen verlangen eigentlich, daß man nicht nur die eine zu erforschende religiöse Erscheinung begreift, sondern auch ihre Parallelen. Und es ist keineswegs gesagt, daß hinter eventuell gleichen Ausdrucksweisen dieselben Motive stehen. Die Gnosis gibt diese materielle Welt von vornherein verloren als den Tummelplatz der bösen Geister und die Stätte des Unrechts und der Gewalt. Ihr ist das Leben nur erträglich, wenn irgendwo eine Lichtwelt existiert, in der es so zugeht, wie es auf Erden nicht zugeht, aber zugehen sollte. Auch die Gemeinde des JE leidet unter ihrem Dasein hier. Auch für sie ist „die Welt" schlecht. Aber sie ist überzeugt, daß sie selber eigentlich nicht besser ist als die anderen. Anthropologie ist nicht der Schlüssel des Ganzen, die menschliche Entscheidung – wie immer man sie versteht – nicht das Entscheidende. Man verdankt seinen Vorzug darum nicht sich selber, sondern dem göttlichen Erbarmen. Dieses Erbarmen erfährt man im Kommen der göttlichen Botschaft. Das stimmt anscheinend genau mit der gnostischen Theologie überein. Aber diese Botschaft ist nicht in einer mythischen Person erfolgt, nicht von einem Gesandten überbracht worden, der hier nur eine Stippvisite gemacht hat, für den das Erscheinen auf Erden nur ein Ortswechsel war, sondern in einem wirklichen Menschenleben, das am Galgen endete. Dieser in seinem Gesandten so ganz anders sich in die Welt hineinwagende „Vater" ist gerade wegen des Kreuzes ganz anders ausgewiesen als der gnostische Lichtkönig. Er hat sich eine Schar von Menschen ausgewählt, die nichts aufzuweisen haben, was ihnen einen Anspruch auf solche Erwählung gab. Sie werden durch diese Erwählung nicht aus der Welt herausgenommen, sowenig wie Jesus das Kreuz erspart blieb. Darum bittet Jesus bei seinem Scheiden für sie, die ihm Gott zum Eigentum gegeben hat, nicht aber für die Welt. Die

Seinen ,,wissen" *nämlich, daß* alles, was Jesus gehört, seine Taten, seine Werke, Gott gehört, und gerade damit ist Jesus durch sie verherrlicht. Nur wer sich so ganz Gott hingibt, nur der spiegelt die ganze Herrlichkeit der väterlichen Liebe wider: das ist *im folgenden Vers* noch einmal ausgeführt oder doch angedeutet.

■ **10** Er läßt erkennen, wie innig die Gemeinschaft zwischen Jesus und dem Vater ist, so innig, daß hier die Grenzen zwischen ,,mein" und ,,dein" ihren trennenden Sinn ganz zu verlieren scheinen. Das war für jeden judenchristlichen Leser untragbar, und es war kein glücklicher Gedanke, das JE als eine ,,Missionsschrift für Israel" (so *Bornhäuser* 1928) auszugeben. Verherrlicht wird Jesus in den Seinen, insofern sie an Jesus glauben und in diesem Glauben leben. Daß sie und nur sie Jesus gegeben sind, begrenzt Jesu Möglichkeiten auf Erden.

■ **11** verschränkt formal zeitlich verschiedene Aussagen. ,,Ich bin nicht mehr in der Welt, wohl aber sie" paßt nur, wenn die Trennung Jesu von den Seinen in der Erhöhung bereits zurückliegt; ,,ich aber gehe zu dir" beschreibt eigentlich den Vorgang, in dem sich diese Trennung vollzieht; *Bauer* 204, der in κἀγὼ κτλ. eine Prolepse sieht, von der aus die vorangehenden Worte οὐκέτι κτλ. bestimmt seien, sieht das anders. Der Vater kann ,,heilig" genannt werden in seiner Verschiedenheit von der Welt. In ihr auch die Christen zu bewahren, wird er gebeten, damit sie alle eins seien. An ein Aufgehen der Christenheit in der Welt wird hier ebensowenig gedacht wie an ein mystisches Einheitsgefühl aller. Es ist die Abkehr von der Welt, die hier die Übereinstimmung Gottes und der Glaubenden bekundet. Leider fehlen alle konkreten Angaben darüber, wie sich diese Abwendung der Christen in der Welt praktisch auswirkt. Manches läßt an eine sich sektenartig von der Welt abschließende Gemeinschaft denken, die sich ihrer geistigen Ausnahmestellung bewußt ist, aber zugleich weiß, wie stark sie bedroht ist. Das braucht nicht zu bedeuten, daß diese Gemeinschaft räumlich abseits von der ,,großen Welt" lebt; sie könnte auch als eine Art Untergrund mitten in einer großen Stadt existieren, ohne von dieser überhaupt bemerkt oder doch ernst genommen zu werden.

■ **12** Bisher hatte Jesus die Seinen bewahrt (beachte das zurückblickende ἤμην). Das scheint vorauszusetzen, daß die räumliche Anwesenheit Jesu nötig ist, um die Christen vor der Welt zu schützen. Faktisch würde eine solche Vorstellung einen sehr kleinen Kreis voraussetzen, der durch die Anwesenheit des Meisters zusammengehalten und ,,im Namen des Vaters bewahrt" wird. Das Wort ,,Name" besagt hier so etwas wie ,,Wesen", aber dieses verstanden als ein Kraftfeld. Nun aber droht mit dem Fortgang Jesu diese Gemeinschaft vor der Vernichtung zu stehen, während bisher alle bewahrt blieben bis auf einen. Der Name dieses einen, der verlorengegangen ist, wird nicht genannt; er scheint der deletio memoriae anheimgefallen zu sein und nur noch als der anonyme ,,Sohn des Verderbens" (= dem Verderben verfallen) erinnert zu werden. Allein auch er ist nicht durch die Schuld Jesu umgekommen, sondern weil der in der Schrift(-stelle Ps 109,7f.) sich ankündigende Gotteswille es so gewollt hat (vgl. Apg 1,20).

■ **13** Der Standpunkt des Sprechenden ändert sich wieder: noch ist Jesus in der Welt; aber er ist schon im Begriff, sie zu verlassen. Seine Fürbitte soll den Seinen trotz ihrer anbrechenden Verlassenheit jene erfüllte Freude geben, die er selbst in seiner Gemeinschaft mit dem Vater besitzt. Sie folgt aus der Gewißheit, erwählt zu sein und ihm anzugehören. Das ist alles andere als selbstverständlich, wie das Folgende zeigt.

■ **14** Dadurch, daß sie die Botschaft Jesu erhalten und angenommen haben, hat sich ihre Lage in der Welt nicht verbessert, im Gegenteil: sie haben sich den Haß der Welt zugezogen. Hier liegt eine jener Stellen im JE vor, die verraten, wie wenig diese Gemeinschaft in ihrer Umwelt geliebt wird. Gerade weil sich die Christen ihres inneren Abstandes von der Welt, ihrer Andersartigkeit bewußt sind – und sie wohl auch der Umwelt spüren lassen –, werden sie gehaßt, aber gerade in dieser bedrückten und bedrückenden Lage zeigt sich ihre Übereinstimmung mit Jesus, der ja auch nicht der Welt zugehört.

■ **15** Es scheint nahezuliegen, daß Jesus den Vater bittet, die Seinen aus der Welt herauszunehmen. Aber eben das will er nicht. Die Seinen sollen innerhalb der Welt und ihrer Gefahr bleiben. Jesus bittet nur, daß Gott sie vor dem Bösen bewahrt, daß sie nicht hineingezogen werden in das Treiben der Welt und ihr verfallen. Manches erinnert in dieser Darstellung an das gnostische Thomasevangelium. In ihm wird die Welt auch wie eine stete Bedrohung empfunden, wie ein Raubtier, das immer sprungbereit auf der Lauer liegt. Die Gemeinde, in der das JE entstand, war nicht in dem Sinne weltfremd, daß es überhaupt keine Beziehungen mehr gab zwischen ihr und der Welt, daß sie in völliger Isolation lebte. Wohl aber hatte sie die Pflicht, beständig wachsam zu sein. Wieder verhindert die Feierlichkeit der Rede, die von allem Konkreten abstrahiert, daß wir mehr als Andeutungen erfahren.

■ **16** versichert noch einmal, daß diese Christen so wenig von der Welt sind wie Jesus selbst. Aber man wird diesen Satz des Evangelisten nicht als die bloße Feststellung eines Tatbestandes auffassen dürfen, sondern darin einen indirekten Zuspruch sehen müssen, den diese Gemeinde nötig hat. Das wird aus dem Folgenden hinreichend deutlich.

■ **17** enthält die Bitte, Gott möge die ἅγιοι in ihrer Gemeinschaft mit Gott bewahren. Die Auslegung durch Chrysostomus, Hom. 82,1 tom. VIII 483d = Cat. 373,20: „Mache sie heilig durch die Gabe des Geistes und durch die richtigen Lehren" verrät in ihrem zweiten Teil schon die spätere Zeit der konkurrierenden Lehrmeinungen. *Bauer* 205 verweist zu V. 17 auf Ps 120 (119), 142: „und dein Gesetz ist Wahrheit" (λόγος statt νόμος bei *Bauer* ist ein lapsus calami; der hebräische Text bietet auch richtig אֱמֶת תּוֹרָתְךָ).

■ **18** Daß Jesus die Jünger ebenso in die Welt sendet, wie der Vater ihn, hat einen doppelten Sinn. Einmal sind sie nun die Träger der Botschaft, des Wortes, wie es zuvor Jesus war (vgl. 20,21). Zum andern nehmen sie damit gegenüber der Welt dieselbe Stellung ein, wie sie Jesus innehatte: an ihnen entscheidet es sich, ob die Hörer gewonnen und gerettet werden oder nicht. Damit wird die Verantwortlichkeit, aber auch die Schicksalhaftigkeit des einzelnen Christen offenbar. – Das synoptische Wort „Ich sende euch in die Welt wie Schafe inmitten der Wölfe" (Mt 10,16/Lk 10,3) gehört einem ganz anderen Zusammenhang an.

■ **19** nimmt das Wort ἁγιάζειν von V. 17 in anderem Sinne wieder auf: Jesus weiht sich selbst als Opfer für die Seinen. Aber was besagt das nun für die Jünger, daß sie ἡγιασμένοι ἐν ἀληθείᾳ sind? Sind sie durch Jesus „wahrhaft geweihtes Gotteseigentum", wie *Bauer* 205 in Betracht zieht? Allerdings scheint er eine andere Auslegung vorzuziehen: „Jesus erfüllt sich selbst durch die Heimkehr mit himmlischem Wesen, wie er sich selber von den Toten wieder auferweckt" hat (vgl. 10,36). Tatsächlich kann man trotz *Käsemann* fragen, ob nicht die Bitte um jene Herrlichkeit, die er einst hatte, voraussetzt, daß er sie noch nicht wieder besitzt, also kein „über die Erde wandelnder Gott" ist. Der Aufenthalt auf Erden bedeutet dann für Jesus nicht bloß einen belanglosen Wechsel des Schauplatzes, sondern einen Verlust gegenüber jenem vorweltlichen Sein, das er einst besessen hat. Andererseits hat er gerade durch diese Hingabe den Vater und damit sich selbst verherrlicht, also ist die Erniedrigung eine Herrlichkeit, die dem noch nicht Erniedrigten unbekannt war. – V. 19 betont ausdrücklich, daß sich Jesus für die Seinen hingibt, damit sie dieser neuen Wirklichkeit angehören. Mit ἁγιάζειν wird ein t.t. der Opfersprache benutzt, ohne daß doch der Evangelist an Jesu Tod als ein Opfer oder eine Stellvertretung denkt. Aber der Evangelist muß solche Ausdrücke benützen, um sich verständlich zu machen, auf die Gefahr hin, daß der Sinn des Gemeinten verschleiert wird. Jesus gibt sich hin, damit er sie – nicht magisch! – in den Kreis selbstloser Liebe hineinzieht, der allein fähig ist, nach seinem Tode sein Werk fortzusetzen. Ἁγιάζειν bedeutet eigentlich „etwas" oder „eine Person Gott weihen", ausschließlich in den Dienst Gottes stellen. In solchem Sinne müssen die wirklichen Jünger Jesu ausschließlich im Dienst Gottes leben. Als gesetzliche Forderung verstanden tötet diese Forderung wie alles absolut verstandene, schrankenlos geltende Gesetz. Aber hier steht es ja so, daß der Jünger nur von innen heraus zu solcher Liebe befähigt werden kann, nicht durch einen Mechanismus eines Opfers. Gott ist kein Rechenkünstler, der 5 gerade macht. Daß der Jünger immer wieder hinter der geforderten Liebe zurückbleibt, führt zu der Mahnung zum „Bleiben in der Liebe Jesu". Der Mensch kann nur auf die Stimme der erfahrenen Liebe horchen und ihr nicht widersprechen.

■ **20f.** läßt einen neuen Abschnitt erkennen: Zu den Glaubenden der ersten Generation tritt die größere Schar derer, die durch deren Predigt zum Glauben kamen. Die Gemeinde soll eine Missionsgemeinde sein, und es ist ihrem Wesen zuwider, wenn sie aufhört zu wachsen. Aber auch diese neuen Christen sollen in die Einheit eingegliedert werden. Hier spricht der Evangelist doch wohl von seiner eigenen Gegenwart, die historisch schon weit von der

Jesuszeit entfernt ist. Auch sie soll in jene Einheit hineinwachsen, die den Vater, Jesus und seine ersten Jünger verband. Auch die johanneische Gemeinde hat schon eine Geschichte hinter sich, die sie nicht verleugnen darf. Wir wissen davon nur so wenig, wie uns diese Andeutungen verraten. Aber das eine ist deutlich: diese große Einheit und Einigkeit der Christen soll die Welt davon überzeugen, daß Jesus wirklich der ist, den der Vater gesandt hat.

■ **22** Jesus hat die Herrlichkeit, die ihm der Vater gegeben hat, nicht für sich behalten, sondern den Seinen gegeben: die Erkenntnis seines Vaters, so daß sie durch den Glauben geeint sind. Es hat Christen gegeben, die nur in der Einsamkeit, in der Isolation von allen anderen für Gott leben zu können meinten. Für Johannes aber – mag er auch ein einsamer Denker gewesen sein – ist die Gemeinde unentbehrlich, in der sich die Einheit des Vaters mit dem Sohn widerspiegelt.

■ **23** Immer wieder bittet der scheidende Jesus um die Einheit der Seinen, eine Einheit, die den κόσμος überzeugen soll, daß Gott ihn gesandt hat und daß er die Christen nicht weniger geliebt hat als „den Sohn".

■ **24** Wie in V. 2 wird „was du mir gegeben hast" vorausgenommen und dann mit κἀκεῖνοι wieder aufgenommen. Jesus bittet den Vater, er möge die Seinen dort weilen lassen, wo er in der Herrlichkeit ist, damit sie jene Herrlichkeit sehen, die ihm Gottes Liebe schon vor der Erschaffung der Welt gegeben hat. Will Jesus Bewunderer haben, deren Bewunderung seine Herrlichkeit erhöht und vermehrt? Nein, der sterbende Christus will damit die Teilnahme der Glaubenden an dieser Herrlichkeit ausdrücken, die man nicht schauen kann, ohne selbst davon ergriffen zu werden.

■ **25f.** Der Vater wird „gerecht" genannt in seinem Verhalten zur Welt und zu den Glaubenden. Wie er sich zur Welt verhält, bleibt für uns ein Geheimnis. Aber wir wissen, wie er sich zu Jesus verhalten hat: er hat ihn gesandt, um uns zu holen, und Jesus hat diesen Auftrag erfüllt bis zur Todesstunde am Kreuz. Diesen Auftrag aber wird er weiter erfüllen in seinen Jüngern, damit die Liebe, die er von Gott erfahren hat, in sie übergeht und er in dieser Liebe in ihnen bleibt. *Diese Verse fassen also* noch einmal die Bitte des sterbenden Jesus und die Lage, in der er und die Seinen sich befinden, *zusammen:* Dieser Gott ist der Welt unbekannt; für sie ist er kein Gott. Das enthält für uns, für die heutige vom Profit und der Machtgier durchzogene Gesellschaft die Frage, ob nicht auch für uns dieser Gott unbekannt ist, also eigentlich ein Nicht-Gott. Da nun der christliche Gott in der abendländischen Tradition der einzige war, der als Gott anerkannt wurde, so fragt sich, ob da, wo er nicht mehr im johanneischen Sinn anerkannt wird, wo also das Kreuz ein überholtes, museales Zeichen geworden ist, nicht wirklich eine Welt nach dem Tode Gottes besteht. Allerdings fragt es sich weiter, ob *Nietzsche* nicht recht hatte, als er den tollen Menschen sein Entsetzen darüber aussprechen ließ, daß wir gar nicht wissen, was wir mit der Tötung Gottes angestellt und uns heraufbeschworen haben. Ob also die Malaise, die große Unzufriedenheit nicht eine Anklage gegen uns Christen ist, daß die Welt an uns und unse-

rem Verhalten wirklich nicht mehr erkennen kann, daß Jesus vom Vater gesandt war. Wenn aber Jesus allein das Wort Gottes gesprochen hat, das die
Seinen nicht als Papageien, sondern im Lebensvollzug weitergeben sollten,
und wenn dieses Wort verstummt ist, dann leben wir wirklich angesichts des
schweigenden Gottes in einer sinnlos gewordenen Welt, die von der bloßen
Weitergabe einer christlichen Tradition keinen Sinn bekommt, für den das
Leben und das Sterben sich lohnt. Der Evangelist geht noch von der Überzeugung aus, daß Jesus *und die Seinen* um das Geheimnis dieses Gottes wissen, der seinen Sohn nur darin zum König der Könige werden ließ, daß er am
Galgen starb in wehrloser Liebe. Diesen uns so unbekannten Namen hat Jesus kundgetan und wird es weiter tun, damit die Gottesliebe nicht erlischt,
wenn Jesus die Erde verläßt. Mit diesem Ausblick, mit dieser Bitte endet das
„hohepriesterliche Gebet", das Gebet dessen, der sich für diese Liebe zu
sterben anschickt.

● Mit Kap. 17 hat es seine besondere Bewandtnis. Das hat man schon
längst gespürt. *Theodor von Mopsuestia* und *Chrysostomus* waren sich darin einig, daß es kein wirkliches Gebet sei, sondern nur die Form eines solchen
habe, mochte der erstere es als eine Prophetie, der zweite aber als ein die Jünger ermunterndes Gespräch fassen. Freilich hat erst *Loisy* 798–818 dieses Gebet für überflüssig und nur für die Jünger und Leser bestimmt erklärt. *M. F.
Wiles*, The Spiritual Gospel 145f., wies auf 11,42 hin und ließ die Frage offen,
ob hier ein Element der Unwirklichkeit oder des Doketismus sich zeige.
Damit nahm er einen Gedanken *Käsemanns*, Jesu letzter Wille, vorweg: „Alles rückt hier in den Schatten eines majestätischen ‚Ich will'" (18) „eines über
die Erde schreitenden Gottes" (26). Auch die harmlosere Feststellung *Käsemanns*, ebd. 14, daß das Kap. 17 ein Summarium der johanneischen Reden sei
(das freilich den Parakleten nicht erwähnt!), hatte *Barrett* 417 schon 1955 konstatiert. Aber zwischen jener frühen Beurteilung durch *Theodor* und *Chrysostomus* und dieser modernen kritischen Betrachtung liegen Zeiten, in denen
Kap. 17 als getreues Zeugnis des Zebedaiden und Lieblingsjüngers Johannes
von den Worten seines Meisters galt und *Cornelius a Lapide* (1567–1637) es
als Jesu „Schwanengesang voll Süße, Leben und Begeisterung" pries. *Zahns*
Johanneskommentar von 1908 [6]1921 – freilich ein Anachronismus – läßt
(604) wenigstens das Gebet laut gesprochen werden zur Beruhigung und
Ermutigung der Jünger. 1913 hat die Religionsgeschichte in *Boussets*, Kyrios
Christos 154–183, eindrucksvollen Einzug in die Auslegung des vierten
Evangeliums gehalten, gefolgt von *Wetter,* Sohn Gottes 129ff., der auf das
Corpus Hermeticum hinwies. Viel treffender aber sind *Dodds*, Interpretation
420, Hinweise auf Poimandres I 31f.: ὁ σὸς ἄνθρωπος συναγιάζειν σοι
βούλεται, καθὼς παρέδωκας αὐτῷ τὴν πᾶσαν ἐξουσίαν, wo zuvor schon
δέξαι λογικὰς θυσίας dort zu lesen war. *Barrett* 420 zitiert aus Philo, Spec.
Leg. I 332 τὸν ἕνα καὶ ἀληθινὸν θεόν als Parallele. *Loisy* 798 hat, unter Hinweis auf Didache IX und X, Kap. 17 als das besondere Eucharistiegebet eines

christlichen Propheten bezeichnet, das man Jesus in den Mund gelegt hat. Aber man muß kein kritischer Theologe sein wie *Loisy,* um in Kap. 17 eucharistische Klänge zu vernehmen; das beweisen *Cullmann,* Urchristentum 108, und *W. Wilkens,* Die Entstehungsgeschichte des vierten Evangeliums 156, welche diese Rede als ein eucharistisches Gebet auffassen, ohne sich wegen der Problematik der Sakramentslehre im vierten Evangelium Sorge zu machen. Auch *G. Bornkamm,* Die eucharistische Rede im Johannes-Evangelium 161–169, hat in diesen eucharistischen Chor eingestimmt und dafür von *L. Martyn,* History and Theology in the Fourth Gospel 137f., verdienten Widerspruch geerntet.

Soweit Proben alter und neuer Exegese. Oft stritt man sich um Fragen, die uns heute kaum noch kommen: Welchen Schluß darf man aus der Wendung in V. 1 „die Augen zum Himmel erhebend" ziehen – betet Jesus schon im Freien oder noch im „cénacle", wie *Loisy* a.a.O. behauptete. Die frühere Zuversicht, daß hier der Zebedaide – vielleicht der erste Jünger Jesu? – aus seiner genauen Erinnerung schöpfe, wich allmählich der Einsicht, daß hier ein Christ der zweiten oder sogar der dritten Generation am Werk war, wenn auch *Noack* und andere wieder im JE die erste schriftliche Fassung der mündlichen Überlieferung zu finden hofften, einem Mk ebenbürtig oder sogar überlegen. Auch die Apologetik ist nicht ausgestorben. Das befremdende θέλω in V. 24 verlor an Schärfe durch den Hinweis darauf, daß ja Jesus immer dasselbe wollte wie der Vater. Nach *Barrett* 429 bricht hier allerdings die natürliche Gebetssprache zusammen, aber nur, weil Jesus sozusagen innerhalb der Gottheit spricht. Bisweilen hat man – wie *Lightfoot* 297 –, ὥρα nur als die Stunde der Verherrlichung ausgelegt und damit einen Zug innerhalb der johanneischen Theologie über Gebühr verstärkt. *Barrett* 418 hat freilich schon das paradoxe Ineinander von Tod und Verherrlichung hervorgehoben, das in *Bultmanns* Auslegung eine beherrschende Rolle spielt.

Der eigentliche Wandel in der Exegese des JE trat dort ein, wo man die Tradition der johanneischen Autorschaft aufgab und damit ganz anders fähig wurde, den an Leser schreibenden Schriftsteller zu sehen, der aus der Vollmacht des Pneumatikers heraus Jesus so sprechen ließ, wie es diesem in den Schranken des Erdenlebens noch nicht möglich gewesen war (16,12). Dann ergab sich ganz von selbst, daß Jesu Blick zum Himmel in 17,1 keine lokale Andeutung war, sondern eine Geste, die das Gebet einleitete. Aber die Frage wurde noch dringender: Was war das eigentlich für ein Gebet? Gewöhnlich unterschied man V. 1–5 als Jesu Bitte für sich selbst von der Bitte für die Jünger (V. 6–19) und für die ganze kommende Christenheit (V. 20–26), wenn man nicht, wie z. B. *Strathmann* 223, V. 24–26 als besonderen Schluß vom vorhergehenden dritten Teil (V. 20–23) abhob.

Aber was war dieses Kapitel als ganzes? Bot es ein Testament, einen Rückblick auf vollbrachte Leistung, ein Vorbild für die kommenden Christen, eine Prophetie, Mahnung und Verheißung? Die eigentliche Schwierigkeit ergab sich daraus, daß die Komposition des Evangelisten und das Gebet des scheidenden Jesus sich eigentümlich durchdrangen. Gehen wir angesichts dieser Frage zunächst von der Erkenntnis der modernen „kritischen" Theologie aus, daß hier eine schriftstellerische Komposition vorliegt. Unmittelbar auf diese Rede folgt die Passion, folgt die „Stunde", da Jesus von diesem Leben und den Seinen scheidet. Zumindest ist es eine Aufgabe dieses Kapitels, den Leser auf diese Stunde vorzubereiten. Natürlich nicht so, daß der Schriftsteller dem Leser mitteilt, wie sich Jesus mit dieser Stunde (und allem, was ihr vorausging und folgen wird) auseinandersetzte und schließlich aussöhnte. Das wäre modern gedacht in einer Betrachtungsweise, die Jesus in 12,27f. als eine Versuchung ablehnt: „Vater, was soll ich sagen? Rette mich aus dieser Stunde? Aber deswegen bin ich ja in diese Stunde gekommen! Vater, verherrliche Deinen Namen!" An unserer Stelle ist von jener Versuchung nur das Ja zu der Erkenntnis geblieben, daß jene Stunde gekommen ist, und die Bitte um die Verherrlichung. Manche Exegeten haben sich davon, daß hier vom Tod expressis verbis nicht die Rede ist, täuschen lassen und gemeint, jene Stunde sei wirklich weiter nichts als die Erhöhung zum Vater. Aber dann würde aus Jesu Erdenleben ein bloßer Aufenthalt in einem fremden Land werden, der nun aufhört, und aus der „Stunde" der Augenblick, wo Jesus, vielleicht noch taumelnd wie ein Schmetterling von der Erdenschwere, sich davonschwingt ins Jenseits. Aber das wäre ein Mißverständnis von Grund auf. Gewiß, daß diese Stunde der Tod am Kreuz ist, der schon ganz nahe ist, wird nicht ausgesprochen. Die ganze dunkle Seite der Erlösung, der Kampf mit der Welt, die nun Jesus ganz in ihre Gewalt bekommen wird im Garten jenseits des Kidron und in dem langen Ringen des Pilatus mit den Juden und mit den Stunden am Kreuz – all das ist hier schon überwunden. Man könnte sagen, diese Szene des Gebets spielt sich schon in einer Ewigkeit ab, wo die Zeit nicht mehr gilt. Daran ist richtig, daß diese Stunde das Fortgehen, das μεταβῆναι, ist aus der Welt zum Vater, und daß Vergangenheit und Zukunft sich darin durchdringen. Noch betet der Christus im Kreise seiner Jünger, und doch liegt auch das schon hinter ihm samt der Zukunft, wo die Predigt der Jünger über die jüdischen Grenzen hinausgedrungen sein wird (V. 20–26). Das „Schon" und das „Noch-nicht" wechseln miteinander ab, weil der Standpunkt des Schriftstellers längst nach Ostern, nach der Stunde des Geistempfangs liegt und paradoxerweise die Rückschau in der Jesusrede in gewissem Sinne historisch echter ist als der Blick in die Zukunft.

Besonderer Ton liegt auf der Einheit, die den Vater, den Sohn und die Seinen umschlingt: die Christen gehören dem Vater, der sie darum dem Sohn geben kann, und der Sohn hat den Namen des Vaters – dafür kann auch gesagt werden: „die Worte" (τὰ ῥήματα) – geoffenbart, und die Jünger und die späteren Generationen der Christen haben sie angenommen und bewahrt. Alles fügt sich also fest ineinander. Das wird so nachdrücklich ausgesprochen, daß man sich zu fragen versucht fühlt, inwiefern das geschieht. Ist diese Einheit der johanneischen Gemeinde wirklich so frei von aller Unsicherheit und

511

nur der „Sohn des Verderbens" aus der Einheit herausgefallen (weil die Schrift oder der wirkende Gotteswille es so geschehen ließ), oder ist Judas am Ende nur die Andeutung einer Möglichkeit, die sich je und je wiederholen kann? V. 23 spricht von dem Ziel, daß die Welt die Sendung Jesu erkennt und anerkennt, so daß etwas wie eine ἀποκατάστασις πάντων aufzutauchen scheint. Aber V. 25 gibt den Haß der Welt zu, der Jesus und die Seinen gegenüberstehen, die als einzige die Erkenntnis besitzen und von der Liebe umfangen sind. Die Unterschiede zwischen V. 1–5 (andere wollen lieber sagen: 1–8), 9–19 und dem Rest sind in Wirklichkeit nicht so deutlich abgrenzende Markierungen, wie es scheinen könnte; die Einheit überwiegt bei weitem.

Daß Jesus das ihm aufgetragene Werk vollendet hat, wird nicht etwa als eine Art von Rechtfertigung ausgesprochen. Der Gedanke, daß sich Jesus rechtfertigen müßte, ist im Zusammenhang der johanneischen Theologie absurd. Eher handelt es sich um einen Siegesbericht am Ende eines überstandenen Kampfes, ähnlich dem Wort τετέλεσται in 19,30. Das zeigt, wie schwer es ist, dieses Gebet in eine der möglichen Kategorien einzuordnen, wie also für uns hier eine Unsicherheit bleibt. Dazu kommt, daß die Sprache dieses Gebets sich mit wenigen, immer aufs neue sich wiederholenden Wendungen begnügt, deren Sinn sich dabei leise wandeln kann.

Joh 17, das sog. hohepriesterliche Gebet, kann und muß also von verschiedenen Gesichtspunkten her gesehen und bedacht werden. Der Form nach ist es zunächst ein Gebet des Sohnes zum Vater: nachdem Jesus zuvor mit den Jüngern gesprochen hatte, spricht er nun nur noch zum Vater. Aber dieses Gebet wird überliefert: also hat es nicht nur für Gott, sondern auch für die Gemeinde Bedeutung. Es ist ein Rückblick und Vorblick zugleich; es beschreibt Jesu Werk, das getan ist, und bereitet auf das Kommende vor. Es ist eine Abschiedsrede, die darum in manchem an die Rede des Paulus in Milet erinnert. Aber eigentlich ist Jesus schon gegangen, als er diese Worte spricht (V. 11). Es ist die Vollendung der Offenbarung, Trost und Mahnung in einem, Bitte und Fürbitte.

Der Evangelist hat bewußt die Form des Gebets benutzt. Von einer historischen Tradition ist keine Rede. In gewissem Sinn ersetzt dieses Gebet das von Gethsemane. Das zeigt die fast erschreckende Freiheit des Evangelisten an. Sie wird aber auch in Einzelheiten kenntlich. Wenn Jesus sagt, er habe auf Erden den Vater verherrlicht, so ist das nichts anderes, als wenn er in V. 6 sagt, er habe den Namen Gottes kundgetan. Hier wird eine Wendung aus der alten Religionsgeschichte – der verborgene Name Gottes wird bekanntgemacht – mit neuem Sinn gefüllt. Den Namen Gottes offenbaren heißt jetzt: Gottes Wesen, d. h. seinen Willen, seine Gesinnung offenbaren, u. z. den Erwählten gegenüber. Denn Gott ist nur für eine Auswahl von Erwählten, von Berufenen da; daß einer von diesen, Judas, verlorenging, ist kein Versagen Jesu, sondern Erfüllung der Schrift (V. 12). Dementsprechend bittet Jesus nicht für die Welt (V. 9); mag sich dieser Jesusglaube auch über die ganze Welt verbreiten (V. 20), dann doch nur so, daß überall einzelne zum Glauben kommen werden. Nur in diesem Sinn kann (V. 21) davon gesprochen werden, daß „die Welt" glauben wird, Gott habe Jesus gesandt.

Es fragt sich, ob nicht auch andere Ausdrücke aus der Tradition aufgenommen, aber umgeprägt sind. Gott hat (V. 2) Jesus Macht gegeben „über alles Fleisch"; aber „alles", was er ihm gegeben hat, ist doch wieder nur eine Auswahl: jene Menschen, die Gott eigentlich Jesus gegeben hat. Das „ewige Leben" besteht nach V. 3 nicht in einer über das Sterben hinaus verlängerten irdischen Existenz, sondern in der Erkenntnis Gottes und Jesu (die sich ja nicht voneinander trennen lassen) und damit der wahren Wirklichkeit. Die Erwählten wissen nun wirklich, daß er vom Vater „ausgegangen" ist (V. 8). Auch dieser rein gnostisch klingende Ausdruck ist umgewertet; er meint ja keinen urzeitlichen Fall der Seelen, sondern daß diese Menschen bei Gott ihre Heimat haben, mit ihm verbunden sind. Auch das kann freilich gnostisch verstanden werden, muß es aber nicht: daß wir hier keine bleibende Stätte haben, hat nicht bloß Johannes geglaubt. Die Erkenntnis Gottes und Jesu ist darum das ewige Leben, weil sie den Menschen innerlich von der Welt löst und ihn dessen gewiß macht, wohin er gehört. Jesus ist nur dazu gekommen, um „dieses Werk zu vollbringen" (V. 4) oder um den Menschen die Worte Gottes zu geben (V. 8). Damit, daß er den wahren Gott in sich selbst „sichtbar" gemacht hat, hat er Gott verherrlicht, weil er ihn in seinem wahren Wesen dargestellt hat. Die Frage ist nun, ob sich das Leiden Jesu mit dieser Offenbarung des Vaters verstehen läßt. Das ist dann der Fall, wenn Jesu Kreuzestod die Vollendung seiner Menschwerdung oder seiner Sendung ist, wenn also darin der Vater den Erwählten, die das allein sehen können, am nächsten kommt. Von einer stellvertretenden Sühnung ist hier keine Rede; das Wort „Sünde" wird überhaupt nicht erwähnt. – Solange Jesus bei den Jüngern war, hat er sie bewahrt; man erwartet als Fortsetzung: nun möge Gott selbst sich ihrer annehmen und sie bewahren. Das steht tatsächlich in V. 15. Aber zuvor ist in V. 13 plötzlich von der vollkommenen Freude die Rede, von der schon 15,11 gesprochen hatte. Sie besteht nicht in Gefühlserlebnissen, in besonderen Emotionen, in irgendwelchen freudigen Erlebnissen, sondern darin, daß ein Mensch das Wort Gottes mit dem Inhalt festhält: dieser ist von Gott gekommen.

## 39. Jesus gefangen, verhört, verleugnet

[1]Nach diesen Worten ging Jesus hinaus mit seinen Jüngern über den Bach Kidron, wo ein Garten war, in den er hineinging und seine Jünger. [2]Es kannte aber auch Judas, sein Verräter, den Ort; denn oft hatte sich Jesus dort mit seinen Jüngern versammelt. [3]Judas nahm die Kohorte und von den Hohenpriestern und Pharisäern Diener und kam dorthin mit Laternen und Fackeln und Waffen. [4]Jesus nun ging, im

Wissen um alles Kommende, hinaus und sagte zu ihnen: „Wen sucht ihr?" [5]Sie antworteten ihm: „Jesus, den Nazoräer." Er sagte ihnen: „Ich bin es!" Es stand aber auch Judas, der ihn verriet, bei ihnen. [6]Wie er nun zu ihnen sagte: „Ich bin es!", wichen sie zurück und fielen zu Boden. [7]Da fragte sie Jesus wieder: „Wen sucht ihr?" Sie aber sagten: „Jesus, den Nazoräer." [8]Jesus antwortete: „Ich habe euch gesagt, daß ich es bin! Wenn ihr nun mich sucht, laßt diese gehen", [9]auf daß erfüllt werde das Wort, das er gesprochen hatte (17,17): ‚Die du mir gegeben hast, von denen habe ich keinen verloren'. [10]Da zog Simon Petrus, der ein Schwert hatte, es und schlug den Knecht des Hohenpriesters und hieb ihm das rechte Ohr ab. Der Name des Knechts aber war Malchus. [11]Da sprach Jesus zu Petrus: „Steck dein Schwert in die Scheide! Soll ich den Kelch nicht trinken, den mir der Vater gegeben hat?" [12]Die Kohorte nun und der Tribun und die Diener der Juden ergriffen Jesus und banden ihn [13]und führten ihn zunächst zu Hannas; denn er war der Schwiegervater des Kaiaphas, welcher der Hohepriester jenes Jahres war. [14]Es war aber Kaiaphas, der (11,49f.) den Juden geraten hatte: ‚Es ist besser, ein Mensch stirbt für das Volk'. [15]Es folgte Jesus aber Simon Petrus und ein anderer Jünger. Jener Jünger war ein Bekannter des Hohenpriesters. Und er ging mit Jesus hinein in den Hof des Hohenpriesters; [16]Petrus aber stand an der Tür außerhalb. Da kam der andere Jünger, der Bekannte des Hohenpriesters, heraus und sprach zu der Türhüterin und führte den Petrus hinein. [17]Da sagte die Sklavin, die Türhüterin, zu Petrus: „Gehörst nicht auch du zu den Jüngern dieses Menschen?" [18]Jener sagte: „Nein!" Es standen aber die Knechte und die Diener da, die ein Kohlenfeuer angezündet hatten, denn es war kalt, und wärmten sich. Petrus aber stand auch bei ihnen und wärmte sich. [19]Da fragte der Hohepriester Jesus nach seinen Jüngern und seiner Lehre. [20]Jesus antwortete ihm: „Ich habe öffentlich zur Welt geredet. Ich habe immer in der Synagoge und im Tempel gelehrt, wo alle Juden zusammenkommen, [21]und im Geheimen habe ich nichts gesprochen. Was fragst du mich? Frage die, welche gehört haben, was ich ihnen gesagt habe! Siehe, sie wissen, was ich gesagt habe." [22]Als er das gesagt hatte, gab ein dabeistehender Diener Jesus eine Ohrfeige und sagte: „So antwortest du dem Hohenpriester?" [23]Jesus antwortete ihm: „Habe ich etwas Falsches gesagt, so beweise das Falsche). Wenn aber richtig, was schlägst du mich?" [24]Da sandte ihn Hannas gefesselt zu dem Hohenpriester Kaiaphas. [25]Simon Petrus aber stand da und wärmte sich. Da sprachen sie zu ihm: „Gehörst nicht auch du zu seinen Jüngern?" Jener leugnete und sagte: „Ich bin nicht sein Jünger!" [26]Einer von den Knechten des Hohenpriesters, ein Verwandter dessen, dem Petrus das Ohr abgehauen hatte, sagte: „Sah ich dich nicht in dem Garten mit ihm?" [27]Da leugnete Petrus wiederum, und alsbald krähte der Hahn.

**Literatur:**

*A. Passionsgeschichte (allgemein)*

*Baumeister, T.*, Der Tod Jesu und die Leidensnachfolge des Jüngers nach dem JE und dem 1. Johannesbrief, WiWei 40 (1977) 81ff.

*Beutler, J.*, Die „Juden" und der Tod Jesu im JE, in: Henrix, H. H. ed., Exodus und Kreuz im ökumenischen Dialog zwischen Juden und Christen, Aachen 1978, 75–93.

*Billings, J. S.*, Judas Iscarioth in the Fourth Gospel, ET 51 (1939/40), 156–157.

*Bligh, J.*, The Sign of the Cross. The Passion and Resurrection of Jesus According to St. John, Slough 1975.

*Borgen, P.*, John and the Synoptics in the Passion-Narrative, NTS 5 (1959) 246–259.

*Brown, R. E.*, The Passion According to John: Chapter 18–19, Worship 49 (1975) 126–134.

*Buse, I.*, St. John and the Passion Narratives of St. Matthew and St. Luke, NTS 7 (1960/61) 65–76.

*Ders.*, St. John and the Marcan Passion Narrative, NTS 4 (1957/58) 215–219.

*Curtis, C.*, Three Points of Contact between Matthew and John in the Burial and Resurrection Narratives, JThS 23 (1972) 440–444.

*Dauer, A.*, Die Passionsgeschichte im Johannesevangelium. Eine traditionsgeschichtliche und theologische Untersuchung, München 1972.

*Delling, G.*, Der Kreuzestod Jesu in der urchristlichen Verkündigung, Göttingen 1972, bes. 98–116.

*Dibelius, M.*, Die alttestamentlichen Motive in der Leidensgeschichte des Petrus- und des Johannesevangeliums, in: ders., Botschaft und Geschichte I, 1953, 221–247.

*Dietrick, S. de*, L'heure de l'élévation. A l'écoute de S. Jean, Neuchâtel/Paris 1966.

*Evans, C. F.*, The Passion of Christ, London 1977, 50–66.

*Fenton, J. C.*, The Passion According to John, London 1961.

*Goguel, M.*, Les sources du récit johannique de la passion, La Roche-sur-Yon 1910.

*Haenchen, E.*, Historie und Geschichte in den johanneischen Passionsberichten, in: ders., Die Bibel und Wir, Tübingen 1968, 182–207; engl.: Interp. 24 (1970) 198–219.

*Harvey, A. E.*, Jesus on Trial. A Study in the Fourth Gospel, London 1976.

*Howard, J. K.*, Passover and Eucharist in the Fourth Gospel, SJTh 20 (1967) 329ff.

*Jaubert, A.*, The Calendar of Qumran and the Passion-Narrative in John, in: J. H. Charlesworth ed., John and Qumran, London 1972, 62–75.

*Kittel, G.*, ὑψωϑῆναι = gekreuzigt werden, ZNW 35 (1936) 282–285.

*Klein, H.*, Die lukanisch-johanneische Passionstradition, ZNW 67 (1976) 155–186.

*Kretschmar, G.*, Kreuz und Auferstehung Jesu Christi. Das Zeugnis der heiligen Stätten, EuA 54 (1978) 423–431.

*Leistner, R.*, Antijudaismus im JE? Darstellung des Problems in der neueren Auslegungsgeschichte und Untersuchung der Leidensgeschichte, Frankfurt/Bern 1974.

*Lindars, B.*, The Passion in the Fourth Gospel, in: God's Christ and His People, FS. N. A. Dahl, Oslo 1977, 71–86.

*Müller, U. B.*, Die Bedeutung des Kreuzestodes Jesu im Johannesevangelium, KuD 21 (1975) 49–71.

*Nicholson, G. C.*, Lifting Up, Return Above and Cruxifixion. The Death of Jesus in the Johannine Redaction, masch. Diss. Ph. D., Vanderbilt 1978.

*Osten-Sacken, P. von der*, Leistung und Grenze der johanneischen Kreuzestheologie, EvTh 36 (1976) 154–176.

*Osty, E.*, Les points de contact entre le récit de la passion dans S. Luc et S. Jean, RSR 39 (1951) 146–154.

*Potterie, I. de*, La passion selon S. Jean, ASeign 21 (1969) 21–34.

*Riaud, J.*, La gloire et la royauté de Jésus dans la passion selon S. Jean, BVC 56 (1964) 28–44.

*Richter, G.*, Die Deutung des Kreuzestodes Jesu in der Leidensgeschichte des Johannesevangeliums, BiLe 9 (1968) 21–36.

*Senft, C.*, L'évangile de Jean et la théologie de la croix, Bulletin du Centre Protestant d'Etudes 30 (1978) 31–37.

*Schelkle, K. H.*, Die Leidensgeschichte nach Johannes. Motiv- und formgeschichtliche Betrachtung, in: ders., Wort und Schrift, Düsseldorf 1966, 76–80.

*Schirmer, D.*, Rechtsgeschichtliche Untersuchungen zum Johannes-Evangelium, Berlin 1964.

*Stanley, D. M.*, The Passion According to John, Worship 33 (1958/59) 210–230.

*Talvero, S.*, Problemática de la unidad en Joh 18–20, Salm. 19 (1972) 513–575.

*Tosatto, G.*, La passione di Cristo in S. Giovanni, ParVi 15 (1970) 377–388.

*Weise, M.*, Passionswoche und Epiphaniewoche im Johannesevangelium, KuD 12 (1966) 48–62.

*Zeller, D.*, Die Passion nach Johannes, Stuttgart 1969.

*B. Joh 18,1–27*

*Bartina, S.*, „Yo soy Jahweh." Nota exegetica a Jo 18,4–8, EE 32 (1958) 403–426.

*Bleek, F.*, Baur's Ansicht über den Grund der

joh. Darstellung von dem Verhör Jesu vor dem Hannas, in: ders., Beiträge, 1846, 166.

*Chevallier, M. A.*, La comparution de Jésus devant Hanne et devant Caïphe (Jean 18,12–14 et 19–24), in: Neues Testament und Geschichte, FS. O. Cullmann, 1972, 179–185.

*Church, W. B.*, The Dislocations in the 18. Chapter of John, JBL 49 (1930) 375–383.

*Corssen, P.*, Die Abschiedsreden Jesu im vierten Evangelium, ZNW 8 (1907) 125–142.

*Daube, D.*, Three Notes having to do with Johanan ben Zakai, JThS 11 (1960) 53–62.

*Doeve, J. W.*, Die Gefangennahme Jesu in Gethsemane, StEv I (1959) 458–480.

*Fortna, R. T.*, Jesus and Peter at the High Priest's House: A Test Case for the Question of the Relation Between Mark's and John's Gospel, NTS 24 (1978) 371–383.

*Gibson, J.*, Gethsemani of the Fourth Gospel, ET 30 (1918/19) 76–79.

*Goguel, M.*, Did Peter Deny His Lord? A Conjecture, HThR 25 (1932) 1–27.

*Hingston, J. H.*, John 18,5–6, ET 32 (1920/21) 232.

*Klein, G.*, Die Verleugnung des Petrus, ZThK 58 (1961) 285–328.

*Krieger, N.*, Der Knecht des Hohenpriesters, NT 2 (1957) 73–74.

*Lauretin, A.*, We attah–καὶ νῦν, formule caractéristique des textes juridiques et liturgiques, à propos de Jean 18,5, Bib. 45 (1964) 168–197. 413–432.

*Linnemann, E.*, Die Verleugnung des Petrus, ZThK 63 (1966) 1–32.

*Mahoney, A.*, A New Look at an Old Problem (Joh 18,12–14.19–24), CBQ 27 (1965) 137–144.

*Masson, C.*, Le reniement de Pierre. Quelques aspects de la formation d'une tradition, RHPhR 37 (1957) 24–35.

*Mein, P.*, A Note on Jn 18,6, ET 65 (1953/54) 286–287.

*Neirynck, F.*, The ,,Other Disciple`` in Jn 18,15–16, EThL 51 (1975) 113–141.

*Richter, G.*, Die Gefangennahme Jesu nach dem Johannesevangelium, BiLe 10 (1969) 26–39.

*Sabbe, M.*, The Arrest of Jesus in Jn 18,1–11 and its Relation to the Synoptics, BEThL 44 (1977) 203–234.

*Schille, G.*, Das Leiden des Herrn, ZThK 52 (1955) 161–205.

*Schneider, J.*, Zur Komposition von Joh 18,12–27: Kaiphas und Hannas, ZNW 48 (1957) 111–119.

*Valentin, P.*, Les comparutions de Jesus devant le Sanhédrin, RSR 59 (1971) 230–236.

*Winter, P.*, On the Trial of Jesus, Leiden 1961.

*Ders.*, Marginal Notes on the Trial of Jesus II, ZNW 50 (1959) 221–251.

Nach dem Bild, das sich der Erzähler von der Szene macht, hat sich Jesus 14,31 mit seinen Jüngern vom Mahl erhoben und dort stehend bzw. von dort gehend die in Kap. 15–17 wiedergegebenen Worte gesprochen. Ob uns das unwahrscheinlich vorkommt, darauf kommt es nicht an. Er hatte keine andere Möglichkeit, Jesus vor der Gefangennahme noch einmal zu den Seinen und im Gebet zu Gott sprechend darzustellen. Er biegt nun in einen ihm überlieferten Passionsbericht ein, der nicht mit dem des Markus identisch ist: Die Gethsemanegeschichte wird nicht erzählt, wenn sie auch durch 12,27f. vorweggenommen ist.

■ **1** Es ist verlockend, diese Worte an 14,31 (,,Auf, laßt uns von hier fortgehen!``; vgl. Mk 14,42; Mt 26,46) anzuschließen. Um das zu ermöglichen, haben manche Forscher die Abschiedsreden so umgestellt, daß 18,1ff. auf 14,31 folgen. *Bultmann* 374ff. z. B. hat Kap. 17 hinter Kap. 13,30 und darauf die Kapitel 15,16 und 14 folgen lassen. Unvergleichlich besser als solches Durcheinanderwirbeln der Abschiedsreden ist die schon von *Corssen*, Abschiedsreden 126–142, vorgeschlagene Annahme: Der Ergänzer, der die synoptische Tradition kannte, wollte auf die Worte: ἐγείρεσθε κτλ. nicht verzichten. Nach Kap. 17 konnte er sie nicht einfügen, weil 18,1–4 ihnen den Platz versperrten. Darum habe er ihnen in 14,31 ein Notquartier gegeben. Der Evangelist konnte diese Worte nicht brauchen, weil die Gethsemanszene, die sie in der markinischen Tradition einleiteten, seiner Christologie widersprach. Wahrscheinlich hat sogar schon seine Vorlage jene Tradition nicht mehr gekannt oder ausgeschieden. Jesus verläßt also mit seinen Jüngern den Speisesaal des letzten Mahles und geht zu einem (von der markinischen Tradition nicht erwähnten [vgl. *Dodd,* Tradition 67]) Garten jenseits des Kidron. Das besagt: Nicht nur der auch bei Lk schon fehlende Name Gethsemane, sondern die ganze Gethsemanegeschichte wird nicht verwendet. Nur in 12,27 (s. o.) läßt sich ein matter Nachklang hören.

■ **2** setzt voraus: Judas erriet, wohin sich Jesus nach der Mahlzeit begeben werde, von der er selbst 13,30 fortgegangen war. *Wohlenbergs,* Markus[1] 350f., Vermutung, Judas sei mit seiner „Rotte" zunächst zum Haus des Markus gezogen, wo das Mahl stattgefunden habe, dort habe er erfahren, daß Jesus schon mit den Jüngern fortgegangen sei, und habe nun erst „Gethsemane" aufgesucht, ist reine Phantasie. In der Darstellung des JE findet sie keinen Anhalt. Schon Lk 21,37 hatte berichtet, daß Jesus nachts sich immer auf den Ölberg zurückzog. Johannes macht hier eine entsprechende Angabe, die sich freilich auf einen Garten bezieht: Jesus habe sich dort oft mit seinen Jüngern versammelt. Damit wird erklärt, wie es kam, daß Judas diesen Ort kannte.

■ **3** macht überraschend Judas zum Subjekt der folgenden Verhaftungsszene. Er „nimmt" die Kohorte – als hätte sich die römische Besatzung Jerusalems samt ihrem Tribunen einem jüdischen Zivilisten unterstellt – und dazu einige von den „Dienern" der Hohenpriester und Pharisäer. Die private Dienerschaft dieser beiden Gruppen kommt aber für eine quasi-militärische Unternehmung nicht in Frage. Der Erzähler hatte vielleicht etwas von der Tempelpolizei gehört; sie unterstand freilich nur dem Hohenpriester und dem „Sagan" (Apg 5,26: στρατηγός), nicht aber der Laienbewegung (vgl. *Foerster,* Neutestamentliche Zeitgeschichte 127ff.; *Billerbeck* II 494–519; IV 1,334–352). Diese römisch-jüdische Mannschaft (es wären um die 800 Mann gewesen) ist bewaffnet und mit Fackeln und Laternen versehen, damit sich Jesus und seine Jünger nicht in der nächtlichen Dunkelheit (es war allerdings Vollmond) verbergen könnten. Ein solcher illuminierter Heerwurm wäre schon aus großer Entfernung sichtbar gewesen und hätte dem Gesuchten erlaubt, rechtzeitig zu fliehen. *Dodd,* Tradition 73, der die Kohorte auf ein Manipel, also das Bataillon auf eine Kompanie reduzieren möchte, hält das Mitnehmen von „lights" für eine weise Maßnahme; (es wird gestattet sein, an dieser Weisheit zu zweifeln). Aber dieser Umstand bleibt ohne Folgen, da Jesus, wie ihn Johannes sieht, nicht an Flucht denkt. – Daß zu dieser Festnahme die ganze römische Besatzung Jerusalems in Marsch gesetzt wird, hat manche Forscher vermuten lassen, die Hohenpriester hätten das ganze Unternehmen vorher mit Pilatus abgesprochen. Der habe zu der „Verhaftung des Rebellen" seine Zustimmung gegeben. Diese Vermutung hat zu der weiteren Frage geführt: Hat Jesus auch politische Erwartungen geweckt, die ein Eingreifen des Pilatus verständlicher machen würden? Haben solche Erwartungen auch im engsten Jüngerkreis bestanden, ohne daß Jesus sich entschieden und deutlich davon abgrenzte? Wir werden später (s. Joh 18,33) darauf eingehen.

■ **4** Jesus ist allwissend. Er weiß, was jetzt auf ihn zukommt, er weiß, daß die schon lange angekündigte ,,Stunde" endlich schlägt. In diesem Wissen geht er heraus (aus dem Garten?) zu der von Judas geführten Kolonne und fragt sie: ,,Wen sucht ihr?" Natürlich weiß Jesus auch das sehr genau; wenn er trotzdem fragt, so wird damit zweierlei erreicht: einmal wird so der in V. 5f. beschriebene Erweis seiner Macht möglich, zum anderen wird die in V. 8 erzählte Forderung Jesu vorbereitet, daß man die Jünger gehen lasse. Die Frage Jesu ist also schriftstellerisch durchaus verständlich.

■ **5** Als man ihm antwortet: ,,Jesus, den Nazoräer!" (die Leser werden das im Sinne von ,,Jesus aus Nazareth" verstanden haben), spricht er nur zwei Worte: ,,ἐγώ εἰμι"; ,,ich bin es!" Das ist nicht nur die schlichte Aussage, daß er die gesuchte Person ist, sondern zugleich die Offenbarungsformel des Göttlichen. Dieses zweite bewirkt das folgende Ereignis. – Die Angabe, daß auch Judas dabei stand, stößt sich mit seiner Beschreibung in V. 3: hier ist er nicht mehr der Anführer, sondern ein bloßer ortskundiger Führer, der nicht mehr nötig ist. Künftig ist von ihm nicht mehr die Rede.

■ **6** beschreibt die unerwartete Wirkung der beiden Worte Jesu: die große feindliche Streitmacht weicht zurück und stürzt zu Boden. Das zeigt, wie hilflos sie gegen Jesus ist. Selbstverständlich ist in dieser Darstellung kein Platz mehr für den schmählichen Judaskuß (Mt 26,48–49). Woher stammt die vom JE wiedergegebene Tradition? Letztlich doch wohl daher, daß christliche Schriftgelehrsamkeit wieder einmal alttestamentliche Stellen über den leidenden Frommen auf Jesu Passion bezogen hat. Zwei Psalmen haben den Stoff hergegeben: einmal Ps 27 (26),2: ,,Als Bösewichte mich überfielen . . ., da wurden meine Bedränger schwach und stürzten nieder" (LXX: ἔπεσαν[χαμαί]; Joh: ἔπεσαν χαμαί); zum andern Ps 35 (34),4: ,,es sollen zurückweichen (LXX: ἀποστραφήτωσαν εἰς τὰ ὀπίσω"; Joh: ἀπῆλθαν εἰς τὰ ὀπίσω), die mir Böses sannen." Hier wird deutlich, warum dem Erzähler die Beteiligung der römischen Kohorte in der benutzten Tradition so willkommen war: Die feindliche Macht war unerhört groß, und dennoch mußte sie sich dem Wort Jesu beugen. Wieder werden hier die Farben der Passionsgeschichte dem Alten Testament entnommen. Es wäre verkehrt, wollte man an dieser Stelle den Dokumentarbericht eines Augenzeugen finden oder sich fragen, wie der Erzähler auf diese phantastische Darstellung gekommen ist. Das Schriftzeugnis informierte den Urheber dieser Überlieferung mit einer Autorität, die jeder menschlichen Auskunft unendlich weit überlegen war. Die Schilderung, wie alle, auch Judas und die Kohorte, auf der Erde liegen, bezeugt den Glauben der Gemeinde, welche die Passionsgeschichte erzählt. Sie fabuliert nicht, sondern ist überzeugt, das alttestamentliche Zeugnis getreu wiederzugeben.

■ **7–9** Aber die Feinde können nicht dauernd auf dem Boden liegen bleiben, nachdem sich ihre Ohnmacht erwiesen hat. Die Heilsgeschichte muß ja weitergehen und Jesus gefangengenommen werden. Darum läßt der Erzähler Jesus abermals fragen, wen sie suchen. Als sie antworten: ,,Jesus, den Nazoräer!'', benutzt Jesus diese Aussage zu der einleuchtenden Forderung: Wenn man nur ihn suche, solle man die Jünger gehen lassen. Damit wird das zweite Thema eingeführt, von dem oben (zu V. 4) schon die Rede war: Die Jünger erhalten freien Abzug. Anders als in Mk 14,50 fliehen sie nicht, sondern gehen ungehindert fort. So erfüllt sich Jesu Wort 17,12: ,,Ich habe keinen von denen verloren, die Du mir gegeben hast!''

■ **10f.** passen eigentlich nicht zu V. 9. Aber die Petrusszene 18,25 wird auf diese Weise vorbereitet. Zudem erklärt Jesu Antwort an Petrus sein eigenes Verhalten. In Mk 14,47; Mt 26,51 und Lk 22,49–51 bleibt der dreinschlagende Anhänger Jesu ebenso namenlos wie der Getroffene, und das nicht (wie eine gutgemeinte Apologetik vermutet hat), um Petrus vor Verfolgung durch die Justiz zu sichern. Vielmehr ist die jüngste Legende meist am genauesten unterrichtet. So auch hier. Schon Mt und Lk bringen Erweiterungen. Nach Lk heilt Jesus ,,das Ohr wieder an'', nach Mt weist Jesus darauf hin, daß er von Gott mehr als 10 Legionen Engel zu Hilfe gesandt bekommen könne – aber wie sollten dann die Leidensweissagungen und der Gotteswille sich erfüllen, der sich in ihnen offenbart hatte? Im JE ist es Petrus, der dreinschlägt, und der Knecht des Hohenpriesters heißt Malchus – was *Thornton Wilder* zu einem unvergeßlichen Dreiminutenspiel angeregt hat. – Da ein Hoherpriester, der ein Ohr verloren hat, damit dienstuntauglich wird und der Diener für seinen Herrn steht, hat *Daube,* Three Notes 59–61, vermutet: Durch die Verwundung des Malchus soll der Hohepriester indirekt dienstunfähig gemacht werden. Das ist eine überscharfsinnige Konstruktion, zumal Petrus im nächtlichen Getümmel nicht wissen konnte, mit wem er da handgemein wurde. Daß es sich um das rechte Ohr handelt, erzählt erst Lk 22,50. Die nähere Bestimmung ,,das rechte Ohr'' (es ist für einen Rechtshänder gar nicht leicht, dem Gegner gerade das rechte Ohr abzuschlagen) ist nach dem Vorbild ,,rechte Hand'' (sie ist wertvoller als die linke) gebildet. Danach bringt Mt das Wort von den zehn Legionen und erst in 26,54 den Gedanken, daß die Schrift erfüllt werden muß. Johannes bringt diese Überlieferung 18,11 in einer sehr abgewandelten Form: Jesus muß doch (18,11) den vom Vater gereichten (Todes-)Becher trinken! Mk 14,48; Mt 26,55 und Lk 22,52 hatten mit unwesentlichen Unterschieden ein Jesuswort überliefert, in dem sich Jesus darüber beklagt, daß man gegen ihn wie gegen einen Verbrecher ausgezogen sei mit Schwertern und Schlagstöcken (solche trug die Tempelpolizei). Im JE fehlt das zum Glück. Denn nach dem gewaltigen Streich des Jüngers wäre es völlig fehl am Platze. Hier kann man besonders deutlich erkennen, welche Mühe der frühen Gemeinde die überraschende und anscheinend unerwartete Gefangennahme Jesu gemacht hat. Gerade angesichts des bewaffneten Widerstandes eines Anhängers (vgl. Lk 22,36) läßt sich vermuten, man habe ein Bildwort Jesu als Aufforderung zum aktiven

Widerstand mißdeutet. Damit ist der erste Abschnitt beendet: Jesu Gefangennahme.

■ **12** eröffnet einen weiteren Unterabschnitt, der zunächst bis V. 18 reicht und dann von V. 25–27 zu Ende geführt wird. Noch einmal werden die bei der Gefangennahme beteiligten Personen aufgezählt: die Kohorte, der Tribun und die „Diener der Juden". Die Juden treten hier für die in V. 3 genannten Hohenpriester und Pharisäer ein wie eine in Jerusalem residierende Behörde. Daß der Tribun genannt wird, hat manche Forscher beunruhigt. Denn eigentlich hätte er seinen Gefangenen zu Pilatus bringen müssen. *B. Weiß* 565 gab sich mit der Erklärung zufrieden: „Die σπεῖρα und ihr Anführer sind mitgenannt, weil sie bis zur Ablieferung zugegen sein mußten. Die Verhaftung selbst vollzogen die Diener allein." *Wellhausen* 105 folgerte scharfsinnig: „Nur von diesem (=Pilatus) kann die römische Cohorte unter einem römischen Hauptmann beordert sein, welche die Verhaftung vornimmt", allerdings nur in der von *Wellhausen* vermuteten Fassung A. Erst in der späteren Fassung B werde Jesus sofort zum Hohenpriester Hannas geführt (106). *Winter,* On the Trial of Jesus, entnahm aus der Erwähnung von λησταί und dem johanneischen Bericht, daß Jesus zusammen mit zwei Revolutionären gekreuzigt wurde, daß römische Soldaten und die Tempelpolizei zusammen bei der Gefangennahme mitwirkten (48–50). Pilatus sei vorher informiert gewesen (47). Dabei beruft sich *Winter* auf *Goguel:* „. . . les auteurs des évangiles ont corrigé une tradition ancienne, où les Romains seuls intervenaient" (RHR 62, 1910, 181). Da die Evangelien mehr und mehr die Schuld der Juden hervorkehren, könnte die Erwähnung der römischen Soldaten im JE (die also dem allgemeinen Trend zuwiderlief) für *Winter* sprechen. Aber er scheint uns über dem historischen Problem das literarische nicht genug beachtet zu haben (s. die Gesamtbesprechung). Daß der Tribun den Gefangenen zum Hohenpriester Hannas bringt, legt gerade nahe, daß nicht Rom, sondern die Juden für den Erzähler die Schuld am Kreuzestod trugen, obwohl sie Jesus nicht verurteilen konnten.

■ **13f.** setzen uns allerdings in Verlegenheit durch die Art, wie dieses Erscheinen vor Hannas begründet wird: Er sei der Schwiegervater des Kaiaphas gewesen, der in diesem Jahr als Hoherpriester amtierte. Der Erzähler scheint anzunehmen, daß das Amt des Hohenpriesters jeweils nur für ein Jahr besetzt wurde. Denn auch in 11,49 hat er den Kaiaphas ausdrücklich als den Hohenpriester jenes Jahres bezeichnet. V. 14 bezieht sich auf diese Stelle, nach der Kaiaphas geltend machte, daß es besser sei, wenn ein Mann für das Volk sterbe, als daß das ganze Volk untergehe. Dieser Sinn ist auch in der Kurzfassung 18,14 gemeint.

■ **15** bringt eine große Überraschung. Mk 14,54 erzählt, Petrus sei dem Herrn und dem Haufen, der ihn gefangengenommen hatte, von fern gefolgt bis in den Hof des Hohenpriesters, habe sich zu den Dienern hingesetzt und gewärmt. Mt 26,58 läßt das Feuer fort: Petrus setzt sich mit den Knechten hin, um das Ende zu sehen. Mk wie Mt unterbrechen hier die Petrusszene.

Lk dagegen führt sie in 22,54ff. in einem Zuge durch. Neu ist bei ihm auch, daß in 22,56 eine Magd auftaucht, die den vom Feuer hell beleuchteten Petrus genau ansieht und ihm dann auf den Kopf zusagt: ,,Du warst auch mit ihm!'' Wie eine Magd des Hohenpriesters den Petrus so genau kennen konnte, wird nicht erzählt. Vielleicht hat man sie nur eingeführt, damit es nicht immer einer der Knechte ist, dem Petrus verdächtig vorkommt. Ein ,,novellistischer'' Zug dürfte es jedenfalls sein, daß der dritte dieser ,,Ankläger'' aus der Tatsache, daß Petrus wie ein Galiläer spricht, schließt, auch er gehöre zu Jesus. Daß Petrus nach diesem Zwischenfall noch ruhig sitzen bleibt, ohne daß einer der Knechte dem Verdacht nachgeht, ist ebenso unrealistisch, wie daß sich Jesus nach der dritten Verleugnung umdreht (wo befindet er sich eigentlich? Im Hof?) und den Petrus bedeutsam anblickt, während der Hahnenschrei erfolgt. *Edwards* 139 vermutet, der ,,Hahnenschrei'' sei gar nicht das Krähen eines Hahnes gewesen (das die ganze Nacht hindurch immer wieder einmal zu hören ist), sondern das römische Signalhorn, die ,,buccina''. Exegeten gehen oft seltsame Wege. Dieser war nötig, damit aus der Wundergeschichte eine realistische Story wurde, erzählt von Augenzeugen. Der bei Lk folgende Zug der Verspottung Jesu hat in der synoptischen Tradition keine feste Stelle. Bei Mk 14,65 und Mt 26,67f. schließt er sich der Verurteilung durch den Hohenrat an. Wahrscheinlich hat die christologische Deutung von Jes 50,6 den Stoff dazu geliefert. Bei Johannes ist daraus die Szene 18,22f. geworden (s. u.).

Die Einführung des ,,anderen Jüngers'' hatte beträchtliche Schwierigkeiten zur Folge. Zunächst mußte erklärt werden, wie es kam, daß er zusammen mit Jesus ungehindert in den Hof des Hohenpriesters hineingehen konnte. Bei den Synoptikern war von einer Wache am Tor keine Rede gewesen. Erst das JE weiß von ihr. Dem ,,anderen Jünger'' bereitete sie keine Not, denn er war ,,ein Bekannter des Hohenpriesters''. Die Erklärer haben sich schon früh bemüht, diese Aussage etwas abzumildern. Die hexametrische Paraphrase des vierten Evangeliums – sie wurde dem um 400 lebenden und über die Dionysien schreibenden *Nonnos von Panopolis* (Oberägypten) zugeschrieben; er müßte freilich Christ gewesen sein – deutet die Wendung dahin, daß ,,der andere Jünger'' als Lieferant von Fischen aus dem See Genezareth dem hohepriesterlichen Gesinde bekannt war. Aber die Wendung γνωστὸς τῷ ἀρχιερεῖ (wie sie sich in 18,15 findet) besagt doch mehr. Vielleicht fehlt hier die Charakterisierung des ,,anderen Jüngers'' (wie sie sich in 20,2 findet) als des ,,Lieblingsjüngers'', weil sich diese Bezeichnung schlecht mit der Stellung eines Bekannten des Hohenpriesters vertrug. Da sich Petrus eines solchen Vorzugs nicht erfreute, mußte er draußen stehenbleiben. Erst damit tritt die Überlegenheit des ,,anderen Jüngers'' über Petrus hell ins Licht.

■ **16** Nur durch ihn wird es Petrus überhaupt möglich, in den Hof zu gelangen. Denn der andere Jünger (der wirklich mit dem Lieblingsjünger identisch ist) kommt zurück, spricht mit der Türhüterin und führt selber den Petrus in den Hof hinein. Damit verschwindet er aus der Erzählung. Er hat nur dem Petrus die Ehre genommen, daß er als einziger dem Meister in den Hof des Hohenpriesters gefolgt ist, und obendrein wurde er selber von niemandem beschuldigt und so in die Versuchung des Verrats gebracht. Seine Empfehlung hat dem Petrus nicht geholfen. Denn die Magd, mit der er wegen Petrus gesprochen hat, hat trotz der Empfehlung den Petrus in Verdacht gebracht. Gegen diese Episode mit dem „anderen Jünger" spricht nicht nur, daß sie den Synoptikern unbekannt ist, sondern auch die Fortsetzung.

■ **17** Denn wenn der „andere Jünger", der „Bekannte des Hohenpriesters", mit der Türhüterin gesprochen und den Petrus hineingeführt hätte, ist unverständlich, daß diese jetzt zu dem Verbürgten sagte: „Gehörst du nicht auch zu den Jüngern dieses Menschen?" Man hat z. T. dieses „auch" so erklären wollen, daß sie wußte, „der andere Jünger" gehörte zu den Jüngern Jesu. Aber dann wäre seine Empfehlung des Petrus keinen Pfifferling wert gewesen. In dem Augenblick aber, wo man in V. 15 die auf „Simon Petrus" folgenden Worte und den Vers 16 streicht, kommt alles ins Lot. Die schon in der lukanischen Überlieferung erscheinende παιδίσκη (der Zusatz ἡ θυρωρός nimmt sich neben ἡ παιδίσκη sonderbar aus) gehört freilich ebenfalls diesem späteren Einschub an. Sobald die Magd nicht mehr als „Türhüterin" bezeichnet wird, ist sie wie in der lukanischen Tradition die erste, die mit ihrer Frage den Petrus in Verlegenheit bringt und zum Verleugnen verführt. Die Einführung des „anderen Jüngers" läßt sich also leicht verstehen: sie gehört zu jenen Stellen, in denen Petrus von einem anderen Jünger, nämlich dem, den Jesus liebte, übertroffen wird.

■ **18** Dieser Zwischenfall, die Frage der Magd, bleibt dank der Leugnung des Petrus ohne Folge. Petrus kann sich zu den Knechten und „Dienern" stellen, die soeben Jesus gefangengenommen haben und nun in der kalten Nacht ein Kohlenfeuer angemacht haben, um sich daran zu wärmen. Damit endet der erste Teil der Verleugnungsgeschichte. Die Handlung bekommt einen neuen Schauplatz im Innern des Palastes. Denn niemand wird erwarten, daß der Hohepriester bei dieser Kälte Jesus im Hof verhört.

■ **19** Nun befragt der Hohepriester den Gefangenen. Es wäre voreilig, wollte man dem Erzähler vorwerfen, er hätte berichten müssen, wie Jesus zum Hohenpriester geführt wurde – die Kritik, die *Wellhausen* und *Schwartz* am JE geübt haben, gründet vielfach in solchen pedantischen Vorwürfen. Sie übersieht, daß es eine Erzählweise gibt, die sich nicht um derartige Kleinigkeiten kümmert (auch Lk ist in der Apostelgeschichte oft so vorgegangen), die es vielmehr dem Leser überläßt, die neue Szene als solche zu erkennen und sich im einzelnen vorzustellen. Wir erfahren auch nicht, wer alles bei dieser Unterredung Jesu mit Hannas anwesend war, abgesehen von dem in V. 22 erwähnten Diener. Manche Exegeten setzen voraus, daß der Hoherat hier anwesend war. Aber soll er dann, als Jesus (in V. 24) zu Kaiaphas geschickt wurde, mitmarschiert sein? Man sollte auch nicht immer das Bild der Ereignisse voraussetzen, das den Synoptikern vorschwebte. Im JE ist vom

Hohenrat nur in 11,47 die Rede, und dort könnte der Ausdruck sogar nur eine „Ratsversammlung" meinen. In der johanneischen Darstellung kommt es überhaupt nicht zu einem Beschluß des Synhedriums. Wahrscheinlich hatte der Erzähler hier ein ganz anderes Bild vor Augen: ein Raum im nächtlichen Palast, vielleicht von einem Kaminfeuer und wenigen Fackeln erhellt. Der alte Hohepriester sitzt in einem Sessel. Vor ihm steht der Gefangene. Der eine oder andere Diener sind anwesend; erwähnt aber wird nur der, dessen Wort und Tat berichtet werden. Hier werden keine Belastungszeugen aufgerufen, und der Hohepriester versucht nicht, Jesus das Geständnis seiner Messianität zu entlocken. Es geht zunächst nur um Information: Schüler? Lehre? Vielleicht erinnert sich ein Leser an die berühmte Szene in *Dostojewskis* Roman „Die Brüder Karamasow", wo der wiedergekehrte Jesus vor dem alten Großinquisitor steht. Beide Male ist der Kirchenfürst der Feind des wahren Glaubens und hält Jesus für einen Irrlehrer. Auch Iwan Karamasow bei *Dostojewski* stellt den Großinquisitor als einen Abtrünnigen dar, der insgeheim Jesus für einen Versager hält, wenn er das auch nicht verrät: er und seine Kirche haben „Jesu Tat verbessert und die Kirche auf das Wunder, das Geheimnis und die Autorität aufgebaut". Die Kirche ist nicht mit Jesus, sondern mit dem bösen Geist, der Jesus versucht hat: sie befreit den Menschen von der Last der eigenen Entscheidung und hat das Schwert des Cäsaren an sich genommen. Auch der jüdische Hohepriester will seine Macht nicht preisgeben, so wenig ihm davon auch geblieben ist. Auch er will nichts von jener Freiheit wissen, die nur Jesus geben kann. Aber er hat hier nichts mehr zu sagen, sondern sendet Jesus zu einem anderen Hohenpriester und der wiederum zu dem, der wirklich (wenn auch nicht unbegrenzt) die irdische Macht besitzt, zu Pilatus. *Dostojewskis* Großinquisitor ist viel moderner: Was er Jesus vorwirft, ist, daß er dem Armen des irdische Brot nicht geben kann oder will, sondern ihn nur mit dem Brot vom Himmel abspeist, also die soziale Frage nicht löst. Aber indem der Großinquisitor Jesus „korrigiert", ohne es zu verraten, hat er ein schlechtes Gewissen. Der Hohepriester im JE läßt nicht erkennen, daß er sein eigenes, unruhiges Gewissen zum Schweigen bringen muß. Er hält Jesus für einen Rebellen, der die Macht will, und die gibt er selber nicht preis, auch wenn er sie im Notfall von Pilatus sich borgen muß. Hannas und auch Kaiaphas sind unkomplizierte Menschen; nur in 11,50 sieht es so aus, als wisse Kaiaphas um Jesu Unschuld. Aber da spricht er nicht aus seinem eigenen Selbst, sondern aus der prophetischen Einsicht, die dem Hohenpriester (wie eine Amtsgnade) in diesem Augenblick gegeben wird. Die Problematik, mit der *Dostojewskis* Großinquisitor ringt, ist den jüdischen Hohenpriestern des JE fremd. .

■ **20f.** Aber Jesus liefert die verlangte Information nicht. Er verweist darauf, daß er offen zur Welt gesprochen hat, daß er immer in der Synagoge und im Tempel gelehrt hat, wo alle Juden zusammenkamen. Geheimlehren hat er nicht übermittelt (ist hier an gnostische Geheimlehre gedacht?). Damit sind beide Fragen beantwortet: man kann seine Lehre von jedem seiner Hörer erfahren. Daß sie mit jener Lehre übereinstimmt, welche das JE vorträgt, ist freilich vorauszusetzen; dazu braucht sie nicht hier expliziert zu werden.

■ **22f.** Vgl. die Szene Apg 23,2ff.: Aber dort gebraucht Paulus eine lahme Ausrede, die seinen Erklärern nur Kummer bereitet. Jesus dagegen bleibt, von einem Diener getadelt und geschlagen, mutig und unerschrocken. Habe er unrecht geantwortet, solle man es beweisen; wenn aber nicht, was soll dann der Schlag?

■ **24** Der Hohepriester mischt sich nicht in dieses Gespräch ein; die Szene bleibt offen, und der heimliche Sieger ist Jesus. Daß er gebunden zu Kaiaphas geschickt wird, ist ein heimliches Eingeständnis der Schwäche seiner Gegner. Anscheinend war dem Erzähler von einem Prozeß Jesu vor einem jüdischen Gericht (dem Jerusalemer Sanhedrin) nichts bekannt. Dagegen fällt für die Synoptiker vor eben diesem Gericht die Entscheidung: Er ist wegen Lästerung des Todes schuldig.

■ **25–27** bringen die Erzählung von der Verleugnung Jesu durch Petrus zum Abschluß. Man fragt den sich am Feuer wärmenden Petrus, ob er nicht auch zu Jesu Jüngern gehöre. Als Petrus das bestreitet, folgt unmittelbar eine dritte Beschuldigung: ein Verwandter des Malchus meint ihn im Garten gesehen zu haben. Da ,,Malchus" eine legendarische Figur ist, sieht man, wie hier die Legende weiterwuchert. Petrus leugnet wieder, und sofort erfolgt der Hahnenschrei. Das Ganze wird sehr kurz und unsentimental erzählt. Einen Satz wie ,,und er weinte bitterlich" sucht man hier vergebens. Für Emotionen ist im vierten Evangelium wenig Raum.

● *Dibelius,* Formgeschichte 179, hat behauptet: ,,Die Leidensgeschichte wird von allen vier Evangelisten in beträchtlicher und sonst nirgends erreichter Übereinstimmung erzählt. Auch der vierte Evangelist, der frei genug mit den von der Überlieferung berichteten Tatsachen umgeht, bindet sich in seiner Darstellung der Passion in stärkstem Maß an diese Überlieferung." Diese Aussage ist in zwei Punkten korrekturbedürftig. Erstens trifft es gar nicht zu, daß der vierte Evangelist sich hier in stärkstem Maß an die von den Synoptikern benutzte Tradition bindet. Seine Darstellung weicht von derjenigen der Synoptiker in erstaunlichem Maße ab, auch in unserer und der nächsten Perikope. Zwar werden noch zwei Verhandlungen vor dem Hohenpriester angedeutet, aber das Synhedrium kommt darin gar nicht vor. Außerdem macht sich der Evangelist nicht die Mühe, den Inhalt dieser Verhandlungen anzugeben. Was bei dem Verhör vor Hannas geäußert wird, bringt inhaltlich nichts Neues. Darin liegt nun aber zugleich etwas anderes, das höchst wichtig ist: Mit der Ausschaltung des Hohenrates wird die Entscheidung den Juden aus der Hand genommen. Jesus wird bei den Synoptikern in aller Form verurteilt, bevor er vor Pilatus tritt. Nicht so hier. Damit ist wiederum gegeben, daß sich Jesus bei den Synoptikern vor den Juden als Messias bekennt. Der vierte Evangelist dagegen läßt diese Verhandlungen und auch das Messiasbekenntnis in Schweigen versinken. Beredt dagegen wird der Erzähler, als er zu der Szene „Jesus vor Pilatus" kommt. Hier, und nur hier, wird dem Leser klargemacht, um welche Entscheidung es geht. Damit ist zugleich schon die zweite Frage berührt, die wir *Dibelius* stellen müssen: Inwieweit sind die Abweichungen des vierten Evangelisten freie Dichtung des Erzählers? Es finden sich Beispiele, die beweisen, daß der vierte Evangelist bei aller Freiheit doch einen Weg zu Ende geht, den andere vor ihm zu beschreiten erst begonnen hatten.

Ob Johannes die lukanische Tradition kannte, daß Jesus das abgeschlagene Ohr des Malchus wieder anheilte, wissen wir nicht. Auf alle Fälle hatte er nicht die Absicht, hier ein menschenfreundliches Wunder zu erzählen. Daß sich Jesus dem Willen des Vaters beugt und den Becher trinkt, den dieser ihm reicht, ist das allein Wichtige. Gewiß, die Verleugnung des Petrus wird erzählt, aber ohne daß sich Jesus umdreht und den Petrus anblickt. Er ist hier schon von den Seinen getrennt, und kein Lieblingsjünger findet in der Stunde der großen Entscheidung den Weg zu ihm. Aber es ist auch nicht nötig. Daß er mit dem Vater in inniger Verbundenheit steht, hat vor der Gefangennahme das Hinstürzen der Feinde vor Jesus gezeigt. Sie liegen einen Augenblick ganz still vor ihm da, als ob der Film des Geschehens kurz angehalten würde. Der Leser hat Zeit, sich dieses Bild einzuprägen, und er wird es auch bei der nunmehr erfolgenden Gefangennahme und den fast schattenhaften Verhören nicht vergessen. Diese Wundergeschichte ist freilich ein junger Stoff, vermutlich vom Evangelisten übernommen.

Wie sollen wir aber das Verschwinden der synoptischen Überlieferungen über die Synhedriumssitzung beurteilen? Hat *Winter* recht, wenn er hier Urgestein zu finden hofft? Vielleicht liegen die Dinge doch anders, als diese zunächst so plausible Erklärung sie darstellt. Der Nachdruck wandert schon bei Lk von der jüdischen Gerichtssitzung zu dem Verhalten des römischen Statthalters. In Lk 23,4 stellt Pilatus zum erstenmal fest, daß Jesus schuldlos ist. Ein zweites Mal geschieht das in Lk 23,14 (wo auch das Verhalten des Herodes in diesem Sinne gedeutet wird). In Lk 23,22 will Pilatus endlich Jesus als schuldlos (wenn auch nach einer Geißelung) freilassen. Zunächst haben sich die Evangelisten (Mk und Mt) darum bemüht, die Schuld der Juden am Kreuzestod Jesu herauszustellen. Aber dann wird für die erstarkte christliche Bewegung eine wohlwollende Haltung Roms wichtiger. Damit wird die jüdische Schuld nicht etwa bestritten; im Gegenteil: nur weil die Juden sie unablässig gedrängt haben, konnten die wohlwollenden Römer schließlich nicht anders, als die Hinrichtung Jesu zulassen. Wir haben also hier bei Lk und Johannes nicht eine ganz alte, sondern die jüngste Form der Überlieferung.

Als viel schwieriger hat sich im letzten Menschenalter die Frage erwiesen, welche historische und theologische Bedeutung die Geschichte von der Verleugnung des Petrus besitzt. Früher galt es als selbstverständlich, daß Petrus als Augenzeuge die dreifache Verleugnung erzählt habe. Im 20. Jahrhundert begann die Kritik mehr und mehr daran zu zweifeln. *Loisy*, 819–841, schreibt

1903: ,,Die Erzählung enthält das, was nötig ist, um die Verwirklichung der Prophetie" (Joh 13,38) ,,zu zeigen. Es handelt sich weniger um ,des Petrus' Fehler als solchen, denn um das providentielle Faktum das durch ihn sich ereignet." Aber das Ganze stamme von einem Redaktor. *Bultmann,* Geschichte der synoptischen Tradition 290, gibt 1931 kurz das Verdikt ab: ,,Die Petrus-Geschichte selbst ist legendarisch und literarisch." *Goguel,* ,,Did Peter Deny His Lord?" 27, wollte einen kleinen historischen Rest bestehen lassen: Jesus habe die Anmaßung des Petrus getadelt und die Möglichkeit eines Abfalls vorausgesehen. Daraufhin berichtete man diesen Abfall als ein vaticinium ex eventu, ,,weil geschehen muß, was Jesus vorausgesagt hat". 1933 meinte *Dibelius,* Formgeschichte 216, man habe die Geschichte von der Verleugnung des Petrus ,,als Voraussetzung der Ostererscheinungen empfunden".

Überspringen wir einige Dezennien. Die Erklärungsversuche werden immer kühner und überraschender. *Schille,* Das Leiden des Herrn, 161–205, entnimmt aus der Epistula Apostolorum, daß die Tradition von der letzten Nacht Jesu ihre Form erhielt durch die Begehung, eine frühe Osterfeier – am Grabe Jesu selbst? –, die morgens beim Hahnenschrei abgebrochen wurde. Wie einfach ist demgegenüber *Winters* Erklärung (,,Marginal Notes" 221–251), daß wir hier eine nachösterliche Aufforderung zum Bekenntnis in Verfolgung vor uns haben: Bekennen wie Jesus, nicht verleugnen wie Petrus! Sehr nahe bei der konservativen Erklärung bleibt noch einmal *Grundmann,* Markus[2] 305 [7]418: Da alle Hoffnung des Petrus auf Jesus zusammengebrochen ist und er ihm nicht mehr glaubt, sagt er sich von ihm los.

Aber es fragt sich: Will der Text in den verleugnenden Worten des Petrus dessen wirkliche Überzeugung ausdrücken? – Einen ganz neuen Weg ging 1961 *Klein,* Die Verleugnung des Petrus 285–328: Petrus sei nacheinander Mitglied des Zwölferkreises, der Apostelgruppe, des ,,Säulenkollegiums" und schließlich ein Einzelgänger gewesen. Dieser dreifache Positionswechsel (und theologische Frontwechsel?) zeige eine taktische Behendigkeit, die sich geschmeidig jeder Änderung der Machtkonstellation anpaßt, habe ein ,,grimmiges Ressentiment" in gegnerischen Kreisen geweckt und sei als dreifacher Verrat an Jesus legendarisch in die Zeit vor Ostern zurückprojiziert worden (324).

Nun, dieses Bild der Petruskarriere hat *Klein* erst aus der Apostelgeschichte und den Paulusbriefen herauskonstruiert und damit keineswegs allgemeine Zustimmung gefunden. Von einem ,,grimmigen Ressentiment" der Gemeinde wegen hypothetischer theologischer (?) Frontwechsel vermögen wir nichts wahrzunehmen. Endlich hatte die angebliche Rückprojektion der nachösterlichen Laufbahn des Petrus in die Karwoche – und ohne sie kommt *Klein* nicht aus – das Vertrauen auf diese ,,study in psychological interpretation" nicht gestärkt. Darum hat *Linnemann,* Die Verleugnung des Petrus 1–32, nach einer genauen Diskussion der einzelnen Punkte eine andere Verleugnungstradition vorgeschlagen: ,,Im Glauben erfuhren die Jünger ihr

Verhalten in der Passion als Versagen des Glaubens" und bringen es „als ein Anstoßnehmen an Jesus zur Sprache" (32). Daß eine Überlieferung von der Verleugnung des Petrus auch dann entstehen konnte, wenn diese Verleugnung des Petrus gar kein historisches Faktum war (21), erklärt *Linnemann* damit, daß das Anstoßnehmen der Jünger vom Verleugnen des Petrus sich nicht qualitativ unterscheidet, sondern sich nur wie das Allgemeine zum Konkreten verhält. Daß man diese Konkretion an der Person des Petrus vollzieht, ergebe „sich literarisch aus dem Reflex seiner Vorrangstellung in der Urgemeinde" (22). Die Dreimaligkeit der Verleugnung ist ein Stilmittel; es drückt „die Totalität und Unentrinnbarkeit dieses Geschehens" aus (21).

Man kann den angeführten neuen Rekonstruktionen einen verwegenen Mut nicht absprechen. Daß in diesen Deutungen Beobachtungen am Verhalten in unserer Zeit stecken, kann man durchaus zugeben. Aber gibt es nur die Wahl zwischen dem Apostelführer und dem gerissenen Postenjäger?

Jesus hat nach allen vier kanonischen Evangelien die Verleugnung des Petrus (Mk 14,54.66–72; Mt 26,58.69–75; Lk 22,54b–62; Joh 18,15.18.25–27) vorhergesagt (Mk 14,26–31; Mt 26,30–35; Lk 22,31–34; Joh 13,36–38). Bei der Auswertung dieser beiden Perikopen spielen die Grundvoraussetzungen des Exegeten eine besonders große Rolle. Wer wie *Grundmann* das zweite Evangelium für eine Schrift des Johannes Markus hält, wird geneigt sein, in der Petrusgeschichte das Echo von dessen eigener Erzählung zu finden. Wer von *Schweitzers* Konstruktion der „konsequenten Eschatologie" überzeugt wurde, dem wird sich die Scheidung zweier Schichten nahelegen: 1. Für die Jünger war Jesu Gefangennahme der Beginn der messianischen Drangsal. Daß sie ihn allein treffen werde, war ihm gewiß geworden. Dann stand die Flucht der Jünger – welche das Kommen der Drangsal auf sie alle bezogen – damit nicht im Widerspruch. 2. Die spätere Gemeinde kannte jene Erwartung nicht mehr. Für sie war Jesu Gefangennahme ebenso wie die Flucht der Jünger ein nur durch die Schriftweissagung gemilderter Anstoß.

Die moderne Kritik steht zunächst vor der Frage: Sollen wir vom Text als einer die Fakten genau wiedergebenden Darstellung ausgehen, oder müssen wir die Verleugnungsgeschichte als selbständige Einheit nehmen, oder dürfen wir sie mit Angaben aus anderen neutestamentlichen Schriften kombinieren, wie es *Klein* tut? Diese literarische Frage geht der historischen voran. Wir beginnen mit der Vorhersage der Verleugnung, aber ohne daraus zunächst ein Urteil über das Werden der Verleugnungsgeschichte abzuleiten. Dabei ist es nötig, alle vier Evangelienberichte (und die Paulusbriefe) ins Auge zu fassen.

Nach Mk 14,27 sagt Jesus den Jüngern voraus, sie würden alle an ihm Anstoß nehmen, und begründet diese Weissagung mit einem Zitat aus Sach 13,7. Dort wird das Sich-Zerstreuen der Schafe, von dem Sach 13,7 spricht, auf die Flucht der Jünger gedeutet, und diese wiederum als ein Anstoßnehmen der Jünger, als ein Verlieren des Glaubens verstanden. Hier scheint uns die nachösterliche Gemeinde zu Wort zu kommen, die nicht nur aus einer alttestamentlichen Stelle ihre eigene, wirkliche oder angebliche Erfahrung deutet, sondern diese eigene Deutung sogar Jesus in den Mund legt. Das Wort vom Sich-Zerstreuen der Schafe kann sich nur auf den ganzen Jüngerkreis beziehen, aber nicht auf einen einzelnen. In 14,29 steht es anders. Anscheinend beginnt hier eine Sondergeschichte, in der sich Petrus von den anderen Jüngern löst: Wenn diese auch Anstoß nehmen, so doch nicht er. Daraufhin weissagt ihm Jesus, daß Petrus ihn vor dem Hahnenschrei dreimal verleugnen wird. Petrus bestreitet das; er werde lieber sterben als verleugnen. Aber diese Sonderstellung des Petrus wird sofort zurückgenommen durch die abschließenden Worte: ,,Ebenso aber sagten auch alle." Damit wird ein Widerspruch sichtbar: Wenn sich alle Jünger so verhalten wie Petrus, dann paßt dazu nicht, daß Jesus nur dem Petrus die dreifache Verleugnung voraussagt. Angenommen, Jesus habe seine eigene Zukunft aus seiner Auslegung eines alttestamentlichen Wortes entnommen. Angenommen weiter, Petrus habe bestritten, daß diese Auslegung auf sein eigenes Verhalten zutreffen werde, dann wird dem Leugner dieser Deutung der alttestamentlichen Weissagung gesagt, daß sie sich gerade an ihm in der nächsten Zukunft erfüllen wird. Es bleibt dann fraglich, ob wir solche Deutung einer alttestamentlichen Stelle auf sein eigenes Schicksal – er wird von allen verlassen werden – Jesus zutrauen. Es könnte ja auch so sein, daß die Gemeinde das eigene Versagen in der Stunde der Gefangennahme als vom Propheten Sacharja vorhergesagt verstanden hat. In diesem Fall war ihr Versagen die Erfüllung einer Weissagung, einer göttlichen Vorherbestimmung ihres Schicksals, dem keiner entgehen kann. Dies wird aber am Schicksal eines einzelnen (von dem man ein solches Verhalten am wenigsten erwarten sollte,) anschaulich gemacht: ausgerechnet Petrus wird ein – nun sogar dreimaliges – Opfer der Versuchung. Daß gerade Petrus als Modell dieses Verhaltens gewählt wird, legt sich deshalb nahe, weil nur er gefragt wird, ob er zu Jesus gehört, nicht aber die anderen weglaufenden Jünger. Damit soll nicht behauptet werden, so und auf keine andere Weise sei die Petrusgeschichte entstanden. Es sollte nur deutlich werden, wie eine solche Tradition sich hätte bilden können, neben anderen Möglichkeiten. Manche früheren Forscher haben vorausgesetzt, daß sich Jesus wie die christlichen Schriftgelehrten verhielt, d. h. sein Schicksal im AT vorausgesagt sah, und ein Maler konnte dafür ein Bild entwerfen, auf dem man Jesus sinnend in ein Buch blicken läßt, das auf seinen Knien liegt. Aber hat sich Jesus wirklich so zum Alten Testament verhalten?

In Lk 22,31f. (über das die Forscher viel gestritten haben, ohne sich einig werden zu können) erscheint eine andere Tradition: Jesus offenbart dem Simon, der Satan habe sich die Jünger ausgebeten, um sie zu sichten, wie ein Bauer die Spreu vom Weizen trennt. Jesus aber habe für Petrus gebetet, daß dessen Glaube nicht aufhöre. Das scheint zunächst zu besagen, Petrus werde der einzige sein, dem die satanische Versuchung nichts werde anhaben können. Aber das Jesuswort geht weiter: Wenn sich Petrus bekehrt habe, solle er die Brüder stärken. Daraufhin erst versichert Petrus seine Sterbensbereitschaft, und auf diese Versicherung hin antwortet Jesus mit der Weissagung, Petrus werde vor dem Hahnenschrei dreimal den Herrn verleugnen. Es fragt sich, ob man das Wort ἐπιστρέψας so verstehen kann, daß der Widerspruch zwischen Verleugnung und Glaube aufhört: zuerst verleugnen, aber dann als erster glauben. Wenn Petrus auf die Fragen und Anschuldigungen der Magd und der Knechte hin erklärt, er gehöre nicht zu Jesus, so drückt das nicht notwendig die innerste Überzeugung des Petrus aus, sondern ist eine Notlüge, mit der er sich aus der Affäre zu ziehen sucht, um zu erfahren, wie es mit Jesus weitergehen werde. Formal ist das freilich eine Verleugnung, aber er läuft nicht fort aus dem Hof, sondern versucht ein weiteres Bleiben sich zu ermöglichen. Der „grimmige Ernst", mit dem *Klein* darin das Bekenntnis zum völligen Irregewordensein an Jesus findet, dürfte für die lukanische Version nicht am Platz sein.

Die johanneische Parallele 13,36–38 ist insofern schwierig, als sie nicht an V. 34 anschließt, sondern an V. 33 (s. o. zur Stelle). Der Zusammenhang von V. 36 und 37 wird deutlich bei der Annahme, daß Petrus begriffen hat: Jesus geht ins Martyrium. Nur sieht er nicht ein, warum er selbst jetzt nicht auch fähig sein soll, das Martyrium zu erleiden. Hält er sich doch dafür bereit, sein Leben für Jesus hinzugeben! Jesus antwortet – nicht ironisch, sondern mit der unendlichen Überlegenheit des Gottessohnes, der um die kommende Verleugnung weiß: Petrus wird ihn vor dem Hahnenschrei dreimal verleugnen. Diese Fassung ist von allen die stilistisch am meisten abgeklärte. Das hängt damit zusammen, daß es im vierten Evangelium keine Flucht der Jünger und darum auch keine Vorhersage und Interpretation dieser Flucht gibt. Jesus erwirkt ja (18,8) für sie freien Abzug. Darum konnte sich das Sacharja-Zitat hier nicht geltend machen.

Überblickt man die vier kanonischen Berichte (Mt unterscheidet sich nur unwesentlich von Mk), dann zeigt sich: Zwei Traditionen sind zusammengefügt worden, die verschiedenen Ursprungs sind und nicht lückenlos zueinander passen. Die erste liest aus Sacharja 13,7 heraus, daß alle Jünger an Jesus Anstoß nehmen werden, d. h. sich nicht nur äußerlich von ihm trennen werden. Die zweite betrifft nur den Petrus: ihm wird eine dreimalige Verleugnung vorausgesagt. Sie wird also durch die Vorhersage zugleich vorbereitet und entschärft. Beide Stücke werden dadurch verbunden, daß bei Mk/Mt Petrus gegen die alle Jünger betreffende Weissagung protestiert. Daraufhin bekommt er zu wissen, was ihm, und ihm allein, widerfahren wird.

Die Verleugnungsgeschichte selbst ist zeitlich und räumlich mit der Erzählung vom Verhör Jesu verbunden. Daraus erwächst eine Schwierigkeit: Mk und Mt lassen Petrus dem gefangenen Jesus von fern folgen bis in den Hof des Hohenpriesters (dessen Lage wir nicht mit Sicherheit bestimmen können; daß Hannas und Kaiaphas im selben Gebäude, nur in verschiedenen Zimmern Jesus befragen, hat der Erzähler durch nichts angedeutet). An dieser Stelle unterbrechen sie die Petruserzählung und bringen die große Verhörsszene. Nach der Verurteilung und Mißhandlung Jesu wird dann die Petruserzählung wieder aufgenommen. Nur Lk führt die Petrusgeschichte ohne Unterbrechung durch. Johannes durchbricht die durch die Einführung des „anderen Jüngers" bereicherte Petrusgeschichte durch das Verhör vor Hannas. Damit setzt er in der Anlage der Szene den von Mk und Mt begangenen Weg fort.

Dagegen unterscheidet sich Johannes von den drei Synoptikern dadurch, daß bei ihm die erste Versuchung zur Verleugnung bereits beim Eingang in den Hof des Hohenpriesters erfolgt, und zwar durch eine Magd, die als Türhüterin fungiert. Bei den Synoptikern hat Petrus keine Schwierigkeit beim Betreten des Hofes. Diese Änderung bereitet sich dadurch vor, daß in Lk 22,56 eine Magd – wenn auch nicht als Türhüterin –auftritt, von der die Mk und Mt nichts wußten. Bei Lk verhandelt sie mit Petrus beim Feuer, wo er sich mit den Dienern wärmt. Daß sie bei Johannes die nächtliche Wache am Tor hat, wird nötig durch die Einfügung der Szene mit dem „anderen Jünger". Indem dieser ungehindert mit Jesus in den Hof hineingeht, während Petrus draußen bleiben muß, beweist er zunächst schon seine Überlegenheit gegenüber Petrus. Sie setzt sich darin fort, daß er zurückkommt, mit der Türhüterin spricht und Petrus in den Hof hineinführt. Aber gerade an diesem Punkt ist die Verschweißung der beiden Stücke nicht gelungen: wenn der „andere Jünger" den Petrus schon in den Hof hineingeführt hat – und das ist gemäß V. 16 der Fall –, so kann die Türhüterin nicht mehr den Petrus fragen, wie das in V. 17 geschieht. *Edwards* 138 bemüht sich, die Frage der Türhüterin als möglichst harmlos hinzustellen: „Du bist doch keiner von den Anhängern dieses Mannes?", worauf Petrus ebenso harmlos mit einem „Oh nein!" sich den Zugang zum Hof sichert. Ebenso geht *Edwards* bei den weiteren Fragen und Antworten vor. Das Schwere dieser Verleugnung droht dabei freilich zu verschwinden, das doch in V. 25 und 26 ausdrücklich erwähnt wird.

*Klein,* a.a.O. 307f., hat gezeigt: Die Verleugnungserzählung ist, realistisch gesehen, unglaubwürdig, und *Linnemann,* a.a.O. 7, stimmt ihm mit Recht darin zu. Denn wäre Petrus erst einmal in den Verdacht geraten, zur Jesusgruppe zu gehören, dann wäre er nicht mit einer bloßen Bestreitung davongekommen. Daß er nach allen drei belastenden Fragen noch unbehelligt den Hof verlassen kann, „vermöchte nur eine entfesselte psychologische Phantasie plausibel zu finden" (*Klein* 307). Die Dreizahl der Verleugnung ist literarisch. Läßt sie sich auf eine dahinterliegende, einfachere Darstellung zurückführen? Weder *Klein* noch *Linnemann* haben eine solche Möglichkeit entdeckt. Es fragt sich also, ob diese literarische Schilderung nicht erst entstanden ist, um die Überlieferung vom Anstoßnehmen der Jünger (die durch Sach 13,7 gesichert schien!) konkret darzustellen. Das mit dem „Anstoßnehmen" des Zitats ineinsgesetzte „Verleugnen" ließ sich auf diese Weise illustrieren. Zu solchem „Verleugnen" gehörte freilich eine verhörähnliche Situation, in der sich entscheidet, ob der Gefragte sich zu Jesus bekennt oder die Zugehörigkeit zu ihm verneint. Diese Situation wird durch die Szene im Hof hergestellt.

Der Leser der Evangelien bekommt immer wieder gesagt, daß Gott das ganze Passionsgeschehen von vornherein bestimmt hatte und Jesus es genau vorherwußte und -sagte. Darin spiegelt sich die Bestürzung wider, mit der die junge Gemeinde auf das Faktum der überraschenden Verhaftung und Hinrichtung Jesu und die Rückkehr der Jünger nach Galiläa reagierte. Gerade diese beständigen Vorhersagen bezeugen indirekt, wie überraschend die Katastrophe kam. Freilich muß man zugleich bedenken: die Jünger haben erst nach Ostern den Glauben an Jesus als den Messias gefaßt. Das läßt ihr Versagen in einem anderen Licht erscheinen. Die Evangelien geben also in diesem Punkt eine spätere Sicht der Dinge wieder. Bei ihr wurde es schwieriger, das Verhalten der Jünger zu motivieren. Das Sacharja-Zitat mußte – für unser Empfinden – erheblich uminterpretiert werden. Dabei erschien nun die Schuld der Jünger größer und unbegreiflicher.

*Linnemann,* a.a.O. 32, schreibt: ,,Im Glauben erfahren die Jünger ihr Verhalten in der Passion als Versagen des Glaubens." Das Richtige an dieser Aussage kommt nur heraus, wenn man statt ,,Glaubens" genauer sagt ,,nachösterlichen Glaubens" und sich klarmacht, warum hier das Urteil über das Verhältnis der Jünger schärfer wurde. Daß die späteren Evangelien bei dieser Perikope die früheren mannigfach korrigieren, läßt erkennen, daß wir hier keinen historischen Dokumentarbericht vor uns haben und ihn auch nicht durch ein apologetisches Ineinanderlesen der verschiedenen Evangelien gewinnen können. Das Anliegen der Evangelien ist auch hier nicht exakte Historie, sondern Interpretation des Passionsgeschehens in der Sprache ihrer Zeit. Daß der Mensch – auch der Glaubende – seiner selbst nicht sicher ist, trifft freilich zu (*Linnemann* 32). Aber wenn es weiter bei *Linnemann* heißt: ,,Diese ungeheuerliche Erfahrung des Seiner-selbst-nicht-sicher-Seins wollte zur Sprache kommen", so steckt in dieser – unserer gegenwärtigen theologischen Modesprache verpflichteten – Formulierung noch ein Stück entbehrlicher Psychologie. Das Ereignis des Karfreitags war das eigentlich Ungeheuerliche, mit dem man fertigwerden mußte und muß.

## 40. Jesus vor Pilatus

**<sup>28</sup>Da führten sie Jesus von Kaiaphas zum Prätorium. Es war aber früh. Und sie gingen nicht ins Prätorium hinein, damit sie sich nicht befleckten, sondern das Passa äßen. <sup>29</sup>Da kam Pilatus hinaus zu ihnen und sagte: ,,Welche Anklage bringt ihr gegen diesen Menschen vor?" <sup>30</sup>Sie antworteten und sprachen zu ihm: ,,Wäre er kein Übeltäter, hätten wir ihn dir nicht überliefert!" <sup>31</sup>Da sagte Pilatus zu ihnen: ,,Nehmt ihr ihn und richtet ihn nach eurem Gesetz!" Die Juden sag-**

ten zu ihm: „Wir dürfen niemanden töten." [32]Auf daß sich das Wort Jesu erfülle, das er (12,32f.) gesprochen hatte anzeigend, welchen Todes er sterben werde. [33]Da ging Pilatus wieder ins Prätorium hinein und ließ Jesus rufen und sagte zu ihm: „Bist du der König der Juden?" [34]Jesus antwortete: „Sagst du das von dir selbst oder haben andere mit dir über mich gesprochen?" [35]Pilatus antwortete: „Bin ich ein Jude? Dein Volk und die Hohenpriester haben dich mir übergeben. Was hast du getan?" [36]Jesus antwortete: „Mein Königreich ist nicht von dieser Welt. Wenn mein Königreich von dieser Welt wäre, würden meine Diener kämpfen, damit ich nicht den Juden überliefert werde. Nun aber ist mein Königreich nicht von hier." [37]Da sprach Pilatus zu ihm: „Also ein König bist du?" Jesus antwortete: „Du sagst, daß ich ein König bin. Ich bin dazu geboren und dazu in diese Welt gekommen, daß ich für die Wahrheit Zeugnis gebe. Jeder, der aus der Wahrheit ist, hört meine Stimme." [38]Sagt Pilatus zu ihm: „Was ist Wahrheit?" Und nach diesen Worten ging er wieder zu den Juden hinaus und sagte zu ihnen: „Ich finde keine Schuld an ihm. [39]Es besteht aber bei euch eine Gewohnheit, daß ich euch zum Passa jemand freigebe. Wollt ihr nun, daß ich euch den ‚König der Juden' freigeben soll?" [40]Da schrien sie wieder und sprachen: „Nicht diesen, sondern Barabbas!" Es war aber Barabbas ein Räuber. [19,1]Danach nahm Pilatus Jesus und ließ ihn geißeln. [2]Die Soldaten flochten einen Kranz aus Dornen und setzten ihn auf sein Haupt. Sie legten ihm ein purpurfarbenes Gewand um, [3]traten zu ihm und sagten: „Heil dir, dem König der Juden!" und sie gaben ihm Backenstreiche. [4]Wieder ging Pilatus hinaus und sagte zu ihnen: „Seht, ich bringe ihn zu euch heraus, damit ihr erkennt, daß ich keine Schuld an ihm finde." [5]Jesus kam heraus; er trug den Dornenkranz und das purpurfarbene Gewand. Und er sagte zu ihnen: „Seht, da ist der Mensch!" [6]Als ihn die Hohenpriester und die Diener sahen, schrien sie: „Kreuzige, kreuzige!" Pilatus sagte zu ihnen: „Nehmt ihr ihn und kreuzigt ihn! Denn ich finde keine Schuld an ihm." [7]Die Juden antworteten ihm: „Wir haben ein Gesetz, und nach dem Gesetz muß er sterben; denn er hat sich zu Gottes Sohn gemacht!" [8]Als nun Pilatus dieses Wort hörte, geriet er noch mehr in Furcht. [9]Er ging wieder in das Prätorium hinein und sagte zu Jesus: „Woher bist du?" Jesus aber gab ihm keine Antwort. [10]Da sagte Pilatus zu ihm: „Mit mir redest du nicht? Weiß du nicht, daß ich Macht habe, dich freizulassen, und Macht habe, dich zu kreuzigen?" [11]Jesus antwortete: „Du hättest keine Macht, wäre sie dir nicht von oben gegeben. Darum hat, wer mich dir überantwortet hat, größere Sünde!" [12]Daraufhin versuchte Pilatus, ihn freizulassen; aber die Juden schrien: „Gibst du den frei, bist du kein Freund des Kaisers! Denn jeder, der sich zum König macht, der steht gegen den Kaiser!" [13]Als Pilatus diese Worte hörte, führte er Jesus heraus und setzte ihn auf den Richterstuhl an der Stelle, die „Marmorpflaster", hebräisch „Gabbatha" heißt. [14]Es war aber Rüsttag des Passa, um die sechste Stunde. Und er sagte zu den Juden: „Seht, da ist euer König!" [15]Da schrien sie: „Weg, weg, kreuzige ihn!" Pilatus sagte zu ihnen: „Soll ich euren König kreuzigen?" Die Hohenpriester antworteten: „Wir haben keinen König außer dem Kaiser." [16a]Da gab er ihnen Jesus zur Kreuzigung preis.

**Literatur:**

*Allen, J. E.*, Joh 18,31b, in: The Trial of Jesus, FS. C. F. D. Moule, 1970, 83–87.

*Bajsic, A.*, Pilatus, Jesus und Barabbas, Bib. 48 (1967) 7–28.

*Bammel, E.*, Θίλος τοῦ καίσαρος (Joh 19,12), ThLZ 77 (1952) 205–210.

*Blank, J.*, Die Verhandlung vor Pilatus: Joh 18,28–19,26 im Lichte der joh. Theologie, BZ 3 (1959) 60–81.

*Boismard, M. E.*, La royauté universelle du Christ: Jn 18,33–37, ASeign 65 (1973) 36–46.

*Bonsirven, J.*, La notion chronologique de Jean 19,14 aurait-elle un sens symbolique?, Bib. 33 (1952) 512–513.

*Campenhausen, H. von*, Zum Verständnis von Joh 19,11, in: ders., Aus der Frühzeit des Christentums, 1963, 125–134.

*Corssen, P.*, Ἐκάθισεν ἐπὶ βήματος, ZNW 15 (1914) 338–340.

*Escande, J.*, Jésus devant Pilate: Jn 18,28–19,14, FV 73 (1974) 66–81.

*Haenchen, E.*, Jesus vor Pilatus (Joh 18,28–19,15). Zur Methode der Auslegung, in: ders., Gott und Mensch, Tübingen 1965, 144–156.

*Hahn, F.*, Der Prozeß Jesu nach dem JE, EKK.V 2 (1970) 23–96.

*Hart, H. S. J.*, The Crown of Thorns in Jn 19, 2–5, JThS 3 (1952) 66–75.

*Herranz Marco, M.*, Un problema de critica historica en el relato de la Passión, EstB 30 (1971) 137–160.

*Jaubert, A.*, La comparution devant Pilate selon Jean 18,28–19,16, FV 73 (1974) 3–12.

*Juechen, A. von*, Jesus und Pilatus, TEH 76, Münster 1941.

*Kurfess, A.*, Ἐκάθισεν ἐπὶ βήματος (Joh 19,13), Bib. 34 (1953) 271.

*Merkel, J.*, Die Begnadigung am Passahfest, ZNW 6 (1905) 293–316.

*Merlier, O.*, Σὺ λέγεις, ὅτι βασιλεύς εἰμι, REG 46 (1933) 204–209.

*Mollat, D.*, Jésus devant Pilate, BVC 39 (1961) 23–31.

*Moulder, H.*, John 18,28 and the Date of the Cruxification, in: Miscellanea Neotestamentica II, Leiden 1978, 87–107.

*O'Rourke, J. J.*, Two Notes on St. John's Gospel, CBQ 25 (1963) 124–128.

*Potterie, I. de la*, Jésus roi et juge d'après Jn 19,13: ἐκάθισεν ἐπὶ βήματος, Bib. 41 (1960) 217–247.

*Pujol, L.*, „In loco qui dicitur Lithostrotos", VD 15 (1935) 180–186. 204–207.233–237.

*Reich, H.*, Der König mit der Dornenkrone, NJKA 13 (1904) 705–733.

*Spengler, O.*, Der Untergang des Abendlandes, 2 Vol., 1922.

*Schlier, H.*, Jesus und Pilatus nach dem JE, in: ders., Die Zeit der Kirche, Freiburg 1956, 56–74.

*Schnackenburg, R.*, Die Ecce-homo-Szene und der Menschensohn, in: Jesus und der Menschensohn, FS. A. Vögtle, 1975, 371–386.

*Schreiber, J.*, Das Schweigen Jesu während seiner Passion, in: FS. H. Stock, Gütersloh 1969, 79–87.

*Schwank, B.*, „Was ist Wahrheit?", EuA 47 (1971) 487–496.

*Tabachovitz, D.*, Ein paar Beobachtungen zum spätgriechischen Sprachgebrauch, ErJb 44 (1946) 296–305.

*Taylor, V.*, The Gospel According to St. Mark, [2]London 1966.

*Twomey, J. J.*, „Barabbas was a Robber", Scrip. 8 (1956) 115–119.

*Vincent, L.-H.*, Le Lithostotos évangélique, RB 59 (1952) 513–530.

*Wead, D. W.*, „We have a Law": John 19,7, NT 11 (1969) 185–189.

*Vollmer, H.*, Jesus und das Sacaeenopfer, Gießen 1905.

*Ders.*, Nochmals: Jesus und das Sacaeenopfer, ZNW 8 (1907) 320–321.

*Wendland, P.*, Jesus als Saturnalienkönig, Hermes 33 (1898) 175–179.

*Windisch, H.*, Der joh. Erzählungsstil, in: Eucharisterion, FS. H. Gunkel, Vol. II., Göttingen 1923, 174–213.

■ **28** Welches ist die führende Gestalt in dieser Perikope? Der ganze Abschnitt redet immer wieder von „den Juden": Nur 18,35 und 19,6–15 nennen die Hohenpriester. Vom Inhalt des Verhörs bei Kaiaphas sagt (und weiß) der Erzähler nichts. Wo sich Pilatus aufhielt, ist umstritten (*Bultmann* 503 A 6). Meist rät man auf den ehemaligen Palast des Herodes; nach *Dalman,* Orte 355–363, lag er an der nordwestlichen Ecke der Oberstadt. Freilich kommt auch die Burg Antonia (an der Nordwestecke des äußeren Vorhofs des Tempels) nach manchen Auslegern in Frage. Die Morgenfrühe hat keine symbolische Bedeutung: sie gehört seit Mk 15,1 der Überlieferung an. V.28b sucht das Draußenbleiben der Juden zu motivieren: heidnische Häuser machten für 7 Tage levitisch unrein: *Billerbeck* II 838f. ,,Das Passa essen" meint am Passamahl teilnehmen. Nach der johanneischen Chronologie wurde Jesus am 14. Nisan hingerichtet, an dessen Spätnachmittag und Abend man das Passa-Lamm verzehrte: vgl. 1Kor 5,7.

■ **29** Weil die Juden nicht in den Palast des Pilatus hineingehen, kommt dieser heraus. Diese Schilderung geht auf das Konto des Erzählers, der damit ein Spiel auf zwei Bühnen vorbereitet (vgl. *Dodd,* Tradition 96). Die Frage des Pilatus läßt ihn als noch nicht genau informiert erscheinen. Der Erzähler dehnt die Handlung und erhöht damit die Spannung (zur Komposition s. die Gesamtbesprechung).

■ **30** Die Juden geben keine präzise Antwort. Die Kommentatoren hören meist deren Gereiztheit heraus (*Bauer* 215; *Strathmann* 234; *Barrett* 444f.). Aber der Erzähler will wohl nur die Handlung nicht schnell beenden. Hörer und Leser sollen merken, wie die Katastrophe – in Wahrheit nur eine Katastrophe für die Juden – sich langsam entfaltet. Das hier zuerst genannte Stichwort ,,überliefern", ,,ausliefern" (παραδιδόναι: vgl. V. 35. 36; 19,11.16) wirkt wie das Anschlagen einer Sterbeglocke.

■ **31** Da Pilatus nichts Genaues über die Schuld Jesu erfahren hat, legt er den Juden nahe, Jesus nach dem jüdischen Gesetz zu richten; sie besaßen ja damals eine wenn auch eingeschränkte Gerichtsbarkeit. Aber die Antwort des Pilatus deutet zugleich an, daß der ,,johanneische Pilatus" keine Lust hat, den Prozeß zu übernehmen. Nun machen die Juden geltend, daß sie keine Todesurteile fällen und vollstrecken dürfen. *J. Juster* (1914) hat in seinem bekannten Werk über die Juden im römischen Reich sich gegen Johannes gewendet, und *Barrett* 445f. ist ihm in seinem Kommentar gefolgt. Dagegen ist *J. Jeremias,* Zur Geschichtlichkeit des Verhörs Jesu vor dem Hohen Rat 139–144, ihm zur Hilfe gekommen und hat die Paradefälle der Gegenseite kritisch zerfetzt: 1. Heiden, die den inneren Tempelplatz betreten, zu töten, war ein jüdisches Sonderrecht; 2. die Verbrennung einer unzüchtigen Priestertochter wird unter Agrippa I. erfolgt sein, wo die Juden eine uneingeschränkte Gerichtsbarkeit besaßen; 3. der Hohepriester Ananos der Jüngere wurde abgesetzt, weil er während einer jüdischen Vakanz den Bruder Jesu, Jakobus, und einige andere Christen steinigen ließ (Jos. Ant. XXIX § 200). – Die Steinigung des Stephanos ist nicht (gegen *Jeremias*) auf eine Sondergenehmigung zurückzuführen (vgl. Apg 26,10, wo Paulus angeblich bei Christenprozessen immer für Tod gestimmt hat. Sollen für alle diese von Lk

postulierten Prozesse immer Sondergenehmigungen erteilt worden sein?),
sondern war reine Lynchjustiz. Bisher ist also V. 31 historisch nicht widerlegt. Im Zusammenhang soll er den Leser erkennen lassen, daß die Juden nur
ein Ziel haben: Jesus zu töten, und da es nicht direkt möglich ist, indirekt
über Pilatus.

■ **32** ist nach *Bultmann* 505 ein redaktioneller Zusatz. Er spiele auf 3,14 an,
wo Jesus von seiner ,,Erhöhung" gesprochen hat. Aber was meint der Vers?
Daß die Juden niemanden töten durften, damit Jesu Wort in Erfüllung gehe,
oder daß die Forderung der Juden erfolgte, damit sich Jesu Wort erfülle?
Vermutlich das Zweite. Im Kontext wirkt das Wort wie ein Abschlußak-
kord dieses Abschnitts, der den Leser daran erinnert, daß alles nach Jesu
Vorhersage geschieht.

■ **33** Ἐξῆλθεν οὖν entspricht dem εἰσῆλθεν οὖν von V.29: das Spiel auf
der doppelten Bühne beginnt, das eine Besonderheit der johanneischen Darstellung ist. Es handelt sich dabei wohl nicht, wie *Dodd,* Tradition 97, meint,
darum, den Leser immer wieder daran zu erinnern, daß der Druck der Priester andauert, während der Statthalter hin und her laufe ,,wie ein gehetzter
Hase". Dieses Verständnis des johanneischen Pilatus geht ganz in die Irre (s.
Gesamtbesprechung); Pilatus läßt Jesus hereinrufen und fragt ihn, ob er der
,,König der Juden" sei. Diese Formel zieht sich von Mk an bis zum JE durch
die ganze Passionsgeschichte. Sie dürfte aus früher Überlieferung stammen.
Hier dient sie dazu, zugleich das Thema des messianischen Anspruchs Jesu
einzuführen und ihn als Rebellen und Gegenkönig darzustellen, der den rö-
mischen Cäsar in Frage stellt.

■ **34** Jesus antwortet mit der Gegenfrage: redet Pilatus auf Grund eigenen Wissens oder jüdischer Information? Ist das Zweite der Fall, dann versteht Pilatus gar nicht die Bedeutung des Ausdrucks.

■ **35** Viele Kommentare haben aus der Antwort des Pilatus die römische
Verachtung für ,,das orientalische Knechtsvolk" (*Hirsch,* Evangelium 405)
oder für die ,,subject races" (*Edwards* 141) herausgehört. Aber ein solches
Herrenbewußtsein deutet der Erzähler hier nicht an (19,9 ist ein anders gela-
gerter Fall). Die Antwort des Pilatus besagt, daß er selbstverständlich hier
jüdische Auskünfte wiedergibt (,,überliefert", παραδιδόναι s. o. V. 30).
Das war bisher nicht klar gesagt, sondern wird hier nebenbei dem Leser eingeschärft. Nun fragt Pilatus nach dem Tun Jesu, des Angeklagten, auf das die
jüdische Anklage (die nie exakt formuliert war) offensichtlich zielte. Anders
ausgedrückt: was besagt der Ausdruck ,,König der Juden"?

■ **36** Jesus – und d. h. der Evangelist – antwortet: ,,Mein Königtum ist
nicht von dieser Welt." Hier wird deutlich, daß dem Evangelisten die von
der Tradition gebotene Formel eigentlich nicht liegt. Sie wird zwar übernommen, aber neu interpretiert. Zunächst begründet Jesus seinen Anspruch
damit, daß man sonst – wenn er ein irdischer König wäre – gewaltsam seine
Auslieferung an die Juden verhindert hätte (die Tat des Petrus 18,10 ist
ebenso vergessen wie die ganze Auslieferung Jesu an die Römer). Das

Christentum, wie es der Evangelist versteht, ist keine politische Bewegung und verwendet darum auch keine politischen Mittel.

■ **37** Pilatus hat genau zugehört: Also bestreitet Jesus nicht, ein König zu sein? Was für ein König ist er dann? Jesus erinnert demgegenüber daran, daß Pilatus, nicht er den Ausdruck zunächst gebraucht hat. In welchem Sinne Jesus (bzw. der Evangelist) ihn sich zu eigen gemacht hat, wird nun deutlich: Jesu Königtum besteht darin, daß er kam, um für die Wahrheit Zeugnis abzulegen. In Jesus tritt (14,6) die „Wahrheit" leibhaftig vor die Menschen hin. Wer aus der Wahrheit ist, dem Reich der Wahrheit angehört, wem Gott jene neue Existenz geschenkt hat, der hört seine Stimme. Wenn Pilatus zu diesen gehört, dann wird er Jesus verstehen.

■ **38** Die Gegenfrage des Pilatus zeigt: er ist keiner dieser Erwählten, sonst würde er jetzt nicht fragen, was Wahrheit ist. Gewöhnlich hat man angenommen, daß Pilatus ein Skeptiker ist. So schrieb z. B. *B. Weiß* 580: „Die Frage ist skeptisch gemeint *(Schanz)*. Von der Voraussetzung aus, daß die Wahrheit doch unerfindlich ist, kann er nur mit einem gewissen geringschätzigen, halb spöttischen *(de Wette)*, halb gutmüthigen *(Meyer)* Mitleid auf den (allerdings sehr unschuldigen) Schwärmer herabsehen, der an ein solches Phantom sein Leben setzt." *Loisy* 842–871 schreibt dem Pilatus nur die Skepsis des Politikers zu: für eine Wahrheit, von der man nicht allzu genau weiß, wo sie ist, „setzt man sich besser keinen unangenehmen Erfahrungen aus; aber es ist auch kein Verbrechen, sie zu suchen". Tiefer legt sich *Hirsch,* Evangelium 416, die Wahrheitsfrage des Pilatus zurecht: „Der Verfasser meint: Pilatus kennt keine Wahrheit, die von sich den Menschen innerlich überführt . . ., d.h. nicht, daß Pilatus ein Skeptiker im gewöhnlichen Sinne des Worts ist . . . es heißt *zunächst,* daß Pilatus echter Heide ist, der Gott nur als unenthüllte Schicksalsmacht kennt . . . es heißt dann aber natürlich *weiter,* daß für ihn nur die positive Macht, die sich durch greifbare Wirkungen bekundet, vorhanden ist." O. *Spengler,* Der Untergang des Abendlandes II 262, sieht in der Pilatusfrage das einzige Wort im Neuen Testament, das Rasse hat. Darauf habe nicht der Mund, aber das schweigende Gefühl Jesu mit der anderen, über alles Religiöse entscheidenden Frage geantwortet: „Was ist Wirklichkeit? Für Pilatus war sie alles, für ihn nichts. Mein Reich ist nicht von dieser Welt – das ist das letzte Wort, von dem sich nichts abdeuten läßt . . . Politik oder Religion: Hier gibt es nur ein Entweder/Oder und keinen ehrlichen Vergleich." Beschließen wir diese Reihe mit *Bultmanns* Auslegung (507 Anm. 8): „Die Frage darf nicht psychologisch interpretiert werden ... solche" (philosophische) „Skepsis steht für Johannes nicht zur Diskussion." Pilatus stelle sich „auf den Standpunkt, daß der Staat an der Frage nach der ἀλήθεια . . . nach dem Willen Gottes oder wie im Sinne des Pilatus etwa zu sagen wäre: nach der Wirklichkeit im radikalen Sinne – nicht interessiert ist". – Aber der johanneische Jesus hat in 14,6 schon erklärt, daß er selbst die Wahrheit ist. Wenn nun Pilatus angesichts dieser Wahrheit, die vor ihm steht, fragt: ,,Was ist Wahrheit?", dann wird darin sichtbar, daß Pilatus nicht zu den Menschen gehört, die ,,der Vater Jesus gegeben hat".

■ **39** Pilatus geht wieder zu den Juden hinaus mit der Gewißheit, daß dieser Mann kein Revolutionär ist; für ihn ist Jesus ,,nicht schuldig im Sinn der (jüdischen) Anklage". Also will er ihn freilassen. Aber irgendwie muß er die Juden entschädigen. Sie dürfen nicht das Gesicht verlieren. Darum beruft er sich auf ein (angeblich existierendes) Gewohnheitsrecht, wonach er den Juden am Passa einen Gefangenen freigibt. Er ist bereit, den ,,König der Juden" freizugeben: dann wird Jesus nicht freigesprochen, sondern fällt unter eine Amnestie. Aber die Juden denken nicht daran, auf dieses Angebot einzugehen. Sie wollen nicht Jesus, sondern Barabbas haben. ,,Barabbas aber war ein Räuber." Damit wird deutlich, wie es um die Juden bestellt ist.

■ **19,1–3** So scheint Pilatus mit seiner Bemühung, Jesus freizubekommen, gescheitert zu sein. Aber er gibt nicht auf. Von daher sind die folgenden Verse zu verstehen. Es gab eine Tradition, wonach die Soldaten den verurteilten Jesus verhöhnt und mißhandelt hätten: Mk 15,16–20; Mt 27,27–31. Der Evangelist hat diese Überlieferung hier, vor der Verurteilung Jesu, eingebaut: er versteht diese Tradition, ebenso wie die Nachricht von der Geißelung Jesu, dahin, daß Pilatus einen bestimmten Plan verfolgt: der Anblick des so zugerichteten Jesus soll das Mitleid der Juden wecken. Man hat sich bemüht, für diese Szene einen historischen Kern zu finden. *V. Taylor,* Mark 646–648, erinnert an die Verspottung des jüdischen Königs Agrippa in Alexandria (Philo, In Flaccum VI 36–39). Vor ihm hatte schon *H. Reich,* Der König mit der Dornenkrone 705–733, ähnliche Wege versucht. *Cumont* und *P. Wendland,* Jesus als Saturnalienkönig 175–179, hatten an die Saturnalien gedacht oder an das persische Sakäenfest. Noch weniger gibt Plutarchs Erzählung (Pompejus 24) von der Verhöhnung römischer Bürger durch Seeräuber her. Jesaja hat ein alttestamentliches Vorbild von der Verfolgung des leidenden Frommen gegeben (50,6), das kaum ohne Einfluß auf unsere Geschichte ist. Die Parallele zu unserer Geschichte in den Synoptikern, wonach Jesus nach seiner Verurteilung im Synhedrium verhöhnt worden ist, findet sich in Mk 14,65; Mt 26,67f.; Lk 22,63ff. Hier ist die Nachwirkung von Jes 50,6 viel deutlicher spürbar. Ob Johannes diese alttestamentliche Tradition bekannt ist, wissen wir nicht. Gebrauchen konnte er sie aber nicht, da er von einer jüdischen Verurteilung Jesu nichts gewußt hat. Wer die Szene als historisch festhalten will, steht vor der Frage, woher die Soldaten ein Purpurgewand haben. Man denkt an einen scharlachroten Liktorenmantel. Nach Lk 23,11 hat Herodes Jesus, nachdem er ihn mit den Soldaten verspottet hatte, mit einem Prachtgewand zu Pilatus zurückgesandt; das dürfte eine sekundäre Fassung sein (vgl. *Grundmann,* Lukas 425). Mt 27,29 wird die Verspottung noch weiter ausgemalt; das Rohr (= Szepter) kommt neu hinzu. Der Dornenkranz ist wohl (soweit die Verspottung durch Soldaten in Frage kommt) vom Evangelisten verstanden als Verhöhnung durch die Pseudoinsignien eines Königs, also nicht als ein Werkzeug der Qual (durch einen Kranz aus dem dornigen Akanthus), sondern als ein Kranz aus Phoenix dactylifera, der die Strahlenkrone nachahmen soll (s. ThWb VII 631f. mit reichen Literaturangaben von *Grundmann,* und dessen Kommentar zu Mt 556f.).

■ **4** scheint einen logischen Fehler zu enthalten: Wenn Pilatus Jesus für schuldlos hielt, warum hat er ihn dann geißeln und verhöhnen lassen? Aber der Evangelist setzt eine Absicht voraus, nach der Pilatus Jesus so jämmerlich zurichten ließ und die deutlich wird in

■ **5.** Jesus erscheint auf der Schwelle des Prätoriums, die Dornenkrone und das Purpurgewand tragend. Nun muß sich zeigen, ob Pilatus richtig gerechnet hat. Er weist auf das Jammerbild hin, das kein ,,edles Angesicht" zeigt, sondern blutverschmierte und geschwollene Züge. Die johanneische Schilderung ist hier von brutaler Realistik, und dazu sagt Pilatus: ,,Seht, da ist der Mensch!" Luthers Übersetzung: ,,Sehet, welch ein Mensch!" droht den heutigen Leser in die Irre zu führen. Pilatus will Jesus nicht bewundernd vorstellen! Aber ebensowenig wird *Dodd,* Interpretation 437, dem Text gerecht, wenn er hier – ebenso wie *Edwards* 144 – einen verächtlichen Ausdruck findet, den er mit ,,Look! the fellow!" (= da ist der Bursche!) wiedergibt. Dieser Mann ist kein gefährlicher Revolutionär, sondern ein armer, machtlos Leidender, mit dem auch seine ärgsten Feinde Erbarmen haben sollten.

■ **6** Allein die Rechnung des Pilatus geht nicht auf. Gerade der Anblick des Gedemütigten und Zerschlagenen reizt die Feinde Jesu – die Hohenpriester und deren Diener – erst recht und läßt sie ihr ,,Kreuzige! Kreuzige!" schreien. Angesichts dieses Mißerfolges scheint Pilatus die Nerven zu verlieren. Denn obwohl die Juden selbst schon (18,31) erklärt haben, daß sie niemanden töten dürfen, sagt Pilatus nun zu ihnen: ,,Nehmt ihr ihn und kreuzigt ihn!" Um aus dieser Schwierigkeit herauszuführen, bietet der Kommentar von *Lightfoot* 313 die Auskunft an: Das Wort könne nicht denselben Sinn haben wie in 18,31, außer soweit es ein Versuch ist, der Verantwortung zu entgehen. Man müsse es als ,,petulant refusal" ansehen, den Gefangenen zu verurteilen. *Bultmann* 510 deutet ähnlich: ,,Ich gebe meine Hand nicht dazu her, Jesus zu kreuzigen; wollt ihr seine Kreuzigung, so müßt ihr sie schon selbst vornehmen! D. h. Pilatus schlägt mit grimmiger Ironie die Forderung der Juden ab." *Barrett* 451 meint: Hätte Pilatus diese Worte gesprochen, so müßten sie ein Hohn gewesen sein; wahrscheinlich sollen sie die Verantwortlichkeit für den Tod Jesu den Juden eher als den Römern zuschreiben. – Aber wir haben ja hier keinen Augenzeugenbericht. Darum müssen wir zunächst fragen, was der Evangelist den Pilatus sagen lassen will. Hat er diese Worte nicht nur gebracht, um die nächste jüdische Äußerung (V. 7) und die Reaktion des Pilatus darauf (V. 8f.) vorzubereiten?

■ **7** Die Juden antworten nicht direkt auf das Ansinnen des Statthalters, sondern berufen sich darauf, daß Jesus nach ihrem Gesetz sterben muß, denn – und das ist in diesem Zusammenhang das Entscheidende – er hat sich selbst zu Gottes Sohn gemacht. Damit ist nicht mehr die politische Bedeutung des messianischen Anspruchs das Entscheidende, sondern der theologische Anstoß an der Behauptung der Gotteskindschaft Jesu ist nun als Grund für die jüdische Todfeindschaft erkennbar geworden. – Daß wir uns hier im Bereich einer nachösterlichen Diskussion zwischen Christen und Juden befinden, ist deutlich. – Aber gerade diese jüdische Begründung hat auf Pilatus (wie ihn das JE zeichnet) eine unerwartete Wirkung.

■ **8** Dem Statthalter war bei diesem ganzen Prozeß von Anfang an nicht wohl zumute gewesen. Sein Unbehagen hatte sich dann gesteigert, als er die Schuldlosigkeit Jesu erkannte. Jetzt aber bekommt er es auf eine viel schlimmere Weise mit der Angst: Wie, wenn Jesus nicht nur politisch unschuldig wäre, sondern wenn er wirklich ein in Menschengestalt verkleidetes Gottwesen wäre, gegen das sich zu vergehen in unbeschreibliche Schuld verstricken würde? Mehr kann Pilatus als Heide nicht erkennen; er ist der christlichen Wahrheit sehr nahe, ohne sie jedoch erfassen zu können.

■ **9** Darum befragt er – wieder in das Prätorium zurückgeeilt – Jesus direkt: ,,Woher bist du?" D. h.: Bist du ein himmlisches Wesen, ein Gott? – *Wetter,* Sohn Gottes 90f., erinnert an eine Stelle in der Vita des Apollonius von Tyana, die Philostratus verfaßt hat (IV 44). Hier nimmt – nach einem Wunder des Apollonius – der römische Statthalter Tigellinus diesen beiseite und fragt ihn, wer er sei. Apollonius nennt alsbald seinen Vater und seine Heimat und will nicht ,,etwas Großes" sein (das ist eine bei Gnostikern beliebte Bezeichnung für ,,Gott"). Schließlich aber ,,schien dem Tigellinus dieser göttlich zu sein und jenseits der menschlichen Möglichkeiten (δαιμόνιά ... καὶ ἀνθρώπου), und wie einer, der sich davor hütet, mit Gott zu kämpfen, sagt er: ,Gehe, wohin du willst! Denn du bist zu mächtig, als daß du von mir beherrscht werden könntest'." – Auf diese Frage des Pilatus schweigt Jesus. Das Schweigemotiv ist aus Jes 53,7 in die Passionsüberlieferung hineingekommen (vgl. Mk 15,5; Lk 23,9). Bei Johannes bekommt es einen neuen Sinn: Das Göttliche weist sich nicht direkt aus. Denn es ist kein irdischer Gegenstand mit bestimmten Merkmalen, an denen man sich darüber orientieren kann. Wenn Pilatus nicht selber zum Glauben kommt, würde eine Antwort Jesu ihn in seinem heidnischen Irrglauben bestärken, Gott sei direkt zugänglich wie ein Weltding. Wer Jesus nicht erkennt, indem er sich ihm glaubend hingibt, für den ist er – bei allem guten Willen des Fragers – unzugänglich.

■ **10** Dieses Schweigen ist für Pilatus unbegreiflich und erbittert ihn. Er hat doch in guter Absicht gefragt – warum würdigt ihn Jesus gerade im entscheidenden Punkte keiner Antwort? Darum braust er auf und beruft sich auf seine Macht: Es liegt bei ihm, ob Jesus wieder frei kommt oder gekreuzigt wird. Solch ein gewaltiger Mann ist er – *Bultmann* 512 Anm. 6 versteht das Wort ἐξουσία als ,,legitimierte Macht, Vollmacht, Recht". Diese Auffassung hängt zusammen mit *Bultmanns* Deutung von V. 11.

■ **11** Jesus antwortet mit einem Satz, der Pilatus verstummen läßt: ,,Du hättest keine Macht über mich, wäre sie dir nicht von oben gegeben worden. Darum hat jener größere Sünde, der mich dir überliefert hat" (παραδιδόναι!). *Bultmann* 512 legt das so aus: Die Autorität des Staates stammt nicht aus der Welt, sondern ist durch Gott begründet. Die ἐξουσία des Pilatus stammt von Gott, wie er sie auch anwenden mag. Aber um sein Amt sachlich gegenüber der Verführung durch die Welt verwalten zu können, soll er darum wissen. Damit wird „er ausdrücklich auf seine Verantwortung vor Gott aufmerksam gemacht". . . „Der Staat vollzieht . . . seine Handlungen ohne persönliches Interesse; handelt er sachlich, so kann von einer ἁμαρτία bei ihm überhaupt nicht die Rede sein." Läßt er sich aber von der Welt verführen, so ist „wenigstens die *Form* des Rechtes gewahrt und damit die Autorität des Rechtes anerkannt, so daß sich der ungerecht Verurteilte zu fügen hat, . . . (Der Staat) kann der Welt verfallen; aber seine Motive sind nie mit denen der Welt identisch". . . . „Pilatus hat gar kein persönliches Interesse am Tod Jesu, er verfolgt ihn nicht mit dem Haß wie die Juden, die ihm Jesus ausgeliefert haben." . . . „Ihre Sünde ist sozusagen doppelt, weil zu ihrem Haß gegen Jesus noch der Mißbrauch des Staates für ihre Zwecke kommt" (513).

Diese Lehre vom Staat, die *Bultmann* hier dem vierten Evangelium entnimmt, ist uns nicht so selbstverständlich wie ihm. Er setzt unbefangen den (modernen) Begriff „des Staates" voraus. Aber für den Evangelisten gab es nicht die abstrakte Größe „Staat", sondern das heidnische Imperium Romanum. Gewiß entwickelt Paulus Röm 13 eine Lehre von den bestehenden Obrigkeiten, denen sich der Christ unterordnen soll. Gewiß tut Lk in der Apostelgeschichte sein Bestes, um das Verhältnis der Christen zu den römischen Statthaltern, ja sogar zu den (für den Kaiserkult eingespannten) Asiarchen als gut darzustellen. Aber liegt es in einer dieser Linien, wenn Jesus hier zu Pilatus sagt, daß er seine Macht von Gott bekommen hat? Fügt er doch hinzu, daß Pilatus nicht so große Sünde hat wie der, welcher ihn an Pilatus ausgeliefert hat. Also Sünde lädt Pilatus immerhin auf sich. Johannes steht vor der Tatsache, daß Pilatus schließlich doch Jesus den Juden preisgegeben hat. Die eigentliche Schuld tragen für den Evangelisten zweifellos die Juden, die Jesus an Pilatus ausliefern. Pilatus ist freilich auch nicht frei von Schuld. Aber Gott hat ihm die schwere undankbare Rolle gegeben, daß er nur in dem Satz „crucifixus sub Pontio Pilato" ins Credo kommt. Es ist nicht bloß die Schwäche des Pilatus, die ihn schließlich vor den Juden kapitulieren läßt (obwohl sie auch mitwirkt); es ist zuletzt der Wille Gottes, der alle Versuche des Römers, Jesus freizubekommen, scheitern läßt.

■ **13** Sünde begeht also Pilatus, wenn er Jesus zum Kreuz verurteilt – das hat ihm Jesus gesagt, und Pilatus scheint es verstanden zu haben. Darum versucht er nach allen Rückschlägen noch einmal, Jesus die Freiheit zu erwirken. Daß er damit zugleich Israels Anspruch, das auserwählte Volk zu sein, vernichtet, hat der Evangelist gewußt, nicht der historische Pilatus. Aber mit dem haben wir vorerst nichts zu tun. – Die Forscher haben z. T. den Erzähler getadelt (und z. T. mit Quellenscheidungen), weil er nicht sagt, woher die Juden um die Absichten des Pilatus wußten, und nicht verständlich macht, wie dieser plötzlich wieder vor dem Prätorium steht. Aber der Evangelist erlaubt sich hier, wo alles mit Schwindel erregender Schnelligkeit der Katastrophe zurast, über solche Nebensächlichkeiten kein Wort zu verlieren. Nehmen wir es also hin, daß die Juden draußen vom Entschluß des Pilatus drinnen wissen, Jesus freizulassen. Nun spielen sie ihren großen Trumpf aus: Wenn Pilatus diesen ,,König" freigibt, setzt er sich in Widerspruch zu dem Cäsar in Rom (der im Osten βασιλεύς, ,,König", genannt wurde). Pilatus besaß den Ehrentitel eines ,,amicus Caesaris". Es ist fraglich, ob der Erzähler das wußte. Aber wenn Pilatus Jesus die Freiheit schenkt, dann ist er kein ,,Freund des Cäsar". Denn wer sich zum König macht, der ist ein Feind des römischen ,,Königs", des Cäsar.

■ **13–15** Jetzt läßt sich die Entscheidung nicht länger hinausschieben. Pilatus hat nicht mehr viele Möglichkeiten. Eigentlich bleibt ihm nur noch ein Ausweg, um Jesus zu retten: wenn er den Juden zeigt, daß sie nach ihrer eigenen Logik gegen Jesu Königtum nichts vorbringen können, dann müssen sie ihre Anklage fallenlassen. Sie beanspruchen ja selber, einen eigenen König, den Messias, zu bekommen. Wollen sie auf ihn verzichten? Um das zu demonstrieren, läßt Pilatus Jesus hinausführen und den Mißhandelten und Erniedrigten auf seinem eigenen, des Pilatus Richterstuhl, Platz nehmen. Nun sitzt Jesus dort, auf dem Königssitz. Daß in diesem Augenblick die Entscheidung fällt, das deutet der Evangelist durch die genaue Angabe von Ort und Zeit an: Ort ist das ,,λιθόστρωτον", ein Marmorpflaster (hebräisch angeblich ,,Gabbatha", was vielleicht ,,Anhöhe" heißt), Zeit: 12 Uhr mittags, am Rüsttag vor dem Passa. Sechs Stunden der Verhandlung sind also vergangen. ,,Siehe, da ist euer König", sagt Pilatus. Das ist er freilich nur nach christlicher Überzeugung. Die Juden aber schreien: ,,Kreuzige! Kreuzige!" Pilatus fragt ausdrücklich und nachdrücklich: ,,Soll ich euren König kreuzigen?" Und nun kommt die Antwort der Hohenpriester, unerbittlich und blind: ,,Wir haben keinen König außer dem Cäsar!" Israel gibt den Anspruch auf, das Volk des Messias zu sein. Es will ein Volk sein wie jedes andere im römischen Reich. Seine Sonderrolle ist ausgespielt, seine Gnadenstunde vorbeigegangen. Um diesen Preis haben die Hohenpriester ihr Ziel erreicht.

■ **16a** Pilatus gibt auf. Jesus darf gekreuzigt werden. Nicht von den Juden selber, sondern durch römische Soldaten: die verstehen sich darauf. Pilatus hat ihn ,,dahingegeben" (παρέδωκεν) in den Tod. Die Sterbeglocke läutet zum letzten Mal.

● Frühere Exegeten setzten voraus: Die Ereignisse haben sich so zugetragen, wie sie hier dargestellt sind. Dann schien die Frage berechtigt: Warum haben sich die Juden oder Pilatus gerade so verhalten? Dabei ergaben sich leicht Erklärungen wie: ,,Die Juden waren gereizt" oder ,,Pilatus hatte Angst". Dabei übersah man: Wir haben keinen Dokumentarfilm vor uns, den eine verborgene Kamera aufgenommen hat. Der Text bietet vielmehr das Bild, das uns der Erzähler (manchmal auch ein Bearbeiter) darbietet. Dabei hat er in verschiedenem Grade Überlieferungen aus früherer Zeit verarbeitet und war von der Sicht beeinflußt, mit der er in seiner eigenen Gemeinde aufgewachsen war. Allein er hat dieses Übernommene nicht einfach reproduziert. Vielmehr ist er auch, bisweilen in sehr hohem Grade, selbst entwerfend – Vergangenheit verstehend und verständlich machend – tätig gewesen.

Für unsere Perikope läßt sich das zum Glück nicht nur behaupten, sondern auch nachweisen. Das einsame Zwiegespräch Jesu mit Pilatus hat kein Stenogramm, kein Tonband und kein Erinnerungsprotokoll festgehalten. Erwägungen wie von *Edwards* 141, ob nicht der Zebedaide durch Procula (von der Legende – nach Mt 27,19 – erfundene Gattin des Pilatus) sich die Prozeßakten beschaffen konnte, verdienen nur als Curiosa Erwähnung.

Was die Darstellung des JE von diesem Ereignis – die sonst völlig allein steht – mit denen der anderen Evangelien verbindet, ist die Überzeugung: Die Frage nach der Stellung Jesu, nach seinem Anspruch hat die Verhandlungen beherrscht: War er der Messias, der ,,König der Juden‘‘, der ,,Wahrheitszeuge‘‘ oder wie immer die Würdenamen lauten, mit denen sich die christliche Gemeinde von seiner Bedeutung Rechenschaft gab?

Damit ist schon angedeutet: Die alte Formel des Vinzenz von Lerinum, ,,was immer, was überall, was von allen geglaubt worden ist‘‘, diese Formel ist, wenn sie mehr behaupten will als das soeben Gesagte, einfach eine Selbsttäuschung. Man braucht sich nur mit offenen Augen die vier Evangelien anzusehen, dann erkennt man, wie stark sich die Bilder des Verhörs vor Pilatus geändert haben, und zwar in einer ganz bestimmten Richtung, in einem deutlich erkennbaren Trend. Bei Mk (und Mt, der ihm im ganzen ziemlich getreu folgt) gipfelt der Prozeß Jesu in einer großen Szene vor dem Hohenrat. Zunächst versuchen da die Juden mit falschen Zeugen eine Schuld Jesu zu beweisen (Tempelwort!). Aber Jesus schweigt dazu, wie das Jes 53,7 vorhergesagt hat. Danach jedoch bekennt sich Jesus feierlich zu seiner Würde als ,,Christus, der Sohn des Hochgelobten‘‘, und zu seiner Wiederkunft, wie sie Daniel vorausgesagt hat. Darauf kam es den Christen zunächst an.

Das hing mit der Geheimnistheorie des Markus zusammen. Nach ihr hat Jesus während seines Erdenlebens, abgesehen von einer Selbstoffenbarung vor den Zwölf und einer anderen vor den drei Hauptjüngern, über seine eigentliche Würde geschwiegen und auch seinen Jüngern Schweigen darüber auferlegt. Darum war es von höchster Wichtigkeit, daß er zuletzt in aller Öffentlichkeit sich vor dem Hohenrat zu seiner wahren Würde bekannt hatte.

Diese markinische Geheimnistheorie trug dem Unterschied Rechnung, der zwischen den Aussagen Jesu vor Ostern und den Aussagen der Gemeinde nach Ostern bestand. Mt und Lk aber haben jene Geheimnistheorie schon aufgegeben. Sie setzen vielmehr voraus, daß sich Jesus während seines Erdenlebens als der Menschensohn zu erkennen gegeben hat. Damit verlor die

Bekenntnisszene vor dem Hohenrat an Bedeutung. Dafür trat etwas anderes in den Vordergrund. Lk hat in seiner Pilatusszene in 23,1–5 alles gesammelt, was aus der synoptischen Tradition politischen Vorwürfen gegen Jesus Nahrung geben konnte, und läßt es die Juden anklagend dem Pilatus vortragen. Offensichtlich hat Lk damit der jüdischen Polemik seiner Gegenwart Rechnung getragen: die Juden verdächtigten die christliche Gemeinde bei den Römern als eine revolutionäre Sekte, die den Christus als König verehrte und ihn damit dem Kaiser entgegensetzte. In dieser Behauptung eines ,,politischen Christentums" tritt uns nicht, wie *Winter* und andere meinen, Urgestein der Überlieferung entgegen, sondern die Polemik der Juden gegen Ende des 1. Jahrhunderts. Lk hat sich nicht ohne Grund in seiner Apostelgeschichte darum bemüht, überall das gute Einvernehmen des Paulus mit den römischen Statthaltern hervorzuheben. In diesen Zusammenhang gehört es auch, wenn er den Pilatus dreimal (23,4.14.22) die Unschuld Jesu beteuern läßt.

Den späteren Evangelisten war, wie man sieht, hier eine schwere Aufgabe zugefallen. Einerseits war Jesus nach römischem Recht von einem römischen Statthalter zur römischen Kreuzesstrafe verurteilt worden. Andererseits mußten sie zu zeigen versuchen, daß dieser selbe Statthalter sich keineswegs Jesus gegenüber feindlich erwies, sondern nur widerwillig unter jüdischem Druck schließlich seine Kreuzigung genehmigte. Den anschaulichsten Ausdruck dafür hat Mt 27,24 gefunden, indem er Pilatus angesichts der Menge sich die Hände waschen läßt mit den Worten: ,,Ich bin schuldlos am Tode dieses Gerechten!"

Die johanneische Darstellung der Pilatusszene ist der bei Mt und Lk weit überlegen. Dem widerspricht freilich, was *Wellhausen* 83f. über diese Szene schrieb: ,,Das ,Verhör' vor Pilatus soll keins sein und ist eins, wenn auch nur materiell, nicht formell. Er läßt sich nämlich nicht in öffentlichem Verfahren mit Jesus ein, sondern unter vier Augen innerhalb des Prätoriums. Die Juden bleiben draußen und erfahren nur durch ihn etwas über den Stand der Verhandlungen mit dem Angeklagten. Zu diesem Zweck muß er beständig zwischen den Parteien hin und her laufen, bald in das Prätorium herein, bald aus dem Prätorium hinaus. In diesem Wirrwarr finde sich zurecht, wer kann."

In Wirklichkeit ist hier aber dem Erzähler eine großzügige Komposition gelungen. Man spürt sie schon im äußeren Aufbau unseres Abschnitts. Er ist im Grunde – *Wellhausen* zum Trotz – sehr einfach. Das Ganze gliedert sich in drei Teile. Die Einleitung (18,28–32) schildert die Übergabe Jesu durch die Juden an Pilatus. Der Hauptteil (18,33–19,11) beschreibt in vier Unterabschnitten (18,33–38a; 18,38b–40; 19,1–3; 19,4–11) die Verhandlungen des Pilatus mit den Juden und Jesus. Dieser Hauptteil geht in die grandiose Schlußszene über (19,12–16a): Pilatus muß Jesus dem jüdischen Verlangen ausliefern.

Freilich enthalten diese drei Abschnitte einige der ,,Aporien im 4. Evangelium" (I, 355–357), denen *Schwartz* so leidenschaftlich und erfolglos nachge-

543

gangen ist. Immer wenn er hoffte, endlich ein größeres Stück zusammenhängenden Berichtes gefunden zu haben, entdeckte er auch darin Unstimmigkeiten; es war, als ob der Text in seinen kritischen Händen zerbröckelte. Das hing damit zusammen, daß er, ebenso wie *Wellhausen,* dem Erzähler scharf auf die Finger sah, ob er auch keinen Zug ausließ, und wenn das anscheinend der Fall war, mußte immer wieder einer der Redaktoren (die sich unheimlich vermehrten) eingegriffen haben und durch einen Zusatz oder eine Fortlassung oder eine Änderung die historisch zuverlässige Grundschrift entstellt haben. So sei alles durcheinander geraten. Aber hinter der scheinbar etwas konfusen Darstellung des JE steht doch eine wohlbegründete kompositionelle Einheit.

Bleiben wir zunächst bei dem ersten Teil. Die Juden erscheinen mit ihrem Gefangenen vor dem Prätorium, und alsbald tritt Pilatus heraus wie ein braver Bürgersmann, an dessen Tür man geklopft hat. Aber unterschätzen wir den Erzähler nicht! Er vereinfacht und schafft auf diese Weise ein Bild, das sich jedem einprägt. Vielleicht hat es ein Protokoll gegeben über den Empfang dieser Delegation bei dem „Praefectus Judaeae" (das war wohl der offizielle Titel des Pilatus: *Dodd,* Tradition 96 Anm. 1 mit Literatur). Allein der Erzähler hat es entweder nicht gekannt oder ignoriert. Er läßt nicht einmal die Juden zunächst ihr Anliegen vorbringen, so daß Pilatus die Frage nach der Anklage (κατηγορία) stellen muß. Anscheinend drücken sich die Juden – ärgerlich oder gereizt, wie manche Erklärer meinen – um eine präzise Antwort. Erst das zweite Wort des Pilatus (V. 31) bringt es an den Tag, daß sie ein Todesurteil gegen Jesus verlangen. Wenn sich der Leser den Text genau ansieht, bekommt er den Eindruck, daß überhaupt keine jüdische Anklage ausgesprochen wird: Die Juden behandeln den Präfekten, als wäre er eigentlich nur das Vollzugsorgan ihres Willens. Mit einem Jagdausdruck: sie sind die Treiber, und Pilatus soll dem gehetzten Wild den Fangschuß geben. Allerdings fügt sich Pilatus nicht sofort in diese Rolle. Er will – das macht der Hauptteil klar – selber feststellen, wie es sich mit dem Tatbestand verhält. Freilich ist noch mehr im Spiel. Der Erzähler behält sich die Anklage „König der Juden" für den Hauptteil vor. Damit bekommt dieser, aber zugleich auch der erste Teil, jeweils ein durchgehendes Thema und einen geschlossenen Zusammenhang. Der erste Teil wirkt nun als bloßes Vorspiel, das allerdings die Zwei-Bühnen-Technik vorbereitet, die mit 18,33 einsetzt. Endlich wird in diesem ersten Teil klar: Es liegt dem Erzähler gar nicht daran, daß der Prozeß vor Pilatus (anders als der vor den Hohenpriestern!) im Zeitraffertempo vorgeführt wird. Im Gegenteil: der Erzähler hat, wenn er will, Zeit, viel Zeit, und läßt dabei den Leser spüren, wie ein Geschehen langsam in Gang kommt, dessen Ende zwar allen Christen bekannt ist, das sich aber doch in gewissem Sinne erst hier so, „wie es wirklich ist", ereignet. Tatsächlich hatte es noch kein Evangelist so dargestellt. Darum ist die Geschichte, die das JE erzählt, neu und spannend und offenbarungskräftig.

Äußerlich ist der Hauptteil durch die Zwei-Bühnen-Technik charakteri

544

siert. Man könnte diesen Wechsel zwischen den Szenen auf der vorderen Bühne mit Pilatus und der feindlichen und brüllenden Menge und denen in der Stille des Palastes mit dem Statthalter und dem gefesselten stillen Mann für einen bloßen Kunstgriff halten, auf den freilich noch niemand zuvor gekommen war. Aber er ist innerlich bedingt. Denn um die Juden hatte sich Jesus in den ersten zwölf Kapiteln bemüht, es war umsonst, wie 12,37–43 klagend und anklagend feststellt. Hier war wirklich geworden, was in Jes 53,1 und 6,10 vorausgesagt war, in jenen großen Unheilsweissagungen von der Verblendung des jüdischen Volkes. Darum hat Jesus den Juden jetzt nichts mehr zu sagen. Mit Pilatus aber steht es anders. Jesu Gespräch mit ihm ist noch nicht abgebrochen, ja es hat noch nicht begonnen. So kann hier noch etwas zu Wort kommen, was der Erzähler seinen Lesern unbedingt sagen wollte.

Innerlich ist der Hauptteil durch das Thema ,,Jesus, der König der Juden'' bestimmt. Diese Formel kann einen sehr verschiedenen Sinn tragen. Im Munde der Juden drückt sie aus, daß Jesus ein politischer Messias sein will und als solcher ein Rebell gegen den Kaiser ist, und in diesem Sinne haben sie (wie aus 18,33–35 hervorgeht) auch den Pilatus informiert. Im Sinne der christlichen Gemeinde aber besagte diese Formel, daß Jesus der in Daniel 7,13 vorausgesagte endzeitliche Richter ist. Drittens aber hat sie einen besonderen Sinn im Munde des Johannes: Ihm lag die überlieferte Formel freilich nicht sonderlich; er mußte sie neu interpretieren. Das geschieht in Jesu Wort: ,,Mein Reich ist nicht von dieser Welt.'' Der christliche Glaube begehrt nicht die Weltmacht. Er ist ,,unpolitisch''. Die Tatsache, daß Jesus ohne Widerstand der Seinen in die Hände der Juden geraten ist, ist dafür Beweis genug. Aber wenn Jesus dennoch von seinem Königtum spricht, was ist dann positiv damit gemeint? Hier steht der Erzähler vor einer großen Schwierigkeit. Wie soll dem Pilatus das Geheimnis der Christusherrschaft mitgeteilt werden, ohne daß der Anspruch der Christusbotschaft auf den Glauben des Hörers verzichtet? Inwiefern ist Christentum nicht ,,von hier''? Jesus ist, so bekommt Pilatus zu hören, dazu in diese Welt gekommen, um Zeugnis für die Wahrheit abzulegen. Wer aus der Wahrheit ist, der höre seine Stimme. ,,Was ist mit dieser Wahrheit gemeint?'', fragt Pilatus. Man könnte für diesen johanneischen Begriff der Wahrheit das Wort ,,Gott'' einsetzen. Jesus selbst hat sich ja (14,6) den Weg, die Wahrheit und das Leben genannt. Inwiefern er der Weg ist, zeigt die Fortsetzung: ,,Und niemand kommt zum Vater, denn durch mich.'' Weil der Glaube in ihm den unsichtbaren Vater erblicken kann (14,7), sind er und der Vater ,,eins'', wie das Urbild und das Abbild sich einander gleichen. Aus der Wahrheit aber ist jeder, der von oben gezeugt ist (3,3), jeder aus der Schar derer, die ihm der Vater gibt (6,37.39; 17,2–6). Pilatus – wie der Erzähler ihn sieht – lebt noch vor dem großen Erwachen, das der Glaube mit sich bringt. Die Möglichkeit einer anderen, neuen Existenz (mitten in diesem Leben!) ist ein ihm fremder Gedanke. Fremd ist ihm auch Jesus. Allein soviel versteht er immerhin: Dieser Mann, der vor ihm steht, ist kein Revolutionär, der den Kaiser stürzen will. Darum geht er hinaus zu den Juden und sagt ihnen offen, er halte Jesus für unschuldig. Aber wenn er sich auch so für Jesus einsetzt, er will doch die Juden nicht vor den Kopf stoßen. Er muß als Statthalter ja doch mit ihnen auskommen. Darum schlägt er vor, Jesus auf Grund eines angeblichen Gewohnheitsrechtes nur kraft einer Amnestie freizulassen. Das ist ein halbes Nachgeben, was sich als halb dadurch verrät, daß er von Jesus beständig als von dem „König der Juden" spricht. Mit diesem halben Nachgeben verstrickt sich Pilatus jedoch immer mehr in die Schwierigkeiten seiner Mittlerstellung. Die Juden akzeptieren zwar die Amnestie, aber der Amnestierte wird nicht Jesus, sondern der Räuber Barabbas. Damit wird nicht nur deutlich, wer die Juden sind (und die von ihnen repräsentierte Welt, die den Barabbas gar nicht so schrecklich findet), sondern auch in welche Gesellschaft sich Pilatus begibt. Diesen Weg zur Kapitulation vor den Juden setzt er wider Willen fort. Sein weiterer Versuch, den Juden ad oculos zu demonstrieren, daß „der Mann da" kein Rebell ist, indem er ihn von den Soldaten zusammenschlagen und schimpflich ausstaffieren läßt, schlägt ebenfalls fehl. Nun haben die Juden Blut gekostet und wollen die völlige Vernichtung des Gehaßten. Vergebens sträubt sich Pilatus gegen diese Forderung. Er ist wie der Fisch im Netz, der verzweifelt frei sein will und fühlt, daß der freie Raum immer enger wird. Und gerade da trifft ihn – literarisch gesehen: als retardierendes Moment – das Wort der Juden: Jesus beanspruche, Gottes Sohn zu sein. Wenn das nun wahr ist? Jetzt hat er nicht nur Angst, einen unschuldigen Menschen ans Kreuz hängen zu lassen, sondern sich an (einem) Gott zu versündigen. Der Erzähler ist sich dessen bewußt, daß sich Pilatus, so wie er ihn versteht, in einer Grenzsituation befindet, aus der er nicht ohne Sünde hervorgehen wird.

Der dritte Teil (19,12–16a) enthält verschiedenartige Schwierigkeiten. V. 12a will sagen, daß Pilatus den Juden mitteilt, er wolle Jesus freilassen; Pilatus ist also wieder nach draußen gegangen. Damit stimmt dann V. 12b überein: Die Juden reagieren wild auf diese Ankündigung des Pilatus. Sie fahren jetzt ihr schwerstes Geschütz auf: Indem sie den Messiasanspruch Jesu („König der Juden!") politisch deuten, beschuldigen sie den Präfekten, daß er einen Feind des Kaisers begünstige. In dieser Lage tut nun Pilatus etwas ganz Unerwartetes. Freilich ist der griechische Text nicht eindeutig, da er ursprünglich keine Interpunktion enthielt. Er lautet: Πιλᾶτος . . . ἤγαγεν ἔξω τὸν Ιησοῦν καὶ ἐκάθισεν ἐπὶ βήματος. Das Komma, das der heutige Text nach Ιησοῦν bietet, entspricht der üblich gewordenen Auslegung dieser Stelle: Pilatus setzt sich auf den Richterstuhl. Dieses Verständnis kann sich auf das antike Verfahren berufen, daß sich der römische Richter vor Beginn des Prozesses auf dem βῆμα niederläßt. Da hier der Prozeß schon 18,33 begonnen hat, nahm man an, 19,13 besage, Pilatus setze sich vor dem Urteilsspruch auf den Richterstuhl. Aber auch das trifft nicht zu: Pilatus verhandelt noch weiter mit den Juden, und ein Urteil, einen Schuldspruch über Jesus fällt er überhaupt nicht, da er von dessen Unschuld überzeugt ist. Es ist also gar nicht ein „normaler" Prozeß, den der Erzähler hier beschreibt!

Nun kann das Wort ἐκάθισεν aber auch in aktivem Sinn verwendet werden. Dann ergibt sich (wie schon *Corssen,* Ἐκάθισεν ἐπὶ βήματος 338–40 und *Loisy* 865ff., gesehen haben) jener andere Sinn, den unsere Einzelbesprechung voraussetzte: „Als Pilatus diese Worte hörte, führte er Jesus heraus und setzte (ihn) auf den Richterstuhl." Tatsächlich können wir noch feststellen, daß diese Fassung im frühen Christentum existierte und wie sie entstanden ist.

Bei Justin, Apol I, 35.6, heißt es von den Juden: „Denn sie verspotteten ihn, wie der Prophet sagt, und setzten ihn auf den Richterstuhl und sagten: Richte uns!" Die Worte „wie der Prophet sagt" weisen auf eine in diesem Sinn gedeutete alttestamentliche Stelle hin. Sie ist längst gefunden: Es ist Jes 58,2 mit dem Wortlaut: „Sie forderten von mir gerechtes Gericht" (LXX: αἰτοῦσίν με νῦν κρίσιν δικαίαν). Daß wirklich diese Stelle gemeint ist, geht aus der Parallele im Petrusevangelium (2,7) hervor: „Und sie warfen ihm ein Purpurgewand um und setzten ihn auf den Richterstuhl und sprachen: Richte gerecht, König Israels!" Diese Tradition hat das JE gekannt und korrigiert: Nicht die Juden waren es, die Jesus auf den Richterstuhl setzten (das kam ihnen nicht zu), sondern Pilatus selbst.

Damit hat Johannes eine der größten und tiefsten Szenen seines Evangeliums geschaffen, eine Szene von verwirrender Doppeldeutigkeit. Pilatus glaubt nicht, daß Jesus ein politischer Thronprätendent (politischer Messias) ist; aber er versteht auch nicht, daß Jesus der wahre König (Wahrheitszeuge!) ist. Die Leidensgestalt mit den Spottinsignien soll den Juden zeigen, daß Jesus nicht die von den Juden behaupteten Aspirationen auf das Königtum haben kann. Trotzdem zeigt die Szene für den Erzähler: Der wahre König sitzt dort, wo er hingehört, auf dem Richterstuhl, und Pilatus selbst hat ihn dort installiert. Aber ist es so sicher, daß Pilatus ganz unberührt von der „Wahrheit" ist, von der christlichen Wahrheit, für die Jesus wirklich der wahre König ist? Wie kann er sonst den Juden – die doch von dem König Jesus nichts wissen wollen – sagen: „Soll ich euren König kreuzigen?". Wort und Tat des Pilatus (wie sie der Erzähler darstellt!) schweben in einem Doppelsinn von Ja und Nein. Nur insofern angedeutet ist, daß Jesus der wahre König ist, verzichten die Juden, indem sie ihm das vorwerfen, auch darauf, das Volk des Messias zu sein.

Noch ein letztes Wort zu dieser dramatischsten aller Szenen des JE (vgl. *Windisch,* Der johanneische Erzählungsstil 202–204). Es könnte so scheinen, als seien die Juden, die den Pilatus zwingen, und Pilatus, der sich ihnen widersetzt, die eigentlich handelnden Personen dieses Dramas, und als sei Jesus nur ein Objekt, über das der eine so, die anderen so entscheiden wollen. Aber es scheint nur so. In Wahrheit ist der stille Gefangene, der nur beim einsamen Zusammentreffen mit Pilatus spricht, der feste Punkt, um den sich alles bewegt. Nicht er wird gerichtet, sondern die Juden, die seinen Tod ertrotzen.

547

Nicht Pilatus ist der Richter, sondern Jesus, und zwar dadurch, daß er nicht erkannt und anerkannt wird. Gewiß, Jesus schweigt, seitdem er das Prätorium endgültig verlassen hat (19,13). Aber schweigend spricht er, indem er mit der Scheinkrone und dem Purpurmantel auf dem Richterstuhl sitzt. Freilich ist dieses Wort von besonderer Art. Nach menschlichen Begriffen ist es unmöglich, von den unbewegten Lippen das ,,Ich bin es!'' zu vernehmen. Jesus, der irdische Jesus, ist im vierten Evangelium nicht direkt zugänglich. Er ist, zumal in dieser Szene, der Christus absconditus. Erst durch den Geist wird er, nach Ostern, der Christus revelatus werden.

## 41. Passion und Begräbnis

[16b]Sie übernahmen Jesus. [17]Er trug selbst das Kreuz und ging hinaus zu der sogenannten Schädelstätte, die hebräisch Golgotha heißt. [18]Dort kreuzigten sie ihn und mit ihm zwei andere, auf dieser und jener Seite, Jesus aber in der Mitte. [19]Pilatus hatte aber auch eine Aufschrift anfertigen und am Kreuz anbringen lassen. Da stand geschrieben: ,,Jesus, der Nazoräer, der König der Juden.'' [20]Diese Inschrift lasen viele Juden, weil der Platz, wo Jesus gekreuzigt wurde, nahe bei der Stadt lag; die Inschrift war hebräisch, lateinisch und griechisch geschrieben. [21]Die Hohenpriester der Juden sagten zu Pilatus: ,,Schreibe nicht: ,Der König der Juden', sondern daß Jesus gesagt hat: ,Ich bin der König der Juden!''' [22]Pilatus antwortete: ,,Was ich geschrieben habe, ist geschrieben.'' [23]Als die Soldaten Jesus gekreuzigt hatten, nahmen sie seine Kleider und machten vier Teile, für jeden einen Teil. Ebenso nahmen sie den Leibrock; der Rock war ohne Naht, in einem Stück gewebt. [24]Da sagten sie zueinander: ,,Wir wollen ihn nicht zerteilen, sondern ihn verlosen, wem er gehören soll!'' So sollte sich die Schrift erfüllen: ,,Sie teilten meine Kleider unter sich, und um mein Gewand losten sie'' (Ps 22,19). Die Soldaten handelten dem entsprechend. [25]Es standen aber bei Jesu Kreuz seine Mutter und die Schwester seiner Mutter, Maria, die Frau des Klopas und Maria Magdalena. [26]Als Jesus seine Mutter sah und bei ihr den Jünger, den er lieb hatte, sagte er zu seiner Mutter: ,,Frau, sieh, dein Sohn!'' [27]Darauf sagte er zu dem Jünger: ,,Sieh, deine Mutter!'' Und von jener Stunde an nahm der Jünger sie zu sich. [28]Danach, weil Jesus wußte, daß schon alles vollbracht war, sagte er, damit die Schrift vollkommen erfüllt werde: ,,Mich dürstet.'' [29]Es stand da ein Gefäß, mit Essig gefüllt; sie steckten einen Schwamm, mit Essig getränkt, auf einen Ysopzweig und hielten ihn an seinen Mund. [30]Als Jesus den Essig genommen hatte, sagte er: ,,Es ist vollbracht.'' Dann neigte er das Haupt und übergab den Geist. [31]Die Juden nun, da es Rüsttag war,

damit nicht die Leichen am Kreuz blieben – denn der Tag jenes Sabbats war groß –, baten den Pilatus, daß sie ihnen die Schenkel zer-
schlügen und sie herabnähmen. [32]Da kamen die Soldaten und zerbra-
chen die Schenkel des ersten und die des anderen, der mitgekreuzigt
war mit ihm. [33]Als sie aber, zu Jesus gekommen, sahen, daß er schon
tot war, zerschlugen sie seine Schenkel nicht, [34]sondern einer von den
Soldaten stieß ihm mit der Lanze in die Seite, und sogleich kam Blut
und Wasser heraus. [35]Und er, der es gesehen hat, hat es bezeugt – und
sein Zeugnis ist wahr, und er weiß, daß er die Wahrheit sagt –, damit
auch ihr glaubt. [36]Denn das ist geschehen, damit sich die Schriftstelle
erfülle: „Ein Knochen soll ihm nicht zerbrochen werden". [37]Und
wiederum sagt eine andere Schriftstelle: „Sie werden auf den blicken,
den sie durchbohrt haben". [38]Nach diesem aber bat Joseph von Arimathia, der ein Jünger Jesu war – im Verborgenen, aus Furcht vor den
Juden –, den Pilatus, daß er den Leichnam Jesu nehmen dürfe. Und
Pilatus gestattete es. Da kam er und nahm seinen Leichnam fort. [39]Es
kam aber auch Nikodemus, der zuvor des Nachts zu ihm gekommen
war, tragend eine Mischung von Myrrhenharz und Aloe, ungefähr
100 Pfund. [40]Da nahmen sie den Leichnam Jesu und banden ihn mit
Binden zusammen mit den Gewürzen, wie es bei den Juden der
Brauch ist zu bestatten. [41]Es war aber an dem Ort, wo er gekreuzigt
worden war, ein Garten, und in dem Garten ein neues Grab, in das
man noch niemanden gelegt hatte. [42]Da legten sie Jesus dorthin wegen des Rüsttags der Juden, weil das Grab nahe war.

**Literatur:**
*Aubineau, M.,* La tunique sans couture du
Christ. Exégèse patristique de Jean 19,23, in:
FS. J. Quasten, Münster 1970, 100–127.
*Bampfylde, G.,* Jn 19,28: A Case for a Diffe-
rent Translation, NT 11 (1969) 247–260.
*Barton, G. A.,* „A Bone of Him Shall Not be
Broken": John 19,36, JBL 49 (1930) 13–19.
*Broer, I.,* Die Urgemeinde und das Grab Jesu,
München 1972, bes. 201–249.
*Dalman, G.,* Jesus-Jeschua, Leipzig 1922,
Nachdruck Darmstadt 1967.
*Dauer, A.,* Das Wort des Gekreuzigten an
seine Mutter und den „Jünger, den er liebte".
Eine traditionsgeschichtliche und theologi-
sche Untersuchung zu Joh 19,25–27, BZ 11
(1967) 222–239; 12 (1968) 80–93.
*Dechent, H.,* Zur Auslegung der Stelle Joh
19,35, ThStkr 72 (1899) 446–467.
*Dunlop, L.,* The Pierced Side: A Focal Point
of Johannine Theology, BiTod 86 (1976)
960–965.
*Feuillet, A.,* L'heure de la femme (16,21) et
l'heure de la Mère de Jésus (19,25–27), Bib. 47
(1966) 557–573.
*Ders.,* L'heure de la mère de Jésus. Etude de

théologie johannique, Franjeux-Prouille 1969.
*Fitzmyer, J. A.,* Crucifixion in Ancient Pales-
tine, Qumran Literature, and the New Tes-
tament, CBQ 40 (1978) 493–513.
Fohrer, G., Art.: Begräbnis, in: BHH 1
(1962) 212.
*Forbes, R. J.,* Art.: Mumie, in: BHH 2 (1964)
1247–1249.
*Ford, J. M.,* Mingled Blood from the Side of
Christ, NTS 15 (1969) 337–338.
*Hengel, M.,* Mors turpissima crucis. Die
Kreuzigung in der antiken Welt und die
„Torheit" des „Wortes vom Kreuz", in: FS.
E. Käsemann, Tübingen 1976, 125–184.
*Kennard, J. S.,* The Burial of Jesus, JBL 74
(1955) 227–238.
*Koehler, T.,* The Sacramental Theory in Joh
19,26f., University of Dayton Review 5
(1968) 49–58.
*Ders.,* Les principales interprétations tradi-
tionnelles de Jn 19,25–27 pendant les douze
premiers siècles, EtMar 26 (1968) 119–155.
*Langenbrandtner, W.,* Weltferner Gott oder
Gott der Liebe, Bern/Frankfurt 1977, bes.
33–35.

*Langkammer, H.*, Christ's „Last Will and Testament" (Jn 19,26–27) in the Interpretation of the Fathers of the Church and the Scholastics, Anton. 43 (1968) 99–109.

*Ljungvik, H.*, Aus der Sprache des NT's: Einige Fälle von Ellipse oder Brachylogie, Eranos 66 (1968) 24–51.

*Meyer, E.*, Sinn und Tendenz der Schlußszene am Kreuz im JE, SPAW.PH 1924, 157–162.

*Michaels, J. R.*, The Centurion's Confession and the Spear Thrust (Jn 19,34ff.), CBQ 29 (1967) 102–109.

*Morretto, G.*, Giov. 19,28: La sete di Cristo in Croce, RivBib 15 (1967) 249–274.

*Nestle, E.*, Zum Ysop bei Johannes, Josephus und Philo, ZNW 14 (1913) 263–265.

*Potterie, I de la*, Das Wort Jesu „Siehe, deine Mutter" und die Annahme der Mutter durch den Jünger (Joh 19,27b), in: NT und Kirche, FS. R. Schnackenburg, 1974, 191–219.

*Richter, G.*, Blut und Wasser aus der durchbohrten Seite Jesu, in: ders., Studien zum JE, Regensburg, 1977, 120–142.

*Sava, A. F.*, The Wound in the Side of Christ, CBQ 19 (1957) 343–346.

*Seynaeve, J.*, Les citations scripturaires en Jn 19,36–37: une preuve en faveur de la typologie de l'Agneau pascal?, RevAfricTh 1 (1977) 67–76.

*Schürmann, H.*, Jesu letzte Weisung: Joh 19,26–27a, in: ders., Ursprung und Gestalt, Düsseldorf 1970, 13–28.

*Schweizer, E.*, Das johanneische Zeugnis vom Herrenmahl, EvTh 12 (1952/53) 341–363.

*Tabachovitz, D.*, Ein paar Beobachtungen zum spätgriechischen Sprachgebrauch, Eranos 44 (1946) 296–305.

*Thyen, H.*, Aus der Literatur zum JE, ThR 44 (1979) 97–134, bes. 118–127.

*Wilkinson, J.*, The Incident of the „Blood and Water" in John 19,34, SJTh 28 (1975) 149–172.

*Zeitlin, S.*, The Date of the Crucifixion According to the Fourth Gospel, JBL 51 (1932) 263–271.

■ **16b.17** Dem Wortlaut nach sind die Juden Subjekt zu παρέλαβον. Dem Sinne nach aber sind sie es nur, insofern Pilatus dem jüdischen Verlangen nachgibt. Römische Soldaten vollziehen (V. 23) die Kreuzigung (*Bauer* 221). Aber sofort wird Jesus wieder zum eigentlichen Subjekt der Handlung: ungebrochen trägt er für sich sein Kreuz, d. h. den Querbalken (patibulum), der dann auf dem festgerammten Kreuzesstamm befestigt wurde; vgl. Plutarch, De sera 9 p. 554a: „Jeder der Übeltäter trägt sein eigenes Kreuz." Daher wohl die Variante bei φ: ἐπέθηκαν αὐτῷ τὸν σταυρόν. Die Betonung der Worte in V. 17 läßt vermuten, daß der Erzähler eine andere Überlieferung kennt und ablehnt, nach der Jesus unter der Last zusammenbrach und Simon von Kyrene das Kreuz tragen mußte (vgl. Mk 15,21). Jesus kann Vorbild der Nachfolge (vgl. Mk 8,34) nur sein, wenn er selber sein Kreuz getragen hat. Die Apologetik hat, beginnend schon bei Origenes, den synoptischen und den johanneischen Bericht versöhnt: V. 17 schildert die Lage, als Jesus das Prätorium (oder die Stadt) verließ; dagegen Mk 15,21 das, was sich unterwegs zutrug. Von der klagend den Zug begleitenden Menge und den Frauen (vgl. Lk 23,27–31) sagt das JE nichts. Insofern jene Stelle Jesus unerschüttert zeigt, wirkt sie wie eine Vorstufe der johanneischen Darstellung. Nur ist für das JE das jüdische Volk insgesamt Jesus feindlich. Golgotha (aramäisch golgoltha), „Ort des Schädels", wie Mk 15,22 und Mt 27,33 (anders Lk 23,33 τὸν τόπον τὸν καλούμενον Κρανίον): der Name ist wohl nach dem Aussehen gewählt (*Barrett* 456); eine kleine Anhöhe, die schon mehrere fest eingerammte Kreuzesstämme trug.

■ **18** „wo sie ihn kreuzigten": ein Nebensatz erzählt diese brutale Vergewaltigung und nimmt ihr gerade damit jenes schmerzliche Gewicht, das sie später in der Passionsmystik besaß. Wer die beiden sind, welche zu seiner

Rechten und Linken gekreuzigt wurden, wird als unwichtig nicht gesagt. Später meinte man zu wissen, wie sie hießen (vgl. *Klostermann*, Markus 165). Nach Joh 20,25 hat man Jesus ans Kreuz angenagelt und nicht bloß angebunden (wodurch ebenfalls, aber erst viel später, der Tod durch Kreislaufstörung eingetreten wäre): die Nägel durchbohrten nicht die Handflächen, welche die Last des Körpers nicht hätten tragen können und zerrissen wären, sondern die Handwurzeln. Aber davon spricht der Evangelist nicht. Er will hier nicht den Schmerzensmann zeichnen wie Dürer, sondern den, der auch am Kreuz noch der König ist.

■ **19** zeigt das am Motiv des sog. titulus, der jeweils die Schuld des Verbrechers angab. Aber diese Inschrift, die Pilatus anfertigen und am Kreuz befestigen ließ, wird zur Verherrlichung, lautet sie doch: ,,Jesus der Nazoräer, der König der Juden." Während Mk 15,26 als Text nur angibt: ,,Der König der Juden", erweitern Mt 27,37 und Lk 23,38 bereits. Daß Jesus als Nazoräer bezeichnet wird (was die Evangelisten wohl alle von Nazareth abgeleitet haben, ohne daß diese Bedeutung sicher wäre; die Judenchristen wurden später Nazoräer genannt), mag aus älterer Tradition stammen. Der Gebrauch eines solchen titulus über dem Kreuz ist nicht belegt; die oft angeführten Beispiele (Sueton, Caligula 32, Domitian 10; Cassius Dio 54,8; Euseb. h. e. V 1,44) passen sämtlich nicht. Auch was *Billerbeck* I 1038 aus Sanh 6,1 und 11,4 anführt, hat nichts damit zu tun. *Wettstein* I 954 zitiert einen viersprachigen ehrenden titulus auf den gefallenen Gordianus.

■ **20** Diese Inschrift wird von vielen Juden gelesen, weil die Kreuzigungsstätte (damals) nahe bei Jerusalem war. Die Inschrift ist dreisprachig (wovon die Synoptiker nichts verlauten lassen): aramäisch, lateinisch und griechisch. Sie verkündet also die Würde des hier am Kreuz Hängenden aller Welt, nicht aber seine Schuld, die durch die Kreuzigung bestraft wird: sie ist ja nicht vorhanden.

■ **21** Johannes hat als einziger Evangelist diesen Umstand gemerkt und darum die Hohenpriester protestieren lassen: statt ,,der König der Juden" müsse es heißen: ,,er sagte: Ich bin der König der Juden". Es ist möglich, daß die Betonung der Würde Jesu als des Königs der Juden auf frühes Judenchristentum zurückgeht.

■ **22** Die Antwort des Pilatus ist von lakonischer Kürze, wie es einem gebildeten Römer ansteht: ,,Quod scripsi, scripsi." *Stauffers* Überlegungen, warum Pilatus, der Günstling Sejans, eben noch den Juden willfährig war und sie nun brüskiert, haben bei Johannes keinen Anhalt.

■ **23f.** führen wieder zu den Soldaten zurück: der Wache unter dem Kreuz fallen als Beute die Kleider des Hingerichteten zu. Natürlich auch diejenigen der beiden Mitgekreuzigten; aber davon ist hier nicht die Rede. Sie spielen bei Johannes, anders als bei Lk 23,39–43, keine Rolle. Die Szene selbst, die Verteilung der Kleider und die Verlosung des ,,ungenähten Rocks", ist aus Ps 22,19 herausgelesen. Dort klagt der leidende Gerechte, daß seine Feinde ihn schon wie einen Toten betrachten, dessen Habe man sich aneignet. Der

Psalmvers 19 enthält einen sog. parallelismus membrorum: dieselbe Stelle wird mit zwei leicht verschiedenen Wendungen ausgedrückt: ,,Sie teilen meine Kleider unter sich und werfen das Los über mein Gewand." In der christlichen Tradition wurde das als Beschreibung zweier verschiedener Ereignisse ausgelegt: jeder der vier Wachsoldaten bekommt ein Viertel der Kleider Jesu. Aber seinen (ungenähten) Rock will man nicht zerstören und verlost ihn deshalb. Daß er zu einer hochgeschätzten Reliquie werden würde, konnte der Erzähler nicht ahnen. Die frühen Christen haben die alttestamentlichen Leidenspsalmen als Weissagungen und genaue Beschreibungen der Passion Christi gelesen (wobei man sich nur an passende Verse hielt) und danach die Leidensgeschichte erzählt.

■ **25–27** bringen eine Szene, von der die synoptischen Evangelien nichts wissen. Dafür finden wir im JE nichts von den Lästerworten und -gesten der Vorübergehenden (Mk 15,29f.), dem Spott der Hohenpriester (Mk 15,31.32a) und dem Hohn der Mitgekreuzigten (Mk 15,32b). Ebenso entfällt die Erzählung von der dreistündigen Finsternis (Mk 15,33). Was Mk an Haß und bitterer Ironie der Welt erzählt, dieser den Sterbenden quälenden Feindschaft seiner Umgebung, kennt die Passionsgeschichte des JE nicht. Statt dieser Einsamkeit genießt Jesus hier die Nähe der Seinen: die Mutter Jesu, deren Schwester Maria, die (Frau) des Klopas, und Maria Magdalena stehen unter dem Kreuz. Damit wird jene Verfügung Jesu möglich, die V. 26 berichtet: als er seine Mutter sieht und den dabeistehenden Jünger, den er liebte, sagte er zur Mutter: ,,Frau, siehe, da dein Sohn." Darauf kommt die entsprechende Weisung für den Jünger: ,,Siehe, (das ist) deine Mutter." Was damit gemeint ist, geht aus V. 27 hervor: ,,Von Stund an nahm sie der Jünger in sein Haus": ihm ist die Sorge für Jesu Mutter übertragen. Nach Apg 1,14 waren es freilich die Brüder Jesu, die mit der Mutter Jesu zusammenlebten. Aber die hier befolgte Tradition hielt die Brüder Jesu noch für ungläubig (vgl. 7,5). Der Ergänzer dieser Szene hat, indem er Jesus seine Mutter mit ,,Frau" anreden ließ, den johanneischen Sprachgebrauch festgehalten (vgl. 2,4). Freilich ist es zugleich die letzte Ehre, die Jesus nach dieser Darstellung dem geliebten Jünger erweist: er tritt in die irdische Sohnschaft Jesu ein. *Bultmann* z. St. sieht hier von Maria das Judenchristentum, von dem geliebten Jünger das Heidenchristentum repräsentiert. Aber in der Erzählung selbst weist nichts auf eine solche, symbolische, Bedeutung dieser Gestalten hin.

■ **28f.** sprechen wieder von der Erfüllung einer Schriftstelle. Aber ein διψῶ findet sich weder in den Leidenspsalmen noch sonst im AT. Ps 22,16a (,,Trocken wie Scherben ist mein Gaumen, und meine Zunge klebt in meinem Schlund") und Ps 69,4 (,,Ich bin müde von meinem Rufen; vertrocknet ist meine Kehle") enthalten zwar das Durstmotiv, aber in anderem Zusammenhang und Ausdruck. *Bauer* 224 hat auf Ps 69,22 verwiesen: ,,Und sie gaben mir Gift zur Speise und Essig zu trinken für meinen Durst". Hier kommt wenigstens das Substantiv δίψα vor, aber die Stelle paßt in den synoptischen, nicht in den johanneischen Zusammenhang. Vermutlich sind die Worte von ἵνα bis εἶπεν von dem Ergänzer eingeschoben, der diesen wichtigen synoptischen Zug nicht missen wollte. An sich paßt nämlich der Satz „auf daß die Schriftstelle erfüllt werde . . ." gar nicht zum Vorausgehenden „Da Jesus wußte, daß nunmehr alles erfüllt war" – wenn alles erfüllt ist, dann fehlt eben nichts mehr, das nun noch erfolgen muß. Daß man Jesus einen mit Essig getränkten Schwamm emporreicht, paßt nicht in das johanneische Bild des Sterbens Jesu, aus dem die Züge der Qual und Kränkung entfernt sind und nur noch die siegreiche Überwindung und Vollendung geblieben ist. Da ein Ysopstengel dünn und nicht lang ist, hat *J. Camerarius,* wie zuvor die Handschrift 476★, dafür ὑσσῷ = pilum (kurzer Wurfspieß) vermutet. Nun hing zwar der Gekreuzigte nicht, wie es viele Bilder darstellen, hoch über der Menge, sondern seine Füße waren dicht über der Erde. Man hat auch auf die Verwendung von Ysop beim Passa hingewiesen (*Dalman,* Jesus-Jeschua 187f.) und eine Anspielung auf Jesus als das wahre Passalamm vermutet. Aber dem betreffenden Soldaten wie dem Ergänzer lagen hier derartige Anspielungen ebenso fern wie jene oben genannten symbolischen Personifizierungen. Solche Vermutungen von Personifizierungen gehen letztlich bis auf die Gnosis zurück; sie hatte z. B. die Samariterin am Brunnen als die Repräsentantin der Pneumatiker ausgedeutet.

■ **30** *Edwards* 158 vermutet: was der Zebedaide Johannes (!) damals wirklich gehört hat, seien die Worte gewesen: „Es ist alles aus." Erst in späterer Meditation habe er begriffen, daß der eigentliche Sinn das majestätische „Es ist vollbracht!" war. Diese Vermutung gehört mit zu dem Preis, den der englische Kanonikus dafür zahlen muß, daß er aus dem 4. Evangelium einen höchst realistischen Augenzeugenbericht machen will. – Man hat auf die schlecht erhaltene Stelle Hiob 19,26f. LXX hingewiesen, nur weil dort die Form συντετέλεσται vorkommt. Man sollte lieber an die Worte εἰς τέλος ἠγάπησεν αὐτούς (= τοὺς ἰδίους) in 13,1 sich erinnern. Die Liebe, von der dort gesprochen wurde, ist hier am Kreuz vollendet. – Κλίνας κτλ. besagt: das Haupt zum Schlummer neigen (vgl. den Beleg bei *Bauer* 224f.).

■ **31** eröffnet den zweiten Teil dieses Abschnitts. Er arbeitet stark mit junger Tradition. Der Gedanke an den Rüsttag (vgl. V. 42) hat im AT nicht die hier hervorgehobene Bedeutung, daß er auf den rasch nahenden Sabbat hinweist. – Das alte Judentum kannte die Kreuzesstrafe nicht, wohl aber wurde ein wegen Gotteslästerung Gesteinigter ans Holz gehängt. Aber der Leichnam sollte nicht über Nacht am Holze bleiben, sondern am selben Tag begraben werden (Sanh. 6,4 zu Dt 21,22f., zitiert von *Billerbeck* I 1012). *Billerbeck* I 1048 führt weiter an: „Man wartet mit ihm" (dem Hingerichteten) „bis zum Dunkelwerden, dann hängt man ihn auf und macht ihn (sofort) wieder los; wenn man ihn über Nacht hängen läßt, so übertritt man . . . ein Verbot; denn es heißt: ,Sein Leichnam soll nicht über Nacht am Holze bleiben.'" (vgl. dazu Jos. Bell. IV § 317: Die Idumäer „gingen in ihrem verbrecherischen Handeln bis zum Äußersten und warfen die Leichen unbestattet hinaus, obwohl den Juden so viel daran liegt, ihre Toten beizusetzen, daß sie sogar die Leichen der Gekreuzigten noch vor Sonnenuntergang abnehmen und bestatten"). Nach dem JE ist der kommende Sabbat zugleich der erste Feiertag und deswegen besonders heilig. – Das crurifragium, das Zerschmettern der Beinknochen, gilt nur im Petrusevangelium (4,14) als Bestandteil der Kreuzigung, der den schnellen Tod herbeiführt. Darum wird hier erzählt, daß man dem reuigen Schächer die Gebeine nicht zerschlug, damit er länger leide. Im JE dagegen erscheint das crurifragium als eine Ausnahmeregel, welche die Juden angesichts des nahen Sabbats erbitten. ,,Die Juden" werden hier wie eine Behörde tätig, die mit Pilatus verhandelt und ihre Bitte erfüllt bekommt. V. 31 besagt nicht, daß die Juden selbst die Leichen herabnahmen; sie zerschlagen auch die Beinknochen der Gekreuzigten nicht. Man sollte aus der Kürze der Darstellung nicht fragwürdige Schlüsse ziehen. Daß Pilatus auf die Bitte eingeht, wird im Folgenden nicht erzählt, aber vorausgesetzt.

■ **32** läßt sich mit V. 18 eigentlich nur vereinen, wenn die Soldaten von rechts und links an die Reihe der drei Kreuze (falls sie eine Reihe bildeten) herantreten. Das Zerschlagen der Beinknochen führt zu neuen starken Blutungen. Außerdem können jetzt die Füße nicht mehr die Last des Körpers tragen; nun zerrt das ganze Gewicht des Leibes an den Armen (vgl. *Kennard: The Burial of Jesus* 227–238). Das macht die Kreislaufstörungen tödlich.

■ **33** Da man Jesus bereits tot antrifft, bleibt er vor der Zerschmetterung der Schenkel bewahrt. *Kennard* 228f. behauptet freilich, das sei nur ein ungeschickter Versuch, Jesus als das wahre Passalamm darzustellen, an dem nach Ex 12,46 und Num 9,12 kein Knochen zerbrochen werden durfte. Jesus habe dasselbe Schicksal erlitten wie die Mitgekreuzigten. Aber V. 33 hängt nicht von den beiden genannten alttestamentlichen Stellen ab. Vielmehr zeigt Ps 34,20, daß man die Wendung auch auf den leidenden Gerechten übertragen hat: ,,Nicht eins seiner Gebeine soll gebrochen werden". Unsere Stelle versteht Jesus als den leidenden Gerechten des Psalms und überträgt darum jenen Zug auf ihn. Der eigentliche Sinn dieser jungen Überlieferung dürfte sein: Gottes vorausgesagter Schutz ruht über Jesus. Sein Lebensweg wird auch im Sterben noch von der göttlichen Vorsehung geleitet.

■ **34** schildert einen Vorgang, der im damaligen Hinrichtungsverfahren sonst nicht überliefert ist. Die Behauptung, der Lanzenstich gehöre zum üblichen Ritus (*Kennard* 229), ist sinnlos. Der Lanzenstich ins Herz – das ist wohl mit τὴν πλευρὰν ἔνυξεν gemeint . . . hätte dann auch bei den beiden Mitgekreuzigten ausgeführt werden müssen, während er doch ein nur Jesus betreffendes Wort erfüllen soll. Die Synoptiker kennen diese Überlieferung nicht, die ein junges Erzeugnis christlicher Schriftforschung sein wird. Diese aus Sach 12,10 erschlossene Geschichte wird nun ihrerseits zum Ausgangspunkt für den Satz: ,,Und sofort kam Blut und Wasser heraus". Die gewöhnliche Erklärung – sie wird im Recht sein – bezieht das auf die Sakramente von Taufe und Abendmahl, die mit ihrer Wirkung vom Tod Jesu ausgehen. *Schweizer,* Das johanneische Zeugnis vom Herrenmahl 348–363, sieht in V. 34b.35 einen Hinweis auf die Sakramente, welche die Wirklichkeit des Kreuzestodes bezeugen. Das stellt nun die Dinge auf den Kopf. – Da der Blutkreislauf eines schon Verstorbenen aufgehört hat, ist das Geschehen nur als ein Wunder vorstellbar.

■ **35** führt dafür als Zeugnis einen ungenannten Augenzeugen an, der als ein wahrhaftiger Zeuge bekannt ist und mit vollem Bewußtsein über die Tragweite des Gesagten gesprochen hat. Es wird sich hier um eine Berufung auf den Jünger handeln, den Jesus liebte. – Die angebliche Parallele 1Joh 5,6 sagt gegen die Gnosis, Jesus sei nicht nur „durch das Wasser", sondern auch „durch das Blut" gekommen. „Denn damit wird offenbar der gnostizierenden Anschauung widersprochen, daß sich der himmlische Christus zwar in der Taufe auf Jesus niedergelassen, ihn aber vor dem Tode wieder verlassen hat" (*Bultmann,* Johannesbriefe 82). – Von Blutvergießen spricht die johanneische Passionsgeschichte überhaupt nicht. – Die Handschriften e vg^{fuld} enthalten diesen Vers nicht; das genügt aber nicht, um ihn aus unserem Text zu entfernen. Die Worte αὐτοῦ ἐστιν werden bei P 66 ℵ 570 al umgestellt; offensichtlich wollte man schon früh αὐτοῦ näher an μαρτυρία heranrücken. Wahrscheinlich sind auch die Worte „und es kam Blut und Wasser heraus" zusammen mit V. 35 hinzugefügt worden.

■ **36f.** nennt die beiden alttestamentlichen Stellen, die man hier erfüllt sah: Ps 34,21 und Sach 12,10. Von Ps 34 wurde schon gesprochen (vgl. V. 33). Sach 12,10 ist eine verdorbene Stelle. Die LXX hat den Wortlaut ἐπιβλέψονται πρός με ἀνθ' ὧν κατωρχήσαντο; hier ist das richtige דָּקַר mit dem so ähnlich aussehenden רָקַד verwechselt. Der Text in V. 36 folgt nicht der LXX; er hat aber auch das unmögliche אֵלַי־ des hebräischen Textes vermieden. Vielleicht war hier judenchristliche Schriftgelehrsamkeit am Werk. – Mit der eigenen Theologie des Evangelisten hat all dies wenig zu tun. Dagegen ist die Seitenwunde für die Thomasgeschichte (20,25.27) eine unbedingt notwendige Voraussetzung. Daß Jesus von der einen Verletzung bewahrt bleibt, von der anderen aber nicht, ist nicht als ein unerträglicher Widerspruch empfunden worden. Im Sacharja-Zitat sah man ein eschatologisches Ereignis vorausgesagt: die Feinde Jesu werden beim Gericht auf den blicken, den sie durchbohrt haben.

■ **38** enthält eine ältere Tradition und knüpft eigentlich an V. 30 an. Joseph von Arimathia, ein – aus Furcht vor den Juden – heimlicher Jünger Jesu, bittet den Pilatus, daß er den Leichnam Jesu abnehmen darf; die Bitte wird genehmigt. Der zitierte Aufsatz von *Kennard* macht deutlich, wieviel Fragen hier lauern. Wäre Jesus wegen des crimen laesae majestatis von Pilatus verurteilt gewesen, so ist es fraglich, ob die Auslieferung des Leichnams gesetzlich überhaupt zulässig gewesen wäre. *Kennard* 238 meint, Joseph hätte eine hohe Bestechungssumme an Pilatus gezahlt; die Angabe Mk 15,45 wäre dann nur die offizielle Lesart gewesen. Der engere Jüngerkreis Jesu (wenn er sich nicht überhaupt zerstreut hatte) konnte sich nicht um den Leichnam bemühen; die

Frauen kamen ebensowenig in Betracht. Es mußte ein unbelasteter und einflußreicher Mann sein, der das Wagnis auf sich nahm. Insofern ist es nicht unwahrscheinlich, daß ein sonst in den Evangelien nicht genannter Mann die Freundespflicht der Bestattung erfüllte. Wann er zu Pilatus gegangen ist – nach *Kennard* 230 in der Dämmerung, als alle Juden bei der Passamahlzeit waren –, ist eine Frage, die der Text nicht beantwortet, der nur die wichtigen Linien zeichnet und das unerbauliche Detail fortläßt, das sowieso kaum mehr bekannt war.

■ **39** dürfte eine legendäre Erweiterung des Textes sein; die Synoptiker wissen nichts von Nikodemus und seiner Hilfe bei der Bestattung. Er wird mit einem Verweis auf 3,1f. eingeführt. Auch er ist als heimlicher Jünger Jesu gedacht. Nur so ist die Darstellung verständlich, daß er sich mit hundert Litern Myrrhe und Aloe einstellt. Wie es kam, daß er diese Gabe jetzt in Bereitschaft hatte, ist wieder eine solche nebensächliche Kleinigkeit, auf die der Text nicht eingeht.

■ **40** schildert, wie der Leib Jesu in Binden gewickelt wird, zwischen welche die ἀρώματα kommen, und behauptet, das sei die jüdische Bestattungsweise gewesen. Die Binden waren für die spätere Erzählung 20,6f. unentbehrlich. *Billerbeck* II 53 übersieht, daß hier gar nicht von einem Salben mit Öl der – nach Stunden wahrscheinlich schon verwesenden – Leiche die Rede ist, und daß die rabbinischen Texte nichts davon sagen, daß man dem Öl Spezereien beigegeben hat. Besonders wichtig aber ist, daß auch nach *Billerbeck* ein Einbalsamieren bei den Juden nicht üblich war. „Die Einbalsamierung Jakobs und Josephs (Gen 50,2.26) spiegelt ägyptische Sitten wider" (*G. Fohrer,* BHH I 212). Im übrigen wäre es sinnlos, die Bestattung nach der hier beschriebenen Weise vorzunehmen (vgl. den Artikel „Mumie" von *Forbes*); die Verwesungsgase hätten den Leib zersprengt. Eine wirkliche Einbalsamierung setzt Eingriffe in das Innere des Leichnams voraus, die nur Fachleute vornehmen konnten, und die den Juden als höchst anstößig galten. – Der Schreiber dieses Verses kannte weder die jüdischen Bestattungssitten, noch wußte er über das Einbalsamieren Bescheid.

■ **41f.** Vgl. Mk 15,42–47: Als Joseph den Pilatus um Jesu Leiche bittet, erkundigt sich dieser zunächst bei dem wachhabenden Offizier – der doch zunächst hätte herbeigerufen werden müssen –, ob Jesus wirklich schon tot sei, und schenkt dann die Leiche dem Joseph. Dieser nimmt sie vom Kreuz, hüllt sie in eine Leinwand, setzt sie in einem Felsengrab bei und sichert es durch einen Verschlußstein. Von Binden ist hier keine Rede und dementsprechend auch nicht von einem Zustand der Binden und des Schweißtuchs, der ein hastiges Fortschaffen der Leiche Jesu ausschloß. Auf den apologetischen Versuch, die Spannung zwischen Mk und Johannes durch die Annahme aus der Welt zu schaffen, daß Joseph die Leinwand in Binden zerschnitten habe, sollte man von vornherein verzichten. Im Markus-Bericht kommt noch die Eile, zu welcher der nahende Sabbat zwingt, stärker zum Ausdruck, obwohl das ἀγοράσας σινδόνα (Mk 15,46) dazu nicht passen will. Der johanneische

Text übergeht die Frage, wann die nötigen Binden angeschafft worden sind. Der „Garten" – es kann nicht derselbe wie der in 18,1 genannte sein – gehört erst einer jüngeren Tradition an. Woher Maria Magdalena die Lage des Grabes kannte, verrät sie nicht. – Vermutlich hat der Erzähler die Synoptiker nicht gekannt, sondern nur eine dem Mk gegenüber durch schriftgelehrte Exegese um neue Züge bereicherte Passionsgeschichte.

● Wie man um das Ende des 19. Jahrhunderts noch den Text erbaulich auswerten konnte, läßt sich besonders gut an der dritten Auflage von *Godets* Johanneskommentar zeigen, der – 1885 erschienen – 1890 in deutscher Übersetzung herauskam. *Godet* ist so ehrlich, daß er eine damals beliebte pseudo-wissenschaftliche Erklärung für den Austritt von Blut und Wasser verschmäht (583): „Es bleibt unseres Erachtens nur *eine* Erklärung übrig, nämlich die Annahme, daß diese geheimnisvolle Thatsache außerhalb der Gesetze der gewöhnlichen Physiologie vor sich gegangen ist und im Zusammenhang steht mit der Ausnahmestellung eines Leibes, der durch keine Sünde zerrüttet wurde und der Auferstehung entgegenging, ohne die Verwesung durchmachen zu müssen" – bei Jesus habe statt dessen hier schon die Auferstehung begonnen! Mit diesem Supranaturalismus verbindet *Godet* gern eine Psychologisierung der Berichte, etwa zu V. 36f. (586f.): „Um nachzuempfinden, was Johannes in diesem hier beschriebenen Augenblick gefühlt hat, stelle man sich einen mit dem AT wohlvertrauten Juden vor, wie er die Kriegsknechte hinzutreten sieht, die den drei Hingerichteten die Beine zerbrechen sollen. Was mag mit dem Leib des Messias geschehen, der noch geheiligter ist als das Passahlamm?" Zu V. 39 meint *Godet* 587: „Gewiß erinnert sich Nikodemus beim Anblick des gekreuzigten Herrn an das Vorbild der ehernen Schlange, das ihm Jesus zum voraus vor Augen gestellt hatte" (3,14).

Die kurze Schrift *Wellhausens* aus dem Jahr 1908, Das Evangelium Johannis, zeigt den Umschlag der Forschungsweise, der inzwischen eingetreten ist. Er konstatiert (90) zu 19,38–41: „Man kommt also um die Unvereinbarkeit der beiden Berichte nicht herum . . . Zugunsten des zweiten" (V. 38–42) „kann geltend gemacht werden, daß er als Glied der Erzählung unentbehrlich ist." Trotzdem verwirft er ihn: Der Schluß des ersten Berichts (V. 31–37) sei abgeschnitten und Joseph und Nikodemus nachgetragen. Damit ist die Quellenfrage für diesen Abschnitt in aller Schärfe gestellt.

Der ganze erste Abschnitt, V. 16b–30, ist von den Synoptikern unabhängig, wie Einzelheiten immer wieder beweisen. Das wird zuerst deutlich am Fehlen der Szene mit Simon von Kyrene: Jesus trägt sein Kreuz selbst. Dieser Zug gibt den Ton an für den ganzen Abschnitt: das Leiden ist – trotz Kreuzigung und Tod! – nichts mehr, was dem Leser so unaufhörlich nahegebracht wird wie bei Mk. Der Name Golgotha wird übernommen, auch die beiden Mitgekreuzigten werden – aber nicht als Räuber (λησταί) – erwähnt: sie sind wegen V. 31–37 unentbehrlich. Der titulus ist erweitert durch ὁ Ναζωραῖος

– nach einer judenchristlichen Überlieferung? Dem Leser wird verdeutlicht, daß er gar nicht die αἰτία der Kreuzigung angibt, sondern die Würde Jesu, welche die – frühe judenchristliche? – Gemeinde für ihn beanspruchte. Daß die Inschrift nicht nur in der Landessprache, sondern auch in den beiden Weltsprachen, dem Griechischen und Lateinischen abgefaßt sein soll, zeigt die Verkündigung der Christusbotschaft in alle Welt an, wenn auch zunächst nur viele Juden sie kennenlernen. V. 20f. sind zum älteren Text hinzugewachsen; V. 23f. weisen ebenfalls eine fortgeschrittene Form der Überlieferung auf: die Ausdeutung von Ps 22,19b auf den ungenähten Rock taucht hier erstmals auf. Daß er „zweifellos" eine Gabe der Jesus begleitenden Frauen war, galt *Godet* 577 noch für selbstverständlich. Vielleicht liegt hier aber eine Anspielung an den χιτών des Hohenpriesters vor (*Wettstein* I 954f. verweist auf Ex 28,31–34; 39,20–24 und auf Jos Ant III § 161), von dem Josephus schreibt: „Der Hohepriester . . . zieht darüber noch einen langen Rock von violettblauer Seide an, der bis auf die Füße reicht . . . Dieser Rock besteht nicht aus zwei Teilen, so daß er auf den Achseln und an den Seiten Nähte hätte, sondern er ist in seiner ganzen Länge von oben herab aus einem Faden gewebt und hat oben am Hals und an den Armlöchern einen Ausschnitt." Das könnte (muß aber nicht!) auf eine zugrundeliegende judenchristliche Tradition deuten, die Jesus schon hohepriesterliche Würde zugeschrieben haben würde. Unser Text läßt einen solchen Bezug aber nicht mehr erkennen.

Mit V. 25 beginnt eine Szene, die den Synoptikern nicht nur unbekannt war, sondern nach ihrer Darstellung sogar unmöglich ist. Sie berichten ja nur, daß Frauen von fern zusehen, wie Jesus gekreuzigt wird. Unter ihnen werden von Mt 27,56 die drei Marien genannt, während Lk 23,49 keine Namen erwähnt. Bei Mk 15,40 steht Maria Magdalena an erster Stelle, und Jesu Mutter wird durch Salome ersetzt. Von dem Jünger, den Jesus liebte, sprechen die Synoptiker überhaupt nicht. Das Kreuzeswort διψῶ kennen die Synoptiker ebenfalls nicht. Lk schweigt von einem Trank für Jesus; Mk 15,23 erzählt, daß man Jesus vor der Kreuzigung einen Würzwein anbietet, den er ablehnt; nach Mt 27,34 ist der Wein mit Galle vermischt (Ps 69,22!), und als Jesus ihn gekostet hat, will er ihn nicht trinken. Joh 19,30 dagegen besagt, daß Jesus den Essig gekostet hat, bevor er starb. V. 31 erinnert von fern an Lk 23,46 Ende: ἐξέπνευσεν. Den von allen drei Synoptikern berichteten lauten Schrei Jesu kennt das JE nicht: er hätte nicht in das dem Erzähler vorschwebende Bild des Sterbens Jesu hineingepaßt. Denn wichtiger als alle die genannten Unterschiede ist, daß das JE ein ganz neues Gesamtbild der Passion bringt. Bei ihm tritt das Leiden Jesu derart zurück, daß man *Käsemanns,* Jesu letzter Wille 48f., Behauptung begreifen kann: „Der durch die Erde als ein Fremder ging, nämlich als der vom Vater Gesandte, und durch den Tod unangefochten und jubelnd geht, weil er in das Reich der Freiheit zurückgerufen wird, hat ganz einfach seine Sendung erfüllt, wie sein letztes Wort am Kreuz anzeigt." Inkarnation und Passion markieren für *Käsemann* den Wechsel des Raumes und damit der Reichweite seiner Manifestation. Aber damit ist der Bogen vom Exegeten überspannt, denn die Worte ὁ λόγος σάρξ ἐγένετο werden so im Grunde entleert. Daß Jesus wirklich stirbt, ist nicht nur ein Wechsel des Raumes.

Aber *Käsemann* hat auf ein Problem aufmerksam gemacht, das die ausgleichende Apologetik früherer Zeiten nicht gesehen hat und nicht sehen konnte: die Geschichtlichkeit und damit auch den Wandel des Passionsbildes. Es entwickelt sich von Mk über Lk bis zu Johannes in der Weise, daß die Hoheit immer mehr im Vordergrund steht. Alle drei Synoptiker stimmen darin überein, daß sie die leiblichen Schmerzen Jesu bei der Kreuzigung gar nicht beschreiben. Es ist das innere Leiden, in dessen Tiefe sie den Leser hineinblicken lassen. Bei Mk besteht dieses Leiden Jesu zuletzt in der völligen Verlassenheit, dem totalen Ausgestoßensein. Das erste, was dieser Evangelist von der Kreuzigung erzählt, ist die Verteilung der Kleider Jesu (einschließlich der Sandalen, des Gürtels und der Kopfbedeckung). Männer wurden nackt gesteinigt, vermutlich also auch nackt gekreuzigt. Alles, was Jesus an irdischem Gut besaß – es war so wenig –, wird ihm genommen. Man behandelt ihn so, als wäre er schon tot; die Soldaten teilen sich das Hinterlassene. Daß nun dieser besitz- und wehrlose Mann als der König der Juden bezeichnet wird, klingt wie ein böser Hohn. Als Genossen hat er nur noch Verbrecher. Mk hat in den λῃσταί sicherlich keine nationalen Freiheitskämpfer, keine Partisanen gesehen. Die folgende Verspottungsszene empfinden wir nicht mehr in ihrer ganzen Grausigkeit: die Worte sind uns zu bekannt, und die Geste des verächtlichen Kopfschüttelns ist uns fremd. Es erklingen die spottenden Worte an den, der angeblich den Tempel zerstören und in drei Tagen wieder aufbauen wollte: Rette dich doch! Steig herunter vom Kreuz! Nach den Vorübergehenden kommen die Hohenpriester und Schriftgelehrten, die Vertreter der anerkannten Frömmigkeit. Sie höhnen den, der anderen geholfen hat und nun selber hilflos ist: er, der gesalbte König Israels, möge doch jetzt vom Kreuz herabsteigen – wenn sie das sehen, wollen sie an ihn glauben! Mit diesen Repräsentanten seiner väterlichen Religion hat er nichts mehr zu schaffen; von ihnen ist er ausgestoßen. Wen hat er noch bei sich? Die beiden Mitgekreuzigten kennen seine Qual. Aber das hindert sie nicht, ihn zu lästern: auch sie wollen nicht seine Genossen in der Todesnot sein. Von Menschen hat Jesus nichts mehr zu erwarten. Sie haben ihn alle verlassen. Und nun kommt die große Finsternis. Sie löscht die ganze Welt aus, als wäre sie nicht mehr da. Nun ist Jesus mit Gott allein. Aber ist Gott zur Stelle? Als es nach drei Stunden wieder hell wird, ruft Jesus laut: ,,Mein Gott, mein Gott, warum hast du mich verlassen?" So beginnt der 22. Psalm. Die meisten Erklärer sehen in diesen Worten ein Zitat des Psalms, der mit der Gewißheit unzerstörbarer Verbundenheit mit Gott schließt. Dann wären Jesu Worte ein Ausdruck seiner ungebrochenen Zuversicht auf Gott. Aber hat Mk die Worte so verstanden? Warum läßt er Jesus dann nicht ein Wort des Gottvertrauens aussprechen? Was der Evangelist ausdrücken will, ist etwas, das noch schlimmer ist als alles Bisherige: sein Gott, der Gott Jesu, hat ihn verlassen. Mit dieser Gottverlassenheit hat das Leiden Jesu seinen Höhepunkt erreicht. Was nun folgt, ist wie ein Satyrspiel nach der Tragödie. Freilich keins, das entspannt; sondern es läßt den Hohn mit einem grausigen Scherz ausklingen. Hat der Mann am Kreuz etwa den Nothelfer Elia angerufen? Gut, warten wir, ob der ihm hilft! Damit er noch Kraft für solches Warten hat, steckt man einen Schwamm, getränkt mit dem billigen Essigwein der Soldaten, auf ein Rohr und hält es ihm an den Mund. Aber Jesus schreit laut auf und stirbt. Dieses Bild des Sterbens Jesu könnte den Leser irreführen. Darum erläutert Mk es mit dem Wort vom Zerreißen des Tempelvorhangs. Indem Jesus für uns bis in die letzte Not eines gottfernen Sterbens hineingegangen ist, hat er uns den Zugang zu Gott wieder eröffnet. Wenn das keiner der dabeistehenden Juden begreift, dann muß es der wachhabende heidnische Centurio aussprechen: ,,Wahrlich, dieser Mensch war Gottes Sohn!''

Die Palette, der Mk die Farben für dieses Bild entnahm, bot nur ein immer tiefer werdendes Schwarz. Mit diesem Mittel hat Mk die kühnste Darstellung des Kreuzesgeschehens gegeben, die das Neue Testament enthält.

Sie war so hart und erschreckend, daß sie bald abgeändert wurde. Lk hat das Bild neu entworfen: es ist heller geworden trotz aller Todesdunkelheit. Noch trägt auch bei Lk Simon von Kyrene das Kreuz. Aber er trägt es ,,hinter ihm her'' als der erste in jener langen Reihe derer, die ihr Kreuz Jesus nachtragen. Wie wenig Lk einen zusammengebrochenen Jesus schildern wollte, zeigt die Episode mit den klagenden Töchtern Jerusalems. Nicht für ihn, sondern für sich und ihre Kinder sollten sie jammern – Lk war überzeugt, daß die Zerstörung Jerusalems im Jahre 70 die Strafe für diese Kreuzigung war. Ganz kurz erwähnt er den Akt des Kreuzigens und die beiden mitgekreuzigten Verbrecher zur Rechten und Linken Jesu. Sie erfüllen nun, ohne es zu ahnen, die Prophezeiung Jes 53,12 (davon hatte Lk schon in 22,37 gesprochen): ,,Und er wurde unter die Übeltäter gerechnet''. 23,34, Jesu Bitte um Vergebung für sie, weil sie nicht wissen, was sie tun, fehlt in den ältesten Handschriften. Man sieht, wie hier das Jesusbild des Lukas-Textes aus seinem Sinn heraus ergänzt wurde. Das Verteilen der Kleider ist bei Lk ganz unbetont. Das Volk spottet nicht: es steht nur dabei und schaut zu. Die ἀρχοντες freilich, die führenden Männer, wissen es besser und höhnen den angeblichen Messias Gottes nach Kräften. Nach ihnen bringen die Soldaten den Essigtrank; die Eliasszene, in die er bei Mk eingeordnet ist, wäre seinen Lesern unverständlich gewesen. Die Kreuzesinschrift wird mit den Worten ἦν δὲ καὶ ἐπιγραφή wie beiläufig erwähnt. Nun aber geschieht etwas sehr Wichtiges: nicht mehr die beiden Verbrecher lästern, sondern nur der eine. Der andere aber kommt zum Glauben an den neben ihm am Kreuz Sterbenden und bittet ihn, seiner zu gedenken, wenn er in sein Reich komme. Dafür erhält er die Verheißung: ,,Wahrlich, ich sage dir: noch heute wirst du mit mir im Paradies sein!'' Es ist der ,,Christus de cruce regnans'', den Lk so zeichnet. Der erste an ihn Glaubende und sein Herr werden heute zusammen das Paradies betreten: das Ende der Qual ist nahe. Die Finsternis und das Zerreißen des Tempelvorhangs werden zu Ereignissen, die für die Juden bedrohliche Omina sind. Und vollends: statt des Schreies zu dem abwesenden Gott hören wir bei Lk, daß Jesus einen Vers aus Ps 31,6 laut betet: ,,Vater, ich übergebe meinen Geist in deine Hände!" Das war das Abendgebet, das der fromme Jude sprach, bevor er einschlief: für Jesus ist der Tod ein Schlaf geworden.

Der leidende Jesus ist hier schon als der heimliche Sieger zu erkennen. Zwar muß auch er noch durchs finstere Tal wandern. Aber dahinter leuchtet bereits der helle Schein des Paradieses.

Was das vierte Evangelium an Leiden Jesu schildert, hat es der Verhörszene vor Pilatus und der Erzählung vom Begräbnis Jesu zugewiesen. Das Sterben Jesu dagegen ist – wenn es auch ein Sterben bleibt und von Jubel nirgends die Rede ist – frei von all der Verhöhnung und Not, welche die anderen Evangelisten dabei berichten. Diese erstaunliche Wandlung des Bildes wird durch das erreicht, was fortbleibt, und durch das, was hinzutritt. Fortgeblieben ist Simon von Kyrene. Jesus ist nicht zusammengebrochen. Er hat niemanden nötig, der ihm sein Kreuz trägt. Er tut es selbst. Der Vollzug der Kreuzigung – nur die bei Johannes laut werdende Tradition spricht von einem Annageln der Hände (erst später hat man auch die Füße durchnagelt sein lassen) in 20,25.27 – wird, wie bei den anderen Evangelien, in einem Nebensatz erwähnt: ,,Wo sie ihn kreuzigten." Für die ,,Schmerzensstraße", die via dolorosa, welche eine spätere leidenschaftliche und Leiden bereitwillig auf sich nehmende Zeit für Jesu Todesweg hergerichtet hat (das Schweißtuch der Veronika fehlt noch bei Johannes), ist hier kein Raum.

Dafür wird der titulus, bei Lk noch halb versteckt, groß aller Welt sichtbar: alle Welt muß erkennen, wer Jesus ist. Aus dem Denkmal der Schmach ist eine Ehreninschrift geworden.

Bei der Kleiderverteilung läßt die Verkennung des parallelismus membrorum den ungenähten Rock entstehen, wie ihn sonst nur der Hohepriester trägt. Der Hebräerbrief wird diese hohepriesterliche Würde breiter ausführen. Später hat man auch einen Hinweis auf die Einheit der Kirche darin gesehen. Daran ist hier noch nicht gedacht.

Gegenüber diesen Hinzufügungen darf man nicht das übersehen, was fortgeblieben ist und besonders dem Markusbericht seine Eigenart gegeben hatte: Jesus wird nicht mehr von der Welt ausgestoßen und verhöhnt. Keine Vorübergehenden machen mehr spöttische Bemerkungen und Gesten über den am Kreuz Hängenden. Die spottenden Hohenpriester und Schriftgelehrten kommen gar nicht mehr zu Wort. Weder die Soldaten noch die Mitgekreuzigten schmähen Jesus mehr. Die feindliche Welt ist verschwunden. Damit ist die Geschichte von der Finsternis, welche die Welt äußerlich auslöscht, überflüssig geworden. Zugleich ist mit dem Fortlassen aller dieser Züge noch etwas anderes erreicht: eine unerhörte Konzentration auf den am

Kreuz hängenden Jesus. Er, nur Er ist eigentlich da. Es hat fast den Anschein, als wäre dieses Kreuz die einzige und eigentliche Wirklichkeit.

Aber das könnte zu dem Mißverständnis führen, als sei Jesus von der Welt gnostisch getrennt, als existiere er in einer tödlichen Stille. Dem beugt die Geschichte vom Lieblingsjünger und der Mutter Jesu vor, die man mit Bedacht an diesen Platz gestellt hat. Jesus, auch im Sterben nicht von den Seinen verlassen, sorgt für sie.

Daß er – nur wegen der alttestamentlichen Weissagung – spricht: ,,Ich dürste", hat eine fremde Hand eingeschoben. Was allein noch gesagt werden muß, ist vielmehr das (nicht dem AT entnommene) Wort: ,,Vollendet!", das wie eine wahre Inschrift über dem Kreuz und dem Leben Jesu schwebt.

Der zweite Teil unseres Abschnitts handelt von der Grablegung Jesu. Es lohnt sich, bevor wir die eigene Sicht der Probleme darstellen, einen Exegeten zu Wort kommen zu lassen, der vor einem Menschenalter (1934) seinen Kommentar über das Evangelium nach Johannes veröffentlichte: *F. Büchsel.* Er war überzeugt, daß der Zebedaide Johannes, der Lieblingsjünger, hier als Augenzeuge erzählt. ,,V. 31–37 sind ohne Parallele bei den Synoptikern" (174), stellt er zunächst fest. Aber das erschüttert sein Vertrauen zu dieser ,,johanneischen Darstellung" nicht. Weil nach Dt 21,23 ein Gehenkter, der über Nacht hängen bleibt, das Land verunreinigt, baten die Juden den Pilatus mit Rücksicht auf den Sabbat, der mit dem Abend anbrach, die Gekreuzigten herabzunehmen. Sie sollen ,,durch Zerschmetterung der Schenkel, eine auch sonst bekannte qualvolle, aber rasche Todesart, zu Tode gebracht werden. Bei Jesus ist das überflüssig. Die Soldaten stellen seinen Tod fest und begnügen sich mit einem Lanzenstich, um für den Fall eines Irrtums ihrerseits eine Wiederbelebung unmöglich zu machen". ,,Wahrscheinlich sollen die Worte des Johannes über das Herauskommen von Blut und Wasser nichts weiter besagen, als daß er wirklich tot und ein Mensch wie andere Menschen gewesen war."

Diese erstaunlich nüchterne Erklärung setzt voraus, daß hier der Zebedaide die Darstellung der Synoptiker ergänzen will. Sobald man auf diese Voraussetzung verzichtet – was sollte die Synoptiker veranlaßt haben, all das hier Erzählte zu verschweigen? –, bietet sich eine ganz andere Auskunft an: die Stelle wird zum Musterbeispiel dafür, wie sich die frühchristliche Exegese schöpferisch auf die Darstellung der Leidensgeschichte ausgewirkt hat. Die frühe christliche Schriftgelehrsamkeit hat in vielen Fällen Psalmenstellen, die vom leidenden Gerechten handeln, auf Jesus gedeutet. So ist es auch hier geschehen: man hat Ps 34,21 auf Jesus bezogen. Damit fand man für ihn geweissagt: ,,Es wird ihm kein Knochen zerbrochen werden." Dann mußte aber die Möglichkeit bestanden haben, daß man Jesu Gebein zerbrechen wollte. Ein solches Zerbrechen der Schenkel mit Keulen war freilich sonst eine nur selbständig – besonders bei entlaufenen und wieder eingefangenen Sklaven – angewendete Strafe. Drohte sie nun hier, dann konnte der Grund nur daran liegen, daß Jesu Tod – und natürlich auch der jener beiden Mitgekreuzigten – beschleunigt werden sollte, weil der Sabbatanbruch nahe bevorstand. So ergab sich, daß die Juden den Pilatus um diese Maßnahme baten, der den entsprechenden Befehl gab. Als jedoch die Soldaten zu Jesus kamen, war er bereits tot, und das Zerbrechen der Schenkel erübrigte sich. Mit dieser scharfsinnigen Rekonstruktion verband sich eine zweite: man hatte den (unsicher überlieferten) Vers Sach 12,10 ebenfalls auf die Leidensgeschichte Jesu bezogen. Aus ihm folgte, daß man Jesus ,,durchbohrt" hat. Das ließ sich mit der vorangehenden Erzählung so verbinden, daß ein Soldat in die (linke) Seite stach. Das war nicht, wie eine ins Phantastische sich verirrende moderne Gelehrsamkeit vermutete, ,,Teil des Exekutionsrituals" (*Kennard* 229). Es ist auch sonst nirgends als solches überliefert worden. Die Seitenwunde wurde nun, neben den Nägelmalen der Hände, in der im JE überlieferten Tradition ein wichtiges und sicheres Erkennungszeichen des Auferstandenen und seiner Identität mit dem ,,historischen" Jesus: Joh 20,20.25.27.

Aber damit war die Bemühung, erbauliches Neuland zu gewinnen, noch nicht abgeschlossen. Das zeigt sich darin, daß V. 36 sich nicht an V. 35 anfügt, sondern an ἔνυξεν in V. 34, und daß Offb 1,7 der Vers aus Sach. ohne Bezug auf Blut und Wasser zitiert wird. Wie es zu der Überlieferung kam, daß nach dem Speerstich alsbald Blut und Wasser austraten, läßt sich nicht aus einer alttestamentlichen Stelle ableiten. Darum wird auch nicht auf eine solche verwiesen, sondern auf das Zeugnis eines Mannes, der es gesehen hat. Er bleibt anonym, kann aber kein anderer sein als jener Jünger, der nach der jungen johanneischen Tradition unter dem Kreuz gestanden hat. In 21,24 wird er ebenfalls nur als der Jünger bezeichnet, der diese Dinge bezeugt hat. D. h., wie schon *Bultmann* 525 gesehen hat: Hier ist die Sakramentstheologie des Ergänzers einbezogen (vgl. 3,5 und 6,51–58): Taufe und Abendmahl erhalten ihre Kraft aus dem Kreuzestod Jesu.

*Büchsels* Erklärung, der Lanzenstich solle nur beweisen, daß Jesus wirklich tot war – *Wettstein* I 956f. belegt, daß man im Altertum Herzverletzungen als unbedingt tödlich ansah –, übersieht, daß das nach V. 31 überflüssig war. Die weitere Auskunft, der Lanzenstich solle beweisen, daß Jesus ein Mensch wie andere Menschen auch war, vergißt, daß diese Wirkung jenes Lanzenstichs gerade das Gegenteil bewies. *Büchsel* hat auch etwas anderes nicht bedacht, über das sich *Kennard* Gedanken gemacht hat: wann haben die Juden Pilatus gebeten, die Gekreuzigten abzunehmen? Erst als der Sabbat sehr nahe und Jesus schon tot war? Aber da wäre es zu spät gewesen. Denn Pilatus war ja nicht an Ort und Stelle. Im Nu erreichbar ist er nur in der Erzählung. Also schon frühmorgens, nach der Urteilsverkündigung, wie *Kennard* 228 meint? Dann wäre V. 31 an falscher Stelle eingeführt. Daß nach V. 30 überhaupt ein Lanzenstich erfolgte, ist so überflüssig, daß ihn *Kennard* zum Teil eines Rituals macht, das dann auch an den Mitgekreuzigten hätte vollzogen werden müssen. Dann aber wäre wiederum das Zerschlagen der Schenkel sinnlos gewesen. Der Erzähler denkt an alle diese Fragen nicht. Er ist nur glücklich, zeigen zu können, daß die Vorsehung auch nach Jesu Tod weiter über ihm waltet.

V. 38–40 klingen an die synoptische Tradition an. Wie viele Probleme dieser Abschnitt enthält, hat die Einzelbesprechung gezeigt. Daß Nikodemus mit 100 Litern zum Einbalsamieren erscheint, haben treuherzige Exegeten wie *Büchsel* 175 als Beweis für seine Hochschätzung Jesu erklärt. Dabei beeilt sich *Büchsel* hinzuzufügen, es sei aber nicht gesagt, daß man die ganze Menge verbraucht habe. Wenn Jesu Leichnam derart eingewickelt war, konnte freilich keine Frau mehr kommen, um ihn zu salben. Damit erklärt sich, daß 20,1 nicht angibt, warum Maria überhaupt zum Grabe kommt. Der Text sagt übrigens nichts darüber, wem das neue Grab gehört. Es ist schwer denkbar, daß Joseph ein fremdes Grab benutzt hätte. Also war es sein eigenes? Aber hätte er das ausgerechnet neben einer Hinrichtungsstätte angelegt? Auf welche Gedanken ,,realistische Forscher'' angesichts solcher Fragen kommen, wird wieder bei *Kennard* 238 klar: er rechnet mit einer zweimaligen Bestattung Jesu; die von Mt erwähnte Grabeswache habe Joseph ebenso bestochen wie den Pilatus. Insofern hätten die Juden mit der Behauptung recht gehabt, daß seine Jünger den Leichnam ,,gestohlen'' hätten.

Joh 19,31–37 und 38–42 stammen aus verschiedenen Traditionen, die nicht zueinander passen. Denn das αἴρειν in V. 31 und dasselbe Verb in V. 38 vertragen sich nicht. Beide Berichte sind so, wie sie hier vorliegen, jungen Datums; die markinische Erzählung dürfte erheblich älter sein. Aber man wird der johanneischen Geschichte von Kreuzabnahme und Beisetzung nicht gerecht, wenn man den einen oder anderen Zug als historisch zu erweisen versucht. Sie will die Glaubenden davon überzeugen, daß Gottes längst gefaßter, gnädiger Plan sich auch hier erfüllt und Jesus trotz allem ein ehrenvolles Begräbnis erhält und nicht das schmähliche Ende eines Verbrechers.

## 42. Die Erscheinungen Jesu und erstes Schlußwort

[1]**Am Sonntagmorgen kam Maria Magdalena früh, als es noch dunkel war, zum Grabe und sah den Stein vom Grab fortgenommen.** [2]**Sie lief nun und kam zu Simon Petrus und dem anderen Jünger, den Jesus liebte, und sagte zu ihnen: ,,Sie haben den Herrn aus dem Grab fortgenommen, und wir wissen nicht, wohin sie ihn gelegt haben!''** [3]**Da kam Petrus heraus und der andere Jünger, und sie liefen zum Grab.** [4]**Die beiden aber liefen zusammen. Und der andere Jünger lief schneller als Petrus und kam ihm zuvor und kam als erster zum Grab,** [5]**und sich bückend sah er die Binden liegen, ging jedoch nicht hinein.** [6]**Da kam auch Simon Petrus, der ihm folgte, und ging in das Grab hinein, und er sah die Binden liegen** [7]**und das Schweißtuch, das auf seinem**

Gesicht gelegen hatte, nicht jedoch bei den Binden liegend, sondern gesondert zusammengefaltet an einem Ort. [8]Da ging nun auch der andere Jünger hinein, der als erster zum Grab gekommen war, und sah und wurde gläubig. [9]Denn sie kannten noch nicht die Schrift(stelle), daß er von den Toten auferstehen muß. [10]Da gingen die Jünger wieder fort nach Hause. [11]Maria aber stand draußen am Grab weinend. Wie sie nun weinte, bückte sie sich in das Grab [12]und sah zwei Engel in weißen Gewändern sitzen, einen zu Häupten und einen zu Füßen, wo der Leichnam Jesu gelegen hatte. [13]Und jene sagten zu ihr: „Frau, warum weinst du?" Sie sagte zu ihnen: „Sie haben meinen Herrn weggenommen, und ich weiß nicht, wo sie ihn hingelegt haben." [14]Nach diesen Worten drehte sie sich nach hinten um, und sah Jesus stehen und wußte nicht, daß es Jesus ist. [15]Jesus sprach zu ihr: „Frau, warum weinst du? Wen suchst du?" Jene meinte, er sei der Gärtner, und sagte zu ihm: „Herr, wenn du ihn weggetragen hast, sage mir, wo du ihn hingelegt hast und ich hole ihn." [16]Jesus sagte zu ihr: „Maria!" Und jene drehte sich um und sagte zu ihm auf hebräisch: „Rabbuni" (d. h. Meister). [17]Jesus sagte zu ihr: „Berühre mich nicht! Denn ich bin noch nicht zum Vater aufgefahren. Gehe aber zu meinen Brüdern und sage ihnen: Ich gehe hinauf zu meinem Vater und eurem Vater, und zu meinem Gott und zu eurem Gott." [18]Maria Magdalena ging fort, den Jüngern meldend: „Ich habe den Herrn gesehen", und das habe er zu ihr gesagt. [19]In der Dämmerung jenes Sonntags, und als die Türen dort verschlossen waren, wo sich die Jünger aufhielten, aus Furcht vor den Juden, kam Jesus und trat in die Mitte und sagte zu ihnen: [20]„Friede sei mit euch!" Und nach diesen Worten zeigte er ihnen die Hände und die Seite. Da freuten sich die Jünger, als sie den Herrn sahen. [21]Da sprach Jesus wiederum zu ihnen: „Friede sei mit euch! Wie mich der Vater gesandt hat, so sende ich euch!" [22]Und nach diesen Worten hauchte er sie an und sprach zu ihnen: „Empfangt den heiligen Geist! [23]Denen, welchen ihr die Sünden vergebt, sollen sie vergeben sein. Wem ihr sie behaltet, denen sind sie behalten." [24]Thomas aber, einer von den Zwölf, genannt Zwilling, war nicht bei ihnen, als Jesus kam. [25]Da sagten ihm die anderen Jünger: „Wir haben den Herrn gesehen!" Er aber sagte zu ihnen: „Wenn ich nicht in seinen Händen das Nägelmal sehe und meinen Finger in das Nägelmal lege und meine Hand in seine Seite, werde ich es nicht glauben!" [26]Und nach acht Tagen waren die Jünger wieder drinnen und Thomas mit ihnen. Jesus kam bei verschlossenen Türen und trat in ihre Mitte und sagte: „Friede sei mit euch!" [27]Dann sagte er zu Thomas: „Lege deinen Finger hierher und sieh meine Hände und lege deine Hand in meine Seite, und sei nicht ungläubig, sondern gläubig!" [28]Thomas antwortete und sprach zu ihm: „Mein Herr und mein Gott!" [29]Jesus sprach zu ihm: „Weil du mich gesehen hast, hast du geglaubt? Selig sind, die nicht gesehen haben und gläubig geworden sind."

[30]Viele andere Zeichen hat Jesus vor seinen Jüngern getan, die nicht in diesem Buch aufgeschrieben sind. [31]Diese aber sind aufgeschrieben, damit ihr glaubt, daß Jesus der Christus ist, der Sohn Gottes, und damit ihr glaubend Leben habt in seinem Namen.

**Literatur:**

*A. Ostererscheinungen:*

*Alsup, J. E.*, The Post-Resurrection-Appearance-Stories of the Gospel-Tradition, Stuttgart 1975.

*Bacon, B. W.*, Immortality in the Fourth Gospel, in: E. H. Sneath ed., Religion and the Future Life, New York 1922, 259–294.

*Ballenstedt, H. C.*, Jesus überraschet seine Schüler bey verschlossenen Thüren und macht sie amtsfähig. Joh 20,19–23, in: ders., Philo und Johannes, II, Göttingen 1812, 142–148.

*Becker, J.*, Die Auferstehung der Toten im Urchristentum, Stuttgart 1976, 117–148.

*Bligh, J.*, The Sign of the Cross, The Passion and Resurrection of Jesus According to St. John, Slough 1975.

*Curtis, K. P. G.*, Three Points of Contact Between Matthew and John in the Burial- and Resurrection Narratives, JThS 23 (1972) 440–444.

*Dodd, C. H.*, The Appearance of the Risen Christ, in: Studies in the Gospels, Essays in Memory of R. H. Lightfoot, Oxford 1957, 9–35.

*Duprac, L. H.*, Le premier signe de la résurrection chez S. Jean, BVC 86 (1969) 70–77.

*Feuillet, A.*, Les christophanies pascales du quatrième évangile sont-elles des signes?, NRTh 97 (1975) 577–592.

*Finegan, J.*, Die Überlieferung der Leidens- und Auferstehungsgeschichte Jesu, Gießen 1934, bes. 93–97.

*Fuller, R. H.*, The Formation of Resurrection Narratives, London 1971.

*Grass, H.*, Ostergeschehen und Osterberichte, Göttingen [2]1962, bes. 51–85.

*Hoffmann, P.*, Art.: Auferstehung, in: TRE IV (Berlin 1979) 450–467.478–513.

*Kegel, G.*, Auferstehung Jesu – Auferstehung der Toten, Gütersloh 1970.

*McNamara, M.*, The Ascension and Exaltation of Christ in the Fourth Gospel, Scrip. 19 (1967) 65–73.

*Mees, M.*, Erhöhung und Verherrlichung Jesu im JE, BZ 18 (1974) 32–44.

*Michaelis, W.*, Die Erscheinungen des Auferstandenen, Basel 1944.

*Michel, O.*, Ein johanneischer Osterbericht, in: Studien zum NT und Patristik, FS. E. Klostermann, 1961, 35–42.

*Moule, H. C. G.*, Jesus and the Resurrection, London 1893.

*Nebe, A.*, Die Auferstehungsgeschichte unseres Herrn Jesu Christ nach den vier Evangelien ausgelegt, Wiesbaden 1882, bes. 48–108.179–338.

*Perrin, N.*, The Resurrection Narratives, London 1977.

*Riggenbach, E.*, Die Quellen der Auferstehungsgeschichte mit besonderer Berücksichtigung des Schauplatzes der Erscheinungen, in: FS. C. von Orelli, 1898, 109–153.

*Schwank, B.*, Die Ostererscheinungen des JE, EuA 44 (1968) 36–53.

*Thüsing, W.*, Erhöhung und Verherrlichung Jesu im JE, Münster[2] 1970.

*Wetter, G. P.*, Die Verherrlichung im JE, BRW 2 (1915) 32–113.

*B. Joh 20,1–31:*

*Aland, K.*, Studien zur Überlieferung des Neuen Testaments und seines Textes, Berlin 1967.

*Becquet, P.*, Le Christ ressuscité transfère sa mission à la communauté des croyants (Jn 20), EeV 80 (1970) 193–196.

*Benoit, P.*, Marie-Madeleine et les disciples au tombeau selon Jn 20,1–18, in: BZNW 26 (1960) 141–152.

*Bode, E. L.*, The First Easter Morning. The Gospel Account of the Women's Visit to the Tomb of Jesus, Rom 1970.

*Burney, D. F.*, The Aramaic Origin of the Fourth Gospel, 1922.

*Cadbury, H. J.*, The Meaning of John 20,23; Mt 16,10 and Mt 18,18, JBL 58 (1939) 251–254.

*Charpentier, E.*, Jour de pâques: Le tombeau vide (Jn 20.1–9), EeV 79 (1969) 262–266.

*Colwell, E. C.*, The Greek of the Fourth Gospel, Chicago 1931.

*Crome, G. F.*, Ueber Lk 1,1–4 und Joh 20,30–31, ThStKr 2 (1829) 754–766.

*Cook, J. J.*, Joh 20,19–23 – An Exegesis, RefR(H) 21 (1967) 2–10.

*Curtis, K. P. G.*, Luke 24,12 and John 20,3–10, JThS 22 (1971) 513–515.

*Dalman, G.*, Grammatik des Jüdisch-Palästinischen Aramäisch, ²Leipzig 1905, Nachdruck Darmstadt 1960.

*Dauer, A.*, Die Herkunft der Tomasperikope Joh 20,24–29, in: Biblische Randbemerkungen, FS. R. Schnackenburg, Würzburg² 1974, 56–76.

*Dayton, W. T.*, Greek Perfect Tense in Relation to Jn 20,23, masch. Diss. Chicago 1945.

*Dupont, J.*, Recherche sur la structure de Jean 20, Bib. 54 (1973) 482–498.

*Erdozain, L.*, La función de signo en la fe segun el cuarto evangelio, Rom, 1968.

*Feuillet, A.*, La communication de l'Espritsaint aux Apôtres, EeV 82 (1972) 2–7.

*Ders.*, L'apparition du Christ à Marie-Madeleine, EeV 88 (1978) 193–205.209–223.

*Fowler, D. C.*, The Meaning of „Touch Me Not" in John 20,17, EvQ 47 (1975) 16–25.

*Fuller, R. H.*, John, 20,19–23, Interp. 32 (1978) 180–184.

*Ghiberti, G.*, I racconti pasquali del capitolo 20 di Giovanni confrontati con le altre tradizioni neotestamentarie, Brescia 1972.

*Ders.*, Gv 20 nell' esegesi contemporanea, StPat 20 (1973) 293–337.

*Ders.*, „Abbiamo veduto il Signore." Struttura e messagio dei racconti pasquali in S. Giovanni, ParVi 15.5 (1970) 389–414.

*Groenewald, E. P.*, The Christological Meaning of John 20,31, Neotestamentica 2 (1968) 131–140.

*Harnack, A. von*, Die Apostelgeschichte, Leipzig 1908.

*Hartmann, G.*, Die Osterberichte in Joh 20 im Zusammenhang der Theologie des Johannes, masch. Diss. Kiel 1963.

*Ders.*, Die Vorlage der Osterberichte in Joh 20, ZNW 55 (1964) 197–220.

*Kierkegaard, S.*, Die Tagebücher I, Düsseldorf/Köln 1962, 104.

*Kruijf, Th. C. de*, „Hold the Faith" of „Come to Believe"? A Note on John 20,31, Bijdr. 36 (1975) 234–251.

*Langbrandtner, W.*, Weltferner Gott oder Gott der Liebe, Bern/Frankfurt 1977, bes. 35–38.

*Lee, G. M.*, Presbyters and Apostles (Joh 20,23), ZNW 62 (1971) 122.

*Lindars, B.*, The Composition of John 20, NTS 7 (1960/61) 142–147.

*Mahoney, R.*, Two Disciples at the Tomb. The Background and Message of John 20,1–10. Bern/Frankfurt 1974.

*Mantey, J. R.*, The Mistranslation of the Perfect Tense in John 20,23, Mt 16,19 and Mt 18,18, JBL 58 (1939) 243–249.

*Márquez, M.*, El espiritu santo, principio de la nueva creacion, en función de la misión apostolica en Jn 20,21–22, SBEsp 26 (1969) 121–148.

*Minear, P. S.*, „We don't know where . . .": John 20,2, Interp. 30 (1976) 125–139.

*Mollat, D.*, La découverte du tombeau vide Jn 20,1–9, ASeign 21 (1969) 90–100.

*Neirynck, F.*, Lc 24,12 et Jn 20,5, EThL 53 (1977) 113–162; 54 (1978) 104–118.

*Ders.*, Les femmes au tombeau, NTS 15 (1969) 168–190.

*Niccacci, A.*, La fede nel Gesu storico e la fede nel Cristo risorto, Anton. 53 (1978) 443–451.

*Osborne, B.*, A Folded Napkin in an Empty Tomb: Jn 11,44 and 20,7, HeyJ 14 (1973) 437–440.

*Pereira, F.*, Maria Magdalena apud sepulcrum, VD 47 (1969) 1–21.

*Perles, F.*, Noch einmal Mt 8,22, Lk 9,60 sowie Joh 20,17, ZNW 25 (1926) 286–287.

*Pflugk, U.*, Die Geschichte vom ungläubigen Thomas in der Auslegung der Kirche von den Anfängen bis zur Mitte des 16. Jahrhunderts, masch. Diss. Hamburg 1966.

*Prete, B.*, Beati coloro che non vedono e credono, BeO (1967) 97–114.

*Richter, G.*, Der Vater und Gott Jesu und seiner Brüder in Joh 20,17. Ein Beitrag zur Christologie des JE, in: ders., Studien zum JE, Regensburg 1977, 266–280.

*Salvoni, F.*, The So-Called Jesus Resurrection Proof (Jn 20,7), RestQ 22 (1979) 72–77.

*Suggit, J.*, The Eucharistic Significance of John 20,19–29. JTSA 16 (1976) 52–59.

*Suriano, T.*, Doubting Thomas: An Initiation to Belief, BiTod 53 (1971) 309–315.

*Thyen, H.*, Studien zur Sündenvergebung im NT und seinen alttestamentlichen und jüdischen Voraussetzungen, Göttingen 1970, bes. 243–251.

*Ders.*, Literatur zum JE, ThR 39 (1974) 1–69.222–252.289–330; 42 (1977) 211–270; 43 (1978) 328–359; 44 (1979) 97–134, bes. III. 224–226.232–234.259–257.261–269; IV. 341. 352; V. 127–128.

*Violet, B.*, Ein Versuch zu Joh 20,17, ZNW 24 (1925) 78–80.

*Vaganay, L.*, La finale du IVᵉ Evangile, RB 45 (1936) 512–528.

■ **1** In der Morgenfrühe des Ostersonntags (vgl. Lk 24,1) geht Maria Magdalena zum Grabe. Sie ist allein übrig geblieben von der Mehrzahl der Frauen in der synoptischen Tradition (drei in Mk 16,1; zwei in Mt 28,1; mehr als drei in Lk 24,1; vgl. Lk 8,2f. und 24,10). Obwohl es noch dunkel ist, kann sie sehen, daß der Verschlußstein des Grabes entfernt ist.

■ **2** eröffnet einen Einschub: ohne sich näher zu überzeugen, eilt Maria fort zu Petrus und zu dem „anderen Jünger, den Jesus liebte" – sie sind (gegen 16,32) beisammen in Jerusalem –, und sagt ihnen: „Sie haben den Herrn" (τὸν κύριον soll vielleicht τὸν κύριόν μου in V. 13 entsprechen) „fortgenommen und wir wissen nicht, wohin sie ihn gelegt haben." Es läßt sich schwer entscheiden, ob dieses „wir" eine Spur der synoptischen Tradition (= mehrere Frauen) ist, die der Ergänzer kennt, oder orientalische Redeweise (*Dalman,* Grammatik des jüdisch-palästinensischen Aramäisch 265f.), die aber auch eine griechische Entsprechung hat (*Colwell,* 111f.). Daß Maria dies ebenso wie in V. 13 und 15 behauptet, ohne sich näher zu überzeugen, hängt damit zusammen, daß der Ergänzer der Maria nicht den Vorzug gönnte, zuerst das leere Grab gesehen zu haben.

■ **3** Auf die alarmierende Nachricht der Maria hin (οὖν wie in V. 6.8.10f.19f.30) gehen Petrus und der „andere Jünger, den Jesus liebte" heraus (aus dem Hause oder Semitismus?) und laufen zum Grabe (vgl. Lk 24,12). Dieser bei D a b e l r [1] Marcion fehlende Vers ist kein Einschub in Joh 20, wie man bisher meinte: er wurde fortgelassen, weil er Lk 24,24 widersprach, wonach mehrere Jünger zum Grabe gingen. Darum beginnt man jetzt (*Haenchen,* Apg 71f.; *Aland,* Studien zur Überlieferung des NTs 157) Lk 24,12 als ursprünglichen Text anzuerkennen. Für den Ergänzer könnte Lk 24,12.24 die Anregung dazu gewesen sein, hier neben Petrus – und ihm überlegen – den „Jünger, den Jesus liebte" (ἐφίλει!), einzuführen.

■ **4f.** Da der „andere Jünger" schneller als Petrus läuft, kommt er zuerst am Grabe an und sieht, sich bückend, als erster die Binden liegen, in die Joseph von Arimathia und Nikodemus den Leichnam Jesu eingewickelt hatten. Aber der Ergänzer läßt diesen Jünger das Grab noch nicht betreten.

■ **6** So kann er – wohl eine Tradition aufgreifend – Petrus als ersten in das Grab hineingehen lassen. Dabei sieht dieser nun ebenfalls die Binden liegen (vgl. Joh 19,40); aber dieser Anblick sagt ihm nichts Wesentliches.

■ **7** Petrus sieht auch das auf das Gesicht des Toten gelegte Schweißtuch, sauber zusammengefaltet, beiseite gelegt liegen. Binden und σουδάριον beweisen, daß kein eiliger Leichenraub durch die Jünger in Frage kommt. Offensichtlich kennt der Ergänzer diese jüdische Legende, die Mt 27,64; 28,13–15; Petr.Evg V. 30, Justin, Dial 108,2; Tert. Spec. 30 und Apol 23 erwähnt wird.

■ **8** Erst jetzt betritt auch der „andere Jünger" das Grab und sieht, was Petrus gesehen hatte. Bei ihm aber wird es Anlaß zum Glauben an die Auferstehung. Auf diese Weise kann der Ergänzer einerseits dem Petrus die Ehre lassen, zuerst das Grab betreten zu haben, andererseits aber den „anderen Jünger" (der zuerst außen am Grab angekommen war) als ersten Auferstehungsgläubigen darstellen. Daß er dem Petrus von diesem Glauben nichts sagt, verdeutlicht, daß er allein als Glaubender vom leeren Grab heimkehrt.

■ **9** begründet, warum der Anblick des leeren Grabes, der Binden usw. nötig war, damit Glauben entstand: Die Jünger kannten die Schriftstelle noch nicht, die Jesu Auferstehung voraussagte. Apg 2,25–28 verweist auf Ps 16,8–11 (vgl. Apg 13,35). Es besteht also kein Anlaß, diesen Vers als später hinzugefügt zu streichen oder anzunehmen, daß auch Petrus hier zum Glauben kam. Die Unkenntnis der Schriftstelle macht beides verständlich: daß der eine Jünger zum Glauben kam und der andere nicht. Aber daß der ,,andere Jünger'' gläubig wurde, zeigt wieder seine Überlegenheit über Petrus.

■ **10** schließt die Einfügung ab: die beiden Jünger gehen wieder nach Hause. Maria Magdalena darf von der Glaubenserkenntnis des ,,anderen Jüngers'' nichts erfahren, weil sonst die ganze Fortsetzung der Geschichte mit der untröstlich weinenden Maria sinnlos geworden wäre.

■ **11** schließt schlecht an: Maria, die doch nicht mit den beiden Jüngern um die Wette gelaufen ist, steht plötzlich weinend am Grabe. Hier klingt die Situation von V. 1 wieder an. Es fragt sich, wie die Überlieferung aussah, die der Ergänzer für seinen Einschub zurechtmachen mußte. *Bultmann* 529 sieht in der mit V. 11 eingeleiteten Engelepisode das Ursprüngliche: ,,diese entsprach dem Typus von Mk 16,5–7''. Der Evangelist (!) habe den ursprünglichen Schluß dieser Maria-Geschichte (Aufnahme der Botschaft durch die Jünger) gestrichen und durch V. 14–18 ersetzt. Aber es fragt sich, ob hier der Evangelist – und zudem in der von *Bultmann* vermuteten Weise – am Werke war. Sobald man den Einschub des Wettlaufs nicht dem Evangelisten zuschreibt, sondern dem Ergänzer (Redaktor), wird man ihm die der synoptischen Tradition nahen Züge, d. h. die Erwähnung der Engel, geben, aber die Botschaft des Evangelisten in der Begegnung der Maria mit Jesus finden. Die Fortsetzung ὡς οὖν ἔκλαιεν läßt in ihrer Ungeschicklichkeit erkennen, wie schwer sich hier das Handeln der Maria einordnen ließ. Daß sie sich in das Grab hinabbückt – es scheint eine Grabkammer zu sein –, ,,innerhalb deren sich das eigentliche Grab . . . als ein Bankgrab befindet'' (*Bultmann* 530 Anm. 6, in Anlehnung an *Dalman,* Orte und Wege Jesu 387ff.) –, erinnert an V. 5. *Bultmann* 528 hält es für möglich, daß Motive der Maria-Geschichte in V. 3ff. verwendet sind. Aber eigentlich kommt dafür nur παρέκυψεν in Frage, und dieses Wort führt zu einer ganz anderen Fortsetzung als in V. 3ff.

■ **12** Maria sieht – zur Überraschung der Leser und mancher Forscher wie *Wellhausen* 92 – zwei Engel in weißen Gewändern im Grabe sitzen, einen zu Häupten und einen zu Füßen der Stelle, wo Jesu Leichnam gelegen hatte. Der eine Engel in Mk 16,5 wie der in Mt 28,5 und die ,,zwei Männer in strahlenden Gewändern'' Lk 24,4 haben sämtlich die Aufgabe, die Tatsache des leeren Grabes zu interpretieren und die Mitteilung der Auferstehung Jesu an die Jünger anzuordnen. Da der Jünger, den Jesus liebte, hier aber von selbst zum Glauben kommen sollte, konnten die beiden Engel ihm und Petrus noch nicht sichtbar werden. Aber weil in V. 14ff. eine Begegnung Marias mit Jesus selbst folgen sollte, konnten die Engel nicht in der Rolle eines ,,angelus interpres'', wie bei den Synoptikern, tätig werden. Wenn sie überhaupt eingeführt wurden, so würden sie vermutlich doch wohl von dem mit der synoptischen Tradition vertrauten Ergänzer erwähnt worden sein, weil sie Bestandteile dieser Tradition waren.

■ **13** Der Versuch, den Engeln noch irgendeine Rolle zuzuweisen, führte dazu, daß man sie fragen ließ: ,,Frau, warum weinst du?" Darauf konnte Maria freilich nur ihre frühere Klage wiederholen: Man habe Jesu Leib fortgenommen, und sie wisse nicht, wohin. Darauf aber können die Engel nicht antworten; sonst würde das Gespräch Jesu mit Maria seines Inhalts beraubt. Also muß hier die Handlung eine neue Wendung nehmen. Dies geschieht in

■ **14** Maria, die bisher in die Grabkammer geblickt hatte, sieht sich nun um, blickt also ins Freie und sieht dort Jesus stehen, den sie nicht erkennt. Dieses Motiv, daß der Auferstandene zunächst nicht erkannt wird (vgl. Lk 24,16; Joh 21,4), soll zeigen, daß er als der Auferstandene nicht wie einst zugänglich ist.

■ **15** Nun richtet Jesus an Maria die Engelfrage, erkundigt sich aber weiter, wen sie suche. Sie hält ihn für den Gärtner – nach 19,41 lag das Grab in einem Garten – und bittet ihn, falls er den Leichnam fortgebracht habe, ihr zu sagen, wohin; sie wolle ihn wegnehmen. Realistisch ist diese Darstellung nicht: wie soll die Frau den (vermutlich schon verwesenden) Leichnam fortschaffen und wo hat sie ein Grab bereit? Aber diese Frage hat sich der Erzähler nicht gestellt, da ihre Voraussetzungen nicht zutreffen: Jesus ist auferstanden!

■ **16** Jesus erwidert darauf nur mit einem einzigen Wort: er nennt nur ihren (aramäischen) Namen. Daraufhin wendet sie sich um. Dieses Wort στραφεῖσα scheint nun aber nach ἐστράφη V. 14 sinnlos zu sein, womöglich ein Schreibfehler. Aber aus rhythmischen Gründen entbehrt man es ungern. Sollte der Ergänzer in V. 14 nur an ein Umwenden des Kopfes gedacht haben, dem nun das Umdrehen des ganzen Körpers folgt? Maria antwortet aramäisch, auch sie nur mit einem einzigen Wort: ,,Rabbuni." Sein Sinn wird als ,,Meister" angegeben. Die Form ,,Rabbuni" widerspricht der im Targum Onkelos benutzten Form רִבּוּנִי. Aber (*Black,* Aramaic Approach 46) die Aussprache im Targum Onkelos gab wahrscheinlich eine nie gesprochene Kunstsprache wieder; die in V. 16 und Mk 10,51 erhaltene Form ῥαββουνί scheint gerade nach neuen Funden die wirkliche Aussprache der Zeit Jesu wiederzugeben (vgl. dazu die Gesamtbesprechung).

■ **17** Jesu Antwort wird verschieden ausgelegt. *Violet* hat, angeregt durch *Burney* und *Driver,* nachzuweisen versucht, daß es sich um ein aramäisches Wort mit dem Sinn ,,sich anschließen" (vom Stamm dabaq) handele, das auch ,,folgen" bedeuten könne. Der eigentliche Sinn wäre dann: ,,Folget mir nach!" Aber das in seiner lateinischen Übersetzung bekannte Wort ,,noli me tangere!" wäre damit nicht wirklich erklärt. Denn wenn Jesus jetzt zum Vater aufsteigt, – und was käme sonst in Frage? – wie sollten ihm die Frauen da folgen können? Die Vermutung von *Perles* für ἅπτου sei πτόου zu konjizieren (,,leidenschaftlich begehren"), verdient auch nicht mehr als eine bloße

Erwähnung. *Barrett* 470 zieht πτόου in der Bedeutung „Fürchte nicht!" als letzte Möglichkeit einer Erklärung in Betracht, wenn sich keine andere biete. Mt 28,9 treten die dem Auferstandenen begegnenden Frauen heran und berühren (ἐκράτησαν) seine Füße. Möglicherweise will unser Erzähler gerade etwas derartiges ausschließen: der Auferstandene darf nicht mehr mit der irdischen Form der Proskynese verehrt werden (so auch *Bultmann* 532 Anm. 6). Die eigentliche Schwierigkeit liegt darin, daß es doch keinen Zwischenzustand zwischen dem schon Auferstandensein und dem Sein beim Vater geben kann – wenigstens wenn man sich die Auferstehung nicht als die Rückkehr in den irdischen Zustand (vgl. die Geschichte von der Auferweckung des Lazarus) vorstellt. Die hier wiedergegebene Tradition ist noch in einer naiven (heute vielfach als einzig rechtgläubig geltenden) Form der Vorstellung befangen: sie faßt sie, ebenso wie den Aufstieg zum Vater, als eine Veränderung innerhalb des irdischen Raumes auf. Der Evangelist benutzt diese Überlieferung um ihrer Anschaulichkeit willen, aber er versucht zugleich, sie zu korrigieren. Das wird an unserer Stelle, aber mehr noch in V. 29 deutlich. Die Worte οὔπω κτλ. sollen die Erlaubnis in der Thomasgeschichte, Jesus zu berühren, ermöglichen. Aber der Evangelist ist weit davon entfernt, dem Auferstandenen eine Art Zwischenzustand zuzuschreiben, in dem er noch auf der Erde umhergeht (vgl. Apg 1), wie vor seinem Tode, oder wieder auf die Erde zurückkehrt (V. 14.26), als läge zwischen Gott und der Welt eine räumliche Entfernung. In Wirklichkeit setzt der Evangelist eine Entmythisierung der Auferstehungsvorstellung voraus, nach der Jesus als der Geist wiederkehrt. Maria scheint Jesus – einer vergröbernden Tradition folgend, wird das erzählt – in einem Zustand anzutreffen, in dem der Übergang von der irdischen Form in die Geistwirklichkeit noch nicht stattgefunden hat; ein für unser Denken unmöglicher Zustand, dessen Unangemessenheit auch der Evangelist empfindet. Darum schneidet er ein weiteres Gespräch mit Maria ab, indem er Jesus der Maria gebieten läßt, den Jüngern seine Rückkehr zum Vater anzusagen. Mit diesem Auftrag übernimmt Jesus sozusagen die Rolle, die dem angelus interpres in der Engeltradition zukommt. Man hat z. T. die Unterscheidung von „meinem Vater" und „eurem Vater", „meinem Gott" und „eurem Gott" dahin ausgelegt, daß Jesus hervorheben wolle, wie verschieden sein Verhältnis zu Gott von dem der Jünger sei. Damit verfehlt man gerade die Absicht des Evangelisten. Er will in Wirklichkeit sagen, daß nun Jesu Gott auch der Gott der Jünger, Jesu Vater auch derjenige der Jünger sei. Der Unterschied im Gottesverhältnis Jesu und der Jünger ist nun gerade aufgehoben, wie das in V. 21f. in anderer Form wiederholt wird, und nicht fortgesetzt.

■ **18** Maria richtet diesen Auftrag aus: sie erwähnt die Engel nicht, sondern berichtet nur von ihrer Begegnung mit Jesus und seinem Auftrag, dessen Worte verständlicherweise nicht im Wortlaut zitiert werden. Ebensowenig wird erzählt, wie sich die Jünger angesichts dieser Botschaft verhalten. Das bleibt der folgenden Szene vorbehalten, die in gewissem Sinne nur die

Bestätigung dessen bringt, was Jesus den Jüngern schon durch Maria hat sagen lassen. Aber die Bedeutung der Auferstehung Jesu für die Jünger wird dort um vieles deutlicher.

■ **19** eröffnet eine neue Szene, die bis V. 23 reicht. Nachdem Jesus zunächst nur der Maria erschienen ist, die also nach dieser Darstellung zuerst den Auferstandenen gesehen hat, kommt er nun zu den Jüngern selbst. Sie haben sich hinter verschlossenen Türen versammelt „aus Furcht vor den Juden". Diese Wendung erklärt sich daraus, daß die Juden hier nicht als Volk, sondern als eine christenfeindliche Gemeinschaft gesehen werden, von denen die Jünger (die geburtsmäßig natürlich auch Juden sind) als Christen grundsätzlich verschieden sind. Zugleich wird hier das Bild vom Verhältnis der Juden und Christen gegen Ende des ersten Jahrhunderts gezeichnet. Als Auferstandener unterliegt Jesus nicht mehr irdischen Grenzen: das veranschaulicht sein Kommen durch die verschlossenen Türen. Er begrüßt die Seinen mit dem Friedensgruß. „Frieden" hat hier den Sinn des hebräischen Wortes „schalom", das ganz umfassend „Heil" bedeutet.

■ **20** dürfte von dem Ergänzer eingeschoben sein: die Erzählung von der Seitenwunde findet sich nur in 19,34 und läßt sich dort als spätere Einfügung erkennen. Das Erscheinen Jesu erfüllt die Jünger mit Freude (vgl. aber die abweichende Darstellung in Mt 28,17). Als der Auferstandene wird er hier, auch wo in der dritten Person von ihm gesprochen wird, ὁ κύριος genannt.

■ **21** Damit die durch V. 20 unterbrochene Erzählung weitergehen kann, läßt der Ergänzer Jesus den Friedensgruß wiederholen. Dann folgt die von der Hand des Evangelisten stammende (vgl. 17,18) Wendung, die hier direkt als Sendungsauftrag ausgesprochen wird: „Wie mich der Vater gesandt hat, so sende ich euch." Die Jünger – und nicht nur die Zwölf oder eine Elite oder geistige Leitung – treten in das Amt und die Stellung Jesu ein. An ihren Worten wird sich entscheiden, ob ihre Hörer den Weg zum Vater finden oder verfehlen. Vollmacht und Dienst vereinen sich.

■ **22** Wie einst Gott in der Schöpfungsgeschichte (Gen 2,7) dem Menschen seinen Geist eingehaucht hat, so nun Jesus mit den Worten: „Empfanget den heiligen Geist!" Hier fallen Ostern und Pfingsten zusammen. Was nach der Überzeugung des Evangelisten selbst Jesus in seinem Erdenleben noch nicht möglich war, das spendet er hier den Seinen: den Geist, der sie in alle Wahrheit führen und ihnen die Christusbotschaft als die Wahrheit erschließen wird. Freilich werden sie auch die Grenzen erfahren, die schon in 17,9.24 angedeutet waren: nicht alle hat der Vater Jesus und seinen Jüngern gegeben.

■ **23** Daß der Gemeinde die Macht und das Recht gegeben wird, Sünden zu vergeben und nicht zu vergeben, ist in Mt 16,19 und 18,18 in verschiedener Form ausgesprochen. Das gehört in die johanneische Botschaft nicht hinein. Denn für sie entscheidet nicht der Willensentschluß des Menschen, sich in die Jüngerschar Jesu einzugliedern. Keiner kann von sich aus das Wort Jesu und seiner Boten als Gottes Zuspruch vernehmen; sondern ob er es so hört, das hängt vom Willen des Vaters ab. Darum haben wir es hier mit einem jener Zusätze des Ergänzers zu tun, der sich immer wieder als mit der synoptischen Tradition vertraut erweist.

■ **24** entspricht der Intention nach Lk 24,36–43: die hier aufgenommene Überlieferung versucht den Zweifel zu überwinden, der sich – vor allem wohl nach dem Sterben der ersten Zeugen – stärker geltend machte. Diesen Zweifel wollen Lk und die Vorlage des Evangelisten auf die Weise besiegen, daß sie zeigen: Ein solcher Zweifel hat sich schon innerhalb der Jüngerschar Jesu geregt und ist von Jesus selbst widerlegt worden. Sieht man genauer zu, dann wird deutlich: eigentlich paßt die Thomasszene nicht zu der vorangegangenen. Denn die Sendung der Jünger und ihre Begabung mit dem Geist galt allen Jüngern. Mt 28,17 werden die Zweifelnden überhaupt nicht mit Namen genannt. Joh 20,29 wird zeigen, wie der Evangelist an dieser Überlieferung seine Korrektur angebracht hat.

■ **25** Thomas empfängt das, was allen Christen der zweiten Generation und der Folgezeit allein zugänglich war und was nach der Überzeugung des Evangelisten auch den ersten Jüngern Jesu nur gegeben war: das Wort. Denn es gibt kein Kontrollverfahren (Wunder!), durch das wir uns mit objektiver Sicherheit von der Wirklichkeit Gottes überzeugen können.

■ **26** Nun aber geschieht das Unerwartete: als am nächsten Sonntag die Jünger wieder – hinter verschlossenen Türen – versammelt sind, tritt Jesus aufs neue mit dem Friedensgruß in ihre Mitte. Nun muß es sich zeigen, ob und wie Thomas zum Glauben kommt. *Kierkegaard,* Tagebuch A II 730, schrieb 1837: ,,Wofern Christus kommen soll, um in mir zu wohnen, müßte es zugehen nach der Überschrift des Tagesevangeliums im Kalender: ,Christus kommt herein durch verschlossene Türen.''' Das gilt ja wohl nicht nur für *Kierkegaard.*

■ **27** Jesus bietet dem Thomas die Möglichkeit an, die er gefordert hat: Er darf sich durch Augenschein und Betasten davon überzeugen, daß Jesus wirklich auferstanden ist, freilich mit der hinzugefügten Mahnung: ,,Sei nicht ungläubig, sondern gläubig.'' Ob sich der Erzähler die Wunden Jesu als inzwischen geheilt vorgestellt hat, läßt sich nicht sagen. Jedenfalls sollen die Wundmale die Identität des irdischen mit dem auferstandenen Jesus beweisen.

■ **28** Die Antwort des Thomas legt nahe, daß er von der ihm angebotenen Möglichkeit der Vergewisserung keinen Gebrauch gemacht hat, sondern ohne sie in das Bekenntnis der Kirche einstimmt: ,,Mein Herr und mein Gott.'' Da nach der Überzeugung des Evangelisten für den Glaubenden in Jesus der Vater sichtbar wird, scheint die Thomasgeschichte ganz mit der Theologie des Evangelisten übereinzustimmen. Aber das ist nicht der Fall. Denn

■ **29** bringt deutlich die Korrektur des Evangelisten an diesem Glauben: ,,Weil du mich gesehen hast, hast du geglaubt. Selig sind die nicht gesehen haben und (dennoch) zum Glauben gekommen sind!'' *Bultmann* 539 wendet ein: ,,Trifft denn der dem Thomas geltende Vorwurf nicht alle anderen Jünger auch? Alle haben ja, wie auch Maria Magdalena, erst geglaubt, als sie gesehen haben, auch jene zwei von V. 3–8, die zwar nicht durch die Erscheinung des Auferstandenen, aber doch durch den Anblick des leeren Grabes überführt wurden. Thomas hat keinen anderen Beweis verlangt, als Jesus ihn den anderen freiwillig dargeboten hatte (V. 20). Dann preist also der Makarismus die Nachgeborenen, weil sie vor den ersten Jüngern das voraushaben, daß sie ohne Autopsie glauben, und zwar eben auf das Wort jener hin? Das dürfte unmöglich sein." *Bultmann* beantwortet diese Frage mit der Auskunft: ,,Vielmehr ist der Zweifel des Thomas repräsentativ für die durchschnittliche Haltung der Menschen, die nicht glauben können, ohne Wunder zu sehen (4,48). Wie der Schwachheit des Menschen das Wunder konzediert wird, so wird der Schwachheit der Jünger die Erscheinung des Auferstandenen konzediert. . . . Im Grunde sollte nicht erst die Schau des Auferstandenen die Jünger bewegen, ,dem Worte, das Jesus sprach', zu glauben (2,22), sondern dieses Wort müßte allein die Kraft haben, ihn zu überzeugen." Hier mischt sich, scheint uns, Wahres und Falsches. Daß auch Petrus im Grabe angesichts der Binden usw. zum Glauben gekommen ist, steht bei Johannes nicht da und widerspricht der Bemühung, die Überlegenheit des ,,anderen Jüngers" über Petrus zu zeigen. Ferner ist anscheinend übersehen, daß nach der Überzeugung des Evangelisten (7,39b) die Jünger gerade in der Zeit, da sie Augenzeugen des irdischen Lebens Jesu waren, in ihm nicht den Vater gesehen haben (14,8f.). Nun verlangt aber Thomas eben nicht nur, daß ihm das Sehen gewährt wird, sondern er will die Wunden Jesu betasten. Dieses Betasten galt damals als das sicherste Mittel, um sich der Wirklichkeit von etwas Erscheinendem zu vergewissern. Insofern hebt sich das von Thomas Verlangte ab von dem, was allen Augenzeugen gegeben war. Im übrigen haben wir schon darauf hingewiesen, daß V. 20 vom Ergänzer eingefügt ist. Dagegen hat *Bultmann* recht, wenn er darauf hinweist, daß diese Ostergeschichten nicht recht zur Theologie des Evangelisten passen: sie sind alle aus der früheren Tradition entnommen, freilich nicht aus der frühesten (vgl. die Gesamtbesprechung). Für den Evangelisten sind in der Tat jene Christen der späteren Generation, die weder den irdischen noch den auferstandenen Jesus geschaut haben, sondern nur die Botschaft übermittelt bekamen und daraufhin gläubig wurden, die wahren Christen. Darum werden sie, und nicht Thomas, selig gepriesen. Der Glaube des Thomas versucht, sich Gottes wie eines vorhandenen Weltdinges zu versichern. Indem der Evangelist diesen Glauben noch nicht seligpreist, korrigiert er die überlieferte Glaubensvorstellung. Damit wird natürlich auch jene Tradition, die wie Lk 24,36–43 den Zweifel durch handgreifliche Prüfung des Sichtbaren überwinden will, als unvollkommen abgelehnt.

■ **30f.** haben wahrscheinlich den Schluß jenes ,,Evangeliums" gebildet, das der Evangelist auswählend, fortlassend, ergänzend, verbessernd benutzt hat. In diesem Buch sind nicht alle Taten Jesu verzeichnet – für die Vorlage heißt das: nicht alle Wunder, für den Evangelisten: nicht alle Hinweise –, sondern nur einige. Aber diese Auswahl, welche das Buch enthält, soll zum Glauben an den Gottessohn führen. Der Evangelist selbst hat jenes alte „Evangelium" mit all diesen Wundergeschichten benutzt. Zwar hat er es in einem ganz anderen Sinn verstanden als dessen Verfasser, aber er hat – das sollte man nicht bezweifeln – fest daran geglaubt, daß Jesus alle diese großen Wunder wirklich vollbracht hat. Insofern war es für ihn nicht schwer, diese Wundergeschichten (wie auch die Passionserzählung) zu übernehmen. Für seinen Vorgänger waren diese Wunder Beweise für die Gottessohnschaft Jesu gewesen. Darum hatte er gehofft, mit ihrer Wiedererzählung auch bei anderen als den Augenzeugen deren Glauben an Jesus zu erwecken. Es war freilich eigentlich unverständlich, daß so große Machterweise nicht das ganze Judenvolk bekehrt hatten. Es muß verstockt gewesen sein, daß es seinen eigenen König nicht erkannte (19,15).

Daß die Juden Gott entfremdet und feindlich waren, darin war sich der Evangelist mit seinem Vorgänger ganz einig. Aber er verstand das Wort σημεῖα, mit dem jener den Begriff „Wunder" wiedergegeben hatte, in dem Sinne von „Zeichen", „Hinweis", den das Wort σημεῖα auch haben kann. Das erlaubte ihm, das Verhältnis des Menschen zu Gott und die menschlichen Möglichkeiten Gott gegenüber in einem ganz neuen Lichte zu sehen. Gott, der „Vater", ist für den Menschen unzugänglich: niemand hat ihn je gesehen. Deshalb wird er nur durch die Offenbarung dessen kund, der als Sohn am Busen dieses unsichtbaren Vaters geweilt hat. Aber gerade dieser Offenbarer, dieser Gesandte Gottes findet nun bei seiner irdischen Wirksamkeit keinen Glauben. Das ist eine Tatsache, die der Leser des JE leicht übersieht. Nicht nur die Juden, sondern auch die Jünger sind bis zur Passion unverständig; sie verstehen es nicht, daß der Vater in Jesus gesehen werden kann. Erst der Auferstandene verleiht ihnen (20,22) den Geist, der sie Jesus wahrhaft erkennen läßt und damit zu Gesandten Jesu macht, wie Jesus der Gesandte des Vaters gewesen war.

● Vor 60 Jahren ließen sich noch die Stimmen der unkritischen und der kritischen Forscher nebeneinander vernehmen. *Zahn* sah in seinem Johanneskommentar (672–689) nichts Schwieriges in Kap. 20. Das Wort οἴδαμεν V. 2 zeige, daß auch andere Frauen zum Grabe gegangen sind, die mehr als Maria Magdalena gesehen hätten (673), und nur Magdalena sei zum Haus, wo Petrus und der von Jesus geliebte Jünger wohnten, gelaufen. Dieser, der Zebedaide Johannes, habe nicht erwähnt, daß auch Petrus gläubig geworden sei, „weil . . . er sich des gewaltigen Umschwungs der Stimmung erinnerte, den er in jenem Augenblick erlebte" (674). Man erkennt hier deutlich, wie die von *Zahn* eingetragene Psychologie ein Problem verschwinden läßt. Der Evangelist, lesen wir S. 678 weiter, habe keineswegs den erhöhten Jesus „beständig mit den Wundmalen behaftet vorgestellt", ohne daß *Zahn* merkt, wie er damit die Beweiskraft dieses Arguments erschüttert. „Der die

Jünger anwehende Hauch des Mundes Jesu dringt nicht in ihr Inneres ein,
. . . sondern berührt sie eben nur von außen" (679); mit der Sendung des Parakleten, des zu Pfingsten verliehenen Geistes, habe er nichts zu tun. Auf
diese Weise wird der Text gemäß der kirchlichen Tradition und dem Dogma
ausgelegt.

Im selben Jahr 1908 erschien auch *Wellhausens* mit kritischem Dynamit ge-
ladenes Büchlein ,,Das Evangelium Johannis", das auf S. 91–95 kritisch
Kap. 20 mustert. V. 2b, ,,sie haben den Herrn aus dem Grab genommen
und wir wissen nicht, wo sie ihn hingelegt haben", nimmt eine Aussage
vorweg, die erst in V. 11 am Platz ist, denn da ,,hat die Magdalena" erst ,,in
das Grab geguckt". Die Form οἴδαμεν komme vielleicht daher, daß der Ergänzer an den synoptischen Bericht dachte, nach dem mehrere Frauen zum
Grabe kamen. Er hat V. 2–10 eingefügt. Jesu Wort ,,denn ich bin noch nicht
zum Vater aufgestiegen" scheine davon auszugehen, ,,daß Jesus den Jüngern
erst nach der Himmelfahrt erschien und daß also auch seine Berührung durch
Thomas erst nachher stattfand" (93).

Letzthin hat ein so vorsichtiger und zurückhaltender englischer Forscher
wie *Dodd,* Tradition 140–151, zu zeigen versucht, daß der Evangelist aus einer Reihe mündlicher Überlieferungen erst die Schilderung dieses Kapitels
gestaltet hat, wobei unsynoptische Züge achtungsvolle Behandlung verdienen. Tatsächlich sind in diesem Kapitel die verschiedensten Traditionen (ob
es nur mündliche Einzelüberlieferungen waren, ist eine andere Frage) über
das leere Grab und die Erscheinungen Jesu nicht ohne Mühe zu einem Gesamtbild vereinigt worden. Verstanden aber haben wir diese Komposition
erst dann, wenn wir erkennen, was ihre Entwicklung und Wandlung bewirkt hat und worin dennoch ein Einheit bewahrt geblieben ist.

Die älteste Überlieferung, die wir darüber besitzen, ist die von Paulus
1Kor 15,1–8 angeführte. Er sagt ausdrücklich, daß er selbst sie übernommen
habe und als eines der Hauptstücke weitergegeben hat. Genau gesehen gliedert sie sich in zwei verschiedene Bestandteile. V. 3f. besagen, ,,daß Christus
gestorben ist für unsere Sünde nach der Schrift, und daß er begraben worden
ist, und daß er auferweckt ist am dritten Tage nach der Schrift". Die erste
und die dritte Aussage werden ausdrücklich gesichert durch den Hinweis auf
das Alte Testament. An welche Stelle oder Stellen dabei gedacht ist, erfahren
wir nicht.

Wie hat sich Paulus die hier ausgesagte Auferweckung Christi vorgestellt?
Nach 1Kor 15,20–23 scheint sich Paulus die Auferstehung Christi und der
(bei der Parusie schon verstorbenen) Christen analog gedacht zu haben. Die
Auferstehung der Christen beschreiben 1Kor 15,52 und 1Thess 4,15–17:
Nicht der verweste Leib wird wieder lebendig (wie es die Lazarusgeschichte
voraussetzt). Vielmehr vollzieht sich zugleich mit der Erweckung eine Verwandlung – Fleisch und Blut können ja (1Kor 15,20) das Gottesreich nicht
erben. Die Christen bekommen eine neue, andersartige, ,,geistliche" Leib-
lichkeit, mit der sie dem Herrn entgegen entrückt werden in die Luft. Wenn

Paulus Jesu Auferweckung diesem Geschehen entsprechend sich vorgestellt
hat, dann würde das besagen: Christus hat am dritten Tage ein solches σῶμα
πνευματικόν erhalten und ist damit zu Gott entrückt worden, ein leeres
Grab zurücklassend (anders *H. Graß,* Ostergeschehen und Osterberichte
185). Aber von einem leer gewordenen Grabe spricht Paulus nicht, denn für
ihn war der auferstandene Herr, der κύριος τῆς δόξης, entscheidend, den er
geschaut hatte.

Damit kommen wir zum zweiten Teil der von Paulus angeführten Überlieferung, V. 5–7. Hier heißt es (durch ,,und daß'' angeknüpft): ,,daß er dem
Kephas erschienen ist, dann den Zwölfen; darauf erschien er über 500 Brüdern auf einmal, von denen die meisten bis jetzt noch am Leben sind; einige
aber sind entschlafen. Darauf erschien er dem Jakobus, dann allen Aposteln''. Jetzt ist nicht mehr von Schriftzeugnissen die Rede, sondern von
dem, was die namentlich angeführten Zeugen gesehen haben. Sie sind in der
zeitlichen Reihenfolge ihres Erlebens genannt. Daß Paulus V. 6b selbst hinzugefügt hat, ist aus formalen Gründen so gut wie sicher. Ob dabei eine ursprüngliche Erwartung mitklingt, diese Augenzeugen würden vor der Parusie nicht sterben, mag man vermuten. Wahrscheinlicher aber ist, daß Paulus V. 6b hinzugefügt hat, um zu zeigen, daß immer noch viele, viele Zeugen dieser Erscheinung vorhanden sind und versichern können, was sie gesehen haben. *Harnack,* Die Apostelgeschichte, der stets recht hypothesenfreudig war, hat auch hier drei Vermutungen ausgesprochen und bei dem
Ansehen, das er genoß, unverdienten Beifall gefunden. Er hat erstens angenommen, Apg 2 und 5,17–42 seien Dubletten, ,,böse Blöcke'', zu 5,12–17
(142). Zweitens: der Enthusiasmus der ersten Gläubigen, ,,der 5000, d. h.
wohl 500'', habe sich nach Rückkehr der verfolgten Apostel zur Ekstase gesteigert (146); das sei ,,das wirkliche geschichtliche ‚Pfingsten‘'' gewesen!
Durch den Trick, daß er die Zahl 5000 mit der Begründung durch ein bloßes
,,wohl'' durch 10 dividiert, findet er hier die Christusschau von 1Kor 15,6a
wieder, obwohl Lk von einer solchen nichts verlauten läßt. Endlich vermutet er, die Apostel hätten nach zwölf Jahren Jerusalem verlassen und Jakobus
habe die Leitung der Gemeinde übernommen. ,,Vielleicht erst nach seinem
Tode aber werden die Legenden aufgekommen sein, daß Jesus zuerst ihm erschienen sei . . .'' (127). Daß Paulus (der überdies drei Jahre nach seiner Bekehrung 14 Tage bei Petrus in Jerusalem war und in dieser Zeit auch mit dem
Herrenbruder Jakobus sich ausgesprochen hat, wie wir aus Gal 1,18f. erfahren) den Korinthern eine so junge Tradition mitgeteilt hätte als eine, die er
selbst empfangen hat, kann als ausgeschlossen gelten.

Paulus hat 1Kor 15,8 seine eigene Christusschau als die sechste den überlieferten fünf angefügt. Das hatte nur Sinn, wenn sie gleicher Art gewesen
ist, d. h. wenn es sich jedesmal um die Erscheinung des schon zu Gott erhöhten Jesus gehandelt hat. Anders ausgedrückt: zwischen der Auferweckung
Jesu am dritten Tage, die mit dem Hinweis auf die Schrift gesichert wird,
und seiner Erhöhung zu Gott liegen nicht vierzig Tage wie in der Apostelge-

schichte, in denen Jesus zwar auferweckt ist, aber sich noch auf Erden aufhält und (Apg 10,41) zusammen mit den Aposteln ißt und trinkt. An dieser Stelle wird eine Veränderung der Optik deutlich, die sich vermutlich bei den Gemeinden eingestellt hat, als jene Zeugen des Auferstandenen dahingestorben waren. Das von Paulus 1Kor 15,3–5 mitgeteilte Bekenntnis ist überraschend schnell aus dem Bewußtsein der christlichen Gemeinde verschwunden. Nur in Lk 24,34 erscheint, ungeschickt in die Erzählung von den Emmausjüngern eingefügt, noch einmal die Formel: ,,Der Herr ist wirklich auferstanden und dem Simon erschienen.''

Warum haben wir sonst keine alten Zeugnisse mehr für diese erste christliche Ostertradition? Einen Hinweis auf die Antwort gibt uns die Betonung des Zweifels an der Wirklichkeit des Auferstandenen in den Evangelien des Mt, Lk und Johannes. Mt 28,17 heißt es nur, daß einige der Jünger zweifelten, als sie Jesus auf dem Berg in Galiläa sahen. Diesen Zweifel läßt der Evangelist überspielt werden durch die majestätische Erklärung Jesu: ,,Mir ist gegeben alle Gewalt im Himmel und auf Erden'' (V. 18). Viel zäher erweist sich der Zweifel Lk 24,36ff. Hier glauben die Jünger ein Gespenst zu sehen – Lk sagt dafür rücksichtsvoll: ein πνεῦμα. Als ihnen Jesus seine Hände und Füße vorweist und sie auffordert, ihn zu betasten – ein πνεῦμα habe doch nicht Fleisch und Knochen wie er –, da hilft auch dieses Argument noch nicht: sie zweifeln weiter. Erst als Jesus vor ihren Augen ein Stück Fisch verzehrt (V. 41–43), verstummt der Zweifel. Joh 20,24–28 verlangt Thomas nicht nur das Sehen der Nägelmale, sondern auch das Betasten der Nägelmale und der Seitenwunde; sonst wolle er nicht glauben. Erst als ihm dieser handgreifliche Beweis für die Wirklichkeit des Auferstandenen angeboten wird, bricht er in das Bekenntnis aus: ,,Mein Herr und mein Gott!'' (V. 28).

Dieser Zweifel hatte, wie besonders deutlich aus Lk 24 hervorgeht, darin seinen Grund, daß man die Erscheinungen des Auferstandenen als bloße ,,Gesichte'', modern ausgedrückt: als bloß subjektive Sinneseindrücke, verdächtigen konnte und offensichtlich auch verdächtigt hat. Es galt darum, die Wirklichkeit der Erscheinungen so zu beschreiben, daß dieser Zweifel ausgeschlossen wurde. Daher finden wir Lk 24,41–43 eine Beschreibung vom Verhalten des Auferstandenen, die für Paulus geradezu lästerlich geklungen hätte. Der vierte Evangelist hat in Joh 20,29 seine Kritik an der Thomasgeschichte und dem Thomasglauben ausgesprochen.

Nun gab es aber auch eine zweite Möglichkeit, die Wirklichkeit des Auferstandenen gegen den Zweifel abzuschirmen. Diese Möglichkeit will die (spätere) Erzählung vom Leerfinden des Grabes durch die Frauen geben. Daß die Jünger das Grab leer gefunden hätten, wäre für den Zweifel noch nicht tödlich gewesen – die Juden haben ja, wie aus Mt hervorgeht, gerade behauptet, die Jünger hätten den Leichnam gestohlen und so das leere Grab herbeigeführt. Außerdem war man zunächst davon überzeugt, daß sich die Jünger nach der Verhaftung Jesu zerstreut haben und nach Galiläa zurückgekehrt sind – Joh 21 ist ein freilich verzerrtes Echo dieser Tradition. Joseph von Arimathia hatte keinen Grund, am Ostermorgen das ihm gehörende Grab aufzusuchen. So blieben nur die Jesus begleitenden Frauen übrig; als ihr Motiv konnte die Salbung des Toten gelten. Wenn sie das Grab leer fanden, so blieb die Lehre von der Auferstehung am dritten Tage nicht allein durch ein unsicheres Schriftzitat gesichert, sondern durch die Augenzeugenschaft der Frauen, die bei der Bestattung angeblich von fern zugesehen hatten.

Allerdings zeigt sich sofort, daß ein solches Leerfinden des Grabes durch die Frauen noch nicht genügte: es ließ sich verschieden erklären, wie Joh 20,13 beweist. Das Leersein des Grabes mußte also recht interpretiert werden. Diese Aufgabe erfordert einen „angelus interpres" oder deren zwei. Aber konnte es damit sein Bewenden haben? Mußte diese Kunde nicht den Jüngern übermittelt werden? Diese Form der Tradition zeigt Mk 16,1–7. Hier erhalten die Frauen die Weisung, den Jüngern zu sagen, daß Jesus auferstanden sei und nach Galiläa vorausgegangen, wo sie ihn sehen würden. Damit wäre dann die Tradition vom leeren Grab und den Frauen mit der von den Jüngern verknüpft gewesen. Aber waren die Jünger denn überhaupt noch in Jerusalem? Oder wie konnten die Frauen sie erreichen? Mk ist diesen Schwierigkeiten entgangen, indem er die Frauen aus Furcht schweigen und niemandem etwas sagen ließ. So war zugleich erklärt, warum die in Wahrheit junge Tradition von den Frauen nicht zuvor bekannt gewesen war.

Bei Mt kompliziert sich das Geschehen dadurch, daß er die Legende von den Grabeswächtern eingeschoben hat. Sie sperrten den Zugang zum Grabe. Aber die Erscheinung des Engels (der das Grab öffnete) setzte die Wachen außer Gefecht und ließ die Frauen die frohe Kunde erfahren. Während sie damit unterwegs zu den Jüngern waren, begegneten sie Jesus selbst und konnten sich von seiner Wirklichkeit überzeugen, als sie bei der Proskynese seine Füße erfaßten. Jesus wiederholt die zuvor schon durch die Engel gegebene Weisung an die Jünger, die dann Jesus auf dem hohen Berg in Galiläa sahen.

Lk 24,1–12 läßt zunächst eine größere Anzahl von Frauen das Grab leer finden und von zwei Engeln belehrt werden. Aber sie finden bei den Jüngern keinen Glauben. Nur Petrus läuft (V. 12) zum Grab und sieht die Binden und kehrt verwundert zurück. Nach V. 24, der wieder aus einer anderen Tradition (Emmaus-Jünger!) stammt, sind sogar einige Jünger zum Grab gegangen und haben es so gefunden, wie es die Frauen beschrieben haben, ohne aber Jesus selbst zu treffen. Die Lösung bringt dann erst Jesus selbst, indem er plötzlich inmitten der Jünger steht.

Der vierte Evangelist hat ursprünglich eine andere Variante der Überlieferung vom leeren Grab gebracht. Sie ist durch den Ergänzer, der den Wettlauf der Jünger einschob, undeutlich geworden. Wahrscheinlich besaß sie folgende Gestalt: Maria Magdalena geht allein zum Grab und findet es leer. Jesus, den sie für den Gärtner hält, fragt die Weinende, wen sie sucht. Sie bittet ihn, ihr den Leichnam zu überlassen, wenn er ihn fortgebracht habe. Aber statt des Toten darf sie jetzt den Lebenden sehen. Jesus spricht zu ihr nur ein einziges, aramäisches Wort: ihren Namen „Mariam". Sie antwortet ebenfalls mit einem einzigen, aramäischen Wort: „Rabbuni" („mein Meister"). Dann erhält sie den Auftrag, den Jüngern zu sagen, daß Jesus jetzt zu seinem und ihrem Vater und Gott geht.

Das Ganze ist im Sinne des Evangelisten die Vorbereitung auf das Kommen Jesu zu den Jüngern trotz der verschlossenen Tür. Auch hier hat der Ergänzer (in V. 20.21a bis „Friede mit euch!") einen synoptischen Zug eingetragen. Wahrscheinlich geht auch V. 23, aus der Synopse bekannt, auf ihn zurück. Die Darstellung des Evangelisten ist von unerhörter Einfachheit, die doch das Wesentliche andeutet. Jesus entbietet ihnen den Friedensgruß, spendet ihnen – indem er sie anhaucht, wie Gott den Adam bei der Schöpfung – den Geist und macht sie ebenso zu Gottes Gesandten, wie er der Gesandte Gottes gewesen ist. Damit hat der Evangelist eine gegenständliche Form für das gefunden, was sich eigentlich gegenständlich nicht darstellen läßt: die Sendung des Geistes, des Parakleten.

Was ist das Fazit dieser Entwicklung? Die Ostergeschichte hat den Sinn „Der Herr ist wirklich auferstanden!" behalten. Aber dabei ist sie zugleich mannigfaltiger und einheitlicher geworden. Mannigfaltiger: über Namen und Zahl der beteiligten Frauen ist man sich ebensowenig einig geworden wie über die Anzahl und Worte der Engel. Auch ob die Frauen Jesus selbst getroffen haben und ob und mit welchem Erfolg ihre Botschaft die Jünger erreichte, wird verschieden berichtet. Dagegen ist eins deutlich: die Ostergeschichte konzentriert sich immer mehr auf Jerusalem. Denn dort befand sich das Grab, dort also die Frauen und in manchen Berichten auch die Jünger. Die Vorstellung vom Auferstandenen ist irdischer, leibhaftiger geworden, aus der Sorge heraus, er könnte zu einem „Geist" verblassen.

Der vierte Evangelist ging einen anderen Weg. Er verstand die Ostertradition als Chiffre für das Kommen des Geistes. Aber damit kam er nicht gegen die volkstümliche Traditionsform an. Sein Bild des Auferstandenen, das sowieso unter der Spannung zwischen Wortlaut und eigentlich gemeintem Sinn litt, wurde im herkömmlichen Stil übermalt und dadurch vollends rätselhaft, ganz abgesehen vom siegreich mit Petrus konkurrierenden Lieblingsjünger. Nur wer sich, kritisch und liebend zugleich, in den Text des JE versenkt, kann die ursprünglichen Umrisse und Farben dieses Gemäldes noch sehen.

# 43. Der Nachtrag

[1]**Darauf offenbarte sich Jesus wiederum den Jüngern am See von Tiberias; er offenbarte sich aber so:** [2]**Zusammen waren Simon Petrus und Thomas mit dem Beinamen Zwilling und Nathanael aus Kana in Galiläa und die Söhne des Zebedäus und zwei andere von den Jün-**

gern. ³Simon Petrus sagte zu ihnen: „Ich gehe fischen." Sie sagten zu ihm: „Wir kommen auch mit dir!" Sie gingen also hinaus und stiegen in das Schiff, und in jener Nacht fingen sie nichts. ⁴Als es aber schon dämmerte, trat Jesus an den Strand. Die Jünger wußten jedoch nicht, daß es Jesus war. ⁵Da sagte Jesus zu ihnen: „Kinder, habt ihr nichts zu essen?" ⁶Sie antworteten ihm: „Nein!" Er aber sagte zu ihnen: „Werft das Netz zur Rechten des Schiffes aus, und ihr werdet finden!" Da warfen sie es aus und konnten es nicht mehr einziehen wegen der Menge der Fische. ⁷Da sagte jener Jünger, den Jesus liebte, zu Petrus: „Es ist der Herr!" Als Simon Petrus hörte, daß es der Herr ist, umgürtete er sich mit dem Oberkleid – denn er war nackt – und warf sich ins Meer. ⁸Die anderen Jünger aber kamen mit dem Schiff – denn sie waren nicht weit vom Lande entfernt, ungefähr 200 Ellen – das Netz der Fische nachziehend. ⁹Als sie nun an Land stiegen, sahen sie ein Kohlenfeuer (brennen) und Fisch und Brot dabei liegen. ¹⁰Jesus sagte zu ihnen: „Bringt von den Fischen, die ihr jetzt gefangen habt!" ¹¹Simon Petrus stieg heraus und zog das Netz ans Land voll von 153 großen Fischen; und obwohl es so viele waren, zerriß das Netz nicht. ¹²Jesus sagte zu ihnen: „Kommt her und frühstückt!" Keiner von den Jüngern wagte ihn zu fragen: „Wer bist du?", wissend, daß es der Herr ist. ¹³Jesus kam und nahm das Brot und gab es ihnen und ebenso Fischzukost. ¹⁴Damit offenbarte sich Jesus nunmehr zum drittenmal den Jüngern, auferweckt von den Toten. ¹⁵Als sie nun gegessen hatten, sagte Jesus zu Simon Petrus: „Simon, Sohn des Johannes, liebst du mich mehr als diese?" Er sagte zu ihm: „Ja, Herr, du weißt, daß ich dich liebe!" Er sprach zu ihm: „Weide meine Lämmer!" ¹⁶Er sprach wiederum zu ihm: „Simon, Sohn des Johannes, liebst du mich?" Er sagte zu ihm: „Ja, Herr, du weißt, daß ich dich liebe!" Er sagte zu ihm: „Weide meine Schafe!" ¹⁷Er sagte zum drittenmal zu ihm: „Simon, Sohn des Johannes, liebst du mich?" Petrus wurde traurig, daß er zum drittenmal zu ihm sagte: ‚Liebst du mich?' Und er sagte zu ihm: „Herr, du weißt alles, du weißt, daß ich dich liebe." Jesus sagte zu ihm: „Weide meine Schafe! ¹⁸Wahrlich, wahrlich ich sage dir, als du jünger warst, gürtetest du dich selbst und gingst, wohin du wolltest; wenn du alt sein wirst, wirst du deine Hände ausstrecken und ein anderer wird dich gürten und führen, wohin du nicht willst." ¹⁹Das aber sagte er, um anzuzeigen, mit welchem Tode er Gott verherrlichen werde. Und darauf sagte er zu ihm: „Folge mir nach!" ²⁰Petrus wandte sich um, sah den Jünger, den Jesus liebte, nachfolgen, der beim Mahl an seiner Brust gelegen und gesagt hatte: ‚Herr, wer ist es, der dich verraten wird?' ²¹Als Petrus nun diesen sah, sagte er zu Jesus: „Herr – was aber wird aus diesem?" ²²Jesus sagte zu ihm: „Wenn ich will, daß er bleibt, bis ich komme, was geht es dich an? Du folge mir!" ²³Da ging das Wort aus zu den Brüdern: Jener Jünger stirbt nicht. Jesus aber hatte ihm nicht gesagt, daß er nicht stirbt, sondern: ,Wenn ich will, daß er bleibt, bis ich komme, was geht es dich an?' [24]Dies ist der Jünger, der diese Dinge bezeugt und dieses geschrieben hat, und wir wissen, daß sein Zeugnis wahr ist. [25]Es gibt aber noch vieles andere, was Jesus getan hat; wenn das einzeln aufgeschrieben würde, ich glaube, die Welt könnte die Bücher nicht fassen.

**Literatur:**

*Ackroyd, P. R.*, The 153 Fishes in John XXI,11 – A Further Note, JThS 10 (1959) 94.

*Agourides, S. Ch.*, The Purpose of John 21, in: Studies in the History and Text of the NT, FS. K. W. Clark, Salt Lake City 1967, 127–132.

*Arvedson, T.*, Några notiser till tva ntliga perikoper, SEA 21 (1956) 27–29.

*Bacon, B. W.*, The Motivation of John 21,15–25, JBL 50 (1931) 71–80.

*Bauer, J. B.*, Oves meae quaenam sunt?, VD 32 (1954) 321–324.

*Bleek, F.*, Gegen Baur's Annahme, daß mit Joh 21 auch Kap. 20,30.31 später Anhang sei, in: ders., Beiträge, 1846, 179–181.

*Boice, J. M.*, Witness and Revelation in the Gospel of John, Grand Rapids/Exeter 1970.

*Boismard, M. E.*, Le chapitre XXI de S. Jean, RB 54 (1947) 473–501.

*Burton, H.*, The Breakfast on the Shore, Exp. 5 (1895) 456–472.

*Camaldolese, T. M.*, The First and the Last Encounter (Joh 1 and cap. 21), BiTod 42 (1969) 2893–2897.

*Bishop Cassian*, John XXI, NTS 3 (1957) 132–136.

*Chapman, J.*, ,,We Know that his Testimony is True'' (Jn 21,24), JThS 31 (1929/30) 379–387.

*Cross, J. A.*, On St. John 21,15–17, Exp. 3 (1893) 312–320.

*Dodd, C. H.*, Note on Joh 21,24, JThS 4 (1953) 212f.

*Eberhardt, M.*, Ev. Joh cap. 21 – ein exegetischer Versuch, Leipzig 1897.

*Edwards, H. E.*, The Disciple who Wrote these Things, 1953.

*Emerton, J. A.*, Some NT Notes, JThS 11 (1960) 329–336.

*Ders.*, The 153 fishes in John XXI,11, JThS 9 (1958) 86–89.

*Ford, L. L. K.*, St. John XXI,23–25, Theol. 20 (1930) 229.

*Gaechter, P.*, Das dreifache ,,Weide meine Lämmer!'', ZKTh 69 (1947) 328–344.

*Gils, F.*, Pierre et la foi au Christ ressuscité, EThL 38 (1962) 5–43.

*Ghiberti, G.*, Mission e primato di Pietro sec. Gv 21, ASB 13 (1967) 167–214.

*Glombitza, O.*, Petrus – der Freund Jesu.

Überlegungen zu Joh XXI,15ff., NT 6 (1963) 277–285.

*Grant, R. M.*, One-Hundred-Fifty-Three Large Fishes, HThR 42 (1949) 273–275.

*Griffith Thomas, W. H.*, The Purpose of the Fourth Gospel: John 21, BS 125 (1968) 254–262.

*Grimm, W.*, Ueber Joh 21,22f., ZWTh 18 (1875) 270–278.

*Grosheide, F. W.*, Jn 21,24 en de Canon, GThT 53 (19537 117f.

*Gwynn, J.*, On the External Evidence Alleged Against the Genuineness of St. John XXI,25, Her. 19 (1893) 368–384.

*Handschke, J. C. L.*, De authentia cap. XXI ev. Johannis, Leipzig 1818.

*Hilgenfeld, A.*, Die Rätselzahl Joh 21,11, ZWTh 41 (1898) 480.

*Horn, K.*, Abfassungszeit, Geschichtlichkeit und Zweck von Ev. Joh. Kap. 21, Leipzig 1904.

*Jonge, M. de*, The Beloved Disciple and the Date of the Gospel of John, in: FS. M. Black, Cambridge 1979, 99–114.

*Klöpper, A.*, Das 21. Kapitel des vierten Evangeliums, ZWTh 42 (1898) 337–381.

*Kohlbrügge, H. F.*, Der Herr der Erde, Berlin 1937.

*Kruse, H.*, Magni pisces centum quinquaginta tres, VD 38 (1960) 129–148.

*Lee, G. M.*, Joh 21,20–23, JThS 1 (1950) 62f.

*Lorenzen, T.*, Johannes 21, masch. Diss. Zürich 1970.

*Ders.*, Der Lieblingsjünger im JE, Stuttgart 1971.

*Losada, D. A.*, El relato de la pesca milagrosa, RevBib 40 (1978) 17–26.

*Marrow, S. B.*, John 21 – An Essay in Johannine Ecclesiology, Rom 1968.

*McEleney, N. J.*, 153 Great Fishes, Bib. 58 (1977) 411–417.

*Peterson, E.*, Zeuge der Wahrheit, Theologische Traktate, München 1956, 165–224.

*Pesch, R.*, Der reiche Fischfang, Düsseldorf 1969.

*Reim, G.*, Johannes 21 – Ein Anhang?, in: FS. G. D. Kilpatrick, 1976, 330–337.

*Rissi, M.*, ,,Voll großer Fische, hundertdreiundfünfzig'': Joh 21,1–14, ThZ 35 (1979) 73–89.

*Romeo, J. A.,* Gematria and John 21,11 – The Children of God, JBL 97 (1978) 263–264.

*Scott, J. A.,* The Words for „Love" in John 21,15ff., ClW 39 (1945/46) 71–72; 40 (1946/47) 60–61.

*Shaw, A.,* The Breakfast by the Shore and the Mary Magdalene Encounter as Eucharistic Narratives, JThS 25 (1974) 12–26.

*Ders.,* Image and Symbol in John 21, ET 86 (1975) 311.

*Sheehan, J. F. X.,* „Feed my Lambs", Scrip. 16 (1964) 21–27.

*Smalley, S. S.,* The Sign in John 21, NTS 20 (1974) 275–288.

*Solages, B. de/Vacherot, J. M.,* Le chapitre XXI de Jean est-il de la même plume que le reste de l'évangile?, BLE 80 (1979) 96–101.

*Sortino, P. M. de,* La vocazione di Pietro secondo la tradizione sinottica e secondo S. Giovanni, ASB 19 (1966) 27–57.

*Scheffer, L.,* Examen critique et exégétique du XXI. Chap. de l'évangile selon S. Jean, Strassburg 1839.

*Thompson, J. M.,* Is John XXI an Appendix? Exp. 10 (1915) 139–147.

*Thyen, H.,* Entwicklung innerhalb der joh. Theologie und Kirche im Spiegel von Joh 21 und der Lieblingsjüngertexte des Evangeliums, BEThL 44 (1977) 259–299.

*Vermeil, F.,* Etude sur le 21. chapitre de l'évangile selon S. Jean, Strassbourg 1861.

*Weber, M.,* Authentia cap. ult. ev. Joh. huiusque ev. totius argumentorum internorum usu vindicata, Halle 1821.

■ **1** Μετὰ ταῦτα ist wieder (vgl. 3,22; 5,1; 6,1; 7,1; μετὰ τοῦτο: 2,12) Übergangspartikel. Aber es knüpft nicht an 20,30f. an. Da sich Jesus (V. 14!) hier zum drittenmal nach seiner Auferstehung offenbart, so schließt sich 21,2 eigentlich an 20,29 an. Die beiden vorausgehenden Offenbarungen sind in 20,19–23 und 20,20.24–29 erzählt. Die Erscheinung vor Maria Magdalena in 20,1–10 wird nicht berücksichtigt; strenggenommen war ja Jesus dort auch nicht den Jüngern erschienen. Wahrscheinlich spielte dabei aber auch noch der Umstand mit, daß in jener allerersten Erscheinung der Auferstandene sich einer Frau gezeigt hatte. Maria Magdalena, die in der christlichen Gnosis eine große Rolle gespielt hat, hat dort auch Widerspruch erfahren; das bezeugt der Spruch 114 im Thomasevangelium (vgl. *Haenchen,* Die Botschaft des Thomasevangeliums 69). Jener Redaktor, der Kap. 21 dem vierten Evangelium hinzugefügt hat, hütet sich, den ihm vorliegenden Text zu streichen; lieber nimmt er eine innere Spannung in Kauf. So auch hier: die beiden Erscheinungen von 20,19–23 und 20,24–29 ereignen sich ja in Jerusalem, die dritte aber am galiläischen See. Diese Differenz wird durch das Dazwischentreten von 20,30f. besonders auffällig. Inhaltlich befremdet, daß die Jünger in Kap. 21 wieder ihren alten Fischerberuf ausüben, als wäre nicht so Entscheidendes wie die Geistverleihung und der Missionsauftrag vorhergegangen. Darum hat *Bultmann* 546 vermutet, ursprünglich sei Jesu Erscheinen in der Morgenfrühe am See als die erste Auferstehungsgeschichte erzählt worden (vgl. das zu Unrecht vergessene Buch von *Hirsch,* Die Auferstehungsgeschichten und der christliche Glaube, 11–26.65–98). Sie dient hier freilich als Beginn einer längeren und größeren Komposition. – Die Worte ἐφανέρωσεν ἑαυτόν zeigen einen etwas anderen Sprachgebrauch als die anderen φανεροῦν-Stellen bei Johannes (vgl. Joh 1,33; 2,11; 3,21; 7,4; 9,3; 17,6). Weil der Text dahin mißverstanden werden konnte, Jesus habe sich schon früher an eben diesem Ort offenbart, haben ihn manche Handschriften verändert: ℵ syᵖ rücken das gefährliche πάλιν vor ἑαυτόν; D geht noch weiter und stellt es vor ἐφανέρωσεν; G al syˢ sa endlich lassen πάλιν einfach aus. Zu dem zwei-

583

ten ἐφανέρωσεν ist dem Sinn nach ἑαυτόν zu ergänzen; das erste ἐφανέρωσεν ἑαυτόν war durch die vielen dazwischen getretenen Bestimmungen so fern gerückt, daß der Redaktor dem Leser eine Verstehenshilfe bieten wollte. – Überraschend bleibt, daß sich Jesus nicht, wie z. B. in Mk 6,50b, durch ein Wort wie „Ich bin es" offenbart, sondern durch das Wunder des überreichen Fischfangs; aber damit bekam der Autor die Möglichkeit, in V. 7 den sog. Lieblingsjünger (vgl. Exkurs) einzuführen. Man hat auch eine gewisse Ähnlichkeit unserer Geschichte mit der Erzählung von den Emmausjüngern (Lk 24,16–31a) zu finden gemeint; aber daß Jesus in 21,4 unerkannt auftritt, reicht nicht aus, um die Vermutung zu sichern, auch unsere Geschichte sei einmal so erzählt worden, daß Jesus am Brotbrechen erkannt, dann aber verschwunden sei.

■ **2** zählt die sieben beteiligten Jünger auf. Daß der Zwölferkreis nicht erwähnt wird, wie in 20,24, braucht nicht zu verwundern: es geht ja eigentlich nur um Petrus (und – nach V. 14 – auch um den Lieblingsjünger). Neben Petrus werden mit Namen Thomas, Nathanael und zum ersten- und letztenmal im JE „die Söhne des Zebedäus" genannt. Fast scheint es, als lüfte der Autor das Inkognito des Lieblingsjüngers (V. 7!) an dieser Stelle. Aber dieser Schein trügt: er kann ja auch zu den zwei unbenannten Jüngern gehören!

■ **3** Damit die Fischszene möglichst lebendig wird, beginnt sie mit dem Petruswort. Aber einer allein kann nicht Schiff und Schleppnetz bedienen. Da die anderen Jünger sich bereit erklären, am Fischzug teilzunehmen, entfällt diese Schwierigkeit. Die ganze Jüngergruppe verläßt – es ist Abend – (vgl. den Schluß von V. 3) das Haus, in dem sie sich aufgehalten haben (ἐξῆλθον), und besteigt das Schiff. Dafür wird hier und in V. 6 das Wort πλοῖον gebraucht, in V. 8 aber das im gesprochenen Koinegriechisch beliebte Wort πλοιάριον, das trotz der Diminutivendung nicht „ein kleines Schiff" bedeutet. Das Verb πιάζω wird sonst im JE verwendet für den Versuch, Jesus zu „ergreifen" (vgl. 7,30.32.44; 8,20; 10,39; 11,57); hier bezeichnet es den Fischfang. Damit ist die nun folgende Geschichte vorbereitet.

■ **4** In der Morgenfrühe beginnt die eigentliche Selbstoffenbarung Jesu. Daß die Jünger inzwischen wieder an Land gegangen sind, ist keineswegs „natürlich", wie *Bultmann* 548 meint. *Hirsch,* Studien 180, nimmt (freilich zu Unrecht) Anstoß an der „geradezu tollen Selbstankündigung des auferstandenen Jesus mit dem über etwa 100 m Wassers hin hallenden lauten Rufe", von dem der Autor aber nicht redet – er läßt Jesus einfach „sagen". Wie laut jemand rufen muß, um über 100 Meter Wasser hin gehört zu werden, darüber werden weder der Autor noch seine Leser nachgedacht haben. Am Morgen, nach der vergeblichen nächtlichen Bemühung der Jünger, tritt Jesus an den Strand, noch unerkannt. Daß ihn die Jünger nicht erkennen, erinnert an Lk 24,16. Dort wird dieses Nichterkennen damit erklärt, daß „ihre Augen gehalten wurden". Erst als Jesus dann bei der (Abend-)Mahlzeit das Brot vor ihnen bricht, werden ihre Augen geöffnet – und da verschwindet er vor ihnen (Lk 24,31). Man hat vermutet, auch unsere Geschichte sei ursprünglich einmal ähnlich ausgegangen (vgl. dazu das zu V. 1 und V. 12 Ausgeführte). Für den Autor unseres Kapitels wäre sie dann freilich unbrauchbar gewesen.

■ **5** Jesus fragt nun die Jünger, die er – als freilich noch unerkannter Meister – mit παιδία anredet, ob sie etwas zu essen haben. Das Wort προσφάγιον bedeutet eigentlich ,,Zukost". Da diese hier meist aus Fischen bestand, bekam es die Bedeutung von ὀψάριον, der hellenistischen Diminutivform von ὄψον = ,,Fisch", nämlich ,,Speise". Das ,,Nein" der Jünger erinnert den Leser daran, daß ihr bisheriges Fischen ohne Erfolg geblieben ist. Wieder kommt Lk 5,1–11 als Parallele in Erinnerung. Der Autor unseres Kapitels dürfte mindestens das Lukasevangelium gekannt haben.

■ **6** Daraufhin weist Jesus sie an, das Netz auf der rechten Schiffsseite, der glückverheißenden, auszuwerfen; dann werden sie ,,finden". Vorausgesetzt ist hier: Jesus weiß durch seine Allwissenheit (vgl. 1,47–50), wo die Fische zu finden sind. Seine Frage in V. 5 war nur die Voraussetzung für den erstaunlich erfolgreichen Rat: wegen der Menge der Fische können die Jünger das Netz nicht mehr in das Innere des Schiffes entleeren. Da es nach V. 11 nur 153 Fische sind, müßten diese ungewöhnlich groß und schwer gewesen sein. Vermutlich ist die Zahlangabe erst mit der besonderen Petrusszene V. 10f. in den Text hineingekommen. Dann hätte die Geschichte ursprünglich mehr der Parallelerzählung von Lk 5,6f. geglichen. Dafür spricht auch noch ein anderer Umstand.

■ **7** In der lukanischen Parallelstelle erkennt nämlich Petrus an der wunderbaren Segensfülle des Fanges, daß in Jesus ein überirdisches Wesen vor ihm steht. Hier dagegen wird die Erkenntnis, daß der segenbringende Ratgeber ,,der Herr" ist, dem plötzlich zu Wort kommenden Lieblingsjünger zugeschrieben. Das erinnert an 20,8, wo der Lieblingsjünger beim Anblick der Binden und des Schweißtuchs gläubig wird, ohne daß er das freilich dem Petrus sagt. Hier teilt er zwar dem Petrus mit: ,,Es ist der Herr!", aber er selbst bleibt ruhig im Boot, und er scheint nicht einmal den anderen Jüngern diese Erkenntnis mitgeteilt zu haben. Dagegen löst das Wort des Lieblingsjüngers bei Petrus eine ungewöhnliche Reaktion aus: er wirft sich sein Gewand über und gürtet sich (das Wort γυμνός braucht nicht ,,nackt" zu bedeuten, sondern ,,nur mit dem Hemd bekleidet") und wirft sich ins Meer – doch wohl, um möglichst schnell an Land und zu Jesus zu kommen. Aber von seinem Erreichen des Ufers und der Begegnung mit Jesus wird nichts erzählt. Erst V. 11 redet vom ἀναβαίνειν des Petrus, und seine Begegnung mit dem Herrn wird sogar bis V. 15–17 verschoben. Wenn Petrus γυμνός fischte, dann ist dasselbe auch für die anderen Jünger anzunehmen; daß sie sich vor der Landung voll bekleiden, wird aber als unwesentlich ausgelassen. Der heutige Text enthält die Schwierigkeit, daß sich gerade Petrus seinen Rock anzieht, bevor er sich zum Schwimmen ins Wasser wirft. Anscheinend will der Autor zeigen, wie stark das Wort des Lieblingsjüngers auf Petrus wirkt und wie lebhaft sich Petrus danach sehnt, bei Jesus zu sein. Aber das steht nur zwischen den Zeilen. So ist man versucht, das Wort διεζώσατο in V. 7 als Vorbereitung für das ἐζώννυες von V. 18 aufzufassen. Anscheinend (s. V. 9) liebt der Autor solche geheimnisvollen Hinweise und Rückverweise.

■ **8** spricht nicht mehr vom schwimmenden Petrus, sondern von den anderen Jüngern. Sie springen nicht gleichfalls ins Wasser, sondern rudern einfach, mit dem Fang im Schlepp, an den nahen Strand. Sie sind keine hundert Meter davon entfernt, wie wir jetzt erfahren.

■ **9** erzählt, daß sie dort von einem neuen Wunder überrascht werden: an Land brennt ein Kohlenfeuer, und Brot und Fische liegen dabei. Überliefert ist allerdings κειμένην; aber daß ein Kohlenfeuer „liegt“, gibt keinen rechten Sinn. Bedenkt man jedoch, daß καιομένην „brennend“, damals κεομένην ausgesprochen wurde, verschwindet der Unterschied zwischen κειμένην und κεομένην fast ganz, zumal das Omikron oft besonders klein geschrieben wurde. Da nun die altlateinischen Handschriften bis auf d und f „incensos“ = καιομένην lesen, wird κειμένην ein sehr alter Schreibfehler sein. Was aber soll hier das Kohlenfeuer bedeuten? In 18,18 war erzählt worden, daß die Knechte und Diener im Hof des Hohenpriesters wegen der Kälte ein Kohlenfeuer angezündet hatten, an dem sich auch Petrus wärmte – während der Verleugnungsszene! Mit der Erwähnung der ἀνθρακιά in V. 9 scheint der Autor den Leser an jene Szene erinnern zu wollen, die im Hintergrund von V. 15–17 steht.

■ **10** läßt Jesus befehlen, von den soeben gefangenen Fischen einige herbeizuschaffen. Aber weder wird berichtet, daß diese zum Braten ausgenommen und zugerichtet werden, noch wird ersichtlich, warum sie angesichts der bereits vorhandenen Fische noch erforderlich sind. Das legt die Vermutung nahe, daß der Autor hier zwei verschiedene Geschichten zu vereinen versucht hat. Die eine handelt von dem geheimnisvoll vorbereiteten Mahl am Strand (vgl. Mk 6,34), bei dem Jesus aber nur Gastgeber, nicht Tischgenosse ist, die andere von dem wunderbaren Fischzug; sie erinnert an Lk 5,1–11. Sogar der Wortlaut spricht für diese Vermutung: die von Jesus wunderbar beschafften Fische am Strand werden in V. 9 und 13 ὀψάριον genannt; für die bei dem wunderbaren Fischzug gefangenen Fische aber wird in V. 6.8 und 11 das Wort ἰχθύς verwendet. Nur der die beiden Geschichten mühsam verbindende V. 10 spricht von ὀψάριον und verwischt auf diese Weise den Unterschied. Tatsächlich sind jedoch zwei verschiedene Wundergeschichten verbunden, in denen jedesmal Fische eine Rolle spielen. V. 10 ist freilich nicht nur in diesem Sinne ein Übergangs- und Verbindungsvers, sondern er löst zugleich die überraschende Handlung von V. 11 aus.

■ **11** Hier ist das Wort ἀνέβη rätselhaft: meint es, daß Petrus – der doch längst am Strand angekommen sein muß – wieder ins Schiff steigt und das dort befestigte Netz mit den Fischen löst, so daß er es ans Land ziehen kann, oder soll der bereits in V. 7 ins Wasser gesprungene Petrus erst jetzt das Land erreicht, das Netz mit den Fischen gelöst und an den Strand gebracht haben? Petrus konnte doch nur ins Meer gesprungen sein, um schneller ans Land und zu Jesus zu gelangen. Das dürfte die zweite Bedeutung von ἀνέβη ausschließen. Aber die Lage ist nicht ganz einfach. Man kann das Dickicht der Schwierigkeiten lichten, wenn man annimmt, daß die beiden sekundär miteinander verbundenen Geschichten vom „Lieblingsjünger" und Petrus sowie von Petrus und dem übervollen Netz mit einer Erzählung vom wunderbaren Fischzug sowie einer weiteren von einem wunderbaren Mahl am See verknüpft worden sind. Demgemäß hätten wir V. 7 und das Wort ἄλλοι in den Versen 8.10 und 11 zunächst auszuklammern. Aber so ist freilich noch nicht alles erklärt. Daß Petrus allein das Netz mit den 153 großen Fischen ans Land zieht, ohne daß es reißt (vgl. Lk 5,6), bereitet dem Verstehen große Schwierigkeiten. Nach *Edwards* 180 darf man bei der Zahl 153 nicht an eine Allegorie denken; Petrus habe als erfahrener Fischer den Fang gezählt, damit jeder Partner den ihm zustehenden Anteil bekommt. Aber daß Petrus die Fische gezählt hat, steht nicht im Text; Petrus hat auch nicht das vierte Evangelium verfaßt und darum dort die Fischzahl notieren können. Warum erwähnt dann der Autor von Kap. 21 die Zahl der Fische? Und warum sollten 153 Fische, wie man sie im galiläischen See findet, das Netz zu zerreißen drohen? Daß 153 die Dreieckszahl von 17 ist (1+2+3 . . . +17 = 153), trägt zur Erklärung nichts bei. Am ehesten hilft uns der Hinweis des Kirchenvaters *Hieronymus* in seinem Werk „In Ezechielem" (47,12), daß alte Schriftsteller wie z. B. Oppianus Cilix über die ἁλιευτικά behaupten, es gebe 153 verschiedene Arten von Fischen. Da Petrus bei den Synoptikern ein Fischer ist und von Jesus die Verheißung erhält, er werde ein Menschenfischer werden (das JE weiß von dieser Verheißung nichts!), wie Mk 1,16; Mt 4,19 und Lk 5,10 erzählen, so könnte der Autor unseres Kapitels oder seine Tradition hier angedeutet haben, daß der Menschenfischer Petrus das Netz der Kirche erfolgreich gehandhabt hat, und daß dabei Gläubige von allen Völkern der Erde gewonnen wurden. *Bultmanns* 549 Anm. 1 Einwand, „vernünftigerweise müßte man die 153 noch nicht bei den Fischen, sondern bei den Menschen suchen", berücksichtigt gerade nicht, daß in dieser Allegorie die Menschen durch Fische dargestellt werden. Man kann aber *Bultmann* zugestehen, daß es sich um keine reine oder konsequente Allegorie handelt, da Petrus in dem zu deutenden und zugleich in dem gedeuteten Text vorkommt. Nicht von einer physischen Kraftleistung des Petrus will der Autor berichten; vielmehr wird seine geistige Leistung in der Leitung der Kirche geheimnisvoll angedeutet.

■ **12** nimmt die Handlung von V. 8 wieder auf: Jesus lädt die Jünger zum Frühmahl. Seltsamerweise folgt auf die Einladung eine Bemerkung über den inneren Zustand der Jünger: keiner von ihnen wagte Jesus zu fragen (ἐξετάζω statt des sonst im JE üblichen ἐρωτάω): „Wer bist du?" Das wird damit begründet: sie wußten, daß er der Herr sei. Aber wenn sie das wirklich wissen, dann ist es gar nicht notwendig, Jesus zu fragen. Der Satz „sie wagten nicht, ihn zu fragen" hat vielmehr nur Sinn, wenn die Jünger das nicht wissen, aber doch vermuten und es aus seinem eigenen Mund bestätigt haben

möchten. Nach *Bultmann* 549 soll „das eigentümliche Gefühl gezeichnet
werden, das die Jünger angesichts des Auferstandenen befällt: . . . es ist
nicht der, den sie bisher gekannt hatten, und doch ist er es!" Aber das steht
wiederum nicht da. Man hat andererseits zur Erklärung von οὐδεὶς ἐτόλμα
an 4,27 erinnert. Dann wäre der Sinn: Die Ehrfurcht der Jünger vor dem –
erkannten – Herrn war so groß, daß sie keine Fragen an ihn zu richten wagten. Allein auch damit ist die Unstimmigkeit nicht völlig beseitigt. Bei dieser
ganzen Szene spricht – abgesehen vom Wort des Lieblingsjüngers zu Petrus –
kein Jünger ein Wort. Jesu Einladung in V. 12 wirkt wie ein Bestandteil einer
kultischen Szene, bei der nur die Gottheit spricht.

■ **13** hat nach *Bultmann* 545 den ursprünglichen Abschluß verdrängt, der
von der Lösung des auf den Jüngern liegenden Bannes erzählte. *Bultmann*
vermutet weiter, daß der ursprüngliche Schluß eine Huldigung der Jünger
und ihre Berufung zu „Menschenfischern" enthalten habe. Die vorhandene
Geschichte dürfte den Sinn enthalten, daß Jesus durch die Darreichung des
eucharistischen Mahles (vgl. 6,11) die Gemeinschaft mit den Jüngern herstellt, welche für den Autor die Grundlage für das folgende Gespräch Jesu
mit Petrus bildete. – „Jesus kommt" scheint vorauszusetzen, daß er zuvor
nicht beim Kohlenfeuer stand, sondern am Strand bei der Landungsstelle der
Jünger.

■ **14** betont abschließend noch einmal, daß dies das dritte Mal war, daß
sich der von den Toten erweckte Jesus den Jüngern offenbarte. Stilistisch unterscheidet sich diese Feststellung von der in V. 1 gegebenen dadurch, daß
dort φανερόω aktiv gebraucht wurde, mit einer ausgesprochenen oder zu
ergänzenden Hinzufügung von ἑαυτόν, während hier die dritte Person sing.
pass. (wenn auch im selben Sinn) verwendet wird. V. 14 ist seinem Charakter nach der Abschlußvers einer Szene. Als solchen hat ihn wohl der Autor
von Kap. 21 übernommen, da von nun ab ein Dialog zwischen Jesus und Petrus berichtet wird.

■ **15** eröffnet diesen streng stilisierten Dialog. Die erste Vershälfte verwendet noch die im JE übliche Form „Simon Petrus". Dagegen redet Jesus
den Jünger bis V. 17 mit der Form an: „Simon, Sohn des Johannes." Die erste der drei Fragen Jesu an Petrus lautet: „Liebst du mich mehr (als diese)."
Im JE findet sich kein Petruswort, auf das diese Frage Jesu anspielen könnte,
wohl aber in Mt 26,33. Hier sagt Petrus zu Jesus: „Wenn alle an dir Anstoß
nehmen, ich werde niemals Anstoß nehmen!" Die in Joh 21,15–17 wiedergegebene Tradition scheint die von Mt 16,17 benutzte Überlieferung zu
kennen. Petrus erhält jenen einstigen Anspruch nicht aufrecht, sondern beruft sich auf Jesu eigenes Wissen, daß ihn Petrus liebt. Daraufhin gibt ihm Jesus den höchsten Auftrag: „Weide meine Schafe!" Damit scheint vergeben
zu sein, daß Petrus einst Jesus verleugnet hatte.

■ **16** aber wiederholt zu unserem Erstaunen abermals Jesu Frage – allerdings ohne die Worte „mehr (als diese)?". Wiederum antwortet Petrus:
„Herr, du weißt, daß ich dich liebe!" Dafür erhält er aufs neue den Auftrag:

,,Weide meine Schafe!" Nur die Worte ,,weiden" und ,,Schafe" werden jeweils verschieden ausgedrückt: für ,,weiden" βόσκε und ποίμαινε, für ,,Schafe" ἀρνία und πρόβατα. Bezeichnet man die beiden ersten Ausdrücke mit a und b, das zweite Paar mit c und d, dann lassen sich die drei Aussagen durch das Schema andeuten: a – c; b – c; a – d (allerdings steht hier die Diminutivform προβάτια). Nie wird also Jesu Auftrag im selben Wortlaut ausgedrückt. Man sieht, daß hier die Wortwahl mit großer Kunst durchgeführt ist: jede schematische Wiederholung ist vermieden. Auch die Ausdrücke ,,lieben" wechseln ab: von ἀγαπᾶν erfolgt ein Übergang zu φιλεῖν.

■ **17** berichtet, daß Petrus auf die dritte Wiederholung der Frage hin traurig wird; sieht es doch so aus, als nehme ihm Jesus seine Versicherung immer wieder nicht ab und ziehe immer aufs neue damit seinen Auftrag zurück. Es ist deutlich: Hier wird kein Ereignis realistisch dargestellt, sondern in einer sakralen Stilisierung wiedergegeben: der dreifachen Verleugnung des Petrus von einst entspricht ein dreifaches Gelöbnis jetzt und ein dreimal wiederholter Auftrag. *Bultmann* 552 räumt zwar ein, daß V. 15–17 aus alter Tradition stammen. Aber er bestreitet (S. 551), daß V. 15–17 den Petrus nach seiner Verleugnung rehabilitieren sollen, auch wenn der Autor von Kap. 21 es vielleicht so verstanden habe. Das Stück weise für sich genommen keine Beziehung zur Verleugnungsgeschichte auf. ,,Die Verleugnung, die Reue des Petrus müßten doch erwähnt sein! Und so etwas wie eine Absolution wird in den Worten Jesu doch nicht ausgesprochen." Aber dieser Einwand wird der Eigenart der Erzählung nicht gerecht. Sie hat keinen privaten Charakter und will kein Seelengemälde geben – nur in dem Wort ,,da ward Petrus traurig" kommt so etwas wie eine Andeutung des Gefühlshintergrundes in das Ganze hinein. Aber eben diese Wendung erlaubt es, das Fragen Jesu abzubrechen. Es ist keine lediglich private, sondern eine rituelle öffentliche Szene, deren Dreiheit als Gegenstück zur dreifachen Wirklichkeit der Verleugnung entworfen ist. Darum sagt Petrus nicht: ,,Herr, ich bereue von Herzen, daß ich dich dreimal verleugnet habe", und darum antwortet Jesus nicht: ,,Gut, dann soll dir alles vergeben sein." Es geht vielmehr darum, daß sich Petrus durch seine dreimalige Verleugnung den Vorzug verscherzt hat, die Gemeinde Jesu zu leiten. Jetzt aber wird er ausdrücklich wieder als solcher anerkannt. Damit wird Petrus nicht als Bischof von Rom anerkannt, sondern als Leiter der Jerusalemischen Gemeinde, die durch Jesu Tod verwaist ist.

■ **18** – durch **V. 19a** erläutert – hat den Erklärern viel Mühe gemacht, ohne daß sie sich einig geworden sind. V. 19 redet von einem Martyrium, mit dem Petrus ,,Gott verherrlichen wird": das ist als Ausdruck christlicher Erbauungssprache durchaus verständlich. Dann muß aber auch die Erklärung von V. 18 dem Rechnung tragen. Dieser Vers ist ein Rätselwort, das (gemäß der in V. 19 angedeuteten Erklärung) aufgehellt werden muß. Dabei treffen wir auf die Schwierigkeit, daß V. 18 von gegensätzlichen Zuständen spricht. Sie werden durch die Wort- bzw. Satzpaare (a) ,,jung" / ,,alt"; (b) ,,sich selbst gürten" / ,,von einem anderen gegürtet werden"; (c) ,,gehen, wohin man will" / „bringen, wohin man nicht will" gekennzeichnet. Nur der zweiten Gruppe gehört die weitere Aussage an: „die Hände ausstrecken". *Bultmann* 552 und andere behaupten, dem V. 18 liege ein Sprichwort zugrunde, das etwa gelautet haben könnte: „In der Jugend geht man frei, wohin man will; im Alter muß man sich führen lassen, wohin man nicht will." Damit werde die Hilflosigkeit des Greises beschrieben, der die Hände ausstreckt, nach einem Halt oder Führer tastend. Wir halten diese Rekonstruktion des zugrundeliegenden Sprichwortes nicht für geglückt. Von der Hilflosigkeit des Greises, der tasten muß, ist keine Rede, und warum der Führer den Greis dahin bringen soll, wohin dieser nicht will, bleibt unverständlich. Das „bringen, wohin man nicht will" bezieht sich auf das Grab. Daß Alter und Tod verbunden werden, ist nicht ungewöhnlich. Statt „führen" wäre „bringen" dem Gemeinten näher. Setzt man diesen Sinn des Rätsels voraus, dann wird es viel verständlicher, daß der Autor gerade dieses Sprichwort zur andeutenden Beschreibung des Martyriums gewählt hat. Wie aber verhält es sich mit dem im Sprichwort wahrscheinlich noch nicht enthaltenen „sich gürten" bzw. „gegürtet werden"? Der Autor wird es eingebracht haben, um die Kreuzigung als die gemeinte Art des Martyriums anzudeuten; dasselbe gilt vom Ausstrecken der Hände. Dieses zweite findet sich in antiker, nichtchristlicher Literatur in den von *Wettstein* I 964f. beigebrachten Beispielen: (a) Epikt. III 26: ἐκτείνας σεαυτὸν ὡς οἱ ἐσταυρωμένοι; (b) der Traumdeuter Artemidorus sagt I 88 zu einem Traum: εἰ δέ τις ὑψηλὸς ἐπί τινος ὀρχεῖτο, εἰς φόβον καὶ δέος πεσεῖται, κακοῦργος δὲ ὢν σταυρωθήσεται, διὰ τὸ ὕψος καὶ τὴν τῶν χειρῶν ἔκτασιν; (c) Plautus, Carbonaria: „Patibulum" (das Querholz des Kreuzes) „feram per urbem, deinde affigor cruci": „ich werde das Querholz durch die Stadt tragen und dann am Kreuz" (dem schon auf dem Richtplatz fest eingerammten Pfahl) „befestigt werden"; (d) Plautus, miles glor. II 4,7: „Credo ego istoc exemplo tibi esse eundum actutum" (sofort) „extra portam, dispessis manibus" (mit ausgebreiteten Händen) „patibulum cum habetis". *Bauer* 238 verweist außerdem noch auf Tertullian. Scorp. cap. 15 (aus dem Jahre 211): „tunc Petrus ab altero cingitur, cum cruci adstringitur" und gibt für V.18 die u. E. richtige Erklärung: „Der Delinquent" mußte „das patibulum" (den Querbalken des Kreuzes) „mit den ausgebreiteten und angefesselten Armen zum Richtplatz hinaustragen." Er (239) verweist weiter auf *H. Fulda* (1878), Das Kreuz und die Kreuzigung 119f.137f.219, wo nachgewiesen wird, daß dies die römische Sitte im Gegensatz zur orientalischen ist. – Daran, daß dem Petrus als einem Menschen vor dem Sterben graut, sollen die Worte „wohin du nicht willst" hier nicht erinnern; sie gehören zu der aus dem Sprichwort übernommenen Bezeichnung des Todes.

Petrus hat sich (V. 7) gegürtet; der Zustand, wo ein anderer ihn „gürten" wird, steht ihm noch bevor. Der Autor hat dieses Wort und jene Handlung des Petrus (er gürtet sein langes Obergewand, da es ihm sonst beim Schwimmen hinderlich gewesen wäre) gewählt und darum das schon in V. 7

unpassende Wort ,,binden" (δήσει) in V. 18 durch ζώσει ersetzt. Daß ζώννυμι an sich nicht ,,binden" heißt (*Bultmann* 552 Anm. 6), ist kein stichhaltiger Einwand; durch den Zusammenhang bekommt es aber hier diesen Sinn. V. 18 dürfte demnach heißen: ,,Wahrlich, wahrlich ich sage dir: als junger Mann gürtetest du dich selber und gingst, wohin du wolltest; als alter Mann aber wirst du die Hände ausstrecken und ein anderer wird dich ,gürten' und dahin bringen, wohin du nicht willst." Das in der Tat merkwürdige Verhältnis der beiden Tempora erklärt sich wohl daraus, daß hier das Jungsein vom Alter her und das Altsein von der Jugend her gesehen wird.

■ **19b** leitet schon wieder zum Folgenden über, indem er den Doppelsinn von ,,folgen" ausnützt. Es schillert hier zwischen räumlichem ,,hinter jemandem hergehen" und ,,nachfolgen" im übertragenen Sinn der Nachfolge = Teilnahme am Martyrium. Freilich darf man nicht fragen, wohin sich der Auferstandene begibt und Petrus im räumlichen Sinn folgt. Denn Jesus hat ja sein Martyrium am Kreuz bereits hinter sich. Man darf also den räumlichen Sinn des ,,Folgens" nicht völlig unterdrücken; wenn er nicht mitschwingt, verliert das nächste Gespräch zwischen Petrus und Jesus seinen Sinn.

■ **20** Petrus dreht sich nämlich um und sieht den Lieblingsjünger – räumlich – nachfolgen, der nicht dazu aufgefordert war. *Damit wird* dem Leser noch einmal jene Szene ins Gedächtnis gerufen, in welcher er zuerst (13,23ff.) erwähnt worden war: Er hatte beim letzten Mahl (sich zurücklehnend) an der Brust Jesu gelegen und gefragt, wer der Verräter sein werde. Ebenso war Maria (Magdalena) in 11,2 als jene Maria vorgestellt worden, die den Herrn mit Öl gesalbt und seine Füße mit ihren Haaren abgewischt hatte – obwohl sich jene Szene erst in 12,3 wirklich ereignete. Ähnlich war in 12,1 Lazarus als der in Erinnerung gebracht worden, den Jesus zuvor (11,43f.) von den Toten erweckt hatte. Dementsprechend war 19,39 der zum Begräbnis Jesu sich einstellende Nikodemus als der charakterisiert worden, der früher (3,1ff.) nachts zu Jesus gekommen war, und Judas Iskarioth war ein für allemal ,,der Verräter". Es ist, als wären alle diese Gestalten der heiligen Überlieferung jeweils mit der besonderen Situation ein für allemal verbunden, die sich besonders der Erinnerung eingeprägt hatte. Für die ,,Echtheit" von Kap. 21 trägt diese Übereinstimmung eines Zuges mit den früheren Beispielen nichts bei.

■ **21** nimmt nun (οὖν bisher wie immer im erzählenden Text des JE) die Handlung neu auf: Als Petrus (sich umwendend) auch den Lieblingsjünger folgen sieht (dem doch kein Martyrium angesagt war!), fragt er Jesus, was mit diesem Jünger geschehen werde. Sofern ,,folgen" seinem tieferen Sinn nach soviel wie ,,ins Martyrium folgen" heißt und der Lieblingsjünger sich anschickt zu folgen, ist es nicht unnatürlich, daß Petrus angesichts dieser Unklarheit den Herrn fragt, was dem nicht zum ,,Folgen" bestimmten und dennoch nun folgenden anderen Jünger beschieden ist.

■ **22** bringt eine scharfe Antwort Jesu: ,,Wenn ich will, daß er" (leben) ,,bleibt, bis ich (wieder) komme, was geht es dich an? Kümmere dich um das

dir Zugedachte und folge mir" (ins Martyrium). – Mit Jesu „Kommen"
kann nur seine Wiederkunft vom Himmel her gemeint sein, wie sie sich Paulus (1Kor 15,21–28; 1Thess 4,13–17) und die frühe Christenheit (Apg 1,11)
und die Apokalypse vorgestellt hatten. Kap. 21 setzt also insofern jenes apokalyptische Drama wieder voraus, eine Parusie, welche das vierte Evangelium in den Augenblick des Gläubigwerdens hineingenommen hatte, und
gibt damit die besondere Theologie dieses Evangeliums wieder preis, wie
das schon an früheren Stellen, besonders auffällig in 5,27–29, geschehen war.
Aber die Härte der Antwort Jesu, die ihm der Erzähler in den Mund legt,
verdeckt die Verlegenheit, in der er sich an dieser Stelle befindet. Auch er hält
nämlich im Grunde die Verherrlichung Gottes durch das Martyrium jeder
anderen Art des Sterbens für weit überlegen. Überdies ist die Auskunft, daß
Jesus einst nicht im Realis, sondern nur im Eventualis oder Potentialis gesprochen habe (V. 23), alles andere als überzeugend.

■ **23** verläßt die Szene und spricht von einem Gerücht, das bei all den (nur
hier als „Brüder" bezeichneten) Christen Eingang gefunden hatte: Jener
Jünger werde beim Anbruch der Parusie noch leben. Gegen dieses angebliche Mißverständnis des Wortes Jesu wird polemisiert: Jesus habe gar nicht
verheißen, daß jener Jünger nicht sterben werde, sondern nur unverbindlich
von dieser Möglichkeit gesprochen. Die Polemik des V. 23 ist nur sinnvoll,
wenn jener Jünger (der keineswegs bloß eine Symbolfigur war!) eben doch
nicht „geblieben", sondern gestorben war. Sein Tod kann nicht allzuweit
zurückliegen; denn sonst wäre jener irrige Glaube an seine Todentrücktheit
bereits in sich zusammengebrochen und hätte keiner Widerlegung mehr be-
durft. Erst recht kann man aus diesen Versen nicht herauslesen, daß jener
Jünger noch immer am Leben ist und von seinem (eventuellen) Tod nur sozusagen vorbeugend redet, so daß man ihm sogar den V. 23 noch zusprechen
könnte!

■ **24** verrät nun, warum der Erzähler von Kap. 21 an diesem Jünger (und
seinem Geschick) ein so großes Interesse hatte: Jener Jünger, auf den sich der
Ergänzer des Evangeliums berief, der letzte überlebende Augenzeuge, dessen Zeugnis wahr ist, wie die nicht näher bestimmte Mehrzahl eines „wir"
weiß, hatte sogar das Evangelium selber geschrieben. Mit den Worten καὶ ὁ
γράψας ταῦτα überschreitet der Erzähler die bisher eingehaltene Grenze: der
Lieblingsjünger ist nicht nur der Zeuge, auf den man sich berufen hat, sondern er hat sogar das Evangelium selbst niedergeschrieben.

■ **25** ist der jetzt neu nötig gewordene Schlußvers; denn mit V. 24 konnte
das Kapitel und das Evangelium nicht enden. Darum hat der Autor von
Kap. 21 (der zugleich der Redaktor des ganzen Evangeliums ist) sich 20,30f.
zum Vorbild genommen. Aber diesen neuen Schluß hat er in einer grotesken
Übertreibung zugleich diskreditiert: Jesus habe noch so viel anderes getan,
daß in der Welt kein Raum für die Bücher wäre, wenn auch all das noch auf-
geschriebe würde. Angesichts dieser Entgleisung des Schriftstellers half
sich noch *B. Weiß* 634 mit der Auskunft: „Gewiß ist das eine Hyperbel, die

aber ‚namentlich für einen Mann, der nicht viel mit Büchern umgegangen‘ *(Ewald),* durchaus nicht so unwahrscheinlich, vielmehr aus dem Enthusiasmus, mit dem er auf den Reichtum dieses Lebens zurückblickt, wohl erklärlich ist." Andererseits hat *Wikenhauser,* Johannes 353, recht, wenn er auf ähnliche Übertreibungen bei antiken Schriftstellern hinweist, z.B. bei Philo (Einzelgesetze IV § 238), wo dieser mit den Worten abschließt: ,,Auch dem Langlebigsten würde es an Zeit fehlen, wollte er das Lob der Gleichheit und ihrer Tochter, der Gerechtigkeit, erschöpfend darstellen; darum scheint es mir besser, mich mit dem Gesagten zu begnügen . . ." Damit wird freilich die Erklärung von *B. Weiß* widerlegt: In V.24 waltet eine Rhetorik, wie sie die Alten liebten, nicht aber die Ungeschicklichkeit eines Mannes, ,,der nicht viel mit Büchern umgegangen" ist. Wieder einen anderen Weg zur Rettung des Evangelisten hat *Strathmann* 258 eingeschlagen: ,,die in V.24 sichtbar werdenden Herausgeber" haben die beiden Szenen des Kap.21, die nur als Material vorlagen, dem Werk des verehrten Jüngers ,,angehängt und auf diese Weise für die künftige Gemeinde gerettet". Die Spannungen des Kap.21, für die *Strathmann* ein scharfes Auge hatte, belasten nicht den Verfasser des Evangeliums, sondern nur die Herausgeber.

● Das 21. Kapitel des JE gibt uns besonders schwere Rätsel auf. Wenn man Kap.20 zu Ende gelesen hat, dann ist man überzeugt, daß 20,30f. einen guten Abschluß bilden. Und trotzdem geht die Erzählung weiter – aber wie seltsam! Die Jünger sind nicht mehr in Jerusalem, sondern befinden sich wieder am galiläischen See, ohne daß wir erfahren hätten, wie es zu dieser neuen Situation gekommen ist. Anscheinend gehen sie aufs neue ihrem alten Beruf als Fischer nach. Petrus scheint – sehr anders als in Kap.1–20 – den Ton anzugeben. Zu unserem Erstaunen ist der Jünger Nathanael aus Kana bei der Gesellschaft, von dem seit Kap.1 nicht mehr die Rede gewesen war. Thomas ist zur Stelle und die beiden Zebedaiden, von denen das JE bisher beharrlich geschwiegen hat. Ihre Namen, Jakobus und Johannes, werden freilich nicht genannt. Dazu sind noch zwei ungenannte Jünger getreten. Einer von dieser Siebenergruppe muß nach V.7 und V.20 der ,,Lieblingsjünger" sein, aber die beiden ungenannten Jünger machen es uns unmöglich, seinen Namen zu bestimmen. Daß die Jünger in Kap.20,21f. von Jesus selbst so ausgesandt sind, wie ihn der Vater gesandt hatte, und daß sie den Auftrag zur Mission erhalten haben, scheinen sie vergessen zu haben. Von der Zwölfzahl der Jünger wird auch nicht gesprochen: nur sieben sind auf der Szene. Damit wird die Schwierigkeit überwunden, die durch das Ausscheiden des Judas aus ihrem Kreis entstanden war. Fast scheinen sie wieder in die vorösterliche Zeit zurückgekehrt zu sein.

Einen solchen Bruch in der Komposition, wie er hier zutage tritt, sollte eigentlich niemand dem Evangelisten zutrauen. Trotzdem haben auch hochangesehene Exegeten von so verschiedener Richtung wie *A. Schlatter* und *W. Bauer,* die man sonst selten in der exegetischen Arbeit beisammen sah, beide das 21. Kapitel dem Evangelisten zugesprochen. *Schlatter, Der Evangelist Johannes* 363, hat das 1930 mit den Worten begründet: „Die Zuteilung der neuen Erzählung an einen anderen Verfasser ist aber unmöglich, weil sich die sprachlichen Gewöhnungen völlig identisch forterhalten." Dem sekundierte *Bauer* 235: es „unterscheidet sich Kap. 21, was Haltung, Ton und Wortvorrat anbetrifft, in nichts von den übrigen Kapiteln", und er fügt als weitere Gründe hinzu: „Die Textgeschichte weiß nichts davon, daß das 4. Evangelium je ohne sein Schlußkapitel existiert hätte." „Auch die Ungeschicklichkeit in der Behandlung der Vorlage, die zu unanschaulichen Szenen führend uns stets aufs neue auffiel, begegnet wieder . . ." „Wir werden daher gut tun, auf die Annahme verschiedener Hände zu verzichten. Ein und derselbe Mann hat das ganze Buch geschrieben. Nicht in einem Zuge . . . Das letzte, was er an seinem Werke vornahm, . . . war die Zufügung von Kap. 21." Damit dürfte alles aufgezählt sein, was dafür sprechen könnte, daß der Evangelist auch Kap. 21 geschrieben hat. Aber diese Beweise schlagen nicht durch.

*Die Ansicht, daß Kap. 21 vom Verfasser der Kap. 1–20 stamme,* ist heute in der kritischen Forschung so gut wie aufgegeben. Der Hauptbeweis dagegen liegt nämlich in 20,21f.: Nach der Geistbegabung und Sendung der Jünger ist es sinnlos, dem Evangelisten zuzumuten, er habe die Jünger zu ihrem alten Fischerberuf nach Galiläa zurückkehren lassen. Zu den inneren Gründen tritt ein äußerer, sprachlicher: gerade unscheinbare und darum der Nachahmung entgehende sprachliche Eigenarten unterscheiden Kap. 21 vom Rest des Evangeliums, wie *Bultmann* 542, mit Recht hervorgehoben hat. Es handelt sich um das kausative ἀπό V. 6, das partitive ἀπό statt ἐκ V. 2, ἰσχύω für δύναμαι V. 6, ἐξετάζω für ἐρωτᾶν V. 12, ὑπάγω mit Infinitiv V. 2, ἀδελφοί für μαθηταί V. 23, um nur diese zu nennen. Daß situationsbedingt neue Vokabeln auftauchen, die sich zum Teil auch sonst im NT finden, ergibt dagegen keinen zwingenden Beweis (so auch *Bultmann* 542f.). Wenn man *demgegenüber* auf die vielen Übereinstimmungen zwischen Kap. 1–20 und 21 hinweist, so muß man die Erkenntnis von *Hirsch, Stilkritik und Literaranalyse im vierten Evangelium* 129–143, beachten: Der johanneische Stil läßt sich leicht nachbilden. Johannes verwendet nur einen geringen Wortschatz, und seine auffallenden stilistischen Eigenheiten (wie Asyndeton, Parataxe, häufiges οὖν, Voranstellung des Verbs) gliedern sich meist ungezwungen in das gesprochene Koinegriechisch ein.

Damit stellt sich aber die Frage: Warum hat man dieses Kapitel hinzugefügt? Wollte man nur auf einige Geschichten nicht verzichten, die noch nicht im JE standen? Nach 20,30 ist eine solche „ungezielte" Hinzufügung unwahrscheinlich; also ist Kap. 21 (wie sich zeigen wird) eine zielbewußte Komposition und nicht eine durch einen Redaktor verwirrte schriftliche Vorlage. Zur Begründung dieses Urteils ist freilich eine genauere Analyse und Interpretation des Textes erforderlich.

Kap. 21 gliedert sich, grob gesprochen, in zwei Szenen, nämlich V. 1–14 und V. 15–23; V. 24f. bilden einen kurzen Schlußabschnitt. Die erste Szene bringt eine neue Selbstoffenbarung des Auferstandenen, bei der schon das im JE anders gebrauchte ἐφανέϱωσεν (ἑαυτόν) auffällt. Die Jünger sind plötzlich in Galiläa und zu ihrem alten Beruf zurückgekehrt. Von den sieben Männern, die hier am „Meer von Tiberias" beisammen sind, kennen wir aus den Synoptikern nur Simon Petrus, Thomas und die im JE hier zum erstenmal genannten „Söhne des Zebedäus", deren Eigennamen freilich nicht erwähnt werden. Aus dem JE selbst (1,45) ist uns Nathanael bekannt, von dem wir freilich sehr lange nichts gehört haben. Jetzt erst erfahren wir, daß er aus Kana stammt. Wie er unter die Fischer geraten ist, wird nicht gesagt. Zu diesen fünf Jüngern kommen noch „zwei andere Jünger". Sie machen die Identifizierung des „Jüngers, den Jesus liebte" unmöglich, der sich nach V. 7 unter den Jüngern befindet. Daß er nicht bei der Aufzählung genannt wird, hat seinen guten Grund: Nur auf diese Weise bleibt sein Geheimnis gewahrt, das zu lüften der Ergänzer nicht im mindesten Anlaß hat.

Petrus erklärt V. 3, er gehe fischen; die anderen schließen sich an. Ein einzelner Jünger konnte kaum allein Boot und Schleppnetz bedienen. Aber diese Frage und weitere – darf man aus V. 4 schließen, daß es Abend ist und aus V. 5, daß die Jünger nichts mehr zu essen haben? – kommen im Grunde auf das Problem heraus: Darf man den Text überhaupt als realistische „Story" auslegen? Früher war das einmal für die Exegeten selbstverständlich, heute tut man gut daran, mit solchen Behauptungen vorsichtig umzugehen. Dem Verfasser ist vielmehr an einem geheimnisvollen Helldunkel gelegen, in dem das nicht zu unterscheiden ist, was für uns als das Wirkliche und das Symbolische auseinandertritt. Darum begründet er gerade nicht, warum Petrus fischen geht, und läßt die anderen mitmachen, ohne daß die Notwendigkeit dieses Tuns mit einem Wort erklärt wird. In einer freilich unbetonten Weise aber wird Petrus als der Führer der Jüngergruppe dargestellt.

Die Geschichte erinnert zunächst an die Erzählung vom wunderbaren Fischzug in Lk 5, der allerdings nicht im Morgengrauen stattfindet wie hier in V. 4 und V. 6. Damit aber verbindet sich in Kap. 21 eine andere Geschichte vom wunderbaren Mahl am See. In der Morgendämmerung steht Jesus unerkannt am Ufer und „sagt" zu den Jüngern: „Kinder, ihr habt wohl keinen Fisch?" *Bultmann* 548 meint: „Natürlich sind die Jünger wieder ans Land gegangen." Aber das ist gar nicht „natürlich". Wenn Jesus sie das Netz zur Rechten des Bootes auswerfen heißt und sie dabei etwa 200 Ellen vom Lande entfernt sind, dann sind sie eben noch auf dem See und nicht am Land. Freilich scheint dann *Hirsch,* Studien 180, Anlaß zum Spott über „die geradezu tolle Selbstankündigung des auferstandenen Jesus" zu haben. Aber *Hirsch* hat ebensowenig wie *Bultmann* beachtet, daß dieser Text gar nicht als realistische Beschreibung eines Ereignisses entworfen ist. „Natürlich" will der Erzähler Jesus nicht schreien lassen. Auch daß die Jünger an der Anrede „Kinder" keinen Anstoß nehmen und der Weisung des Unbekannten ohne Zögern folgen, fällt nur dann auf, wenn man hier den Willen zu einer realistischen

Beschreibung eines Ereignisses voraussetzt. Die Frage Jesu, ob sie nichts zu essen haben, erlaubt es dem Erzähler, die Geschichte von dem unerkannt die Jünger zum Mahl einladenden Jesus mit der Überlieferung vom wunderbaren Fischzug zu verknüpfen. Wir haben also hier eine literarische Verbindung vor uns, die aber im Dienst einer – wie sich zeigen wird – wohldurchdachten theologischen Komposition steht.

Als die Jünger Jesu Frage verneinen, läßt er sie das Netz einfach da auswerfen, wo sie gerade sind (wenn auch auf der rechten, der günstigen Seite), und schon ist es voller Fische. An dieser Stelle, nach vollbrachtem Wunder, kann der Erzähler nun den „Lieblingsjünger" (wenn diese Bezeichnung erlaubt ist) einführen, der dem Petrus mitteilt: „Es ist der Herr!" Warum er gerade zu Petrus spricht, hat denselben Grund; auf diese Weise wird eine Szene möglich, die an den Wettlauf der beiden Jünger zum Grabe erinnert. Der Lieblingsjünger erkennt Jesu Auferstandensein zuerst. Aber er handelt nicht daraufhin. In 20,5 geht er ja auch nicht in das Grab hinein, sondern überläßt das dem Petrus (erst nachher betritt auch er das Grab). Petrus reagiert in unserer Geschichte leidenschaftlich auf das Wort des Lieblingsjüngers. Allerdings zieht er sich zunächst ordentlich an, bevor er ins Wasser springt. Warum er sich erst „gürtet", davon später. Es wird nicht erwähnt, daß Petrus zu Jesus kommt, und *Bultmann* 544 bemängelt das. Aber der Autor hat gar nicht die triefend aus dem Wasser steigende Gestalt des Fischers vor Augen; ihm geht es darum, daß er die Handlung weiterbringt, und er nimmt gern hier und später eine gewisse Dunkelheit mit in Kauf. So läßt er jetzt die Jünger das Boot an Land rudern, das Netz mit den Fischen im Schlepp. Damit kann die Geschichte vom wunderbaren Fischzug übergehen in die vom geheimnisvollen Mahl: am Strand brennt ein Kohlenfeuer, auf dem Fische braten; Brot liegt daneben. Aber Jesus lädt die Jünger nicht sofort zum Mahl, sondern befiehlt zunächst, einige von den gefangenen Fischen zu bringen. *Bultmann* 544 tadelt diesen Wirrwarr, zumal diese Fische gar nicht zubereitet und verzehrt werden. Aber darum geht es dem Autor auch nicht. Er verwendet vielmehr Jesu Befehl als ein kompositionelles Mittel. Es erlaubt ihm, endlich den Petrus in Aktion treten zu lassen: er zieht allein das Netz mit den 153 großen Fischen an Land. Keine Rede davon, daß Petrus als alter Fischer (wie der englische Kommentator *Edwards* 180 meint), die Fische gezählt hat. Daß hier Symbolik im Spiel ist, liegt auf der Hand. Denn wenn betont wird, das Netz sei trotz der Zahl der Fische nicht zerrissen, dann läßt sich das realistisch nicht ausreichend erklären; schließlich beherbergt das galiläische Meer keine Walfische. *Hieronymus* berichtet, nach antiker Ansicht gebe es 153 Arten von Fischen. Dann repräsentieren doch wohl diese 153 Fische die sämtlichen Völker, welche das Netz der Kirche umfaßt, ohne daß darüber die Einheit zerreißt. Diese Fische werden selbstverständlich nicht gebraten und verzehrt! Statt dessen lädt Jesus die Jünger ein zu einem Mahl (V. 12). Daß ihn die Jünger nicht zu fragen wagen: „Wer bist du?", zeigt noch: Ursprünglich läßt diese Mahlgeschichte – ebenso wie die von den Emmauswanderern – Jesus als unerkannt zu den Jüngern kommen. Erst bei der eucharistischen Mahlzeit wird er erkannt und αὐτῶν διηνοίχθησαν οἱ ὀφθαλμοί, um mit Lk 24,31 zu sprechen. Aber in dieser alten Form konnte der Verfasser jene Tradition nicht verwenden. Denn der Lieblingsjünger hatte ja den Herrn bereits erkannt und das auch mitgeteilt. So erklärt sich das – schriftstellerisch gesehen – freilich ungeschickt angefügte Sätzchen V. 12: wissend, daß er der Herr ist. Der Verfasser schildert keinen geradlinigen Handlungsverlauf, wenn er das auch nach Möglichkeit anstrebt. Das Ganze, das er zustande bringt, entsteht ja in der Weise, daß er gewisse Züge und Motive verschiedener Herkunft literarisch-kompositionell miteinander verbindet. Aber es wird keine realistisch gesehene Szene: Das Netz mit den Fischen ist zugleich ein Netz voller Fische, das aus dem Wasser ans Land gezogen wird, und die Kirche mit ihrer alle Völker umspannenden Einheit. Petrus ist der ans Land stapfende Fischer (ἀνέβη V. 11) und zugleich der Apostel, dem die Leitung der Kirche anvertraut wird. Das wird nicht nur in dieser symbolischen Weise ausgedrückt, sondern auch im folgenden offen ausgesprochen. Es ist einer jener Züge, welche diese erste Geschichte von Kap. 21 mit der zweiten verbindet und von denen noch weiter zu sprechen sein wird.

Denn die erste Geschichte, die als Erzählung von der Offenbarung des unerkannten Jesus am galiläischen Meer eine freilich nur mühsam festgehaltene Einheit ist, dient zugleich als Einleitung für eine weitere Geschichte, und auf dieser zweiten liegt der eigentliche Ton. Diese zweite Erzählung ist selbst wieder dreifach gegliedert. Die erste Untereinheit bringt die dreimalige Frage Jesu an Petrus: ,,Simon, Sohn des Johannes, liebst du mich?“, das dreimalige Ja auf diese Frage und den dreimaligen Auftrag an Petrus. Diese in liturgischer Feierlichkeit ablaufende Handlung droht in Monotonie zu erstarren. Darum wird sie durch größere und kleinere Unterschiede belebt. Jesu erste Frage lautet nämlich: ,,Liebst du mich mehr als diese“ (mich lieben)? Diese Frage entspricht (*Bultmann* 551 Anm. 1) nicht Joh 13,37 (,,Ich werde mein Leben für dich geben!“), sondern der Versicherung des Petrus in Mk 14,29: ,,Wenn auch alle Anstoß nehmen, so doch nicht ich!“ Der Verfasser von Kap. 21 kennt Mk ebensogut wie Mt. Als Petrus demütig geantwortet hat: ,,Herr, du weißt, daß ich dich liebe!“, verliert Jesu Frage diese Schärfe. Sie lautet nur noch: ,,Liebst du mich?“ Die Antwort des Petrus hält sich im Entscheidenden durch: ,,Du weißt, daß ich dich liebe!“, erklärt Petrus immer wieder. Aber beim drittenmal heißt es, und damit durchbricht das Menschliche die Starrheit des feierlichen Musters: ,,Da wurde Petrus traurig“, und jetzt antwortet er: ,,Herr, du weißt alles. Du weißt, daß ich dich liebe“ (V. 17).

In dieser Szene mit dem dreifachen Bekenntnis und dem dreifachen Auftrag bekommt die dreimalige Verleugnung des Petrus ihr positives Gegenstück – das sollte man nicht bestreiten. Es wäre mehr als stillos gewesen, wenn der Erzähler nun von der Reue des Petrus berichtet hätte. *Bultmann* 555 Anm. 5 erinnert an die Dreimaligkeit im kultischen oder magisch-juristischen Bereich und erinnert an Mephistos Wort in „Faust" I 1532. Freilich herrscht in Kap. 21 die Feierlichkeit eines Rituals (vgl. 13,38 und Kap. 18). Aber daß der Auftrag des Herrn an den Jünger, der ihn dreimal verleugnet hat, nicht gut im Gesprächston erfolgen kann, versteht sich von selbst. Die Betrauung mit der Leitung der Kirche ist schließlich auch keine Kleinigkeit, und Mt 16,17f. wird sie dann auch mit einer entsprechenden Feierlichkeit ausgesprochen. Die beiden hier in Joh 21 verwendeten Begriffe „weiden" und „Schafe" werden so variiert, daß keines der drei sich entsprechenden Worte Jesu einem der anderen wörtlich gleicht: βόσκε τὰ ἀρνία μου, ποίμαινε τὰ προβάτιά μου, βόσκε τὰ προβάτιά μου. Es ist also wohl kein Zweifel daran erlaubt, daß hier eine genau abgewogene Komposition vorliegt und daß in dieser genau durchdachten Form eine mit Mt 16,17f. durchaus vergleichbare Weisung und Vollmacht, die Betrauung des Petrus mit der höchsten Aufgabe in der Christenheit, erteilt wird. Daß dabei Petrus nur in der symbolischen Szene V. 11 als Menschenfischer dargestellt wird, hier jedoch als der gute Hirte, überrascht nicht: Ein dem Imperativ der Verse 15–17 entsprechendes Wort mit dem Begriff des Menschenfischers läßt sich einfach nicht bilden und erst recht nicht in dreifacher Variation wiederholen.

An diese Betrauung des Petrus schließt sich nun unmittelbar – und dennoch eine zweite Szene bildend – mit dem feierlichen Ernst des ἀμὴν, ἀμὴν die Ankündigung des Martyriums an. Darf man sagen, daß nach der Überzeugung des Verfassers Petrus der Ehre des Martyriums – und gerade dieses Martyriums – gewürdigt wird? Jesu Wort V. 18 darf nicht dahin mißverstanden werden, als werde Petrus, sich an das Leben klammernd, gegen seinen Willen zum Kreuz geschleppt. Aber *Bultmann* 552 wird wohl doch recht haben mit der Vermutung, daß hier ein Sprichwort[1] über den Menschen verwendet ist: „Solange man jung ist, geht man, wohin man will; ist man alt geworden, muß man sich führen lassen, wohin man nicht will (scil. zum Grabe)." Das wird in die zweite Person umgesetzt und durch den Bezug auf das Martyrium – freilich etwas gewaltsam – mit dem „(sich) gürten" angewendet. In V. 7 war noch erzählt worden, daß sich Petrus gürtete. Das dürfte ebensowenig ein Zufall sein wie die Erwähnung des Kohlenfeuers, der ἀνθρακία V. 9, von welcher der Leser bei der Verleugnung des Petrus 18,18 gehört hatte. Auch das gehört wahrscheinlich mit zu den unscheinbaren literarischen Mitteln, durch die der Verfasser seiner Komposition einen etwas engeren Zusammenhang und Einheit zu geben sucht. Der Einwand *Bultmanns* 552 Anm. 6, „gürten" sei nicht „fesseln", ist zwar an sich richtig. Aber der Verfasser sieht hier eben dennoch eine Anspielung auf das Martyrium des Petrus: Der Delinquent muß die Arme ausbreiten, damit sie an den Querbalken des Kreuzes angebunden werden können – oft wurden ja die Gekreuzigten nicht angenagelt, sondern an das Kreuz angebunden: „Die Qual dauerte dann länger. Wenn dann dieses Querholz hochgehievt wird, bringt man ihn dorthin, wohin er nicht will."

---

[1] vgl. aber S. 590f.

Der Verfasser hat diese Ankündigung des Martyriums nicht nur um ihrer selbst willen erzählt. Er bereitet damit zugleich noch etwas anderes vor, nämlich ein entsprechendes Wort über das Geschick des Lieblingsjüngers. Literarisch ist ihm diese Verbindung nur unvollkommen gelungen, wenigstens für unser Gefühl. Er läßt den Herrn zu Petrus sagen: ,,Folge mir!" Dieses Wort ist (wie *Bultmann* 553 zeigt) doppeldeutig. Es meint zugleich die Nachfolge ins Martyrium des Kreuzestodes und das Jetzt-Hinterhergehen hinter Jesus. Nur dieses zweite erlaubt die – freilich immer noch schwierige – weitere Verbindung damit, daß sich Petrus umdreht und nach dem Geschick des Lieblingsjüngers fragt. Allerdings paßt das Wort ἀκολουθοῦντα in V. 20b nur auf das (im Grund auch nicht recht vorstellbare) räumlich gedachte Hinter-Jesus-Hergehen. Das Wort fehlt denn auch in ℵ* (freilich zusammen mit dem folgenden ὅς), in W und ff². Das beweist jedoch noch nicht, daß es im ältesten Text nicht stand. Es könnte freilich eine sehr alte Glosse sein. Daß sich Petrus umsieht, darf man nicht psychologisch erklären. Vielmehr liegt hier abermals ein literarisches Mittel vor, mit dem – nebst der angefügten Frage: ,,Dieser aber was?" – die Erörterung über den Lieblingsjünger angeschlossen wird. Daß jetzt, aber nicht in V. 7, bei der Nennung des Lieblingsjüngers an die Szene beim Mahl 13,23 erinnert wird, hat literarisch seinen guten Sinn: In V. 7 hätte es die Handlung störend unterbrochen. Hier dagegen betont es die besondere Liebe, welche dieser Jünger bei Jesus genoß. Daß gerade an die Mahlszene und nicht an den Wettlauf der beiden Jünger 20,3ff. oder an die Erwähnung des Lieblingsjüngers 19,26 erinnert wird, ist literarisch durchaus sinnvoll: In der zweiten Szene (19,26) kommt Petrus nur indirekt – nämlich als fehlend – vor; die erste Szene (20,3ff.) aber läßt sich hier nicht gut anführen. Der Verfasser konnte doch nicht gut sagen: ,,Dieser Jünger war es, der damals schneller gelaufen war als Petrus!" Weil der Lieblingsjünger sich der besonderen Liebe Jesu erfreute, könnte der Leser erwarten, daß der Herr für ihn ein besonderes Schicksal bestimmt hatte.

Petrus provoziert die Antwort Jesu in V. 22 durch die Frage, die ebensowenig wie Jesu Antwort ,,Was geht's dich an?" psychologisch ausgelegt werden darf; damit wäre sie durchaus mißverstanden. Weder ist Petrus neugierig oder eifersüchtig noch gibt ihm Jesus in V. 22 einen scharfen Verweis. Wahrscheinlich bewegte den Autor ein Doppeltes. Einmal sollte – nach frühchristlichem Denken – ein so hochgestellter Jünger Gott durch einen Märtyrertod verherrlichen; das ,,Bleiben" steht keineswegs höher, wie das *Bultmann* 553 meint, – es sei denn, der Jünger bliebe wirklich bis zur Parusie am Leben (vgl. 1Thess 4,15). Zum andern war offensichtlich die Überzeugung verbreitet, jener Jünger, den der Verfasser im Auge hatte, wenn er vom Lieblingsjünger sprach, werde nicht vor der Parusie sterben (nachher natürlich auch nicht). Und nun war er doch, und zwar ganz friedlich, entschlafen! Diesen Schwierigkeiten begegnet jetzt das Wort, mit dem Jesus die Petrusfrage beantwortet, ohne sich damit festzulegen: ,,Wenn ich will, daß er bleibt." Es ist ganz deutlich: Hier wird nicht an eine nur symbolische Person gedacht, sondern an einen bestimmten Jünger, der im höchsten Alter verstorben war – zur allgemeinen Bestürzung. Denn während es zur Zeit des Paulus sicher schien, daß die überwiegende Zahl der Christen die Parusie erleben würde, während es Mk 9,1 noch hieß: „einige von den hier Stehenden werden den Tod nicht schmecken, bis sie das Gottesreich kommen sehen mit Kraft", war dieser eine Jünger anscheinend der letzte Stützpfeiler der eschatologischen Naherwartung gewesen, die Parusie werde noch zu Lebzeiten dieses einen kommen. Der Autor benutzt die Gelegenheit, um dieser Enttäuschung den Stachel zu nehmen – Jesus hatte ja gar nichts Bestimmtes verheißen! Übrigens ist damit nicht gesagt, daß dieser Jünger unmittelbar vor der Abfassung von Kap. 21 und der Veröffentlichung des JE gestorben war, wenn auch keine allzulange Zeit seit seinem Tod verstrichen sein kann. Denn dieser Jünger wird nun als Garant der Jesustradition und schließlich sogar als der Verfasser des JE ausgegeben. Wieweit seine Autorschaft innerhalb von Kap. 1–20 geht, das zu erörtern hatte der Autor keinerlei Anlaß.

Was will nun diese zweifellos sehr bewußt gestaltete Erzählung, auf die das ganze Kapitel zuläuft, eigentlich dem Leser sagen? Sie befaßt sich mit zwei Personen: mit Simon Petrus und dem Lieblingsjünger. Petrus bekommt so etwas wie die Leitung der Gemeinde zugesprochen oder zugestanden – das ist deutlich und von der Forschung auch ziemlich allgemein anerkannt. Aber warum versichert der Text das dem Leser? Handelte es sich dabei um etwas, das bestritten worden war? Warum muß ausgerechnet das vierte Evangelium noch an seinem Abschluß den Petrus rehabilitieren und feierlich anerkennen? Etwa deshalb, weil zuvor in diesem Evangelium der Lieblingsjünger den Petrus stets auf den zweiten Platz verwiesen hatte? Denn nicht Petrus, sondern der andere lag ja an der Brust des Herrn und durfte nach dem Namen des Verräters fragen. Nicht Petrus stand unter Jesu Kreuz und bekam die Mutter des Herrn zur Mutter, so daß er in die Sohnesstellung Jesu eingetreten wäre, sondern der Lieblingsjünger. Nicht Petrus ist als erster zum Grab gekommen und hat zuerst den Glauben an den Auferstandenen gefaßt, sondern der Lieblingsjünger. Auch in 21,7 ist es nicht Petrus, der zuerst den Herrn erkennt, sondern der Lieblingsjünger. Man muß schon sagen: Nach dem, wie wir Petrus im vierten Evangelium dargestellt finden, hatte er es wirklich nötig, einmal anerkannt zu werden. Freilich, auch hier bleibt, ebenso wie bei Mt 16,17f. ein Problem bestehen: Was besagt die Anerkennung des Petrus, der die Schafe des Herrn weidet, angesichts dessen, daß er damals bereits tot war und noch kein römischer Bischof den Primat des Petrus fortzusetzen beanspruchte?

Aber was auch immer diese Anerkennung des Petrus bedeutete, die noch durch die Ehre seines Martyriums vergrößert wurde, sie machte die Stellung des Lieblingsjüngers fragwürdig. Was verbleibt für ihn und sein Evangelium? Soll er nach dem Tod des Petrus die Kirchenleitung übernehmen? Das wird mit keinem Wort angedeutet. Auch daß – wie *Bultmann* 555 behauptet –

,,die dem Petrus zugesprochene Autorität auf ihn übergegangen ist", besagt unser Text nicht. Vielmehr wird ihm nur eins zugesprochen: Er ist der Garant für das vierte Evangelium, das sonst nie in den Kanon aufgenommen worden wäre. Der Lieblingsjünger hat ja angeblich selbst dieses Evangelium verfaßt. Er ist der Bürge für die rechte Lehre, die dieses Evangelium verkündet.

## Exkurs: Der Lieblingsjünger

**Literatur:**

*Broomfield, G. W.*, The Beloved Disciple, in: ders., John, Peter and the Fourth Gospel, London 1934, 146–161.

*Brown, R. E.*, The Community of the Beloved Disciple, Ramsey/London 1979.

*Bruns, J. E.*, Ananda: The Fourth Evangelist's Model for the ,,Disciple whom Jesus Loved"?, SR 3 (1973) 236–243.

*Colson, J.*, L'énigme du disciple que Jésus aimait, Paris 1969.

*Draper, H. M.*, The Disciple whom Jesus Loved, ET 32 (1920/21) 428–429.

*Edwards, H. E.*, The Disciple, who Wrote these Things, London 1953.

*Filson, F.*, Who was the Beloved Disciple?, JBL 68 (1949) 83–88.

*Garvie, A. E.*, The Beloved Disciple, London 1922.

*Griffith, B. G.*, The Disciple whom Jesus Loved, ET 32 (1920/21) 379–381.

*Hawkin, D. J.*, The Function of the Beloved-Disciple-Motif in the Johannine Redaction, LTP 33 (1977) 135ff.

*Hoernle, E. S.*, The Record of the Beloved Disciple, 1931.

*Johnson, L.*, Who was the Beloved Disciple?, ET 77 (1966) 157–158.213f.380.

*Johnson, N. E.*, The Beloved Disciple and the Fourth Gospel, CQR 167 (1966) 278–282.

*Jonge, M. de*, The Beloved Disciple and the Date of the Gospel of John, in: FS. M. Black, Cambridge 1979, 99–114.

*Kilpatrick, G. D.*, What John Tells About John, in: Studies in John, 1970, 75–87.

*Kragerud, A.*, Der Lieblingsjünger im JE, Oslo 1959.

*Lee, G. M.*, Eusebius, H. E. 3,39.4, Bib. 53 (1972) 412.

*Lewis, F. W.*, The Disciple whom Jesus Loved, ET 33 (1921/22) 42.

*Lofthouse, W. F.*, The Disciple whom Jesus Loved, London 1934.

*Lorenzen, T.*, Der Lieblingsjünger im JE, Stuttgart 1971.

*Minear, P. S.*, The Beloved Disciple in the Gospel of John – Some Clues and Conjectures, NT 19 (1977) 105–123.

*Morris, L.*, The Tradition that John the Apostle was Martyred Early, in: ders., Studies in the Fourth Gospel, Grand Rapids 1969, 280–283.

*Ders.*, Was the Author of the Fourth Gospel an Eyewitness?, in: ders., Studies in the Fourth Gospel, Grand Rapids 1969, 139–214.

*O'Grady, J. F.*, The Role of the Beloved Disciple, BTB 9 (1979) 58–65.

*Porter, J. R.*, Who was the Beloved Disciple?, ET 77 (1966) 157f.213f.320.

*Rigg, H.*, Was Lazarus ,,the Beloved Disciple"?, ET 33 (1921/22) 232–234.

*Roger, D. G.*, Who was the Beloved Disciple?, ET 77 (1966) 214.

*Roloff, J.*, Der joh. ,,Lieblingsjünger" und der Lehrer der Gerechtigkeit, NTS 15 (1968) 129–151.

*Russell, R.*, The Beloved Disciple and the Resurrection, Scrip. 8 (1956) 57–62.

*Solages, B. de*, Jean, fils de Zébédée et l'énigme du disciple que Jésus aimait, BLE 73 (1972) 41–50.

*Schnackenburg, R.*, Der Jünger, den Jesus liebte, EKK.V 2 (1970) 97–117.

*Thyen, H.*, Entwicklungen innerhalb der joh. Theologie und Kirche im Spiegel von Joh 21 und der Lieblingsjüngertexte des Evangeliums, BEThL 44 (1977) 259–299.

*Titus, E. L.*, The Identity of the Beloved Disciple, JBL 69 (1950) 323–328.

Kap. 21 deutet an, wie der Ergänzer des JE – der schon vorher öfter zu Wort gekommen ist, als man heute zuzugeben bereit ist – die Gestalt des ,,Lieblingsjüngers" verstanden wissen will. Es ist für uns keineswegs leicht, diese Gedanken nachzuvollziehen. Die synoptische Tradition weiß nichts von einem solchen ,,Lieblingsjünger''; wenn sie einem der Zwölf diesen Ehrennamen geben würde, so käme dafür nur ein Mann in Betracht: Petrus. Aber der Ergänzer des JE hat diese Gestalt des Lieblingsjüngers von Anfang an gerade im Gegensatz zu Petrus aufgefaßt und dargestellt. Zum ersten Mal wird der ,,Lieblingsjünger'' in 13,23–26 erwähnt. Hier muß Petrus den Lieblingsjünger bitten, Jesus zu fragen, wer ihn verraten werde – ohne daß die bereitwillig von Jesus gegebene Antwort irgendwelche Folgen hätte. Aber für den Ergänzer war es nicht allein wichtig, daß der ,,Lieblingsjünger'' nach dem Verräter gefragt hatte, sondern auch der Umstand, daß er bei diesem Mahl an der Brust Jesu lag. Beides wird dem Leser in 21,20 wieder eingeschärft, als der ,,Lieblingsjünger'' noch einmal charakterisiert wird. In 18,15f., wo der ,,Lieblingsjünger'' wieder erscheint, verschafft er dem Petrus überhaupt erst die Möglichkeit, in den Hof des Hohenpriesters hineinzukommen. Das erstaunlichste Auftreten des ,,Lieblingsjüngers'' erfolgt in 19,26f. Hier erfahren wir, daß er – während von Petrus keine Rede ist – mit der Mutter Jesu unter dem Kreuz steht und von Jesus die Obhut über Maria erhält: er soll von nun an ihr Sohn sein und insofern sozusagen der Nachfolger Jesu in seiner menschlichen Beziehung zu Maria werden. Nur er und nicht auch Petrus kommt 20,8 angesichts des leeren Grabes zum Glauben. Aber auch nur er erkennt 21,7 in dem Fremden am Gestade den Herrn. Endlich erfahren wir 21,24, daß dieser Jünger es ist, der für diese Dinge Zeugnis ablegt – und sogar nach dem heutigen Text ,,dieses'', d.h. doch wohl das vierte Evangelium geschrieben hat. Von 21,24 aus wird es nun auch wahrscheinlich, daß der in 19,35 genannte Augenzeuge der Kreuzigung der ,,Lieblingsjünger'' gewesen ist. Nur für eine dieser Szenen, nämlich den ,,Wettlauf der Jünger'', gibt es in Lk 24,12.24 so etwas wie einen Anknüpfungspunkt in der synoptischen Überlieferung. Schließlich könnte man noch erwähnen, daß Petrus und Johannes in Apg 3,1.3; 4,13.19; 8,14–25 nebeneinander genannt werden, obwohl Johannes eigentlich nur wie ein ,,Schatten'' des Petrus wirkt, und daß Paulus Gal 2,9 den Herrenbruder Jakobus, Kephas und Johannes als die bezeichnet, die als Säulen der jerusalemischen Gemeinde galten. Von einem Lieblingsjünger jedoch kann weder in der Apostelgeschichte noch bei Paulus die Rede sein.

Überdies bleibt zu bedenken: die so gern benutzte Bezeichnung ,,Lieblingsjünger'' wird dem griechischen Wortlaut nicht gerecht. Der griechische Text spricht vielmehr von ,,dem Jünger, den Jesus liebte''. Das ist viel mehr, als das Wort ,,Lieblingsjünger'' ausdrücken kann. ,,Lieblingsjünger'' kann ein Jünger genannt werden, den Jesus noch mehr als die anderen Jünger liebt. Dagegen legt ,,der Jünger, den Jesus liebte'' den Gedanken nahe, daß Jesu Liebe nur diesem einen Jünger galt. Von einer solchen Ausnahmestellung eines Jüngers wissen die synoptischen Evangelien nichts; aber auch der Christologie des vierten Evangeliums ist sie fremd. Denn erst als der Auferstandene seinen Jüngern den Geist eingehaucht hat (7,39b; 20,21f.), wird wahrer Glaube möglich.

Woher hat dann der Ergänzer die Anregung für den Gedanken eines Jüngers, den Jesus liebte, empfangen? Vielleicht hat zweierlei dabei zusammengewirkt. Einmal mag es 11,3 gewesen sein. Hier senden die Schwestern Martha und Maria an Jesus die Botschaft: ,,Herr, siehe, er, den du liebst (φιλεῖς), ist krank!'' Das besagt im Zusammenhang freilich nur: Lazarus gehört, wie auch seine Schwestern, zu den Freunden Jesu (vgl. 11,11: ,,Lazarus, unser Freund, ist eingeschlafen''). Aber in 11,5 wird statt φιλεῖν das (freilich hier gleichbedeutende) Wort ἀγαπᾶν gebraucht, und so kommt es hier zu dem Satz: ἠγάπα δὲ ὁ Ιησοῦς . . . τὸν Λάζαρον. *Kreyenbühl* und *Eisler* haben daraufhin in Lazarus den ,,Lieblingsjünger'' gesehen (er konnte ja nach seiner Erweckung den Namen Johannes angenommen haben . . .). Das hatte der Evangelist in Kap. 11 nicht gemeint, aber auch nicht der Ergänzer. Er entnahm diesen Stellen jedoch die Möglichkeit, daß es unter den Jüngern Jesu einen gegeben hat, den Jesus liebte. Damit verband sich von selbst die Anschauung, daß dieser den Herrn besonders gut verstand und der denkbar beste Zeuge für ein Evangelium war.

Nun lebte aber – vermutlich bis in das letzte Jahrzehnt des ersten Jahrhunderts – ein Jünger, der in seiner Jugend noch Jesus und den Apostelkreis kennengelernt hatte. Chronologisch ist das durchaus denkbar: Wenn dieser Jünger im Jahre 30 etwa zwanzig Jahre alt war und ein Alter von 80 Jahren erreicht hatte, dann hätte er ungefähr bis zum Jahre 90 noch gelebt. Unter diesen Umständen wäre es nicht verwunderlich, wenn sich in der Gemeinde, in der er lebte, die Überzeugung gebildet hätte: Dieser Jünger stirbt nicht, bis der Herr wiederkommt. Damit ist nicht gesagt, daß der Evangelist ihn für den ,,Lieblingsjünger'' gehalten hat. Diese Ineinssetzung des langlebenden mit dem geliebten Jünger wird man vielmehr besser erst dem Manne zuschreiben, der den geliebten Jünger immer wieder als dem Petrus überlegen darstellte, also dem Ergänzer. Dagegen ist es sehr wohl möglich, daß man alles, was dieser Jünger an Erinnerungen aus seiner Jugendzeit mitteilte, für unbedingt zuverlässig angesehen hat. Dieser Jünger verfügte über eine außerordentliche Autorität.

Genau eine solche Autorität aber benötigte der Ergänzer für die Evangelienschrift, auf die er gestoßen war, und die er neben den schon als kanonisch geltenden Schriften in die Gemeinde einführen wollte. Kein Jünger kam als autoritativer Zeuge eher in Betracht als er. Dabei war es keineswegs nötig, daß jener alte Jünger den Anspruch erhoben hatte, Zeuge für die besondere Botschaft einer Evangelienschrift zu sein. Es genügte durchaus, wenn er in dem einen oder anderen Punkt ebenso lehrte wie diese Evangelienschrift (vielleicht lag ein solcher Fall in 19,35 vor). Dagegen brauchen wir nicht anzunehmen, daß dieser alte Jünger Johannes hieß – dann hätte ihn der Ergänzer kaum anonym bleiben lassen können. Aber im Grunde war es so viel besser. Von dem Zebedaiden Johannes wußte man vielleicht noch, daß er das

Martyrium erlitten hatte; Mk 10,35–40 setzten das voraus. Das hohe Alter des Johannes war überdies, wie Mk 10,35–40 und Mt 20,20–23 verraten und Lk 9,54 bestätigt, durchaus nicht unumstritten. Ein anonymer Jünger dagegen, den Jesus geliebt hatte, konnte nicht so angegriffen und kritisiert werden. Allerdings mußte seine Autorität, die über die des Petrus hinausging, dem Leser an konkreten Beispielen verdeutlicht werden. Lk 24,12.24 könnte den Anlaß für eine solche eingefügte Beispielerzählung gebildet haben. Als solche Veranschaulichungen hätten wir dann all jene Einschübe zu verstehen, von denen wir vorhin gesprochen haben und die auf die eine oder andere Weise die Überlegenheit dieses Jüngers sogar über Petrus illustrierten.

Freilich brachte diese Beziehung des vierten Evangeliums auf den Jünger, den Jesus liebte, Schwierigkeiten mit sich. Einmal hinderte die Polemik gegen Petrus (obwohl sie keine Lehrunterschiede betraf) die Annahme des vierten Evangeliums bei Gemeinden, für die Petrus die überragende Gestalt des Jüngerkreises und der Hirt der Kirche war. Dem konnte Rechnung getragen werden, wenn am Ende die Betrauung des Petrus mit diesem Amte berichtet wurde und ihm die Ehre seines (allgemein bekannten) Martyriums ausdrücklich zugestanden wurde. Eine andere Schwierigkeit lag darin, daß der langlebende Jünger schließlich eben doch entschlafen war und die (immer noch ausstehende) Parusie nicht erlebt hatte. Diese Mißlichkeit ließ sich dadurch aus der Welt schaffen, daß jener Gemeindeglaube als ein Mißverständnis eines wirklichen Jesuswortes dargestellt wurde: Jesus habe davon, daß jener Jünger ,,bleiben" werde, nur als von einer Möglichkeit gesprochen. Wie es zu dieser dann mißverstandenen Äußerung Jesu gekommen war, das mußte den Lesern angedeutet werden. Weiter enthielt das vierte Evangelium einiges, was der Ergänzer nicht mit der Autorität seines besonderen Jüngers durchsetzen wollte, weil er es selbst nicht für unmißverständlich hielt. Man mußte also noch einige Korrekturen am vierten Evangelium anbringen, besser einige Ergänzungen: die Sakramente der Taufe (3,5) und des Abendmahls (6,51–58) mußten erwähnt und die futurische Eschatologie neben der präsentischen angedeutet werden (5,27–30; 6,39f.44.54; 21,22f.). Damit war gegeben, daß auch das eschatologische Gericht (nach ethischen Maßstäben!) nicht übergangen wurde (3,19–21; 12,48). So waren zugleich die Hauptanstöße ausgeräumt, welche die Botschaft des vierten Evangeliums in ihrer Besonderheit hätte erregen können.

Die Worte καὶ ὁ γράψας ταῦτα in 21,24 scheinen uns freilich eine frühe Zutat zu sein, die unüberwindliche Schwierigkeiten heraufbeschwört und schon den ihnen folgenden (καὶ οἴδαμεν κτλ.) Hinweis auf das Zeugnis dieses Jüngers befremdlich macht. Das Auseinandergehen der Textzeugen bei diesen Worten könnte als Anzeichen einer solchen späteren Zutat genommen werden.

Es ist also unnötig, mit *Bultmann* die ,,Lieblingsjünger"-Stellen vor Kap. 21 symbolisch zu verstehen – dieser Jünger repräsentiere das Heidenchristentum, Petrus und Maria jedoch das Judenchristentum – und in Kap. 21 eine andere Bedeutung des ,,Lieblingsjüngers'' anzunehmen.

Damit ist keineswegs bestritten, daß das JE auch von den Heidenchristen redet: In 10,16 und 12,20ff. ist von ihnen die Rede. Aber nicht in der Weise, daß sie und die Judenchristen jeweils durch eine einzelne Person, wie den ,,Lieblingsjünger'' oder Petrus bzw. Maria, repräsentiert werden. Wir haben also auch unter diesem Gesichtspunkt keinen Grund, *Bultmanns* Deutung des ,,Lieblingsjüngers'' als Symbol der Heidenchristen zu übernehmen. Aber auch das Ergebnis, zu dem *A. Kragerud* in seiner Untersuchung ,,Der Lieblingsjünger im Johannesevangelium'' (Oslo 1959) kommt – daß nämlich Petrus das Gemeindeamt und ,,der Lieblingsjünger'' den apostolischen Wanderprophetismus vertrete –, scheint uns nicht empfehlenswert. Der Evangelist hat an einer kirchlichen Behörde ebensowenig Interesse wie an einem Stand von christlichen Wanderpropheten. Daß der Ergänzer den Petrus als den Hirten der Schafe anerkennt, trifft zwar zu; aber damit ist nicht gesagt, daß er sich für einen Stand christlicher Propheten – wenn es den zu seiner Zeit noch gab – interessierte. Vielmehr verrät 21,24, warum der Herausgeber des JE an diesem Jünger und seinem Geschick ein so großes Interesse bezeugt hatte: Jener Jünger, auf den sich der Redaktor als den Zeugen und Verfasser des JE berief, der letzte lebende Augenzeuge, dessen Zeugnis wahr ist, der ,,Lieblingsjünger'' ist gestorben. Mag auch der Jünger, den Jesus lieb hatte, entschlafen sein, er bürgt für die rechte Lehre und spricht noch immer aus diesem Buch zu seinen Brüdern: Hier ist das EVANGELIUM!

# Register

Das Register muß auch der besonderen Entstehungsgeschichte des Kommentars Rechnung tragen. Deshalb wurden Stellenregister und Stichwortverzeichnis mit dem Ziel erstellt, die Interpretation des JE durch den Autor voll zu erschließen. So wurden alle Rück- und Vorverweise im JE, die über die jeweilige Perikope hinausweisen, im Stellenregister erfaßt. Das Stichwortregister sammelt alle Schlagworte der „johanneischen Frage" mit der Absicht, die unterschiedlichen Nuancen in ihrer Definition durch den Autor im Laufe der Jahre zu dokumentieren. Darüber hinausgehende Verweise blieben aus Platzgründen unberücksichtigt.

## A. Stellenregister (in Auswahl)

## B. Stichwortregister (in Auswahl)

# DATE DUE

| | | | |
|---|---|---|---|
| SEP 2 9 2000 | | | |
| | | | |
| | | | |
| | | | |
| | | | |
| | | | |
| | | | |
| | | | |
| | | | |
| | | | |
| | | | |
| | | | |
| | | | |
| | | | |
| | | | |
| | | | |
| | | | |
| | | | |